Akten zur Auswärtigen Politik der Bundesrepublik Deutschland

Herausgegeben im Auftrag des Auswärtigen Amts
vom Institut für Zeitgeschichte

Hauptherausgeber
Hans-Peter Schwarz

Mitherausgeber
Helga Haftendorn, Klaus Hildebrand,
Werner Link, Horst Möller und Rudolf Morsey

R. Oldenbourg Verlag München 2004

Akten zur Auswärtigen Politik der Bundesrepublik Deutschland

1973

Band I: 1. Januar bis 30. April 1973

Wissenschaftliche Leiterin
Ilse Dorothee Pautsch

Bearbeiter
Matthias Peter, Michael Kieninger,
Michael Ploetz, Mechthild Lindemann
und Fabian Hilfrich

R. Oldenbourg Verlag München 2004

Bibliografische Information der Deutschen Bibliothek
Die Deutsche Bibliothek verzeichnet diese Publikation in der Deutschen
Nationalbibliografie; detaillierte bibliografische Daten sind im Internet
über <http://dnb.ddb.de> abrufbar.

Bibliographic information published by Die Deutsche Bibliothek
Die Deutsche Bibliothek lists this publication in the Deutsche
Nationalbibliografie; detailed bibliographic data is available in the Internet at
<http://dnb.ddb.de>.

© 2004 Oldenbourg Wissenschaftsverlag GmbH, München
Rosenheimer Straße 145, D-81671 München
Internet: http://www.oldenbourg-verlag.de

Umschlaggestaltung: Dieter Vollendorf
Gedruckt auf säurefreiem, alterungsbeständigem Papier (chlorfrei gebleicht).
Gesamtherstellung: R. Oldenbourg Graphische Betriebe Druckerei GmbH, München

ISBN 3-486-56651-2

Inhalt

Vorwort VII

Vorbemerkungen zur Edition VIII

Verzeichnisse XV

Dokumentenverzeichnis XVII
Literaturverzeichnis LXXII
Abkürzungsverzeichnis LXXX

Dokumente 1

Band   I (Dokumente   1–123) 3
Band II (Dokumente 124–299) 615
Band III (Dokumente 300–426) 1457

Register 2079

Personenregister 2079
Sachregister 2143

Anhang: Organisationsplan des Auswärtigen Amts vom August 1973

Vorwort

Mit den Jahresbänden 1973 wird zum elften Mal eine Sammlung von Dokumenten aus dem Politischen Archiv des Auswärtigen Amts unmittelbar nach Ablauf der 30jährigen Aktensperrfrist veröffentlicht.

Das Erscheinen der vorliegenden Bände gibt Anlaß, allen an dem Werk Beteiligten zu danken. So gilt mein verbindlichster Dank dem Auswärtigen Amt, vor allem dem Politischen Archiv. Gleichermaßen zu danken ist dem Bundeskanzleramt für die Erlaubnis, unverzichtbare Gesprächsaufzeichnungen einbeziehen zu können. Desgleichen danke ich dem Willy-Brandt-Archiv für die Genehmigung zum Abdruck wichtiger und die amtliche Überlieferung ergänzender Schriftstücke aus dem Nachlaß des ehemaligen Bundeskanzlers Brandt und Herrn Bundesminister a. D. Professor Egon Bahr für die entsprechende Genehmigung betreffend das Depositum Bahr. Beide Bestände befinden sich im Archiv der sozialen Demokratie der Friedrich-Ebert-Stiftung in Bonn.

Besonderer Dank gebührt ferner den Kollegen im Herausgebergremium, die sich ihrer viel Zeit in Anspruch nehmenden Aufgabe in bewährter Kollegialität gewidmet haben. Ferner sei die tadellose Zusammenarbeit mit den zuständigen Persönlichkeiten und Gremien des Instituts für Zeitgeschichte dankbar hervorgehoben. Gedankt sei auch dem präzise arbeitenden Verlag R. Oldenbourg.

Das Hauptverdienst am Gelingen der drei Bände gebührt den Bearbeitern, Herrn Dr. Matthias Peter, Herrn Dr. Michael Kieninger, Herrn Dr. Michael Ploetz, Frau Dr. Mechthild Lindemann und Herrn Dr. Fabian Hilfrich, zusammen mit der Wissenschaftlichen Leiterin, Frau Dr. Ilse Dorothee Pautsch. Ihnen sei für die erbrachte Leistung nachdrücklichst gedankt.

Ebenso haben wesentlich zur Fertigstellung der Edition beigetragen: Herr Dr. Wolfgang Holscher und Frau Cornelia Jurrmann M.A. durch die Herstellung des Satzes, Frau Jutta Bernlöhr, Frau Brigitte Hoffmann und Frau Gabriele Tschacher durch Schreibarbeiten sowie die Herren Andreas Doyé, Joachim Hausknecht, Lars Lüdicke M.A. und Thomas Olig.

Berlin, den 1. Oktober 2003   Hans-Peter Schwarz

Vorbemerkungen zur Edition

Die „Akten zur Auswärtigen Politik der Bundesrepublik Deutschland 1973" (Kurztitel: AAPD 1973) umfassen drei Bände, die durchgängig paginiert sind. Den abgedruckten Dokumenten gehen im Band I neben Vorwort und Vorbemerkungen ein Dokumentenverzeichnis, ein Literaturverzeichnis sowie ein Abkürzungsverzeichnis voran. Am Ende von Band III finden sich ein Personen- und ein Sachregister sowie ein Organisationsplan des Auswärtigen Amts vom August 1973.

Dokumentenauswahl

Grundlage für die Fondsedition der „Akten zur Auswärtigen Politik der Bundesrepublik Deutschland 1973" sind die Bestände des Politischen Archivs des Auswärtigen Amts (PA/AA). Schriftstücke aus anderen Bundesministerien, die in die Akten des Auswärtigen Amts Eingang gefunden haben, wurden zur Kommentierung herangezogen. Verschlußsachen dieser Ressorts blieben unberücksichtigt. Dagegen haben die im Auswärtigen Amt vorhandenen Aufzeichnungen über Gespräche des Bundeskanzlers mit ausländischen Staatsmännern und Diplomaten weitgehend Aufnahme gefunden. Als notwendige Ergänzung dienten die im Bundeskanzleramt überlieferten Gesprächsaufzeichnungen. Um die amtliche Überlieferung zu vervollständigen, wurden zusätzlich der Nachlaß des ehemaligen Bundeskanzlers Willy Brandt (Willy-Brandt-Archiv) und das Depositum des damaligen Bundesministers für besondere Aufgaben beim Bundeskanzler, Egon Bahr, im Archiv der sozialen Demokratie der Friedrich-Ebert-Stiftung ausgewertet.

Entsprechend ihrer Herkunft belegen die edierten Dokumente in erster Linie die außenpolitischen Aktivitäten des Bundesministers des Auswärtigen. Sie veranschaulichen aber auch die Außenpolitik des jeweiligen Bundeskanzlers. Die Rolle anderer Akteure, insbesondere im parlamentarischen und parteipolitischen Bereich, wird beispielhaft dokumentiert, sofern eine Wechselbeziehung zum Auswärtigen Amt gegeben war.

Die ausgewählten Dokumente sind nicht zuletzt deshalb für ein historisches Verständnis der Außenpolitik der Bundesrepublik Deutschland von Bedeutung, weil ausschließlich Schriftstücke veröffentlicht werden, die bisher der Forschung unzugänglich und größtenteils als Verschlußsachen der Geheimhaltung unterworfen waren. Dank einer entsprechenden Ermächtigung wurden den Bearbeitern die VS-Bestände des PA/AA ohne Einschränkung zugänglich gemacht und Anträge auf Herabstufung und Offenlegung von Schriftstücken beim Auswärtigen Amt ermöglicht. Das Bundeskanzleramt war zuständig für die Deklassifizierung von Verschlußsachen aus den eigenen Beständen. Kopien der offengelegten Schriftstücke, deren Zahl diejenige der in den AAPD 1973 edierten Dokumente weit übersteigt, werden im PA/AA zugänglich gemacht (Bestand B 150).

Nur eine äußerst geringe Zahl der für die Edition vorgesehenen Aktenstücke wurde nicht zur Veröffentlichung freigegeben. Hierbei handelt es sich vor allem um Dokumente, in denen personenbezogene Vorgänge im Vordergrund stehen oder die auch heute noch sicherheitsrelevante Angaben enthalten. Von einer Deklassifizierung ausgenommen war Schriftgut ausländischer Herkunft bzw. aus dem Bereich multilateraler oder internationaler Organisationen wie etwa der NATO. Unberücksichtigt blieb ebenfalls nachrichtendienstliches Material.

Dokumentenfolge

Die 426 edierten Dokumente sind in chronologischer Folge geordnet und mit laufenden Nummern versehen. Bei differierenden Datumsangaben auf einem Schriftstück, z.B. im Falle abweichender maschinenschriftlicher und handschriftlicher Datierung, ist in der Regel das früheste Datum maßgebend. Mehrere Dokumente mit demselben Datum sind, soweit möglich, nach der Uhrzeit eingeordnet. Erfolgt eine Datierung lediglich aufgrund sekundärer Hinweise (z.B. aus Begleitschreiben, beigefügten Vermerken usw.), wird dies in einer Anmerkung ausgewiesen. Bei Aufzeichnungen über Gespräche ist das Datum des dokumentierten Vorgangs ausschlaggebend, nicht der meist spätere Zeitpunkt der Niederschrift.

Dokumentenkopf

Jedes Dokument beginnt mit einem halbfett gedruckten Dokumentenkopf, in dem wesentliche formale Angaben zusammengefaßt werden. Auf Dokumentennummer und Dokumentenüberschrift folgen in kleinerer Drucktype ergänzende Angaben, so rechts außen das Datum. Links außen wird, sofern vorhanden, das Geschäftszeichen des edierten Schriftstücks einschließlich des Geheimhaltungsgrads (zum Zeitpunkt der Entstehung) wiedergegeben. Das Geschäftszeichen, das Rückschlüsse auf den Geschäftsgang zuläßt und die Ermittlung zugehörigen Aktenmaterials ermöglicht, besteht in der Regel aus der Kurzbezeichnung der ausfertigenden Arbeitseinheit sowie aus weiteren Elementen wie dem inhaltlich definierten Aktenzeichen, der Tagebuchnummer einschließlich verkürzter Jahresangabe und gegebenenfalls dem Geheimhaltungsgrad. Dokumentennummer, verkürzte Überschrift und Datum finden sich auch im Kolumnentitel über dem Dokument.

Den Angaben im Dokumentenkopf läßt sich die Art des jeweiligen Dokuments entnehmen. Aufzeichnungen sind eine in der Edition besonders häufig vertretene Dokumentengruppe. Der Verfasser wird jeweils in der Überschrift benannt, auch dann, wenn er sich nur indirekt erschließen läßt. Letzteres wird durch Hinzufügen der Unterschrift in eckigen Klammern deutlich gemacht und in einer Anmerkung erläutert („Verfasser laut Begleitvermerk" bzw. „Vermuteter Verfasser der nicht unterzeichneten Aufzeichnung"). Läßt sich der Urheber etwa durch den Briefkopf eindeutig feststellen, so entfällt dieser Hinweis. Ist ein Verfasser weder mittelbar noch unmittelbar nachweisbar, wird die ausfertigende Arbeitseinheit (Abteilung, Referat oder Delegation) angegeben.

Eine weitere Gruppe von Dokumenten bildet der Schriftverkehr zwischen der Zentrale in Bonn und den Auslandsvertretungen. Diese erhielten ihre Informationen und Weisungen in der Regel mittels Drahterlaß, der fernschriftlich oder per Funk übermittelt wurde. Auch bei dieser Dokumentengruppe wird in der Überschrift der Verfasser genannt, ein Empfänger dagegen nur, wenn der Drahterlaß an eine einzelne Auslandsvertretung bzw. deren Leiter gerichtet war. Anderenfalls werden die Adressaten in einer Anmerkung aufgeführt. Bei Runderlassen an sehr viele oder an alle diplomatischen Vertretungen wird der Empfängerkreis nicht näher spezifiziert, um die Anmerkungen nicht zu überfrachten. Ebenso sind diejenigen Auslandsvertretungen nicht eigens aufgeführt, die nur nachrichtlich von einem Erlaß in Kenntnis gesetzt wurden. Ergänzend zum Geschäftszeichen wird im unteren Teil des Dokumentenkopfes links die Nummer des Drahterlasses sowie der Grad der Dringlichkeit angegeben. Rechts davon befindet sich das Datum und – sofern zu ermitteln – die Uhrzeit der Aufgabe. Ein Ausstellungsdatum wird nur dann angegeben, wenn es vom Datum der Aufgabe abweicht.

Der Dokumentenkopf bei einem im Auswärtigen Amt eingehenden Drahtbericht ist in Analogie zum Drahterlaß gestaltet. Als Geschäftszeichen der VS-Drahtberichte dient die Angabe der Chiffrier- und Fernmeldestelle des Auswärtigen Amts (Referat 114). Ferner wird außer Datum und Uhrzeit der Aufgabe auch der Zeitpunkt der Ankunft festgehalten, jeweils in Ortszeit.

In weniger dringenden Fällen verzichteten die Botschaften auf eine fernschriftliche Übermittlung und zogen die Form des mit Kurier übermittelten Schriftberichts vor. Beim Abdruck solcher Stücke werden im Dokumentenkopf neben der Überschrift mit Absender und Empfänger die Nummer des Schriftberichts und das Datum genannt. Gelegentlich bedienten sich Botschaften und Zentrale des sogenannten Privatdienstschreibens, mit dem außerhalb des offiziellen Geschäftsgangs zu einem Sachverhalt Stellung bezogen werden kann; darauf wird in einer Anmerkung aufmerksam gemacht.

Neben dem Schriftwechsel zwischen der Zentrale und den Auslandsvertretungen gibt es andere Schreiben, erkennbar jeweils an der Nennung von Absender und Empfänger. Zu dieser Gruppe zählen etwa Schreiben der Bundesregierung, vertreten durch den Bundeskanzler oder den Bundesminister des Auswärtigen, an ausländische Regierungen, desgleichen auch Korrespondenz des Auswärtigen Amts mit anderen Ressorts oder mit Bundestagsabgeordneten.

Breiten Raum nehmen insbesondere von Dolmetschern gefertigte Niederschriften über Gespräche ein. Sie werden als solche in der Überschrift gekennzeichnet und chronologisch nach dem Gesprächsdatum eingeordnet, während Verfasser und Datum der Niederschrift – sofern ermittelbar – in einer Anmerkung ausgewiesen sind.

Die wenigen Dokumente, die sich keiner der beschriebenen Gruppen zuordnen lassen, sind aufgrund individueller Überschriften zu identifizieren.

Die Überschrift bei allen Dokumenten enthält die notwendigen Angaben zum Ausstellungs-, Absende- oder Empfangsort bzw. zum Ort des Gesprächs. Erfolgt keine besondere Ortsangabe, ist stillschweigend Bonn zu ergänzen. Hält sich der Verfasser oder Absender eines Dokuments nicht an seinem Dienstort auf, wird der Ortsangabe ein „z.Z." vorangesetzt.

Bei den edierten Schriftstücken handelt es sich in der Regel jeweils um die erste Ausfertigung oder – wie etwa bei den Drahtberichten – um eines von mehreren gleichrangig nebeneinander zirkulierenden Exemplaren. Statt einer Erstausfertigung mußten gelegentlich ein Durchdruck, eine Abschrift, eine Ablichtung oder ein vervielfältigtes Exemplar (Matrizenabzug) herangezogen werden. Ein entsprechender Hinweis findet sich in einer Anmerkung. In wenigen Fällen sind Entwürfe abgedruckt und entsprechend in den Überschriften kenntlich gemacht.

Dokumententext

Unterhalb des Dokumentenkopfes folgt – in normaler Drucktype – der Text des jeweiligen Dokuments, einschließlich des Betreffs, der Anrede und der Unterschrift. Die Dokumente werden ungekürzt veröffentlicht. Sofern in Ausnahmefällen Auslassungen vorgenommen werden müssen, wird dies durch Auslassungszeichen in eckigen Klammern („[...]") kenntlich gemacht und in einer Anmerkung erläutert. Bereits in der Vorlage vorgefundene Auslassungen werden durch einfache Auslassungszeichen („...") wiedergegeben.

Offensichtliche Schreib- und Interpunktionsfehler werden stillschweigend korrigiert. Eigentümliche Schreibweisen bleiben nach Möglichkeit erhalten; im Bedarfsfall wird jedoch vereinheitlicht bzw. modernisiert. Dies trifft teilweise auch auf fremdsprachige Orts- und Personennamen zu, deren Schreibweise nach den im Auswärtigen Amt gebräuchlichen Regeln wiedergegeben wird.

Selten vorkommende und ungebräuchliche Abkürzungen werden in einer Anmerkung aufgelöst. Typische Abkürzungen von Institutionen, Parteien etc. werden allerdings übernommen. Hervorhebungen in der Textvorlage, also etwa maschinenschriftliche Unterstreichungen oder Sperrungen, werden nur in Ausnahmefällen wiedergegeben. Der Kursivdruck dient dazu, bei Gesprächsaufzeichnungen die Sprecher voneinander abzuheben. Im äußeren Aufbau (Absätze, Überschriften usw.) folgt das Druckbild nach Möglichkeit der Textvorlage.

Unterschriftsformeln werden vollständig wiedergegeben. Ein handschriftlicher Namenszug ist nicht besonders gekennzeichnet, eine Paraphe mit Unterschriftscharakter wird aufgelöst (mit Nachweis in einer Anmerkung). Findet sich auf einem Schriftstück der Name zusätzlich maschinenschriftlich vermerkt, bleibt dies unerwähnt. Ein maschinenschriftlicher Name, dem ein „gez." vorangestellt ist, wird entsprechend übernommen; fehlt in der Textvorlage der Zusatz „gez.", wird er in eckigen Klammern ergänzt. Weicht das Datum der Paraphe vom Datum des Schriftstückes ab, wird dies in der Anmerkung ausgewiesen.

Unter dem Dokumententext wird die jeweilige Fundstelle des Schriftstückes in halbfetter Schrifttype nachgewiesen. Bei Dokumenten aus dem PA/AA wird auf die Angabe des Archivs verzichtet und nur der jeweilige Bestand mit Bandnummer genannt. Dokumente aus VS-Beständen sind mit der Angabe „VS-Bd." versehen. Bei Dokumenten anderer Herkunft werden Archiv und Bestandsbezeichnung angegeben. Liegt ausnahmsweise ein Schriftstück bereits veröffentlicht vor, so wird dies in einer gesonderten Anmerkung nach der Angabe der Fundstelle ausgewiesen.

Kommentierung

In Ergänzung zum Dokumentenkopf enthalten die Anmerkungen formale Hinweise und geben Auskunft über wesentliche Stationen im Geschäftsgang. Angaben technischer Art, wie Registraturvermerke oder standardisierte Verteiler, werden nur bei besonderer Bedeutung erfaßt. Wesentlich ist dagegen die Frage, welche Beachtung das jeweils edierte Dokument gefunden hat. Dies läßt sich an den Paraphen maßgeblicher Akteure sowie an den – überwiegend handschriftlichen – Weisungen, Bemerkungen oder auch Reaktionen in Form von Frage- oder Ausrufungszeichen ablesen, die auf dem Schriftstück selbst oder auf Begleitschreiben und Begleitvermerken zu finden sind. Die diesbezüglichen Merkmale sowie damit in Verbindung stehende Hervorhebungen (Unterstreichungen oder Anstreichungen am Rand) werden in Anmerkungen nachgewiesen. Auf den Nachweis sonstiger An- oder Unterstreichungen wird verzichtet. Abkürzungen in handschriftlichen Passagen werden in eckigen Klammern aufgelöst, sofern sie nicht im Abkürzungsverzeichnis aufgeführt sind.

In den im engeren Sinn textkritischen Anmerkungen werden nachträgliche Korrekturen oder textliche Änderungen des Verfassers und einzelner Adressaten festgehalten, sofern ein Konzipient das Schriftstück entworfen hat. Unwesentliche Textverbesserungen sind hiervon ausgenommen. Ferner wird auf einen systematischen Vergleich der Dokumente mit Entwürfen ebenso verzichtet wie auf den Nachweis der in der Praxis üblichen Einarbeitung von Textpassagen in eine spätere Aufzeichnung oder einen Drahterlaß.

Die Kommentierung soll den historischen Zusammenhang der edierten Dokumente in ihrer zeitlichen und inhaltlichen Abfolge sichtbar machen, weiteres Aktenmaterial und anderweitiges Schriftgut nachweisen, das unmittelbar oder mittelbar angesprochen wird, sowie Ereignisse oder Sachverhalte näher erläutern, die dem heutigen Wissens- und Erfahrungshorizont ferner liegen und aus dem Textzusammenhang heraus nicht oder nicht hinlänglich zu verstehen sind.

Besonderer Wert wird bei der Kommentierung darauf gelegt, die Dokumente durch Bezugsstücke aus den Akten der verschiedenen Arbeitseinheiten des Auswärtigen Amts bis hin zur Leitungsebene zu erläutern. Zitate oder inhaltliche Wiedergaben sollen die Entscheidungsprozesse erhellen und zum Verständnis der Dokumente beitragen. Dadurch wird zugleich Vorarbeit geleistet für eine vertiefende Erschließung der Bestände des PA/AA. Um die Identifizierung von Drahtberichten bzw. -erlassen zu erleichtern, werden außer dem Verfasser und dem Datum die Drahtberichtsnummer und, wo immer möglich, die Drahterlaßnummer angegeben.

Findet in einem Dokument veröffentlichtes Schriftgut Erwähnung – etwa Abkommen, Gesetze, Reden oder Presseberichte –, so wird die Fundstelle nach Möglichkeit genauer spezifiziert. Systematische Hinweise auf archivalische oder veröffentlichte Quellen, insbesondere auf weitere Bestände des PA/AA, erfolgen nicht. Sekundärliteratur wird generell nicht in die Kommentierung aufgenommen.

Angaben wie Dienstbezeichnung, Dienststellung, Funktion, Dienstbehörde und Nationalität dienen der eindeutigen Identifizierung der in der Kommentierung vorkommenden Personen. Bei Bundesministern erfolgt ein Hinweis zum jeweiligen Ressort nur im Personenregister. Eine im Dokumententext lediglich mit ihrer Funktion genannte Person wird nach Möglichkeit in einer Anmerkung namentlich nachgewiesen. Davon ausgenommen sind der jeweilige Bundespräsident, Bundeskanzler und Bundesminister des Auswärtigen.

Die Bezeichnung einzelner Staaten wird so gewählt, daß Verwechslungen ausgeschlossen sind. Als Kurzform für die Deutsche Demokratische Republik kommen in den Dokumenten die Begriffe SBZ oder DDR vor und werden so wiedergegeben. Der in der Forschung üblichen Praxis folgend, wird jedoch in der Kommentierung, den Verzeichnissen sowie den Registern der Begriff DDR verwendet. Das Adjektiv „deutsch" findet nur bei gesamtdeutschen Belangen oder dann Verwendung, wenn eine eindeutige Zuordnung gegeben ist. Der westliche Teil von Berlin wird als Berlin (West), der östliche Teil der Stadt als Ost-Berlin bezeichnet.

Der Vertrag vom 8. April 1965 über die Einsetzung eines gemeinsamen Rates und einer vereinigten Kommission der Europäischen Gemeinschaften trat am 1. Juli 1967 in Kraft. Zur Kennzeichnung der Zusammenlegung von EWG, EURATOM und EGKS wird in der Kommentierung ab diesem Datum von „Europäischen Gemeinschaften" bzw. „EG" gesprochen.

Für häufig benutzte Publikationen wie Editionen, Geschichtskalender und Memoiren werden Kurztitel oder Kurzformen eingeführt, die sich über ein entsprechendes Verzeichnis auflösen lassen. Häufig genannte Verträge oder Gesetzestexte werden nur bei der Erstnennung nachgewiesen und lassen sich über das Sachregister erschließen.

Wie bei der Wiedergabe der Dokumente finden auch in den Anmerkungen die im Auswärtigen Amt gebräuchlichen Regeln für die Transkription fremdsprachlicher Namen und Begriffe Anwendung. Bei Literaturangaben in russischer Sprache wird die im wissenschaftlichen Bereich übliche Transliterierung durchgeführt.

Verzeichnisse

Das *Dokumentenverzeichnis* ist chronologisch angelegt. Es bietet zu jedem Dokument folgende Angaben: Die halbfett gedruckte Dokumentennummer, Datum und Überschrift, die Fundseite sowie eine inhaltliche Kurzübersicht.

Das *Literaturverzeichnis* enthält die zur Kommentierung herangezogenen Publikationen, die mit Kurztiteln oder Kurzformen versehen wurden. Diese sind alphabetisch geordnet und werden durch bibliographische Angaben aufgelöst.

Das *Abkürzungsverzeichnis* führt die im Dokumententeil vorkommenden Abkürzungen auf, insbesondere von Organisationen, Parteien und Dienstbezeichnungen sowie sonstige im diplomatischen Schriftverkehr übliche Abbreviaturen. Abkürzungen von Firmen werden dagegen im Sachregister unter dem Schlagwort „Wirtschaftsunternehmen" aufgelöst. Nicht aufgenommen werden geläufige Abkürzungen wie „z.B.", „d.h.", „m.E.", „u.U." und „usw." sowie Abkürzungen, die im Dokumententext oder in einer Anmerkung erläutert sind.

Register und Organisationsplan

Im *Personenregister* werden in der Edition vorkommende Personen unter Nennung derjenigen politischen, dienstlichen oder beruflichen Funktionen aufgeführt, die im inhaltlichen Zusammenhang der Dokumente wesentlich sind. Das *Sachregister* ermöglicht einen thematisch differenzierten Zugriff auf die einzelnen Dokumente. Näheres ist den dem jeweiligen Register vorangestellten Hinweisen zur Benutzung zu entnehmen.

Der *Organisationsplan* vom August 1973 zeigt die Struktur des Auswärtigen Amts und informiert über die Namen der Leiter der jeweiligen Arbeitseinheiten.

Verzeichnisse

Dokumentenverzeichnis

1   03.01. Botschafter Freiherr von Braun, Paris, an   S. 3
            Bundesminister Scheel

            Braun informiert über ein Gespräch mit dem französischen Au-
            ßenminister Schumann zum bevorstehenden Besuch des Staats-
            präsidenten Pompidou in der UdSSR. Themen waren KSZE
            und MBFR.

2   03.01. Generalkonsul Scheel, Helsinki, an das Auswärtige Amt   S. 10

            Scheel berichtet vom Fortgang der Gespräche mit dem finni-
            schen Delegationsleiter Gustafsson über die Aufnahme diplo-
            matischer Beziehungen zwischen der Bundesrepublik und Finn-
            land.

3   04.01. Aufzeichnung des Ministerialdirektors von Staden   S. 14

            Staden nimmt Stellung zu den unterschiedlichen Auffassungen
            der Bundesrepublik und der USA über den geographischen Gel-
            tungsbereich von MBFR.

4   05.01. Aufzeichnung des Vortragenden Legationsrats I. Klasse   S. 18
            Redies

            Redies faßt Gespräche in Kairo mit Vertretern der ägyptischen
            Regierung und mit Palästinensern zusammen. Hauptthema wa-
            ren Bemühungen, die Unterlassung möglicher Terroraktionen
            gegen die Bundesrepublik zu erwirken.

5   05.01. Botschafter Jaenicke, Belgrad, an das Auswärtige Amt   S. 22

            Jaenicke schildert ein Gespräch mit dem jugoslawischen Stell-
            vertretenden Außenminister Šnuderl zu den Verhandlungen
            über Wiedergutmachung, der Verlängerung und Aufstockung ei-
            nes Stützungskredits sowie der Gewährung von Kapitalhilfe.

6   06.01. Botschafter von Lilienfeld, Teheran, an das   S. 27
            Auswärtige Amt

            Lilienfeld berichtet über ein geplantes Projekt im Bereich der
            militärischen Ausrüstungshilfe für den Iran.

7   08.01. Aufzeichnung des Vortragenden Legationsrats I. Klasse   S. 30
            Blech

            Blech unterrichtet über eine Sitzung der Bonner Vierergruppe
            zur Aufnahme der diplomatischen Beziehungen zwischen den
            Drei Mächten und der DDR und äußert sich zur künftigen Rolle
            der Vierergruppe als Konsultationsinstrument.

8   09.01. Gesandter Boss, Brüssel (NATO), an das Auswärtige Amt   S. 32

Boss berichtet von einer Sitzung der Malta-Arbeitsgruppe der NATO. Thema war die Forderung des Ministerpräsidenten Mintoff nach weiteren Ausgleichszahlungen für die Benutzung von Militärstützpunkten auf Malta durch britische und NATO-Truppen.

9   10.01. Botschafter Pauls, Washington, an Bundesminister Scheel   S. 35

Pauls übermittelt Informationen aus einem Gespräch mit dem amerikanischen Außenminister Rogers über die internationale Kritik an der Wiederaufnahme der Luftangriffe auf die Demokratische Republik Vietnam (Nordvietnam) durch die USA.

10   12.01. Aufzeichnung des Ministerialdirektors von Staden   S. 38

Staden bilanziert ein Kolloquium des Auswärtigen Amts und des Bundesministeriums der Verteidigung zur Frage der Einbeziehung einheimischer Streitkräfte in MBFR.

11   15.01. Ministerialdirigent Simon an die Botschaft in Paris   S. 42

Simon informiert über den Wunsch der Bundesregierung, in der WEU eine Anhebung der Tonnagegrenze für den Bau von U-Booten in der Bundesrepublik zu erreichen.

12   18.01. Botschafter Sahm, Moskau, an das Auswärtige Amt   S. 45

Sahm berichtet von der Übergabe der sowjetischen Antwortnote zum Beginn der MBFR-Explorationsgespräche.

13   19.01. Gespräch des Staatssekretärs Frank mit dem kambodschanischen Außenminister Long Boret   S. 50

Die Gesprächspartner erörtern die Voraussetzungen für eine Wiederaufnahme der diplomatischen Beziehungen sowie die innen- und außenpolitische Situation Kambodschas.

14   19.01. Ministerialdirigent von Schenck an die Botschaft beim Heiligen Stuhl   S. 53

Schenck informiert über ein Gespräch des Staatssekretärs Frank mit dem Apostolischen Nuntius Bafile. Themen waren die Aufnahme der diplomatischen Beziehungen zwischen dem Heiligen Stuhl und der DDR sowie die kirchliche Verwaltung der auf dem Gebiet der DDR gelegenen Teile von Diözesen in der Bundesrepublik.

15 22.01. Gespräch des Bundeskanzlers Brandt mit
Staatspräsident Pompidou in Paris · · · · · · · · · · S. 58

Themen sind die bilaterale Zusammenarbeit auf den Gebieten
der Rüstungsproduktion, der Luft- und Raumfahrtindustrie,
der Kernenergie sowie im Rahmen des deutsch-französischen
Jugendwerks. Ferner werden die KSZE, die bevorstehenden
MBFR-Explorationsgespräche, SALT, die humanitäre Hilfe für
Vietnam sowie Fragen der Währungs- und Zollpolitik der Europäischen Gemeinschaften erörtert.

16 22.01. Gespräch des Bundeskanzlers Brandt mit
Staatspräsident Pompidou in Paris · · · · · · · · · · S. 80

Die Gesprächspartner äußern sich zur Weiterentwicklung der
Europäischen Politischen Zusammenarbeit, zum Verhältnis der
Europäischen Gemeinschaften zu den USA und den Staaten
des Warschauer Pakts sowie zum Grundlagenvertrag zwischen
der Bundesrepublik und der DDR.

17 22.01. Gespräch des Bundeskanzlers Brandt mit
Ministerpräsident Messmer in Paris · · · · · · · · · · S. 88

Erörtert werden vor allem der Stand der deutsch-französischen
Zusammenarbeit auf den Gebieten der Rüstungsproduktion und
der Luft- und Raumfahrtindustrie sowie die Lohn- und Preispolitik in beiden Staaten.

18 22.01. Aufzeichnung des Vortragenden Legationsrats I. Klasse
Hansen · · · · · · · · · · S. 95

Hansen faßt ein Gespräch des Bundesministers Scheel mit dem
französischen Außenminister Schumann zusammen. Schwerpunkte waren die KSZE, die bevorstehenden MBFR-Explorationsgespräche, das Verhältnis der Europäischen Gemeinschaften zu den USA sowie die Europäische Politische Zusammenarbeit.

19 23.01. Gespräch des Bundeskanzlers Brandt mit
Staatspräsident Pompidou in Paris · · · · · · · · · · S. 99

Die Gesprächspartner resümieren ihre Ansichten zu Fragen
der bilateralen Zusammenarbeit, zum Verhältnis der Europäischen Gemeinschaften zu den USA, zur Vertiefung der Europäischen Politischen Zusammenarbeit und zum Beginn der MBFR-
Explorationsgespräche.

20 24.01. Gespräch des Staatssekretärs Frank mit dem
sowjetischen Botschafter Falin · · · · · · · · · · S. 105

Hauptthema ist ein Zusatzabkommen zum Luftverkehrsabkom-
men vom 11. November 1971, durch das die Flugrouten für die
Lufthansa über Moskau hinaus bzw. für die Aeroflot über
Frankfurt/Main hinaus verlängert werden sollen.

21 24.01. Botschafter Pauls, Washington, an das Auswärtige Amt S. 113

Pauls erläutert das am Vortag paraphierte Abkommen über die Beendigung des Kriegs und die Wiederherstellung des Friedens in Vietnam.

22 24.01. Botschafter Ruete, Warschau, an das Auswärtige Amt S. 116

Ruete informiert über ein Gespräch mit dem polnischen Außenminister Olszowski. Gesprächsthemen waren die Frage der Umsiedlung Deutschstämmiger und die Entschädigung von polnischen Häftlingen in deutschen Konzentrationslagern sowie von polnischen Zwangsarbeitern, ferner die Frage weiterer Zusammenkünfte mit dem Ersten Sekretär des ZK der PVAP, Gierek, die Wirtschafts- und Kulturbeziehungen sowie das am Vortag paraphierte Abkommen über die Beendigung des Kriegs und die Wiederherstellung des Friedens in Vietnam.

23 25.01. Aufzeichnung des Ministerialdirektors van Well S. 122

Van Well legt die Grundzüge der Afrika-Politik der Bundesrepublik dar.

24 26.01. Botschafter Krapf, Brüssel (NATO), an das Auswärtige Amt S. 133

Krapf übermittelt eine vorläufige Bewertung der zweiten Runde der multilateralen Vorgespräche für die KSZE durch den Politischen Ausschuß der NATO auf Gesandtenebene.

25 29.01. Aufzeichnung des Ministerialdirigenten Diesel S. 139

Diesel nimmt Stellung zum sowjetischen Vorschlag, auf die Tagesordnung der KSZE den Punkt „Errichtung eines Organs zur Erörterung von Fragen der europäischen Sicherheit" zu setzen.

26 29.01. Aufzeichnung des Vortragenden Legationsrats I. Klasse Blech S. 143

Blech stellt die Ergebnisse einer Ressortbesprechung vor, in der die Haltung der Bundesregierung zu finanziellen Forderungen westlicher Staaten gegenüber der DDR im Zusammenhang mit der Aufnahme der diplomatischen Beziehungen erörtert wurde.

27 29.01. Aufzeichnung des Referats 221 S. 146

Die Aufzeichnung bilanziert den Stand der Vorbereitungen für die am 31. Januar in Wien beginnenden MBFR-Explorationsgespräche.

28 29.01. Runderlaß des Ministerialdirektors von Staden S. 151

Staden begründet die ablehnende Haltung der Bundesregierung hinsichtlich der Einbeziehung der „Unverletzlichkeit der Grenzen" als eigenständiges Prinzip in den Korb I der KSZE.

29   29.01. Botschafter Naupert, Tunis, an das Auswärtige Amt   S. 155

Naupert berichtet von einem Gespräch mit Präsident Bourguiba über die Bemühungen, bei palästinensischen Organisationen die Unterlassung möglicher Terroraktionen gegen die Bundesrepublik zu erwirken, sowie über den tunesischen Wunsch
nach Unterstützung beim Ausbau des Senders „Radio Tunis".

30   30.01. Botschafter Roth an die Botschaft in Washington   S. 157

Roth erörtert den weiteren Verlauf der SALT-Konsultationen
im Ständigen NATO-Rat.

31   31.01. Bundesminister Scheel an Bundeskanzler Brandt   S. 160

Scheel nimmt Stellung zum sowjetischen Entwurf vom 17. Januar für eine „Generaldeklaration über Grundlagen der europäischen Sicherheit und Prinzipien der Beziehungen zwischen
den Staaten in Europa".

32   31.01. Ministerialdirigent Brunner, z. Z. Helsinki, an das   S. 167
            Auswärtige Amt

Brunner informiert über die Erklärung des Leiters der sowjetischen KSZE-Delegation, Mendelewitsch, zur Tagesordnung einer KSZE, insbesondere zum Prinzipienkatalog.

33   31.01. Gesandter Ruth, z. Z. Wien, an das Auswärtige Amt   S. 171

Ruth berichtet von der Eröffnung der MBFR-Explorationsgespräche.

34   01.02. Botschafter von Lilienfeld, Teheran, an das   S. 174
            Auswartige Amt

Lilienfeld berichtet über Gespräche mit Schah Reza Pahlevi
und Ministerpräsident Hoveyda zur Ostpolitik der Bundesrepublik.

35   01.02. Gesandter Ruth, z. Z. Wien, an das Auswärtige Amt   S. 177

Ruth informiert über eine Unterredung mit dem Leiter der
sowjetischen Delegation bei den MBFR-Explorationsgesprächen,
Chlestow, zu den westlichen und östlichen Verfahrensvorschlä-
gen.

36   02.02. Gesandter Ruth, z. Z. Wien, an das Auswärtige Amt   S. 181

Ruth faßt die Ergebnisse mehrerer bilateraler Ost-West-Kon-
sultationen über Verfahrensfragen bei den MBFR-Explorationsgesprächen zusammen.

37   06.02. Gesandter Ruth, z. Z. Wien, an das Auswärtige Amt   S. 185

Ruth unterrichtet von der Überreichung der westlichen Verfahrensvorschläge bei den MBFR-Explorationsgesprächen sowie von

der Einigung in der NATO-Ad-hoc-Gruppe MBFR über das
weitere Vorgehen.

38   07.02. Gespräch des Bundeskanzlers Brandt mit   S. 189
Ministerpräsident Leburton in Brüssel

Themen sind die Auswirkungen der internationalen Währungskrise auf die Pläne für die Wirtschafts- und Währungsunion,
ferner KSZE, MBFR sowie die Ostpolitik der Bundesrepublik.

39   07.02. Aufzeichnung des Ministerialdirektors Herbst   S. 198

Herbst referiert den Stand der Projekte der Luft- und Raumfahrtindustrie, an denen die Bundesrepublik beteiligt ist.

40   07.02. Aufzeichnung des Ministerialdirektors Arnold   S. 202

Arnold erörtert die vertrauliche Förderung kultureller und
kirchlicher Aktivitäten der deutschsprachigen Bevölkerung in
Südtirol durch die Bundesrepublik.

41   09.02. Aufzeichnung des Vortragenden Legationsrats Jelonek   S. 206

Jelonek äußert sich zur Krise an den internationalen Devisenmärkten.

42   09.02. Ministerialdirigent Brunner, z. Z. Helsinki, an das   S. 208
Auswärtige Amt

Brunner bilanziert Verlauf und Ergebnisse der zweiten Runde
der multilateralen Vorgespräche für die KSZE.

43   09.02. Botschafter Sachs, Brüssel (EG), an das   S. 213
Auswärtige Amt

Sachs berichtet über eine Sitzung der Ständigen Vertreter zur
Haltung der Europäischen Gemeinschaften in handelspolitischen Fragen im Rahmen der KSZE.

44   09.02. Bundeskanzler Brandt an Präsident Nixon   S. 218

Brandt gibt seiner Sorge über die Entwicklung an den Devisenmärkten Ausdruck und schlägt ein Treffen von Experten zur
Lösung der internationalen Währungskrise vor.

45   09.02. Bundesminister Bahr an den Sicherheitsberater des   S. 221
amerikanischen Präsidenten, Kissinger

Bahr stellt Überlegungen zum weiteren Vorgehen bei den multilateralen Vorgesprächen für die KSZE an.

46 10.02. Botschafter Freiherr von Braun, Paris, an das S. 223
Auswärtige Amt

Braun referiert ein Gespräch mit Staatspräsident Pompidou, in
dem Möglichkeiten zur Lösung der internationalen Währungskrise erörtert wurden.

47 12.02. Aufzeichnung des Ministerialdirektors von Staden S. 225

Staden befaßt sich mit der Frage der Registrierung des Vier-
Mächte-Abkommens über Berlin und der zugehörigen Anlagen
beim Sekretariat der UNO.

48 12.02. Gesandter Ruth, z.Z. Wien, an das Auswärtige Amt S. 231

Ruth gibt den Inhalt einer Unterredung mit dem stellvertretenden Leiter der sowjetischen Delegation bei den MBFR-Explorationsgesprächen, Kwizinskij, zur Frage der Teilnahme Ungarns
wieder.

49 12.02. Botschafter Steltzer, Kairo, an das Auswärtige Amt S. 234

Steltzer erläutert Verlauf und Ergebnisse der deutsch-ägyptischen Wirtschaftsverhandlungen.

50 13.02. Runderlaß des Vortragenden Legationsrats I. Klasse S. 239
Dohms

Dohms informiert über den Verlauf der internationalen Währungskrise.

51 13.02. Botschafter Pauls, Washington, an das Auswärtige Amt S. 242

Pauls berichtet über ein Gespräch mit dem Staatssekretär im
amerikanischen Außenministerium, Rush, zur Frage der Teilnahme Ungarns an den MBFR-Explorationsgesprächen.

52 16.02. Gespräch des Staatssekretärs Frank mit dem S. 244
amerikanischen Sonderbotschafter Peterson

Thema sind die europäisch-amerikanischen Beziehungen, insbesondere auf den Gebieten Wirtschaft und Sicherheit.

53 16.02. Ministerialdirektor von Staden an die Ständige S. 251
Vertretung bei der NATO in Brüssel

Staden übermittelt eine Weisung, im Ständigen NATO-Rat die
Haltung der Bundesrepublik zum weiteren Vorgehen bei der
Frage der Teilnahme Ungarns an den MBFR-Explorationsge-
sprächen vorzutragen.

54 19.02. Gespräch des Staatssekretärs Frank mit dem S. 254
sowjetischen Botschafter Falin

Gegenstand ist die Frage der Teilnahme Ungarns an den MBFR-
Explorationsgesprächen.

55   19.02. Gespräch des Staatssekretärs Frank mit dem   S. 256
                  sowjetischen Botschafter Falin

Erörtert wird der Stand der multilateralen Vorgespräche für
die KSZE.

56   19.02. Aufzeichnung des Ministerialdirektors von Staden   S. 258

Staden informiert über Verlauf und Ergebnisse der deutsch-
polnischen Konsultationen in Warschau. Themen waren die
Vorbereitung der KSZE und bilaterale Fragen.

57   19.02. Aufzeichnung des Ministerialdirektors von Staden   S. 269

Vor dem Hintergrund vertraulicher Gespräche zwischen Frankreich, Großbritannien, Japan, der UdSSR und den USA zur Frage der Meeresbodennutzung stellt Staden Überlegungen an zur
künftigen Rolle der Bundesrepublik im multilateralen Kontext.

58   20.02. Gespräch des Botschafters Sahm, Moskau, mit dem   S. 271
                  sowjetischen Außenminister Gromyko

Besprochen werden Fragen im Zusammenhang mit der Anwendung des Vier-Mächte-Abkommens über Berlin, das Problem
der Familienzusammenführung und der UNO-Beitritt der Bundesrepublik und der DDR. Weitere Themen sind KSZE, MBFR
sowie Gespräche zwischen der Bundesrepublik und der ČSSR.

59   20.02. Botschaftsrat I. Klasse Schaad, Rom (Vatikan), an das   S. 286
                  Auswärtige Amt

Schaad referiert und bewertet ein Gespräch zwischen dem Sekretär der deutschen Bischofskonferenz, Homeyer, und dem
Unterstaatssekretariat im Staatssekretariat des Heiligen Stuhls,
Casaroli. Themen waren die Aufnahme diplomatischer Beziehungen zwischen dem Heiligen Stuhl und der DDR sowie die
kirchliche Verwaltung der auf dem Gebiet der DDR gelegenen
Teile von Diözesen in der Bundesrepublik.

60   21.02. Gespräch des Bundesministers Bahr mit den   S. 289
                  Botschaftern Hillenbrand (USA) und Sauvagnargues
                  (Frankreich) sowie dem britischen Gesandten Hibbert

Gegenstand sind die Luftverkehrsverhandlungen mit der DDR.

61   21.02. Runderlaß des Botschafters Roth   S. 296

Roth übermittelt einen neuen westlichen Verfahrensvorschlag
zur Teilnehmerfrage bei den MBFR-Explorationsgesprächen.

62   22.02. Aufzeichnung des Ministerialdirektors von Staden   S. 299

Staden resümiert ein Gespräch mit Bundesminister Bahr zu
KSZE und MBFR.

63 22.02. Aufzeichnung des Vortragenden Legationsrats I. Klasse S. 301
Redies

Redies faßt Gespräche mit Vertretern der ägyptischen Regierung und mit Palästinensern in Kairo zusammen. Hauptthemen waren die Bemühungen um Einstellung von Terroraktionen sowie die Situation der Palästinenser in der Bundesrepublik.

64 24.02. Botschafter Pauls, Washington, an das Auswärtige Amt S. 303

Pauls berichtet über eine Unterredung zwischen dem luxemburgischen Außenminister Thorn und dem Sicherheitsberater des amerikanischen Präsidenten, Kissinger. Themen waren MBFR, KSZE sowie die Kritik einiger europäischer Regierungen an der Vietnam-Politik der USA.

65 27.02. Aufzeichnung des Vortragenden Legationsrats I. Klasse S. 305
Blech

Blech legt einen Sprechzettel für eine Ministerbesprechung zur Errichtung Ständiger Vertretungen in Bonn und Ost-Berlin vor.

66 27.02. Staatssekretär Frank an die Ständige Vertretung bei S. 311
der NATO in Brüssel

Frank erteilt die Weisung, im Ständigen NATO-Rat die Position der Bundesregierung zur Frage der Teilnahme Ungarns an den MBFR-Explorationsgesprächen vorzutragen.

67 28.02. Gespräch des Bundesministers Bahr mit dem S. 314
Staatssekretär beim Ministerrat der DDR, Kohl

Erörtert werden die Ratifizierung des Grundlagenvertrags und dessen unterschiedliche Interpretation durch die Vertragspartner, der UNO-Beitritt der Bundesrepublik und der DDR, die Errichtung Ständiger Vertretungen, Probleme im Zusammenhang mit Berlin (West), das geplante Luftverkehrsabkommen, die Auszahlung der Mündelgelder, die Ausreise von Kindern aus der DDR zu ihren in der Bundesrepublik lebenden Eltern, der innerdeutsche Handel und Verkehr sowie die Betätigungsmöglichkeiten für Journalisten.

68 01.03. Aufzeichnung des Ministerialdirigenten Müller S. 332

Müller schlägt vor, die Aufnahme diplomatischer Beziehungen zur Demokratischen Republik Vietnam (Nordvietnam) vorerst zurückzustellen und Vortragenden Legationsrat I. Klasse Berendonck auf eine Informationsreise nach Vietnam, Laos und Kambodscha zu schicken.

69 02.03. Deutsch-britisches Regierungsgespräch   S. 335

Erörtert werden MBFR, KSZE, SALT, die Lage im Nahen Osten sowie die internationale Währungskrise und die Reform des Weltwährungssystems.

70 02.03. Deutsch-britisches Regierungsgespräch   S. 343

Die Gesprächsteilnehmer befassen sich mit Möglichkeiten zur Lösung der internationalen Währungskrise.

71 06.03. Gesandter Ruth, z. Z. Wien, an das Auswärtige Amt   S. 346

Ruth berichtet von einem Gespräch mit dem Leiter der DDR-Delegation bei den MBFR-Explorationsgesprächen, Brie, über die Teilnahme Ungarns.

72 07.03. Aufzeichnung des Botschafters Roth   S. 348

Roth stellt Überlegungen zum weiteren Vorgehen bei den MBFR-Explorationsgesprächen an.

73 07.03. Botschafter Pauls, Washington, an das Auswärtige Amt   S. 351

Pauls informiert über Äußerungen des Sicherheitsberaters des amerikanischen Präsidenten, Kissinger, zu MBFR.

74 07.03. Botschafter Pauls, Washington, an das Auswärtige Amt   S. 352

Pauls berichtet über seinen Abschiedsbesuch bei Präsident Nixon, der Sorgen hinsichtlich der verteidigungs- und handelspolitischen Zusammenarbeit zwischen den Europäischen Gemeinschaften und den USA äußerte.

75 08.03. Bundeskanzler Brandt an Premierminister Heath   S. 355

Brandt erläutert seine Überlegungen zur Lösung der internationalen Währungskrise.

76 08.03. Aufzeichnung des Bundesministers Bahr   S. 358

Bahr resümiert ein Gespräch mit dem sowjetischen Botschafter Falin zum Stand der bilateralen Beziehungen zwischen der Bundesrepublik und der UdSSR.

77 09.03. Gespräch des Bundesministers Bahr mit den Botschaftern Henderson (Großbritannien), Hillenbrand (USA) und Sauvagnargues (Frankreich)   S. 361

Themen sind die Umsetzung des Grundlagenvertrags sowie das geplante Luftverkehrsabkommen mit der DDR, der UNO-Beitritt der Bundesrepublik und der DDR und die Stellung des Bundesbeauftragten in Berlin (West).

78 09.03. Aufzeichnung des Vortragenden Legationsrats I. Klasse S. 366
Kruse

Kruse erläutert den Stand der militärischen und rüstungswirtschaftlichen Zusammenarbeit mit Portugal.

79 09.03. Botschafter Böker, Rom (Vatikan), an das S. 371
Auswärtige Amt

Böker informiert über eine Unterredung mit dem Unterstaatssekretär im Staatssekretariat des Heiligen Stuhls, Casaroli. Im
Mittelpunkt stand die kirchliche Verwaltung der auf dem Gebiet der DDR gelegenen Teile von Diözesen in der Bundesrepublik.

80 12.03. Botschafter Sachs, Brüssel (EG), an das S. 375
Auswärtige Amt

Sachs berichtet von den Beschlüssen der EG-Ministerratstagung zur Überwindung der internationalen Währungskrise.

81 14.03. Gespräch des Bundesministers Scheel mit S. 381
Bundesminister Leber

Erörtert wird die Frage, ob im Falle einer Reduzierung amerikanischer Streitkräfte in der Bundesrepublik im Rahmen von
MBFR gleichzeitig auch die Stärke der Bundeswehr verringert
werden sollte.

82 14.03. Botschafter Lahr, Rom, an Staatssekretär Frank S. 394

Lahr nimmt zu dem Vorschlag Stellung, die vertrauliche Förderung kultureller und kirchlicher Aktivitäten der deutschsprachigen Bevölkerung in Südtirol durch die Bundesrepublik
offenzulegen.

83 15.03. Sitzung des Ständigen NATO-Rats in Brüssel S. 396

Der Ständige NATO-Rat diskutiert über den amerikanischen
Bericht zum Beginn der zweiten Runde der zweiten Phase der
Verhandlungen über eine Begrenzung der strategischen Waf-
fen (SALT II).

84 15.03. Gespräch des Bundeskanzlers Brandt mit dem S. 398
amerikanischen Finanzminister Shultz

Die Gesprächspartner erörtern die internationale Währungskrise und die amerikanische Handelspolitik.

85 22.03. Gespräch des Staatssekretärs Grabert, Bundeskanzler- S. 402
amt, mit dem Staatssekretär beim Ministerrat der
DDR, Kohl, in Ost-Berlin

Im Mittelpunkt stehen der UNO-Beitritt der Bundesrepublik
und der DDR, die Errichtung Ständiger Vertretungen in Bonn

und Ost-Berlin, die Einbeziehung von Berlin (West) in ein Luftverkehrsabkommen und in den Sportverkehr, der Reiseverkehr
sowie die Familienzusammenführung.

86 22.03. **Aufzeichnung des Ministerialdirektors Hermes** S. 412

Hermes informiert über Probleme bei der Unterstellung amerikanischer ziviler Atomanlagen unter Sicherungskontrollen der
IAEO.

87 23.03. **Gespräch des Bundeskanzlers Brandt mit dem** S. 416
sowjetischen Botschafter Falin

Brandt und Falin erörtern das Programm für den Besuch des
Generalsekretärs des ZK der KPdSU, Breschnew, in der Bundesrepublik.

88 23.03. **Gesandter Ruth, z. Z. Wien, an das Auswärtige Amt** S. 420

Ruth berichtet von einem Gespräch mit Vertretern der ameri-
nischen, britischen und sowjetischen Delegation bei den MBFR-
Explorationsgesprächen über das Problem einer Teilnahme
Ungarns.

89 26.03. **Botschafter Sahm, Moskau, an Bundesminister Scheel** S. 423

Sahm informiert über eine Unterredung mit dem Generalsekretär des ZK der KPdSU, Breschnew, der sich zu Gesprächsthemen für den Besuch in der Bundesrepublik äußerte.

90 27.03. **Aufzeichnung des Staatssekretärs Grabert,** S. 431
Bundeskanzleramt

Grabert faßt ein Vier-Augen-Gespräch mit dem Staatssekretär
beim Ministerrat der DDR, Kohl, am 22. März in Ost-Berlin zusammen.

91 27.03. **Aufzeichnung des Botschafters Roth** S. 434

Roth resümiert seine Gespräche im amerikanischen Außen-
und im Verteidigungsministerium sowie im Weißen Haus zu
den Zielen der MBFR-Verhandlungen und dem weiteren Vorgehen in Wien.

92 28.03. **Gesandter Ruth, z. Z. Wien, an das Auswärtige Amt** S. 439

Ruth zieht eine Zwischenbilanz der MBFR-Explorationsgespräche.

93 29.03. **Gespräch des Bundeskanzlers Brandt mit dem** S. 446
Präsidenten der EG-Kommission, Ortoli

Erörtert werden die Weiterentwicklung der Wirtschafts- und
Währungsunion, die Außen-, Entwicklungs- und Agrarpolitik
der Europäischen Gemeinschaften sowie die Kompetenzen des
Europäischen Parlaments und des Wirtschafts- und Sozialrats.

94   29.03.   Aufzeichnung des Ministerialdirektors Hermes   S. 452

Hermes erläutert die Entwicklung der Exporte in Ostblock-Staaten sowie Möglichkeiten zur Erleichterung der Ausfuhrfinanzierung.

95   02.04.   Bundesminister Scheel an Bundesminister Leber   S. 459

Scheel erläutert seine Haltung zu einer Einbeziehung einheimischer Streitkräfte in MBFR.

96   03.04.   Botschafter Sachs, z. Z. Luxemburg, an das Auswärtige Amt   S. 463

Sachs teilt mit, daß der EG-Ministerrat durch eine vorläufige Entscheidung über den Sitz des Europäischen Fonds für währungspolitische Zusammenarbeit nunmehr dessen Errichtung habe beschließen können.

97   05.04.   Gesandter Heimsoeth an die Botschaft in Wien   S. 468

Heimsoeth informiert über die korrekte Bezeichnung und Plazierung der Bundesrepublik bei internationalen Konferenzen.

98   07.04.   Botschafter Nowak, Beirut, an das Auswärtige Amt   S. 470

Nowak berichtet von einem Gespräch mit dem stellvertretenden Vorsitzenden der PLO, Abou Youssef, über die Möglichkeit besserer Kontakte zur PLO.

99   09.04.   Gespräch des Staatssekretärs Frank mit dem britischen Botschafter Henderson   S. 473

Mit Blick auf die bevorstehende sechste Runde der deutsch-tschechoslowakischen Gespräche über eine Verbesserung des bilateralen Verhältnisses werden die jeweiligen Positionen zum Münchener Abkommen erörtert.

100   09.04.   Aufzeichnung des Ministerialdirektors van Well   S. 477

Van Well äußert sich zum zeitlichen Zusammenhang zwischen dem Antrag der Bundesrepublik auf Beitritt zur UNO und dem Inkrafttreten des Grundlagenvertrags.

101   09.04.   Aufzeichnung des Ministerialdirektors van Well   S. 482

Van Well erörtert die Verbindung zwischen den Grundsätzen Gewaltverzicht und Unverletzlichkeit der Grenzen in einer Prinzipienerklärung der KSZE.

102   09.04.   Aufzeichnung des Vortragenden Legationsrats I. Klasse Pfeffer   S. 489

Pfeffer resümiert das Ergebnis einer Besprechung zwischen Auswärtigem Amt und Bundesministerium der Verteidigung über die Rolle der Eurogroup bei der Koordinierung der europäischen Verteidigungspolitik.

103 10.04. Gespräch des Bundespräsidenten Heinemann mit S. 493
Präsident Nguyen Van Thieu

Im Mittelpunkt steht die Lage der Kriegsgefangenen und Zivilinternierten in der Republik Vietnam (Südvietnam).

104 11.04. Aufzeichnung des Ministerialdirektors van Well S. 499

Van Well macht darauf aufmerksam, daß Frankreich entgegen bisherigen Zusagen schon vor der Ratifizierung des Grundlagenvertrags einen Botschafter nach Ost-Berlin entsenden könnte.

105 12./ Gespräch des Staatssekretärs Frank mit dem tschecho- S. 501
13.04. slowakischen Stellvertretenden Außenminister Goetz

Es wird Übereinstimmung erzielt über Inhalt und Aufbau eines Vertrags über die Verbesserung des bilateralen Verhältnisses.

106 13.04. Aufzeichnung des Vortragenden Legationsrats S. 521
Bräutigam

Bräutigam führt aus, daß die UdSSR bei den Drei Mächten gegen die Einbeziehung von Berlin (West) in die Gesetze zum UNO-Beitritt der Bundesrepublik und zum Grundlagenvertrag protestiert habe.

107 13.04. Gesandter Ruth, z.Z. Wien, an das Auswärtige Amt S. 524

Ruth berichtet von einer Einigung über die Teilnahme Ungarns an den MBFR-Explorationsgesprächen und über die Sitzordnung.

108 16.04. Vortragender Legationsrat I. Klasse Fleischhauer, S. 530
z.Z. Reykjavik, an das Auswärtige Amt

Fleischhauer informiert über Gespräche des Bremer Bürgermeisters Koschnick in Reykjavik zur Beilegung des Konflikts wegen der Erweiterung der isländischen Fischereizone.

109 17.04. Staatssekretär Frank an die Ständige Vertretung bei S. 535
der NATO in Brüssel

Frank äußert sich zur Teilnahme Ungarns an den MBFR-Explorationsgesprächen und zu der dazu abgegebenen Stellungnahme der NATO-Ad-hoc-Gruppe MBFR.

110 18.04. Gespräch des Bundeskanzlers Brandt mit S. 539
Staatspräsident Tito auf Brioni

Erörtert werden die Lage im Nahen Osten und in Südost-Asien, die Entwicklungspolitik, die innenpolitische Situation in

Jugoslawien, der weitere Ablauf der KSZE-Gespräche in Helsinki und der jugoslawische Wunsch nach Wiedergutmachung.

111   19.04   Gespräch des Bundeskanzlers Brandt mit   S. 554
          Staatspräsident Tito auf Brioni

Themen sind die gegen Jugoslawien gerichteten Aktivitäten von im Ausland lebenden Jugoslawen, die Krise des Weltwährungssystems und das Interesse von Firmen aus der Bundesrepublik am Bau des Kernkraftwerks Krško.

112   23.04   Bundeskanzler Brandt, z.Z. Dubrovnik, an   S. 561
          Bundesminister Schmidt

Brandt spricht sich für Zinssubventionen in bestimmten Fällen aus, um Projekte wirtschaftlicher Zusammenarbeit mit Staatshandelsländern zu ermöglichen.

113   24.04. Bundeskanzler Brandt, z.Z. Kupari, an den   S. 563
          Generalsekretär des ZK der KPdSU, Breschnew

Mit Blick auf den bevorstehenden Besuch von Breschnew in der Bundesrepublik äußert sich Brandt zur Einbeziehung von Berlin (West) in bilaterale Abkommen, zum Luftverkehrsabkommen mit der UdSSR und zur KSZE.

114   25.04. Aufzeichnung des Ministerialdirigenten Simon   S. 567

Simon notiert Empfehlungen des Staatssekretär-Ausschusses für Deutschland- und Berlinfragen zur Bezeichnung von Berlin (West) in völkerrechtlichen Vereinbarungen sowie in Gesetzen und Verordnungen der Bundesrepublik.

115   26.04. Gespräch des Bundeskanzlers Brandt mit dem   S. 568
          amerikanischen Botschafter Hillenbrand

Vor dem Hintergrund der Rede des Sicherheitsberaters des amerikanischen Präsidenten, Kissinger, vom 23. April mit dem Vorschlag für eine neue Atlantik-Charta erörtern die Gesprächspartner das europäisch-amerikanische Verhältnis.

116   26.04. Gespräch des Staatssekretärs Grabert, Bundeskanzler-   S. 570
          amt, mit dem Staatssekretär beim Ministerrat der
          DDR, Kohl

Im Mittelpunkt stehen der zeitliche Zusammenhang zwischen der Ratifizierung des Grundlagenvertrags und dem UNO-Beitritt der Bundesrepublik und der DDR sowie die Errichtung Ständiger Vertretungen. Zu den weiteren Themen gehören die Zusammenarbeit im Gesundheitswesen, die Arbeitsmöglichkeiten von Journalisten, der Reiseverkehr und die Einbeziehung von Berlin (West) in den Sportverkehr.

117 26.04. Aufzeichnung des Staatssekretärs Grabert, S. 581
Bundeskanzleramt

Grabert faßt ein Vier-Augen-Gespräch mit dem Staatssekretär
beim Ministerrat der DDR, Kohl, zusammen. Erörtert wurden
der zeitliche Zusammenhang zwischen der Ratifizierung des
Grundlagenvertrags und dem UNO-Beitritt der Bundesrepublik und der DDR sowie technische Details der Errichtung Ständiger Vertretungen.

118 26.04. Botschafter von Staden, Washington, an das S. 585
Auswärtige Amt

Staden übermittelt eine Analyse der Rede „Das Jahr Europas"
des Sicherheitsberaters des amerikanischen Präsidenten, Kissinger, vom 23. April mit dem Vorschlag einer neuen Atlantik-
Charta.

119 27.04. Gespräch des Bundesministers Scheel mit S. 592
Staatspräsident Suharto in Jakarta

Themen sind die politische Lage in Südost-Asien und die wirtschaftliche Zusammenarbeit zwischen der Bundesrepublik und
Indonesien.

120 27.04. Botschafter von Staden, Washington, an das S. 596
Auswärtige Amt

Staden informiert über ein von Präsident Nixon gebilligtes amerikanisches Positionspapier zu MBFR.

121 28.04. Botschafter Sahm, Moskau, an Staatssekretär Frank S. 600

Sahm übermittelt die Bewertung eines Gesprächs mit dem Generalsekretär des ZK der KPdSU aus Anlaß der Übergabe eines Schreibens des Bundeskanzlers Brandt an Breschnew.

122 28.04. Botschafter Sahm, Moskau, an Staatssekretär Frank S. 605

Sahm analysiert den Verlauf und die Bedeutung der Plenarsitzung des ZK der KPdSU vom 26./27. April.

123 30.04. Gespräch des Bundesministers Bahr mit dem S. 610
Sicherheitsberater des amerikanischen Präsidenten,
Kissinger, in Washington

Erörtert werden das europäisch-amerikanische Verhältnis, sicherheitspolitische Fragen sowie KSZE und MBFR.

124 01.05. Aufzeichnung des Bundeskanzlers Brandt S. 615

Brandt resümiert ein Gespräch mit Präsident Nixon in Washington. Themen waren die Beziehungen zwischen den Europäischen Gemeinschaften und den USA, KSZE, MBFR, der
Nahost-Konflikt sowie Fragen der Energieversorgung.

125   02.05.   Gespräch des Bundesministers Scheel mit dem   S. 618
Sicherheitsberater des amerikanischen Präsidenten,
Kissinger, in Washington

Scheel und Kissinger erörtern das weitere Vorgehen bei den
MBFR-Explorationsgesprächen in Wien.

126   02.05.   Aufzeichnung des Ministerialdirigenten Diesel   S. 620

Diesel analysiert das Gespräch des Staatssekretärs Grabert,
Bundeskanzleramt, mit dem Staatssekretär beim Ministerrat
der DDR, Kohl, vom 26. April und entwirft einen Zeitplan für
den UNO-Beitritt der Bundesrepublik sowie das Inkrafttreten
des Grundlagenvertrages.

127   02.05.   Ministerialdirektor van Well, z.Z. Washington, an das   S. 625
Auswärtige Amt

Van Well berichtet über ein Gespräch des Bundesministers
Scheel mit dem amerikanischen Außenminister Rogers zur Lage in Asien.

128   02.05.   Ministerialdirektor van Well, z.Z. Washington, an das   S. 632
Auswärtige Amt

Van Well informiert über ein Gespräch des Bundesministers
Scheel mit dem amerikanischen Außenminister Rogers zum
Nahost-Konflikt.

129   04.05.   Botschafter von Staden, Washington, an das   S. 636
Auswärtige Amt

Staden faßt ein Delegationsgespräch im Rahmen des Besuchs
des Bundeskanzlers Brandt in Washington zusammen, bei dem
die Handelsbeziehungen zwischen den USA, der UdSSR und den
Europäischen Gemeinschaften, Fragen der Energieversorgung
sowie handelspolitische Aspekte der KSZE erörtert wurden.

130   07.05.   Aufzeichnung des Bundesministers Bahr   S. 641

Bahr resümiert ein Gespräch des Bundeskanzlers Brandt und
des Bundesministers Scheel mit Präsident Nixon am 2. Mai in
Washington. Erörtert wurden die Umsetzung des Vier-Mächte-
Abkommens über Berlin, KSZE, Fragen der Energieversorgung
sowie der Nahost-Konflikt.

131   08.05.   Ministerialdirektor van Well an die Ständige   S. 643
Vertretung bei der NATO in Brüssel

Van Well übermittelt die Stellungnahme der Bundesregierung
zum amerikanischen MBFR-Vorschlag vom 16. April.

132   10.05.   Sitzung des Ständigen NATO-Rats in Brüssel   S. 648

Erörtert wird die amerikanische Verhandlungsführung bei der zweiten Phase der Verhandlungen über eine Begrenzung der strategischen Waffen (SALT II).

133   10.05.   Aufzeichnung des Vortragenden Legationsrats I. Klasse Randermann   S. 653

Randermann referiert die Alternativen der Bundesrepublik im Hinblick auf die Versorgung mit angereichertem Uran.

134   11.05.   Aufzeichnung des Vortragenden Legationsrats I. Klasse Meyer-Landrut   S. 658

Meyer-Landrut informiert über ein Gespräch des Staatssekretärs Frank mit dem sowjetischen Botschafter Falin zur Einbeziehung von Berlin (West) in Abkommen zwischen der Bundesrepublik und der UdSSR.

135   11.05.   Aufzeichnung des Vortragenden Legationsrats I. Klasse Randermann   S. 661

Randermann befaßt sich mit dem Stand der europäischen Weltraumpolitik.

136   11.05.   Botschafter von Hase, London, an Bundesminister Scheel   S. 664

In einem Gespräch mit dem britischen Verteidigungsminister Lord Carrington wurden KSZE, MBFR, die Rolle Frankreichs in der NATO und die nukleare Zusammenarbeit in Europa erörtert.

137   12.05.   Botschafter von Staden, Washington, an Ministerialdirektor van Well   S. 668

Staden informiert über ein Gespräch mit dem Sicherheitsberater des amerikanischen Präsidenten, Kissinger, zu dessen Besuch in Moskau.

138   12.05.   Ministerialdirigent Brunner, z. Z. Helsinki, an das Auswärtige Amt   S. 672

Brunner referiert den Stand der multilateralen Vorgespräche für die KSZE.

139   12.05.   Botschafter von Staden, Washington, an Staatssekretär Frank   S. 675

Staden informiert über ein Gespräch mit dem Sicherheitsberater des amerikanischen Präsidenten, Kissinger. Gegenstand waren Presseberichte zum Besuch des Bundeskanzlers Brandt in Washington.

140 15.05. Gespräch des Bundesministers Scheel mit dem S. 678
pakistanischen Sondergesandten Bhutto

Erörtert werden die Frage der pakistanischen Kriegsgefangenen in Indien, die Übernahme von Altschulden nach der Unabhängigkeit von Bangladesch und die Aufhebung des gegen Pa-
kistan verhängten Waffenembargos.

141 16.05. Staatssekretär Frank an Bundeskanzler Brandt S. 682

Frank legt eine Aufzeichnung über die erste, vom 7. bis 11. Mai
in Prag veranstaltete Runde der Verhandlungen mit der ČSSR
über einen Vertrag über die gegenseitigen Beziehungen vor.
Die Delegationen verständigten sich auf den Entwurf für eine
Präambel sowie für Artikel I und II über die Behandlung des
Münchener Abkommens und seiner Rechtsfolgen.

142 16.05. Aufzeichnung des Bundesministers Bahr S. 694

Bahr vermerkt die Ergebnisse seines Vier-Augen-Gesprächs mit
dem Staatssekretär beim Ministerrat der DDR, Kohl.

143 17.05. Gespräch des Bundeskanzlers Brandt mit dem S. 699
britischen Außenminister Douglas-Home

Themen sind der vorgesehene Besuch von Präsident Nixon in
Europa, MBFR und die Einbeziehung von Berlin (West) in den
internationalen Luftverkehr.

144 17.05. Aufzeichnung des Botschafters Roth S. 703

Mit Blick auf ein Gespräch der Bundesminister Scheel und Leber bei Bundeskanzler Brandt erörtert Roth die unterschiedlichen Positionen von Auswärtigem Amt und Bundesministerium der Verteidigung in der Frage der Einbeziehung einheimischer Streitkräfte in MBFR.

145 18.05. Gespräch des Bundeskanzlers Brandt mit dem S. 710
Generalsekretär des ZK der KPdSU, Breschnew

Vor dem Hintergrund seiner Erlebnisse im Zweiten Weltkrieg
äußert sich Breschnew zu den Beziehungen zwischen der Bundesrepublik und der UdSSR. Im Mittelpunkt stehen Fragen der
wirtschaftlichen Zusammenarbeit.

146 18.05. Gespräch des Bundesministers Scheel mit dem S. 724
sowjetischen Außenminister Gromyko

Erörtert werden die Ergebnisse und der weitere Verlauf von
KSZE und MBFR.

147   19.05.   Gespräch des Bundeskanzlers Brandt mit dem   S. 728
Generalsekretär des ZK der KPdSU, Breschnew

Gegenstand des Delegationsgesprächs ist der Nahost-Konflikt.

148   19.05.   Gespräch des Bundesministers Scheel mit dem   S. 731
Generalsekretär des ZK der KPdSU, Breschnew

Thematisiert werden die Familienzusammenführung, das Ver-
hältnis der Bundesrepublik zur ČSSR sowie zu den anderen
Mitgliedstaaten des Warschauer Pakts, KSZE, MBFR und der
Nahost-Konflikt.

149   20.05.   Aufzeichnung des Bundeskanzlers Brandt   S. 745

Brandt resümiert das Vier-Augen-Gespräch mit dem Generalsekretär des ZK der KPdSU, Breschnew, zu offenen Fragen der
bilateralen Beziehungen, KSZE und MBFR.

150   20.05.   Gespräch des Bundeskanzlers Brandt mit dem   S. 748
Generalsekretär des ZK der KPdSU, Breschnew

Die Gesprächspartner befassen sich mit der Gemeinsamen Erklärung, Fragen der Familienzusammenführung, KSZE, dem
Verhältnis der Bundesrepublik zur ČSSR und zu den anderen
Mitgliedstaaten des Warschauer Pakts sowie dem UNO-Beitritt der Bundesrepublik und der DDR.

151   20.05.   Gespräch des Bundeskanzlers Brandt mit dem   S. 758
Generalsekretär des ZK der KPdSU, Breschnew

Erörtert werden Projekte des Außenhandels und der Energiepolitik sowie die Beziehungen der Europäischen Gemeinschaften zur UdSSR und zu den USA.

152   22.05.   Aufzeichnung des Bundeskanzlers Brandt   S. 766

Brandt faßt ein Gespräch mit dem Generalsekretär des ZK der
KPdSU vom 21. Mai zusammen, in dem der Besuch von Breschnew in der Bundesrepublik bilanziert wurde.

153   22.05.   Aufzeichnung des Ministerialdirektors Lahn   S. 768

Lahn nimmt Stellung zum chilenischen Wunsch, in der Bundesrepublik Waffen und Rüstungsmaterial zu kaufen.

154   22.05.   Aufzeichnung des Vortragenden Legationsrats I. Klasse   S. 772
Freiherr von Dungern

Dungern prüft die Möglichkeiten einer Beteiligung der Bundesrepublik an der Finanzierung der Sender „Radio Free Europe"
und „Radio Liberty".

155 23.05. Gespräch des Staatssekretärs Frank mit dem tschecho-   S. 776
slowakischen Stellvertretenden Außenminister Goetz

Zu Beginn der zweiten Runde der Verhandlungen mit der ČSSR
zum Abschluß eines Vertrags über die gegenseitigen Beziehungen erörtern Frank und Goetz Teile der Präambel sowie der Artikel I und II über die Ungültigkeit des Münchener Abkommens.

156 23.05. Ministerialdirigent Bömcke, Brüssel (EG), an das   S. 780
Auswärtige Amt

Bömcke berichtet über die EG-Ministerratstagung zur Energiepolitik der Europäischen Gemeinschaften.

157 24.05. Gespräch des Staatssekretärs Frank mit dem tschecho-   S. 791
slowakischen Stellvertretenden Außenminister Goetz

Hauptthemen sind die Präambel sowie Artikel I und II eines
Vertrags zwischen der Bundesrepublik und der ČSSR über die
gegenseitigen Beziehungen. Die Gesprächspartner erörtern ferner den tschechoslowakischen Wunsch nach Einfügung eines
Artikels VI über die Fortgeltung früher geschlossener Verträge
sowie die Frage der Einbeziehung von Berlin (West) und einigen sich auf den Wortlaut der Artikel III, IV und V.

158 24.05. Aufzeichnung des Botschafters Roth   S. 801

Roth faßt die Sitzung des Bundessicherheitsrats zu MBFR und
KSZE zusammen.

159 24.05. Aufzeichnung des Botschafters Diehl, z. Z. Bonn   S. 805

Diehl bilanziert ein Gespräch des Staatssekretärs Frank mit
dem Staatssekretär im indischen Außenministerium, Trivedi.
Themen waren die Zusammenarbeit beider Staaten in der UNO,
die Aufenthaltserlaubnis für Inder in der Bundesrepublik und
die Kooperation auf dem Gebiet der Verteidigung.

160 25.05. Botschafter Roth an Staatssekretär Frank   S. 808

Mit Bezug auf die drei Optionen des amerikanischen MBFR-
Vorschlags vom 16. April nimmt Roth Stellung zur unterschiedlichen Haltung des Auswärtigen Amts und des Bundesministeriums der Verteidigung in der Frage der Einbeziehung einheimischer Streitkräfte.

161 28.05. Gespräch des Staatssekretärs Frank mit dem tschecho-   S. 812
slowakischen Stellvertretenden Außenminister Goetz

Hauptthemen sind die Formulierungen für die Präambel sowie
für Artikel I und II eines Vertrags zwischen der Bundesrepublik und der ČSSR über die gegenseitigen Beziehungen. Ferner
wird ein Entwurf der Bundesrepublik für einen Brief der ČSSR
zur Verfolgung von Straftaten aus den Jahren 1938 bis 1945
übergeben.

162 28.05. Gespräch des Staatssekretärs Frank mit dem tschecho- S. 824
slowakischen Stellvertretenden Außenminister Goetz

Die Gesprächspartner einigen sich auf den Wortlaut des dritten Präambelsatzes über das Münchener Abkommen sowie der
Artikel I und II eines Vertrags zwischen der Bundesrepublik
und der ČSSR über die gegenseitigen Beziehungen. Ferner wird
eine Erklärung zu Fragen der Staatsangehörigkeit erörtert.

163 29.05. Gespräch des Staatssekretärs Frank mit dem tschecho- S. 839
slowakischen Stellvertretenden Außenminister Goetz

Frank und Goetz widmen sich Artikel VI über die Fortgeltung
früher geschlossener Verträge, dem Brief über die Verfolgung
von Straftaten aus den Jahren 1938 bis 1945, dem Briefwechsel
über humanitäre Fragen, der Einbeziehung von Berlin (West)
sowie der Bezeichnung der Bundesrepublik im Tschechischen.

164 29.05. Gespräch des Bundeskanzlers Brandt mit S. 854
Premierminister Heath

Themen sind die Wirtschafts- und Währungspolitik der Europäischen Gemeinschaften, deren Verhältnis zu den USA und
der geplante Besuch des Präsidenten Nixon in Europa.

165 29.05. Gespräch des Bundeskanzlers Brandt mit S. 858
Premierminister Heath

Brandt und Heath erörtern den Nahost-Konflikt, die Ölversorgung der Industriestaaten sowie MBFR.

166 29.05. Gespräch des Staatssekretärs Frank mit dem tschecho- S. 864
slowakischen Stellvertretenden Außenminister Goetz

Die Gesprächspartner verhandeln die Einbeziehung von Berlin
(West) in einen Vertrag zwischen der Bundesrepublik und der
ČSSR über die gegenseitigen Beziehungen, Artikel VI über die
Fortgeltung früher geschlossener Verträge, den Briefwechsel
über humanitäre Fragen sowie den tschechoslowakischen Brief
über finanzielle Forderungen.

167 30.05. Gespräch des Staatssekretärs Frank mit dem tschecho- S. 886
slowakischen Stellvertretenden Außenminister Goetz

Zum Abschluß der Verhandlungen unterzeichnen Frank und
Goetz das Verhandlungsprotokoll und nehmen den Entwurf eines Unterzeichnungsprotokolls zur Kenntnis. Thematisiert werden ferner die Bezeichnung der Bundesrepublik im Tschechischen und die Vertragsunterzeichnung.

168 30.05. Aufzeichnung des Bundesministers Bahr S. 890

Bahr vermerkt die Ergebnisse seines Vier-Augen-Gesprächs
mit dem Staatssekretär beim Ministerrat der DDR, Kohl.

169   30.05. Aufzeichnung des Ministerialdirektors Lahn   S. 894

Lahn nimmt Stellung zu Überlegungen des Bundeskanzleramts und des Bundesministeriums der Finanzen, Israel neue
finanzielle Leistungen zukommen zu lassen.

170   30.05. Aufzeichnung des Vortragenden Legationsrats I. Klasse   S. 896
            Redies

Redies resümiert Gespräche des Bundesministers Scheel mit
dem ägyptischen Außenminister Zayyat, Vizepräsident Fawzi
und Präsident Sadat am 20./21. Mai in Kairo. Hauptthema war
der Nahost-Konflikt.

171   30.05. Runderlaß des Botschafters Roth   S. 901

Roth übermittelt das Ergebnis eines Gesprächs des Bundeskanzlers Brandt mit den Bundesministern Bahr, Leber, Scheel
und Schmidt über die drei Optionen des amerikanischen MBFR-
Vorschlags vom 16. April und die Frage der Einbeziehung einheimischer Streitkräfte.

172   01.06. Botschafter Oncken, Athen, an das Auswärtige Amt   S. 903

Oncken berichtet über ein Gespräch mit Ministerpräsident Pa-
padopoulos. Themen waren ein Besuch des Bundesministers
Scheel und die Situation in Griechenland nach dem Putschver-
such vom 23./24. Mai.

173   01.06. Botschafter Schlegl, Amman, an das Auswärtige Amt   S. 907

Schlegl berichtet über den Besuch des Bundesministers Scheel
in Jordanien, bei dem die bilateralen Beziehungen und der
Nahost-Konflikt im Vordergrund standen.

174   04.06. Botschafter Freiherr von Braun, Paris, an das   S. 911
            Auswärtige Amt

Braun übermittelt Informationen des Generalsekretärs im französischen Außenministerium, de Courcel, über das Treffen des
Präsidenten Nixon mit Staatspräsident Pompidou am 31. Mai
und 1. Juni in Reykjavik.

175   05.06. Aufzeichnung des Parlamentarischen Staatssekretärs   S. 919
            Moersch

Moersch informiert über Gespräche des SPD-Fraktionsvorsitzenden Wehner und des FDP-Fraktionsvorsitzenden Mischnick
am 30./31. Mai in der DDR.

176   05.06. Botschafter Steltzer, Kairo, an das Auswärtige Amt   S. 921

Steltzer berichtet über ein Delegationsgespräch im Rahmen
des Besuchs des Bundesministers Scheel vom 20. bis 22. Mai in
Ägypten. Im Mittelpunkt stand der Nahost-Konflikt.

177 06.06. Aufzeichnung des Ministerialdirektors van Well S. 925

Van Well unterbreitet einen Vorschlag zur Registrierung des Vier-Mächte-Abkommens über Berlin und der zugehörigen Anlagen beim Sekretariat der UNO.

178 06.06. Runderlaß des Vortragenden Legationsrats Schlingensiepen S. 929

Schlingensiepen unterrichtet über die Konferenz der Außenminister der EG-Mitgliedstaaten am 5. Juni in Luxemburg. Erörtert wurden die Beziehungen zwischen den Europäischen Gemeinschaften und den USA sowie der Zweite Luxemburger Bericht.

179 06.06. Botschafter Pauls, Peking, an das Auswärtige Amt S. 934

Pauls berichtet von einem Gespräch mit dem chinesischen Stellvertretenden Außenminister Chiao Kuan-hua über die Beziehungen zwischen der Volksrepublik China und der UdSSR.

180 06.06. Botschafter Krapf, Brüssel (NATO), an das Auswärtige Amt S. 936

Krapf informiert über die Ministersitzung der Eurogroup zu Fragen der verteidigungspolitischen Zusammenarbeit.

181 07.06. Aufzeichnung des Ministerialdirektors van Well S. 941

Van Well unterrichtet über das Verhältnis zu Bulgarien und Ungarn und empfiehlt Gespräche über die Aufnahme diplomatischer Beziehungen.

182 07.06. Aufzeichnung des Ministerialdirigenten Simon S. 945

Simon vermerkt ein Gespräch des Staatssekretärs Frank mit dem französischen Botschafter Sauvagnargues über die Europäische Politische Zusammenarbeit und über die Beziehungen zwischen den Europäischen Gemeinschaften und den USA.

183 07.06. Botschafter Krapf, Brüssel (NATO), an das Auswärtige Amt S. 947

Krapf berichtet über die Ministersitzung des Ausschusses für Verteidigungsplanung (DPC) der NATO. Hauptthemen waren das militärische Kräfteverhältnis in Europa, MBFR und die Infrastrukturprogramme der NATO.

184 7./8.06. Deutsch-israelische Regierungsgespräche in Tel Aviv S. 956

Themen sind der Nahost-Konflikt und die Beziehungen zwischen Israel und den Europäischen Gemeinschaften.

185 08.06. Gespräch des Bundesministers Bahr mit dem Staatssekretär beim Ministerrat der DDR, Kohl, in Ost-Berlin   S. 965

Besprochen werden der Zeitplan für die Ratifizierung des Grundlagenvertrags und den UNO-Beitritt der Bundesrepublik und der DDR sowie die Frage der Grundstücke für die Ständigen Vertretungen in Bonn und Ost-Berlin.

186 08.06. Aufzeichnung des Bundesministers Scheel   S. 968

Scheel vermerkt ein Telefongespräch mit Bundesminister Bahr, in dem die Beziehungen zur DDR und eine geplante Reise von Bahr in die USA besprochen wurden.

187 08.06. Botschafter Krapf, Brüssel (NATO), an das Auswärtige Amt   S. 970

Krapf berichtet über die Ministersitzung des Ausschusses für Verteidigungsplanung (DPC) der NATO am 7. Juni. Erörtert wurde MBFR.

188 10.06. Aufzeichnung des Vortragenden Legationsrats I. Klasse Blech   S. 973

Blech resümiert ein Gespräch mit dem sowjetischen Botschaftsrat Koptelzew über die Einbeziehung von Berlin (West) in den UNO-Beitritt der Bundesrepublik.

189 12.06. Botschafter Lankes, Beirut, an das Auswärtige Amt   S. 977

Lankes berichtet über die Gespräche des Bundesministers Scheel am 24./25. Mai im Libanon, bei denen der Nahost-Konflikt erörtert wurde.

190 12.06. Aufzeichnung des Vortragenden Legationsrats I. Klasse Lautenschlager   S. 981

Lautenschlager unterbreitet einen Vorschlag zur weiteren Unterstützung beim Bau des Großraumflugzeugs „Airbus".

191 13.06. Botschafter von Puttkamer, Tel Aviv, an das Auswärtige Amt   S. 984

Puttkamer berichtet über ein Gespräch des Bundeskanzlers Brandt mit dem israelischen Finanzminister Sapir am 10. Juni. Erörtert wurden die Beziehungen zwischen Israel und den Europäischen Gemeinschaften, israelische Forderungen nach Wiedergutmachung und die Lieferung von Rüstungsgütern an die Bundesrepublik.

192 14.06. Ministerialdirektor van Well, z. Z. Kopenhagen, an das Auswärtige Amt   S. 987

Van Well faßt ein Gespräch des Bundesministers Scheel mit den Außenministern Douglas-Home, Jobert und Rogers am 13. Juni zusammen. Im Mittelpunkt standen Fragen der Deutschlandpolitik und die Haltung der UdSSR gegenüber Berlin (West).

193   14.06.   Runderlaß des Ministerialdirigenten Simon   S. 991

Simon informiert über ein Gespräch des Bundesministers
Scheel mit dem französischen Außenminister Jobert am 12. Juni zu Fragen der Europäischen Gemeinschaften, des Verhältnisses zu den USA, zu KSZE und MBFR.

194   15.06.   Botschafter Freiherr von Braun, Paris, an das   S. 996
                     Auswärtige Amt

Braun berichtet über ein Gespräch mit Staatspräsident Pompidou zur Vorbereitung der deutsch-französischen Konsultationsbesprechungen am 21./22. Juni.

195   16.06.   Botschafter Krapf, z. Z. Kopenhagen, an das   S. 1002
                     Auswärtige Amt

Krapf resümiert die Themen der NATO-Ministerratstagung am
14./15. Juni. Schwerpunkte waren KSZE und MBFR.

196   18.06.   Aufzeichnung des Vortragenden Legationsrats   S. 1010
                     Bräutigam

Bräutigam unterrichtet über die Gespräche des Ministerialdirektors Sanne, Bundeskanzleramt, mit dem Abteilungsleiter
im Ministerium für Auswärtige Angelegenheiten der DDR,
Seidel, am 14./15. Juni in Ost-Berlin zur Errichtung Ständiger
Vertretungen.

197   20.06.   Aufzeichnung des Vortragenden Legationsrats I. Klasse   S. 1015
                     Dröge, Bundeskanzleramt

Dröge gibt ein Gespräch des Bundeskanzlers Brandt mit dem
tschechoslowakischen Außenminister Chnoupek wieder, in dem
bilaterale Fragen zur Sprache kamen.

198   21.06.   Gespräch des Bundeskanzlers Brandt mit   S. 1018
                     Staatspräsident Pompidou auf Schloß Gymnich

Hauptthemen sind die Ostpolitik der Bundesregierung, MBFR,
die Beziehungen zwischen Europa und den USA sowie Wirtschaftsfragen.

199   22.06.   Gespräch des Bundeskanzlers Brandt mit   S. 1034
                     Staatspräsident Pompidou

Erörtert werden die Wirtschafts- und Währungsunion, die Europäische Politische Zusammenarbeit, KSZE, die transatlantischen Beziehungen sowie Einzelfragen der Europäischen Gemeinschaften.

200 22.06. Botschafter Gehlhoff, New York (UNO), an das   S. 1044
Auswärtige Amt

Gehlhoff berichtet über die Sitzung des UNO-Sicherheitsrats
zum UNO-Beitritt der Bundesrepublik und der DDR.

201 26.06. Aufzeichnung des Vortragenden Legationsrats I. Klasse   S. 1048
Hansen

Hansen resümiert ein Gespräch des Bundesministers Scheel
mit dem französischen Außenminister Jobert über die europäische Sicherheitspolitik und die transatlantischen Verteidigungs-
beziehungen.

202 27.06. Gespräch des Bundeskanzlers Brandt mit   S. 1052
Staatsratsvorsitzendem Ceaușescu

Erörtert werden die bilateralen Wirtschaftsbeziehungen sowie
die Frage der Wiedergutmachung.

203 27.06. Gespräch des Bundeskanzlers Brandt mit   S. 1060
Staatsratsvorsitzendem Ceaușescu

Themen sind MBFR und KSZE.

204 28.06. Ministerialdirektor van Well an die Ständige   S. 1066
Vertretung bei der NATO in Brüssel

Van Well übermittelt eine Stellungnahme zum amerikanisch-
sowjetischen Abkommen vom 22. Juni zur Verhinderung eines
Atomkriegs.

205 28.06. Runderlaß des Vortragenden Legationsrats I. Klasse   S. 1072
Dohms

Dohms resümiert die Ergebnisse der EG-Ministerratstagung
vom 25./26. Juni. Themen waren die GATT-Verhandlungen
sowie die Beziehungen der Europäischen Gemeinschaften zu
den assoziierten Staaten und den Ländern des Mittelmeer-
Raums.

206 28.06. Botschafter Pauls, Peking, an das Auswärtige Amt   S. 1076

Pauls berichtet über eine Unterredung mit dem chinesischen
Außenminister Chi Peng-fei. Besprochen wurden das amerikanisch-sowjetische Abkommen vom 22. Juni zur Verhinderung
eines Atomkriegs, MBFR, die Ostpolitik der Bundesregierung
und der europäische Einigungsprozeß.

207 28.06. Gesandter Ruth, z. Z. Wien, an das Auswärtige Amt   S. 1080

Ruth bilanziert den Verlauf der MBFR-Explorationsgespräche.

208 29.06. Bundesminister Scheel an Bundeskanzler Brandt   S. 1085

Scheel nimmt Stellung zum Text des Notenwechsels zur Inkraftsetzung des Grundlagenvertrags.

209 29.06. Gespräche des Bundeskanzlers Brandt mit   S. 1086
Staatsratsvorsitzendem Ceauşescu

Themen sind die internationale Währungskrise, die bilateralen
Wirtschaftsbeziehungen, die KSZE, der Nahost-Konflikt sowie
Kontakte zwischen den Europäischen Gemeinschaften und dem
RGW.

210 29.06. Runderlaß des Vortragenden Legationsrats   S.1096
Schlingensiepen

Schlingensiepen informiert über den Beschluß der Bundesregierung, die D-Mark aufzuwerten.

211 01.07. Ministerialdirektor Lahn, z.Z. Kairo, an das   S. 1098
Auswärtige Amt

Lahn berichtet über ein Gespräch mit dem Sonderberater des
ägyptischen Präsidenten, Ismail, zum Nahost-Konflikt.

212 02.07. Aufzeichnung des Vortragenden Legationsrats I. Klasse S. 1102
Ruth

Ruth resümiert ein Gespräch des Bundesministers Scheel mit
dem amerikanischen Botschafter Hillenbrand über das amerikanisch-sowjetische Abkommen vom 22. Juni zur Verhinderung eines Atomkriegs und die europäisch-amerikanischen Beziehungen.

213 03.07. Ministerialdirektor van Well, z.Z. Helsinki, an das   S. 1106
Auswärtige Amt

Van Well berichtet über ein Gespräch des Bundesministers
Scheel mit dem polnischen Außenminister Olszowski. Hauptthemen waren die Familienzusammenführung, die Entschädigung von polnischen Häftlingen in deutschen Konzentrationslagern und von polnischen Zwangsarbeitern sowie die langfristige wirtschaftliche Zusammenarbeit.

214 03.07. Botschafter Krapf, z.Z. Washington, an Bundesminister S. 1113
Scheel, z.Z. Helsinki

Krapf berichtet über eine Sitzung des Ständigen NATO-Rats
mit Präsident Nixon und seinem Sicherheitsberater Kissinger
am 30. Juni in San Clemente. Besprochen wurden die europäisch-amerikanischen Beziehungen, das amerikanisch-sowjetische Abkommen vom 22. Juni zur Verhinderung eines Atomkriegs, SALT, MBFR und KSZE.

215 03.07. Ministerialdirektor van Well, z. Z. Helsinki, an das S. 1121
Auswärtige Amt

Van Well informiert über ein Gespräch des Bundesministers
Scheel mit dem Außenminister der DDR, Winzer, zur Errichtung Ständiger Vertretungen, zum Auftreten der beiden Staaten in internationalen Organisationen und zur Einheit der Nation.

216 04.07. Bundeskanzler Brandt an Bundesminister Scheel, S. 1125
z. Z. Helsinki

Brandt unterrichtet über eine Mitteilung von Präsident Nixon
zu den transatlantischen, insbesondere den französisch-ameri-
kanischen Beziehungen.

217 05.07. Botschafter Freiherr von Braun, Paris, an das S. 1126
Auswärtige Amt

Braun berichtet über den Besuch des Generalsekretärs des ZK
der KPdSU, Breschnew, vom 25. bis 27. Juni in Frankreich.

218 05.07. Ministerialdirektor van Well, z. Z. Helsinki, an das S. 1130
Auswärtige Amt

Van Well übermittelt ein Gespräch des Bundesministers Scheel
mit dem britischen Außenminister Douglas-Home zu den europäisch-amerikanischen Beziehungen, zur Schaffung einer europäischen Atomstreitmacht und zur Europäischen Politischen
Zusammenarbeit.

219 06.07. Botschafter von Staden, Washington, an das S. 1133
Auswärtige Amt

Staden berichtet über ein Gespräch mit dem amerikanischen
Verteidigungsminister Schlesinger zu Verteidigungsfragen.

220 09.07. Aufzeichnung des Legationsrats I. Klasse Lewalter S. 1137

Lewalter resümiert ein Gespräch des Bundesministers Scheel
mit dem Außenminister der DDR, Winzer, in Helsinki zur Errichtung Ständiger Vertretungen.

221 10.07. Runderlaß des Vortragenden Legationsrats I. Klasse S. 1138
Dohms

Dohms informiert über die erste Phase der KSZE vom 3. bis 7.
Juli, die auf der Ebene der Außenminister in Helsinki stattfand.

222 16.07. Aufzeichnung des Ministerialdirigenten Brunner S. 1143

Brunner faßt die Gespräche des Bundesministers Scheel mit
Präsident Nixon, dessen Sicherheitsberater Kissinger und dem
amerikanischen Außenminister Rogers am 12. Juli in Washington zusammen. Erörtert wurden die europäisch-amerikanischen
Beziehungen.

223   16.07.   Ministerialdirigent Jesser an die Botschaft in   S. 1150
Washington

Jesser weist die Botschaft an, den USA die Entscheidung des
Bundeskabinetts mitzuteilen, Gespräche mit der Demokratischen Republik Vietnam (Nordvietnam) über die Aufnahme diplomatischer Beziehungen zu beginnen.

224   17.07.   Aufzeichnung des Ministerialdirektors Hermes   S. 1153

Mit Blick auf die Europäische Weltraumkonferenz am 31. Juli
in Brüssel informiert Hermes über den Stand der europäischen
Weltraumpolitik.

225   20.07.   Botschafter von Hase, London, an das Auswärtige Amt   S. 1158

Hase berichtet über britische Reaktionen auf die amerikanischen Vorstellungen für eine transatlantische Erklärung.

226   20.07.   Staatssekretär Sachs an Botschafter Böker, Rom   S. 1160
(Vatikan)

Sachs übermittelt eine Stellungnahme zur Entscheidung des
Heiligen Stuhls, für die auf dem Gebiet der DDR gelegenen
Teile von Diözesen in der Bundesrepublik Apostolische Admi-
nistratoren zu ernennen.

227   20.07.   Bundeskanzler Brandt, z. Z. Hamar, an Bundesminister S. 1166
Scheel, z. Z. Hinterthal

Brandt stellt Überlegungen zur transatlantischen Erklärung
und zur geplanten Europa-Reise des Präsidenten Nixon an.

228   23.07.   Botschafter Rowold, Reykjavik, an das Auswärtige Amt S. 1168

Rowold berichtet von weiteren Zwischenfällen im Konflikt wegen der Erweiterung der isländischen Fischereizone.

229   24.07.   Runderlaß des Vortragenden Legationsrats I. Klasse   S. 1171
Dohms

Dohms resümiert die Ergebnisse der Konferenz der Außenminister der EG-Mitgliedstaaten am 23. Juli in Kopenhagen. Themen waren der Zweite Luxemburger Bericht und die Beziehungen zu den USA.

230   25.07.   Bundesminister Scheel an den Sicherheitsberater des S. 1175
amerikanischen Präsidenten, Kissinger

Scheel informiert über die Konferenz der Außenminister der
EG-Mitgliedstaaten am 23. Juli in Kopenhagen.

231   26.07.   Aufzeichnung des Botschafters Roth   S. 1177

Roth referiert die Gespräche des Bundesministers Leber mit
dem Sicherheitsberater des amerikanischen Präsidenten, Kis-

singer, am 17. Juli in Washington und bittet um eine Abstimmung der Ressorts zu MBFR.

232 27.07. **Bundeskanzler Brandt an Präsident Nixon**   S. 1181

Brandt erläutert die Ergebnisse der Konferenz der Außenminister der EG-Mitgliedstaaten am 23. Juli in Kopenhagen.

233 30.07. **Aufzeichnung des Vortragenden Legationsrats I. Klasse**   S. 1183
Ruth

Ruth informiert über die Vorbereitungen für eine gemeinsame Haltung der NATO zu MBFR.

234 31.07. **Staatssekretär Frank an Botschafter von Staden,**   S. 1186
Washington

Frank erläutert die Vorgehensweise bei der Ausarbeitung einer transatlantischen Erklärung.

235 01.08. **Botschafter Lahr, Rom, an das Auswärtige Amt**   S. 1188

Lahr beschreibt das politische Profil der für die Außenpolitik der neuen italienischen Regierung maßgeblichen Personen.

236 02.08. **Aufzeichnung des Ministerialdirigenten Diesel**   S. 1190

Diesel resümiert Gespräche, die im bulgarischen Außenministerium vom 30. Juli bis 1. August über die Aufnahme diplomatischer Beziehungen geführt wurden.

237 02.08. **Aufzeichnung des Vortragenden Legationsrats I. Klasse**   S. 1199
Hampe

Hampe informiert über den Besuch des Präsidenten Stroessner vom 20. bis 23. Juli in der Bundesrepublik.

238 02.08. **Botschafter Freiherr von Braun, Paris, an**   S. 1204
Bundesminister Scheel

Braun übermittelt eine Botschaft des Staatspräsidenten Pompidou zu Fragen der Währungspolitik.

239 02.08. **Staatssekretär Frank an die Ständige Vertretung bei**   S. 1207
der NATO in Brüssel

Im Hinblick auf die Sitzung des Ständigen NATO-Rats übermittelt Frank eine Stellungnahme zum amerikanischen MBFR-Papier vom 27. Juli.

240 03.08. **Bundesminister Scheel an den Sicherheitsberater des**   S. 1209
amerikanischen Präsidenten, Kissinger

Scheel informiert Kissinger über die Vorstellungen der EG-Mitgliedstaaten für eine transatlantische Erklärung.

241 06.08. Aufzeichnung des Vortragenden Legationsrats I. Klasse S. 1211
Dannenbring

Dannenbring faßt ein Gespräch des Staatssekretärs Frank mit
dem britischen Botschafter Henderson zu den europäisch-amerikanischen Beziehungen zusammen.

242 07.08. Bundeskanzler Brandt an Premierminister Heath S. 1214

Brandt antwortet auf den Vorschlag des Premierministers
Heath, ein Gipfeltreffen zwischen der Bundesrepublik, Frankreich und Großbritannien zur transatlantischen Erklärung
durchzuführen.

243 09.08. Aufzeichnung des Ministerialdirektors van Well S. 1217

Van Well stellt eine Annäherung der Bundesrepublik und der
USA hinsichtlich MBFR fest und beurteilt die Aussichten, zu
einer Einigung zu gelangen.

244 10.08. Aufzeichnung der Vortragenden Legationsrätin S. 1219
I. Klasse Finke-Osiander

Finke-Osiander faßt die Ergebnisse der Gespräche zwischen
der Bundesrepublik und der ČSSR vom 6. bis 10. August in
Prag über noch offene Fragen im Zusammenhang mit der Aufnahme diplomatischer Beziehungen zusammen.

245 13.08. Aufzeichnung des Ministerialdirektors van Well S. 1225

Van Well unterbreitet den Entwurf des Teils „Die politischen
Grundlagen und Ziele der Allianz" einer transatlantischen Erklärung zur Vorlage bei der NATO.

246 13.08. Runderlaß des Ministerialdirigenten Dreher S. 1232

Dreher erteilt Weisung zum Verfahren beim Ausstellen von
Reisepässen der Bundesrepublik für Bürger der DDR durch die
Vertretungen der Bundesrepublik in den osteuropäischen Staa-
ten und der Volksrepublik China.

247 13.08. Aufzeichnung des Botschafters Holubek, z.Z. Bonn S. 1235

Holubek berichtet von den Geschenkwünschen des Präsidenten
Bokassa anläßlich des Besuchs in der Bundesrepublik vom 7.
bis 11. August.

248 14.08. Aufzeichnung des Ministerialdirigenten Simon S. 1240

Vor dem Hintergrund aktueller Entwicklungen analysiert Simon die Grundlagen der französischen Außenpolitik.

249 15.08. Aufzeichnung des Ministerialdirektors van Well   S. 1246

Van Well erörtert die Ausreisewünsche jener deutschstämmigen Staatsangehörigen der UdSSR, die nicht in die Kategorien von Rückführung und Familienzusammenführung fallen.

250 15.08. Bundeskanzler Brandt an Staatspräsident Pompidou   S. 1251

Brandt schlägt vor, Staatssekretär Frank zu Gesprächen mit dem französischen Außenminister Jobert nach Paris zu entsenden, um die Haltung beider Staaten zur transatlantischen Erklärung abzustimmen.

251 17.08. Aufzeichnung des Ministerialdirektors van Well   S. 1252

Van Well faßt die Ergebnisse der Verhandlungen zwischen der Bundesrepublik und Ungarn vom 13. bis 16. August über die Aufnahme diplomatischer Beziehungen zusammen.

252 17.08. Aufzeichnung des Ministerialdirigenten Poensgen   S. 1262

Poensgen nimmt Stellung zu den Möglichkeiten einer langfristigen wirtschaftlichen Zusammenarbeit mit Jugoslawien.

253 17.08. Bundesminister Scheel an Bundeskanzler Brandt   S. 1267

Vor dem Hintergrund von Äußerungen von SPD-Mitgliedern zur Situation in den portugiesischen Überseegebieten bittet Scheel, die bisherige Afrika-Politik der Bundesregierung auch weiterhin geschlossen zu vertreten.

254 20.08. Aufzeichnung des Vortragenden Legationsrats I. Klasse   S. 1270
Dannenbring

Dannenbring faßt ein Gespräch des Staatssekretärs Frank mit dem Unterstaatssekretär im britischen Außenministerium, Brimelow, zusammen. Frank übergab die Punktation „Elemente der Geschäftsgrundlage" zur Vorbereitung einer transatlantischen Erklärung.

255 21.08. Drahterlaß des Ministerialdirektors van Well   S. 1275

Van Well erörtert einen möglichen Austritt Islands aus der NATO im Zusammenhang mit den Auseinandersetzungen wegen der Erweiterung der isländischen Fischereizone.

256 23.08. Aufzeichnung des Ministerialdirigenten Lautenschlager   S. 1278

Lautenschlager stellt das Energieprogramm der Bundesregierung vor.

257 24.08. Aufzeichnung des Ministerialdirigenten Poensgen   S. 1282

Poensgen berichtet von den Verhandlungen zwischen Elektrizitätsversorgungsunternehmen der Bundesrepublik und sowjetischen Stellen über die Lohnanreicherung von Uran in der UdSSR.

258 24.08. Vortragende Legationsrätin I. Klasse Finke-Osiander S. 1285
an die Handelsvertretung in Sofia

Finke-Osiander informiert über die Verhandlungen mit Bulgarien, der ČSSR und Ungarn zur Behandlung von Rechtshilfeersuchen von Gerichten und Behörden in Berlin (West).

259 27.08. Bundesminister Scheel an den Sicherheitsberater des S. 1290
amerikanischen Präsidenten, Kissinger

Scheel legt die Haltung der Bundesregierung zur transatlantischen Erklärung dar.

260 27.08. Aufzeichnung des Ministerialdirektors van Well S. 1292

Van Well erörtert Fragen, die mit der Lagerung von amerikanischen Atomwaffen in der Bundesrepublik zusammenhängen.

261 28.08. Gespräch des Bundesministers Bahr mit den Botschaftern Henderson (Großbritannien), Hillenbrand (USA) S. 1296
und Sauvagnargues (Frankreich)

Thema ist das Gespräch von Bahr mit dem Staatssekretär beim Ministerrat der DDR, Kohl, am 23. August, in dessen Mittelpunkt der Mißbrauch der Transitwege zwischen der Bundesrepublik und Berlin (West) stand.

262 29.08. Aufzeichnung des Vortragenden Legationsrats I. Klasse S. 1306
Ruth

Ruth berichtet über die deutsch-amerikanischen Konsultationen zu MBFR am 23./24. August in Washington.

263 29.08. Ministerialdirektor van Well an Staatssekretär Frank, S. 1315
z. Z. Paris

Van Well übermittelt einen Drahterlaß an die Handelsvertretung in Prag, in dem zum Vorschlag der ČSSR über die Behandlung von Rechtshilfeersuchen von Gerichten und Behörden in Berlin (West) Stellung genommen wird.

264 29.08. Bundeskanzler Brandt an den Generalsekretär des ZK S. 1318
der KPdSU, Breschnew

Nach dem Urteil des Bundesverfassungsgerichts vom 31. Juli über die Verfassungsmäßigkeit des Grundlagenvertrags resümiert Brandt Stand und Perspektiven der Beziehungen zwischen der Bundesrepublik und der UdSSR.

265 30.08. Gesandter Blomeyer-Bartenstein, Paris, an S. 1321
Staatssekretär Frank

Blomeyer-Bartenstein berichtet von Gesprächen des Staatssekretärs Frank in Paris über die deutsch-französischen Beziehungen und das europäisch-amerikanische Verhältnis.

266 30.08. Militärattaché Gollnick, Ankara, an das S. 1323
Auswärtige Amt

Gollnick übermittelt israelische Informationen über den Besuch des Vorsitzenden des Exekutivrats der PLO, Arafat, in
Ost-Berlin anläßlich der X. Weltfestspiele der Jugend und Studenten.

267 31.08. Aufzeichnung des Staatssekretärs Frank S. 1325

Frank resümiert Gespräche im französischen Außenministerium über die transatlantischen Beziehungen und die Politik der
Bundesrepublik sowie Frankreichs gegenüber den USA.

268 31.08. Aufzeichnung des Vortragenden Legationsrats I. Klasse S. 1329
Blech

Blech äußert sich zur Kritik aus dem Bundeskanzleramt an
dem Vorgehen des Auswärtigen Amts in der Berlin-Frage gegenüber der UdSSR sowie in den Verhandlungen mit Bulgari-
en, der ČSSR und Ungarn über die Aufnahme diplomatischer
Beziehungen.

269 31.08. Vortragender Legationsrat I. Klasse Ruth an die S. 1332
Ständige Vertretung bei der NATO in Brüssel

Ruth übermittelt den Entwurf einer Präambel für eine Vereinbarung der KSZE über vertrauensbildende Maßnahmen.

270 03.09. Aufzeichnung des Vortragenden Legationsrats I. Klasse S. 1334
Blech

Blech faßt ein Gespräch des Ministerialdirektors van Well mit
den Gesandten Cash (USA), Hibbert (Großbritannien) und Mori-
zet (Frankreich) zur Frage der Außenvertretung von Berlin
(West) durch die Bundesrepublik zusammen.

271 04.09. Aufzeichnung der Ministerialdirigenten Diesel und S. 1338
Poensgen

Diesel und Poensgen formulieren Grundsatzüberlegungen zur
Frage von Zinsbeihilfen für langfristige Exportkredite an Staatshandelsländer.

272 04.09. Vorlage des Auswärtigen Amts, des Bundesministe- S. 1345
riums der Finanzen und des Bundesministeriums
der Verteidigung für den Bundessicherheitsrat

Themen sind der deutsch-amerikanische Devisenausgleich sowie
die Lastenverteilung („burden sharing") innerhalb der NATO.

273 05.09. Vorlage des Auswärtigen Amts und des Bundesministe- S. 1354
riums der Verteidigung für den Bundessicherheitsrat

Erörtert werden der Stand der Vorbereitungen der MBFR-Verhandlungen in der NATO sowie die militärischen Aspekte der
Sicherheit im Zusammenhang mit der KSZE.

274 05.09. Aufzeichnung des Vortragenden Legationsrats I. Klasse S. 1361
Pfeffer

Pfeffer referiert die Ausführungen des Bundesministers Scheel
in einem Kolloquium des Auswärtigen Amts und des Bundesministeriums der Verteidigung.

275 06.09. Aufzeichnung des Vortragenden Legationsrats I. Klasse S. 1365
Pfeffer

Pfeffer gibt die Ausführungen des Bundesministers Leber in
einem Kolloquium des Auswärtigen Amts und des Bundesministeriums der Verteidigung wieder.

276 06.09. Aufzeichnung des Vortragenden Legationsrats I. Klasse S. 1369
Redies

Redies teilt die Ergebnisse eines Treffens der Nahost-Experten
der Europäischen Gemeinschaften zur aktuellen Entwicklung
im Nahen Osten mit.

277 07.09. Botschafter von Staden, Washington, an S. 1370
Bundesminister Scheel

Staden berichtet über ein Gespräch mit dem Staatssekretär im
amerikanischen Außenministerium, Rush, zum transatlantischen Verhältnis.

278 10.09. Aufzeichnung des Vortragenden Legationsrats I. Klasse S. 1373
Redies

Redies informiert über eine Unterredung mit dem Leiter des
Büros der Arabischen Liga in der Bundesrepublik, Khatib. Gegenstand waren die Beziehungen der Bundesrepublik zu Syrien.

279 11.09. Aufzeichnung des Vortragenden Legationsrats I. Klasse S. 1375
Meyer-Landrut

Meyer-Landrut äußert sich zur sowjetischen Kritik am russisch-
sprachigen Programm der Deutschen Welle.

280 12.09. Runderlaß des Hilfsreferenten Hiesl S. 1377

Hiesl bilanziert die Ergebnisse der Außenministerkonferenz
der EG-Mitgliedstaaten am 10./11. September in Kopenhagen.
Thema waren die Beziehungen Europas zu den USA.

281 12.09. Botschafter von Hase, London, an das Auswärtige Amt   S. 1381

Hase teilt mit, daß der WEU-Rat dem Antrag der Bundesregierung zugestimmt habe, die Tonnagegrenze für den Bau von U-Booten in der Bundesrepublik anzuheben.

282 13.09. Gespräch des Bundeskanzlers Brandt mit Kaiser Haile Selassie   S. 1382

Erörtert werden die wirtschaftliche Zusammenarbeit zwischen der Bundesrepublik und Äthiopien sowie die Afrika-Politik der Bundesregierung.

283 17.09. Vortragender Legationsrat I. Klasse Ruth an die Ständige Vertretung bei der NATO in Brüssel   S. 1385

Ruth erläutert den Standpunkt der Bundesregierung zur Frage der vertrauensbildenden Maßnahmen bei der KSZE.

284 18.09. Gespräch des Bundesministers Bahr mit dem sowjetischen Gesandten Kaplin   S. 1390

Behandelt wird das Urteil des Bundesverfassungsgerichts vom 31. Juli zum Grundlagenvertrag.

285 18.09. Aufzeichnung des Vortragenden Legationsrats I. Klasse Meyer-Landrut   S. 1393

Meyer-Landrut äußert sich zur Lage der Dissidenten in der UdSSR.

286 19.09. Ministerialdirektor Hermes, z. Z. Washington, an das Auswärtige Amt   S. 1400

Hermes berichtet über den Verlauf von Verhandlungen zum deutsch-amerikanischen Devisenausgleich.

287 20.09. Botschafter Gehlhoff, New York (UNO), an das Auswärtige Amt   S. 1404

Gehlhoff gibt ein Gespräch des Bundesministers Scheel mit dem sowjetischen Außenminister Gromyko in New York zu aktuellen Fragen der Ost-West-Beziehungen wieder.

288 21.09. Sitzung des Ständigen NATO-Rats in Brüssel   S. 1412

Thema ist die zweite Phase der amerikanisch-sowjetischen Verhandlungen über eine Begrenzung der strategischen Waffen (SALT II).

289 21.09. Ministerialdirektor van Well an die Ständige S. 1418
Vertretung bei der NATO in Brüssel

Van Well übermittelt eine Stellungnahme der Bundesregierung zum kanadischen Entwurf einer transatlantischen Erklärung der NATO.

290 21.09. Botschafter von Staden, Washington, an das S. 1423
Auswärtige Amt

Staden berichtet über ein Gespräch des niederländischen Außenministers van der Stoel mit dem amerikanischen Außenminister Kissinger in Washington. Themen waren eine transatlantische Erklärung sowie die geplante Europa-Reise des Präsidenten Nixon.

291 21.09. Staatssekretär Sachs, z. Z. Djidda, an das S. 1427
Auswärtige Amt

Sachs berichtet über die Wiederaufnahme der diplomatischen
Beziehungen zwischen der Bundesrepublik und Saudi-Arabien
am 18. September.

292 24.09. Ministerialdirigent Diesel an die Botschaft in S. 1429
Washington

Diesel informiert über das amerikanische Ersuchen an europäische Regierungen, zur Finanzierung der Sender „Radio Free
Europe" und „Radio Liberty" beizutragen.

293 25.09. Aufzeichnung des Legationsrats I. Klasse Mohr, S. 1431
Moskau

Mohr faßt das Gespräch einer Delegation des Bundestags mit
dem sowjetischen Stellvertretenden Außenminister Kusnezow
zusammen. Erörtert wurden der UNO-Beitritt der Bundesrepublik, Berlin-Fragen, MBFR und KSZE.

294 25.09. Ministerialdirektor van Well, z. Z. New York (UNO), S. 1439
an das Auswärtige Amt

Van Well informiert über eine Unterredung des Bundesministers Scheel mit dem polnischen Außenminister Olszowski in
New York zu bilateralen Fragen.

295 25.09. Ministerialdirektor van Well, z. Z. New York (UNO), S. 1442
an das Auswärtige Amt

Van Well gibt ein Gespräch des Bundesministers Scheel mit
dem tschechoslowakischen Außenminister Chnoupek in New
York wieder. Thema war die Behandlung von Rechtshilfeersuchen von Gerichten und Behörden in Berlin (West).

296 26.09. Ministerialdirektor van Well, z. Z. New York (UNO), an Staatssekretär Frank   S. 1445

Van Well berichtet über ein Gespräch des Bundesministers Scheel mit dem amerikanischen Außenminister Kissinger in New York zur Frage einer transatlantischen Erklärung.

297 26.09. Aufzeichnung des Botschafters von Staden, Washington   S. 1448

Staden resümiert ein Gespräch des Bundeskanzlers Brandt mit dem amerikanischen Außenminister Kissinger in Washington über eine transatlantische Erklärung.

298 29.09. Gespräch des Bundeskanzlers Brandt mit Präsident Nixon in Washington   S. 1450

Im Mittelpunkt stehen eine transatlantische Erklärung sowie die geplante Europa-Reise des Präsidenten Nixon.

299 29.09. Bundeskanzler Brandt, z. Z. Washington, an Staatspräsident Pompidou   S. 1454

Brandt unterrichtet Pompidou über das Gespräch mit Präsident Nixon in Washington.

300 01.10. Aufzeichnung des Ministerialdirektors van Well   S. 1457

Van Well gibt eine Einschätzung französischer Äußerungen zu einer stärkeren verteidigungspolitischen Zusammenarbeit der EG-Mitgliedstaaten.

301 01.10. Runderlaß des Ministerialdirigenten Simon   S. 1464

Simon informiert über die Gespräche des Politischen Komitees im Rahmen der Europäischen Politischen Zusammenarbeit mit Vertretern der amerikanischen Regierung in New York über eine transatlantische Erklärung.

302 02.10. Aufzeichnung des Ministerialdirektors van Well   S. 1468

Van Well äußert sich zum Entwurf der Bonner Vierergruppe für eine Antwort der Drei Mächte auf die sowjetische Demarche vom 10. September gegen die Errichtung des Umweltbundesamts in Berlin (West).

303 02.10. Aufzeichnung des Ministerialdirektors van Well   S. 1472

Van Well erörtert Möglichkeiten, gegen gewerbliche Fluchthilfe auf den Transitwegen nach Berlin (West) vorzugehen.

304 03.10. Aufzeichnung des Botschafters Behrends   S. 1475

Behrends berichtet über Gespräche zur Vorbereitung von MBFR vom 27. bis 29. September in Washington und am 1. Oktober in London.

305 03.10. Aufzeichnung des Vortragenden Legationsrats Citron   S.1486

Citron resümiert Gespräche des Bundeskanzlers Brandt mit dem amerikanischen Außenminister Kissinger und Verteidigungsminister Schlesinger am 29. September in Washington. Themen waren die Beziehungen zur UdSSR, MBFR, ein neues Devisenausgleichsabkommen sowie die Präsenz amerikanischer Streitkräfte in Europa.

306 03.10. Schrifterlaß des Ministerialdirigenten Dreher   S. 1490

Dreher übermittelt eine Sprachregelung zur Haltung der Bundesregierung hinsichtlich finanzieller Forderungen dritter Staaten an die DDR.

307 04.10. Gespräch des Bundeskanzlers Brandt mit   S. 1495
Ministerpräsident Tanaka

Hauptthemen sind die Verstärkung des Dialogs zwischen den USA, den Europäischen Gemeinschaften und Japan, die Ostpolitik, die Einschätzung der Volksrepublik China, die Energieversorgung der Industriestaaten, der Nahost-Konflikt und die Weiterentwicklung der Europäischen Gemeinschaften.

308 04.10. Aufzeichnung des Bundesministers Bahr   S. 1504

Bahr faßt ein Vier-Augen-Gespräch mit dem Staatssekretär beim Ministerrat der DDR, Kohl, zusammen. Themen waren die Errichtung Ständiger Vertretungen, die Registrierung des Grundlagenvertrags beim Sekretariat der UNO, das Urteil des Bundesverfassungsgerichts vom 31. Juli und die Einbeziehung von Berlin (West) in die Sportbeziehungen.

309 04.10. Aufzeichnung des Ministerialdirektors Lahn   S. 1510

Lahn informiert über die Reaktion der arabischen Staaten auf die Ausführungen des Bundeskanzlers Brandt am 26. September vor der UNO-Generalversammlung zum Nahost-Konflikt.

310 05.10. Aufzeichnung des Botschafters Gehlhoff   S. 1512

Gehlhoff schildert die Aufnahme der Bundesrepublik in die UNO am 18. September.

311 05.10. Botschafter Lahr, Rom, an das Auswärtige Amt   S. 1519

Lahr berichtet über neue Entwicklungen bezüglich der Einführung des Farbfernsehens in Italien nach dem Besuch des Staatspräsidenten Leone in Paris.

312 07.10. Botschafter von Hase, London, an das Auswärtige Amt   S. 1521

Hase informiert über die Gespräche des Bundeskanzlers Brandt mit Premierminister Heath in Chequers. Im Mittelpunkt standen der Ausbau der Europäischen Gemeinschaften, die Beziehungen zwischen Europa und den USA, KSZE und MBFR sowie der Beginn militärischer Auseinandersetzungen im Nahen Osten.

313 08.10. Gespräch des Bundesministers Scheel mit den Botschaftern arabischer Staaten   S. 1528

Die Gesprächspartner erörtern den Beginn des israelisch-arabischen Kriegs („Jom-Kippur-Krieg").

314 08.10. Gespräch des Bundesministers Scheel mit dem israelischen Botschafter Ben-Horin   S. 1530

Thema ist der Beginn des israelisch-arabischen Kriegs („Jom-Kippur-Krieg").

315 08.10. Aufzeichnung des Ministerialdirektors van Well   S. 1533

Van Well nimmt Stellung zum französischen Entwurf für eine transatlantische Erklärung der NATO.

316 09.10. Aufzeichnung des Ministerialdirigenten Müller   S. 1537

Müller faßt den Stand der Gespräche mit der Demokratischen Republik Vietnam (Nordvietnam) über die Aufnahme diplomatischer Beziehungen zusammen.

317 11.10. Botschafter Freiherr von Braun, Paris, an das Auswärtige Amt   S. 1540

Braun erläutert den Wandel in der französischen Europapolitik und im europäisch-amerikanischen Verhältnis.

318 12.10. Botschafter von Puttkamer, Tel Aviv, an das Auswärtige Amt   S. 1546

Puttkamer berichtet über Reaktionen in der israelischen Regierung auf den Ausbruch des israelisch-arabischen Kriegs („Jom-Kippur-Krieg").

319 12.10. Ministerialdirigent Brunner, z. Z. Genf an das Auswärtige Amt   S. 1547

Brunner analysiert den Verlauf der zweiten Phase der KSZE.

320 13.10. Gesandter Peckert, Ankara, an das Auswärtige Amt   S. 1553

Peckert teilt mit, daß sowjetische Transportflugzeuge entlang der türkisch-iranischen Grenze in Richtung Syrien geflogen seien.

321 13.10. Botschafter Sahm, Moskau, an das Auswärtige Amt   S. 1554

Sahm informiert über ein Gespräch mit dem sowjetischen Außenminister Gromyko. Erörtert wurden der israelisch-arabische

Krieg („Jom-Kippur-Krieg") sowie der bevorstehende Besuch des Bundesministers Scheel in der UdSSR.

322   16.10.   Gespräch des Bundesministers Scheel mit dem   S. 1557
amerikanischen Botschafter Hillenbrand

Hillenbrand erläutert den amerikanischen Beschluß, Waffen unter Einbeziehung von in der Bundesrepublik lagerndem Material an Israel zu liefern.

323   16.10.   Rundschreiben des Ministerialdirigenten Poensgen   S. 1564

Poensgen resümiert die Beratungen des Politischen Komitees im Rahmen der Europäischen Politischen Zusammenarbeit am 11./12. Oktober in Kopenhagen. Erörtert wurden die amerikanischen Änderungsvorschläge zum Entwurf der EG-Mitgliedstaaten für eine transatlantische Erklärung.

324   17.10.   Botschafter Krapf, Brüssel (NATO), an das   S. 1568
Auswärtige Amt

Krapf gibt eine Diskussion im Ständigen NATO-Rat über die amerikanische Forderung wieder, vor dem Hintergrund des israelisch-arabischen Kriegs („Jom-Kippur-Krieg") die Politik gegenüber der UdSSR zu überprüfen.

325   18.10.   Gespräch des Bundesministers Scheel mit dem   S. 1573
polnischen Außenminister Olszowski in Warschau

Erörtert werden Probleme der Familienzusammenführung, Projekte der wirtschaftlichen Zusammenarbeit sowie das Kreditangebot der Bundesregierung an Polen.

326   18.10.   Vorlage des Auswärtigen Amts für den   S. 1591
Bundessicherheitsrat

Die vom Ständigen NATO-Rat am 17. Oktober verabschiedete Verhandlungsposition der NATO für MBFR wird vorgestellt.

327   18.10.   Ministerialdirigent Poensgen an Botschafter von   S. 1596
Staden, Washington

Poensgen erläutert die Auswirkungen des Jackson-Nunn-Amendment auf die Verhandlungen mit den USA über den Devisenausgleich.

328   19.10.   Gespräch des Bundesministers Scheel mit   S. 1599
Ministerpräsident Jaroszewicz in Warschau

Die Gesprächspartner erörtern das Kreditangebot der Bundesregierung für Polen.

329 19.10. Runderlaß des Vortragenden Legationsrats I. Klasse   S. 1608
Dohms

Dohms übermittelt eine Sprachregelung zum israelisch-arabischen Krieg („Jom-Kippur-Krieg").

330 19.10. Botschafter Freiherr von Braun, Paris, an das   S. 1612
Auswärtige Amt

Braun berichtet über den Besuch des CDU-Vorsitzenden Kohl vom 13. bis 16. Oktober in Paris.

331 20.10. Gespräch des Bundesministers Scheel mit dem Ersten   S. 1615
Sekretär des ZK der PVAP, Gierek, in Warschau

Themen sind das Kreditangebot der Bundesregierung für Polen sowie der geplante Besuch von Gierek in der Bundesrepublik.

332 20.10. Botschafter von Staden, Washington, an   S. 1627
Staatssekretär Frank

Staden teilt mit, daß der CSU-Vorsitzende Strauß in Gesprächen in Washington eine Verstimmung der amerikanischen Regierung über die Haltung der europäischen NATO-Partner festgestellt habe.

333 22.10. Runderlaß des Ministerialdirektors van Well   S. 1629

Van Well informiert über die Sitzung des Politischen Komitees im Rahmen der Europäischen Politischen Zusammenarbeit am 17. Oktober in Kopenhagen und das anschließende Treffen mit Vertretern der amerikanischen Regierung. Im Mittelpunkt stand der Entwurf der EG-Mitgliedstaaten für eine transatlantische Erklärung.

334 24.10. Gespräch des Bundeskanzlers Brandt mit dem   S. 1634
sowjetischen Botschafter Falin

Falin übermittelt eine Botschaft des Generalsekretärs des ZK der KPdSU, Breschnew, zum Nahost-Konflikt und berichtet über den Besuch des Ministerpräsidenten Tanaka in der UdSSR. Außerdem erörtern Brandt und Falin das Problem der Außenvertretung von Berlin (West).

335 24.10. Gespräch des Staatssekretärs Frank mit dem   S. 1638
amerikanischen Gesandten Cash

Frank teilt mit, daß nach Abschluß des Waffenstillstands im Nahen Osten die amerikanischen Waffenlieferungen vom Bundesgebiet aus an Israel eingestellt werden müßten, und erhebt Einspruch gegen die Verladung dieses Rüstungsmaterials auf israelische Schiffe.

336 24.10. Gespräch des Bundesministers Bahr mit den Botschaf- S. 1644
tern Henderson (Großbritannien) und Sauvagnargues
(Frankreich) sowie dem amerikanischen Gesandten
Cash

Bahr informiert über das Gespräch mit dem Staatssekretär
beim Ministerrat der DDR, Kohl, am Vortag zur Errichtung
Ständiger Vertretungen und zur Außenvertretung von Berlin
(West).

337 25.10. Gespräch des Staatssekretärs Frank mit dem S. 1647
amerikanischen Botschafter Hillenbrand

Thema sind die amerikanischen Waffenlieferungen vom Bundesgebiet aus an Israel.

338 25.10. Aufzeichnung des Bundesministers Bahr S. 1653

Bahr faßt ein Vier-Augen-Gespräch mit dem Staatssekretär
beim Ministerrat der DDR, Kohl, zusammen. Erörtert wurden
die Errichtung Ständiger Vertretungen, die Sportbeziehungen
und die Registrierung des Grundlagenvertrags beim Sekretariat der UNO.

339 25.10. Aufzeichnung des Ministerialdirektors Lahn S. 1655

Lahn resümiert ein Gespräch mit dem Leiter des Büros der
Arabischen Liga, Khatib, über die amerikanischen Waffenlieferungen vom Bundesgebiet aus an Israel.

340 25.10. Bundeskanzler Brandt an Premierminister Heath S. 1659

Brandt berichtet über die Reaktion des Staatspräsidenten Pompidou auf seine Vorschläge für den Besuch des Präsidenten
Nixon in Europa und für die weitere Vertiefung der europäischen Integration. Außerdem informiert Brandt über ein Gespräch mit dem Präsidenten der EG-Kommission, Ortoli.

341 26.10. Botschafter von Staden, Washington, an S. 1662
Bundesminister Scheel

Staden gibt ein Gespräch mit dem amerikanischen Außenminister Kissinger wieder. Erörtert wurden der israelisch-arabische
Krieg („Jom-Kippur-Krieg"), die amerikanischen Waffenlieferungen vom Bundesgebiet aus an Israel und die Beziehungen der
USA zu den europäischen Bündnispartnern.

342 28.10. Bundeskanzler Brandt an Präsident Nixon S. 1668

Brandt äußert sich zu den amerikanischen Waffenlieferungen
vom Bundesgebiet aus an Israel.

343 29.10. Gespräch des Staatssekretärs Frank mit dem S. 1670
amerikanischen Botschafter Hillenbrand

Thema sind die amerikanischen Waffenlieferungen vom Bundesgebiet aus an Israel. Hillenbrand kündigt zudem eine Erklärung zum Konsultationsverfahren in der NATO an.

344 29.10. Aufzeichnung des Ministerialdirektors Lahn S. 1678

Lahn stellt Überlegungen zu einer Friedenslösung für den Nahen Osten an.

345 29.10. Gesandtin Scheibe, Den Haag, an das Auswärtige Amt S. 1683

Scheibe informiert über Ausführungen des niederländischen Außenministers van der Stoel zum Ölbyokott der arabischen Staaten gegen die Niederlande.

346 30.10. Botschaftsrat Müller-Chorus, Tripolis, an das S. 1686
Auswärtige Amt

Müller-Chorus berichtet über eine Demarche des Staatssekretärs im libyschen Außenministerium. Naas habe um Überprüfung der Haltung der Bundesregierung zum Nahost-Konflikt gebeten und die Möglichkeit eines Ölboykotts angedeutet.

347 30.10. Vortragender Legationsrat I. Klasse Freiherr von Groll, S. 1690
z. Z. Genf, an das Auswärtige Amt

In einer Bilanz des bisherigen Verlaufs der zweiten Phase der KSZE verzeichnet Groll Meinungsunterschiede zwischen Ost und West.

348 31.10. Botschafter von Hase, London, an das Auswärtige Amt S. 1699

Hase berichtet über den Besuch des Bundesministers Bahr am 29./30. Oktober in London. Im Mittelpunkt der Gespräche standen die langfristigen Perspektiven der europäisch-amerikanischen Beziehungen.

349 01.11. Gespräch des Bundesministers Scheel mit dem S. 1706
sowjetischen Außenminister Gromyko in Moskau

Die Gesprächspartner resümieren den Stand der beiderseitigen Beziehungen.

350 01.– Gespräch des Bundesministers Scheel mit dem S. 1709
03.11. sowjetischen Außenminister Gromyko in Moskau

Thema ist die Behandlung von Rechtshilfeersuchen von Gerichten und Behörden in Berlin (West) durch sowjetische Stellen.

351 01.11. Gespräch des Bundesministers Scheel mit dem S. 1714
sowjetischen Außenminister Gromyko in Moskau

Die beiderseitigen Positionen zu Aufgabe und Fortgang der
KSZE werden dargelegt.

352 01.11. Gespräch des Bundesministers Scheel mit dem S. 1718
sowjetischen Außenminister Gromyko in Moskau

Erörtert werden Fragen der militärischen Sicherheit in Europa
im Zusammenhang mit MBFR.

353 01.11. Gespräch des Bundesministers Scheel mit dem S. 1722
sowjetischen Außenminister Gromyko in Moskau

Gegenstand sind der israelisch-arabische Krieg („Jom-Kippur-
Krieg") und seine Auswirkungen auf die Ost-West-Beziehungen.

354 02.11. Gespräch des Bundesministers Scheel mit dem S. 1727
sowjetischen Außenminister Gromyko in Moskau

Die Gesprächspartner befassen sich mit den Wirtschaftsbeziehungen zwischen der Bundesrepublik und der UdSSR.

355 02.11. Gespräch des Bundesministers Scheel mit dem S. 1732
sowjetischen Außenminister Gromyko in Moskau

Erörtert werden Fragen der Familienzusammenführung.

356 02.11. Botschafter von Staden, Washington, an das S. 1736
Auswärtige Amt

Staden informiert über eine Unterrichtung der Botschafter der
NATO-Mitgliedstaaten in Washington durch den amerikani-
schen Außenminister. Kissinger erläuterte die amerikanische
Politik während des israelisch-arabischen Kriegs („Jom-Kippur-
Krieg").

357 03.11. Botschafter Sahm, Moskau, an das Auswärtige Amt S. 1742

Sahm berichtet über ein Gespräch des Bundesministers Scheel
mit Ministerpräsident Kossygin. Neben dem israelisch-arabischen Krieg („Jom-Kippur-Krieg") und den Ost-West-Beziehungen wurde der Stand der bilateralen Wirtschaftsbeziehungen erörtert.

358 05.11. Aufzeichnung des Bundesministers Bahr S. 1747

Bahr notiert eine mündlich übermittelte Botschaft des Generalsekretärs des ZK der KPdSU, Breschnew, zu den sowjetisch-
amerikanischen Beziehungen während des israelisch-arabischen
Kriegs („Jom-Kippur-Krieg") sowie dem Besuch des Bundesministers Scheel in Moskau.

359 06.11. Botschafter Roth an die Ständige Vertretung bei der   S. 1751
NATO in Brüssel

Roth übermittelt eine Sprachregelung zum Stellenwert von stabilisierenden Maßnahmen für das MBFR-Konzept der Bundesregierung.

360 06.11. Botschafter Lebsanft, Brüssel (EG), an das   S. 1757
Auswärtige Amt

Lebsanft berichtet über die Beratung des EG-Ministerrats zur
Mineralölversorgung der Europäischen Gemeinschaften.

361 07.11. Aufzeichnung des Ministerialdirektors Hermes   S. 1760

Hermes legt eine Kabinettsvorlage des Auswärtigen Amts zur
Europapolitik für die Sondersitzung des Kabinetts am 15. November auf Schloß Gymnich vor.

362 07.11. Aufzeichnung des Ministerialdirektors Hermes   S. 1774

Hermes vermerkt ein Gespräch mit dem Staatssekretär im
amerikanischen Außenministerium, Casey, zu Fragen des Devisenausgleichs.

363 07.11. Runderlaß des Ministerialdirektors van Well   S. 1777

Van Well informiert über die Nahost-Erklärung der EG-Mitgliedstaaten vom Vortag.

364 07.11. Bundeskanzler Brandt an den Generalsekretär   S. 1780
des ZK der KPdSU, Breschnew

Brandt äußert sich zur Nahost-Politik der USA und zur Ölkri-
se. Außerdem bringt er seine Sorge über die Entwicklung der
Beziehungen zwischen der Bundesrepublik und der DDR zum
Ausdruck.

365 08.11. Gespräch des Bundeskanzlers Brandt mit   S. 1783
Ministerpräsident Rumor

Themen sind der Nahe Osten, die europäisch-amerikanischen
Beziehungen, die bevorstehende europäische Gipfelkonferenz,
der Übergang zur zweiten Stufe der Wirtschafts- und Währungsunion sowie bilaterale Fragen.

366 08.11. Aufzeichnung des Bundesministers Bahr   S. 1786

Bahr faßt ein Gespräch mit dem Staatssekretär beim Ministerrat der DDR, Kohl, zusammen. Im Mittelpunkt stand die Errichtung Ständiger Vertretungen. Es wurde ferner über ein Ge-
sundheitsabkommen, die Erhöhung des Zwangsumtauschs für
Einreisen in die DDR, die Arbeit einer Grenzkommission und
den Mißbrauch der Transitwege gesprochen.

367   09.11.   Gespräch des Bundesministers Scheel mit dem   S. 1791
           französischen Außenminister Jobert in Paris

           Vor dem Hintergrund des israelisch-arabischen Kriegs („Jom-
           Kippur-Krieg") und der Ölkrise werden die Perspektiven einer
           gemeinsamen Außen- und Verteidigungspolitik der EG-Mit-
           gliedstaaten erörtert.

368   09.11.   Gespräch des Bundesministers Scheel mit dem   S. 1797
           französischen Außenminister Jobert in Paris

           Thema ist die Haltung Frankreichs zu MBFR.

369   09.11.   Aufzeichnung des Botschafters Roth   S. 1799

           Roth analysiert den am 8. November in Wien von der sowjeti-
           schen Delegation vorgelegten Entwurf für ein MBFR-Abkom-
           men.

370   09.11.   Botschafter Steltzer, Kairo, an Staatssekretär Frank   S. 1804

           Steltzer berichtet über die erfolgreichen Bemühungen des ägyp-
           tischen Außenministers Fahmi, Libyen von einem Ölboykott ge-
           gen die Bundesrepublik abzuhalten. Gleichzeitig warnt Steltzer
           vor einer neuerlichen Verschlechterung der Beziehungen zu den
           arabischen Staaten.

371   12.11.   Gespräch des Bundeskanzlers Brandt mit   S. 1807
           Premierminister Heath in London

           Themen sind die Auswirkungen des israelisch-arabischen Kriegs
           („Jom-Kippur-Krieg") auf die europäisch-amerikanischen Bezie-
           hungen, die bevorstehende europäische Gipfelkonferenz und
           Fragen der Energieversorgung.

372   12.11.   Leitlinien der Bündnispolitik   S. 1816

           In der Kabinettsvorlage für die Sondersitzung des Kabinetts
           am 15. November auf Schloß Gymnich werden die bündnispo-
           litischen Grundsätze der Bundesregierung rekapituliert.

373   12.11.   Sitzung des Ständigen NATO-Rats in Brüssel   S. 1818

           Gegenstand der Beratung ist der von der UdSSR am 9. Oktober
           in Genf vorgelegte Entwurf für ein SALT-Abkommen.

374   12.11.   Aufzeichnung des Referats 210   S. 1823

           Thema ist die Sitzung der Bonner Vierergruppe am 8. Novem-
           ber über die Errichtung des Umweltbundesamts in Berlin
           (West).

375 13.11. Aufzeichnung des Ministerialdirektors van Well   S. 1826

Van Well erläutert den Stand der KSZE-Verhandlungen zum Thema Unverletzlichkeit der Grenzen und die Position der Bundesregierung.

376 15.11. Aufzeichnung des Ministerialdirektors van Well   S. 1831

Van Well analysiert die Verhandlungen mit der UdSSR und der ČSSR über die Behandlung von Rechtshilfeersuchen von Gerichten und Behörden in Berlin (West) und äußert sich zum weiteren Vorgehen.

377 15.11. Runderlaß des Ministerialdirektors van Well   S. 1839

Van Well informiert über die Tagung des Politischen Komitees im Rahmen der Europäischen Politischen Zusammenarbeit vom 12. bis 14. November in Kopenhagen. Themen waren u. a. das Verhältnis der EG-Mitgliedstaaten zu den USA, zu Japan und Kanada, die KSZE sowie die bevorstehende europäische Gipfelkonferenz.

378 19.11. Aufzeichnung des Ministerialdirektors van Well   S. 1844

Van Well notiert die Reaktion in der Bonner Vierergruppe auf das Schreiben des sowjetischen UNO-Botschafters Malik vom 6. Juni zur Vertretung von Berlin (West) in der UNO durch die Bundesrepublik.

379 19.11. Botschafter Oncken, Athen, an das Auswärtige Amt   S. 1847

Oncken berichtet über die politische Lage in Griechenland nach Ausrufung des Ausnahmezustandes.

380 20.11. Aufzeichnung des Legationsrats I. Klasse Kastrup   S. 1852

Kastrup äußert sich zur Einbeziehung von Berlin (West) in den internationalen Luftverkehr.

381 20.11. Botschafter Behrends, Wien (MBFR-Delegation), an das Auswärtige Amt   S. 1855

Behrends berichtet über ein Gespräch mit dem Leiter der sowjetischen MBFR-Delegation, Chlestow, zum sowjetischen Entwurf vom 8. November für ein MBFR-Abkommen.

382 20.11. Bundesminister Bahr, z. Z. Paris, an das Auswärtige Amt   S. 1860

Bahr resümiert ein Gespräch mit dem französischen Außenminister Jobert. Erörtert wurden europa- und verteidigungspolitische Fragen, die Lage im Nahen Osten und die Ölkrise.

383 21.11. Aufzeichnung des Vortragenden Legationsrats   S. 1864
                 von der Gablentz

Von der Gablentz vermerkt das Ergebnis der Außenministerkonferenz der EG-Mitgliedstaaten in Kopenhagen. Hauptthemen waren die bevorstehende europäische Gipfelkonferenz, die
KSZE und die transatlantischen Beziehungen.

384 21.11. Bundesminister Eppler, z. Z. Kairo, an das   S. 1869
                 Auswärtige Amt

Eppler informiert über ein Gespräch mit Präsident Sadat zur
Lage im Nahen Osten.

385 22.11. Gespräch des Bundesministers Scheel mit   S. 1872
                 Premierminister Heath in London

Im Mittelpunkt stehen die bevorstehende europäische Gipfelkonferenz und die Ölkrise.

386 22.11. Botschafter Roth an die Botschaft in Wien   S. 1874

Roth übermittelt die am 22. November in die MBFR-Verhandlungen eingeführten Rahmenvorschläge der NATO.

387 23.11. Botschafter von Staden, Washington, an das   S. 1877
                 Auswärtige Amt

Von Staden referiert Äußerungen eines Mitarbeiters des amerikanischen Nationalen Sicherheitsrats zur politischen und strategischen Bedeutung der französischen Kernwaffen.

388 23.11. Botschafter von Hase, London, an das Auswärtige Amt   S. 1879

Hase berichtet von Gesprächen des Bundesministers Scheel in
London über das transatlantische Verhältnis, eine stärkere europäische Zusammenarbeit auf dem Gebiet der Verteidigung
und über weitere europapolitische Fragen.

389 24.11. Botschafter Pauls, Peking, an das Auswärtige Amt   S. 1885

Pauls informiert über eine Unterredung des Bundesministers
Genscher mit Ministerpräsident Chou En-lai. Themen waren die
Deutschland- und Berlinfrage sowie die Lage im Nahen Osten.

390 26.11. Gespräch des Bundeskanzlers Brandt mit   S. 1888
                 Staatspräsident Pompidou in Paris

Erörtert werden Fragen der Energieversorgung und die Lage
im Nahen Osten.

391 26.11. Gespräch des Bundesministers Scheel mit dem   S. 1901
                 französischen Außenminister Jobert in Paris

Im Mittelpunkt stehen der Nahe Osten und eine stärkere europäische Zusammenarbeit auf dem Gebiet der Verteidigung.

392 26.11 Gespräch des Bundeskanzlers Brandt mit S. 1909
Ministerpräsident Messmer in Paris

Schwerpunktthemen sind die Energieversorgung, insbesondere die Maßnahmen zur Bewältigung der Ölkrise, und der Nahe Osten.

393 26.11 Gespräch des Bundeskanzlers Brandt mit S. 1918
Staatspräsident Pompidou in Paris

Erörtert werden die bevorstehende europäische Gipfelkonferenz, eine stärkere europäische Zusammenarbeit auf dem Gebiet der Verteidigung, Maßnahmen zur Bewältigung der Ölkrise und der Ausbau der Wirtschafts- und Währungsunion.

394 27.11. Gespräch des Bundeskanzlers Brandt mit S. 1936
Staatspräsident Pompidou in Paris

Hauptthemen sind die Beziehungen der Bundesrepublik und Frankreichs zu den USA und zur UdSSR, die Einbeziehung von Kanada und Japan in eine transatlantische Erklärung und die Erneuerung der Abkommen von Jaunde.

395 27.11. Botschafter von Staden, Washington, an S. 1943
Bundesminister Scheel

Staden berichtet über ein Gespräch mit dem Staatssekretär im amerikanischen Außenministerium, Rush, zu den transatlantischen Beziehungen und zur Haltung europäischer Staaten während des israelisch-arabischen Kriegs („Jom-Kippur-Krieg").

396 28.11. Aufzeichnung des Staatssekretärs Gaus, S. 1947
Bundeskanzleramt

Gaus faßt zwei Gespräche mit dem Stellvertretenden Außenminister der DDR, Nier, zusammen. Erörtert wurden ein Kulturabkommen, die Errichtung Ständiger Vertretungen und die Note der DDR vom 6. November zur Errichtung des Umweltbundesamts in Berlin (West).

397 30.11. Botschafter Behrends, Wien (MBFR-Delegation), S. 1951
an das Auswärtige Amt

Behrends resümiert den Stand der MBFR-Verhandlungen.

398 03.12. Aufzeichnung des Vortragender Legationsrat I. Klasse S. 1957
Pfeffer

Pfeffer legt eine Aufzeichnung zur Anfrage Jugoslawiens über rüstungswirtschaftliche Zusammenarbeit vor.

399 04.12. Botschafter Lebsanft, Brüssel (EG), an das   S. 1962
Auswärtige Amt

Lebsanft berichtet über die Erörterung der politischen und wirtschaftlichen Folgen der Ölkrise auf der EG-Ministerratstagung.

400 04.12. Botschafter Lebsanft, Brüssel (EG), an das   S. 1966
Auswärtige Amt

Lebsanft informiert über die am Vortag von der EG-Kommission dem EG-Ministerrat vorgelegten Vorschläge zur Wirt-
schafts- und Währungsunion.

401 04.12. Aufzeichnung des Staatssekretärs Gaus,   S.1973
Bundeskanzleramt

Gaus plädiert dafür, in der Frage der Errichtung Ständiger
Vertretungen bald zu einer Einigung mit der DDR zu kommen.

402 06.12. Gespräch des Bundesministers Scheel mit dem   S. 1974
polnischen Außenminister Olszowski

Erörtert werden der von polnischer Seite gewünschte ungebundene Finanzkredit, die Förderung der wirtschaftlichen Kooperation durch die Übernahme von Bundesbürgschaften sowie humanitäre Fragen.

403 06.12. Botschafter Krapf, Brüssel (NATO), an das   S. 1985
Auswärtige Amt

Krapf berichtet über die Ministersitzung der Eurogroup in
Brüssel.

404 07.12. Aufzeichnung des Ministerialdirektors Hermes   S. 1991

Hermes nimmt Stellung zu einer Forderung der SPD-Bundes-
tagsfraktion nach vollständiger Einstellung der Verteidigungs-
hilfe an Griechenland.

405 07.12. Aufzeichnung des Botschafters Roth   S. 1994

Roth diskutiert die Vorschläge der NATO für vertrauensbildende Maßnahmen im Rahmen von MBFR und unterbreitet Vorschläge für die Haltung der Bundesrepublik.

406 07.12. Botschafter Krapf, Brüssel (NATO), an das   S. 1997
Auswärtige Amt

Krapf berichtet über den allgemeinen Teil der Ministersitzung
des Ausschusses für Verteidigungsplanung der NATO. Erörtert
wurden vor allem die NATO-Streitkräfteplanung, MBFR und
die Lastenverteilung („burden sharing") innerhalb der NATO.

407   07.12.   Botschafter Krapf, Brüssel (NATO), an das   S. 2003
Auswärtige Amt

Krapf informiert über die Ministersitzung des Ausschusses für
Verteidigungsplanung der NATO („restricted session"). Im Mittelpunkt standen militärische Erkenntnisse aus dem israelisch-
arabischen Krieg („Jom-Kippur-Krieg").

408   10.12.   Aufzeichnung des Ministerialdirektors Lahn   S. 2008

Lahn spricht sich für eine Verbesserung der Kontakte zur PLO
aus.

409   10.12.   Ministerialdirektor van Well, z. Z. Brüssel (NATO),   S. 2010
an das Auswärtige Amt

Van Well berichtet über das deutschlandpolitische Gespräch
des Bundesministers Scheel mit den Außenministern Douglas-
Home (Großbritannien), Jobert (Frankreich) und Kissinger
(USA) am Vorabend der NATO-Ministerratstagung. Themen
waren die Durchführung des Vier-Mächte-Abkommens über
Berlin und die Errichtung Ständiger Vertretungen.

410   10.12.   Ministerialdirektor van Well, z. Z. Brüssel (NATO),   S. 2012
an Staatssekretär Frank

Van Well resümiert eine Unterredung des Bundesministers
Scheel mit den Außenministern Douglas-Home (Großbritannien), Jobert (Frankreich) und Kissinger (USA) in Brüssel. Im
Mittelpunkt standen der Nahe Osten und die europäisch-amerikanischen Beziehungen.

411   10.12.   Vortragender Legationsrat I. Klasse Hallier an   S. 2014
Botschafter von Staden, Washington

Hallier übermittelt den Wunsch des amerikanischen Außenministers Kissinger nach laufender Unterrichtung über die Ergebnisse der Fußball-Bundesliga.

412   11.12.   Gespräch des Bundeskanzlers Brandt mit Präsident   S. 2015
Svoboda, dem Generalsekretär des ZK der KPČ, Husák,
und Ministerpräsident Strougal in Prag

Anläßlich der Aufnahme diplomatischer Beziehungen zwischen
der Bundesrepublik und der ČSSR erörtern die Gesprächspartner Perspektiven der weiteren Zusammenarbeit.

413   11.12.   Botschafter Krapf, Brüssel (NATO), an das   S. 2018
Auswärtige Amt

Krapf faßt Verlauf und Ergebnis der NATO-Ministerratstagung am 10./11. Dezember zusammen.

414   11.12. Botschafter Krapf, Brüssel (NATO), an das   S. 2023
Auswärtige Amt

Krapf informiert über ein Gespräch der Außenminister der EG-Mitgliedstaaten mit dem amerikanischen Außenminister Kissinger am Rande der NATO-Ministerratstagung. Im Mittelpunkt standen die transatlantischen Beziehungen.

415   12.12. Gespräch des Bundeskanzlers Brandt mit dem   S. 2027
Generalsekretär des ZK der KPČ, Husák, in Prag

Brandt und Husák befassen sich mit Möglichkeiten der wirtschaftlichen Zusammenarbeit, der Familienzusammenführung und dem Besucherverkehr sowie mit Reparations- und Restitutionsfragen.

416   12.12. Botschafter von Puttkamer, Tel Aviv, an das   S. 2035
Auswärtige Amt

Puttkamer berichtet über das Gespräch einer Delegation des Bundestags mit Ministerpräsidentin Meir zur Lage im Nahen Osten.

417   13.12. Gespräch des Staatssekretärs Gaus, Bundeskanzleramt, mit dem Stellvertretenden Außenminister der DDR, Nier, in Ost-Berlin   S. 2038

Erörtert wurde der Status der Ständigen Vertretungen.

418   14.12. Ministerialdirigent Brunner, z. Z. Genf, an das   S. 2040
Auswärtige Amt

Brunner zieht eine Zwischenbilanz der KSZE-Verhandlungen.

419   17.12. Aufzeichnung des Staatssekretärs Gaus,   S. 2043
Bundeskanzleramt

Gaus legt den Verlauf eines Gesprächs mit dem Stellvertretenden Außenminister der DDR, Nier, vom 13. Dezember dar. Thema war der Status der Ständigen Vertretungen.

420   17.12. Aufzeichnung des Ministerialdirektors van Well   S. 2049

Van Well resümiert die Ergebnisse der abschließenden Verhandlungen am 12. Dezember in Sofia über die Aufnahme diplomatischer Beziehungen mit Bulgarien.

421   17.12. Aufzeichnung des Ministerialdirektors van Well   S. 2054

Van Well berichtet von den Gesprächen am 13. Dezember in Budapest über die Aufnahme diplomatischer Beziehungen mit Ungarn.

422 18.12. Runderlaß des Vortragenden Legationsrats I. Klasse   S. 2058
              Dohms

              Dohms informiert über Verlauf und Ergebnisse der europäi-
              schen Gipfelkonferenz am 14./15. Dezember in Kopenhagen.

423 19.12. Gespräch des Bundeskanzlers Brandt mit   S. 2064
              Ministerpräsident Sorsa

              Gegenstand des Gesprächs sind eine Gemeinsame Erklärung
              anläßlich der Aufnahme diplomatischer Beziehungen, die KSZE
              sowie die Ölkrise.

424 19.12. Aufzeichnung der Vortragenden Legationsrätin Steffler   S. 2067

              Steffler informiert über deutsch-französische Konsultationen
              auf der Ebene der Abteilungsleiter in Paris zum Thema euro-
              päisch-amerikanische Beziehungen.

425 20.12. Botschafter von Hase, London, an das Auswärtige Amt   S. 2071

              Hase berichtet über ein Gespräch mit dem britischen Außen-
              minister Douglas-Home zur Einrichtung eines Europäischen
              Regionalfonds.

426 30.12. Bundeskanzler Brandt an den Generalsekretär des ZK   S. 2076
              der KPdSU, Breschnew

              Brandt äußert sich zu bilateralen Fragen sowie zum Verhältnis
              zwischen der Bundesrepublik und der DDR nach dem Abschluß
              des Grundlagenvertrags.

Literaturverzeichnis

AAPD

Akten zur Auswärtigen Politik der Bundesrepublik Deutschland, hrsg. im Auftrag des Auswärtigen Amts vom Institut für Zeitgeschichte. Jahresband 1949/50. Jahresband 1951. Jahresband 1952. Jahresband 1953 (Teilbände I–II). Jahresband 1963 (Teilbände I–III). Jahresband 1964 (Teilbände I–II). Jahresband 1965 (Teilbände I–III). Jahresband 1966 (Teilbände I–II). Jahresband 1967 (Teilbände I–III). Jahresband 1968 (Teilbände I–II). Jahresband 1969 (Teilbände I–II). Jahresband 1970 (Teilbände I–III). Jahresband 1971 (Teilbände I–III), Jahresband 1972 (Teilbände I-III), München 1994–2003.

ADAP, D

Akten zur deutschen auswärtigen Politik 1918–1945. Serie D (1937–1945). Band II: Deutschland und die Tschechoslowakei (1937–1938), Baden-Baden 1953.

ADENAUER, Erinnerungen 1959–1963

Konrad Adenauer, Erinnerungen 1959–1963, Stuttgart 1968.

AdG

Archiv der Gegenwart, zusammengestellt von Heinrich von Siegler, Bonn/Wien/Zürich 1955 ff.

AMTSBLATT DER EUROPÄISCHEN GEMEINSCHAFTEN

Amtsblatt der Europäischen Gemeinschaften. Ausgabe C: Mitteilungen und Bekanntmachungen. Ausgabe L: Rechtsvorschriften, Brüssel 1968 ff.

APEL, Abstieg

Hans Apel, Der Abstieg. Politisches Tagebuch 1978-1988, Stuttgart 1990.

AUSSENPOLITIK DER DDR

Dokumente zur Außenpolitik der Regierung der Deutschen Demokratischen Republik. Band XIX: 1971. Band XX: 1972. Band XXI 1973, hrsg. vom Institut für Internationale Beziehungen der Akademie für Staats- und Rechtswissenschaft der DDR in Zusammenarbeit mit der Abteilung Rechts- und Vertragswesen des Ministeriums für Auswärtige Angelegenheiten der Deutschen Demokratischen Republik, Berlin [Ost] 1974, 1975 und 1976.

BONN UND OST-BERLIN

Heinrich Potthoff, Bonn und Ost-Berlin 1969–1982. Dialog auf höchster Ebene und vertrauliche Kanäle. Darstellung und Dokumente, Bonn 1997.

BRANDT, Begegnungen

Willy Brandt, Begegnungen und Einsichten. Die Jahre 1960–1975, Hamburg 1976.

BRANDT, Erinnerungen

Willy Brandt, Erinnerungen, Frankfurt am Main/Zürich 1989.

BRANDT, Friedenspolitik   Willy Brandt, Friedenspolitik in Europa, Frankfurt am Main 1968.

BRESCHNEW, Wege   Leonid Breschnew, Auf dem Wege Lenins. Reden und Aufsätze. Band 4: Juni 1972–März 1974, Berlin [Ost] 1975.

BR DRUCKSACHEN   Verhandlungen des Bundesrates, Drucksachen, Bonn 1949 ff.

BR STENOGRAPHISCHE BERICHTE   Verhandlungen des Bundesrates. Stenographische Berichte, Bonn 1963 ff.

BT ANLAGEN   Verhandlungen des Deutschen Bundestages. Anlagen zu den Stenographischen Berichten, Bonn 1950 ff.

BT STENOGRAPHISCHE BERICHTE   Verhandlungen des Deutschen Bundestages. Stenographische Berichte, Bonn 1950 ff.

BULLETIN   Bulletin des Presse- und Informationsamtes der Bundesregierung, Bonn 1951 ff.

BULLETIN DER EG   Bulletin der Europäischen Gemeinschaften, hrsg. vom Generalsekretariat der Kommission der Europäischen Gemeinschaften, Brüssel 1968 ff.

BUNDESANZEIGER   Bundesanzeiger, hrsg. vom Bundesminister der Justiz, Bonn 1949 ff.

BUNDESGESETZBLATT   Bundesgesetzblatt, hrsg. vom Bundesminister der Justiz, Bonn 1949 ff.

BUNDESGESETZBLATT FÜR DIE REPUBLIK ÖSTERREICH   Bundesgesetzblatt für die Republik Österreich, Wien 1945 ff.

BUNDESVERFASSUNGSGERICHT, ENTSCHEIDUNGEN   Entscheidungen des Bundesverfassungsgerichts, hrsg. von den Mitgliedern des Bundesverfassungsgerichts, Tübingen 1953 ff.

CHARTER OF THE UNITED NATIONS   Charter of the United Nations. Commentary and Documents, hrsg. von Leland M. Goodrich, Edvard Hambro und Anne Patricia Simons, 3. Auflage, New York/London 1969.

CONGRESSIONAL RECORD   Congressional Record. Proceedings and Debates of the 89th Congress, Second Session, Band 112, Teil 16 (August 29, 1966 to September 12, 1966). Proceedings and Debates of the 91st Congress, First Session, Band 115, Teil 27 (November 26, 1969 to December 4, 1969). Proceedings and Debates of the 92nd Congress, First Session, Band 117, Teil 11 (May 6, 1971 to May 14, 1971) und Teil 33 (November 22, 1971 to December 1, 1971). Proceedings and Debates of the 93rd Congress, First Session, Band 119, Teil 7 (March 15, 1973 to March 22, 1973), hrsg. vom United States Government Printing Office, Washington D.C. 1966, 1969, 1971 und 1973.

DAYAN, Geschichte

Moshe Dayan, Die Geschichte meines Lebens, Wien/München/Zürich 1976.

DDF 1954

Documents diplomatiques français. 1954 (1 juillet–31 décembre), hrsg. vom Ministère des Affaires Etrangères, Commission de Publication des Documents Diplomatiques Français, Paris 1987.

DEPARTMENT OF STATE BULLETIN

The Department of State Bulletin. The Official Weekly Record of United States Foreign Policy, Washington D. C. 1940 ff.

DEUTSCHES VERMÖGEN IM AUSLAND

Deutsches Vermögen im Ausland. Internationale Vereinbarungen und ausländische Gesetzgebung. Mit Unterstützung des Bundesministeriums der Finanzen, des Bundesministeriums für Wirtschaft, des Bundesministeriums für den Marschallplan und der Bank Deutscher Länder, hrsg. vom Bundesministerium der Justiz, bearbeitet von Otto Böhmer, Konrad Duden und Hermann Jansen, Köln 1951.

DOCUMENTS ON DISARMAMENT

Documents on Disarmament, hrsg. von der United States Arms Control and Disarmament Agency, Washington D. C. 1960 ff.

DOKUMENTE ZUR BERLIN-FRAGE 1944–1966

Dokumente zur Berlin-Frage 1944–1966, hrsg. vom Forschungsinstitut der Deutschen Gesellschaft für Auswärtige Politik e. V., Bonn, in Zusammenarbeit mit dem Senat von Berlin, 3. Auflage, München 1967.

DOKUMENTE ZUR BERLIN-FRAGE 1967–1986

Dokumente zur Berlin-Frage 1967–1986, hrsg. für das Forschungsinstitut der Deutschen Gesellschaft für Auswärtige Politik e. V., Bonn, in Zusammenarbeit mit dem Senat von Berlin von Hans Heinrich Mahnke, München 1987.

DzD II

Dokumente zur Deutschlandpolitik. II. Reihe: Vom 9. Mai 1945 bis 4. Mai 1955. Band 1: Die Konferenz von Potsdam, 3 Teilbände, hrsg. vom Bundesministerium des Innern, bearbeitet von Gisela Biewer, Neuwied/Frankfurt am Main 1992. Band 2: Die Konstituierung der Bundesrepublik Deutschland und der Deutschen Demokratischen Republik. 7. September bis 31. Dezember 1949, 2 Teilbände, hrsg. vom Bundesministerium des Innern unter Mitwirkung des Bundesarchivs, bearbeitet von Hanns Jürgen Küsters unter Mitarbeit von Daniel Hofmann, München 1996. Band 3: 1. Januar bis 31. Dezember 1950, 2 Teilbände, hrsg. vom Bundesministerium des Innern unter Mitwirkung des Bundesarchivs, bearbeitet von Hanns Jürgen Küsters, Daniel Hofmann und Carsten Tessmer, München 1997.

DzD V	Dokumente zur Deutschlandpolitik. V. Reihe: Vom 1. Dezember 1966 bis 20. Oktober 1969. Band 1: 1. Dezember 1966 bis 31. Dezember 1967, 2 Teilbände. Band 2: 1. Januar bis 31. Dezember 1968, 2 Teilbände, hrsg. vom Bundesministerium für innerdeutsche Beziehungen, bearbeitet von Gisela Oberländer, Frankfurt am Main 1984 bzw. 1987.
EISENHOWER, White House Years 1956–1961	Dwight D. Eisenhower, The White House Years. Waging Peace 1956–1961, New York 1965.
EUROPA-ARCHIV	Europa-Archiv, Zeitschrift für Internationale Politik, Bonn 1946 ff.
FALIN, Erinnerungen	Valentin Falin, Politische Erinnerungen, München 1993.
FRUS 1955-1957	Foreign Relations of the United States 1955–1957. Band IV: Western European Security and Integration, Washington D.C. 1996.
FRUS 1969–1976	Foreign Relations of the United States 1969–1976. Band III: Foreign Economic Policy, 1969–1972, International Monetary Policy, 1969–1972, Washington D.C. 2001.
DE GAULLE, Mémoires de guerre	Charles de Gaulle, Mémoires de guerre. Band 2: L'Unité 1942–1944, Paris 1956.
DE GAULE, Discours et messages, Bd. 3	Charles de Gaulle, Discours et messages. Band 3: Avec le renouveau (Mai 1958–juillet 1962), [Paris] 1970.
DE GAULLE, Mémoires d'espoir 1958–1962	Charles de Gaulle, Mémoires d'espoir. Le renouveau 1958–1962, [Paris] 1970.
GEMEINSAMES MINISTERIALBLATT	Gemeinsames Ministerialblatt, hrsg. vom Bundesministerium des Innern, Berlin/Köln 1950 ff.
GESETZBLATT DER DDR	Gesetzblatt der Deutschen Demokratischen Republik, Berlin [Ost] 1949 ff.
GESETZ- UND VERORDNUNGSBLATT FÜR BERLIN	Gesetz- und Verordnungsblatt für Berlin, hrsg. vom Senator für Justiz, Berlin 1951 ff.
HANDBUCH FÜR DIE KULTUSMINISTERKONFERENZ	Handbuch für die Kultusministerkonferenz 1974, hrsg. vom Sekretariat der Ständigen Konferenz der Kultusminister der Länder in der Bundesrepublik Deutschland, Bonn 1974.
HANSARD, Commons	The Parliamentary Debates (Hansard). House of Commons, Official Report. Fifth Series. Band 864 (Session 1973–1974), London 1975.
HONECKER, Reden	Erich Honecker, Reden und Aufsätze. Band 1 und 2, hrsg. vom Institut für Marxismus-Leninismus beim ZK der SED, Berlin [Ost] 1975.

IMT

Der Prozess gegen die Hauptkriegsverbrecher vor dem Internationalen Militärgerichtshof Nürnberg. 14. November 1945–1. Oktober 1946, 42 Bände, Nürnberg 1947.

JAHRESBERICHT 1973

Jahresbericht der Bundesregierung 1973, hrsg. vom Presse- und Informationsamt der Bundesregierung, Bonn 1974.

JANE'S 1979–80

Jane's Armour and Artillery 1979–80. First Edition, hrsg. von Christopher F. Foss, London 1979.

JOURNAL OFFICIEL. ASSEMBLÉE NATIONALE

Journal Officiel de la République Française. Débats Parlementaires. Assemblée Nationale, Paris 1947 ff.

JOURNAL OFFICIEL. SENAT

Journal Officiel de la République Française. Débats Parlementaires. Senat, Paris 1947 ff.

KEWORKOW, Kanal

Wjatscheslaw Keworkow, Der geheime Kanal. Moskau, der KGB und die Bonner Ostpolitik, Berlin 1995.

KISSINGER, Memoiren 1973–1974

Henry A. Kissinger, Memoiren 1973–1974, München 1982.

MALRAUX, Eichen

André Malraux, Eichen, die man fällt, Frankfurt am Main 1972.

MEIR, Leben

Golda Meir, Mein Leben, Hamburg 1975.

MISCHNICK, Dresden

Wolfgang Mischnik, Von Dresden nach Bonn. Erlebnisse – jetzt aufgeschrieben, Stuttgart 1991.

NATO FINAL COMMUNIQUES

Texts of Final Communiques 1949–1974, issued by Ministerial Sessions of the North Atlantic Council, the Defence Planning Committee and the Nuclear Planning Group, Brüssel o. J.

NATO STRATEGY DOCUMENTS

NATO Strategy Documents 1949–1969, hrsg. von Gregory W. Pedlow in Zusammenarbeit mit NATO International Staff Central Archives, Brüssel [1997].

PARTEITAG DER SPD 1968

Parteitag der Sozialdemokratischen Partei Deutschlands vom 17. bis 21. März 1968 in Nürnberg. Protokoll der Verhandlungen. Angenommene und überwiesene Anträge, Bonn [1969].

PARTEITAG DER SPD 1970

Parteitag der Sozialdemokratischen Partei Deutschlands vom 11. bis 14. Mai in Saarbrükken. Protokoll der Verhandlungen. Angenommene und überwiesene Anträge, Bonn [1971].

PARTEITAG DER SPD 1973

Parteitag der Sozialdemokratischen Partei Deutschlands vom 10. bis 14. April 1973, Stadthalle Hannover. Band I: Protokoll der Verhandlungen. Anlagen, Bonn [1974].

LA POLITIQUE ETRANGÈRE — La Politique Etrangère de la France. Textes et Documents. 1971 (2 Teilbände), 1972 (2 Teilbände), 1973 (2 Teilbände), hrsg. vom Ministère des Affaires Etrangères, Paris 1972, 1973 und 1974.

PUBLIC PAPERS, JOHNSON — Public Papers of the Presidents of the United States. Lyndon B. Johnson. Containing the Public Messages, Speeches, and Statements of the President. January 1 to December 31, 1967. January 1, 1968 to January 20, 1969, Washington D.C. 1968 und 1970.

PUBLIC PAPERS, KENNEDY — Public Papers of the Presidents of the United States. John F. Kennedy. Containing the Public Messages, Speeches and Statements of the President. January 1 to December 31, 1962, Washington D.C. 1964

PUBLIC PAPERS, NIXON — Public Papers of the Presidents of the United States. Richard Nixon. Containing the Public Messages, Speeches and Statements of the President. 1969. 1970. 1971. 1972. 1973, Washington D.C. 1970–1975.

REICHSGESETZBLATT — Reichsgesetzblatt, hrsg. vom Reichsministerium des Innern, Berlin 1919–1945.

REVUE INTERNATIONAL DE LA CROIX-ROUGE — Revue International de la Croix-Rouge, hrsg. vom Comité International de la Croix-Rouge. 34. Jahrgang. 39. Jahrgang. 47. Jahrgang, Genf 1952, 1957 und 1965.

SAHM, Diplomaten — Ulrich Sahm, Diplomaten taugen nichts. Aus dem Leben eines Staatsdieners, Düsseldorf 1994.

SICHERHEIT UND ZUSAMMENARBEIT, Bd. 2 — Sicherheit und Zusammenarbeit in Europa (KSZE). Analyse und Dokumentation 1973–1978, hrsg. von Hans-Adolf Jacobsen, Wolfgang Mallmann und Christian Meier, Köln 1978.

SICHERHEITSPOLITIK — Sicherheitspolitik der Bundesrepublik Deutschland. Dokumentation 1945–1977. Teil II, hrsg. und eingel. von Klaus von Schubert unter Mitarbeit von Klaus Brinker und Sabine Radloff, Köln 1979.

STATISTISCHES JAHRBUCH — Statistisches Jahrbuch für die Bundesrepublik Deutschland, hrsg. vom Statistischen Bundesamt, Stuttgart 1956 ff.

TEXTE ZUR DEUTSCHLANDPOLITIK — Texte zur Deutschlandpolitik, hrsg. vom Bundesministerium für innerdeutsche Beziehungen, Band 12: 18. Januar 1973–20. Juni 1973, Bonn 1974.

ÜBERFALL

Der Überfall auf die israelische Olympiamannschaft. Dokumentation der Bundesregierung und des Freistaates Bayern, hrsg. vom Presse- und Informationsamt der Bundesregierung, Bonn 1972.

UN GENERAL ASSEMBLY,
26th Session, Plenary Meetings

United Nations. Official Records of the General Assembly. Twenty-Sixth Session. Plenary Meetings. Verbatim Records of Meetings. 21 September–22 December 1971, 3 Bände, New York 1974.

UN GENERAL ASSEMBLY,
28th Session, Plenary Meetings

United Nations. Official Records of the General Assembly. Twenty-Eight Session. Plenary Meetings. Verbatim Records of Meetings. 18 September–18 December 1973 and 16 September 1974, New York 1983.

UN SECURITY COUNCIL, OFFICIAL
RECORDS, SUPPLEMENTS

United Nations. Security Council. Official Records. Supplements, hrsg. von den United Nations, New York 1946 ff.

UNITED NATIONS RESOLUTIONS
Serie I

United Nations Resolutions. Series I: Resolutions Adopted by the General Assembly, hrsg. von Dusan J. Djonovich, New York 1972 ff.

UNITED NATIONS RESOLUTIONS
Serie II

United Nations Resolutions. Series II: Resolutions and Decisions Adopted by the Security Council, hrsg. von Dusan J. Djonovich, New York 1988 ff.

UNITED STATES. STATUTES AT LARGE
1948

United States. Statutes at Large. Containing the Laws and Concurrent Resolutions Enacted During the Second Session of the Eightieth Congress of the United States of America 1948 and Proclamations, Treaties, and International Agreements other than Treaties. Band 62, Washington D. C. 1949.

UST

United States Treaties and Other International Agreements. Compiled, edited, indexed and published by authority of law under the direction of the Secretary of State, Washington D. C. 1950 ff.

UNTS

United Nations Treaty Series. Treaties and International Agreements. Registered or Filed and Recorded with the Secretariat of the United Nations, [New York] 1946/1947 ff.

VERFASSUNG DER SFR JUGOSLAWIEN

Die Verfassung der SFR Jugoslawien, eingeleitet von Herwig Roggemann, Berlin 1979.

VEDOMOSTI VERCHONOGO SOVETA

Vedomosti Verchovnogo Soveta Sojuza Sovetskich Socialističeskich Respublik, Moskau 1954 ff.

WEHRSTRUKTUR — Wehrstruktur-Kommission der Bundesregierung, Die Wehrstruktur in der Bundesrepublik Deutschland, Bonn 1972.

WIENER VERHANDLUNGEN — Die Wiener Verhandlungen über Truppenreduzierungen in Mitteleuropa (MBFR). Chronik, Glossar, Dokumentation, Bibliographie 1973–1982, hrsg. von Reinhard Mutz, bearbeitet von Susanne Feske, Frank Henneke, Reinhard Mutz, Randolph Nikutta, Baden-Baden 1983.

ZBIÓR DOKUMENTÓW — Zbiór Dokumentów/Recueil de Documents, hrsg. vom Polski Instytut Spraw Miêdzynarodowych, Warschau 1945 ff.

ZEHN JAHRE DEUTSCHLANDPOLITIK — Zehn Jahre Deutschlandpolitik. Die Entwicklung der Beziehungen zwischen der Bundesrepublik Deutschland und der Deutschen Demokratischen Republik 1969–1979. Bericht und Dokumentation, hrsg. vom Bundesministerium für innerdeutsche Beziehungen, [Melsungen] 1980.

Abkürzungsverzeichnis

AA	Auswärtiges Amt	BG	Brigadegeneral
AASM	Assoziierte Afrikanische Staaten und Madagaskar	BK	Bundeskanzler
		BKA	Bundeskanzleramt
ABM	Anti-Ballistic Missile	BKC/L	Berlin Kommandatura Commandant/Letter
ACDA	(United States) Arms Control and Disarmament Agency	BK/O	Berlin Kommandatura/ Order
ADN	Allgemeiner Deutscher Nachrichtendienst	BM	Bundesminister/ium
AEC	Atomic Energy Commission	BMA	Bundesminister/ium für Arbeit
AFP	Agence France Press	BMB	Bundesminister/ium für innerdeutsche Beziehungen
AL	Abteilungsleiter		
AM	Außenminister	BMELF	Bundesminister/ium für Ernährung, Landwirtschaft und Forsten
Anl./Anlg.	Anlage/Anlagen		
ARD	Arbeitsgemeinschaft der öffentlich-rechtlichen Rundfunkanstalten der Bundesrepublik Deutschland	BMF	Bundesminister/ium der Finanzen
		BMFT	Bundesminister/ium für Forschung und Technologie
AP	Associated Press	BMI	Bundesminister/ium des Innern
ASEAN	Association of South East Asian Nations	BMJ	Bundesminister/ium der Justiz
AStV	Ausschuß der Ständigen Vertreter	BMP	Bundesministerium für das Post- und Fernmeldewesen
ASW	Anti Submarine Warfare	BMV	Bundesminister/ium für Verkehr
AUA	Austrian Airlines		
AWG	Außenwirtschaftsgesetz	BMV(t)g	Bundesminister/ium der Verteidigung
AZ	Aktenzeichen	BMWi	Bundesminister/ium für Wirtschaft
B	Belgien		
BAOR	British Army of the Rhine	BMZ	Bundesminister/ium für wirtschaftliche Zusammenarbeit
BBC	British Broadcasting Corporation		
BCZ	Berlin Control Zone	BND	Bundesnachrichtendienst
BEA	British European Airways Corporation	BOAC	British Overseas Airways Corporation
BEG	Bundesentschädigungsgesetz	BPA	Presse- und Informationsamt der Bundesregierung

BR	Bundesrat		DGB	Deutscher Gewerkschafts-bund
BR I	Botschaftsrat I. Klasse			
BRD	Bundesrepublik Deutsch-land		DK	Dänemark
			DKP	Deutsche Kommunistische Partei
BSP	Bruttosozialprodukt			
BSR	Bundessicherheitsrat		DM	Deutsche Mark
BT	Bundestag		dpa	Deutsche Presseagentur
BW	Bundeswehr		DPC	Defense Planning Com-mittee
CAN	Canada			
CBS	Columbia Broadcasting System		DRK	Deutsches Rotes Kreuz
			DRV	Demokratische Republik Vietnam
CBM	Confidence Building Measures		DSB	Deutscher Sport-Bund
CD	Corps Diplomatique		DTSB	Deutscher Turn- und Sport-Bund
CDU	Christlich-Demokratische Union Deutschlands		DW	Deutsche Welle
CIA	Central Intelligence Agency		ECE	Economic Commission for Europe
CINCEUR	Commander-in-Chief, Europe		EDIP	European Defense Im-provement Program
COMECON	Council for Mutual Economic Aid/Assistance		EEC	European Economic Com-munity
CNPF	Counseil National du Patronat Français		EFTA	European Free Trade Association
CSCE	Conference on Security and Cooperation in Europe		EG	Europäische Gemein-schaften
ČSSR	Èeskoslovenská Socialistická Republika		EGKS	Europäische Gemeinschaft für Kohle und Stahl
CSU	Christlich-Soziale Union		ELDO	European Space Vehicle Launcher Development Organization
D	Deutschland bzw. (Ministerial-)Direktor		EP	Europa-Parlament
DB	Drahtbericht		EPZ	Europäische Politische Zusammenarbeit
DDR	Deutsche Demokratische Republik		ERP	European Recovery Program
DE	Drahterlaß		ESC	European Space Conference
DEG	Deutsche Entwicklungs-gesellschaft		ESRO	European Space Research Organization
DER	Deutsches Reisebüro		EURATOM	Europäische Atomgemein-schaft
Dg	(Ministerial-)Dirigent			

EVG	Europäische Verteidigungsgemeinschaft	GV	Generalversammlung, Gewaltverzicht bzw. Grundlagenvertrag
EVU	Elektrizitätsversorgungsunternehmen	HV	Handelsvertretung
EWG	Europäische Wirtschaftsgemeinschaft	I	Italien
EZU	Europäische Zahlungsunion	IAEO	Internationale Atomenergieorganisation
F	Frankreich	ICAO	International Civil Aviation Organization
FAZ	Frankfurter Allgemeine Zeitung	ICBM	Intercontinental Ballistic Missile
FBI	Federal Bureau of Investigation	i. G.	im Generalstab
FBS	Forward Based Systems	IKRK	Internationales Komitee vom Roten Kreuz
FCO	Foreign and Commonwealth Office	IMF	International Monetary Fund
FDJ	Freie Deutsche Jugend	IPU	Interparlamentarische Union
FDP	Freie Demokratische Partei	IRA	Irish Republican Army
FRELIMO	Frente de Libertaçao de Moçambique	IRK	Internationales Rotes Kreuz
FRG	Federal Republic of Germany	IWF	Internationaler Währungsfonds
FS	Fernschreiben	JAT	Jugoslovenski Aero-Transport
GATT	General Agreement on Tariffs and Trade	KGB	Komitet gosudarstvennoj bezopasnosti
GB	Great Britain/ Großbritannien	KH	Kapitalhilfe
GDR	German Democratic Republic	KLM	Koninklijke Luchtvaart Maatschappij
geh.	geheim	KPB	Kommunistische Partei Bulgariens
GG	Grundgesetz		
GL	Gruppenleiter	KPČ	Kommunistische Partei der ČSSR
GMT	Greenwich Mean Time		
GS	Generalsekretär	KPD	Kommunistische Partei Deutschlands
GUPA	Generalunion Palästinensischer Arbeiter	KPdSU	Kommunistische Partei der Sowjetunion
GUPS	Generalunion Palästinensischer Studenten	KSZE	Konferenz für Sicherheit und Zusammenarbeit in Europa
GUZ	Gasultrazentrifuge		

KZ	Konzentrationslager		NV	Nichtverbreitung
L	Luxemburg		NVA	Nationale Volksarmee
LDPD	Liberal-Demokratische Partei Deutschlands		OAE	Organisation der afrikanischen Einheit
LH	Lufthansa		OAPEC	Organization of Arab Petroleum Exporting Countries
LR I	Legationsrat I. Klasse			
LSA	Londoner Schuldenabkommen		OCAMM	Organisation Commune Africaine Malgace et Mauricienne
MB	Ministerbüro			
MBFR	Mutual and Balanced Force Reduction		OECD	Organization for Economic Cooperation and Development
MC	Military Committee			
MD	Ministerialdirektor		OEEC	Organization for European Economic Cooperation
MdB	Mitglied des Bundestages		OPEC	Organization of Petroleum Exporting Countries
MDg	Ministerialdirigent			
Mio.	Million/en		OTAN	Organisation du traité de l'Atlantique Nord
MIRV	Multiple Independently Targetable Reentry Vehicles		PAL	Phase Alternating Line
			PEN	International Association of Poets, Playwrights, Editors, Essayists and Novelists
MP	Ministerpräsident/in			
MRBM	Medium-Range Ballistic Missile		PFLP	People's Front for the Liberation of Palestine
MRCA	Multi Role Combat Aircraft			
Mrd	Milliarde/n		PK	Politisches Komitee
MV	Multilaterale Vorbereitung/Vorgespräche		PLO	Palestine Liberation Organization
NATO	North Atlantic Treaty Organization		PM	Premierminister
			PR	Persönlicher Referent
ND	Neues Deutschland		PRG	Provisorische Revolutionsregierung
NfD	Nur für den Dienstgebrauch			
			PRK	Polnisches Rotes Kreuz
NL	Niederlande		PStS	Parlamentarischer Staatssekretär
NORTHAG	Northern Army Group Central Europe			
			PVAP	Polnische Vereinigte Arbeiterpartei
NPG	Nuclear Planning Group/ Nukleare Planungsgruppe			
			PZ	Politische Zusammenarbeit
NPT	Non-proliferation Treaty		RDA	République Démocratique Allemande
NS	Nationalsozialismus			
NSC	National Security Council		RE	Rechnungseinheit

RFA	République Fédérale d'Allemagne	TOP	Tagesordnungspunkt
RFE	Radio Free Europe	TSI	Treuhandstelle für den Interzonenhandel
RGW	Rat für gegenseitige Wirtschaftshilfe	UdSSR	Union der Sozialistischen Sowjetrepubliken
RL	Radio Liberty	UEO	Union de l'Europe Occidentale
SAC	Standing Armaments Commitee	UIT	Union Internationale des Télécommunications
SACEUR	Supreme Allied Commander Europe	UK	United Kingdom
SAL(T)	Strategic Arms Limitation (Talks)	UN	United Nations
SAS	Scandinavian Airlines Systems	UNCTAD	United Nations Conference on Trade and Development
SBZ	Sowjetische Besatzungszone	UNESCO	United Nations Educational, Scientific and Cultural Organization
SEATO	South-East Asia Treaty Organization	UNO	United Nations Organization
SECAM	Système en couleur avec mémoire	UNRWA	United Nations Relief and Works Agency for Palestine Refugees in the Near East
SED	Sozialistische Einheitspartei Deutschlands	UPU	Union Postale Universelle
SLBM	Submarine-Launched Ballistic Missile	URSS	Union des Républiques Socialistes Soviétiques
SLCM	Sea-Launched Cruise Missile	US	United States
SPC	Senior Political Commitee	USA	United States of America
SPD	Sozialdemokratische Partei Deutschlands	USAEC	United States Atomic Energy Commission
SR	Sicherheitsrat	USAREUR	U.S. Army Europe
SS	Schutzstaffel	USSR	Union of Socialist Soviet Republics
StS	Staatssekretär		
SU	Sowjetunion	VAM	Vizeaußenminister
SZR	Sonderziehungsrechte	VAP	Verein der Ausländischen Presse in Deutschland e. V.
TA	Transitabkommen	VAR	Vereinigte Arabische Republik
TASS	Telegrafnoe Agentstvo Sovetskogo Sojuza	VLR I	Vortragender Legationsrat I. Klasse
Tgb.	Tagebuch		
TH	Technische Hochschule	VM	Vizeminister
THY	Türk Hava Yollari	VN	Vereinte Nationen
TO	Tagesordnung	VR	Volksrepublik

LXXXIV

VRCh	Volksrepublik China	WSR	Wirtschafts- und Sozialrat
VRB	Völkerrechtsberater des Auswärtigen Amts	WWU	Wirtschafts- und Währungsunion
VS	Verschlußsache	ZAR	Zentralafrikanische Republik
VS-v	VS-vertraulich	z.b.V.	zur besonderen Verwendung
WEU	Westeuropäische Union		
WHO	World Health Organization	ZDF	Zweites Deutsches Fernsehen
WP	Warschauer Pakt	ZK	Zentralkomitee

Dokumente

1

Botschafter Freiherr von Braun, Paris,
an Bundesminister Scheel

114-10017/73 geheim   Aufgabe: 3. Januar 1973, 19.30 Uhr
Fernschreiben Nr. 15   Ankunft: 3. Januar 1973
Cito

Nur für Bundesminister des Auswärtigen[1], Staatssekretär Frank, MD von Staden

Betr.: Französisch-sowjetische Beziehungen
         hier: Nicht-offizieller Besuch des französischen Staatspräsidenten in
         der Sowjetunion vom 10. bis 12. Januar 1973[2]

Bezug: DE Nr. 1752 vom 14. Dezember 1972[3]

Die angeordnete Demarche habe ich am 2. Januar bei Außenminister Schumann durchgeführt.

Das Gespräch fand in gelockerter Atmosphäre statt, wenngleich es teilweise den Charakter einer etwas förmlichen Unterrichtung annahm. Insgesamt hat Schumann meine Demarche so behandelt, daß er der Form nach unserem Wunsch nach besserer Konsultation sofort und ausgiebig nachgekommen ist, die Politik Frankreichs im konkreten Fall indessen in großen Teilen nach wie vor unter Verschluß hält.

Meine Gesprächswiedergabe folgt unter II.

I. 1) Zu den Motiven der Reise Pompidous in die Sowjetunion hat sich der Außenminister insofern geäußert, als er innenpolitische Gründe – wie bisher schon öffentlich bekundet ausschließt.

---

[1] Hat Bundesminister Scheel am 4. Januar 1973 vorgelegen.

[2] Am 6. Dezember 1972 gab die französische Regierung bekannt, daß Staatspräsident Pompidou zu einem inoffiziellen Besuch in die UdSSR reisen werde. Dazu informierte Botschafter Freiherr von Braun, Paris, am selben Tag, daß nach Auskunft des Generalsekretärs des französischen Präsidialamts, Jobert, die Reise „auf die natürlichste Weise zustandegekommen" sei: „Breschnew habe mehrfach Aufforderung zu informellen Treffen in der Sowjetunion ausgesprochen. Angesichts Entwicklung internationaler Lage sei persönliches Gespräch ohne großen Train zweckmäßig und angebracht. Sowjets seien früh im Jahr mit zunehmender Insistenz darauf zurückgekommen, ohne jedoch ihre Vorstellungen zu präzisieren. Der franz[ösischen] Seite habe aber diese Reise während der Sommer- und Herbstmonate aus den verschiedensten Gründen nicht gepaßt, und der Präsident habe schließlich nach dreimaligem Insistieren des sowjetischen Botschafters seine Zustimmung zur Winterreise gegeben. Pompidou habe es abgelehnt, nach Moskau zu reisen." Vgl. den Drahtbericht Nr. 3398; Referat I A 3, Bd. 671.
Pompidou führte am 11./12. Januar 1973 in Saslawl bei Minsk Gespräche mit dem Generalsekretär des ZK der KPdSU, Breschnew. Vgl. dazu Dok. 15.

[3] Korrigiert aus: „13. Dezember 1972".
Ministerialdirektor von Staden teilte der Botschaft in Paris mit: „Über Motive der Reise Pompidous in die Sowjetunion herrscht hier noch keine volle Klarheit. Sie werden daher gebeten, bei Ihnen dafür geeignet erscheinender hoher Persönlichkeit unser Interesse an eingehender Vorabunterrichtung über bevorstehenden Besuch Präsident Pompidous in der Sowjetunion zum Ausdruck zu bringen. Ersuchen sollte von französischer Seite als Zeichen besonderen Interesses Bundeskanzlers an deutsch-französischer Abstimmung in wichtigen internationalen Fragen gewertet werden." Vgl. Referat I A 3, Bd. 671.

Im außenpolitischen Bereich hat Schumann die französischen Karten für die Beweggründe der Reise kaum gezeigt. Die uns nun schon mehrfach mitgeteilte äußere Entwicklung[4] (Einladung seitens Breschnews, sowjetisches Insistieren, Annahme der Einladung im Gespräch Schumann mit Gromyko in New York[5]) überdeckt die Frage nach Zweck und Ziel der Reise.

2) Schumann hat keinen Zweifel daran gelassen, daß im Mittelpunkt der Begegnung Fragen der europäischen Sicherheit stehen werden. Zu diesem an sich weitergehenden Thema hat er Gedanken wiederholt oder entwickelt, die sich in erster Linie auf MBFR und ihre Folgen, aber auch die KSZE beziehen.

Seine Gesprächsführung war auf einen deutsch-französischen Dialog ausgerichtet, allenfalls auf Allianz-Zusammenhänge. Er hat sich also nicht darüber ausgelassen, in welcher Weise das französisch-sowjetische Gespräch geführt werden soll. Falls die Analyse der Botschaft (DB Nr. 3441 vom 9. Dezember[6]) zutrifft, war es Schumann auch faktisch nicht möglich, gerade mir als deutschem Botschafter zu erklären, mit welchen Mitteln Frankreich

- sich nach dem Treffen Nixon–Breschnew[7] und seinen Folgen noch den Sowjets als bevorzugter Gesprächspartner anbieten will;
- den Sowjets die MBFR-Politik „ausreden" kann, das heißt also, das „Sicherheitsproblem" einfangen möchte, das für Paris in „Finnlandisierung" Westdeutschlands liegen würde;
- den Sowjets ein Mitsprache- und Kontrollrecht in einer möglichen MBFR-Zone abgewinnen will[8].

3) Bei den Einzelthemen fällt auf, daß der französische Außenminister sich zur KSZE nur zum Thema Mandatserteilung, nicht aber mit einer eigenen Meinung

---

[4] Der Besuch des Staatspräsidenten Pompidou am 11./12. Januar 1973 in der UdSSR war bereits Gegenstand des Gesprächs des Bundesministers Scheel mit dem französischen Außenminister Schumann am 7. Dezember 1972 in Brüssel. Vgl. dazu AAPD 1972, III, Dok. 401.

[5] Der französische Außenminister Schumann hielt sich vom 25. bis 30. September 1972 anläßlich der UNO-Generalversammlung in New York auf.

[6] Botschafter Freiherr von Braun, Paris, übermittelte die Einschätzung, daß Staatspräsident Pompidou sich bei seiner Entscheidung für eine Reise in die UdSSR von folgenden außenpolitischen Erwägungen habe leiten lassen: „1) Wenn 1973 nach den Wünschen der Sowjets und der Amerikaner und eines großen Teils der Europäer selbst (KSZE, MBFR) das ‚europäische Jahr' werden wird, lag es im franz[ösischen] Interesse, zu Jahresbeginn im bilateralen Gespräch mit Breschnew Möglichkeiten und Grenzen einer solchen Entwicklung auszuloten. 2) Die Franzosen haben seit geraumer Zeit registriert, daß die beiden Supermächte Dinge erörtern, wenn nicht festlegen, die Europa betreffen, und sie lehnen sich dagegen auf. Zweck der Reise wird es sein, zu versuchen, sich Moskau gegenüber als direkter Gesprächspartner mit dem Ziel anzubieten, diese Entwicklung zu beeinflussen. 3) Es kann sein, daß Pompidou die in Europa in Gang gekommene Entwicklung im gaullistischen Sinne zu nutzen sucht, um die Rolle Frankreichs bei der Regelung vor allem mitteleuropäischer Fragen wieder zur Geltung zu bringen (Vier-Mächte-Rechte und dergleichen). 4) Alle Fragen der europäischen Sicherheit werden für Frankreich immer interessanter. Pompidou wird daher seinen Standpunkt zu MBFR mit Hartnäckigkeit vertreten und zu erkennen geben, daß Frankreich nicht bereit ist, eine weitere Minderung der Verteidigungsbereitschaft und des Wehrwillens im westlichen Lager hinzunehmen." Vgl. Referat I A 3, Bd. 671.

[7] Präsident Nixon hielt sich vom 22. bis 30. Mai 1972 in der UdSSR auf. Vgl. dazu AAPD 1972, I, Dok. 149, und AAPD 1972, II, Dok. 161.

[8] Korrigiert aus: „abgewinnen."

zum Problem des Ständigen Organs[9] geäußert hat. Auch ist bemerkenswert, daß Paris offenbar heute mehr als früher das Tempo zu drosseln wünscht.

Im MBFR-Bereich ist immerhin der Freimut festzuhalten, mit dem Schumann die Motivation für unsere Politik anerkennt, ebenso aber auch, mit welchem Höchstmaß an Offenheit er unsere Politik für gefährlich erklärt. Ich nehme an, daß der französische Staatspräsident bei dem deutsch-französischen Gipfeltreffen[10] mindestens ebenso weit gehen wird wie sein Außenminister. Auffällig ist, daß Schumann sich von der Gefahr einer Teilung der Welt unter die beiden hegemonialen Supermächte nicht sonderlich beeindruckt gibt. Ich hatte während des Gesprächs den Eindruck, daß Schumann mit dieser Erklärung eher die wirkliche Lage verschleiern wollte.

4) Ich verließ Schumann mit dem Gefühl, daß er die eigentliche französische Sorge, Deutschland könne sich im Gefolge der politischen Entwicklungen der letzten Monate von seiner freiheitlichen europäischen Grundkonzeption abwerben lassen, dem deutschen Botschafter gegenüber nicht aussprechen wollte und daß eine deutliche Bekräftigung unserer Europa-Politik gerade jetzt solche französischen Befürchtungen mindern könnte.

Folgt Text der Unterhaltung:

II. Schumann äußerte sich wie folgt:

Zunächst seien alle Behauptungen verfehlt, die der Reise des Präsidenten in die UdSSR einen Wahlcharakter andichten wollten. Unter dem Gesichtspunkt der bevorstehenden Wahlen[11] sei die Reise ohne Ertrag. Während einiges dafür spräche, mache man andererseits die Kommunisten auch gesellschaftsfähig, Plus und Minus hielten sich die Waage.

Die Initiative zu diesem Besuch habe Breschnew ergriffen, nachdem er bei seinem Besuch in Frankreich[12] die Nützlichkeit von Gipfelgesprächen mit offiziellem Charakter betont und die Einladung zu einem Gegenbesuch ausgesprochen habe. Nach der Moskau-Reise Nixons habe er diese wiederholt, er, Schu-

---

[9] Bereits bei den Konsultationen zwischen der Bundesrepublik und der UdSSR vom 10. bis 12. Oktober 1972 über die KSZE in Moskau schlug die sowjetische Delegation als dritten Tagesordnungspunkt einer Konferenz vor: „Über ein Organ für Fragen der Sicherheit und Zusammenarbeit in Europa". Vgl. die Gesprächsaufzeichnung; VS-Bd. 8592 (II A 3); B 150, Aktenkopien 1972.
Am 13. Dezember 1972 brachte die UdSSR bei den multilateralen Vorgesprächen für die KSZE in Helsinki den Entwurf einer Tagesordnung ein, die neben den Punkten „Sicherheit" und „Zusammenarbeit" einen Tagesordnungspunkt „Establishment of a body to deal with the questions of security and co-operation in Europe" vorsah. Für das Dokument CESC/HC/11 vgl. Referat 212, Bd. 100016. Am 15. Januar 1973 vermerkte Referat 212 zum Stand der Diskussion, die westlichen Staaten seien übereinstimmend der Ansicht, daß dies zurückgewiesen werden müsse: „Argument: Aufgabe der MV ist es, den Erfolg der KSZE durch gründliche Arbeit vorzubereiten. Der Erfolg ist meßbar an den praktischen Ergebnissen in den einzelnen Sachbereichen. Überlegungen, wie es nach der KSZE weitergehen soll, sind abhängig davon, welche Folgen in den einzelnen Sachbereichen notwendig und angemessen erscheinen. Dies läßt sich erst am Schluß der Kommissionsphase erkennen. [...] Erst wenn sich herausstellen sollte, daß wir einen eigenen TOP III ‚Menschliche Kontakte, Kultur- und Informationsaustausch' nur durchsetzen könnten, wenn wir einen TOP ‚Suites de la Conférence' akzeptieren, sollten wir dies tun, aber nur unter der Formel ‚Konferenzfolgen' (höchstens: ‚institutionelle Folgen')." Vgl. VS-Bd. 9077 (212); B 150, Aktenkopien 1973.
[10] Die deutsch-französischen Konsultationsbesprechungen fanden am 22./23. Januar 1973 in Paris statt. Vgl. dazu Dok. 15–19.
[11] Die Wahlen zur französischen Nationalversammlung fanden am 4., 11. und 18. März 1973 statt.
[12] Der Generalsekretär des ZK der KPdSU, Breschnew, hielt sich vom 25. bis 30. Oktober 1971 in Frankreich auf. Vgl. dazu AAPD 1971, III, Dok. 354 und Dok. 387.

mann habe sie gegenüber Gromyko bei der UNO-Vollversammlung angenommen, und die Daten seien bald darauf festgelegt worden. Hauptmotiv sei, daß in der Zeit nach dem Nixon-Besuch sich die Gefahr einer Teilung der Welt zwischen den Supermächten abzuzeichnen begonnen hätte. Er sei selbst zwar nicht sonderlich beeindruckt durch die Gefahren, die aus einer solchen Hegemonie entstehen könnten. Insbesondere nach der Unterzeichnung des Grundvertrages[13] und der Verbesserung der Beziehungen zwischen der Bundesrepublik und der Sowjetunion könnten europäische, und zwar insbesondere deutschfranzösische, Gegensätze aus dem Besuch des Präsidenten in der Sowjetunion nicht entstehen. Er sähe kein Risiko eines Mißverständnisses.

KSZE und MBFR

Was die KSZE beträfe, so dürften Deutschland und Frankreich niemals die Zweideutigkeit der Konferenz in Erscheinung treten lassen. Die Sowjets verfolgten mit dieser Konferenz das Ziel, den Status quo zu erhalten: Die zwei deutschen Staaten würden sich auf der Konferenz treffen und miteinander Gespräche führen. Die Furcht vor China werde die Sowjets veranlassen, ihr Glacis nach Westen zu schützen. Dies sei aber jetzt weniger dringlich geworden, nachdem zwischen der DDR und dem Westen ein Normalisierungsprozeß begonnen habe, der unter anderem auf die Vier-Mächte-Erklärung[14] zurückgehe. Ein weiterer Aspekt der KSZE werde aber deutlich im Streit um die Mandate. Dieser Streit sei nicht ein Streit um Formen, sondern um eine grundsätzliche Frage. Es handele sich darum, wie weit die Sowjetunion bereit und in der Lage sei, auf dem Wege zu gehen, der zu den Verlockungen der Freiheit führe. Daher seien die Probleme, wie Austausch von Ideen, Personen, Demokratisierung Ostdeutschlands, gleichzeitig auch Probleme der progressiven Desatellitisierung, und dies seien zwei verschiedene Dinge. (Als Beispiel führte Schumann Rumänien an, das trotz einer überschnellen Desatellitisierung sich im Inneren geradezu in Exzessen des kommunistischen Regimes ergehe. Hier sei gerade das Gegenteil einer Befreiung eingetreten, und man müsse sich klarmachen, daß ähnliche Gefahren auch in anderen Satellitenstaaten drohten.) Frankreich ziehe aus diesem Umstand den Schluß, daß je mehr wir an die „Ansteckung der Freiheit" glaubten, desto weniger eilig man vorgehen müsse. Man müsse sich darüber klar sein, was man will. Wolle man das eine, so sei der Stil des Senders „Freies Europa"[15] sicher nicht der richtige. Die Konferenz dürfe nicht

---

[13] Der Vertrag über die Grundlagen der Beziehungen zwischen der Bundesrepublik und der DDR wurde am 21. Dezember 1972 unterzeichnet. Für den Wortlaut vgl. BULLETIN 1972, S. 1842 f.

[14] Am 9. November 1972 erklärten die Vier Mächte: „The Governments of the United States of America, the French Republic, the Union of Soviet Socialist Republics, and the United Kingdom of Great Britain and Northern Ireland, having been represented by their Ambassadors who held a series of meetings in the building formerly occupied by the Allied Control Council, are in agreement that they will support the applications for membership in the United Nations when submitted by the Federal Republic of Germany and the German Democratic Republic, and affirm in this connection that this membership shall in no way affect the rights and responsibilities of the Four Powers and the corresponding related Quadripartite agreements, decisions, and practices." Vgl. DEPARTMENT OF STATE BULLETIN, Bd. 67 (1972), S. 623. Für den deutschen Wortlaut vgl. EUROPA-ARCHIV 1973, D 6.

[15] Der 1949 gegründete Sender „Radio Free Europe" mit Sitz in München strahlte landessprachliche Sendungen für Bulgarien, die ČSSR, Polen, Rumänien und Ungarn aus. Dazu hieß es in einem Memorandum der Nordatlantischen Versammlung vom November 1972: „It had the task of broadcasting the voices of the exiles to their former countries to ‚sustain the morale of captive peoples and stimulate them in a spirit of non-cooperation.' [...] Between May 1949 and June 1971, 86 % of

dazu beitragen, daß der Status quo weiter gefestigt werde. Die Konferenz müsse auch den Dialog der Völker schaffen und nähren. Es sei dies auch eine Form der Entspannung und eine Art politischer Gegenoffensive, und diese müsse langsam betrieben werden. Zur Schaffung des permanenten Organs sagte Schumann, die Rumänen hätten ihn darauf hingewiesen, daß, wenn ein solches Organ geschaffen würde, Ereignisse wie die von Prag weniger leicht möglich sein würden. Wir wollen, daß dieses eine Konferenz des Austausches wird und bleibt und daß sie nicht zur „Diluierung" Europas führt. Deswegen werde jeder Akzent, der jetzt auf Europa gesetzt werde, von Frankreich begrüßt. Man müsse eine Stärkung Europas im Sinne des Pariser Gipfels[16] anstreben.

Schumann erklärte, er habe im NATO-Rat[17] einen deutlichen Unterschied gemacht zwischen der NATO und der Europäischen Gemeinschaft: Die Allianz bleibe notwendig, sie sei aber nicht eine Institution wie die EWG. Man könne sich „zu gegebener Zeit" – dies betonte Schumann – theoretisch auch darüber unterhalten, ob sie weiterhin notwendig sei. Europa dagegen sei und bleibe als eine „institution irréversible" bestehen. Es habe nicht die Verteidigung zum Ziel, das sei die Allianz. Europa wolle einen auf Freiheit, Demokratie und wirtschaftlichem Wohlstand basierenden Erdteil mit sozialem Fortschritt bauen. Er, Schumann, habe daher im NATO-Rat die Beteiligung der NATO an der Konferenz von Helsinki ausgeschlossen, schon weil das die gefährliche Blocksituation hervorgerufen hätte. Um so wichtiger sei es, daß Europa in Helsinki als Institution vertreten sei und mit einer Stimme spreche. Der Beginn dieser Operation sei gut. Die Neun hätten sich gut verständigt.

Die einzige Gefahr des Mißverständnisses sähe er in den vorhin erwähnten Mandaten. Es sei notwendig, deren Formulierung („libelle") genau festzulegen. Zu MBFR wolle er noch einmal wiederholen, was er schon mehrfach gesagt habe: Der ganze Komplex beunruhige ihn auf das tiefste. Er werde offen zwischen Pompidou und Breschnew besprochen werden. Frankreich sei über den Gedanken an die MBFR auch unter deutschen Gesichtspunkten schwer beunruhigt. Nähme man an, daß tatsächlich über die MBFR ein Abkommen zustande komme, das nicht nur die stationierten, sondern auch die nationalen Streit-

---

Fortsetzung Fußnote von Seite 6

RFE's income was derived from US Government sources. The remainder of the income was raised from public subscription by the Radio Free Europe Fund". Vgl. Referat 212, Bd. 109291.
In der Vergangenheit kam es wiederholt zu Beschwerden wegen der Tätigkeit des Senders seitens der osteuropäischen Staaten. Vgl. dazu AAPD 1971, II, Dok. 245, und AAPD 1972, II, Dok. 268.

16 Auf der Gipfelkonferenz am 19./20. Oktober 1972 in Paris trafen die Staats- und Regierungschefs der EG-Mitgliedstaaten und -Beitrittsstaaten Maßnahmen zur Vertiefung der europäischen Integration. Sie einigten sich u. a. auf die Gründung eines Fonds für währungspolitische Zusammenarbeit und die Errichtung eines europäischen Regionalfonds, die ihre Tätigkeit im folgenden Jahr aufnehmen sollten. Ferner sprachen sie sich für eine Intensivierung der Europäischen Politischen Zusammenarbeit aus und beauftragten die Außenminister mit der Erstellung eines „Zweiten Luxemburger Berichts" über Maßnahmen zur weiteren Fortentwicklung dieser Zusammenarbeit". Schließlich gaben sie die Erarbeitung von Programmen für ein gemeinsames Vorgehen in den Bereichen Sozial-, Industrie-, Technologie- und Wissenschaftspolitik in Auftrag. Als Ziel setzten sie sich, „vor dem Ende dieses Jahrzehnts in absoluter Einhaltung der bereits geschlossenen Verträge die Gesamtheit der Beziehungen der Mitgliedstaaten in eine Europäische Union umzuwandeln". Vgl. die „Erklärung der Konferenz der Staats- und Regierungschefs der Mitgliedstaaten der erweiterten Europäischen Gemeinschaften in Paris am 19. und 20. Oktober 1972"; EUROPA-ARCHIV 1972, D 508. Vgl. dazu auch AAPD 1972, III, Dok. 344.

17 Die NATO-Ministerratstagung fand am 7./8. Dezember 1972 in Brüssel statt. Zu den Äußerungen des französischen Außenministers Schumann vgl. AAPD 1972, III, Dok. 399.

kräfte umfasse, so bestehe die Gefahr, daß eines Tages die amerikanische Teilnahme an der europäischen Verteidigung zurückgehe und damit die Verteidigung Europas durch seine nationalen Kräfte an Wichtigkeit zunähme. Es sei in
einem solchen Fall nicht nur denkbar, sondern sogar wahrscheinlich, daß dann
ein erhöhtes deutsches Engagement gefordert werde. Im Falle eines MBFR-
Abkommens würden dann die Sowjets in die Lage versetzt werden, sich in die
europäischen Verteidigungsangelegenheiten einzumischen, da sie ja auf ein
Anrecht pochen könnten, zu wissen, was in der MBFR-Zone geschieht. Sie würden sich dann sicher gegen eine Verstärkung der deutschen Streitkräfte aussprechen.

Unsere Ostpolitik habe die französische Zustimmung vollauf gefunden. Auch
heute sei Frankreich willens, die Entspannungspolitik fortzusetzen. Um so weniger aber könne es eine Entwicklung billigen, an deren Ende die Gefahr einer
Finnlandisierung Deutschlands nicht übersehen werden könne. Die Russen
hätten ihre Karten in ihrem Memorandum vom 8. November (gerichtet an die
USA) klar auf den Tisch gelegt. Darin hätten sie erstens die Frage gestellt,
warum nur die Streitkräfte und nicht auch die Bewaffnung von MBFR getroffen werden sollen, zweitens hätten sie sich für das Schicksal Mitteleuropas interessiert und drittens gefragt, was denn „gleichgewichtig" hieße. Er selbst habe gegen das Wort „gleichgewichtig" auch schwere Bedenken und habe vorgeschlagen, etwas davon zu sprechen, „was die Sicherheit nicht gefährdet". Über
diesen Punkt sähe er noch ungelöste Meinungsverschiedenheiten[18] zwischen
uns.

Wenn wir an SAL[19] denken, so wollten die Russen ihr vorgerücktes System
darin einbeziehen. Ob sie dabei auch an die chinesische Gefahr dächten, sei
nicht ganz sicher. Jedenfalls liege ihnen die Erhaltung des Status quo am Herzen.

Während der Unterhaltung habe ich Herrn Schumann die Erwägungen der
Bundesregierung zum MBFR-Komplex vorgetragen: Wir seien der Überzeugung, daß eine Entspannung nur dann erfolgreich vorwärts getrieben werden
könne, wenn auch das Problem der Truppenreduktion mit einbezogen werde.
Eine Entspannung ohne gleichzeitige Fortschritte auch auf dem Gebiet der
Truppenreduktion würde, wenn auch nicht vollkommen gehaltlos sein, so doch
zumindest eines wesentlichen Elements entbehren. Es komme hinzu, daß auch
dem deutschen Volk, das viel von Entspannung höre, konkrete Erfolge gezeigt
werden müßten und daß eine sozialdemokratisch geführte Bundesregierung
gerade auf diesem Gebiet Erfolge vorweisen wolle, außerdem bewege uns der
Wunsch, keine stärkeren Streitkräfte zu unterhalten als unsere Nachbarn.
Schumann wiederholte darauf eindringlich die Gefahr, die er bei einem Eingehen auf MBFR-Gedankengänge sähe: Wäre einmal ein Vakuum oder auch nur
Quasi-Vakuum in Mitteleuropa entstanden, so würden die Russen auf die Ge-

---

[18] Korrigiert aus: „Meinungsverschiedenheit".

[19] Die erste Runde der zweiten Phase der Gespräche zwischen den USA und der USA über eine Begrenzung der strategischen Waffen (SALT II) fand vom 21. November bis 21. Dezember 1972 in
Genf statt. Dabei bekräftigte die sowjetische Delegation ihren Wunsch, die „Forward Based Systems" in die Gespräche einzubeziehen. Vgl. dazu AAPD 1972, III, Dok. 375.
Die Gespräche wurden am 12. März 1973 wiederaufgenommen. Vgl. dazu Dok. 83.

legenheit springen, dieses Vakuum auszufüllen. Er könne daher seine Bedenken gegen die Einbeziehung nationaler Streitkräfte in diesen Plan nur auf das nachdrücklichste wiederholen und habe hierbei auch das deutsche Interesse im Auge. Wenn er auch die Erwägung des Bundeskanzlers verstehe, nach der Deutschland nicht stärker sein solle als seine westlichen Nachbarn, so sei er doch fest überzeugt, daß das französische aus den europäischen Machtverhältnissen und der Geschichte hergeleitete Argument stärker und überzeugender sei als das deutsche und unsere Erwägungen demgegenüber nicht standhielten.

Man habe Marschall Gretschko bei seinem Besuch in Paris[20] gesagt, daß Frankreich zwar für Entspannung sei, aber eindeutig zum Westen gehöre. Es liege an der Sowjetunion, Vertrauen im Westen auszulösen. Diese Haltung werde der Präsident auch bei seinen Gesprächen in Minsk beibehalten. Dabei werde er natürlich nicht alle Argumente benutzen, so wie er sie mir auseinandergesetzt habe. Die französische Grundhaltung aber werde diese bleiben.

Schumann fügte hinzu, er sähe hier doch einen wesentlichen Meinungsunterschied zwischen Frankreich und der deutschen Auffassung, für welch letztere er zwar einerseits volles Verständnis habe, die er aber nach wie vor für gefährlich halte. Er sei sich auch darüber im klaren, welch weiten Schritt die deutsch-französische Verständigung gemacht habe, so daß ein französischer Außenminister einem deutschen Botschafter gegenüber deutsche Erwägungen über eine Reduktion der nationalen deutschen Streitkräfte bedauere und als gefährlich bezeichnen könne. Schließlich seien wir jetzt Alliierte.

Außer diesen Themen werde der Präsident noch einige bilaterale Fragen erörtern, darunter sicher auch gewisse wirtschaftliche Probleme – im französisch-sowjetischen Handel stehe nicht alles zum besten. Aber diese Problematik werde in ihrer Bedeutung hinter der MBFR zurückstehen.

[gez.] Braun

VS-Bd. 10097 (Ministerbüro)

---

[20] Der sowjetische Verteidigungsminister Gretschko hielt sich vom 27. November bis 1. Dezember 1972 in Paris auf.

2

Generalkonsul Scheel, Helsinki, an das Auswärtige Amt

VS-NfD   **Aufgabe: 3. Januar 1973, 18.00 Uhr**[1]
Fernschreiben Nr. 6   **Ankunft: 3. Januar 1973, 20.08 Uhr**
Citissime nachts

Betr.: Gespräche mit der finnischen Regierung[2]

Bezug: DB Nr. 3 vom 2.1.1973 Pol I A 5-82 VS-NfD[3]

Die Gespräche wurden heute um 10.30 Uhr in der bisherigen Besetzung wie-deraufgenommen. Nach einer Zusammenfassung des bisherigen Ergebnisses überreichte mir Gustafsson eine Gemeinsame Erklärung, die als Anlage 1[4] wie-dergegeben ist. Auf meine Frage bezeichnete Gustafsson das Papier als Ent-wurf oder Diskussionsgrundlage. Der finnische Gedanke ist, daß diese Erklä-

---

[1] Hat Vortragendem Legationsrat I. Klasse Thomas am 4. Januar 1973 vorgelegen.

[2] Die Bundesrepublik und Finnland nahmen am 8. November 1972 in Helsinki Gespräche über die Aufnahme diplomatischer Beziehungen auf, die am 1. Dezember 1972 unterbrochen wurden. Da-bei einigten sich die beiden Delegationen darauf, die diplomatischen Beziehungen auf der Basis eines Gemeinsamen Kommuniqués aufzunehmen. Offen blieb dagegen der Wortlaut einer Gemein-samen Erklärung, da keine Einigung über die Formulierungen zur finnischen Neutralitätspolitik, zum Gewaltverzicht und zur Entschädigung für Kriegsschäden erzielt werden konnte. Vgl. dazu den Drahtbericht Nr. 551 des Generalkonsuls Scheel, Helsinki, vom 29. November 1972; VS-Bd. 9821 (I A 5); B 150, Aktenkopien 1972. Vgl. dazu ferner AAPD 1972, III, Dok. 383.

[3] Generalkonsul Scheel, Helsinki, teilte mit, daß die finnische Regierung einen für den 2. Januar 1973 angekündigten Formulierungsvorschlag für eine Gemeinsame Erklärung noch nicht abgeben könne. Vgl. Referat 204, Bd. 101393.

[4] Dem Vorgang beigefügt. Der finnische Entwurf für eine Gemeinsame Erklärung hatte folgenden Wortlaut: „1) Zwischen Finnland und der Bundesrepublik Deutschland sind in Helsinki vom 8. No-vember bis 1. Dezember 1972 und von 3. Januar bis zum 6. Januar 1973 Gespräche über die Auf-nahme von diplomatischen Beziehungen geführt worden. Diese Gespräche wurden finnischerseits von Botschafter Paul Gustafsson und seitens der Bundesrepublik Deutschland vom Leiter der Handelsvertretung der BRD, Botschafter Detlev Scheel, geleitet. 2) In den Gesprächen, die im Gei-ste der gegenseitigen Verständigung verliefen, wurden Meinungen über Fragen im Zusammen-hang mit der Regelung der Beziehungen zwischen Finnland und der Bundesrepublik Deutschland ausgetauscht. Beide Seiten sind der Ansicht, daß die Aufnahme von diplomatischen Beziehungen die weitere Entwicklung der freundschaftlichen Beziehungen zwischen den beiden Ländern för-dern würde. 3) Als Ergebnis der Gespräche wurde vereinbart, diplomatische Beziehungen zwi-schen den beiden Staaten aufzunehmen. Der Austausch von Botschaftern erfolgt, sobald dieses praktisch möglich ist. 4) Finnischerseits wurden im Laufe dieser Gespräche Fragen der Respektie-rung der Neutralitätspolitik Finnlands, des Gewaltverzichts, der Beilegung von Streitigkeiten mit friedlichen Mitteln sowie seit der Beendigung des Zweiten Weltkrieges ungelöst gebliebene recht-liche und finanzielle Fragen zur Sprache gebracht. 5) Im Laufe der Gespräche wurde seitens der Bundesrepublik Deutschland die Respektierung der von Finnland verfolgten Neutralitätspolitik bestätigt. Die Seiten erklären, daß sie sich in ihren gegenseitigen Beziehungen von den Zielen und Grundsätzen, die in der Charta der Vereinten Nationen niedergelegt sind, leiten lassen werden. Demgemäß werden sie etwa entstehende Streitfragen ausschließlich mit friedlichen Mitteln lösen und sich in ihren gegenseitigen Beziehungen gemäß Artikel 2 der Charta der Vereinten Nationen der Drohung mit Gewalt oder der Anwendung von Gewalt enthalten. 6) Die Seiten sind bemüht, Voraussetzungen für die Klärung der obengenannten rechtlichen und finanziellen Fragen mit Be-rücksichtigung der internationalen Verpflichtungen, die beide Seiten bereits haben, zu schaffen. 7) Weitere Gespräche werden nach Aufnahme der diplomatischen Beziehungen stattfinden." Vgl. Referat 204, Bd. 101393.

rung am Tage der Aufnahme von diplomatischen Beziehungen, aber getrennt von dem Gemeinsamen Kommuniqué[5] über letztere veröffentlicht werden soll.

Ich habe sofort unzweideutig zum Ausdruck gebracht, daß dieser Wortlaut für uns unter gar keinen Umständen annehmbar sei. Dies ergebe sich schon daraus, daß der gesamte Inhalt der für einen späteren Zeitpunkt zur Veröffentlichung in Bonn vorgesehenen Gemeinsamen Erklärung vorweggenommen würde. Insbesondere aber müsse ich die ausdrückliche Erwähnung der seit Beendigung des Zweiten Weltkrieges ungelöst gebliebenen rechtlichen und finanziellen Fragen beanstanden. Der finnischen Seite sei bekannt, daß wir schon früher eine gemeinsame Verlautbarung über diesen Punkt abgelehnt hätten. Vor allem aber würde durch diese Erklärung eine Parallelität zwischen den mit uns geführten Gesprächen und den Verhandlungen mit der DDR[6] hergestellt, die für uns nicht akzeptabel sei.

Als Gustafsson darauf erwiderte, die finnische Öffentlichkeit werde ein greifbares Ergebnis der Gespräche mit uns sehen wollen, entgegnete ich, es sei nicht von uns zu vertreten, daß die finnische Regierung sich durch ihre Initiative vom 10.9.1971[7] in Zugzwang gebracht habe. Wir seien zwar bereit, ihr in dieser Situation so weit wie möglich Entlastung zu geben. Es könne aber nicht von uns verlangt werden, daß wir deswegen auf wesentliche Grundsätze unserer Einstellung verzichten. Wir seien jedoch bereit, in folgenden Punkten entgegenzukommen:

1) Wir seien bereit, das Kommuniqué über die Aufnahme der diplomatischen Beziehungen mit einem Testimonium zu versehen, wie ich dies Herrn StS Tötterman gegenüber bereits zum Ausdruck gebracht hätte.[8]

---

5 Generalkonsul Scheel, Helsinki, übergab am 14. November 1972 den Entwurf für ein Gemeinsames Kommuniqué, der vom finnischen Verhandlungsleiter Gustafsson in den Gesprächen vom 21. und 28. November 1972 angenommen wurde. Für den Entwurf vgl. AAPD 1972, III, Dok. 365.

6 Die Verhandlungen zwischen Finnland und der DDR über die Aufnahme diplomatischer Beziehungen fanden vom 31. Juli bis 6. September 1972 statt. Sie schlossen mit der Paraphierung eines Abkommens über die Herstellung diplomatischer Beziehungen, das 30 Tage nach seiner Unterzeichnung in Kraft treten sollte. Ferner wurde ein Vertrag über die Regelung der Beziehungen geschlossen, in dem u. a. die Respektierung der finnischen Neutralitätspolitik, die friedliche Beilegung von Streitigkeiten und die Absicht zur Aufnahme von Verhandlungen zur Lösung von seit dem Zweiten Weltkrieg ungelösten finanziellen und rechtlichen Fragen vereinbart wurden. Die Unterzeichnung erfolgte am 8. Dezember 1972 in Helsinki. Für den Wortlaut vgl. EUROPA-ARCHIV 1973, D 153–155. Vgl. dazu ferner AAPD 1972, III, Dok. 258.

7 Am 10. September 1971 schlug die finnische Regierung sowohl der Bundesrepublik als auch der DDR die Aufnahme von Verhandlungen über einen grundlegenden Vertrag zur Regelung der Beziehungen vor und legte einen entsprechenden Vertragsentwurf vor. Neben der Aufnahme diplomatischer Beziehungen war u. a. auch die Frage der Entschädigung für Kriegsschäden als Verhandlungsgegenstand vorgesehen. Vgl. dazu AAPD 1971, II, Dok. 304.

8 Am 19. Dezember 1972 erklärte Generalkonsul Scheel, Helsinki, dem Staatssekretär im finnischen Außenministerium, Tötterman, die Bereitschaft der Bundesregierung, das Kommuniqué anläßlich der Aufnahme der diplomatischen Beziehungen zu unterzeichnen. Vgl. dazu den Drahtbericht Nr. 633; VS-Bd. 9821 (I A 5); B 150, Aktenkopien 1972. Vgl. dazu ferner AAPD 1972, III, Dok. 410.
In einer Redaktionssitzung beider Delegationen am 3. Januar 1973 nachmittags schlug Generalkonsul Hauber, Helsinki, dem Referatsleiter im finnischen Außenministerium, Karppinen, als Unterschriftsformel („Testimonium") vor: „Geschehen zu Helsinki am ... Januar 1973. Für die Regierung der Bundesrepublik Deutschland (Unterschrift); für die Regierung der Republik Finnland (Unterschrift)." Vgl. den Drahtbericht Nr. 17 des Generalkonsuls Scheel, Helsinki, vom 8. Januar 1973; VS-Bd. 9957 (204); B 150, Aktenkopien 1973.

2) Ich würde meiner Regierung vorschlagen, eine Gemeinsame Erklärung anläßlich der Aufnahme diplomatischer Beziehungen abzugeben.

Ich machte hierzu den Vorschlag einer Gemeinsamen Erklärung, die die deutsche Seite während der Sitzung erarbeitet hatte und die als Anlage 2[9] mit der Bitte um Prüfung und Weisung wiedergegeben ist. Ohne bereits zu diesem Vorschlag Stellung zu nehmen, meinte Gustafsson, man könne natürlich bei einer solchen, seines Erachtens doch recht vagen Veröffentlichung nicht verhindern, daß von seiten der Journalisten Fragen nach Einzelheiten gestellt würden. Auch werde der finnische Außenminister[10] im Parlament vermutlich ähnliche Fragen zu beantworten haben, die sich auf die einzelnen Punkte der finnischen Initiative vom 10.9.1971 bezögen. Man werde vor allem wissen wollen, in welchen Punkten denn nun Übereinstimmung bestehe und in welchen nicht. Daraufhin könne man von seiten der Regierung kaum die Antwort vermeiden, daß in der Frage der Entschädigung keine Einigung erzielt worden sei. Ich gab zu, daß sich finnische Erklärungen dieser Art dann kaum vermeiden ließen. Auf jeden Fall müsse aber der Wortlaut der späteren Gemeinsamen Erklärung vertraulich bleiben.

Die Sprache kam dann auf diese, bei sich bietender Gelegenheit in Bonn zu veröffentlichende Gemeinsame Erklärung. Der finnischen Seite schienen die bisherigen Ergebnisse der Gespräche zu vage zu sein. Insbesondere meinte Gustafsson, der Zeitpunkt sei völlig offen. Ich erwiderte darauf, es sei keinesfalls unsere Absicht, diese Gemeinsame Erklärung hinauszuzögern. Sie könne sehr bald erfolgen, wenn sich z. B. ein offizieller finnischer Besucher in die Bundesrepublik begebe.

Über diesen Zeitpunkt könne man sich schon in allernächster Zeit einigen. Offenbar um unsere Bereitwilligkeit auf ihre letzten Grenzen zu testen, meinte Gustafsson, ob er, vorausgesetzt, wir einigten uns über die Aufnahme diplomatischer Beziehungen, schon nächsten Montag[11] nach Bonn kommen könne, um die Gemeinsame Erklärung abzugeben. Er zog den Vorschlag dann aber selbst ins Lächerliche, indem er sagte, er werde sicher nicht der offizielle Besucher sein. Dahinter könnte natürlich die Absicht liegen, durch eine sehr kurze zeitliche Aufeinanderfolge doch noch nachträglich den Eindruck der Parallelität mit den DDR-Verhandlungen hervorzurufen. Ich wäre für Weisung dankbar, welcher Zeitpunkt in Frage käme, und habe meinerseits angedeutet, daß man zur Zeit in Bonn mit wichtigsten Aufgaben vollauf beschäftigt sei, daß

---

9 Dem Vorgang beigefügt. Der Entwurf der Bundesrepublik für eine Gemeinsame Erklärung anläßlich der Aufnahme der diplomatischen Beziehungen lautete: „Zwischen Finnland und der Bundesrepublik Deutschland sind in Helsinki vom 8. November bis 1. Dezember 1972 und vom 3. Januar bis zum … Januar 1973 Gespräche geführt worden. Diese Gespräche wurden finnischerseits von Botschafter Paul Gustafsson und seitens der Bundesrepublik Deutschland vom Leiter der Handelsvertretung der Bundesrepublik Deutschland, Botschafter Detlev Scheel, geleitet. Als Ergebnis der Gespräche wurde vereinbart, diplomatische Beziehungen zwischen den beiden Staaten mit Wirkung vom heutigen Tage aufzunehmen. Außerdem wurden die von finnischer Seite gemachten sonstigen Vorschläge in freundschaftlichem Geiste erörtert und die beiderseitigen Standpunkte dargelegt. In einigen wichtigen Punkten besteht Übereinstimmung. Weitere Gespräche werden nach Aufnahme der diplomatischen Beziehungen stattfinden, wobei beide Seiten ihre Verpflichtungen aus internationalen Verträgen beachten werden." Vgl. Referat 204, Bd. 101393.

10 Ahti Karjalainen.

11 8. Januar 1973.

man aber gleichwohl sicher versuchen würde, finnischen Zeitwünschen soweit wie möglich entgegenzukommen.

Auf Wunsch Gustafssons wurde dann beschlossen, am Nachmittag von einem Redaktionskomitee das von finnischer Seite vorgelegte finnische Papier daraufhin durchzuarbeiten, wie weit es unsere Billigung gefunden habe und wie weit nicht. Schon während der Verhandlung war von meiner Seite eindeutig gesagt worden, daß wir die Absätze 4, 5 und 6 in dieser Form nicht akzeptieren könnten.

Die Arbeit des Redaktionskomitees hat nichts wesentlich Neues erbracht. Es wurde bei dieser Gelegenheit auch der als Anlage 2 wiedergegebene Vorschlag unsererseits erläutert. Auf finnische Anregung wurde vorgesehen, das Papier mit der Überschrift „Pressemitteilung" zu versehen. Damit würde auch eine Unterschrift entfallen.

Ich möchte noch hinzufügen, daß ich im Laufe des Gesprächs an das finnische Prinzip der Gleichbehandlung der beiden deutschen Staaten erinnert habe. Für uns bestünde keinerlei Zeitdruck, jedoch seien wir zu einer zügigen Führung der Gespräche bereit, um der finnischen Seite die Einhaltung dieses bisher stets propagierten Grundsatzes zu ermöglichen.

Während Gustafsson dazu nicht detailliert Stellung nahm, erklärte der Deutschlandreferent, Karppinen, bei der Nachmittagssitzung des Redaktionskomitees mit dem Zusatz „off the record" hierzu, nach Unterzeichnung des Grundvertrages sehe Finnland keine Verpflichtung mehr zur Gleichbehandlung beider deutschen Staaten. Diese Ansicht war bereits früher in einem Gespräch vom stellvertretenden Abteilungsleiter der politischen Abteilung, Korhonen, vertreten worden. Mein Vertreter[12] hat hierauf bemerkt, er hoffe doch, daß man sich an höherer finnischer Stelle nach wie vor an die uns und unseren Verbündeten gegebenen Zusicherungen gebunden fühle.

Gleichfalls bei der Nachmittagsbesprechung erfuhren wir noch, daß die DDR bereits ein Ersuchen um Agrément eingereicht hat, und zwar für den bisherigen Leiter der Handelsvertretung, Oelzner. Es wurde uns aber versichert, daß dieses Agrément nicht vor dem 7.1. bearbeitet werden würde.

Die Verhandlungen werden morgen früh um 10.30 Uhr fortgesetzt.[13]

[gez.] Scheel

Referat 204, Bd. 101393

---

12 Otto Hauber.
13 Am 4. Januar 1973 erklärte der Staatssekretär im finnischen Außenministerium, Tötterman, daß die finnische Regierung den Entwurf der Bundesregierung vom Vortag für eine Pressemitteilung akzeptiere, jedoch folgende Ergänzung wünsche: „Außerdem wurden finnischerseits Fragen der Respektierung der Neutralitätspolitik Finnlands, des Gewaltverzichts und der Beilegung von Streitigkeiten mit friedlichen Mitteln sowie ungelöst gebliebene rechtliche und finanzielle Fragen zur Sprache gebracht." Generalkonsul Scheel, Helsinki, schlug vor, die Wörter „ungelöst gebliebene" durch das Wort „offene" zu ersetzen und die Verhandlungen am folgenden Tag abzuschließen. Vgl. den Drahtbericht Nr. 17 von Scheel vom 8. Januar 1973; VS-Bd. 9957 (204); B 150, Aktenkopien 1973.
Die Unterzeichnung des Gemeinsamen Kommuniqués erfolgte am 7. Januar 1973. Dazu berichtete Scheel: „Gemeinsames Kommuniqué wurde heute planmäßig um 17.00 Uhr (16.00 MEZ) unter-

3

Aufzeichnung des Ministerialdirektors von Staden

221-372.20/8-22/73 VS-vertraulich   **4. Januar 1973**

Eilt sehr!

Herrn Staatssekretär[1] zur Unterrichtung.

Beiliegender Vermerk zeigt die äußerst zähe amerikanische Verhandlungsführung auf Arbeitsebene in der für uns zentralen Frage der geographischen Abgrenzung des MBFR-Prozesses.[2]

In der Sache geht es darum, daß wir eine Formel finden müssen, die es offen läßt, vertrauensbildende Maßnahmen, constraints und gegebenenfalls auch Prinzipien auf einen geographischen Raum auszudehnen, der weiter ist als der eigentliche Reduktionsraum.

Fortsetzung Fußnote von Seite 13

schrieben. Anschließend überreichte ich zwei Verbalnoten, in denen mitgeteilt wird, daß ich ab sofort als Chargé d'Affaires fungiere und daß um das Agrément für mich als Botschafter gebeten werde." Vgl. den Drahtbericht Nr. 15; Referat 204, Bd. 101393.
Für den Wortlaut des Gemeinsamen Kommuniqués vgl. BULLETIN 1973, S. 64.

[1] Hat Staatssekretär Frank vorgelegen, der die Weiterleitung an Bundesminister Scheel verfügte. Dazu vermerkte er handschriftlich: „Ich habe bereits im Oktober 71 Undersecretary Irwin in ernsten Worten darauf aufmerksam gemacht, daß ein auf die BRD und DDR zugeschnittener Reduktionsraum schwere, nicht übersehbare politische Folgen haben würde. Hier muß man den Anfängen wehren. MBFR: ja! Neutralisierung: nein! Falsche Lösungen haben nicht nur dem Osten gegenüber Konsequenzen, sondern auch dem Westen gegenüber."
Hat Scheel am 7. Januar 1973 vorgelegen, der handschriftlich vermerkte: „Hier haben wir die Franzosen auf unserer Seite."
[2] Am 22. November 1972 informierte Vortragender Legationsrat I. Klasse Ruth über den Stand der Ausarbeitung eines Richtlinienpapiers der NATO für die MBFR-Explorationsgespräche: „1) Die Amerikaner haben in der NATO ein ‚Agenda Paper' für MBFR-Explorationen zirkuliert, das am 14. November in Anwesenheit von Mr. Dean erörtert wurde. Dieses Papier stieß auf starke Kritik durch die Verbündeten, insbesondere die Belgier und Holländer. 2) Wir haben am Schluß der Debatte am 14. November den Versuch unternommen, die Türe für eine Einigung offenzuhalten und haben folgendes vorgeschlagen: Die Tagesordnungspunkte im amerikanischen Papier unseren Vorstellungen von einem abgestuften integralen Programm entsprechend zu ordnen und dem Agenda-Papier ein internes Guidelines-Papier beizugeben. Dieser Vorschlag wurde von den Briten unterstützt. Die Briten und wir haben dann am 17. November den Entwurf eines Guidelines-Papiers ausgearbeitet und ihn den Amerikanern zusammen mit ihrem reorganisierten Agenda-Papier übergeben." Vgl. VS-Bd. 9398 (II B 2); B 150, Aktenkopien 1972.
Am 14. Dezember 1972 übermittelte Botschafter Krapf, Brüssel (NATO), den vom Politischen Ausschuß auf Gesandtenebene revidierten Entwurf des „Agenda Papers" und am 18. Dezember 1972 die revidierte Fassung des Richtlinienpapiers. Eine der noch offenen Fragen betraf den geographischen Geltungsbereich von MBFR im „Guidelines Paper" bzw. die Formulierung des entsprechenden Tagesordnungspunktes im „Agenda Paper". Vgl. dazu die Drahtberichte Nr. 1473 bzw. Nr. 1477; VS-Bd. 9399 (II B 2); B 150, Aktenkopien 1972.
Am 22. Dezember 1972 berichtete Krapf, daß sich der Politische Ausschuß der NATO auf Gesandtenebene erneut nicht auf einen gemeinsamen Text des Richtlinienpapiers habe einigen können: „Der Grund für dieses unbefriedigende Ergebnis liegt zu einem großen Teil in der unvermindert unflexiblen Haltung der amerikanischen Delegation. [...] Angesichts der starren amerikanischen Haltung in der Frage des Geltungsbereichs war eine Einigung auf einen gemeinsamen Text des Agenda Paper nicht möglich." Es sei vereinbart worden, die Erörterung Anfang Januar fortzusetzen. Vgl. den Drahtbericht Nr. 1492; VS-Bd. 9399 (II B 2); B 150, Aktenkopien 1972.

Dies ist erforderlich

- aus militärischen Gründen, da zwar Reduktionen im engeren Sinne auf Mitteleuropa beschränkt bleiben können, vertrauensbildende Maßnahmen und constraints jedoch voraussichtlich nicht. Man muß wissen, was an den Flanken und gegebenenfalls auch im Hinterland geschieht;
- weil nur eine Ausweitung des MBFR-Raums über den eigentlichen Reduktionsraum geeignet ist zu verhindern, daß für die Bundesrepublik Deutschland ein Sonderstatus entsteht. Es besteht um so mehr Anlaß, die Option offen zu lassen, als noch keineswegs sicher ist, daß die Beneluxländer sich tatsächlich in den Reduktionsraum begeben werden.[3]

Ich habe Herrn Ruth gesagt,

1) bei unserem Vorschlag zu bleiben,

2) erkennen zu lassen, daß wir den eingangs der Anlage wiedergegebenen amerikanischen Vorschlag prüfen könnten, wenn dieser Punkt im Agenda-Papier hinter die constraints rückt,

3) daß wir den am Ende der Anlage gemachten Alternativ-Vorschlag keineswegs akzeptieren können, weil er auch die vertrauensbildenden Maßnahmen und constraints der Region Mitteleuropa unterordnet,

4) daß es sich um eine politische Frage von solchem Gewicht handele, daß neue Entscheidungen bei uns nur auf sehr hoher Ebene getroffen werden könnten.

Ich schlage Vorlage beim Herrn Bundesminister vor. Beigefügt ist die Aufzeichnung von Ref. 221 vom 4.1.1973 (AZ: 221-372.20/8-22/73 VS-v).

Staden

[Anlage]

Über Herrn Dg 22[4] Herrn D2

Betr.: MBFR;
      hier: Geographischer Geltungsbereich

1) Zu der umstrittenen Formulierung des Agenda-Punktes „Areas" im Richtlinienpapier[5] werden die Amerikaner morgen einen neuen Kompromißvorschlag

---

[3] Zur Frage des geographischen Geltungsbereichs von MBFR erläuterte Bundesminister Scheel am 7. Dezember 1972 auf der NATO-Ministerratstagung in Brüssel: „We have for some time been devoting particular attention to a special aspect of MBFR which I would like to mention briefly: It is that MBFR should not lead to zones of different status in Europe. Otherwise MBFR could lead to a loss of security in the sense that the cohesion of the alliance, that is the unity of NATO and the indivisibility of its defence shield, would be jeopardized. To the German government this means in concrete terms that we could not agree to a restriction of MBFR measures to Germany's geographical territory, and we would also have serious doubts about prematurely and rigidly defining MBFR zones, even if of larger size. The geographical area covered by agreements should itself be a subject of negotiation and depend on the substance of the arrangements to be concluded." Vgl. den Drahtbericht Nr. 1423 des Ministerialdirektors von Staden, z.Z. Brüssel; VS-Bd. 1637 (201); B 150, Aktenkopien 1972.

[4] Hat Botschafter Roth am 4. Januar 1973 vorgelegen.

[5] Punkt 1) des Agenda-Teils des Richtlinienpapiers in der am 18. Dezember 1972 übermittelten Fassung lautete: „Area or areas. To seek to define more precisely the actual area or areas which will be the subject of MBFR negotiations, beyond what can be agreed in settling on participants, might

einbringen, der sowohl unseren besonderen Überlegungen als auch dem amerikanischen Wunsch, den Geltungsbereich zu begrenzen, gerecht werden soll. An dieser Formulierung ist neu, daß sich die Amerikaner ausdrücklich auf Reduktionen beziehen. Sie lautet:

„Area for possible reductions: Central Europe".

Diese Formel steht jetzt neben

- der ursprünglichen Fassung:
  „determination of the precise areas in Central Europe to which MBFR negotiations will apply";
- unserem Vorschlag:
  „determination of the geographical aspects of MBFR negotiations relating to Central Europe";
- den amerikanischen Präferenzen:
  area, geographic focus, geographic context statt areas.

2) Die neue amerikanische Formulierung ist m. E. ein ernsthafter Kompromißversuch, obwohl damit unterstrichen wird, daß die primären Interessen der Amerikaner den Reduzierungsverhandlungen gelten.

Bei der Beurteilung des Vorschlags ist zu berücksichtigen, daß er in dem Agenda-Papier am Anfang der Tagesordnungspunkte steht:

1) Area or areas

2) Phasing

3) Principles

4) Constraints

5) Forces and size and method of reduction

6) Verification.

Die von den Amerikanern vorgeschlagene Formel paßt m. E. jetzt nicht mehr in den durch die Überschriften angedeuteten systematischen Zusammenhang. Wir könnten uns aber zu dem neuen amerikanischen Vorschlag unter der Voraussetzung folgender Modifikationen bereit erklären:

a) Der Absatz über „Area or areas" mit der neuen Formel für den Agenda-Punkt wird nach dem bisherigen Punkt 4 (Constraints) und vor Punkt 5 (Forces) als neuer Punkt 4 eingefügt. Unter diesen Umständen könnten wir den amerikanischen Vorschlag unverändert annehmen.

b) Falls der Punkt seinen jetzigen Platz am Anfang der Aufzählung behält, könnten wir eventuell folgende Fassung für den Tagesordnungspunkt vorschlagen:

Fortsetzung Fußnote von Seite 15

lead to extensive controversy. Any attempt by the Soviets to insist that force reductions be limited to Germany or extended to include the flanks must be resisted. A statement of the fact that the negotiators themselves will have to determine the precise area or areas to which possible agreements would apply is non-prejudicial. Thus, the Allies could propose as an Agenda Item for MBFR negotiations, ‚determination of the <precise areas> <geographic focus> in Central Europe to which MBFR negotiations will apply' <with the understanding that forces to be addressed is a separate question>." Vgl. den Drahtbericht Nr. 1473 des Botschafters Krapf, Brüssel (NATO), vom 18. Dezember 1972; VS-Bd. 9399 (II B 2); B 150, Aktenkopien 1972.

„Geographic context for MBFR negotiations – focus for possible reductions: Central Europe".

3) Die amerikanische Botschaft wurde nachträglich gebeten, zusätzlich zu der obigen Formel mit uns folgende Fassung zu erörtern, um so zu einer Einigung zu gelangen:

„Central Europe: delineation of geographic aspects of negotiations".

Vorschlag: m. E. könnten wir diese Fassung akzeptieren.[6]

Ruth

VS-Bd. 9428 (221)

---

[6] Am 8. Januar 1973 informierte Gesandter Boss, Brüssel (NATO): „Einem britischen Vorschlag entsprechend einigte sich der Politische Ausschuß auf Gesandtenebene ad referendum auf folgende Bezeichnung des Agenda-Punktes: ‚delineation of geographic aspects of negotiations'. Damit würde die Erwähnung von ‚Central Europe' in der Bezeichnung des Tagesordnungspunktes entfallen. Stattdessen würde der erste Satz des Guidelines Paper folgende Fassung enthalten: ‚This document provides a framework for the Allied position at exploratory talks on Mutual and Balanced Force Reductions in Central Europe'. Darüber hinaus soll auch im ersten und letzten Satz der Ziffer 18 von ‚Mutual and Balanced Force Reductions in Central Europe' die Rede sein. Dieser britische Vorschlag wurde einstimmig ad referendum angenommen. Die von amerikanischer Seite in bilateralen Gesprächen vorgeschlagene Fassung ‚Area for possible reductions: Central Europe' wurde vom amerikanischen Sprecher in der heutigen Sitzung nicht in die Diskussion eingeführt." Vgl. den Drahtbericht Nr. 22; VS-Bd. 9429 (221); B 150, Aktenkopien 1973.
Am 15. Januar 1973 teilte Botschafter Krapf, Brüssel (NATO), mit, daß sich der Ständige NATO-Rat am selben Tag über das Richtlinienpapier habe einigen können: „Angesichts der langwierigen und schwierigen Diskussionen im Politischen Ausschuß auf Gesandtenebene wurde es allgemein begrüßt, daß nunmehr gemeinsame Richtlinien für die bevorstehenden MBFR-Explorationen vorliegen, die ein solidarisches Vorgehen in Genf ermöglichen. In allgemeinen Erklärungen wiesen verschiedene Sprecher (Generalsekretär Luns, USA, Großbritannien, Belgien und die Niederlande) auf die Notwendigkeit hin, die Explorationen auf der Basis einer gemeinsamen Haltung zu führen. Sollten sich im Laufe der Konsultationen unterschiedliche Auffassungen in Einzelfragen ergeben, so sollten diese Meinungsverschiedenheiten zuerst in der Allianz konsultiert werden." Vgl. den Drahtbericht Nr. 51; VS-Bd. 9429 (221); B 150, Aktenkopien 1973.

4

Aufzeichnung des Vortragenden Legationsrats I. Klasse Redies

310-530.36-4/73 VS-vertraulich   5. Januar 1973[1]

Betr.: Gespräche in Kairo am 30.12.1972 und am 2./3.1.1973
       hier: Palästinenser-Frage

1) Ägyptische Seite

Entsprechend den Verhandlungen des Herrn Staatssekretärs in Tunis und in
Tripolis[2] habe ich bei meinen Besuchen im ägyptischen Außenministerium
(StS Ismail Fahmi) und beim ägyptischen Geheimdienst (amtierender Leiter
Ezzat Suleiman) unseren Standpunkt hinsichtlich eventueller neuer Aktionen
der Palästinenser und der zu erwartenden Folgen für die deutsch-arabischen
Beziehungen dargelegt. Von beiden Gesprächspartnern wurde darauf hingewiesen, daß das Verhältnis der ägyptischen Regierung zu den Palästinensern
intern nicht sonderlich gut sei. Die Palästinenser verfolgten die ägyptische Politik im Nahost-Konflikt mit erheblichem Mißtrauen – sie befürchten, daß
Ägypten einen Frieden mit Israel ohne Rücksichtnahme auf die palästinensischen Interessen anstrebt –, so daß die ägyptischen Einflußmöglichkeiten gering seien. Geheimdienstchef Suleiman sagte, daß man nach „München"[3] meh-

---

[1] Durchdruck.
Die Aufzeichnung wurde von Vortragendem Legationsrat I. Klasse Redies mit Begleitvermerk vom
8. Januar 1973 über Ministerialdirigent Jesser an Vortragenden Legationsrat Vergau geleitet.
Mit Schreiben vom 10. Januar 1973 übermittelte Staatssekretär Frank einen Durchdruck der Aufzeichnung an Staatssekretär Rutschke, Bundesministerium des Innern. Dazu teilte er mit, daß
nach den verschiedenen Gesprächen mit der ägyptischen und der palästinensischen Seite die Möglichkeit bestehe, „der Gefahr weiterer Aktionen gegen die Bundesrepublik entgegenzuwirken. Hinsichtlich der arabischen Regierungen erscheint es mir vor allem dringlich, die nachrichtendienstliche Zusammenarbeit zu intensivieren und den BND zu veranlassen, den arabischen Raum künftig in seine Schwerpunktbildung einzubeziehen. Der erfolgversprechendste Weg dürfte allerdings
sein, gleichzeitig die Verbindung mit den palästinensischen Organisationen fortzusetzen, um eine
grundlegende Klärung des Verhältnisses zu den Palästinensern herbeizuführen. Hier eröffnen sich
uns offenbar auch Möglichkeiten, künftig nicht mehr ausschließlich auf die zahlreichen Meldungen aus dritten Quellen angewiesen zu sein, die sich bisher beinahe durchweg als unzutreffend erwiesen haben." Frank äußerte ferner das Anliegen, eine Anpassung der von der Bundesregierung
beschlossenen Sichtvermerksregelungen für arabische Staatsangehörige vorzunehmen sowie bei
Ausweisungen von Palästinensern humanitäre Fragen stärker zu berücksichtigen: „Wenn wir nicht
unsererseits gewisse Zeichen einer Entspannungsbereitschaft setzen, laufen wir Gefahr, in unseren Kontakten die Glaubwürdigkeit zu verlieren." Vgl. VS-Bd. 9720 (511); B 150, Aktenkopien 1973.
[2] Staatssekretär Frank hielt sich am 20./21. Dezember 1972 in Tunesien und Libyen auf. Vgl. dazu
AAPD 1972, III, Dok. 422.
[3] In den frühen Morgenstunden des 5. September 1972 drangen während der XX. Olympischen
Sommerspiele in München acht Mitglieder des „Schwarzen September" in das Olympische Dorf ein
und erschossen zwei Mitglieder der israelischen Olympiamannschaft. Weitere neun Israelis wurden als Geiseln genommen. In einem mehrfach verlängerten Ultimatum forderten die Terroristen
die Freilassung von 200 in Israel inhaftierten Arabern. Die israelische Regierung lehnte eine
Freilassung der inhaftierten Araber ab. Nachdem die Kontaktaufnahme mit der ägyptischen Regierung erfolglos geblieben war, wurden die Terroristen sowie die Geiseln mit zwei Hubschraubern
zum Flughafen Fürstenfeldbruck gebracht. Bei dem Versuch, die Geiseln zu befreien, wurden
sämtliche Geiseln sowie ein Polizeibeamter und fünf Terroristen getötet. Vgl. ÜBERFALL, S. 24–28
und S. 46–49. Vgl. dazu ferner AAPD 1972, II, Dok. 256.

rere Treffen mit den Palästinensern gehabt habe, diese jedoch nicht bereit gewesen seien, den Fragenkreis mit der ägyptischen Seite näher zu erörtern.

Dieser mir auch von anderer Seite bestätigten Darstellung des Verhältnisses Ägypten–Palästinenser widersprechen die jüngsten Ereignisse in Bangkok[4] nicht. Entgegen manchen Pressedarstellungen war der positive Ausgang nicht in erster Linie ein Ergebnis der Interventionen des ägyptischen Botschafters[5]. Den Ägyptern war selber nicht klar, warum die Leute des „Schwarzen September" hier so schnell aufgegeben haben.

Beim Geheimdienst brachte ich im übrigen unser Anliegen vor, die nachrichtendienstliche Zusammenarbeit mit dem BND wiederaufzunehmen. Herr Suleiman stimmte diesem Gedanken zu und regte an, daß ein Vertreter des BND bald nach Kairo kommen möge, um die Einzelheiten zu erörtern.

2) Palästinensische Seite

Am 29. Dezember traf ich zum ersten Mal kurz mit Abdallah Frangieh (mir von früher bekannt) zusammen, der von meinem Besuch in Kairo erfahren hatte und aus Beirut gekommen war. Ich erörterte mit ihm eingehend die Ereignisse von München und deren Folgen. Als Grundtendenz unserer Haltung sagte ich ihm, daß in der Bundesrepublik niemand ein Interesse daran habe, mit den Palästinensern in einer Auseinandersetzung zu bleiben, für uns jedoch entscheidend sei, daß von palästinensischer Seite die öffentliche Sicherheit in der Bundesrepublik geachtet und keine Aktionen auf dem Boden der Bundesrepublik oder gegen deutsche Personen und Einrichtungen im Ausland unternommen würden. Ich verwies in diesem Zusammenhang auch auf die zahlreichen uns zugegangenen neuen Androhungen.

Am 3. Januar fand ein weiteres Treffen mit Frangieh statt. Inzwischen war er erneut in Beirut gewesen. Die Zentralkomitees von PLO und Al-Fatah hatten sich mit der Angelegenheit befaßt und das Zentralkomitee-Mitglied Hayal-Abdul Hamid („Abu-Hol") sowie Frangieh selber mit der Fortsetzung der Kontakte beauftragt. Da Abdul Hamid vor meiner Abreise nicht mehr nach Kairo kommen konnte, wurde ein weiteres Treffen für Anfang Februar in Aussicht genommen, da ich dann anläßlich der deutsch-ägyptischen Wirtschaftsverhandlungen[6] erneut in Kairo sein werde.

Frangieh berichtete mir folgendes:

Bei einem ersten Gespräch Anfang November mit Arafat und anderen maßgeblichen Palästinensern über die Möglichkeiten einer Klärung des Verhält-

---

4 Am 28. Dezember 1972, dem Tag der Feierlichkeiten zur Einsetzung des Kronprinzen Vajiralongkorn, nahmen vier Mitglieder des „Schwarzen September" in der israelischen Botschaft in Bangkok sechs Botschaftsangehörige als Geiseln und verlangten die Freilassung von 36 in Israel inhaftierten Palästinensern. Nach Verhandlungen mit Mitgliedern der thailändischen Regierung sowie der ägyptischen Botschaft in Bangkok erklärten sich die Terroristen um 5.00 Uhr des folgenden Tages gegen die Zusicherung freien Geleits nach Kairo zur Beendigung der Geiselnahme bereit. Dazu teilte Botschafter von Rhamm, Bangkok, am 29. Dezember 1972 mit: „Die Regierung betrachtete den Anschlag auf die israelische Botschaft, ausgerechnet an dem von Astrologen als besonders verheißungsvoll ausgewählten Tag der feierlichen Einsetzung des Kronprinzen, als eine ernste und direkte Herausforderung Thailands und hatte deutlich gemacht, daß sie erforderlichenfalls zu gewaltsamem Eingreifen entschlossen sei." Vgl. den Drahtbericht Nr. 603; Referat I B 4, Bd. 509.

5 Gamal Mansour.

6 Die Wirtschaftsverhandlungen zwischen der Bundesrepublik und Ägypten fanden vom 30. Januar bis 8. Februar 1973 in Kairo statt. Vgl. dazu Dok. 49.

nisses zur Bundesrepublik sei die Atmosphäre noch sehr frostig gewesen. Auf palästinensischer Seite habe noch der – vielleicht falsche – Eindruck vorgeherrscht, daß wir bei unserem Vorgehen in und nach „München" weitgehend israelischen Wünschen entsprechend gehandelt hätten. Unsere Maßnahmen[7] hätten auch deshalb einseitig gewirkt, weil hiervon ausschließlich Leute der Fatah betroffen worden seien (insgesamt 246 Ausgewiesene oder Zurückgewiesene, jedoch keine einzigen Angehörigen der wesentlich radikaleren Gruppe des Dr. Habbash). Inzwischen habe sich die allgemeine Einstellung gegenüber der Bundesrepublik, wie auch die jetzige Erörterung im Zentralkomitee gezeigt habe, deutlich beruhigt.

Die einzige palästinensische Gruppe, die heute noch in der Lage sei, im Ausland Aktionen durchzuführen, sei der „Schwarze September". Es sei trotz aller gegenteiligen Behauptungen, vor allem der Israelis, falsch, daß der „Schwarze September" der Fatah direkt unterstehe. Richtig sei, daß die Fatah auf den „Schwarzen September" einen gewissen Einfluß habe, da es sich bei der Gruppe durchweg um ehemalige Mitglieder der Fatah handele. Die Fatah-Führung halte es auch für besser, diese Einflußmöglichkeit aufrechtzuerhalten, als jeden Kontakt abzubrechen und die Organisation völlig ihre eigenen Wege gehen zu lassen.

Die Gruppe von Habbash sei zur Aktion praktisch nicht mehr imstande. Habbash selber sei krank, zahlreiche Mitglieder verhaftet, verletzt oder auf andere Weise ausgeschaltet. Die bei der Entführung der LH-Maschine nach Aden von der Gruppe kassierten 5 Mio. US-Dollar[8] würden im wesentlichen dazu verwandt, den Lebensunterhalt der restlichen Mitglieder zu bestreiten und die Zeitung der Organisation zu finanzieren. Daß die Organisation überhaupt Aktionen zur Erpressung von Geld durchgeführt habe, habe ihrem Ansehen unter den Palästinensern erheblich geschadet.

Zu den Meldungen über angebliche neue Aktionen gegen die Bundesrepublik sagte Frangieh, das einzige tatsächlich gegen uns geplante Vorhaben der letzten Zeit sei von der „Habbash-Gruppe" ausgegangen. Es sei völlig gescheitert, die in Rom gefundenen Koffer mit Waffen hingen damit zusammen. Der Vorgang habe nur bestätigt, daß Habbash zu keinem wirkungsvollen Vorgehen mehr in der Lage sei. Frangieh sagte mir zu, bis zu unserem nächsten Treffen zu versuchen, den Hintergründen der aus Libyen stammenden Meldungen

---

[7] Aufgrund eines Kabinettsbeschlusses vom 6. September 1972 verfügte Bundesminister Genscher am 12. September 1972 die Einführung der Visumspflicht für Staatsangehörige von Libyen, Marokko und Tunesien. Damit unterlagen Staatsangehörige aller arabischen Staaten der Visumerfordernis. Ferner war vorgesehen, „daß Araber, gegen die Ausweisungsgründe vorliegen, sofort ausgewiesen und abgeschoben werden, und daß Araber, die sich illegal in der Bundesrepublik aufhalten, ermittelt und unverzüglich abgeschoben werden. [...] Die Grenzkontrollen gegenüber einreisenden Staatsangehörigen arabischer Staaten wurden verschärft, das Verfahren für die Erteilung von Sichtvermerken an Staatsangehörige arabischer Staaten neu geregelt." Vgl. den Schrifterlaß des Vortragenden Legationsrats I. Klasse Dreher vom 13. Oktober 1972; Referat I B 4, Bd. 509. Vgl. dazu ferner BULLETIN 1972, S. 1548.

[8] Am 21. Februar 1972 wurde ein Flugzeug der Lufthansa auf dem Weg von Tokio nach Athen nach Zwischenlandungen in Hongkong, Bangkok und Neu Delhi von fünf Männern arabischer Herkunft entführt und zur Landung in Aden gezwungen. Nach Freilassung aller 173 Passagiere wurde am 23. Februar 1972 über einen Beauftragten der Lufthansa in Beirut ein Lösegeld in Höhe von 5 Mio. Dollar übergeben. Daraufhin wurden auch die als Geiseln verbliebenen Besatzungsmitglieder freigelassen sowie das Flugzeug freigegeben. Vgl. dazu AAPD 1972, I, Dok. 43.

über angebliche Racheakte gegen Herrn BM Genscher nachzugehen. In Beirut habe er hierüber nichts feststellen können.

Sodann teilte mir Frangieh folgende Anregungen des PLO-Zentralkomitees zur Klärung des Verhältnisses zwischen den Palästinensern und der Bundesrepublik mit:

1) Einverständnis von unserer Seite, daß ähnlich wie in anderen Ländern (London, Paris, Genf, usw.) dem Büro der Arabischen Liga in Bonn ein Vertreter der PLO zugeteilt wird, der den Kontakt zu den zuständigen deutschen Stellen für die Palästinenser betreffenden Fragen unterhält. (Bekanntlich war Frangieh zuvor dem Bonner Liga-Büro in dieser Eigenschaft zugeteilt, jedoch ohne Kontakte).

Ich sagte Frangieh, daß ein solcher Vertreter für uns wohl nur dann von Interesse sein könne, wenn er bereit sei, auch gewisse Verantwortlichkeiten zu übernehmen, insbesondere hinsichtlich der Wahrung der öffentlichen Sicherheit.

Frangieh erklärte hierzu, daß dies der Sinn der Anregung sei. Entsprechende Absprachen seien erst kürzlich zwischen dem jeweiligen PLO-Vertreter und den Sicherheitsbehörden der Schweiz und Frankreich getroffen worden.

2) Regelung von Härtefällen bei Ausgewiesenen oder Zurückgewiesenen

Frangieh nannte hier die bekannten Beispiele (Palästinenser mit deutschen Ehefrauen, Studenten kurz vor Abschluß der Ausbildung) und wies ferner darauf hin, daß in einigen Fällen die privaten Ersparnisse der Betroffenen beschlagnahmt worden seien.

Ich bat Frangieh, uns hierzu nähere Angaben mit Namen usw. zu übermitteln.

3) Prüfung des Verbots von GUPS und GUPA[9]

Frangieh wies darauf hin, daß die Bundesrepublik das einzige Land sei, in dem beide Organisationen verboten seien. Dies gebe den extremeren Kräften unter den Palästinensern, aber auch anderer interessierter Seite (DDR) immer wieder Anlaß zu neuer Agitation gegen die Bundesrepublik. Als zu erwartende Gelegenheit für derartige Agitationen nannte er die Weltjugend-Festspiele in Ostberlin im Juni/Juli.[10]

Ich sagte Frangieh, daß vor Prüfung dieser Frage sicher zunächst ein gewisses Vertrauen in die künftige Haltung der Palästinenser-Organisation gegenüber der Bundesrepublik wiederhergestellt sein müsse.[11]

gez. Redies

VS-Bd. 9720 (511)

---

9 Am 3. Oktober 1972 verfügte Bundesminister Genscher ein Verbot der Generalunion Palästinensischer Studenten (GUPS) sowie der Generalunion Palästinensischer Arbeiter (GUPA) in der Bundesrepublik Deutschland. Für die Verfügungen vgl. Referat I B 4, Bd. 509.
  Vgl. dazu auch die Mitteilung des Bundesministeriums des Innern; BULLETIN 1972, S. 1699 f.

10 Die X. Weltfestspiele der Jugend und Studenten fanden vom 28. Juli bis 5. August 1973 in Ost-Berlin statt.

11 Am 8. Januar 1973 vermerkte Vortragender Legationsrat I. Klasse Redies ergänzend: „Frangieh brachte neben den [...] genannten Punkten unter Hinweis auf unsere an die UNRWA gezahlte Flüchtlingssonderhilfe auch noch den Wunsch des PLO-Zentralkomitees vor, eine direkte finanzielle Unterstützung von deutscher Seite zu erhalten. Ich habe mich hierzu völlig rezeptiv verhal-

5

Botschafter Jaenicke, Belgrad, an das Auswärtige Amt

114-10054/73 VS-vertraulich   Aufgabe: 5. Januar 1973, 10.30 Uhr[1]
Fernschreiben Nr. 7   Ankunft: 6. Januar 1973, 13.58 Uhr

Betr.: Jugoslawische Vorstellungen über die weitere Entwicklung der deutsch-
jugoslawischen Beziehungen

Kurzangabe des Inhalts

Anmeldung jugoslawischer Wünsche nach Fortsetzung der unterbrochenen
Wiedergutmachungsverhandlungen[2], Verlängerung und Aufstockung unseres
300 Mio. DM-Stützungskredits von 1971[3] und nach zusätzlicher Kapitalhilfe
für Krško[4]. Frage des Zusammenhangs mit angekündigtem Besuch Bundeskanzlers.[5]

Fortsetzung Fußnote von Seite 21

ten und auch nicht gefragt, was man sich hierunter vorstellt. Es erschien mir nicht zweckmäßig,
diesen Punkt in die allgemeine Aufzeichnung aufzunehmen, da diese an andere Stellen wie das
BMI weitergeleitet wird." Vgl. VS-Bd. 9720 (511); B 150, Aktenkopien 1973.

[1] Hat Vortragendem Legationsrat Vergau am 9. Januar 1973 vorgelegen, der die Weiterleitung an
Staatssekretär Frank verfügte.
Hat Vortragendem Legationsrat I. Klasse Schönfeld am 15. Januar 1973 vorgelegen, der die Wei-
terleitung an das Ministerbüro sowie die Parlamentarischen Staatssekretäre Moersch und Apel
verfügte.
Hat Vortragendem Legationsrat I. Klasse Hallier am 16. Januar 1973 vorgelegen.
Hat laut Vermerken des Vortragenden Legationsrats Dunker bzw. des Persönlichen Referenten
Encke vom 19. Januar 1973 Moersch und Apel vorgelegen.

[2] Die Verhandlungen zwischen der Bundesrepublik und Jugoslawien über Wiedergutmachung wurden im Mai 1971 unterbrochen. Vgl. dazu AAPD 1971, II, Dok. 178.
Mit Schreiben vom 16. Juni 1972 an Botschafter Čačinović bekräftigte Staatssekretär Frank, daß
die Bundesregierung auf absehbare Zeit keine Möglichkeit sehe, „über die Entschädigung der jugoslawischen Opfer der nationalsozialistischen Verfolgungen eine Einigung zu erzielen". Sie halte
es daher nicht für sinnvoll, „die ausgesetzten Verhandlungen über Wiedergutmachung wiederaufzunehmen". Gleichzeitig sei sie aber bereit, Jugoslawien eine Kapitalhilfe in Höhe von 300 Mio.
DM zu gewähren. Vgl. VS-Bd. 9036 (II A 5); B 150, Aktenkopien 1972. Vgl. dazu ferner AAPD
1972, II, Dok. 174.

[3] Am 17. Dezember 1971 schlossen die Kreditanstalt für Wiederaufbau und die jugoslawische Nationalbank eine Vereinbarung über die Gewährung eines Kredits in Höhe von 300 Mio. DM bei einer Laufzeit bis zum 31. Januar 1977. Die Verzinsung sollte bis zum 31. Dezember 1975 6 % betragen und anschließend für die Restlaufzeit neu vereinbart werden. Das Darlehen diente ausschließlich „zur unmittelbaren Erfüllung von Zahlungsverpflichtungen jugoslawischer Schuldner
gegenüber Gläubigern aus der Bundesrepublik Deutschland". Für die Vereinbarung vgl. Referat
III A 5, Bd. 745a. Vgl. dazu ferner AAPD 1971, III, Dok. 346.

[4] Die jugoslawische Regierung plante den Bau eines Kernkraftwerks bei Krško, dessen Ausschreibung im März 1971 erfolgte. Um den Auftrag bewarben sich die Kraftwerk Union AG (KWU), Erlangen, zusammen mit der italienischen Fiat S.p.A., Turin, ferner die amerikanischen Unternehmen General Electric sowie Westinghouse. Dazu vermerkte Vortragender Legationsrat I. Klasse
Schlaich am 28. September 1972, daß bei den bevorstehenden Kapitalhilfeverhandlungen versucht
werden solle, einen Teil der vorgesehenen Mittel für die Finanzierung des Krško-Projekts vorzusehen, damit „ein dem amerikanischen Angebot gleichwertiges Angebot der KWU" erreicht werde.
Vgl. Referat III A 5, Bd. 746.
Die Verhandlungen zwischen der Bundesrepublik und Jugoslawien über die Gewährung von Kapitalhilfe fanden vom 9. bis 11. Oktober und vom 18. bis 20. Dezember 1972 statt. Der dabei mit der
Kreditanstalt für Wiederaufbau geschlossene Darlehensvertrag in Höhe von 300 Mio. DM hatte

I. In heutigem Gespräch, das auf seine Veranlassung zustande kam, teilte Minister Šnuderl meinem Vertreter[6] die Vorstellungen seiner Regierung für die weitere Entwicklung unserer bilateralen Zusammenarbeit mit. Obwohl diese weitgehend die wirtschaftliche Seite betreffen, wird das Gespräch wegen seiner politischen Bedeutung für das deutsch-jugoslawische Verhältnis zunächst an dieser Stelle wiedergegeben. Über die wirtschaftlichen Aspekte (Atomkraftwerk Krško) folgt ergänzender Bericht.[7]

1) Šnuderl begann mit dem Hinweis, daß die jugoslawische Seite beabsichtige, ihren Außenhandel verstärkt zu liberalisieren. Gewisse Schritte in dieser Richtung seien bereits unternommen worden, andere würden demnächst folgen. Zur Einleitung einer längerfristigen Liberalisierungskonzeption sei aber ein ausreichend starker Rückhalt an Devisenreserven erforderlich.

Deshalb bitte seine Regierung, die Laufzeit des ihr aufgrund der Garantie der Bundesregierung 1971 durch die Kreditanstalt für Wiederaufbau gewährten vierjährigen Stützungskredits von 300 Mio. DM zu gleichbleibenden Bedingungen auf insgesamt 10 Jahre zu verlängern. Zur Unterstützung der jugoslawischen Bitte nahm Šnuderl Bezug auf das an ihn gerichtete Schreiben Staatssekretärs Schöllhorn vom 19. Januar 1972, in dem es heißt, „der Umstand, daß für den Stützungskredit keine Prolongationsmöglichkeit eröffnet werden kann, soll danach nicht ausschließen, daß zu gegebener Zeit darüber gesprochen werden kann, wie die deutsch-jugoslawischen Kreditbeziehungen in der dann gegebenen Situation fortgesetzt werden können".[8]

Darüber hinaus äußerte Šnuderl den jugoslawischen Wunsch, daß wir unseren Stützungskredit um 150 Mio. DM auf 450 Mio. DM aufstocken. Auch der zusätzliche Kredit solle eine Laufzeit von 10 Jahren und dieselben Bedingungen wie der 300 Mio. DM-Kredit haben. Zur Begründung wies Šnuderl auf Ziffer 5 des Briefes des Bundesministers für Wirtschaft und Finanzen vom 12. November 1971 hin, in der es heißt: „Im Hinblick auf Ihren Wunsch nach einer späteren Aufstockung des Stützungskredits wurde in Aussicht genommen, im Jahre 1973 auf der Basis der dann gegebenen Bedingungen die Verhandlungen wiederaufzunehmen."[9] Zu diesen Wünschen wurde unsererseits bemerkt, daß

Fortsetzung Fußnote von Seite 22

eine Laufzeit von 30 Jahren bei 2,5 % Zinsen, davon 8 Jahre tilgungsfrei. Dazu vermerkte Ministerialdirektor Herbst am 21. Dezember 1972: „Die Verhandlungen gestalteten sich deshalb schwierig, weil die jugoslawische Seite die im Rahmen der Wiedergutmachungsproblematik angebotene Kapitalhilfe als einfachen Finanzkredit behandeln wollte, die deutsche Delegation jedoch ihrerseits darauf achten mußte, daß ein Mindestmaß der üblichen Kapitalhilfe-Grundsätze gewahrt blieb, um keine Berufungsfälle zu schaffen. Der erzielte Kompromiß sieht eine Kreditgewährung in Form einer Warenhilfe vor, in die auch Warenlieferungen der vergangenen Monate ab 1. Juli 1972 einbezogen werden können. [...] Unser Interesse an einem Zuschlag für das Kernkraftwerksprojekt Krško an das deutsche Konsortium wurde in einem besonderen Briefwechsel zwischen den Delegationsleitern noch einmal zum Ausdruck gebracht." Vgl. Referat III A 5, Bd. 752.

5 Bundeskanzler Brandt hielt sich vom 16. bis 19. April 1973 in Jugoslawien auf. Für die Gespräche mit Staatspräsident Tito am 18./19. April 1973 in Brioni vgl. Dok. 110 und Dok. 111.

6 Hans-Werner Loeck.

7 Für den Drahtbericht Nr. 11 des Botschafters Jaenicke, Belgrad, vom 11. Januar 1973 vgl. Referat 420, Bd. 117735. Für einen Auszug vgl. Anm. 10.

8 Für das Schreiben vgl. Referat III A 5, Bd. 745a.

9 Für das Schreiben des Bundesministers Schiller an das Mitglied des jugoslawischen Exekutivrats, Šnuderl, vgl. Referat III A 5, Bd. 745a.

— es nach der kürzlichen Gewährung eines Kapitalhilfekredits zweifelhaft sei, ob aus unserer Sicht „der gegebene Zeitpunkt" im Sinne des Schreibens des Staatssekretärs Schöllhorn für die gewünschte Prolongierung schon gekommen sei und die jetzt „gegebenen Bedingungen" im Sinne des Schreibens des BM für Wirtschaft und Finanzen eine Aufstockung des Kredits erlaubten;

— von unserer Seite hinreichend klargemacht worden sei, daß die gewährten Zinsbedingungen eine befristete Ausnahmeregelung darstellen;

— in der deutschen Öffentlichkeit, insbesondere in unseren Wirtschaftskreisen, sicherlich erwartet werde, daß die jugoslawische Seite nach der kürzlichen Gewährung der Kapitalhilfe nun zunächst einmal bezüglich der deutschen Beteiligung an der Errichtung des Atomkraftwerkes Krško Entgegenkommen zeige.

2) Zum letzten Punkt unserer Entgegnung brachte Šnuderl die Befriedigung seiner Regierung über den erfolgreichen Abschluß der Kapitalhilfeverhandlungen zum Ausdruck und erklärte erneut die jugoslawische Bereitschaft, das deutsche Krško-Angebot mit größtem Wohlwollen zu prüfen. Dieses Wohlwollen finde allerdings seine Grenze in dem erforderlichen objektiven Vergleich der im Rahmen der Ausschreibung abgegebenen Angebote. Angesichts der offensichtlich sehr günstigen Finanzbedingungen des amerikanischen Angebots sei es angezeigt, daß wir durch Bereitstellung einer zusätzlichen Kapitalhilfe von ca. 50 Mio. DM den Zinssatz unserer Lieferkredite senkten. Auf diese Weise würden wir Sicherheit erlangen, daß der deutschen Seite der Zuschlag erteilt werde. Die von Šnuderl in diesem Zusammenhang gegebenen zusätzlichen Informationen über den gegenwärtigen Stand der jugoslawischen Überlegungen für Krško bleiben gesondertem Bericht vorbehalten.[10]

Es wurde entgegnet, daß unsere Mittel sicherlich die Gewährung einer weiteren Kapitalhilfe für Jugoslawien nicht erlaubten. Selbst wenn wir uns angesichts unseres Interesses an Krško hierzu entschließen sollten, werde das Verfahren längere Zeit in Anspruch nehmen und nicht vor der jugoslawischen Entscheidung über das Krško-Projekt abgeschlossen werden können. Darüber hinaus hätten wir doch schon der Erwartung Ausdruck gegeben, daß die Ge-

---

[10] Am 11. Januar 1973 berichtete Botschafter Jaenicke, Belgrad, ergänzend, daß der jugoslawische Stellvertretende Außenminister am 5. Januar 1973 das Angebot der beiden amerikanischen Firmen General Electric und Westinghouse sowie weitere Zusagen der amerikanischen Regierung erläutert habe: „Šnuderl bezeichnete es als absolut offen, ob das deutsche Angebot Chancen habe durchzudringen. Während in Slowenien 60 bis 70 Prozent [der] für die Entscheidung zuständigen Persönlichkeiten unserem Angebot zuneigten, sei das Verhältnis in Kroatien gerade umgekehrt (60 bis 70 Prozent für das amerikanische Angebot). Er werde am 6./7.1. erneut in Ljubljana in unserem Sinne wirken, halte es aber für angezeigt, daß wir unsere Finanzbedingungen in bezug auf Zinssatz und Rückzahlungsfrist noch verbesserten, um so einen Sicherheitsabstand vor den Amerikanern zu erlangen." Jaenicke äußerte dazu die Einschätzung, daß die Stellungnahme von Šnuderl keine Bereitschaft zeige, dem Wunsch der Bundesregierung im Falle Krško zu entsprechen: „So läßt es sich nicht ausschließen, daß die Herstellung günstigerer Finanzbedingungen durch Hergabe einer zusätzlichen Kapitalhilfe tatsächlich den Ausschlag dafür geben könnte, daß das Projekt den deutschen Anbietern zufällt. Offen bleibt allerdings, ob nicht ein wesentlich unter 50 Mio. DM liegender Betrag zur Erreichung des angestrebten Zwecks ausreichen würde." Vgl. den Drahtbericht Nr. 11; Referat 420, Bd. 117735.

währung unserer Kapitalhilfe von 300 Mio. DM genügen werde, die jugoslawische Entscheidung zugunsten unseres Angebots zu beeinflussen.[11]

3) Šnuderl teilte mit, Präsident Tito habe ihm „vor einigen Tagen" in persönlichem Gespräch erklärt, aus seiner Sicht sei nun die Zeit gekommen, die Wiedergutmachungsverhandlungen wiederaufzunehmen und zu einem für beide Seiten annehmbaren Ergebnis zu führen. Nach dem erfreulichen Ausgang der letzten Bundestagswahlen verfüge die Bundesregierung nun über eine tragfähige parlamentarische Mehrheit[12], so daß von der innenpolitischen Seite her keine Hinderungsgründe gegen eine Lösung dieser wichtigsten Frage des jugoslawisch-deutschen Verhältnisses mehr bestünden. Diese Mitteilung mache er uns nur vorab und inoffiziell.

Unsererseits wurde hierzu bemerkt, daß wir die Kapitalhilfe aufgrund der jugoslawischen Zustimmung zur Vertagung der Wiedergutmachungsverhandlungen gegeben hätten. Der Sinn dieser zwischen uns getroffenen Vereinbarung werde in Frage gestellt, wenn die jugoslawische Seite unmittelbar nach Abschluß der Kapitalhilfeverhandlungen auf Fortsetzung der Wiedergutmachungsgespräche dränge. Darüber hinaus sei aber die Erneuerung der Wiedergutmachungsforderungen auch im Hinblick auf den für die zweite Aprilhälfte geplanten Besuch des Bundeskanzlers in Jugoslawien absolut nicht opportun. Er, Šnuderl, habe uns im vergangenen Jahr mehrfach erklärt, daß eine Wiederaufnahme der Wiedergutmachungsgespräche von der jugoslawischen Regierung keinesfalls als Vorbedingung für den Besuch des Bundeskanzlers betrachtet würde. Wir gingen davon aus, daß dieser jugoslawische Standpunkt Geltung behalten habe.

Šnuderl erklärte, von der Bereitschaft des Bundeskanzlers zum Besuch Jugoslawiens in diesem Frühjahr, von dem ich das Außenministerium heute in Kenntnis setzte, noch nicht unterrichtet zu sein. Mit der Bemerkung: „endlich eine gute Nachricht" veranlaßte er sofortige telefonische Unterrichtung Präsident Titos, der sich in Montenegro aufhält. Er erklärte, die Nachricht von dem bevorstehenden Besuch des Bundeskanzlers verändere natürlich die Lage. Dennoch werde Präsident Tito es sich keinesfalls nehmen lassen, mit dem Bundeskanzler auch über die Wiedergutmachungsfrage und eine Fortsetzung der Verhandlungen zu sprechen.

---

11 Am 28. Februar 1973 informierte Botschafter Jaenicke, Belgrad, daß nach Informationen des jugoslawischen Stellvertretenden Außenministers Šnuderl am Vortag die Kommission für außenwirtschaftliche Fragen getagt habe: „Hierbei sei das gesamte Gebiet der wirtschaftlichen Zusammenarbeit Jugoslawiens mit dem Westen diskutiert worden, u.a. auch das Krško-Kraftwerk. Es gäbe in der jugosl[awischen] Administration Kräfte, die dafür plädierten, aus politischen Erwägungen den Zuschlag für Krško den Amerikanern zu geben, um die von diesen Kräften als bereits zu stark empfundene Abhängigkeit der jugosl[awischen] Wirtschaft von der deutschen nicht noch weiter zu vergrößern. [...] Gegen das politische Argument einer zu großen jugosl[awischen] Abhängigkeit von der Bundesrepublik sei angesichts unserer überragenden wirtschaftlichen Position in Jugoslawien nur schwer anzukommen. Šnuderl begrüßte deswegen den gestrigen Beschluß der o[ben] e[rwähnten] Kommission, der jugosl[awischen] Regierung zu empfehlen, die endgültige Entscheidung über Krško bis nach dem Kanzlerbesuch zu vertagen." Vgl. den Drahtbericht Nr. 108; Referat 420, Bd. 117735.

12 Bei den Wahlen zum Bundestag am 19. November 1972 erreichte die SPD 45,8 % der Stimmen (230 Sitze), CDU und CSU kamen auf 44,9 % (225 Sitze), die FDP erhielt 8,4 % (41 Sitze).

II. 1) Die Anmeldung der außerordentlich weitgehenden jugoslawischen Wünsche nach Aufstockung unseres Stützungskredits und Fortsetzung der Wiedergutmachungsverhandlungen erfolgt zu einem überraschend frühen Zeitpunkt. Angesichts der kürzlichen Beendigung der Kapitalhilfeverhandlungen war damit zu rechnen gewesen, daß die jugoslawische Seite bis zur Geltendmachung neuer Wünsche eine gewisse Anstandsfrist verstreichen lassen würde.

Für die Motivation des jugoslawischen Vorgehens ist es von erheblichem Interesse, ob die jugoslawische Regierung etwa bereits vor einigen Tagen durch ihre Bonner Botschaft von dem Besuchsplan des Bundeskanzlers unterrichtet war. In diesem Falle wäre davon auszugehen, daß die Jugoslawen durch die Ankündigung des Besuches veranlaßt worden sind, ihre Wünsche zu diesem Zeitpunkt anzumelden, und sich versprechen, daß im Zusammenhang mit dem Besuch wenigstens ein Teil ihrer Vorstellungen realisiert wird.

2) Die von Šnuderl gewählte Formulierung läßt keinen Zweifel daran, daß die jugoslawische Seite seine Mitteilung als offizielle und definitive Anmeldung ihrer Wünsche nach Verlängerung und Aufstockung des Stützungskredits betrachtet. Ob es uns möglich ist, auf diesem Sektor Entgegenkommen zu zeigen, vermag die Botschaft nicht zu beurteilen. Immerhin ist festzustellen, daß im Brief des BM für Wirtschaft und Finanzen ausdrücklich für dieses Jahr Gespräche über die Aufstockung in Aussicht genommen wurden. Es wäre zweifellos zweckmäßig, wenn der jugoslawischen Seite während des Bundeskanzler-Besuchs unsere grundsätzliche Bereitschaft zu Verhandlungen über eine Aufstockung, gegebenenfalls auch über eine Verlängerung des Kredits im Rahmen unserer Möglichkeiten in Aussicht gestellt werden könnte.

Der Gedanke einer zusätzlichen Kapitalhilfe für Krško ist von Šnuderl in die Form eine Anregung gekleidet worden. Hierzu behält die Botschaft sich gesonderte Stellungnahme vor.

Die Anmeldung des jugoslawischen Wunsches nach Fortsetzung der Wiedergutmachungsverhandlungen war offensichtlich zunächst als Sondierung unserer Bereitschaft, die Verhandlungen schon in nächster Zeit wiederaufzunehmen, gedacht. Unser Hinweis auf die frühere Versicherung der jugoslawischen Regierung, sie werde zwischen dem Bundeskanzlerbesuch und einer Fortsetzung der Wiedergutmachungsverhandlungen kein Junktim herstellen, hat Šnuderl jedoch implicite zu der Klarstellung veranlaßt, daß die jugoslawische Seite sich jedenfalls vor dem Besuch keine Wiedereröffnung der Gespräche erwartet, sondern auf Fortschritte in dieser Richtung als Ergebnis des Bundeskanzler-Besuchs hofft. Hierauf bedarf es nach Ansicht der Botschaft vorläufig keines Eingehens von unserer Seite. Zu den übrigen jugoslawischen Wünschen erbittet die Botschaft Weisung.[13]

[gez.] Jaenicke

VS-Bd. 9096 (214)

---

[13] Am 29. Januar 1973 teilte Ministerialdirektor Herbst der Botschaft in Belgrad zum jugoslawischen Wunsch nach weiterer Kapitalhilfe für den Bau des Kernkraftwerks Krško mit: „Wir haben mit Interesse zur Kenntnis genommen, daß es der jugoslawischen Zentralregierung – entgegen ihrer Aussage während der Verhandlungen über den Kapitalhilfekredit Ende 1972 – nunmehr doch möglich ist, einen ihr gewährten Kapitalhilfekredit für Projekte in einer oder mehreren Teilre-

6

Botschafter von Lilienfeld, Teheran, an das Auswärtige Amt

114-10058/73 VS-vertraulich   Aufgabe: 6. Januar 1973[1]
Fernschreiben Nr. 14   Ankunft: 8. Januar 1973, 12.59 Uhr

Bitte auch StS Frank vorzulegen unter Bezug auf meinen mündlichen Vortrag Mitte Dezember, mit der Bitte, auch BKA zu unterrichten.

Betr.: Stand der Zusammenarbeit mit Militär-Industrie-Organisation (MIO) Iran[2]

Bezug: Bericht Botschaft Teheran Wi III B 6-87.27/1 Kontrollnr. 983/72 vom 20.7.1972[3]

I. Am 19./20. Dezember 1972 fanden in Teheran erneut Arbeitsbesprechungen zwischen Delegation BMVg (MD Dr. Sadtler und BG Bensien) und Leiter MIO,

---

Fortsetzung Fußnote von Seite 26

publiken einzusetzen. Wir hätten keine Bedenken dagegen, wenn die jugoslawische Regierung einen Teil des 300 Mio. DM-Kredits für das Kernkraftwerk-Projekt Krško verwenden würde. Zusätzliche Kapitalhilfe-Mittel stehen für das Krško-Projekt jedoch nicht zur Verfügung." Zur Frage des am 17. Dezember 1971 gewährten Stützungskredits solle der jugoslawischen Regierung mitgeteilt werden, daß die Bundesregierung zwar ihre Bereitschaft zu Gesprächen über eine Verlängerung bzw. Aufstockung erklärt habe. Hinsichtlich der Bedingungen für solche Gespräche müsse allerdings darauf hingewiesen werden, daß sich die jugoslawische Devisenlage verbessert habe, während gleichzeitig der Kapitalmarkt in der Bundesrepublik sehr angespannt sei: „Unsererseits würde ferner in die Überlegungen einbezogen werden, ob das für Jugoslawien günstige Angebot des deutschen Konsortiums für die Kernkraftwerk Krško angenommen worden ist." In der Wiedergutmachungsfrage habe sich die Bundesregierung nie von wahltaktischen Überlegungen leiten lassen. Vielmehr sehe sie sich aus grundsätzlichen Erwägungen nicht in der Lage, „der jugoslawischen Seite ein günstigeres Angebot zu unterbreiten als das, das von jugoslawischer Seite in den Wiedergutmachungsverhandlungen im Mai 1971 abgelehnt worden ist. Angesichts dieses Sachverhalts sehen wir weiterhin keine Möglichkeit für eine Wiederaufnahme von Wiedergutmachungsverhandlungen." Vgl. den Drahterlaß Nr. 34; VS-Bd. 8861 (420); B 150, Aktenkopien 1973.

[1] Hat Ministerialdirektor von Staden vorgelegen.
  Hat Ministerialdirigent Simon am 9. Januar 1973 vorgelegen.
  Hat Vortragendem Legationsrat Hartmann vorgelegen.
[2] Mit Aide-mémoire vom 2. Juni 1971 äußerte die iranische Regierung den Wunsch nach Aufbau eines technischen Ausbildungszentrums „für die Fortbildung der Fachkräfte im Bereich des Kaiserlichen Arsenals". Vgl. Referat III B 6, Bd. 740.
  Vortragender Legationsrat I. Klasse Dietrich teilte mit Privatdienstschreiben vom 17. Februar 1972 Botschafter von Lilienfeld, Teheran, mit, daß sich die beteiligten Bundesministerien in einer Ressortbesprechung am 21. Januar 1972 gegen die Förderung eines solchen Projekts ausgesprochen hätten. Vgl. Referat III B 6, Bd. 740.
  Am 28. April 1972 sprach sich Ministerialdirektor Herbst dafür aus, „dem iranischen Ersuchen nach Möglichkeit zu entsprechen". Es gehe dem Iran „letztlich um die Koordinierung der zivilen und militärischen Industrie. Deutsche Berater sollten geeignete iranische Fachleute (Wirtschaft, Verwaltung, Technik, Wissenschaft) auswählen bzw. anleiten, um in die gestellte Aufgabe hineinwachsen zu können." Dazu werde zunächst die Entsendung einer Delegation zu Gesprächen nach Teheran erbeten. Vgl. Referat III B 6, Bd. 740.
[3] Botschafter von Lilienfeld, Teheran, übermittelte die Ergebnisse des Besuchs einer Delegation des Bundesministeriums der Verteidigung vom 8. bis 15. Juli 1972 im Iran: „1) Einladung an General Tufanian zu einem sorgfältig vorbereiteten Deutschlandbesuch [...]. 2) Ankündigung deutscher Vorschläge zur technischen Ausbildung im Bereich der ‚Military Industries Organisation (MIO)', insbesondere für Errichtung eines Ausbildungszentrums, das niveaumäßig die Techniker-Schule und die Technische Fachhochschule (Ingenieur-Schule) umfassen soll sowie für Fragen des Ma-

General Tufanian, statt. Die Gespräche galten im wesentlichen den Einzelheiten einer Ausbildungshilfe für Technisches Personal der MIO und der Entsendung eines Management-Berater-Teams. Sie verliefen in einer sehr freundschaftlichen Atmosphäre. Es sind nunmehr vorgesehen:

a) Studium von insgesamt 150 iranischen Militär-Ingenieuren an der Heeres-Akademie-Maschinenbau Darmstadt (1973: vier, ab 1974 je Jahr 30).

b) Fachausbildung für Industrie- usw. Meister an Technischer Truppenschule in Aachen (jährlich ca. 10).

c) Alle vorgesehenen Lehrgangsteilnehmer erhalten eine länger dauernde Ausbildung in deutscher Sprache am Goethe-Institut Teheran. Erster Lehrgang beginnt am 8.1.73.

d) Für das vorgesehene Fünf-Mann-Berater-Team wurden die Grundarbeitsbedingungen und -aufgaben festgelegt. Eine Entsendung nach Teheran wird wohl erst Oktober 1973 möglich sein.

e) Durch den abgesprochenen Abschluß eines Geheimschutzabkommens soll die Zusammenarbeit auf rüstungswirtschaftlichem Gebiet auf eine neue Grundlage gestellt werden.

Die Übernahme der Kosten für das Gesamtprojekt durch BMVg wird zur Zeit vorbereitet. Dabei wird allein die Übernahme der 150 Militär-Ingenieure in Darmstadt etwa 6 Mio. DM Kosten verursachen. Durch eine von General Tufanian unterschriebene Vertragsänderung der vom BMVg für SALTA VII E zu zahlenden Zuschüsse ist zunächst eine Vorfinanzierung der Sprachausbildung und der übrigen Vorbereitungen sichergestellt worden.

II. Der Schah äußerte sich mir gegenüber neulich sichtbar erfreut über den positiven Verlauf dieser Gespräche. Die nunmehr verstärkte Zusammenarbeit auf dem Gebiet der MIO und der Rüstungswirtschaft hat sich zu einem politischen und psychologischen Ereignis allererster Ordnung entwickelt. Sie wird hier als eine direkte Folge des Bundeskanzler-Besuches[4], insbesondere der persönlichen Bemühungen von StS von Braun, gesehen. Beide Seiten gehen mit Optimismus an die Verwirklichung der Vorhaben heran. Für die Gesamtbeziehungen zwischen BRD und Iran haben sich diese Kontakte – General Tufanian war im Herbst in der BRD[5] – bereits spürbar vorteilhaft ausgewirkt. Auch wirtschaftspolitisch gesehen dürften sie auf lange Sicht an Bedeutung

---

Fortsetzung Fußnote von Seite 27

nagements und der Planung. 3) Deutsche Zusage, einschlägige Verträge der MIO mit Firma Fritz Werner und mit Bundesrepublik zu überprüfen [...]. 4) Es soll geprüft werden, wie weit dem iranischen Wunsch entsprochen werden kann, jährlich eine bestimmte Anzahl von Offizieren zur deutschen Akademie des Heeres für Maschinenwesen in Darmstadt zu entsenden. 5) Zur Beratung im Detail soll später gegebenenfalls eine weitere Delegation von deutschen Fachleuten nach Iran entsandt werden." Vgl. Referat III B 6, Bd. 740.

[4] Bundeskanzler Brandt hielt sich vom 5. bis 8. März 1972 im Iran auf. Vgl. dazu AAPD 1972, I, Dok. 47.

[5] Der stellvertretende iranische Kriegsminister Tufanian hielt sich vom 9. bis 15. Oktober 1972 zu Gesprächen über Einzelheiten des gewünschten Ausbildungsprogramms in der Bundesrepublik auf. Dazu berichtete Botschafter von Lilienfeld, Teheran, am 5. November 1972, der Besuch habe die iranische Delegation „vollauf befriedigt": „Der Schah war über die Besuchsergebnisse – wie er mir kürzlich sagte – ‚sehr erfreut' und hat der Planung im Prinzip zugestimmt." Vgl. Referat III B 6, Bd. 740.

zunehmen und der DDR den Zugang zum Bereich der MIO und der Rüstung des Iran verwehren.

Die vom Schah heute wieder gezeigte positive Haltung ist insofern besonders erfreulich, als seinem vor drei Jahren schon ausgesprochenen Wunsch um ein Berater-Team damals nicht entsprochen werden konnte und auch die von ihm sehr favorisierte Lieferung von 700 Panzern Leopard[6] sich aus innenpolitischen Überlegungen bei uns als nicht realisierbar erwies. Die deswegen bei ihm lange schwelende Verärgerung wurde noch dadurch verstärkt, daß man mit den nunmehr gekauften britischen Panzern Chieftain für den Iran keine besonders guten Erfahrungen gemacht hat.

Auch der dritte – unser Gesamtverhältnis zum Iran oft erheblich bedrohende – große Komplex im Bereich des Rüstungssektors und der staatlichen Schwerindustrie, die Unzufriedenheit des Schah mit Rheinstahl, die er Bundeskanzler Kiesinger gegenüber im Herbst 1968[7] mit erheblicher Schärfe vorbrachte, ist nunmehr nach langjährigen, oft schwierigen Bemühungen dank des weitschauenden persönlichen Einsatzes des Präsidenten von Rheinstahl, Herrn Toni Schmücker, wie auch durch mancherlei Entgegenkommen von General Tufanian wohl endgültig beigelegt.[8]

Um so wichtiger wird es daher – auch im Rahmen unserer Gesamtbeziehungen zum Iran – sein, daß dieses neue Projekt der Zusammenarbeit auf dem Ausbildungssektor nunmehr möglichst reibungslos verläuft – um so mehr, als es uns auf lange Sicht gesehen erhebliche Einwirkungsmöglichkeiten auf die iranische Armee wie auch Absatzmöglichkeiten für unsere Wirtschaft eröffnen dürfte. Für eine weitere Förderung des Projektes durch das Auswärtige Amt auch unter außenpolitischen Aspekten wäre ich daher sehr dankbar.[9]

[gez.] Lilienfeld

VS-Bd. 8084 (201)

---

[6] Die iranische Regierung teilte im Oktober 1970 die Absicht mit, etwa 300 Panzer des Typs „Leopard" zu erwerben. Vgl. dazu AAPD 1970, III, Dok. 477.

[7] Bundeskanzler Kiesinger hielt sich vom 9. bis 12. September 1968 im Iran auf. Zum Gespräch mit Schah Reza Pahlevi am 10. September 1968 vgl. AAPD 1968, II, Dok. 295.

[8] Die Rheinischen Stahlwerke, Essen, lieferten in den Iran seit längerem Industrieanlagen für den Aufbau des Kaiserlichen Arsenals. Im Laufe der Aufstellung und Inbetriebnahme der Anlagen kam es zu unterschiedlichen Auffassungen beider Vertragspartner hinsichtlich der Funktionsfähigkeit der Anlagen. Daraufhin erwog die iranische Regierung u. a. die Einziehung einer Bankgarantie in Höhe von 7 Mio. DM und die Anrufung eines Schiedsgerichts. Vgl. dazu den Schriftbericht Nr. 341 des Botschafters von Lilienfeld, Teheran, vom 13. März 1971; Referat III B 6, Bd. 740.

[9] Am 17. Juli 1973 informierte Ministerialdirektor Sadtler, Bundesministerium der Verteidigung, daß er den stellvertretenden iranischen Kriegsminister Tufanian am 7. Juli 1973 in Teheran über den Beschluß des Bundessicherheitsrats vom 24. Mai 1973 unterrichtet habe, wonach die Bundesrepublik die Genehmigung zum Export des Waffensystems „105 mm/120 mm Panzerkanone (Doppelprojekt)" unter der Voraussetzung erteilen werde, daß das Waffensystem nicht an dritte Staaten weitergegeben werde. Ferner werde die Bundesrepublik im Rahmen der Ausrüstungshilfe 10 Mio. DM für die Realisierung des Ausbildungsvorhabens zur Verfügung stellen. Zu diesem Zweck werde ein fünfköpfiges Beraterteam, das im Bedarfsfall vorübergehend durch weitere Experten verstärkt werden könne, nach Teheran entsandt. Vgl. dazu Referat 311, Bd. 104745.

7

Aufzeichnung des Vortragenden Legationsrats I. Klasse Blech

210-322.00 DDR-64/73 VS-vertraulich   **8. Januar 1973**

Herrn D 2[1] zur Unterrichtung.

Doppel an: Dg 21[2], Referat 500, Referat 504, Referat 014, Bundeskanzleramt (MD Sanne), 210 (Unterrichtung der Botschaften).

Betr.: Verhältnis der Drei Mächte zur DDR[3]

1) Die Vertreter der Drei Mächte in der Vierergruppe teilten mir am 5. Januar 1973 mit, daß am 11. und 12. Januar ein Treffen von Sachverständigen der Drei Mächte in Paris stattfinde, um Einzelheiten der bevorstehenden Gespräche mit der DDR über die Aufnahme diplomatischer Beziehungen abzustimmen.[4] Z.B. würden die gegenüber der DDR geltend zu machenden Ansprüche erörtert werden. An diesen Besprechungen nähmen Angehörige der Berliner Missionen der Drei Mächte, auch je ein Angehöriger der amerikanischen und französischen Botschaft in Bonn, jedoch nicht die als Vertreter in der Vierergruppe fungierenden Botschaftsräte teil.

Ich nahm die Mitteilung zur Kenntnis und erklärte, ich ginge davon aus, daß die Pariser Besprechungen ausschließlich rein bilaterale Gegenstände behandelten, die nichts mit der Ausübung der Rechte und Verantwortlichkeiten der Drei Mächte in bezug auf Deutschland als Ganzes und Berlin zu tun hätten,

---

[1] Hat Ministerialdirektor von Staden am 9. Januar 1973 vorgelegen, der die Weiterleitung an Staatssekretär Frank verfügte.
Hat Frank am 10. Januar 1973 vorgelegen, der handschriftlich für Staden vermerkte: „Wir sollten überlegen, wie wir reagieren, wenn die Alliierten ihre Vertretung in der Bonner Gruppe herabstufen."
Hat Staden erneut am 11. Januar 1973 vorgelegen.

[2] Jürgen Diesel.

[3] Am 15. Dezember 1972 einigte sich die Bonner Vierergruppe auf einen Vorschlag, wonach die Drei Mächte der DDR vor dem 1. Januar 1973 anhand eines britischen Textentwurfs Gespräche über die Aufnahme diplomatischer Beziehungen anbieten sollten. Ferner wurde die „Präsentation" eines gemeinsamen Standpunktes der Vierergruppe ausgearbeitet und ein britischer Katalog von technischen Einzelfragen zur Kenntnis genommen, die beide zur Vorlage in der NATO bestimmt waren. Vgl. dazu AAPD 1972, III, Dok. 407. Vgl. dazu ferner AAPD 1972, III, Dok. 402.

[4] Frankreich und Großbritannien teilten der DDR am 22. Dezember 1972 ihre Bereitschaft zu Gesprächen über die Aufnahme diplomatischer Beziehungen mit. Der Außenminister der DDR, Winzer, erklärte sich in Telegrammen an den französischen Außenminister Schumann und an den britischen Außenminister Douglas-Home vom 22. bzw. 29. Dezember 1972 mit der Aufnahme von Gesprächen einverstanden. Für den Wortlaut der Telegramme von Winzer vgl. Aussenpolitik der DDR, Bd. XX/2, S. 938 f.
Am 5. Januar 1973 berichtete Botschafter Pauls, Washington, daß der amerikanische UNO-Botschafter Bush dem Beobachter der DDR bei der UNO, Grunert, am Vortag in New York ein Aidemémoire über die Aufnahme von bilateralen Gesprächen überreicht habe. Dazu habe der Abteilungsleiter im amerikanischen Außenministerium, Sutterlin, mitgeteilt, „daß er nicht damit rechne, daß die Verhandlungen vor Ende Februar hier in Washington beginnen könnten, weil noch eine Reihe von Fragen zu klären seien". Vgl. den Drahtbericht Nr. 42; VS-Bd. 9054 (210); B 150, Aktenkopien 1973.
Die Gespräche zwischen Frankreich und der DDR begannen am 17. Januar 1973 in Paris, zwischen Großbritannien und der DDR am 23. Januar 1973 in London. Die USA und die DDR nahmen die Gespräche am 27. August 1973 in Ost-Berlin auf.

und auch auf andere Weise Interessen, die die Bundesrepublik Deutschland und die Drei Mächte gemeinsam hätten, nicht berührten. Dies gelte insbesondere für bestimmte Kategorien von Ansprüchen, die nicht nur für die DDR von Bedeutung seien.

Die Alliierten Vertreter bestätigten dies.

Ich äußerte ferner die Erwartung, daß wir über das Ergebnis der Besprechungen unterrichtet würden.

Die Alliierten Vertreter bezeichneten dies als selbstverständlich.

2) Das von den Drei Mächten gewählte Verfahren einer Dreier-Konsultation ist für uns offenkundig nicht unbedenklich, obwohl zuzugeben sein wird, daß eine solche Konsultation zweckmäßig sein kann und unsere Interessen nicht unbedingt zu berühren braucht. In welchem Maße sich hier eine allgemeinere Tendenz, die enge Konsultation mit uns im Hinblick auf eine freiere Entwicklung der Beziehungen zur DDR zu lockern, abzeichnet, wird erst zu beurteilen sein, wenn wir über die Pariser Besprechungen unterrichtet worden sind. Wir sollten daher bis dahin keine Kritik andeuten, zumal den Vertretern der Drei Mächte in der Vierergruppe aus meiner Antwort auf ihre Mitteilung klargeworden sein muß, daß wir das neue Verfahren mit größter Aufmerksamkeit beobachten.[5]

Immerhin ist nicht von der Hand zu weisen, daß zwischen der Entwicklung solcher neuer Verfahren und der deutlichen Bestrebung vor allem auf amerikanischer und britischer Seite, die Rolle der Vierergruppe als Instrument der Konsultation und Koordination zu verringern, ein Zusammenhang besteht. Über die Beurteilung dieser Bestrebungen wird ein gesonderter Vermerk vorgelegt werden. Sie haben neuestens darin ihren Ausdruck gefunden, daß Audland am 2. Januar seine Funktion als Sprecher dem der Britischen Botschaft neu zugeteilten (jüngeren) Botschaftsrat Ian Cromartie übergeben und Meehan bei dieser Gelegenheit angekündigt hat, er werde sich nach der Rückkehr Andersons aus dem Heimaturlaub ebenfalls praktisch aus der Arbeit der Gruppe zurückziehen (die Vereinigten Staaten werden dann praktisch durch einen Er-

---

[5] Am 18. Januar 1973 vermerkte Referat 210, daß die Drei Mächte am 15. Januar 1973 den Entwurf einer Stellungnahme der Bonner Vierergruppe zur Einbringung im Politischen Ausschuß der NATO vorgelegt hätten, in dem Einzelfragen der Gespräche zur Aufnahme diplomatischer Beziehungen mit der DDR erörtert würden. Dabei handele es sich um einen früheren Entwurf der Vierergruppe, dem in den Gesprächen der Drei Mächte am 11./12. Januar 1973 in Paris ein neuer Abschnitt „Claims and other financial matters" hinzugefügt worden sei. In einer Sitzung der Vierergruppe am 16. Januar 1973 habe der amerikanische Vertreter dazu ausgeführt: „Den Drei Mächten sei klar gewesen, daß das Gebiet der ‚claims' das schwierigste mit der DDR zu erörternde Sachgebiet sei. Man habe sich in Paris darauf beschränkt, nur Anspruchskategorien festzustellen. Im Augenblick handele es sich nur darum, der DDR klarzumachen, welche Fragen die Drei Mächte in einem späteren Stadium zu erörtern wünschen." Der Vertreter der Bundesregierung habe darauf hingewiesen, daß damit über Ratschläge zu praktischen Fragen hinaus eine Sachfrage der Beziehungen zur DDR hinzugetreten sei, die genau geprüft werden müsse: „Fast alle Ansprüche, mit Ausnahme desjenigen wegen Nationalisierungen der DDR, berührten fundamentale Rechtsprobleme, da sie irgendwie mit dem Konzept von Deutschland als Ganzes zusammenhingen. Wir hätten noch nicht genau identifiziert, wie. Es könne nicht Sinn der Konsultation in der NATO sein, daß die Vier – also auch wir – den Verbündeten die Stellung von Ansprüchen empfehlen. Zur Behandlung des Themas in diesem Rahmen sollte die bloße Unterrichtung des Bündnisses über die Absichten der Drei genügen." Vgl. VS-Bd. 9054 (210); B 150, Aktenkopien 1973.

sten Sekretär, der allerdings außerordentlich qualifiziert ist, in der Gruppe vertreten sein).

Blech

VS-Bd. 9054 (210)

8

Gesandter Boss, Brüssel (NATO), an das Auswärtige Amt

114-10072/73 VS-vertraulich   Aufgabe: 9. Januar 1973, 14.00 Uhr[1]
Fernschreiben Nr. 25   Ankunft: 9. Januar 1973, 14.35 Uhr

Betr.: Malta[2]

Bezug: DB Nr. 21 vom 8. Januar 1973 – 20-94.35/2-76/73 VS-v[3]

I. Die Malta-Arbeitsgruppe, die aus Vertretern der fünf Geberländer für zusätzliche Zahlungen an Malta sowie einem Vertreter der britischen Delegation als Beobachter bestand, einigte sich am 9. Januar 1973 ad referendum auf folgenden Entwurf eines Memorandums, das der amerikanische Botschafter in La Valletta[4] der maltesischen Regierung übermitteln soll.

---

[1] Hat Vortragendem Legationsrat I. Klasse Munz am 9. Januar 1973 vorgelegen.

[2] Am 26. März 1972 unterzeichneten Großbritannien und Malta ein Abkommen, das die Benutzung von Militärstützpunkten auf Malta durch britische und NATO-Streitkräfte für die Dauer von sieben Jahren gegen Zahlung von jährlich 14 Mio. Pfund vorsah. An der Zahlung beteiligten sich neben Großbritannien (5,3 Mio. Pfund) auch Belgien (0,1 Mio. Pfund), die Bundesrepublik (2,4 Mio. Pfund), Italien (2,4 Mio. Pfund), die Niederlande (0,1 Mio. Pfund) und die USA (3,7 Mio. Pfund). Vgl. dazu AAPD 1972, I, Dok. 53.
Nach der Freigabe des Wechselkurses des britischen Pfunds am 23. Juni 1972 forderte Ministerpräsident Mintoff mit Schreiben vom 17. November 1972 an Premierminister Heath einen Ausgleich für den durch die Abwertung bedingten Währungsverlust in Höhe von 10 %. Dazu informierte Ministerialdirektor von Staden am 3. Januar 1973, daß Großbritannien diese Forderung abgelehnt und auf der Durchführung des bestehenden Abkommens bestanden habe: „Der britisch-maltesische Dialog hat jetzt einen toten Punkt erreicht. Mintoff hat die britische Zahlung für das erste Quartal 1973 zurückgehen lassen und betrachtet die britischen Truppen bis zu ihrem Abzug – er hat eine Dreimonatsfrist eingeräumt – als ‚nichtzahlende Gäste'. GB beabsichtigt keine weiteren diplomatischen Schritte, bevor völlige Klarheit über die Absichten der Bündnispartner bestehe." Ministerpräsident Mintoff habe aber seine „Bereitschaft zur Annahme von Entschädigungen außerhalb des Stützpunktabkommens erklärt". Vgl. VS-Bd. 8094 (201); B 150, Aktenkopien 1973.
Vgl. dazu ferner AAPD 1972, III, Dok. 409.

[3] Gesandter Boss, Brüssel (NATO), teilte mit, daß der Ständige NATO-Rat sich mit folgendem Entwurf einer mündlichen britischen Mitteilung an die maltesische Regierung befaßt habe: „We have completed further consultations with our Allies. They have re-affirmed the importance of upholding the military facilities agreement. They have also re-affirmed their position that there can be no devaluation guarantee. We understand that, against this background, the governments of Belgium, FRG, Italy, the Netherlands, and the United States will, however, shortly be making a communication to you through the United States ambassador in Valletta." Ferner sei der Entwurf einer Entschließung des Ständigen NATO-Rats erörtert worden. Vgl. VS-Bd. 8094 (201); B 150, Aktenkopien 1973.

[4] John I. Getz.

„Draft Memorandum

On behalf of governments of the five allied countries – Belgium, Federal Republic of Germany, Italy, Netherlands and the United States – who make sterling payments to the United Kingdom towards the annual 14 million pound payment to Malta under the existing ‚UK–Malta agreement with respect to the use of military facilities in Malta‘[5], I have been asked to inform you that, in view of the fact that there are available some additional moneys in their 1973 budgets originally set aside for contributions to the annual payment, they have decided to give Malta special payments for the calendar year 1973, if financial conditions on the dates of payment so warrant and on the understanding that such payments do not constitute an exchange guarantee.

These payments correspond in national currencies to the difference between national budgets originally set aside for the purchase of pound sterling towards each one's share of the 14 million pound annual payment to Malta, and the cost of acquiring these pounds sterling on the dates of agreement[6].

If the cost of acquiring the pounds stays at the same level as that of 1st January 1973, these payments would for 1973 amount to

B.fr.	1.427.000
DM	1.855.000
Lira	382.781.000
Gulden	75.000
Dollar	870.000.[7]

Payments will be made collectively[8] either in the currencies of these countries or in pounds sterling in instalments, the first of which will be made following

---

5 Für den Wortlaut des Abkommens vom 26. März 1972 zwischen Großbritannien und Malta über die Benutzung von Militärstützpunkten vgl. UNTS, Bd. 843, S. 121–181.

6 Am 10. Januar 1973 informierte Gesandter Boss, Brüssel (NATO), daß sich die fünf an Ausgleichszahlungen für Malta beteiligten Staaten am selben Tag auf amerikanischen Wunsch darauf geeinigt hätten, an dieser Stelle folgende Wörter einzufügen: „and conditional on the continued validity of the UK-Malta-agreement". Vgl. den Drahtbericht Nr. 36; VS-Bd. 9955 (203); B 150, Aktenkopien 1973.

7 Am 10. Januar 1973 berichtete Gesandter Boss, Brüssel (NATO), daß sich die fünf an Ausgleichszahlungen für Malta beteiligten Staaten am selben Tag auf amerikanischen Wunsch darauf geeinigt hätten, diesen Absatz einschließlich der Angabe der Zahlungen in nationalen Währungen zu streichen: „Jedoch bestand Übereinstimmung, daß der amerikanische Botschafter auf Fragen von maltesischer Seite die entsprechenden Zahlen mündlich vortragen wird." Vgl. den Drahtbericht Nr. 36; VS-Bd. 9955 (203); B 150, Aktenkopien 1973.

8 Am 10. Januar 1973 teilte Gesandter Boss, Brüssel (NATO), mit, daß sich die fünf an Ausgleichszahlungen für Malta beteiligten Staaten am selben Tag auf amerikanischen Wunsch darauf geeinigt hätten, dieses Wort zu streichen. Allerdings werde „in das Protokoll der Sitzung der Malta-Arbeitsgruppe vom 10. Januar folgender Passus aufgenommen: ‚The representatives noted that, despite the deletion of the word ‚collectively‘ from the memorandum, the delegations of Belgium, Germany, Italy, the Netherlands and the United States confirmed that the special payments to Malta would be made collectively.‘ Außerdem wird der Generalsekretär dem NATO-Rat vorschlagen, seinen Entschließungsentwurf vom 8. Januar 1973 entsprechend zu ergänzen." Vgl. den Drahtbericht Nr. 36; VS-Bd. 9955 (203); B 150, Aktenkopien 1973.

Malta's acceptance of the UK 1st January 1973 payment under Article 7[9] of the agreement[10]."

Der Text trägt unseren Vorstellungen weitgehend Rechnung, insbesondere wird klargestellt, daß die zusätzlichen Leistungen gemeinsam (collectively) und nicht bilateral erfolgen. Die Vertretung geht deshalb, falls bis heute (9. Januar 1973) 17.30 Uhr keine anderslautende Weisung eintrifft, davon aus, daß dem Wortlaut des Draft Memorandum und auch dem Draft Statement of the Position of the Five to be Submitted to the Council for Decision, das mit Bezugsbericht übermittelt wurde und das die Grundlage des Memorandums bildet, zugestimmt werden kann.

II. Es kann damit gerechnet werden, daß die mündliche Erklärung des britischen Botschafters[11] (vgl. I. 1) des Bezugsberichts[12]) noch heute gegenüber der maltesischen Regierung abgegeben werden wird, nachdem die Vertreter der Niederlande, Belgiens, Italiens und der Bundesrepublik ausdrücklich und der amerikanische Vertreter stillschweigend einem solchen Schritt zugestimmt haben. Der britische Vertreter erklärte, daß er auf persönlicher Basis davon ausgehe, daß London dem britischen Botschafter in La Valletta entsprechende Weisung erteilen werde.[13]

[gez.] Boss

VS-Bd. 9955 (203)

[9] Artikel 7 des Abkommens vom 26. März 1972 zwischen Großbritannien und Malta über die Benutzung von Militärstützpunkten: „The Government of the United Kingdom shall pay to the Government of Malta, on the signing of this Agreement, the sum of twelve million seven hundred and fifty thousand pounds sterling (£ 12,750,000) and, on 1 January 1973, the sum of three million five hundred thousand pounds sterling (£ 3,500,000) and thereafter, on each of 1 April and 1 October of each year throughout the continuance of this Agreement, the sum of seven million pounds sterling (£ 7,000,000)." Vgl. UNTS, Bd. 843, S. 122 f.

[10] An dieser Stelle handschriftliche Bemerkung: „by which Malta confirms the continued validity of the Agreement (angeregte Ergänzung)."
Am 10. Januar 1973 vermerkte Vortragender Legationsrat I. Klasse Munz, daß dieser Vorschlag am selben Tag in der Arbeitsgruppe Malta des Ständigen NATO-Rats erörtert worden sei: „Außer uns und den Niederlanden habe keine andere Delegation eine solche ausdrückliche Bestätigung der weiteren Gültigkeit des Abkommens für zweckmäßig und erforderlich gehalten, weil dieser Gedanke bereits am Anfang des Memorandums und nochmals am Schluß zum Ausdruck komme." Unter diesen Umständen sei erklärt worden, daß die Bundesrepublik „auch ohne Zusatz einverstanden" sei. Vgl. VS-Bd. 9955 (203); B 150, Aktenkopien 1973.

[11] John O. Moreton.

[12] Vgl. Anm. 3.

[13] Am 11. Januar 1973 berichtete Botschafter Steinbach, Valletta, daß der amerikanische Botschafter Getz im Anschluß an die mündliche Demarche des britischen Hochkommissars Moreton das Memorandum dem maltesischen Ministerpräsidenten übergeben habe. Mintoff habe das Memorandum „ruhig akzeptiert", sich jedoch nach entsprechenden Zahlungen erkundigt: „Amerikanischer Botschafter betonte, daß er nicht in der Lage sei, in diesem Punkte eine formelle Zusage zu machen, aber aufgrund seiner Erfahrungen der Ansicht sei, daß Mintoff ‚shouldn't worry about this', falls das Stützpunktabkommen in Kraft bleibe." Vgl. den Drahtbericht Nr. 5; VS-Bd. 9955 (203); B 150, Aktenkopien 1973.
Am 14. Februar 1973 teilte Steinbach mit, daß Getz ein Schreiben von Mintoff übergeben worden sei, „wonach dieser das NATO-Angebot vom 10. Januar 1973 annimmt ‚on the understanding', daß dies auch in den folgenden Laufjahren des Stützpunktabkommens wiederholt wird". Vgl. den Drahtbericht Nr. 18; VS-Bd. 9955 (203); B 150, Aktenkopien 1973.

9

Botschafter Pauls, Washington, an Bundesminister Scheel

114-1/73 streng geheim   Aufgabe: 10. Januar 1973, 18.15 Uhr[1]
Fernschreiben Nr. 93   Ankunft: 11. Januar 1973, 01.03 Uhr

Für Außenminister und Staatssekretär[2]

Im Anschluß an DB Nr. 70 vom 9.1.73 – 204-91.36-41/73 geh.[3]

Betr.: Kritik an Vietnampolitik

Rogers, mit dem ein späterer Termin vereinbart war, rief mich heute morgen an mit der Bitte, ihn sofort aufzusuchen. Ich sprach mit ihm zunächst im Sinne meines o.a. Drahtberichts unter Hinweis darauf, daß ich ohne Instruktion komme und spreche. In seiner Erwiderung holte Rogers weit aus: Er begrüße diese Gelegenheit, mit mir sehr offen sprechen zu können. Man schätze die Zurückhaltung des Kanzlers und der Bundesregierung sehr und sei dankbar dafür. Es würde unseren Beziehungen sehr schaden („it would be very harmful"), wenn die Bundesregierung sich mit scharfer und offener Kritik über die Vietnampolitik des Präsidenten[4] äußere. Die amerikanische Regierung wolle ein ausgewogenes Abkommen[5] und habe dies immer gewollt. Wenn die andere Sei-

---

[1] Hat Vortragendem Legationsrat I. Klasse Thomas am 11. Januar 1973 vorgelegen, der handschriftlich vermerkte: „1) Bericht ist nach Fuerteventura weitergeleitet worden. Weiterleitung an Bundeskanzleramt daher nach Auff[as]s[un]g des MB nicht erforderlich. 2) Herrn D 2 [und] Herrn D 3 vorzulegen."
Hat Ministerialdirektor von Staden am 11. Januar 1973 vorgelegen
Hat in Vertretung des Ministerialdirektors van Well Ministerialdirigent Müller am 11. Januar 1973 vorgelegen.
Hat Ministerialdirigent Jesser am 11. Januar 1973 vorgelegen

[2] Paul Frank.

[3] Botschafter Pauls, Washington, berichtete, daß Präsident Nixon „sehr scharf" auf die Kritik der schwedischen und kanadischen Regierung an der amerikanischen Vietnampolitik reagiert habe. Pauls führte dazu aus: „Bei aller Berücksichtigung der innenpolitischen Erfordernisse muß ich aus meiner Washingtoner Sicht empfehlen, daß die Bundesregierung sich weiterhin große Zurückhaltung auferlegt, und wenn sie z.B. in der Regierungserklärung etwas über Vietnam sagt, einen dringenden Friedensappell an beide Seiten richtet, die furchtbaren Opfer und Zerstörungen des Krieges beklagt, ihre Hoffnung ausdrückt, ihn bald beendigt zu sehen und ihre Bereitschaft erklärt, sich an dem Wiederaufbau zu beteiligen, sich aber einer direkten oder scharfen Kritik der amerikanischen Vietnampolitik des Präsidenten im Interesse unserer besonderen Lage und im Interesse der Bündnissituation enthält. Ich habe, da Kissinger nicht hier ist, Außenminister Rogers um einen kurzen Termin gebeten, um ihn zu bitten, der Bundesregierung bis zum 17. authentische und letztgültige Information über den Stand der Friedensverhandlungen entweder durch mich hier oder durch den amerikanischen Botschafter in Bonn zukommen zu lassen. Ich denke, das kann unsere Situation erleichtern." Vgl. VS-Bd. 9965 (204); B 150, Aktenkopien 1973.

[4] Richard M. Nixon.

[5] Seit dem 10. Mai 1968, seit August 1969 parallel dazu auch auf vertraulicher Ebene, verhandelten die USA und die Demokratische Republik Vietnam (Nordvietnam) in Paris über die Beendigung des Vietnam-Kriegs. Am 26. Oktober 1972 veröffentlichte die nordvietnamesische Regierung den Inhalt eines Vertragsentwurfs, auf den sich der Sicherheitsberater des amerikanischen Präsidenten, Kissinger, und das Mitglied des Politbüros der Vietnamesischen Arbeiterpartei, Le Duc Tho, verständigt hätten. Am 23. Oktober 1972 jedoch hätten die USA unter Berufung auf die Haltung der Regierung der Republik Vietnam (Südvietnam) den für die Unterzeichnung vorgesehenen Termin am 31. Oktober 1972 abgesagt und weitere Verhandlungen vorgeschlagen. Für den Wortlaut der Erklärung vgl. EUROPA-ARCHIV 1973, D 100–104 (Auszug).

te eine solche Regelung wirklich wünsche, könne und werde sie zustande
kommen. Das Bombardement[6] sei nicht mit dem Flächenbomben des Zweiten
Weltkrieges zu vergleichen. Es sei kein Terrorbomben gewesen, sondern ein
gezieltes Bomben gegen wichtige militärische und infrastrukturelle Ziele, wie
Bahnhöfe, Kaianlagen, Vorratslager, Rüstungsbetriebe usw. Wenn dabei auch
Zivilgebäude und Personen getroffen seien, sei das sehr zu bedauern, im Krieg
aber nie ganz zu vermeiden. Er könne mir nicht sagen, ob die Verhandlungen
in Paris jetzt zu einem positiven Resultat führten oder nicht.[7] Niemand wisse
es im Augenblick; aber man habe ständig das Gefühl, daß man dicht davorste-
he. Allerdings habe man das Gefühl auch im Oktober und Dezember schon gehabt und sei getäuscht worden. Ein Briefing über den Stand der Verhandlungen könne er mir auch in der nächsten Woche nicht geben, da man das grundsätzlich nicht tun wolle und davon auch für einen einzelnen Verbündeten in
einer besonderen Lage keine Ausnahme zu machen in der Lage sei wegen der
Berufungsfälle, die sich daraus ergeben müßten. Wenn er aber noch etwas für
die Bundesregierung Interessantes mitzuteilen habe, werde er dies Anfang
nächster Woche, da ich abwesend sei, meinem Vertreter[8] zukommen lassen.

Die Vereinigten Staaten und ihre Verbündeten befänden sich jetzt in einer besonderen Lage. Man müsse erkennen, daß man sich innerhalb des Bündnisses
mit Kritik zurückzuhalten habe. An irgend jemandem gebe es ständig etwas
auszusetzen. Entweder lege man sich Reserve auf, oder man lasse der Kritik
freien Lauf. Das werde sich dann aber von einem zum anderen Fall mehr steigern und auf Kosten des Zusammenhalts des Bündnisses gehen. Man solle in
Europa nicht vergessen, daß die Vereinigten Staaten über ihre vertraglichen
Verpflichtungen hinaus ihre Truppen in Europa unterhielten, daß der Präsident, der jetzt so getadelt werde, dies gegen starke emotionelle Widerstände
der amerikanischen Öffentlichkeit und des Kongresses tue und entschlossen
sei, in dieser inneramerikanischen Auseinandersetzung seine Bündnispolitik

Fortsetzung Fußnote von Seite 35

In einer Pressekonferenz am selben Tag führte Kissinger aus, daß die in der Erklärung der nordvietnamesischen Regierung vorgestellten Vertragselemente zwar korrekt wiedergegeben wurden,
das Datum des 31. Oktober 1972 aber nicht auf amerikanischen Wunsch zurückgehe: „I would like
to stress that my instructions from the President were exactly those that were stated by him at a
press conference; that is to say, that we should make a settlement that was right, independent of
any arbitrary deadlines that were established by our own domestic processes." Vgl. DEPARTMENT OF
STATE BULLETIN, Bd. 67 (1972), S. 550. Für den deutschen Wortlaut vgl. EUROPA-ARCHIV 1973, D 105.
Die im November und Dezember fortgesetzten Gespräche zwischen Kissinger und Le Duc Tho
wurden am 13. Dezember, die Expertengespräche am 23. Dezember 1972 erneut unterbrochen.
Zum Stand der Verhandlungen vgl. AAPD 1972, III, Dok. 415.

[6] Am 18. Dezember 1972 begannen die USA erneut mit Luftangriffen auf nördlich des 20. Breitengrades gelegene Ziele in der Demokratischen Republik Vietnam (Nordvietnam), die am 27. Oktober 1972 wegen der Wiederaufnahme der Verhandlungen eingestellt worden waren. Die Angriffe,
die sich vor allem gegen die Städte Hanoi und Haiphong richteten, lösten starke internationale
Proteste aus. Am 30. Dezember 1972 ordnete Präsident Nixon die Beschränkung der Einsätze auf
Ziele südlich des 20. Breitengrades an. Vgl. den Artikel „Wieder neue Hoffnung auf einen Waffenstillstand in Vietnam"; FRANKFURTER ALLGEMEINE ZEITUNG vom 2. Januar 1973, S. 1.

[7] Die Gespräche zwischen den USA und der Demokratische Republik Vietnam (Nordvietnam) über
die technischen Einzelheiten eines Waffenstillstandsabkommens wurden am 2. Januar 1973 in
Paris auf der Ebene der Experten wieder aufgenommen. Der Sicherheitsberater des amerikanischen Präsidenten, Kissinger, und das Mitglied des Politbüros der Vietnamesischen Arbeiterpartei, Le Duc Tho, trafen sich zur Fortsetzung der vertraulichen Gespräche am 8. Januar 1973. Vgl.
dazu EUROPA-ARCHIV 1973, Z 32.

[8] Hans Heinrich Noebel.

gegenüber Europa durchzuhalten. Es liege nicht im Interesse der europäischen
Verbündeten, dem Präsidenten dieses Geschäft noch schwerer zu machen, als
es ohnehin sei. Er müsse mir ganz offen sagen, daß die Reaktion des Präsidenten auf die von der kanadischen und australischen[9] Regierung bzw. den Par-
lamenten geäußerte Kritik so scharf und verbittert sei, wie er dies bisher noch
nie erlebt habe. Die amerikanischen Beziehungen zu den beiden Ländern seien
empfindlich getroffen worden, und die daraus sich ergebenden Konsequenzen
würden spürbar werden. Der australische Ministerpräsident Whitlam habe bereits erkannt, daß Australien zu weit gegangen sei, und sei bemüht, die negativen Wirkungen einzufangen. Die amerikanische Regierung habe sich stets
für die deutschen Interessen besonders eingesetzt und habe ein ganz ausge-
sprochenes Verständnis für deutsche Bedürfnisse in den letzten Jahren unter
Beweis gestellt. Natürlich sehe man den innenpolitischen Druck. Jeder habe
seine Innenpolitik. Der Bundeskanzler befinde sich nach seinem brillanten
Wahlsieg[10] in einer sehr starken Position. Die amerikanische Regierung hoffe,
daß er Mittel und Wege finde, trotz der innenpolitischen Komplikationen, die
nach einigen Wochen oder Monaten vergessen seien, nichts zu sagen oder zu
tun, das seinen amerikanischen Alliierten verletzen und ihm das Bemühen, eine konstruktive und politische Lösung des Vietnamkrieges zu erreichen und
damit den Frieden wiederherzustellen, noch schwerer mache, als dies ohnehin
sei. Rogers schloß mit seiner Eingangsbemerkung, daß ein direkter Angriff gegen den Präsidenten und seine Vietnampolitik „very harmful" für unsere Beziehungen sein würde.

Ich habe mit Rogers vereinbart, der Presse auf Befragen zu sagen, daß wir laufende Angelegenheiten der Bündnispolitik erörtert haben.[11]

Anrege Unterrichtung des Herrn Bundeskanzlers.

[gez.] Pauls

VS-Bd. 3617

9 Ministerpräsident Whitlam brachte in einem Schreiben vom 21. Dezember 1972 an Präsident
  Nixon seine Kritik an der amerikanischen Vietnampolitik zum Ausdruck und äußerte sich am 9.
  Januar 1973 erneut gegenüber der Presse. Dazu wurde berichtet: „Mr. Gough Whitlam, the Prime
  Minister, today blamed the American bombing of Vietnam for any deterioration in Australian–
  United States relations. [...] Speaking after a meeting of the Cabinet [...] Mr Whitlam refused to
  disclose what he wrote to President Nixon in a private letter three weeks ago which had not been
  answered, but said that if the bombing were resumed ‚I will not limit myself to a private letter but
  I will make a public statement.'" Vgl. den Artikel „Mr. Whitlam says Vietnam bombing is cause of
  his friction with US"; THE TIMES vom 10. Januar 1973, S. 6.
10 Bei den Wahlen zum Bundestag am 19. November 1972 erreichte die SPD 45,8% der Stimmen
  (230 Sitze), CDU und CSU kamen auf 44,9% (225 Sitze), die FDP erhielt 8,4% (41 Sitze).
11 Am 16. Januar 1973 informierte der amerikanische Botschafter Hillenbrand Staatssekretär Frank
  darüber, daß die Empfindlichkeit in Washington angesichts der Kritik an der amerikanischen Vietnampolitik „ungeheuer groß" sei. Er wolle „davor warnen, Empfindlichkeit seiner Regierung zu unterschätzen". Frank entgegnete: „1) Wir hätten seit Jahren aus unserem Wunsch nach einem Ver-
  handlungsfrieden keinen Hehl gemacht. Wir hätten uns auch nie das primitive Argument zu eigen
  gemacht, daß nur ein amerikanisches Ausharren Bündnissicherheit bedeute ein amerikanischer
  Abzug die Bündniszusage mindere. Das Gegenteil sei der Fall. 2) Wir hätten uns seit Jahren in
  unseren Äußerungen mehr Zurückhaltung auferlegt als andere Verbündete, bis die Wiederaufnahme der uneingeschränkten Bombenangriffe die innenpolitische Agitation und den äußeren
  Druck auf den Friedensnobelpreisträger Brandt habe anschwellen lassen. Trotzdem hätten wir
  über die Weihnachtsfeiertage bis zur Einstellung der Flächenbombardierungen Nordvietnams
  dem massiven Druck standgehalten. [...] 5) Wir müßten Verständnis dafür erwarten, daß der Bun-

10

Aufzeichnung des Ministerialdirektors von Staden

221-372.41-15/73 geheim   **12. Januar 1973**

Herrn Staatssekretär[1] zur Unterrichtung

Betr.: MBFR;

      hier: Kolloquium mit dem Verteidigungsministerium auf Staatssekretärs-
ebene am 11. Januar 1973[2]

Da ich heute in Urlaub gehe, möchte ich meinen ersten Eindruck in vorläufiger
Form zusammenfassen:

1) Das Bundesverteidigungsministerium hat für die Gleichzeitigkeit der Reduktion stationierter und einheimischer Streitkräfte[3] vor allem drei Gründe angeführt, nämlich,

---

Fortsetzung Fußnote von Seite 37
deskanzler eine Spaltung seiner Partei vermeiden möchte, denn dies stehe auf dem Spiel. Es sei
schwierig für uns, den rechten Mittelweg zu finden zwischen einer Unterstützung der amerikanischen Politik, von der wir wüßten, daß sie einen ehrenhaften Frieden anstrebe, und der Notwendigkeit, innenpolitisch gewisse Ventile zu öffnen, um einen gefährlichen Stau zu vermeiden. 6) Man
müsse auch sehen, daß wir in der Bundesrepublik psychologisch eine tiefgreifende Änderung unserer Bewußtseinslage durchmachten. Das Wahlergebnis sei ein Anzeichen dafür. Man könne vielleicht von einer späten Abrechnung mit dem Dritten Reich sprechen. Das Deutschland Adenauers
habe den totalen Bruch mit der Vergangenheit vermeiden wollen, die neue Generation wolle aber
gerade diesen totalen Bruch, indem sie die Antipodenposition zur deutschen Machtpolitik beziehe.
Das bringe für uns in der realpolitischen Situation, in der wir stünden, schwere Spannungen mit
sich. Unsere Welt sei nicht so heil wie die des schwedischen Ministerpräsidenten." Vgl. die Gesprächsaufzeichnung; VS-Bd. 9959 (204); B 150, Aktenkopien 1973.

[1] Hat Staatssekretär Frank am 14. Januar 1973 vorgelegen.

[2] Am 15. Januar 1973 vermerkte Botschafter Roth: „Am 11.1.1973 fand auf Staatssekretärsebene
ein Kolloquium zwischen dem Auswärtigen Amt und dem Bundesministerium der Verteidigung
statt. Es diente vor allen Dingen dem Meinungsaustausch über die Frage der Einbeziehung einheimischer Streitkräfte in vorweggenommene Reduzierungsmaßnahmen bei MBFR. Der Meinungsaustausch wird fortgesetzt werden. Übereinstimmung wurde bereits darüber erzielt, daß
dem weiteren Vorgehen innerhalb der NATO und den internen Überlegungen die entsprechenden
Formulierungen des Brosio-Mandats zugrunde gelegt werden [...]. Diese Formulierungen haben ihren Niederschlag auch in den Richtlinien der Bundesregierung vom 16. Mai 1972 gefunden [...]. Es
wurde beschlossen, die Frage der Behandlung einheimischer Streitkräfte im Zusammenhang mit
der von den Vereinigten Staaten offengehaltenen Option eines Reduzierungsschrittes für stationierte Streitkräfte in einer frühen Phase des ‚phased integral programme' vorrangig zu prüfen und
eine Entscheidung vorzubereiten." Vgl. VS-Bd. 9435 (221); B 150, Aktenkopien 1973.

[3] Am 11. Januar 1973 vermerkte Vortragender Legationsrat I. Klasse Ruth, daß „erhebliche Schwierigkeiten" zwischen dem Auswärtigen Amt und dem Bundesministerium der Verteidigung bestünden, sich auf eine Formel für den Zusammenhang zwischen einheimischen und stationierten Streitkräften im MBFR-Prozeß zu einigen. Eine solche sei jedoch mit Blick auf künftige Diskussionen in
der NATO sinnvoll. Als Diskussionsgrundlage schlug er vor: „MBFR negotiations and agreements
should follow a phased integral programme and should serve to enhance military stability and security in Europe. This programme would lead towards the establishment of a stable military balance at lower levels that at present exist. Any reduction agreements should therefore be considered as part of this phased integral programme aiming at the mutual and balanced reductions of
both stationed and indigenous forces. An agreement concerning stationed forces as an initial step
in the process of reductions will be considered." Vgl. VS-Bd. 9427 (221); B 150, Aktenkopien 1973.

a) daß anderenfalls die Einheit der Allianz gefährdet wäre;

b) daß wir die Möglichkeit verlören, wesentliche Bedingungen des phased approach[4] nachträglich noch durchzusetzen, wenn wir erst einmal von einem ersten Reduktionsschritt, beschränkt auf stationierte Streitkräfte, abgehängt wären;

c) daß wir im Falle eines ersten auf stationierte Streitkräfte beschränkten Reduktionsschritts unter innenpolitischen Zugzwang kommen und genötigt sein könnten, die Bundeswehr zu reduzieren, ohne die uns erwünschten Gegenleistungen in vollem Umfang auszuhandeln.[5]

2) Das erste dieser Argumente muß, wir mir scheint, im weiteren Dialog mit dem BMVg noch wesentlich vertieft werden. Ich glaube, daß wir hier über gute Argumente verfügen würden.

Ähnliches gilt vom zweiten Argument. Die Alternative, die das BMVg hier zeigt, nämlich sich an die amerikanische Option auch dann anzuhängen, wenn die Vereinigten Staaten auf frühzeitiger Reduktion stationierter Streitkräfte bestehen sollten, und in diesem Rahmen unsere eigenen Konditionen möglichst durchzusetzen, führt zu dem, was ich in der gestrigen Besprechung die Gefahr eines Zirkelschlusses genannt habe. Dieser Komplex ist näher zu untersuchen, insbesondere auch auf der Grundlage der Argumente von Oberst Steiff, die m. E. Beachtung verdienen.[6]

---

[4] Am 22. März 1971 führte die Bundesregierung im Politischen Ausschuß der NATO auf Gesandtenebene ein „Bausteinkonzept" ein, das ein abgestuftes integrales MBFR-Programm vorsah („phased approach"). Vgl. dazu AAPD 1971, I, Dok. 95.

[5] Am 5. Januar 1973 führte Botschafter Roth in einem Entwurf der Ausführungen des Staatssekretärs Frank im Kolloquium mit dem Bundesministerium der Verteidigung am 11. Januar 1973 aus: „Die gegenwärtige Diskussion des Themas ‚Einbeziehung einheimischer Streitkräfte in MBFR' wird durch zwei Faktoren bestimmt: das vorwiegend innenpolitisch motivierte amerikanische Interesse, die Option für einen frühen ersten Reduzierungsschritt ihrer in Europa stationierten Streitkräfte offenzuhalten; die in der Allianz aus unterschiedlichen Motivationen wachsenden Bedenken gegen eine frühzeitige Einbeziehung einheimischer Streitkräfte (insbesondere USA, Großbritannien, Frankreich, Italien. Nur Belgien vertritt prinzipielle Gleichzeitigkeit). Diese beiden Tatbestände müssen bei der Bestimmung unserer eigenen Interessenlage berücksichtigt werden." Vor diesem Hintergrund werde vorgeschlagen: „a) an unserem Konzept des schrittweisen Vorgehens festzuhalten, das im Prinzip von allen Verbündeten akzeptiert worden ist; b) in einem ersten Verhandlungsabschnitt noch nicht auf einer Reduzierung der Bundeswehr zu bestehen, auch wenn die Regierung der Vereinigten Staaten auf einem vorgezogenen begrenzten Reduzierungsschritt ihrer in Europa stationierten Streitkräfte besteht; c) das Schwergewicht unseres Interesses auf eine frühzeitige Vereinbarung von Bewegungsbegrenzungen vor dem ersten Reduzierungsabkommen zu legen; d) den bereits in die bündnisinterne Diskussion eingeführten Vorschlag eines zeitlich und im Formalisierungsgrad (keine vereinbarte Verifikation) limitierten Streitkräftebegrenzungsabkommens für einheimische Streitkräfte vor oder gleichzeitig mit Verhandlungen über ein erstes Reduzierungsabkommen für stationierte Streitkräfte in die Verhandlungen einzuführen, um auf diese Weise unsere Optionen für spätere Reduzierungen offenzuhalten." Vgl. VS-Bd. 9435 (221); B 150, Aktenkopien 1973.

[6] Am 15. Januar 1973 nahm Botschafter Roth zur Aufzeichnung des Ministerialdirektors von Staden Stellung. Zu diesem Absatz vermerkte er: „Das Argument von Herrn Oberst i. G. Steiff, bei entsprechendem amerikanischem Druck den gesamten Ablauf eines ‚phased approach' zeitlich zu komprimieren, halte ich nicht für ungefährlich. Wir könnten so veranlaßt werden, unter einem Aspekt die Dinge zu beschleunigen und so jene Verhandlungselemente zu verlieren, die es uns ermöglichen sollen, den Ablauf von MBFR mit dem Fortschreiten oder Stagnieren des politischen Entspannungsprozesses zu steuern." Vgl. VS-Bd. 9435 (221); B 150, Aktenkopien 1973.

Am schwierigsten dürfte die Auseinandersetzung mit dem dritten Argument sein. Insbesondere gilt es festzustellen, welchen Stellenwert der Gesichtspunkt des möglichen inneren Zwangs in der Argumentation des BMVg hat. Das BMVg hat hier einige besonders interessante Hinweise gegeben. Ich nenne folgende:

Die Wehrstrukturreform[7] sei nicht MBFR-abhängig, wohl aber MBFR-offen. Die Grundkonzeption der Reformvorschläge sei flexibel und erleichtere es damit, die Reform in einen MBFR-Prozeß einzuordnen. MBFR werde nicht notwendig als Abrüstungsmaßnahme angesehen, sondern als Rüstungs-Kontrollmaßnahme. Zur Diskussion stehe nicht notwendig die Frage der Demobilisierung, sondern möglicherweise die Frage einer ausgedehnteren Kadrierung.[8]

Diese Argumentation legt im Zusammenhang mit den Ausführungen des BMVg über die Realisierungsmöglichkeiten einer Wehrstrukturreform die Frage nahe, ob das BMVg nicht schon heute befürchtet, ein Reformkonzept, wie es von der Wehrstrukturkommission vorgeschlagen wird, nicht durchhalten zu können. Konkret gesprochen, scheint sich diese Befürchtung auf den gleichbleibenden Anteil des Verteidigungshaushalts an den Staatsausgaben in Höhe von 16% zu beziehen. Ist dieser Anteil bei einer gleichbleibenden Investitionsrate von 30% innerhalb des Verteidigungshaushalts nicht zu halten, dann bleibt nach dem Bericht der Wehrstrukturkommission nichts anderes übrig, als das Verhältnis präsenter und kadrierter Einheiten zu Lasten der ersteren zu verschieben. Hierin dürfte, wenn man den Vortrag des BMVg zusammenfaßt, die Flexibilität gesehen werden, die es ermöglicht, MBFR und Wehrstrukturreform miteinander zu verbinden. Das BMVg neigt anscheinend dazu, eine solche Verbindung für unausweichlich zu halten.[9]

Wenn dies so sein sollte, dann reduziert sich die Problematik im Grunde auf ihre taktischen und strategischen Aspekte. Sie läuft auf die Frage hinaus, wie man zwei Prozesse, die beide mittelfristig angelegt sind, so miteinander verbinden kann, daß die deutschen militärischen und politischen Interessen, d.h. Sicherheit und Status, am besten abgedeckt sind.

---

[7] Am 9. Juli 1970 setzte die Bundesregierung eine Wehrstruktur-Kommission ein, die am 28. November 1972 – nach den Empfehlungen vom 3. Februar 1971 über die „Wehrgerechtigkeit in der Bundesrepublik Deutschland" – einen zweiten Bericht vorlegte, in dem Grundsätze einer neuen Wehrstruktur für die Bundeswehr entwickelt wurden. Vgl. dazu WEHRSTRUKTUR.

[8] Zu diesem Absatz vermerkte Botschafter Roth am 15. Januar 1973: „Die Frage der Demobilisierung oder Kaderung löst nicht die beiden Hauptprobleme: vertragliche Bindungen und damit Einflußnahme Dritter auf notwendige eigene Entscheidungen; unterschiedliche Bedeutung der einheimischen Streitkräfte in den beiden Bündnissystemen (Tauschobjekte)." Vgl. VS-Bd. 9435 (221); B 150, Aktenkopien 1973.

[9] Am 5. Januar 1973 legte Botschafter Roth in einem Entwurf der Ausführungen des Staatssekretärs Frank im Kolloquium mit dem Bundesministerium der Verteidigung am 11. Januar 1973 dar, daß es eine offene Frage sei, „ob und welche Einsparungen mit einem ersten Reduzierungsschritt erwartet werden können. Es ist wahrscheinlicher, daß Probleme des Verteidigungshaushaltes und der Wehrstruktur durch MBFR kurzfristig nicht gelöst werden können. Deshalb liegt es in unserem Interesse, die eigene Entscheidungsfreiheit für die Lösung dieser Probleme zu erhalten und nicht schon in einem frühen Stadium in den Zugzwang der Verhandlungen über vorgezogene Reduzierungen stationierter Streitkräfte zu geraten. Dies bedeutet aber, daß der prinzipielle Zusammenhang zwischen einheimischen und stationierten Streitkräften im MBFR-Rahmen nicht dogmatisch formalisiert und vertreten werden darf, sondern sich nach der Zweckmäßigkeit in der jeweiligen Situation richten muß." Vgl. VS-Bd. 9435 (221); B 150, Aktenkopien 1973.

Diese Feststellung könnte aber auch zur Lösung der zwischen dem Auswärtigen Amt und dem Bundesverteidigungsministerium kontroversen Fragen führen. Das BMVg neigt m. E. zu einer etwas zu prinzipiellen und starren Haltung. Es ist nach meinem Eindruck bestrebt, die Weichen möglichst frühzeitig so zu stellen, daß seinen eigenen befürchteten Sachzwängen schon von der Konzeption her von Beginn an Rechnung getragen ist. Dieser approach aber steht nicht unbedingt im Einklang mit den politischen und taktischen Interessen, die das Auswärtige Amt zu vertreten hat. Es sollte m. E. möglich sein, das BMVg davon zu überzeugen, daß man in die MBFR-Verhandlungen sehr wohl mit dem Konzept des Auswärtigen Amts hineingehen kann, ohne die Option zu verlieren, die sich das BMVg offenhalten will. Wie so oft in solchen Auseinandersetzungen, die leicht einen „theologischen" Charakter annehmen, wird das Zeitelement nicht ausreichend berücksichtigt. Die Prüfung dieses Elements sollte also ein wichtiger Gegenstand der bevorstehenden Untersuchung sein.[10]

Staden

VS-Bd. 9435 (221)

---

[10] Botschafter Roth notierte am 15. Januar 1973 zu diesem Absatz: „Wir sollten uns jeder vorzeitigen Verkoppelung von MBFR und Wehrstrukturreform widersetzen, die uns in beiden Bereichen in einen Zugzwang bringen würde. Ich stimme Herrn von Staden darin zu, daß die Zeitelemente entscheidend sind. In dieser speziellen Frage würde das heißen, wie weit muß MBFR fortgeschritten sein, bevor das qualitativ neue Element ‚Reduzierung einheimischer Streitkräfte' in die Verhandlungen eingeführt werden kann? Die Frage nach der Zeit können wir heute nur sehr allgemein unter Hinweis auf unser phased-approach-Konzept beantworten, nämlich: später. Den tatsächlichen Zeitpunkt werden wir erst im Verlauf des Verhandlungsprozesses selbst unter Abwägung aller innen- und außenpolitischen Entwicklungen bestimmen können. Wenn wir unser eigenes Konzept vom phased approach ernstnehmen, heißt das auch, daß wir Entscheidungen schrittweise und erst dann treffen, wenn wir die Folgen solcher Entscheidungen einigermaßen übersehen können. Mit anderen Worten, Offenhalten von Optionen und keine Junktims." Vgl. VS-Bd. 9435 (221); B 150, Aktenkopien 1973.

11

Ministerialdirigent Simon an die Botschaft in Paris

201-369.05-131/73 VS-vertraulich   **Aufgabe: 15. Januar 1973, 18.40 Uhr**[1]
Fernschreiben Nr. 147
Citissime

Betr.: WEU-Rüstungsbeschränkungen
        hier: Anhebung der Tonnagegrenze für U-Boote[2]

Bezug: DB Nr. 29 vom 4. Januar 1973[3]

I. Zur Information:

1) StS Dr. Mann wird bei seinem Gespräch mit Blancard am 19.1.73 die U-Boot-Frage anschneiden, worüber die französische Seite unterrichtet wurde. Er wird unser Petitum nachdrücklich vortragen und dabei auch zum Ausdruck bringen, daß wir kein Verständnis dafür haben würden, wenn Frankreich seine Haltung zu einer notwendig werdenden Anpassung des WEU-Vertrages an die seit Vertragsabschluß eingetretene Entwicklung an seinen rüstungswirtschaftlichen Interessen ausrichten sollte. Er wird ferner darauf hinweisen, daß

---

[1] Der Drahterlaß wurde von Legationsrat I. Klasse Franke konzipiert.

[2] In Anlage III, Ziffer V (c) des Protokolls Nr. III zum WEU-Vertrag in der Fassung vom 23. Oktober 1954 verzichtete die Bundesrepublik auf die Herstellung von U-Booten mit einer Wasserverdrängung von mehr als 350 t. Gemäß Änderung vom 19. Oktober 1962 war es der Bundesrepublik gestattet, U-Boote mit einer Wasserverdrängung von bis zu 450 t zu produzieren. Am 9. Oktober 1963 beschloß der WEU-Rat eine weitere Änderung, wonach die Bundesrepublik zusätzlich sechs U-Boote herstellen durfte, deren Wasserverdrängung 1000 t nicht überschritt. Vgl. BUNDESGESETZBLATT 1955, Teil II, S. 271; BUNDESGESETZBLATT 1963, Teil II, S. 236; sowie BUNDESGESETZBLATT 1964, Teil II, S. 143.
Am 1. Dezember 1972 bat Ministerialdirigent Simon die Botschaften in Brüssel, Den Haag, London, Luxemburg, Paris und Rom, den jeweiligen Regierungen den Entwurf eines Antrags der Bundesregierung bei der WEU zur Anhebung der Tonnagegrenze auf 1800 t zu übermitteln. Vgl. dazu den Drahterlaß Nr. 5016; VS-Bd. 8222 (201); B 150, Aktenkopien 1972. Vgl. dazu ferner AAPD 1972, III, Dok. 421.

[3] Botschafter Freiherr von Braun, Paris, berichtete, daß Gesandter Blomeyer-Bartenstein dem Referatsleiter im französischen Außenministerium, Schricke, die Enttäuschung der Bundesregierung über die französische Reaktion auf den Wunsch nach einer Anhebung der Tonnagegrenzen für den Bau von U-Booten übermittelt habe: „Zu unserem Argument, daß durch eine Anhebung der Tonnagegrenze keine Änderung des militärischen Kräfteverhältnisses eintrete, daß im übrigen auch eine relative Schwächung des westlichen Verteidigungspotentials angesichts der laufenden Stärkung der östlichen Rüstungsanstrengungen nicht der Entspannung dienen könne, erwiderte Herr Schricke, ihm sei dies völlig gegenwärtig, und er wolle hier auch nicht widersprechen. Die französische Perplexität richtet sich auch lediglich gegen die politische Wirkung, die eine Anhebung der Tonnagegrenze zu Beginn der Ost-West-Diskussion haben müsse. Im übrigen bestünden in dieser Hinsicht noch keine völlig klaren Vorstellungen." Schricke habe dann auf die Möglichkeit eines Gesprächs des Staatssekretärs Mann, Bundesministerium der Verteidigung, mit dem Staatssekretär im französischen Verteidigungsministerium, Blancard, verwiesen. Hinsichtlich einer Erörterung bei den bevorstehenden deutsch-französischen Konsultationsbesprechungen habe Schricke erwidert, „daß ihm in dieser Angelegenheit Gespräche im kleineren Rahmen zweckmäßiger erschienen". Braun übermittelte abschließend die Einschätzung, „daß man auf franz[ösischer] Seite eine Verzögerungstaktik in erster Linie im Hinblick auf rüstungswirtschaftliche franz[ösische] Interessen betreibt". Vgl. VS-Bd. 8222 (201); B 150, Aktenkopien 1973.

eine derartige Haltung auch dem Geist der engen deutsch-französischen Rüstungszusammenarbeit widersprechen würde und diese für die Zukunft belasten könnte.

Blancard hat durch die hiesige Mission technique wissen lassen, daß er keine Einwendungen gegen eine Erörterung dieses Themas durch StS Dr. Mann habe. Er werde sich rezeptiv verhalten, jedoch sehr aufmerksam und interessiert zuhören und Minister Debré berichten. Es handele sich um ein hochpolitisches Problem, das das französische Verteidigungsministerium nur am Rande berühre und das Debré mit Außenminister Schumann besprechen müsse.

2) Wenngleich das französische Verteidigungsministerium sich hiernach als Gesprächspartner in dieser Angelegenheit nicht ausschließt, sehen wir doch die Gefahr, daß – wie schon bei der WEU-Vertragsänderung[4] im Falle der „Exocet"-Rakete – das jeweils von uns angesprochene Ministerium (Auswärtiges oder Verteidigung) uns zu verstehen gibt, daß die eigentliche Entscheidung beim anderen Ministerium liege. Ein erstes Indiz für eine derartige Neigung des französischen Außenministeriums ist, daß Herr Schricke Gesandtem Blomeyer gegenüber bereits auf das Gespräch Mann/Blancard und die Rüstungszusammenarbeit verwiesen hat.

3) Von einer Einführung dieses Themas in die Gipfelkonsultation[5] wollen wir absehen. Zunächst bleiben die Ergebnisse einer nochmaligen Demarche der Botschaft im französischen Außenministerium und des Gesprächs Mann/Blancard abzuwarten. Vorbehaltlich dieser Ergebnisse werden wir jedoch die U-Boot-Frage bei nächster sich bietender Gelegenheit in die Konsultationen einführen.

II. Für Herrn Botschafter von Braun:

1) Sie werden gebeten, nach Möglichkeit noch diese Woche unser Petitum persönlich an hoher Stelle im französischen Außenministerium auf der Grundlage der in den bisherigen Erlassen enthaltenen Argumentation nochmals vorzutragen. Sollte der Gesprächspartner – wie schon Herr Schricke gegenüber Herrn Gesandten Blomeyer bei dessen zweitem Gespräch – das Bedenken einer negativen politischen Wirkung der Tonnage-Anhebung zu Beginn der Ost-West-Diskussion anführen, wird gebeten zu erwidern, daß uns dies Bedenken nicht begründet erscheine, da selbst die französische Seite dem Argument nicht widerspreche, daß durch die Tonnage-Anhebung keine Änderung des militärischen Kräfteverhältnisses eintreten würde und daß im übrigen eine Schwächung des westlichen Verteidigungspotentials angesichts der laufenden Verstärkung der östlichen Rüstungsanstrengungen nicht der Entspannung diene.

---

[4] Aufgrund von Anträgen der Bundesregierung vom 18. Juli bzw. 28. August 1968 beschloß der WEU-Rat am 2. Oktober 1968, Anlage III, Ziffer IV a) und c) sowie Ziffer V d) des Protokolls Nr. III zum WEU-Vertrag in der Fassung vom 21. Oktober 1959 dahingehend zu ändern, daß „Annäherungszünder, gelenkte Boden-Luft- und Luft-Luft-Geschosse für die Flugabwehr sowie gelenkte Luft-Boden-Geschosse für den taktischen Einsatz" nicht mehr der Rüstungskontrolle unterlägen. Vgl. BUNDESGESETZBLATT 1969, Teil II, S. 595.

[5] Die deutsch-französischen Konsultationsbesprechungen fanden am 22./23. Januar 1973 in Paris statt. Vgl. dazu Dok. 15–19.

Es kann darauf hingewiesen werden, daß StS Dr. Mann die U-Boot-Frage mit Blancard behandeln werde und daß wir – auch in Berücksichtigung der Äußerung Herrn Schrickes vom 4.1.73 über die Zweckmäßigkeit einer Behandlung im kleineren Rahmen – davon abgesehen hätten, diese Angelegenheit für die Gipfelkonsultation vorzusehen. Wir würden jedoch diese Frage bei nächster sich bietender Gelegenheit zur Konsultation bringen, wenn dies dann noch erforderlich sein sollte.

2) Über das Ergebnis Ihrer Demarche wird Drahtbericht erbeten.[6]

Simon[7]

VS-Bd. 8222 (201)

---

[6] Am 16. Januar 1973 teilte Botschafter Freiherr von Braun, Paris, mit, daß er den Wunsch der Bundesregierung nach Anhebung der Tonnagegrenze für den Bau von U-Booten auf 1800 t dem Staatssekretär im französischen Außenministerium vorgetragen habe. De Courcel habe dazu ausgeführt, daß der Antrag ja nicht von einem Ministerium allein entschieden werden könne, sondern von einer Kommission: „Es habe der franz[ösischen] Regierung zunächst geschienen, daß ein solcher Antrag auf Erhöhung des Kriegspotentials zu einem Zeitpunkt, in dem die Entspannung von allen Seiten vorangetrieben werde, vielleicht ungünstig auf das Entspannungsklima wirken könne. Er wolle dieses Argument jetzt nicht vertiefen. Die franz[ösische] Regierung werde die Tatsache im Auge behalten, daß wir uns nunmehr um die franz[ösische] Zustimmung durch eine Demarche des Botschafters selbst bemüht hätten." Vgl. den Drahtbericht Nr. 158; VS-Bd. 8222 (201); B 150, Aktenkopien 1973.

[7] Paraphe.

12

Botschafter Sahm, Moskau, an das Auswärtige Amt

114-10205/73 VS-vertraulich   Aufgabe: 18. Januar 1973, 21.00 Uhr
Fernschreiben Nr. 197   Ankunft: 18. Januar 1973, 19.55 Uhr
Citissime nachts

Zur Information

Betr.: MBFR[1]

Bezug: Anschluß Drahtbericht Nr. 181 vom 18.1.1973[2]

I. Bei Übergabe der sowjetischen Antwortnote zu MBFR durch Leiter 3. Europäischer Abteilung, Bondarenko, ergab sich folgendes Gespräch:

1) Tagungsort:

Ich bemerkte zu sowjetischem Vorschlag, Wien als Tagungsort vorbereitender Konferenz zu wählen, (worüber sowjetische Seite offenbar bereits mit der österreichischen Regierung gesprochen habe), daß wir Genf bevorzugen. Bondarenko antwortete: „Wir sind für Wien, Genf ist überladen, in Wien ist viel mehr Platz". Auf meinen Einwand, daß Genf bessere Einrichtungen für Nachrichtenübermittlungen habe, ging Bondarenko nicht weiter ein.

2) Teilnahme weiterer Länder:

Ich machte Bondarenko darauf aufmerksam, daß Passus, wonach auch Länder europäischer Staaten, die ein entsprechendes Interesse zeigen, das Recht haben müßten, an vorbereitenden Konsultationen teilzunehmen[3], zu Schwierig-

---

1 Am 13. November 1972 übermittelte Staatssekretär Frank der Botschaft in Moskau den Text einer Note, die am 15. November 1972 der sowjetischen Regierung übergeben werden sollte. Inhaltsgleiche Noten würden von Belgien, Großbritannien, Kanada, Luxemburg, den Niederlanden und den USA übergeben werden. Darin wurde vorgeschlagen, daß die Streitkräfte in Mitteleuropa unterhaltenden Staaten Belgien, die DDR, die Bundesrepublik, Kanada, Luxemburg, die Niederlande, Polen, die ČSSR, Ungarn, die UdSSR, Großbritannien und die USA am 31. Januar 1973 „an einem auf diplomatischem Wege zu vereinbarenden Ort" zu exploratorischen Gesprächen über MBFR zusammenkommen sollten. Die Bundesregierung sei ferner der Ansicht, „daß Vertreter Dänemarks, Griechenlands, Italiens, Norwegens und der Türkei abwechselnd bei diesen Gesprächen anwesend sein sollen. Dabei würde ein Vertreter Dänemarks oder Norwegens sowie ein Vertreter Griechenlands, Italiens oder der Türkei ständig zugegen sein". Gleichartige Mitteilungen würden der ČSSR, der DDR, Polen und Ungarn übermittelt werden. Die Bundesregierung wünsche in diesem Zusammenhang klarzustellen, „daß die Einladung zu diesen Gesprächen und die Teilnahme daran die Rechtsposition unberührt lassen, die sie bisher in Fragen, die sich aus der besonderen Lage in Deutschland ergeben, eingenommen hat". Vgl. den Drahterlaß Nr. 4755; VS-Bd. 9398 (II B 2); B 150, Aktenkopien 1972.
In der Mitteilung an die DDR lautete der letzte Satz: „Ich möchte in diesem Zusammenhang klarstellen, daß die Einladung zu diesen Gesprächen und die Teilnahme daran die Ihnen bekannte Rechtsposition der Bundesregierung unberührt läßt, wie sie auch in unseren Verhandlungen über den am 8. November 1972 paraphierten Vertrag über die Grundlagen der Beziehungen zwischen der Bundesrepublik Deutschland und der Deutschen Demokratischen Republik Ausdruck gefunden hat und der mit diesem Vertrag Rechnung getragen ist." Vgl. die Aufzeichnung des Vortragenden Legationsrats Blech vom 14. November 1972; VS-Bd. 9398 (II B 2); B 150, Aktenkopien 1972.
2 Botschafter Sahm, Moskau, übermittelte den deutschen Text der sowjetischen Antwortnote vom 18. Januar 1973. Vgl. dazu Referat 221, Bd. 107371. Für Auszüge vgl. Anm. 3, 8 und 12.
3 In der Note vom 18. Januar 1973 erklärte die sowjetische Regierung ihr Einverständnis bezüglich der Teilnahme der in der Note der Bundesregierung vom 15. November 1972 vorgeschlagenen

keiten führen könne, da durch den sowjetischen Vorschlag der von uns vorgeschlagene Charakter der Konsultationen wesentlich verändert werde. Wir hätten mit den westlichen Ländern eine sorgfältige Auswahl getroffen, die auf die –
auch von den Sowjets geteilte – Auffassung Rücksicht nehme, daß es zunächst
um das Zentrum Europas gehe. Mein erster Eindruck sei, daß es sehr schwer
sein werde, eine solche Veränderung nur zehn Tage vor dem vorgeschlagenen
Zeitpunkt des Zusammentritts der Konferenz vorzusehen. Die Note mit unserem Vorschlag habe der Sowjetunion seit zwei Monaten vorgelegen, so daß die
andere Seite genügend Zeit gehabt habe, sie sorgfältig zu prüfen. Zehn Tage
vor Zusammentritt solche Veränderungen einzuführen, werde auf erhebliche
Bedenken stoßen. Dies sei nur eine erste Reaktion aus meiner eigenen Kenntnis unserer Auffassungen zu dieser Frage. Zu berücksichtigen sei auch, daß es
sich hier nicht nur um ein bilaterales Gespräch handle, sondern daß meine Regierung auch andere Regierungen eingeladen habe und auf diese Einladungen
nicht nur die Sowjetunion, sondern auch die anderen angesprochenen sozialistischen Staaten eine Antwort geben werden, die allerdings der sowjetischen
Antwort wohl sehr ähnlich sein würde.[4]

Wenn nun unsere Seite nur diejenigen Staaten einladen würde, die in unserer
Note vorgesehen waren, dagegen andere Staaten nicht, würde dann die Konsultation in dieser Besetzung stattfinden oder würde die Sowjetunion bzw. die
andere Seite ihrerseits andere Länder einladen? Denke die Sowjetunion an bestimmte Länder, etwa auch an Frankreich als Ergebnis des Treffens von Breschnew mit Pompidou?[5]

Bondarenko erwiderte, die sowjetische Regierung habe noch keine weiteren
Schritte unternommen. Es handle sich vorerst nur um eine Abstimmung mit
unserer Seite. Jedenfalls habe sowjetische Seite nicht vor, nun Einladungen an
sämtliche Staaten zu schicken. Sowjetische Seite habe ihren Standpunkt in der

---

Fortsetzung Fußnote von Seite 45

Staaten, fügte jedoch hinzu: „Gleichzeitig ist die sowjetische Regierung der Meinung, daß auch andere europäische Staaten, die ein entsprechendes Interesse zeigen, das Recht haben müssen, auf
gleichberechtigter Grundlage an solchen Konsultationen teilzunehmen." Vgl. den Drahtbericht Nr.
181 des Botschafters Sahm, Moskau; Referat 221, Bd. 107371.

[4] Am 18. Januar 1973 übermittelte Ministerialdirigent Heipertz, Prag, die Antwort der tschecho-
slowakischen Regierung auf die Note der Bundesregierung vom 15. November 1972, die inhaltsgleich mit der sowjetischen Note vom selben Tag war. Vgl. dazu den Drahtbericht Nr. 28; VS-Bd.
9429 (221); B 150, Aktenkopien 1973.
Die ungarische Regierung antwortete mit einer inhaltsgleichen Note am selben Tag. Vgl. dazu den
Drahtbericht Nr. 17 des Vortragenden Legationsrats I. Klasse Kersting; VS-Bd. 9429 (221); B 150,
Aktenkopien 1973.
Ebenfalls am 18. Januar 1973 übergab der polnische Stellvertretende Außenminister Czyrek Botschafter Ruete, Warschau, eine inhaltsgleiche Antwortnote der polnischen Regierung. Vgl. dazu
den Drahtbericht Nr. 39; Referat 221, Bd. 107371.
Am 20. Januar 1973 wandte sich die DDR in einer Note an die einladenden NATO-Mitgliedstaaten. Hinsichtlich der Rechtsposition der Bundesregierung wurde festgestellt, daß die Bundesrepublik und die DDR „als zwei souveräne, voneinander unabhängige und gleichberechtigte Völkerrechtssubjekte bestehen. Dieser realen Gegebenheit in Europa entspricht auch der Vertrag
über die Grundlagen der Beziehungen zwischen der Deutschen Demokratischen Republik und der
Bundesrepublik Deutschland. Auch bei den vorbereitenden Konsultationen und bei den Verhandlungen über die Reduzierung von Streitkräften und Rüstungen in Europa wird es eine unerläßli-
che Voraussetzung des Erfolges sein, daß das Prinzip der souveränen Gleichheit aller Staaten
strikt beachtet wird". Vgl. AUSSENPOLITIK DER DDR, Bd. XXI/2, S. 727 f.

[5] Staatspräsident Pompidou führte am 11./12. Januar 1973 in Saslawl bei Minsk Gespräche mit
dem Generalsekretär des ZK der KPdSU, Breschnew. Vgl. dazu Dok. 15.

Note zum Ausdruck gebracht: Sie trete dafür ein, daß auch Vertreter anderer europäischer Regierungen eine Möglichkeit zur Teilnahme erhalten sollten, wenn sie ein Interesse an der Teilnahme bekunden würden. Wenn die westlichen Staaten mit einem solchen Vorgehen einverstanden wären, dann wären die Einladungen nur noch eine rein technische Frage. Darüber könne man sich dann vereinbaren.

Sowjetische Seite sei dafür, daß alle anderen Staaten auf der Grundlage der Gleichberechtigung zur Teilnahme an den Konsultationen eingeladen würden, die solches wollten. Dies sei eine Frage – sowjetische Seite habe sie gründlich durchgearbeitet –, auf die die Aufmerksamkeit der Regierung der BRD gelenkt werden solle. Die Bundesregierung habe ihre Auffassung dargelegt, und nun habe die sowjetische Seite ihre Auffassung dazu bekundet. Natürlich werde unsere Seite Antwort von den anderen Staaten erhalten, an die wir Einladungen geschickt hätten. Er könne hiermit mitteilen, daß die in dieser Note zum Ausdruck gekommene Position Gegenstand der Besprechungen der Konferenz der Außenminister[6] gewesen sei. Unsere Seite wisse sehr gut, daß dies kein einfacher Fall sei und es mehrfacher Behandlung bedürfe, um schließlich einen gemeinsamen Nenner zu finden. Der Anfang sei immer schwer, aber es gehe schließlich dabei um einen so guten Zweck, daß man Zeit und Mühe zu seiner Erreichung nicht scheuen sollte. Bezüglich der Position Frankreichs habe er keine Informationen. Unsere Seite kenne die französische Position ja recht gut. Jedenfalls sei ihm von einer prinzipiellen Veränderung dieser Position nichts bekannt.

Ich erwiderte, daß es schwer möglich sein werde, nur zehn Tage vor dem Zusammentritt Änderungen einzuführen und die Einstellung solcher Staaten, die sich jetzt erstmalig mit dem Problem befassen würden, in Übereinstimmung über den Teilnehmerkreis und auch andere Fragen zu bringen. Ich hätte aber das Wesen der sowjetischen Position verstanden und würde sie meiner Regierung weitergeben.

Bondarenko ergänzte seine Ausführungen mit dem Bemerken, daß seiner Seite bekannt sei, daß großes Interesse in den Ländern Europas an der künftigen Konferenz bestehe. Dieses sei bei der MV in Helsinki[7] spürbar geworden. Auch unsere Seite wisse, daß viele europäische Staaten den Wunsch haben, an diesen Konsultationen teilzunehmen, auch solche, die in unserer Note nicht aufgeführt seien. Beide Seiten müßten deswegen solche Wünsche berücksichtigen.

3) Besondere Lage in Deutschland

Zu dem letzten Abschnitt der Note[8] erklärte ich, daß ich ihn so verstehe, daß hinsichtlich der besonderen Lage in Deutschland die in dieser Note in Anfüh-

---

[6] Die Konferenz der Außenminister der Mitgliedstaaten des Warschauer Pakts fand am 15./16. Januar 1973 in Moskau statt.

[7] Die erste Runde der multilateralen Vorgespräche für die KSZE fand vom 22. November bis 15. Dezember 1972 statt. Vgl. dazu AAPD 1972, III, Dok. 406.
Die zweite Runde begann am 15. Januar 1973. Vgl. dazu Dok. 24.

[8] In der Note vom 18. Januar 1973 erklärte die sowjetische Regierung: „Im Zusammenhang mit dem Hinweis auf die sog[enannte] ‚besondere Lage in Deutschland' erachtet es die Regierung der UdSSR für erforderlich festzustellen, daß die Existenz zweier souveräner unabhängiger Staaten – der Deutschen Demokratischen Republik und der Bundesrepublik Deutschland –, gleichberechtig-

rungszeichen gesetzt sei, kein Widerspruch zwischen der sowjetischen Position und der Erklärung der Vier Mächte vom 9. November 1972[9] bestehe.

Bondarenko antwortete, daß auch die sowjetische Regierung der Auffassung sei, daß die Vier-Mächte-Erklärung zu den real existierenden Tatsachen nicht im Widerspruch stehe. Dies sei bei den Verhandlungen und bei der Ausarbeitung der Erklärung berücksichtigt worden, und die sowjetische Seite habe ihre Position den westlichen Mächten gegenüber „völlig genau und klar" dargelegt.

Ich insistierte noch einmal, indem ich wiederholte, wir gingen davon aus, daß zwischen der Erklärung in der heutigen sowjetischen Note und der Erklärung vom 9. November 1972 kein Widerspruch besteht.

II. Am Nachmittag des 18.1. traten die Botschafter der NATO-Staaten in Moskau (bzw. deren Vertreter) zusammen. Island war von britischem Botschafter[10] nicht eingeladen, Frankreich hatte Teilnahme abgelehnt. Aus dem Vergleich der Eindrücke ergab sich folgendes Bild:

1) Die Sowjets haben allen NATO-Staaten die gleiche Note zugeleitet. Österreich hat ein Aide-mémoire mit gleichem Inhalt erhalten.

2) Zum Wortlaut der Note (russischer Text folgt mit Sonderkurier, der Sonnabend in Bonn eintrifft[11]) wurde festgestellt, daß in Absatz 2 das in unserer Rohübersetzung mit „konsequent" übersetzte Wort „posledovatelnoj" zu verstehen sei: „auf der Grundlage dieser Grundsatzposition".[12]

3) Österreichischer Botschafter[13] hat auf seine Frage, wann österreichische Regierung ihre Bereitschaft zu Wien als Tagungsort ausgedrückt habe, von zuständigem Abteilungsleiter im sowjetischen Außenministerium die Antwort erhalten, dies habe Außenminister Kirchschläger im Herbst vergangenen Jahres getan.

4) Niederländischer Geschäftsträger hat die ihm vorliegende Weisung, unverzüglich in Erörterung administrativer Fragen einzutreten, nicht ausgeführt, da Voraussetzung (Annahme westlichen Vorschlages durch Sowjets) nicht gegeben war.

Fortsetzung Fußnote von Seite 47

ter Subjekte des Völkerrechts, eine unbestreitbare Tatsache der Gegenwart ist." Vgl. den Drahtbericht Nr. 181 des Botschafters Sahm, Moskau; Referat Referat 221, Bd. 107371.

[9] Für die Vier-Mächte-Erklärung vom 9. November 1972 vgl. Dok. 1, Anm. 14.

[10] John Killick.

[11] Botschafter Sahm, Moskau, übermittelte den russischen Text der Note der sowjetischen Regierung vom Vortag mit Schriftbericht Nr. 213 vom 19. Januar 1973. Vgl. dazu Referat 221, Bd. 107371.

[12] Die sowjetische Regierung erklärte in der Note vom 18. Januar 1973: „Die sowjetische Regierung mißt der Erzielung einer Übereinkunft über die Truppen- und Rüstungsverminderung in Europa große Bedeutung bei, da dies den Interessen einer weiteren Entspannung auf dem europäischen Kontinent und der Aufgabe der Festigung des allgemeinen Friedens entsprechen würde. Sie geht hierbei davon aus, daß die Frage der Truppen- und Rüstungsverminderung in Europa so zu lösen versucht werden muß, daß die Sicherheit der an einer solchen Verminderung beteiligten Länder nicht beeinträchtigt wird. Wir sind der Meinung, daß die Erörterung und die Festlegung von Wegen zur Lösung dieser Frage kein Prärogativ der bestehenden militärisch-politischen Bündnisse in Europa sein dürfen. Von dieser konsequenten Haltung geleitet, erklärt die sowjetische Regierung ihre Bereitschaft, vorbereitende Konsultationen für Verhandlungen über Truppen- und Rüstungsverminderung in Europa am 31. Januar 1973 zu beginnen." Vgl. den Drahtbericht Nr. 181 des Botschafters Sahm, Moskau; Referat 221, Bd. 107371.

[13] Walter Wodak.

5) In den meist sehr kurzen Gesprächen mit sowjetischen Gesprächspartnern haben nahezu alle Botschafter darauf hingewiesen, daß zwei wichtige Änderungsvorschläge zwei Wochen vor der Konferenz befremdend seien, nachdem unsere Note seit zwei Monaten vorliegt. Britischer Botschafter hat hinzugefügt, daß er nicht sicher sei, ob seine Regierung bis zum 31.1. zu „conclusions" kommen könne.

6) Zu Teilnehmerkreis ergab sich aus allen Gesprächen, daß Sowjets drei Gruppen sehen, die nicht miteinander identisch sein müßten:
– Staaten, die an Vorberatungsgesprächen ab 31.1. teilnehmen,
– Staaten, die an Konferenz teilnehmen,
– Staaten, die sich an Abkommen beteiligen.

Ich habe Auffassung vertreten, daß sowjetische Haltung in Teilnahmefrage dadurch veranlaßt sein mag, daß
– Sowjets günstigen Eindruck bei neutralen Staaten erwecken wollen, wodurch Westen Schuld für Exklusivität und Block-zu-Block-Denken zugeschoben wird (diese Auffassung wurde von den Teilnehmern der Besprechung geteilt),
– vielleicht nur so Zustimmung von Rumänien erreicht werden konnte (?).

Auch hätte ich Gefühl, daß Sowjets sich im Falle einer ablehnenden Haltung des Westens zu einer Erweiterung des Teilnehmerkreises fügen und keine weiteren Schritte unternehmen würden.

7) Britischer Botschafter empfand sowjetische Haltung als Beweis mangelnder Ernsthaftigkeit gegenüber MBFR-Problematik.

8) Zum letzten Absatz der Note (Lage in Deutschland) hat sich gegenüber den Sowjets kein anderer Vertreter geäußert.[14]

[gez.] Sahm

VS-Bd. 9429 (221)

---

14 Am 24. Januar 1973 übermittelte Staatssekretär Frank der Botschaft in Moskau den Text der Antwortnote auf die sowjetische Note vom 18. Januar 1973. Darin nahm die Bundesregierung mit Befriedigung davon Kenntnis, daß die sowjetische Regierung „dem 31. Januar 1973 als Zeitpunkt der Eröffnung explorischer Gespräche über beiderseitige ausgewogene Truppenverminderungen in Mitteleuropa zustimmt". Die Bundesregierung sei im Interesse der Aufnahme von Beratungen zum vereinbarten Zeitpunkt ferner der Auffassung, „daß die in Genf bereits in die Wege geleiteten Vorbereitungen voll genutzt werden sollten. Dies würde natürlich Wien als möglichen Tagungsort nicht ausschließen, sofern befriedigende Regelungen mit der Gastregierung getroffen werden können." Die Bundesregierung nehme schließlich ebenfalls zur Kenntnis, daß die UdSSR der Teilnahme der in der Note vom 15. November 1972 aufgeführten Staaten zustimme. Die Bundesregierung sei mit ihren Verbündeten der Ansicht, „daß die Frage des Teilnehmerkreises den Verlauf und die Ergebnisse der vorgeschlagenen Gespräche erheblich beeinflußt. Die Regierung der Bundesrepublik Deutschland bemerkt jedoch, daß diese Angelegenheit bei den explorischen Gesprächen weiter erörtert werden könnte." Frank informierte abschließend, daß die Note mit den NATO-Mitgliedstaaten abgestimmt worden sei und gleichlautende Noten in Budapest, Prag und Warschau übergeben würden. Der DDR würde eine separate Antwort über Bundesminister Bahr zugeleitet werden. Vgl. den Drahterlaß Nr. 287; VS-Bd. 9429 (221); B 150, Aktenkopien 1973.
Am 25. Januar 1973 übermittelte Vortragender Legationsrat Kroneck Referat 210 die Antwort der Bundesregierung auf die Note der DDR vom 19. Januar 1973 mit der Bitte, „diesen Text dem Bundeskanzleramt zur Weiterleitung an die DDR zuzustellen". Der Text enthielt folgenden Zusatz:

13

Gespräch des Staatssekretärs Frank
mit dem kambodschanischen Außenminister Long Boret

312-321.00 KHM   **19. Januar 1973**[1]

Der Herr Staatssekretär empfing am 19. Januar 1973 den Außenminister der Khmer Republik, Long Boret, und den ihn begleitenden kambodschanischen Botschafter in Jakarta, Thoutch Vutti.[2]

Der *Staatssekretär* leitete das Gespräch ein mit einer kurzen Darlegung der deutschen Auffassung über die Lage in Indochina. Er erwähnte den Wunsch der Bundesregierung nach einem baldigen Frieden in der Region und würdigte die Bemühungen der Vereinigten Staaten um einen Waffenstillstand in Vietnam.[3]

Zum gegenwärtigen Stand des deutsch-kambodschanischen Verhältnisses bemerkte er, daß zwischen beiden Ländern praktische Beziehungen bestehen und der formellen Wiederaufnahme diplomatischer Beziehungen keine prinzipiellen Hindernisse entgegenstehen.[4] Nach Meinung der Bundesregierung sollte die Einstellung der Feindseligkeiten und eine Klärung der politischen Verhältnisse in der Region abgewartet werden.

Der Staatssekretär erläuterte die deutsche Haltung. Die Wiederaufnahme der diplomatischen Beziehungen sei für uns keine prinzipielle Frage. Keinesfalls sei sie bestimmt durch Rücksichtnahme auf Sihanouk, zu dem die Bundesregierung keine Beziehungen unterhalte. Es sei auch nicht daran gedacht, Beziehungen zu ihm aufzunehmen. Der Zeitpunkt für die Wiederaufnahme diplomatischer Beziehungen kurz vor dem Waffenstillstand sei jedoch ungeeignet

---

Fortsetzung Fußnote von Seite 49

„Die Bundesregierung teilt die Auffassung der Regierung der DDR über die Bedeutung des Prinzips der souveränen Gleichheit für die vorgeschlagenen vorbereitenden Gespräche und die ihnen möglicherweise folgenden Verhandlungen. Nach dem am 21. Dezember 1972 unterzeichneten Vertrag über die Grundlagen der Beziehungen zwischen der Bundesrepublik Deutschland und der DDR, der der besonderen Lage in Deutschland Rechnung trägt, werden sich die beiden deutschen Staaten von diesem Prinzip leiten lassen." Vgl. VS-Bd. 9429 (221); B 150, Aktenkopien 1973.

[1] Die Gesprächsaufzeichnung wurde von Vortragendem Legationsrat I. Klasse Berendonck am 24. Januar 1973 gefertigt.

[2] Der kambodschanische Außenminister Long Boret hielt sich vom 18. bis 22. Januar 1973 im Anschluß an einen Besuch bei der UNO in New York und eine Reise durch lateinamerikanische Staaten in der Bundesrepublik auf. Er führte am 18. Januar 1973 ein Gespräch mit Bundesminister Scheel, in dessen Mittelpunkt die innen- und wirtschaftspolitische sowie militärische Situation Kambodschas stand. Für die Gesprächsaufzeichnung vgl. Referat 312, Bd. 100234.

[3] Zu dem am 23. Januar 1973 bekanntgegebenen und am 27. Januar 1973 unterzeichneten Abkommen über die Beendigung des Kriegs und die Wiederherstellung des Friedens in Vietnam vgl. Dok. 21, besonders Anm. 2.

[4] Am 8. Mai 1969 gab die kambodschanische Regierung bekannt, daß die Vertretung der DDR in Phnom Penh in den Rang einer Botschaft erhoben werde. Vgl. dazu AAPD 1969, I, Dok. 159.
Nach der Anerkennung der DDR durch Kambodscha am 8. Mai 1969 konnte zwischen Bundeskanzler Kiesinger und Bundesminister Brandt keine Einigung darüber erzielt werden, die diplomatischen Beziehungen zu Kambodscha abzubrechen. Kambodscha brach dann seinerseits am 10. Juni 1969 die Beziehungen ab. Vgl. dazu AAPD 1969, I, Dok. 169 und Dok. 175.

und könnte falsch interpretiert werden. Sobald sich die politischen Verhältnisse in der Region geklärt hätten, sei der Moment gekommen, diese Frage erneut zu prüfen. Er wies auf die Vertretung in Phnom Penh hin und auf die Möglichkeit, die bestehenden Arbeitsbeziehungen zu vertiefen. Die Bundesrepublik Deutschland hege für Kambodscha freundschaftliche Gefühle.

Der Staatssekretär schilderte im einzelnen die Konsequenzen, welche die Anerkennung der DDR im Mai 1969 für die deutsche Innenpolitik hatte und die zu einer tiefergehenden Auseinandersetzung in der damaligen Regierung zwischen Bundeskanzler Kiesinger und Außenminister Brandt führte. Während der Bundeskanzler Kiesinger sich für den Abbruch der Beziehungen einsetzte, wollte der damalige Außenminister eben diesen Abbruch vermeiden. Es wurde seinerzeit beschlossen, die Beziehungen nicht abzubrechen, sondern lediglich einzufrieren.

Zum Verfahren der Wiederaufnahme der diplomatischen Beziehungen erklärte der Staatssekretär, daß dazu ein gemeinsames Kommuniqué vereinbart werden sollte, mit dem gleichzeitig die Entsendung eines Botschafters angekündigt wird.[5]

Außenminister *Long Boret* zeigte sich in seiner Darstellung der Zukunft Südostasiens nicht pessimistisch. Nach seinen Gesprächen mit Außenminister Rogers sei er von dem Friedenswillen Nixons fest überzeugt. Er erläuterte kurz die militärische Lage und wies auf die gegenüber 1970 verstärkte Verteidigungskraft Kambodschas hin. Es sei als Wunder zu bezeichnen, was die Armee bisher geleistet habe. Von dem Gebiet seines Landes hielten die Nordvietnamesen lediglich vier Provinzen besetzt gegenüber 20 Provinzen, die von der Regierung kontrolliert würden. Die Vietcong hätten überdies durch zahlreiche

---

5 Am 27. Februar 1973 trat Botschaftsrat Freiherr Marschall von Bieberstein, Phnom Penh, für eine schnelle Wiederaufnahme der diplomatischen Beziehungen zur Khmer Republik ein. Dazu führte er aus: „Nachdem wir fast drei Jahre lang unbeirrt erklärt haben, daß lediglich ungeklärtes Verhältnis zu DDR uns an Wiederaufnahme diplomatischer Beziehungen zu Kambodscha hindere und diese wiederhergestellt werden könnten, sobald Grundvertrag abgeschlossen sei, haben wir jetzt noch – aber nicht mehr lange – die Chance, Wiederaufnahme als Routinevorgang hinzustellen, der sich allein aus Zeitplan und Entwicklung unserer Deutschlandpolitik ergebe und lediglich logische Folge der Bereinigung unseres Verhältnisses zur DDR sei. Damit können wir der Wiederaufnahme der Beziehungen jeden spektakulären Charakter nehmen. Verpassen wir dagegen diese uns jetzt noch gegebene Gelegenheit, so wird jede künftige Stellungnahme, Wiederaufnahme oder weiteres Abwarten automatisch als Unterstützung oder Ablehnung eines bestimmten Regimes ausgelegt werden. Wir würden unsere Handlungsfreiheit damit unnötig einschränken in einem Augenblick, wo wir nach Ankündigung größerer künftiger Hilfeleistungen uns stärkeres Engagement in Indochina eingehen als je zuvor und gleichzeitig ein lang dauernder Schwebezustand ungeklärter Verhältnisse vorauszusehen ist." Vgl. den Drahtbericht Nr. 14; Referat 312, Bd. 100234.
Am 13. März 1973 schlug Vortragender Legationsrat I. Klasse Pfeffer vor, die Normalisierung der Beziehungen zur Khmer Republik „zeitlich mit der Aufnahme diplomatischer Beziehungen mit Nordvietnam abzustimmen". Dazu führte er aus: „Angesichts der unübersichtlichen Lage in Kambodscha und unserer beschränkten Interessen erscheinen die Gründe für eine sofortige Normalisierung der Beziehungen, wie sie von unserer Vertretung vorgeschlagen wird, nicht ausreichend. Es wird daher vorgeschlagen, die Wiederaufnahme diplomatischer Beziehungen zu Phnom Penh vorerst zurückzustellen, bis sich eine Lösung des Konflikts in diesem Land wenigstens in Ansätzen abzeichnet. Spätestens zum Zeitpunkt der Aufnahme diplomatischer Beziehungen mit Nordvietnam sollte allerdings auch unser Verhältnis zur Khmer Republik erneut geprüft werden." Staatssekretär Frank stimmte dem Vorschlag am 18. März 1973 zu. Vgl. Referat 312, Bd. 100234.

Übergriffe ihren Rückhalt bei der Zivilbevölkerung verloren. Die Landbevölkerung habe keineswegs die Absicht, sich kommunisieren zu lassen.[6]

Zur wirtschaftlichen Lage übergehend bemerkte der Außenminister, daß hier für die Regierung schwierige Probleme bestünden. Die Wirtschaft des Landes habe sich bereits vor dem Sturz Sihanouks[7] in einem sehr schlechten Zustand befunden. Er erwähnte den Stabilisierungsfonds und die Beteiligung westlicher Industrieländer und asiatischer Nachbarstaaten.[8]

Ausführlich schilderte Long Boret die Probleme seiner Regierung im außenpolitischen Bereich. Durch die propagandistische Unterstützung der Volksrepublik China habe Sihanouk die Anerkennung von über 20 Ländern erreicht. In Kambodscha selbst habe Sihanouk keinen Rückhalt. Im Gegensatz zu dem Pathet Lao verfüge die Regierung Sihanouks nicht über eine eigene lokale Verwaltung. Die Roten Khmer, die sich lediglich seines Namens bedienten, seien reine Hilfstruppen der Vietcong und würden keine ernste Gefahr mehr darstellen, sobald die nordvietnamesischen und Vietcong-Truppen aus Kambodscha abgezogen seien.

---

6 Am 17. Januar 1973 vermerkte Referat 312 zur militärischen Situation in der Khmer Republik, daß sich seit Herbst 1972 die Aktionen der regierungsfeindlichen Streitkräfte gegen die Hauptstadt Phnom Penh und die Verbindungswege verstärkt hätten: „Während nach dem Sturz von Prinz Sihanouk die Initiative zu den Aktionen gegen die kambodschanische Regierung zunächst allein bei den vietnamesischen kommunistischen Truppen lag, ist sie im letzten Jahr zunehmend auf die Sihanouk unterstützenden Verbände übergegangen. Diese Verbände setzen sich zusammen aus regierungsfeindlichen Nationalisten, die Sihanouk unterstützen, und den sogenannten Roten Khmer, die ihn zumindest nominell als Staatsoberhaupt von Kambodscha anerkennen. Zur Zeit befindet sich nur etwa ein Fünftel des Landes – mit allerdings fünf von sieben Mio. Einwohnern – noch unter der Kontrolle der Regierung. Die Verbindungswege zur Hauptstadt sind häufig unterbrochen oder über längere Zeiträume gesperrt. Terrorakte und Raketenüberfälle auf die Hauptstadt sind an der Tagesordnung. Der im Pekinger Exil lebende Prinz Sihanouk und die gegen die Regierung operierenden Gruppen haben mehrmals bekräftigt, auch nach Abschluß eines Waffenstillstands in Vietnam den Kampf gegen die Regierung Lon Nol bis zu deren Sturz fortzusetzen." Vgl. Referat 312, Bd. 100234.

7 Anfang März 1970 kam es in Phnom Penh zu Protestkundgebungen gegen die Anwesenheit von Truppen der Demokratischen Republik Vietnam (Nordvietnam) und Einheiten des Vietcong auf kambodschanischem Gebiet. Nachdem Verhandlungen über einen Abzug dieser Truppen gescheitert waren, proklamierte die kambodschanische Nationalversammlung am 18. März 1970 den Ausnahmezustand. Präsident Sihanouk, der sich seit dem 6. Januar 1970 im Ausland aufhielt, wurde für abgesetzt erklärt, da er sich angeblich nicht ausreichend für den Abzug aller fremden Truppen eingesetzt hatte. In den folgenden Tagen kam es zu Zusammenstößen zwischen Anhängern von Sihanouk und Regierungstruppen, während Einheiten des Vietcong auf Phnom Penh vorzurücken begannen. Ende März unternahmen Truppen der Republik Vietnam (Südvietnam) erste Operationen auf kambodschanischem Gebiet. Seit dem 29. April 1970 führten auch amerikanische Streitkräfte militärische Operationen in Kambodscha durch. Vgl. dazu die Aufzeichnung des Kanzlers I. Klasse Kalscheuer, Phnom Penh, vom 20. Mai 1970; Referat I B 5, Bd. 540.

8 Referat 312 informierte am 17. Januar 1973, daß die Einbeziehung in den Indochina-Konflikt seit dem Frühjahr 1970 Kambodscha „in völlige Abhängigkeit von ausländischer Wirtschaftshilfe" gebracht habe. Die Aufstockung der Streitkräfte von 35 000 auf 200 000 Mann habe zu einem enormen Anstieg der Staatsausgaben geführt, während gleichzeitig die kriegsbedingten Störungen der Binnenwirtschaft und des Außenhandels ein hohes Haushaltsdefizit habe entstehen lassen: „Die Regierung hat inzwischen mit Hilfe des Weltwährungsfonds (IMF) ein umfangreiches Sanierungs- und Stabilisierungsprogramm ausgearbeitet, das eine Reihe von drastischen Sparmaßnahmen im Innern vorsieht, darüber hinaus aber nur mit substantieller Hilfe des Auslands verwirklicht werden kann. Hierfür ist die Errichtung eines Devisenstützungsfonds (Exchange Support Fund) geplant. Deutscherseits besteht keine Möglichkeit, sich an dem Devisenstützungsfonds zu beteiligen." Vgl. Referat 312, Bd. 100234.

Er schilderte seine Tätigkeit in den VN und stellte fest, daß heute die große Mehrheit der in den VN vertretenen Staaten die Haltung der Regierung in Phnom Penh verstehe und diplomatische Beziehungen zu ihr aufgenommen hätten. Es gehe seiner Regierung jetzt um die moralische und politische Unterstützung durch dritte Staaten. Inzwischen hätten 55 Länder Phnom Penh anerkannt. Allein während seiner Reise durch Lateinamerika hätten 14 Staaten beschlossen, diplomatische Beziehungen zur Khmer Republik aufzunehmen.

Nicht ohne Ironie stellte er fest, daß die westlichen Staaten die durch eine Revolution des Volkes entstandene Republik[9], die sozialistischen Staaten hingegen die durch Sihanouk verkörperte Monarchie anerkennen.

Außenminister Long Boret kündigte an, daß er kurz nach seiner Rückkehr nach Phnom Penh wieder zu einer Good-will-Reise durch Afrika aufbrechen werde. Auf eine Frage des Staatssekretärs äußerte er sich negativ über die Haltung Frankreichs und die tendenziöse Berichterstattung in der französischen Presse über Kambodscha, die sich nachteilig für seine Regierung auswirken.

Referat 312, Bd. 100234

14

Ministerialdirigent von Schenck
an die Botschaft beim Heiligen Stuhl

501-506.01 VS-NfD   **Aufgabe: 19. Januar 1973, 18.49 Uhr**
Fernschreiben Nr. 6
Cito

Betr.: DDR und Reichskonkordat[1]

Im Anschluß an Drahterlaß Nr. 4 vom 18.1.1973[2]:

I. Staatssekretär Frank empfing heute nachmittag den Apostolischen Nuntius zu der vorgesehenen Unterredung. Als Unterlage hierfür diente ihm ein Gesprächsvorschlag folgenden Wortlauts:

---

9 Der Präsident der kambodschanischen Nationalversammlung, In Tam, rief am 9. Oktober 1970 die Republik aus.

1 Für den Wortlaut des Konkordats vom 20. Juli 1933 zwischen dem Deutschen Reich und dem Heiligen Stuhl vgl. REICHSGESETZBLATT 1933, Teil II, S. 679–690.
Am 15. Dezember 1972 berichtete Botschafter Böker, Rom (Vatikan), ihm sei zur Kenntnis gebracht worden, daß die DDR mit dem Heiligen Stuhl die baldige Aufnahme von Gesprächen über eine völlige Neuordnung der katholischen Kirchenverwaltung in der DDR und die Aufnahme diplomatischer Beziehungen mit dem Heiligen Stuhl beabsichtige. Vgl. dazu den Drahtbericht Nr. 120; VS-Bd. 5852 (501); B 150, Aktenkopien 1972. Vgl. dazu ferner AAPD 1972, III, Dok. 415.

2 Ministerialdirigent von Schenck informierte die Botschaft beim Heiligen Stuhl darüber, daß Staatssekretär Frank am 19. Januar 1973 den Apostolischen Nuntius Bafile empfangen werde, um ihm den Wunsch der Bundesregierung „nach rechtzeitiger Konsultierung sehr eindringlich darzulegen". Schenck kündigte ferner den Text eines Aide-mémoires an, das dem Unterstaatssekretär im Staatssekretariat des Heiligen Stuhls, Casaroli, übergeben werden solle. Vgl. Referat 501, Bd. 1138.

„Exzellenz,

Anlaß für unsere heutige Unterredung sind Informationen, die wir aus Rom von unserer Botschaft beim Heiligen Stuhl erhalten haben und die uns beunruhigen.

Botschafter Böker hatte in der vergangenen Woche am 10. Januar mit Erzbischof Casaroli eine längere Besprechung gehabt, deren Gegenstand die Überlegungen der Kurie über die Frage einer Aufnahme von Beziehungen zwischen dem Heiligen Stuhl und der DDR sowie der Status der katholischen Kirche in der DDR[3] bildeten. Hierbei hatte Erzbischof Casaroli erklärt, daß der Heilige Stuhl nicht beabsichtige, vor Ratifizierung des Grundvertrages[4] in eigentliche Verhandlungen mit der DDR über die beiden genannten Themen einzutreten. Er hatte weiter bemerkt, daß in einem ersten Stadium an die Umbenennung der bisherigen Kommissare in Administratoren gedacht sei.[5] Zu einer Schaffung selbständiger Bistümer und zu einer Änderung der Diözesangrenzen in der DDR, wie sie von der DDR offenbar gewünscht würden, sei der Heilige Stuhl dagegen nicht bereit. Erzbischof Casaroli hatte Botschafter Böker gebeten, seine Ausführungen hierüber als Beginn der förmlichen Konsultationen zu betrachten. Wir hatten hierin ein Zeichen dafür gesehen, daß der Heilige Stuhl unseren wiederholt vorgetragenen Wunsch nach Konsultation versteht und berücksichtigt.[6]

---

3 Seit 1949 befanden sich Teile von Diözesen mit Bischofssitz in der Bundesrepublik auf dem Gebiet der DDR. Die bischöflichen Kompetenzen wurden in diesen Gebieten durch Kommissare wahrgenommen, die von den jeweiligen Bischöfen der zuständigen Diözesen in der Bundesrepublik ernannt wurden, darüber hinaus jedoch mit einem „Mandatum speciale" des Papstes handelten, das die Übertragung bestimmter, der päpstlichen Genehmigung unterliegender Befugnisse regelte. Bei den kommissarisch verwalteten Jurisdiktionsbezirken der katholischen Kirche in der DDR handelte es sich um das Generalvikariat Erfurt als Teil des Bistums Fulda, das Erzbischöfliche Kommissariat Magdeburg als Teil des Erzbistums Paderborn, das Kommissariat und Generalvikariat Meiningen als Teil des Bistums Würzburg sowie das Kommissariat Schwerin als Teil des Bistums Osnabrück. Vgl. dazu AAPD 1972, III, Dok. 324.

4 Die Bundesregierung leitete am 22. Dezember 1972 den Entwurf des Gesetzes zum Grundlagenvertrag vom 21. Dezember 1972 dem Bundesrat zu. Für den Wortlaut vgl. BR DRUCKSACHEN, Bd. 16, Drucksache 640/72. Vgl. dazu weiter Dok. 38, Anm. 21.

5 Wie bereits bei der Entscheidung von Papst Paul VI. vom 27. Mai 1967 über die kirchliche Verwaltung in den ehemaligen Ostgebieten des Deutschen Reichs strebte der Heilige Stuhl auch hinsichtlich der auf dem Gebiet der DDR gelegenen Teile von Diözesen in der Bundesrepublik zunächst eine Administratorenlösung an. Am 9. Oktober 1972 informierte Erzbischof Casaroli Botschafter Böker, Rom (Vatikan), über Erwägungen des Heiligen Stuhls, die derzeitigen Kommissare in Schwerin, Magdeburg und Meiningen sowie Weihbischof Aufderbeck in Erfurt zu direkt dem Papst unterstellten apostolischen Administratoren zu ernennen, von Änderungen der Diözesangrenzen jedoch abzusehen. Vgl. dazu AAPD 1972, III, Dok. 324.
Dazu teilte Ministerialdirigent von Schenck der Botschaft beim Heiligen Stuhl am 24. November 1972 als Ergebnis einer Hausbesprechung vom Vortag mit: „a) Die Bundesrepublik Deutschland kann aus dem Reichskonkordat das Recht ableiten, vom H[ei]l[igen] Stuhl konsultiert zu werden, bevor dieser Schritte zur Neuordnung der Kirchenorganisation in der DDR unternimmt. b) Es liegt im Interesse des Bundesrepublik und des Episkopats sowohl in der Bundesrepublik als auch in der DDR, daß nach Inkrafttreten des Grundvertrages – wenigstens zunächst – die mitteldeutsche Kirchenverwaltung nicht von den Westdiözesen abgelöst wird. Daher wird die Erklärung Casarolis [...] begrüßt, der H[ei]l[ige] Stuhl erwäge zunächst einmal rein personelle, keine territorialen Änderungen (Administratorenlösung)." Vgl. den Drahterlaß Nr. 662; Referat 501, Bd. 1138.

6 Botschafter Böker, Rom (Vatikan), berichtete über das Gespräch vom 10. Januar 1973 ferner, der Unterstaatssekretär im Staatssekretariat des Heiligen Stuhls, Casaroli, habe deutlich gemacht, daß es hinsichtlich des weiteren Vorgehens gegenüber der DDR zwar „noch keine feste Marschrou-

Inzwischen hat am 16. Januar eine weitere Unterredung zwischen Erzbischof Casaroli und Botschafter Böker stattgefunden. Bei dieser Unterredung hat Erzbischof Casaroli erklärt, die Sache werde vom Heiligen Stuhl jetzt als dringlich betrachtet; dies gelte sowohl für den Status der vier in der DDR gelegenen Gebietsteile westdeutscher Diözesen als auch für die Frage von Beziehungen zwischen dem Heiligen Stuhl und der DDR. Zu einer Konsultation mit der Bundesregierung sei der Heilige Stuhl in Anbetracht des Grundvertrages nicht verpflichtet.[7]

Diese letzteren Erklärungen Erzbischof Casarolis haben uns sehr überrascht. Sie stehen einmal in einem auffallenden Widerspruch zu dem, was Erzbischof Casaroli unserem Botschafter erst in der vergangenen Woche gesagt hatte. Zum anderen kann die Bundesregierung die Auffassung, daß eine Konsultation mit ihr nicht erforderlich sei, nicht teilen. Die Bundesregierung muß beim gegenwärtigen Stand der Dinge großen Wert darauf legen, daß der Heilige Stuhl jedenfalls diejenigen Maßnahmen, die er bezüglich der kirchenrechtlichen Verhältnisse im Gebiet der DDR erwägt, mit der Bundesregierung eingehend konsultiert. Denn solche Maßnahmen werden – in welcher Form sie auch getroffen werden sollten – in der deutschen Öffentlichkeit erhebliches Aufsehen erregen und die Frage aufwerfen, ob sie nicht die Teilung Deutschlands vertiefen und ob sie mit dem Reichskonkordat vereinbar sind. Sollte die Bundesregierung dann erklären müssen, daß sie vom Heiligen Stuhl nicht konsultiert worden sei und die Kurie eine solche Konsultation sogar abgelehnt habe, so könnte dies zu einer ernsten Belastung der Beziehungen zwischen der Bundesrepublik Deutschland und dem Heiligen Stuhl führen. Zur Konsultation ist der Heilige Stuhl nach dem Reichskonkordat auch verpflichtet. Wir werden unsere Auffassung hierzu im einzelnen dem Heiligen Stuhl durch unseren Botschafter in

Fortsetzung Fußnote von Seite 54

te" gebe: „Allerdings werde der Heilige Stuhl die Problematik nicht ad infinitum vor sich herschieben können, ohne sich dem Risiko auszusetzen, daß die DDR-Regierung dann der Kirche in Mitteldeutschland die Daumenschrauben ansetzt und erklärt, der Vatikan selber habe diese Entwicklung verschuldet. Die DDR schiene zur Zeit dem Heiligen Stuhl gegenüber die Politik der ‚ausgestreckten Hand' zu praktizieren, auf die man schlecht rein negativ reagieren könne. Wie der Vatikan letzten Endes auf die ausgestreckte Hand reagieren werde, müsse im einzelnen noch genau überlegt werden. Er, Casaroli, verspreche sich von einem Abkommen mit der DDR-Regierung überhaupt nichts Positives für die Zukunft. Der Papst und er befürchteten aber, daß eine völlige negative Haltung gegenüber der DDR der Kirche in Mitteldeutschland Schaden zufügen könnte. Diese Verantwortung wolle der Papst nicht gern auf sich nehmen." Vgl. den Drahtbericht Nr. 7 vom 12. Januar 1973; VS-Bd. 9951 (203); B 150, Aktenkopien 1973.

7 Am 16. Januar 1973 berichtete Botschafter Böker, Rom (Vatikan), der Unterstaatssekretär im Staatssekretariat des Heiligen Stuhls habe ihm mitgeteilt, „daß die Zeit dränge". Er, Böker, habe darauf erwidert, er könne nicht verstehen, „weshalb von seiten des Vatikans ein solches Eilbedürfnis empfunden würde. Darauf Casaroli wörtlich: ‚Es ist ganz einfach, der Papst drängt, er möchte baldige Entscheidungen, um nicht von den Ereignissen überrollt zu werden.'" Casaroli habe dann erklärt, „weshalb nach seiner Auffassung eine Konsultationspflicht nicht bestünde. Die Bundesregierung habe durch den Grundvertrag eindeutig erklärt, daß die DDR nunmehr ein selbständiger, souveräner und unabhängiger Staat sei. Danach sehe er keine juristische Möglichkeit mehr, eine Konsultationspflicht des Heiligen Stuhls gegenüber der Bundesregierung hinsichtlich von Maßnahmen des Heiligen Stuhls innerhalb der DDR oder gegenüber der DDR anzuerkennen." Er habe darum gebeten, daß die Bundesregierung ihre Vorstellungen zur Konsultationspflicht schriftlich mitteilen möge: „Es brauche sich dabei nicht um eine formelle Note zu handeln; es genüge ein formloses Papier oder ein Aide-mémoire." Vgl. den Drahtbericht Nr. 9; VS-Bd. 9713 (501); B 150, Aktenkopien 1973.

schriftlicher Form darlegen lassen.[8] Ich möchte daher heute die juristische Argumentation im einzelnen nicht vorwegnehmen. Aber ich möchte Ihnen, Exzellenz, sagen, daß eine sehr bedenkliche Situation entstehen würde, wenn der Heilige Stuhl tatsächlich den Standpunkt einnehmen sollte, daß die von ihm erwogenen Maßnahmen nicht mit der Bundesregierung konsultiert zu werden brauchten. Die Bundesregierung würde eine solche Haltung des Heiligen Stuhls als unvereinbar mit dem Reichskonkordat ansehen müssen, das im übrigen in seinem Artikel 33 Absatz 2[9] für den Fall von Meinungsverschiedenheiten über die Auslegung oder Anwendung von Bestimmungen des Reichskonkordats eine Konsultation mit dem Ziel einer Einigung vorsieht. Dieser Bestimmung des Reichskonkordats und der von beiden Seiten bisher loyal und korrekt eingehaltenen Vertragspartnerschaft würde es entsprechen, daß alle kirchenrechtlichen Maßnahmen, die in irgendeiner Form das Reichskonkordat berühren, mit der Bundesregierung abgestimmt und zu diesem Zweck mit ihr konsultiert werden. Das gilt insbesondere für Maßnahmen, die den Status oder die Grenzen der gegenwärtig bestehenden Diözesen betreffen.

Ich wäre dankbar, wenn Sie, Exzellenz, den Heiligen Stuhl über diese Auffassung der Bundesregierung und ihre Erwartung unterrichten würden, daß der Heilige Stuhl dem Rechnung trägt. Wir verstehen durchaus, daß im Vatikan gewisse Überlegungen angestellt werden, insbesondere über eine Aufnahme von Beziehungen zur DDR. Aber wir erwarten, daß der Heilige Stuhl keine das Reichskonkordat berührenden Maßnahmen treffen wird, die nicht vorher mit der Bundesregierung konsultiert worden sind."

II. Ohne den vorstehenden Text wörtlich auszuführen, legte Staatssekretär den Gedankengang sinngemäß dar und betonte hierbei folgendes:

---

[8] Am 29. Januar 1973 übermittelte Staatssekretär Frank Botschafter Böker, Rom (Vatikan), den Text einer Note der Bundesregierung zur Frage der Konsultationspflicht. Darin wurde zunächst auf die Gültigkeit des Konkordats vom 20. Juli 1933 zwischen dem Deutschen Reich und dem Heiligen Stuhl auch auf dem Gebiet der DDR hingewiesen. Ferner wurde bekräftigt, daß sich aus dem Grundlagenvertrag vom 21. Dezember 1972 insofern keine Änderung dieser Rechtslage ergebe, als er „keine völkerrechtliche Teilung Deutschlands bedeutet, sondern nur einen Modus vivendi zwischen den beiden deutschen Staaten regelt. Dabei bleibt die deutsche Frage offen, bis das ganze deutsche Volk sein Selbstbestimmungsrecht frei ausüben kann." Hinsichtlich der geplanten Änderung der kirchlichen Verwaltung in der DDR weise die Bundesregierung „vorsorglich darauf hin, daß hierdurch das Reichskonkordat berührt werden könnte. Die zwischen der Bundesrepublik Deutschland und dem Heiligen Stuhl bestehenden diplomatischen Beziehungen beruhen auf dem Artikel 3 des Reichskonkordats. Aus Artikel 11 ergibt sich, daß bei einer Neuordnung der gegenwärtigen Diözesanorganisation und -zirkumskription eine Verständigung mit der Bundesregierung zu erfolgen hat; auch etwaige Änderungen der Grenzen von Diözesen, die sich teils auf das Gebiet der Bundesrepublik Deutschland, teils auf das Gebiet der DDR erstrecken, würden Diözesangrenzen in der Bundesrepublik Deutschland betreffen. Überdies sieht Artikel 33 Abs[atz] 2 des Reichskonkordats die beiderseitige vertragliche Pflicht vor, immer dann einvernehmlich freundschaftliche Lösungen herbeizuführen, wenn sich Meinungsverschiedenheiten über Auslegung oder Anwendung von Bestimmungen des Reichskonkordats ergeben. Auch hieraus folgt im vorliegenden Zusammenhang eine gegenseitige Konsultationspflicht." Vgl. den Drahterlaß Nr. 13; VS-Bd. 9951 (203); B 150, Aktenkopien 1973.
[9] Artikel 33 Absatz 2 des Konkordats vom 20. Juli 1933 zwischen dem Deutschen Reich und dem Heiligen Stuhl: „Sollte sich in Zukunft wegen der Auslegung oder Anwendung einer Bestimmung dieses Konkordates irgendeine Meinungsverschiedenheit ergeben, so werden der Heilige Stuhl und das Deutsche Reich im gemeinsamen Einvernehmen eine freundschaftliche Lösung herbeiführen." Vgl. REICHSGESETZBLATT 1933, Teil II, S. 688.

1) Eine etwaige Aufnahme diplomatischer Beziehungen des Heiligen Stuhls zur DDR werde gegebenenfalls grundsätzlich nicht anders zu beurteilen sein als eine Aufnahme solcher Beziehungen zur DDR seitens fremder und mit uns freundschaftlich verbundener Staaten. Wir begrüßten es, wenn von solchen Staaten hierbei Erklärungen über das Recht unseres Volkes auf Wiedervereinigung abgegeben und Botschafter erst nach Ratifizierung des Grundvertrages ausgetauscht würden. Wir zählten den Heiligen Stuhl bisher zur Kategorie unserer Freunde.

2) Anders sei eine Änderung der kirchenrechtlichen Verhältnisse im Gebiet der DDR zu beurteilen. Denn hierdurch werde das Reichskonkordat berührt. Deshalb sei insoweit eine Konsultation mit der Bundesregierung erforderlich, die von uns nach dem Buchstaben, aber auch nach dem Geist des Reichskonkordats verlangt werden könne. Wir wollten nicht nur informiert und damit im Grunde nur vor vollendete oder jedenfalls beschlossene Tatsachen gestellt werden, wie es bei der Änderung der kirchenrechtlichen Verhältnisse in den früheren ostdeutschen Diözesen geschehen sei.[10] Damals sei es für uns schwer gewesen, in der Öffentlichkeit Verständnis für das Vorgehen des Heiligen Stuhls zu finden.

Der Nuntius stellte die Frage, ob es für uns nicht schwierig sei, vom Heiligen Stuhl eine Beachtung des Reichskonkordats auch für das Gebiet der DDR zu verlangen, nachdem die letztere von der Bundesregierung als selbständiger Staat angesehen werde. Maßnahmen im Gebiet der DDR könnten unter diesen Umständen doch nicht mehr von einer Zustimmung der Bundesregierung abhängig sein.

Staatssekretär wies demgegenüber darauf hin, daß der Grundvertrag Deutschland völkerrechtlich nicht teile, sondern nur einen Modus vivendi darstelle. Ergänzend wurde von VRB[11] dargelegt, daß die Geltung des für ganz Deutschland abgeschlossenen Reichskonkordats auch für das Gebiet der DDR bisher nicht beendet worden sei. Als Nuntius in diesem Zusammenhang darauf hinwies, daß das Reichskonkordat aber von und gegenüber der DDR nicht angewendet werde, wurde ihm von uns entgegengehalten, daß sich dies daraus erkläre, daß zwischen Heiligem Stuhl und DDR bisher keine Beziehungen bestünden; formell sei aber über Nicht-Geltung oder Beendigung des Reichskonkordats für das Gebiet der DDR unseres Wissens weder vom Heiligen Stuhl noch von der DDR jemals eine Erklärung abgegeben worden. Die DDR mache nur vom Reichskonkordat bisher keinen Gebrauch, ohne daß deshalb die kirchenrechtlichen Verhältnisse im Gebiet der DDR bisher in einer das Reichskonkordat berührenden Weise verändert worden seien.

---

10 Nach dem Zweiten Weltkrieg verzichtete der Heilige Stuhl auf eine Neugliederung der Kirchenprovinzen in den Gebieten des Deutschen Reichs unter polnischer Verwaltung (Erzbistum Breslau, Bistum Ermland und Freie Prälatur Schneidemühl). Am 25. November 1970 kündigte der Heilige Stuhl an, nach der Ratifizierung des Warschauer Vertrags vom 7. Dezember 1970 eine Neugliederung dieser Diözesen vornehmen zu wollen. Vgl. dazu AAPD 1970, III, Dok. 570.
Am 28. Juni 1972 gab der Heilige Stuhl schließlich die Neuordnung der kirchlichen Verwaltung in den ehemaligen Ostgebieten des Deutschen Reichs bekannt. Für die Mitteilung vgl. EUROPA-ARCHIV 1972, D 384 f. Vgl. dazu ferner AAPD 1972, II, Dok. 228.
11 Dedo von Schenck.

Staatssekretär bemerkte abschließend, diese Diskussion zeige bereits, wie notwendig eine Konsultation dieser komplizierten Materie sei. Der Nuntius bemerkte, daß er dies verstanden habe.[12]

Schenck[13]

Referat 501, Bd. 1138

15

Gespräch des Bundeskanzlers Brandt mit Staatspräsident Pompidou in Paris

105-5.A/73 geheim   **22. Januar 1973**[1]

Im Verlauf der deutsch-französischen Konsultationen vom 22. und 23. Januar 1973 in Paris fanden am Amtssitz des Präsidenten der Französischen Republik drei Vier-Augen-Gespräche mit dem Herrn Bundeskanzler statt.[2]

Das erste Gespräch begann am 22. Januar 1973 um 10.40 Uhr.

Präsident *Pompidou* begrüßte seinen Gast und wies darauf hin, die deutsch-französische Öffentlichkeit sei an diesem Treffen stark interessiert. Die deutsch-französischen Beziehungen seien nun zehn Jahre lang auf den 1963 geschlossenen Vertrag[3] gegründet. Aus diesem Anlaß habe man dem Treffen einen festlicheren Rahmen gegeben. Allerdings gehe es auch darum, wichtige anstehende Fragen miteinander zu besprechen. Wenn der Herr Bundeskanzler keine Einwände erhebe, wolle er von sich aus vorschlagen, zunächst bilaterale Fragen, sodann europäische Probleme und schließlich generell wichtige Fragen zu besprechen.

Der Herr *Bundeskanzler* erwiderte, auch auf deutscher Seite sei die heutige Begegnung auf sehr viel Interesse gestoßen, wie man dem Fernsehen, dem Rundfunk und den Presseverlautbarungen entnehmen könne. Vielleicht sei es zweckmäßig, nicht heute, aber ein nächstes Mal, die Frage aufzuwerfen, ob alle bisher gemachten Erfahrungen dafür sprechen, daß die Formen der deutsch-französischen Zusammenarbeit ertragreich genug seien. Manchmal entstehe

---

[12] Am 9. Februar 1973 teilte Botschafter Böker, Rom (Vatikan), mit, daß er die Note der Bundesregierung vom 29. Januar 1973 dem Unterstaatssekretär im Staatssekretariat des Heiligen Stuhls, Casaroli, am Vortag übergeben habe. Vgl. den Drahtbericht Nr. 30; VS-Bd. 9713 (501); B 150, Aktenkopien 1973.

[13] Paraphe.

[1] Durchdruck.
Die Gesprächsaufzeichnung wurde von Vortragendem Legationsrat Merten am 25. Januar 1973 gefertigt.

[2] Für das zweite und dritte Gespräch am 22. bzw. 23. Januar 1973 vgl. Dok. 16 und Dok. 19.

[3] Für den Wortlaut des deutsch-französischen Vertrags vom 22. Januar 1963 vgl. BUNDESGESETZBLATT 1963, Teil II, S. 706–710.

der Eindruck, daß man bestimmte Dinge besser gestalten könne. Vielleicht sollten die Fachminister einmal prüfen, wo hier noch Punkte offen seien; im Sommer könnten sich die Regierungschefs dann damit befassen. Mit dem vorgeschlagenen Themenkreis für die heute beginnenden Gespräche sei er einverstanden.

Präsident *Pompidou* erwiderte, auch er sei bereit, darüber nachzudenken, wie man für die beiderseitigen Begegnungen effizientere, nach Möglichkeit die besten Formeln finden könnte.

Was die bilateralen Fragen anbelange, glaube er, daß man sich hier am wenigsten zu sagen habe. Über die erzielten Fortschritte brauche man sich nicht zu beklagen. Es gebe keine großen Probleme. Bestimmte Probleme gebe es jedoch im Bereich der industriellen Kooperation im weitesten Sinne des Wortes. Aus den verschiedensten Gründen gebe es hier Sektoren, in denen alles trotz beiderseitiger Bemühungen nur schwierig anlaufe. In erster Linie betreffe das die Zusammenarbeit in der Weltraumpolitik. Wesentlich sei, daß eine europäische Raumpolitik geschaffen werde. Man sei sich darüber im klaren, daß diese z.Z. von Deutschland und Frankreich getragen werde. Er denke auch an die Zusammenarbeit in der Rüstungsproduktion und der Luftfahrtindustrie. Hier habe man einzelnes geschaffen. Jetzt aber, da es darum gehe, bestimmte Maßnahmen zu konkretisieren, stelle sich die Frage der Vermarktung gemeinsam produzierter Erzeugnisse. Er denke hier an den Airbus.[4] Hier laufe man Gefahr, gegenüber der amerikanischen Konkurrenz Boden zu verlieren.[5] Generell sei man beunruhigt über das Quasimonopol, das die Vereinigten Staaten auf dem Gebiet der Zivilluftfahrt innehätten. Trotz des Vietnamkrieges kontrollierten die USA 85 % der Weltproduktion auf diesem Sektor. Das von Frankreich und Großbritannien gemeinsam entwickelte Projekt Concorde erweise

---

[4] Am 26. September 1967 vereinbarten die Bundesrepublik, Frankreich und Großbritannien die gemeinsame Entwicklung eines Großraumflugzeugs für Kurz- und Mittelstrecken („Airbus"). Vgl. dazu BULLETIN 1967, S. 894.
Nachdem sich die britische Regierung im April 1969 aus dem Projekt zurückgezogen hatte, unterzeichneten Bundesminister Schiller und der französische Verkehrsminister Chamant am 29. Mai 1969 in Paris eine Rahmenvereinbarung zum Bau des „Airbus A-300 B". Vgl. dazu den Artikel „Das Abkommen über den europäischen Airbus A-300"; NEUE ZÜRCHER ZEITUNG, Fernausgabe vom 31. Mai 1969, S. 7.
Zum Stand des Projekts informierte das Bundesministerium für Wirtschaft am 19. Januar 1973, daß die technische Entwicklung programmgemäß verlaufe. Die Serienfertigung sei im Oktober 1971 angelaufen: „Zu den Marktaussichten wurde im Kabinett am 12. und 19. April 1972 kritisch Stellung genommen. Frankreich und Deutschland stimmen überein, daß bis Anfang der 80er Jahre keine 360 Maschinen (Rentabilitätsgrenze) verkauft werden können. Seit April 1972 hat es keinen Anlaß gegeben, diese kritische Beurteilung zu revidieren." Vgl. die Kabinettsvorlage; Referat 420, Bd. 106371.
[5] Am 23. Januar 1973 berichtete der französische Wirtschafts- und Finanzminister Giscard d'Estaing in der Plenarsitzung der deutsch-französischen Konsultationsbesprechungen in Paris über die Gespräche mit den Bundesministern Friderichs und Schmidt. Zu den Absatzschwierigkeiten des „Airbus A-300 B" führte er aus: „Die nicht voraussehbaren Preiserhöhungen sind angesichts der inflationären Situation so, daß man nicht recht weiß, wie man einen festen Preis auf Jahre hinaus garantieren soll. Auch ist unser Kredit sehr viel teurer als der Kredit, den die Amerikaner für den Kauf ähnlicher Flugzeuge gewähren. Bei uns gibt es keine gemeinsame Kreditorganisation. Vielmehr müssen die Luftverkehrsgesellschaften, die den Airbus kaufen wollen, sich nacheinander an verschiedene Gremien wenden, um ihren Auftrag zu finanzieren. [...] Wir halten es für absolut notwendig, daß dieses Problem einer Klärung zugeführt wird, wenn man vermeiden will, daß die ganze Operation Airbus – das will ich offen sagen – zu einer kommerziellen Katastrophe führt." Vgl. die Gesprächsaufzeichnung; Ministerbüro, Bd. 178576.

sich als kostspielig und ökonomisch diskutabel.[6] Der Erfolg dieses Projekts hänge ebenfalls von der Haltung der Amerikaner ab. Seines Erachtens müsse Europa seinen Platz beim Bau mittelgroßer Flugzeuge finden. Was die Zusammenarbeit in der Rüstungsproduktion anbelange, kenne er den Sachzwang, unter dem die Bundesregierung angesichts des erforderlichen Devisenausgleichs mit den in der Bundesrepublik stationierten amerikanischen Streitkräften stehe.[7] Dennoch halte er bescheidene Fortschritte in der deutsch-französischen Zusammenarbeit hier für möglich. Es sei sein Wunsch, daß sowohl die Bundeswehr als auch die französische Armee nunmehr Aufträge für die Projekte Alpha Jet[8] und Milan[9] vergebe. Die beiderseitig hier zuständigen Ver-

6 Am 29. November 1962 unterzeichneten Frankreich und Großbritannien einen Vertrag über den Bau eines Überschall-Verkehrsflugzeugs vom Typ „Concorde". Der französische Prototyp 001 absolvierte am 2. März 1969, der englische Prototyp 002 am 9. April 1969 einen ersten Probeflug. Am 31. Januar 1973 gaben die amerikanischen Fluggesellschaften Pan Am und Trans World Airways (TWA) bekannt, daß sie auf die Wahrnehmung ihrer Optionen zum Kauf der „Concorde" verzichten würden. Als Begründung wiesen sie auf die mangelnde Wirtschaftlichkeit, die begrenzte Operationsweite, eine geringe Beförderungskapazität sowie ungelöste Umweltschutzprobleme hin. Damit zogen sich nach Air Canada und United Airlines zwei weitere Fluggesellschaften aus dem „Concorde"-Geschäft zurück. Vgl. dazu den Artikel „La Pan Am et la T.W.A. renoncent à Concorde"; LE MONDE vom 2. Februar 1973, S. 8.
Am 20. Februar 1973 teilte Botschafter Freiherr von Braun, Paris, mit, daß Staatspräsident Pompidou „mit Bestürzung" Pressemeldungen zur Kenntnis genommen habe, wonach die Lufthansa AG ebenfalls von ihrer Option auf den Kauf von drei „Concorde" keinen Gebrauch machen wolle. Der Abteilungsleiter im französischen Außenministerium, Puaux, habe dazu erklärt, er sei beauftragt, der Bundesregierung mitzuteilen, „daß das Thema gerade in der jetzigen Wahlkampagne von großer Sensibilität sei und daß eine negative Entscheidung, besonders in diesem Zeitpunkt, die franz[ösische] Regierung in große Schwierigkeiten bringen würde. [...] Puaux benutzte diesen Anlaß, um mich auf die Substanz des ‚Concorde'-Problems anzusprechen. Er sei beauftragt, dies mit allem Ernst zu tun. Es handele sich bei diesem britisch-franz[ösischen] Gemeinschaftsprodukt um ein europäisches Projekt. Ich möge dies der Bundesregierung als Ansicht der franz[ösischen] Regierung mitteilen mit der Bitte, auf die Lufthansa im Sinne einer Entscheidung zugunsten dieses europäischen Projektes einzuwirken." Vgl. den Drahtbericht Nr. 510; Referat 420, Bd. 106368.
7 Im Rahmen der seit 1962 getroffenen deutsch-amerikanischen Vereinbarungen über den Ausgleich der Devisenkosten für die in der Bundesrepublik stationierten Truppen verpflichtete sich die Bundesrepublik u. a. zu Rüstungskäufen in den USA. Das laufende Abkommen vom 10. Dezember 1971 mit einem Gesamtvolumen von 6,65 Mrd. DM hatte eine Laufzeit vom 1. Juli 1971 bis zum 30. Juni 1973. Es sah neben einem Beitrag zur Sanierung der von den amerikanischen Streitkräften genutzten Kasernen (600 Mio. DM), einem Darlehen der Bundesbank (2 Mrd. DM) und einer Zinsvergütung (100 Mio. DM) auch die Beschaffung amerikanischer Rüstungsgüter in Höhe von 3,95 Mrd. DM vor. Für den Wortlaut vgl. FRUS 1969–76, III, S. 213 f. Vgl. dazu ferner AAPD 1971, III, Dok. 438.
Im Vorgriff auf das Abkommen unterzeichneten die Bundesregierung und die amerikanische Regierung bereits am 31. August 1971 einen Vertrag über den Kauf von 175 Phantom-Düsenjägern des Typs „F-4F" für die Bundeswehr. Vgl. dazu AAPD 1971, II, Dok. 300.
8 Zur Entwicklung des deutsch-französischen Kampfflugzeugs „Alpha-Jet" vgl. Dok. 39.
9 Die Bundesrepublik und Frankreich arbeiteten bei der Entwicklung der beiden Panzerabwehrraketen vom Typ „Milan" und „Hot" sowie der Flugabwehrrakete vom Typ „Roland" zusammen. Zum Stand der Projekte teilte das Bundesministerium der Verteidigung am 5. Juni 1973 mit: „a) ‚Milan' (Panzerabwehr-Raketen-System): Die Regierungsvereinbarung über die Vorserie (100 Abschußanlagen, 5000 Flugkörper für die BRD) wurde im Februar 1973 unterzeichnet. Im Juni 1973 hat die BRD die Beschaffung von weiteren 300 Abschußanlagen und 6000 Flugkörpern beschlossen. Mögliche Anschlußaufträge hängen u. a. von Verbesserungen im Nahschußbereich ab. b) ‚Hot' (Panzerabwehr-Raketen-System): Das Waffensystem wird zur Zeit für den Einsatz vom Hubschrauber aus erprobt. Frankreich hat ein Regierungsabkommen über die Vorserienbeschaffung von etwa 14 Abschußanlagen und 500 Flugkörpern vorgeschlagen. Der Vertragsentwurf wird vom ‚Hot'-Direktionsausschuß bis zum 30. Juni 1973 den Regierungen zur Prüfung und Entscheidung vorgelegt. c) ‚Roland' (Fliegerabwehr-Raketen-System): Die Initiative, gemeinsam ‚Roland' zu einer Allwet-

treter hätten bereits den Beginn der Serienproduktion dieser Geräte angelegt. Wie solle man jedoch in die Serienproduktion gehen, wenn keine Aufträge vorliegen?

Gemeinsam könne man auch prüfen, wie der Panzerwagen der Zukunft aussehen müsse. Die mit der Entwicklung des AMX-30 und des Leopard begangenen Irrtümer dürfe man nicht wiederholen.[10] An neuen Entwicklungen könne man ggf. andere Länder, wie Großbritannien z.B., beteiligen, um zu einer Produktion zu gelangen, für die eine Höchstzahl von Ländern sich interessieren könnten.

Das deutsch-französische Jugendwerk halte er für ausgesprochen wichtig. Allerdings glaube er, daß die finanziellen Mittel, die dafür zur Verfügung stehen, z.Z. nicht gut ausgenutzt würden. Seines Erachtens diene das Jugendwerk dem Ziel, Begegnungen zwischen Deutschen und Franzosen zu ermöglichen, nicht jedoch dem Ziel, Seminare über die Zweckmäßigkeit von Begegnungen zwischen Deutschen und Franzosen zu veranstalten. Das Jugendwerk dürfe nicht aufgegeben, müsse in seiner Tätigkeit jedoch konkretisiert werden.[11]

Der Herr *Bundeskanzler* erwiderte, offensichtlich verfolge man in beiden Ländern die gleichen Absichten. Was die industrielle Kooperation anbelange, habe man auf dem Gebiet der EDV leichte Fortschritte erzielt.[12] In der Kernenergie,

---

Fortsetzung Fußnote von Seite 60

ter-Fähigkeit weiterzuentwickeln, ging seinerzeit von deutscher Seite aus. BM Schmidt hatte die deutsche Beteiligung an der Entwicklung von ‚Roland' über den 30. Juni 1973 hinaus davon abhängig gemacht, daß sich bis zu diesem Termin ein weiteres, in Mitteleuropa Truppen unterhaltendes Land zur Einführung von ‚Roland' bereit erklärt. Zur Zeit läuft eine Erprobung in den USA, die zu ersten guten Ergebnissen geführt hat. Trotzdem ist eine positive Entscheidung der USA kaum vor Jahresende zu erwarten. Dessen ungeachtet ist die BRD bereit, ihr Kündigungsrecht zum 30. Juni 1973 nicht in Anspruch zu nehmen, sondern die Entwicklung zunächst für ein weiteres Jahr fortzusetzen." Vgl. Referat 201, Bd. 102500.

10 Die Bundesrepublik und Frankreich beschlossen 1958 den gemeinsamen Bau eines Kampfpanzers. Beide Staaten sollten zunächst jeweils einen Prototyp entwickeln, von denen nach gemeinsamer Erprobung das beste Modell in die Serienproduktion übergehen sollte. Noch vor Abschluß der Tests entschied sich der Verteidigungsausschuß des Bundestags im Juni 1963 für den Bau des Kampfpanzers „Leopard 1", während die französische Armee an der Einführung des „AMX-30" festhielt. Im September 1965 wurde der erste fertiggestellte „Leopard 1" der Bundeswehr übergeben. Die französische Produktion des „AMX-30" begann im Jahr 1966. Vgl. dazu JANE'S 1979–80, S. 8 und S. 17 f. Vgl. dazu ferner den Artikel „Verteidigungsausschuß entscheidet sich für den deutschen Panzer"; FRANKFURTER ALLGEMEINE ZEITUNG vom 28. Juni 1963, S. 3.

11 Am 5. Juli 1963 unterzeichneten die Bundesrepublik und Frankreich ein Abkommen über die Errichtung des deutsch-französischen Jugendwerks. Für den Wortlaut vgl. BUNDESGESETZBLATT 1963, Teil II, S. 1613–1617
Zur Situation des deutsch-französischen Jugendwerks wurde in der Presse berichtet, daß seit Juli 1963 zwar etwa drei Millionen Jugendliche aus beiden Staaten zusammengeführt worden seien und sich das Jugendwerk dabei „von einem anfänglichen Jugendtourismus immer mehr zu sachbezogenen Treffen" entwickelt habe. Es stehe aber jetzt vor ernsthaften Schwierigkeiten. So stünden nicht nur durch die Abwertungen des Franc und die Aufwertung der D-Mark, sondern auch durch die Kürzung des französischen Beitrags von 25,3 Millionen Franc 1971 auf 23,6 Millionen im Jahr 1972 und voraussichtlich nur noch 21 Millionen im Jahr 1973 weniger Mittel zur Verfügung: „Die Bundesrepublik mußte vertragsgemäß nachziehen. Nach diesen Kürzungen mußten die Programme in Deutschland um etwa 25 Prozent und in Frankreich um 20 Prozent eingeschränkt werden." Vgl. den Artikel „Das Jubiläumstreffen"; FRANKFURTER ALLGEMEINE ZEITUNG vom 22. Januar 1973, S. 4.

12 Die Firma Siemens AG und die Compagnie Internationale pour l'Informatique (CII) schlossen am 28. Januar 1972 eine Vereinbarung über die Zusammenarbeit auf dem Gebiet der Datenverarbeitung. Geplant war die Entwicklung und Koordinierung gemeinsamer Produktlinien sowie die Bildung gemeinsamer Vertriebsorganisationen. Es war vorgesehen, die Zusammenarbeit auch auf

in der man vor einigen Jahren noch eine Auseinanderentwicklung habe befürchten müssen, scheine man sich nun wieder zusammenzufinden, abgesehen von der Frage der Reaktoren.[13] Hinsichtlich künftiger Formen der Uran-Anreicherung bahne sich eine Zusammenarbeit in zwei Gremien an[14], die Zugang zu zwei Techniken[15] eröffne. In der Weltraumpolitik habe sich in Brüssel ein Kompromiß ergeben, dessen Einzelheiten heute und morgen von den Fachministern noch zu erörtern seien.[16]

Fortsetzung Fußnote von Seite 61

andere europäische Unternehmen auszuweiten. Vgl. dazu die Aufzeichnung des Bundesministeriums für Forschung und Technologie vom 27. Dezember 1972; Referat 413, Bd. 105283.

[13] Am 3. Januar 1973 informierte das Bundesministerium für Forschung und Technologie, daß hinsichtlich des Reaktorbaus in Frankreich und der Bundesrepublik zwar eine unterschiedliche Entwicklung zu verzeichnen, ein „gewisser Optimismus" jedoch gerechtfertigt sei. Nachdem Frankreich beim Bau von Leichtwasserreaktoren zunächst die Zusammenarbeit mit den USA gesucht habe, sei durch die Vergabe des Baus eines solchen Kernkraftwerks an die Firma Babcock-Brown Boveri-Reaktorbau GmbH eine Zusammenarbeit mit dem Schwesterunternehmen Babcock-Atlantique in Frankreich möglich geworden. Hinsichtlich der Reaktoren des Typs „Schneller Brüter" seien beim Bau eines französischen Prototyps Firmen aus der Bundesrepublik beteiligt; dementsprechend sei es von Bedeutung, beim geplanten Bau eines solchen Kernkraftwerks in der Bundesrepublik auf die Beteiligung französischer Firmen zu achten. Schließlich kündige sich auch im Bereich der Hochtemperaturreaktoren eine deutsch-französische Zusammenarbeit an, nachdem die französische Seite lange Zeit mit dem amerikanischen Unternehmen „Gulf General Atomic" kooperiert habe. Vgl. Referat 413, Bd. 105283.

[14] Am 28. November 1972 informierten die Bundesrepublik, Großbritannien und die Niederlande in der Sitzung der Gruppe Atomfragen der EG-Kommission über die Gründung einer Studiengesellschaft für das Gasultrazentrifugenverfahren zur Anreicherung von Uran. Sie werde die Aufgabe haben, „die wirtschaftlichen, technischen und organisatorischen Möglichkeiten für die Errichtung von Unternehmen zur Urananreicherung nach dem Zentrifugenverfahren zu untersuchen. [...] Die drei Regierungen haben ferner nachdrücklich darauf hingewirkt, daß die Ergebnisse der Arbeiten der Studiengesellschaft in vollem Umfange der Kommission und jedem Gremium, das im Rahmen der Gemeinschaft gebildet wird, um sich mit Fragen der Urananreicherung zu befassen, zugänglich gemacht werden." Für die Erklärung vgl. Referat 413, Bd. 105300.
Gleichzeitig brachten diese drei Staaten den Entwurf eines Ratsbeschlusses ein, der die Schaffung eines ständigen Koordinationsausschusses für Urananreicherung vorsah. Der Ausschuß sollte u. a. folgende Aufgaben haben: Durchführung von Marktanalysen für angereichertes Uran; Zusammenstellung der wesentlichen Merkmale der verschiedenen Technologien, einvernehmliche Organisierung der Kontrolle ihrer Leistungsmerkmale und zu gegebener Zeit Durchführung wirtschaftlicher Gesamtbeurteilung der Verfahren; Erfassung der in der Gemeinschaft vorgenommenen Initiativen und Investitionen zur Errichtung von Urananreicherungskapazitäten. Für den Entwurf vgl. Referat 413, Bd. 105300.

[15] Hinsichtlich der Möglichkeiten zur Anreicherung von Uran für die Gewinnung von Atomenergie standen sich das Gasultrazentrifugen- und das Gasdiffusionsverfahren gegenüber. Dazu vermerkte Vortragender Legationsrat I. Klasse Randermann am 26. Februar 1973: „Seitdem feststeht, daß die Kapazitäten der USA zur Produktion von angereichertem Uran nur noch für begrenzte Zeit den Weltbedarf decken können und daß in den frühen 80er Jahren neue Anreicherungsanlagen in Betrieb gehen müssen, hat unter den beteiligten Industrienationen ein unterschwelliger, aber deshalb nicht weniger erbitterter Kampf um die künftigen Marktpositionen eingesetzt. Der Entschluß der Bundesrepublik Deutschland, Großbritanniens und der Niederlande (1969), gemeinsam das Gasultrazentrifugenverfahren zu entwickeln, wurde dabei von den USA, aber auch von Frankreich, die beide das Gasdiffusionsverfahren benutzen, als technologische und ökonomische Kampfansage empfunden. Seither ist ein Wettstreit der beiden Technologien im Gange, der wegen der in Rede stehenden Investitionskapitalien und des Marktumfangs, aber auch wegen des Proliferationspotentials von Urananreicherungsanlagen hochpolitische Züge trägt." Vgl. Referat 413, Bd. 105299.

[16] Am 20. Dezember 1972 beschloß die Europäische Weltraumkonferenz (ESC) in Brüssel die Gründung einer Europäischen Weltraumorganisation („European Space Agency") und die möglichst rasche Integration der nationalen Weltraumprogramme. Ferner erteilte die ESC ihre Zustimmung zu einer Beteiligung an der Entwicklung eines Weltraumlabors im Rahmen des amerikanischen Post-Apollo-Programms sowie an der Entwicklung der französischen Trägerrakete L 3 S, die an die Stelle des Projekts der Trägerrakete „Europa III" treten sollte. Vgl. dazu AAPD 1972, III, Dok. 423.
In der Plenarsitzung der deutsch-französischen Konsultationsbesprechungen am 23. Januar 1973

Generell müsse man sich allerdings auch die Frage vorlegen, was man finanziell hier verkrafte und was kurzfristig vernünftig sei. Allerdings habe man auch von deutscher Seite gezeigt, daß man auf eine Selbständigkeit Europas in diesem Bereich hinwirken wolle.

Hinsichtlich der Rüstungsproduktion müsse er auf eine Schwierigkeit hinweisen, die sich aus den gemachten Erfahrungen zwingend ergebe. Deutscherseits müsse man beim Rüstungsexport sehr vorsichtig zu Werke gehen. Nicht nur, weil das Parlament hier dränge, sondern weil es auch seiner Überzeugung entspreche, wolle er darlegen, daß der Export von Rüstungsgütern der Bundesrepublik Nachteile aus kleinen und größeren Konflikten in anderen Ländern beschere. Diese Politik könne natürlich, was den Export anbelangt, eine gemeinsame Produktion beeinflussen.

Das Offset-Problem mit den Amerikanern sei weiterhin gegeben. Es entspreche nicht nur unseren, sondern auch den allgemeinen europäischen Interessen, daß die amerikanische Präsenz in einem Ausmaß erhalten bleibe, das auf andere Eindruck mache. Eine vernünftige Offset-Regelung sei jedoch nicht zu erzielen, wenn man dabei nicht Rüstungsaufträge unterbringe. Er wolle sich aber dafür einsetzen, daß man auch in der bilateralen Rüstungspolitik Fortschritte erziele. Dies werde freilich leichter, wenn man europäische Partner mit heranziehe. Was das Jugendwerk anbelange, wisse der Präsident, daß man sich z.Z. darüber beklage, daß die Mittelzuweisungen zurückgingen. Es entspreche seinem Wunsch, daß man nicht nur die Mittel nicht kürze, sondern diese sogar weiter aufstocke. Seines Erachtens solle man so verfahren, daß man den Termin des 1. Januar 1974 mit dazu benutze, durch die ganze Apparatur des Jugendwerks etwas frischen Wind zu blasen. Solche Organisationen unterlägen häufig Abnutzungserscheinungen. Beabsichtigte personelle Veränderungen sollten mit einer Überprüfung der Effizienz des Jugendwerkes zusammenfallen. Er kenne diese Probleme auch im nationalen Bereich, hier beim Bundesjugendplan.[17] Er müsse offen einräumen, daß es auch so etwas wie eine Jugendbürokratie geben könne. Zu einer Überprüfung dieser ganzen Frage sei er bereit, damit gewisse Fehlentwicklungen sich nicht breitmachen könnten.

Fortsetzung Fußnote von Seite 62

in Paris berichtete der französische Minister für industrielle und wissenschaftliche Entwicklung, Charbonnel, daß Bundesminister Ehmke die Bereitschaft der Bundesregierung zur Beteiligung an der Finanzierung der Trägerrakete L 3 S erklärt habe, „und zwar in einem bestimmten Maß zur Beteiligung Frankreichs an der Finanzierung des Post-Apollo-Programms. Wir haben sehr konkret über die Bedingungen dieser Finanzierung gesprochen. [...] Hinsichtlich Europa II habe ich meinem Kollegen auseinandergesetzt, welche Gründe die französische Regierung hat zu wünschen, daß der nächste Abschuß im Sommer dieses Jahres noch vorgenommen wird. Die deutsche Regierung würde es vorziehen, sogleich das Programm Europa II einzustellen, würde sich aber im Sinne einer gegenseitigen Einigung bereit finden, die Entscheidung um zwei Monate hinauszuschieben." Vgl. die Gesprächsaufzeichnung; Ministerbüro, Bd. 178576.

17 Das Bundesministerium für Jugend, Familie und Gesundheit förderte im Rahmen des Bundesjugendplans die nationale Jugendarbeit. Die Bundesregierung stellte hierfür im Haushalt 1973 einen Betrag von 100,5 Mio. DM zur Verfügung. In der Folge der von Bundeskanzler Brandt in der Regierungserklärung vom 18. Januar 1973 angekündigten Reform des Jugendhilferechts sollte auch der Bundesjugendplan einer Neuordnung unterzogen werden. Dazu war die Erarbeitung eines Perspektivplans vorgesehen, der die langfristige Entwicklung der Bundesförderung aufzeichnen und insbesondere die inhaltliche, methodische und finanzielle Weiterentwicklung des Bundesjugendplans berücksichtigen sollte. Vgl. dazu JAHRESBERICHT 1973, S. 372 f.

Das Problem des Absatzes des Airbus habe man auch deutscherseits erkannt. Man sei bereit, einen Beitrag zu seiner Lösung zu leisten.[18]

Präsident *Pompidou* erklärte, in der Frage der Raumfahrtpolitik seien die finanziellen Fragen gewiß schwierig und bedeutsam. Seines Erachtens sei es allerdings wichtig, daß wir die Raumfahrt nicht den USA und der Sowjetunion alleine überließen. Europa müsse über eigene Möglichkeiten verfügen. Dieser Aussage komme nicht etwa nur symbolische, sondern wesentliche Bedeutung zu. Die Bedenken des Bundeskanzlers hinsichtlich des Exports von Rüstungsgütern wisse er zu würdigen. Rüstungsexport sei für Frankreich jedoch mehr als eine Notwendigkeit. Könne man nicht exportieren, werde die Produktion ruinös. Wolle man gemeinsam Rüstungsgüter erzeugen, könne man diese natürlich nicht nur auf dem deutsch-französischen Markt unterbringen. Lösungen für den Export werde man sicherlich finden können. Französischerseits sei man hier immer sehr vorsichtig vorgegangen. Bisher habe man keinen Finger in Konflikte anderer Länder dabei gesteckt.

Beim Projekt Alpha Jet sehe er keine Schwierigkeiten mehr. Was die Milan-Frage angehe, müsse man sich vor Augen halten, daß es entweder hier zu einer deutsch-französischen oder aber zu einer amerikanischen Rakete komme, die dann von der Bundeswehr übernommen werde.

Er gehe mit dem Bundeskanzler darin einig, daß bestimmte Fortschritte erzielt worden seien. Desweiteren liefen z. Z. noch vertraulich zu erörternde Projekte der Zusammenarbeit zwischen Firmen, Banken und Industriellen der beiden Länder. Insgesamt könne man sagen, daß das Eis gebrochen sei. Von seiner Seite her gebe er jeden notwendigen Anstoß.

Der Herr *Bundeskanzler* erwiderte, er sehe hier noch ein weiteres Problem, das von den beiderseitigen Mitarbeitern schon erörtert worden sei. Es gehe dabei um das gemeinsame Wirken auf Drittmärkten, hier teils bezogen auf die Entwicklungsländer. Allerdings spreche er auch von den osteuropäischen Ländern. Deutscherseits sei hier die Bereitschaft und das Interesse unverändert, die Firmen zu ermuntern, Firmen des anderen Landes an bestimmten Projekten

---

[18] Am 24. Januar 1973 vermerkte Vortragender Legationsrat I. Klasse Hansen zu den Gesprächen der Bundesminister Friderichs und Schmidt mit dem französischen Wirtschafts- und Finanzminister Giscard d'Estaing im Rahmen der deutsch-französischen Konsultationsbesprechungen am 22./23. Januar 1973 in Paris über die Absatzschwierigkeiten des „Airbus A-300 B": „Französische Seite hielt staatliche Garantie für Kostensteigerung infolge von Preiserhöhung durch Subvention sowie Verbilligung der Kreditfinanzierung für notwendig, um Verkauf ab 1974 zu sichern. Zuschuß für beide Zwecke wurde auf 5 bis 10 % des heute geltenden Preises beziffert. Bundesminister Friderichs erklärte, daß wir die Probleme, die sich beim Absatz vor allem wegen der amerikanischen Konkurrenz ergeben, sehen und daß wir prüfen, welche Möglichkeiten bestehen. Das Kabinett soll sich im Frühjahr mit der Frage befassen. Es wird vor allem darum gehen, ob hier auf Haushaltsmittel zurückgegriffen werden muß. [...] Bundesminister Schmidt sah kaum eine Chance für einen solchen Kosten- und Zinszuschuß. Zu prüfen sei, ob eventuell durch Streckung der Kreditlaufzeiten geholfen werden könne. Es bestand Einigkeit, daß möglichst bald ein Beamtenausschuß auf hoher Ebene die Probleme prüfen soll." Vgl. Referat 202, Bd. 111194.
Am 31. Januar 1973 wurde die Gründung eines Bankenkonsortiums mit dem Ziel der Bereitstellung eines Kredits in Höhe von 1 Mrd. DM zur Finanzierung des Anteils der Bundesrepublik an der Serienfertigung des „Airbus" bekannt. Der Kredit war durch eine Bundesbürgschaft abgesichert. Dazu wurde in der Presse berichtet, daß es sich bei dem Konsortium unter Führung der Dresdner Bank um eine der größten Bankengemeinschaften der Bundesrepublik handele. Vgl. dazu den Artikel „Airbus-Konsortium aus 56 Banken"; FRANKFURTER ALLGEMEINE ZEITUNG vom 31. Januar 1973, S. 19.

zu beteiligen. Dies werde noch leichter gehen, wenn man die Formen der Aushandlung von Zahlungsbedingungen einander annähere. Deutscherseits suche man nach solchen Formen. Bisher habe man einen fast dogmatischen Standpunkt dabei eingenommen: Man habe dargelegt, daß Zinsverbilligungen unserer Wirtschaftsphilosophie entgegenstünden.[19] Dann habe man ein paar Ausnahmen von dieser Regel gemacht, die auf um so größere Aufmerksamkeit gestoßen seien. Er halte es für gut, wenn man in dieser Frage in Kontakt bleibe, weil die Annäherung von Formen der Zinsverbilligung es möglich mache, zu einer in hohem Maße wünschenswerten Verzahnung von Aufträgen zu gelangen.

Präsident *Pompidou* erklärte, er sei mit dem Gesagten völlig einverstanden. Damit sei man bereits beim Thema Außenbeziehungen angelangt. Er halte es für absurd, daß durch fehlende Information und mangelnde Koordination eine künstliche Konkurrenz zwischen Deutschland und Frankreich geschaffen werde. Die zuständigen Leute müßten sich treffen und die Dinge offen auf den Tisch legen. Bei französischen Geschäftsverhandlungen mit den Russen und Rumänen brächten diese oft den Einwand, die Franzosen seien viel zu teuer in ihren Konditionen. Von seiten Großbritanniens und Deutschlands würden bessere Bedingungen angeboten. Als Beispiel wolle er auch den Bau eines Lastkraftwagenwerks in der Sowjetunion anführen.[20] Gewiß seien dabei erhebliche

---

[19] Zur Frage einer deutsch-französischen wirtschaftlichen Zusammenarbeit in osteuropäischen Staaten stellte Referat 421 am 8. Januar 1973 fest: „Die französische Wirtschaft betrachtet mit Besorgnis die Intensivierung der Wirtschaftskontakte der deutschen Industrie mit osteuropäischen Staaten, insbesondere die deutsch-sowjetischen Wirtschaftsbeziehungen nach dem Abschluß der Ostverträge. Sie befürchtet, daß die Stellung Frankreichs durch das zunehmende deutsche, aber auch japanische und amerikanische SU-Engagement von Ostgeschäften beeinträchtigt wird." Bei Gesprächen zwischen dem Bundesverband der Deutschen Industrie und dem französischen Industrieverband CNPF Mitte Dezember 1972 in Paris sei eine grundsätzliche Bereitschaft zur Kooperation bei Großprojekten festgestellt worden. Gegenüber der Botschaft in Paris sei ferner die französische Bereitschaft erklärt worden, „über eine Harmonisierung der Kredit- und Zinspolitik gegenüber den sozialistischen Ländern zu sprechen. Der Zins für langfristige Exportkredite beträgt in Frankreich gegenwärtig 6,5 %; dieser Satz gilt für alle Bestimmungsländer einschließlich der sozialistischen Staaten. Lediglich mit der SU und Polen hat Frankreich Sondervereinbarungen getroffen, die einen Zinssatz von 6,25 % vorsehen. Darüber hinaus hat Frankreich der SU bei einigen wenigen Großprojekten einen Zinssatz von rd. 6 % zugestanden. Auf deutscher Seite werden keine staatlichen Zinssubventionen für Exportkredite an westliche Industriestaaten oder an Oststaaten gewährt." Vgl. Referat 420, Bd. 106423.

[20] Im September 1969 begannen Gespräche zwischen sowjetischen Stellen und der Daimler-Benz AG über die Beteiligung am Bau einer LKW-Fabrik in der UdSSR (Kama-Projekt), die jedoch wegen Differenzen hinsichtlich der Lizenzgebühren zu keinem Abschluß führten. Vgl. dazu die Aufzeichnung des Referats III A 6 vom 27. Mai 1971; Referat III A 6, Bd. 502.
Botschafter Ruete, Paris, berichtete am 8. Juni 1971, anläßlich eines Besuchs des sowjetischen Außenhandelsministers Patolitschew in Frankreich sei die Firma Renault mit der Gesamtkonzeption für die Durchführung des geplanten LKW-Werks an der Kama beauftragt worden. Vgl. dazu den Drahtbericht Nr. 1671; Referat III A 6, Bd. 502.
Am 11. Januar 1973 wurde in der Presse berichtet, daß ein Konsortium, dem 43 Firmen aus der Bundesrepublik sowie vier ausländische Hersteller angehörten, unter der Generalunternehmerschaft der Liebherr Verzahntechnik GmbH, Kempten, „von sowjetischen Stellen gegen amerikanische Konkurrenz den Auftrag erhalten, das Kamagetriebewerk in allen Einzelheiten zu projektieren und einen großen Teil der dort benötigten Maschinen, Automations- und Verkettungsanlagen zu liefern und zu montieren. Das Gesamtvolumen des Auftrags übersteigt nach dieser Information 400 Millionen DM." Das Unternehmen Liebherr Verzahntechnik habe damit die gleiche Stellung „wie die Régie Renault, die für die im selben Werk befindliche Motorenfertigung verantwortlich ist. Beide müssen sich in der Gesamtplanung noch aufeinander abstimmen." Vgl. den Artikel

Aufträge sowohl an die Bundesrepublik als auch an Frankreich gefallen. Mangels guten Kontakts zwischen den beteiligten Stellen habe die Sowjetunion dabei jedoch Spielraum genug gehabt, um Druck auf beide Seiten ausüben zu können. Er sei davon überzeugt, daß man bei besseren Kontakten untereinander das Geschäft zu besseren Bedingungen habe machen können. Allerdings handele es sich dabei um eine insgesamt heikle Frage. Sollte die Sowjetunion bei solchen Verhandlungen nämlich den Eindruck gewinnen, sie habe es auf der anderen Seite mit einem Block zu tun, werde auch sie sofort die Block-Karte spielen. Es liege freilich nicht im Interesse des Westens, alle Ostländer gleichartig zu behandeln. Er sei von sich aus bereit, Weisungen zur Verbesserung der Kontakte und der gegenseitigen Information zu erteilen.

Er wolle sich nunmehr den europäischen Fragen zuwenden. Dabei gebe es einen doppelten Aspekt: Unser Europa der Neun sowie die Frage der Beziehungen zu Osteuropa. Zu letzterem Aspekt wolle er gern einiges über seine Begegnung mit Breschnew[21] vortragen. Wie bereits dargelegt worden sei, sei die Initiative zu dieser Begegnung von sowjetischer Seite ausgegangen.[22] Man habe ziemlich über alles bei dieser Begegnung gesprochen. Die Hauptsorgen der Sowjetunion beträfen z. Z. die multilaterale Vorbereitung der KSZE in Helsinki, worüber man etwa die Hälfte der gesamten Zeit gesprochen habe, sodann die Frage, wie man Frankreich am 31. Januar nach Wien zur geplanten Vorbereitung der MBFR bringen könne. Diese Frage sei von russischer Seite mit erheblichem Nachdruck erörtert worden. Des weiteren habe man über die Lage Mitteleuropas gesprochen. Einiges sei auch angeklungen über das Thema SALT und die Frage der amerikanisch-sowjetischen Beziehungen.

Bemerkenswert sei auch, daß Breschnew zum ersten Mal bei solchen Begegnungen von sich aus und ganz spontan das Thema China angesprochen habe. In der Frage der KSZE habe er den Eindruck gewonnen, daß man russischerseits jetzt offener und flexibler sich verhalte als vorher. Die Russen hätten akzeptiert, daß man als Punkte auf die Tagesordnung der KSZE auch kulturelle, intellektuelle und menschliche Beziehungen setze.[23] In der Frage der Mandate

---

Fortsetzung Fußnote von Seite 65

    „Liebherr-Konsortium errichtet Kama-Getriebewerk"; FRANKFURTER ALLGEMEINE ZEITUNG vom 11. Januar 1973, S. 12.

[21] Staatspräsident Pompidou führte am 11./12. Januar 1973 in Saslawl bei Minsk Gespräche mit dem Generalsekretär des ZK der KPdSU, Breschnew.

[22] Zur sowjetischen Initiative für einen Besuch des Staatspräsidenten Pompidou in der UdSSR vgl. Dok. 1, Anm. 2.

[23] Die sowjetische Delegation bei den multilateralen Vorgesprächen für die KSZE in Helsinki brachte am 22. Januar 1973 folgenden Vorschlag für eine Tagesordnung ein: „1) Ensuring European security and principles governing relations among states in Europe, including certain measures for strengthening stability and confidence. 2) Expansion of trade, economic, scientific and technological ties on a basis of equality, including co-operation in the protection of the environment. 3) Expansion of cultural co-operation, of contacts among organizations and people and of dissemination of information. 4) Establishment of a consultative committee to deal with questions of security and co-operation in Europe". Für das Dokument CESC/HC/11/Corr.1/Rev.1 vgl. Referat 212, Bd. 100016. Am 24. Januar 1973 übergab der sowjetische Botschafter Falin Bundesminister Bahr ein Papier, in dem zu diesen vier Tagesordnungspunkten „Auftragsentwürfe für Kommissionen der Gesamteuropäischen Konferenz" formuliert wurden. Dazu führte er aus, „daß dieses Papier auch Präsident Pompidou und Präsident Nixon übermittelt worden sei". Die sowjetische Regierung hoffe, „daß der Herr Bundeskanzler dieses Papier prüfen und im Prinzip unterstützen werde". Vgl. das Schreiben des Ministerialdirektors Sanne, Bundeskanzleramt, vom 25. Januar 1973 an Staatsse-

legten sie weiterhin eine zögernde Haltung an den Tag, wollten aber die Sache wohl nicht in toto ablehnen. Es sei allerdings sein Eindruck, daß man sowjetischerseits keine zu präzisen Mandate haben wolle. Er selbst habe so getan, als ob er den Text der vom Westen vorgelegten Mandate[24] gar nicht kenne. Dazu müsse er freilich auch sagen, obwohl der französische Missionschef in Helsinki[25] diese akzeptiert habe, seien sie doch etwas weitschweifig gefaßt. Er habe den Eindruck, daß man mit dieser präzisen Abfassung des Textes die Russen etwas habe pikieren wollen[26]. Aber schließlich sei es erforderlich gewesen, einen solchen Text vorzulegen. Die Sowjets hätten auch von der Frage des Organs als vierten Punkt der Tagesordnung gesprochen.[27] Dabei seien sie ziemlich vage geblieben und hätten keine präzisen Vorstellungen entwickelt. Für ihn sei es von Interesse zu erfahren, was der Bundeskanzler von dieser Frage halte. Französischerseits gebe es ziemlich viele Gegner eines solchen Organs. Er selbst frage sich allerdings, ob die ganze Sache in sich so schlecht sei. Sollte ein solches Organ sich etwa zu einer Kontrollinstanz über das Europa der Neun oder etwas Ähnlichem entwickeln, halte auch er die Sache für schädlich. Andererseits frage er sich, ob ein solches Organ nicht geeignet wäre, Gewaltakte schwieriger zu gestalten? Da man von westlicher Seite keinerlei Gewaltakte beabsichtige, könne man in diesem Aspekt nur Nützliches erblicken. Allerdings sei er auch noch in der Prüfung dieser Frage. Breschnew habe von sich aus auch gesagt, die Sowjets seien bereit, vertrauensbildende Maßnahmen, wie etwa die Entsendung von Manöverbeobachtern, zu akzeptieren.

In der Frage der MBFR habe sich die russische Auffassung in Richtung der jugoslawischen These weiterentwickelt. Dies bedeute, daß man die Vorbereitung mit 32 Staaten in Wien betreiben wolle. Käme es dabei zu Fortschritten, wolle man den Teilnehmerkreis auf die von einer Reduzierung direkt betroffenen Länder einengen, wobei andere Staaten als Beobachter zugelassen wären. Seine eigenen Darlegungen zu diesem Thema gegenüber Breschnew habe die Presse zu weit gefaßt. Z. Z. sei es so, daß Frankreich am 31.1. weder nach Wien noch an einen anderen Ort gehen werde. Allerdings zeige Frankreich sich an

---

Fortsetzung Fußnote von Seite 66

 kretär Frank; VS-Bd. 9068 (212); B 150, Aktenkopien 1973. Vgl. dazu auch Dok. 20, Anm. 19, und Dok. 45, besonders Anm. 2.

24 Am 11. Januar 1973 billigte der Ständige NATO-Rat u. a. den Text der zuvor im Rahmen der Europäischen Politischen Zusammenarbeit ausgearbeiteten Mandate für die Kommissionen und Unterkommissionen der KSZE. Dazu informierte Gesandter Boss, Brüssel (NATO), daß zu Beginn der zweiten Runde der multilateralen Vorgespräche für die KSZE in Helsinki die belgische Delegation die Mandate der Kommissionen zu Tagesordnungspunkt 2 (Zusammenarbeit auf dem Gebiet der Wirtschaft und des Umweltschutzes) einbringen werde. Im unmittelbaren Anschluß daran solle die italienische Delegation die Mandate der Kommissionen zu Tagesordnungspunkt 1 (Sicherheit einschließlich der Grundsätze zwischenstaatlicher Beziehungen und vertrauensbildender Maßnahmen auf militärischem Gebiet) und die dänische Delegation die Mandate der Kommissionen zu Tagesordnungspunkt 3 (Entwicklung von Kontakten zwischen den Menschen, Kulturaustausch sowie Informationsfluß) einbringen. Vgl. dazu den Drahtbericht Nr. 45; VS-Bd. 9076 (212); B 150, Aktenkopien 1973.

 Die Entwürfe der Mandate wurden von Belgien, Italien und Dänemark am 15. Januar 1973 in Helsinki eingebracht. Für die Dokumente CESC/HC/17, CESC/HC/18 und CESC/HC/19 vgl. Referat 212, Bd. 100016.

25 Gérard André.

26 Korrigiert aus: „pikieren haben wolle".

27 Zum sowjetischen Vorschlag vom 22. Januar 1973, in die Tagesordnung der KSZE einen Punkt über die Errichtung eines „Ständigen Organs" einzufügen, vgl. Dok. 1, Anm. 9.

dieser Frage interessiert, und es möchte sein, daß er in einem bestimmten Stadium es für zweckmäßig erachten könnte, sich an den Erörterungen zu beteiligen. Breschnew habe dazu auch gesagt, die Reduzierung könne ohnehin zunächst nur symbolischen Wert haben. Selbst um zu diesem bescheidenen Ziel zu gelangen, werde man wohl mindestens 100 Sitzungen anberaumen müssen. Es sei auch falsch, von dem Gedanken auszugehen, die Sowjetunion beabsichtige eine Neutralisierung Mitteleuropas, insbesondere Deutschlands. Dies entspreche nicht den sowjetischen Vorstellungen. Er wolle jedoch den Völkern eine Friedenshoffnung eröffnen. Bei diesen Darlegungen habe Breschnew lautstark ausgerufen, an welchen Gott man sich denn wenden müsse, um glaubhaft zu machen, daß die Sowjetunion den Frieden wolle, wolle, wolle.

Hinsichtlich des vorgeschlagenen Datums des 31. Januar habe man, wie bereits bekannt, französischerseits negativ reagiert. In der ganzen MBFR-Frage habe man das instinktive Gefühl, möglicherweise in ein gefährliches Räderwerk geraten zu können.

Zum Thema SALT habe er Breschnew gegenüber dargelegt, daß man dieses Abkommen[28] begrüße, was seine Auswirkungen auf die Entspannung anbelange. Keineswegs einverstanden sei man jedoch damit, daß dieses Abkommen ggf. zu einem russisch-amerikanischen Kondominium über Europa ausgebaut werde. Breschnew habe dagegen protestiert. Dies sei gewiß nicht Zweck des SALT-Abkommens. Im übrigen käme man in den sowjetisch-amerikanischen Beziehungen nur langsam voran. Es gebe dabei nur Teilfortschritte, die auch nicht so geartet seien, wie sich die Sowjetunion dies insbesondere im wirtschaftlichen Bereich erhofft habe. Die derzeitigen SALT-Verhandlungen[29] dienten dem Zweck, das geschaffene Provisorium in etwas Dauerhaftes zu überführen. Im übrigen sei man sowjetischerseits für eine generelle nukleare Abrüstung, was im Augenblick jedoch besonders wegen China noch nicht möglich sei. In einigen Jahren werde sich das Problem des chinesischen Atompotentials ganz offen stellen.

Wie bereits gesagt, habe Breschnew diesmal zum ersten Mal von sich aus das Thema China überhaupt angesprochen. Er habe dabei auch auf seine Rede vom 21. Dezember 1972 hingewiesen. Darin habe er auf chinesische Anwürfe reagieren müssen.[30] In China gebe es ein beträchtliches Malaise zwischen Par-

---

[28] Am 26. Mai 1972 unterzeichneten der Generalsekretär des ZK der KPdSU, Breschnew, und Präsident Nixon in Moskau einen Vertrag über die Begrenzung der Raketenabwehrsysteme (ABM-Vertrag) und ein Interimsabkommen über Maßnahmen hinsichtlich der Begrenzung strategischer Waffen (SALT I) mit Protokoll. Für den Wortlaut vgl. UNTS, Bd. 944, S. 4–26. Für den deutschen Wortlaut vgl. EUROPA-ARCHIV 1972, D 392–398.
Vgl. auch die vereinbarten und einseitigen Interpretationen zu den Verträgen; DEPARTMENT OF STATE BULLETIN, Bd. 67 (1972), S. 11–14. Für den deutschen Wortlaut vgl. EUROPA-ARCHIV 1972, D 398–404.

[29] Die erste Runde der zweiten Phase der Gespräche zwischen den USA und der UdSSR über eine Begrenzung der strategischen Waffen (SALT II) fand vom 21. November bis 21. Dezember 1972 in Genf statt. Die Gespräche wurden am 12. März 1973 wiederaufgenommen.

[30] In einer Rede anläßlich des 50. Jahrestags der Gründung der UdSSR führte der Generalsekretär des ZK der KPdSU in Moskau zu den sowjetisch-chinesischen Beziehungen u. a. aus: „Im Grunde genommen ist das einzige Kriterium, das gegenwärtig die Haltung der chinesischen Führer zu jedem großen internationalen Problem bestimmt, das Streben, der UdSSR möglichst größten Schaden zuzufügen, die Interessen der sozialistischen Gemeinschaft zu verletzen. [...] Die chinesischen Führer erklären, daß sie angeblich irgendeine Bedrohung seitens der UdSSR befürchten. Wenn

tei und Armee. Er (Breschnew) hoffe, daß Mao Tse-tung bald zu seinen Vätern gerufen werde und daß dann eine Evolution der chinesischen Politik einsetze.

Präsident Pompidou habe Breschnew mitgeteilt, daß er beabsichtige, im Herbst nach China zu reisen. Die Reise werde demnächst offiziell angekündigt werden.[31] Breschnew habe dazu gesagt, es wäre nett, wenn Präsident Pompidou dann den Sowjets mitteilen könnte, was die Chinesen über die Sowjetunion dächten. Breschnew sei hinsichtlich Chinas sehr besorgt und hege die Hoffnung, daß die chinesische Politik sich nach dem Tod Maos ändern werde.

Bei allen behandelten Themen bei dieser Begegnung sei immer auch die Frage Mitteleuropa, also auch die Frage Deutschland angeklungen. Mehrfach habe Breschnew dabei betont, welch großes Vertrauen er in den Bundeskanzler setze. Mehrfach habe er auch betont, daß er sich mit Frankreich, mit Präsident Nixon und mit dem Bundeskanzler über alles verständigen wolle. Mit äußerstem Mißtrauen habe er sich gegenüber Großbritannien geäußert. Man könne sich fragen, warum dem wohl so sei. Von Zeit zu Zeit habe Breschnew in einem Satz auch immer wieder seine Angst vor einer möglichen Rückkehr der deutschen Revanchisten an die Macht geäußert. Breschnew habe dabei wohl an Franz Josef Strauß gedacht. Für Präsident Pompidou sei es ein leichtes gewesen klarzumachen, daß z.Z. diese Gefahr wohl beseitigt sei. Er bitte, diese Äußerungen für vertraulich zu erachten.

Der Herr *Bundeskanzler* erwiderte, was Helsinki anbelange, halte er die russischen Hinweise auf die Tagesordnung für ganz ermutigend. Sicher werde es noch Schwierigkeiten geben, insgesamt aber seien die Dinge in Bewegung geraten. Auch deutscherseits würde man nicht von vornherein sagen, daß es kein Konsultativorgan im Anschluß an die KSZE geben könne. Bedenken habe man jedoch gegen einen schwerfälligen Apparat. Fasse man ein solches Organ als Kontaktstelle auf, sei die Sache gar nicht so schlecht. Dabei müsse man jedoch auch bedenken, daß andere Organismen gewisse Arbeiten leisten könnten. Habe man sich französischerseits bereits Gedanken über die dritte Phase der Konferenz gemacht? Nach den russischen Vorstellungen sollten in dieser Phase die Staats- und Regierungschefs zusammenkommen. Wann könne diese Phase nach französischem Dafürhalten beginnen? Habe man in Frankreich

---

Fortsetzung Fußnote von Seite 68

diese Erklärungen nicht doppelzüngig wären, dann wäre es unmöglich zu verstehen, warum denn China in diesem Falle den von uns seit 1969 mehrmals unterbreiteten Vorschlag unbeantwortet ließ, klare, feste und beständige Verpflichtungen zu übernehmen, die den Überfall des einen Landes auf das andere ausschließen? Wenn man sich in Peking tatsächlich Sorgen um die Sicherheit Chinas macht, warum hat sich dann die Führung der VR China nicht einverstanden erklärt, einen speziellen Vertrag über die Nichtanwendung von Gewalt abzuschließen, dessen Entwurf der chinesischen Seite am 15. Januar 1971 überreicht worden war? [...] Wir wollen China als blühende sozialistische Macht sehen, gemeinsam mit ihm für Frieden und gegen Imperialismus kämpfen. Aber wann dies geschieht – das hängt von China selbst ab. Und natürlich wird uns nichts veranlassen, von unserer prinzipiellen marxistisch-leninistischen Linie, von der konsequenten Verteidigung der staatlichen Interessen des Sowjetvolkes und der Unantastbarkeit des Territoriums der UdSSR, von dem entschlossenen Kampf gegen die Spaltertätigkeit der Führung der VR China in der sozialistischen Welt und in der Befreiungsbewegung abzugehen." Vgl. Breschnew, Wege, S. 78 f.

31 Am 31. Januar 1973 gab das französische Präsidialamt bekannt, daß Staatspräsident Pompidou auf Einladung des Vorsitzenden der Volksrepublik China, Tung Pi-wu, und von Ministerpräsident Chou En-lai in die Volksrepublik China reisen werde. Vgl. dazu die Meldung „Pompidou nach China"; Die Welt vom 1. Februar 1973, S. 1.
Pompidou hielt sich vom 11. bis 17. September 1973 in der Volksrepublik China auf.

schon Vorstellungen über den Abhaltungsort der dritten Konferenzphase entwickelt?

Präsident *Pompidou* erwiderte, auch Breschnew habe hinsichtlich des Organs von seinem sehr leicht gearteten Organismus gesprochen. In der Datenfrage habe man sich französischerseits nicht festgelegt, schon weil man nicht den Eindruck erwecken wollte, als wolle man zwischen den USA und der Sowjetunion verabredeten Daten zustimmen. Im übrigen glaube man, daß die geplante Konferenz viel länger dauern werde, als man gemeiniglich annehme. Nach den amerikanisch-sowjetischen Vorstellungen solle wohl so verfahren werden, daß man in Helsinki alles vorbereite, die Konferenz dann möglichst schnell ablaufen solle und bereits im Herbst man mit der dritten Phase beginnen könne. Frankreich sei der Auffassung, daß es viel längerer Zeit bedürfe, wenn man etwas Seriöses erreichen wolle. Was das Niveau der dritten Phase anbelange, habe man sich französischerseits rezeptiv verhalten. Für die dritte Phase denke Breschnew natürlich an die Ebene der Staats- und Regierungschefs. Breschnew wolle natürlich selbst zu dieser Konferenzphase reisen. Auch was den Ort der Abhaltung dieser Phase anbelange, habe man französischerseits noch keine feste Meinung. Man wolle dazu auch noch keine Gedanken lancieren, weil man sonst Reaktionen anderer Länder provoziere. Im übrigen sei die Zusammenkunft von 34 Staats- oder Regierungschefs schon eine recht schwierige Sache.

Der Herr *Bundeskanzler* schnitt die Frage an, ob Präsident Pompidou den Eindruck gewonnen habe, daß Breschnew im Herbst nach den Vereinigten Staaten reisen wolle, um dort vor der UNO eine Rede zu halten.

Präsident *Pompidou* entgegnete, Breschnew habe von einer Reise vor Beginn des Sommers gesprochen. Die UNO habe er dabei nicht erwähnt. Er habe allerdings dargelegt, daß die „Umstände" (Vietnam) eine Reise nach den Vereinigten Staaten für ihn z. Z. schwierig machten. Andererseits müsse man mit dem Abschluß eines Vietnam-Abkommens bald rechnen.[32]

Der Herr *Bundeskanzler* bemerkte dazu, Breschnew habe wohl die Absicht gehabt, was zumindest einem Eindruck auf der deutschen Seite entspreche, im Frühjahr in der Bundesrepublik einen Gegenbesuch abzustatten.[33] Es sei interessant, daß Breschnew nach den Darlegungen des Präsidenten auch eine Reise in die USA noch vor Beginn des Sommers plane.[34]

Präsident *Pompidou* erwiderte, Breschnew habe von einem geplanten Deutschlandbesuch nicht gesprochen.

Der Herr *Bundeskanzler* ging sodann auf das Thema MBFR ein. Hinsichtlich Wiens stehe man mit anderen Regierungen in Kontakt. Unsere Neigung ginge dahin, Wien nur dann für vernünftig zu halten, wenn der Teilnehmerkreis

---

[32] Zu dem am 23. Januar 1973 bekanntgegebenen und am 27. Januar 1973 unterzeichneten Abkommen über die Beendigung des Kriegs und die Wiederherstellung des Friedens in Vietnam vgl. Dok. 21, besonders Anm. 2.

[33] Der Generalsekretär des ZK der KPdSU, Breschnew, besuchte die Bundesrepublik vom 18. bis 22. Mai 1973. Vgl. dazu Dok. 145–152.

[34] Der Generalsekretär des ZK der KPdSU, Breschnew, hielt sich vom 18. bis 26. Juni 1973 in den USA auf.

nicht ausgeweitet werde. Sollte der Teilnehmerkreis ausgeweitet werden, werfe dies auch die Frage des Datums auf.

Was SALT anbelange, seien sich die deutschen und französischen Experten ziemlich nahe in der Beurteilung dieser Verhandlungen.[35] Man müsse abwarten, wie die zweite Phase verlaufe.

Die deutsche Politik nähere sich dem Ende der bilateralen Phase der Ostpolitik. Es komme nunmehr zur multilateralen Phase. Die einzige noch offene bilaterale Frage sei die einer Regelung der Beziehungen zur Tschechoslowakei.[36] Er hoffe, daß man diese Regelung bald finden könne, ganz sicher sei er sich darin jedoch nicht. Sei diese Regelung einmal gefunden, würden die multilateralen Elemente in der Politik die bilateralen bei weitem überwiegen.

Präsident *Pompidou* schnitt die Frage an, ob man in der MBFR-Thematik die Meinung in der Bundesrepublik insoweit geändert habe, als man bereit sei, eine Reduzierung nicht nur der Stationierungsstreitkräfte, sondern auch der nationalen Streitkräfte zu akzeptieren?[37]

Der Herr *Bundeskanzler* erwiderte, man werde an die ganze Sache sehr vorsichtig herangehen. Aus psychologischen Gründen – wobei auch andere, z.B. wirtschaftliche Gründe mitspielten – könnte man jedoch nicht prinzipiell von unserer Seite sagen, daß man im Laufe eines Prozesses nicht auch bereit sei, Änderungen in bezug auf die eigenen Streitkräfte zu akzeptieren. Man müsse dies aber äußerst vorsichtig angehen und dabei nicht in Konflikt mit anderen Gedanken geraten. Das deutsche Hauptinteresse an der MBFR sei darin zu erblicken, daß man dabei einen Einfluß auf die Hauptumstände der amerikanischen Präsenz erlangen könne. Weitergehende Initiativen schließe man nicht aus, peile sie aber von unserer Seite nicht an, zumindest nicht kurzfristig.

---

[35] Am 19. Januar 1973 legte die deutsch-französische Studiengruppe ihren vierten Zwischenbericht für die Konsultationsbesprechungen am 22./23. Januar 1973 in Paris vor. Zum Thema SALT wurde ausgeführt: „A) Der Vertrag über die Systeme zur Abwehr ballistischer Flugkörper (ABM) ist positiv zu beurteilen, soweit er einen Rüstungswettlauf von besonders destabilisierenden Auswirkungen beendet. Die Festsetzung einer hinreichend niedrigen Höchstgrenze für diese Waffensysteme läßt den Abschreckungswert der britischen und französischen Nuklearstreitkräfte unberührt. B) Von dem Einfrieren der offensiven Waffensysteme geht de facto eine Stabilisierungswirkung aus, insofern beide Seiten eine gesicherte Zweitschlagskapazität besitzen; diese Maßnahme unterbricht im übrigen die Entwicklung gewisser die Allianz bedrohender sowjetischer Waffensysteme. C) Hinsichtlich der Glaubwürdigkeit der amerikanischen Abschreckung vor einem Angriff auf Westeuropa nach Abschluß der SALT-Abkommen herrscht ein gewisser Unterschied in der Beurteilung zwischen der deutschen und der französischen Delegation. Die deutsche Delegation schätzt diese Glaubwürdigkeit als unvermindert ein. Die französische Delegation ist andererseits der Auffassung, daß die SALT-Abkommen zur gegenseitigen ‚Sanktionierung' des Staatsgebiets der UdSSR und der Vereinigten Staaten führen, so daß die Glaubwürdigkeit der amerikanischen Abschreckung geschwächt wurde. [...] D) Die legitimen Bemühungen der SALT-Partner, einen Mißbrauch der Abkommen zu verhindern – vor allem die Einfügung einer Klausel über die ‚Nichtweitergabe' –, sind mit einem Risiko für die Länder des Bündnisses verbunden. Obwohl es sich hierbei zur Zeit in erster Linie um ein theoretisches Problem handelt (das Weitergabeverbot bezieht sich nur auf Bestandteile von ABM-Systemen), wird doch während der künftigen Verhandlungsphasen Wachsamkeit hinsichtlich dieses Punktes angezeigt sein." Vgl. VS-Bd. 8107 (201); B 150, Aktenkopien 1973.

[36] Die Bundesrepublik und die ČSSR führten seit dem 31. März 1971 Gespräche über eine Verbesserung des bilateralen Verhältnisses. Die fünfte Gesprächsrunde fand am 29./30. Juni 1972 in Prag statt. Vgl. dazu AAPD 1972, II, Dok. 192.
Die Gespräche wurden am 12./13. April 1973 wiederaufgenommen. Vgl. dazu Dok. 105.

[37] Zur Frage der Einbeziehung einheimischer Streitkräfte in MBFR vgl. Dok. 10.

Präsident *Pompidou* kam noch einmal auf seine Unterredung mit Breschnew zurück. Breschnew habe dargelegt, daß man sowjetischerseits den Gemeinsamen Markt für eine Realität halte. Allerdings sei die sowjetische Position nach Auffassung Präsident Pompidous zu diesem Thema nicht frei von Widersprüchen und auch ziemlich obskur. Breschnew habe beispielsweise gesagt, die Sowjetunion werde doch nicht nach Brüssel gehen, um mit den Franzosen ein Abkommen auszuhandeln; dies wäre doch lächerlich. Andererseits habe Breschnew dargelegt, daß man EWG und RGW an einen Diskussionstisch bekommen müsse. Sehr klar seien diese Darlegungen nicht gewesen. Einerseits sei Breschnew verärgert darüber, daß Westeuropa sich wirtschaftlich immer stärker zusammenschließe und diesen Zusammenschluß auch in anderen Bereichen fördern wolle, andererseits müsse er den RGW mit festeren Strukturen versehen, um die sog. Satelliten-Staaten fester einspannen zu können. Man habe keine Zeit mehr gehabt, auf diese Thematik näher einzugehen. Breschnew gegenüber habe man lediglich zum Ausdruck gebracht, daß die französische Politik die der gemeinsamen Handelspolitik sei, daß der Bereich der industriellen Kooperation jedoch weiterhin bilateral bleibe. Generell habe man den Eindruck gewonnen, daß die Sowjetunion um ihren Außenhandel sehr besorgt sei. Die Ernten seien schlecht gewesen, man habe teuren Weizen einkaufen müssen, was wiederum Verluste in der Zahlungsbilanz zur Folge gehabt habe.

Der Herr *Bundeskanzler* bemerkte dazu, dies würde immerhin bedeuten, daß man im Verhältnis zu 1970 etwa doch einen wesentlichen Schritt weitergekommen sei: Die Sowjetunion sehe nunmehr die Notwendigkeit, sich auf die Realität des Gemeinsamen Marktes einzustellen. Wir müßten nunmehr mit der Gemeinschaft und den Organen in Brüssel so zusammenwirken, daß versucht werde, eine Art Kooperation zwischen Gemeinsamem Markt und RGW anzusteuern, allerdings in der Weise, daß die Partner der Sowjetunion nicht noch unter stärkeren Druck geraten als bisher. Deutscherseits habe man den Eindruck, daß nicht nur die Rumänen, vielmehr auch die Ungarn und Polen nicht möchten, daß durch unser Verhalten die dortige, unter dem Vorzeichen der Sowjetunion stehende Integration noch verstärkt werde.

Präsident *Pompidou* stimmte dem zu. Das Ganze sei eine ziemlich verwirrende Angelegenheit. Man stehe hier inmitten von Widersprüchen. Es gehe darum, eine nuancierte Politik zu betreiben. Die sowjetische Ernte von 1973 falle seines Erachtens so wie die von 1972 aus. Es habe weder Niederschläge noch Kälte gegeben. Zwar sei er kein Fachmann auf dem Gebiet der Wetterkunde, glaube aber, obwohl Breschnew ihm gegenüber keine Befürchtungen geäußert habe, daß die neue sowjetische Ernte nicht sehr gut sein werde. Sollte die neue Ernte wiederum schlecht sein, müßte dies zu Problemen in der sowjetischen Innenpolitik, aber auch auf dem Gebiet der Devisenwirtschaft führen.

Der Herr *Bundeskanzler* erwiderte, deutscherseits habe man keine genauen Informationen darüber. Er glaube jedoch, daß die Mutmaßungen des Präsidenten begründet seien. Zum Thema Ost-West-Beziehungen habe er keine weiteren Fragen mehr. Allerdings wolle er noch ein Wort zum Vietnam-Problem hier einfügen. Dieses habe nicht nur Auswirkungen auf die Außenpolitik, sondern auch auf die Innenpolitik. Es gehe für die Bundesrepublik auch darum, wie

man in Abstimmung mit anderen nach Eintreten der Waffenruhe einen vernünftigen Beitrag zur humanitären Hilfe und zum Wiederaufbau in den Teilen
Vietnams leisten könne. Nach seinem Eindruck stelle Frankreich in erster Linie hier auf bilaterale Tätigkeit ab. Vor sechs Jahren sei er in Tokio als Außenminister gewesen.[38] Damals hätten die japanischen Stellen bereits ziemlich
konkrete Ideen über Maßnahmen des Wiederaufbaus in Vietnam entwickelt.
Er würde es begrüßen, wenn man beiderseits in einem Meinungsaustausch
über diese Fragen bleiben könnte. Deutscherseits denke man dabei nicht an
gewaltige Summen, was wegen der Haushaltslage schon ausgeschlossen sei,
glaube aber, etwas tun zu müssen, was ein bißchen Gewicht habe.[39]

Präsident *Pompidou* entgegnete, auch in Frankreich frage man sich, was man
in Nord- und Südvietnam in dieser Hinsicht tun könne. Er wolle seine Meinung dazu ganz offen darlegen. In jedem Falle würden die Vereinigten Staaten
und Japan, dazu auch die Sowjetunion und China so viel Geld nach Vietnam
pumpen, daß die Beteiligung Frankreichs an einem solchen Pool lächerlich wäre.

Deshalb denke man an gezielte Maßnahmen. Er sei bereit, mit der deutschen
Seite darüber zu sprechen. Es könne nicht darum gehen, sich gegenseitig Hindernisse in den Weg zu legen, vielmehr müsse man sich gegenseitig in der Hilfeleistung ergänzen. Schon wegen der Vergangenheit müsse Frankreich etwas
für Vietnam tun. Im Verhältnis zur amerikanischen Hilfeleistung könnten die
französischen Maßnahmen jedoch nur ganz bescheiden sein. Des weiteren sei
bekannt, daß Japan den gesamten südostasiatischen Raum als eine privilegier-
te Wirtschaftszone für sich ansehe. Immerhin lasse sich sagen, daß das Problem Japan in dieser Zone der Welt sich als schwieriger als das China-Problem
erweisen werde. Sorge bereite die japanische Expansion, das China-Problem
sei im wesentlichen dasjenige seiner Bevölkerung.

Präsident Pompidou ging sodann auf die Fragen der Europäischen Gemeinschaft ein. Ein erstes Problem erblicke er hier in der Frage, wann man mit einer Rückkehr des englischen Pfunds zu einer festen Parität rechnen könne.[40]

---

[38] Bundesminister Brandt hielt sich vom 9. bis 12. Mai 1967 anläßlich der deutsch-japanischen Regierungsgespräche in Japan auf.

[39] Am 31. Januar 1973 beschloß das Kabinett, für die Republik Vietnam (Südvietnam) und die Demokratische Republik Vietnam (Nordvietnam) eine Soforthilfe in Höhe von 30 Mio. DM und für
Indochina 100 Mio. DM Kapitalhilfe zu bewilligen. Dazu wurde in der Presse berichtet: „Von der
Soforthilfe sollen zehn Millionen Mark bilateral unter Leitung des Innenministeriums vergeben
werden und 20 Millionen Mark multilateral, also über internationale Organisationen. [...] Bei den
jetzt bewilligten 100 Millionen Mark handelt es sich um Verpflichtungsermächtigungen, mit denen das Entwicklungsministerium Zusagen für bestimmte Projekte machen kann. Damit ist jedoch nicht gesagt, daß diese Mittel noch in diesem Jahre ausgegeben werden." Vgl. den Artikel „30
Millionen Mark als Soforthilfe"; Frankfurter Allgemeine Zeitung vom 1. Februar 1973, S. 5.

[40] Am 23. Juni 1972 beschloß die britische Regierung die Freigabe des Wechselkurses des Pfund
Sterling. Zum Sachstand stellte Referat 412 am 9. Januar 1973 fest, daß dadurch die faktische
Abwertungsrate gegenwärtig bei 11 % liege: „Am 14. Dezember 1972 hat der britische Schatzkanzler seine europäischen Kollegen und die Kommission davon unterrichtet, daß Großbritannien auch
mit dem Datum des Beitritts zu den EG noch nicht zu einem festen Wechselkurs zurückkehren
werde. Großbritannien möchte zunächst die Wirkungen des gegenwärtigen Lohn- und Preisstopps
abwarten, der auf eine Verringerung der Inflationsrate zielt. [...] Frankreich, das ursprünglich mit
Nachdruck eine Neufestsetzung der Pfund-Parität vor dem 1.1.1973 gefordert hatte, drängt in
letzter Zeit weniger stark. Es ist jedoch weiterhin an einer baldigen Rückkehr Großbritanniens zu
festen Wechselkursen innerhalb des EWG-Bandbreitensystems interessiert." Die Bundesregierung
wiederum habe „Verständnis für die britische Haltung. Es liegt auch im Interesse der Gemein-

Über die britischen Absichten sei wenig bekannt; sie seien jetzt weniger präzise gefaßt als noch vor einigen Monaten. Dies könne schwerwiegende Fragen aufwerfen: Bis zum 1. April müsse der Europäische Fonds eingerichtet sein[41], des weiteren könnten sich Auswirkungen auf das Funktionieren des gemeinsamen Agrarmarktes ergeben. Was letztere Frage anbelange, habe Premierminister Heath ihm geschrieben, die Experten seien in der Lage, eine Formel für die Ausgleichsabgaben zu finden.[42] Wie sehe man das auf deutscher Seite? Vorrangig sei allerdings die Frage der Rückkehr des Pfunds zur Parität, wobei eine weitere Verzögerung oder eine allfällige Abwertung besondere Auswirkungen auf die italienische Währung haben müßten.

Seine weitere Sorge gelte dem Kampf gegen die Inflation. Hier habe er den Wunsch, daß Deutschland und Frankreich so eng wie möglich zusammenarbeiteten, weil er glaube, daß dies Auswirkungen auf die öffentliche Meinung der beiden Länder haben müßte. Der Bundeskanzler habe seinen Wahlkampf hinter sich, in Frankreich stehe der Wahlkampf bevor.[43] Es gelte dem entgegenzuwirken, daß die Bevölkerung sich daran gewöhne, daß die Einkommen jähr-

Fortsetzung Fußnote von Seite 73

schaft, daß Großbritannien einen Wechselkurs festsetzt, der es ihm erlaubt, mit den Belastungen fertig zu werden, die gerade in der Anfangsphase der EWG-Mitgliedschaft für die britische Zahlungsbilanz zu erwarten sind". Vgl. Referat 420, Bd. 106423.

[41] In einer am 9. Februar 1971 vorgelegten und am 22. März 1971 verabschiedeten Entschließung des EG-Ministerrats zur Wirtschafts- und Währungsunion wurden der Währungsausschuß und der Ausschuß der Zentralbankpräsidenten beauftragt, bis spätestens 30. Juni 1972 einen Bericht über Errichtung, Aufgaben und Satzungen eines Europäischen Fonds für währungspolitische Zusammenarbeit zu erstellen. Vgl. dazu EUROPA-ARCHIV 1971, D 143.
Die Wirtschafts- und Finanzminister der EG-Mitgliedstaaten und -Beitrittsstaaten kamen am 11./12. September 1972 in Rom überein, „bereits in der ersten Stufe der Wirtschafts- und Währungsunion einen Europäischen Fonds für währungspolitische Zusammenarbeit zu errichten". Sie legten ferner die Aufgaben des Fonds für die Anfangsphase fest. Vgl. EUROPA-ARCHIV 1972, D 471.
In Ziffer 2 der Erklärung der europäischen Gipfelkonferenz vom 19./20. Oktober 1972 in Paris wurde der Beschluß der Staats- und Regierungschefs der EG-Mitgliedstaaten und -Beitrittsstaaten mitgeteilt, „daß spätestens zum 1. April 1973 durch einen auf den EWG-Vertrag gegründeten feierlichen Akt ein Europäischer Fonds für währungspolitische Zusammenarbeit errichtet wird, der von dem Ausschuß der Notenbankgouverneure im Rahmen der allgemeinen wirtschaftlichen Leitlinien des Rats verwaltet wird. Während einer Anlaufzeit wird der Fonds auf folgenden Grundlagen arbeiten: Konzertierung unter den Notenbanken für die Zwecke der Bandbreitenverringerung zwischen ihren Währungen; Multilateralisierung der Forderungen und Verbindlichkeiten, die sich aus Interventionen in Gemeinschaftswährungen ergeben, und Multilateralisierung des innergemeinschaftlichen Saldenausgleichs; Verwendung einer europäischen Währungs-Rechnungseinheit für diese Zwecke; Verwaltung des kurzfristigen Währungsbeistandes zwischen den Notenbanken; die in der Vereinbarung über die Bandbreitenverringerung vorgesehene sehr kurzfristige Finanzierung und der kurzfristige Währungsbeistand werden durch einen erneuerten Mechanismus im Fonds in Verbindung gebracht; zu diesem Zweck wird der kurzfristige Währungsbeistand technisch angepaßt, ohne daß seine wesentlichen Merkmale und dabei insbesondere die Konsultationsverfahren geändert werden. Die zuständigen Organe der Gemeinschaft sollen folgende Berichte vorlegen: bis spätestens 30. September 1973 den Bericht über die Ausgestaltung des kurzfristigen Währungsbeistandes; bis spätestens 31. Dezember 1973 den Bericht über die Bedingungen einer stufenweisen Vergemeinschaftung der Reserven." Vgl. EUROPA-ARCHIV 1972, D 504.

[42] Am 1. Februar 1973 begann die Anpassung der Agrarsysteme von Dänemark, Großbritannien und Irland an den Gemeinsamen Agrarmarkt der Europäischen Gemeinschaften mit seinem höheren Preisniveau. Ungeklärt war u. a. noch die Höhe der Ausgleichszahlungen an die Beitrittsstaaten. Am 24. Januar 1973 einigte sich der EG-Ministerrat auf der Ebene der Landwirtschaftsminister auf die Höhe der Ausgleichsbeträge, die auch einen Abwertungssatz des Pfund Sterling von 9,82 % berücksichtigten. Vgl. dazu den Artikel „Erweiterter Agrarmarkt am 1. Februar"; FRANKFURTER ALLGEMEINE ZEITUNG vom 25. Januar 1973, S. 13.

[43] Die Wahlen zum Bundestag fanden am 19. November 1972 statt.
Die Wahlen zur französischen Nationalversammlung fanden am 4., 11. und 18. März 1973 statt.

lich[44] um 12 bis 14% ansteigen können. Nur wenn man solche Anhebungen ausschließe, könne die Inflation in akzeptablen Grenzen gehalten werden. Er glaube, daß man Ende 73 sich bei einer Rate von 4% einpendeln werden könne.

Zur zweiten Frage erklärte der *Bundeskanzler*, er stimme mit dem Präsidenten überein, obwohl die Wahlen in Deutschland vorüber seien. Dies bleibe aber das zentrale innenpolitische Thema, nämlich die zu hohen Preissteigerungsraten mit der Frage, wie man davon runterkomme. Im Moment gehe die Tendenz wohl noch leicht nach oben. Es sei sicher sehr erwünscht, daß beide Regierungen hier in engem Kontakt miteinander blieben. Was die Fragen der Außenzölle und der Kontingente anbelange, habe er den Eindruck, daß Kompromißvorschläge von der Kommission in Brüssel ausgearbeitet werden. Französischerseits habe man wohl die Meinung, daß eine zu starke Inangriffnahme von Zollmaßnahmen uns Nachteile bei den GATT-Verhandlungen bringen könnten.[45] Dies sei nicht von der Hand zu weisen, man müsse dabei aber auch den zeitlichen Zusammenhang sehen. Seines Erachtens könnten die Kompromißvorschläge der Kommission uns hier weiterhelfen.[46] Was die Zukunft der britischen Währung anbelange, tappe auch er im Dunkeln. Er frage sich, ob unsere englischen Freunde sich schon selbst klar über den Zeitpunkt der Rückkehr zur Parität seien. Eine konkrete Frage in diesem Zusammenhang, die ob ihrer spezifischen Natur von den Agrarministern zu behandeln wäre, sei die, daß Großbritannien mit dem Stabilitätsprogramm[47] und der Einführung der Mehr-

---

44 Korrigiert aus: „Einkommen nicht jährlich".

45 Am 11. Februar 1972 sprachen sich die Europäischen Gemeinschaften und die USA in einer Gemeinsamen Erklärung für eine „umfassende Überprüfung der gesamten internationalen Wirtschaftsbeziehungen" aus: „Die Vereinigten Staaten und die Gemeinschaft verpflichten sich, im Rahmen des GATT umfassende multilaterale Verhandlungen einzuleiten und aktiv zu unterstützen; diese Verhandlungen werden (vorbehaltlich der gegebenenfalls erforderlichen internen Genehmigung) 1973 beginnen und die Ausweitung und zunehmende Liberalisierung des Welthandels sowie die Anhebung des Lebensstandards der Völker zum Ziel haben, was unter anderem durch die fortschreitende Beseitigung der Handelshemmnisse und die Verbesserung des internationalen Rahmens für die Welthandelsbeziehungen erreicht werden kann. [...] Diese multilateralen Verhandlungen werden auf der Grundlage gegenseitiger Vorteile und gegenseitiger Verpflichtungen geführt werden, die eine vollständige Reziprozität bewirken, und sie werden sich sowohl auf den Agrarhandel als auch auf den Handel mit gewerblichen Erzeugnissen erstrecken. An den Verhandlungen müßten sich möglichst viele Länder aktiv beteiligen." Vgl. EUROPA-ARCHIV 1972, D 221 f. Auf der Tagung des GATT vom 1. bis 14. November 1972 in Genf beschlossen die Vertragsstaaten, eine neue multilaterale Verhandlungsrunde zum Abbau der Zoll- und Handelsschranken einzuberufen, die im September 1973 eröffnet und im Jahr 1975 abgeschlossen werden sollte. Die neue Welthandelskonferenz solle sich dabei außer mit dem Handel mit Industrieprodukten auch mit allen landwirtschaftlichen Erzeugnissen befassen und „insbesondere die Notwendigkeit berücksichtigen, Lösungen für die Probleme der in der Entwicklung befindlichen Staaten, einschließlich der Probleme der am wenigsten entwickelten Länder, zu finden". Vgl. den Artikel „Vor einer neuen Welthandelskonferenz"; NEUE ZÜRCHER ZEITUNG, Fernausgabe vom 16. November 1972, S. 15.

46 Auf der Gipfelkonferenz am 19./20. Oktober 1972 in Paris erklärten die Staats- und Regierungschefs der EG-Mitgliedstaaten und -Beitrittsstaaten ihre Bereitschaft zur Mitwirkung an den multilateralen Verhandlungen im Rahmen des GATT und forderten die Organe der Gemeinschaft auf, „spätestens zum 1. Juli 1973 ein Gesamtkonzept zu erarbeiten, das alle den Handel betreffende Aspekte abdeckt". Vgl. dazu Ziffer 12 der Erklärung; EUROPA-ARCHIV 1972, D 507.

47 Am 30./31. Oktober 1972 beschloß der EG-Ministerrat in Luxemburg ein Stabilitätsprogramm zur Inflationsbekämpfung mit dem Ziel, den Anstieg der Verbraucherpreise zwischen Dezember 1972 und Ende 1973 auf 4% zu verringern. Die Minister kamen überein, sich gemeinsam mit den Sozialpartnern für eine Mäßigung des nominalen Wachstums der Einkommen einzusetzen, die Wachstumsrate der Geldversorgung zu verringern sowie eine strikte Disziplin beim Haushaltsvollzug für 1972 und 1973 zu wahren. Die Beitrittsstaaten Dänemark, Großbritannien und Irland erklärten

wertsteuer[48] die Zuckerpreise nicht auf einmal so anheben möchte, wie sich dies aus gemeinschaftlichen Erfordernissen ergebe, sondern in drei Phasen. Diese Frage sei ihm heute vormittag erst vorgelegt worden.[49] Die Experten hätten sich dazu noch nicht äußern können. Er habe diese Frage an seinen Landwirtschaftsminister zur Beurteilung weitergegeben; der Minister befinde sich zur Zeit in Brüssel.[50]

Präsident *Pompidou* bemerkte dazu, was Zollmaßnahmen anbelange, habe die französische Seite sich bisher mehr als abwartend verhalten, weil Zollmaßnahmen nur einen unbedeutenden Effekt auf Preissteigerungen hätten. Solche Maßnahmen könnten im übrigen unsere Position bei den Diskussionen mit den USA, die, vor allem wegen der Haltung des Kongresses, hart geführt werden müßten, schwächen. Unser Außentarif liege weit unter dem vormaligen Außentarif Großbritanniens und auch unter demjenigen der USA. Dies betreffe nicht nur den Globaltarif als solchen, sondern auch die Spitzenwerte. Während man im amerikanischen Tarif bis zu 33 % gehe, lägen wir bei höchstens 12 bis 13 %. Es sei seines Erachtens falsch, jetzt schon ohne Diskussion nachzugeben. Im übrigen glaube er, was auch durch Beispiele belegt sei, daß man von einmal gefaßten Beschlüssen schlecht wieder runterkomme. Insoweit glaube er auch nicht an das Argument der Zeitgebundenheit, das der Herr Bundeskanzler angeführt habe. Auf die kommenden Diskussionen bereite man sich mit dem Wissen vor, daß diese recht schwierig verlaufen würden. Der Unterhändler für die Gemeinschaft sei der Brite Soames. Es werde schwer sein, Herrn Soames in den Weisungen der Neun zu halten. Er werde gewiß versuchen, uns auf Konzessionen an die USA zu drängen. Die französische Position sei hier sehr fest: Es gehe keine Sekunde darum, Antiamerikanismus zu betreiben. Es gelte aber, die Realität der Europäischen Gemeinschaft zu sehen. Im übrigen seien unsere Verteidigungsmittel gegenüber den USA, Kanada und Japan noch sehr

Fortsetzung Fußnote von Seite 75

ihre Bereitschaft, „mit Rücksicht auf ihre jeweiligen Verhältnisse" Maßnahmen zur Verwirklichung dieser Ziele zu ergreifen. Vgl. BULLETIN DER EG 10/1972, S. 74 f.

Nach einem am 6. November 1972 verfügten und auf 90 Tage begrenzten Stopp für die Erhöhung von Löhnen, Preisen, Mieten und Dividenden legte Premierminister Heath am 17. Januar 1973 das Programm für die weiteren Stufen des Stabilitätsprogramms vor. Es sah eine Verlängerung des Preis- und Lohnstopps um sechzig Tage vor. Daran schloß sich auf der Basis eines auf drei Jahre befristeten Bevollmächtigungsgesetzes eine Kontrolle von Löhnen, Preisen, Mieten und Dividenden an, zu deren Durchführung zwei Kontrollämter für Preise und Löhne gebildet werden sollten. Vgl. dazu den Artikel „Britisches Stabilitätsprogramm"; FRANKFURTER ALLGEMEINE ZEITUNG vom 18. Januar 1973, S. 6.

[48] Großbritannien führte zum 1. April 1973 eine Mehrwertsteuer in Höhe von 10 % ein.

[49] Mit Memorandum vom 22. Januar 1973 an Bundeskanzler Brandt und Staatspräsident Pompidou teilte die britische Regierung mit, daß die im Rahmen der Anpassung des britischen Agrarsystems an die Marktordnungen der Europäischen Gemeinschaften erfolgende Angleichung der Zuckerpreise vor dem Hintergrund des laufenden Lohn- und Preisstopps Schwierigkeiten bereiten werde: „The Prime Minister has therefore asked Mr. Godber, our Minister of Agriculture, to put to his colleagues in the Council of agricultural ministers [...] a proposal that we should adopt the Community sugar regime from 1 February, but that we should phase out our own consumer subsidy between now and 1 July in such a way that the price increase comes in two or three stages during this period (say, on 1 March, 1 May, and 1 July). In this way we should be able to postpone the greater part of the price increase until after our standstill was over, and the subsidies would be completely phased out and we should be fully in line with the agreed community arrangements by 1 July 1973, when the Community's new sugar year begins." Vgl. den Drahtbericht Nr. 209 des Gesandten Blomeyer-Bartenstein; Referat 411, Bd. 438.

[50] Bundesminister Ertl hielt sich vom 22. bis 24. Januar 1973 anläßlich der EG-Ministerratstagung auf der Ebene der Landwirtschaftsminister in Brüssel auf.

schwach. Es sei unklug, das, was man in dieser Hinsicht habe, noch weiter zu schwächen. Vielleicht gelinge es, eines Tages die Zölle überall abzubauen. Bis dahin aber müsse der gemeinsame Außentarif der Gemeinschaft auch als Zeichen der Existenz der Gemeinschaft bewertet werden. Schon bei seinem Gespräch auf den Azoren mit Präsident Nixon[51] habe er diesem gesagt, daß vermehrte europäische Käufe das Defizit der amerikanischen Zahlungsbilanz nicht ausgleichen könnten. Während Präsident Nixon dies wohl eingesehen habe, könne man das gleiche nicht vom amerikanischen Kongreß sagen. Wo aber könnte man die Einfuhren so steigern, daß es zu einem Ausgleich des Defizits in der amerikanischen Zahlungsbilanz komme? Er sehe hier keine Möglichkeit. Bei Verhandlungen habe daher die Gemeinschaft alles Interesse daran, die wenigen Waffen, die sie in der Hand habe, zwar nicht zu überschätzen, sie aber dennoch anzuwenden.

Der Herr *Bundeskanzler* bemerkte dazu, hinsichtlich der Diskussion mit den USA lägen die beiderseitigen Standpunkte nicht weit auseinander. Pressedarstellungen darüber seien nicht zutreffend. Im übrigen sei jetzt erst deutlich geworden, daß die Diskussionen mit den USA auch dadurch stark erschwert würden, daß die Statistiken voneinander deutlich abweichen. Bundesminister Schmidt habe bei seinem kürzlichen Amerikabesuch darauf hingewiesen.[52] Zum Beispiel habe man erst im Laufe des Jahres 1972 die Statistiken zwischen den USA und Kanada auf einen Nenner gebracht. Im übrigen stimme er den Auffassungen des Präsidenten zu und sage dies auch den Amerikanern. Dies sei aber ein ganz anderes Problem als das, das er hinsichtlich des Stabilitätsprogramms angesprochen habe. Hier könne man durchaus eine zeitweilige Importförderung ins Auge fassen, ohne die daraus erwachsenden Möglichkeiten zu überschätzen. Im übrigen müsse man dies nicht nur in bezug auf das amerikanische Problem, sondern aus psychologischen Gründen auch im Hinblick auf die osteuropäischen Länder sehen.

Präsident *Pompidou* entgegnete, er habe mehrfach betont, daß gezielte Maßnahmen höchst zweckmäßig sein könnten. Er verweise im übrigen auf den französischen Vorschlag hinsichtlich des Rindfleisches. Als man solche Vorschläge in Brüssel auf den Tisch gebracht habe, habe es erheblichen Widerstand dagegen, wenngleich nicht seitens der Bundesrepublik, gegeben.

Des Bundeskanzlers Hinweis auf die Ungleichheit der Statistiken sei sehr interessant. Natürlich sei es erforderlich, daß die Statistiken überall nach dem gleichen Nenner geführt würden.

Wenn man im übrigen mit den Amerikanern spreche, könne man feststellen, daß ihre grundlegende Sorge der Getreideabsatz zu sein scheine. Ob dem immer noch so sei, sei, nachdem die USA große Mengen an Getreide sowohl an die Sowjetunion als auch an China verkauft hätten, sehr die Frage. Man höre hier und da, daß man in den USA schon über eine interne Preissteigerung an Getreide stark beunruhigt sei. Bestimmte Verkäufe wolle man jetzt schon verheimlichen, um keinen Anlaß zu Preistreiberei zu geben.

---

51 Staatspräsident Pompidou und Präsident Nixon führten am 13./14. Dezember 1971 Gespräche in Angra do Heroismo auf der Azoreninsel Terceira.
52 Bundesminister Schmidt hielt sich vom 9. bis 13. Januar 1973 in den USA auf.

Der *Bundeskanzler* fragte, ob der Präsident davon ausgehe, daß Nixon im Frühjahr nach Europa kommen werde.[53] Präsident *Pompidou* entgegnete darauf, Nixon habe wohl die Absicht gehabt, im Frühjahr nach Europa zu kommen. Nach den letzten vorliegenden Meldungen sei wohl noch nichts beschlossen. Die Reise werde für Nixon gewiß nicht leicht sein. Im übrigen habe er dazu keine Meinung.

Der Herr *Bundeskanzler* bemerkte, auch in der Bundesrepublik habe man keine sichere Meinung dazu. Man sei davon ausgegangen, daß bei einer raschen Beilegung des Vietnam-Konflikts Präsident Nixon sich schnell auf eine solche Reise einstellen könnte. Dazu entgegnete Präsident *Pompidou*, nach einer Beilegung des Vietnam-Konflikts werde Präsident Nixon sich wohl unverzüglich mit dem Nahost-Problem befassen wollen. Er glaube, daß die Amerikaner hier ein Interim-Abkommen, das die Wiedereröffnung des Suez-Kanals[54] beinhalte, herbeiführen wollten. Dies werde in Europa natürlich Reaktionen sowohl von seiten der proisraelischen als auch von seiten der proarabischen Kreise hervorrufen. Dies werde Präsident Nixon mit viel Verantwortung und vielen Problemen belasten.

Für Europa werde in jedem Fall das Jahr 1973 sehr bedeutungsvoll sein. Es gehe darum, die zweite Phase der Wirtschafts- und Währungsunion Ende des Jahres zu erreichen. Französischerseits sei man dazu bereit. Es gehe unter anderem nun darum, auch Großbritannien von dieser Notwendigkeit zu überzeugen. Er habe den Eindruck, daß die Briten, nachdem sie nun Mitglied der Gemeinschaft seien, von bestimmten Regelungen, Verordnungen und Servituden, die die Gemeinschaft nun einmal mit sich bringe, mehr erschreckt seien, als sie sich hätten vorstellen können. Er sehe das wie folgt: In Frankreich erzähle man sich die Geschichte eines Mannes, der, gefragt, warum er eine so gute Ehe führe, geantwortet habe, dies rühre daher, daß er mit seiner Frau eine klare Abgrenzung der beiderseitigen Verantwortlichkeiten ausgemacht habe. Dies geschehe in der Weise, daß seine Frau sich mehr um Detailfragen, er jedoch um bedeutungsvolle Probleme kümmere. Auf die weitere Frage, wie denn die Detailfragen von mehr bedeutungsvollen abgegrenzt seien, habe der Mann ge-

---

[53] Anläßlich eines Besuchs bei den Europäischen Gemeinschaften in Brüssel am 6. Dezember 1972 erklärte der amerikanische Außenminister Rogers vor der Presse, daß seine Gesprächspartner den Wunsch geäußert hätten, Präsident Nixon möge in naher Zukunft nach Europa kommen und auch Gespräche bei den Europäischen Gemeinschaften führen. Vgl. EUROPA-ARCHIV 1973, Z 10.
Am 30. Januar 1973 vermerkte Staatssekretär Frank, daß er die Angelegenheit mit Bundesminister Scheel besprochen habe. Scheel „ist der Meinung, daß der amerikanische Präsident, abgesehen von den üblichen Besuchen in einigen europäischen Hauptstädten (London, Paris, Bonn), zu einer Sondersitzung des EWG-Ministerrats eingeladen werden sollte. Wir sollten diesen Gedanken rechtzeitig und wirksam in den europäischen Hauptstädten und in Washington ventilieren, auch auf die Gefahr hin, daß Frankreich von einer solchen Sitzung fernbleiben würde. Wenn Europa durch das Mittel der PZ mit einer Stimme sprechen soll, so wäre ein Gespräch mit dem amerikanischen Präsidenten eine wichtige Gelegenheit, dies zu tun. Die französische Ersatzlösung, wonach der US-Präsident mit dem Präsidenten der Kommission und dem Präsidenten des Ministerrats zusammentreffen könnte, ist abzulehnen." Vgl. Büro Staatssekretär, Bd. 239.
[54] Am 5. Juni 1967 griffen israelische Streitkräfte ägyptische Truppen auf der Sinai-Halbinsel an und nahmen einen Tag später den Gaza-Streifen und den jordanischen Teil von Jerusalem ein. Am folgenden Tag ordnete das Oberkommando der ägyptischen Streitkräfte die Sperrung des Suez-Kanals an. Die Kampfhandlungen fanden am 10. Juni 1967 mit der Besetzung der Sinai-Halbinsel und des Gebietes westlich des Jordans durch Israel ein vorläufiges Ende. Der Suez-Kanal blieb für die Schiffahrt gesperrt. Vgl. dazu AAPD 1967, II, Dok. 207 und Dok. 208.

antwortet, seine Frau habe sich um die Wohnung, um die Schule, um die Erziehung der Kinder, um Ferienprobleme zu kümmern, er jedoch entscheide darüber, ob man zum Beispiel zu China Beziehungen aufnehmen solle oder nicht.

Er habe den Eindruck, daß die Briten in der Gemeinschaft sich um das mehr Bedeutungsvolle kümmern wollten, uns jedoch mehr die Detailfragen überließen. Es gehe nunmehr um die Integration unserer Volkswirtschaften. Dem gegenüber stelle er fest, daß man ständig von Weltproblemen spreche. Was könne die Gemeinschaft wirklich im Hinblick auf die Beilegung des Nahost-Konfliktes tun? Hier hänge doch alles von der amerikanischen Hilfe an Israel und der sowjetischen Hilfe an die andere Seite ab. Natürlich könnte man im Kreise der Außenminister der Gemeinschaft darüber reden, wichtig sei aber, daß die Wirtschafts- und Währungsunion nunmehr geschaffen werde, und zwar als Schritt zur europäischen Union. Es sei müßig, über alle möglichen Fragen zu reden, ohne daß ein praktischer Nutzen daraus erwachse, wie Sir Alec Douglas-Home dies tue.

Der Herr *Bundeskanzler* bemerkte dazu, die Pariser Konferenz[55] habe aber doch insgesamt in allen Ländern der Gemeinschaft eine gute Wirkung gehabt. Ohne diese Wirkung überschätzen zu wollen, glaube er, es müsse nunmehr möglich sein, manches, was an Richtlinien vorliege, zu konkretisieren oder darauf zu drängen, daß gesetzte Termine eingehalten oder nicht in ungebührlicher Weise überschritten würden.

Präsident *Pompidou* entgegnete, seines Erachtens wolle auch Premierminister Heath den Erfolg. Er sei aber auf allen Bereichen von Technikern umgeben, die ihn ständig mit neuen Problemen belasteten. Was das generelle Währungsproblem anbelange, für das in der Kommission Herr Haferkamp zuständig sei, glaube er nicht, daß man es im Jahre 1973 lösen könne. Dennoch müßten sich Formeln dafür finden lassen. Im Jahre 1973 werde es aber nicht zu einem neuen System kommen.

Ende des Gesprächs 13.15 Uhr.

Bundeskanzleramt, AZ: 21-30 100 (56), Bd. 38

---

55 Zur Konferenz der Staats- und Regierungschefs der EG-Mitgliedstaaten und -Beitrittsstaaten am 19./20. Oktober 1972 in Paris vgl. Dok. 1, Anm. 16.

16

Gespräch des Bundeskanzlers Brandt
mit Staatspräsident Pompidou in Paris

105-6.A/73 geheim   22. Januar 1973[1]

Das zweite Vier-Augen-Gespräch zwischen dem französischen Staatspräsidenten und dem Bundeskanzler begann am 22. Januar 1973 um 15.30 Uhr.[2]

Der Herr *Bundeskanzler* begann das Gespräch mit der Feststellung, man habe am Vormittag die wirtschaftlichen Aspekte der westeuropäischen Fragen besprochen. Wie sehe Präsident Pompidou die politische Zusammenarbeit und die generelle Entwicklung der Gemeinschaft in Weiterführung dessen, was man im Oktober 1972 in Paris besprochen habe?[3]

Präsident *Pompidou* entgegnete, er bleibe weiterhin davon überzeugt, daß die gemeinsame Wirtschaftspolitik die solide Basis der Europäischen Gemeinschaft bleibe. Von daher sollte es möglich sein, daß die politischen Interessen sich annäherten und schließlich miteinander verschmolzen würden. Er habe in Paris gesagt, daß es auch um die Weiterentwicklung der politischen Zusammenarbeit gehe. Dies könne aber nur von den Regierungen getragen werden, eine Überschneidung mit den Gemeinschaftsinstitutionen könne es hier nicht geben. Alle politischen Fragen seien schwierig geartet, jedes Land habe seine eigene Politik, seine eigenen politischen Verbindungen und Verknüpfungen. Er hielte es für falsch, wollte man hier den Pflug vor die Ochsen spannen. Die politische Zusammenarbeit sei eine Funktion der Außenminister. Er glaube, daß man die bestehenden Methoden zwar verbessern und stärken, z.Z. jedoch nicht ändern sollte.

Der Herr *Bundeskanzler* erwiderte darauf, auch deutscherseits denke man, daß man sich bei der politischen Zusammenarbeit nicht übernehmen sollte. Dies schließe jedoch nicht aus, daß die Minister, die sich am Ort der Gemeinschaft aus anderen Gründen treffen, auch bei dieser Gelegenheit Dinge besprechen, die im Sinne des vom Präsidenten Dargelegten von den Regierungen zu tragen sind. Dies müsse manchmal einfach aus Zeitgründen so sein. Im übrigen sei er damit einverstanden, die Dinge so zu belassen, wie sie sich zur Zeit darstellten. Dabei könne man prüfen, wie eine Weiterentwicklung eingeleitet werden könnte.

Präsident *Pompidou* bemerkte, er sehe hier eine doppelte Schwierigkeit. Offensichtlich seien die Beneluxländer der Auffassung, ihre eigenen Interessen besser im Kreise der Gemeinschaft als von Regierung zu Regierung vertreten zu können. Dies sei im übrigen falsch. Die Holländer z.B. könnten auch in Verhandlungen von Regierung zu Regierung ihren Standpunkt durchaus zur Geltung bringen. Die zweite Schwierigkeit liege in der Tatsache begründet,

---

[1] Die Gesprächsaufzeichnung wurde von Vortragendem Legationsrat Merten am 25. Januar 1973 gefertigt.

[2] Für das erste und dritte Gespräch am 22. bzw. 23. Januar 1973 vgl. Dok. 15 und Dok. 19.

[3] Zur Konferenz der Staats- und Regierungschefs der EG-Mitgliedstaaten und -Beitrittsstaaten am 19./20. Oktober 1972 in Paris vgl. Dok. 1, Anm. 16.

daß einzelne britische Politiker, hier insbesondere Douglas-Home, geradezu verstört seien ob des Gedankens, ständig auf den Kontinent reisen zu müssen. Sie möchten am liebsten an einer Stelle alles verhandeln. Am besten gleich in Schottland. Auch er (Pompidou) bedaure, daß z.B. die Minister Scheel und Schumann so viel reisen müßten. Deshalb sei der Gedanke, Europaminister einzusetzen[4], vielleicht gar nicht so schlecht, obgleich die Außenminister aus verständlichen Gründen dies nicht wollten.

Der Herr *Bundeskanzler* erwiderte, in der Bundesrepublik habe man die Absicht, einen Parlamentarischen Staatssekretär zum Staatsminister für europäische Angelegenheiten beim Außenminister zu ernennen.[5] Dieser Staatsminister solle den Außenminister bei den Sitzungen des Ministerrats in Brüssel vertreten und auch einen Teil der politischen Koordination mit übernehmen. Er werde jedoch kein eigenes Ministerium erhalten, weil man dies für zu kompliziert halte.

Präsident *Pompidou* entgegnete, er halte diese Idee für gut. Möglicherweise könne man in Frankreich nach den Wahlen, anläßlich der Neubildung der Regierung[6], versucht sein, etwas Ähnliches zu tun.

Der Herr *Bundeskanzler* bemerkte, die Dimension, die der Ministerrat allmählich annehme, bereite ihm Sorge. Über die Frage der Effizienz der Organe der Gemeinschaft habe man des öfteren schon gesprochen. Er habe kürzlich im Fernsehen eine Aufnahme von einer Sitzung des Ministerrats gesehen. Zweihundert Leute seien im Saal gewesen. Dies gliche mehr einer parlamentarischen Massenversammlung als der Tagung eines Exekutivorgans. Der Massenauftrieb rühre daher, daß viele Ministerien mit Beamten bei diesen Sitzungen vertreten sein wollten. Dies werde auf Dauer nicht ganz praktisch sein.

Präsident *Pompidou* erwiderte, er teile diese Auffassung. Im übrigen hätten die Organe der Gemeinschaft die Tendenz, sich ständig mit einer Masse von Beamten zu umgeben. Z.B. gebe es im Sekretariat der Straßburger Versammlung einen Personalbestand von tausend Beamten, wovon dreihundert ständig in Luxemburg seien. Wie könne man da noch sinnvoll arbeiten? Im übrigen

---

4 Staatspräsident Pompidou regte in einer Pressekonferenz am 21. Januar 1971 die Ernennung von „Europaministern" an. Dazu führte er aus: „Il est possible que dans un temps plus ou moins proche – ou plus ou moins lointain – les gouvernements éprouvent le besoin d'avoir en leur sein des ministres chargés spécialement des questions européennes, ne serait-ce que parce que les questions qui seront débattues à l'échelle européenne seront de plus en plus nombreuses et les réunions de plus en plus fréquentes. On peut même penser, ou imaginer, que dans une phase ultime ces ministres n'auront plus que des attributions strictement européennes et ne feront plus partie des gouvernements nationaux." Vgl. LE MONDE vom 23. Januar 1971, S. 2. Vgl. dazu ferner AAPD 1971, I, Dok. 111.

5 Am 15. Dezember 1972 schlug Bundeskanzler Brandt Bundespräsident Heinemann die Ernennung der Parlamentarischen Staatssekretäre vor. Als weiterer Parlamentarischer Staatssekretär beim Bundesminister des Auswärtigen sollte der SPD-Abgeordnete Apel ernannt werden. Dazu führte Brandt aus: „Was die Institution der Parlamentarischen Staatssekretäre angeht, eine Institution, die nun in zweimal drei Jahren erprobt werden konnte, so wird die Regierung eine Änderung des Gesetzes vorschlagen [...]. Die Amtsbezeichnung ‚Staatsminister', von der in öffentlichen Erörterungen dieser Tage wiederholt die Rede war, soll den beiden Kollegen vorbehalten sein, die dem Außenminister zur Seite stehen. Einer der beiden Kollegen wird mit der Koordinierung der Europapolitik beauftragt sein." Vgl. AdG 1972, S. 17538. Vgl. dazu auch APEL, Abstieg, S. 19f.

6 Die Wahlen zur französischen Nationalversammlung fanden am 4., 11. und 18. März 1973 statt. Die neue französische Regierung wurde am 5. April 1973 gebildet.

bleibe da ja auch nichts vertraulich; der Personalbestand sei sehr kostspielig.
Eine Überprüfung der Tätigkeit dieser Organe müsse sich auf die Aspekte
mehr Effizienz, weniger Öffentlichkeit und weniger Kosten erstrecken.

Der Herr *Bundeskanzler* bemerkte, er habe den Eindruck, daß die Kommission
unter Präsident Ortoli einen guten Start genommen habe. Deutscherseits wolle
man gerne versuchen, darauf zu wirken, daß der Ministerrat effizienter werde.
Er habe nicht gewußt, daß das Europäische Parlament über einen so großen
Personalbestand verfüge. Überprüfungsfragen dieser Art könne man in die in
Paris erteilten Aufträge[7] mit einbeziehen.

Präsident *Pompidou* legte dar, internationale Geschäfte kosteten immer mehr
als nationale Geschäfte. Dies gelte auch, entgegen allem, was man glaube, für
die industrielle Kooperation, weil hier Forderungen, Bedürfnisse und Wünsche
zusammenaddiert würden.

Der Bundesrepublik und Frankreich sei es gelungen, in der Frage der Gehälter
der Brüsseler Beamten eine vernünftige Haltung durchzusetzen. Die Gehälter
dieser Leute seien zwar immer noch recht hoch, aber doch nicht so angehoben
worden, wie die Kommission sich dies vorgestellt habe. Mehr Konzentration
und mehr Effizienz seien hier nötig. Das europäische Brüssel sei von der Quan-
tität her gesehen mittlerweile eine kleine Welt für sich geworden. Es kämen
nun noch britische, dänische und irische Beamte hinzu, ohne daß dies durch
entsprechende Abzüge anderer Beamter ausgeglichen werde. Die vernünftige-
ren und verantwortlicher fühlenden Regierungen müßten sich darauf verständigen, ein System zu schaffen, das besser und rascher arbeite. Es sei sinnlos,
daß unsere Außenminister sich zwölf Stunden lang über eine Frage unterhalten müßten. In dieser Hinsicht bedaure er, daß der deutsche Gedanke der Ernennung von Europa-Staatssekretären nicht zum Zuge gekommen sei.[8]

---

[7] Auf der europäischen Gipfelkonferenz am 19./20. Oktober 1972 wurden u. a. Maßnahmen zur Stärkung der Institutionen der Gemeinschaften beschlossen. So wurden die Gemeinschaftsorgane aufgefordert, „Maßnahmen zur Aufteilung der Kompetenzen und Verantwortlichkeiten zwischen den
Organen der Gemeinschaft und den Mitgliedstaaten festzulegen, die für ein reibungsloses Funktionieren einer Wirtschafts- und Währungsunion erforderlich sind". Ferner wurde der Rat beauftragt, „bis zum 30. Juni 1973 praktische Maßnahmen zur Verbesserung seiner Entscheidungsver-
fahren und der Kohärenz des gemeinschaftlichen Handelns" zu treffen. Vgl. Ziffer 15 der Erklärung; EUROPA-ARCHIV 1972, D 508.

[8] Bundesminister Scheel schlug auf der EG-Ministerratstagung am 1. März 1971 in Brüssel vor, die
Ständigen Vertreter bei den Europäischen Gemeinschaften in den Rang von Regierungsmitglie-
dern zu erheben. Gedacht wurde dabei an die Ernennung zu Staatssekretären. Vgl. dazu AAPD
1971, I, Dok. 79 und Dok. 111.
Am 20. September 1972 erläuterte Vortragender Legationsrat I. Klasse Ruyter die Vorstellungen
der Bundesregierung über Aufgaben und Stellung von Staatssekretären für Europa-Fragen in einer erweiterten Gemeinschaft. Sie sollten insgesamt zu einer besseren Koordination und zu einer
Vertiefung der Beziehungen innerhalb der EG beitragen und gleichzeitig die Minister entlasten.
Ruyter wies darauf hin, „daß die vorgeschlagene Ernennung von Europa-St[aats]S[ekretären] in-
tegrationspolitisch nur sinnvoll ist, wenn sie von allen Mitgliedstaaten vorgenommen wird
und die Eu[ropa]-St[aats]S[ekretäre] überall eine rechtlich und politisch vergleichbare Stellung
einnehmen. [...] Aus bilateralen Gesprächen ist bekannt, daß Frankreich für den Gedanken aufgeschlossen ist, sich aber noch nähere Prüfung vorbehält. Großbritannien hat sich bisher eher reserviert verhalten. Die übrigen Mitgliedstaaten dürften teilweise für eine Lösung zu gewinnen
sein, die – wie von uns vorgesehen – die Verantwortlichkeiten der Außen- und Fachminister nicht
beeinträchtigt. Andere haben verfassungsrechtliche Schwierigkeiten geltend gemacht, da sie die
Institution eines Staatssekretärs, der als ‚Regierungsmitglied' im Rat tätig werden könnte, nicht
kennen. Im übrigen sollten wir unseren Vorschlag – selbst wenn seine Aussichten auf Verwirkli-

Der Herr *Bundeskanzler* legte dar, vor Weihnachten habe man in der Frage der Gehälter der Brüsseler Beamten nicht mehr tun können, als was man getan habe. Wenn es aber darum gehe, ein Gegengewicht gegen Aufblähungstendenzen zu schaffen, dürfe man nicht zögern, auch einmal einen Konflikt in Kauf zu nehmen, weil man sonst mit einem Schneeball-Effekt rechnen müsse.

Präsident *Pompidou* stimmte dem zu.

Der *Bundeskanzler* fuhr fort, in seiner Regierungserklärung habe er bewußt, schon durch die Anordnung der nichtnationalen Fragen, die Priorität der westeuropäischen Einigung betont.[9] Er hoffe, daß dies von den Partnern richtig verstanden worden sei. Hier komme keine Änderung in der deutschen Haltung zum Ausdruck, vielmehr sei es so, daß nach Regelung der west-ostpolitischen Fragen es darum gegangen sei, klarzumachen, daß die Einigung Westeuropas an erster Stelle stehe. Damit komme man auch aus einer zwischen Opposition und Regierung bestehenden Kontroverse heraus.

Präsident *Pompidou* entgegnete, er habe diese Textstelle gelesen und begrüße sie. Die Präsenz der Bundesrepublik Deutschland in der europäischen Union halte er für grundlegend und wesentlich. Es sei immer ein Sinn der bilateralen Zusammenarbeit beider Länder gewesen, einen Beitrag zu Europa zu leisten. Man wolle nicht versuchen, einen privilegierten Block Frankreich–Deutschland zu schaffen, vielmehr möchte man, daß alle sich so einigen könnten, wie wir dies zunächst zu zweit, dann zu sechst und nun zu neunt geschafft hätten.

Gegenüber dem Osten führe dies zu einem taktischen Problem: Man müsse versuchen, zu vermeiden, daß der Druck der Sowjetunion auf ihre sogenannten Satelliten stärker werde. Andererseits müsse man gemeinsam die gleiche Sprache sprechen, damit die Sowjetunion einsehe, daß die Europäische Gemeinschaft eine Realität ist. Gegenüber den Vereinigten Staaten und Japan werde dies leichter sein. Hier gebe es kein Mißtrauen und keine Besorgnisse, wie sie die Sowjetunion hege. Aber auch im Verhältnis zu den letztgenannten Ländern müsse man schrittweise die eigene Präsenz immer deutlicher machen. Mit Japan werde es kommerzielle Probleme geben. Der japanische Export nach Europa sei enorm angestiegen, ein Gegengewicht gebe es nicht. Die Schwierigkeit liege darin, so vorzugehen, daß Japan nicht versucht sein könnte, die Nachteile, die ihm aus den Restriktionen auf dem amerikanischen Markt erwachsen, etwa in Europa auszugleichen.

Fortsetzung Fußnote von Seite 82

chung minimal sind – auf der Gipfelkonferenz zur Diskussion stellen, weil er im Bereich der Institutionen die einzige Reformmaßnahme von Gewicht darstellt, die sofort verwirklicht werden könnte." Vgl. Referat III E 1, Bd. 1972.

9 Nach einleitenden Bemerkungen zur „Politik der aktiven Friedenssicherung und der gesellschaftlichen Reformen" der Bundesregierung setzte Bundeskanzler Brandt seine Regierungserklärung am 18. Januar 1973 mit Ausführungen zur Außen- und Sicherheitspolitik fort: „An erster Stelle nenne ich das Ziel einer Europäischen Union, wie es die Pariser Gipfelkonferenz vom Herbst des vergangenen Jahres für dieses Jahrzehnt gesetzt hat. Die dort ins Auge gefaßte Europäische Union wird die Gesamtheit der Beziehungen zwischen den Mitgliedstaaten umfassen. Eine verstärkte und immer enger werdende politische Zusammenarbeit soll dazu entscheidende Impulse geben. Das umfassende Arbeitsprogramm, das auf der Gipfelkonferenz beschlossen wurde, muß – vor allem in der Wirtschafts- und Währungspolitik – verwirklicht werden. Das Werk der europäischen Einigung kann sich nur durch freundliche Verbundenheit der beteiligten Völker vollziehen. Ein lebendiges Beispiel dafür ist die deutsch-französische Partnerschaft, die ich die ‚Entente Elémentaire' genannt habe und die vor fast genau zehn Jahren in einen Vertrag gegossen wurde." Vgl. BT Stenographische Berichte, Bd. 81, S. 122.

Hinsichtlich der Beziehungen zu den Vereinigten Staaten sei zu bemerken, daß die Interessenlage der Amerikaner und der Europäer in Europa nicht trennbar sei. Wolle man andererseits Europa als eine Realität hinstellen, müsse Europa sich vom Rest der Welt deutlich abheben. Dies sei gegenüber dem Osten leichter, gegenüber den Vereinigten Staaten schwerer. Es dürfe nicht der Eindruck entstehen, daß die amerikanische Regierung eine Art Protektionsmacht der Europäischen Gemeinschaft sei. Wenn man mächtigere Alliierte habe, sei es immer schwierig, ihnen gegenüber die Identität zu bewahren als gegenüber dem Gegner. Mit Präsident Nixon habe er darüber gesprochen.[10] Dieser habe Verständnis dafür gezeigt. Er habe Nixon gesagt, die Europäische Gemeinschaft sei gewiß ein Konkurrent der Vereinigten Staaten, was für letztere neue Probleme mit sich bringe. Dennoch stelle ein starkes und stabiles Europa auch eine Stützung der Vereinigten Staaten dar. Nixon habe entgegnet, insgesamt sei die Entwicklung zur europäischen Union für den gesamten Westen nützlich. Die Vereinigten Staaten müßten diese Entwicklung fördern. Allerdings seien nicht alle Politiker in den Vereinigten Staaten dieser Meinung.

Der Herr *Bundeskanzler* wies darauf hin, in der Sicherheitsfrage sei man noch lange Zeit auf die Abstimmung unserer Positionen mit den Vereinigten Staaten angewiesen. In der wirtschaftlichen Konkurrenz gebe es ein Interesse daran, zu versuchen, daß unausweichliche Reibungen nicht zu unnötigen politischen Belastungen führten. Auf hoher Etage solle man offen genug miteinander reden, ohne die Befürchtung zu erwecken, daß es zu einem Hineinregieren der USA nach Europa komme. Wenn er sich an die Erörterungen vom Oktober 1972 richtig erinnere, seien die Meinungen der Neun in dieser Frage wohl nicht so weit auseinander, daß man nicht eine gemeinsame Politik entwickeln könnte.

Präsident *Pompidou* erwiderte, er habe in Paris auf die Bemerkung des Bundeskanzlers, in der Deklaration[11] werde nirgendwo etwas über die Vereinigten Staaten gesagt, deutlich gemacht, daß es lächerlich sei, die größte Weltmacht zu ignorieren. Es habe in der Tat keinen Sinn, daß europäische Politik gegen die Vereinigten Staaten geführt werde. Es gebe zu viele gemeinsame und vitale Auffassungen und Interessen, als daß man sich vorstellen könnte, daß aus Europa etwas werde, das gegen die Vereinigten Staaten eingestellt sei. Die Bündelung der Interessen des sich zusammenschließenden Europas stelle aber mehr dar als die Masse der Einzelinteressen der Länder. Hier werde man aber, genauso wie in der Währungsfrage, Lösungen finden können. Er könne sich vorstellen, daß er jetzt schon auf etwa einer halben Seite das formulieren könnte, worauf man sich nach zwei Jahre langen Diskussionen in der Währungsfrage einigen werde. Allerdings gelte es hier, eine Politik des langen Atems zu betreiben. Europa sei nicht ein bloßer Außenposten der Vereinigten Staaten. Ein europäischer Patriotismus könne nur dann entstehen, wenn Europa frei bleibe von äußeren Einflüssen. Es sei schwer, die Völker für einen solchen eu-

---

[10] Staatspräsident Pompidou und Präsident Nixon führten am 13./14. Dezember 1971 Gespräche in Angra do Heroismo auf der Azoreninsel Terceira.

[11] Für den Wortlaut der Erklärung der Konferenz der Staats- und Regierungschefs der EG-Mitgliedstaaten und -Beitrittsstaaten am 19./20. Oktober 1972 vgl. EUROPA-ARCHIV 1972, D 502–508.

ropäischen Patriotismus zu gewinnen, worin er selbst ja Erfahrungen gesammelt habe, als er die Probe aufs Exempel machte. Er müsse auch sagen, daß einzelne Partner geradezu besessen seien von dem Gedanken, was man in Washington von dieser oder jener Entscheidung halten könne. Dies halte er, auch als Vorkämpfer für gute Beziehungen zu den Vereinigten Staaten, nicht für vernünftig. Schließlich könne es auch keine Entspannung geben, wenn im Westen alle fünf Minuten der Gedanke aufkomme, die Sowjetunion könne sich auf uns stürzen.

Der Herr *Bundeskanzler* bemerkte, soweit er sehen könne, gebe es hier nichts Kontroverses zwischen den beiden Ländern.

Präsident *Pompidou* ging dann auf die Beziehungen Frankreichs zur DDR ein. Z. Z. würden protokollarische Gespräche geführt, die auf die nächste Woche vertagt seien.[12] Man wolle, in Abstimmung mit den Alliierten und insbesondere mit der Bundesrepublik, so verfahren, daß kein Botschafter Frankreichs entsendet werde, bevor die Bundesregierung nicht ihren Vertreter in die DDR entsandt habe.

Der Herr *Bundeskanzler* erwiderte, die DDR werde in der Bundesrepublik wohl einen Vertreter ernennen, der den persönlichen Titel Botschafter führen werde. Die beiderseitigen Behörden seien aber als Ständige Vertretungen zu sehen.[13] In dieser Frage sei vor allem wichtig, daß nicht vorfristig eine Versammlung der UNO anberaumt werde, um sich der Frage der Aufnahme der beiden deutschen Staaten zu widmen. Der Bundestag müsse sonst unter Zeitdruck geraten, weil nach unserer Verfassung die Mitgliedschaft in der UNO erst nach Ratifizierung des Grundvertrages beantragt werden könne.[14] Der

---

12 Zu den Gesprächen zwischen Frankreich und der DDR über die Aufnahme diplomatischer Beziehungen vgl. Dok. 7, besonders Anm. 4.
Am 11. Januar 1973 teilte Ministerialdirektor von Staden der Botschaft in Paris mit, er habe gegenüber dem Abteilungsleiter im französischen Außenministerium, Puaux, anläßlich der deutsch-französischen Konsultationsbesprechungen auf Direktorenebene ausgeführt, „daß eine (teilweise) Parallelität dieser Gespräche mit dem Treffen Brandt/Pompidou oder eine Erklärung über erfolgte Einigung am Vorabend des Kanzlerbesuchs zu unerwünschten Kommentaren in unseren beiden Ländern führen könnte, die sich das beiderseitige Bestreben, die Herzlichkeit des Verhältnisses zum 10. Jahrestag des deutsch-französischen Vertrages zu betonen, ungünstig auswirken könnten". Staden bat die Botschaft, im französischen Außenministerium darauf hinzuwirken, daß die Gespräche zwischen Frankreich und der DDR „nach einer ersten Runde von zwei bis drei Tagen vertagt und erst nach Beendigung des deutsch-französischen Gipfeltreffens wiederaufgenommen werden". Vgl. den Drahterlaß Nr. 115; VS-Bd. 9054 (210); B 150, Aktenkopien 1973.
13 In Artikel 8 des Vertrags vom 21. Dezember 1972 über die Grundlagen der Beziehungen zwischen der Bundesrepublik und der DDR wurde vereinbart: „Die Bundesrepublik Deutschland und die Deutsche Demokratische Republik werden ständige Vertretungen austauschen. Sie werden am Sitz der jeweiligen Regierung errichtet. Die praktischen Fragen, die mit der Einrichtung der Vertretungen zusammenhängen, werden zusätzlich geregelt." Vgl. BULLETIN 1972, S. 1843. Vgl. dazu ferner AAPD 1972, III, Dok. 413.
14 Die Bundesregierung leitete die Entwürfe für das Gesetz zum Grundlagenvertrag sowie für das Gesetz über den Beitritt zur UNO-Charta am 22. Dezember 1972 dem Bundesrat und am 7. bzw. 8. Februar 1973 dem Bundestag zu. Für den Wortlaut vgl. BR DRUCKSACHEN, Bd. 16, Drucksache Nr. 640/72 und Nr. 650/72, bzw. BT ANLAGEN, Bd. 170, Drucksachen Nr. 7/153 und Nr. 7/154. Vgl. dazu weiter Dok. 38, Anm. 21.
Zur gleichzeitigen Einbringung der Anträge in das parlamentarische Gesetzgebungsverfahren vermerkte Referat 230 am 7. November 1972: „Sobald der Grundvertrag unterzeichnet ist [...], wird das parlamentarische Zustimmungsverfahren für den VN-Aufnahmeantrag eingeleitet werden können. Aus verfassungs- und völkerrechtlichen Gründen ist nämlich vor unserem Antrag ein solches Zustimmungsgesetz des Bundestages notwendig, da sich die Neuaufnahme in die Verein-

Grundvertrag werde wohl im April oder Mai ratifiziert werden. Deshalb sei es vernünftig, erst im September die Mitgliedschaft beider deutscher Staaten zu behandeln.

Der Herr Bundeskanzler fuhr fort, hier und da spiele in französischen Zeitungen der Gedanke eine Rolle, als ob beide deutsche Staaten sich aus ihren Allianzen herausmogeln wollten, um sich näher zusammenzutun. Dies sei weit entfernt von den tatsächlichen Möglichkeiten. Man werde sehen, daß die DDR z. B. in der Frage der Familienzusammenführungen, der Verwandtenbesuche sehr behutsam vorgehen müsse, weil sie auf diesen Gebieten sehr anfällig sei. Das Regime habe zwar eine stärkere Basis, müsse aber nach wie vor auf Abgrenzung bedacht sein. Auch in der DDR gebe es Meinungsumfragen, die allerdings nicht veröffentlicht würden. Aus diesen uns bekannt gewordenen Umfragen ergebe sich aber ganz klar die Notwendigkeit dieser Abgrenzung für das Regime in der DDR. Praktisch bedeute dies, daß die Kooperation mit der DDR weiterhin – auch nach Austausch von Vertretern – Probleme aufwerfe, die schwieriger seien als Probleme mit anderen osteuropäischen Staaten. Der derzeitige erste Mann der DDR, Honecker, der aus dem Saargebiet stamme, sei ein tüchtiger Mann. Er habe aber nicht das Prestige im Ostblock, das Ulbricht als altgedienter Führer gehabt habe. Ulbricht habe gegenüber der Sowjetunion gelegentlich auftrumpfen können. Mit Honecker sei die Sowjetunion bisher weniger behutsam umgesprungen. Von seiten der Bundesrepublik müsse man hier behutsam vorgehen, um keine Möglichkeit der Besuche, des Austauschs, des gegenseitigen Sportbetriebs zu verbauen.

Präsident *Pompidou* wies darauf hin, daß er in einem Interview des Deutschen Fernsehens dargelegt habe, daß er die vorsichtige, behutsame Politik des Bundeskanzlers auf diesem Gebiet durchaus billige.[15] Es sei unmöglich, sich vorzustellen, daß es zu einer Politik komme, in deren Verlauf die DDR aus dem Warschauer Pakt, die Bundesrepublik aus dem Atlantischen Bündnis und der Gemeinschaft ausschere. Für den Bundeskanzler bestehe die große Schwierigkeit wohl darin, daß die Gefühle des Volkes in beiden deutschen Staaten wohl

---

Fortsetzung Fußnote von Seite 85

ten Nationen nicht in der Form der Zeichnung der VN-Satzung mit nachfolgender Ratifikation vollzieht, sondern in der Form des Beitritts. Um Zeit zu sparen, könnte das Ratifizierungsverfahren zum Grundvertrag und dieses Zustimmungsverfahren in den gesetzgebenden Körperschaften zeitlich parallel laufen. Die Zustimmung des Parlaments zum VN-Beitritt erscheint jedoch politisch abhängig von einer vorherigen positiven Entscheidung des Bundestages zum Grundvertrag." Vgl. Referat 230, Bd. 113952.

[15] Am 22. Januar 1973 erklärte Staatspräsident Pompidou in einem Interview für die Sendung „Report" der ARD, daß die Notwendigkeit des amerikanischen Schutzes „östlich des Rheins deutlicher empfunden" werde als in Frankreich: „Das war vor allem noch bis in die jüngste Vergangenheit wahr, insofern als Deutschland seine Beziehungen zum Osten noch nicht normalisiert hatte. In dieser Hinsicht war die Ostpolitik des Bundeskanzlers Brandt außerordentlich nützlich, und wir haben sie von ganzem Herzen unterstützt, weil sie eine ganze Reihe von deutschen Befürchtungen und Sorgen abgebaut hat. Die deutsche Ostpolitik stellt zwischen Deutschland und Osteuropa einen durchaus annehmbaren Modus vivendi her und sollte deshalb Deutschland in einem gewissen Maße helfen, sich seiner europäischen Realität bewußt zu werden und sich nicht lediglich als Vorhut der Atlantischen Allianz zu betrachten, wie das zur Zeit des Kalten Krieges der Fall war bis zu der Unterzeichnung der Verträge mit Polen und mit der Sowjetunion, sowie einer Anzahl von Abmachungen, die seitdem getroffen wurden. Ich glaube also, daß die Realitäten sich verändert haben und daß Deutschland sich europäischer fühlen wird. Ich glaube auch, daß der Abschluß der deutschen Verträge mit dem Osten den Bundeskanzler dazu geführt hat, seine Zugehörigkeit zu Westeuropa deutlicher zu betonen." Vgl. EUROPA-ARCHIV 1973, D 211.

die gleichen seien, daß aber die Sowjetunion sich einfach nicht vorstellen könne, daß ein kommunistisches Land nicht für immer kommunistisch bleibe. Dies
sei wohl auch der Grund der sowjetischen Intervention in der Tschechoslowakei[16] gewesen. Man müsse dabei wohl auch an die Polen, Ungarn und Tschechen denken. Breche einmal ein Staat aus dem Ostblock aus, würden sich alle
anderen beeilen, ein Gleiches zu tun.

Der Herr *Bundeskanzler* bemerkte, in derselben Sendung, in der sich Präsident Pompidou gegenüber der deutschen Politik geäußert habe, habe er erzählt, daß 1959, wenige Monate vor seinem Tod[17], Foster Dulles, den man nun
gewiß nicht als Freund der Kommunisten bezeichnen könne, ihm einmal gesagt habe, daß die Sowjetunion und die Vereinigten Staaten sich möglicherweise über hundert Dinge nicht einig seien, in der hundertundersten Frage
allerdings völlig einer Meinung seien: daß man Deutschland nämlich niemals
erlauben werde, als neutrale Macht zwischen den Blöcken zu marschieren.
Dies sei auch die Meinung der Vereinigten Staaten![18]

Daher wolle man auf eine europäische Entwicklung warten, die auch Chancen
für die nationale Einheit biete, mit den Ergebnissen, die für jeden objektiven
Beobachter offen zu Tage treten müßten.

Da Präsident Pompidou noch einen anderen Besucher erwartete, wurde das
Gespräch gegen 16.50 Uhr beendet.

Bundeskanzleramt, AZ: 21-30 100 (56), Bd. 38

---

16 Am 20./21. August 1968 kam es zu einer Intervention von Truppen des Warschauer Pakts in der
ČSSR.

17 Der amerikanische Außenminister Dulles verstarb am 24. Mai 1959.

18 Am 22. Januar 1973 führte Bundeskanzler Brandt gegenüber dem ZDF aus: „Die Deutschen können nicht raus aus Europa und seinen Problemen so wie unsereins, wenn er es möchte, aus dem
Fußballverein, dem man angehören mag, austreten kann. Das meinte ich vorhin, als ich sagte, das
Problem wird sich nicht stellen, das manche sorgenvoll von draußen erfüllt, wenn sie davon sprechen, dieses Deutschland könnte eines Tages neutralisiert werden. Ich sage Ihnen ganz offen, ich
hätte nach dem letzten Krieg das nicht für die schlechteste aller Welten gehalten. Aber so fein
sind wir nicht weggekommen, und das war wohl auch nicht zu erwarten nach dem, was passiert
war. Als noch der Kalte Krieg voll im Gang war, hat mir John Foster Dulles gesagt, der nun gewiß
nicht im Verdacht steht, kommunistenfreundlich gewesen zu sein, noch damals hat er mir gesagt:
Wir streiten mit den Russen über hundert Dinge und über das 101. Thema sind wir uns einig, daß
die Deutschen nicht neutralisiert zwischen den Fronten in Europa und in der Welt herumspazieren dürfen. Dies hat sich, obwohl der Kalte Krieg alter Prägung nicht mehr besteht, aber eben
doch nicht gewandelt." Vgl. BULLETIN 1973, S. 70. Vgl. dazu ferner BRANDT, Erinnerungen, S. 154.

17

Gespräch des Bundeskanzlers Brandt
mit Ministerpräsident Messmer in Paris

105-8.A/73 geheim   22. Januar 1973[1]

Im Verlauf der deutsch-französischen Konsultationen vom 22. und 23. Januar 1973 in Paris führten der französische Premierminister Messmer und der Herr Bundeskanzler ein Gespräch unter vier Augen, das am 22. Januar um 17.30 Uhr begann.

Premierminister *Messmer* schlug vor, zunächst Fragen aus dem Bereich der Verteidigung zu behandeln. Verteidigungsminister Debré habe im Laufe der Konsultationen keine Gelegenheit, diese vorzubringen, da er sich z.Z. 14 000 km von Paris entfernt in seinem Wahlkreis[2] aufhalte. Es gehe dabei um ein generell geartetes sowie ein bilaterales Problem.

Das erste Thema laute MBFR. Hier könne die französische Seite nur die Sorge bekräftigen, die sie angesichts dieses Problems hege. Man glaube nämlich, daß die MBFR zwar auf eine gegenseitige Reduzierung der Streitkräfte der Vereinigten Staaten und der Sowjetunion hinauslaufe, nicht jedoch auf eine ausgewogene, da die Sowjetunion sich nur ein paar hundert km zurückziehen werde, die Vereinigten Staaten jedoch über den Atlantik zurückgingen. Bis jetzt sei Frankreich entschlossen, sich von diesen Verhandlungen fernzuhalten. Freilich wisse man, daß auch die Bundesrepublik hier vor einem Problem stehe.

Der Herr *Bundeskanzler* erwiderte, gewiß sei dem so. Es bleibe unsere Einschätzung, daß die Vereinigten Staaten nicht in genau dem gleichen Umfang wie bisher ihre Streitkräfte in Europa beibehalten wollten. Jahre hindurch sei man dieser Meinung gewesen wie auch der Auffassung, daß man um der Sicherheit Europas willen nicht auf die amerikanischen Streitkräfte verzichten könne. Die Amerikaner würden aber nicht bleiben.

Betreibe man nun die MBFR-Gespräche vorsichtig, könnten sie einen Einblick auf Art und Umfang der amerikanischen Reduzierung vermitteln. Man werde sehr vorsichtig an diese Gespräche herangehen, müsse aber erkennen, daß nicht alles so bleiben werde, wie es sich jetzt darbietet. So wie die Dinge jetzt lägen, rechne man nicht mit nennenswerten Änderungen in der Substanz der Streitkräfte. Auch hinsichtlich der nationalen Streitkräfte werde wohl nicht alles unverändert bleiben. Er habe ohnehin die Absicht gehabt, etwas über diesen Fragenkomplex zu sagen. In der Bundesrepublik habe Ende 1972 eine Wehrstrukturkommission ihren Bericht vorgelegt.[3] Die Bundesregierung werde Vorschläge für eine mögliche Neugliederung der Streitkräfte vorlegen, nicht in der Hoffnung, die Einheiten zu verringern, leider auch nicht mit der Hoffnung, billiger davonzukommen, aber mit der Absicht, ein besseres Verhältnis

---

[1] Die Gesprächsaufzeichnung wurde von Vortragendem Legationsrat Merten am 25. Januar 1973 gefertigt.
[2] La Réunion.
[3] Zum Bericht der Wehrstrukturkommission vom 28. November 1972 vgl. Dok. 10, Anm. 7.

zwischen Investitions- und Personalkosten bei den Streitkräften zu ermöglichen. Die Vorstellungen gingen dahin zu prüfen, ob man neben einer bestimmten Zahl von direkt einsatzfähigen Brigaden andere, die im Kern vorhanden, im Bedarfsfalle rasch aufgefüllt werden könnten, vorsehen könnte. Eine Reduzierung weder der Zahl der Streitkräfte noch der dafür aufzuwendenden Mittel werde sich daraus ergeben.[4]

Premierminister *Messmer* erklärte dazu, in Frankreich sei eine gleich geartete Entscheidung getroffen worden, allerdings mit der Maßgabe, die Personalstärke der Streitkräfte nicht zu reduzieren, die Mittel für ihre Tätigkeit jedoch noch zu verstärken. Zu letzterem sei man absolut entschlossen.

Zu der bilateralen Frage wolle er ganz offen folgendes sagen: Wenn Frankreich bisher gezögert habe, der erbetenen Anhebung der Verdrängungsgrenze für Unterseeboote zuzustimmen[5], dann sei dies geschehen, weil man die Frage bis auf die Ebene der Regierungschefs bringen wollte. Dies sei aus einem technischen und aus einem politischen Grund geschehen. Technisch müsse gesagt werden, daß eine Verdrängung von 1800 t nahe bei der Tonnage eines Atombootes liege. Frankreich sei zwar nicht auf den Bau von Atomunterseebooten spezialisiert wie etwa die Vereinigten Staaten, man sei jedoch in der Lage, ein Atomunterseeboot von 2200 t in Schalenbauweise zu bauen, in zwei Jahren könne man auch ein 1900 t-Boot bauen. Dies sei z. Z. noch geheim.

Der politische Aspekt sei wie folgt beschaffen: Als er vor zwei oder drei Wochen einmal die Unterlagen über die deutsch-französische Zusammenarbeit auf dem Gebiet der Rüstung wieder geöffnet habe, nachdem er sich seit seinem Ausscheiden aus der Regierung im Jahre 1969 nicht mehr damit befaßt habe, sei er zutiefst überrascht, ja beunruhigt gewesen, weil er habe feststellen müssen, daß die deutsch-französische Zusammenarbeit auf diesem Gebiet nicht nur nicht vorangekommen sei, sondern sich sogar rückläufig verhalte. Bei einem Projekt habe man Fortschritte erzielt, nämlich beim Alpha Jet.[6] Hier sei allerdings die Durchführung des Projekts noch nicht völlig gesichert, weil weder die deutsche Luftwaffe noch die französischen Luftstreitkräfte bisher diese Maschinen bestellt hätten. Wenn solche Aufträge nicht vorlägen, käme man wohl nie über die Prototypserie hinaus. Bei den Raketen Roland und Milan[7] habe es nicht nur keinen Fortschritt, sondern sogar Rückschritte gegeben. Was das Projekt Roland anbelange, werde gesagt, es sei nur dann zu verwirklichen, wenn dritte Nationen sich dabei beteiligten. Die Milan-Rakete, die gewiß eine gute Waffe sei, sei ebenfalls noch keiner Entscheidung seitens der deutschen und französischen Armeen zugeführt worden. Z. Z. gebe es nur eine Vorserie von je 100 Raketen dieses Typs bei den deutschen und französischen Streitkräften. Auch in bezug auf das Projekt „Hot"[8] sei noch keine Entscheidung ge-

---

4 Korrigiert aus: „werde sich daraus nicht ergeben".
5 Zu den Bestrebungen der Bundesrepublik, eine Anhebung der Tonnagegrenze für den Bau von U-Booten zu erreichen, vgl. Dok. 11.
6 Zur Entwicklung des deutsch-französischen Kampfflugzeugs „Alpha-Jet" vgl. Dok. 39.
7 Zur deutsch-französischen Zusammenarbeit bei der Entwicklung der Flugabwehrrakete „Roland" und der Panzerabwehrrakete „Milan" vgl. Dok. 15, Anm. 9.
8 Zur deutsch-französischen Zusammenarbeit bei der Entwicklung der Panzerabwehrrakete „Hot" vgl. Dok. 15, Anm. 9.

fallen. Dies sei in gewissem Ausmaß verständlich, weil es sich hier um ein kompliziertes und schwieriges Gerät handele.

Die Lage insgesamt beunruhige ihn stark. Er verstehe nun den Pessimismus, ja die Skepsis, die sich bei französischen Militärs hinsichtlich einer deutsch-französischen Zusammenarbeit auf dem Gebiet der Rüstung zeige.

Der Herr *Bundeskanzler* erwiderte, es sei gut, über diese Dinge offen miteinander zu sprechen. Zu der zuerst angeschnittenen Frage der Unterseeboote wisse er zu schätzen, daß der Premierminister ihm eine Erklärung dazu gegeben habe. Freilich habe ihn diese nicht überzeugt. Er werde mit seinen Leuten darüber reden.

Zum zweiten verstehe er, wie ärgerlich es sei, daß Probleme jahrelang ohne Fortschritt blieben. Er werde immer wieder mit generellen Berichten konfrontiert, in denen es hieße, daß man Fortschritte erziele. Auf dem Gebiet der Rüstungszusammenarbeit zwischen beiden Ländern sei es nicht leicht, Fortschritte zu erzielen, weil zum Beispiel die Frage des Devisenausgleichs mit den Amerikanern nur über Rüstungskäufe in den Vereinigten Staaten gelöst werden könne.[9] Er sei aber bereit, die Frage der Rüstungszusammenarbeit prüfen zu lassen. Man könne dann beim Sommertreffen[10] von neuem darüber sprechen. Eine andere Möglichkeit bestehe darin, daß die beiden Verteidigungsminister[11] sich außer der Reihe träfen, einen Bericht erarbeiteten, den dann der Premierminister und der Bundeskanzler durchgehen könnten, um die Punkte herauszufinden, bei denen wir rascher vorankommen könnten. Bestimmte Rüstungsfragen würden auch unter den europäischen NATO-Partnern besprochen. Es sei schade, wenn Frankreich durch seine besondere Rolle in der Allianz[12] daran gehindert wäre, hier mitzumachen. Er wünsche durchaus eine deutsch-französische Zusammenarbeit auf dem Gebiet der Rüstung. Er bedauere, daß auf diesem Gebiet nicht vor Jahren eine bessere Weichenstellung gefunden worden sei. Er sei bereit zu prüfen, mittels welcher Verfahren man größere Klarheit und größere Fortschritte erzielen könne.[13]

Premierminister *Messmer* wies darauf hin, daß auf diesem Gebiete oft politische Entscheidungen erforderlich gewesen wären. Was den Alpha-Jet anbelange, habe es sich zunächst darum gehandelt, daß man ursprünglich ein Schul-

---

[9] Zu den Rüstungskäufen der Bundesrepublik in den USA im Rahmen der deutsch-amerikanischen Devisenausgleichsabkommen vgl. Dok. 15, Anm. 7.

[10] Die deutsch-französischen Konsultationsbesprechungen fanden am 21./22. Juni 1973 statt. Vgl. dazu Dok. 198, Dok. 199 und Dok. 201.

[11] Georg Leber und Michel Debré.

[12] Frankreich schied am 1. Juli 1966 aus der militärischen Integration der NATO aus.

[13] Am 21. Mai 1973 nahm der Koordinator für die deutsch-französische Zusammenarbeit, Schmid, in einem Schreiben an Bundeskanzler Brandt Stellung zum Stand der bilateralen Rüstungszusammenarbeit: „Die bei den deutsch-französischen Konsultationen am 22. Januar 1973 in Paris von Premierminister Messmer geäußerte Klage über einen Rückgang der bilateralen Rüstungskooperation ist nicht gerechtfertigt: Die deutschen Rüstungsbeschaffungen in Frankreich sind nach 1969 erneut angestiegen und erreichten 1971 einen Jahreshöchststand von 763,6 Mio. DM. Dagegen dürfte das Volumen französischer Rüstungsbeschaffung aus der Bundesrepublik, das sich nicht genau beziffern läßt, nur einen kleinen Bruchteil der deutschen Beschaffungen aus Frankreich ausmachen. Seit Bestehen der Bundeswehr ist Frankreich mit insgesamt 6,716 Milliarden DM nach den USA unser bedeutendster Rüstungslieferant. Ferner steht Frankreich bei bilateralen Gemeinschaftsentwicklungen und -produktionen bisher an erster Stelle vor allen anderen Bündnispartnern." Vgl. Referat 201, Bd. 102500.

flugzeug bauen wollte. Von deutscher Seite sei dann der Wunsch gekommen, dieses Flugzeug auch als taktisches Flugzeug einsetzen zu können. Auf französischer Seite habe man dem zugestimmt. Wenn man nun aber etwas Komplizierteres als ein reines Schulflugzeug baue, werde dies natürlich kostspieliger. So koste der Alpha-Jet jetzt etwa zweimal das, was ein reines Schulflugzeug gekostet hätte. Wenn jetzt eine der beiden Streitkräfte das Flugzeug nicht bestelle, käme letzten Endes nichts zustande als die Feststellung, daß der Bau eines einfachen Schulflugzeuges erheblich billiger gewesen sei. Immerhin seien die technischen Entscheidungen jetzt gefallen, die technischen Probleme gelöst. Nunmehr müsse es zu der politischen Entscheidung kommen, dieses Flugzeug auch zu bestellen.

Die Schwierigkeiten der Bundesrepublik im Devisenausgleich mit den Amerikanern seien bekannt. Frankreich habe für seine in Deutschland stationierten Streitkräfte niemals Ausgleichszahlungen verlangt und beabsichtige auch in der Zukunft, keine solchen Zahlungen zu fordern. Man beklage die Rückläufigkeit in der deutsch-französischen Zusammenarbeit auf dem Gebiet der Rüstung. Hier laufe nur wenig, wie es laufen sollte, nur wenige Projekte würden in Angriff genommen. Man müsse auch seitens der Regierungen bei den angesprochenen Industriellen das richtige Klima für eine solche Zusammenarbeit schaffen.

Der Herr *Bundeskanzler* erwiderte, er werde diese Fragen besprechen. Man müsse sehen, wie man diesen Trend zum Positiven wende. Er werde darüber mit seinem Verteidigungsminister und seinem Außenminister sprechen. Über die Frage des Verkaufs des Airbus habe er bereits mit Präsident Pompidou gesprochen.[14] Er freue sich auch, daß in der Frage des Post-Apollo-Programms und der Beteiligung an einem französischen Träger ein Kompromiß gefunden worden sei.[15] Auch er sei der Auffassung, daß auf lange Sicht Europa hier selbständiger werden müsse. Die jetzt gefundene Formel erscheine ihm ganz praktisch.

Premierminister *Messmer* stimmte dem mit der Bemerkung zu, daß man die jetzt gefundene Formel wohl noch verfeinern könne, daß man aber auch noch Schwierigkeiten mit Großbritannien haben wird, das weder die Beteiligung am Post-Apollo-Programm noch an dem Träger wünsche. Notfalls müßten die beiden Länder das gemeinsam tun.

Die wirtschaftlichen Statistiken für das Jahr 1972 wiesen aus, daß nicht nur im deutsch-französischen Handel[16], sondern auch in den gegenseitigen Investitionen eine beachtliche Entwicklung zu verzeichnen sei. Dies könne man nur begrüßen. Insbesondere sei mit Genugtuung festzustellen, daß französische Investitionen in Deutschland nunmehr in größerem Ausmaße getätigt

---

14 Vgl. dazu das Gespräch vom 22. Januar 1973; Dok. 15.

15 Vgl. dazu die Ergebnisse der Europäischen Weltraumkonferenz vom 20. Dezember 1972 in Brüssel; Dok. 15, Anm. 16.

16 Die Bundesrepublik führte 1970 Waren aus Frankreich im Wert von 13,899 Mrd. DM ein; 1971 betrugen die Importe 15,919 Mrd. DM und 1972 18,157 Mrd. DM. Die Exporte der Bundesrepublik nach Frankreich beliefen sich 1970 auf 15,48 Mrd. DM, 1971 auf 16,975 Mrd. DM und 1972 auf 19,406 Mrd. DM. Vgl. STATISTISCHES JAHRBUCH 1973, S. 316.

würden. Dies sei eine gute Konsequenz, die sich aus dem Gemeinsamen Markt, besonders aber aus der Entwicklung der bilateralen Beziehungen ergeben habe.

Der *Bundeskanzler* bemerkte dazu, auch deutscherseits sei man mit der gegenseitigen wirtschaftlichen Verflechtung zufrieden. Große Firmen kämen sich näher, es käme zu einer Annäherung auf dem Gebiet der friedlichen Nutzung der Kernenergie[17] und der Anreicherung von Uran[18]. Gewiß könne man noch viel tun, insgesamt sei aber eine relativ positive Bilanz zu verzeichnen.

Premierminister *Messmer* stimmte dem zu. 1972 sei so gesehen ein gutes Jahr gewesen. Man habe doch gespürt, daß in manches, das vorher schwierig gewesen sei, nunmehr Bewegung gekommen sei. Dies gelte für die EDV[19], aber auch für andere Bereiche. Wie sehe der Herr Bundeskanzler die Entwicklung der Preise und Löhne in der Bundesrepublik für das Jahr 1973?

Der Herr *Bundeskanzler* entgegnete, für unsere Begriffe sei man mit einer sehr hohen Preissteigerungsrate in das Jahr 1973 gegangen.[20] Die ersten nunmehr zustande gekommenen Tarifabschlüsse seien nicht stabilitätsbewußt genug, andererseits aber auch nicht extrem unvernünftig. In der Metallindustrie habe man bei 8,5 % abgeschlossen.[21] Dies sei bei der schwachen Position der Stahlindustrie eigentlich etwas zu viel, aus der Sicht der Arbeitnehmer aber zu wenig, da diese 8,5 % nur einen knappen Ausgleich der Preissteigerungsrate darstellten. Dies bringe die Gewerkschaftsführung in Schwierigkeiten. Im öffentlichen Dienst werde zur Zeit verhandelt. Die Regierung wolle nicht abschließen, wenn man hier nicht deutlich unter 8,5 % bleibe.[22] Gegebenenfalls wolle die Regierung einen Konflikt riskieren. Schwierig werde es bei der chemischen Industrie, die eine florierende Wachstumsindustrie sei. Hier wird man wohl etwas höher abschließen müssen.[23] Er fürchte auch, daß es im Laufe des Jahres

[17] Zur deutsch-französischen Zusammenarbeit auf dem Gebiet der friedlichen Nutzung der Kernenergie vgl. Dok. 15, Anm. 13.

[18] Zu den von der Bundesrepublik und Frankreich unterschiedlich beurteilten Verfahren zur Anreicherung von Uran vgl. Dok. 15, Anm. 14 und 15.

[19] Zur deutsch-französischen Zusammenarbeit auf dem Gebiet der Datenverarbeitung vgl. Dok. 15, Anm. 12.

[20] Der Preisindex für die Lebenshaltung eines Vier-Personen-Haushalts mit mittlerem Einkommen lag im Dezember 1972 bei 141,8 (1962 = 100). Die Steigerungsrate betrug im Vergleich zum Dezember 1971 6,5 %. Vgl. dazu BUNDESANZEIGER, Nr. 11 vom 17. Januar 1973, S. 1.

[21] Am 11. Januar 1973 wurde die Tarifrunde für die Metallindustrie weitgehend abgeschlossen. Arbeitgeber und IG Metall einigten sich in den einzelnen Tarifbezirken auf einen Abschluß, der Lohnerhöhungen um 8,5 % vorsah. Dazu wurde in der Presse berichtet, „daß man sich im Arbeitgeberlager weitgehend darüber einig sein soll, dieses Jahr in den einzelnen Industriesparten die Grenze von 8,5 % nicht zu überschreiten. Umgekehrt, so ist weiter zu hören, sollen die Gewerkschaften mit Rücksicht auf die Bonner Stabilitätsbemühungen offenbar bereit sein, bei diesem Satz neue Tarifverträge abzuschließen." Vgl. den Artikel „Einigung auf 8,5 % höhere Löhne in allen Industriezweigen erwartet"; FRANKFURTER ALLGEMEINE ZEITUNG vom 12. Januar 1973, S. 1.

[22] Am 24. Januar 1973 billigte das Kabinett den Tarifabschluß für die Bediensteten im öffentlichen Dienst, der eine Erhöhung der Grundvergütung um 6 % sowie die Zahlung eines monatlichen Sockelbetrags von 40 DM vorsah. Dies entsprach einer durchschnittlichen Lohnerhöhung von 8,5 %. Vgl. dazu den Artikel „Das Bundeskabinett billigt Tarifabschluß"; FRANKFURTER ALLGEMEINE ZEITUNG vom 25. Januar 1973, S. 1.

[23] Am 18. April 1973 einigten sich Arbeitgeber und die IG Chemie für den Tarifbezirk Nordrhein rückwirkend zum 1. April 1973 auf 9,9 % mehr Lohn und Gehalt. Der Vereinbarung mit einer Laufzeit von zwölf Monaten kam nach Auffassung von beiden Seiten ein Modellcharakter für die übrigen Tarifbezirke zu. Vgl. dazu die Meldung „Schlichtungsergebnis soll Marke für Chemie setzen"; FRANKFURTER ALLGEMEINE ZEITUNG vom 19. April 1973, S. 1.

dazu kommen könnte, unter Ausnutzung der gegebenen Möglichkeiten, etwas wegzusteuern. 1970 habe man sich für die unpraktische Möglichkeit eines rückzahlbaren Zuschlages entschieden.[24] Das Gesetz sehe aber auch nicht rückzahlbare Zuschläge vor. Unser System mit Bund, Ländern und Gemeinden mache die Arbeit hier nicht leicht. Gerade die Länder und Gemeinden seien ausgabefreudiger als der Bund. Die Mittel, letztere an der Leine zu halten, seien begrenzt. Minister Helmut Schmidt habe sich wohl etwas pessimistisch geäußert, als er sagte, er sei froh, wenn Ende des Jahres 1973 nicht höhere Preissteigerungsraten als bisher eingetreten seien. Er sei hier etwas optimistischer. Er glaube, daß man die Preissteigerungsraten doch etwas mehr herunterdrücken könne. Dies könne unter der Bedingung möglich sein, daß man weiterhin in der Europäischen Gemeinschaft gegen die Inflation kämpfe, daß es dabei insbesondere zu einer guten Zusammenarbeit zwischen der deutschen und französischen Regierung komme, gegebenenfalls mit der Möglichkeit, andere Regierungen in die Pflicht zu nehmen.

Premierminister *Messmer* erklärte dazu, das Jahr 1972 habe Frankreich Lohnsteigerungen zwischen 11 und 12 % gebracht. Die jetzt bei Renault, EdF[25] und anderen Werken getätigten Abschlüsse lägen bei 8,5 % bis 9 %, also etwa auf dem auch in Deutschland eingehaltenen Niveau. Die Verhandlungen mit dem öffentlichen Dienst seien gescheitert, weil man nicht über 6 % habe hinausgehen wollen. Die Beamten hielten das natürlich nicht für ausreichend. Hinsichtlich der Preisentwicklung befürchte man, daß man ein schwieriges Jahr erleben werde. Die weltweite Bewegung ziehe Frankreich mit. Dies gebe zu großer Sorge Anlaß.

Was die Europäische Gemeinschaft anbelange, müsse man seines Erachtens zusehen, daß im Jahre 1973 die Gemeinschaft etwas stärker auf die soziale Komponente ausgerichtet werde. Hier sei noch nicht viel Konkretes geschehen. Vielleicht könne man zwei bis drei praktische Projekte gemeinsam in Gang setzen.

Der Herr *Bundeskanzler* erwiderte, er habe sehr genau zugehört, als der Premierminister bei der Gipfelkonferenz[26] darüber gesprochen habe. Man solle sich nicht von denen aufhalten lassen, die sagten, dies gehe aus Stabilitätsgründen nicht. Es gebe auch soziale Projekte, die keine großen Finanzierungsfragen aufwerfen. Mit einigen solcher Projekte sollte man beginnen, weil dies für das Verständnis breiter Schichten der Bevölkerung in der Gemeinschaft wichtig sei.

Premierminister *Messmer* führte dazu aus, er habe seinerzeit auf der Gipfelkonferenz Beispiele genannt. Vielleicht gebe es bessere. Es sei aber wichtig, daß wir mit etwas nun beginnen. Es gebe Projekte, die keineswegs kostspielig

---

24 Das Gesetz vom 23. Juli 1970 über die Erhebung eines rückzahlbaren Konjunkturzuschlags sah einen Zuschlag von 10 % zur Einkommen- und Körperschaftsteuer vor, der spätestens am 31. März 1973 wieder freigegeben und zurückzuerstatten war. Für den Wortlaut vgl. BUNDESGESETZBLATT 1970, I, S. 1125–1127.

25 Electricité de France.

26 Zur Konferenz der Staats- und Regierungschefs der EG-Mitgliedstaaten und -Beitrittsstaaten am 19./20. Oktober 1972 in Paris vgl. Dok. 1, Anm. 16.

seien. Einwände dagegen würden meistens von Leuten erhoben, die überhaupt nichts tun wollten.

Der Herr *Bundeskanzler* regte an, die beiderseitigen Arbeits- und Sozialminister[27] mit der Prüfung solcher Projekte zu beauftragen. Premierminister *Messmer* hielt dies für gut. Sein eigener Arbeits- und Sozialminister habe sehr viele Ideen. Er könne zusammen mit seinem deutschen Kollegen prüfen, was man verwirklichen könne. Es müsse aber etwas geschehen, um deutlich zu machen, daß Europa nicht nur aus Handel, Wirtschaftsproblemen und Zollsätzen entstehen könne. Nunmehr müsse man auch gesellschaftspolitische Akzente setzten. Er sei gewiß, daß man hier etwas Symbolträchtiges finden werde. Ein in Frankreich besonders anfälliges Gebiet sei das der Sicherheit im Straßenverkehr. Hier müsse manches verbessert werden. Im Jahre 1972 habe es in Frankreich 16 000 Verkehrstote gegeben. Vielleicht könne man auf diesem Gebiet etwas Gemeinsames tun?

Der Herr *Bundeskanzler* erwiderte, in seiner Regierungserklärung habe er dazu etwas gesagt.[28] Er halte es für vorteilhaft, wenn man über die Grenzen hinweg etwas Gemeinsames tun könnte.

Premierminister *Messmer* regte an, Maßnahmen sofort im europäischen Rahmen zu planen. Wenn nicht die gleichen Regeln für alle Gültigkeit hätten, könnte es zu Konstruktionsproblemen kommen. Auch darüber müsse man reden. Man müsse in jedem Fall den Völkern jetzt zeigen, daß Europa mehr bedeute als bloßes Geschäft.

Der Herr *Bundeskanzler* erklärte dazu abschließend, gerade solche Fragen gehörten in den Bereich der modernen Sozialpolitik. Diese umfasse halt neben der traditionellen Sozialpolitik auch solche Bereiche wie Umweltfragen, Regionalplanung und andere Bereiche.

Ende des Gesprächs: 18.30 Uhr.

Bundeskanzleramt, AZ: 21-30 100 (56), Bd. 38

---

[27] Walter Arendt und Edgar Faure.

[28] Bundeskanzler Brandt erklärte am 18. Januar 1973 vor dem Bundestag: „Die Verkehrssicherheit verlangt unsere besondere Aufmerksamkeit. Ich appelliere an die Industrie und an die Forschung, sich darum mehr zu kümmern; aber auch an die Verkehrsteilnehmer selbst, denn sie sind schließlich auf ihre Weise dafür verantwortlich, daß man sich auf unseren Straßen sicher fühlen kann. Die erschreckende Zahl der Verkehrstoten und -verletzten macht es notwendig, daß wir ein noch leistungsfähigeres Rettungswesen aufbauen." Vgl. BT STENOGRAPHISCHE BERICHTE, Bd. 81, S. 128.

18

Aufzeichnung des Vortragenden Legationsrats I. Klasse Hansen

VS-NfD 22. Januar 1973[1]

Betr.: Deutsch-französische Konsultationen in Paris;
    hier: Gespräche der Außenminister am 22.1.1973

1) MBFR

Schumann unterstreicht, daß französische Haltung trotz neuer Vorschläge WP[2], die auch in Minsk[3] zur Sprache gebracht worden seien, unverändert. Sowjetisches „droit de regard" nicht annehmbar. Dies gelte besonders für nationale Streitkräfte. Auch bloße Plafondierung für bestimmten Zeitraum, falls vertraglich festgelegt, gefährlich. Empfiehlt, nichts durch feste Abmachungen zu fixieren. Auch Erläuterungen BM, Reduzierung nationaler Streitkräfte

– darf nicht zu „Nachteilen" führen (Oreanda[4]),

– solle allenfalls erst am Ende des Prozesses stattfinden,

– müsse im Rahmen der Möglichkeit gesehen werden, je nach Art der Maßnahmen auch für geographischen Geltungsbereich zu differenzieren,

sowie Hinweis darauf, daß das „droit de regard" auch umgekehrt gelte, vermochten Schumann nicht zu überzeugen.[5]

2) KSZE

Schumann berichtet über Minsk. Festzuhalten:

– „Organe permanent"[6]. Franzosen auf Linie der Neun. Er habe als persönliche Meinung geäußert, mehrere Gremien seien ihm lieber als eines.

– Bei Zustimmung zu vertrauensbildenden und stabilisierenden Maßnahmen im Rahmen von TOP 1 hätten Russen sogar angeboten, Teil europäischen Gebiets UdSSR einzubeziehen.

---

[1] Hat Bundesminister Scheel vorgelegen.

[2] Vgl. dazu die sowjetische Note vom 18. Januar 1973; Dok. 12.

[3] Staatspräsident Pompidou führte am 11./12. Januar 1973 in Saslawl bei Minsk Gespräche mit dem Generalsekretär des ZK der KPdSU, Breschnew. Vgl. dazu Dok. 15.

[4] Bundeskanzler Brandt hielt sich vom 16. bis 18. September 1971 zu Gesprächen mit dem Generalsekretär des ZK der KPdSU, Breschnew, in Oreanda auf. Vgl. dazu AAPD 1971, II, Dok. 310, Dok. 311, Dok. 314 und Dok. 315.

[5] Am 24. Januar 1973 vermerkte Vortragender Legationsrat I. Klasse Hansen ergänzend: „BM erläuterte weiter, Ausschließung nationaler Streitkräfte führe letztlich zu amerikanisch-sowjetischem Bilateralismus im Sinne von SALT. Schumann räumte ein, daß dieses Argument Gewicht habe, machte jedoch geltend, daß es im Widerspruch stehe zu unserer Auffassung, nationale Streitkräfte erst zum Schluß in MBFR einzubeziehen. Im übrigen sei es im Lichte der Gespräche von Minsk fraglich, ob Russen dem letzteren überhaupt zustimmen würden. Auf Erwägungen BM zum Verhalten des Westens auf kürzliche WP-Vorschläge ging Schumann, da Frankreich nicht betroffen sei, nicht weiter ein." Vgl. Referat 202, Bd. 111194.

[6] Zum sowjetischen Vorschlag vom 22. Januar 1973, in die Tagesordnung der KSZE einen Punkt über die Errichtung eines „Ständigen Organs" einzufügen, vgl. Dok. 1, Anm. 9, und Dok. 15, Anm. 23. Vgl. dazu weiter Dok. 25.

– Insistenz Sowjets auf französisch-russische Abstimmung in KSZE-Fragen. Franzosen: Gemeinsame Aktionen kommen nicht in Frage.

BM erläuterte unsere Vorstellungen, insbesondere zum Ständigen Organ: Reserve, da Gefahr für europäischen Integrationsprozeß. Mehrere Gremien (u. a. z. B. für Jugendaustausch) vielleicht weniger problematisch. In jedem Fall vertiefte Diskussion noch verfrüht. Hinweis auf bereits bestehende Institutionen (z. B. ECE). Zurückhaltung gegenüber WP-Vorschlag „open-endedness" MBFR-Explorationen.

3) Beziehungen USA–Europa

Schumann betonte, daß sich Verhältnis zwischen Gemeinschaft und USA nach Römischen Verträgen[7] bestimme. Beim Handel gehe es um Tarif, Harmonisierung, keinesfalls um lineare Reduktion. Gegenseitigkeit der Konzessionen und Ausdehnung Handelsaustausch wesentlich. Im Agrarbereich: Acquis Communautaire aufrechterhalten. Weiter: weltweite Regelung für landwirtschaftliche Produkte.

BM: Frage müsse im Lichte zu schaffender europäischer Union gesehen werden. Weltoffenheit Gemeinschaft notwendig. Wir hätten stets gefordert, Dialog mit USA zu institutionalisieren[8], was jedoch nur mittel- und langfristig anzustreben sei. Amerikanische Konzeption, Beziehungen zu Europa als Ganzes zu sehen, lassen sich zum jetzigen Zeitpunkt wohl noch nicht verwirklichen. Pragmatisches Vorgehen erforderlich. Je mehr Integration, desto mehr Interessenidentität und deren Wahrnehmung nach außen.

Gespräche mit Amerikanern intensivieren, auch Kontakte mit Kongreß fördern.

Nixonreise: BM neigt zum Zusammentreffen mit EG-Ministerrat. Treffen im NATO-Rahmen einfacher, da USA hier Mitglied.[9]

Schumann: Gemeinschaft sollte ihre Haltung im Hinblick auf bevorstehende GATT-Verhandlungen[10] möglichst bald fixieren. Vorschlag: die Neun erteilen

---

7 Für den Wortlaut der Römischen Verträge vom 25. März 1957 vgl. BUNDESGESETZBLATT 1957, Teil II, S. 753–1223.

8 Bundeskanzler Brandt regte gegenüber Präsident Nixon am 15. Juni 1971 in Washington an, „sowohl auf wirtschaftlichem wie auf politischem Gebiet organische Verbindungen zwischen der Gemeinschaft und den USA zu entwickeln". Vgl. AAPD 1971, II, Dok. 208.
Im Gespräch vom 28. Dezember 1971 mit Nixon in Key Biscayne, Florida, präzisierte Brandt seinen Vorschlag dahingehend, „daß ein- oder zweimal im Jahr eine Gruppe mit hochrangigen Vertretern beider Seiten (Rat und Kommission auf seiten der EG) zusammenkommt". Vgl. AAPD 1971, III, Dok. 450.

9 Am 23. Januar 1973 berichtete Bundesminister Scheel in der Plenarsitzung der deutsch-französischen Konsultationsbesprechungen in Paris über das Gespräch mit dem französischen Außenminister Schumann am Vortag: „Wir haben aber im Zusammenhang mit den Überlegungen über das Verhältnis der Gemeinschaft zu den Vereinigten Staaten kurz erwähnt, daß der Präsident der Vereinigten Staaten, wenn er seinen Europabesuch macht, möglicherweise den Wunsch haben könnte, außer bilateralen Kontakten auch Kontakte mit den europäischen Organen zu haben neben dem Besuch der NATO. Hier sind unsere Auffassungen nicht vollkommen in der Übereinstimmung. Die Bundesrepublik ist der Meinung, daß es nützlich wäre, wenn der Präsident die Gelegenheit hätte, eine zu diesem Zweck einzuberufende Sitzung des Ministerrats zu besuchen, um eine Unterhaltung im Kreise der Mitglieder des Ministerrats zu führen. Wir glauben, daß dieses eine der besonders geeigneten Möglichkeiten ist, die europäische Identität sichtbar für alle Welt darzustellen." Vgl. die Gesprächsaufzeichnung; Ministerbüro, Bd. 178576.

10 Zur Einberufung einer neuen Verhandlungsrunde im Rahmen des GATT vgl. Dok. 15, Anm. 45.

Kommission Mandat, alsbald, in jedem Falle vor 1. Mai, Bericht über einzunehmende Haltung zu machen.

Zustimmung BM. Schumann steht Zusammentreffen Nixon mit EG-Rat skeptisch gegenüber: entweder nur protokollarischer Charakter (dann wenig sinnvoll) oder Erörterung von Substanzfragen, für die Mitglieder noch keine harmonisierte Auffassung besitzen.

BM: kann sich nicht vorstellen, daß Nixon Handelsvertragsfragen vertieft erörtern möchte.

4) Politische Zusammenarbeit

BM erläutert unsere Vorstellungen: Förderung Konvergenz zwischen PZ und Gemeinschaft, regelmäßige Zusammentreffen weiterer Regional- und sonstiger Experten (dabei unter Umständen längerfristige schwerpunktmäßige Aufgabenverteilung auf einzelne Partner), Intensivierung der Zusammenarbeit in Drittstaaten und bei internationalen Organisationen. Schumann spricht sich bis auf weiteres gegen Verquickung PZ mit wirtschaftlicher Integration aus: weder Konfusion noch Fusion! Zusammenarbeit in Gemeinschaften gehen nach präzisen Regeln vor sich, PZ dagegen intergouvernemental.

5) Europäische Union

BM plädiert dafür, sich bald auf ein Verfahren zu einigen, wie der 1975 fällige Bericht[11] zustande kommen soll. Wir sind offen. Erinnert an italienischen Vorschlag, europäische Persönlichkeit mit Aufgabe zu betrauen.

Schumann spricht sich für Ständige Vertreter aus. Italienische Anregung erscheint ihm nicht praktikabel.

6) Europäisches Jugendwerk[12]

BM schlägt vor, Institution nach zehnjährigem Bestehen zu überprüfen und sie heutigen Umständen so anzupassen, daß erfolgreiches Wirken auch in Zukunft gewährleistet. Verhandlungen sollten so zeitig abgeschlossen sein, daß vereinbarte Änderungen Anfang 74 in Kraft gesetzt werden können. Einschaltung der Koordinatoren.[13] Vorher keine Etat-Kürzungen!

Schumann bejaht Reformen. Jugendwerk müsse jedoch in politischer Substanz erhalten bleiben. Deshalb keine neuen Budgetkürzungen, was er StS Comiti sagen wolle.

7) Humanitäre Hilfsmaßnahmen in Vietnam

BM weist auf Regierungserklärung hin.[14] Haben Franzosen Plan? Können wir uns ihre Erfahrungen zunutze machen?

---

11 In Ziffer 16 der Erklärung der europäischen Gipfelkonferenz am 19./20. Oktober 1972 in Paris wurde ausgeführt: „Die Staats- und Regierungschefs, die sich als vornehmstes Ziel gesetzt haben, vor dem Ende dieses Jahrzehnts in absoluter Einhaltung der bereits geschlossenen Verträge die Gesamtheit der Beziehungen der Mitgliedstaaten in eine Europäische Union umzuwandeln, bitten die Organe der Gemeinschaft, hierüber vor Ende 1975 einen Bericht auszuarbeiten, der einer späteren Gipfelkonferenz unterbreitet werden soll." Vgl. EUROPA-ARCHIV 1972, D 508.

12 Zum deutsch-französischen Jugendwerk vgl. Dok. 15, Anm. 11.

13 Carlo Schmid und Joseph-Marie Comiti.

14 Bundeskanzler Brandt erklärte am 18. Januar 1973 vor dem Bundestag: „Die drängende Ungeduld, mit der die Menschen auch bei uns in Deutschland den Frieden für Vietnam erwarten, ist gut zu verstehen. Als Bundeskanzler habe ich es nicht für richtig gehalten, mich lautstarken Pro-

Schumann betont, Frankreich müsse vorwiegend bilateral etwas tun, nicht nur für Nord-, sondern auch für Südvietnam, zu dem sich Beziehungen in jüngster Zeit erheblich gebessert hätten. Aber Beteiligung an multilateralen Hilfsmaßnahmen bei VN und im Rahmen der Neun durchaus möglich.

8) Deutsch-französische Studiengruppe

Vierter Zwischenbericht[15] wurde gebilligt und Mandat erteilt, Arbeiten fortzusetzen.

9) Rüstungskooperation

Schumann unterstreicht kurz große Wichtigkeit dieser Frage. Hinweis auf deutsche bi- und multilaterale Vorhaben mit anderen Ländern und auf Schwierigkeiten bei Alpha-Jet.[16]

10) Weltraumfragen

Schumann betont Priorität für Franzosen. Anstehende Fragen: Europe II und L 3 S.[17] Anregung, gemeinsam auf Engländer einzuwirken, sich an letzterem Projekt zu beteiligen. Es müsse europäisch gehandelt werden.

11) Gretschko-Besuch in Paris[18]

Kurzer Bericht Schumanns. Keine neuen Erkenntnisse. Der Marschall habe gesagt, er verstehe nicht, was bei MBFR „gleichgewichtig" bedeute. Sorge vor China. Frage, warum Frankreich an NATO-Manövern teilnehme.

Hansen

Referat 202, Bd. 111194

Fortsetzung Fußnote von Seite 97

testen anzuschließen, von denen manche auch einen falschen Klang hatten. Wir wählten andere Wege und andere Formen, um unseren Einfluß für Frieden und Menschlichkeit geltend zu machen. Auf die Gefahr hin, von manchen noch immer mißverstanden zu werden, beschränke ich mich in diesem Augenblick auf eine Erklärung, die nach vorn gerichtet ist. Wir sind darauf vorbereitet, in beiden Teilen Vietnams humanitären Beistand zu leisten und gemeinsam mit anderen beim Aufbau dieses gequälten und verwüsteten Landes zu helfen, wenn endlich die Waffen schweigen." Vgl. BT STENOGRAPHISCHE BERICHTE, Bd. 81, S. 121 f.

[15] Für den vierten Zwischenbericht der deutsch-französischen Studiengruppe vom 19. Januar 1973 vgl. VS-Bd. 8107 (201); B 150, Aktenkopien 1973. Für einen Auszug vgl. Dok. 15, Anm. 35.

[16] Zur Entwicklung des deutsch-französischen Kampfflugzeugs „Alpha-Jet" vgl. Dok. 39.

[17] Vgl. dazu die Ergebnisse der Europäischen Weltraumkonferenz vom 20. Dezember 1972 in Brüssel; Dok. 15, Anm. 16.

[18] Der sowjetische Verteidigungsminister Gretschko hielt sich vom 27. November bis 2. Dezember 1972 in Frankreich auf.

19

Gespräch des Bundeskanzlers Brandt
mit Staatspräsident Pompidou in Paris

105-7.A/73 geheim   23. Januar 1973[1]

Das dritte Gespräch unter vier Augen zwischen dem französischen Staatspräsidenten und dem Herrn Bundeskanzler fand am 23. Januar 1973 um 10.30 Uhr statt.[2]

Der Herr *Bundeskanzler* schlug vor, noch einmal auf eine Anzahl bilateraler Fragen zurückzukommen, über die er teilweise auch schon mit Premierminister Messmer am Vortage[3] gesprochen habe. Dabei sei es insbesondere, da Minister Debré nicht anwesend sei[4], um Fragen der Zusammenarbeit in der Rüstung gegangen. Minister Messmer habe dargelegt, er sei überrascht gewesen, nach vierjähriger Abwesenheit aus seinem früheren Ministerium die Unterlagen wieder aufzuschlagen und dabei festzustellen, daß sich in der Zwischenzeit nicht viel auf diesem Gebiet getan habe. Er habe fast die gleichen Fragen und Probleme wiedergefunden. In der Politik sei es nun einmal so, daß man bei der Lektüre einer vier Jahre alten Zeitung auch feststellen könne, daß es im Grunde auch damals schon um dieselben Fragen gegangen sei. Immerhin habe er Premierminister Messmer zugesagt, eine Prüfung dieses Fragenkomplexes vorzunehmen, um feststellen zu lassen, was man sinnvollerweise weiter betreiben könne und was sinnloserweise mitgeschleppt werde. In den Fragen der Raumfahrtpolitik sei man, ohne daß er jetzt auf Einzelheiten eingehen wolle, noch nicht ganz einig.[5] Was das deutsch-französische Jugendwerk[6] anbelange, sähen beide Seiten die Notwendigkeit ein, im Jahre 1973 zu einer Erneuerung und Intensivierung zu gelangen. Mit Premierminister Messmer sei er sich einig darüber gewesen, daß die soziale Komponente der Gemeinschaft stärker betont werden müsse. Die Arbeits- und Sozialminister beider Länder[7] sollten gebeten werden, sich einmal über Projekte zu unterhalten, die jetzt in Angriff genommen werden können. Bei ihrer Präsentation dessen, was im Verlauf der Gespräche über bilaterale Fragen gesagt worden sei, sollten die Sprecher der beiden Regierungen auch darauf hinweisen, daß man während der Laufzeit des Vertrages von Jahr zu Jahr weitere Fortschritte erzielt habe. Es sollte gleichfalls gesagt werden, daß man das Jubiläum nicht als eine Abfolge von Zeremonien begangen habe, sondern auch bei nüchterner Arbeit im Dienste Europas.

---

1 Die Gesprächsaufzeichnung wurde von Vortragendem Legationsrat Merten am 25. Januar 1973 gefertigt.

2 Für die beiden Gespräche vom 22. Januar 1973 vgl. Dok. 15 und Dok. 16.

3 Für das Gespräch vom 22. Januar 1973 vgl. Dok. 17.

4 Der französische Verteidigungsminister Debré hielt sich in seinem Wahlkreis La Réunion auf.

5 Zur deutsch-französischen Zusammenarbeit auf dem Gebiet der Weltraumpolitik vgl. Dok. 15, Anm. 16.

6 Zum deutsch-französischen Jugendwerk vgl. Dok. 15, Anm. 11.

7 Walter Arendt und Edgar Faure.

Was den Vertrag[8] selbst anbelange, habe er die Vermutung, daß General de Gaulle und Konrad Adenauer sich wohl etwas mehr versprochen hätten, was das direkte Verhältnis der beiden Länder zueinander anbelange. Der Vertrag habe auch die geschichtliche Möglichkeit eröffnet, Europa weiterzuentwickeln. Wenn es gelänge, diese Doppelrolle des Vertrages herauszustellen, entspreche dies der Wahrheit und würde auch den Hoffnungen der Menschen auf ein werdendes Europa gerecht.

Präsident *Pompidou* erklärte sich damit völlig einverstanden. Was die bilateralen Fragen anbelange, sei das Thema Rüstungskooperation gewiß nicht das einzige, aber ebenfalls so bedeutungsvoll wie die industrielle Kooperation. Er glaube, den Darlegungen seines Premierministers entnommen zu haben, daß man in der Bundesrepublik bereit sei, etwas für den Verkauf des Airbus[9] zu tun. Hinsichtlich des deutsch-französischen Jugendwerks gehe er ebenfalls mit den Darlegungen des Bundeskanzlers konform. Generell glaube er, daß noch einiges zu tun sei, um die industrielle und soziale Kooperation der beiden Länder weiterzuentwickeln. Er halte es für durchaus zweckmäßig, die beiden Arbeits- und Sozialminister an die Arbeit zu setzen. Dies könne zu einer wünschenswerten Annäherung der beiderseitigen Maßnahmen führen. Seines Erachtens sei Frankreich in vieler Hinsicht hinter der Bundesrepublik zurück, z. B. was die Unternehmensführung anbelange. Dieses Hinterherhinken sei in Frankreich nicht zuletzt auch durch das Wirken der kommunistisch beeinflußten Gewerkschaften zu erklären. Eine Zusammenarbeit beider Länder auf diesem Gebiet solle auch den beiderseitigen Willen bekunden, aus Europa mehr als ein bloßes merkantiles Gebilde zu machen.

Die Sprecher der beiden Regierungen sollten auch vortragen, man sei sich darüber einig gewesen, daß nicht nur die Zielsetzungen, sondern auch die Termine, die die Pariser Konferenz[10] gesetzt habe, einzuhalten seien. Auch das über die Außenbeziehungen der Gemeinschaft Gesagte müsse vorgetragen werden, da sich hierfür vor allem die französische Presse interessiere. In den Ost-West-Fragen gebe es zwischen den beiden Ländern keine Probleme. Die französischen Beziehungen zur Sowjetunion hätten sich früher und leichter entwickelt als die deutschen Beziehungen zur Sowjetunion. Beide Länder stellten in diesen Beziehungen aber auf Entspannung mit dem Osten ab; es gehe nunmehr darum, diese Beziehungen in Herzlichkeit, aber auch bei größter Wachsamkeit so weiterzuentwickeln, daß für Westeuropa daraus kein Risiko entstehe. Er halte es nicht für zweckmäßig, daß die Sprecher das Thema Japan berührten, obwohl es sich hier um ernsthafte Probleme handele. Was das Verhältnis zu den Vereinigten Staaten anbelange, könne gesagt werden, daß die Bundesrepublik und Frankreich für enge Beziehungen zu den USA seien, daß man den militärischen Schutz der USA weiterhin für erforderlich halte. Im wirtschaftlichen Bereich gebe es hier abgestufte Nuancierungen zwischen beiden Ländern. Frankreich glaube, daß die Gemeinschaft die USA nicht ständig über die eige-

---

8 Für den Wortlaut des deutsch-französischen Vertrags vom 22. Januar 1963 vgl. BUNDESGESETZ-BLATT 1963, Teil II, S. 706–710.

9 Zur deutsch-französischen Zusammenarbeit beim Bau des Großraumflugzeugs „Airbus A-300 B" vgl. Dok. 15, Anm. 4, 5 und 18. Vgl. dazu weiter Dok. 39.

10 Zur Konferenz der Staats- und Regierungschefs der EG-Mitgliedstaaten und -Beitrittsstaaten am 19./20. Oktober 1972 vgl. Dok. 1, Anm. 16.

ne Entwicklung konsultieren müsse. In der Bundesrepublik sehe man dies vielleicht mit größeren Sorgen. Wenn man aber ein Kind zur Welt bringen wolle, gehe es mehr darum, daß dieses Kind gesund und kräftig heranwachse, es gehe nicht so sehr darum, daß man sich um das Wohlergehen und das Wohlverhalten der Patentante USA besorge.

Seines Erachtens hätten beide Länder ein Interesse daran, zu irgendeinem Zeitpunkt mit den englischen Freunden über die Zukunft der britischen Währung zu sprechen. Die Briten ließen z.Z. etwas merkwürdige Gedankengänge dazu an die Öffentlichkeit gelangen. So sollten z.B. die acht Partner Großbritanniens dem Pfund begrenzte Garantien geben, damit eine sofortige Rückkehr zur festen Parität[11] möglich werde. Darüber könnte man diskutieren, wenn es zur Festsetzung einer realistischen Parität käme. Gelänge dies nicht, bestünde die Gefahr, daß man unsere Reserven, hier insbesondere die deutschen Reserven, verliere. Man sollte über all dies einmal mit den Engländern reden. Premierminister Heath habe ursprünglich die Rückkehr zur festen Parität für den 1. Januar 1973 zugesagt. Aus wohl innenpolitischen Gründen zögere er jetzt damit.

Den Gedanken, einen Staatsminister für europäische Fragen zu ernennen[12], der auch Termine in Brüssel wahrnehme solle, halte er nach wie vor für gut. Das deutsche Beispiel, sollte es Wirklichkeit werden, könnte für Frankreich nachahmenswert sein. Zwar wolle der französische Außenminister Schumann, der mit einer eisernen Gesundheit versehen sei, nichts von seinen Kompetenzen aufgeben, aber schließlich habe dieser auch noch anderes zu tun. Auch Minister Scheel habe ihm (Pompidou) gesagt, daß er leider zu viele Reisen unternehmen müsse.

Der Herr *Bundeskanzler* erwiderte, was zunächst die Ost-West-Fragen anbelange, freue er sich, feststellen zu können, daß man in der Frage der Helsinki-Konsultationen[13] so eng beieinanderliege, wie dies überhaupt möglich sei. In Verbindung damit sollte die MBFR-Frage nicht als kontroverses Thema behandelt werden. Dies sei vielleicht auch gar kein kontroverses Thema, obwohl ein Teil der deutschen Presse den Versuch mache, es als solches herauszustellen. Seines Erachtens sollte man das herunterspielen. Was sodann die Frage des Verhältnisses zu den USA anbelange, wolle er seine Auffassung noch einmal präzisieren. Es komme ihm nicht darauf an, zu irgendeiner Institution mit festen Daten zu kommen[14], wenn dies den falschen Eindruck einer gewissen Abhängigkeit von den USA erwecken könnte. Man sei sich ja auch nicht sicher darüber, ob die USA selbst eine Regelmäßigkeit der Kontakte ins Auge fasse. Ferner sei es auch seines Erachtens zweckmäßig, mit den englischen Freunden die Währungsfragen zu besprechen. Dies könne getrennt oder in harmonisier-

---

11 Die britische Regierung beschloß am 23. Juni 1972 die Freigabe des Wechselkurses des Pfund Sterling. Vgl. dazu Dok. 15, Anm. 40.

12 Zur Ernennung eines zweiten Parlamentarischen Staatssekretärs im Auswärtigen Amt vgl. Dok. 16, Anm. 5.

13 Die erste Runde der multilateralen Vorgespräche für die KSZE fand vom 22. November bis 15. Dezember 1972 statt. Vgl. dazu AAPD 1972, III, Dok. 406.
Die zweite Runde begann am 15. Januar 1973. Vgl. dazu Dok. 24.

14 Zum Vorschlag des Bundeskanzlers Brandt für eine Institutionalisierung der Beziehungen zwischen den Europäischen Gemeinschaften und den USA vgl. Dok. 18, Anm. 8.

ter Weise oder auch zusammen geschehen. Er selbst werde Premierminister Heath Anfang März erst sehen.[15] Da aber für den 1. April der Start des Fonds vorgesehen sei[16], liege dieser Termin etwas spät. Ein solches Gespräch müßte also etwa Anfang Februar geführt werden. Wenn Präsident Pompidou in dieser Frage vertrauliche Schritte unserer beiden Regierungen für sinnvoll halte, sei er bereit mitzumachen. Für den Fall, daß man getrennt mit den Engländern rede, könne man gegenseitige Unterrichtung verabreden.

Hinsichtlich des Staatsministers für Europäische Angelegenheiten denke man in der Bundesrepublik an die Ernennung eines sehr tüchtigen Mannes, der dem Bundestag seit 1965 angehöre und sich vorher in der Verwaltung der Gemeinschaft bewährt habe.[17] Es sei daran gedacht, daß dieser Staatsminister ein paar Tage pro Woche in Brüssel sein solle und sich hier der Mehrzahl der Sitzungen widmen solle. Zwar gebe es auch Sitzungen, bei denen die Anwesenheit der Außenminister unerläßlich sei, wobei dies allerdings in der Minderheit der Fälle so sei. Präsident Pompidou habe völlig recht mit seiner Feststellung, daß es unmöglich sei, daß die Außenminister auf die Dauer regelmäßig die laufende Arbeit in Brüssel wahrzunehmen hätten. Schließlich brauche man sie auch zu Hause und im Parlament. Die laufende Arbeit könne durchaus durch Staatsminister der geschilderten Art erledigt werden, die Zugang zum Kabinett hätten, so daß sie die eigenen Fragen selbst vorbringen könnten. In der Geschäftsordnung der Bundesregierung habe man nunmehr vorgesehen, daß es bei jeder wöchentlichen Kabinettssitzung einen festen Punkt auf der Tagesordnung geben solle, der den Fragen der europäischen Organisationen gewidmet sei.[18] Damit sei man in die Lage versetzt, nicht abwarten zu müssen, daß irgendeine Frage auftauche. Man könne vielmehr ständig prüfen, ob bestimmte Koordinationsfragen Auswirkungen auch auf andere Ressorts haben könnten. Noch im Februar soll die geschäftsmäßige Klärung der Stellung dieses Staatsministers erfolgen.[19] Sobald eine Regelung getroffen sei, wolle er sie gerne Präsident Pompidou übermitteln, damit dieser prüfen könne, ob die gefundene Form auch den eigenen Überlegungen entspreche.

---

[15] Premierminister Heath hielt sich am 1./2. März 1973 in der Bundesrepublik auf. Vgl. dazu Dok. 69 und Dok. 70.

[16] Zur Schaffung eines Europäischen Fonds für währungspolitische Zusammenarbeit vgl. Dok. 15, Anm. 41.

[17] Hans Apel war von 1961 bis 1965 als Abteilungsleiter („Chef de division") für Wirtschafts- und Finanzpolitik in der Verwaltung des Europäischen Parlaments tätig.

[18] Die Geschäftsordnung der Bundesregierung vom 11. Mai 1951 wurde zuletzt am 23. Januar 1970 und erneut am 16. März 1976 geändert. Vgl. dazu GEMEINSAMES MINISTERIALBLATT 1970, Nr. 5, S. 50, sowie GEMEINSAMES MINISTERIALBLATT 1976, Nr. 14, S. 174.

[19] Am 16. Februar 1973 teilte Bundeskanzler Brandt Bundesminister Scheel mit: „Das Kabinett hat auf seiner Sitzung am 14. Februar 1973 bereits die Übung aufgenommen, in jeder Sitzung regelmäßig die Entwicklung der europäischen Fragen zu beraten. Es entspricht der Herrn Apel innerhalb der Bundesregierung zugewiesenen Aufgabe, daß er diese Berichterstattung vornimmt. Er sollte unter diesen Umständen jeweils zu diesem Tagesordnungspunkt an den Kabinettssitzungen teilnehmen. Ob dies gegebenenfalls auch in der Geschäftsordnung zu verankern ist, bedarf noch weiterer Prüfung. Unterhalb des inzwischen gebildeten Kabinettsausschusses für Europapolitik sollte der bestehende Staatssekretärsausschuß für Europafragen seine Aufgabe als Koordinierungsgremium in Zukunft verstärkt wahrnehmen. Diesem Ziel wäre der ständige Vorsitz durch Herrn Apel dienlich." Vgl. Willy-Brandt-Archiv, Bestand Bundeskanzler, Mappe 45.

Präsident *Pompidou* kam noch einmal auf das Thema Raumfahrtpolitik zurück. Er verband damit die Feststellung, daß diese Frage nur insoweit bilateralen Charakter habe, als seines Erachtens nur Frankreich und die Bundesrepublik z. Z. hier etwas tun könnten. Allerdings handele es sich um eine Sache, die ob ihrer politischen Bedeutung ganz Europa angehe. Überall da, wo Europa schon über Kapazitäten und einen bestimmten Anteil auf anderen Märkten verfüge, sollte man kein nichteuropäisches Monopol einfach hinnehmen. Auf dem Gebiet der Datenverarbeitung habe es hier Fortschritte gegeben.[20] In der Frage der Luftschiffahrt habe Europa das klassische amerikanische Monopol für Langstreckenflugzeuge praktisch hingenommen. Auf dem Gebiet der Mittelstreckenflugzeuge könne man allerdings noch etwas tun. Frankreich, das immerhin über die Caravelle und die Supercaravelle verfüge, habe irrtümlicherweise hingenommen, daß die Konkurrenzflugzeuge der Firma Boeing sich einen erheblichen Anteil am Markt gesichert hätten. In der Raumschiffahrt hätten die Amerikaner nach wie vor ein Monopol, das sich noch ausweiten könne. Europa müsse aber auch hier seinen Platz finden. In gewissem Ausmaße sollte dieser Versuch, auch hinsichtlich der zu investierenden Kosten, neu unternommen werden. Außenminister Scheel habe dazu dargelegt, daß dies wohl mehr eine politische als eine Frage der Kosten und der Rentabilität sei. Dies sei auch seine Meinung.

Von diesem Augenblick an trat Premierminister *Messmer* zu dem Gespräch hinzu. Er faßte zunächst noch einmal zusammen, was er am Vortage mit dem Herrn Bundeskanzler besprochen hatte (s. diese Aufzeichnung[21]).

Zum Thema MBFR führte Präsident *Pompidou* sodann noch folgendes aus: Er sei sich mit dem Bundeskanzler darin einig, daß man diese Frage nicht als kontrovers hinstellen dürfe, was sie z. Z. auch nicht sei. Die französischen Reaktionen auf die kürzlich gemachten Vorschläge[22] seien bekannt. Bei all dem gelte es zu sehen, daß Entspannungsbemühungen immer das Risiko eines gewissen Zurückweichens der Amerikaner aus Europa mit sich brächten. Insbesondere gelte dies für das strategische Potential. Es sei sehr spürbar, daß die Sowjetunion hier ein echtes Interesse habe. Entspannungspolitik solle aber von Europa auch so geführt werden, daß man die Bemühung um die eigene Verteidigung zeige und bekunde. Entspannung bedeute nicht, daß man einfach die Waffen niederlege. Europa könne nicht akzeptieren, auf die Dauer dem guten Willen anderer überlassen zu sein.

Der Herr *Bundeskanzler* legte dar, was dieses Thema anbelange, gebe es eine doppelte Beziehung zu den USA. Ohne die MBFR würden die Amerikaner in jedem Falle Truppen abziehen. Unter dem Dach der MBFR könne man dies besser beeinflussen. Zweitens wolle man auch vom Grundsatz her nicht ausschließen, daß eine nationale Komponente in die MBFR eingebracht werde.[23] Dies sei schließlich ein zusätzliches Argument für diejenigen in den USA, die

---

[20] Zur deutsch-französischen Zusammenarbeit auf dem Gebiet der Datenverarbeitung vgl. Dok. 15, Anm. 12.
[21] Vgl. Dok. 17.
[22] Vgl. dazu die sowjetische Note vom 18. Januar 1973; Dok. 12.
[23] Zur Frage der Einbeziehung einheimischer Streitkräfte in MBFR vgl. Dok. 10.

für amerikanische Präsenz und Wahrung der eigenen Sicherheitsinteressen in Europa eintreten.

Präsident *Pompidou* erklärte, er sehe in dieser Haltung der Bundesregierung ein ergänzendes Element. Bei den SALT-Verhandlungen[24] hätten die USA bisher alles beiseite gelassen, was sich nachteilig für den Schutz Europas hätte auswirken können. Man könne davon ausgehen, daß die Haltung des amerikanischen Präsidenten hier sehr fest sei. Der Dialog aber gehe weiter und müsse weitergehen, weil es sonst zu einer Gefährdung der Entspannungsbemühungen komme. Wenn es dann zu gegenseitigen Konzessionen komme, bleibe zu hoffen, daß die sowjetischen Konzessionen den amerikanischen zumindest gleichwertig seien.

In der Frage der allgemeinen Entwicklung Europas und seiner Außenbeziehungen bleibe die deutsch-französische Zusammenarbeit weiterhin grundlegend. Sie richte sich gegen niemanden. In Frankreich sei man weitgehend zur Zusammenarbeit mit Großbritannien bereit. Die Engländer seien jedoch Lehrlinge in der Europäischen Gemeinschaft. Es gehe nunmehr darum, sie dahingehend anzuleiten, daß sie die Gewohnheiten der Europäischen Gemeinschaft akzeptieren, so daß es zu einem ungefähren Gleichschritt aller Partner komme. Frankreich und Deutschland wüßten besser als andere, was hier erforderlich sei. Man wolle sich von den anderen nicht isolieren, die beiderseitige Zusammenarbeit bleibe jedoch fundamental.

Der Herr Bundeskanzler habe jetzt vier Jahre Regierungszeit vor sich.[25] Auch in Frankreich werde es wohl keinen profunden Wechsel geben.[26] Man könne sich gegenseitig helfen, wenn man im engsten Kontakt miteinander verbleibe. Schließlich sei dies bei beiden Ländern zu einer stärkeren Gewohnheit geworden als bei anderen.

Das Gespräch endete um 11.30 Uhr.

Bundeskanzleramt, AZ: 21-30 100 (56), Bd. 38

---

[24] Die erste Runde der zweiten Phase der Gespräche zwischen den USA und der UdSSR über eine Begrenzung der strategischen Waffen (SALT II) fand vom 21. November bis 21. Dezember 1972 in Genf statt. Die Gespräche wurden am 12. März 1973 wiederaufgenommen.

[25] Nach den Wahlen zum Bundestag am 19. November 1972 wurde Willy Brandt am 14. Dezember 1972 zum Bundeskanzler wiedergewählt.

[26] Die Wahlen zur französischen Nationalversammlung fanden am 4., 11. und 18. März 1973 statt.

20

Gespräch des Staatssekretärs Frank
mit dem sowjetischen Botschafter Falin

213-331 SOW VS-NfD   24. Januar 1973[1]

Der Herr *Staatssekretär* führte eingangs aus, es sei in der ganzen Berlin-Problematik das beste, wenn wir mit unserer Arbeit voranschritten und in den Fragen, die bewältigt werden könnten, z. B. der Berlinklausel[2], der praktischen Anwendung des Berlin-Abkommens[3] bei Sportveranstaltungen und ähnlichem mehr, zu konkreten Ergebnissen kämen. Dinge, die sich während der Abwesenheit des Botschafters ergeben hätten (Diskussion über Bulgarienflüge[4] und Stimmrecht der Berliner Abgeordneten[5]), seien nicht äußerer Ausdruck kon-

---

[1] Die Gesprächsaufzeichnung wurde von Vortragendem Legationsrat Stabreit am 24. Januar 1973 gefertigt.
Hat Ministerialdirigent Diesel am 29. Januar 1973 vorgelegen.
Hat Staatssekretär Frank am 30. Januar 1973 vorgelegen, der die Weiterleitung an Bundesminister Scheel verfügte.
Hat Scheel am 31. Januar 1973 vorgelegen.

[2] Die Bundesrepublik und die UdSSR führten seit August 1972 Verhandlungen über den Abschluß eines Abkommens über wissenschaftlich-technische Zusammenarbeit und seit Oktober 1972 über den Abschluß eines Kulturabkommens. Die Gespräche konnten noch nicht abgeschlossen werden, da keine Einigung über die Einbeziehung von Berlin (West) zu erzielen war. Vgl. dazu AAPD 1972, III, Dok. 345 und Dok. 391.

[3] Für den Wortlaut des Vier-Mächte-Abkommens über Berlin vom 3. September 1971 vgl. EUROPA-ARCHIV 1971, D 443–453.

[4] Die bulgarische Regierung verweigerte 1971 vorübergehend und 1972 völlig die Landeerlaubnis für Charterflugzeuge aus Berlin (West) unter Hinweis darauf, daß Berlin „kein Land der Bundesrepublik" sei und daß die verwendeten Flugzeuge nicht zu den Flugzeugen der Vier Mächte gehörten, die allein die Luftkorridore benutzen dürften. Vgl. dazu AAPD 1972, I, Dok. 44, und AAPD 1972, II, Dok. 231.
In einer Vorlage vom 20. Dezember 1972 für den Staatssekretärsausschuß für Deutschland- und Berlinfragen sprach sich das Auswärtige Amt dafür aus, davon Abstand zu nehmen, im Gegenzug Anträge der staatlichen bulgarischen Fluggesellschaft „Bulair" auf Genehmigungen von Landungen im Bundesgebiet für das Jahr 1973 zu verweigern. Vgl. dazu Referat 423, Bd. 117979.
Anfang Januar 1973 gelangten Informationen über die Vorlage des Auswärtigen Amts und daraus resultierende Meinungsverschiedenheiten zwischen der Bundesregierung und dem Senat von Berlin in der Frage der Ferienflüge nach Bulgarien in die Presse. Sie führten zu einem Antrag der CDU-Fraktion im Abgeordnetenhaus von Berlin, nach dem sich das Haus für den Entzug der Landeerlaubnis für „Bulair" aussprechen solle, sowie zu Anfragen des CDU-Abgeordneten Gradl und der CSU-Abgeordneten Hösl und Wrangel im Bundestag. Vgl. dazu den Artikel „Meinungsverschiedenheiten zwischen Senat und Bonn über Bulgarienflüge"; DER TAGESSPIEGEL vom 5. Januar 1973, S. 1. Vgl. dazu ferner BT STENOGRAPHISCHE BERICHTE, Bd. 81, S. 441 f. und S. 462.
Am 16. Januar 1973 bekräftigte die Bundesregierung in einer Mitteilung des Presse- und Informationsamts, daß sie es nicht für ein geeignetes Mittel halte, „die bulgarische Weigerung, alliierten Charterflügen von Berlin (West) durch die Korridore Landerechte in Bulgarien zu gewähren, damit zu beantworten, daß Landegenehmigungen für bulgarische Charterflugzeuge im Bundesgebiet in diesem Jahr nicht erteilt werden". Vgl. BULLETIN 1973, S. 44.

[5] Im Mai 1972 brachte die Bundesregierung mit Blick auf das nach Unterzeichnung des Schlußprotokolls am 3. Juni 1972 in Kraft tretende Vier-Mächte-Abkommen über Berlin in der Vierergruppe erneut Vorschläge über die Erweiterung des Stimmrechts der Vertreter von Berlin im Bundestag und im Bundesrat ein. Sie sahen insbesondere eine Stimmberechtigung bei Gesetzen vor, die auch in Berlin (West) gelten sollten. Vgl. dazu AAPD 1972, III, Dok. 319.
Am 8. Januar 1973 vermerkte Legationsrat I. Klasse Kastrup, daß Bundesminister Bahr in Washington mit dem dortigen sowjetischen Botschafter zusammengekommen sei: „Dobrynin habe bemerkt, er habe von seiner Regierung Weisung erhalten, noch am Nachmittag des gleichen Tages

kreter Ziele unsererseits, sondern einer psychologischen Malaise, wie sie insbesondere in Berlin entstanden sei.[6]

Es sei das beste, wir versuchten die Geister ruhig zu halten, mit unserer Arbeit
voranzukommen und zu sehen, daß das Berlin-Abkommen reibungslos laufe.
Es gebe im übrigen auch andere Bereiche, wo die Dinge gut liefen, z.B. auf der
KSZE.[7]

Er, der Staatssekretär, beurteile den bisherigen Verlauf der Vorbereitung der
Konferenz positiv im Sinne einer Wahrnehmung von Chancen für eine bessere
Zusammenarbeit in Europa. Er wolle den Botschafter auch auf unsere Antwortnote in der Frage der Gespräche über Truppenreduktionen[8] hinweisen, die doch
sehr vernünftig und abgewogen sei und unter der Devise stehe: „Man kann
über alles sprechen". In unseren Beziehungen dürften wir nicht aus jeder kleinen Frage eine Frage des Grundsatzes, des Glaubens oder des Prestiges machen.

Er wolle nun zu einem konkreten Punkt kommen: der Sibirien-Route.[9] Es sei
unser Wunsch, daß diese Angelegenheit vorankomme. Der Botschafter habe

Fortsetzung Fußnote von Seite 105

wegen der Frage der Erweiterung des Stimmrechts für Berliner Abgeordnete zu intervenieren. Die
Bundesregierung beabsichtige offensichtlich, das Vier-Mächte-Abkommen ‚zu zerstören'. BM Bahr
habe entgegnet, die Bundesregierung wolle nichts tun, was das Abkommen störe." Bahr habe ferner darauf hingewiesen, „daß das Stimmrecht für Berliner Abgeordnete der Bundesregierung als
verbesserungsbedürftig erscheine. Konkrete Schritte seien von uns aus im Augenblick jedoch nicht
beabsichtigt; die Frage sei gegenwärtig nicht akut." Vgl. VS-Bd. 9062 (210); B 150, Aktenkopien
1973.
Am 9. Januar 1973 informierte Botschafter Pauls, Washington, daß Dobrynin sich am 5. Januar
1973 beim amerikanischen Außenminsiterium, Fessenden, „unter Berufung auf
das Vier-Mächte-Berlin-Abkommen vom 3. September 1971 gegen Pläne, das Stimmrecht der Berliner Abgeordneten im Deutschen Bundestag zu erweitern, verwahrt habe. Dabei habe er sich auf
Äußerungen der Präsidentin des Bundestages und des Regierenden Bürgermeisters von Berlin bezogen. Er habe auch ein informelles Papier hinterlassen." Diese Pläne widersprächen „der zugrundeliegenden Konzeption und dem Geist des Abkommens". Vgl. den Drahtbericht Nr. 66; VS-Bd.
9062 (210); B 150, Aktenkopien 1973.
6 Am 11. Januar 1973 teilte Ministerialdirektor von Staden der Botschaft in Moskau mit: „Da Botschafter Falin seit Dezember in Moskau auf Urlaub weilt, ist das Gespräch über Berlin in den letzten Wochen nicht über die Botschaft bekannten Stand hinaus fortgeführt worden. [...] Wir
sind über die Entwicklung der Berlin-Frage sehr besorgt. Die Sowjetunion verfolgt eine Politik, die
den Schluß nahelegt, sie strebe in der Frage der Außenvertretung Berlins durch den Bund einen
Status quo minus an. Während in allen Bereichen, die die alliierten Interessen unmittelbar berühren oder aber die Aufmerksamkeit der Weltöffentlichkeit auf sich ziehen könnten (Zugangs-
regelung), das Berlin-Abkommen funktioniert, wird auf sowjetischer Seite die Dreistaaten-Theorie
überall dort praktiziert, wo die Bundesrepublik im bilateralen Bereich Berlin repräsentieren
möchte, aber auch dort, wo die Präsenz des Bundes in Berlin in Frage steht. [...] Gleichzeitig versucht die Sowjetunion, den bilateralen Verkehr mit Berlin (West) in allen Bereichen zu verstärken, um damit die Sonderstellung Berlins zu betonen und die Vertretung von Bund als
überflüssig erscheinen zu lassen. Wir müssen uns dieser Politik, die Geist und Buchstaben des
Vier-Mächte-Abkommens in weiten Teilen widerspricht, widersetzen." Vgl. den Drahterlaß Nr. 29;
VS-Bd. 9088 (213); B 150, Aktenkopien 1973.
7 Die erste Runde der multilateralen Vorgespräche für die KSZE fand vom 22. November bis 15. Dezember 1972 statt. Vgl. dazu AAPD 1972, III, Dok. 406.
Die zweite Runde begann am 15. Januar 1973. Vgl. dazu Dok. 24.
8 Zur Note der Bundesregierung vom 24. Januar 1973 vgl. Dok. 12, Anm. 14.
9 Seit Mai 1972 verhandelten die Bundesrepublik und die UdSSR über ein Zusatzabkommen zum
Luftverkehrsabkommen vom 11. November 1971 mit dem Ziel, die Flugrouten für die Lufthansa
über Moskau hinaus bzw. für die Aeroflot über Frankfurt/Main hinaus zu erweitern. In den ersten
beiden Verhandlungsrunden vom 4. bis 6. Mai 1972 in Moskau und vom 10. bis 15. Oktober 1972
in Bonn war insbesondere die Einbeziehung der Berliner Flughäfen Tegel und Schönefeld offen geblieben. Ein erstes Gespräch des Staatssekretärs Frank mit dem sowjetischen Botschafter Falin
zur Klärung dieser Frage fand am 1. Dezember 1972 statt. Vgl. dazu AAPD 1972, III, Dok. 393.

bei der letzten Besprechung den Vorschlag gemacht, Tegel und Schönefeld in dem in Aussicht genommenen Zusatzabkommen nicht zu erwähnen und auf diese Weise eine Gleichbehandlung beider Punkte zu erzielen.[10] Wir hätten diesen Vorschlag mit dem Verkehrsministerium sorgfältig geprüft und könnten ihn leider nicht annehmen. Wenn wir im Abkommen über die Sibirien-Route im Unterschied zu 1971[11] Tegel nicht erwähnten, so würde dies in Berlin zu einer psychologischen Eruption führen. Er wolle jetzt deshalb den Vorschlag machen, daß wir Tegel im Zusatzabkommen über die Sibirien-Route wie im allgemeinen Luftverkehrsabkommen behandelten. Es werde ein Punkt für Tegel offengehalten. Der Botschafter werde einen Brief von ihm, dem Staatssekretär, bekommen, so wie damals Herr von Braun einen Brief geschrieben habe.[12] Die Übergabe des Briefes werde im Zusatzabkommen erwähnt. Der Botschafter erkläre, daß die sowjetische Seite keine politischen Einwände gegen die Ausnutzung von Tegel erhebe.[13] Die sowjetische Seite bekomme sofort volle Verkehrsrechte für Schönefeld, doch gingen wir davon aus, daß sie während des ersten Jahres davon nur in einer Frequenz von drei Flügen pro Woche, und zwar im Rahmen des Abkommens von 1971 und des Zusatzabkommens, Gebrauch mache.

Von uns aus gesehen sei das eine Minimalposition. Was diese Minimalposition wert sei, d.h., wann man die Erwähnung von Tegel realisieren könne, das wüßten wir nicht, das hänge mit dem größeren Problem des Luftverkehrs im Raum Berlin zusammen.

Es wäre überhaupt gut, wenn wir in dieser letzteren Frage einmal eine Bestandsaufnahme darüber machten, was machbar sei und was nicht machbar sei. Ihm, dem Staatssekretär, schwebe vor ein Luftverkehrsabkommen nach

---

10 Am 20. Dezember 1972 vermerkte Vortragender Legationsrat I. Klasse Dietrich, daß der sowjetische Botschaftsrat Koptelzew einen Vorschlag des sowjetischen Botschafters Falin bekräftigt habe, auf die Nennung des Flughafens Schönefeld im Fluglinienplan zu verzichten, wenn im Gegenzug die Bundesregierung ihren Vorschlag bezüglich der Nennung des Flughafens Tegel zurückziehe: „Die sowjetischen Gesprächspartner schienen dem Vorschlag gegenüber nicht abgeneigt, die Gleichbehandlung der im Zusatzabkommen nicht erwähnten Berliner Flughäfen Schönefeld und Tegel in einem zusätzlichen Briefwechsel zu vereinbaren". In einem solchen Briefwechsel sollten die beiden Flughäfen allerdings nicht beim Namen genannt, vielmehr beiden Seiten das Recht eingeräumt werden, „nach freier Wahl einen weiteren Zwischenlandepunkt zu benennen". Vgl. Referat III A 4, Bd. 863.

11 Für den Wortlaut des Abkommens vom 11. November 1971 zwischen der Bundesrepublik und der UdSSR über den Luftverkehr vgl. BUNDESGESETZBLATT 1972, Teil II, S. 1526–1530. Vgl. dazu auch AAPD 1971, II, Dok. 277.

12 Bei der Unterzeichnung des Abkommens vom 11. November 1971 zwischen der Bundesrepublik und der UdSSR über den Luftverkehr wurden weitere ergänzende Dokumente unterzeichnet, u.a. ein Notenwechsel über den Fluglinienplan. Darin hieß es in Abschnitt IV: „Die Regierung der Bundesrepublik Deutschland beabsichtigt, für die Lufthansa noch einen weiteren Punkt zu benennen, über den sie der Regierung der Union der Sozialistischen Sowjetrepubliken eine besondere Mitteilung hat zugehen lassen." Vgl. Referat III A 4, Bd. 861.
Ergänzend dazu erklärte Staatssekretär Freiherr von Braun in einem Schreiben an den sowjetischen Botschafter Falin vom selben Tag „unter Bezugnahme auf den Notenwechsel, der über den Fluglinienplan zu dem Abkommen vollzogen werden wird, [...] daß die Regierung der Bundesrepublik Deutschland gemäß Abschnitt IV des Fluglinienplans für die von ihr bezeichnete Unternehmen Berlin-Tegel benennen wird, sobald die Voraussetzungen hierfür durch Verhandlungen der Bundesregierung mit den Regierungen in Frage kommender Staaten hergestellt sind". Vgl. Referat III A 4, Bd. 861.

13 Dieser Satz wurde von Staatssekretär Frank eingeklammert.

dem Muster des Vier-Mächte-Abkommens, d.h. ein Abkommen, bei dem man den Status quo zugrunde lege und die Dinge juristisch lasse, wie sie seien, um auf dieser Basis dann praktische Verbesserungen zu suchen. Über dieses Thema müsse einmal eine gründliche Diskussion geführt werden, damit wir nicht in die Irre liefen. Wir wollten praktische Verbesserungen herbeiführen, keine Tests in der Berlinfrage veranstalten.

Der Herr Staatssekretär übergab Botschafter Falin zu dem von ihm vorgetragenen Vorschlag zur Einbeziehung Tegels in die Sibirien-Route das von Referat 404 vorbereitete „Non-paper".[14]

Botschafter *Falin* entgegnete, der sowjetische Vorschlag beruhe u.a. darauf, daß deutscherseits vorgeschlagen worden sei, die Frage Tegel/Schönefeld auf gleichberechtigter Basis zu lösen oder beide Punkte verschwinden zu lassen. Das Problem sei bisher nicht gelöst, weil es mehr politischen als sachlich-technischen Charakter habe. Während eines der letzten Gespräche mit dem Staatssekretär habe er auch ihn so verstanden. Es sei am besten, wenn Tegel/Schönefeld in gleicher Weise aufgenommen würde oder wenn man – als nächstbeste Lösung – beide Punkte verschwinden lasse. Deshalb habe man in Moskau beschlossen, die zweite Variante zu nehmen.

Er, der Botschafter, glaube infolgedessen, man werde den heutigen Vorschlag als neue Präzisierung der Position der Bundesregierung werten. Dies werde die Sache nicht beschleunigen, obwohl die Zeit dränge, die Route mit den angeschlossenen westeuropäischen Flughäfen ab Mitte dieses Jahres zu nutzen. Es gebe verschiedene Vorschläge über Routen. Es gebe eine gewisse Konkurrenzlage, und wenn wir bis zu einem gewissen Zeitpunkt keine Lösung finden würden, würden die Japaner und auch Aeroflot eine andere Lösung suchen. Er werde den deutschen Vorschlag weiterleiten, wolle jedoch nicht ausschließen, daß er in Moskau mit einer gewissen Skepsis und Reserve aufgenommen werde.

Der Herr *Staatssekretär* bemerkte, unser Vorschlag bedeute nicht eine Gleichbehandlung beider Punkte, sondern eine Besserbehandlung von Schönefeld.

Botschafter *Falin* fuhr fort, was die ganze Philosophie der Berlinproblematik anbetreffe, so sei es sicher für beide Seiten nützlich, wenn man davon ausgehe, was im Vier-Mächte-Abkommen und im Abkommen zwischen der Bundesrepublik und der DDR[15] beschlossen worden sei, und dabei bleibe. Auch müßten alle Teile der Abkommen gleichzeitig in Kraft gesetzt werden, was heute nicht der Fall sei.

Es sei klar, daß das Vier-Mächte-Abkommen nicht nur auf dem Status quo beruhe, sondern die Verhältnisse geändert habe, z.B. was die Verhältnisse auf den Zufahrtswegen und die Frage der Sitzungen des Bundestages und seiner Ausschüsse in Berlin betreffe. Das gelte aber auch für die Lage, die in bezug auf den Luftverkehr zwischen Berlin und der westlichen Welt bestehe. Es sei nicht zu leugnen, daß das, was westlicherseits früher unternommen wurde (Bulgarienflüge), nicht dem entsprochen habe, was die Mächte nach dem Krieg

---

14 Für das „Non-paper" vgl. Referat III A 4, Bd. 108557.

15 Für den Wortlaut des Vertrags vom 21. Dezember 1972 über die Grundlagen der Beziehungen zwischen der Bundesrepublik und der DDR vgl. BULLETIN 1972, S. 1842 f.

vereinbarten. Die Frage berühre gewisse Rechte der DDR sowie auch anderer Staaten. Er, der Botschafter, sei sicher, daß man den Versuch unternehmen müsse, neue Lösungen zu finden, die Bundesrepublik mit der DDR und die Vier Mächte unter sich. Wir müßten solide rechtliche Grundlagen schaffen, um Mißverständnisse auszuschließen. Natürlich sei das Flugzeug ein normales, kein besonderes Verkehrsmittel, aber wenn Flugzeuge über fremdes Staatsgebiet flögen, so gebe es keinen Staat, der dies ohne seine Genehmigung erlaube.

Der Herr *Staatssekretär* antwortete, er fürchte, in der Frage der Gleichbehandlung von Schönefeld und Tegel habe es ein Mißverständnis gegeben. Natürlich habe er dies im positiven Sinne gemeint. Eine Gleichbehandlung auf der Null-ebene sei nicht mehr interessant. Er wolle wiederholen: In unserem Angebot werde Schönefeld besser behandelt als Tegel. Tegel sei eine Möglichkeit, Schö-nefeld könne sofort angeflogen werden. Wir könnten unsere Möglichkeiten in Tegel nicht sofort realisieren, sondern müßten erst das Luftverkehrsabkom-men mit der DDR[16] und ein Einverständnis der Vier Mächte über den Luftver-kehr in Berlin abwarten. Wir wollten Tegel im Zusatzabkommen haben, um negative psychologische Auswirkungen in Berlin zu vermeiden.

Was unser Interesse an der Sibirien-Route angehe, so drücke uns nicht die Sorge, es könne sie uns jemand wegnehmen. Für uns sei das Wesentliche, daß wir ein Abkommen mit der UdSSR in einem Bereich, in dem das möglich sei, realisierten.

Die Diskussion über die Berlinklausel müsse eines Tages anachronistisch wer-den. Erst fänden wir eine Berlinklausel, dann käme die sowjetische Seite mit einer Zusatzerklärung, dann wir mit einer Gegenerklärung, die wiederum von sowjetischer Seite abgelehnt werde, und so verfeinere sich die Diskussion. Wir gerieten damit in einen Gegensatz zu der Entwicklung in Helsinki.

Botschafter *Falin* äußerte hierzu, man sollte sich auf das Minimum begrenzen, das realisierbar sei.[17]

Im Anschluß hieran stellte der *Staatssekretär* die Frage, welche Eindrücke man in Moskau über die Entwicklung des deutsch-sowjetischen Verhältnisses habe.

Botschafter *Falin* führte hierzu aus, es bestehe dort Genugtuung, daß beider-seits im vergangenen Jahr nicht schlecht gearbeitet worden sei. Natürlich hät-

---

16 In einem Protokollvermerk zum Vertrag vom 26. Mai 1972 zwischen der Bundesrepublik und der DDR über Fragen des Verkehrs erklärten beide Seiten ihre Übereinstimmung, „zu gegebener Zeit Verhandlungen über ein Luftverkehrsabkommen aufzunehmen, um die Zusammenarbeit auf dem Gebiet des Luftverkehrs zu entwickeln". Vgl. BUNDESGESETZBLATT 1972, Teil II, S. 1454.
Zu den Verhandlungen mit der DDR über ein Luftverkehrsabkommen vgl. weiter Dok. 60.

17 Am 9. Februar 1973 vermerkte Vortragender Legationsrat I. Klasse Meyer-Landrut, daß nach Auskunft des sowjetischen Botschaftsrats Koptelzew noch keine Antwort aus Moskau auf den Vor-schlag der Bundesregierung vom 24. Januar 1973 vorliege. Er, Koptelzew, rechne jedoch nicht damit, „daß sich die sowjetische Seite auf dieses Verfahren einlassen werde, weil es in diesem Fall den Bedürfnissen nicht entspreche". Vgl. Referat 213, Bd. 112700.
Am 19. Februar 1973 unterbreitete Staatssekretär Frank dem sowjetischen Botschafter Falin den Vorschlag, „Tegel im Zusatzabkommen über die Sibirienroute lediglich durch Verweisung auf den Fluglinienplan 1971 für die Strecke Frankfurt–Moskau einzubeziehen". Der Vorschlag wurde Koptelzew am 21. Februar 1973 offiziell übergeben. Vgl. dazu den Drahterlaß Nr. 691 des Vortra-genden Legationsrats I. Klasse Dietrich vom 22. Februar 1973; Referat III A 4, Bd. 108557.

te man mehr erreichen können, aber das sei immer so. Man sei auch befriedigt über die Festigung der Kontakte zwischen beiden Staaten und auch den beiden Ministerien, die für beide Seiten von Nutzen seien. Es gebe eine Praxis der Konsultationen, die sich zur Institution entwickele. Die sowjetische Seite sei bereit, systematisch auf allen Ebenen zu bilateralen und multilateralen Fragen zu konsultieren. Man beabsichtige, nach dem Eintritt der Bundesrepublik in die VN auch die Zusammenarbeit dort in die Konsultationen einzubeziehen.

In Moskau bestehe der Eindruck, daß die Konsultationen in Helsinki intensiver werden könnten. Minister Gromyko glaube, daß das deutsche Interesse und die Bereitschaft zu Konsultationen in Helsinki noch nicht ausreichend Widerspiegelung gefunden habe. Er, der Botschafter, glaube jedoch, daß sich die Kontakte inzwischen intensiviert hätten und dieser Eindruck der Vergangenheit angehöre.

Was die nächste Zukunft angehe, so widme die sowjetische Regierung der Zusammenarbeit auf wirtschaftlichem und wissenschaftlich-technischem Gebiet große Aufmerksamkeit. Vom Tempo der Entwicklung in diesen Bereichen hänge es in gewisser Weise ab, daß man den Menschen hier und in der Sowjetunion zeigen könne, daß der Moskauer Vertrag[18] zu einem lebendigen Instrument geworden sei. Wenn andere Probleme sich in die Länge gezogen hätten (Luftverkehr, Kulturabkommen), so hänge dies mit anderen Fragen zusammen. Eine gewisse Besorgnis bestehe im Zusammenhang mit der Entwicklung in Westberlin. Die Verwirklichung der sowjetischen Interessen in Westberlin, die ja bekanntlich mit anderen Komplexen verbunden seien, habe noch nicht stattgefunden. Es sei sicher nicht die beste Lösung, wenn diese anderen Komplexe hiervon ergriffen würden. Auch manches andere sei nicht unbemerkt geblieben, z.B. die Diskussion in der Frage des Stimmrechts Berliner Abgeordneter. Es sei in Moskau der Eindruck entstanden, daß es in der Bundesrepublik Stimmen gebe, die ihre Wünsche nicht nach dem richteten, was heute möglich sei. Die weitere Entwicklung werde nicht einfach sein. Es bedürfe des guten Willens beider Seiten, um voranzukommen, und man solle dann konsequent verwirklichen, worüber sich schon jetzt Einigung erzielen lasse.

Der Herr *Staatssekretär* entgegnete hierauf:

1) Was die Bemerkung des Botschafters über den Kontakt unserer Delegation in Helsinki mit ihren sowjetischen Kollegen anbetreffe, so sei er überrascht. Ihm lägen mehrere Berichte über Gespräche unserer Herren mit Botschafter Sorin vor.[19] Herr Brunner, der am 25. Januar aus Helsinki zurückerwartet

---

[18] Für den Wortlaut des Vertrags vom 12. August 1970 zwischen der Bundesrepublik und der UdSSR vgl. BUNDESGESETZBLATT 1972, Teil II, S. 354 f.

[19] Am 19. Januar 1973 berichtete Ministerialdirigent Brunner, z.Z. Helsinki, daß der Leiter der sowjetischen Delegation bei den multilateralen Vorgesprächen für die KSZE, Sorin, die Delegation der Bundesrepublik zu einem Arbeitsessen eingeladen habe. Dabei habe Sorin über die Absicht der UdSSR informiert, in Helsinki einen neuen Vorschlag zur Tagesordnung einzubringen: „1) Sie akzeptiere nunmehr ‚vertrauensbildende und stabilitätsfördernde‘ Maßnahmen der Sicherheit als Gegenstand der Konferenz. [...] 2) Die Sowjetunion ist bereit, die Kulturfragen von den Wirtschaftsfragen zu trennen und im Zusammenhang mit ersteren ‚Contacts among organizations and people‘ vorzuschlagen. 3) Ihre Vorschläge zur Schaffung eines Organs präzisiert sie dahin, daß es sich dabei um ein ‚Consultative Committee to deal with questions of security and cooperation in Europe‘ handeln solle. [...] Abschließend äußerten die sowjetischen Vertreter den Wunsch, diese

werde und mit dem er darüber sprechen wolle, sei als kontaktfreudig bekannt. Wichtiger sei doch im übrigen die konstruktive Haltung, die unsere Delegation in Helsinki eingenommen habe. Wir könnten aber sicher die Kontakte noch erweitern.

2) Was die politischen Konsultationen angehe, so gebe es das Problem, daß unserem Botschafter in Moskau[20] kein für die Bundesrepublik Deutschland zuständiger Stellvertretender Außenminister gegenüberstehe, da Minister Gromyko sich dieses Gebiet persönlich vorbehalten habe. So fehle eine Etage, und es gebe vielleicht einen gewissen Nachholbedarf. Allerdings wolle er hinzufügen, daß auf der Ebene unterhalb der Minister nichts unsere hiesigen Gespräche ersetzen könne.

3) In der Frage des Wirtschaftsaustausches verspreche er sich vom Wechsel in der Regierungsverantwortung neue Impulse. Der neue Wirtschaftsminister sei ein aktiver, dynamischer Mann.[21]

4) Wir studierten das Problem, nun den deutsch-sowjetischen Gedankenaustausch auf eine repräsentativere Basis als die vorhandenen Gesellschaften zu stellen. (Einwurf Falin: Minister Samjatin kommt jetzt gerade nach Deutschland.[22]) Wir seien bemüht, hierfür Personen zu finden, die diesem Niveau entsprächen.

5) Was die Schwierigkeiten in Berlin angehe, so hätten auch wir Besorgnisse. Aus dieser Besorgnis sei in Berlin eine psychologische Malaise entstanden. Das Stimmrecht der Berliner könne sicherlich verbessert werden, aber es sei keine Frage, die es wert wäre, eine Verstimmung zwischen unseren Regierungen auszulösen. Es sei das beste, die Anwendung des Berlin-Abkommens zur völligen Selbstverständlichkeit werden zu lassen.

Man müsse sich auch die Berliner vorstellen, die im Kalten Krieg gleichsam in der vordersten Front standen, Tapferkeit und Geduld gezeigt hätten und in der Blockade über sich selbst hinausgewachsen seien. Es sei für sie schwierig, sich der neuen Lage anzupassen. Wenn wir nun wochenlang über ein Kulturabkommen verhandelten, wenn eine sowjetische Delegation trotz sachlichen Interesses nicht nach Berlin reisen dürfe[23], so könne in Berlin die Furcht der

---

Fortsetzung Fußnote von Seite 110

Art der Kontakte fortzusetzen. Sie entspreche der Bedeutung unserer beiden Länder. So wollten sie es mit den Vereinigten Staaten, Frankreich und uns halten." Vgl. den Drahtbericht Nr. 61; VS-Bd. 9068 (212); B 150, Aktenkopien 1973.

[20] Ulrich Sahm.

[21] Nach der Bundestagswahl am 19. November 1972 wurde Hans Friderichs (FDP) am 15. Dezember 1972 als Bundesminister für Wirtschaft vereidigt.

[22] Der Generaldirektor der sowjetischen Nachrichtenagentur TASS, Samjatin, hielt sich vom 30. Januar bis 9. Februar 1973 in der Bundesrepublik auf.

[23] Vom 20. Juni bis 4. Juli 1972 sollte auf Einladung des Bundesministeriums für Bildung und Wissenschaft eine sowjetische Delegation für Bildungsfragen unter der Leitung des sowjetischen Stellvertretenden Bildungsministers Tschernikow in die Bundesrepublik kommen und u. a. auch das Max-Planck-Institut für Bildungsforschung in Berlin (West) besuchen. Der stellvertretende Abteilungsleiter im sowjetischen Außenministerium, Tokowinin, teilte Botschaftsrat I. Klasse Peckert, Moskau, am 19. Juni 1972 mit, daß der Besuch in Berlin (West) nicht stattfinden könne: „Die Einbeziehung Westberlins in das Reiseprogramm offizieller, von der Bundesregierung eingeladener sowjetischer Delegationen berühre jedoch die Statusfrage und sei unannehmbar. Westberlin werde nicht von der Bundesregierung regiert und sei nicht Teil der Bundesrepublik Deutschland." Vgl.

Isolierung entstehen, die Furcht, daß die Bundesregierung sich nicht für die Berliner einsetze. Er, der Staatssekretär, habe in der Diskussion über „Bulair" einige heiße Stunden erlebt. Er könne solche Dinge nur begrenzte Zeit machen, dann werde der innenpolitische Druck über seine Einflußmöglichkeiten hinauswachsen.

Botschafter *Falin* erwiderte hierauf: Es gebe viele Möglichkeiten, Druck zu organisieren. Die sowjetische Seite könne auch Gegendruck ausüben. Es sei gewiß schwierig, den Leuten die neue Lage zu erklären, das müsse jedoch geschehen. Alle Fragen sollten ruhig und sachlich diskutiert werden. Die Sowjetunion sei für Abkommen auf allen Gebieten, wenn die Voraussetzungen hierfür geschaffen seien.

Der Herr *Staatssekretär* schloß die Diskussion mit dem Bemerken, das Ergebnis der Gesamtbilanz sei am deutlichsten, wenn man unsere Beziehungen vor fünf Jahren und heute vergleiche.

Zum Abschluß teilte Botschafter *Falin* mit, daß die Regierung von Österreich der sowjetischen Regierung mitgeteilt habe, sie sei bereit, als Gastgeber für die Gespräche über Truppenreduzierung zu fungieren.[24]

Referat 213, Bd. 112700

Fortsetzung Fußnote von Seite 111

den Drahtbericht Nr. 1622 von Peckert; Referat 210, Bd. 1440. Vgl. dazu ferner AAPD 1972, II, Dok. 243.

Dazu teilte Ministerialdirektor von Staden der Botschaft in Moskau am 11. Januar 1973 mit: „Die Frage wird in einseitiger Weise von den Sowjets politisiert, wenn sie sich trotz starken sachlichen Interesses in einem eindeutig Status und Sicherheit keineswegs berührenden Bereich weigern, nach Berlin zu gehen. Wenn die UdSSR auf diesem Standpunkt besteht, ist es besser, wenn die Reise verschoben wird, bis in den Gesprächen, die zwischen Botschafter Falin und dem Herrn Staatssekretär in Bonn geführt werden, Einigkeit über die Möglichkeit des Besuches von Berlin durch sowjetische Delegationen geschaffen wurde." Vgl. den Drahterlaß Nr. 29; VS-Bd. 9088 (213); B 150, Aktenkopien 1973.

[24] Am 19. Januar 1973 übergab der österreichische Botschaftsrat Rainer Vortragendem Legationsrat I. Klasse Ruth ein Aide-mémoire, in dem mitgeteilt wurde, daß die sowjetische Regierung den Wunsch geäußert habe, „die vorbereitenden Konsultationen wie auch die späteren eigentlichen Verhandlungen in Wien abzuhalten. [...] Österreich ist im Sinne seiner traditionellen Bereitschaft, an internationalen politischen Bewegungen und Konferenzen in Österreich in angemessener Weise mitzuwirken, bereit, diesen Vorschlag der sowjetischen Regierung aufzunehmen, sofern dies allgemein gewünscht wird." Vgl. Referat 221, Bd. 107371.

21

Botschafter Pauls, Washington, an das Auswärtige Amt

114-10306/73 VS-vertraulich   Aufgabe: 24. Januar 1973, 18.15 Uhr[1]
Fernschreiben Nr. 242   Ankunft: 25. Januar 1973, 21.34 Uhr
Citissime

Betr.: Vietnam[2]

Zur Information

Nach der Ansprache des Präsidenten[3] und der Pressekonferenz Kissingers[4] zeichnet sich folgende Lage ab:

I. Mit der am 27.1.1973 eintretenden Waffenruhe haben die USA zunächst ihr Hauptkriegsziel erreicht, nämlich der Anwendung von Waffengewalt in Südvietnam durch die Kommunisten Einhalt zu gebieten. Das militärische Engagement der USA in Vietnam wird spätestens 60 Tage nach dem Inkrafttreten des

---

[1] Hat Ministerialdirektor van Well vorgelegen, der die Weiterleitung an Ministerialdirigent Müller verfügte.
Hat Müller vorgelegen.
Hat Vortragendem Legationsrat I. Klasse Thomas am 29. Januar 1973 vorgelegen, der den Drahtbericht an Vortragenden Legationsrat Citron leitete.
Hat Citron vorgelegen.

[2] Am 23. Januar 1973 gaben die Regierungen der USA, der Republik Vietnam (Südvietnam) und der Demokratischen Republik Vietnam (Nordvietnam) bekannt, daß der Sicherheitsberater des amerikanischen Präsidenten, Kissinger, und das Mitglied des Politbüros der Vietnamesischen Arbeiterpartei, Le Duc Tho, in Paris ein Abkommen über die Beendigung des Kriegs und die Wiederherstellung des Friedens in Vietnam paraphiert hätten. Das Abkommen sah einen Waffenstillstand ab dem 27. Januar 1973 um 24.00 Uhr GMT vor, ferner den Abzug des amerikanischen Militärpersonals aus Vietnam innerhalb von 60 Tagen sowie die Freilassung der Kriegsgefangenen. Kapitel IV enthielt die Verpflichtung zur „Respektierung des Rechts auf Selbstbestimmung durch das südvietnamesische Volk" sowie die Schaffung eines „Nationalrats der Nationalen Versöhnung", in dem die Regierung der Republik Vietnam (Südvietnam) und die Provisorische Revolutionsregierung der Republik Südvietnam u. a. freie Wahlen für Südvietnam vorbereiten sollten. Die Wiedervereinigung Vietnams solle mit friedlichen Mitteln zwischen Nord- und Südvietnam herbeigeführt werden. Schließlich legte das Abkommen die Einsetzung von Gemeinsamen Militärkommissionen, internationalen Kontroll- und Überwachungskommissionen sowie die Einberufung einer internationalen Indochina-Konferenz binnen 30 Tagen fest. In vier Zusatzprotokollen waren Einzelheiten über die Kontroll- und Überwachungskommission, die Durchführung des Waffenstillstands und die Einsetzung der Militärkommissionen, die Räumung der Minen sowie die Rückführung der Kriegsgefangenen geregelt. Das Abkommen wurde am 27. Januar 1973 vom amerikanischen Außenminister Rogers, dem nordvietnamesischen Außenminister Nguyen Duy Trinh, dem südvietnamesischen Außenminister Tran Van Lam und dem Außenminister der Provisorischen Revolutionsregierung der Republik Südvietnam, Nguyen Thi Binh, in Paris unterzeichnet. Für den Wortlaut des Abkommens und der Protokolle vgl. DEPARTMENT OF STATE BULLETIN, Bd. 68 (1973), S. 169–188. Für den deutschen Wortlaut vgl. EUROPA-ARCHIV 1973, D 112–122 (Auszug).

[3] Am 23. Januar 1973 gab Präsident Nixon in einer Fernseh- und Radioansprache die Paraphierung des Abkommens über die Beendigung des Kriegs und die Wiederherstellung des Friedens in Vietnam bekannt. Dazu erklärte er, die USA würden auch künftig die Regierung der Republik Vietnam (Südvietnam) als die einzig legitime Regierung Südvietnams anerkennen. Für den Wortlaut vgl. PUBLIC PAPERS, NIXON 1973, S. 18–20.

[4] Der Sicherheitsberater des amerikanischen Präsidenten, Kissinger, stellte am 24. Januar 1973 in Washington der Presse das Abkommen über die Beendigung des Kriegs und die Wiederherstellung des Friedens in Vietnam sowie die Zusatzprotokolle vor. Für den Wortlaut der Pressekonferenz vgl. DEPARTMENT OF STATE BULLETIN, Bd. 68 (1973), S. 155–169.

Waffenstillstandes beendet sein. Davon abgesehen ist die getroffene Regelung jedoch lediglich ein standstill cease-fire. Sie beläßt die nordvietnamesischen Truppen in Südvietnam und enthält nur Ansatzpunkte für die Lösung der politischen Fragen. Die Regelung soll den Konflikt sowohl in seiner militärischen wie in seiner politischen Dimension vietnamisieren. Ob sie Vietnam den Frieden bringen wird, hängt davon ab, ob die Vereinbarungen ihrem Geiste entsprechend in die Tat umgesetzt werden.[5] Wann es zur Feuereinstellung in Laos und Kambodscha kommen wird, läßt sich ebenfalls noch nicht übersehen. Die in Paris erzielte Einigung bedeutet nicht, daß die bisher involvierten Großmächte sich an Vietnam und den anderen Staaten Indochinas desinteressieren werden, gleichgültig, ob es zu einer neuen Indochina-Konferenz kommt oder nicht. Doch scheint das Interesse der Großmächte darauf gerichtet, die Lösung des Vietnam-Problems im wesentlichen den Vietnamesen selbst zu überlassen. Die USA haben wiederholt ihre Haltung dahingehend definiert, daß im Wege einer Beendigung des Konflikts Südvietnam eine faire Überlebenschance haben müsse. Die Ansprache des Präsidenten brachte eine weitere wesentliche Präzisierung, nämlich, daß die USA die Regierung in Saigon als einzige legitime Regierung Südvietnams anerkennen. Das ist nicht unbedingt eine Garantie für die Regierung Thieu, stellt aber klar, daß ihre Funktionen nicht auf den zu bildenden Nationalen Rat übergehen. Ebenso wird klargestellt, daß die USA keine zweite Regierung (Vietcong) in Südvietnam anerkennen. Auch das Interesse der beiden kommunistischen Großmächte ist angesichts der fortschreitenden Intensivierung ihrer Beziehungen zu den USA auf eine völlige Vietnamisierung des Konflikts gerichtet, da die Fortsetzung des amerikanischen militärischen Engagements beide Mächte bei ihrer Klientel und im kommunistischen Lager aller Schattierungen zunehmend kompromittieren würde. Wenn Moskau und Peking auch den nach dem Abkommen statthaften Waffenersatz liefern werden, ist es bei Fortdauer der gegenwärtigen Umstände doch unwahrscheinlich, daß sie Hanoi noch einmal zu einer Offensive großen Stils ausrüsten. Ein Aufflackern des Guerillakampfes würde nicht zu einem erneuten militärischen Eingreifen der USA führen. Wenn allerdings – wider Erwarten – die kommunistische Seite einen neuen Angriff im Stil der Märzoffensive[6] starten und Nixon sich betrogen fühlen würde, wären amerikanische Vergeltungsschläge nicht auszuschließen.

II. Das nunmehr paraphierte Abkommen enthält gegenüber der Einigung vom Oktober[7] weitere wesentliche Zugeständnisse der Kommunisten. Für Nixon ist die ehrenvolle Beendigung des militärischen Engagements der USA in Vietnam der größte Erfolg seiner politischen Laufbahn. Seine Ansprache war von einer Nüchternheit gekennzeichnet, die an Understatement grenzte, obwohl er früher bei Anlässen geringerer Bedeutung seine Entscheidungen pathetisch in

---

[5] Dieser Satz wurde von Vortragendem Legationsrat Citron durch Fragezeichen hervorgehoben.

[6] Am 31. März 1972 eröffneten nordvietnamesische Streitkräfte eine militärische Offensive, die sich vom Norden Südvietnams bis in das Gebiet nordwestlich von Saigon ausdehnte und die heftigsten Kämpfe seit der Tet-Offensive 1968 zur Folge hatte. Am 10. April 1972 bombardierten amerikanische Kampfflugzeuge erstmals seit vier Jahren wieder Ziele in Nordvietnam, darunter in Haiphong und im Großraum von Hanoi. Vgl. dazu EUROPA-ARCHIV 1972, Z 92 f. und Z 104.

[7] Zu dem am 26. Oktober 1972 von der nordvietnamesischen Regierung veröffentlichten Inhalt eines Vertragsentwurfs über die Beendigung des Vietnam-Kriegs vgl. Dok. 9, Anm. 5.

das Licht historischer Perspektiven rückte. Der Präsident hat seinen Erfolg gegen alle errungen. Nicht eine einzige maßgebliche Stimme hat sich in den vergangenen Wochen zu seiner Unterstützung erhoben. Er hat seinen Erfolg gegenüber einem äußerst hartnäckig verhandelnden Gegner errungen, gegenüber wachsender Opposition aus dem Kongreß (auch aus den republikanischen Reihen), gegenüber beachtlichen Strömungen in seiner eigenen Administration (die der scheidende Verteidigungsminister Laird zu erkennen gab, als er erklärte, der Krieg könne nunmehr unter der einzigen Bedingung der Rückgabe der Kriegsgefangenen beendet werden) und gegen den Rat Kissingers, der zunächst ein geringeres Verhandlungsergebnis für akzeptabel hielt. Der Präsident dürfte das Ende des militärischen Engagements der USA zu den erzielten Bedingungen als die große Bestätigung seiner staatsmännischen Fähigkeiten empfinden. Er wird wahrscheinlich sich von seinen Ratgebern und seinem Kabinett noch mehr isolieren, als dies bereits seit seinem Wahlsieg[8] zu beobachten ist.

Vielleicht wird man in den kommenden Jahren bei der Beobachtung des politischen Wirkens des amerikanischen Präsidenten sich an eine Bemerkung erinnern, die Malraux über de Gaulle machte: „De Gaulle ist ein Verrückter, der glaubt, er sei Frankreich. Aber er hat recht.“[9]

[gez.] Pauls

VS-Bd. 9965 (204)

---

[8] Am 7. November 1972 fanden in den USA die Präsidentschaftswahlen statt. Auf Präsident Nixon entfielen 61 % der Stimmen (521 Elektoren) und auf seinen Herausforderer, Senator McGovern, 38 % der Stimmen (17 Elektoren).

[9] Der französische Schriftsteller Malraux veröffentlichte 1971 einen Band mit Erinnerungen an Gespräche, die er 1969 mit dem ehemaligen Staatspräsidenten de Gaulle führte. Darin schrieb er: „Einmal mehr finde ich in dem General wieder, was ich den Führer religiöser Ordnung genannt habe. Wenn Frankreich ihn aufgibt, durchmißt er seine merowingische Einsamkeit oberhalb von Clairvaux; er faßt nicht ins Auge, dem Großtürken seine Dienste anzubieten. Dabei ist sein Verhältnis zu Frankreich ganz und gar nicht einfach. Seine Antwort von einst an Journalisten: ‚Doch ich, ich war Frankreich!‘ bedient sich der Vergangenheitsform. Die Antwort an Churchill: ‚Wenn ich nicht Frankreich bin, was habe ich dann in Ihrem Arbeitszimmer verloren?‘ ist (dem Anschein nach) ein Bedingungssatz. Niemand hat nach dem berühmten Aufruf geglaubt, daß er Frankreich war, vor allem er selbst nicht. Er hat sich entschlossen, es zu sein.“ Vgl. MALRAUX, Eichen, S. 35 f.

22

Botschafter Ruete, Warschau, an das Auswärtige Amt

VS-NfD   Aufgabe: 24. Januar 1973, 17.00 Uhr[1]
Fernschreiben Nr. 58   Ankunft: 25. Januar 1973, 17.20 Uhr

Betr.: Deutsch-polnische Beziehungen
       hier: Gespräch mit Außenminister Olszowski am 24.1.1973

Aus meinem heutigen Gespräch mit Außenminister Olszowski, das auf meinen
Wunsch zustande gekommen war und etwa eineinhalb Stunden dauerte, halte
ich folgendes fest:

Ich unterstrich einleitend die Bedeutung, die die Bundesregierung nach wie
vor den deutsch-polnischen Beziehungen beimesse, denen im Rahmen unserer
Gesamtpolitik ein besonders hoher Stellenwert zufalle. Es sei keineswegs so,
daß wir die Gestaltung der deutsch-polnischen Beziehungen bereits als beendet ansähen, wie es polnische Zeitungen in ihren Kommentaren zur Regierungserklärung[2] behauptet hätten. Ich hätte allerdings den Eindruck, daß seit
dem Besuch des Ministers in Bonn[3] eine gewisse Stagnation eingesetzt habe.
Wir müßten jetzt gemeinsam die zweite Etappe in Angriff nehmen und dem
Verhältnis Inhalt und Breite geben.

Ich sprach dann das Treffen Gierek mit dem Bundeskanzler[4], den Besuch des
Bundesministers, die Entwicklung auf dem Gebiete der Umsiedlung, den kulturellen Bereich sowie die Entwicklung der Wirtschaftsbeziehungen an. Daraus entwickelte sich folgendes Gespräch:

1) Humanitäre Fragen

a) Umsiedlung

Minister Olszowski sagte, er wisse nicht, warum wir uns über die Entwicklung
auf dem Gebiete der Umsiedlung beschwerten. Nach den ihm vorliegenden Unterlagen seien im vierten Quartal 1972 – also nach seinem Besuch in Bonn –
3300 Personen in die Bundesrepublik umgesiedelt. Insgesamt seien seit Unterzeichnung des Vertrages[5] über 30 000 Umsiedlungen in die Bundesrepublik
durchgeführt worden. Dies sei nach polnischer Auffassung eine gute und normale Entwicklung.

---

[1] Hat Vortragendem Legationsrat Hallier am 26. Januar 1973 vorgelegen, der die Weiterleitung an
Bundesminister Scheel verfügte.
Hat Scheel vorgelegen.

[2] Für den Wortlaut der Regierungserklärung des Bundeskanzlers Brandt vom 18. Januar 1973 vgl.
BT STENOGRAPHISCHE BERICHTE, Bd. 81, S. 121–134.

[3] Der polnische Außenminister Olszowski hielt sich am 13./14. September 1972 in der Bundesrepublik auf. Vgl. dazu AAPD 1972, II, Dok. 266, Dok. 268 und Dok. 273.

[4] Am 19. Mai 1972 schlug Bundeskanzler Brandt dem Ersten Sekretär des ZK der PVAP ein Zusammentreffen vor. Am 23. Mai 1972 antwortete Gierek, er akzeptiere den Vorschlag für ein baldi-
ges Treffen. Vgl. dazu AAPD 1972, II, Dok. 139.

[5] Für den Wortlaut des Vertrags vom 7. Dezember 1970 zwischen der Bundesrepublik und Polen
über die Grundlagen der Normalisierung ihrer gegenseitigen Beziehungen vgl. BUNDESGESETZ-
BLATT 1972, Teil II, S. 362 f.

Die polnische Regierung beabsichtige nicht, die Aktion damit abzuschließen. Sie werde die Umsiedlung weiter fortsetzen. Es dürfe sich jedoch keine Massenbewegung entwickeln.

Auf meinen Einwand, daß die Größenordnung unzureichend sei, und auf meinen Hinweis auf die Schwierigkeiten, die den Umsiedlungswilligen in Polen bereitet würden, entgegnete der Minister, während der Gespräche über den Warschauer Vertrag sei die Größenordnung der für die Umsiedlung in Frage kommenden Personen nicht festgelegt worden. Er wisse nicht, wieviele Menschen tatsächlich ausreisen wollten. Es gebe vielerlei Hin und Her. Viele stellten einen Antrag und nähmen ihn dann zurück. Andere führten Verwandtenbesuche durch, stellten dann aber keinen Antrag. Es sei ein sehr widersprüchliches Erscheinungsbild. Selbstverständlich sollten die Menschen, die einen Antrag stellten – seiner persönlichen Ansicht nach – „entsprechend behandelt" werden (offenbar wollte er sich damit gegen die aufgrund der Antragstellung erfolgten Entlassungen aus dem Berufsverhältnis aussprechen). Von deutscher Seite sollten aber keine Fragen aufgeworfen werden, die überflüssig seien. Auch sollten Einmischungen in die inneren Angelegenheiten Polens vermieden werden. Alles dies könne der Entwicklung nur schaden.

Insgesamt sei die polnische Regierung bereit, mit uns über diesen Fragenkomplex zu sprechen, ob das bei Gelegenheit des Besuchs von Herrn von Staden in Warschau[6] oder mit mir geschehen solle, wolle er unserer Entscheidung überlassen. Ich sagte ihm daraufhin, daß wir es begrüßen würden, wenn die Thematik eingehend bei dem Besuch von Herrn von Staden erörtert würde, danach könnten wir uns darüber klarwerden, wie wir die Angelegenheit weiter verfolgen wollten.

b) Wie zu erwarten, brachte der Minister die Sprache sogleich auf das Gebiet der Entschädigung für KZ-Opfer und Zwangsarbeiter.[7] Er erkundigte sich danach, ob die Haltung der Bundesregierung in dieser Frage sich geändert habe. Ich sagte ihm, indem ich unsere Argumente noch einmal kurz zusammenfaßte, daß Bundesminister Scheel ihm unsere Position bei seinem Besuch in Bonn in aller Deutlichkeit auseinandergesetzt habe. Daran habe sich nichts geändert. Der Minister bemerkte, die polnische Regierung beabsichtige nicht, die Frage der Entschädigungsleistungen in Verbindung mit der Umsiedlungsfrage zu bringen, aber sie sei der Auffassung, daß die deutsche Seite auch zu diesen humanitären Fragen Stellung nehmen müsse. Die Lösung des Problems der

---

6 Ministerialdirektor von Staden hielt sich vom 7. bis 9. Februar 1973 zu Gesprächen in Warschau auf. Vgl. dazu Dok. 56.
7 Zur Frage der Wiedergutmachung an polnischen Häftlingen in nationalsozialistischen Konzentrationslagern sowie polnischen Zwangsarbeitern informierte Vortragende Legationsrätin I. Klasse Finke-Osiander am 30. März 1973: „Die polnische Seite hat in den Gesprächen und Verhandlungen des Jahres 1970 keine Wiedergutmachungsforderungen angemeldet. Sie hat uns auf die von uns angesprochene Frage etwaiger materieller Forderungen ausdrücklich den Verzicht Polens auf weitere Reparationsleistungen bestätigt, den die polnische Regierung im Jahre 1953 ausgesprochen hat." Zum ersten Mal sei die Forderung nach Wiedergutmachungsleistungen von Ministerpräsident Jaroszewicz am 16. Juni 1972 auf einer Konferenz der PVAP in Warschau erhoben worden. Beim Besuch des polnischen Außenministers Olszowski am 13./14. September 1972 in Bonn sei dann der Wunsch nach Aufnahme entsprechender Verhandlungen geäußert worden: „Seit diesen Ministergesprächen ist auf polnischer Seite die Tendenz erkennbar, einen Zusammenhang zwischen Wiedergutmachungsansprüchen und der Umsiedlung herzustellen und eine parallele Behandlung beider Themen zu fordern." Vgl. Referat 214, Bd. 112635.

Opfer pseudo-medizinischer Versuche[8], die zwar recht spät gekommen sei, habe die deutsch-polnischen Beziehungen doch in erfreulicher Weise von negativen Momenten befreit. Jetzt müsse man über eine gewisse Zahl von KZ-Häftlingen und Zwangsarbeitern sprechen. Die polnische Regierung stehe in dieser Angelegenheit unter starkem inneren Druck; die Geschädigten pochten auf ihre zivilrechtlichen Ansprüche. Zwei Interpellationen lägen im Sejm vor. Er bekomme laufend Briefe mit begründeten Forderungen, in denen darauf hingewiesen werde, daß an Dänemark und Israel und andere Staaten Entschädigungen für derartige Fälle gezahlt worden seien. Wir müßten also eine Formel zu Lösungen finden und könnten nicht warten, bis alle Betroffenen stürben, was in 10 bis 15 Jahren der Fall sein werde. Die Zahl der Entschädigungsberechtigten verringere sich rapide, aber die Lebenden griffen die Forderungen auf und trügen sie an die polnische Regierung heran. Es wäre gut, wenn die deutsche Seite diese Fragen durchdenke. Sicher sei es keine Frage von Sein oder Nichtsein für die polnische Nation; man dürfe auch die deutsch-polnischen Beziehungen nicht allein durch das Prisma der humanitären Aspekte sehen. Man dürfe bei den humanitären Fragen aber auch nicht ausschließlich nach juristischen Kategorien Stellung nehmen und darüber die humanitären Anliegen dieser Menschen vernachlässigen. Ähnlich wie bei der Umsiedlung handele es sich hier auch um eine Frage der Größenordnung. Die polnische Regierung wolle mit uns in dieser Angelegenheit nicht feilschen, aber man müsse eine vernünftige Regelung treffen.

Ich wies darauf hin, daß es sich bei der Umsiedlung um vertraglich geregelte Ansprüche[9] handele, während die vermögensrechtlichen Fragen bei den Ver-

[8] Am 7./8. Juli 1972 einigten sich die Bundesrepublik und Polen in Genf auf eine Vereinbarung über die Entschädigung für Opfer pseudomedizinischer Versuche in der Zeit des Nationalsozialismus. Darin verpflichtete sich die Bundesrepublik zur Zahlung von 100 Mio. DM als Entschädigungsleistung und 3 Mio. DM als Verwaltungskosten an das polnische Gesundheitsministerium. Die Unterzeichnung erfolgte erst nach Einigung über die Frage der Einbeziehung von Berlin (West) am 16. November 1972. Für den Wortlaut der Vereinbarung vgl. Referat 514, Bd. 1337. Vgl. dazu ferner BULLETIN 1972, S. 1920.

[9] Im Zusammenhang mit der Paraphierung des Warschauer Vertrags am 18. November 1970 übergab die polnische Regierung eine „Information" über Maßnahmen zur Lösung humanitärer Probleme. Im veröffentlichten Teil erklärte die polnische Regierung, daß „Personen, die auf Grund ihrer unbestreitbaren deutschen Volkszugehörigkeit in einen der beiden deutschen Staaten auszureisen wünschen, dies unter Beachtung der in Polen geltenden Gesetze und Rechtsvorschriften tun können. Ferner werden die Lage von gemischten Familien und getrennten Familien sowie solche Fälle polnischer Staatsangehöriger berücksichtigt werden, die entweder infolge ihrer veränderten Familienverhältnisse oder infolge der Änderung ihrer früher getroffenen Entscheidung den Wunsch äußern werden, sich mit ihren in der BRD oder in der DDR lebenden nahen Verwandten zu vereinigen." Vgl. BULLETIN 1970, S. 1696 f.
Der vertrauliche Teil lautete: „1) Die polnische Regierung bringt ihre Bereitschaft zum Ausdruck, bei Bedarf in Kontakt mit der Bundesregierung einzelne Probleme zu untersuchen in bezug auf die Ausreisewünsche derjenigen Personen, die aus Polen ausreisen wollen und sich als Deutsche bezeichnen. 2) Die polnischen Behörden werden bei der Familienzusammenführung folgende Kriterien anwenden: Verwandte in der aufsteigenden und absteigenden Linie, Ehegatten und in Fällen, die nach Abwägung aller subjektiven und objektiven Gesichtspunkte begründet sind, Geschwister. Dies schließt die Prüfung von Härtefällen nicht aus. 3) Die Aktion, die nach der Unterzeichnung des Vertrages beginnt, soll in ein bis zwei Jahren nach dem Inkrafttreten des Vertrages durchgeführt sein. Nach polnischer Berechnung werden einige Zehntausende Personen ausreisen können. Es ist jedoch keine zeitliche Begrenzung für die Ausreise von Personen vorgesehen, die die Ausreise wünschen und den angegebenen Kriterien entsprechen. Personen, die einen Antrag auf Ausreise in die Bundesrepublik Deutschland stellen, werden ebenso behandelt werden wie Personen, die einen Antrag auf Ausreise in andere Länder stellen. Aus der Tatsache der Antrag-

handlungen über den Warschauer Vertrag beiderseits ruhengelassen worden seien. Die Bundesregierung könne nicht in Wiedergutmachungsverhandlungen mit Polen eintreten, ohne gleichzeitig die sich aus der Inbesitznahme des deutschen Gebiets und den bevölkerungspolitischen Bewegungen ergebenden vermögensrechtlichen Fragen mit ins Gespräch zu bringen; dies könne aber unseren Beziehungen nicht guttun. Wir legten Wert darauf, die Umsiedlungsproblematik eingehend mit der polnischen Seite zu erörtern; auf dem Entschädigungsgebiet seien wir jedoch nur bereit, zuzuhören.

2) Treffen Bundeskanzler – Gierek

Minister Olszowski unterstrich mehrfach, daß die polnische Seite es sehr begrüßen würde, wenn das Treffen zwischen dem Bundeskanzler und Herrn Gierek noch in diesem Jahr stattfinden würde. Der Bundeskanzler habe Botschafter Piątkowski wissen lassen, daß er sich zwar gerne mit Herrn Gierek treffen würde, daß ihm eine Einladung zu einem zweiten Besuch in Polen aber ungelegen komme.[10] Daher müsse man eine andere Formel finden. Es sei zwar bisher nicht ausgeschlossen, daß Gierek bereit sein werde, nach Bonn zu kommen. Für den Fall aber, daß ihm eine Reise nach Bonn Schwierigkeiten bereiten sollte, müsse man andere Möglichkeiten durchdenken, z. B. könnte man vielleicht erwägen, Treffen im Rahmen einer Schiffsreise zu arrangieren, bei der je ein polnischer und ein deutscher Hafen angelaufen würde. Man könnte evtl. auch an eine andere Stadt in der Bundesrepublik denken, wo vielleicht eine besondere Veranstaltung stattfinde, zu der man Gierek einladen könne. Insgesamt wäre die polnische Seite sehr dankbar, wenn wir uns möglichst bald Gedanken über diesen Fragenkomplex machen könnten.[11] In diesem Zusammenhang erkundigte sich der Minister nach dem Besuch von Breschnew in Bonn, worüber ich ihm keine Auskunft geben konnte. Er sagte, er sei von sowjetischer Seite davon unterrichtet, daß dieser Besuch für den Sommer d. J. geplant sei, und bat, ihn über den Stand unserer Überlegungen zu diesem Besuch zu unterrichten.[12]

Insgesamt ließen seine Ausführungen erkennen, daß der polnischen Seite vor allem daran gelegen ist, daß der Besuch noch in diesem Jahr stattfindet und daß einstweilen an eine kategorische Ablehnung von Bonn nicht gedacht ist. Es wäre daher wohl gut, wenn wir in Abstimmung mit dem Breschnew-Besuch

---

Fortsetzung Fußnote von Seite 118

stellung erwachsen den Antragstellern keine Schäden. Die Ermächtigung des Polnischen Roten Kreuzes erstreckt sich auf die Anträge aller Personen, die zu einer der in Ziffer 2 genannten Gruppen gehören. 4) Die polnische Regierung hat klargestellt, daß die polnischen Konsularbehörden ermächtigt sind, Ermäßigungen sowohl in bezug auf die Höhe der Visagebühren als auch in bezug auf die Höhe der Pflichtumtauschquote in Fällen zu gewähren, die verdienen, anerkannt zu werden, und zwar in gleichem Maße wie bei anderen westeuropäischen Ländern. Für den Pflichtumtausch von Devisen für Reisende aus der BRD nach Polen werden dieselben Vorschriften wie für Reisende aus anderen Ländern Westeuropas gelten. 5) Die Frage der Überweisung von rechtlich begründeten Sozialleistungen an in der Volksrepublik Polen lebende Personen wird von den zuständigen Stellen beider Staaten geprüft werden." Vgl. VS-Bd. 8963 (II A 5); B 150, Aktenkopien 1970.

10 Bundeskanzler Brandt führte am 21. Dezember 1972 ein Gespräch mit dem polnischen Botschafter Piątkowski. Vgl. dazu AAPD 1972, III, Dok. 417.

11 Der Passus „Der Bundeskanzler habe ... machen könnten" wurde von Bundesminister Scheel hervorgehoben. Dazu Fragezeichen.

12 Der Generalsekretär des ZK der KPdSU, Breschnew, besuchte die Bundesrepublik vom 18. bis 22. Mai 1973. Vgl. dazu Dok. 145–152.

der polnischen Seite möglichst bald konkrete Vorschläge machen könnten, falls
auch wir der Ansicht sind, daß das Treffen Bundeskanzler–Gierek noch in diesem Jahr erfolgen sollte.

3) Besuch des Bundesministers in Warschau

Minister Olszowski begrüßte den Vorschlag, den Besuch des Bundesministers
in Polen in der Woche zwischen dem 15. und 19. Oktober durchzuführen. Er
erkundigte sich jedoch, warum der Bundesminister nur zwei Tage nach Polen
kommen wolle. Er, Olszowski, hoffe, daß Bundesminister Scheel es möglich
machen könne, vier bis fünf Tage zu bleiben. Olszowski werde dann weitere
Begegnungen von entsprechendem Rang und großer Wichtigkeit arrangieren.
Daß er, Olszowski, selbst nur so kurz in Bonn gewesen sei, sei auf seine bereits
festgelegte Reise nach New York zurückzuführen gewesen. Er wäre länger geblieben, wenn er zeitlich nicht beschränkt gewesen wäre, und er hoffe, daß er
dies bei seinem nächsten Besuch auch tun könne. Er bat um möglichst baldige
Unterrichtung über die Reaktion des Bundesministers auf diesen Vorschlag.[13]

4) Wirtschaftliche Zusammenarbeit

Auf dem Wirtschaftsgebiet, so hob der Minister nachdrücklich hervor, komme
es der polnischen Seite darauf an, die Beziehungen weiter in erheblichem Maße zu intensivieren und zu verbreitern. Polnischerseits wäre man einmal an
dem Abschluß eines langfristigen Kooperationsabkommens interessiert (ich erwiderte, wir seien gesprächsbereit und warteten schon seit langer Zeit auf einen polnischen Entwurf), zum anderen hoffe man, zwei bis drei Transaktionen
von großer wirtschaftlicher Bedeutung für beide Seiten durchführen zu können. Gegenstand der einen sich bereits konkretisierenden Transaktion sei der
Bau landwirtschaftlicher Schlepper. In dieser Angelegenheit habe die polnische Industrie bereits mit der Fa. Klöckner-Humboldt-Deutz intensive Gespräche geführt. Der polnische Maschinenbauminister[14] sei gegenwärtig in der
Bundesrepublik.[15] Die Gespräche seien in der fachlichen Phase. Die polnische
Regierung wolle diesem Geschäft großen Formats aber auch einen politischen
Aspekt geben. Sie würde es sehr begrüßen, wenn auf diesem für die Polen besonders bedeutsamem Gebiet eine Kooperation mit der Industrie der Bundesrepublik Deutschland zustande komme. Sicher gebe es Konkurrenten, es sei
aber sein persönlicher Wunsch und der des gesamten Ministerrats, daß diese

---

[13] Der Passus „Er, Olszowski, hoffe ... diesen Vorschlag" wurde von Bundesminister Scheel hervorgehoben. Dazu vermerkte er handschriftlich: „Vorschlag."
Bundesminister Scheel hielt sich vom 18. bis 20. Oktober 1973 in Warschau auf. Vgl. dazu Dok.
325, Dok. 328 und Dok. 331.

[14] Tadeusz Wrzaszczyk.

[15] Am 6. Oktober 1972 vermerkte Ministerialdirektor Herbst, daß die Klöckner-Humboldt-Deutz AG,
Köln, das Auswärtige Amt mit Schreiben vom 19. September 1972 über den Wunsch des polnischen Maschinenbauministeriums nach Unterstützung bei der Modernisierung der polnischen
Traktorenindustrie informiert habe: „Das Memorandum hebt die Bedeutung der Traktorenindustrie für die polnische Landwirtschaft [...], ferner die mit einem solchen Projekt verbundene Intensivierung der Kooperation zwischen beiden Ländern hervor. Die aufgrund eines Abkommens zwischen KHD und der polnischen Seite von der Investitionsgüterbeschaffung ausgehenden Impulse
für den deutschen Maschinenbau werden auf 250 Mio. DM veranschlagt." Die Botschaft in Warschau habe darauf hingewiesen, daß das Projekt „das größte mit der Bundesrepublik Deutschland
bisher abgeschlossene Geschäft darstellen würde" und geeignet erscheine, der Wirtschaft der Bundesrepublik „den ihr angemessenen Platz auf dem Gebiet der betrieblichen Kooperation zu sichern".
Vgl. Referat III A 6, Bd. 467.

Verträge mit der Bundesrepublik abgeschlossen würden. Hier handele es sich um eine Kooperation von langfristiger Bedeutung und von großer wirtschaftlicher wie politischer Tragweite.

Auf meine Frage, was die Bundesregierung seiner Vorstellung nach in dieser Angelegenheit tun könne, antwortete der Minister, daß die Bundesregierung ihr besondere Aufmerksamkeit schenken und – wie er sich ausdrückte – „Vorfahrtsbedingungen" einräumen möchte. Ich versprach, die Bundesregierung noch einmal auf die politische Bedeutung dieses Geschäfts hinzuweisen.

Weitere Kooperationen mit der Bundesrepublik sollten nach polnischer Vorstellung auf den Gebieten der Elektronik und der Chemie durchgeführt werden. Was die Elektronik anbetreffe, so habe Herr Beitz kürzlich gewisse Vorschläge gemacht; hinsichtlich einer Kooperation auf chemischem Gebiet seien die polnischen Vorstellungen noch nicht präzisiert; es hätten jedoch bereits einzelne Fühlungnahmen zwischen der polnischen und der deutschen Industrie stattgefunden. Die polnische Industrie habe auch in diesen Bereichen viele Angebote. Die Regierung sei aber bemüht, diese Geschäfte in Richtung Bundesrepublik zu steuern, weil sie auf dem Gebiete der Ausgestaltung der deutsch-polnischen Wirtschaftsbeziehungen einige wichtige Schritte durchzusetzen wünsche. Wenn diese Geschäfte an andere Länder fielen, würde es von der polnischen Regierung sehr bedauert werden; eine Stagnation der deutsch-polnischen Wirtschaftsbeziehungen werde die Folge sein.

5) Kulturelle Beziehungen

Auf meine Ausführungen über eine wünschenswerte Bestandsaufnahme unserer kulturellen Beziehungen durch die Leiter der beiden Kulturabteilungen[16] reagierte der Minister nur recht allgemein. Er sagte, er glaube, daß auf kulturellem Gebiet sehr viel mehr getan werden könne, auch unabhängig von einem Kulturabkommen, dessen Abschluß er allerdings als nützlich und wünschenswert erachte.

6) Vietnam

Der Minister begrüßte die Paraphierung eines Waffenstillstandsabkommens und gab der Hoffnung Ausdruck, daß die Unterzeichnung bald erfolgen werde und daß damit ein wichtiger Schritt zur Gestaltung eines dauerhaften Friedens getan worden sei.[17] Für Polen sei allerdings eine schwierige Situation entstanden: Als Mitglied der Internationalen Kontroll-Kommission müßten sie relativ schnell eine Delegation von etwa 290 Köpfen entsenden, zu der allerdings auch Techniker, Militärs, Übersetzer usw. gehören würden. Polen habe große Schwierigkeiten, diesen Verpflichtungen nachzukommen. Er sei im Augenblick im Begriff, das Ministerium und die Auslandsvertretungen durchzukämmen, um genügend Personal zu erhalten.

7) Fortsetzung des Gesprächs

Zusammenfassend unterstrich der Minister erneut die Bedeutung, die die polnische Regierung der Normalisierung ihrer Beziehungen zur Bundesrepublik

---

16 Hans Arnold und Jan Druto.

17 Zu dem am 23. Januar 1973 bekanntgegebenen und am 27. Januar 1973 unterzeichneten Abkommen über die Beendigung des Kriegs und die Wiederherstellung des Friedens in Vietnam vgl. Dok. 21, besonders Anm. 2.

beimesse. Es werde allerdings nicht immer leicht sein, auf diesem Wege fortzu-
schreiten. Wir stünden aber nicht unter Zeitdruck. Wir wollten eine Regelung
für ein langes Nebeneinander und für eine ganze Zeit voraus treffen. Er brachte abschließend den Wunsch zum Ausdruck, mich in der nächsten Woche erneut wiederzusehen, um dann mit mir Fragen der europäischen Lage zu erörtern. Er versprach, von sich aus einen Termin zu geben.

Sollten für diese Thematik besondere Weisungen für erforderlich gehalten werden, darf ich bitten, mich umgehend zu unterrichten. Dieses Gespräch[18] ist unabhängig von dem mit Vizeminister Bisztyga, das für den 29.1. angesetzt ist
und das sich mit der Thematik KSZE und MBFR befassen soll.

[gez.] Ruete

Ministerbüro, Bd. 574

23

Aufzeichnung des Ministerialdirektors van Well

302-321.00 AFRIKA VS-NfD   **25. Januar 1973**[1]

Herrn Staatssekretär[2]

Betr.: Grundzüge unserer Afrika-Politik
      hier: Anpassung an veränderte politische Daten

Anlage: 1[3]

Zur Entscheidung und Genehmigung[4]

der nachstehend skizzierten Gedanken und Vorschläge für die Anpassung der

---

[18] Ein weiteres Gespräch des Botschafters Ruete, Warschau, mit dem polnischen Außenminister Olszowski fand am 5. Februar 1973 statt. Dazu berichtete Ruete am selben Tag, das Gespräch habe
„keine wesentlich neuen Gesichtspunkte ergeben". Lediglich hinsichtlich der Behandlung der
Grenzfragen bei der KSZE habe Olszowski erklärt, sie sei seiner Ansicht nach leicht zu lösen: „Die
polnische Regierung habe diese Frage noch nicht in allen Einzelheiten durchdacht; er glaube jedoch, daß sie entsprechend dem Inhalt der Warschauer und Moskauer Verträge zu regeln sein
müsse. Man denke jedenfalls polnischerseits an eine allgemeine Formulierung und nicht an Präzisierungen, die über den Inhalt unserer Verträge mit Moskau und Warschau hinausgingen." Vgl.
den Drahtbericht Nr. 93; Referat 214, Bd. 112624.

[1] Die Aufzeichnung wurde von Vortragendem Legationsrat I. Klasse Eger konzipiert.
Mit Schrifterlaß vom 26. Februar 1973 wurde die Aufzeichnung von Eger an alle Vertretungen in
Afrika südlich der Sahara sowie an die Beobachter der Bundesrepublik bei der UNO in New York
und in Genf übermittelt. Vgl. Referat 320, Bd. 108239.

[2] Hat Staatssekretär Frank am 4. Februar 1973 vorgelegen.

[3] Dem Vorgang nicht beigefügt.
Für die „Leitgedanken zur deutschen Afrika-Politik (Afrika südlich der Sahara)", die von Ministe-
rialdirigent Frank am 19. April 1968 Bundesminister Brandt vorgelegt wurden, vgl. Referat I B 3,
Bd. 836.

[4] Dieses Wort wurde von Staatssekretär Frank durch Häkchen hervorgehoben.

Afrika-Politik vor allem an die veränderte Deutschlandpolitik und im Hinblick auf den Beitritt beider deutscher Staaten zu den Vereinten Nationen.

Nach grundsätzlicher Genehmigung dieser für den internen Dienstgebrauch bestimmten Vorschläge werden die Leitlinien für die Afrika-Politik, die bei der Botschafterkonferenz 1968[5] erarbeitet wurden (Anlage), neuformuliert und ebenfalls zur Genehmigung vorgelegt werden.[6]

I. In den letzten Jahren haben sich wesentliche Daten verändert, die für die Afrika-Politik der Bundesregierung von Bedeutung sind, insbesondere:

in Afrika selbst

– Verschärfung des Schwarz-Weiß-Konflikts mit politisch stärkerer Isolierung Portugals und Südafrikas. Rückschläge für Dialoggedanken. Stärkere Aktivitäten der Befreiungsbewegungen.

– Zunahme des politischen Bewußtseins der schwarzen Bevölkerungsteile im südlichen Afrika (Ovambo-Streik in Namibia[7], Befragung und Pearce-Bericht in Südrhodesien[8]).

---

[5] Die Botschafterkonferenz fand vom 28. März bis 2. April 1968 in Abidjan statt.
Am 16. Mai 1968 hielt Bundesminister Brandt vor den Missionschefs afrikanischer Staaten südlich der Sahara eine Ansprache, in der er die Leitlinien erläuterte. Für den Wortlaut vgl. BULLETIN 1968, S. 533–536.

[6] Am 17. August 1973 legte Ministerialdirektor Lahn Staatssekretär Frank und Bundesminister Scheel die Neufassung der Leitlinien zur Afrikapolitik der Bundesrepublik vom 15. August 1973 zur Genehmigung vor. Vgl. dazu Referat 320, Bd. 108239.

[7] Seit Dezember 1971 streikten Angehörige des Ovambo-Stammes im Norden von Namibia mit dem Ziel einer Abschaffung des Kontraktarbeitersystems und der Herstellung der Freizügigkeit für die Arbeiter und ihre Familien in ganz Südwestafrika. Am 20. Januar 1972 wurde in Grootfontein ein Rahmenabkommen zwischen der südafrikanischen Regierung und dem Verwaltungsrat des Ovambolandes zur Neuregelung des Arbeitsverhältnisses geschlossen, das eine Reihe von Forderungen wie den Nachzug von Familienangehörigen und die Regelung des Lohns jedoch nicht erfüllte. Dazu berichtete Vortragender Legationsrat Kremer, Windhuk, am 24. März 1972: „Der Ovambostreik war ein Ereignis, mit dem in Südwestafrika niemand gerechnet hatte. Der Verwaltungsapparat war der Krise nicht gewachsen. Die südafrikanische Regierung reagierte zunächst unsicher und zögernd." Dieser erste größere Streik habe bewiesen, „daß die südwestafrikanische Wirtschaft ohne Ovamboarbeiter nicht existieren kann". Gravierender aber noch als die Folgen für die Wirtschaft „sind die Auswirkungen des Ausstands auf das Verhältnis der Weißen zu den Nichtweißen. Die überraschende Geschlossenheit des gewaltlosen Streiks zerstörte die Vorstellung von der Macht- und Hilflosigkeit der Nichtweißen. Das nicht zuletzt auch wegen der Kooperationswilligkeit seiner Häuptlinge als südwestafrikanisches Musterbantustan ausersehene Ovamboland war plötzlich ein Südwestafrika bedrohender Unruheherd. [...] Der Ovambostreik machte deutlich, daß der Nichtweiße im Begriff ist, seine bisherige Rolle als Statist auf der innenpolitischen Bühne Südwestafrikas gegen die eines aktiven Mitwirkenden zu vertauschen. Die Weißen stehen dieser Entwicklung verunsichert gegenüber." Vgl. den Schriftbericht Nr. 238; Referat I B 3, Bd. 857.

[8] Am 24. November 1971 unterzeichneten Großbritannien und Rhodesien eine Übereinkunft zur Regelung der mit der rhodesischen Unabhängigkeitserklärung vom 11. November 1965 entstandenen Fragen. Sie sah u. a. Änderungen der rhodesischen Verfassung vor mit dem Ziel einer Einführung des Mehrheitswahlrechts und einer paritätischen Mitwirkung afrikanischer Abgeordneter im Parlament. Ferner wurde bestimmt, daß durch eine Befragung der gesamten Bevölkerung Rhodesiens die Annehmbarkeit der Regelungen festzustellen sei („Test of Acceptability"). Vgl. dazu den Drahtbericht Nr. 2818 des Botschafters von Hase, London, vom 26. November 1971; Referat I B 3, Bd. 801.
Am 12. Januar 1972 nahm eine von der britischen Regierung eingesetzte Kommission unter Leitung von Lord Pearce die Befragungen in Rhodesien auf. Der Abschlußbericht der Pearce-Kommission wurde am 23. Mai 1972 veröffentlicht. Zum Ergebnis stellte Hase fest: „1) Die europäische Bevölkerung (ca. 6 % der Gesamtbevölkerung) hat mit überwältigender Mehrheit das britisch-rhodesische Übereinkommen akzeptiert. 2) Der gemischtrassige Bevölkerungsteil (0,3 % der Gesamtbevölkerung) stimmte zögernd und unter Vorbehalten zu. 3) Die asiatische Bevölkerung

– Wachsender Einfluß Rotchinas in Afrika durch Zurückstellung ideologischer Beeinflussung zugunsten konkreter Wirtschaftshilfe (Tansam-Bahn[9]).

– Wieder zunehmende Konkurrenz zwischen Rotchina und der Sowjetunion auch in Afrika.
Sowjetunion hatte sich, abgesehen von Nahost, in Afrika zurückgehalten und sich lediglich auf Somalia am Horn von Afrika konzentriert (strategische Bedeutung).

– Verstärkter Einfluß arabischer Staaten (Libyen) in Schwarzafrika, vor allem zu Lasten Israels (Uganda, Tschad, Niger, Mali und Kongo-Brazzaville).

– Überall Tendenzen zur Afrikanisierung und die Diversifizierung auswärtiger Beziehungen (Asiatenausweisung in Uganda[10], Rückgang französischen Einflusses im frankophonen Afrika, Mobutus „authenticité zaïrienne"[11]).

– Streben nach neuen regionalen Gruppierungen.

Fortsetzung Fußnote von Seite 123

(0,2 % der Gesamtbevölkerung) akzeptierte ebenfalls unter Vorbehalten. 4) Die große Mehrheit der afrikanischen Bevölkerung (weit über 90 % der Gesamtbevölkerung) lehnte das Übereinkommen ab." Die Afrikaner hätten ihre Ablehnung damit begründet, „daß ihnen unter dem Übereinkommen ‚Würde, Gerechtigkeit und faire Chancen' vorenthalten würden und daß es ihnen weder Parität der Anerkennung noch Parität der Vertretung zugestehe. Vorherrschender Gesichtspunkt für die Ablehnung der Afrikaner war jedoch Mißtrauen gegenüber den Absichten und Motiven der rhodesischen Regierung. Sie hätten, heißt es in dem Bericht, gegen das Übereinkommen und damit gegen die Regierung gestimmt." Vgl. den Drahtbericht Nr. 1352; Referat I B 3, Bd. 859.

9 Am 5. September 1965 unterzeichnete die Volksrepublik China mit Tansania und Sambia ein Abkommen über den Bau einer Eisenbahnlinie von den Kupferminen bei Kapiri-Mposchi in Sambia zur Hafenstadt Daressalam in Tansania. Das Projekt wurde finanziert über ein zinsloses Darlehen der Volksrepublik China. Zur Deckung der lokalen Kosten verpflichteten sich Tansania und Sambia zur Einfuhr chinesischer Konsumgüter in Höhe von jährlich 67 Mio. DM. Am 27. August 1973 wurde der tansanische Bauabschnitt fertiggestellt und der Bau des sambischen Teils der Tansam-Bahn begonnen. Vgl. dazu den Schriftbericht Nr. 83 des Botschafters Wever, Lusaka, vom 27. April 1972, sowie den Schriftbericht Nr. 322 des Botschafters Freiherr von Müllerheim-Rechberg, Daressalam, vom 29. August 1973; Referat 302, Bd. 102582.

10 Am 4. August 1972 gab Präsident Amin die Ausweisung aller britischen Staatsangehörigen asiatischer Herkunft bekannt. In der Folge weiterer Entscheidungen vom 19. und 22. August 1972 wurden darüber hinaus alle in Uganda lebenden Asiaten mit Ausnahme derjenigen mit ugandischen Pässen ausgewiesen. Damit verknüpft war eine am 29. August 1972 verkündete Reihe von Durchführungsbestimmungen zur „Ugandisierung der Wirtschaft", welche die Übernahme von bisher im Besitz von Personen asiatischer Herkunft befindlichen Unternehmen und Liegenschaften durch die ugandische Regierung und deren Verkauf an Ugander vorsahen. Vgl. dazu den Schriftbericht Nr. 575 des Botschafters Kopf, Kampala; Referat I B 3, Bd. 863.

11 Seit der Machtübernahme am 25. November 1965 verfolgte Präsident Mobutu in der Demokratischen Republik Kongo (Léopoldville) einen Kurs der Rückbesinnung auf afrikanische bzw. zairische Werte („Authenticité"). Dazu berichtete Botschafter Brückner, Kinshasa, am 27. Mai 1972, daß Mobutu diesen Begriff auf dem 1. Parteitag des „Mouvement Populaire de la Révolution" (MPR) vom 21. bis 24. Mai 1972 in N'Sele definiert habe „als ‚das Sich-Bewußtwerden des eigenen Werts und der eigenen Persönlichkeit'. Die Kolonisatoren hätten Afrika ihre Kultur, ihre Sprache, ihre Religion und ihre Namen aufgezwungen. Davon gelte es sich jetzt zu befreien." Vgl. den Schriftbericht Nr. 409; Referat I B 3, Bd. 868.
Wichtige Maßnahmen im Rahmen einer Politik der „Authenticité" waren die Umbenennung von Städten am 1. Juli 1966 (so wurde Léopoldville in Kinshasa umbenannt) und die Umbenennung des Staatsnamens in „Republik Zaire" am 27. Oktober 1971. Am 6. Januar 1972 erließ Mobutu eine Reform des Staatsangehörigkeitsgesetzes, wonach alle Zairer zur Annahme eines Namens zairischer Herkunft verpflichtet wurden. Er selbst heiße künftig Mobutu Sese Seko Kuku Ngbandu Wa Za Banga. Vgl. die Schriftberichte Nr. 35 und 108 von Brückner vom 11. Januar bzw. 1. Februar 1972; Referat I B 3, Bd. 868.

– Nach EG-Beitritt Großbritanniens Assoziierungsangebot an bestimmte Entwicklungsländer des Commonwealth einschließlich aller anglophonen Staaten Afrikas.[12]

Durch veränderte Deutschlandpolitik der Bundesregierung:

– Grundvertrag. Anerkennung der DDR auch durch Mehrzahl afrikanischer Staaten[13].

– Bevorstehender Beitritt beider deutscher Staaten zu den Vereinten Nationen.

Innerhalb der Bundesrepublik:

– Zunehmendes Interesse der Öffentlichkeit am Schwarz-Weiß-Problem.
Kritik an Afrika-Politik der Bundesregierung (Teile der SPD-Fraktion, Kirchen, Jugend). Diese Tendenzen werden sich nach Ende des Vietnam-Krieges verstärken.

II. Wertung

Die Afrika-Politik muß[14] diesen Entwicklungen Rechnung tragen[15]. Das gilt vor allem im Hinblick auf die Deutschland-Politik und den bevorstehenden VN-Beitritt.

In der Vergangenheit war auch die Afrika-Politik weitgehend von der jeweiligen deutschlandpolitischen Zielsetzung bestimmt. Der Erfolg der bisherigen Afrika-Politik läßt sich auch daran messen, daß fast alle Staaten Afrikas unsere jeweiligen deutschlandpolitischen Anliegen unterstützt haben, sei es aus Verständnis und Freundschaft, sei es im Glauben, damit ihren eigenen Interessen zu dienen (Handel, Entwicklungshilfe). Für die Entspannungspolitik der Bundesregierung und die Bemühungen um einen Modus vivendi mit der DDR bestand in Afrika echtes Verständnis. Erst nach Paraphierung oder Unterzeichnung des Grundvertrags setzte eine Anerkennungswelle ein.

Jetzt nach Abschluß des Grundvertrags und der Anerkennung der DDR durch dritte Staaten wird die Bundesregierung freiere Hand für eine eigenständigere Außenpolitik haben. Für die Afrika-Politik gilt dies jedoch nur bedingt. Hier

---

12 Im Protokoll Nr. 22 der Akte vom 22. Januar 1972 über die Beitrittsbedingungen und die Anpassung der Verträge boten die erweiterten Europäischen Gemeinschaften 20 Staaten des Commonwealth (Barbados, Botswana, Fidschi, Gambia, Ghana, Guayana, Jamaika, Kenia, Lesotho, Malawi, Mauritius, Nigeria, Sierra Leone, Swasiland, Tansania, Tonga, Trinidad und Tobago, Uganda, Sambia und Westsamoa) verschiedene Möglichkeiten zur Regelung ihrer Beziehungen zur Gemeinschaft an: 1) die Beteiligung am Nachfolgeabkommen zum Assoziierungsabkommen vom 29. Juli 1969 zwischen der EWG und 17 afrikanischen Staaten und Madagaskar (II. Abkommen von Jaunde), für das Gespräche zwischen den Vertragsparteien am 1. August 1973 aufgenommen werden sollten; 2) den Abschluß besonderer Assoziierungsabkommen mit den Europäischen Gemeinschaften; 3) den Abschluß von Handelsabkommen zur Erleichterung und Förderung des Handels mit den EG-Mitgliedstaaten. Vgl. dazu BULLETIN DER EG, Beilage 1/1972, S. 46 f.

13 Seit der Paraphierung des Vertrags über die Grundlagen der Beziehungen zwischen der Bundesrepublik und der DDR am 8. November 1972 nahm die DDR diplomatische Beziehungen auf mit Burundi (7. Dezember 1972), Ghana (13. Dezember 1972), Tunesien (17. Dezember 1972), Zaire (18. Dezember 1972), Tansania (21. Dezember 1972), Sierra Leone (21. Dezember 1972), Marokko (29. Dezember 1972), Uganda (5. Januar 1973), Gambia (15. Januar 1973) und Mauretanien (22. Januar 1973).

14 An dieser Stelle wurde von Staatssekretär Frank gestrichen: „sich".

15 Die Wörter „Rechnung tragen" wurden von Staatssekretär Frank handschriftlich eingefügt. Dafür wurde gestrichen: „anpassen".

werden die guten bilateralen Beziehungen zu den meisten Staaten überlagert durch die Probleme des südlichen Afrika: weiße Minderheitenregierungen, Rassismus, Befreiungsbewegungen.

Schon in der Vergangenheit war es nicht leicht, durch eine pragmatische ausgewogene Afrika-Politik einerseits gute Beziehungen zu den unabhängigen afrikanischen Staaten zu pflegen, andererseits aber auch die Zusammenarbeit mit Südafrika und Portugal fortzusetzen, die unseren Wirtschafts- und Sicherheitsinteressen entspricht.

Mit dem Beitritt der Bundesrepublik Deutschland (und der DDR) zu den Vereinten Nationen wird es schwer werden, beiden Gesichtspunkten Rechnung zu tragen. Wir werden dann konkreter zu den politischen Hauptanliegen Afrikas, der Beseitigung des Restkolonialismus, Stellung nehmen müssen. Bei zahlreichen Abstimmungen in den Vereinten Nationen wird die Bundesregierung vor die Frage gestellt werden, ob sie gegen afrikanische Resolutionsentwürfe stimmen oder sich zumindest der Stimme enthalten soll. Die DDR wird auch bei radikalen Resolutionsentwürfen stets auf Seite der Afrikaner stehen. Sie kann diese Situation zu ihren Gunsten nutzen. Da die Afrikaner nicht nur ein Drittel aller Stimmen der Vereinten Nationen auf sich vereinigen, sondern auch die Gruppe darstellen, die am stärksten solidarisch auftritt, könnte diese Sachlage dann zu Nachteilen für die Bundesrepublik führen, wenn einmal deutsche Anliegen in den Vereinten Nationen zu Debatte stehen sollten.

Die Entscheidung über unser Abstimmungsverhalten in Afrika-Fragen wird sich demnach u. a. daran orientieren müssen, welchen Stellenwert die Vereinten Nationen für die Bundesregierung haben. In der Regierungserklärung heißt es hierzu, daß die Politik der Bundesrepublik Deutschland durch den VN-Beitritt eine neue Dimension gewinnen wird und wir bereit sein werden, mehr Mitverantwortung zu übernehmen, auch für die Minderung von Konflikten.[16]

Dabei kann aber nicht übersehen werden, daß radikale Resolutionen, die wesentliche wirtschaftliche und sicherheitspolitische Interessen wichtiger Mitgliedstaaten verletzen, langfristig der Wirksamkeit der Vereinten Nationen abträglich sind.

Die Afrikaner behaupten häufig, daß es bisher bei Lippenbekenntnissen der Bundesregierung in Fragen der Selbstbestimmung geblieben sei. Sie werden von der parlamentarisch gestärkten sozialliberalen Regierungskoalition erwarten, daß ihre Interessen in Zukunft stärker berücksichtigt werden.

Kurzfristig wird die portugiesische Ultramar-Politik das Hauptproblem unserer Afrika-Politik bleiben, da wir wegen der NATO-Partnerschaft weiterhin auf Portugal Rücksicht nehmen müssen (Beja[17]). Die Vorwürfe der Afrikaner ge-

---

[16] Am 18. Januar 1973 führte Bundeskanzler Brandt vor dem Bundestag aus: „Wenn der Bundestag das Zustimmungsgesetz billigt, werden wir den Antrag auf Aufnahme in die Vereinten Nationen stellen. Die Politik der Bundesrepublik Deutschland wird damit eine neue Dimension gewinnen; wir werden bereit sein, mehr Mitverantwortung zu übernehmen, auch für die Minderung von Konflikten." Vgl. BT STENOGRAPHISCHE BERICHTE, Bd. 81, S. 123.

[17] Das Projekt eines Stützpunktes der Luftwaffe bei Beja ging auf ein Abkommen vom 16. Dezember 1960 zwischen dem Bundesministerium der Verteidigung und dem portugiesischen Verteidigungsministerium zurück. Es war Teil eines in den folgenden Jahren ausgebauten Vertragswerks zum

gen die NATO-Mitglieder, einschließlich der Bundesrepublik Deutschland, sie unterstützen Portugal unmittelbar durch Waffenlieferungen oder zumindest indirekt und ermöglichten dem armen Land auf diese Weise die Fortsetzung des „Kolonialkriegs", sind in den Augen der Afrikaner nicht entscheidend zu entkräften. In letzter Zeit verliert Portugal politisch und militärisch (besonders in Guinea-Bissao und Mosambik) an Boden, wenn auch in absehbarer Zeit nicht mit entscheidenden Erfolgen der Befreiungsbewegungen zu rechnen ist.

(Die Abteilung 2 bereitet eine Stellungnahme zur Überseepolitik Portugals vor, die die Haltung unserer wichtigsten Verbündeten und die sich daraus ergebenden Folgerungen darstellt.[18])

Südrhodesien stellt zur Zeit für uns kein akutes Problem dar. Die Bundesregierung hat sich den Sanktionen des VN-Sicherheitsrats (1968) angeschlossen.[19] Alle Beziehungen zu diesem Land bleiben abgebrochen. Eine Änderung dieser Politik käme nur in Frage, wenn der Sicherheitsrat die Sanktionsbeschlüsse aufhebt oder modifiziert. Jedoch wird auch behauptet, deutsche Un-

---

Fortsetzung Fußnote von Seite 126

Aufbau einer logistischen Basis der Bundeswehr in Portugal und einer verstärkten Rüstungszusammenarbeit. Am 24. März 1966 wurde dazu ein weiteres Abkommen über die Nutzung des Stützpunktes Beja „im Rahmen der vereinbarten Ausbildungs- und logistischen Zwecke" geschlossen. Vgl. dazu AAPD 1967, II, Dok. 295. Vgl. dazu ferner AAPD 1968, II, Dok. 330.

18 Am 17. August 1973 nahm Ministerialdirektor van Well Stellung zu den Beziehungen zwischen der Bundesrepublik und Portugal. Nach einer Analyse der politischen, wirtschaftlichen und militärischen Interessenlage der Bundesrepublik kam er zu dem Schluß: „Angesichts unserer teilweise sich widersprechenden Interessen werden wir gezwungen sein, von Fall zu Fall Entscheidungen zu treffen, die folgenden Postulaten Rechnung tragen müssen: Eintreten für Menschenrechte, Unabhängigkeit und Selbstbestimmungsrecht der Völker auch in Afrika; Wahrung unserer traditionell guten Beziehungen zu Portugal; keine Gefährdung der NATO durch Diskriminierung einzelner Partner; keine Sanktionen, keine Embargo-Erklärungen (außer Südrhodesien); Ablehnung von Gewalt als Mittel zur Lösung von Konflikten; keine aktive Beteiligung an kriegerischen Verwicklungen in Übersee (weiterhin Verzicht auf Waffenlieferungen in Spannungsgebiete, keine offiziellen Kontakte zu, keine Unterstützung oder vorzeitige Anerkennung der Aufstandsbewegungen); aktive Förderung einer evolutionären Entwicklung der portugiesischen Überseepolitik." Die Umsetzung dieser Ziele verlange im bilateralen Verhältnis einen „verstärkten Dialog". Multilateral sei allerdings die Ausübung eines gemeinsamen Drucks auf Portugal im Rahmen der NATO und den Europäischen Gemeinschaften „gefährlich", eine Vereinbarung von Wirtschaftssanktionen nicht realisierbar: „Im wichtigsten Forum für die Diskussion der Überseepolitik, den VN und ihren Sonderorganisationen, sollten wir uns bei der Behandlung der portugiesischen Überseegebiete und damit zusammenhängenden Fragen nach Möglichkeit an der Haltung unserer wichtigsten europäischen Partner orientieren. Eine Grenze muß allerdings dort gezogen werden, wo UN-Resolutionen unseren nationalen Interessen (NATO und europäische wirtschaftliche Zusammenarbeit) widersprechen, rein demagogischer Natur sind, die Arbeit der betroffenen Organisationen schwer behindern oder durch Ausschluß Portugals jede Einwirkungsmöglichkeit verhindern." Vgl. Referat 203, Bd. 101436.

19 Am 29. Mai 1968 forderte der UNO-Sicherheitsrat alle UNO-Mitgliedstaaten zu umfassenden Sanktionen gegen Rhodesien auf, u. a. zum Verbot des Imports von Waren oder des Handels mit Produkten aus Rhodesien, der Kreditvergabe an rhodesische Unternehmen, der Einreise rhodesischer Staatsangehöriger, des Flugverkehrs von und nach Rhodesien sowie zum Abzug aller konsularischen und Handelsvertreter. Für den Wortlaut der Resolution Nr. 253 vgl. UNITED NATIONS RESOLUTIONS, Serie II, Bd. VII, S. 15–17.
Die Bundesregierung veröffentlichte den deutschen Wortlaut der Resolution am 28. Juni 1968. Vgl. dazu BUNDESANZEIGER, Nr. 117 vom 28. Juni 1968, S. 2.
Am 28. August 1968 beschloß das Kabinett, die verbindlichen Sanktionen des UNO-Sicherheitsrats zu übernehmen. Dazu informierte Ministerialdirigent Berger: „Jedoch erfolgt kein Widerruf erteilter Einfuhrgenehmigungen und kein Eingriff in laufende Verträge, weil hierfür gesetzliche Grundlagen fehlen." Vgl. den Runderlaß Nr. 3633 vom 29. August 1968; Referat III B 5, Bd. 502.

ternehmen umgingen die Sanktionen. Das Auswärtige Amt geht diesen An-
schuldigungen zur Zeit nach.

Namibia/Südwestafrika ist für die Bundesregierung ein Sonderfall, da wir entgegen den Resolutionen des VN-Sicherheitsrats[20] als einziges Land außer Portugal das Konsulat Windhuk aufrechterhalten. Diese Entscheidung wurde in
den Vereinten Nationen und in Afrika vor allem wie folgt begründet:

- Schutzbedürfnis des starken deutschen Bevölkerungsanteils in dem ehemals
  von Deutschland abhängigen Gebiet (30 000 Deutschstämmige, davon 10 000
  deutsche Staatsangehörige).

- Botschaft Pretoria hat weder konsularische Jurisdiktion in Namibia, noch
  ist das Konsulat Windhuk der Botschaft unterstellt.

- Das Konsulat Windhuk und die Botschaft Pretoria unterstehen dem Auswärtigen Amt in Bonn unmittelbar. Diese klare Trennung entspricht der Resolution Nr. 2145 der Generalversammlung[21], die Südafrikas Mandat über
  Namibia beendete.

Bisher ist die Kritik an dieser Haltung in Grenzen geblieben. Wir werden jedoch bald heftigen Angriffen ausgesetzt werden und sollten vorher entscheiden, welchen Wert wir dem Konsulat beimessen. Falls Zweifel bestehen, ob die
Bundesregierung dem politischen Druck in den Vereinten Nationen, in Afrika
und in der Bundesrepublik standhalten kann, wäre es richtiger, das Konsulat
bald und ohne Aufsehen zu schließen.[22]

Die Politik der Bundesregierung gegenüber der Republik Südafrika selbst ist
eindeutig:

Ablehnung der Rassenpolitik, keine Waffenlieferungen, keinerlei militärische
Zusammenarbeit, aber abgesehen hiervon gute Beziehungen. Südafrika ist bedeutender Wirtschaftspartner in Übersee. Die Fortsetzung dieser Wirtschaftsbeziehungen und auch der kulturellen Beziehungen liegt im wohlverstandenen
Interesse auch der schwarzen Bevölkerung in diesem Gebiet. Diese Haltung
wird durch alle Schwarzafrikaner aus Südafrika, mit denen Gespräche geführt
worden sind, insbesondere durch die Bantustan-Chiefs Buthelezi und Mangope[23], bestätigt. Wir haben Kontakte zur deutschen Wirtschaft mit dem Ziel,
die Arbeits- und Lohnbedingungen schwarzer Arbeiter in südafrikanischen

---

[20] In Absatz 11 der Resolution Nr. 301 vom 20. Oktober 1971 forderte der UNO-Sicherheitsrat alle
Staaten auf, „d) To abstain from sending diplomatic or special missions to South Africa that include the Territory of Namibia in their jurisdiction; e) To abstain from sending consular agents to
Namibia and to withdraw any such agents already there". Vgl. UNITED NATIONS RESOLUTIONS, Serie II, Bd. VIII, S. 14.

[21] In der Resolution vom 27. Oktober 1966 wurde ausgeführt: „The General Assembly [...] 3) Declares
that South Africa has failed to fulfil its obligations in respect of the administration of the Man-
dated Territory and to ensure the moral and material well-being and security of the indigenous
inhabitants of South West Africa and has, in fact, disavowed the Mandate; 4) Decides that the
Mandate conferred upon His Britannic Majesty to be exercised on his behalf by the Government of
the Union of South Africa is therefore terminated, that South Africa has no other right to adminis-
ter the Territory and that henceforth South West Africa comes under the direct responsibility of
the United Nations". Vgl. UNITED NATIONS RESOLUTIONS, Serie I, Bd. XI, S. 118.

[22] Zu diesem Absatz handschriftliche Bemerkung des Staatssekretärs Frank: „Vielleicht können wir
dem Konsulat einen anderen Namen geben."

[23] Chief Buthelezi und Chief Mangope besuchten vom 1. bis 14. November 1971 auf Einladung des
Presse- und Informationsamts die Bundesrepublik.

Niederlassungen zu verbessern. Die Kulturpolitik soll sich noch stärker an die schwarzen Bevölkerungsteile wenden. An eine Kündigung des Kulturabkommens[24] ist nicht gedacht.

III. Konkrete Vorschläge für die zukünftige Afrika-Politik

Trotz der geschilderten Entwicklungen gibt es keine grundlegende realistische Alternative zu der bisherigen Politik. Wir müssen weiterhin mit dem für unsere Afrika-Politik typischen Dilemma leben:

– einerseits Bekenntnis zur Selbstbestimmung und Verurteilung von Rassendiskriminierung,

– andererseits Fortsetzung bestehender Beziehungen zu Südafrika und Portugal wegen wohlverstandener eigener Wirtschafts- und Sicherheitsinteressen (auch das Lebensrecht der weißen Bevölkerung in Südafrika darf nicht außer acht gelassen werden).

Diese Diskrepanz sollte dadurch zu überbrücken sein, daß wir uns für die schwarzafrikanischen Länder als unersetzliche Partner des wirtschaftlichen und sozialen Fortschritts erweisen.

Für die konkrete Afrika-Politik ergeben sich vor allem folgende Korrekturen:

1) Die Bekenntnisse zur Selbstbestimmung und der Ablehnung der Rassendiskriminierung müssen noch deutlicher und freimütiger zum Ausdruck gebracht werden, auch gegenüber Portugal und Südafrika selbst und in Zukunft innerhalb der Vereinten Nationen.

2) Zurückhaltung in politischen Kontakten mit Südafrika und Portugal, soweit die Ultramar-Politik betroffen ist. Keine offiziellen Besuche prominenter südafrikanischer Politiker in Bonn.

3) Stärkeres Einwirken besonders auf Portugal, seine Ultramar-Politik zu liberalisieren und Betonung, daß die Zukunft Portugals in Europa liege (verstärkte Unterstützung von Bemühungen, Portugal an die EG heranzuführen).

4) Möglichst baldige Vereinbarung neuer Endverbleibsklausel, die eindeutig auf den geographischen Geltungsbereich der NATO abstellt[25] und die auch im Falle der Einigung über Errichtung eines Schießplatzes[26] notwendig wird. Im

---

24 Die Bundesrepublik und Südafrika schlossen am 11. Juni 1962 ein Kulturabkommen. Für den Wortlaut vgl. BUNDESGESETZBLATT 1964, II, S. 13–17.

25 Am 31. August 1971 vermerkte Referat III A 4, daß 1965 eine Vereinbarung über den Endverbleib deutscher Rüstungslieferungen durch Notenwechsel folgenden Wortlauts abgeschlossen worden sei: „Die Waffen und Geräte, die die Bundesrepublik Deutschland Portugal im Geiste der dem Abkommen vom 15.1.1960 zugrundeliegenden Reziprozität verkauft oder überläßt, werden ausschließlich in Portugal zu Verteidigungszwecken im Rahmen des Nordatlantikpaktes benutzt werden." Da nach portugiesischer Auffassung jedoch auch die überseeischen Gebiete Teile von Portugal seien, habe die „Klausel nicht die erhoffte Wirkung gehabt, obwohl eigentlich die Formulierung ‚zu Verteidigungszwecken im Rahmen des Nordatlantikpaktes' eine Verwendung der gelieferten Gegenstände in den Überseegebieten ausschließen sollte." Der Bundessicherheitsrat habe daher am 28. April 1971 das Auswärtige Amt angewiesen, mit der portugiesischen Regierung über eine Bestätigung zu verhandeln, daß Lieferungen der Bundesrepublik nicht aus dem „geographischen Geltungsbereich der NATO" verbracht würden. Vgl. Referat I A 4, Bd. 445. Vgl. dazu auch AAPD 1972, II, Dok. 157.

26 Die Luftwaffe nutzte den Schießplatz Alcochete der portugiesischen Luftwaffe. Das Gelände wurde jedoch für den Bau des Großflughafens Lissabon benötigt und sollte 1975/76 geräumt werden. Am 17. Mai 1972 notierte Referat I A 7, daß die portugiesische Luftwaffe daher auf der Suche nach einem neuen Gelände sei: „Die Bundesluftwaffe ist sehr daran interessiert, daß der neue Schieß-

Falle der Nichteinhaltung der Endverbleibsverpflichtung Einstellung jeglicher Waffenlieferungen an Portugal.

(In den letzten zwei Jahren sind keine neuen Verpflichtungen zur Lieferung eingegangen worden, da Portugal sich bisher nicht mit neuer Endverbleibsregelung einverstanden erklärt hat.)

5) Überprüfung innerstaatlicher Maßnahmen zur korrekten Durchführung des Rhodesienembargos.

6) Prüfung, ob Konsulat Windhuk vorsorglich geschlossen werden sollte (hierzu folgt gesonderte Aufzeichnung[27]).

Diesen Korrekturen der Afrika-Politik, die ein Entgegenkommen an die afrikanischen Interessen darstellen, muß eindeutig gegenübergestellt werden, wo die Grenzen unserer Zugeständnisse liegen:

7) Keine Eingriffe in den normalen Handels- und Wirtschaftsverkehr mit Südafrika, Portugal und dessen Überseegebieten zum Nachteil unserer Wirtschaft (Ausnahme: Rüstungsexporte und obligatorische Sanktionsbeschlüsse des VN-Sicherheitsrats), also Beibehaltung des Prinzips, Handel und Politik nicht ohne Not zu koppeln. Das schließt Fortsetzung von Gewährleistungen von Exporten nach Südafrika und in die portugiesischen Überseegebiete ein, jedoch muß die Möglichkeit zu Sonderentscheidungen bei politisch besonders sensitiven Projekten gegeben sein, um ein neues „Cabora Bassa"[28] zu vermeiden.

Fortsetzung Fußnote von Seite 129

    platz die Größe eines taktischen Schießplatzes erhält, da es einen solchen in Westeuropa nicht gibt und sich nur dann die Kosten für den Flugstützpunkt Beja rentieren." Vgl. Referat I A 4, Bd. 445.

27 Am 16. Mai 1973 führte Ministerialdirektor Lahn aus, daß nach erfolgter Rechtsprüfung durch Referat 500 vorgeschlagen werde, das Konsulat der Bundesrepublik in Windhuk beizubehalten. Zur Begründung dieser Haltung gegenüber der UNO und afrikanischen Staaten sei auf die notwendige Betreuung der deutschen Staatsangehörigen bzw. weiterer deutschstämmiger Personen hinzuweisen: „Die Beibehaltung eines Konsulats unter derartigen Umständen und mit dieser Aufgabenstellung bedeutet nicht unbedingt die Anerkennung der Rechtmäßigkeit der südafrikanischen Gebietshoheit über Namibia. Wir verbinden mit der Beibehaltung des Konsulats in Windhuk nicht die Absicht, uns in der Frage der Gebietshoheit in Namibia auf den südafrikanischen Standpunkt festzulegen. Dies kommt auch darin zum Ausdruck, daß das Konsulat nicht der Botschaft Pretoria, sondern dem Auswärtigen Amt unterstellt ist, und zwar eindeutig mit Rücksicht auf den Sonderstatus Namibias." Vgl. Referat 302, Bd. 102566.

28 Am 2. September 1969 gab die portugiesische Regierung den Zuschlag für den Bau eines Wasserkraftwerks in Cabora-Bassa (Mosambik) an das internationale Konsortium „Zambeze Hydro-Eléctrico Consórcio" (ZAMCO) bekannt, an dem neben Unternehmen aus Frankreich, Italien, Portugal und Südafrika auch Unternehmen aus der Bundesrepublik beteiligt waren. Diese Unternehmen erhielten Bundesbürgschaften für ihre geplanten Lieferungen nach Mosambik. Vgl. dazu die Aufzeichnung des Referats I B 3 vom 5. März 1970; Referat III B 5, Bd. 798.
Seit Beginn des Jahres 1970 wurde von seiten afrikanischer Staaten, insbesondere der Organisation für Afrikanische Einheit, zunehmend Kritik am Cabora-Bassa-Projekt laut, da es „vor allem eine politische und militärische Unterstützung Südafrikas und Portugals und eine Festigung der portugiesischen Herrschaft in Mosambik" bedeute. Die beteiligten Staaten wurden aufgefordert, sich von dem Projekt zurückzuziehen. Vgl. die Aufzeichnung des Vortragenden Legationsrats Eger und des Legationsrats I. Klasse Maier-Oswald vom 5. Juni 1970; Referat III B 5, Bd. 799.
Am 15. Juli 1970 legte das Auswärtige Amt eine Kabinettsvorlage vor, in der – unter Hinweis auch auf die französische Haltung – ein Beschluß über die Aufrechterhaltung der Bundesbürgschaften für die am Cabora-Bassa-Projekt beteiligten Firmen empfohlen wurde. Das Kabinett folgte am 30. Juli 1970 diesem Votum. Vgl. dazu den Runderlaß des Ministerialdirektors Herbst vom 18. August 1970; Referat III B 5, Bd. 799.

8) Keine diskriminatorischen Maßnahmen gegen Portugal bilateral, als NATO-Partner und als EG-Wirtschaftspartner (Ausnahme: Endverbleibsklausel, keine Rüstungsexporte in Überseegebiete, obligatorische Sicherheitsratsbeschlüsse).

9) Ablehnung jeder Gewaltanwendung, jetzt auch mit der zusätzlichen Begründung, daß auch wir im Interesse einer Friedensordnung in Europa Opfer gebracht haben.

Besondere Bedeutung für die Afrika-Politik wird auch in Zukunft der wirtschaftlichen Zusammenarbeit (Handel, Investitionen, Entwicklungshilfe) mit den unabhängigen schwarzafrikanischen Staaten zukommen.

10) Anerkennung Afrikas als Schwerpunkt deutscher Entwicklungshilfe (wobei unser Beitrag zur Hilfe der EG in die Betrachtung einbezogen werden muß).

11) Innerhalb Afrikas keine übertriebene Schwerpunktbildung und angemessene Berücksichtigung kleiner Länder, die zum Teil mit den Least Developed Countries identisch sind. In diesen Ländern ist unsere Hilfe nicht so marginal wie in größeren Ländern, und in den Vereinten Nationen wiegt ihre Stimme ebenso viel.

12) Im südlichen Afrika soll die Unterstützung der an Südafrika und an die portugiesischen Gebiete grenzenden Länder wie Sambia, Malawi, Zaire, besonders aber der kleineren Länder Botswana, Lesotho, Swaziland, unterstreichen, daß wir die friedliche Evolution in diesem Gebiet aktiv fördern wollen.

13) Die bilaterale Hilfe sollte nicht ohne Not zugunsten der multilateralen Hilfe eingeschränkt werden, da unser Beitrag zur multilateralen Hilfe uns von den Empfängern nicht in gleicher Weise zugerechnet wird. Eine Ausnahme wäre die Hilfe über die EG, wenn es gelingt, uns verstärkt als wirtschaftlich potentes Mitgliedsland diskret darzustellen, das entscheidenden Einfluß auf die Zusammenarbeit der Gemeinschaft mit den afrikanischen Staaten hat.

14) Nach unserem VN-Beitritt sollten wir unseren Beitrag zur Entwicklungshilfe der VN-Familie deutlich herausstellen.

15) Deutliche Unterstützung der anglophonen Länder, sofern sie sich um Assoziierung mit der EG im Rahmen von Jaunde III bemühen.

16) Verstärkte Abstimmung auch unserer Afrika-Politik mit den EG-Partnern besonders zur Vorbereitung von Abstimmungen in den Vereinten Nationen über Afrika-Fragen (aber Schwierigkeiten mit Dänemark).[29]

---

[29] Am 13. Februar 1973 vermerkte Ministerialdirektor von Staden zu diesem Absatz: „Die Abstimmung unserer Haltung in den Vereinten Nationen mit unseren EG-Partnern im Rahmen der PZ hat für uns besondere Bedeutung. Den Grund dafür sehe ich vor allem in unserem potentiellen Kontrastverhältnis zur DDR [...]. Ferner kann nicht ausgeschlossen werden, daß auch die Sowjetunion und auch andere Staaten des Warschauer Pakts unsere relativ exponierte Lage dazu benutzen, um uns vor das Dilemma zu stellen, angeprangert zu werden oder uns im Westen zu isolieren. In dieser Situation gewährt uns die organische und dadurch politisch zunehmend legitimierte Zusammenarbeit der neun EG-Partner einen gewissen Schutz, dessen wir uns bedienen sollten, wo es möglich und ratsam ist. Ich erinnere in diesem Zusammenhang daran, daß uns die PZ in der Nahostfrage zwar zunächst Schwierigkeiten bereitet, im Ergebnis aber die Anpassung unserer Linie erleichtert hat. Es versteht sich dabei, daß man der Vorteile einer solchen Zusammenarbeit nur teilhaft werden kann, wenn man im Rahmen einer vernünftigen Interessenabwägung auch bereit ist, einen gewissen Preis dafür zu zahlen. Ich halte es für wichtig, diese Gesichtspunkte bei der Formulierung unserer Politik im Rahmen der Vereinten Nationen nicht aus dem Auge zu verlieren." Vgl. Referat 320, Bd. 108239.

Einer verstärkten und gezielten Öffentlichkeitsarbeit in und über Afrika wird wachsende Bedeutung zukommen:

17) Darstellung der Bundesrepublik als demokratischen, sozialen Rechtsstaat, der sich als Teil Europas versteht, das beginnt, zur Einheit zusammenzuwachsen.

Bekenntnis zum Fortleben deutscher Nation.

Ziel: Europäische Friedensordnung, in der deutsches Volk in freier Selbstbestimmung Form seines Zusammenlebens bestimmen kann.

Bereitschaft, weiterhin den wirtschaftlichen und sozialen Fortschritt der Entwicklungsländer im Geiste partnerschaftlicher Zusammenarbeit zu fördern und damit zum Abbau des Wohlstandsgefälles zwischen Industrie- und Entwicklungsländern beizutragen. Hierdurch Beitrag zur Sicherung des Friedens.

Bestätigung besonderer Affinität zwischen Europa und Afrika, geographisch, geschichtlich, kulturell, wirtschaftlich.

Politischer Meinungsaustausch

18) Der mit der Westafrikareise des Bundesministers[30] begonnene Gedankenaustausch mit afrikanischen Politikern sollte durch Afrikareisen leitender Herren des Amtes und Gegeneinladungen fortgesetzt werden. Hierbei Dialog nicht nur über bilaterale politische und wirtschaftliche Beziehungen, sondern auch über allgemein weltpolitische und wirtschaftspolitische Fragen. Die Afrikaner sehen sich hierdurch als gleichberechtigte Partner bestätigt und werden Verständnis für unsere Haltung zeigen, auch wenn sie nicht immer ihren Auffassungen entspricht.

Die Abteilungen 2 und 4 haben mitgezeichnet. Die kurze Bemerkung über Kulturpolitik wurde mit der Abteilung 6 (Dr. Witte) telefonisch abgestimmt.

van Well

Referat 320, Bd. 108239

---

[30] Bundesminister Scheel besuchte vom 14. bis 23. Oktober 1971 Nigeria, die Demokratische Republik Kongo (Kinshasa), Kamerun, die Elfenbeinküste und Mauretanien.

24

Botschafter Krapf, Brüssel (NATO), an das Auswärtige Amt

114-10318/73 VS-vertraulich   Aufgabe: 26. Januar 1973, 17.30 Uhr[1]
Fernschreiben Nr. 114   Ankunft: 26. Januar 1973

Betr.: MV der KSZE
     hier: Vorläufige Bewertung der zweiten Phase[2]

Zur Unterrichtung

I. 1) Der Politische Ausschuß auf Gesandtenebene erörterte am 25. Januar 1973 den bisherigen Verlauf der zweiten Phase der MV. Die Mehrzahl der Sprecher nahm ohne Weisung auf der Basis der aus Helsinki vorliegenden Delegationsberichte Stellung. Der Ausschuß wird die Erörterung dieses Themas am 29. Januar 1973 fortsetzen.

2) Das Ergebnis der Beratungen läßt sich wie folgt zusammenfassen:

– Die allgemeine Entwicklung der multilateralen Vorbereitung wird als befriedigend bewertet. Im großen und ganzen hat sich die Planung der Bündnispartner bewährt.

– Bei der bevorstehenden Diskussion über die von der Schweizer Delegation zu erstellende Synopse der bisherigen Vorschläge[3] muß insbesondere darauf geachtet werden, daß die eingebrachten Mandatsentwürfe[4] Grundlage der weiteren Sachdiskussion werden. Die vom deutschen Sprecher gemäß Plurex Nr. 247 vom 22. Januar 1973 – 212-341.14-235/73 VS-v – vorgetragenen Erwägungen zur sowjetischen Haltung zu den Mandatstexten (Ziffer 3a–d[5]) fanden allgemeine Unterstützung.

---

1 Hat Vortragendem Legationsrat I. Klasse Freiherr von Groll am 29. Januar 1973 vorgelegen.
2 Die zweite Runde der multilateralen Vorgespräche für die KSZE begann am 15. Januar 1973 in Helsinki.
3 Am 23. Januar 1973 berichtete Ministerialdirigent Brunner, z. Z. Helsinki, daß die österreichische KSZE-Delegation vorgeschlagen habe, „man solle nun ‚Körbe‘ aufstellen, in die jeder seine Vorschläge ‚hineinlege‘, um so zu einer Ordnung des Konferenzstoffs zu kommen. Dabei bleibe jedem überlassen, außer den drei ‚Körben‘ für Sicherheit, Wirtschaft und Kontakte weitere Körbe aufzustellen. Im Kreise der Delegierten war inzwischen bekannt, daß sich die Schweiz bereit erklärt hat, ein Arbeitspapier einzubringen, welches alle bisher vorliegenden Vorschläge, nach Kapiteln (‚Körbe‘) geordnet, enthält. [...] Die Sowjetunion hatte sich außerhalb der Sitzung mit einem solchen Verfahren einverstanden erklärt. Dies bedeutet zugleich, daß die Schweiz einen besonderen ‚Korb‘ zur Frage der Konferenzfolgen einschließlich des Organs vorsehen wird." Vgl. den Drahtbericht Nr. 74; Referat 212, Bd. 111529.
Am 24. Januar 1973 teilte Brunner mit, daß die Schweiz die Aufgabe übernommen und wie folgt präzisiert habe: „Berücksichtigung aller eingebrachten Papiere; keine Ausschlußwirkung für spätere Vorschläge; für Einordnung der Vorschläge in jeweilige Kategorie (‚Körbe‘) Wünsche der Einbringer maßgebend; mit Vorlage der Synopse am Montag, 29. Januar, schweizerischer Auftrag beendet." Vgl. den Drahtbericht Nr. 78; Referat 212, Bd. 111529.
4 Zu den Entwürfen für Mandate der Kommissionen und Unterkommissionen der KSZE, die von Belgien, Dänemark und Italien am 15. Januar 1973 bei den multilateralen Vorgesprächen in Helsinki eingebracht wurden, vgl. Dok. 15, Anm. 24.
5 Ministerialdirigent Diesel bat die Ständige Vertretung bei der NATO in Brüssel, im Politischen Ausschuß auf Gesandtenebene folgendes auszuführen: „3) Sowjetischer Widerstand gegen Ausarbeitung von Mandaten durch Botschafter in Helsinki war zu erwarten. [...] H[iesigen] E[rachtens]

– Die Vorschläge der Sowjetunion[6] und ihrer Bündnispartner bedürfen sorgfältiger Prüfung, insbesondere darauf hin, ob sie Anzeichen für echte Konzessionen enthalten oder lediglich als Modifizierung der Taktik zu bewerten
sind.

– Die anscheinend von einigen Bündnispartnern im Rahmen des NATO-Caucus
in Helsinki angeregte Überprüfung der Mandatstexte wurde von allen Sprechern als verfrüht bezeichnet.[7] Eine Ausnahme gelte für das Mandat der
Unterkommission für die militärischen Aspekte der Sicherheit, das im Hinblick auf die Stellungnahmen der Neutralen[8] möglicherweise einer Ergänzung bedürfe.[9]

– Alle Sprecher wiesen darauf hin, daß die Frage der Folgeeinrichtungen[10]
baldige Entscheidungen erfordern könne. Es bestand Übereinstimmung, daß
der Augenblick für wesentliche Konzessionen (Zustimmung zu Folgeeinrich-

Fortsetzung Fußnote von Seite 133
sollte es möglich sein, Einverständnis SU zur Ausarbeitung von Mandatsvorschlägen in MV zu erreichen, wobei wir folgende Vorschläge zur Argumentation gegenüber WP-Staaten zur Diskussion
stellen: a) In finnischen Memoranden von 1969 und 1970, auf die sich Einladung vom 9.11.1972
bezog und die Geschäftsgrundlage der Helsinki-Konsultationen bilden, heißt es, ‚daß der Erfolg
der Konferenz im weitest möglichen Ausmaß durch sorgfältige Vorbereitungen im voraus gesichert
werden sollte'. (Abs[atz] 1 des finnischen Aide-mémoire v[om] 24.11.1970). Vorschlag zur Ausarbeitung von Mandatsentwürfen in MV bezweckt nichts anderes. b) WP-Staaten und andere Konferenzteilnehmer haben sich auf französisches Konferenzmodell als Arbeitshypothese geeinigt. Nach
den am 13.12.1972 in Helsinki vorgetragenen französischen Vorstellungen zum Konferenzverlauf
ist es Aufgabe der ersten Außenministerkonferenz, neben Tagesordnung und Verfahren ‚die Einsetzung von Kommissionen und Unterkommissionen, deren Zahl und Mandate während der MV
festgelegt werden sollten', zu billigen. Diesen wesentlichen Teil des französischen Konferenzmo-
dells kann die SU, die ihn im Prinzip akzeptiert hat, nicht einfach ignorieren. c) SU-Vertreter trug
am 12.12.1972 in Helsinki vor, in zweiter Etappe Hauptkonferenz sollten sich die von den Ministern
eingesetzten Kommissionen ‚entsprechend den Weisungen (ukazanija), die sie von den Ministern
erhalten', mit Ausarbeitung der Entwürfe der Konferenzbeschlüsse befassen. SU ist also wie wir
der Auffassung, daß Kommission von Ministern mit Weisungen versehen werden müssen; sie
scheinen aber zu glauben, daß die Minister diese selbst ausarbeiten könnten. Dies entspräche
nicht westlicher Konferenzpraxis, würde Außenministerkonferenz unnötig in die Länge ziehen
und evtl. Kontroversen in die Konferenz selbst hineintragen, die Botschafter in Helsinki bereini-
gen könnten; daran können WP-Staaten nicht interessiert sein, vor allem dann nicht, wenn sie
Gipfelkonferenz anstreben." Vgl. VS-Bd. 9068 (212); B 150, Aktenkopien 1973.

6 Vgl. dazu den sowjetischen Vorschlag vom 22. Januar 1973 für eine Tagesordnung der KSZE; Dok.
15, Anm. 23.

7 Zu diesem Satz vermerkte Vortragender Legationsrat I. Klasse Freiherr von Groll handschriftlich:
„Bravo!"

8 Am 17. Januar 1973 nahmen die Delegationen von Österreich, Schweden und der Schweiz Stellung zu den am 15. Januar 1973 eingebrachten Vorschlägen der NATO-Mitgliedstaaten für eine
Tagesordnung und Mandate. Dazu berichtete Ministerialdirigent Brunner, z. Z. Helsinki: „Alle
drei knüpften an die westlichen Vorschläge an, machten jedoch Anregungen, die teilweise darüber
hinausreichten. So wünscht Österreich, die KSZE solle sich auch mit der Entspannung in Nahost
befassen, etwa durch Bildung eines Kontaktausschusses, der die Kontrahenten in direkte Verbindung bringen könnte. Die Schweiz hat ihren Vorschlag über friedliche Streiterledigung durch
Schiedsspruch und Schlichtung als eigenen Unterpunkt eingebracht. Schweden möchte einen Unterpunkt über Fragen der Rüstungskontrolle." Vgl. den Drahtbericht Nr. 51; Referat 212, Bd. 111529.
Vgl. dazu auch Dok. 32, Anm. 9, 10 und 12.

9 Der Passus „das im Hinblick ... Ergänzung bedürfe" wurde von Vortragendem Legationsrat I.
Klasse Freiherr von Groll hervorgehoben. Dazu vermerkte er handschriftlich: „Gut!"

10 Zum sowjetischen Vorschlag vom 22. Januar 1973, in die Tagesordnung der KSZE einen Punkt
über die Errichtung eines „Ständigen Organs" einzufügen, vgl. Dok. 1, Anm. 9, und Dok. 15, Anm. 23.
Vgl. dazu weiter Dok. 25.

tungen gegen Zustimmung zu Mandatsdiskussionen) noch nicht gekommen sei.[11]

– Die Frage einer Beteiligung der Mittelmeerländer wurde nur kurz angeschnitten.

– Im Hinblick auf die Aufgabenteilung zwischen dem NATO-Caucus in Helsinki und den Beratungen in Brüssel bestand Einigkeit darüber, daß der Diskussion in Brüssel wesentliche Substanzfragen, z. B. eine Änderung der Mandatstexte, sowie eine Änderung der Haltung der Bündnispartner in „Grundsatzfragen"[12] vorbehalten bleiben muß.[13]

II. 1) Der allgemeine Überblick über die bisherige Entwicklung der zweiten Phase der MV ergab, daß die den Berichten der deutschen Delegation zugrundeliegenden Beurteilungen von den anderen Bündnispartnern weitgehend geteilt werden. Der kanadische Sprecher bemerkte, daß die sowjetische Modifizierung des MBFR-Vorschlages beginne, sich auch im Lager der Neutralen für die Sowjetunion nachteilig auszuwirken. Der sowjetischerseits vorgeschlagene Teilnehmerkreis für MBFR-Verhandlungen[14] habe das Interesse der Neutralen an diesem Thema erneut wachgerufen. Es scheine jedoch, daß die Neutralen an einer Teilnahme an den eigentlichen MBFR-Verhandlungen nicht interessiert seien, diese Neutralen jedoch nunmehr verstärkt den Versuch machten, Sicherheitsthemen in die KSZE einzuführen.

Es bestand Übereinstimmung, daß die Sowjetunion sich in Helsinki unter erheblichem Zeitdruck fühle. Mehrere Sprecher wiesen darauf hin, daß diese Entwicklung die Bündnispartner nicht dazu veranlassen solle, nun ihrerseits „im Eilverfahren" Konzessionen zu machen. Der Zeitdruck, unter dem sich die Sowjetunion glaube, könne vielmehr durch die Bündnispartner genutzt werden, um echte Zugeständnisse der osteuropäischen Länder zu erreichen.[15]

2) Es bestand Einigkeit darüber, daß alles getan werden muß, um die Diskussion der Mandatsentwürfe sicherzustellen. Mehrere Sprecher unterstützten die auch von uns vorgetragene Überlegung, daß man den Terminus „Mandat" zur Diskussion stellen könne, da er offensichtlich auf die Sowjetunion „wie ein rotes Tuch" wirke.

3) Die Auswertung der jüngsten Stellungnahmen der Sowjetunion und ihrer Bündnispartner soll auf dem Gebiet der „wirtschaftlichen Zusammenarbeit"[16]

---

11 Zu diesem Satz vermerkte Vortragender Legationsrat I. Klasse Freiherr von Groll handschriftlich: „Franzosen haben aber vorgeschlagen!"

12 Der Passus „Änderung der Haltung ... Grundsatzfragen" wurde von Vortragendem Legationsrat I. Klasse Freiherr von Groll hervorgehoben. Dazu vermerkte er handschriftlich: „Ja!"

13 Zu diesem Satz vermerkte Vortragender Legationsrat I. Klasse Freiherr von Groll handschriftlich: „Helsinki: Taktik."

14 Vgl. dazu die sowjetische Note vom 18. Januar 1973; Dok. 12.

15 Zu diesem Satz vermerkte Vortragender Legationsrat I. Klasse Freiherr von Groll handschriftlich: „r[ichtig]."

16 Am 22. Januar 1973 führte die sowjetische Delegation bei den multilateralen Vorgesprächen für die KSZE in Helsinki zum vorgeschlagenen Tagesordnungspunkt 2 („Wirtschaftliche Zusammenarbeit") aus: „Within the framework of the agenda item dealing with questions of trade and economic co-operation, the Conference, in our view, might elaborate general provisions for expansion of trade as well as for development of industrial co-operation. It might, furthermore, examine pro-

begonnen werden. Der NATO-Wirtschaftsausschuß wurde beauftragt, insbesondere auf der Basis der ungarischen Stellungnahme[17] zu überprüfen, inwieweit die Vorstellungen der osteuropäischen Länder mit den im Bündnis entwickelten Vorstellungen zu diesem Punkt der Tagesordnung zu vergleichen sind.

4) Der deutsche Sprecher sowie der britische, niederländische, italienische, belgische und dänische Sprecher wiesen darauf hin, daß angesichts der Vorschläge der Neutralen zum Thema „Sicherheit" sowie unter Berücksichtigung der sowjetischen MBFR-Vorschläge eine Ergänzung des Mandats der Unterkommission für militärische Aspekte der Sicherheit notwendig sein könne. Der niederländische Sprecher wies darauf hin, daß die entsprechende Diskussion sich auf die Frage beschränken ließe, ob der niederländische Vorschlag betreffend eine allgemeine Erklärung über Streitkräftestärken[18] von allen Bündnispartnern nunmehr unterstützt werde.[19]

Der deutsche Sprecher hob hervor, daß wir die Vorschläge der Neutralen zu den „Grundsätzen zwischenstaatlicher Beziehungen"[20] besonders im Hinblick

---

Fortsetzung Fußnote von Seite 135

posals on possible joint implementation of European projects in industry, power energy, exploitation of mineral resources, transport and work out recommendations concerning procedures for further joint work on such projects. The Conference might examine proposals on specific directions of co-operative activities in science and technology with a view to facilitat[ing] the most effective possible solution to the problems of common concern, and also proposals on possible forms of such co-operations. Within the framework of this agenda item the Conference might also usefully discuss matters relating to development of co-operation aimed at protection and improvement of the environment and rational utilisation of European natural resources." Vgl. den Drahterlaß Nr. 28 des Vortragenden Legationsrats I. Klasse Freiherr von Groll vom 23. Januar 1973 an die Ständige Vertretung bei der NATO in Brüssel; Referat 212, Bd. 111529.

[17] Ungarn nahm am 24. Januar 1973 Stellung zu den von der UdSSR am 22. Januar 1973 eingebrachten Vorschlägen. Dazu berichtete Ministerialdirigent Brunner, z. Z. Helsinki: „Ungarn betonte Prinzipien (Nichtdiskriminierung, Überwindung geschlossener Marktsysteme, Meistbegünstigung) und machte konkrete Vorschläge im Bereich der wirtschaftlichen Zusammenarbeit, der wissenschaftlich-technischen Zusammenarbeit und des Umweltschutzes." Vgl. den Drahtbericht Nr. 78; Referat 212, Bd. 111529.

[18] Am 18. Januar 1973 unterbreiteten die Niederlande bei den multilateralen Vorgesprächen für die KSZE in Helsinki einen Vorschlag zur Ergänzung des Mandats für die „Unterkommission zur Prüfung geeigneter Maßnahmen zur Festigung des Vertrauens und zur Steigerung der Stabilität mit dem Ziel einer Verringerung des Risikos einer militärischen Konfrontation": „3) La Sous-Commission era chargée de préparer le projet d'une déclaration commune sur les problèmes qui concernent le niveau et l'activité des forces armées en Europe. Une telle déclaration doit mettre en évidence l'indivisibilité des aspects politiques et militaires de la sécurité en Europe, et confirmer la volonté des signataires de contribuer à diminuer les dangers de la confrontation militaire en Europe. 4) Cette déclaration pourrait contenir une référence appropriée sur l'engagement du pourparlers, au sein d'un organisme spécial, au sujet du niveau et de l'activité des forces armées." Für das Dokument CESC/HC/24 vgl. Referat 212, Bd. 100016.

[19] Zu diesem Satz vermerkte Vortragender Legationsrat I. Klasse Freiherr von Groll handschriftlich: „Gut!"

[20] Am 17. Januar 1973 legte die schweizerische Delegation bei den multilateralen Vorgesprächen für die KSZE in Helsinki den Entwurf von Mandaten für den Tagesordnungspunkt „Sicherheit" vor. Darin wurde die Bildung einer Unterkommission zum Thema der Grundsätze zwischenstaatlicher Beziehungen vorgeschlagen: „In its work, the Sub-Committee will bear in mind the principles of the United Nations Charter and of the United Nations Declaration concerning friendly relations among States. It will be guided by the following principles: equality and sovereignty of States; non-recourse to the threat or use of force; inviolability of frontiers; respect for territorial integrity; non-intervention and non-interference in internal affairs; respect for human rights and fundamental freedoms; equality of rights of peoples and their right to control their own destiny; compliance in

auf das Prinzip der Unverletzlichkeit der Grenzen sorgfältig prüfen würden. Es seien bisher keine Gesichtspunkte erkennbar, die uns zu einer Änderung unseres Wunsches nach einer Qualifizierung dieses Prinzips veranlassen könnten.[21]

5) Die sich aus der Entwicklung in Helsinki ergebende Problematik zu dem Punkt „Folgeeinrichtungen" wurde ausführlich erörtert. Es wurde auf die bevorstehende Diskussion im NATO-Rat am 31. Januar 1973 hingewiesen. Mehrere Sprecher bemerkten, daß das „Steering Brief" alter Fassung[22] für die Reaktion der Bündnispartner in den nächsten Tagen sicherlich genügend Spielraum biete.

Für eine Andeutung der Bereitschaft zur Annahme eines Tagesordnungspunktes über Folgeeinrichtungen sei es erheblich zu früh.[23]

Der deutsche Sprecher wies darauf hin, daß die von uns gemäß dem o.a. Plurex Nr. 247, Ziffer 3 g)[24] vorgebrachte Überlegung über eventuelle Konzes-

---

Fortsetzung Fußnote von Seite 136

good faith with obligations under international law." Für das Dokument CESC/HC/22 vgl. Referat 212, Bd. 100016.

Am 18. Januar 1973 legte die jugoslawische Delegation den Entwurf einer Tagesordnung vor. Unter dem Punkt „Europäische Sicherheit" sollten danach die Grundsätze zwischenstaatlicher Beziehungen erörtert werden: „The document would seek to reaffirm and elaborate all the basic principles of the Charter of the United Nations and of the Declaration of the General Assembly of the United Nations on the principles of international law concerning friendly relations and co-operation between States in conformity with the Charter of the United Nations, so as to ensure their more consistent and effective application in Europe." Für das Dokument CESC/HC/23 vgl. Referat 212, Bd. 100016.

[21] Zu diesem Satz vermerkte Vortragender Legationsrat I. Klasse Freiherr von Groll handschriftlich: „Irland!"

[22] Zum „Steering Brief", der der NATO-Ministerratstagung am 7./8. Dezember 1972 in Brüssel vorlag, bemerkte Referat 212 am 15. Januar 1973: „Die NATO hatte sich in den §§ 28–30 des (nicht verabschiedeten) ‚Steering Brief' mit den Folgeinstitutionen befaßt. Sie sollen allenfalls in Betracht gezogen werden, um den Verhandlungsprozeß weiter voranzubringen und/oder um den Konferenzbeschlüssen Wirksamkeit zu verleihen. Im Unterschied zum Bericht der ‚Neun' sollen laut ‚Steering Brief' ein eigener TOP und eine spezielle Kommission ‚Ständiges Organ' nicht in Betracht gezogen werden. Auch der ‚Steering Brief' ist der Ansicht, daß das Thema ‚Konferenzfolgen' nur im Zusammenhang mit Sachfragen behandelt werden dürfte. Es soll daher von allen Kommissionen geprüft werden, um festzustellen, ob irgendeine ständige Einrichtung als Konferenzfolge nützlich wäre, und wenn ja, was präzis ihre Aufgabe sein soll. Keinesfalls soll es Folgeeinrichtungen ohne detaillierte Mandate und echte Aufgaben geben. Bestehende Institutionen sollen genutzt werden. Wo es keine gibt, können neue Ad-hoc-Institutionen geschaffen werden. Dabei ist klarzustellen, daß diese nur experimentellen Charakter haben, damit der Westen seine Teilnahme kündigen kann, wenn sie den vorgesehenen Zweck nicht erfüllen." Vgl. VS-Bd. 9077 (212); B 150, Aktenkopien 1973.

Zum „Steering Brief" der NATO vgl. auch DBPO, Serie III/2, S. 73–80.

[23] Zu diesem Satz vermerkte Vortragender Legationsrat I. Klasse Freiherr von Groll handschriftlich: „Fr[ankreich]!"

[24] Ministerialdirigent Diesel stimmte zu, im Gegenzug zur Mitarbeit der Staaten des Warschauer Pakts an der Ausarbeitung von Mandaten auf deren Forderung nach einem Tagesordnungspunkt über Konferenzfolgen einzugehen, sollte sich die UdSSR anderen Argumenten nicht anschließen. Allerdings sei in diesem Fall eine Umformulierung des Tagesordnungspunktes notwendig. Vorzuziehen sei etwa „Suites de la conférence" ohne den Zusatz „institutionelle". Eventuell bräuchten „für einen solchen TOP keine besondere Kommission und auch kein Mandat vorgesehen zu werden, da Frage sowieso erst am Ende zweiter Phase Hauptkonferenz erörtert werden sollte; sollte ‚Steering Committee' aus Leitern der nationalen Expertengruppen gebildet werden, die während der zweiten Kommissionsphase die Arbeiten der Kommissionen koordiniert (uns scheint dies nötig – Frage wurde bisher noch nicht diskutiert), so könnte dieses sich auch mit den ‚Suites' befassen, ohne dazu besonders mandatiert zu sein (Frage des ‚Steering Committee' stellt sich bei Festlegung

sionen selbstverständlich ausschließlich für die bündnisinterne Diskussion gemacht sei und nur Überlegungen wiedergebe, die nach unserer Unterrichtung
auch bereits im NATO-Caucus in Helsinki angestellt worden seien. Auch der
britische Sprecher erklärte, daß man sich die Möglichkeit entsprechender Konzessionen überlegen müsse.

Der dänische Sprecher wies darauf hin, daß angesichts der schnellen Entwicklung gerade zu diesem Tagesordnungspunkt in Helsinki die rechtzeitige Vorbereitung von Rückfallpositionen sachdienlicher sei, als Entscheidungen unter
Zugzwang zu treffen.

Die Stellungnahmen ergaben insgesamt, daß alle Bündnispartner an der im
Rahmen der PZ erarbeiteten Taktik festhalten wollen, d. h.

– vorläufig klare Ablehnung eines entsprechenden Tagesordnungspunktes,

– erste Rückfallposition: Bereitschaft zur Diskussion der Folgeeinrichtungen
  im Rahmen der Diskussion der einzelnen Sachthemen.

Zu der ebenfalls von der PZ erarbeiteten letzten Rückfallposition (Zustimmung
zu einem sorgfältig in unserem Sinne formulierten Tagesordnungspunkt über
Folgeeinrichtungen) vermieden insbesondere der kanadische und amerikanische Sprecher eine[25] Stellungnahme.

6) Zur Frage einer Beteiligung der Mittelmeerländer wies der portugiesische
Sprecher darauf hin, daß seine Regierung angesichts der ablehnenden Haltung
der osteuropäischen Länder in dieser Frage keine Notwendigkeit für die Bünd-
nispartner sehe, den Mittelmeerländern entgegenzukommen. Der italienische
Sprecher zirkulierte eine Zusammenfassung der bisherigen Stellungnahmen in
Helsinki zu diesem Thema, die mit Kurier vorgelegt wird.

[gez.] Krapf

VS-Bd. 9076 (212)

Fortsetzung Fußnote von Seite 137

    des Konferenzmodells und sollte bald erörtert werden)." Vgl. den Drahterlaß vom 22. Januar 1973
    an die Ständige Vertretung bei der NATO in Brüssel; VS-Bd. 9068 (212); B 150, Aktenkopien 1973.
25 Korrigiert aus: „seine".

25

Aufzeichnung des Ministerialdirigenten Diesel

212-341.95-99/73 VS-vertraulich   29. Januar 1973[1]

Über Herrn D 2[2] Herrn Staatssekretär[3] mit der Bitte um Kenntnisnahme vorgelegt.

Betr.: „Konferenzfolgen" („Organ") als Tagesordnungspunkt einer KSZE

3 Anlagen[4]

I. 1) Die Sowjetunion hat am 22.1.1973[5] unter TOP IV die „Errichtung eines Konsultativ-Komitees zur Behandlung von Fragen der Sicherheit und Zusammenarbeit in Europa" vorgeschlagen und erläutert, das Komitee solle folgende Funktionen haben:

– Vorbereitung weiterer gesamteuropäischer Konferenzen.

– Austausch von Informationen und Meinungen auf multilateraler Basis über Fragen der europäischen Sicherheit und Zusammenarbeit und andere Fragen, die diesem Gremium von der Konferenz übertragen werden könnten. Arbeitsweise auf Grundlage des Konsensus.

Damit bleibt die SU – wohl in Kenntnis der ablehnenden westlichen Haltung – hinter früher geäußerten Plänen zur Schaffung eines Gesamteuropäischen Organs zurück, das die Basis für ein neues System der Sicherheit und Zusammenarbeit in Europa bilden sollte (Prager WP-Erklärung vom 26. Januar 1972[6]).

---

[1] Die Aufzeichnung wurde von Ministerialdirigent Diesel am 6. Februar 1973 unter Hinweis auf die handschriftlichen Bemerkungen des Staatssekretärs Frank an Referat 212 geleitet. Vgl. Anm. 11, 12 und 19.
Hat Vortragendem Legationsrat I. Klasse Freiherr von Groll am 6. Februar 1973 vorgelegen.

[2] Hat Ministerialdirektor von Staden am 29. Januar 1973 vorgelegen.

[3] Hat Staatssekretär Frank am 4. Februar 1973 vorgelegen.

[4] Dem Vorgang beigefügt. Vgl. Anm. 9, 10 und 16.

[5] Korrigiert aus: „18.1.1973"
Zum sowjetischen Vorschlag für eine Tagesordnung der KSZE vgl. Dok. 15, Anm. 23.

[6] Am 25./26. Januar 1972 fand in Prag eine Tagung des Politischen Beratenden Ausschusses des Warschauer Pakts statt. In der „Deklaration über Frieden, Sicherheit und Zusammenarbeit in Europa" sprachen sich die teilnehmenden Staaten für die Durchführung einer „gesamteuropäischen Konferenz zu Fragen der Sicherheit und Zusammenarbeit" aus, an der „alle europäischen Staaten auf gleichberechtigter Basis sowie die USA und Kanada" teilnehmen sollten. Als „Grundprinzipien der europäischen Sicherheit und der Beziehungen der Staaten in Europa" führten sie die Unverletzbarkeit der Grenzen, den Gewaltverzicht, die friedliche Koexistenz, die Grundlagen gutnachbarlicher Beziehungen und Zusammenarbeit im Interesse des Friedens, gegenseitig vorteilhafte Beziehungen zwischen den Staaten, Abrüstung sowie die Unterstützung der UNO auf: „Indem die gesamteuropäische Konferenz diese hohen Prinzipien und Ziele den Beziehungen der Staaten in Europa zugrunde legt, wird sie eine Entscheidung von großer historischer Tragweite treffen. Das wird der Beginn einer gemeinsamen fruchtbaren Arbeit sein, die geeignet ist, ein wahrhaft friedliches Europa zu gestalten. Auf der gesamteuropäischen Konferenz könnte man auch die konkreten Richtungen der weiteren Entwicklung gegenseitig vorteilhafter Beziehungen zwischen den europäischen Staaten auf allen Gebieten und der Beseitigung jeglicher Diskriminierung, Ungleichheit oder künstlicher Barrieren abstimmen. [...] Es wäre zweckmäßig, auf der gesamteuropäischen Konferenz ein ständiges Organ aller interessierten Teilnehmerstaaten der Konferenz zu schaffen, in dem nach der Konferenz die gemeinsame Arbeit an der Abstimmung weiterer Schritte in dieser

2) Das in Helsinki vereinbarte Verfahren, alle Vorschläge der Teilnehmerstaaten in „Körben" I bis IV thematisch zu sortieren[7], hat dazu geführt, daß in dem „Korb" IV alle Vorschläge zu den Konferenzfolgen hineingelegt werden (Korb I: Sicherheit; Korb II: Wirtschaftliche Zusammenarbeit, Umweltschutz; Korb III: Kontakte, Kultur- und Informationsaustausch.)

II. Haltung der Bundesregierung

Die vom Kabinett am 16. Mai 1972 gebilligten KSZE-Leitlinien[8] äußern sich zu den Konferenzfolgen wie folgt: Die Bundesregierung ist mit ihren Verbündeten der Meinung, daß die eventuelle Schaffung neuer internationaler Gremien vom Konferenzverlauf abhängig gemacht werden sollte (Ziffer 17). Sollte es nach der KSZE zur Gründung neuer internationaler Gremien kommen, hält sich die Bundesregierung die Option offen, Berlin als Sitz anzubieten (Ziffer 6).

III. NATO

Im NATO-Rat werden die beiden anliegenden Dokumente am 31.1.1973 abschließend beraten:

1) „Organizational arrangements after the CSCE" (POLADS (73) 1 vom 15.1. 1973) (Background paper, vgl. Anlage 1[9]),

2) „Continuing Institutions" (POLADS (73) 2 vom 18.1.1973) (Taktisches Papier für die Behandlung in der MV, vgl. Anlage 2[10]).

Dokument (73) 1 beruht auf einem nicht verabschiedeten Entwurf der PZ, der von USA und Kanada erheblich geändert wurde. Tendenz: Betonung der Risiken, die mit der Errichtung ständiger Einrichtungen als Folge der KSZE verbunden sind (Meinungsbildung in Washington aber noch nicht abgeschlossen). Im einzelnen:

1) Grundsätzliche Überlegungen

Über Konferenzfolgen kann erst gesprochen werden, wenn Konferenzergebnisse vorliegen.[11] Es muß verhindert werden, daß

— Sowjetunion Hebel zur Einmischung in westliche Angelegenheiten erhält, atlantische Solidarität ausgehöhlt und Europa von USA und Kanada getrennt wird;

— unter Hinweis auf ständige Einrichtung kritische Fragen von Erörterung auf KSZE ferngehalten werden.

Fortsetzung Fußnote von Seite 139

Richtung fortgesetzt werden könnte." Die Einberufung der gesamteuropäischen Konferenz könne noch im Jahre 1972 erfolgen. Dazu sei es erforderlich, mit der vorgesehenen multilateralen Vorbereitung „in allernächster Zeit" zu beginnen. Vgl. EUROPA-ARCHIV 1972, D 108–110.

[7] Zur Erstellung einer „Synopse" durch die schweizerische Delegation bei den multilateralen Vorgesprächen für die KSZE in Helsinki vgl. Dok. 24, Anm. 3.
Die Schweiz legte am 29. Januar 1973 die Synopse vor. Für das Dokument CESC/HC/27 vgl. Referat 212, Bd. 100016.

[8] Für die Leitlinien der Bundesregierung für die „Konferenz über Sicherheit und Zusammenarbeit in Europa" (KSZE) vom 18. Mai 1972 vgl. AAPD 1972, I, Dok. 138.

[9] Dem Vorgang beigefügt. Vgl. VS-Bd. 9077 (212).

[10] Dem Vorgang beigefügt. Vgl. VS-Bd. 9077 (212).

[11] Dieser Satz wurde von Staatssekretär Frank hervorgehoben. Dazu vermerkte er handschriftlich: „r[ichtig]."

2) Denkbare Folgen einer KSZE

a) Ständiges Gremium rein politischer oder genereller Natur

wird wegen Gefahr ständiger sowjetischer Intervention abgelehnt.

Aber: Appellationsrecht stünde allen Teilnehmern offen, also auch osteuropäischen und neutralen Ländern, z.B. zur Abwehr sowjetischen Drucks (rumänisches Argument).[12]

b) Technische Gremien

zur Durchführung von Beschlüssen einer KSZE. Diese scheinen kaum erforderlich, da solche Beschlüsse gewöhnlich einseitig oder durch bilaterale Verträge, über Regional-Organisationen (ECE) oder nichtstaatliche und private Organisationen verwirklicht werden.

In Einzelfällen könnte Errichtung von Ad-hoc-Einrichtungen vorgesehen werden, deren Mandat, Funktion und Verfahren aber eindeutig festgelegt werden sollten. Kommt vielleicht für Umweltschutz in Betracht; für Wirtschaftsfragen, Wissenschaft und Technologie sollten dagegen bestehende Organisationen, z.B. ECE, Genf, genutzt und ausgebaut werden (kanadischer Einspruch, da nicht Mitglied).

c) Ständiges Sekretariat

Einem Sekretariat zur Verbreitung von Informationen, Übersetzungen und Verteilung von Dokumenten, Vorbereitung von Treffen, Koordinierung der Arbeiten der technischen Einrichtungen und Vorbereitung von evtl. weiterer Konferenzen steht NATO ebenfalls skeptisch gegenüber, da es bei ungenügend definierter Funktion zu einer Institution mit politischer Bedeutung werden könnte.

d) Weitere Konferenzen

Sollte es dazu kommen, brauchte man zur Vorbereitung kein neues Organ; neue Konferenzen könnten ebenso wie die erste Konferenz durch Botschafter ad hoc vorbereitet werden.

3) Taktik während der MV (Dok (73) 2)

Der Westen sollte vermeiden, in der MV einem TOP „Errichtung ständiger Gremien" oder Schaffung einer für einen solchen TOP zuständigen Kommission zuzustimmen. Alle Kommissionen sollen über Konferenzfolgen im Rahmen ihrer sachlichen Zuständigkeit diskutieren.

Diese sehr restriktive Haltung wurde bereits im sog. „Steering Brief"[13] der NATO behandelt, das den NATO-Ministern in Brüssel Anfang Dezember 1972[14] vorgelegen hat (es wurde von ihnen zur Kenntnis genommen).

---

12 Zu Punkt a) vermerkte Staatssekretär Frank handschriftlich: „Das Organ kann nicht ein Mittel zur Schlichtung zwischen WP-Staaten sein, sonst werden westl[iche] Staaten dauernd in Ost-Konflikte verwickelt."

13 Zum „Steering Brief" vgl. Dok. 24, Anm. 22.

14 Die NATO-Ministerratstagung fand am 7./8. Dezember 1972 statt. Vgl. dazu AAPD 1972, III, Dok. 399.

IV. PZ

Die Außenminister der „Neun" haben ihre Haltung am 21.11.1972 im Haag etwas flexibler fixiert und einem neuen § 11 zum Bericht des Politischen Komitees (CP (72) 57 rev. 2[15]) zugestimmt; dabei ließen sie die Möglichkeit offen, einen TOP „Suites de la Conférence" zu akzeptieren, sofern dies als Konzession zur Einhandlung von Zugeständnissen der anderen Seite zweckmäßig erscheine (Anlage 3[16]).

Auf Drängen der „Neun" wurde in den „Steering Brief" der NATO als Fußnote eine entsprechende Rückfallposition eingebaut: Sollte es schwierig oder nicht ratsam sein, die fixierte Defensiv-Position zu behaupten, könnten ein TOP „Suites de la Conférence" (nicht aber: „Ständiges Organ") und eine separate Arbeitsgruppe zur Definierung eines entsprechenden Mandats vorgesehen werden.

V. Letzte Entwicklung

1) Am 25.1.1973 hat Norwegen einem von Österreich vorgeschlagenen TOP IV „Suites institutionelles" zugestimmt und Frankreich den osteuropäischen Ländern einen TO-Punkt „Suites" angeboten, sofern sie bereit wären, auf die Formulierung von Mandaten in der MV in Helsinki einzugehen. Dies steht in gewissem Widerspruch zur Diskussion des Politischen Ausschusses auf Gesandtenebene (NATO) vom gleichen Tage, der zwar ein Einschwenken der Amerikaner und Kanadier auf die PZ-Position andeutet, die Hinnahme eines TO-Punktes „Suites" aber noch für verfrüht erklärt (DB NATOgerma Nr. 114 vom 26.1.1973, Ziffer 5[17]).

2) Zur Frage, welches Gremium sich in der zweiten Konferenzphase mit den „Suites" befassen könnte, haben wir dieser Tage in der NATO zu erwägen gegeben, ob nicht ein „Steering Committee" vorgesehen werden sollte, das nicht nur die Arbeit der drei Hauptkommissionen koordinieren und die Schlußdokumente redigieren, sondern vor allem auch die Frage erörtern könnte, ob neue multilaterale Gremien nützlich sind[18]; dadurch wäre unserer Forderung Rechnung getragen, daß dieses Thema erst am Ende der Kommissionsphase

---

15 Am 8. November 1972 legte der Unterausschuß KSZE dem Politischen Komitee den Entwurf einer gemeinsamen Haltung zur KSZE vor. Für das Dokument CP (72) 57 (révisé) vgl. VS-Bd. 6110 (212). Vgl. dazu ferner DBPO, Serie III, Bd. II, S. 73–80.
Am 21. November 1972 verabschiedeten die Außenminister der EG-Mitgliedstaaten und -Beitrittsstaaten in Den Haag den Bericht. Zum Beschluß vermerkte Referat 212 am 15. Januar 1973: „a) Das Thema ‚Konferenzfolgen' darf sich erst in der zweiten Konferenzphase stellen und muß im Licht der von den Kommissionen erreichten Ergebnisse geprüft werden. b) Wenn sich diese Linie wegen des östlichen Drängens nicht durchsetzen läßt, können wir einen TOP ‚Suites de la Conférence' akzeptieren. Folge: Das Thema kann auf der Konferenz von einer speziellen Kommission behandelt werden. c) Ein TOP ‚Ständiges Organ', wie es die SU will, kommt nicht in Betracht. d) Nützlich könnte es sein, wenn sich auf allen Einzelgebieten der Zusammenarbeit bestehende oder noch zu schaffende Organe mit der Fortführung der Verhandlungen und mit der Durchführung der auf der KSZE gefaßten Beschlüsse befaßten. e) Die westliche Zustimmung zur Schaffung institutioneller Mechanismen für begrenzte Bereiche ist abhängig von bedeutsamen Fortschritten (östlichen Konzessionen) auf der KSZE." Vgl. VS-Bd. 9077 (212); B 150, Aktenkopien 1973.
16 Dem Vorgang beigefügt. Für die Neufassung des Paragraphen 11 Absatz 2 des Berichts des Politischen Komitees (CP (72) 57 rev. 2) vgl. VS-Bd. 9077 (212).
17 Vgl. Dok. 24.
18 Zu Überlegungen der Bundesregierung, in der KSZE ein „Steering Committee" einzurichten, vgl. Dok. 24, Anm. 24.

erörtert wird, die Schaffung einer besonderen Kommission „Konferenzfolgen" wäre verhindert[19] und das Thema würde auch nicht der Hauptkommission „Politische und militärische Sicherheit" zugeordnet. (Hiergegen haben wir Bedenken, weil wir kein politisch-militärisches Sicherheitsorgan präjudizieren wollen.)

Diesel

VS-Bd. 9077 (212)

26

Aufzeichnung des Vortragenden Legationsrats I. Klasse Blech

210-501.23-342/73 VS-vertraulich   **29. Januar 1973**

Herrn D 2[1] zur Unterrichtung.

Betr.: Finanzielle Ansprüche westlicher Staaten gegenüber der DDR

1) Zu Ihrer Unterrichtung über die Behandlung in der Vierergruppe werden die Vermerke des Referats 210 vom 8.[2] und 18. Januar 1973[3] wieder beigefügt.

2) Zur weiteren Abklärung unserer Haltung hatte Referat 514 zu einer Hausbesprechung am 18. und zu einer Ressortbesprechung am 26. Januar 1973 eingeladen. Die dabei bisher zutage getretenen Tendenzen der Ressorts sind die folgenden:

– Die beteiligten Referate des Auswärtigen Amts neigen – mit Abweichungen in taktischen Einzelfragen – dazu, eine neutrale Haltung der Bundesregierung zu befürworten.[4]

---

19 Der Passus „ob nicht ein ... wäre verhindert" wurde von Staatssekretär Frank hervorgehoben. Dazu vermerkte er handschriftlich: „r[ichtig]."

1 Hat Ministerialdirektor von Staden am 31. Januar 1973 vorgelegen, der handschriftlich für Referat 210 vermerkte: „Wie heute mit S[taats]M[inister] besprochen." Ferner vermerkte er: „1) Bitte V[or]g[ang] v[on] 210 beiziehen. 2) Zus[ammen] m[it] 514 b[itte] R[ücksprache] über das weitere Verfahren."

2 Vgl. Dok. 7.

3 Zur Aufzeichnung des Referats 210 vgl. Dok. 7, Anm. 5.

4 Am 18. Januar 1973 vermerkte Vortragender Legationsrat I. Klasse Fleischhauer, daß auf der Hausbesprechung der Referate 210, 213, 214, 500 und 514 am selben Tag als Begründung für diese Haltung angeführt worden sei: „Die Bundesrepublik Deutschland kann Forderungen gegen die DDR nicht ermutigen, weil sie damit rechnen muß, daß die Sowjetunion und Polen ihrerseits der DDR zu Hilfe kommen und entsprechende Forderungen gegenüber der Bundesrepublik Deutschland erheben. Weiter ist damit zu rechnen, daß bei einer evtl. Friedens- oder Reparationsregelung alle Forderungen, die jetzt gegen die DDR erhoben werden, gegen die beiden Staaten in Deutschland geltend gemacht werden. Geht die Bundesrepublik Deutschland also zu forsch vor, so kann sie später ihr eigenes Verhalten in der Forderungsfrage entgegengehalten bekommen. Schließlich würde eine aktive Unterstützung von Forderungen gegen die DDR das Verhältnis zu dem anderen Staat in Deutschland zusätzlich schwer belasten und unserer Intention der Normalisierung direkt entgegenwirken." Vgl. VS-Bd. 9708 (500); B 150, Aktenkopien 1973.

– Das BMF möchte, daß die Bundesregierung sich in NATO-Gremien und in bilateralen Gesprächen mit interessierten westlichen Regierungen gegen die Geltendmachung von Forderungen an die DDR wendet (Ausnahme: Enteignungen nach dem Krieg).[5]

– Im Bundeskanzleramt bestehen Besorgnisse wegen der Auswirkungen auf das Verhältnis zur DDR.

– Als Kompromißhaltung wurde in der Ressortbesprechung erörtert: In öffentlichen Erklärungen sagen wir den Alliierten, daß wir zu diesem Fragenkomplex keine Stellungnahme abgeben möchten; in vertraulichen Gesprächen auf politischer Ebene machen wir unsere Partner mit unserer Haltung über die politische Auswirkung der Forderungen auf unsere eigene Stellung im Ost-West-Verhältnis vertraut.

Übereinstimmung schien dahin zu bestehen, daß wir jedenfalls verhindern sollten, daß der ganze Fragenkomplex künstlich zu einer Cause célèbre gemacht wird. Dieser Gesichtspunkt spricht dagegen, daß wir weiter multilaterale Erörterungen über den Fragenkomplex anstreben.

3) Wichtigste politische Gesichtspunkte der Diskussion:

– Erster praktisch auftretender Fall einer Interessengleichheit mit der DDR; daher „Chance" bzw. „Gefahr" einer Konzertierung unserer Haltung mit ihr.

– Erhält die DDR den Eindruck, daß sich die NATO-Länder mit unserer Billigung (oder gar auf unsere Initiative) mit Forderungen gegen sie wenden, wird sie gegenüber ihren osteuropäischen Verbündeten ähnlich tätig werden.

– Bei uns ist Geld zu holen, bei der DDR nicht; die großen Gläubiger sind die Sowjetunion und Polen; die Jugoslawen überziehen uns ohnedies schon mit Forderungen[6]; die Tschechen wären zu verkraften (vorausgesetzt, daß sie ihrerseits gegen uns Forderungen stellen dürften).

Fazit: Wir haben ein finanzielles Interesse an der Fortgeltung der Zuteilung der Reparationsmassen, wie sie das Potsdamer Abkommen getroffen hat.[7]

---

5 In der Ressortbesprechung am 26. Januar 1973 bezogen die Vertreter des Bundesministeriums der Finanzen den Standpunkt, „die Bundesregierung solle versuchen, ihre Verbündeten in aller Form davon abzuhalten, ihre Reparations- und Wiedergutmachungsforderungen gegen die DDR geltend zu machen. Wir müßten uns auf den Standpunkt stellen, daß einerseits das Londoner Schuldenabkommen nicht erschüttert werden dürfte, andererseits aber die Wiedergutmachungsleistungen der Bundesrepublik bereits die abschließende Entschädigung für ganz Deutschland auf diesem Gebiet darstellten." Vgl. den Ergebnisvermerk vom 8. Februar 1973; VS-Bd. 9726 (514); B 150, Aktenkopien 1973.

6 Zum Stand der Verhandlungen zwischen der Bundesrepublik und Jugoslawien über Wiedergutmachung vgl. Dok. 5, besonders Anm. 2.

7 In Abschnitt IV Ziffern 1 bis 3 des Kommuniqués vom 2. August 1945 über die Konferenz von Potsdam (Potsdamer Abkommen) wurde festgelegt, daß Reparationsforderungen der UdSSR aus der von ihr besetzten Zone Deutschlands befriedigt werden sollten; darüber hinaus verpflichtete sich die UdSSR, polnische Reparationsforderungen aus ihrem eigenen Anteil zu regeln. Reparationsforderungen der USA und Großbritanniens sowie sonstiger Staaten mit Reparationsansprüchen waren aus den westlichen Zonen und aus entsprechendem deutschen Auslandsvermögen zu begleichen. Vgl. dazu DzD II/1, S. 2112 f.
In der Ressortbesprechung am 26. Januar 1973 wurde erwogen, „ob es nicht auch für die Bundesrepublik zweckmäßig wäre, sich ohne Anerkennung ihrer rechtlichen Verbindlichkeit auf die Potsdamer Einteilung der Reparationsbereiche in eine Ost- und eine Westmasse zu berufen. Dadurch würden wir uns insoweit im Einklang mit der von der DDR-Regierung bereits in verschiedenen bi-

- Gegenargument hiergegen: Die Polen verlangen ohnedies von uns Leistungen; sie tun dies, indem sie den Reparationsbegriff einengen.[8] Insoweit haben sie im Jahr 1953 – ebenso wie die Sowjetunion – verzichtet.[9]

- Gegenargument hiergegen: Die Sowjetunion und Polen könnten sagen, dieser Verzicht sei auf der Grundlage der Potsdamer Massenverteilung erfolgt. Da der Westen diese selbst in Frage stelle, lebe der ursprüngliche Anspruch der Sowjetunion und Polens gegen die Bundesrepublik nunmehr wieder auf.

- Auch der mit einem Schein des Rechts gegen uns erhobene östliche Anspruch auf Reparationen und sonstige finanzielle Entschädigungen ist ein weiteres Druckmittel, insbesondere der Sowjetunion, gegen uns. Er schwächt unsere Stellung gegenüber der Sowjetunion selbst dann, wenn er ggf. durch Anleihegewährung[10] abgewendet werden kann. Denn er entwindet uns damit die Möglichkeit, Kredite gegenüber der Sowjetunion als Quid pro quo auf anderen, uns interessierenden Gebieten einzusetzen.

- Folge hieraus: Der Westen kann kein Interesse an Positionsverlusten der Bundesrepublik Deutschland gegenüber der Sowjetunion haben.

- Wenn die Israelis den Eindruck gewinnen, daß wir die Inanspruchnahme der DDR für Entschädigungsleistungen „vereitelt" hätten, werden sie sich an uns schadlos halten wollen. Auf jeden Fall werden sich die Beziehungen zu Israel verschlechtern.

Fortsetzung Fußnote von Seite 144

laterlen Anerkennungsverhandlungen geäußerten Argumentation befinden. Wir würden außerdem ein weiteres Argument gegen die polnischen Ansprüche gewinnen, während die Forderungen Jugoslawiens und der ČSSR demgegenüber nicht so stark ins Gewicht fallen würden. Auf die jugoslawischen Forderungen haben wir uns bereits in gewissem Umfang eingelassen, während wir etwaigen ČSSR-Forderungen mit den Vertreibungsschäden begegnen könnten. Eine abschließende Meinung wurde jedoch zu diesem Gedanken noch nicht gebildet." Vgl. den Ergebnisvermerk vom 8. Februar 1973; VS-Bd. 9726 (514); B 150, Aktenkopien 1973.

[8] Zur polnischen Forderung nach Wiedergutmachung vgl. Dok. 22, besonders Anm. 7.
Am 29. Januar 1973 notierte Vortragender Legationsrat Bäumer die Rechtsauffassung der Bundesrepublik dahingehend, „daß Wiedergutmachungsleistungen an im Ausland wohnhafte Staatsangehörige ehemaliger Feindstaaten nach allgemeinem Völkerrecht als Reparationen anzusehen sind. Sie fallen daher grundsätzlich auch unter das Regelungsverbot des Londoner Schuldenabkommens. Polen hat in einer Erklärung vom 23. August 1953 auf Reparationen von Deutschland verzichtet." Vgl. Referat 214, Bd. 112635.

[9] Am 22. August 1953 unterzeichneten der sowjetische Außenminister Molotow und Ministerpräsident Grotewohl in Moskau ein Protokoll, in dem die sowjetische Regierung erklärte, sie werde „im Einverständnis mit der Regierung der Volksrepublik Polen (in bezug auf den sie betreffenden Anteil an den Reparationen) ab 1. Januar 1954 die Entnahme von Reparationen aus der Deutschen Demokratischen Republik sowohl in Form von Warenlieferungen als auch in jeder anderen Form vollständig beenden. Somit wird die Deutsche Demokratische Republik von der Zahlung der nach dem 1. Januar 1954 noch verbleibenden Reparationsverpflichtungen befreit, die in Übereinstimmung mit der Erklärung der Sowjetregierung vom 15. Mai 1950 über die Senkung der Reparationsleistungen Deutschlands an die Sowjetunion 2537 Millionen Dollar, entsprechend den Weltpreisen von 1938, betragen." Vgl. EUROPA-ARCHIV 1953, S. 5974.
Die polnische Regierung erklärte am folgenden Tag: „Mit Rücksicht darauf, daß Deutschland seinen Verpflichtungen zur Zahlung von Reparationen bereits in bedeutendem Maße nachgekommen ist und daß die Verbesserung der wirtschaftlichen Lage Deutschlands im Interesse seiner friedlichen Entwicklung liegt, hat die Regierung der Volksrepublik Polen den Beschluß gefaßt, mit Wirkung vom 1. Januar 1954 auf die Zahlung von Reparationen an Polen zu verzichten, um damit einen weiteren Beitrag zur Lösung der deutschen Frage im Geiste der Demokratie und des Friedens, in Übereinstimmung mit den Interessen des polnischen Volkes und aller friedliebenden Völker zu leisten." Vgl. ZBIÓR DOKUMENTÓW 1953, S. 1831.

[10] Korrigiert aus: „angewendet".

4) Referat 210 hat sich gegen eine verfrühte Festlegung von Sprachregelungen gewandt und erklärt, daß Sie sich vorbehalten, in dieser Frage zu einer Ressortbesprechung auf der Ebene der Abteilungsleiter zur Festlegung der endgültigen Linie unter politischen Gesichtspunkten einzuberufen.

Blech

VS-Bd. 9061 (210)

27

Aufzeichnung des Referats 221

221-372.20-20-349/73 VS-vertraulich   **29. Januar 1973**[1]

Betr.: MBFR
        hier: Vorschau auf die am 31. Januar 1973 beginnenden exploratorischen Gespräche

I. Stand des Anlaufs von MBFR-Explorationen[2]

1) Die exploratorischen Gespräche über MBFR werden am 31. Januar 1973 in Wien beginnen.

2) Der Zeitplan kann eingehalten werden, nachdem am Wochenende in Noten der Sowjetunion[3], Polens[4] und der Tschechoslowakei[5]

– die Bereitschaft mitgeteilt wurde, Delegationen zu dem Gespräch am 31. Januar nach Wien zu entsenden,

---

[1] Die Aufzeichnung wurde von Botschafter Roth mit Begleitvermerk vom 29. Januar 1973 an Ministerialdirektor von Staden geleitet. Dazu vermerkte er handschriftlich. „Vorab mit der Bitte um K[enn]t[ni]s und Stellungnahme. Erlaß wird z. Z. mit BMVg (Dr. Ruth 2828) abgestimmt."
Hat Staden am 29. Januar 1973 vorgelegen, der handschriftlich vermerkte: „Ergänzung in Ihrem Sinn." Vgl. VS-Bd. 8245 (201); B 150, Aktenkopien 1973.
Für die Ergänzung vgl. Anm. 11.

[2] Am 24. Januar 1973 übermittelte die Bundesregierung Antwortnoten an die ČSSR, die DDR, Polen, die UdSSR und Ungarn über den bevorstehenden Beginn der MBFR-Explorationsgespräche. Inhaltsgleiche Noten wurden von Belgien, Großbritannien, Kanada, Luxemburg, den Niederlanden und den USA übergeben. Vgl. dazu Dok. 12, Anm. 14.

[3] Am 27. Januar 1973 beantwortete die sowjetische Regierung die westliche Note vom 24. Januar 1973. Zur Teilnehmerfrage wurde erklärt: „Die sowjetische Seite geht davon aus, daß bereits im Verlauf der vorbereitenden Konsultationen – durch Meinungsaustausch zwischen den in Wien versammelten Vertretern der interessierten Staaten sowohl auf multilateraler als auch auf bilateraler Grundlage – die Zusammensetzung der Teilnehmer eines oder mehrerer möglicher Abkommen bezüglich der Verminderung von Truppen und Rüstungen in Europa bestimmt wird, worüber im Grunde keine Meinungsverschiedenheiten bestehen." Vgl. den Drahtbericht Nr. 297 des Botschafters Sahm, Moskau; Referat 221, Bd. 107371.

[4] Botschafter Ruete, Warschau, übermittelte mit Schriftbericht Nr. 219 am 30. Januar 1973 die polnische Note vom 28. Januar 1973, die inhaltsgleich mit der sowjetischen Note vom Vortag war. Vgl. Referat 221, Bd. 107371.

[5] Am 29. Januar 1973 übermittelte Ministerialdirigent Heipertz, Prag, den Text der tschechoslowakischen Note, die inhaltsgleich mit der sowjetischen Note vom selben Tag war. Vgl. dazu den Drahtbericht Nr. 46; Referat 221, Bd. 107371.

– die Absicht deutlich wurde, den Beginn der Explorationen durch die Teilnehmerfrage nicht zu blockieren und die Erörterung offener Fragen, wie vom Westen am 24. Januar vorgeschlagen, den Explorationen zu überlassen und im wesentlichen von den in den westlichen Noten vom 15. November 1972[6] vorgeschlagenen Modalitäten auszugehen.[7]

3) Nach unseren derzeitigen Informationen werden folgende Regierungen ihre Vertreter zum 31. Januar 1973 nach Wien entsenden:

a) auf westlicher Seite Belgien, Dänemark, Bundesrepublik Deutschland, Griechenland, Großbritannien, Italien, Kanada, Luxemburg, Niederlande, Norwegen, Türkei, Vereinigte Staaten.

Nach den Vorstellungen der NATO werden die Flankenstaaten, Nordflanke Dänemark und Norwegen, Südflanke Italien, Griechenland und Türkei, jeweils mit einem Vertreter, den sie selbst bestimmen, am „Explorationstisch" mit begrenzten Zuständigkeiten sitzen.

b) Auf der Seite des WP werden die Adressaten der westlichen Noten vom 15. November 1972 und 24. Januar 1973 teilnehmen: Deutsche Demokratische Republik, Polen, Sowjetunion, Tschechoslowakei, Ungarn.

Die Sowjetunion hat außerdem mitgeteilt, daß ihr bekannt ist, daß auch Rumänien und Bulgarien Vertreter nach Wien entsenden werden. Ihr Status bleibt jedoch in der sowjetischen Mitteilung offen.

II. Vorbereitung auf westlicher Seite

1) Ziel der Explorationen ist folgendes:

– Einigung über Ort und Zeitpunkt für den Beginn der Verhandlungen;

– Einigung über Verfahrensfragen für die Verhandlungen;

– Festlegung von Tagesordnungspunkten für die Verhandlungen, Substanzfragen sollen nur soweit angesprochen werden, als dies für die Formulierung von Tagesordnungspunkten erforderlich ist;

– Verabschiedung eines Abschlußkommuniqués.

Bisher hatten wir den Eindruck, daß diese Zielsetzung der Explorationen auch der sowjetischen Auffassung entspricht.

2) Die Alliierten werden die Gespräche in Wien auf der Basis von zwei gemeinsam erarbeiteten Papieren führen:

– Richtlinien-Papier[8], das eine Aufzählung der von uns angestrebten Tagesordnungspunkte enthält,

---

6 Vgl. dazu die Noten der Bundesregierung an die ČSSR, die DDR, Polen, die UdSSR und Ungarn; Dok. 12, Anm. 1.

7 Am 29. Januar 1973 berichtete Botschafter Krapf, Brüssel (NATO), der Ständige NATO-Rat sei sich darin einig gewesen, „daß die sowjetische Antwortnote die Möglichkeit eröffnet, am 31. Januar 1973 in Wien mit MBFR-Explorationen zu beginnen". Sie enthalte aber auch „in verschiedenen Punkten unklare Formulierungen": „Von verschiedener Seite wurde in diesem Zusammenhang darauf hingewiesen, daß die Note nicht von Zentraleuropa, sondern von Europa spricht. Vor allem die Flankenstaaten traten dafür ein, in den Explorationen von vornherein klar zu stellen, daß eine Ausdehnung des Reduktionsraumes auf die Flanken nicht in Frage kommt." Vgl. den Drahtbericht Nr. 123; VS-Bd. 9429 (221); B 150, Aktenkopien 1973.

8 Zum Richtlinienpapier, das vom Ständigen NATO-Rat am 15. Januar 1973 gebilligt wurde, vgl. Dok. 3, besonders Anm. 2 und 6.

– ein Papier zu Verfahrensfragen[9].

3) Die Abstimmung der NATO-Delegationen in Wien erfolgt in der MBFR-ad-hoc-Gruppe. Die beteiligten Verbündeten lösen sich nach dem Alphabet im Vorsitz ab. Die Ad-hoc-Gruppe tagt in verschiedenen Botschaften. Ihre Mitglieder unterstehen ausschließlich den Weisungen der Regierungen.

4) In den bisherigen Sitzungen der MBFR-ad-hoc-Gruppe in Brüssel erfolgte ein Gedankenaustausch über die vorgesehenen Eröffnungserklärungen. Wir haben einen zwischen den beteiligten Häusern in Bonn abgestimmten Text zirkuliert.[10] Mit der Erklärung haben wir folgende Themen angesprochen:

– Wechselbeziehungen zwischen politischen und militärischen Fragen der Sicherheit,

– Abbau der Gefahren der militärischen Konfrontation in Mitteleuropa,

---

[9] Am 19. Dezember 1972 übermittelte Botschafter Krapf, Brüssel (NATO), den Entwurf eines Papiers „Procedures for MBFR Talks" des Politischen Ausschusses auf Gesandtenebene. Darin nahmen die NATO-Mitgliedstaaten Stellung zu den Räumlichkeiten und den offiziellen Konferenzsprachen sowie zu Fragen des Konferenzvorsitzes, der Sitzordnung und des Zeitplans der Sitzungen. Vgl. dazu den Drahtbericht Nr. 1478; VS-Bd. 9399 (II B 2); B 150, Aktenkopien 1972.
Der Ständige NATO-Rat billigte den Entwurf am 20. Dezember 1972. Vgl. dazu den Drahtbericht Nr. 1485 von Krapf; VS-Bd. 9399 (II B 2); B 150, Aktenkopien 1972.

[10] Am 26. Januar 1973 legte Botschafter Roth den Entwurf einer mit dem Bundesministerium der Verteidigung und dem Bundeskanzleramt abgestimmten Erklärung zur Eröffnung der MBFR-Explorationsgespräche vor, der am selben Tag in der MBFR-ad-hoc-Gruppe der NATO in Umlauf gebracht wurde: „1) Die Regierung der Bundesrepublik Deutschland begrüßt den Beginn der multilateralen Explorationsgespräche, die der gründlichen Vorbereitung von Verhandlungen über beiderseitige und ausgewogene Truppenverminderungen in Mitteleuropa dienen sollen. Bei diesen Gesprächen geht es vor allem um die Vereinbarung einer Tagesordnung, die Klärung prozeduraler Fragen und die Einigung über das Datum des Beginns zukünftiger Verhandlungen. 2) Diese Gespräche haben hier in ... begonnen, während die multilaterale Vorbereitung der Konferenz über Sicherheit und Zusammenarbeit in Helsinki in einer entscheidenden Phase steht. Die Bundesregierung sieht hierin ein Zeichen der allgemeinen Übereinstimmung, daß politische und militärische Fragen der Sicherheit in enger Wechselbeziehung stehen. 3) Die Bundesregierung ist überzeugt, daß der Friede in Europa auf die Dauer nur gesichert werden kann, wenn es den Staaten, die in und für Europa Verantwortung tragen, gelingt, in den vor uns liegenden Jahren tragfähige Formen des friedlichen und freien Zusammenlebens der Völker zu entwickeln, konkrete Fortschritte in der Zusammenarbeit zu allseitigem Vorteil zu erreichen und die Gefahren der militärischen Konfrontation in Europa, vor allem in Mitteleuropa, wo sie am augenfälligsten ist, durch vertragliche Vereinbarungen abzubauen. 4) In den vor uns liegenden Gesprächen werden wir uns mit schwierigen und vielschichtigen Verhandlungsgegenständen auseinandersetzen müssen. Die Existenz zweier Bündnisse in Europa ist eine unleugbare Tatsache und ein integrales Element der Sicherheit in Europa. Nach Auffassung meiner Regierung kann es in unseren Gesprächen und zukünftigen Verhandlungen nicht darum gehen, diese Sicherheitsstruktur aufzugeben. Wir müssen vielmehr auch im militärischen Bereich nach Möglichkeiten suchen, um Vereinbarungen über Maßnahmen zu treffen, die geeignet sind, die Chancen für einen dauerhaften Frieden in Europa zu verbessern. 5) Die Verhandlungen, mit deren Vorbereitung wir beginnen, zielen darauf ab, bestimmte Aktivitäten der Streitkräfte zu begrenzen und den Streitkräfteumfang in Mitteleuropa ausgewogen und schrittweise auf ein niedrigeres Niveau zu senken. Ein solches Ziel kann nicht von heute auf morgen erreicht werden. Es wird einen abgestuften und aller Voraussicht nach langwierigen Verhandlungsprozeß erfordern. Dabei muß sichergestellt werden, daß in diesem Prozeß kein militärischer oder politischer Nachteil für irgend jemanden entsteht. <6) Absatz über ‚Partizipation' wird eventuell später eingefügt.> 7) Die Gespräche über beiderseitige und ausgewogene Truppenverminderungen in Mitteleuropa können nur dann zum Erfolg führen, wenn alle Beteiligten daran ernsthaft interessiert und zu einem gewissen Maß an Kooperation im Bereich der Rüstungskontrolle und Rüstungsbegrenzung bereit sind. Davon gehen wir aus. Die Regierung der Bundesrepublik Deutschland wird sich so geduldig und so nüchtern und konstruktiv an den Gesprächen beteiligen, wie der Gesprächsgegenstand dies erfordert." Vgl. VS-Bd. 9429 (221); B 150, Aktenkopien 1973.

- Rolle der Bündnisse,
- MBFR, ein langfristiger Prozeß,
- Vorausschau für den Erfolg der Gespräche ist Bereitschaft zur Kooperation im Bereich der Rüstungsbegrenzung und Rüstungskontrolle bei allen Beteiligten.

Das Thema der berechtigten Sicherheitsinteressen, auch der nicht unmittelbar an MBFR-Gesprächen Beteiligten, haben wir noch nicht angesprochen. Wir sind jedoch darauf vorbereitet, dies, wenn sich die Zweckmäßigkeit dazu ergibt, zu tun.

5) Im Westen besteht Einigung darüber, daß Deutsch neben Englisch, Französisch und Russisch Konferenzsprache ist. Wir rechnen damit, daß die Mitglieder des WP dem zustimmen, da dies der Regelung auf der KSZE-Vorbereitung entspricht.

6) Die Sitzordnung wird nach den Vorstellungen der NATO dem englischen Alphabet folgen. Die westliche Präferenz gilt der Anordnung nach Allianzen. Beide Seiten sollen danach einen Vorsitzenden für die verfahrensmäßige Abwicklung der Gespräche stellen, die den Vorsitz alternierend innehalten. Wir haben uns in der NATO darauf geeinigt, daß der Leiter der holländischen Delegation, Sonderbotschafter Quarles, der westliche Vorsitzende für die Dauer der Explorationen sein soll.

Für den Fall, daß von der anderen Seite die Anordnung nach Allianzen abgelehnt wird, käme die alphabetische Anordnung für alle Teilnehmer in Frage. Auch hier wird der Westen das englische Alphabet vorschlagen. Die Delegation der Bundesrepublik wird bei Anwendung des englischen Alphabets unter „G" sitzen, falls französischem Alphabet der Vorzug gegeben werden sollte, unter „A".

7) Der NATO-Rat hat die niederländische und die belgische Regierung gebeten, die Explorationen im Namen der NATO-Länder organisatorisch und prozedural vorzubereiten, und zwar

- die Niederlande in Kontakten mit den östlichen Teilnehmern,
- Belgien in Verbindung mit der österreichischen Regierung.

III. Kritische Punkte in der Explorationsphase, soweit bisher erkennbar

1) Die Teilnehmerfrage:

Nach sowjetischer Vorstellung soll sie so gelöst werden, daß an eigentlichen Verhandlungen nur die an Reduktionen unmittelbar betroffenen Staaten teilnehmen sollen. Alle anderen Staaten, d.h. die Flankenstaaten der Bündnisse und die neutralen und nichtgebundenen Staaten, die dies wünschen, sollen Beobachterstatus erhalten.

Die NATO wird versuchen, das von uns vorgeschlagene Modell der begrenzten Mitwirkung der Flankenstaaten durchzusetzen und für die neutralen und nichtgebundenen Staaten einen besonderen Informationsweg vorzusehen.

2) Die Formulierungen der sowjetischen Note zur Teilnehmerfrage (die Noten der anderen WP-Staaten, soweit sie bisher vorliegen, sind in diesem Punkt textgleich) lassen jedoch erkennen, daß die Sowjetunion darauf drängen wird, bereits während der Explorationen festzulegen, welche Staaten sich zu Redu-

zierungen verpflichten. Die westlichen Staaten sind bisher jedoch nur bereit, während der jetzt beginnenden MBFR-Explorationen die wesentlichsten mit der Reduzierung von Truppen in Mitteleuropa zusammenhängenden Fragen in der Form von Tagesordnungspunkten zu formulieren, welche die Grundlage für die eigentlichen Verhandlungen bilden sollen, deren Beginn für den Herbst 1973 vereinbart werden soll.

Bereits in dieser Frage zeigt sich, wie unterschiedlich die Ausgangspositionen beider Seiten noch sind. Es hat den Anschein, als ob die Sowjetunion versuchen könnte, bei MBFR-Explorationen bereits wichtige Substanzfragen verbindlich festzuschreiben und damit ein Verfahren einzuführen, gegen das sie sich in Helsinki bisher noch sträubt.

3) Vereinbarungen über Bewegungsbegrenzungen (constraints) als Tagesordnungspunkt der Verhandlungen:

Zu dem gesamten Komplex „stabilisierende Maßnahmen" hat die Sowjetunion bisher negativ reagiert. Er spielt im westlichen MBFR-Konzept des stufenweisen, kalkulierbaren und kontrollierbaren Vorgehens eine Schlüsselrolle.

Die Frage der Bewegungsbegrenzungen steht in engem Zusammenhang mit den militärischen Aspekten der Sicherheit, vertrauensbildende Maßnahmen und möglicherweise gemeinsame Erklärung, über die auf einer KSZE gesprochen werden soll. In den nächsten Wochen werden wir darauf achten müssen, daß unsere sicherheitspolitischen Interessen sowohl auf der MV/KSZE in Helsinki als auch während der MBFR-Explorationen in Wien sorgfältig aufeinander abgestimmt werden. Wir werden insbesondere darauf zu achten haben, daß die SU nicht versucht, die Frage der „constraints" auf der KSZE in allgemeinster Form abschließend zu behandeln und dafür im MBFR-Kontext zu eliminieren. Eine dahingehende sowjetische Taktik erscheint im Lichte der jüngsten Entwicklung nicht ganz ausgeschlossen.[11]

IV. Eigene technische Vorbereitungen

1) In der Botschaft Wien verfügbare Räume reichen zunächst aus. Teilweise müssen Delegationsmitglieder in Hotelzimmern arbeiten. Sicherheitsmäßige Abschirmung erfolgt durch Auswärtiges Amt.

Die fernmeldetechnischen Vorbereitungen sind soweit vorangekommen, daß eine rasche Unterrichtung über den Fortgang der Gespräche in Wien sowie Übermittlung von Weisungen an die Delegation ausreichend sichergestellt ist.

2) Zusammensetzung der deutschen Delegation:

Leiter: Herr VLR I Dr. Ruth,

zwei weitere Herren des höheren Dienstes, Auswärtiges Amt;

zwei Offiziere und ein Beamter des höheren Dienstes, Bundesministerium der Verteidigung;

das erforderliche technische Personal.

VS-Bd. 8245 (201)

---

[11] Der Passus „Wir werden insbesondere ... ganz ausgeschlossen" wurde von Ministerialdirektor von Staden handschriftlich eingefügt.

28

Runderlaß des Ministerialdirektors von Staden

212-341.15-355/73 VS-vertraulich   29. Januar 1973[1]
Fernschreiben Nr. 360 Plurex   Aufgabe: 30. Januar 1973, 11.59 Uhr
Citissime

Betr.: Berücksichtigung der „Unverletzlichkeit der Grenzen" in einer KSZE-
        Prinzipienerklärung[2]

Bezug: DB Nr. 87 vom 27.1.73[3] und Nr. 92 VS-v 27.1.73[4] aus Helsinki
        DE Plurex Nr. 274 vom 23.1.73[5]

I. Nach dem Bezugsbericht ist damit zu rechnen

daß bei Diskussion von TOP I Frage der „Unverletzlichkeit der Grenzen" im

---

[1] Der Drahterlaß wurde von Vortragendem Legationsrat Hillger konzipiert.
Hat Vortragendem Legationsrat I. Klasse Blech am 29. Januar 1973 zur Mitzeichnung vorgelegen,
der handschriftlich vermerkte: „(m[it] Zusatz S. 3)". Vgl. Anm. 11.
Hat Referat 500 zur Mitzeichnung vorgelegen.
Hat Ministerialdirigent Diesel am 30. Januar 1973 vorgelegen.

[2] Am 23. Januar 1973 vermerkte Vortragender Legationsrat I. Klasse Freiherr von Groll: „Für uns
ist es wesentlich, daß die ‚Unverletzlichkeit der Grenzen' in einem KSZE-Prinzipienkatalog nicht
neben dem Gewaltverbot als selbständiger und gleichwertiger Grundsatz, sondern eindeutig als
Unterfall und Ausfluß des völkerrechtlichen Gewaltverbots erscheint. [...] Den östlichen Vorstellungen begegnen insbesondere deshalb Bedenken, weil die Sowjetunion und Polen den Begriff der
Unverletzlichkeit der Grenzen offenbar im Sinne einer Grenzanerkennung verstehen und extensiv
interpretieren wollen; die starke Hervorhebung eines ‚Grundprinzips' der Unverletzlichkeit der
Grenzen eine – nach östlichen Vorstellungen in völkerrechtlich verbindlicher Form zu verabschie-
dende – KSZE-Prinzipienerklärung in die Nähe einer quasi friedensvertraglichen Regelung rücken
würde; und weil die ‚Grenzaussagen' in unseren Ostverträgen aus dem für uns entscheidenden Zusammenhang mit anderen Elementen der Modus-vivendi-Regelung herausgelöst würden." Am 30.
Januar 1973 vermerkte Ministerialdirektor von Staden dazu handschriftlich: „Wir müssen in dieser Frage ganz besonders darauf achten, nicht isoliert zu werden und nicht den Good-will der Ostverträge wieder aufs Spiel zu setzen. Deshalb muß durch Konsultationen mit den Drei (in der
Bonner Gruppe) u[nd] bilateral mit anderen Regierungen, die unseren Standpunkt in der Sache
teilen, dafür gesorgt werden, daß nicht wir zum alleinigen oder hauptsächlichen Wortführer in
dieser Frage werden." Vgl. Referat 212, Bd. 111531.

[3] Ministerialdirigent Brunner, z.Z. Helsinki, berichtete, daß der Leiter der sowjetischen Delegation
bei den multilateralen Vorgesprächen für die KSZE, Sorin, Erläuterungen zum Mandat für den
Tagesordnungspunkt „Sicherheit" („Korb I") angekündigt und in diesem Zusammenhang zur Grenzfrage ausgeführt habe: „Er kritisierte das italienische Mandatspapier, weil es nicht mit dem Moskauer Vertrag übereinstimme. Es dürfe nichts geschehen, was dem zwischen uns bilateral unterzeichneten Dokument widerspreche." Vgl. VS-Bd. 9076 (212); B 150, Aktenkopien 1973.

[4] Botschafter Brunner, z.Z. Helsinki, berichtete, daß die Frage der Unverletzlichkeit der Grenzen
„zum zentralen und schwierigsten Diskussionspunkt" werden könne: „Aus hiesiger Sicht zeichnen
sich dann zwei Möglichkeiten ab: a) entweder zunächst Ausklammern des Problems und erneute
Behandlung zu späterem Zeitpunkt innerhalb der MV (Ende der zweiten oder Anfang der dritten
Runde); b) oder Auslassung detaillierter Prinzipienaufzählung im Mandat und Verschiebung der
Diskussion auf Kommissionsphase. Zu a): Weg erscheint gangbar, Verschiebung dürfte jedoch nur
auf kürzere Sicht sinnvoll sein, da Behandlung am Ende der MV uns in starken Zeitdruck bringen
könnte mit der Folge mangelnder Unterstützung durch andere Länder. Zu b): Bei Erörterung des
Themas in Kommissionsphase könnte es sich zu einem Streitpunkt entwickeln, von dem Erfolg
oder Scheitern der Konferenz abhängt." Vgl. VS-Bd. 6115; B 150, Aktenkopien 1973.

[5] Vortragender Legationsrat I. Klasse Freiherr von Groll übermittelte der Delegation der Bundesrepublik bei den multilateralen Vorgesprächen für die KSZE in Helsinki seine Aufzeichnung vom
selben Tag zum Punkt „Unverletzlichkeit der Grenzen". Vgl. Referat 212, Bd. 111531.

Rahmen KSZE-Prinzipienerklärung wesentliche Rolle spielen wird. SU und ihre Verbündeten wollen offensichtlich fordern, Unverletzlichkeit der Grenzen als selbständiges „Prinzip" am Anfang einer KSZE-Prinzipienerklärung besonders herauszustellen, während wir es – in Übereinstimmung mit den westlichen Vorschlägen[6] – für wesentlich halten, daß die Aussage über die Unverletzlichkeit der Grenzen in dem KSZE-Prinzipienkatalog eindeutig als Unterfall und Ausfluß des völkerrechtlichen Gewaltverbots erscheint. Im einzelnen wird auf die mit dem Bezugserlaß übermittelte Aufzeichnung Bezug genommen.

II. Sie werden gebeten, Frage möglichst bald in NATO zur Sprache zu bringen und sich für gemeinsame Haltung etwa auf folgender Grundlage einzusetzen:

1) Bündnispartner halten an ihrer Auffassung fest, daß „Unverletzlichkeit der Grenzen" im KSZE-Prinzipienkatalog in konkretem Zusammenhang mit Gewaltverbot zu behandeln ist. Begründung des westlichen Standpunkts:

KSZE-Teilnehmer stimmen darin überein, daß KSZE-Prinzipienerklärung vor allem auf der Grundlage der VN-Satzung[7] ausgearbeitet werden soll. Begriff der Unverletzlichkeit der Grenzen erscheint jedoch nicht in VN-Satzung und ist erst später – insbesondere in „friendly relations declaration"[8] – als Unterfall und Ausfluß Gewaltverbots entwickelt worden. Dieser Zusammenhang muß auch in KSZE-Prinzipienerklärung gewahrt bleiben.

2) Auf der KSZE kann es nicht darum gehen, Elemente unserer Modus-vivendi-Regelung mit dem Osten aus dem jeweiligen bilateralen vertraglichen Rahmen herauszulösen und in multilateraler Form zu duplizieren; wir müssen allen Versuchen entgegentreten, die KSZE in eine „Konferenz über Deutschland" umzufunktionieren. Vielmehr ist es Aufgabe der KSZE, generelle, auf die Beziehungen zwischen allen Teilnehmern anwendbare Verhaltensregeln zusammenzustellen und damit eine Grundlage für eine allgemeine Verbesserung der gegenseitigen Beziehungen zu schaffen. Unser Vertrag mit Moskau[9] – wie

---

[6] In dem von Italien am 15. Januar 1973 eingebrachten Entwurf für ein Mandat der Untergruppe über die Grundsätze zwischenstaatlicher Beziehungen zum Tagesordnungspunkt 1 („Sicherheit") wurde ausgeführt: „La Sous-commission tiendra compte des principes de la Charte des Nations Unies et de la Déclaration de l'Organisation des Nations Unies relative aux relations amicales entre les Etats qui se rapportent aux relations entre les Etats participants à la CSCE. Elle portera particulièrement attention aux principes de l'égalité souveraine des Etats, du non-recours à la menace ou à l'usage de la force notamment en ce qui concerne l'inviolabilité des frontières, du respect de l'intégrité territoriale, de la non-intervention dans les affaires intérieures, du règlement pacifique de différends, du respect des droits de l'homme, des libertés fondamentales, de l'égalité de droits des peuples et de leur droit à disposer d'eux-mêmes et de l'exécution de bonne foi des obligations en droit international." Für das Dokument CESC/HC/18 vgl. Referat 212, Bd. 100016.

[7] Für den Wortlaut der UNO-Charta vom 26. Juni 1945 vgl. CHARTER OF THE UNITED NATIONS, S. 675–699.

[8] Mit Resolution Nr. 2625 verabschiedete die UNO-Generalversammlung am 24. Oktober 1970 eine „Erklärung über die Grundprinzipien des Völkerrechts über die freundschaftlichen Beziehungen und die Zusammenarbeit zwischen den Staaten". Zum Prinzip der Unverletzlichkeit der Grenzen wurde festgestellt: „Every State has the duty to refrain from the threat or use of force to violate the existing international boundaries of another State or as a means of solving international disputes, including territorial disputes and problems concerning frontiers of States." Vgl. UNITED NATIONS RESOLUTIONS, Serie I, Bd. XIII, S. 338.

[9] Für den Wortlaut des Vertrags vom 12. August 1970 zwischen der Bundesrepublik und der UdSSR vgl. BUNDESGESETZBLATT 1972, Teil II, S. 354 f.

auch der Vertrag mit Warschau[10] und der Grundvertrag – ist ein wesentlicher Beitrag zum Entspannungsprozeß; die Verträge sollen jedoch durch die allgemeine KSZE-Diskussion nicht multilateralisiert werden, wodurch Modus-vivendi-Charakter verlorenginge.[11]

Unabhängig hiervon ist zu den Äußerungen Sorins zu bemerken, daß die „Unverletzlichkeit der Grenzen" auch im Moskauer Vertrag durch die Verbindung zwischen Artikel 2 und 3 (vergleiche Obersatz des Artikel 3) als Unterfall und Ausfluß des Gewaltverzichts erscheint.[12]

3) Wir halten es nicht für opportun, im gegenwärtigen Zeitpunkt „Rückfallpositionen" ins Auge zu fassen.[13] Zunächst sollte festgestellt werden, ob die Sowjetunion auch bei der Substanzdiskussion im Plenum unverändert an ihrer Haltung festhält und ob sie – außer von Polen – auch von anderen osteuropäischen Staaten eindeutig unterstützt wird. DDR hat jedenfalls neutralem Teilnehmer Prinzipienkatalog übergeben, in dem nach Gewaltverzicht als zweiter Punkt „Achtung der territorialen Integrität einschließlich der Unverletzlichkeit der bestehenden Grenzen" aufgeführt wird.

Intern werden wir prüfen, ob sich hieraus Ansatzpunkte für Neuformulierung Mandatsentwurf ergeben. Verbindung von Gewaltverzicht, territorialer Inte-

---

10 Für den Wortlaut des Vertrags vom 7. Dezember 1970 zwischen der Bundesrepublik und Polen über die Grundlagen der Normalisierung ihrer gegenseitigen Beziehungen vgl. BUNDESGESETZ-BLATT 1972, Teil II, S. 362 f.

11 Die Wörter „wodurch Modus-vivendi-Charakter verlorenginge" wurden handschriftlich eingefügt. Vgl. Anm. 1.

12 In Artikel 2 des Vertrags vom 12. August 1970 zwischen der Bundesrepublik und der UdSSR verpflichteten sich die Vertragsparteien darauf, „ihre Streitfragen ausschließlich mit friedlichen Mitteln" zu lösen und „sich in Fragen, die die Sicherheit in Europa und die internationale Sicherheit berühren, sowie in ihren gegenseitigen Beziehungen gemäß Artikel 2 der Charta der Vereinten Nationen der Drohung mit Gewalt oder der Anwendung von Gewalt zu enthalten". Artikel 3 Satz 1 lautete: „In Übereinstimmung mit den vorstehenden Zielen und Prinzipien stimmen die Bundesrepublik Deutschland und die Union der Sozialistischen Sowjetrepubliken in der Erkenntnis überein, daß der Friede in Europa nur erhalten werden kann, wenn niemand die gegenwärtigen Grenzen antastet." Die Bundesrepublik und die UdSSR erklärten sodann, die territoriale Integrität aller Staaten in Europa zu achten, keine Gebietsansprüche gegen irgend jemand zu haben und solche in Zukunft auch nicht zu erheben sowie künftig die Grenzen aller Staaten in Europa als unverletzlich zu betrachten. Vgl. BUNDESGESETZBLATT 1972, Teil II, S. 354 f.

13 Am 29. Januar 1973 erörterte Vortragender Legationsrat I. Klasse Fleischhauer mögliche Rückfallpositionen. Für den Fall, „daß der westliche Mandatsvorschlag nicht durchsetzbar ist und nicht aufrechterhalten werden kann, so könnte es sich h[iesigen] E[rachtens] empfehlen, darauf zu achten, daß die ‚Unverletzlichkeit der Grenzen' nicht an erster Stelle aufgeführt wird, sondern erst nach der Nennung anderer Prinzipien (der souveränen Gleichheit, friedlichen Streitbeilegung, Menschenrechte, Selbstbestimmung), und daß darüber hinaus die ‚Unverletzlichkeit der Grenzen' unmittelbar vor oder nach dem Gewaltverbot erwähnt wird. Die Erwähnung des Gewaltverbots könnte dann mit dem Zusatz ‚general' oder ‚in general' versehen werden. Auf diese Weise wäre ein Ansatzpunkt gegeben, um bei der Ausformulierung der Prinzipien doch wieder auf ein Unterordnungs-Überordnungs-Verhältnis zwischen Gewaltverbot und Unverletzlichkeit der Grenzen hinzuwirken. Die Mandatserteilung würde dann unsere Position nicht unbedingt präjudizieren. Auch könnte daran gedacht werden, schon bei der Erwähnung der ‚Unverletzlichkeit der Grenzen' in einem Mandatsentwurf die fortdauernde Möglichkeit des ‚peaceful change' zu erwähnen." Als letzte Rückfallposition könne in Betracht gezogen werden, „auf eine ausdrückliche Erwähnung bestimmter Prinzipien bei der Ausformulierung der Mandate zu verzichten". Vgl. VS-Bd. 9073 (212); B 150, Aktenkopien 1973.

grität und Unverletzlichkeit der Grenzen entspricht übrigens Ziffer 2 NATO-Entwurfs Prinzipienerklärung.[14]

4) Verschiebung der Diskussion auf nächste MV-Runde oder auf Kommissionsphase halten wir für sehr problematisch. Erörterung im Rahmen von TOP I erscheint deshalb erforderlich, weil nur auf diese Weise westlicher Standpunkt klargestellt und östliche Reaktion konkret festgestellt werden kann. Gewisse Konfrontation müssen wir dabei in Kauf nehmen; sie wäre bei Verschiebung der Diskussion auf späteren Zeitpunkt wahrscheinlich „härter".

Weiteres Procedere sollte im Lichte der Diskussion über TOP I festgelegt werden. Falls sich keine Ansatzpunkte für Kompromißlösung ergeben, müßten abweichende Formulierungen wohl zunächst eingeklammert gegenübergestellt werden.

Zusatz für Helsinki

Bitte unseren Standpunkt auch irischer Delegation sowie – falls dort keine Bedenken bestehen – spanischer Delegation erläutern.

Weitere Erörterung mit sowjetischer Delegation sollte bis zur Abstimmung in NATO zurückgestellt werden. Diskussion Moskauer Vertrages kommt für uns in diesem Zusammenhang ohnehin nicht in Betracht.

Zusatz für Dublin

Bitte unseren Standpunkt im irischen Außenministerium (möglichst gegenüber Keating) darlegen und um Unterstützung bitten. Text des DB Nr. 92 VS-v vom 27.1.73 aus Helsinki und des DE Plurex Nr. 274 vom 23.1.73 werden nachstehend übermittelt.

Staden[15]

VS-Bd. 9069 (212)

---

[14] Ziffer 2 des Entwurfs der NATO vom 30. November 1972 (C-M (72) 72 (Revised)) für eine Prinzipienerklärung der KSZE: „Every State has the duty to refrain in its relations with all other States from the threat or use of force against the territorial integrity or political independence of any other State or in any other manner inconsistent with the purposes of the United Nations. In particular every State has the duty to refrain from the threat or use of force to violate the international boundaries of another State or as a means of solving international disputes including territorial disputes and problems concerning frontiers of States." Vgl. die Aufzeichnung des Vortragenden Legationsrats I. Klasse Freiherr von Groll vom 9. Februar 1973; VS-Bd. 9058 (210); B 150, Aktenkopien 1973.

[15] Paraphe vom 30. Januar 1973.

29

Botschafter Naupert, Tunis, an das Auswärtige Amt

114-10341/73 geheim   Aufgabe: 29. Januar 1973, 18.00 Uhr[1]
Fernschreiben Nr. 17   Ankunft: 29. Januar 1973
Citissime nachts

Betr.:   Terroraktionen des palästinensischen Widerstands gegen die Bundes-
         republik Deutschland;
         hier: Ergebnis des Besuchs des Herrn Staatssekretärs im Auswärtigen
         Amt vom 20.12.1972[2]

Bezug: DB Nr. 9 vom 22.1.73 – I C-81.00[3]

1) Staatspräsident Bourguiba bat mich heute morgen zu sich und ersuchte
mich, dem Herrn Bundeskanzler, dem Herrn Bundesminister des Auswärtigen
und Herrn Staatssekretär Frank folgende Botschaft zu übermitteln:

Er (Bourguiba) habe den Besuch von Staatssekretär Frank als sehr nützlich
empfunden. Die Offenheit, in der man die Gespräche geführt habe, könne als
Beweis für die Freundschaft dienen, die zwischen unseren beiden Ländern bestehe. Die Ausführungen des Herrn Staatssekretärs seien auf fruchtbaren Boden gefallen. Der Gesamtkomplex sei ausführlich zwischen der tunesischen
Seite und dem Präsidenten des Exekutivkomitees der palästinensischen Befreiungsbewegung, Arafat, anläßlich seines Besuchs in Tunis am 16.1. behandelt worden. Arafat habe sich uneingeschränkt der tunesischen Auffassung
(Bourguibas) angeschlossen.

Darüber hinaus sei die Botschaft, die Staatssekretär Frank der tunesischen
Regierung überbracht habe, allen arabischen Staaten und Widerstandsgrup-
pen in geeigneter Form zur Kenntnis gebracht worden.

Auch die „jungen Palästinenser" hätten der Auffassung der deutschen Seite zugestimmt, daß neue Terroraktionen gegen Deutschland, das sich gerade in
letzter Zeit so aufgeschlossen gegenüber dem Palästinaproblem gezeigt habe,

---

[1] Hat Vortragendem Legationsrat Vergau am 30. Januar 1973 vorgelegen, der für Staatssekretär
Frank handschriftlich vermerkte: „BKA hat Doppel. Doppel an BMI?"
Hat Frank am 30. Januar 1973 vorgelegen, der handschriftlich vermerkte: „Ja, mit Schr[eiben] an
BM Genscher."
Hat Vergau am 31. Januar 1973 erneut vorgelegen, der handschriftlich vermerkte: „Ref[erat] 310
hat DB dem BMI bereits von sich aus zugeleitet."

[2] Staatssekretär Frank hielt sich am 20./21. Dezember 1972 in Tunesien und Libyen auf. Vgl. dazu
AAPD 1972, III, Dok. 422.

[3] Botschafter Naupert, Tunis, berichtete über den Aufenthalt des Vorsitzenden des Exekutivkomitees der Palästinensischen Befreiungsorganisation, Arafat, am 16. Januar 1973 in Tunis. Nach
Angaben des tunesischen Außenministeriums habe die tunesische Regierung „diesen Besuch als
willkommenen Anlaß benutzt, um Arafat erneut ihre Haltung zur palästinensischen Frage und
zur Widerstandsbewegung darzulegen [...]. Sie habe außerdem diese Gelegenheit wahrgenommen,
den Standpunkt der Bundesregierung zu Terroraktionen auf deutschem und europäischem Gebiet
zu übermitteln. Yasser Arafat stimme mit der Auffassung Präsident Bourguibas völlig überein,
daß sich die Terroraktionen lediglich gegen Israel und das von ihm besetzte Gebiet richten müßten
und daß Terrorakte in Europa der palästinensischen Sache abträglich seien, da sie die erstrebte
politische Lösung erschwerten." Vgl. Referat 311, Bd. 104902.

der palästinensischen Sache nur schaden könnten. Man habe daher in Kreisen der palästinensischen Widerstandsorganisation, soweit sie unter Arafat vereinigt seien, offiziell beschlossen, keine Terroraktionen gegen oder in der Bundesrepublik künftig zu unternehmen.

Allerdings – so schränkte Bourguiba ein – gebe es noch kleine Minoritäten „sogenannter Widerstandskämpfer", die sich der Kontrolle der offiziellen Befreiungsbewegung entzögen. Diese Gruppen würden höchstwahrscheinlich von kommunistischer Seite inspiriert und unterstützt.

Die tunesische Regierung sei jedoch bereit, soweit ihr die Namen dieser Terroristen bekannt seien oder bekannt würden, sie mir oder meinem Ständigen Vertreter[4] jeweils rechtzeitig mitzuteilen.

2) Sodann kam der Präsident auf ein Projekt zu sprechen, das, wie ich weiß, sein besonderes Anliegen ist: die Verstärkung der Ausstrahlungskraft von Radio Tunis. Er würde es lebhaft begrüßen, wenn die deutsche Regierung der tunesischen Regierung ihre Erfahrungen in Form Technischer Hilfe angedeihen ließe. Über die technischen Einzelheiten will mich der Chef der Präsidialkanzlei, Chatti, in den nächsten Tagen unmittelbar unterrichten. Präsident Bourguiba beklagte es lebhaft, daß seine Reden (so diejenige anläßlich des Ghadafi-Besuchs[5]) meist nur von den sehr starken Ostblocksendern (z.B. Tschechoslowakei) ausgestrahlt worden seien. In unserer Zeit sei es mehr denn notwendig, Kommunikationsmittel auf den höchsten Stand zu bringen, denn nur so könnten Millionen von Menschen Ideen übermittelt, aber auch Mißverständnisse vermieden werden.

Überdies sei Tunesien eine günstige politische Plattform.

Ich darf mir daher gesonderten Bericht vorbehalten, damit dieses Projekt eingehend geprüft werden kann.[6]

---

4 Ewstrati Mahrdt.

5 Präsident Ghadafi hielt sich vom 13. bis 18. Dezember 1972 in Tunesien auf. Am 16. Dezember 1972 schlug er die Bildung einer Union zwischen Libyen und Tunesien vor. In seiner Antwort wies der tunesische Präsident diesen Vorschlag zurück. In der Presse hieß es dazu, Bourguiba habe erklärt, „Einheit auf dem Papier sei wertlos; man müsse zunächst durch eine Veränderung der Denkweisen die geistigen Voraussetzungen für eine Einheit der arabischen Staaten schaffen. [...] Er betonte weiter, daß eine Vereinigung zwischen Tunesien und Libyen völlig sinnlos sei, solange es in Libyen noch Gebiete gebe, auf denen man ‚im Zeitalter der Schöpfung der Welt' stehengeblieben sei, und solange in Tunesien noch Rivalitäten zwischen verschiedenen Stämmen bestünden. Zunächst müsse erst einmal Fortschritt erzielt werden." Vgl. den Artikel „Ghadafi für eine Union Libyen–Tunesien"; NEUE ZÜRCHER ZEITUNG, Fernausgabe vom 18. Dezember 1972, S. 2.

6 Am 4. Mai 1973 informierte der Staatssekretär im tunesischen Außenministerium, Mestiri, Botschafter Naupert, Tunis, daß Präsident Bourguiba „ungehalten" sei über die bislang ausgebliebene Spezifikation des tunesischen Wunsches nach einem Ausbau des Senders „Radiodiffusion Télévision Tunisienne". Er stellte gleichzeitig einen Antrag in Aussicht, mit dem die Bundesrepublik im Rahmen der Technischen Hilfe für die Jahre 1973 bis 1975 um die Finanzierung und Errichtung eines Mittelwellen- und eines weiteren Kurzwellensenders gebeten werde. Diesen Projekten werde „höchste Priorität" beigemessen, da der libysche Rundfunk den durch Hochwasser beschädigten tunesischen Mittelwellensender „überstrahlt" habe und eine Versorgung der tunesischen Bevölkerung mit den wichtigsten Nachrichten nicht möglich sei. Der neue Mittelwellensender „solle in die Nachbarstaaten Libyen und Algerien ausstrahlen, ein dringendes politisches Erfordernis, da dort tunesische Arbeiter beschäftigt seien und da [...] sonst die tunesische Regierung keine Möglichkeit sehe, ihre pro-europäische bzw. pro-westliche und zugleich gemäßigte Haltung den Hörern in diesen Ländern zu übermitteln". Der Kurzwellensender solle schließlich die Versorgung der in Westeuropa tätigen tunesischen Gastarbeiter mit Originalsendungen gewährleisten. Vgl. den Drahtbericht Nr. 140 vom 7. Mai 1973; Referat 303, Bd. 104919.

3) Abschließend bat mich der Staatspräsident, seine herzlichsten Wünsche dem Herrn Bundeskanzler zu übermitteln und bemerkte, daß er das Jahr 1973 dazu benutzen wolle, um alles in seinen Kräften Stehende zu tun, eine politische Lösung des Nahostkonflikts anzustreben, und zwar im praktischen Sinne als auch in einer Form, die alle zufriedenstelle.

Da die Amerikaner offensichtlich halben Herzens nur an die Lösung des Nahostproblems herangingen, werde noch in diesem Jahr Ministerpräsident Nouira in die Vereinigten Staaten reisen.[7] Vielleicht werde er (Bourguiba) selbst den amerikanischen Präsidenten[8] aufsuchen. Scherzhaft schloß er die Unterredung mit den Worten: „Vielleicht sollte ich der nächste Friedensnobelpreisträger sein, denn es ist mir bereits gelungen, einen dauerhaften Frieden zwischen Tunesien und Frankreich herzustellen. Warum sollte es mit nicht gelingen, ein noch größeres Problem (wie den Nahostkonflikt) zu bewältigen."

[gez.] Naupert

VS-Bd. 9990 (310)

30

Botschafter Roth an die Botschaft in Washington

220-371.85-00-36I/73 geheim   **Aufgabe: 30. Januar 1973, 15.17 Uhr**[1]
Fernschreiben Nr. 366

Betr.: Fortgang der NATO-Konsultationen zu SALT

I. Die Konzentration der SALT in ihrer zweiten Phase[2] auf offensive strategische Systeme hat die Problematik der nicht-zentralen Systeme erneut in den Vordergrund des Meinungsaustauschs im Bündnis gerückt. Das gleiche trifft

---

7 Der Besuch von Ministerpräsident Nouira in den USA fand erst vom 29. April bis 6. Mai 1975 statt.
8 Richard M. Nixon.
1 Der Drahterlaß wurde von Vortragendem Legationsrat I. Klasse Menne konzipiert.
  Hat Vortragendem Legationsrat Hartmann am 30. Januar 1973 zur Mitzeichnung vorgelegen.
  Hat Ministerialdirektor von Staden am 1. Februar 1973 vorgelegen, der die Weiterleitung an Staatssekretär Frank verfügte. Dazu vermerkte er handschriftlich: „Ich erinnere an die BND-Meldung über das Gespräch Pompidou–Breschnew. Auch diese Betrachtung läßt den sowj[etischen] Wunsch nach ‚einer gewissen Neutralisierung Europas' überdeutlich werden u[nd] erklärt Breschnews Argumente gegen die Force de frappe."
  Hat Frank am 2. Februar 1973 vorgelegen.
  Hat Staden am 6. Februar 1973 erneut vorgelegen, der die Weiterleitung an Referat 220 verfügte.
  Hat Menne am 8. Februar 1973 erneut vorgelegen, der die Weiterleitung an Roth und Vortragenden Legationsrat Waiblinger verfügte.
  Hat Roth am 8. Februar 1973 erneut vorgelegen.
  Hat Waiblinger am 16. Februar 1973 vorgelegen. Vgl. den Begleitvermerk; VS-Bd. 9409 (220); B 150, Aktenkopien 1973.
2 Die erste Runde der zweiten Phase der Gespräche zwischen den USA und der UdSSR über eine Begrenzung der strategischen Waffen (SALT II) fand vom 21. November bis 21. Dezember 1972 in Genf statt. Die Gespräche wurden am 12. März 1973 wiederaufgenommen.

für ein jüngeres Problem zu, den Non-Transfer von Trägersystemen, der im ABM-Vertrag[3] seine Fixierung für den Bereich der defensiven Systeme erhielt.

Zu beiden Problemen haben die europäischen Bündnispartner in den letzten Wochen des Jahres 1972 mündliche und (D, GB und NL) schriftliche Ausführungen größeren Umfangs gemacht.[4] Damit ist ein gewisser Wandel in der Natur der SALT-Konsultationen eingetreten. Erstmalig gaben die europäischen Verbündeten ihren amerikanischen Partnern zusammenhängende Darstellungen über ihre Sicht der Probleme. Auf diese Darstellungen erscheinen nun Stellungnahmen und/oder Fragen fällig, vergleichbar den Stellungnahmen und Fragen, die regelmäßig als Reaktion auf amerikanische Unterrichtung abgegeben werden. Die Erwartung amerikanischer Reaktionen auf die europäischen Darlegungen wurde von einigen Ständigen Vertretern im NATO-Rat sogar in der prozeduralen Form ausgedrückt, daß dieser Meinungsaustausch im Rahmen einer gesonderten Ratssitzung, also nicht als Annex zu der üblichen Unterrichtung über den Fortgang der SALT-Verhandlungen, stattfinden sollte.

Auch wir erwarten, daß die Amerikaner auf die europäischen Darlegungen reagieren; diese Reaktion ist fällig, wenn anders die politische Qualität des europäisch-amerikanischen SALT-Dialogs nicht leiden soll. Vermutlich sind bei der derzeitigen Inanspruchnahme der Ressorts und des Nationalen Sicherheitsrates in Washington detaillierte und umfangreiche Reaktionen nicht zu erwarten. Darauf kommt es jedoch auch nicht an. Der Meinungsaustausch könnte sich zunächst auf ein grundsätzliches Anliegen beschränken.

Ein zweifacher Eindruck zieht sich wie ein roter Faden durch die Überlegungen der europäischen Bündnispartner:

– einerseits die Einsicht, daß die den sowjetischen Desiderata (Beschränkung der Weitergabe strategischer Systeme und Eliminierung bzw. Anrechnung der nicht-zentralen Systeme) zugrundeliegenden Befürchtungen möglicher Vertragsumgehungen nicht gänzlich aus der Luft gegriffen sind und daher auch nicht als gänzlich ungerechtfertigt abgetan werden können;

– andererseits die Befürchtung, daß eine Erfüllung der sowjetischen Desiderata so vorgenommen werden könnte, daß sie zwar die Gefahr von Umgehungen gründlich bannen würde, zugleich aber gravierende Eingriffe in die Belange des Bündnisses und in die Interessen der Alliierten mit sich bringen würde.

(Zur Veranschaulichung wäre an die Maßnahmen eines Bürgermeisters zu denken, der eine ganze Geschäftsstraße sperrt, weil an einer Stelle der Bürgersteig eingebrochen ist.)[5]

Eine Prüfung, ob sich hinter diesem Eindruck ein Dilemma verbirgt, ergibt, daß das nur zum Teil zutrifft, da zwischen dem Ausmaß der legitimen Umge-

---

[3] Zum Abkommen vom 26. Mai 1972 zwischen den USA und der UdSSR vgl. Dok. 15, Anm. 28.

[4] Vortragender Legationsrat I. Klasse Menne legte am 4. Dezember 1972 ein Arbeitspapier „Aspekte von SALT II" vor, das den Ständigen Vertretungen der NATO-Mitgliedstaaten in Brüssel übergeben wurde. Das Arbeitspapier war zusammen mit weiteren Vorlagen von Großbritannien und den Niederlanden Gegenstand der SALT-Konsultationen des Ständigen NATO-Rats am 15. Dezember 1972. Vgl. dazu AAPD 1972, III, Dok. 405.

[5] Dieser Satz wurde von Staatssekretär Frank gestrichen.

hungsbefürchtungen und dem Umfang der sowjetischen Desiderata eine beträchtliche Diskrepanz besteht. Diese Diskrepanz eröffnet die Möglichkeit politischer Einwirkung mit dem – vielleicht nicht maximal zu verwirklichenden – Ziel, sowohl dem Nichtumgehungsanliegen Genüge zu tun, als Bündnisinteressen optimal zu berücksichtigen. Wie dieses Ziel im einzelnen zu verwirklichen ist, sollte der Konsultation in einem späteren geeigneten Zeitpunkt vorbehalten bleiben.

Heute kommt es darauf an, innerhalb der Allianz folgenden Konsensus herbeizuführen:

Wenn sich die erste Präferenz der meisten Bündnispartner, gemäß der die Amerikaner auf die sowjetischen Desiderata gar nicht eingehen, nicht halten lassen sollte, so wären die zur Vermeidung von Umgehungen zu vereinbarenden Bestimmungen so zu bemessen, daß gravierende Eingriffe in die Belange der Allianz und in die Interessen der Verbündeten vermieden werden.

Für die Zwecke des europäisch-amerikanischen Dialogs würde den Interessen der europäischen Bündnispartner optimal Rechnung getragen, wenn die Amerikaner sich zu dieser grundsätzlichen Vorgehensweise bekennen könnten. Ihre Äußerung sollte möglichst früh erfolgen, d.h. zu einem Zeitpunkt, der vor der routinemäßig zu erwartenden Konsultation am Vorabend der zweiten Runde von SALT II liegt (Ende Februar).[6]

II. Sie werden gebeten, in geeigneter Weise zu sondieren, ob amerikanischerseits beabsichtigt ist, zu dem genannten frühen Zeitpunkt auf die europäischen Darlegungen einzugehen. Sollte die amerikanische Seite erklären, dazu wegen zu großer anderweitiger Inanspruchnahme der Administration nicht in der Lage zu sein, wäre vorzutragen, daß sich in diesem Zeitpunkt unser Interesse auf das die Komplexität der Interessen berücksichtigende Vorgehensprinzip konzentriere, wie es unter I erläutert ist. Ein Bekenntnis zu diesem Prinzip, gegebenenfalls ad referendum, würde den Erwartungen der Verbündeten bereits weitgehend entsprechen, ohne in diesem Zeitpunkt die amerikanische Position zu sehr festzulegen.

Um Drahtbericht wird gebeten.[7]

III. Zur Wahl des Zeitpunktes der vorgeschlagenen Sondierung: Bis zum 15. Januar hätten die Amerikaner, auf erwartete Reaktionen angesprochen, erwidern können, daß ja noch die von Generalsekretär Luns angekündigte schriftliche Zusammenfassung des bisherigen Meinungsaustausches ausstehe. Diese liegt jetzt vor, ohne neue Elemente zum europäisch-amerikanischen Dialog bei-

---

6 Die SALT-Konsultationen des Ständigen NATO-Rats fanden am 15. März 1973 statt. Vgl. dazu Dok. 83.
7 Am 9. Februar 1973 teilte Gesandter Noebel, Washington, mit, daß nach Auskunft der amerikanischen Abrüstungsbehörde die USA beabsichtigten, „in der Woche zwischen 12. und 17.2.1973 auf die mündlichen und schriftlichen Ausführungen und Anregungen einiger europäischer Bündnispartner im NATO-Rat (begrenzter Teilnehmerkreis) in eine ausführliche Debatte und Erwiderung einzutreten. [...] Wie Gesprächspartner ausführte, liege das weitere amerikanische Verhandlungskonzept aufgrund bisheriger Überlastung des NSC und der Notwendigkeit der Einarbeitung des Verhandlungsführers Johnson noch nicht einmal in Umrissen fest." Vgl. den Drahtbericht Nr. 411; VS-Bd. 9409 (220); B 150, Aktenkopien 1973.

zusteuern[8] (Genehmigungsverfahren zur Übermittlung des Luns-Papiers an Sie läuft).[9]

Roth[10]

VS-Bd. 9409 (220)

31

Bundesminister Scheel an Bundeskanzler Brandt

St.S. 18/73 geheim   **31. Januar 1973**[1]

Sehr geehrter Herr Bundeskanzler,

der Entwurf einer Generaldeklaration zur KSZE, der Ihnen durch den sowjetischen Geschäftsträger am 17. Januar dieses Jahres übermittelt worden ist[2], veranlaßt mich zu folgenden Bemerkungen:

---

[8] Am 5. Januar 1973 legte NATO-Generalsekretär Luns ein Arbeitspapier zu SALT vor. Dazu vermerkte Ministerialdirigent Simon, in dem Dokument würden auf der Basis der bei den SALT-Konsultationen im Ständigen NATO-Rat am 15. Dezember 1972 erörterten Beiträge der Bundesrepublik, Großbritanniens und der Niederlande folgende Linien herausgearbeitet: „1) Die Vertragspartner sollten die Forward Based Systems möglichst aus einem endgültigen Abkommen über Offensivsysteme heraushalten; nur im Notfall könne man sich auf eine Nichtumgehungsklausel einlassen. 2) Die Frage der nicht-zentralen Systeme solle nicht im Rahmen der MBFR-Verhandlungen behandelt werden. 3) Eine ‚Entschädigung‘ für die britischen und französischen strategischen Offensivsysteme sollten die USA den Sowjets keineswegs zugestehen." Vgl. die Aufzeichnung vom 4. September 1973; VS-Bd. 3617; B 150, Aktenkopien 1973.

[9] Am 13. Februar 1973 berichtete Botschafter Krapf, Brüssel (NATO): „Auf Anfrage bei der amerikanischen NATO-Vertretung, ob und ggf. für welches Datum von amerikanischer Seite eine Konsultation im NATO-Rat angeregt werden würde, wurde uns erklärt, daß die entsprechenden Arbeiten in Washington noch nicht so weit gediehen seien. Gemäß einer Auskunft aus Washington vom gleichen Tage sei weder mit einer SALT-Konsultation in der Woche zwischen dem 12. bis 17. Februar 1973 noch in absehbarer Zukunft mit einer Reise Botschafter Farleys nach Brüssel zu rechnen." Vgl. den Drahtbericht Nr. 188; VS-Bd. 9409 (220); B 150, Aktenkopien 1973.

[10] Paraphe.

[1] Ablichtung.
Hat Staatssekretär Frank am 30. Januar 1973 vorgelegt.
Hat Vortragendem Legationsrat Vergau am 31. Januar 1973 vorgelegen, der handschriftlich vermerkte: „H[err] Min[ister] hat Orig[inal] unterzeichnet."
Hat Vergau erneut am 23. Mai 1973 vorgelegen, der handschriftlich vermerkte: „Reg[istratur]: Bitte eine Abl[ichtung] an Dg 21."
Hat Botschafter von Staden, z. Z. Bonn, am 15. Juni 1973 vorgelegt.

[2] Am 17. Januar 1973 übergab der sowjetische Gesandte Kaplin Bundesminister Bahr neben Informationen über den Inhalt eines neuen Vorschlags für eine Tagesordnung, die die UdSSR bei den multilateralen Vorgesprächen für die KSZE in Helsinki einbringen wollte, auch den Entwurf einer „Generaldeklaration über Grundlagen der europäischen Sicherheit und Prinzipien der Beziehungen zwischen den Staaten in Europa". Dazu erläuterte Kaplin, daß die sowjetische Regierung „in ähnlichem Sinne mit Präsident Pompidou gesprochen" habe und ihre „Erwägungen auch Präsident Nixon überbringen lassen" werde. Ministerialdirektor Sanne, Bundeskanzleramt, übermittelte den Entwurf mit Schreiben vom 23. Januar 1973 an Staatssekretär Frank. Vgl. VS-Bd. 9068 (212); B 150, Aktenkopien 1973.

I. Zum Verfahren

1) Die sowjetische Position ist in sich widersprüchlich. Einerseits lehnt die Sowjetunion eine Substanzdiskussion in der MV in Helsinki ab, selbst in der kursorischen Form einer Mandatsdiskussion; andererseits versucht sie, das Ergebnis der KSZE selbst bereits vorwegzunehmen, soweit es um die Punkte geht, an denen sie selbst interessiert ist, nämlich Prinzipiendeklaration und Nachfolgeorganisation.

2) Indem sie drei Partner selektiv anspricht[3], versucht die SU, das Koordinierungssystem der Allianz und der PZ der Neun zu unterlaufen. In beiden Gremien sind gemeinsame Positionen zu fast allen Punkten des sowjetischen Papiers – die uns als sowjetische Maximalpositionen in der Substanz durchaus nicht neu sind – unter besonderer Berücksichtigung gerade der deutschen Interessen erarbeitet worden (z. B. Grenzaussage, Gewaltverzicht).

3) Den drei Adressaten des sowjetischen Entwurfs ist offenbar mitgeteilt worden, daß auch jeweils die beiden anderen angesprochen wurden. Man wird jetzt in Moskau sehr genau beobachten, ob die drei Angesprochenen ihre Reaktionen koordinieren. Sollte Moskau erkennen können, daß dies nicht der Fall ist, so wäre das geradezu eine Einladung, diesen Drei gegenüber künftig getrennt vorzugehen und sie gegebenenfalls gegeneinander auszuspielen. Dies ist natürlich bedeutsam im Hinblick auf sowjetische Tendenzen zum Bilateralismus im Verhältnis zu den USA. In der letzten sowjetischen MBFR-Note wird bekanntlich ausdrücklich darauf abgestellt, in Wien sowohl multilateral als auch bilateral zu verhandeln.[4]

4) Daraus ziehe ich den Schluß, daß eine unabgestimmte Antwort zur Sache nicht gegeben werden sollte. Es kommt hinzu, daß wir auch unseren britischen Partnern gegenüber, auf die wir im sicherheitspolitischen Bereich entscheidend angewiesen sind und die offenbar den Entwurf nicht erhalten haben, nicht illoyal erscheinen sollten.

Gewiß ist das Interesse groß, den besonderen Draht zu Breschnew zu erhalten und auf diese Weise noch besseren Einblick in die sowjetische Konferenzstrategie und -taktik zu erhalten mit der Möglichkeit, sich darauf einzustellen. Alle nur möglichen Vorsichtsmaßnahmen sollten getroffen werden, diese direkte Verbindung durch Indiskretionen nicht zu gefährden. Dies darf jedoch nicht zu einem Unterlaufen von PZ und NATO führen.

5) Eine Antwort an Breschnew sollte bei dieser Sachlage allgemein gehalten und sollte so formuliert sein, daß sie keinesfalls als generelle Zustimmung aufgefaßt werden kann. Sie sollte für die Unterrichtung über die sowjetischen Zielvorstellungen danken. Eine derartig detaillierte Unterrichtung sei nützlich. Wie sehr sich einiges Gemeinsames, andererseits aber auch viel Unterschiedliches in unseren Positionen abzeichne, werde schon aus dem deutlich, was inzwischen in Helsinki auf dem Tisch liege und gesagt worden sei. Wir seien gewillt, die noch verbleibende Zeit der multilateralen Vorbereitung der KSZE zu nutzen, um unsere Vorstellungen gegenseitig weiter zu erläutern,

---

3 Zum Vorgehen der sowjetischen Regierung, die Bundesrepublik, Frankreich und die USA über ihre KSZE-Politik vorab zu informieren, vgl. auch Dok. 15, Anm. 23.

4 Zur sowjetischen Note vom 27. Januar 1973 vgl. Dok. 27, Anm. 3.

wozu wir nach wie vor das Mittel gut ausgearbeiteter Mandate für Kommissionen und Unterkommissionen der zweiten Konferenzphase als am besten geeignet ansähen. In der Kommissionsphase würde sich dann die Möglichkeit ergeben, auch mit den Wünschen der Beteiligten sich eingehend auseinanderzusetzen und ein alle Interessen der Beteiligten berücksichtigendes Konferenzergebnis auszuarbeiten.

II. Zum Inhalt des sowjetischen Entwurfs einer „Generaldeklaration"

Nach einer ersten, schon aus zeitlichen Gründen nur vorläufigen Prüfung ist zum Inhalt des sowjetischen Papiers folgendes zu sagen:

1) Der Gesamteindruck ist, daß es sich um sowjetische Maximalforderungen handelt. Der Entwurf enthält außer einer sehr detaillierten Präambel einen Katalog materieller Prinzipien und eine Reihe prozeduraler Punkte, insbesondere über ein Folgesystem und die innerstaatliche Verankerung und Durchführung einzelner Prinzipien. Die einzelnen materiellen Punkte enthalten für uns nichts grundsätzlich Neues; sie entsprechen weitgehend den sowjetischen Hauptforderungen, wie sie in der Prager Deklaration von 1972[5] und bei den deutsch-sowjetischen KSZE-Konsultationen im Oktober 1972[6] zum Ausdruck gekommen sind. Durch die starke Betonung der Grenzfrage sowie durch die Verbindung mit den Vorschlägen für ein Folgesystem und die innerstaatliche Verankerung der Prinzipien wird aber deutlich, was der sowjetischen Seite vorschwebt: ein auf den territorialen Status quo gegründeter dauerhafter Sonderstatus für Europa, der einmal der Festschreibung des Sonderverhältnisses der osteuropäischen Staaten zur Sowjetunion dienen soll, dem in anderer Weise aber auch die westeuropäischen und neutralen Staaten unterliegen würden. In der Grenzfrage würde der sowjetische Entwurf auf eine Multilateralisierung und Fortentwicklung des Moskauer Vertrages hinauslaufen, und zwar in einem Sinne, der bei den Moskauer Verhandlungen gerade vermieden worden ist.

2) Im einzelnen:

a) Die Ziffern I und III[7] (Grenzfrage und Gewaltverbot) kehren die im Moskauer Vertrag bewußt gewählte Reihenfolge um und weichen von der dort getrof-

5 Zu der auf der Tagung des Politischen Beratenden Ausschusses des Warschauer Pakts am 25./26. Januar 1972 in Prag verabschiedeten Deklaration über Frieden, Sicherheit und Zusammenarbeit in Europa vgl. Dok. 25, Anm. 6.

6 Vom 10. bis 12. Oktober 1972 führte in Moskau eine Delegation unter der Leitung des Botschafters Sahm Gespräche mit einer sowjetischen Delegation unter der Leitung des Abteilungsleiters im sowjetischen Außenministerium, Bondarenko, über Fragen der KSZE. Im Verlauf der Konsultationen legte Bondarenko Grundsätze zum Tagesordnungspunkt 1 („Sicherheit") dar. Vgl. dazu die Gesprächsaufzeichnung; VS-Bd. 8592 (II A 3); B 150, Aktenkopien 1972.

7 Ziffern I und III des sowjetischen Entwurfs für eine „Generaldeklaration über Grundlagen der europäischen Sicherheit und Prinzipien der Beziehungen zwischen den Staaten in Europa", der am 17. Januar 1973 im Bundeskanzleramt übergeben wurde: „Die Regierungen von Staaten, die an der Konferenz für Sicherheit und Zusammenarbeit in Europa vertreten sind, [...] I) Verkünden, daß die bestehenden Grenzen zwischen den europäischen Staaten unverletzlich sind, die territoriale Integrität aller europäischen Staaten in ihren heutigen Grenzen anerkannt und uneingeschränkt geachtet werden soll, die Gebietsansprüche [der einen] europäischen Staaten gegenüber den anderen völlig ausgeschlossen sein sollen und jeder Versuch, die Unverletzlichkeit der bestehenden Grenzen anzutasten, als ein Akte der Aggression angesehen wird; [...] III) Erklären, daß sie gemäß UN-Charta auf die Anwendung von Gewalt oder die Drohung mit Gewalt in ihren gegenseitigen Beziehungen verzichten und sich dadurch verpflichten, Krieg als Mittel zur Lösung

fenen Regelung in der Substanz ab. Gewaltverbot und Unverletzlichkeit der Grenzen erscheinen im Gegensatz zu der Regelung des Moskauer Vertrages, der die in Art. 3 enthaltende Grenzaussage primär dem Gewaltverzicht (Art. 2) zuordnet[8], und im Gegensatz zu Art. 2 Abs. 4 der VN-Satzung[9], der von territorialer Integrität nur im Zusammenhang mit dem Gewaltverbot spricht, in dem sowjetischen Entwurf als getrennte und gleichberechtigte Prinzipien. Das Gewaltverbot tritt sogar durch kürzere Formulierungen und nachgeordnete Stellung im Prinzipienkatalog eindeutig hinter der Unverletzlichkeit der Grenzen zurück.

— Die Aussage zur Unverletzlichkeit der Grenzen geht insofern über den Moskauer Vertrag hinaus, als die territoriale Integrität aller europäischen Staaten in ihren heutigen Grenzen ausdrücklich anerkannt und nicht nur uneingeschränkt geachtet werden soll. Die SU könnte dies mit einer gewissen Berechtigung als konkrete Grenzanerkennung interpretieren. Damit geht der sowjetische Vorschlag bereits über unsere Konzeption der Entspannung auf der Grundlage des Modus vivendi hinaus. Ferner enthält die Grenzaussage in dem sowjetischen Entwurf mit der Qualifizierung eines jeden Versuchs, die Unverletzlichkeit der bestehenden Grenzen anzutasten, als Akt der Aggression gefährlich unbestimmte Rechtsbegriffe, die einer willkürlichen Auslegung zugänglich sind. Diese Begriffe sind nicht oder nicht in der gleichen Form im Moskauer Vertrag enthalten. Die Annahme des sowjetischen Vorschlags durch die KSZE könnte Ansatzpunkte für eine höchst unerwünschte Uminterpretierung des Moskauer Vertrages bieten.

Im übrigen könnte die Annahme der starken sowjetischen Grenzformulierung andere Elemente der Modus-vivendi-Regelung in Frage stellen. Dies gilt insbesondere für den Brief zur deutschen Einheit vom 12.8.1970[10] und das Offenhalten eines Friedensvertrages; die Vier-Mächte-Rechte in bezug auf Deutschland als Ganzes könnten gegenstandslos werden.

— Die Fassung des völkerrechtlichen Gewaltverbots in dem sowjetischen Entwurf weist auffallende Unterschiede zu Art. 2 des Moskauer Vertrages auf, die näherer Prüfung bedürfen. Hervorzuheben ist, daß der sowjetische Entwurf von einem Verzicht auf die Gewaltanwendung oder -androhung „gemäß der VN-Charta" und nicht – wie Art. 2 des Moskauer Vertrages – „gemäß Art. 2 der Charta" spricht. Der sowjetische Entwurf verwendet damit eine

---

Fortsetzung Fußnote von Seite 162

der internationalen Streitigkeiten aus dem Leben der europäischen Völker auszuschließen." Vgl. VS-Bd. 9068 (212); B 150, Aktenkopien 1973.

8 Zu Artikel 2 und 3 des Vertrags vom 12. August 1970 zwischen der Bundesrepublik und der UdSSR vgl. Dok. 28, Anm. 12.

9 Artikel 2 Absatz 4 der UNO-Charta vom 26. Juni 1945: „All Members shall refrain in their international relations from the threat or use of force against the territorial integrity or political independence of any state, or in any other manner inconsistent with the Purposes of the United Nations." Vgl. CHARTER OF THE UNITED NATIONS, S. 676.

10 In dem „Brief zur deutschen Einheit", der anläßlich der Unterzeichnung des Moskauer Vertrags vom 12. August 1970 im sowjetischen Außenministerium übergeben wurde, stellte die Bundesregierung fest, „daß dieser Vertrag nicht im Widerspruch zu dem politischen Ziel der Bundesrepublik Deutschland steht, auf einen Zustand des Friedens in Europa hinzuwirken, in dem das deutsche Volk in freier Selbstbestimmung seine Einheit wiedererlangt". Vgl. BUNDESGESETZBLATT 1972, Teil II, S. 356.

expansive Formulierung, die wir im Hinblick auf die sogenannte Feindstaatenklausel[11] stets zu vermeiden suchen.

b) Im Zusammenhang mit der Grenzaussage und der dabei erfolgten Verwendung des Begriffs der Aggression ist Ziffer V[12] des sowjetischen Entwurfs von Interesse, in der Beistand jeder Art für Staaten untersagt wird, die „einen Akt der Aggression begangen haben". Eine solche Bestimmung könnte zu dem Versuch mißbraucht werden, eine restriktive Interpretation der westlichen Bündnisverpflichtungen zu fordern und dadurch den Zusammenhalt im Bündnis zu stören.

c) Die in Ziffer VIII[13] enthaltene Aufzählung der Bereiche, in denen eine Zusammenarbeit angestrebt werden soll, ist schon insofern einseitig und unvollständig, als sich der Punkt „menschliche Kontakte" auf den Tourismus beschränken soll. Im übrigen soll die Zusammenarbeit ganz allgemein in doppelter Weise eingeschränkt sein, nämlich durch das „Prinzip" des gegenseitigen Nutzens und den Vorbehalt der Nichtdiskriminierung. Der letzte Punkt muß im Hinblick auf die im EG-Bereich geltenden Sonderregelungen gesehen werden.

Menschenrechte und Grundfreiheiten werden überhaupt nicht erwähnt, das Selbstbestimmungsrecht nur am Rande (als Anhängsel zu Ziffer X[14]) und in einer mißverständlichen Formulierung.

---

[11] Artikel 53 der UNO-Charta vom 26. Juni 1945: „1) The Security Council shall, where appropriate, utilize such regional arrangements or agencies for enforcement action under its authority. But no enforcement action shall be taken under regional arrangements or by regional agencies without the authorization of the Security Council, with the exception of measures against any enemy state, as defined in paragraph 2 of this Article, provided for pursuant to Article 107 or in regional arrangements directed against renewal of aggressive policy on the part of any such state, until such time as the Organization may, on request of the Governments concerned, be charged with the responsibility for preventing further aggression by such a state. 2) The term enemy state as used in paragraph 1 of this Article applies to any state which during the Second World War has been an enemy of any signatory of the present Charter."
Artikel 107 der UNO-Charta vom 26. Juni 1945: „Nothing in the present Charter shall invalidate or preclude action, in relation to any state which during the Second World War has been an enemy of any signatory to the present Charter, taken or authorized as a result of that war by the Governments having responsibility for such action." Vgl. CHARTER OF THE UNITED NATIONS, S. 687 bzw. S. 697.
[12] Ziffer V des sowjetischen Entwurfs für eine „Generaldeklaration über Grundlagen der europäischen Sicherheit und Prinzipien der Beziehungen zwischen den Staaten in Europa", der am 17. Januar 1973 im Bundeskanzleramt übergeben wurde: „Die Regierungen von Staaten, die an der Konferenz für Sicherheit und Zusammenarbeit in Europa vertreten sind, [...] V) Werden sich politischer, militärischer, wirtschaftlicher oder anderer Hilfeleistung und Unterstützung jedes Staates oder Staaten enthalten, die ein Akt der Aggression begangen haben"; Vgl. VS-Bd. 9068 (212); B 150, Aktenkopien 1973.
[13] Ziffer VIII des sowjetischen Entwurfs für eine „Generaldeklaration über Grundlagen der europäischen Sicherheit und Prinzipien der Beziehungen zwischen den Staaten in Europa", der am 17. Januar 1973 im Bundeskanzleramt übergeben wurde: „Die Regierungen von Staaten, die an der Konferenz für Sicherheit und Zusammenarbeit in Europa vertreten sind, [...] VIII) Werden bilaterale und multilaterale gegenseitig nützliche Beziehungen auf dem wirtschaftlichen, wissenschaftlich-technischen, kulturellen Gebiet, auf dem Gebiet des Tourismus sowie des Umweltschutzes ohne irgendwelche Diskriminierung entwickeln". Vgl. VS-Bd. 9068 (212); B 150, Aktenkopien 1973.
[14] Ziffer X des sowjetischen Entwurfs für eine „Generaldeklaration über Grundlagen der europäischen Sicherheit und Prinzipien der Beziehungen zwischen den Staaten in Europa", der am 17. Januar 1973 im Bundeskanzleramt übergeben wurde: „Die Regierungen von Staaten, die an der Konferenz für Sicherheit und Zusammenarbeit in Europa vertreten sind, [...] X) Werden beitragen zur Entwicklung in der öffentlichen Meinung der Gefühle der Achtung und des Wohlwollens zwi-

d) Der durch diese materiellen Leitlinien gekennzeichnete Prinzipienkatalog soll eingebettet werden in ein System der politischen Konsultationen (Ziffer IX[15]) sowie von Folgekonferenzen und die Kontrolle durch einen politischen Konsultationsausschuß, der namentlich auch für „Fragen der Sicherheit und Zusammenarbeit in Europa" zuständig sein soll.[16] Hierin würde ein wesentlicher Baustein eines besonderen kollektiven Sicherheitssystems in Europa liegen, wie es von der SU im siebten Absatz der Präambel[17] ausdrücklich gefordert wird.

Im Lichte dieser Zielsetzung haben auch die Aussagen der Ziffern X und XII[18] besonderes Gewicht, deren Verankerung der sowjetischen Prinzipien in der nationalen Gesetzgebung der KSZE-Staaten und einer Beeinflussung der öffentlichen Meinung in ihrem Sinne propagiert werden.

Fortsetzung Fußnote von Seite 164

schen den Völkern, stets Sorge dafür tragen, daß sich die Ideen der friedlichen Koexistenz und der gleichberechtigten Zusammenarbeit in Europa im Bewußtsein der Menschen, insbesondere der jungen Generation, einbürgern; Werden konsequent ausgehen von der Achtung des Rechts der Völker, ihr Schicksal ungehindert selbst zu bestimmen". Vgl. VS-Bd. 9068 (212); B 150, Aktenkopien 1973.

[15] Ziffer IX des sowjetischen Entwurfs für eine „Generaldeklaration über Grundlagen der europäischen Sicherheit und Prinzipien der Beziehungen zwischen den Staaten in Europa", der am 17. Januar 1973 im Bundeskanzleramt übergeben wurde: „Die Regierungen von Staaten, die an der Konferenz für Sicherheit und Zusammenarbeit in Europa vertreten sind, [...] IX) Erachten als notwendig, politische Konsultationen und den Austausch von Informationen auf der bilateralen und multilateralen Grundlage über die Fragen, die vom allgemeinen Interesse sind und Frieden, Sicherheit und Zusammenarbeit in Europa betreffen, zu erweitern und zu vertiefen". Vgl. VS-Bd. 9068 (212); B 150, Aktenkopien 1973.

[16] Ziffer XI des sowjetischen Entwurfs für eine „Generaldeklaration über Grundlagen der europäischen Sicherheit und Prinzipien der Beziehungen zwischen den Staaten in Europa", der am 17. Januar 1973 im Bundeskanzleramt übergeben wurde: „Die Regierungen von Staaten, die an der Konferenz für Sicherheit und Zusammenarbeit in Europa vertreten sind, [...] XI) Erachten als zweckmäßig im Interesse der Sicherung der günstigen Möglichkeiten für den weiteren Fortschritt in der Festigung der Sicherheit des Kontinents auf der gesamteuropäischen Grundlage und in der Entwicklung der Zusammenarbeit zwischen den Staaten in Europa: a) periodisch und so regulär, wie es sich als zweckmäßig erweist, zur gemeinsamen Erörterung und Koordinierung entsprechender Schritte Konferenzen abzuhalten; b) einen konsultativen Ausschuß zu konstituieren, im Rahmen dessen die Vorbereitung künftiger Konferenzen für die Fragen verwirklicht, die mit der Festigung der Sicherheit und der Zusammenarbeit in Europa verbunden sind, sowie politische Konsultationen, Meinungs- und Informationsaustausch durchgeführt werden könnten". Vgl. VS-Bd. 9068 (212); B 150, Aktenkopien 1973.

[17] Satz 7 der Präambel des sowjetischen Entwurfs für eine „Generaldeklaration über Grundlagen der europäischen Sicherheit und Prinzipien der Beziehungen zwischen den Staaten in Europa", der am 17. Januar 1973 im Bundeskanzleramt übergeben wurde: „betrachtend für wünschenswert solch eine Umgestaltung der Beziehungen zwischen den Staaten in Europa, die in der Zukunft gestattet, die Spaltung des Kontinents in militärisch-politische Gruppierungen zu überwinden und sie durch ein System der kollektiven Sicherheit abzulösen". Vgl. VS-Bd. 9068 (212); B 150, Aktenkopien 1973.

[18] Ziffer XII des sowjetischen Entwurfs für eine „Generaldeklaration über Grundlagen der europäischen Sicherheit und Prinzipien der Beziehungen zwischen den Staaten in Europa", der am 17. Januar 1973 im Bundeskanzleramt übergeben wurde: „Die Regierungen von Staaten, die an der Konferenz für Sicherheit und Zusammenarbeit in Europa vertreten sind, [...] XII) Sprechen sich dafür aus, daß alle Staaten, die Teilnehmer dieser Generaldeklaration sind, Möglichkeiten erörtern zwecks Annahme spezieller Akte, um in ihrer inneren Gesetzgebung oben dargelegte Bestimmungen zu verankern, die auf die Gewährleistung des Friedens und der Sicherheit in Europa gerichtet sind": Vgl. VS-Bd. 9068 (212); B 150, Aktenkopien 1973.

e) Der in Ziffer XIII[19] vorgesehene Vorrang bestehender Verträge ist vom deutschen Standpunkt her gesehen zweischneidig; auf der einen Seite kann dadurch der vom Westen erhoffte, gegen die Breschnew-Doktrin[20] gerichtete Effekt der KSZE-Prinzipien gemindert, auf der anderen einer nachträglichen Uminterpretation vorgebeugt werden.

f) Die für die Auslegung der Deklaration wichtige Präambel spricht von der Bewahrung Europas vor aggressiven Akten, der Überwindung militärisch-politischer Gruppierungen und ihrer Ablösung durch das bereits erwähnte System der kollektiven Sicherheit.

Im übrigen wird zwar betont, daß „sozialpolitische" Unterschiede kein Hindernis für eine Fortentwicklung der Beziehungen bilden sollen; durch die anschließende Erwähnung der friedlichen Koexistenz wird aber deutlich gemacht, daß das Sonderverhältnis zwischen den sozialistischen Staaten gewahrt bleiben soll.[21]

Bei der Abfassung einer Antwort an Generalsekretär Breschnew sollten m. E. die obigen Gesichtspunkte berücksichtigt werden. Darüber hinaus wäre ich Ihnen, sehr geehrter Herr Bundeskanzler, dankbar, wenn der Wortlaut der Antwort mit meinem Hause abgestimmt werden könnte.[22]

Mit freundlichen Grüßen
gez. Scheel

VS-Bd. 9068 (212)

[19] Ziffer XIII des sowjetischen Entwurfs für eine „Generaldeklaration über Grundlagen der europäischen Sicherheit und Prinzipien der Beziehungen zwischen den Staaten in Europa", der am 17. Januar 1973 im Bundeskanzleramt übergeben wurde: „Die Regierungen von Staaten, die an der Konferenz für Sicherheit und Zusammenarbeit in Europa vertreten sind, [...] XIII) Erklären, daß nichts in dieser Generaldeklaration die Verpflichtungen berührt, die die Teilnehmerstaaten aufgrund geltender bilateraler und multilateraler Verträge und Abkommen übernommen haben". Vgl. VS-Bd. 9068 (212); B 150, Aktenkopien 1973.

[20] Am 3. Oktober 1968 erläuterte der sowjetische Außenminister Gromyko vor der UNO-Generalversammlung die sowjetische Auffassung von einem „sozialistischen Commonwealth": „Diese Gemeinschaft ist ein untrennbares Ganzes, das durch unzerstörbare Bande zusammengeschweißt ist, wie sie die Geschichte bisher nicht kannte. [...] Die Sowjetunion erachtet es für notwendig, auch von dieser Tribüne zu erklären, daß die sozialistischen Staaten keine Situation zulassen können und werden, in der die Lebensinteressen des Sozialismus verletzt und Übergriffe auf die Unantastbarkeit der Grenzen der sozialistischen Gemeinschaft und damit auf die Grundlagen des Weltfriedens vorgenommen werden." Vgl. EUROPA-ARCHIV 1968, D 555–557.
Am 12. November 1968 griff der Generalsekretär des ZK der KPdSU, Breschnew, diese Thesen auf dem V. Parteitag der PVAP in Warschau auf („Breschnew-Doktrin"): „Und wenn die inneren und äußeren, dem Sozialismus feindlichen Kräfte irgendeines sozialistischen Landes auf die Restauration der kapitalistischen Ordnung zu lenken versuchen, wenn eine Gefahr für den Sozialismus in diesem Land, eine Gefahr für die Sicherheit der gesamten sozialistischen Staatengemeinschaft entsteht, ist das nicht nur ein Problem des Volkes des betreffenden Landes, sondern ein allgemeines Problem, um das sich alle sozialistischen Staaten kümmern müssen." Vgl. DzD V/2, S. 1478.

[21] In Satz 5 der Präambel des sowjetischen Entwurfs für eine „Generaldeklaration über Grundlagen der europäischen Sicherheit und Prinzipien der Beziehungen zwischen den Staaten in Europa", der am 17. Januar 1973 im Bundeskanzleramt übergeben wurde, wurde ausgeführt: „in fester Überzeugung, daß die Unterschiede der sozialpolitischen Systeme kein Hindernis für die allseitige Entwicklung der Beziehungen zwischen Staaten auf der Grundlage der friedlichen Koexistenz und für ihre Zusammenarbeit zum Wohle des Friedens bilden dürfen". Vgl. VS-Bd. 9068 (212); B 150, Aktenkopien 1973.

[22] Am 14. Februar 1973 teilte Bundesminister Bahr Staatssekretär Frank mit, er habe dem sowjetischen Botschafter Falin folgende Antwort auf die am 17. Januar 1973 übermittelten Dokumente

32

Ministerialdirigent Brunner, z.Z. Helsinki, an das Auswärtige Amt

114-10377/73 VS-vertraulich   Aufgabe: 31. Januar 1973, 18.05 Uhr
Fernschreiben Nr. 110   Ankunft: 31. Januar 1973, 20.01 Uhr
Citissime

Delegationsbericht Nr. 47

Betr.: Wertung der sowjetischen Intervention vom 31.1.73

I. Botschafter Mendelewitsch „improvisierte" am Ende der heutigen Sitzung eine fast einstündige Erklärung über die sowjetischen Vorstellungen zur Frage der Sicherheit, insbesondere zu den dafür maßgeblichen Prinzipien.

Die mit rednerischem Pathos und nicht ohne Schärfen vorgetragene Stellungnahme gibt einen Einblick in die Grundsatzhaltung der Sowjetunion in diesem Bereich und zur KSZE insgesamt. Die sowjetische Erklärung ist von westlichen und neutralen Delegierten mit Interesse und nicht ohne Betroffenheit aufgenommen worden. Der amerikanische stellvertretende Delegationsleiter Vest sagte am Ende: „We wanted a clarification, now we have got it."

II. Zu den Prinzipien verwendete Mendelewitsch folgende Methode: Er traf eine Auswahl aus gewissen Grundsätzen der Charta der Vereinten Nationen, der Erklärung über freundschaftliche Beziehungen[1] und aus bilateralen Verträgen und Kommuniqués.

Auf diese Weise kommt bei ihm folgende Prioritätenliste zustande:

An erster Stelle steht die Unverletzlichkeit (neruschimost) der Grenzen. Dies sei das zentrale Prinzip, das der europäischen geschichtlichen Erfahrung entspringe, es sei die Frage von Krieg oder Frieden. Es sei unzulässig, diesen Grundsatz, wie es andere täten, zu einem Unterprinzip zu degradieren. Er könne sich auch nicht vorstellen, daß diese Auffassung aufrechterhalten werde.

Dann folgt Nichteinmischung in innere Angelegenheiten, anschließend territoriale Integrität, Gewaltverzicht, Unabhängigkeit, Gleichberechtigung.

Diese Prinzipien bezeichnete Mendelewitsch als Teil des modernen europäischen Völkerrechts. Es komme darauf an, auf der Konferenz diese bereits be-

---

Fortsetzung Fußnote von Seite 166

gegeben: „Wir sind für die ausführliche Unterrichtung dankbar, die die sowjetische Seite uns sowohl über ihre Vorstellungen von dem Endergebnis einer KSZE als auch von dem dahin führenden Weg gegeben hat. Diese Unterrichtung ist uns nützlich, weil sie uns ein klareres Bild vermittelt, wo es schon gemeinsame Auffassungen gibt und wo unsere Ansichten noch voneinander abweichen. Inzwischen hat die sowjetische Seite in Helsinki eine Reihe von Vorschlägen zu den Richtlinien eingebracht, die den Kommissionen und Unterkommissionen für die Hauptphase der Konferenz gegeben werden sollen. Wir haben den Eindruck gewonnen, daß es möglich sein wird, in der noch verbleibenden Zeit der multilateralen Vorbereitung zu befriedigenden Ergebnissen zu gelangen. Der uns übergebene Entwurf einer Generaldeklaration bedarf sorgfältiger Prüfung. Wir sind jetzt noch nicht in der Lage, im einzelnen dazu Stellung zu nehmen." Vgl. VS-Bd. 542 (Büro Staatssekretär); B 150, Aktenkopien 1973.

[1] Zur Resolution Nr. 2625 der UNO-Generalversammlung vom 24. Oktober 1970 vgl. Dok. 28, Anm. 8.

stehenden völkerrechtlichen Grundsätze noch einmal festzuhalten. Der sowjetische Tagesordnungs- und Mandatsvorschlag[2] sei als eine Synthese aller Vorschläge zu betrachten, über die Einvernehmen herrschen sollte.

Andere Prinzipien hingegen, wie das Selbstbestimmungsrecht und die Menschenrechte, ordnete Mendelewitsch in eine niedrigere Stufe ein.

Das Selbstbestimmungsrecht der Charta der Vereinten Nationen beziehe sich auf die Liquidierung des Kolonialsystems. Für Europa spiele es keine Rolle mehr, wenn man von zwei kleineren Fragen absehe (er meinte wohl Gibraltar und Irland). Was die Menschenrechte angehe, so seien sie Bestandteil der Menschenrechtserklärung[3], aber kein zwischenstaatliches Prinzip. Die KSZE habe sich jedoch nur mit Fragen zu befassen, die Regierungen angingen.

Bezeichnend für die extensive und willkürliche Begründung des angeblich schon völkerrechtlich wirksamen Prinzipienkatalogs war, daß er sich sowohl auf unsere bilateralen Verträge mit der Sowjetunion[4], Polen[5] und der DDR[6] berief, als auch auf die Kommuniqués anläßlich der Besuche von Nixon und Andreotti in der Sowjetunion[7] sowie Breschnews in Paris[8]. Bei der Zitierung aus diesen Texten stellte er jeweils die Unverletzlichkeit der Grenzen an die Spitze.

[2] Zum sowjetischen Vorschlag vom 22. Januar 1973 für eine Tagesordnung der KSZE vgl. Dok. 15, Anm. 23.
Am 29. Januar 1973 brachte die UdSSR in Helsinki den Text eines Arbeitsauftrags für die Kommission zum Tagesordnungspunkt „Sicherheit" („Korb I") ein: „The Committee will be responsible for preparing a draft final document on the question of ensuring European security and principles governing relations among States in Europe. This draft will include: 1) Principles governing relations among States on which security in Europe should be based: inviolability of State frontiers, non-interference in internal affairs, renunciation of the use or threat of force, independence, sovereign equality; 2) Measures designed to promote implementation of the aforementioned principles in the interests of strengthening European and international security, including settlement of disputes exclusively by peaceful means chosen and agreed upon by the parties and development of multilateral and bilateral political consultations." Für das Dokument CESC/HC/28 vgl. Referat 212, Bd. 100016.
[3] Mit Resolution Nr. 217 verabschiedete die UNO-Generalversammlung am 10. Dezember 1948 eine „Universelle Erklärung der Menschenrechte". Für den Wortlaut vgl. UNITED NATIONS RESOLUTIONS, Serie I, Bd. II, S. 135–141.
[4] Für den Wortlaut des Vertrags vom 12. August 1970 zwischen der Bundesrepublik und der UdSSR vgl. BUNDESGESETZBLATT 1972, Teil II, S. 354 f.
[5] Für den Wortlaut des Vertrags vom 7. Dezember 1970 zwischen der Bundesrepublik und Polen über die Grundlagen der Normalisierung ihrer gegenseitigen Beziehungen vgl. BUNDESGESETZBLATT 1972, Teil II, S. 362 f.
[6] Für den Wortlaut des Vertrags vom 21. Dezember 1972 über die Grundlagen der Beziehungen zwischen der Bundesrepublik und der DDR vgl. BULLETIN 1972, S. 1842 f.
[7] Präsident Nixon hielt sich vom 22. bis 30. Mai 1972 in der UdSSR auf. Für den Wortlaut des Kommuniqués vgl. DEPARTMENT OF STATE BULLETIN, Bd. 66 (1972), S. 899–902. Für den deutschen Wortlaut vgl. EUROPA-ARCHIV 1972, D 292–298.
Ministerpräsident Andreotti hielt sich vom 24. bis 29. Oktober 1972 in der UdSSR auf. Für den Wortlaut des Kommuniqués vgl. PRAVDA vom 30. Oktober 1972, S. 1.
[8] Anläßlich des Besuchs des Generalsekretärs des ZK der KPdSU, Breschnew, vom 25. bis 30. Oktober 1971 in Frankreich unterzeichneten beide Seiten am 30. Oktober 1971 eine Niederschrift über die Grundsätze der französisch-sowjetischen Zusammenarbeit sowie eine französisch-sowjetische Erklärung. Für den Wortlaut vgl. LA POLITIQUE ÉTRANGÈRE 1971, II, S. 174–180. Für den deutschen Wortlaut vgl. EUROPA-ARCHIV 1971, D 546–552.

2) Mendelewitsch übte heftige Kritik an dem schwedischen Vorschlag der Rüstungskontrolle.[9] Genüßlich auf einem semantischen Mißverständnis aufbauend, legte er dar, daß die Sowjetunion niemals einer Kontrolle der Rüstungen zustimmen könne; für die SU gebe es nur die Frage der kontrollierten Abrüstung.

3) Zur Streitschlichtung[10] sagte Mendelewitsch, gemäß Artikel 33 der Charta der Vereinten Nationen[11] wähle jede Region die ihr gemäßeste Form der Streiterledigung; im Falle Europas seien dies die bilateralen und multilateralen Konsultationen. Die KSZE solle sie weiterentwickeln.

4) Nahostfragen gehörten nicht in die KSZE.[12] Man solle dafür die bestehenden Einrichtungen benutzen. Er verband diesen Hinweis mit einem Seitenhieb auf Israel.

5) Der einzige Punkt in Mendelewitschs Ausführungen, der von den westlichen Ländern als positiv empfunden wurde, war, daß er die Vereinigten Staaten und Kanada ausdrücklich als Beteiligte an allen Folgebeschlüssen der KSZE erwähnte.

---

[9] Am 17. Januar 1973 schlug die schwedische Delegation bei den multilateralen Vorgesprächen für die KSZE in Helsinki vor, unter dem Tagesordnungspunkt 1 („Sicherheit“) einen Punkt aufzunehmen, der lautete: „Questions relatives au contrôle des armements". Das Mandat der zuständigen Kommission solle deshalb den folgenden Punkt erhalten: „La Commission examinera des questions relatives au contrôle des armements". Schließlich sprach sie sich dafür aus, zur Erörterung dieser Frage eine Unterkommission zu bilden. Für das Dokument CESC/HC/21 vgl. Referat 212, Bd. 100016.
Am 30. Januar 1973 legte Schweden den Entwurf eines Mandatstextes für die Unterkommission vor. Für das Dokument CESC/HC/21/Add.1 vgl. Referat 212, Bd. 100016.

[10] Am 17. Januar 1973 unterbreitete die Schweiz bei den multilateralen Vorgesprächen für die KSZE in Helsinki den Entwurf für einen Tagesordnungspunkt 1 („Sicherheit"). Er sah vor, daß die entsprechende Kommission den Auftrag erhalten solle, neben der Prüfung von „Grundsätzen für die Beziehungen zwischen den Teilnehmerstaaten" sowie „Militärischen Maßnahmen" auch ein „System der friedlichen Streitbeilegung" auszuarbeiten. Eine einzurichtende Unterkommission solle dazu folgendes Mandat erhalten: „La Sous-Commission est chargée d'élaborer un système de règlement pacifique des différends qui est la conséquence et le complément nécessaires et logiques du principe du non-recours à la menace ou à l'usage de la force sur lequel se penche la Sous-commission 1. La Sous-commission doit soumettre à la Commission un projet à cet effet." Für das Dokument CESC/HC/22 vgl. Referat 212, Bd. 100016.

[11] Artikel 33 der UNO-Charta vom 26. Juni 1945: „1) The parties to any dispute, the continuance of which is likely to endanger the maintenance of international peace and security, shall, first of all, seek a solution by negotiation, enquiry, mediation, conciliation, arbitration, judicial settlement, resort to regional agencies or arrangements, or other peaceful means of their own choice. 2) The Security Council shall, when it deems necessary, call upon the parties to settle their dispute by such means." Vgl. CHARTER OF THE UNITED NATIONS, S. 683.

[12] Am 17. Januar 1973 unterbreitete die österreichische Delegation bei den multilateralen Vorgesprächen für die KSZE in Helsinki den Vorschlag, sich im Rahmen des Tagesordnungspunktes 1 („Sicherheit") auch mit dem Nahen Osten zu befassen: „L'Autriche propose donc que l'on inscrive également, à l'ordre du jour de la Conférence sur la sécurité et la coopération en Europe, la question de la contribution de l'Europe à une détente au Proche-Orient, étant donné que la situation dans cette partie du monde, dont les Etats entretiennent des rapports économiques et culturels très étroits avec l'Europe, a des incidences directes sur la sécurité européenne. [...] Ainsi, il serait peut-être possible de manifester l'intérêt que l'Europe porte à un règlement pacifique dans cette région, grâce à la constitution, par la Conférence sur la sécurité et la coopération en Europe, d'un comité des bons offices; ce comité pourrait commencer par jouer le rôle d'un organisme de contact et constituer ultérieurement une base de départ pour une rencontre entre les Etats parties au conflit." Für das Dokument CESC/HC/20 vgl. Referat 212, Bd. 100016.

III. Mendelewitsch hat sich möglicherweise etwas hinreißen lassen. Nach sei-
nen Ausführungen besteht jedoch kein Zweifel daran, daß die sowjetische
Grundtendenz darauf hinausläuft, auf der KSZE einen Verhaltenskodex be-
schließen zu lassen, der auf einer willkürlichen sowjetischen Auswahl und
Deutung bestehender Prinzipien und Vereinbarungen beruht. Dieser Verhal-
tenskodex soll rechtliche Verbindlichkeit haben. Außerdem sollen praktische
Maßnahmen zur Verwirklichung des so gestalteten Verhaltenskodex von der
Konferenz beschlossen werden.[13]

Die Auswirkungen auf die Haltung der verschiedenen westlichen Länder zur
Substanz des Prinzipienkatalogs bleiben abzuwarten. Aus der Sicht der MV
empfiehlt es sich, in Brüssel eine Konsultation über die Ausführungen von
Mendelewitsch abzuhalten.[14]

[gez.] Brunner

VS-Bd. 9058 (210)

[13] Am 1. Februar 1973 berichtete Botschafter Brunner, z.Z. Helsinki, daß er in seiner Antwort auf
die Ausführungen des Leiters der sowjetischen KSZE-Delegation, Mendelewitsch, vom Vortag insbesondere Vorbehalte geäußert habe „gegen selektive Betonung und Anwendung von VN-Prin-
zipien, gegen die Schaffung regionalen Völkerrechts sowie gegen die Übertragung einzelner Elemente aus bilateralen Dokumenten der letzten Zeit in den Prinzipienkatalog". Die KSZE dürfe
nicht den Versuch unternehmen, „neues regionales Völkerrecht zu kodifizieren", sondern müsse
„universelles Völkerrecht bekräftigen und in Praxis umsetzen". Es sollten keine neuen Begriffe geschaffen werden, sondern Formulierung und Anordnung der Prinzipien sich strikt an die UNO-
Charta vom 26. Juni 1945 anlehnen: „Nicht Rosinen herauspicken, nicht Harmonie der Satzung
zerreißen. Sonst schaffen wir für unsere Region Verhaltensregeln, die in Diskrepanz stehen zu den
allgemeinen Grundsätzen." Vgl. den Drahtbericht Nr. 115; Referat 212, Bd. 111529.
[14] Am 1. Februar 1973 ergänzte Botschafter Brunner, z.Z. Helsinki, daß die Ausführungen des Leiters der sowjetischen KSZE-Delegation, Mendelewitsch, vom Vortag bei den Delegationen der
Neutralen „deutlich Mißstimmung" verursacht hätten: „Zur Sache betonten Schweiz, Schweden,
Jugoslawien, Österreich und Malta übereinstimmend, daß militärische Fragen der KSZE nicht
außer acht gelassen werden dürften." Brunner fügte hinzu, es sei aufgefallen, daß Italien „sein
Mandatspapier nicht gegenüber den Ausführungen Mendelewitschs verteidigte". Vgl. den Drahtbericht Nr. 116; Referat 212, Bd. 111529.
Am 2. Februar 1973 teilte Ministerialdirektor von Staden der Ständigen Vertretung bei der NATO
in Brüssel mit: „Stellungnahme Botschafter Brunners in MV-Sitzung vom 1.2., die wir inhaltlich
uneingeschränkt billigen, war erforderlich, um ‚improvisierter' Intervention von Mendelewitsch
mit der gebotenen Bestimmtheit entgegenzutreten und westliche Positionen eindeutig klarzustellen. Tatsache, daß auf westlicher Seite wir allein sowjetischen Vorstellungen vom Inhalt einer
KSZE-Prinzipienerklärung entgegengetreten sind, gibt uns allerdings Anlaß zu Besorgnis. Eine
ausschließlich deutsch-sowjetische Auseinandersetzung in der Prinzipienfrage müssen wir auf jeden Fall vermeiden. Unsere Partner müssen sich im übrigen darüber im klaren sein, daß eine solche Entwicklung die westliche Position in diesen entscheidenden Fragen wesentlich schwächen
könnte. Sie werden daher gebeten, sich nachdrücklich dafür einzusetzen, daß auch andere Bündnispartner gegenüber sowjetischer Intervention westliche Haltung klarstellen." Eine gewisse „Arbeitsteilung" hierbei wäre zweckmäßig, „wobei allerdings darauf geachtet werden muß, daß wir in
der Behandlung der Grenzfrage forthin nicht die Hauptlast der Argumentation übernehmen müssen." Vgl. den Drahterlaß Nr. 430; VS-Bd. 9072 (212); B 150, Aktenkopien 1973.

33

Gesandter Ruth, z. Z. Wien, an das Auswärtige Amt

114-10378/73 VS-vertraulich	Aufgabe: 31. Januar 1973, 20.00 Uhr
Fernschreiben Nr. 34	Ankunft: 31. Januar 1973, 22.45 Uhr
Citissime	

Delegationsbericht Nr. 3

Betr.: MBFR-Explorationen in Wien
    hier: Eröffnungssitzung

I. 1) Am 31. Januar, 10.30 Uhr, schlug der sowjetische Delegationsleiter Chlestow dem amerikanischen Delegationsleiter Dean vor, die Verfahrensfragen der Eröffnungssitzung bilateral zu besprechen.

Auf den niederländischen Delegationsleiter als Sprecher der NATO-Staaten verwiesen, empfing die sowjetische Seite schließlich trotz angeblicher Bedenken wegen dieses „Block-zu-Block-Verfahrens" Botschafter Quarles in Begleitung von Dean zu einer Unterredung, die gegen 15.10 Uhr zur Einigung über folgende Fragen führte:

a) Konferenzsprachen (Deutsch, Englisch, Französisch und Russisch);

b) kein österreichischer Vorsitz;

c) regionale Kriterien als maßgeblich für die künftige Lösung der Beteiligungsprobleme. (Bemerkenswerterweise sprachen die Sowjets in diesem Zusammenhang die mögliche Beteiligung neutraler oder ungebundener Staaten in MBFR nicht an.)

d) Abhaltung einer ersten informellen Sitzung um 16.00 Uhr (ohne Vorsitz, Namensschilder, Tischordnung, Wortergreifung von links nach rechts).

2) In Nachmittagssitzung der NATO-Ad-hoc-Gruppe MBFR wurde diese Absprache im Hinblick darauf gebilligt, daß andernfalls eine Eröffnung am 31. allenfalls in Form des für 17.00 Uhr anberaumten Empfangs durch den österreichischen Außenminister möglich gewesen wäre. Ferner wurde die Erklärung des NATO-„Spokesman" für die Eröffnungssitzung überarbeitet und verabschiedet (vgl. hierzu Delegationsbericht Nr. 4[1]).

3) Absprachegemäß fanden sich um 16.00 Uhr im Ratssaal der Hofburg die 19 von der NATO und vom WP benannten Delegationen ein und nahmen beliebig an dem hufeisenförmigen Tisch unter Leerbleiben des Rostrums Platz. Der bulgarische Botschafter Wutow, der am äußersten linken Platz zu sitzen gekommen war, trug unvermittelt neben Begrüßungsworten die abgestimmten Vorschläge der WP-Staaten, die anschließend von ihnen indossiert wurden, (auf russisch) vor:

---

1 Gesandter Ruth, z. Z. Wien, übermittelte den Wortlaut der Erklärung des Sprechers der westlichen MBFR-Delegationen, Quarles van Ufford. Vgl. den Drahtbericht Nr. 35 vom 31. Januar 1973; VS-Bd. 9081 (212); B 150, Aktenkopien 1973.

a) Billigung der vier genannten Konferenzsprachen,

b) bilaterale und multilaterale informelle Konsultationen zur Regelung der anstehenden Verfahrensfragen vor einer nächsten offiziellen Sitzung.

Der neben dem bulgarischen Botschafter sitzende niederländische NATO-Beauftragte trug die vereinbarte Erklärung vor, stimmte damit diesen Vorschlägen des WP zu und benannte den kommenden Montag[2] als möglichen Termin einer ersten förmlichen Sitzung.

Sämtliche übrigen Staaten schlossen sich lediglich den Erklärungen des NATO-Sprechers bzw. des WP-Sprechers in folgender Reihenfolge der zufällig zustande gekommenen Tischordnung an: USA (englisch), Luxemburg (französisch), Bundesrepublik Deutschland (deutsch), Italien (englisch), Kanada (englisch), Polen (englisch), Rumänien (englisch), Griechenland (englisch), ČSSR (englisch), Türkei (englisch), Dänemark (englisch), Großbritannien (englisch), Norwegen (englisch), Ungarn (englisch), DDR (deutsch), Sowjetunion (russisch) und Belgien (französisch).

Damit betrachteten die Sitzungsteilnehmer die (20minütige) Eröffnung der MBFR-Explorationen für beendet.

4) Außenminister Kirchschläger begrüßte die Delegationen um 17.00 Uhr mit einer kurzen Erklärung im Ratssaal, in der er seine Hoffnung ausdrückte, daß Wien auch zum Rat der eigentlichen MBFR-Verhandlungen gewählt werden wird. Er übergab damit das „Konferenzareal" und die bereits notifizierten Konferenzdienste in die Verfügung der Konferenzteilnehmer. Während dieser Zeremonie hatten die WP-Vertreter ihre um 16.00 Uhr eingenommenen Plätze wieder besetzt und damit ein leichtes Präjudiz für die Beibehaltung der von der NATO nicht gewünschten zufälligen Sitzordnung geschaffen.

Daher nahmen die NATO-Delegationen während der Ansprache des österreichischen Außenministers nicht Platz, sondern verteilten sich zwanglos stehend im Konferenzsaal.

5) Während des sich daran anschließenden Empfangs dankte ich dem österreichischen Außenminister für die österreichische Gastfreundschaft und die Schnelligkeit, mit der es den österreichischen Behörden gelungen sei, die Konferenzdienste zu organisieren.

Aus den Gesprächen zwischen den westlichen und östlichen Delegationen ergab sich bereits, daß es den Warschauer-Pakt-Staaten darauf ankommt, in möglichst vielen bilateralen Gesprächen die geschlossene Haltung der NATO-Staaten zu den zu lösenden prozeduralen Fragen zu testen und womöglich aufzulösen.[3]

---

[2] 5. Februar 1973.

[3] Am 1. Februar 1973 informierte Ministerialdirektor von Staden Gesandten Ruth, z. Z. Wien, daß „mehrmals vom Osten die Notwendigkeit der Vereinbarung – um nicht zu sagen Institutionalisierung – bilateraler Kontakte vorgeschlagen" worden sei: „Bilaterale Kontakte am Rande multilateraler Konferenzen sind im allgemeinen normale diplomatische Übung. Die ausdrückliche Forderung nach bilateralen Gesprächen fällt in den östlichen Stellungnahmen auf, da sie den Eindruck einer ausdrücklich gewollten Institutionalisierung dieser Kontakte erweckt. Die Motive hierfür sind nicht klar ersichtlich. Zweck dieser Forderung könnte sein: Aufspaltung oder wenigstens Verwirrung der NATO-Front (unwahrscheinlich, da zu vordergründig); Vorbereitung eines übergeordneten Dialoges mit den USA: unwahrscheinlich, da auf anderem Wege erreichbar und au-

(Der sowjetische Botschafter bat mich, mit ihm am 1. Februar wegen eines baldigen deutsch-sowjetischen Arbeitsessens in Verbindung zu treten.[4])

Demgegenüber beschlossen die NATO-Staaten, ihren Standpunkt auch im Rahmen der bilateralen Verfahrensdiskussionen dadurch zu koordinieren, daß jeder Kontakt in der Ad-hoc-Gruppe angekündigt und jedes Kontaktergebnis dort anschließend eingebracht wird.

6) Die österreichischen Behörden hatten ursprünglich das Konferenzareal, Ausweise und Schilder unter Verwendung der Bezeichnung „MBFR" gekennzeichnet, dies jedoch offenbar auf östlichen Einspruch unmittelbar vor Sitzungsbeginn teilweise wieder rückgängig gemacht. Dementsprechend wurde auch die Abkürzung MBFR auf den Delegationsausweisen der WP-Staaten in letzter Minute schwarz überdruckt.

7) Bei dem Empfang des österreichischen Außenministers nahm ich die Gelegenheit wahr, erste Kontakte mit einigen osteuropäischen Delegationen zu nehmen. Ich sprach außer mit dem sowjetischen Botschafter mit dem polnischen[5], ungarischen[6] und bulgarischen Delegationsleiter sowie mit dem Delegationschef der DDR[7].

II. Die Ergebnisse des 31. Januar sind aus hiesiger Sicht wie folgt zu würdigen:

1) Der überwältigende Erfolg der englischen Sprache (13:6) und die Prominenz der deutschen Sprache (Kirchschläger!) sind als Erfolge der westlichen Seite zu werten, insoweit dadurch die Wahl des englischen Alphabets günstig präjudiziert ist.

2) Wegen Weigerung der WP-Staaten, die Verfahrensdiskussion weiterhin in erster Linie über einen NATO-Sprecher laufen zu lassen und die Meinungsunterschiede bei den NATO-Staaten hinsichtlich der Benennung einer Verhandlungsgruppe (vgl. Delegationsbericht Nr. 4) ist eine Verzögerung der Einigung über die elementaren Verfahrensfragen sowie eine Unterstreichung des bilateralen unterstützenden Elemente nicht auszuschließen.

3) Der Umstand, daß Bulgarien – dem von seiten der NATO nur ein Beobachterstatus zugedacht ist – mit der Rolle des WP-Sprechers beauftragt wurde, deutet darauf hin, daß die Erörterung der Statusfragen der „Flankenmächte" im Mittelpunkt der zu überwindenden Schwierigkeiten stehen wird. Allerdings

---

Fortsetzung Fußnote von Seite 172

ßerdem Forderung an alle übrigen Teilnehmerstaaten gerichtet; Vorbereitung der späteren Forderung nach Abschluß mehrerer bilateraler Abkommen im MBFR-Zusammenhang [...]. Der von östlicher Seite vorgeschlagene Bilateralismus im MBFR-Zusammenhang entspricht nicht unseren Interessen. Es könnte den Anreiz für Einzelgänge schaffen, die letzten Endes zu unseren Lasten gehen würden." Staden bat Ruth, die Eröffnungserklärung der Bundesregierung durch einen Hinweis über die besondere Bedeutung des multilateralen Charakters der vorbereitenden Gespräche zu ergänzen und sowohl in der Ad-hoc-Gruppe der NATO als auch gegenüber den östlichen Delegationen deutlich zu machen, „daß informelle bilaterale Kontakte durchaus nützlich sind. Sie dürfen jedoch nicht stillschweigend ein Instrument der multilateralen MBFR-Explorationen werden oder gar als solches institutionalisiert werden." Vgl. den Drahterlaß Nr. 420; VS-Bd. 9429 (221); B 150, Aktenkopien 1973.

4 Zum Gespräch des Gesandten Ruth mit dem Leiter der sowjetischen MBFR-Delegation, Chlestow, am 1. Februar 1973 in Wien vgl. Dok. 35.

5 Tadeusz Strulak.

6 Endre Ustor.

7 Horst Brie.

gaben weder die bulgarische noch die rumänische Delegation Erklärungen ab, aus denen sich auch nur in Umrissen ihre eigenen Vorstellungen von ihrem Status im MBFR-Rahmen ablesen ließen.

III. Als Anlagen werden die Namen der Delegationsleiter sowie die von der Bundesrepublik Deutschland und der DDR gemeldeten Delegationen übermittelt.[8]

[gez.] Ruth

VS-Bd. 9429 (221)

34

Botschafter von Lilienfeld, Teheran, an das Auswärtige Amt

114-10387/73 VS-vertraulich   **Aufgabe: 1. Februar 1973, 13.30 Uhr**
Fernschreiben Nr. 89   **Ankunft: 1. Februar 1973, 12.22 Uhr**

Bitte auch Bundesminister und Bundeskanzler vorzulegen

Betr.: Iranische Haltung zur Bundesrepublik
        hier: Ostpolitik und DDR

Bezug: Schriftbericht Nr. 38/73 vom 4.1.73[1]

Zur Information

I. 1) Nach einem Diner zog mich der Schah am 15.1. nochmals in ein Gespräch über unsere Ostpolitik, das ähnlich verlief, wie das mit obigem Schriftbericht geschilderte zum Jahresende. Nur klangen dieses Mal bei ihm stärker die alten Sorgen an, daß der Grundvertrag und unsere „Präokkupation" mit der Ostpolitik mit zu einer „Entspannungs-Euphorie" im Westen führen könnten, vor allem nach Beilegung des Vietnam-Konfliktes[2]. Könnte dies nicht die Amerikaner zum allmählichen Rückzug ihrer Truppen aus der BRD und zu einem Disengagement in Europa verleiten – vor allem, falls sie den Eindruck bekom-

---

[8] Dem Vorgang beigefügt. Vgl. VS-Bd. 9429 (221); B 150, Aktenkopien 1973.

[1] Botschafter von Lilienfeld, Teheran, informierte nach Gesprächen mit Schah Reza Pahlevi und Ministerpräsident Hoveyda am 31. Dezember 1972 über die Ankündigung des Iran vom 7. Dezember 1972, diplomatische Beziehungen zur DDR aufzunehmen: „Hauptmotiv war Wunsch, allgemeiner Entwicklung – wie bisher – etwas vorauszueilen und ‚unabhängige Haltung' zu bekunden. [...] Ausschlaggebend war aber auch Überzeugung, unseren Bemühungen um Ausgleich dann nicht mehr zu schaden – um so mehr, als wir Eindruck entstehen ließen, daß Zeitpunkt für uns nicht mehr von Bedeutung sei. Den Anstoß gab Aufnahme der DDR in UNESCO mit unserer Unterstützung und Zulassung Beobachter-Mission der DDR bei den Vereinten Nationen, aber auch sich abzeichnende Anerkennungswelle aus westlichen Ländern." Vgl. Referat 311, Bd. 104733.

[2] Zum Abkommen vom 27. Januar 1973 über die Beendigung des Kriegs und die Wiederherstellung des Friedens in Vietnam vgl. Dok. 21, besonders Anm. 2.

men sollten, daß wir dies selbst wünschten und auf eine Neutralisierung der beiden deutschen Staaten hinsteuerten? Eine solche Entwicklung wäre für uns und ganz Westeuropa äußerst gefährlich, da wir damit unseren Rückhalt bei den USA aufgeben und allein zu schwach sein würden, dem russischen „Sog" auf die Dauer zu widerstehen. Letzteres sei übrigens auch seine große Sorge für die Zukunft seines eigenen Landes. Auch die KSZE enthalte viele Gefahren: Die Russen versuchten offensichtlich, die verschiedenen Mitglieder der NATO untereinander und gegen die Neutralen auszuspielen, die Amerikaner aus Westeuropa zu verdrängen und die europäische Einigung zu torpedieren oder nach ihren eigenen Vorstellungen eines „Gesamteuropa" (Breschnew) zu gestalten. Aber er sei sicher, daß der Bundeskanzler dies alles genau sähe.

Ich wies den Schah darauf hin, daß gerade der Bundeskanzler immer wieder vor Illusionen gewarnt und die Notwendigkeit der Absicherung der Ostpolitik im Bündnis, die Priorität der Europa-Politik sowie die Untrennbarkeit von politischer und militärischer Sicherheit betont habe. Gemäß Ortex Nr. 1 vom 3.1.[3] erwähnte ich das Interview des Ministers im Hessischen Rundfunk.[4] Auch das Vorgehen auf der KSZE sei unter den Neun und in der Allianz genau abgestimmt. Uns seien diese Gefahren durchaus bewußt.

Wir würden dabei auch die Durchführung des Grundvertrages durch die DDR genau beobachten. Die NATO-Länder würden ihre Botschafter erst nach dem Eintreffen unseres Vertreters nach Ostberlin entsenden, um so noch einen gewissen Druck auf die DDR zur Vertragserfüllung ausüben zu können. Der Schah fragte nochmals nach dem Termin hierzu. Ich nannte ihm wiederum Ende März/Anfang April.

2) Unter dem Eindruck dieser etwas bedenklichen Äußerungen des Schah suchte ich ein Gespräch mit Ministerpräsident Hoveyda und gab diesem (sowie dem Außenminister[5]) je einen englischen Text der Regierungserklärung. Ich wies beide auf die darin enthaltene Hervorhebung der Festigung des Bündnisses und der eigenen militärischen Sicherheit, des engen Zusammenhaltes mit den USA und der Einigung Europas hin.[6] Ferner erwähnte ich die Erklärungen des

---

3 Vortragender Legationsrat I. Klasse Dohms teilte den Auslandsvertretungen mit, daß nach der Unterzeichnung des Grundlagenvertrags zwischen der Bundesrepublik und der DDR am 21. Dezember 1972 „hier und da Stimmen der Besorgnis über eine befürchtete Änderung des außenpolitischen Kurses der Bundesregierung" laut würden, die der Bundesrepublik unterstellten, sie könnte nun eine Politik der „Wiedervereinigung gegen Neutralität" betreiben. Dohms fuhr fort: „Wo immer unsere Vertretungen Tendenzen dieser Art feststellen, sollten die Ausführungen des Bundesministers im Hessischen Rundfunk herangezogen werden. Sie umreißen scharf und deutlich die Position der Bundesrepublik und unterstreichen die Einbettung unserer Ostpolitik in die europäische Integration und in das westliche Verteidigungsbündnis in eindrucksvoller Weise." Vgl. Referat 240, Bd. 205.

4 Für den Wortlaut des Interviews des Bundesministers Scheel vom 1. Januar 1973 vgl. BULLETIN 1973, S. 9–12.

5 Abbas Ali Khalatbari

6 Bundeskanzler Brandt führte am 18. Januar 1973 aus: „Was die nordamerikanischen Staaten und Europa angeht, so gilt, daß sie weiterhin gemeinsame Sicherheitsinteressen haben. Sie tragen gemeinsam die Verantwortung für eine internationale Struktur des Friedens in Europa. Die Unterschiedlichkeiten auf diesem Gebiet ergeben sich aus der unumstößlichen Tatsache, daß sich unsere Interessen in erster Linie auf unseren Kontinent konzentrieren, während die amerikanischen Verpflichtungen weltweit sind. [...] Grundlage unserer Sicherheit bleibt die Atlantische Allianz. Sie gibt uns auch den Rückhalt für unsere Politik der Entspannung nach Osten. Die politische und militärische Präsenz der Vereinigten Staaten ist für die Bewahrung eines ausgeglichenen Kräfte-

Bundesministers gegenüber der Rhein-Ruhr-Zeitung[7] und in Paris über die Bedeutung der USA für uns. Auch dem Hofminister[8] schickte ich die Regierungserklärung mit der Bitte, den Schah auf die o. a. Passagen aufmerksam zu machen.

Hoveyda, der soeben sein achtes Jahr als (in der jüngsten Geschichte wohl erfolgreichster) iranischer Ministerpräsident beendet hat, war sehr interessiert an den innenpolitischen Gedanken des Kanzlers, besonders an dem Ausdruck der „neuen Mitte"[9], und lobte die „Ausgewogenheit" der Rede. Er meinte, wir brauchten die amerikanische Präsenz mehr als irgend jemand anders in Europa noch sehr lange. Die eigene (iranische) Erfahrung habe gelehrt, daß man mit den Russen sehr vorsichtig verhandeln müsse und daß diese in der taktischen Anpassung zwar sehr geschickt seien, ihre langfristigen Ziele jedoch nie aus dem Auge ließen. Dies gelte sowohl für den Indischen Ozean und den Persischen Golf wie sicherlich auch für Westeuropa.

II. Gestern ließ mir der Schah noch kurz vor seinem Abflug in die Schweiz durch den Hofminister mitteilen, daß der Iran mit der Entsendung eines Botschafters nach Ostberlin warten werde, bis unser Vertreter dort eingetroffen sei. Er hoffe, damit dem Zusammenhalt der freien Welt einen Dienst zu erweisen.

[gez.] Lilienfeld

VS-Bd. 10008 (311)

Fortsetzung Fußnote von Seite 175

verhältnisses in Europa unerläßlich. Die Bundesregierung wird gleichzeitig dafür wirken, daß der europäische Pfeiler des Bündnisses stärker wird; die ‚Euro-Gruppe' ist dafür der realistische Ausgangspunkt. Die Freiheit, an Entspannung und Ausgleich mitzuwirken, wird uns nicht geschenkt. Wehrpflicht, Verteidigungshaushalt und Zivilverteidigung betrachten wir nicht nur als Notwendigkeiten, sondern als sinnvollen Dienst für die freie Gemeinschaft unserer Bürger; er hilft unserer Friedensarbeit. Präsenz und Kampfkraft der Bundeswehr müssen erhalten bleiben." Vgl. BT STENOGRAPHISCHE BERICHTE, Bd. 81, S. 122 f.

[7] Bundesminister Scheel äußerte in einem Interview mit der „Neuen Rhein Zeitung" am 19. Januar 1973: „Die USA sind und bleiben der wichtigste Verbündete der Bundesrepublik Deutschland, und die USA sind und werden sein der wichtigste Verbündete der Europäischen Gemeinschaft." Auf die Frage nach der Qualität der amerikanischen Beziehungen zu Europa erklärte Scheel: „Es ist ein zweifaches Verhältnis. Es wächst das Verhältnis zu den USA aus den parallelen bilateralen Beziehungen der europäischen Länder zu den USA jetzt hinein in ein Verhältnis der USA zu Europa und hier im engeren Sinne zur Europäischen Gemeinschaft." Insgesamt komme es darauf an, daß „wir unser Verhältnis zu den USA ‚in allen Bereichen stärken und immer pflegen'". Vgl. den Artikel „Scheel: USA bleiben unser Partner Nr. 1"; Ministerbüro, Bd. 571.

[8] Assadollah Alam.

[9] In der Regierungserklärung vom 18. Januar 1973 bemerkte Bundeskanzler Brandt: „Seit der Zeit der Gewaltherrschaft hat sich ein gewandelter Bürgertypus gebildet, der seine Freiheit auch im Geflecht der sozialen und wirtschaftlichen Abhängigkeiten behaupten will. In diesem Prozeß, der in die Tiefen unserer sozialen Existenz reicht, sammelt sich, neben anderem, die produktive Unruhe aus den Reihen der Jungen und die Einsicht der Älteren. Ihr politischer Wille strömt ein in das, was sich uns als die neue Mitte darstellt: die soziale und die liberale Mitte." Vgl. BT STENOGRAPHISCHE BERICHTE, Bd. 81, S. 133.

35

Gesandter Ruth, z. Z. Wien, an das Auswärtige Amt

114-10405/73 VS-vertraulich   Aufgabe: 1. Februar 1973, 19.00 Uhr
Fernschreiben Nr. 41
Cito

Delegationsbericht Nr. 10

Betr.: MBFR-Explorationen in Wien;
      hier: sowjetische Verfahrensvorstellungen

I. 1) Der sowjetische Delegationsleiter, Professor Oleg N. Chlestow (Leiter der Rechtsabteilung im sowjetischen Außenministerium) begann seine bilateralen Sondierungen über einen möglichen Kompromiß zwischen den westlichen und östlichen Verfahrensvorstellungen[1] mit einem Lunch am 1. Februar, zu dem er seinen Vertreter Kwizinskij, VLR Hofmann und mich einlud. Das Gespräch fand in gelockerter und freundlicher Atmosphäre statt.

Professor Chlestow charakterisierte die bekannte formelle sowjetische Präferenz (gleichberechtigte Teilnahme aller interessierten europäischen Staaten)[2], deutete aber dann die Bereitschaft zu folgendem Kompromiß an:

a) Sitzordnung (alle Teilnehmer am gleichen Tisch) nach beliebigem Alphabet.

b) Gleichzeitige Zulassung der NATO-Flankenstaaten, Bulgariens und Rumäniens mit besonderem Status (etwa Beobachterstatus), der sie jederzeit und ohne Einladung berechtigt, Erklärungen abzugeben, die ihres Erachtens im Zusammenhang mit ihrem besonderen Interesse stehen.

c) Wechsel des Vorsitzes in alphabetischer Reihenfolge unter Einschluß der „Beobachter".

d) Verzicht auf Ausweitung des Teilnehmerkreises auf weitere neutrale bzw. ungebundene Staaten.

Als besonderen Punkt führte der sowjetische Gesprächspartner den Status Ungarns an. Er stellte die Beteiligung Ungarns als direkt beteiligten Staat in Frage und gab einer Präferenz für einen Beobachterstatus Ausdruck. Dies entspreche seines Wissens auch der ungarischen Präferenz.

Zur Begründung seiner oben skizzierten Vorschläge führte Professor Chlestow aus:

– Die Sowjetunion müsse die psychologische Situation ihrer Verbündeten an den Flanken berücksichtigen. Dies könne durch die Zuerkennung des Rechts auf Chairmanship geschehen, ohne daß deswegen ein besonderer Verfahrensstatus dieser Staaten entfallen müsse. Denn die für den Chairman vorgesehene Rolle sei nach beiderseitiger Auffassung äußerst begrenzt.

---

[1] Zum Stand der Erörterung über Verfahrensfragen hinsichtlich der MBFR-Explorationsgespräche vgl. Dok. 27.
[2] Vgl. dazu die sowjetische Note vom 18. Januar 1973; Dok. 12.

– Da z. B. Italien offensichtlich nicht die Absicht habe, sich an Reduzierungsvereinbarungen zu beteiligen, müßten auch Mitglieder des Warschauer Paktes, z. B. Ungarn, das Recht haben, auf eine volle Beteiligung zu verzichten,
denn es sei unvermeidlich, daß die Entscheidung über die volle Teilnahme
an den Explorationen die spätere Teilnahme an Reduzierungsvereinbarungen präjudiziere.

– Professor Chlestow betonte die Unmöglichkeit, eine Sitzordnung „Allianz zu
Allianz" zu akzeptieren, zumal sich die Sowjetunion mehrfach öffentlich gegen einen Block-zu-Block-approach ausgesprochen habe. Er bitte uns, die Situation der Sowjetunion in dieser Frage nicht unnötig zu erschweren. Dies
bedeute nicht, „daß er die Realitäten in Europa verkenne".

– Die sowjetische Delegation sei daran interessiert, möglichst bald einen Kompromiß zu erzielen, um die Einberufung der nächsten Plenarsitzung bald zu
ermöglichen, er jedenfalls werde in diesem Geiste seine bilaterale Konsulta-
tionsrunde führen, die durch das Gespräch mit uns eingeleitet worden sei.

2) Ich stellte unsere Position zu diesen Fragen auf der Basis des Sprechzettels
dar, über den in der heutigen (1. Februar) NATO-Ad-hoc-Gruppensitzung Einigung erzielt worden war.

Dieser Sprechzettel folgt im Wortlaut:

„For both military and geographical reasons the following 12 states should be
direct participants:

Czechoslovakia; GDR; Hungary; Poland; USSR.

Belgium; Canada; Germany, Federal Republic of; Luxembourg; Netherlands;
UK; USA.

These states are participating directly because they have forces or territories in
Central Europe, on which the negotiations will focus. The following 7 states
should be participants with a special status:

Bulgaria; Romania.

Denmark; Greece; Italy; Norway; Turkey.

These states have a special status because they are allies of the direct participants with a special geographical and military relationship to them.

The participants with a special status will not be parties to force reductions
agreements reached in the negotiations and accordingly will not take part directly in decisions reached during the talks.[3] They will have the right to circu-

---

[3] Am 2. Februar 1973 informierte Ministerialdirektor von Staden Gesandten Ruth, z. Z. Wien, darüber, daß hinsichtlich dieses Satzes noch Unklarheit bestehe: „Wir nehmen an, daß diese Formulierung auf besonderen Wunsch der Flankenstaaten gewählt wurde. Obwohl diese Formulierung
die Nicht-Beteiligung an Reduzierungen nicht als Voraussetzung, sondern als Folge eines besonderen Status darstellt, würden wir es vorziehen, wenn auch in diesem Papier eine Bezugnahme auf
,force reduction' im Zusammenhang mit dem Statusproblem unterbleiben könnte. Wir begründen
diesen Wunsch damit, daß jede Verbindung des Statusproblems mit Substanzfragen, im besonderen aber mit der Reduzierungsfrage, eine Diskussion herausfordert, die wir vermeiden müssen.
Wir müssen aber im Auge behalten, daß die Statusfrage der Teilnehmer bei Verhandlungen durch
eine Reihe anderer Kriterien beeinflußt wird, z. B. ,constraints'. Wir würden es begrüßen, wenn die
Flankenstaaten folgender Formulierung zustimmen könnten: ,The participants with a special status will not take part directly in decisions reached during the talks'." Vgl. den Drahterlaß Nr. 244;
VS-Bd. 9429 (221); B 150, Aktenkopien 1973.

late papers and to speak on issues of direct concern to them upon the invitation of any direct participant. The participants with a special status will attend meetings on a rotating basis to be agreed. They would sit separately or with their groups, chairmanship would either rotate among the direct participants or alternate between the groups."

II. 1) In der Arbeitsgruppe besteht Übereinstimmung darüber, daß es notwendig sein werde, in der Frage der Rotation flexibler zu taktieren und als Rückfallposition die Teilnahme aller Staaten mit besonderem Status an den Explorationen, d.h. unter Verzicht der Rotation, zu akzeptieren. Dieser Auffassung stimmte auch der amerikanische Delegationsleiter zu.

Des weiteren wird die Auffassung allgemein geteilt, daß eine Sitzordnung nach dem Alphabet akzeptiert werden könne, falls sich – was für wahrscheinlich gehalten wird – eine Sitzordnung nach Allianzen nicht durchsetzen läßt.

Allgemein wird auch die Auffassung vertreten, daß der besondere Status der Flankenstaaten auf beiden Seiten aufrechterhalten werden muß und daß keine weiteren Staaten hinzutreten sollen.

2) Verfahren

Die NATO-Delegationen beabsichtigen, in den nächsten zwei bis drei Tagen die unter I. 2) wiedergegebene Position zu vertreten: Danach sollen die Ergebnisse der multiplen bilateralen Konsultationen analysiert und ein multilateraler Schritt eingeleitet werden. Dabei wird zu prüfen sein, ob ein Entgegenkommen in Richtung auf die skizzierten Rückfallpositionen Aussicht auf Erzielung eines Kompromisses hat. Es ist ins Auge gefaßt, den nächsten multilateralen Schritt danach durch den holländischen Delegierten[4] im Auftrag der NATO-Staaten, evtl. wieder in Begleitung des amerikanischen Delegierten Dean, ausführen zu lassen.

3) In der von Professor Chlestow dargestellten sowjetischen Position liegen aus hiesiger Sicht folgende Schwierigkeiten:

a) Eine Beteiligungsregelung, die vom NATO-Modell der Beteiligung der Flankenstaaten abweicht, könnte den in der NATO erzielten Kompromiß in Frage stellen (Portugal[5]).

b) Mit einem Ausschluß Ungarns aus dem Kreis der direkt Beteiligten wären mit Sicherheit die Beneluxstaaten nicht einverstanden.[6]

---

4 Bryan Quarles van Ufford.
5 Am 3. Februar 1973 teilte Gesandter Ruth, z.Z. Wien, mit, daß der portugiesische Vertreter in der NATO-Ad-hoc-Gruppe MBFR, Brage Conde, die Möglichkeit einer Teilnahme Portugals an MBFR sondiert habe: „Er räumte ein, daß die portugiesische Haltung bis vor kurzem eindeutig gewesen sei: Portugal habe sich von MBFR nicht betroffen gefühlt. Neuerdings ziehe die portugiesische Regierung wenigstens einen Beobachterstatus in Betracht, zumal in der Ad-hoc-Gruppe im Anschluß an die bilateralen Konsultationen deutlich geworden sei, daß der sowjetische Vorschlag, allen 19 in Wien anwesenden MBFR-Delegationen ‚full and equal status' zuzuerkennen, noch aufrechterhalten werde." Vgl. den Drahtbericht Nr. 51; VS-Bd. 9081 (212); B 150, Aktenkopien 1973.
6 Botschafter Roth bemerkte am 9. Februar 1973, in den letzten Tagen hätten „die niederländische und die belgische Delegation sowohl innerhalb der westlichen Ad-hoc-Gruppe als auch in Gesprächen mit der sowjetischen Delegation eindeutig klargestellt, daß ein besonderer Status für Ungarn für beide Regierungen die Mitwirkung an MBFR in Frage stellen würde. Der Leiter der belgischen Delegation hat in der Ad-hoc-Gruppe auf Weisung seiner Regierung mitgeteilt, daß die belgische Delegation nicht bereit sei, an einer Plenarsitzung der Explorationen teilzunehmen, wenn Ungarn daran nicht als Vollmitglied beteiligt sei." Vgl. VS-Bd. 9428 (221); B 150, Aktenkopien 1973.

c) Es müßte damit gerechnet werden, daß die für die Verhandlungen vorgesehene Diskussion über den geographischen Geltungsbereich von Reduzierungsvereinbarungen schon in dieser Vorphase der Explorationen eingeleitet würde.

4 a) In dem Gespräch mit Professor Chlestow ist der Eindruck entstanden, daß mit dem Aufwerfen des Statusproblems für Ungarn vor allem eine taktische Maximalposition für die Vorgespräche bezogen werden sollte und daß dieser Punkt für die Sowjetunion nicht unverzichtbar wäre. Es ist vorstellbar, daß aus sowjetischer Sicht eine Einigung auf folgender Basis für möglich gehalten wird:

– ständige Beteiligung aller Flankenstaaten und damit Verzicht auf das Prinzip der Rotation;

– Sitzordnung nach dem Alphabet und Zuerkennung des Rechts auf Chairmanship der Flankenstaaten;

– ausdrückliche Beibehaltung des besonderen Status für die Flankenstaaten.

b) Für den Fall, daß diese Beurteilung zutrifft und unter der Voraussetzung der Annehmbarkeit der unter II 1) genannten Rückfallpositionen wäre noch zu klären, ob dem Gedanken zugestimmt werden könnte, den Staaten mit besonderem Status das Recht auf Chairmanship einzuräumen. Wir werden versuchen, zu diesem Punkt auf der Sitzung der NATO-Ad-hoc-Gruppe MBFR am 2. Februar eine erste Reaktion zu erhalten, erwarten hierzu aber den Widerstand der Mehrheit und insbesondere der Amerikaner.[7]

III. Es wird um Weisung gebeten:

1) ob wir den unter II 1) genannten Position zustimmen können,

2) ob wir ggfs. einem Vorsitz auch der Flankenstaaten zustimmen könnten unter der Voraussetzung, daß ausdrücklich festgestellt wird, daß damit die Besonderheit der Beteiligung dieser Staaten an den Explorationen nicht berührt wird.

Wir gehen davon aus, daß wegen der geographischen Lage Ungarns, der dortigen Stationierung sowjetischer Streitkräfte sowie der Reaktion der Belgier und Holländer auf Einbeziehung Ungarns in den Kreis der direkt betroffenen Staaten bestanden wird.[8]

[gez.] Ruth

VS-Bd. 9108 (214)

---

[7] Zur Sitzung der NATO-Ad-hoc-Gruppe MBFR am 2. Februar 1973 vgl. Dok. 36.

[8] Am 2. Februar 1973 teilte Ministerialdirektor von Staden Gesandtem Ruth, z. Z. Wien, mit: „1) Wir würden es vorziehen, wenn alle Teilnehmer an den Explorationen in Wien gleichberechtigt auftreten würden (equal status for all). In dieser Auffassung werden wir durch die im Bezugsbericht geschilderte Problematik, insbesondere hinsichtlich der möglichen Haltung Ungarns, bestärkt. Da wir für diese Lösung zur Zeit unter unseren Alliierten keine Mehrheit finden, wollen wir jedoch nicht insistieren. Unsere Präferenz soll aber in der Ad-hoc-Gruppe vorgebracht werden, um ‚on the record' zu sein. 2) Nachdem dort offenbar keine Möglichkeit gesehen wird, die offiziellen Explorationen unter Ausklammerung der Statusfrage durchzuführen, müssen wir darauf bestehen, daß solange keine offizielle Plenarsitzung stattfindet, bis die Statusfrage geklärt ist. 3) Wir sind einverstanden, daß weiter versucht wird, eine befriedigende Formel für die Frage der Teilnehmer auf der Basis der westlichen Noten vom 15. November 1972 zu finden. Das Rotationsprinzip für die Flankenstaaten ist für uns nicht entscheidend. Dabei könnten wir bestimmten Wünschen dieser

36

Gesandter Ruth, z. Z. Wien, an das Auswärtige Amt

114-10433/73 VS-vertraulich   Aufgabe: 2. Februar 1973, 19.15 Uhr[1]
Fernschreiben Nr. 45   Ankunft: 2. Februar 1973, 20.09 Uhr
Cito

Delegationsbericht Nr. 12

Betr.: MBFR-Konsultationen in Wien;
       hier: bilaterale Verfahrenskonsultationen

I. Wie sich in Sitzung der NATO-Ad-hoc-Gruppe MBFR am 2. Februar ergab, haben am 1. Februar fast ausschließlich auf östliche Initiative hin 17 bilaterale Ost-West-Gespräche über Verfahrensfragen von MBFR in Wien stattgefunden. Am aktivsten zeigte sich dabei noch vor der Sowjetunion die rumänische Delegation, die im Verlaufe von zwei Tagen getrennt mit sämtlichen anwesenden NATO-Delegationen zu konsultieren beabsichtigt. (Lunch der Rumänen mit deutscher Delegation fand heute statt.)

Die DDR-Delegation führte lediglich ein Gespräch (mit Norwegen, nicht wie ursprünglich mitgeteilt, mit Dänemark).

II. Die Auswertung der Gesprächsergebnisse ergab auf östlicher Seite drei unterschiedliche Positionen:

1 a) Die Sowjetunion und die übrigen WP-Staaten außer Rumänien und der DDR schlagen ein Explorationsverfahren im Rahmen derjenigen Vorschläge vor, über die nach dem deutsch-sowjetischen Gespräch am 1. Februar mit Delegationsbericht Nr. 10[2] berichtet wurde. Danach wird von dieser Staatengruppe offenbar ein Kompromiß wie folgt vorgesehen:

— alphabetische Sitzordnung für alle Teilnehmer am gleichen Tisch,

— keine Ausweitung der Teilnahme auf neutrale Staaten, sofern die NATO-Staaten in anderer Hinsicht einlenken[3],

— Akzeptierung eines besonderen Status für bestimmte Teilnehmer, sofern diese ein Recht auf Worterteilung und Berücksichtigung bei der Rotation des Vorsitzes haben,

---

Fortsetzung Fußnote von Seite 180

    Staaten entgegenkommen, z. B. in der Frage ‚Chairmanship', oder notfalls ganz verzichten. Die Begrenzung der Befugnisse der Flankenstaaten (participants with special status) muß in einer Weise begründet werden, die ausschließt, daß damit Substanzfragen präjudiziert werden. [...] 4) Jede auf dieser Basis in Wien ausgehandelte Formel bedarf der Billigung durch die Regierungen, bevor sie offiziell in Kraft gesetzt wird." Vgl. den Drahterlaß Nr. 244; VS-Bd. 9429 (221); B 150, Aktenkopien 1973.

1 Hat Vortragendem Legationsrat I. Klasse Freiherr von Groll am 6. Februar 1973 vorgelegen.
  Hat Vortragendem Legationsrat Hillger am 7. Februar 1973 vorgelegen.
2 Vgl. Dok. 35.
3 Der Passus „keine Ausweitung ... Hinsicht einlenken" wurde von Vortragendem Legationsrat I. Klasse Freiherr von Groll hervorgehoben. Dazu vermerkte er handschriftlich: „Gut".

– Einordnung Ungarns unter die Staaten mit besonderem Status (sowjetische und ungarische Position).

1 b) In diesem Zusammenhang sind folgende Gesprächsnuancen bemerkenswert:

Ungarn:

Der stellvertretende sowjetische Delegationsleiter Kwizinskij begründete die Ablehnung der Einbeziehung Ungarns damit, daß es eine „strategische Bedeutung par excellence besitzt, solange sich fremde Truppen im Mittelmeerraum befinden".[4] Britisch-ungarische und belgisch-ungarische Gespräche ergaben indessen, daß der Vorschlag eines Sonderstatus für Ungarn nicht in Budapest konzipiert worden sein dürfte. Der ungarische Chefdelegierte[5] räumte ein, daß die Modifizierung der ungarischen Position erst „nach dem 24. Januar"[6] eingetreten sei. Er deutete erneut an, daß sich Ungarn und Italien in einer vergleichbaren Lage befänden.

Der stellvertretende belgische Delegationsleiter Willot berichtete, daß er seinem sowjetischen Kollegen unverblümt erklärt habe, daß die Nichteinbeziehung Ungarns zu einem Scheitern des gesamten MBFR-Vorhabens führen könne, da die Beteiligung Belgiens davon abhänge, die ihrerseits Voraussetzung der Bereitschaft der Bundesrepublik Deutschland sei, in MBFR-Vereinbarungen einbezogen zu werden. Die taktische Handhabung der Ungarnfrage habe er dem sowjetischen Gesprächspartner gegenüber als eine „sledge hammer method" bezeichnet.

Vorsitz:

Der belgischen Delegation wurde von sowjetischer Seite angedeutet, daß man sich auf eine Regelung einigen könne, wonach die Flankenstaaten zwar zum Vorsitz berechtigt wären, sich aber in einem Gentlemen's Agreement dazu verpflichteten, ihn nicht zu beanspruchen.

Special Status:

Die bulgarische Delegation vermittelte den Eindruck, daß sie sich mit einem Sonderstatus bescheiden werde, eventuell sogar, falls die „special participants" getrennt von den Vollmitgliedern Platz zu nehmen hätten (Gespräch mit niederländischem Botschafter[7]).

2) DDR:

In seinem Gespräch mit der norwegischen Delegation vertrat Botschafter Brie die Ansicht, daß alle europäischen Staaten das Recht zur Teilnahme an MBFR hätten und der Vorsitz der Explorationsgespräche einem neutralen Staat an-

---

[4] Die Wörter „Ungarns", „strategische Bedeutung par excellence" und „solange sich fremde Truppen im Mittelmeerraum" wurden von Vortragendem Legationsrat I. Klasse Freiherr von Groll hervorgehoben. Dazu vermerkte er handschriftlich: „Wie das? Durchmarsch gen Jugoslawien und zur Küste?"

[5] Endre Ustor.

[6] Am 24. Januar 1973 übermittelten die Bundesrepublik, Belgien, Großbritannien, Kanada, Luxemburg, die Niederlande und die USA inhaltsgleiche Noten an die ČSSR, die DDR, Polen, die UdSSR und Ungarn, in denen u. a. zum Teilnehmerkreis an MBFR-Verhandlungen Stellung genommen wurde. Vgl. dazu Dok. 12, Anm. 14.

[7] Bryan Quarles van Ufford.

geboten werden solle. Diese isolierte, vom übrigen Gesprächsstand weit überholte Position entspricht einer Beobachtung, wonach die DDR-Delegation auch im Kreise der WP-Staaten Kontaktschwierigkeiten hat.

3) Rumänien:

a) Die rumänische Delegation vertrat zwar gegenüber allen NATO-Partnern den Standpunkt, daß „Helsinki" sich für die Erörterung echter militärischer Sicherheitsfragen als ungeeignet erweisen werde, so daß „Wien" dafür sozusagen automatisch „zuständig" geworden sei. Sie gab jedoch bereits zu erkennen, daß sie ihrer Regierung empfehlen wird, künftig weder auf einer Ausweitung des Teilnehmerkreises von MBFR noch auf einer Vollmitgliedschaft Rumäniens bei den Explorationen zu bestehen.

Unverzichtbar dürfte hingegen die rumänische Forderung sein, an den Explorationen in einer Weise teilzunehmen, die das Gesicht der rumänischen Regierung und „die Würde" eines souveränen Staates wahrt. Nach Meinung der westlichen Gesprächspartner dürfte darunter ein Beobachterstatus[8] zu verstehen sein, der mit einem Platz am Verhandlungstisch, alphabetischer Einordnung, dem Recht auf Worterteilung und evtl. auch Anspruch auf Vorsitz im Rotationsverfahren verbunden ist.

b) Bei einem Lunch mit der rumänischen Delegation versuchte ich, die für Rumänien vorgesehene Beteiligung nicht als eine Diskriminierung, sondern als ein Privileg darzustellen. Die Auswahl der „direct participants" erfolge nicht aufgrund völkerrechtlicher Kriterien, sondern aufgrund der geographischen Lage. Ich bat Botschafter Constantinescu, nochmals zu überprüfen, ob ein Beharren auf stärkerer Einbeziehung Rumäniens derzeit wirklich im Interesse seines Landes stehe. Ich gab insbesondere zu bedenken, daß der rumänische Wunsch auf künftige Verhandlungen über andere Maßnahmen aus dem Bereich der Rüstungskontrolle sowie zusätzlicher Sicherheitsmaßnahmen für Europa um so aussichtsreicher sei, wenn es gelinge, MBFR bezogen auf Mitteleuropa zu einem Erfolg zu führen. Die rumänischen Bemühungen um eine Ausweitung des MBFR-Teilnehmerkreises wirkten daher contra producentem.

c) Die rumänischen Delegierten und andere Delegierte von Mitgliedern des WP zeigten sich von der Geschlossenheit und Loyalität beeindruckt, mit denen ihnen die NATO-Partner ihre Position dargelegt haben.

III. Weiteres Verfahren: Die Ad-hoc-Gruppe stimmt in der Beurteilung überein, daß der Sowjetunion an einer baldigen zweiten Plenarsitzung gelegen ist. Diese gab inzwischen zu erkennen, daß sie zur Aufnahme eines Signals für den Übergang vom bilateralen Verfahren in ein multilaterales Stadium bereit sei. Ich fragte bei einem zufälligen Treffen den sowjetischen Chefdelegierten[9], ob er eventuell einem neuen Schritt des niederländischen Botschafters im Auf-

---

8 Der Passus „‚die Würde' eines souveränen Staates wahrt" und das Wort „Beobachterstatus" wurden von Vortragendem Legationsrat I. Klasse Freiherr von Groll hervorgehoben. Dazu vermerkte er handschriftlich: „Oh je! Status!"
9 Oleg Nikolajewitsch Chlestow.

trag der westlichen Delegationen zustimmen könne. Er antwortete, daß er dies
weder ausschließen noch zusagen wolle.

Die NATO-Staaten müssen nach Ansicht der westlichen Delegationen darauf
bestehen, daß es vor der nächsten Plenarsitzung zu einer unzweideutigen Einigung über das Verfahren der Explorationen gekommen ist. In morgiger Ad-hoc-
Gruppensitzung soll dafür eine Empfehlung für einen Kompromißvorschlag erarbeitet werden, auf dessen Grundlage Weisungen eingeholt werden.[10] In einer
Dreiersitzung zwischen Dean, Thomson und mir haben wir heute abend das
Vorgehen auf der Ad-hoc-Gruppensitzung am 3. Februar vorbesprochen.

[gez.] Ruth

VS-Bd. 9081 (212)

---

[10] Gesandter Ruth, z.Z. Wien, bat am 3. Februar 1973 um Weisung, ob die von der NATO-Ad-hoc-
Gruppe MBFR auf ihrer Sitzung vom selben Tag entwickelte Rückfallposition zum westlichen Verfahrensvorschlag zur Grundlage der weiteren Gespräche genommen werden könne: „1) The following
twelve states will be direct participants in the exploratory talks relating to Central Europe: Belgium;
Canada; Czechoslovakia; GDR; Germany, Federal Republic of; Hungary; Luxembourg; Netherlands; Poland; USSR; UK; USA. 2) The following seven states will participate with a special status
in these exploratory talks: Bulgaria; Denmark; Greece; Italy; Norway; Rumania; Turkey. 3) Decisions in the exploratory talks will be by consensus among the direct participants. 4) The chairmanship will rotate on an alphabetical basis, according to the English alphabet, among the direct
participants. The chairman will call meetings to order, recognize speakers, and adjourn meetings.
5) Participants will be seated on an alphabetical basis, according to the English alphabet. 6) All
participants will have the right [to] circulate papers. 7) Special participants will have the right to
speak on those aspects which directly concern them of the subject matter of the talks. 8) The official languages will be English, French, German and Russian." Dazu führte er aus: „Die [...] Rückfallposition weicht von der offiziellen NATO-Position nur in Ziff[ern] 4, 5 und 7 ab. Das damit verbundene Einlenken käme vor allem den Flankenstaaten zugute, deren Rolle über den in der NATO
vereinbarten Kompromiß hinaus aufgewertet würde. Die Annahme dieser Rückfallposition wird
von allen Mitgliedern der Ad-hoc-Gruppe empfohlen. [...] Aus hiesiger Sicht kann die Rückfallposition empfohlen werden. Da davon auszugehen ist, daß sich die östliche Seite unter keinen Umständen mit einem ‚seating by alliances' einverstanden erklären wird, dürfte auch eine Veränderung des vorgesehenen Spezialstatus der Flankenstaaten unvermeidlich sein. Schließlich ist durch
Nachgeben auf diesem Gebiet auch zu erwarten, daß dem rumänischen Interesse an ‚face saving'
am ehesten Rechnung getragen werden kann." Vgl. den Delegationsbericht Nr. 14; VS-Bd. 9429
(221); B 150, Aktenkopien 1973.

37

Gesandter Ruth, z. Z. Wien, an das Auswärtige Amt

114-10478/73 geheim	Aufgabe: 6. Februar 1973, 21.00 Uhr[1]
Fernschreiben Nr. 47	Ankunft: 7. Februar 1973, 02.00 Uhr
Citissime	

Delegationsbericht Nr. 20

Im Anschluß an Delegationsbericht Nr. 14 vom 3.2., Tgb.-Nr. 29/73[2] und auf Nr. 457 Plurex vom 5.2., AZ: 221-372.20/20-60I/73 geh.[3]

Betr.: MBFR-Explorationen in Wien;
     hier: Überreichung der westlichen Verfahrensvorschläge

Zur Unterrichtung

I. 1) Nachdem die Zustimmung der Mitgliedstaaten der MBFR-Ad-hoc-Gruppe außer Portugals zu der mit Bezugsbericht übermittelten Rückfallposition vorlagen, übergab der Verhandlungsführer der NATO-Staaten, Botschafter Quarles, am 6. Februar in Begleitung seines amerikanischen Kollegen[4] dem sowjetischen Delegationsleiter einen in der Ad-hoc-Gruppe abgestimmten Verfahrensentwurf, der die bisher vertretenen Maximalpositionen der NATO enthielt. Im Verlaufe einer vierstündigen Verhandlung erhielt dieses Papier die unter IV. übermittelte Form. Die darin vorkommenden eckigen Klammern[5] wurden auf Wunsch der sowjetischen Seite aufgenommen. Soweit zwei eckige Klammern einander folgen, stellt die erste Alternative die NATO-Position dar.

Die beiden Verhandlungsführer der NATO gaben zu erkennen, daß ein gewisses Einlenken hinsichtlich mancher der von den Sowjets in eckige Klammern gesetzten Stellen denkbar sei, sofern die Gesamtlösung des Verfahrensproblems befriedige.

---

1 Hat Vortragendem Legationsrat I. Klasse Freiherr von Groll am 7. Februar 1973 vorgelegen.
2 Zum Drahtbericht des Gesandten Ruth, z. Z. Wien, vgl. Dok. 36, Anm. 10.
3 Ministerialdirektor von Staden stimmte der von der NATO-Ad-hoc-Gruppe MBFR am 3. Februar 1973 erarbeiteten und von Gesandtem Ruth, z. Z. Wien, am selben Tag übermittelten Rückfallposition grundsätzlich zu und betonte dabei, die Grundlage für die Verfahrensregelungen bei den MBFR-Explorationsgesprächen müsse sein: „Sie dürfen keine Präjudizierung in Substanzfragen für eine spätere Verhandlungsrunde darstellen; eine Differenzierung des Status der Teilnehmer an MBFR-Explorationen kann nur nach dem regionalen Kriterium – geographische Zugehörigkeit zu Mitteleuropa – erfolgen; es darf keine formelle Plenarsitzung stattfinden, bevor nicht die uneingeschränkte Teilnahme Ungarns als Vollmitglied gewährleistet ist". Zur Frage der Teilnahme Ungarns führte Staden weiter aus: „Die Stellung Ungarns darf unserer Ansicht nach nicht zu einem Handelsobjekt gemacht werden, d. h., wir sollten uns nicht darauf einlassen, durch Zugeständnisse auf anderen Gebieten die volle Teilnahme Ungarns einzutauschen. Für uns ist die Stellung Ungarns in den Explorationen und späteren Verhandlungen ein Kernpunkt der gegenwärtigen Gespräche. Wir müssen uns daher darauf berufen, daß Ungarn zu den Staaten gehört, die wir am 15. November 1972 zur Teilnahme an den MBFR-Explorationen als volle Gesprächspartner aufgrund ihrer geographischen Zugehörigkeit zu Mitteleuropa eingeladen haben. Diese Einladung wurde ohne Vorbehalt und in Kenntnis der von uns für die westlichen Flankenstaaten vorgesehenen Regelung angenommen und wird von uns daher als verbindlich betrachtet." Vgl. VS-Bd. 9429 (221); B 150, Aktenkopien 1973.
4 Jonathan Dean.
5 Im Abdruck durch spitze Klammern wiedergegeben.

2) Der Gesprächsverlauf ergab, daß die Sowjets nicht länger auf einer Ausweitung des Teilnehmerkreises auf neutrale Staaten bestehen dürften. (Diese Frage wurde von ihnen überhaupt nicht erwähnt.) Die Sowjets stellten auch das Prinzip der Aufteilung der Teilnehmer in zwei Kategorien nicht in Frage und erhoben keine nachdrücklichen Einwendungen mehr gegen die Einordnung Rumäniens in die Kategorie der „Beobachter".

Hingegen vertraten Botschafter Chlestow und sein Vertreter Timerbajew nachdrücklichst den Standpunkt, daß Ungarn nicht zum Kreise der Vollteilnehmer gehöre. Sie stützten diese Ansicht nicht auf strategische oder sonstige Substanzerwägungen, sondern behaupteten lediglich, hinsichtlich Ungarns sei es bisher zu keinem Konsens zwischen der NATO und dem Warschauer Pakt gekommen. Aus dem Schweigen zu den Vorschlägen in den NATO-Noten[6] könne nicht auf Zustimmung geschlossen werden. Die sowjetischen Gesprächspartner boten schließlich die Alternative eines Ausschlusses von Ungarn oder seines Einschlusses unter gleichzeitiger Beteiligung von Norwegen, Dänemark und Italien als Vollteilnehmer an.

Die westlichen Verhandlungspartner hielten an der Ansicht der NATO fest, daß die Vollbeteiligung Ungarns an den Explorationen aufgrund des Notenwechsels zu einer Geschäftsgrundlage geworden sei. Die Nicht-Präjudizierung durch volle Teilnahme an den Explorationen könne durch eine Disclaimer-Formel in Anlehnung an die Formulierung der NATO-Noten vom 15.11. und 24.1.[7] nochmals hervorgehoben werden. Der niederländische Botschafter wies darauf hin, daß die ungarische Delegation selbst ihren Wunsch, nur Beobachter zu sein, alles andere als klargemacht habe. Er ließ keinen Zweifel daran, daß der Ausschluß Ungarns von der vollen Teilnahme eine Überprüfung der Haltung der Niederlande zu MBFR überhaupt auslösen könnte.

3) Gegen Ende des Gesprächs entwickelte Timerbajew den unter V. übermittelten Verfahrensvorschlag als ein informelles persönliches Papier. Diese Regelung liefe darauf hinaus, die exploratorischen Gespräche über MBFR mit einem vorläufigen Verfahren zu beginnen, das der Regelung eines endgültigen Verfahrens, vor allem zur Lösung der ungarischen Statusfrage, dienen würde. Wie sich aus Ziffer 2 dieses Vorschlags ergibt, sollte dieses vorläufige Verfahren zunächst für etwa vier Wochen gelten. Der erste Vorsitz – der im übrigen alphabetisch rotieren sollte – würde danach der Sowjetunion zufallen. Nach außen sollte dies als eine (in einem Gentlemen's Agreement vereinbarte) Losentscheidung (!) dargestellt werden.

II. 1) In der MBFR-Ad-hoc-Gruppe herrscht die Meinung vor, daß die Sowjetunion die Ungarnfrage unter Vernachlässigung der Rumänienfrage nach wie vor vor allem aus taktischen Gesichtspunkten hochspielt. Unabhängig von den wahren Motiven der Sowjetunion sollten die NATO-Staaten nach Ansicht aller Sprecher der Gruppe jedenfalls auf der Einbeziehung Ungarns als Vollteilnehmer bestehen, da eine Lösung des Ungarnproblems nach Entwicklung der Dinge vor Ende der Explorationen unvermeidbar geworden ist, im jetzigen Stadi-

---

[6] Zu den Noten der Bundesrepublik vom 15. November 1972 bzw. 24. Januar 1973 an die ČSSR, die DDR, Polen, die UdSSR und Ungarn, die inhaltsgleich von Belgien, Großbritannien, Kanada, Luxemburg, den Niederlanden und den USA übergeben wurden, vgl. Dok. 12, Anm. 1 und 14.
[7] Korrigiert aus: „27.1.".

um jedoch mehr Lösungsmöglichkeiten gegeben sein dürften. Dafür spricht, daß die NATO bis zu einer weiteren Plenarsitzung auch der Öffentlichkeit gegenüber auf der Basis ihres Notenwechsels mit Ungarn argumentieren kann. Es würde den NATO-Staaten andererseits nach dem echten Beginn der Explorationen schwerer fallen, die Ungarnfrage als ein sine qua non zu behandeln.

2) Aus der Aussprache ist folgendes berichtenswert:

Der belgische Botschafter[8] gab bekannt, daß er Weisung habe zu erklären, daß Belgien ohne Ungarn an MBFR alles Interesse verlieren würde und nicht bereit sei, an einer Plenarsitzung der Explorationen teilzunehmen, wenn Ungarn daran nicht als Vollmitglied beteiligt ist. Der britische Vertreter erläuterte, daß man die Ungarnfrage selbst für eine Anfangsphase der Explorationen nicht offenhalten könne, ohne bereit zu sein, auf eine uns befriedigende Lösung dieser Frage zu verzichten.

Als deutscher Sprecher nahm ich auf der Grundlage des Bezugserlasses Stellung.

III. Zum weiteren Verfahren beschloß die Ad-hoc-Gruppe folgendes:

1) Pressesprachregelung: Bestätigung des Gesprächs NL/USA/SU. Es handele sich um Bemühen der NATO-Staaten, die Verfahrensdiskussion vorwärts zu bringen. Da eine Reihe von Verfahrensfragen noch offengeblieben sind, kann ein Termin für eine Plenarsitzung noch nicht genannt werden. Auf Anfrage: Das Ungarnproblem wurde unter anderem behandelt.

2) Die bereits vereinbarten oder von östlichen Delegationen in den nächsten Tagen gewünschten bilateralen Ost-West-Gespräche über MBFR in Wien sollen fortgesetzt werden. Zur Ungarnfrage soll in diesen Gesprächen Überraschung und Enttäuschung darüber geäußert werden, daß von östlicher Seite eine Verfahrenseinigung erneut verzögert wird. Die Einbeziehung Ungarns als Vollmitglied soll ausschließlich mit der Geschäftsgrundlage des Notenwechsels bzw. der geographischen Lage Ungarns in Mitteleuropa begründet werden.

3) Die vorgesehene abgestimmte Unterrichtung der osteuropäischen Delegationen über das Gespräch Quarles/Chlestow findet zunächst nicht statt.

4) Die Ad-hoc-Gruppe tritt am 7. Februar, 15.00 Uhr, zur Fortsetzung des Gedankenaustausches und zur Auswertung der bilateralen Gespräche (vor allem eines britisch-ungarischen) zusammen. Sie beabsichtigt, über

– die Opportunität eines alsbaldigen weiteren Schrittes von Botschafter Quarles zur Bestätigung der westlichen Positionen der Ungarnfrage

– sowie eventuelle „agreed recommendations" an die Hauptstädte zu beraten.

IV. Western Procedures for <Member Exploratory Talks> <Present Consultations> Relating to Central Europe

1) Following twelve states will be direct participants in <MBFR exploratory talks> <consultations> relating to Central Europe: <following list might be in alphabetical order:>

Czechoslovakia; German Democratic Republic; Hungary; Poland; Union of Soviet Socialist Republics.

---

8 Jan Adriaenssen.

Belgium; Canada; Germany, Federal Republic of; Luxembourg; Netherlands; United Kingdom; United States of America.

2) The following seven states will participate with a special status in these exploratory <talks> <consultations>: <following list might be in alphabetical order:>

Bulgaria; Romania.

Denmark; Greece; Italy; Norway; Turkey.

<These states have a special status because they are allies of the direct participants with a special geographical and military relationship to them. They will attend meetings on a rotating basis, under which a representative of Denmark or Norway, a representative of Greece, Italy or Turkey, and a representative of Bulgaria or Romania, will be present at any given time.>

3) <Decisions in the exploratory talks will be by consensus among the direct participants.> <Decisions in the consultations, <which are related to Central Europe> will be by consensus. A decision is taken when representatives of the states which may be involved in future measures connected with the present consultations signify their agreement either by not raising objection or in any other way.>

4) The chairman will be chosen among the <direct> participants, <rotating on an alphabetical basis>, with the first chairman to be selected either by lot or according to his position in the <English> alphabet, <alternating between the two groups each day on which plenary meetings are held.>

5) The <direct> participants will be seated <by groups> on an alphabetical basis according to the <English> alphabet. <The special participants will be seated separately within their groups, on the same alphabetical basis.>

6) All participants will have the right to circulate papers on the subject matter of the <talks> <consultations>.

7) <Special> participants will have the right, <upon the invitation of any direct participant,> to speak on those aspects which <directly> concern <them of> the subject matter of the <talks> <consultations>.

8) The official languages will be English, French, German and Russian.

9) The meetings will be open only to the participants.

10) Following the opening statements, the proceedings and documents of the meetings will be confidential, except for those occasions on which it is agreed in advance that another procedure will be followed. There will be no official record of the meetings.

Erläuterung: Der zweite und dritte Satz in Ziffer 3) wird von der Sowjetunion vorgeschlagen. Die Formel „which are related to Central Europe" ist eine Einfügung der westlichen Unterhändler, die von den Sowjets abgelehnt wird.

V. Rough Outline of Mr. Timerbayevs Informal Personal Proposal

1) Decisions in the consultations, (which relate to Central Europe,) will be by consensus. A decision is taken when representatives of states which may be involved in future measures connected with the present consultations signify their agreement, by raising objection or in any other way.

2) The chairman for the first week will be the USSR, for the second week the UK, for the third week the US, for the fourth week Belgium.

3) The participants will be seated on an alphabetical basis according to the English alphabet.

4) All participants will have the right to circulate papers on the subject matter of the consultations.

5) Participants will have the right to speak on those aspects which concern the subject matter of the consultations.

6) The official languages will be English, French, German and Russian.

7) The meetings will be open only to the participants.

8) Following the opening statements, the proceedings and documents of the meetings will be confidential, except for those occasions on which it is agreed in advance that another procedure will be followed. There will be no official records of the meetings.

[gez.] Ruth

VS-Bd. 9081 (212)

38

Gespräch des Bundeskanzlers Brandt mit Ministerpräsident Leburton in Brüssel

7. Februar 1973[1]

Gedächtnisprotokoll über das Arbeitsgespräch zwischen dem Herrn Bundeskanzler und dem belgischen Premierminister am 7. Februar 1973 in Brüssel[2]

Teilnehmer:

von belgischer Seite: Premierminister Leburton; Außenminister van Elslande; Politischer Generaldirektor im Außenministerium, Vicomte Davignon; Kabinettschef des Premierministers, Noppen; Kabinettschef des Außenministers, Noterdaeme; Gesandter Ronse, Westeuropa-Direktor im Außenministerium; Botschafter Schuurmans;

von deutscher Seite: der Herr Bundeskanzler; Bundesminister Bahr; PStS Apel; Botschafter von Ungern-Sternberg, Brüssel; Ministerialdirigent Dr. Fischer, BKA; Ministerialdirigent Dr. Wilke, BKA; BR I von Alten, Brüssel; Frau Bouverat, Sprachendienst.

---

1 Die Gesprächsaufzeichnung wurde von Botschaftsrat I. Klasse von Alten, Brüssel, gefertigt.
2 Bundeskanzler Brandt hielt sich auf Einladung der belgischen Regierung in Brüssel auf. Vgl. dazu BULLETIN 1973, S. 108.

189

Der *Premierminister* weist nach einleitenden Bemerkungen auf die engen Beziehungen beider Länder hin. Er erwähnt die Schwierigkeiten bei der belgischen Regierungsbildung[3], betont jedoch, daß die Außenpolitik kein Streitpunkt gewesen sei und unverändert bleibe. Er würdigt die Persönlichkeit des Herrn Bundeskanzlers.

Der Herr *Bundeskanzler* dankt für die Einladung und spricht der neuen Regierung seine besten Wünsche aus. Eine harmonische Arbeit der belgischen Regierung sei auch für uns als Partner wichtig. Insbesondere denke er dabei nicht nur an Brüssel als „unsere Hauptstadt", sondern auch daran, daß Belgien zu diesem sehr wichtigen Zeitpunkt Präsidialmacht der EG sei. Bei der Erfüllung dieser Aufgabe würden wir der belgischen Seite gerne helfen.

Das Bundeskabinett habe ein neues Verfahren eingeführt (ähnliche Überlegungen gäbe es auch in Frankreich, wie er mit Pompidou besprochen habe[4]), wonach jede Kabinettssitzung auch ohne besondere Vorlagen mit der Besprechung europäischer Fragen beginne.

In der Regierungserklärung vom 18. Januar sei der auf eine Europäische Union gerichteten Arbeit Priorität beigemessen worden.[5]

Zwischen Belgien und der BRD gebe es eigentlich keine bilateralen Probleme, was angesichts einer nicht immer glücklichen Geschichte ein sehr gutes Zeichen sei.

Dagegen hätten uns unsere belgischen Nachbarn gerade auch in bezug auf unsere Beziehungen zu Osteuropa wenn nicht an die Hand genommen, sondern noch immer freundschaftlich beraten. Er glaube, daß bei der Ostpolitik der Sinn für die Realitäten nie verloren sei, aber Dinge, die vor wenigen Jahren noch weit entfernt schienen, seien inzwischen verwirklicht worden.

Für das heutige Gespräch ergäben sich zwei Hauptgebiete, nämlich

– die europäischen Fragen, und zwar

  – die, die sich aus der Pariser Gipfelkonferenz[6] und namentlich im Bereich der wirtschaftlichen monetären Stabilität ergeben, und

  – die nach dem Verhältnis zu den Vereinigten Staaten;

– und zweitens die Fragen des Ost-West-Verhältnisses, nämlich

  – Helsinki,

  – MBFR,

  – Verhältnis zur DDR.

Zu europäischen Fragen

Seit Monaten mache er sich Sorgen, ob die Gemeinschaft im Bereich der Stabilität genügend deutliche Initiative entwickle. Es gehe etwas zu langsam. Nun-

---

3 Nach dem Rücktritt der Regierung unter Ministerpräsident Eyskens am 22. November 1972 wurde am 26. Januar 1973 eine Koalitionsregierung unter Edmond Leburton vereidigt.

4 Vgl. dazu das Gespräch des Bundeskanzlers Brandt mit Staatspräsident Pompidou am 23. Januar 1973 in Paris; Dok. 19, besonders Anm. 19.

5 Zu den Äußerungen des Bundeskanzlers Brandt vor dem Bundestag über eine Europäische Union vgl. Dok. 16, Anm. 9.

6 Zur Konferenz der Staats- und Regierungschefs der EG-Mitgliedstaaten und -Beitrittsstaaten am 19./20. Oktober 1972 in Paris vgl. Dok. 1, Anm. 16.

mehr habe sich die Situation zugespitzt, und es fragt sich, ob die Währungs-krise[7] nicht einen Strich durch unsere Rechnungen mache. Es sei möglich, daß der Zeitplan für die Wirtschafts- und Währungsunion zur bloßen Theorie wer-den könne. Ein einheitliches europäisches Verhalten müsse aber gesichert blei-ben.

Er sei auch sehr besorgt über die mögliche Entwicklung im eigenen Land: Es könne böse Folgen haben, wenn der Bürger, wenn die öffentliche Meinung den Eindruck gewönne, daß der Bürger durch (wirtschaftliche) Mächte außerhalb des zwischen den Regierungen Vereinbarten in die Knie gezwungen werden solle. Wir haben und werden es uns viel kosten lassen, nicht wieder zur Auf-wertung[8] gezwungen zu werden.

Im EG-Rat haben wir klargemacht, daß wir nicht daran denken, aus den Ge-meinschaftsregeln herauszugehen. Wir möchten uns nicht zu unilateralen Ak-tionen zwingen lassen, sondern wollen gemeinsam mit den Washingtoner Part-nern und wenigstens mit unseren EG-Partnern zusammen dafür sorgen, daß sich die Dinge nicht auflösen.

Dies vorausgesetzt, sind wir dabei, die Konsequenz aus der Pariser Gipfelkon-ferenz zu ziehen. Das bedeutet für uns alle viel Arbeit, nämlich die Einleitung der zweiten Stufe der WWU[9], wobei auch die soziale Dimension zu berück-sichtigen ist.[10] Diese soziale Dimension bedeutet viel für die Akzeptierung un-seres Vorgehens durch die Völker, wobei es nicht notwendig hierfür ist, schon viele Mittel aufzuwenden, die Richtung muß aber deutlich werden.

Ein weiterer Punkt sei die Entkrampfung der Außenbeziehungen. Dabei denke er insbesondere an die Vereinigten Staaten. Die Währungskrise zeige, daß eine neue Art des Kontakts gefunden werden müsse.

[7] Um Währungsspekulationen gegen die Lira zu stoppen und den Zustrom von amerikanischen Dol-lar einzudämmen, beschloß die italienische Regierung per 21. Januar 1973 die Spaltung des Devi-senmarktes in eine Handels-Lira mit festem Wechselkurs und eine Kapital-Lira mit freiem Wech-selkurs. Die Unruhe an den Devisenbörsen verstärkte sich, als die Schweizerische Nationalbank infolge starker spekulativer Nachfrage nach Franken den Kurs des Franken ab dem 23. Januar 1973 freigab und damit auf weitere Interventionskäufe zugunsten des Dollar verzichtete. Die Spe-kulationen gegen die amerikanische Währung erreichten Ende Januar einen Höhepunkt, als be-kannt wurde, daß das amerikanische Außenhandelsdefizit für 1972 eine Höhe von 6,4 Mrd. Dollar aufwies. Am 30. Januar 1973 stieß der Kurs des Dollar an mehreren internationalen Börsen an seinen unteren Interventionspunkt, was umfangreiche Stützungskäufe durch die japanische und die europäischen Notenbanken erforderlich machte.

[8] Zur Aufwertung der D-Mark am 27. Oktober 1969 und im Rahmen des „Smithsonian Agreement" vom 17./18. Dezember 1971 vgl. Dok. 44, Anm. 2 und 3.

[9] In Ziffer 1 der Erklärung der europäischen Gipfelkonferenz am 19./20. Oktober 1972 in Paris wurde zum Ziel der Wirtschafts- und Währungsunion ausgeführt: „Die Staats- und Regierungschefs be-kräftigen den Willen der Mitgliedstaaten der erweiterten Europäischen Gemeinschaften, die Wirt-schafts- und Währungsunion so zu verwirklichen, daß Erreichtes bewahrt wird, und bestätigen da-bei alle Elemente der Entschließungen des Rates und der Vertreter der Mitgliedstaaten vom 22. März 1971 und 21. März 1972. Im Laufe des Jahres 1973 werden die Beschlüsse gefaßt werden, die notwendig sind, um den Übergang zur zweiten Stufe der Wirtschafts- und Währungsunion am 1. Januar 1974 zu verwirklichen, damit diese spätestens am 31. Dezember 1980 vollendet ist." vgl. EUROPA-ARCHIV 1972, D 504.

[10] Am 19. Oktober 1972 legte die Bundesregierung auf der europäischen Gipfelkonferenz eine „Initia-tive für eine europäische Sozial- und Gesellschaftspolitik" vor. Für den Wortlaut vgl. BULLETIN 1972, S. 1757–1760. Vgl. dazu auch Dok. 93, Anm. 3.

Vor 14 Tagen in Paris habe er den Eindruck gehabt, daß die Franzosen hiergegen weniger Einwände als früher hätten. Beispielsweise habe Präsident Pompidou in der damals aktuellen Frage eines Nixon-Besuches keine Bedenken
dagegen gehabt, daß Nixon mit den Präsidenten von Rat und Kommission zu-
sammenträfe. Darin sähe er eine bemerkenswerte neue Einstellung in Frankreich.

Auch den Russen sollte man eine Reaktion auf Breschnews Bemerkungen über
die EG als europäische Realität[11] zukommen lassen. Es gehe nicht darum, den
Russen bei der Disziplinierung von Comecon zu helfen, es gehe vielmehr darum, daß es in bezug auf das Verhältnis zur EG offenbar eine Diskussion innerhalb der russischen Führung gebe. Es sollten sich also vielleicht alle Partner
oder ein Partner für alle zu diesem Thema äußern.

PStS *Apel* äußert sich ergänzend auf Bitten des Herrn Bundeskanzlers:

Im Rat seien die monetären Fragen nur am Rande behandelt worden.[12] Er habe aber gestern abend ein langes Gespräch mit Vizepräsident Haferkamp geführt. Die Gespräche im Währungsausschuß gingen nicht schnell genug voran,
das könne auch mit an uns liegen. Eines sei sicher: Die EG könne nicht sagen,
daß die Deutschen zusehen sollten, wie sie mit ihren Problemen fertig würden,
denn die Wucht internationaler Spekulationen könne auch andere Partner
treffen, und es könne eine Lage eintreten, in der der Kapitalmarkt innerhalb
der EG praktisch nicht mehr existent sei. Ohne Freiheit des Kapitalverkehrs
sei eine Währungsunion jedoch ein Witz.

Sehr positiv zu bewerten sei die Verhandlungsführung des neuen belgischen
Außenministers im Ministerrat. Wir seien sehr glücklich über die Zollsenkungs-
vorschläge der Kommission (auch wenn diese nicht alle unsere Wünsche erfüllten) und über den mit Hilfe von van Elslande darüber gefaßten schnellen Beschluß zum Verfahren.

Der *Premierminister* sieht die monetäre Situation ebenfalls als ernst an. Die
Gefahr der Anarchie drohe, es sei die Frage, ob es hier eine europäische Perspektive gebe.

Der *Bundeskanzler* weist darauf hin, daß auch abgesehen von den Beratungen
im Währungsausschuß die Dinge im Fluß seien und man noch im Laufe des

---

11 Zu den Europäischen Gemeinschaften und zur Europäischen Sicherheitskonferenz bemerkte der
   Generalsekretär des ZK der KPdSU, Breschnew, auf dem 15. Kongreß der sowjetischen Gewerkschaften am 20. März 1972 in Moskau, „gewisse Kräfte" im Westen „suggerieren beispielsweise
   den unsinnigen Gedanken, der Vorschlag für die Durchführung der Konferenz und unsere Europa-
   Politik überhaupt seien darauf gerichtet, die Europäische Wirtschaftsgemeinschaft [...] zu unter-
   minieren. Es ist wohl notwendig, zu dieser Frage einiges zu sagen. Die Sowjetunion ignoriert keineswegs die reale Lage in Westeuropa, darunter auch das Bestehen einer solchen ökonomischen
   Gruppierung kapitalistischer Länder wie die des ‚Gemeinsamen Marktes'. Wir verfolgen aufmerksam die Aktivitäten des ‚Gemeinsamen Marktes' und seine Evolution. Unsere Beziehungen zu den
   Teilnehmern dieser Gruppierung werden natürlich davon abhängen, wie weit sie ihrerseits die Realitäten im sozialistischen Teil Europas, besonders die Interessen der Mitgliedsländer des RGW, anerkennen. Wir sind für Gleichberechtigung in den Wirtschaftsbeziehungen und gegen Diskriminierung." Vgl. EUROPA-ARCHIV 1972, D 209. Vgl. dazu ferner AAPD 1972, I, Dok. 67.
12 Auf der Sitzung des EG-Ministerrats am 5. Februar 1973 berichtete der britische Außenminister
   Douglas-Home über Gespräche mit der amerikanischen Regierung vom 1. bis 3. Februar 1973 in
   Washington über währungs- und handelspolitische Fragen. Der Vizepräsident der EG-Kommission, Haferkamp, legte einen Bericht zur Inflationsbekämpfung vor. Vgl. dazu EUROPA-ARCHIV 1973,
   Z 54 f.

Tages das eine oder andere erfahren werde. Der in seiner Position sehr selbständige Präsident der Bundesbank[13], der Finanzminister[14] und er seien sich darüber einig, daß wir es uns sehr viel kosten lassen würden, nicht in die Knie gezwungen zu werden, aber es sei natürlich möglich, daß es doch geschehe.

Derzeit tage der Zentralbankrat und nun frage sich, was (an Dollars) hereinströmen und wie die Bundesbank glaube, die politischen Entscheidungen der Regierung absichern zu können.

PStS *Apel* weist auf die erste Sitzung des Währungsausschusses hin.[15] Man habe sich grundsätzlich darüber geeinigt, die Neuverschuldungsmöglichkeiten der Geschäftsbanken zu beschränken. In einer zweiten Runde werde es darum gehen, wieweit ein gespaltener Wechselkurs ein geeignetes Instrument zur Krisenbeherrschung sein könne. Zu diesem Thema habe der deutsche Vertreter kein Mandat gehabt.

AM *van Elslande* betont, daß alle im selben Boot säßen und man eine gemeinsame Lösung finden müsse. Der gespaltene Markt sei für die deutsche Seite nicht so einfach wie für die belgische.

Währungsfragen würden normalerweise im Währungsausschuß behandelt. Wolle die deutsche Seite im Gemeinschaftsrahmen eine Parallelaktion einleiten? Soll die belgische Präsidentschaft initiativ werden?

Der *Bundeskanzler* verweist darauf, daß wir die Praxis des gespaltenen Marktes aufmerksam verfolgt hätten. Bei uns sei diese Methode bisher nicht für erfolgversprechend gehalten worden. Ob es dabei bleibe, sei nicht ganz sicher. Man dürfe niemals „niemals" sagen; jede Möglichkeit müsse undogmatisch neu überprüft werden. Ein führender Beamter habe im Finanzkabinett diese Frage gerade aufgeworfen. Er, der Bundeskanzler, zweifle eher an der Praktikabilität des gespaltenen Marktes. Die Sache werde aber weiter geprüft.

Zur Frage des Außenministers wolle er sagen, daß er nicht ausschließe, daß wir es für richtig halten könnten, die EG als solche zu befassen. Wir würden uns dann vertrauensvoll an die Präsidentschaft wenden.

Der *Premierminister* weist darauf hin, daß die belgische Seite von interessierten Kreisen hinsichtlich der monetären Politik befragt werde. Könne die belgische Seite sagen, daß die deutsche Seite keine Möglichkeit ausschließe, auch nicht den gespaltenen Markt?

Der *Bundeskanzler* bestätigt dies im Grundsatz.

AM *van Elslande* kommt auf die deutsche Regierungserklärung hinsichtlich der Politischen Union zurück. Auf der Gipfelkonferenz sei eine gewisse Verbindung zwischen der gemeinschaftlichen Tätigkeit und der politischen Zusammenarbeit hergestellt worden.

Der *Bundeskanzler* meint, daß verbale Kraftakte besser nicht vor den französischen Wahlen[16] stattfänden. Die Chance, im politischen Bereich voranzukom

---

13 Karl Klasen.
14 Helmut Schmidt.
15 Der Währungsausschuß der erweiterten Europäischen Gemeinschaften tagte erstmals vom 15. bis 17. Januar 1973 in Brüssel.
16 Die Wahlen zur französischen Nationalversammlung fanden am 4., 11. und 18. März 1973 statt.

men, werde im Frühjahr zunehmen, weil das europäische Element nach unserer Einschätzung im Wahlergebnis wohl eher stärker als schwächer zum Ausdruck kommen werde. Jedenfalls solle man sich an den vorgesehenen Terminplan für die Europäische Union halten. Auch bis 1975 sei es nicht lange hin. Bei den Pariser Beschlüssen über die Union[17] habe Premierminister Eyskens eine wichtige Rolle gespielt. In diesem Monat wollten wir uns lieber ruhig verhalten. Übrigens komme in einigen Wochen – nachdem er, Bundeskanzler, vor 14 Tagen in Paris und jetzt in Brüssel gewesen sei – Heath nach Bonn[18]. Praktisch müsse der Frage weiter nachgegangen werden, wie man die sich etwas mühsam entwickelnde PZ verbessere.

AM *van Elslande* stimmt zu, daß im weiteren Verlauf des Jahres die Aussichten wohl besser sein würden. In bezug auf die PZ sei die Debatte über ein politisches Sekretariat[19] zur Zeit nutzlos, und die belgische Seite werde nicht insistieren – eine Lösung werde sich schon ergeben. Im übrigen habe der Pariser Gipfel den Außenministern ja Aufgaben gestellt (neuer Bericht[20]). Es müßten z.B. Regelungen gefunden werden (Beispiel Nixon-Reise), die sicherstellen, daß irgend jemand Dritten gegenüber im Namen der Europäischen Gemeinschaft auftreten und sprechen kann. Eine weitere Frage sei die Erörterung politischer Fragen anläßlich der EG-Ratssitzungen. Es müßte erreicht werden können, daß die Minister bei Gelegenheit ihres Zusammentreffens (auch wenn sie sich dabei vielleicht einen andere Hut aufsetzen müßten) über politische Probleme diskutieren.

Der *Bundeskanzler* erklärte, die belgische Seite könne insoweit mit unserer vollen Unterstützung rechnen. Hier gehe es um eine Frage des rationellen Vorgehens. Man müsse dies aber allen Partnern leicht machen und keine Prestigefrage daraus entstehen lassen.

---

[17] Vgl. dazu Ziffer 16 der Erklärung der europäischen Gipfelkonferenz vom 19./20. Oktober 1972 in Paris; Dok. 18, Anm. 11.

[18] Premierminister Heath hielt sich am 1./2. März 1973 in der Bundesrepublik auf. Für die Gespräche mit Bundeskanzler Brandt am 2. März 1973 vgl. Dok. 69 und Dok. 70.

[19] Vortragender Legationsrat I. Klasse Hansen vermerkte am 11. Februar 1972, Bundesminister Scheel habe im Gespräch mit dem französischen Außenminister Schumann am Vortag in Paris angesichts „gewisser Schwächen" der derzeitigen Konstruktion der Politischen Zusammenarbeit deren „institutionelle Stärkung" angeregt, „ohne dabei bereits die Richtung der künftigen Struktur Europas festzulegen. Dies könne sich in einfachen Formen vollziehen. Wir dächten bekanntlich an ein ‚bescheidenes Sekretariat' oder ein ‚standing committee' an einem ‚bestimmten Ort'. Damit könnten ständige Migration vermieden und Kontinuität der PZ gefördert werden. AM erklärte sich offen für den Gedanken eines ständigen Sekretariats." Vgl. Referat I A 1, Bd. 723.

[20] Auf der Gipfelkonferenz am 19./20. Oktober 1972 in Paris vereinbarten die Staats- und Regierungschefs der EG-Mitgliedstaaten und -Beitrittsstaaten, „daß die Konsultationen auf allen Ebenen intensiviert werden und daß insbesondere die Außenminister zu diesem Zwecke künftig statt zweimal jährlich viermal zusammentreten. Sie gingen dabei davon aus, daß es Ziel dieser Zusammenarbeit sei, aktuelle Fragen zu behandeln und im Rahmen des Möglichen gemeinsame mittel- und langfristige Auffassungen zu erarbeiten und dabei unter anderem die Folgen und Wirkungen der im Entstehen begriffenen Gemeinschaftspolitiken im weltpolitischen Bereich zu beachten. Bei Fragen, die sich auf die Tätigkeit der Gemeinschaft auswirken, wird enge Verbindung zu den Organen der Gemeinschaft gehalten. Die Staats- und Regierungschefs vereinbarten, daß die Außenminister bis zum 30. Juni 1973 einen zweiten Bericht über die Methoden zur Verbesserung der politischen Zusammenarbeit erstellen sollen, wie es im Luxemburger Bericht vorgesehen ist." Vgl. Ziffer 14 der Erklärung; EUROPA-ARCHIV 1972, D 507 f.

AM *van Elslande* erkundigt sich nach den Eindrücken, die der Herr Bundeskanzler zu dieser Frage in Paris gewonnen habe.

Der *Bundeskanzler* meinte, zwischen ihm und Pompidou sei diese Frage nur am Rande besprochen worden.

Ministerialdirigent *Dr. Fischer* ergänzt auf Aufforderung des Herrn Bundeskanzlers, daß dieser Aspekt zwischen den Außenministern kurz behandelt worden sei. Es habe sich eine etwas nuanciertere Haltung der französischen Seite gezeigt, aber noch keine Zustimmung zu den von deutscher Seite vorgetragenen Überlegungen.

Der *Premierminister* leitet über zum nächsten Komplex, den Ost-West-Beziehungen. In Helsinki scheine ein gutes Klima zu herrschen, auch auf sicherheitspolitischem Gebiet. Er bittet um Äußerung.

Der *Bundeskanzler* gibt einen kurzen Überblick über unser Verhältnis zum Warschauer Pakt:

Zweierlei stehen noch aus:

- Der Grundvertrag sei noch nicht in Kraft.[21] Dies sei aber mehr eine Frage von Monaten; er werde wohl im April oder jedenfalls nach Beendigung der Osterpause verabschiedet werden, wobei die Opposition ihn vielleicht nicht einheitlich, aber überwiegend ablehnen, dem Beitritt zu den VN jedoch zustimmen werde. Dann würden Vertretungen besonderer Art in Bonn und Ostberlin errichtet werden.

- Zwischen uns und der ČSSR bestehe seit Jahren ein unfruchtbarer Streit über das Münchener Abkommen[22], der ihm („ex tunc/ex nunc") nie voll begreiflich gewesen sei. Schon zu Zeiten der Großen Koalition sei die deutsche

---

21 Die Bundesregierung leitete den Entwurf des Gesetzes zum Grundlagenvertrag am 22. Dezember 1972 dem Bundesrat zu. Obwohl der Ausschuß für innerdeutsche Beziehungen und der Rechtsausschuß empfahlen, gegen den Gesetzentwurf keine Einwendungen zu erheben, beschloß der Bundesrat am 2. Februar 1973 eine ablehnende Stellungnahme mit der Begründung: „I. Der Vertrag bringt keine ausreichenden menschlichen Erleichterungen und Verbesserungen der Freizügigkeit für Menschen, Ideen und Meinungen. Nach wie vor wird an der Mauer geschossen. II. Die Bundesregierung hat durch den Vertrag die langjährigen Forderungen der DDR erfüllt. Sie hat keine entsprechenden Gegenleistungen erreicht: die in Aussicht gestellten menschlichen Erleichterungen liegen weitgehend im einseitigen Ermessen der DDR. Sie sind weder rechtlich noch politisch ausreichend und zuverlässig abgesichert. III. Der Vertrag dient nicht der Einheit der Nation und dem Selbstbestimmungsrecht der Deutschen." So werde eine Wiedervereinigung „von der Zustimmung der nicht frei gewählten DDR-Regierung abhängig" gemacht, und es fehle eine Einigung „über die Einheit der Nation und darüber, daß die beiden deutschen Staaten füreinander nicht Ausland sind". Die Rechte und Verantwortlichkeiten der Vier Mächte in bezug auf Deutschland als Ganzes würden ausgehöhlt, Berlin (West) sei nicht einbezogen, und die Bundesregierung gebe das Recht auf, „als einzige frei gewählte deutsche Regierung stellvertretend auch für die Bewohner im anderen Teil Deutschlands zu sprechen". Vgl. BR DRUCKSACHEN 1972, Bd. 16, Drucksache Nr. 640/72, S. 1–3. Für die Stellungnahmen der Ausschüsse vgl. die Berichte des Ministerpräsidenten Stoltenberg sowie des Bevollmächtigten der Freien und Hansestadt Hamburg, Heinsen, vom 2. Februar 1973; BR STENOGRAPHISCHE BERICHTE, 1973, 389. Sitzung, S. 2–5.
Am 8. Februar 1973 leitete die Bundesregierung dem Bundestag den Gesetzentwurf mit der Stellungnahme des Bundesrats sowie einer Gegenäußerung zu. Vgl. BT ANLAGEN, Bd. 170, Drucksache 7/153.
Am 15./16. Februar 1973 fand die erste Lesung im Bundestag statt. Es wurde beschlossen, den Entwurf dem Ausschuß für innerdeutsche Beziehungen sowie zur Mitberatung dem Rechtsausschuß zu überweisen. Vgl. dazu BT STENOGRAPHISCHE BERICHTE, Bd. 81, S. 667.
22 Für den Wortlaut des Münchener Abkommens vom 29. September 1938 vgl. ADAP, D, II, Dok. 675.

Seite bereit gewesen anzuerkennen, daß das Münchener Abkommen (damals) ungerecht und unmoralisch und (jetzt) ungültig sei. Die tschechische Seite habe sich in diese Frage verbissen. Die Sowjetunion zeige sich in diesem Punkt jetzt besonnener, aber die DDR bestärke die ČSSR noch in ihrer harten Haltung. Er hoffe, daß es in den nächsten Monaten zu einer Regelung komme; nur hiervon seien Beziehungen zu Ungarn und auch Bulgarien, denen gegenüber keine bilateralen Probleme bestünden, abhängig.

Es werde wohl im Laufe der Zeit zu einigen persönlichen Kontakten kommen. Es sei eher wahrscheinlich als unwahrscheinlich, daß Breschnew ihn, den Bundeskanzler, eines Tages besuche.[23] Auch die neue polnische Führung sei sehr interessiert, das sei für sie aber schwieriger. Irgendwann komme auch die DDR dran, aber wohl nicht mehr in diesem Jahr.

Insgesamt sei die bilaterale Phase unserer „Ostpolitik", die die letzten 3 bis 4 Jahre beherrscht habe, abgeschlossen. Sie habe die Voraussetzungen geschaffen für die multilaterale Phase, in der man sich jetzt befinde und in den nächsten Jahren befinden werde. Er erteilt sodann das Wort an BM *Bahr*, der wiederholt, daß vor uns eine multilaterale Phase europäischer Ostpolitik liege. Über die Dauer der MBFR-Verhandlungen gebe es ernsthafte Meinungsverschiedenheiten im Kabinett. Der Außenminister wolle, daß sein Sohn, der in fünf Jahren mit dem Studium beginne, sich auf MBFR spezialisiert. Der Verteidigungsminister[24] wünsche, daß man die Räumlichkeiten für die Delegation in Wien nicht miete, sondern kaufe oder baue. Jedenfalls gehe es hier um ein Projekt, das weit über die gegenwärtige Legislaturperiode hinausreiche.

Vielleicht sei MBFR noch etwas wichtiger als die KSZE. Die US hätten Interesse, auf dem Gebiet der Truppenreduzierung in den begonnenen vier Jahren erste Erfolge zu erzielen, weil sie sonst (innenpolitisch) unter Druck gesetzt würden, einseitig zu reduzieren.

Er, Bahr, teile die Auffassung, daß es sehr schlecht sei, von einseitigen Reduzierungen zu reden, solange über MBFR gesprochen werde.

Der zeitliche Zusammenhang zwischen KSZE und MBFR sei erreicht worden. In der Sache hinkten MBFR nach, vor allem weil die Vereinigten Staaten und die Sowjetunion ihre Schularbeiten nicht gemacht hätten, sich also über die von ihnen einzunehmenden Positionen noch nicht klar seien. Dann habe man im NATO-Rahmen also noch mindestens ein halbes Jahr Zeit zur Erarbeitung einer gemeinsamen Politik.

In bezug auf Helsinki hätten sich alle Befürchtungen – die auch bei uns bestanden hätten – als gegenstandslos erwiesen, das Bündnis könne infolge der Gespräche auseinanderfallen oder seinen Zusammenhalt lockern. Das Bündnis habe sich vielmehr bewahrt.

Auch habe es in Helsinki einige Konzessionen der Sowjets gegeben,

– nämlich auf dem Gebiet der Manöverbeobachter, also immerhin beim Prinzip der vertrauensbildenden Maßnahmen,

---

[23] Der Generalsekretär des ZK der KPdSU, Breschnew, besuchte die Bundesrepublik vom 18. bis 22. Mai 1973. Vgl. dazu Dok. 145–152.
[24] Georg Leber.

– und beim Komplex des „freer movement"[25]. Es könne kein Zweifel sein, daß diese Konzession nur sehr partiell bleibe. Denn Meinungsfreiheit in unserem Sinne bedeute Abschaffung des Kommunismus. Wenn man darauf nicht abzielen könne, sei nicht freie Bewegung, sondern nur freiere Bewegung möglich. Im Ergebnis könne man feststellen, daß die Gespräche in Helsinki zu einer Außenministerkonferenz im Frühsommer, etwa im Juni, also noch vor Beginn der Sommerpause führen könnten.

In bezug auf die DDR sei die Lage so, daß wir uns im Übergang von keinen Beziehungen zu schlechten Beziehungen befänden. Diese Phase schlechter Beziehungen sei unvermeidlich. Er verweist auf die vielen Millionen von Besuchern, die in Parteikreisen erhebliche Diskussionen ausgelöst hätten. Ebenso löse der Grundvertrag Diskussionen aus:

– Bisher sei in der DDR das Bestehen der deutschen Nation geleugnet und von einer „sozialistischen" Nation gesprochen worden. Nun stehe im Vertrag, es gebe eine „nationale Frage".[26]

– Die DDR habe bisher ihre volle Unabhängigkeit betont, nun habe sie einräumen müssen, daß es Vier-Mächte-Rechte gebe.

Dazu käme, daß jetzt so „verrückte Themen" wie MBFR diskutiert würden: Man bedenke, welche Unruhen bei uns vor Jahren die Diskussion einer Verminderung der amerikanischen Truppen ausgelöst hat.

So komme es von oben und von unten zu einer Diskussion, die die für die Sicherheit der DDR verantwortlichen Personen zittern läßt. Die DDR werde sich deshalb zunächst so restriktiv wie möglich verhalten. Wenn sie etwas mehr an Selbstsicherheit gewinne und im nächsten Jahr feststelle, daß sie immer noch (trotz Grundvertrag) existiere, werde sie sich vielleicht großzügiger zeigen. Denn die DDR möchte den Makel der „Abnormität" verlieren, und wir werden sie an ihren Zusagen festhalten.

Wir hielten es deshalb für richtig, daß auch die belgische Seite der DDR ihr Interesse daran bekunde, daß die DDR gegebene Zusagen (gegenüber Belgien wie gegenüber anderen wie uns) einhält. Glaubwürdigkeit könne man nur einmal verlieren. Es sei nun einmal schwer, erwachsen zu sein, aber ein entsprechendes Verhalten, nämlich das Verhalten eines normalen Staates, müsse auch von der DDR verlangt werden.

AM *van Elslande* unterstreicht die belgische Auffassung von einem engen und lebensnotwendigen Zusammenhang zwischen KSZE und MBFR. Ein Wort von BM Bahr aufgreifend, meinte er, daß wir alle unsere „Schularbeiten" machen müssen.

Der *Premierminister* verweist darauf, daß das wichtige Thema der europäischen Beziehungen zu den Vereinigten Staaten aus Zeitmangel nicht mehr behandelt werden könne. Er stellte die Überreichung eines belgischen Papiers in dieser Frage in Aussicht.

---

25 Vgl. dazu den sowjetischen Vorschlag vom 22. Januar 1973 für eine Tagesordnung der KSZE; Dok. 15, Anm. 23. Vgl. dazu auch Dok. 20, Anm. 19.

26 Vgl. dazu die Präambel des Vertrags vom 21. Dezember 1972 über die Grundlagen der Beziehungen zwischen der Bundesrepublik und der DDR; BULLETIN 1972, S. 1842.

Zum Abschluß würdigt er ausführlich und in herzlichen Worten die Tätigkeit des zum Ende des Monats in den Ruhestand tretenden Botschafters Freiherr von Ungern-Sternberg.

Beginn des Gesprächs: 11.15 Uhr; Ende des Gesprächs: 12.40 Uhr

Referat 212, Bd. 111507

39

Aufzeichnung des Ministerialdirektors Herbst

420-455.00 VS-NfD   **7. Februar 1973**[1]

Herrn Staatssekretär[2] weisungsgemäß vorgelegt.

Betr.: Ministergespräch beim Bundeskanzler über internationale Luft- und
       Raumfahrt-Industrie-(LRI)-Projekte, insbesondere MRCA[3]

I. Gesprächsvorschlag

Es wird vorgeschlagen, beim Kanzlergespräch darauf hinzuwirken, daß es zu keiner isolierten, die Entscheidung über andere Projekte präjudizierenden Entscheidung über MRCA kommt. Aus finanziellen, industrie- sowie außenpolitischen Gründen sollte die Entscheidung in den Gesamtzusammenhang der vom Koordinierungsausschuß LRI vorbereiteten Arbeiten gestellt werden.

II. Sachstand

1) Der Koordinierungsausschuß LRI bereitet die Behandlung der wichtigen LRI-Projekte, an denen die Bundesrepublik Deutschland beteiligt ist, für Ende Februar/Anfang März 1973 im Bundeskabinett vor (vgl. beigefügtes Arbeitspapier[4]). Bundesminister Leber hat überraschend kurzfristig ein vorhergehendes Gespräch beim Bundeskanzler für den 9. Februar über MRCA verabredet. Da eine Entscheidung über MRCA, zumindest falls diese positiv ausfällt, wegen der Finanzmittelknappheit Auswirkungen auf die anderen Projekte hat,

---

[1] Die Aufzeichnung wurde von Vortragendem Legationsrat I. Klasse Mühlen und von Legationsrat I. Klasse Fournes konzipiert.

[2] Paul Frank.

[3] Im Sommer 1968 beschlossen Belgien, die Bundesrepublik, Großbritannien, Italien, Kanada und die Niederlande die Entwicklung eines „Multi Role Combat Aircraft" (MRCA), das die bisher verwendeten Flugzeugtypen F 104-Starfighter und Fiat-G 91 ersetzen sollte. Vgl. dazu die Aufzeichnung des Ministerialdirigenten Sahm vom 7. Januar 1969; VS-Bd. 1913 (201); B 150, Aktenkopien 1969. Obwohl 1970 und 1971 im Bundesministerium der Verteidigung Zweifel an der Wirtschaftlichkeit des Vorhabens aufgekommen waren, teilte das Ministerium am 9. September 1971 in einer Presseverlautbarung mit, daß die Bundesrepublik, Großbritannien und Italien der Fortsetzung der gemeinsamen Entwicklungsarbeit am Kampfflugzeug MRCA-70 zugestimmt hätten. Vgl. dazu AdG 1971, S. 16525.

[4] Dem Vorgang beigefügt. Für die Aufzeichnung des Bundesministeriums für Wirtschaft vom 5. Februar 1973 vgl. VS-Bd. 8861 (420).

dürfte es beim Kanzlergespräch zwangsläufig zu einer Gesamtdiskussion über LRI-Fragen kommen.

BMVg Leber dürfte dagegen – in vermuteter Übereinstimmung mit seinem Amtsvorgänger Schmidt – die isolierte MRCA-Entscheidung anstreben (BMVg hat bereits im Vorjahr eine ähnliche Taktik angewandt; Anfang 1972 traf es eigenmächtig die Entscheidung, MRCA fortzuführen und gleichzeitig die Entwicklung des Alpha-Jet mit Frankreich zu vereinbaren, obwohl schon damals deutlich erkennbar war, daß ausreichende finanzielle Mittel im Verteidigungshaushalt nicht zur Verfügung stehen[5]).

2) Laufende Großvorhaben

MRCA (Starfighter-Nachfolger), deutsch-britisch-italienisches Projekt (vgl. Aufzeichnung von 201[6]).

Alpha-Jet, deutsch-französisches Ausbildungs- und Kampfflugzeug (vgl. Aufzeichnung von 201[7]).

Airbus, deutsch-französisch-niederländisch-spanisches Kurz- bis Mittelstrecken-Großflugzeug; durch Regierungsverträge der vier Regierungen von 1969, 1970

---

5 Am 21. Januar 1972 notierte Ministerialdirigent Simon, das Bundesministerium der Verteidigung werde am 25. Januar 1972 eine Vorentscheidung darüber treffen, ob das MRCA-Projekt oder das in Kooperation mit Frankreich entwickelte Kampfflugzeug Alpha-Jet „aus Kostengründen fallengelassen werden soll bzw. muß". Eine Weiterführung beider Projekte sei „angesichts ihrer hohen Kosten (MRCA ca. 14 Mrd. DM bis 1983; Alpha-Jet ca. 1,8 Mrd. DM bis 1980) nur unter Verzicht auf unentbehrliche andere Rüstungsvorhaben möglich". Vgl. VS-Bd. 8103 (201); B 150, Aktenkopien 1972.
Bundesminister Schmidt entschied jedoch, beide Projekte weiterzuführen, da die Bundesrepublik es sich „aus politischen Gründen nicht leisten" könne, das Alpha-Jet-Projekt fallenzulassen. Vgl. die Aufzeichnung des Vortragenden Legationsrats I. Klasse Hansen vom 27. Januar 1972; VS-Bd. 8103 (201); B 150, Aktenkopien 1972.
6 Vortragender Legationsrat I. Klasse Pfeffer sprach sich am 7. Februar 1973 für die Weiterentwicklung und Produktion des MRCA aus. Hierzu äußerte er: „Die Entwicklung und Produktion des MRCA ist das weitaus wichtigste und technisch anspruchsvollste Vorhaben der europäischen Luftfahrtindustrie. Keiner der Partner könnte es aus finanziellen und technischen Gründen alleine durchführen. Scheitert das Projekt, so hat Europa wahrscheinlich seinen Anspruch aufgegeben, in diesem Bereich gegenüber USA und Sowjetunion konkurrenzfähig – und bis zu einem gewissen Grade – unabhängig zu sein. Falls Deutschland sich zurückzieht, wird Großbritannien vermutlich nicht mehr zu einer Kooperation bei anderen größeren Vorhaben bereit sein. Eine rein anglo-französische Zusammenarbeit wäre nicht in unserem Interesse. [...] MRCA wurde von Botschafter von Hase als Prüfstein für die deutsch-britische Zusammenarbeit bezeichnet. Viel mehr noch ist es ein Prüfstein, ob es möglich ist, ein technisch anspruchsvolles Kampfflugzeug in europäischer Zusammenarbeit zu bauen. Diese Frage, die die Sicherheit der Bundesrepublik Deutschland direkt berührt, sollte Priorität genießen, da jede Lieferhemmung von außen unsere Bewegungsfreiheit erheblich einschränken könnte." Vgl. VS-Bd. 9967 (204); B 150, Aktenkopien 1973.
7 Am 7. Februar 1973 legte Vortragender Legationsrat I. Klasse Pfeffer dar: „Der Alpha-Jet soll in deutsch-französischer Zusammenarbeit gebaut werden (je 50 %), eine französische Version als Schulflugzeug, eine deutsche Version als Luftnahunterstützungsflugzeug, das (von Frankreich) auch exportiert werden soll. Das Projekt wird bis 1980 rd. 2,5 Milliarden DM für Deutschland kosten. Dafür sind 175 Flugzeuge vorgesehen, die pro Stück rd. 5 Mio. DM kosten werden. Da die Bundeswehr ein solches Flugzeug benötigt, würde eine anderweitige Beschaffung kaum billiger werden. Ein Rücktritt von der Kooperation mit Frankreich wäre rechtlich schwieriger als bei MRCA. Politisch wäre der Rücktritt sehr schädlich, da Frankreich dem Vorhaben viel Gewicht beimißt. Präsident Pompidou hat in Vier-Augen-Gespräch während des Gipfeltreffens nachdrücklich gegenüber dem Herrn Bundeskanzler das große Interesse Frankreichs an dem Projekt betont." Vgl. VS-Bd. 8861 (420); B 150, Aktenkopien 1973.

und 1971 vereinbart[8]; britische Firma Hawker Siddeley ist an Produktion
(Tragflächen) mit 20% beteiligt, obwohl britische Regierung keine Entwick-
lungskosten trägt. US-Firma General Electric liefert die Triebwerke. Probeflü-
ge seit Oktober 1972 zufriedenstellend. Auftragslage – nicht zuletzt infolge Unsicherheit über endgültige Entscheidung der Bundesregierung – noch unbefriedigend. Bestellungen von Air France und Iberia (10 Maschinen fest, 18 Optionen), Lufthansa hat ebenfalls intern entschieden, Airbus zu bestellen (3 Bestellungen, 4 Optionen). Einzelheiten vgl. Anlage.[9]

VFW 614 ist ein Kurzstreckenflugzeug für ca. 44 Personen; Gemeinschaftspro-
jekt unter deutscher Federführung mit Niederlanden (VFW-Fokker). Absturz
eines Prototyps im Sommer 1972. Kein spezielles außenpolitisches Interesse.

Über die zwei genannten deutsch-französischen Projekte Airbus und Alpha-Jet
besteht zumindest ein politisch-psychologischer Zusammenhang auch zu den
Weltraumprojekten: Beteiligung an französischer Rakete[10] und Sortie-Lab.[11]
Nach Auffassung BMF ist Finanzierung nicht gesichert.

3) Wertungen

Die außenpolitische Bedeutung der erwähnten Projekte, insbesondere MRCA
und Airbus, ist bekanntlich für unsere Beziehungen zu Großbritannien[12] und

---

[8] Zur deutsch-französischen Zusammenarbeit bei der Entwicklung eines Großraumflugzeugs vom
Typ „Airbus" vgl. Dok. 15, Anm. 4.
Am 28. Dezember 1970 wurden die vertraglichen und organisatorischen Grundlagen des Airbus-
Programms durch den Abschluß einer Regierungsvereinbarung mit den Niederlanden ausgebaut.
Vgl. dazu die Kabinettsvorlage des Bundesministeriums für Wirtschaft und Finanzen vom 26. Ok-
tober 1971; Referat III A 5, Bd. 932.
Am 23. Dezember 1971 unterzeichnete Spanien das Übereinkommen über den Beitritt zum Airbus-
Abkommen zusammen mit der Bundesrepublik, Frankreich und den Niederlanden. Vgl. dazu die
Aufzeichnung des Referats III A 5 vom 31. Januar 1972; Referat 420, Bd. 106371.

[9] Dem Vorgang beigefügt. Die Aufzeichnung des Referats 420 vom 7. Februar 1973 erläuterte den
Stand des Airbus A 300 B-Projekts in finanzieller, technischer und terminlicher Hinsicht. Vgl. VS-
Bd. 8861 (420); B 150, Aktenkopien 1973.

[10] Zum Projekt der Trägerrakete L 3 S vgl. Dok. 15, Anm. 16.
In einer Aufzeichnung des Bundesministeriums für Wirtschaft vom 5. Februar 1973 wurde erläutert: „Die Bundesrepublik ist bereit, sich mit einem festen Betrag (40 Mio. DM jährlich über 7 Jahre) an dem französischen Projekt L 3 S zu beteiligen, das billiger und anspruchsloser als die einge-
stellte Europa III sein soll. Voraussetzung dazu ist, daß sich Frankreich am Space Lab beteiligt
und das Europa II-Programm eingestellt wird. [...] Eine mögliche deutsche Beteiligung an der französischen L 3 S-Rakete sichert das deutsche Interesse an der Erhaltung eines angemessenen
Kenntnisstandes der Trägerraketen-Technologie in Europa und erhält die deutsch-französische
Weltraumzusammenarbeit im Trägerbereich aufrecht." Vgl. VS-Bd. 8861 (420); B 150, Aktenkopien
1973.

[11] Zum ebenfalls auf der Europäischen Weltraumkonferenz am 20. Dezember 1972 beschlossenen
Projekt eines Post-Apollo-Space-Laboratory wurde in der Aufzeichnung des Bundesministeriums
für Wirtschaft vom 5. Februar 1973 ausgeführt: „Entwicklung und Bau des Space-Lab durch die
Bundesrepublik und ihre Partner verstärken die transatlantischen Bindungen. Hier bildet sich ein
Kristallisationspunkt zur politischen Annäherung, der angesichts der sich anbahnenden Zusam-
menarbeit zwischen USA und Sowjetunion auf dem Gebiet der bemannten Raumfahrt besondere
Bedeutung erhält." Vgl. VS-Bd. 8861 (420); B 150, Aktenkopien 1973.

[12] Am 11. Januar 1973 sprach sich Botschafter von Hase, London, angesichts der Bedeutung des
MRCA-Projekts für die deutsch-britischen Beziehungen und den Prozeß der europäischen Einigung für die Weiterführung des Vorhabens aus. Da sich die britische Regierung von der technologischen Zusammenarbeit bei Großprojekten sehr viel verspreche und die Zusammenfassung des
europäischen Potentials von Premierminister Heath wiederholt als primäres britisches Interesse am
EG-Beitritt definiert worden sei, „wird die Beendigung eines Kooperationsprojekts dieser Größenordnung [...] auf Regierung und öffentliche Meinung eine Schockwirkung haben". Hase erklärte, er

Frankreich hoch einzuschätzen. (Die Regierungen beider Länder befassen sich intensiver mit industrie- und strukturpolitischen Fragen als die Bundesregierung.)

Darüber hinaus mißt das BMVg aus militärischer Sicht dem MRCA starkes Gewicht zu, da es für die deutsche Luftwaffe das einzig geeignete Flugzeug sei.

Im industrie- und europapolitischen Bereich bestehen zwischen MRCA und Airbus Unterschiede:

- MRCA hat wirtschaftlich gesehen den Nachteil, daß Frankreich sich hieran nicht beteiligt, sondern mit Mirage eigene Wege geht. Zwei Projekte dieser Art kann der europäische Markt jedoch nicht tragen. MRCA hat die strukturpolitisch erwünschte britisch-französische Zusammenarbeit im militärischen Luftfahrtbereich nicht gefördert.

- Beim Airbus dagegen hat sich die strukturpolitisch wichtige Zusammenarbeit zwischen der französischen, britischen und deutschen LRI bewährt. Darüber hinaus findet beim Airbus auch die erwünschte atlantische Zusammenarbeit (US-Triebwerke) ihren Niederschlag.

- Ein Scheitern des Airbus würde unter dem Gesichtspunkt der strukturpolitischen Harmonisierungsbemühungen in der EG von der Öffentlichkeit als böses Omen angesehen werden. Die Hoffnungen, eine leistungsfähige europäische Zivilluftfahrtindustrie zu schaffen, würden damit ein Ende finden.

- In gleicher Weise würden bei einer Aufgabe des MRCA die Aussichten für eine unabhängige europäische militärische Luftfahrtindustrie – neben der französischen – beseitigt.

- Im Unterschied zum MRCA fliegt der Airbus bereits. Seine Betriebskosten sollen im Nahverkehr, für den er speziell gebaut ist, besonders günstig liegen. Seine Triebwerke gelten als „umweltfreundlich" (also andere Lage als bei Concorde[13], die im Betrieb teuer und darüber hinaus „umweltfeindlich" ist). Ein Scheitern des Airbus wäre nicht zu Unrecht als „echec sanglant" (so Pompidou) zu bezeichnen.[14]

Abteilung 2 hat mitgezeichnet.

Herbst

VS-Bd. 8861 (420)

Fortsetzung Fußnote von Seite 200

nehme die kürzlich von Lord Carrington gemachte Bemerkung, „ein Zusammenbruch des Gemeinschaftsprojekts MRCA würde verhängnisvolle (disastrous) Folgen haben", durchaus ernst und fuhr fort: „Ich bin mir darüber im klaren, daß das MRCA-Projekt Haushaltsmittel in großem Maße beansprucht. Ich könnte mir auch vorstellen, daß es politische Gründe gibt, statt einer deutsch-britisch-italienischen Eigenentwicklung eine finanzielle Beteiligung an einem vergleichbaren amerikanischen Projekt zu bevorzugen. Bei der Abwägung geht es m. E. nicht in erster Linie darum, ob die europäischen Bindungen auf dem Gebiet der Verteidigung stärker sein sollen als die atlantischen. Denn hier handelt es sich nicht nur um ein Verteidigungsproblem, sondern – wie erwähnt – darum, daß ein deutsch-britisch-italienisches Projekt bereits weit fortgeschritten ist und in Großbritannien daher europäisches Vertrauen an der Weiterführung erzeugt wurde." Vgl. den Drahtbericht Nr. 94; VS-Bd. 8861 (420); B 150, Aktenkopien 1973.

[13] Zum französisch-britischen Projekt eines Überschall-Verkehrsflugzeugs vgl. Dok. 15, Anm. 6.

[14] Am 9. Februar 1973 fand eine Sitzung des Finanzkabinetts unter Vorsitz des Bundeskanzlers Brandt statt. Dazu teilte Ministerialdirektor Sanne, Bundeskanzleramt, mit, es sei entschieden worden, daß Bundesminister Leber eine Regierungsvereinbarung mit den Partnerstaaten des MRCA-Projekts über den Eintritt in die Phase des Produktionsvorlaufs treffen könne. Leber habe

40

Aufzeichnung des Ministerialdirektors Arnold

600-600.00 ITA-15/73 geheim   7. Februar 1973[1]

Herrn Staatssekretär[2]

Betr.:   Förderung kultureller und kirchlicher Maßnahmen in Südtirol durch
         das Auswärtige Amt

Bezug: Vorlage vom 21. Dezember 1970[3] – IV 1-80.SL/3-94.12-124/70 geh.[4]

Anl.:   1[5]

I. Zweck der Vorlage

Entscheidung über das weitere Vorgehen.

II. Entscheidungsvorschlag

Billigung[6] des nachstehend dargelegten Verfahrens.

III. Sachverhalt

1) Abteilung 6 fördert seit 1969 – in Fortsetzung der bis dahin vom damaligen
Bundesministerium für gesamtdeutsche Fragen gewährten Zuwendungen[7] –
kulturelle Aktivitäten in Südtirol mit einem Betrag von DM 1,2 Mio. jährlich
und kirchliche Maßnahmen in Höhe von DM 0,2 Mio. jährlich. Die Maßnahmen dienen der Stärkung der deutschsprachigen Bevölkerung Südtirols im

---

Fortsetzung Fußnote von Seite 201

erklärt, daß „er sein endgültiges Urteil über das Gesamtprojekt erst nach Auswertung des Wehr-
strukturberichts, im Zusammenhang mit der militär-strategischen Konzeption und nach Ausschöp-
fung aller Rationalisierungsmaßnahmen treffen werde." Bundesminister Friderichs sei gebeten
worden, „dafür zu sorgen, daß keine zusätzlichen Kapazitäten in der deutschen Luftfahrtindustrie
entstehen". Vgl. VS-Bd. 8861 (420); B 150, Aktenkopien 1973.
Am 14. März befaßte sich das Kabinett mit der Weiterentwicklung des Airbus und stimmte dem
Vorschlag von Friderichs zu, „die beantragten Zuschüsse für die Entwicklung der Sonderversionen
und den am 1.10.1970 grundsätzlich beschlossenen Bürgschaftsrahmen freizugeben". Vgl. die Aufzeichnung des Parlaments- und Kabinettsreferats vom 21. März 1973; Referat 420, Bd. 106371.

[1] Die Aufzeichnung wurde von Referent Witte konzipiert.
[2] Hat Staatssekretär Frank am 13. Februar 1973 vorgelegen.
[3] Korrigiert aus: „22. Dezember 1970".
[4] Vortragender Legationsrat von Boehmer berichtete über ein Gespräch mit dem Abgeordneten im
italienischen Parlament, Mitterdorfer, am 7. Dezember 1970 über finanzielle Zuwendungen für
kulturelle Maßnahmen in Südtirol. Dabei wurde vereinbart, daß die Förderung durch das Auswärtige Amt für das Jahr 1971 1,2 Mio. DM betragen solle, wovon 200 000 DM für die Katholische
Kirche in Südtirol zur Förderung kirchlicher Maßnahmen gedacht seien. Vgl. VS-Bd. 2719 (I A 4);
B 150, Aktenkopien 1970.
[5] Dem Vorgang beigefügt. Vgl. Anm. 12.
[6] Dieses Wort wurde von Staatssekretär Frank mit Häkchen versehen.
[7] Vortragender Legationsrat von Boehmer erläuterte am 3. Oktober 1972, der Grund für die Übertragung der Förderungsmaßnahmen vom damaligen Bundesministerium für gesamtdeutsche Fragen auf das Auswärtige Amt im Jahr 1968 sei gewesen, „die Förderung in ein politisch unverfäng-
liches Verfahren überzuleiten, damit im Falle eines Bekanntwerdens der Förderungsmaßnahmen
auf italienischer Seite möglichst keine das deutsch-italienische Verhältnis betreffenden Rückwirkungen entstehen würden". Vgl. VS-Bd. 9756 (IV 1); B 150, Aktenkopien 1972.

Schulwesen und auf allgemein kulturellem Gebiet. Die Zuwendungen sind 1972 auf 1,0 Mio. DM gekürzt worden.

Die Förderung geschieht in streng vertraulicher Weise und unter Abweichung vom üblichen haushaltsrechtlichen Verfahren. Es muß jedoch davon ausgegangen werden, daß die italienische Regierung weiß, daß Mittel aus Deutschland nach Südtirol fließen. Sie kennt jedoch nicht deren Höhe und weiß vermutlich nicht genau, in welchem Umfange solche Mittel von der Bundesregierung stammen, zumal auch das „Kulturwerk Südtirol" und die „Stille Hilfe für Südtirol" – beides private Vereinigungen mit Sitz in München – ihrerseits in Südtirol tätig sind und Mittel aus anderen Quellen gewähren. Wegen der – mutmaßlichen – Tätigkeit der „Stillen Hilfe" ist die italienische Regierung verschiedentlich gegenüber der Botschaft Rom und im Auswärtigen Amt vorstellig geworden[8], zuletzt im Dezember 1972.

2) Zusätzliche Probleme ergeben sich daraus, daß der Bundesminister der Finanzen[9] aufgrund eines Prüfungsberichts des Bundesrechnungshofs die notwendigen Abweichungen von den haushaltsrechtlichen Vorschriften für die Zukunft von seiner Zustimmung abhängig macht. Die für das Auswärtige Amt vom Beauftragten für den Haushalt hierzu geführten Verhandlungen sind noch im Gange. Jedoch ist voraussehbar, daß auch sie in Richtung einer möglichst raschen Normalisierung des „Südtirol-Programms" wirken werden.

3) Abteilung 6 hat unseren Südtiroler Gesprächspartnern gegenüber wiederholt die Auffassung zum Ausdruck gebracht, der vertrauliche Charakter der Förderung von bildungspolitischen und kulturellen Maßnahmen zugunsten der Deutsch sprechenden Bevölkerung Südtirols könne nur vorübergehender Natur sein. Seit der Vereinbarung des „Südtirol-Pakets" zwischen Österreich und Italien[10] seien die politischen Voraussetzungen dafür gegeben, daß diese Förderung stufenweise abgebaut und künftig dringliche Wünsche der Südtiroler Landesregierung nach Unterstützung ihrer Sprach- und Kulturprogramme im Rahmen des deutsch-italienischen Kulturaustausches erfüllt werden könnten.

Unsere Südtiroler Gesprächspartner haben demgegenüber bislang die Zeit noch nicht für reif erachtet für einen Abbau der bisherigen Maßnahmen und einen vollständigen Übergang zur offenen Förderung. Sie halten eine Fortsetzung der Förderung wegen des immer noch bestehenden bildungspolitischen Rückstandes der deutschsprachigen Bevölkerungsgruppe, der z.B. die Besetzung der Lehrer- und Beamtenstellen mit Angehörigen der Bevölkerungsgruppe erschwert, für geboten. Sie halten auch wegen der weiterhin bestehenden Italie-

---

8 Das italienische Außenministerium äußerte bereits im März 1972 Sorge über die Förderung von Kultureinrichtungen in Südtirol durch die Bundesrepublik. Vgl. dazu AAPD 1972, I, Dok. 78.

9 Helmut Schmidt.

10 Am 3. Dezember 1969 berichtete Botschafter Lahr, Rom, über die Zustimmung der Südtiroler Volkspartei zu den von Italien und Österreich ausgehandelten Vereinbarungen zur Lösung der Südtirol-Frage: „Das ‚Paket' soll die Selbstverwaltung der beiden Provinzen Bozen und Trient zu Lasten der ihnen übergeordneten Region Trentino/Alto Adige stärken. Damit wird die von den Südtirolern stets kritisierte italienische Politik der Regionalisierung korrigiert, die nach Südtiroler Meinung das ‚Gruber-De Gasperi-Abkommen' verfälschte, indem sie sich für Südtirol gedachte Privilegien auf ein größeres, überwiegend italienischsprachiges Gebiet ausdehnte. [...] Die beiden Provinzen sollen eine Reihe von zusätzlichen Gesetzgebungskompetenzen auf wirtschaftlichem und sozialem Gebiet, erweiterte Haushaltskompetenzen sowie das Recht erhalten, Staatsgesetze beim Verfassungsgerichtshof anzufechten." Vgl. den Schriftbericht; Referat I A 4, Bd. 440.

nisierungsbestrebungen der italienischen Regierung und der daraus resultierenden Spannungen wenigstens solange eine Offenlegung nicht für vertretbar,
als nicht die Regelungen des „Südtirol-Pakets" von der italienischen Regierung
ausgeführt und damit eine Entspannung der politischen Verhältnisse eingetreten ist. Die Botschaft Rom teilt bisher im wesentlichen diese Beurteilung.

4) Der kulturpolitische Wert der bisherigen Förderung kultureller Aktivitäten
in Südtirol ist unverkennbar. Ein völliger Wegfall von Unterstützung wäre weder ratsam noch wünschenswert:

– Die mit unserer Hilfe aufgebauten erfolgreichen Programme der Südtiroler
  Landesregierung im gesamten Bildungswesen würden empfindlich reduziert,
  wenn nicht eingestellt werden müssen.

– Die Maßnahmen entsprechen weitgehend dem, was wir auch in anderen Ländern im Rahmen der kulturellen Zusammenarbeit tun.

– Die aus der Bundesrepublik geförderte Bildungs- und Kulturarbeit in Südtirol trägt zur weiteren Entspannung und zur friedlichen Zusammenarbeit der
  verschiedenen Sprachgruppen im italienischen Staatsverband wesentlich bei.

5) Es ist jedoch dringend geboten, daß die bisher durchgeführten Förderungsmaßnahmen beendet und durch Förderungsmaßnahmen im Rahmen eines normalen Kulturaustausches in dem hier möglichen Umfang ersetzt werden. Es
erscheint nicht angängig, hierfür entsprechende Entwicklungen in Südtirol, in
Italien oder im italienisch-österreichischen Verhältnis abzuwarten. Vielmehr
scheint aus folgenden Gründen jetzt eine Initiative geboten:

Durch die Vereinbarung des „Südtirol-Pakets" ist eine Stimmungslage geschaffen, in der auch auf italienischer Seite eine Bereitschaft bestehen dürfte, Vergangenes vergangen sein zu lassen. Es kann aber nicht damit gerechnet werden, daß eine derart günstige Situation unbegrenzt andauert. Die gegenwärtige Bedeutung der SVP[11] für Ministerpräsident Andreotti bietet eine günstige
Konstellation. Die o. a. retardierende Haltung einiger unserer Südtiroler Gesprächspartner sollte kein Grund zum Zögern sein. Es besteht Grund zu der
Annahme, daß sie ihren Grund auch in örtlich-politischen, persönlichen und
anderen, nicht nur kulturpolitischen Motiven hat.

Bei weiterer Normalisierung der Verhältnisse muß im übrigen mit zunehmender Nachlässigkeit der Betroffenen in Fragen der Vertraulichkeit und damit
mit der Gefahr gerechnet werden, daß die bisherigen Förderungsmaßnahmen
im letzten Augenblick doch noch öffentlich bekannt werden. Hierdurch würde –
ebenso wie durch Bekanntwerden einer etwa zukünftig weitergeführten Förderung kultureller Aktivitäten in Südtirol in der bisherigen Form – dem Ansehen
der deutschen auswärtigen Kulturpolitik unvertretbarer Schaden zugefügt
werden. In einem Augenblick, in dem wir bei Belebung der kulturellen Kontakte mit Osteuropa jeglichen Gedanken an eine deutsche Volkstumspolitik aus
gutem Grunde von uns weisen, können wir es uns unmöglich leisten, daß wir
in Südtirol bei einer gewissermaßen mit konspirativen Mitteln durchgeführten
Volkstumspolitik ertappt werden. All dies spricht dafür, daß von unserer Seite

---

11 Südtiroler Volkspartei.

eine Initiative mit dem Ziel ergriffen werden sollte, das Problem im Laufe dieses Jahres zu lösen.

6) Die wünschenswerte Normalisierung des „Südtirol-Programms" erfordert somit behutsames, aber zielbewußtes Vorgehen, um

a) politische Schäden durch etwaiges nachträgliches Bekanntwerden der bisherigen Förderung zu vermeiden,

b) die Zustimmung der italienischen Regierung zur Förderung des Südtiroler Bildungs- und Kulturwesens durch die Bundesrepublik Deutschland zu erreichen,

c) eine Abstimmung mit der österreichischen Regierung über künftige Förderungsziele herbeizuführen.

7) Es sind daher folgende Schritte beabsichtigt:

a) Die bisherige vertrauliche Förderung soll für 1973 im Umfang von 1 Mio. DM für Bildungs- und Kulturprogramme fortgesetzt, jedoch die Förderung von Baumaßnahmen und die schon 1972 nicht mehr vollzogene Förderung kirchlicher Programme eingestellt werden. Eine Programmliste für 1973 ist beigefügt.[12]

b) Im Hinblick darauf, daß das Südtirolproblem in erster Linie eine italienisch-österreichische Angelegenheit ist und die Bundesregierung nur eine beschränkte Legitimation hat, sollte zunächst mit der österreichischen Regierung eine Abstimmung über Art und Umfang etwaiger weiterer deutscher Förderungsmaßnahmen herbeigeführt werden. – Aufgrund einer Einladung der österreichischen Seite, die im Wege außerdienstlicher Verbindungen ad personam ausgesprochen wurde, ist vorgesehen, daß der Leiter der zuständigen Gruppe 60, Dr. Witte, zu einem bald festzulegenden Termin mit den zuständigen Ressorts in Wien ein erstes vertrauliches Sondierungsgespräch führt, das der allgemeinen Erörterung der Angelegenheit und gegenseitigen Information dienen soll. Das Gespräch wird in den Rahmen eines ohnehin geplanten allgemeinen Meinungsaustausches über die beiderseitige Sprachpolitik in dritten Ländern gestellt sein.

c) Nachdem auf einem nach dem o. a. Sondierungsgespräch festzulegenden Wege Einvernehmen mit der österreichischen Regierung über Art und Umfang etwaiger weiterer deutscher Förderungsmaßnahmen erzielt ist, sollte ein Gespräch mit der italienischen Seite – etwa auf Abteilungsleiterebene – mit dem Ziel geführt werden, daß die italienische Regierung beschränkten deutschen Förderungsmaßnahmen, die ihrem Charakter nach weitgehend dem entsprechen müßten, was wir auch in anderen Ländern tun, zustimmt.

Die Referate 112, 203 und 204 haben mitgezeichnet.

Arnold

VS-Bd. 9759 (600)

---

12 Dem Vorgang beigefügt. Mit den für 1973 vorgesehenen Mitteln wurden gefördert: a) das Südtiroler Kulturinstitut mit 546 000 DM, b) die Unterbringung von Mittelschülern aus ländlichen Bezirken in Schülerheimen in den Städten mit 328 150 DM und c) die Erwachsenenbildung mit 125 000 DM. Vgl. VS-Bd. 9759 (600); B 150, Aktenkopien 1973.

41

Aufzeichnung des Vortragenden Legationsrats Jelonek

412-401.00   9. Februar 1973

Herrn Staatssekretär[1] zur Unterrichtung

Betr.: Währungskrise[2]

1) Die Bundesbank hat gestern weitere 1,7 Mrd. Dollar aufnehmen müssen. Auch nach Börsenschluß (16 Uhr) hielt die Flucht in die DM an.

Seit Donnerstag vergangener Woche[3] sind damit rund 5 Mrd. Dollar zugeflossen. Das ohnehin überhöhte innerdeutsche Geldvolumen hat sich um weitere rund 17 Mrd. DM aufgebläht.

2) Die Ursachen für die Verschärfung der Situation dürften insbesondere in folgendem liegen:

– Zweifel an der Wirksamkeit der am 2.2. beschlossenen Abwehrmaßnahmen[4],

– Überzeugung von Wirtschafts- und Bankenkreisen im In- und Ausland, daß die Bundesregierung schließlich doch „klein beigeben müsse".

Die entscheidende Wende zu unseren Ungunsten dürfte dadurch eingetreten sein, daß die amerikanische Regierung nach anfänglicher Zurückhaltung in den letzten Tagen ihre Taktik geändert zu haben scheint. Äußerungen des Top-Wirtschaftsberaters von Präsident Nixon, Stein, sowie der Herren Reuss und Mills lassen erkennen, daß die amerikanische Seite die augenblicklichen Schwierigkeiten der Europäer nunmehr zur Verbesserung ihrer handels- und währungspolitischen Lage nutzen will.

Die jetzt kaum verhohlen vorgebrachte Forderung nach Aufwertung einiger Währungen und die Andeutung einer weiteren Dollar-Abwertung dürften weltweit als Signal für die Flucht aus dem Dollar verstanden worden sein.

---

[1] Hat Staatssekretär Frank am 9. Februar 1973 vorgelegen.

[2] Zur internationalen Währungskrise vgl. Dok. 38, Anm. 7.

[3] 1. Februar 1973.

[4] Die Bundesregierung kündigte am 2. Februar 1973 ein Gesetz zur Änderung des § 23 des Außenwirtschaftsgesetzes (AWG) vom 28. April 1961 an, um damit „die außenwirtschaftliche Absicherung gegen störende Zuflüsse von Auslandsgeld zu verstärken". Auf Grundlage des § 23 AWG wurde eine Genehmigung durch die Deutsche Bundesbank erforderlich „1) für den entgeltlichen Erwerb aller inländischen Wertpapiere durch Gebietsfremde von Gebietsansässigen [...], 2) für die Aufnahme von Darlehen und sonstigen Krediten sowie die Inanspruchnahme von Zahlungsfristen durch Gebietsansässige bei Gebietsfremden, 3) für die Ausstattung von Unternehmen, Zweigniederlassungen und Betriebsstätten im Wirtschaftsgebiet mit Vermögenswerten durch Gebietsfremde". Genehmigungsvorbehalte für „Transaktionen, die entweder ihrer Größenordnung nach nicht relevant sind, deren Auswirkungen anderweitig hinreichend begegnet werden kann oder die sich im Rahmen des handelsüblichen Waren- und Dienstleistungsverkehrs vollziehen", waren nicht vorgeschrieben. Die Bundesregierung beschloß außerdem, unverzüglich einen Gesetzentwurf an den Bundestag weiterzuleiten, „durch den der Ermächtigungsrahmen für die Festsetzung des Bardepothöchstsatzes gemäß § 6 a AWG von zur Zeit 50 v. H. mit sofortiger Wirkung auf 100 v. H. erhöht werden kann". Vgl. Bulletin 1973, S. 112.
Das Kabinett verabschiedete den Gesetzentwurf am 9. Februar 1973. Für den Wortlaut vgl. BUNDESGESETZBLATT 1973, Teil I, S. 109.

3) Beim Bundeskanzler ist die Währungslage gestern abend im kleinen Kreis erörtert worden. Hierbei sollen

– Bundesminister Friderichs und Vizepräsident Emminger für eine Freigabe des DM-Wechselkurses eingetreten sein,

– Vizepräsident Emminger sich entschieden gegen eine von BM Schmidt zur Diskussion gestellte Marktspaltung ausgesprochen haben

– und schließlich beschlossen worden sein, den Wechselkurs der DM auch weiterhin entschlossen zu verteidigen.

4) Die Lage am deutschen Devisenmarkt wird immer schwieriger. Bis 11 Uhr sind heute früh weitere 1 Mrd. Dollar zugeflossen. Es wird damit gerechnet, daß die Bundesbank heute mehr als 2 Mrd. Dollar ankaufen muß.

Da die Marktspaltung innerhalb der Bundesregierung wenig Sympathien hat, dürfte, wenn die Dollarzuflüsse nicht plötzlich nachlassen sollten – wofür z.Z. nichts spricht – sich sehr bald die Gretchenfrage Floating der DM oder sofortige DM-Aufwertung stellen.

Eine Freigabe der DM

– liegt im amerikanischen Interesse und dürfte daher von Washington begrüßt werden, zumal die Japaner folgen müßten;

– für die europäische Einigung wäre sie ein weiterer schwerer Rückschlag:

  – Belastung des ohnehin gestörten Agrarmarktes,

  – Außerkraftsetzung des europäischen Deviseninterventionssystems,

  – Verhinderung weiterer Fortschritte bei der Wirtschafts- und Währungsunion,

  – Verstoß gegen die auf der Europäischen Gipfelkonferenz[5] getroffene Vereinbarung, nicht einseitig zu floaten,

  – dürfte ebenso wie eine DM-Aufwertung Teile der deutschen Exportindustrie in erhebliche Schwierigkeiten bringen (insbesondere Textil, Stahl, Schiffbau).

Sollte sich eine Freigabe des DM-Wechselkurses als unvermeidlich herausstellen, müßten die EG-Partner vorher unterrichtet und versucht werden, sie – insbesondere Frankreich – zu einem gemeinsamen Außenfloating zu bewegen.

Jelonek

Referat 412, Bd. 109321

---

[5] Zur Konferenz der Staats- und Regierungschefs der EG-Mitgliedstaaten und -Beitrittsstaaten am 19./20. Oktober 1972 in Paris vgl. Dok. 1, Anm. 16.

42

Ministerialdirigent Brunner, z. Z. Helsinki,
an das Auswärtige Amt

114-10547/73 VS-vertraulich   Aufgabe: 9. Februar 1973, 18.00 Uhr[1]
Fernschreiben Nr. 145   Ankunft: 9. Februar 1973, 19.10 Uhr
Citissime

Delegationsbericht Nr. 59

I. In dieser Runde der MV[2] ist der gesamte Stoff in erster Lesung behandelt worden. In der nächsten, dritten Vorbereitungsrunde[3] wird voraussichtlich in Redaktionsgruppen mit der Formulierung der Tagesordnung und der Mandate begonnen werden.

II. Die Runde hat folgende Fortschritte gebracht:

1) Die Sowjetunion hat das Prinzip der Mandate akzeptiert.

2) Sie hat erkennen lassen, daß sie Unterkommissionen nicht prinzipiell ablehnt und damit einer Präzisierung der Konferenzsubstanz zustimmt.

3) Sie hat die westliche Aufgliederung der Tagesordnung in den Sachfragen übernommen (Trennung von wirtschaftlicher Zusammenarbeit und menschlichen Kontakten).

4) Sie hat den Zusammenhang zwischen politischen und militärischen Aspekten der Sicherheit durch Einfügung vertrauensbildender Maßnahmen akzeptiert.

Die Sowjetunion hat ihrerseits erreicht, daß ihr Vorschlag zur Organfrage[4] als Tagesordnungspunkt zur Debatte steht.

III. 1) Die Sowjetunion hat ihre Zielsetzung für die KSZE verdeutlicht. Im Mittelpunkt ihres Konzepts stehen die Prinzipien für zwischenstaatliche Beziehungen. Innerhalb dieser Prinzipien ist für sie die Unverletzlichkeit der Grenzen der Kernpunkt der Sicherheit in Europa. In der wirtschaftlichen Sphäre steht die bekannte Forderung nach Nichtdiskriminierung an erster Stelle, bei den Kontakten das Prinzip der Nichteinmischung in die inneren Angelegenheiten. Konkrete Formen für Zusammenarbeit und Kontakte werden kaum aufgezeigt. Es besteht der Eindruck, daß sie die Zusammenarbeit vor allem bilateral versteht.

---

[1] Hat Vortragendem Legationsrat Joetze am 12. Februar 1973 vorgelegen, der die Weiterleitung an Vortragenden Legationsrat I. Klasse Blech, Vortragenden Legationsrat Bräutigam und Legationsrat I. Klasse Heinemann verfügte.
Hat Blech am 12. Februar 1973 vorgelegen.
Hat Bräutigam und Heinemann am 13. Februar 1973 vorgelegen.
[2] Vom 15. Januar bis 9. Februar 1973 fand in Helsinki die zweite Runde der multilateralen Vorgespräche für die KSZE statt.
[3] Die dritte Runde der multilateralen Vorgespräche für die KSZE in Helsinki begann am 26. Februar 1973.
[4] Zum sowjetischen Vorschlag vom 22. Januar 1973, in die Tagesordnung der KSZE einen Punkt über die Errichtung eines „Ständigen Organs" einzufügen. Vgl. Dok. 15, Anm. 23. Vgl. dazu ferner Dok. 25.

Insgesamt ist das sowjetische Konzept eher konservativ, auf Bestätigung und Verfestigung der politischen Situation in Europa ausgerichtet. Dazu gehört allerdings, daß die Großmachtrolle der Sowjetunion auf der multilateralen europäischen Ebene sichtbar und institutionalisiert wird. Sie gibt sich dabei keinen übertriebenen Vorstellungen hin und glaubt nicht etwa, den westeuropäischen Integrationsprozeß (zumindest nicht den[5] wirtschaftlichen) von daher entscheidend beeinflussen zu können. Es geht ihr vorerst um ihre formalisierte Präsenz in einem gesamteuropäischen Konzert – entsprechend ist das von ihr vorgeschlagene Organ als lockeres Konsultativgremium ohne Entscheidungsbefugnisse konzipiert.

Zugleich will die Sowjetunion durch die Prinzipienerklärung über die politische Sicherheit den wesentlichen Inhalt unserer bilateralen Ostverträge multilateral sanktionieren lassen[6]. (Mendelewitsch zu mir: „We want to finalize the bilateral achievements of the treaties".) Bisher hat sie dafür nicht viel Gegenliebe gefunden. Gleichwohl ist zu beachten, daß dieser Komplex nur wenige Länder direkt berührt.

Ferner will sich die Sowjetunion durch vereinbarte Verhaltensregeln Entlastung und Ruhe im eigenen Pakt und im Verhältnis zur westlichen Allianz verschaffen. Die Verhaltensregeln erfüllen für sie noch einen weiteren Zweck: Sie sollen so angelegt sein, daß jederzeit das Drängen nach Neuerungen im Ost-West-Verhältnis als Verstoß gegen diese Regeln ausgelegt werden könnte. Damit will sie verhindern, daß der Entspannungsprozeß für sie außer Kontrolle gerät. In diesem Punkt ist die sowjetische Haltung besonders restriktiv. (Mendelewitsch: „We cannot accept anything which touches our social structure".)

Dies alles bedeutet nicht, daß die Sowjetunion nicht zu Abstrichen an ihrem Konzept bereit wäre. Flexibilität dürfte jedoch überwiegend nur bei der wirtschaftlichen Zusammenarbeit zu erwarten sein.

Ein solches sowjetisches Entgegenkommen wird jedoch nur durch beharrliches Insistieren der neun EG-Länder und der fünfzehn NATO-Länder auf der Grundlage sorgfältig abgestimmter Positionen zu erreichen sein. Daß solche Bemühungen Erfolg haben können, zeigt das Einlenken der Sowjetunion zur Tagesordnung und zu den Mandaten.

Im Hinblick auf das geschlossene Konzept der Sowjetunion verwundert es, daß ihre Vertreter es nicht durch elastische und nuancierte Verfahrensweisen voranzutreiben verstehen. Im Gegenteil. Die sowjetische Delegation ist schwerfällig, vergreift sich im Ton, baut an unwichtigen Stellen Schranken auf, die sie dann jäh einreißen muß, und legt sich gelegentlich unnötigerweise mit den Neutralen an. So löst sie oft einen Solidarisierungseffekt gegen sich aus.

In der Wahl ihrer Mittel ist die sowjetische Delegation auch sonst nicht zimperlich. So hat sie beispielsweise veranlaßt, daß Dobrynin im Dezember im Weißen Haus die Ablösung des stellvertretenden amerikanischen Delegations-

---

5 Korrigiert aus: „im".
6 Der Passus „durch die Prinzipienerklärung ... sanktionieren lassen" wurde von Vortragendem Legationsrat Joetze unterschlängelt. Dazu vermerkte er handschriftlich: „Falsch gesehen! SU will die MV Elemente dieser Vorschläge durch einen Prinzipienkatalog ohne diese Elemente ‚überwölben', und zwar in möglichst feierlicher Form!"

leiters Vest gefordert hat. Der Planungschef der DDR, Bock, hat mir zu verstehen gegeben, daß dies auch in anderen Fällen versucht worden[7] sei.

2) Die kleineren Staaten des Warschauer Paktes laufen hier am kurzen Zügel. Sie handeln nach einer Rollenverteilung (Sicherheit: DDR und Polen, Wirtschaft: Ungarn, Kultur: Tschechoslowakei und Polen, Organ: Bulgarien). Die DDR zeigt weiter in der Methode größeren Einfallsreichtum und Flexibilität. Polen ist erstaunlich schwach.

Rumänien hat sich in dieser Runde nur zweimal zu Wort gemeldet. Es folgte dabei der sowjetischen Linie, beschränkte sich aber auf die Punkte, an denen es besonders interessiert ist (Organ, Rotation, sozialistisches Entwicklungsland).

3) Die Neutralen und Ungebundenen haben eine nützliche Rolle gespielt. Ihre Auftritte zeigen, daß es in Europa mehr gibt als nur das Ost-West-Verhältnis. Sie haben durch substantielle Vorschläge, besonders im Bereich der militärischen Sicherheit, den Konferenzstoff angereichert. Diese Vorschläge entsprechen nicht den Vorstellungen der östlichen Länder und gehen teilweise über die der westlichen Länder hinaus.

Besonders selbstbewußt und fundiert vertritt die Schweiz ihren Standpunkt zur friedlichen Streiterledigung und zu den menschlichen Kontakten. Schweden hat in würdiger Weise sein Abrüstungskonzept zur Geltung gebracht. Österreich hat zur Organfrage einen nützlichen Vorschlag unterbreitet.[8]

Die jugoslawische Linie ist diffuser. Jugoslawien ist in Fragen der militärischen Aspekte der Sicherheit sehr ehrgeizig, ebenso in der Mittelmeerfrage, gebärdet sich als europäisches Entwicklungsland, bemüht sich aber andererseits, auch sowjetische Vorstellungen zu fördern. In der Organfrage vertritt es eigene Interessen.

Finnland will vor allem nicht bei der Sowjetunion anecken. Seine Delegierten äußern sich kaum zur Situation. In der Frage des Prinzipienkatalogs begaben sie sich in die Nähe der sowjetischen Vorstellungen.

Spanien oszilliert stark. Es versucht eine Annäherung an die Staaten des Warschauer Paktes. Dies jedoch weniger in der Substanz als durch prozedurales Taktieren. Der spanische Vertreter legt auch Beflissenheit gegenüber der DDR an den Tag. Er redet zu oft. Er versucht, sich an den sowjetischen Zug anzuhängen, wenn er merkt, daß er fährt.

Der Vertreter des Heiligen Stuhles findet nicht recht seine Rolle, sowohl was Zielrichtung als auch Qualität seiner Äußerungen angeht. Die humanitären Maßstäbe, die man vom Vatikan erwarten könnte, sind bisher kaum erkennbar, hingegen eine Tendenz zum Finassieren mit Blick auf Osteuropa.[9]

---

[7] Der Passus „die Ablösung ... gefordert hat" und der Passus „daß dies ... versucht worden" wurde von Vortragendem Legationsrat Joetze hervorgehoben. Dazu Ausrufezeichen.

[8] Zu den Vorschlägen der Schweiz sowie von Schweden und Österreich vom 17. Januar 1973 für eine Tagesordnung und Mandate vgl. Dok. 32, Anm. 9, 10 und 12.

[9] Dieser Satz wurde von Vortragendem Legationsrat I. Klasse Blech durch zwei Ausrufezeichen hervorgehoben.

4) Innerhalb der EG und der NATO hat die Abstimmung wie in der ersten Runde[10] gut funktioniert. (Um es mit den Worten eines amerikanischen Delegierten zu formulieren: „Now we are beginning to know what blocs are really good for.")

Die geschlossene Einbringung und Befürwortung der Mandate hat sich vorteilhaft und stabilisierend ausgewirkt. Sie hat es auch den Neutralen erleichtert, die Tuchfühlung zu den westlichen Vorstellungen zu wahren.

Andererseits ist jedoch ein geschlossenes westliches Konzept für Sicherheit und Zusammenarbeit in Europa nicht sichtbar geworden.

Ausgeprägter als die anderen westlichen Länder hat die Bundesrepublik in den Leitlinien ihrer Ost- und Entspannungspolitik[11] eine durchgegliederte Grundlage für ein solches Konzept. Unsere Beiträge wurden daher als gehaltvoll empfunden und vom Westen und den Neutralen begrüßt. Häufig dienten sie als Ausgangspunkt für die Erläuterungen anderer Delegationen. Auch dann, wenn unsere Erklärungen Unterschiedlichkeiten gegenüber den Positionen des Warschauer Pakts aufwiesen, wurden sie von dessen Mitgliedern als diskussionsfördernd bezeichnet. Mendelewitsch sprach von „gut begründeten Standpunkten" und „deutscher Gründlichkeit".

Die dänische und die niederländische Delegation zeichneten sich gleichfalls durch substantielle Erklärungen aus. Sie stellten westliche Auffassungen pointiert.[12] Zur Frage der menschlichen Kontakte enthielten ihre Beiträge Schärfen an die Adresse der Sowjetunion und Polens.

Unsere drei großen westlichen Verbündeten beteiligten sich in unterschiedlichem Maße und mit unterschiedlicher Qualität.

Frankreich hat noch am ehesten etwas zur Substanz gesagt und dabei gelegentlich der sowjetischen Delegation widersprochen. Dies wurde von den französischen Vertretern dadurch kompensiert, daß sie der Sowjetunion prozedurale Schwenkungen erleichterten

Die Briten entfalten in den westlichen Konsultationen eine rege Aktivität, sind sehr auf Solidarität bedacht, tragen jedoch zur Sachdebatte wenig bei. Es entsteht der Eindruck, daß sie, was die Substanz von Sicherheit und Zusammenarbeit angeht, bisher wenig im Sinn haben[13].

Die Zurückhaltung der Vereinigten Staaten hat, verglichen mit der ersten Runde, eher noch zugenommen. Hinter den Kulissen ist die amerikanische Delegation aktiv sowohl im westlichen Verband als auch in Kontakten mit der sowjetischen Delegation[14]. Mit ihrer Zurückhaltung in den Debatten wollen die Amerikaner den Eindruck vermeiden, daß es Absprachen zwischen den Großmächten gibt oder daß die Szene von den Großen beherrscht wird. Diese Hal-

---

10 Die erste Runde der multilateralen Vorgespräche für die KSZE in Helsinki fand vom 28. November bis 15. Dezember 1972 statt.

11 Für die Leitlinien der Bundesregierung für die „Konferenz über Sicherheit und Zusammenarbeit in Europa" (KSZE) vom 18. Mai 1972 vgl. AAPD 1972, I, Dok. 138.

12 Unvollständiger Satz in der Vorlage.

13 Die Wörter „bisher wenig im Sinn haben" wurden von Vortragendem Legationsrat Joetze mit Häkchen versehen.

14 Die Wörter „Kontakten mit der sowjetischen Delegation" wurden von Vortragendem Legationsrat I. Klasse Blech hervorgehoben. Dazu Ausrufezeichen.

tung bringt jedoch Nachteile mit sich. Sie gibt den Teilnehmern Rätsel über das amerikanische Interesse an den Ergebnissen der KSZE und damit an der Beteiligung der USA an der geplanten Zusammenarbeit in Europa auf. Für die Zukunft erhofft sich die amerikanische Delegation Weisungen, die ihr eine größere substantielle Beteiligung erlauben.

IV. Das Verhalten des finnischen Vorsitzenden Tötterman in der Sitzung und seiner Mannschaft in den Couloirs erweckt den Eindruck deutlicher Rücksichtnahme auf sowjetische Wünsche. Bei hinreichendem solidarischem westlichem Druck gibt er allerdings ebenfalls nach. Seine mitunter offenkundige Nachgiebigkeit gegenüber der Sowjetunion trug ihm fast unverhohlene Kritik der Schweizer Delegation ein.

Das Exekutivsekretariat arbeitet zufriedenstellend. Der Sprachendienst jedoch befriedigt nicht.

V. Bis zum Beginn der nächsten Runde am 27. Februar ist im Rahmen der Neun und der Fünfzehn eine umfangreiche Arbeit zu leisten:

1) Wir müssen unsere Haltung in der Frage der Unverletzlichkeit der Grenzen[15] präzisieren[16]. Mendelewitsch hat mir heute noch einmal in einem längeren vertraulichen Gespräch[17] gesagt, die Sowjetunion könne allenfalls hinnehmen, daß dieses Prinzip mit gleichem Gewicht wie andere Prinzipien über zwischenstaatliche Beziehungen in den Prinzipienkatalog aufgenommen werde. Eine Erwähnung der Unverletzlichkeit der Grenzen als Teil des Gewaltverzichts sei jedoch inakzeptabel. Von dieser Haltung werde seine Regierung keinesfalls abgehen.

Wir müssen in Rechnung stellen, daß in dieser Frage die Solidarität der westlichen Länder ihre Grenzen hat.[18] Hätte die Sowjetunion in der Frage des Prinzipienkatalogs ihre Position durch Auslassung des Selbstbestimmungsrechts und der Menschenrechte nicht überzogen, so wären wir schon jetzt in Schwierigkeiten.

2) Die ausführlichen Mandate für Kommissionen und Unterkommissionen, die die westlichen Länder vorgelegt haben[19], haben ihren Zweck erfüllt. Eine detaillierte Diskussion darüber ist in Gang gekommen.

Jetzt ist es Zeit, ein gewisses Entgegenkommen zu zeigen und die Mandate zu straffen. Es sollte darin nichts verlorengehen, was für das von uns angestrebte Konferenzergebnis wesentlich ist. Mit der jetzigen ausführlichen Fassung der Mandate kommen wir jedoch nicht voran. Wir sollten zugleich prüfen, was aus den sowjetischen Mandatsvorschlägen übernommen werden kann. Dies würde

[15] Zur Haltung der Bundesrepublik hinsichtlich der Frage der „Unverletzlichkeit der Grenzen" in einer KSZE-Prinzipienerklärung vgl. Dok. 28.

[16] Dieses Wort wurde von Vortragendem Legationsrat Joetze unterschlängelt. Dazu vermerkte er handschriftlich: „D. h. nachgeben?"

[17] Die Wörter „längeren vertraulichen Gespräch" wurden von Vortragendem Legationsrat Joetze durch Ausrufezeichen hervorgehoben.

[18] Dieser Satz wurde von Vortragendem Legationsrat Joetze hervorgehoben. Dazu vermerkte er handschriftlich: „So 210".

[19] Zu den Entwürfen für Mandate der Kommissionen und Unterkommissionen der KSZE, die von Belgien, Dänemark und Italien am 15. Januar 1973 bei den multilateralen Vorgesprächen in Helsinki eingebracht wurden, vgl. Dok. 15, Anm. 24.

die Position der sowjetischen Delegation gegenüber ihrer eigenen Zentrale erleichtern.

3) Die wichtigste Arbeit, die noch geleistet werden muß, ist die Abstimmung von detaillierten Konferenzzielen. Die Studie darüber müßte so abgefaßt sein, daß sie praktische Folgerungen für das westliche Konferenzverhalten ermöglicht. Wir müssen uns jetzt darüber einig werden, was am Ende herauskommen soll.

Unsere Überlegungen müssen sich vor allem auf die Frage des möglichen Folgeorgans der Konferenz richten. Dieses Gremium wird das Instrument für die Umsetzung der Konferenzergebnisse in die Praxis sein und spielt im sowjetische Konzept eine zentrale Rolle.

[gez.] Brunner

VS-Bd. 9058 (210)

43

Botschafter Sachs, Brüssel (EG), an das Auswärtige Amt

114-10555/73 VS-vertraulich   **Aufgabe: 9. Februar 1973, 19.00 Uhr**[1]
Fernschreiben Nr. 571   **Ankunft: 9. Februar 1973, 21.28 Uhr**

Betr.: Vorbereitung der KSZE im Rahmen der Gemeinschaft

Bezug: Drahtbericht Nr. 433 vom 1.2.1973[2]
    Drahterlaß Nr. 23 vom 8.2.1973[3]

I. Der Ausschuß der Ständigen Vertreter befaßte sich heute zum ersten Mal mit den handelspolitische Fragen betreffenden Anregungen in Paragraph 6 des von den Außenministern gebilligten PZ-Dokuments RM (72) 8. Während der

---

1 Hat Vortragendem Legationsrat Eggers am 12. Februar 1973 vorgelegen, der die Weiterleitung von Durchdrucken an Parlamentarischen Staatssekretär Apel, Ministerialdirigent Poensgen und Botschafter Emmel verfügte.
Am 13. Februar 1973 verfügte Eggers außerdem die Weiterleitung eines Durchdrucks an das Bundeskanzleramt.
2 Botschafter Sachs, Brüssel (EG) teilte mit, er habe in der Sitzung des Ausschusses der Ständigen Vertreter vom 1. Februar 1973 vorgeschlagen, daß sich die Gemeinschaft mit dem Thema „Vorbereitung der KSZE im Rahmen der Gemeinschaft" befasse. Dabei habe er ergänzend auf „Ziffer IV des Relevé des Conclusions der Sitzung des P[olitischen] K[omitees] vom 16./17. Jan[uar] in Brüssel sowie die Fortschritte in der Fixierung der Mandate bei der MV in Helsinki hingewiesen und die Dringlichkeit einer Befassung der Gemeinschaftsorgane mit den Fragen der wirtschaftlichen Zusammenarbeit, die in die Zuständigkeit der Gemeinschaft fallen, hervorgehoben". Die Botschafter hätten entschieden, das Thema am 9. Februar 1973 zu erörtern. Vgl. VS-Bd. 8852 (411); B 150, Aktenkopien 1973.
3 Ministerialdirigent Herbst teilte der Ständigen Vertretung bei den Europäischen Gemeinschaften in Brüssel mit, daß die UdSSR am 5. Februar 1973 bei den multilateralen Vorgesprächen für die KSZE in Helsinki den Entwurf eines Mandats für die Kommission zum Tagesordnungspunkt 2 (Wirtschaft) eingebracht und dabei Bereiche angesprochen habe, „die zur Zuständigkeit der Ge-

größte Teil der Delegationen zunächst eine sachlich vertiefte Prüfung der PK-Anregungen verlangte, um feststellen zu können, ob und inwieweit die Gemeinschaft im Bereich der beiden angesprochenen Sektoren (Zollzugeständnisse und Lockerung mengenmäßiger Beschränkungen) ein Angebot unterbreiten könne und welche Gegenleistungen hierfür zu verlangen seien, setzten sich die Kommission und ich in mehrfachen Interventionen dafür ein, die Präsidentschaft in Kongruenz zu den Vorschlägen des PZ-Dokuments sehr rasch mit einem kurzgefaßten, positiv gehaltenen Angebot der Gemeinschaft auszustatten, um ihr zu ermöglichen, den belgischen Mandatsvorschlag[4] während der nächsten Runde der MV in Helsinki diesbezüglich im Namen der Gemeinschaft zu ergänzen. Die sachliche Prüfung könne im Rahmen der Gemeinschaft gleichzeitig und auch noch nach Abgabe eines generellen Gemeinschaftsangebots weitergeführt und vertieft werden. Obwohl von mehreren Delegationen, insbesondere auch der britischen, das Zeitelement durchaus anerkannt wurde, vertraten alle übrigen Delegationen die Auffassung, daß es nur Aufgabe des Ausschusses (und einer von ihr einzusetzenden Ad-hoc-Gruppe) sein könne, die Anregungen des PK zu prüfen und dem Rat hierüber Bericht zu erstatten. Es müsse dann dem Rat überlassen bleiben, welche Konsequenzen er hieraus ziehen und ob er ein auf Gegenseitigkeit begründetes Angebot der Gemeinschaft während der MV unterbreiten wolle.

Auf Anregung des Vorsitzenden beschloß der Ausschuß, daß sich eine Arbeitsgruppe IX en/53, Rahmen[5] am 14. Februar mit den materiellen Problemen der PZ-Anregungen und den damit sonst noch zusammenhängenden Fragen (s. Ziffer III) befassen solle, wobei es der Kommission freigestellt wurde, ob sie über ihr Dok. Sec (72) 3304 final 2 hinaus weitere Vorstellungen für ein Verhandlungsangebot unterbreiten möchte. Der Ausschuß der Ständigen Vertreter wird die Ergebnisse der Arbeitsgruppe am Freitag, den 16.2. nachmittags, prüfen. In jedem Fall ist beabsichtigt, dem Rat am 5./6. März einen Bericht des Ausschusses vorzulegen.

II. Zu der Verfahrensseite wies der Vertreter der Kommission darauf hin, daß die MV u. a. dazu diene, die Möglichkeiten von Verhandlungen über handelspolitische Fragen zu explorieren. Der zweite Schritt sei dann die Behandlung der Sachfragen in einer Kommission oder Unterkommission im Laufe der KSZE selbst. Diese Phase sollte zu gemeinsamen Empfehlungen für bilaterale oder multilaterale Verfahren führen, die dann in eine zweite Ministerkonferenz der KSZE eingebracht würden. Der letzte Schritt wären dann die eigentlichen Verhandlungen zwischen der EG und den einzelnen Ostblockstaaten nach der

Fortsetzung Fußnote von Seite 213

meinschaft gehören." Es erscheine deshalb notwendig, „daß die Gemeinschaft – entsprechend auch den Anregungen des Politischen Komitees – ihre Haltung in diesen Fragen möglichst beschleunigt festlegt. Wir sind hierbei daran interessiert, daß die Gemeinschaft eine positive Haltung zu den auf eine größere Marktöffnung hinauslaufenden sowjetischen Wünschen einnimmt, schon um durch eine entgegenkommende Haltung in diesem Bereich Ansatzpunkte dafür zu gewinnen, daß die Sowjetunion sich in unserem Sinne bei anderen Fragen bewegt." Vgl. VS-Bd. 8852 (411); B 150, Aktenkopien 1973.

[4] Die belgische Regierung brachte am 15. Januar 1973 einen Mandatsvorschlag für Kommission und Unterkommission zum Tagesordnungspunkt 2 (Wirtschaft) ein. Für das Dokument CESC/HC/17 vgl. Referat 212, Bd. 100016.

[5] So in der Vorlage.

KSZE. Im Augenblick gehe es darum, den ersten Schritt zu tun, nämlich daß die Gemeinschaft in der MV ihre Bereitschaft erklärt, über handelspolitische Fragen auf der KSZE zu sprechen. Dieses positive Angebot müßte in die am 27. Februar beginnende dritte Runde der MV[6] eingebracht werden.

Von seiten der Präsidentschaft und der französischen Delegation wurde dem sofort entgegengehalten, daß die Gemeinschaft keine Aussagen machen könne, solange sie nicht wirklich wisse, wovon sie spreche, und ob überhaupt etwas Substantielles angeboten werden könne.

Ich habe dieser Auffassung entgegengehalten, daß die Arbeiten in Helsinki schon so weit fortgeschritten seien, daß wir in Kürze versuchen müßten, Einfluß darauf zu nehmen, welche Beschlüsse bezüglich der Mandate an die Kommission oder Unterkommission, die sich mit handelspolitischen Fragen befassen solle, gefaßt würden, und dabei auf den belgischen Mandatsvorschlag, den sowjetischen Gegenvorschlag[7] und die ungarische Intervention vom 24. Januar[8] verwiesen. Dem belgischen Vorschlag solle nach unserer Meinung ein Angebot der Gemeinschaft hinzugefügt werden, das sich eng an die Anregungen des PK halte, d.h. vorläufig durchaus allgemein eine Bereitschaftserklärung zur Behandlung von Zollfragen und mengenmäßigen Beschränkungen (bei entsprechenden Gegenleistungen) darstellen könne. Die Außenminister hätten die Anregung des PK bereits zur Kenntnis genommen. Die Vorschläge sollten nunmehr raschestens in gemeinsame Beschlüsse umgewandelt werden, um ihren Platz in dem westlichen Mandatsvorschlag zu finden. Es solle dann der Präsidentschaft überlassen bleiben, für die Einbringung des Gemeinschaftsangebots den geeigneten Zeitpunkt und die geeignete Form zu wählen.

Anderenfalls gingen die Vorbereitungen in Helsinki weiter, ohne daß die Gemeinschaft überhaupt ins Spiel gebracht worden sei. Die materielle Arbeit für die eigentlichen Verhandlungen der zweiten Phase könnten in Brüssel gleichzeitig weitergeführt werden.

Botschafter Palliser unterschied zwischen Problemen „du calendrier, de fond et de l'organisation". Er teilte meine Auffassung, daß die Gemeinschaft keine Zeit verlieren dürfe, bezweifelte aber, wie van der Meulen und Burin, daß ohne genaue Analyse der effektiven Möglichkeiten handelspolitischer Zugeständnisse und der zu fordernden Gegenleistungen schon ein Ratsbeschluß herbeigeführt werden könne. Er regte daher an, zunächst eine Arbeitsgruppe mit der Prüfung der materiellen Fragen zu befassen.

Die italienische Delegation wollte vermieden sehen, daß sich die Gemeinschaft durch eine ausschließliche Befassung mit den ihr vom PK empfohlenen Punkten in der Prüfung der handelspolitischen Gesamtproblematik selbst beschränke und dadurch andere in diesem Zusammenhang stehende Fragen (s. Ziffer III) nicht genügend mit in Erwägung gezogen würden. Außerdem müsse die Gemeinschaft auch Gelegenheit erhalten, sich mit den übrigen Fragen der wirtschaftlichen Zu-

---

6 Die dritte Runde der multilateralen Vorgespräche für die KSZE in Helsinki begann am 26. Februar 1973.

7 Die UdSSR brachte am 5. Februar 1973 einen Mandatsvorschlag für die Kommission zu Korb II (Wirtschaftliche Zusammenarbeit, Umweltschutz) ein. Für das Dokument CESC/HC/30 vgl. Referat 212, Bd. 100016.

8 Zum ungarischen Vorschlag vom 24. Januar 1973 vgl. Dok. 24, Anm. 17.

sammenarbeit auf der KSZE zu befassen. Letzteren Gesichtspunkt habe ich in einer späteren Intervention nachdrücklich unterstützt und darauf hingewiesen, daß sich die Gemeinschaft in einem dynamischen Prozeß befände, der es erforderlich mache, daß sie sich in ihrer Zuständigkeit nicht selbst einenge, sondern sich weitere Initiativen in den Fragen der wirtschaftlichen Zusammenarbeit vorbehalte. Im Augenblick erscheine es aus Dringlichkeitsgründen jedoch zweckmäßig, sich zunächst mit den zwei Punkten des PZ-Dokuments zu befassen.

Die dänische Delegation befürwortete ein positives Angebot der Gemeinschaft in Helsinki in den Bereichen Zölle und mengenmäßige Beschränkungen. Bei der Prüfung der materiellen Fragen müsse man sich jedoch besonders auf das viel kompliziertere Gebiet der Gegenleistungen des Ostens konzentrieren.

Die niederländische Delegation bezweifelte, ob die Gemeinschaft tatsächlich initiativ werden solle und ob es nicht besser wäre, die Vorschläge der Ostblockstaaten abzuwarten. Bei den Konzessionen der Gemeinschaft handele es sich sowieso mehr um psychologische als um materielle Funktionen, zumal man schon fast am „hard core" der Möglichkeiten angelangt sei. Allerdings gab auch der niederländische Delegierte zu, daß, wenn etwas geschehen solle, dies rasch erfolgen müsse. In jedem Fall sei große Vorsicht am Platze.

Auch Botschafter Dondelinger vertrat die Auffassung, daß man sich zunächst über die eigenen Konzeptionen klar werden müsse, bevor man ein Angebot unterbreite. Die Gemeinschaft müsse dabei zu allererst an ihre „responsabilities propres" denken.

Die Kommission wiederholte, daß es ihr, ebenso wie der deutschen Delegation, zunächst darauf ankomme, ein kurzes Angebot für Helsinki zu erarbeiten, und bot an, einen entsprechenden Textvorschlag zu unterbreiten. Im übrigen habe schon die Gipfelkonferenz (s. Ziffer 13)[9] beschlossen, daß die Gemeinschaft einen abgestimmten konstruktiven Beitrag zur KSZE leisten solle. Auch die Außenminister hätten durch die Billigung des Dok. RM-C9 ihre Bereitschaft, openminded zu sein, ausgedrückt (s. letzter Satz des Dok.). Insofern lägen eigentlich schon praktische Beschlüsse für eine positive Haltung der Gemeinschaft vor.

Ebenso wie wir sehe die Kommission die Gefahr, daß – während die Gemeinschaft ihr Angebot noch prüfe – in Helsinki die Mandate schon präzisiert würden und die Gemeinschaft dabei überhaupt nicht in Erscheinung trete.

Dieser Auffassung wurde jedoch wiederum vom Ausschußvorsitzenden entgegengehalten, daß die Geneigtheit zu einer Bereiterklärung nicht ausreiche, wenn man nicht wisse, was faktisch dahinter stecke und man nichts strategisch betreiben solle, solange man die praktischen Fragen nicht geprüft habe.

---

[9] In Ziffer 13 der Erklärung der europäischen Gipfelkonferenz am 19./20. Oktober 1972 in Paris wurde ausgeführt: „Zur Förderung der Entspannung in Europa bekräftigt die Gemeinschaft ihren Willen, ab 1. Januar 1973 gegenüber den Ländern des Ostens eine gemeinsame Handelspolitik zu betreiben; die Mitgliedstaaten erklären ihre Entschlossenheit, gegenüber diesen Ländern eine Politik der Zusammenarbeit, die auf Gegenseitigkeit gegründet ist, zu fördern. Diese Politik der Zusammenarbeit ist im gegenwärtigen Stadium eng mit der Vorbereitung und dem Ablauf der Konferenz über Sicherheit und Zusammenarbeit in Europa verbunden, in der die Gemeinschaft und ihre Mitgliedstaaten aufgerufen sind, in diesem Bereich einen abgestimmten, konstruktiven Beitrag zu leisten." Vgl. EUROPA-ARCHIV 1972, D 507.

Aufgabe des Ausschusses sei es, dem Rat einen fundierten Bericht vorzulegen und diesen damit in die Lage zu versetzen, seine Optionen zu treffen. Auf unser Drängen wurde jedoch Einigkeit darüber erzielt, daß der Rat auf jeden Fall in seiner nächsten Sitzung mit der Angelegenheit befaßt wird.

III. Aus den Diskussionsbeiträgen zu den materiellen Problemen ist folgendes festzuhalten:

Der Vertreter der Kommission führte aus, die Fragen der Zölle und mengenmäßigen Beschränkungen seien für die Ostländer von großer, vor allem von psychologischer Bedeutung. Dies habe sich auch bei den bisherigen Gesprächen in Helsinki wieder erwiesen. Die Verbesserung der Rentabilität der Exporte sei eines der wichtigsten Ziele der östlichen Wirtschaftspolitik. Von östlicher Seite werde immer wieder behauptet, der Westen diskriminiere die Ostländer im handelspolitischen Bereich.

Selbstverständlich dürfe mit dem Osten nicht nur über Zölle und mengenmäßige Beschränkungen gesprochen werden. Dies seien die beiden Bereiche, in denen die Gemeinschaft Konzessionen anbieten könne. Als Gegenleistungen komme die Beseitigung administrativer Handelshemmnisse in Betracht, die aus dem östlichen Wirtschaftssystem resultieren. Die Kommission habe hierzu in ihrem Dokument vom 9. Oktober 1972 bereits einige Ideen entwickelt.

Die meisten Delegationen äußerten sich skeptisch hinsichtlich der Möglichkeiten für ein substantielles Angebot der Gemeinschaft in den Bereichen Zölle und mengenmäßige Beschränkungen (vor allem Frankreich, Italien, Dänemark, Niederlande, Belgien). Botschafter Burin des Roziers führte zu den Zollfragen aus, das Thema Meistbegünstigung eigne sich kaum für ein attraktives Angebot der Gemeinschaft. Die meisten Ostländer seien bereits aufgrund ihrer Mitgliedschaft im GATT im Genuß der de jure Meistbegünstigung. Gegenüber den anderen Ostländern bestünden bilaterale Meistbegünstigungsverpflichtungen. Nicht ganz klar sei der französischen Delegation, was die Kommission im Auge habe, wenn sie in ihrem Dok. 3304 final 2 vom 9.10.1972 (S. 7, letzter Absatz) von der Möglichkeit spreche, spezifische Zollkonzessionen, die mit den Regeln des GATT vereinbar sind, zu gewähren. Das auf Seite 3 des gleichen Dokuments (letzter Absatz) erwähnte Thema der Regelung des Lohnveredelungsverkehrs eigne sich nicht für spezielle Verpflichtungen der Gemeinschaft gegenüber den Ostländern. Zum Thema „mengenmäßige Beschränkungen" wies Botschafter Burin des Roziers darauf hin, daß in den Beitrittsprotokollen zwischen verschiedenen Ostländern und dem GATT bereits Liberalisierungszusagen enthalten seien, diese Zusagen könne man vielleicht durch die Festlegung eines Datums präzisieren. Diese Frage müßte jedoch eingehend geprüft werden.

Die italienische Delegation warf die Frage auf, ob gewisse Agrarregelungen als zu den Zollfragen gehörend angesehen werden könnten. Zu den mengenmäßigen Beschränkungen wies sie auf den unterschiedlichen Liberalisierungsstand in den einzelnen Mitgliedsländern der Gemeinschaft hin. Im übrigen habe die italienische Delegation schon mehrfach in anderem Zusammenhang darauf hingewiesen, daß bei Fortschritten in diesem Bereich, dem Stand der Harmonisierung der übrigen handelspolitischen Bereiche Rechnung getragen werden müsse.

Die dänische Delegation befürwortete zwar ein Angebot der Gemeinschaft bei Zöllen und mengenmäßigen Beschränkungen, vertrat aber die Auffassung, daß die Mitgliedsländer der Gemeinschaft in diesen Bereichen dem Osten bereits weit entgegengekommen seien, so daß hier nicht mehr viel zu tun übrig bleibe. Die niederländische Delegation räumte die psychologische Bedeutung der Zollfragen ein, wies aber zu den mengenmäßigen Beschränkungen darauf hin, daß im Beneluxrahmen bereits der harte Kern von Kontingenten erreicht sei.

Einigkeit bestand im Ausschuß darüber, daß der Frage der Gegenleistungen des Ostens besondere Aufmerksamkeit geschenkt werden müsse. Botschafter Palliser nannte als Beispiele den verbesserten Zugang westlicher Geschäftsleute zu den östlichen Märkten und zu östlichen Dokumentationen. Botschafter Burin des Roziers nannte die Verbesserung der Möglichkeiten für Marktforschung, Vermarktung und Schiedsgerichtswesen.

Von mehreren Delegationen, insbesondere von der italienischen und niederländischen Delegation, wurde auf die Notwendigkeit hingewiesen, die von der Gemeinschaft im Rahmen der multilateralen GATT-Verhandlungen[10] anzustrebenden Ziele mit den in Helsinki abzugebenden Erklärungen zu koordinieren. Auch der Vertreter der Kommission stimmte dieser Notwendigkeit zu.

[gez.] Sachs

VS-Bd. 8852 (411)

44

Bundeskanzler Brandt an Präsident Nixon

VS-vertraulich   **9. Februar 1973**[1]

Sehr verehrter Herr Präsident,

die Entwicklung an den Devisenmärkten in den letzten Tagen, deren Folgen die Bundesrepublik Deutschland mehr als jedes andere Land zu spüren bekommen hat, erfüllt mich mit großer Besorgnis. Die Bundesrepublik hat ihre Verpflichtungen aus dem Smithsonian Agreement[2] dem Buchstaben und dem

---

10 Zur Einberufung einer neuen Verhandlungsrunde im Rahmen des GATT vgl. Dok. 15, Anm. 45.

1 Ablichtung.
  Das Schreiben wurde von Staatssekretär Frank am 9. Februar 1973 an Botschafter Pauls, Washington, mit der Bitte übermittelt, es „so schnell wie möglich, mit einer Höflichkeitsübersetzung versehen, dem Präsidenten zuzuleiten. Die Angelegenheit ist außerordentlich dringend." Vgl. den Drahterlaß Nr. 126, VS-Bd. 523 (Büro Staatssekretär); B 150, Aktenkopien 1973.

2 Am 17./18. Dezember 1971 einigten sich die Wirtschafts- und Finanzminister sowie die Notenbankpräsidenten der Zehnergruppe in Washington auf eine Neuordnung des Weltwährungssystems („Smithsonian Agreement"). So wurde u. a. eine Aufwertung der D-Mark um 4,61 % sowie eine Abwertung des US-Dollar um 7,89 % vereinbart, während der Kurs des französischen Franc unverändert blieb. Die USA erklärten sich zur Rücknahme der von Präsident Nixon am 15. August 1971 verkündeten zehnprozentigen Importabgabe bereit. Ferner beschlossen die Teilnehmer eine Er-

Geiste nach erfüllt. Sie wissen, Herr Präsident, daß meine Regierung darüber hinaus durch eine zweimalige D-Mark-Aufwertung[3] und ihr Verhalten in den Institutionen der Europäischen Gemeinschaft und bei anderer Gelegenheit Verständnis für die Notwendigkeiten internationaler Solidarität bewiesen hat.

Die kritische Entwicklung an den Devisenmärkten ist zu einem erheblichen Teil auf rein spekulative Bewegung zurückzuführen. Die Bundesregierung ist nicht bereit, sich davon unter Druck setzen zu lassen und Handlungen vorzunehmen, die nach den objektiven Daten der deutschen Leistungsbilanz nicht angebracht sind.

Sie hat deshalb die Deutsche Bundesbank angewiesen, die Interventionskäufe fortzusetzen. Dadurch wurde es möglich, den Kurs des Dollars an der Frankfurter Devisenbörse am unteren Interventionspunkt von 3,15 DM zu halten. Diese Politik der Bundesregierung würde zweifellos erleichtert, wenn sie durch ein entsprechendes Verhalten der amerikanischen Währungsbehörden unterstützt würde. Ich weiß durchaus zu schätzen, daß dies in einem gewissen Umfang der Fall gewesen ist; gleichwohl ist der Kurs des Dollars in New York mehrfach unter 3,14 DM abgesunken, wodurch zusätzliche Anreize für Dollar-Zuflüsse in die Bundesrepublik Deutschland entstanden. Ich würde es begrüßen, wenn die amerikanischen Währungsbehörden künftig alles in ihren Kräften Stehende tun würden, um den Dollar-Kurs zu stützen, was – wie ich glaube – dem Geiste des Smithsonian Agreement entsprechen und sicherlich zu einer Beruhigung der Märkte beitragen würde.

Auch ich halte eine Reform des internationalen Währungssystems für dringend erforderlich. Dies habe ich in meiner Regierungserklärung vom 18. Januar 1973 erneut zum Ausdruck gebracht.[4] Vertreter der Bundesregierung haben dies auch bei anderen Gelegenheiten stets betont und damit die kooperative Haltung der Bundesrepublik Deutschland in dieser Frage unterstrichen.

Außerdem sind auch nach meiner Auffassung Entscheidungen erforderlich, die zu einer weiteren Liberalisierung des Welthandels beitragen.

Ich sehe jedoch die Gefahr, daß es als Folge der krisenhaften Entwicklung an den Devisenmärkten statt dessen zu weiteren Beschränkungen der Freizügigkeit des Waren- und Kapitalverkehrs kommt.

Wenn es uns nicht gelingt, die gegenwärtige Lage an den Devisenmärkten gemeinsam und schnell zu stabilisieren, so müßte die weitere Entwicklung zu ge-

---

Fortsetzung Fußnote von Seite 218

weiterung der Bandbreiten für Währungskursschwankungen auf 2,25 % nach beiden Seiten und die Aufnahme von Verhandlungen über die langfristige Reform des Weltwährungssystems. Vgl. dazu das Kommuniqué; DEPARTMENT OF STATE BULLETIN, Bd. 66 (1972), S. 32–34. Für den deutschen Wortlaut vgl. EUROPA-ARCHIV 1972, D 23 f. Vgl. dazu ferner AAPD 1971, III, Dok. 447.

3 Die Regierung Brandt beschloß erstmals am 24. Oktober 1969 eine Aufwertung der D-Mark gegenüber dem Dollar um 8,5 % mit Wirkung zum 27. Oktober 1969. Die Parität änderte sich damit von 4 DM auf 3,66 DM. Vgl. dazu AAPD 1969, II, Dok. 323.

4 Bundeskanzler Brandt führte vor dem Bundestag aus: „Die weltweite explosionsartige Geldvermehrung der letzten Jahre hat die Notwendigkeit, das Weltwährungssystem neu zu ordnen, allen aufmerksamen Bürgern vor Augen geführt. Bei den wichtigen internationalen Verhandlungen, vor denen wir jetzt stehen, wird sich die Bundesregierung wie bisher für eine Währungsordnung einsetzen, die flexibel genug ist, Währungskrisen nach Möglichkeit zu vermeiden, und in der die Ausweitung der Liquidität unter Kontrolle bleibt." Vgl. BT STENOGRAPHISCHE BERICHTE, Bd. 81, S. 125.

fährlichen politischen Auswirkungen führen. Der Zusammenhalt der freien Welt würde wirtschaftlich, psychologisch und schließlich auch politisch in einem Moment bedroht, wo es angesichts der augenblicklichen Verhandlungen zwischen Ost und West ganz besonders darauf ankommt, auf der Grundlage der Geschlossenheit des Westens zu verhandeln. Ich denke, daß die politisch Verantwortlichen im Augenblick eine ganz besondere Verantwortung tragen, eine solche Entwicklung zu vermeiden.

Aus diesen Gründen möchte ich Ihnen, Herr Präsident, vorschlagen, daß autorisierte Vertreter unserer Länder möglichst umgehend zusammentreffen, um die währungs- und handelspolitische Lage zu erörtern und nach Lösungen zu suchen. Inzwischen wird Finanzminister Helmut Schmidt – noch am heutigen Abend[5] – die Lage mit der französischen Regierung erörtern.[6]

Mit herzlichen Grüßen
[gez.] Willy Brandt

VS-Bd. 523 (Büro Staatssekretär)

---

[5] Bundesminister Schmidt traf sich in Paris zu einem Gespräch mit dem französischen Finanzminister Giscard d'Estaing und dem britischen Schatzkanzler Barber. Vgl. dazu AdG 1973, S. 17662.

[6] Am 9. Februar 1973 teilte Gesandter Noebel, Washington, mit, daß Parlamentarischer Staatssekretär Moersch mit dem amerikanischen Außenminister über das Schreiben des Bundeskanzlers Brandt an Präsident Nixon gesprochen habe: „Außenminister Rogers hatte bereits von dem Wortlaut Kenntnis. PStS Moersch wies darauf hin, daß es darauf ankomme, durch eine schnelle US-Intervention auf dem Devisenmarkt erst einmal ‚Luft zu schaffen', und schilderte dabei die aktuelle Situation in Deutschland. Im übrigen käme es darauf an, insbesondere die außenpolitischen Implikationen zu berücksichtigen. Wir seien in der Gefahr, daß Handels- und Wirtschaftsfragen das Bündnis beeinträchtigen. Nachdem die Allianz in Helsinki und Wien in einmaliger Solidarität verhandele und in gewissem Sinn in der Offensive sei, könnten wir es uns nicht erlauben, den Zusammenhalt durch Währungsprobleme zu gefährden. [...] Außenminister Rogers antwortete darauf, er stimme diesen Ausführungen ohne Vorbehalt zu. Sein Ministerium sei in diese Fragen mit eingeschaltet. Die amerikanische Regierung befasse sich seit heute morgen aktiv mit den Ausführungen des Herrn Bundeskanzlers und unterstütze den Vorschlag, sehr schnell mit der deutschen Regierung in kooperative und fruchtbare Gespräche einzutreten. Er stimmte dem Gedanken des Herrn Staatssekretärs zu, daß es jetzt darauf ankäme, daß USA und Europa und die Allianz insgesamt diesen Test bestehen müßten." Vgl. den Drahtbericht Nr. 403; VS-Bd. 9961 (204); B 150, Aktenkopien 1973.

45

Bundesminister Bahr an den Sicherheitsberater des amerikanischen Präsidenten, Kissinger

9. Februar 1973[1]

Top Secret

To: Henry Kissinger, White House, Washington

From: Egon Bahr

1) Angesichts der Entwicklung in Helsinki halte ich es nicht für möglich, meinen Vorschlag vom 27. Januar[2] jetzt weiter zu verfolgen. Die Sowjets haben inzwischen einen Teil ihrer Mandatsentwürfe auf den Tisch gelegt.[3] Die Diskussion ist in vollem Gange. Die anderen westlichen Regierungen und die neutralen Staaten würden es nicht verstehen, wenn wir uns jetzt dafür aussprechen, die Diskussion abzubrechen und nur Agenda Headlines zu vereinbaren.

Sollten sich die Verhandlungen in Helsinki festfahren, muß man entscheiden, ob man auf den früheren Gedanken zurückkommt. Bis dahin werden wir uns dafür einsetzen, auf der Grundlage der westlichen Vorschläge[4] zu einer Einigung über Mandate für Kommissionen und Unterkommissionen zu kommen.

2) Ich stehe der Frage von Folgeorganen[5] positiv gegenüber, weil ich in ihnen die Möglichkeit sehe, den Vereinigten Staaten ein zusätzliches institutionell verankertes Mitspracherecht in Europa zu sichern. Wir haben diese Frage aber bisher nicht mit den anderen westlichen Regierungen besprochen. Ich bin mir klar darüber, daß es innerhalb des Bündnisses Schwierigkeiten geben wird, eine gemeinsame Position zu erreichen.

---

1 Durchdruck.
2 Bundesminister Bahr schlug dem Sicherheitsberater des amerikanischen Präsidenten, Kissinger, vor, der UdSSR als Antwort auf ihre „Auftragsentwürfe für Kommissionen der Gesamteuropäischen Konferenz" vom 24. Januar 1973 folgendes mitzuteilen: „Wir beschränken uns in Helsinki auf die Festlegung der Agenda Headlines und die Benennung von Kommissionen, deren Aufgabe es in der zweiten Konferenzphase sein wird, Resolutionen auszuarbeiten. Dabei können sie die verschiedenen Mandatsentwürfe als Arbeitsmaterial benutzen." Bahr führte weiter aus: „Nehmen die Sowjets den Vorschlag an, so sparen wir Zeit in Helsinki und vermeiden die Gefahr, dort einen Kompromiß zwischen den verschiedenen Mandatskonzeptionen schließen zu müssen, der beide Seiten unbefriedigt läßt, der sich bei der Ausarbeitung der Resolution später als Hemmschuh erweisen könnte und der jedenfalls auch nicht die grundsätzlichen Probleme hinsichtlich der Resolutionen schon lösen würde. Nehmen die Sowjets den Vorschlag nicht an, so verbessert sich unsere taktische Position für die dann notwendige Ausarbeitung von Kompromißformeln für die Mandate." Vgl. Archiv der sozialen Demokratie, Depositum Bahr, Box 439.
Zum sowjetischen Papier vom 22. Januar 1973 vgl. Dok. 15, Anm. 23.
3 Am 29. Januar 1973 brachte die UdSSR in Helsinki ihren Tagesordnungs- und Mandatsvorschlag vom 24. Januar 1973 ein. Vgl. dazu Dok. 32, Anm. 2.
4 Zu den Entwürfen für Mandate der Kommissionen und Unterkommissionen der KSZE, die von Belgien, Dänemark und Italien am 15. Januar 1973 bei den multilateralen Vorgesprächen in Helsinki eingebracht wurden, vgl. Dok. 15, Anm. 24.
5 Zur Frage der Einbeziehung eines Tagesordnungspunktes über die Errichtung eines „Ständigen Organs" in die KSZE vgl. Dok. 25.

3) Wir müssen uns in absehbarer Zeit darüber verständigen, wie interne Absprachen in die Meinungsbildung im Westen eingeführt werden sollen. Es ist in Helsinki und Wien schon jetzt zu sehen, daß diese multilateralen Veranstaltungen sehr viel schwieriger zu steuern sind als etwa die Berlin-Verhandlungen. Dabei wird für mich intern der Komplex MBFR relativ einfacher sein als der Komplex CSCE.

4) Premierminister Heath kommt Anfang März nach Bonn.[6] Es ist für das Verhalten des Bundeskanzlers wichtig, zu wissen, ob bei den Besprechungen in Washington[7] die Übermittlung der sowjetischen Papiere erwähnt worden ist.

Wir haben bisher mit den Franzosen nicht gesprochen und werden den Russen in der nächsten Woche gemäß Ziffer 1, Absatz 1, antworten.

Für die Abstimmung über eine Stellungnahme zum Entwurf einer Generaldeklaration[8] haben wir wohl noch Zeit bis zu Ihrer Rückkehr von der Asienreise[9], für die ich viel Erfolg wünsche.

Herzliche Grüße
Bahr[10]

Archiv der sozialen Demokratie, Depositum Bahr, Box 439

---

[6] Premierminister Heath hielt sich am 1./2. März 1973 in der Bundesrepublik auf. Vgl. dazu Dok. 69 und Dok. 70.

[7] Premierminister Heath hielt sich am 1./2. Februar 1973 zu Gesprächen mit Präsident Nixon in Washington auf. Vgl. dazu Dok. 69, Anm. 3.

[8] Zum sowjetischen Entwurf vom 17. Januar 1973 für eine „Generaldeklaration über Grundlagen der europäischen Sicherheit und Prinzipien der Beziehungen zwischen den Staaten in Europa" vgl. Dok. 31.

[9] Der Sicherheitsberater des amerikanischen Präsidenten, Kissinger, hielt sich vom 10. bis 20. Februar 1973 in Hanoi, Hongkong, Peking und Tokio auf.

[10] Paraphe.

46

Botschafter Freiherr von Braun, Paris,
an das Auswärtige Amt

114-10552/73 VS-vertraulich   Aufgabe: 10. Februar 1973, 11.30 Uhr[1]
Fernschreiben Nr. 413   Ankunft: 10. Februar 1973, 12.14 Uhr
Citissime nachts

Auf DE StS 31/73 VS-v[2]

Staatspräsident Pompidou empfing mich gestern spätnachmittags.

Über Inhalt des Gesprächs habe ich Bundesminister Schmidt unmittelbar nach seinem Eintreffen und vor Gesprächen mit Giscard und Barber[3] wie folgt berichtet:

Ich unterrichtete zunächst den Präsidenten weisungsgemäß über Inhalt der Mitteilung des Bundeskanzlers an Präsident Nixon.[4] Bundeskanzler habe die Hoffnung, daß in den Gesprächen der Finanzminister eine gemeinsame Lösung gefunden werden könne. Ich fügte hinzu, daß schon manches Mal Krisen zur besseren Zementierung von Institutionen benutzt worden seien, obwohl sie zunächst wie eine Zerreißprobe ausgesehen hätten.

Pompidou dankte für die Mitteilung und fragte, ob wir eigentlich wüßten, woher die Dollarflut käme. Er erinnere sich, dieses Thema mit dem Herrn Bundeskanzler bereits vor drei Jahren während der Rheinfahrt erörtert und darauf hingewiesen zu haben, daß nach seiner Ansicht eine Eindämmung solcher Fluten ohne eine wirksame Kontrolle kaum durchgeführt werden könne.[5] Ich antwortete, daß wir bezüglich der Quelle auf Vermutungen angewiesen seien, aber nicht ausgeschlossen werden könne, daß auch neben den weltbekannten Besitzern loser Millionenbeträge sich Banken und größere Firmen an solchen Spekulationen beteiligten.

Pompidou kam dann von sich aus auf die Möglichkeiten gemeinsamer Aktionen zu sprechen. Er habe mit diesen Dingen bisher wenig zu tun gehabt, auch

---

1 Hat Vortragendem Legationsrat von der Gablentz am 12. Februar 1973 vorgelegen, der die Weiterleitung an Legationsrat I. Klasse Rosengarten und Vortragenden Legationsrat I. Klasse Hansen „n[ach] R[ückkehr]" verfügte und handschriftlich vermerkte: „Arbeitsexemplar an 412 abgegeben. Nach Telefonat mit Herrn Vergau übersendet VS-Reg[istratur] Vorgang sofort Staatssekretär (Besprechung mit Dg 41)."
Hat Rosengarten vorgelegen.
Hat Hansen am 14. Februar 1973 vorgelegen.
2 Staatssekretär Frank bat Botschafter Freiherr von Braun, Paris, am 9. Februar 1973, Staatspräsident Pompidou über die Mitteilung des Bundeskanzlers Brandt vom selben Tag an Präsident Nixon zur internationalen Währungskrise zu unterrichten. Vgl. dazu den Drahterlaß Nr. 212; VS-Bd. 8855 (412); B150, Aktenkopien 1973.
3 Bundesminister Schmidt hielt sich am Abend des 9. Februar 1973 zu einem Gespräch mit dem französischen Finanzminister Giscard d'Estaing und dem britischen Schatzkanzler Barber in Paris auf. Vgl. dazu AdG 1973, S. 17662.
4 Für das Schreiben des Bundeskanzlers Brandt vom 9. Februar 1973 vgl. Dok. 44.
5 Für das Gespräch des Bundeskanzlers Brandt mit Staatspräsident Pompidou am 5. Juli 1971 an Bord der MS Loreley vgl. AAPD 1971, II, Dok. 229.

in seiner Bankzeit[6] nicht, und lege großen Wert auf den Rat seiner sachverständigen Minister. Sollte aber an gemeinsames Flottieren der europäischen
Währungen gedacht werden, so müsse er sagen, daß ihm eine solche Lösung
aus verschiedenen Gründen sehr bedenklich und kaum durchführbar erscheine. Zunächst die Ziffern: Das amerikanische Defizit setze sich aus vier Milliarden gegenüber Japan und nur einer knappen halben Milliarde gegenüber Europa zusammen, die Restbeträge gegenüber dritten Partnern. Es sei nicht einzusehen, warum die europäischen Währungen, deren Länder und Regierungen
an diesem Defizit im wesentlichen unschuldig seien, zu dessen Behebung ihre
Exportpreise verteuern und ihre Terms of Trade in der Welt verschlechtern
sollten. Außerdem befänden wir uns am Beginn von Verhandlungen mit den
USA. Eine gemeinsames Flottieren wäre eine Vorleistung, die die Amerikaner
mit nichts honorieren würden. Dies sei sein erstes Argument. Darüber hinaus
habe er aber Zweifel, ob unsere Währungsunion in ihrem heutigen Embryozu-
stand einer solchen Belastungsprobe gewachsen sei. Bestünde sie bereits in ihren Fundamenten und hätte sie einige Erfahrungen und Belastungsproben
hinter sich, so wäre die Sache anders. Heute aber würde nach seiner Auffassung das gemeinsame Flottieren die starken unter den Unionswährungen stärken und die schwachen weiter schwächen. Die Folge wäre eine Zerreißprobe innerhalb der Union. Er glaube nicht, daß man sie diesem Experiment aussetzen
sollte. Immerhin wolle er dies nur als seine persönliche Ansicht sagen, Giscard
werde sich sicher ausführlicher äußern.

Pompidou kam später auf die Möglichkeiten gemeinsamer Aktionen mit der
Bemerkung zurück, daß Frankreich sich zwar jetzt unter dem Schutz der kommunistischen Gefahr („Monsieur Marchais nous protège contre l'invasion des
dollars") in anderer Lage befinde als wir, daß aber seine Kontrollmaßnahmen
eine wesentliche und wirksame stetige Bremse darstellten. Er wolle jetzt nicht
über den gespaltenen Markt[7] und seine Vorteile mit mir sprechen, dies solle
den Ministergesprächen vorbehalten bleiben. Die Schweizer hätten mit ihren
Strafzinsen gute Erfahrungen gemacht, auch dies sei sicher eine Maßnahme,
die die Minister prüfen könnten. Schon 1% p.m. = 12% p.a. würden abschrek-
kend wirken.

Über die rein technische Schwierigkeit, die wir vielleicht bei der Einführung
eines gespaltenen Marktes wegen des Nichtvorhandenseins von Kontrollorga-
nen haben würden, wolle er sich nicht auslassen. Immerhin habe er den Eindruck, daß man auf die Mithilfe der Banken und der in Frankreich nicht vorhandenen Landeszentralbanken vielleicht rechnen könne.

---

[6] Georges Pompidou war von 1954 bis 1962 zunächst als Abteilungs- und Bankdirektor, dann als
Generaldirektor für den Rothschild-Konzern tätig.

[7] Am 20. August 1971 kündigte das französische Ministerium für Wirtschaft und Finanzen für den
folgenden Tag die Einführung eines doppelten Devisenmarktes an: „L'économie générale du double
marché des changes est la suivante. Sur le marché officiel devront être acquises les devises nécessaires au règlement des importations de marchandises ainsi que des frais de transports et
d'assurance relatifs à ces importations. Les devises provenant des exportations de marchandises et
des services d'assurances et de transport qui y sont liés seront également cédées sur ce marché.
Toutes les autres opérations se traiteront sur le marché du franc financier." Vgl. LA POLITIQUE
ETRANGÈRE 1971, II, S. 83.

Dem Herrn Bundeskanzler möge ich bitte ausrichten, daß er sich in die deutsche Situation gut und vollständig hineindenken könne. Er sei in der Tat auch der Ansicht, die der Bundeskanzler in seiner Mitteilung an Nixon ausgesprochen habe, nämlich daß Deutschland seine Verpflichtungen aus dem Smithsonian-Abkommen[8] erfüllt und mit zwei Aufwertungen[9] eine mehr als ausreichende Vorleistung erbracht habe und daß mehr als das Getane von uns nicht verlangt werden könne. Wenn der Bundeskanzler glaube, daß eine Unterstützung seines Appells an Nixon wegen Mitwirkung der amerikanischen Währungsorgane nützlich sein könne, so sei er bereit, das zu tun, habe aber selbst Zweifel an deren Nützlichkeit. Im übrigen liege auch ihm daran, bei dieser Gelegenheit Gemeinschaftslösungen zu suchen.

Präsident war in ausgezeichneter Verfassung. Offenbar erleichtert über die Tatsache, daß er sein erstes Auftreten im französischen Wahlkampf[10] hinter sich gebracht hatte. Er schien sich eines günstigen Wahlausganges sicher zu sein.

[gez.] Braun

VS-Bd. 9935 (202)

47

Aufzeichnung des Ministerialdirektors von Staden

210-331.30-467/73 VS-vertraulich   **12. Februar 1973**[1]

Herrn Staatssekretär[2]

Betr..: Registrierung des Vier-Mächte-Abkommens über Berlin vom 3.9.1971
        beim Sekretariat der VN
        hier: Behandlung der innerdeutschen Vereinbarungen

I. Zweck der Vorlage

Entscheidung über die Behandlung der innerdeutschen Vereinbarungen bei der Registrierung des Vier-Mächte-Abkommens.

II. Vorschlag

1) Folgender Linie wird in der Erwartung zugestimmt, daß sich die Drei Mächte darauf einigen:

---

8 Zu der am 17./18. Dezember 1971 auf der Konferenz der Wirtschafts- und Finanzminister sowie der Notenbankpräsidenten der Zehnergruppe in Washington erzielten Einigung über eine Neuordnung des Weltwährungssystems („Smithsonian Agreement") vgl. Dok. 44, Anm. 2.

9 Zu den Aufwertungen der D-Mark am 27. Oktober 1969 und am 18. Dezember 1971 vgl. Dok. 44, Anm. 2 und 3.

10 Die Wahlen zur französischen Nationalversammlung fanden am 4., 11. und 18. März 1973 statt.

1 Die Aufzeichnung wurde von Vortragendem Legationsrat I. Klasse Blech und von Legationsrat I. Klasse Kastrup konzipiert.

2 Hat Staatssekretär Frank am 20. Februar 1973 vorgelegen.

– Das Vier-Mächte-Abkommen und das Schlußprotokoll werden von den Vier Mächten gemeinsam registriert; die im Schlußprotokoll genannten deutschen Abkommen[3] werden dem Registrierungsantrag beigefügt, um vom Generalsekretär der VN anläßlich der Registrierung zu den Akten der VN genommen zu werden (filing, d. h. keine Einbeziehung dieser Abkommen in die Registrierung selbst).

– Hilfsweise bei Weigerung der Sowjetunion: gemeinsame Registrierung von Vier-Mächte-Abkommen und Schlußprotokoll durch die Signatare ohne Beifügung der deutschen Abkommen (Verzicht auf filing).

2) Die Drei Mächte werden ersucht, für möglichst baldige Registrierung Sorge zu tragen.

III. 1) Nach Art. 102 der VN-Satzung[4] soll jeder Vertrag, der von einem Mitglied der Vereinten Nationen abgeschlossen wird, so bald wie möglich beim Sekretariat registriert und von diesem veröffentlicht werden. Ohne eine solche Registrierung kann keine Partei des Vertrages diesen vor irgendeinem Organ der Vereinten Nationen geltend machen.

Wegen der Registrierung des Vier-Mächte-Abkommens über Berlin vom 3.9.1971 haben zwischen den Drei Mächten und der Sowjetunion verschiedene Gespräche über die Möglichkeit eines gemeinsamen Registrierungsantrags stattgefunden. Dabei konnte jedoch keine Einigung erzielt werden.[5] Die sowjetische Seite

---

[3] In Absatz 2 des Schlußprotokolls zum Vier-Mächte-Abkommen über Berlin vom 3. September 1971 wurden die gleichzeitig in Kraft tretenden, zwischen den zuständigen deutschen Behörden getroffenen Zusatzvereinbarungen genannt. Vgl. dazu ZEHN JAHRE DEUTSCHLANDPOLITIK, S. 189.
Zu den Zusatzvereinbarungen gehörte das Abkommen vom 17. Dezember 1971 zwischen der Regierung der Bundesrepublik und der Regierung der DDR über den Transitverkehr von zivilen Personen und Gütern zwischen der Bundesrepublik und Berlin (West). Für den Wortlaut vgl. EUROPA-ARCHIV 1972, D 68–76.
Ferner zählten dazu die Vereinbarungen vom 20. Dezember 1971 zwischen der Regierung der DDR und dem Senat von Berlin über Erleichterungen und Verbesserungen des Reise- und Besucherverkehrs bzw. über die Regelung der Frage von Enklaven durch Gebietsaustausch. Für den Wortlaut vgl. EUROPA-ARCHIV 1972, D 77–80. Vgl. ferner ZEHN JAHRE DEUTSCHLANDPOLITIK, S. 178 f.
Unter die mit dem Vier-Mächte-Abkommen in Kraft tretenden Zusatzvereinbarungen fielen auch die Punkte 6 und 7 des Protokolls vom 30. September 1971 über Verhandlungen zwischen dem Bundesministerium für das Post- und Fernmeldewesen und dem Ministerium für Post- und Fernmeldewesen der DDR. Für den Wortlaut vgl. BULLETIN 1971, S. 1523.
[4] Artikel 102 der UNO-Charta vom 26. Juni 1945: „1) Every treaty and every international agreement entered into by any Member of the United Nations after the present Charter comes into force shall as soon as possible be registered with the Secretariat and published by it. 2) No party to any such treaty or international agreement which has not been registered in accordance with the provisions of paragraph 1) of this Article may invoke that treaty or agreement before any organ of the United Nations." Vgl. CHARTER OF THE UNITED NATIONS, S. 696 f.
[5] Am 25. Oktober 1972 informierte Botschafter Gehlhoff, New York (UNO), darüber, daß die amerikanische Ständige Vertretung bei der UNO am 23. Oktober 1972 „Vier-Mächte-Abkommen und Schlußprotokoll in englischer, französischer und russischer Sprache sowie die innerdeutschen Vereinbarungen in Deutsch mit beigefügten Übersetzungen bei der Vertragsabteilung des VN-Sekretariats eingereicht hat. Mit dem Leiter der Vertragsabteilung sei vereinbart worden, daß er die Stücke nur dann als eingereicht betrachtet, wenn von sowjetischer Seite ebenfalls Dokumente über das Vier-Mächte-Abkommen zur Registrierung übermittelt werden." Vgl. den Drahtbericht Nr. 1175; VS-Bd. 8556 (II A 1); B 150, Aktenkopien 1972.
Am 29. November 1972 teilte Gehlhoff mit, daß laut Auskunft des sowjetischen UNO-Botschafters Malik die „sowjetische Regierung weder mit Einbeziehung der innerdeutschen Vereinbarungen noch der des Schlußprotokolls, in welchem diese innerdeutschen Vereinbarungen aufgezählt sind, in Registrierung des Vier-Mächte-Abkommens einverstanden sei". Auf die Ankündigung hin, daß die Drei Mächte „auch ohne Beteiligung der Sowjetunion Registrierung sämtlicher Dokumente be-

ist nach anfänglicher Weigerung nunmehr zwar bereit, das Vier-Mächte-Abkommen und das Vier-Mächte-Schlußprotokoll zu registrieren. Darüber hinaus lehnt sie es jedoch ab, die im Schlußprotokoll aufgeführten innerdeutschen Vereinbarungen und Regelungen formell in einen Registrierungsantrag der Vier Mächte einzubeziehen. Unter den Drei Mächten ihrerseits sind nun Meinungsverschiedenheiten über das weitere Vorgehen entstanden, insbesondere wie die innerdeutschen Vereinbarungen behandelt werden sollen.

2) Nach dem bisherigen Stand der Konsultationen in der Bonner Vierergruppe lassen sich die verschiedenen Positionen wie folgt umreißen:

– Die Amerikaner legen entscheidenden Wert darauf, daß das Gesamtpaket der Berlin-Regelung bei der Registrierung nicht aufgeschnürt wird. Sie werten die sowjetische Haltung als einen Versuch, die innerdeutschen Vereinbarungen aus dem Vier-Mächte-Rahmen zu lösen. Um diese ihnen unerwünschte Folge zu vermeiden, hatten sie es zunächst vorgezogen, gegebenenfalls eine Registrierung ohne Mitwirkung der Sowjetunion durchzuführen. Sie sind nunmehr bereit, der Registrierung zu viert den Vorrang zu geben. Sie wollen deshalb nicht mehr auf einer Einbeziehung der deutschen Abkommen in die Registrierung bestehen, sondern statt dessen der sowjetischen Seite vorschlagen, daß diese Abkommen bei der Registrierung lediglich zu den Akten der VN gegeben werden, ohne als registriert im eigentlichen Sinne behandelt zu werden. Dies würde eine besondere Registrierung durch die beiden deutschen Staaten nicht ausschließen. Notfalls wären sie auch bereit, hierauf zu verzichten.

– Die Franzosen halten die Registrierung des Vier-Mächte-Abkommens und des Schlußprotokolls ohne Einbeziehung der innerdeutschen Vereinbarungen für ausreichend. Sie sehen darin keine Gefährdung des Gesamtzusammenhangs. Sie treten für einen gemeinsamen Registrierungsantrag aller vier Signatarstaaten entsprechend den sowjetische Vorstellungen ein, weil sie eine mögliche Konfrontation mit der Sowjetunion in dieser Frage vor dem Forum der Vereinten Nationen vermeiden wollen, die den Zusammenhang von alliierten und deutschen Abkommen praktisch mehr als alles andere in Frage stellen würde. Die hiesige Französische Botschaft ist aber bereit, gemäß den neuesten amerikanischen Vorstellungen einen letzten Versuch, die Sowjetunion für das bloße filing zu gewinnen, Paris zu empfehlen.

– Die Briten sind am wenigsten festgelegt. Sie möchten den Zusammenhang von alliierten und deutschen Abkommen nicht gefährdet sehen, geben aber

Fortsetzung Fußnote von Seite 226

treiben würden, erklärte sowjetischer Vertreter, daß dies erhebliche Verstimmung auf sowjetischer Seite hervorrufen würde". Vgl. den Drahtbericht Nr. 1409; VS-Bd. 8556 (II A 1); B 150, Aktenkopien 1972.

Am 5. Dezember 1972 berichtete Gehlhoff, daß er von französischer Seite über einen Beschluß der Bonner Vierergruppe informiert worden sei, „Einleitung der Registrierung noch zurückzustellen, da im gegenwärtigen Zeitpunkt alles vermieden werden müsse, was Uneinigkeit der Vier Mächte in Fragen offenbare, die ihre Rechte betreffen. Französische Mission bat deshalb Vertreter unserer anderen beiden Alliierten, die Angelegenheit der Registrierung bis auf weiteres ruhen zu lassen." Gehlhoff äußerte die Ansicht, daß die Registrierung so bald wie möglich erfolgen sollte: „Meinungsverschiedenheiten mit Sowjets wegen der Praxis der Vereinten Nationen in bezug auf Berlin sind hiesigen Erachtens unausweichlich. Für Durchsetzung unserer Interessen ist Registrierung wesentliche Voraussetzung." Dafür sollte auch eine „eventuelle Verstimmung der Sowjets" in Kauf genommen werden. Vgl. den Drahtbericht Nr. 1468; VS-Bd. 8556 (II A 1); B 150, Aktenkopien 1972.

einer Registrierung zu viert den Vorrang. Ihr Einverständnis mit den amerikanischen Vorschlägen kann vor allem bei einer französischen Zustimmung vorausgesetzt werden.

IV. Unsere Interessenlage ist durch folgende Gesichtspunkte bestimmt:

1) Uns ist an einer möglichst schnellen Registrierung gelegen, weil

– die Berlin-Erklärung, die wir beim Beitritt zu den Vereinten Nationen abgeben, eine Bezugnahme auf das Vier-Mächte-Abkommen enthalten wird,

– eine Reihe praktischer Fragen (z.B. Behandlung Berlins in den Statistiken der Vereinten Nationen) baldiger Klärung bedürfen, das Sekretariat diese aber von der vorherigen Registrierung des Vier-Mächte-Abkommens abhängig macht,

– sich auf den für uns besonders wichtigen Gebieten der Außenvertretung und der Bindungen gerade im Bereich der Vereinten Nationen noch vor dem Beitritt der beiden deutschen Staaten eine gewisse Praxis entwickeln sollte, von der wir uns positive Auswirkungen auch im bilateralen Bereich erhoffen und

– die es uns ermöglichen würde, die Einbeziehung Berlins bei unserem Beitritt selbst als die natürliche Fortsetzung und Konkretisierung einer bereits vorgegebenen Linie darzustellen.

2) Der Zusammenhang des Vier-Mächte-Abkommens und des Schlußprotokolls mit den innerdeutschen Vereinbarungen ist auch für uns ein Gesichtspunkt, der nicht ganz ohne Bedeutung ist.

Konstitutiv ergibt sich die Verklammerung aus der Struktur der Gesamtregelung:

Anlage I Ziffer 3 und Anlage III Ziffer 5[6] verweisen auf die zwischen den zuständigen deutschen Behörden zu vereinbarenden Regelungen zur Durchführung und Ergänzung. In Ziffer 3 des Schlußprotokolls werden die innerdeutschen Vereinbarungen ausgeführt. Der Ausdruck „bleiben zusammen in Kraft", der sich auch im Schlußteil des Transitabkommens findet[7], macht die Verbindung der innerdeutschen Vereinbarungen mit dem Vier-Mächte-Abkommen besonders deutlich. Gemäß Ziffer 4 des Schlußprotokolls können die Vier-Mächte-Konsultationen als Folge von Schwierigkeiten bei der Anwendung entweder des Vier-Mächte-Abkommens oder der innerdeutschen Vereinbarungen stattfinden.[8]

---

[6] Für Anlage I Absatz 3 und Anlage III Absatz 5 des Vier-Mächte-Abkommens über Berlin vom 3. September 1971 vgl. EUROPA-ARCHIV 1971, D 448 und 450.

[7] In Artikel 21 des Abkommens vom 17. Dezember 1971 zwischen der Regierung der Bundesrepublik und der Regierung der DDR über den Transitverkehr von zivilen Personen und Gütern zwischen der Bundesrepublik und Berlin (West) wurde festgestellt: „Dieses Abkommen tritt gleichzeitig mit dem Abkommen zwischen den Regierungen der Französischen Republik, der Union der Sozialistischen Sowjetrepubliken, des Vereinigten Königreichs von Großbritannien und Nordirland und der Vereinigten Staaten von Amerika vom 3. September 1971 in Kraft und bleibt zusammen mit ihm in Kraft." Vgl. EUROPA-ARCHIV 1972, D 76.

[8] Absatz 4 des Schlußprotokolls zum Vier-Mächte-Abkommen über Berlin vom 3. September 1971: „Bei Schwierigkeiten in der Anwendung des Vier-Mächte-Abkommens oder einer der oben erwähnten Vereinbarungen oder Regelungen, die eine der Vier Regierungen als ernst ansieht, oder bei Nichtdurchführung eines Teils des Vier-Mächte-Abkommens oder der Vereinbarungen und Regelungen hat diese Regierung das Recht, die drei anderen Regierungen auf die Bestimmungen des Vier-Mächte-Abkommens und dieses Protokolls aufmerksam zu machen und die erforderlichen Vier-

Die Art und Weise, wie die innerdeutschen Vereinbarungen bei dem Registrierungsvorgang behandelt werden, ist zwar für die Begründung der Zusammenbindung des Pakets nicht konstitutiv. Sie kann jedoch als Indiz dafür gewertet werden, welchen Rang die Vier Mächte den innerdeutschen Vereinbarungen im Rahmen der Gesamtregelung beimessen, und ist insofern nicht unerheblich.

3) Die Möglichkeit, daß die DDR die innerdeutschen Vereinbarungen selbständig registriert, sollte bei der Entscheidung über unsere Haltung außer Betracht bleiben. Ein solches Vorgehen der DDR, das erst nach dem Beitritt zu den Vereinten Nationen zu erwarten wäre, könnte ohnehin kaum verhindert werden. Wir könnten allenfalls argumentieren, daß innerdeutsche Abkommen keine internationalen Abkommen und deshalb nicht für die Registrierung der DDR geeignet seien. Die Überzeugungskraft dieses Arguments dürfte gering sein, wenn die Parteien der Abkommen voneinander unabhängige Mitglieder der VN sind. Im übrigen könnte es durchaus in unserem Interesse sein, Abkommen zwischen den beiden deutschen Staaten – auch dann, wenn sie vor deren VN-Beitritt abgeschlossen worden sind – registriert zu sehen. Dies gilt insbesondere für den Grundvertrag, der seine allgemeine „Disclaimer"-Funktion bezüglich des besonderen Verhältnisses zwischen den beiden deutschen Staaten in den VN nur dann entfalten kann, wenn er für diese förmlich „in mundo" ist. Diese Problematik bedarf jedenfalls noch eingehender Prüfung und sollte im Augenblick nicht präjudiziert werden. Hierbei wäre auch zu prüfen, ob eine evtl. Registrierung deutscher Abkommen gemeinsam mit der DDR vorzunehmen und ob bei einer Registrierung der im Schlußprotokoll genannten deutschen Abkommen auf die vorherige Registrierung des Vier-Mächte-Abkommens und des Schlußprotokolls Bezug zu nehmen wäre.

V. Wägt man unser Interesse an einer schnellen Registrierung und an einer Wahrung des Zusammenhangs der Gesamtregelung gegeneinander ab, so kommt man zu folgendem Ergebnis:

1) Sowohl von der Struktur des Vier-Mächte-Abkommens als auch von der in den innerdeutschen Vereinbarungen geregelten Materie her dürfte unser praktisches Interesse an einer Registrierung der innerdeutschen Vereinbarungen nicht allzu hoch veranschlagt werden. Falls es zwischen den beiden Staaten zu unüberwindlichen Schwierigkeiten auf den Zugangswegen oder bei der Besucherregelung kommen sollte, würden die Vier Mächte auf den Plan gerufen und die im Schlußprotokoll vorgesehenen Konsultationen in Gang gesetzt. Vor den Vereinten Nationen, etwa dem Sicherheitsrat, würde die Angelegenheit jedenfalls nicht ohne Beteiligung der Drei Mächte behandelt werden. Diese könnten sich dann nicht nur auf den im Vier-Mächte-Abkommen verankerten Zusammenhang zwischen Vier-Mächte-Abkommen und innerdeutschen Vereinbarungen berufen, sondern auch die innerdeutschen Vereinbarungen zur Interpretation ihres eigenen Abkommens heranziehen. Einer Registrierung der innerdeutschen Vereinbarungen bedürfte es zumindest für letzteres nicht.

Gegenüber dem geringen praktischen Wert einer Registrierung der innerdeutschen Vereinbarungen ist unser Interesse an einer schnellen Registrierung des

Fortsetzung Fußnote von Seite 228

Mächte-Konsultationen zu führen, um die Einhaltung der eingegangenen Verpflichtungen sicherzustellen und die Situation mit dem Vier-Mächte-Abkommen und diesem Protokoll in Einklang zu bringen." Vgl. ZEHN JAHRE DEUTSCHLANDPOLITIK, S. 189.

Vier-Mächte-Abkommens aus den oben genannten Gründen als vorrangig anzusehen. Insbesondere auf dem Gebiet der Außenvertretung ist es für uns wichtig, rechtzeitig die Weichen zu stellen. Je länger die Registrierung hinausgeschoben wird und je näher der Beitritt der DDR rückt, um so schwieriger wird es, unseren Standpunkt in diesen Fragen durchzusetzen.

2) Unter diesen Umständen sollten wir der amerikanischen Linie zustimmen. Wenn die Franzosen dem amerikanischen Vorschlag, die Sowjetunion für die bloße Archivierung der deutschen Abkommen zu gewinnen, doch nicht zustimmen, sollten wir darauf drängen, daß weitere Erörterungen unter den Drei unterbleiben und die Registrierung möglichst schnell ohne die deutschen Abkommen erfolgt.

3) Die Amerikaner haben in die Vierergruppe einen Entwurf für die Präsentation (gegenüber der Sowjetunion) des Vorschlags zur gemeinsamen Registrierung des Vier-Mächte-Abkommens und des Schlußprotokolls unter gleichzeitiger Übersendung der deutschen Abkommen zu den VN-Akten eingeführt (Anlage[9]).

Auch wenn die amerikanische Linie unser grundsätzliches Einverständnis findet, sollten gegen dieses Papier folgende Bedenken vorgebracht werden:

zu b), Satz 1 und 2:

Es sollte keine Formulierung gewählt werden, die als ausdrückliche Zustimmung der Drei Mächte zur Registrierung der deutschen Abkommen durch die beiden deutschen Staaten verstanden werden kann.

zu c):

Der letzte Satz muß entfallen. Für uns hat baldige Registrierung, auf jeden Fall Registrierung vor unserem Beitrittsantrag, Vorrang. Nur unter dieser Voraussetzung ist für uns eine Registrierung zu viert interessant.

zu d):

Sollte entfallen, wenn unseren Wünschen nicht voll entsprochen wird. Auch dann würde es genügen, lediglich die Tatsache der Konsultation mit der Bundesrepublik Deutschland festzustellen.

Die Referate 230, 500 und 501 haben mitgezeichnet.

Staden

VS-Bd. 9056 (210)

---

[9] Dem Vorgang beigefügt. Vgl. VS-Bd. 9056 (210).

230

48

Gesandter Ruth, z. Z. Wien, an das Auswärtige Amt

114-10578/73 VS-vertraulich   Aufgabe: 12. Februar 1973, 15.45 Uhr[1]
Fernschreiben Nr. 90   Ankunft: 12. Februar 1973, 17.17 Uhr
Citissime

Delegationsbericht Nr. 37

Betr.: MBFR-Explorationen in Wien
    hier: Ungarn-Frage

Zur Unterrichtung

1) Offenbar, um unsere Haltung in der Ungarn-Frage zu testen, bat der sowjetische stellvertretende Delegationsleiter Kwizinskij am 12. Februar um ein Gespräch mit mir. Das Gespräch fand in der Deutschen Botschaft statt und dauerte 40 Minuten. Kwizinskij eröffnete es mit der Forderung:

„Ihr müßt Italien opfern!" Die Ungarn-Frage sei in der vergangenen Woche in Moskau noch einmal „durchgerechnet" worden. Die darauf basierenden neuen Instruktionen lauteten eindeutig, daß den westlichen Vorstellungen entsprechend die Ungarn-Frage vor der nächsten Plenarsitzung gelöst werden müsse. Der Vorschlag, Ungarn auszuklammern, habe dafür gleiches Gewicht wie der alternative Vorschlag, Ungarn und Italien einzubeziehen. Der Westen habe sich in der trügerischen Hoffnung gewiegt, daß es vor dem 31. Januar[2] bereits zu einer Einigung über den Teilnehmerkreis für MBFR gekommen sei. Für die Sowjetunion seien keine geographischen, sondern strategische Maßstäbe entscheidend. Es sei in Moskau nicht verborgen geblieben, daß sich nach unserem Konzept MBFR auf alle sowjetische Truppen in Europa beziehen solle, während die amerikanischen Basen in Italien, Spanien, Griechenland und in der Türkei ausgeklammert blieben.

Wenn die NATO-Staaten selbst an die Wirksamkeit einer „Disclaimer"-Formel für Ungarn glaubten, sei nicht einzusehen, warum sie sich vor einer Einbeziehung Italiens scheuten. Die Prozedur-Frage Ungarn sei zu einer Substanzfrage geworden, ohne deren Lösung es zu keiner Exploration komme. Auf an diese Bemerkung anknüpfende Frage bestätigte Kwizinskij allerdings, daß das sowjetische Interesse an MBFR und Engagement dafür unverändert geblieben seien.[3]

---

[1] Hat Vortragendem Legationsrat I. Klasse Freiherr von Groll vorgelegen.
  Hat Vortragendem Legationsrat Hillger am 14. Februar 1973 vorgelegen.
[2] Am 31. Januar 1973 begannen in Wien die MBFR-Explorationsgespräche.
[3] Gesandter Ruth, z. Z. Wien, nahm am 10. Februar 1973 zu den möglichen sowjetischen Motiven für die Ablehnung Ungarns als Vollteilnehmer bei den MBFR-Explorationsgesprächen Stellung: „Die Sowjetunion geht davon aus, daß die Teilnahme an MBFR-Verhandlungen als Vollmitglied eine gewisse Verpflichtung zur Beteiligung an MBFR-Vereinbarungen präjudiziert. Sie glaubt, daß diese Präjudizierungswirkungen schon mit einer Teilnahme als Vollmitglied an den MBFR-Explorationen einsetzt. Sie ist skeptisch gegenüber der möglichen Wirkung einer Disclaimer-Formel. [...] Folgende sowjetische Motive für den Ausschluß Ungarns kommen u[nseres] E[rachtens] in Frage:
1) Substanzerwägungen: Die strategische Bedeutung Ungarns als Aufmarschgebiet, vor allem in

2) Ich habe das Gespräch auf der Basis der bekannten NATO-Position[4] und der Weisung vom 9. Februar (Plurex 533 vom 9.2. AZ.: 221-372.20/9-545/73 VS-v[5]) geführt. Ich sagte Kwizinskij, daß nach Auffassung der Mitglieder der NATO die Einbeziehung Ungarns in den Kreis der an den Explorationen[6] unmittelbar Beteiligten unverzichtbar sei. Dies entspreche der Tatsache, daß

– Ungarn auch nach sowjetischer Auffassung (sowjetische Enzyklopädie) zu Mitteleuropa gehöre;

– auch die Sowjetunion den Bezugspunkt Mitteleuropa akzeptiert habe. Wir hätten durch den Sprecher der westlichen Delegationen in dem Treffen mit der sowjetischen Delegation[7] und in unseren bilateralen Gesprächen mit den Verbündeten der Sowjetunion mehrfach darauf hingewiesen, daß es in den gegenwärtigen Gesprächen nur darum gehe, eine Regelung für die Explorationen zu bestätigen, nicht aber darum, jetzt bereits die Teilnahme an Verhandlungen oder an MBFR-Abkommen festzulegen.

Fortsetzung Fußnote von Seite 231

Richtung Österreich und Jugoslawien (‚strategische Drehscheibe‘), könnte den sowjetischen Wunsch begründen, weder das dortige Potential der Sowjetunion noch Ungarn als Territorium in MBFR einbeziehen zu lassen. Durch Aussparung Ungarns würde zudem die Diskrepanz vermieden, daß alle sowjetischen Stationierungsgebiete in Europa, nicht jedoch alle amerikanischen, MBFR unterlägen. 2) Taktische Erwägungen: Der Sowjetunion könnte die Handhabung der Ungarnfrage folgende taktische Vorteile bieten: eventuelle Durchsetzung ihres ‚equal status‘-Konzepts für alle WP-Staaten, sei es zur Erzielung einer 7:7 Parität der Vollteilnehmer an MBFR, sei es zu einer Verwässerung des MBFR-Konzepts der NATO; eventuelle Spaltung der NATO-Staaten unter Ausnutzung der Kenntnis von dem differenzierten Grad ihres Engagements bezüglich Ungarns; eventuelle Festlegung der Vollmitglieder (vor allem der Bundesrepublik Deutschland) auf spätere Reduzierungen. Damit bestünde die Gefahr der Erschwerung einer Constraintspolitik und einer Substanzentscheidung schon in der Explorationsphase." Vgl. den Drahtbericht Nr. 85; VS-Bd. 9093 (213); B 150, Aktenkopien 1973.

[4] Zur Haltung der NATO-Mitgliedstaaten hinsichtlich einer Teilnahme Ungarns an den MBFR-Explorationsgesprächen vgl. Dok. 37.

[5] Staatssekretär Frank wies die Botschaften in den NATO-Mitgliedstaaten an, in den dortigen Außenministerien die Haltung der Bundesregierung zur Teilnahme von Ungarn an den MBFR-Explorationsgesprächen vorzutragen: „Zur Überraschung der westlichen Delegation am Tage nach dem ersten formlosen Zusammentreffen aller Delegationen in bilateralen Kontaktgesprächen einen besonderen Status für die Teilnahme Ungarns in den exploratorischen Gesprächen in Wien gefordert. Wir sehen hierin ein einseitiges Abweichen der Sowjetunion von einer wesentlichen Geschäftsgrundlage für die Aufnahme der exploratorischen Gespräche in Wien. Die in den westlichen Noten vom 15. November 1972 mitgeteilte Position der NATO-Partner zur Frage des Teilnehmerkreises war in der sowjetischen [Note] und den Antwortnoten der anderen WP-Regierungen vom 18. Januar 1973 ausdrücklich akzeptiert worden. [...] Die Bundesregierung ist der Auffassung, daß die volle Teilnahme der ungarischen Delegation an den exploratorischen MBFR-Gesprächen in Wien nicht negotiabel ist. Sollte auf dieser Grundlage ein Einvernehmen zur Teilnehmerfrage in Wien nicht erzielt werden können, so müßte die westliche Position nach Vorklärung zwischen den beteiligten Regierungen im NATO-Rat erneut geprüft werden. Eine Kompromißformel in der Frage der Teilnahme Ungarns an den MBFR-Explorationen kann nicht durch die Delegationen in Wien ausgehandelt werden." Ferner bat Frank darum, in den jeweiligen Außenministerien in Erfahrung zu bringen, „a) ob Ihre Regierung diesen Auffassungen der Bundesregierung zustimmt oder welche Haltung sie zu dieser Frage einnimmt; b) wann nach Auffassung Ihrer Regierung der Zeitpunkt gekommen ist, Konsequenzen aus dem sowjetischen Verhalten zu ziehen, und an welche Alternativen gedacht werden könnte". Vgl. VS-Bd. 9428 (221); B 150, Aktenkopien 1973.

[6] Korrigiert aus: „Kreis der Explorationen".

[7] Zum Gespräch des Sprechers der westlichen MBFR-Delegationen, Quarles van Ufford, mit dem Leiter der sowjetischen MBFR-Delegation, Chlestow, am 6. Februar 1973 vgl. Dok. 37.

Es sei unbestreitbar, daß Italien nicht zu Mitteleuropa gehöre. Daher habe es
sich an der Notenaktion auch in besonderer Weise beteiligt. Eine Einbeziehung
Italiens in den Kreis der direkt Beteiligten sei weder durch die Sowjetunion
noch ihre Verbündeten vor dem 31. Januar vorgeschlagen worden. Die Einbeziehung Italiens in den Kreis der zahlenmäßig begrenzten direkten Teilnehmer
an den Explorationen sei weder für Italien selbst noch für die Allianz annehmbar.

Ich sagte Herrn Kwizinskij, Ungarn habe bekanntlich an dem Notenwechsel
teilgenommen, der zum 31. Januar führte. Dabei sei auch die ungarische Regierung davon ausgegangen, daß sich die Gespräche auf Mitteleuropa beziehen
werden und daß die Frage der Teilnehmer an künftigen Verhandlungen in der
exploratorischen Phase geregelt werden könne. Ungarn habe sich also niemals
selbst aus dem Kreis der direkten Teilnehmer ausgeschlossen.[8] Dies sei ein
wichtiger Teil der von uns für gegeben angesehenen Geschäftsgrundlage.

3) Herr Kwizinskij führte im Verlaufe des Gesprächs die Nichtteilnahme Frankreichs an den Gesprächen an, da es mindestens Truppen in Mitteleuropa stationiert habe. Ich erwiderte, daß Frankreich klargemacht habe, daß es nicht
beabsichtigt, an den Gesprächen teilzunehmen und daher an dem Notenaustausch sich nicht beteiligt habe. Insofern sei die Frage der Beteiligung Ungarns mit der Haltung Frankreichs zu den MBFR-Gesprächen nicht vergleichbar.

4) Dem sowjetischen Gesprächspartner lag offensichtlich daran, noch einmal
deutlich zu machen, daß der Forderung nach Ausklammerung Ungarns oder
der Einbeziehung Italiens eine von höchster Stelle kommende Weisung zugrunde liegt. Er erweckte[9] an keiner Stelle des Gesprächs den Eindruck, daß
ein sowjetisches Nachgeben möglich sei. Andererseits weist die Tatsache, daß
die sowjetische Seite das Gespräch mit uns gesucht hat, m. E. darauf hin, daß
der sowjetische Meinungsbildungsprozeß noch nicht abgeschlossen ist. Die Mitglieder der NATO-Delegationen sollten daher ihre Argumentation und ihre
Forderung nach Einbeziehung Ungarns in die exploratorischen Gespräche beibehalten.

Es ist allerdings festzustellen, daß sich die sowjetische Position hinsichtlich
Ungarns so verhärtet hat, daß die Klärung dieser Frage jetzt auch von der Sowjetunion zur Voraussetzung einer Einberufung der nächsten Plenarsitzung

---

[8] Vgl. dazu die Note der ungarischen Regierung vom 18. Januar 1973 an die Bundesregierung, die
  inhaltsgleich mit der sowjetischen Note vom selben Tag war; Dok. 12, besonders Anm. 4.
  Am 29. Januar 1973 beantwortete die ungarische Regierung die westliche Note vom 24. Januar
  1973. Sie teilte darin ihre Bereitschaft mit, eine Delegation zu den MBFR-Explorationsgesprächen
  nach Wien zu entsenden. Weiter wurde in der Note ausgeführt: „The Government of the Hungarian People's Republic proceeds from the assumption that the representatives of the states concerned who will meet in Vienna, already in the course of preliminary consultations and on the basis of bilateral or multilateral exchanges of views, will determine which countries will be parties to
  an agreement or agreements on the reduction of armed forces and armaments in Europe. Besides,
  it stands to reason that the participants in the examinations of the essence of the question should
  include those states which will reduce their own armed forces and armaments as well as those
  states in whose territories the armed forces to be reduced are stationed." Vgl. den Drahtbericht Nr.
  32 des Vortragenden Legationsrats I. Klasse Kersting, Budapest; Referat 221, Bd. 107371.
[9] Korrigiert aus: „erwähnte".

gemacht wird. Die Aussicht auf eine baldige Einigung in dieser Frage hat sich damit weiter verschlechtert.

[gez.] Ruth

VS-Bd. 9081 (212)

49

Botschafter Steltzer, Kairo, an das Auswärtige Amt

Fernschreiben Nr. 218   **Aufgabe: 12. Februar 1973, 11.55 Uhr**[1]
                                            Ankunft: 12. Februar 1973, 13.39 Uhr

Betr.: Deutsch-ägyptische Wirtschaftsverhandlungen in Kairo

Bezug: 1) DB Nr. 183 vom 5.2.1973, AZ: I B 2-310-85.10[2]
       2) DE Nr. 58[3] und 59[4] vom 6.2.1973

Zur Information

I. Die deutsch-ägyptischen Wirtschaftsverhandlungen haben in der Zeit vom 30.1.1973 bis zum 8.2.1973 in Kairo stattgefunden. Leiter der Delegationen

---

[1] Hat Vortragendem Legationsrat Gentz am 13. Februar 1973 vorgelegen, der die Weiterleitung an Vortragenden Legationsrat Niemöller und Vortragenden Legationsrat I. Klasse Redies verfügte.
Hat Niemöller am 13. Februar 1973 vorgelegen.
Hat Redies vorgelegen.
Hat Gentz erneut vorgelegen, der handschriftlich vermerkte: „Auf Weisung von Herrn D 3 wurde 403 gebeten: 1) Erl[aß] nach Kairo abzufassen, daß FS solcher Bedeutung V[er]t[rau]l[ich]-Vermerk tragen müßten; 2) Bericht weit verteilt werden müsse (Bu[ndes]ka[nzleramt] und beteiligte Ministerien); 3) Herrn D 3 Durchschlag zu übersenden."

[2] Ministerialdirektor van Well, z. Z. Kairo, bat um Weisung, wie bei den Verhandlungen über ein Kapitalhilfeabkommen mit Ägypten hinsichtlich des Verzugszinssatzes und der Transportklausel weiter zu verfahren sei. Er führte aus, daß die ägyptische Seite einen Verzugszinssatz von 7,75 % für alle kommerziellen Forderungen nur akzeptieren würde, wenn die Bundesrepublik „für die Forderungen, die bei der Umschuldungsregelung von 1967 mit einem Verzugszinssatz von 7 % belegt worden sind, keine Erhöhung" verlange. Außerdem wünsche die ägyptische Seite die Einfügung der Worte „within its existing laws" in die Transportklausel. Van Well bat „um Zustimmung, in der wie im algerischen Falle durch einen vertraulichen Briefwechsel zu regelnden Transportklausel etwa folgende Formulierung einzufügen: ‚without prejudice to existing Egyptian laws regarding security'." Vgl. Referat 310, Bd. 104679.

[3] Ministerialdirigent Lebsanft wies die Verhandlungsdelegation in Kairo an: „Einfügung der Worte ‚within its existing laws' nicht annehmbar, da innerstaatliches Recht von ägyptischer Seite jederzeit zum Nachteil deutscher Interessen abgeändert werden kann. Sie werden jedoch ermächtigt, Regelung der Transportklausel in vertraulichem Briefwechsel unter folgenden Voraussetzungen zuzustimmen: a) Einfügung der Formulierung ‚without prejudice to existing Egyptian laws regarding security'; b) Aufnahme folgenden Zusatzes: ‚Die beiden vertragschließenden Parteien gehen hierbei davon aus, daß die im Rahmen des vorliegenden Abkommens anfallenden Seetransporte in der bisher üblichen Weise von deutschen und ägyptischen Schiffen nach Maßgabe des deutsch-ägyptischen Reeder-Abkommens von 1958 im Wege des bestehenden deutsch-ägyptischen Gemeinschaftsdienstes ausgeführt werden.' Einfügung ohne genannten Zusatz nicht akzeptabel." Vgl. Referat 400, Bd. 111915.

[4] Ministerialdirigent Lebsanft teilte der Verhandlungsdelegation in Kairo mit, daß alle Ressorts einen Verzugszinssatz von 7 % für die Umschuldungsregelung aus dem Jahr 1967 zu akzeptieren be-

waren auf deutscher Seite MD van Well, auf ägyptischer Seite der Staatssekretär im Ministerium für Wirtschaft und Außenhandel, Dr. Sherif Lotfy.

Die Verhandlungen wurden am 8. Februar 1973 mit der Unterzeichnung eines Kapitalhilfeabkommens[5], eines Protokolls über die Neuregelung der rückständigen deutschen Forderungen[6], und eines Transferaufschubabkommens[7] abgeschlossen, das die Neuregelung der Forderungen aus Handelsgeschäften und der Girozentrale im einzelnen festlegt.

Die Ergebnisse sind im wesentlichen wie folgt:

1) Ägypten erhält durch das Kapitalhilfeabkommen

- Kapitalhilfe in Höhe von 100 Mio. DM aus dem Jahr 1972 und 60 Mio. für das Jahr 1973; von dem Gesamtbetrag in Höhe von 160 Mio. DM entfallen auf: (ungebundene) Projekthilfe 70 Mio. DM und 90 Mio. DM Warenhilfe für Warengruppen, die in einer dem Kapitalhilfeabkommen als Anhang beigefügten Liste aufgeführt sind. Als Darlehensbedingungen wurden die Standardbedingungen – zwei Prozent Zinsen, Laufzeit von 30 Jahren einschließlich 10 Freijahren – eingeräumt.

- Besondere Schwierigkeiten bereitete für beide Seiten die Formulierung der Schiffahrtsklausel. Ägyptische Seite befürchtete für den Fall einer Annahme des deutschen Formulierungsvorschlags die – theoretische – Möglichkeit einer Beteiligung von Schiffen an dem deutschen Frachtaufkommen für Ägypten, die in der Israel-Boykottliste geführt werden, während deutscherseits die Sicherstellung der Nichtdiskriminierung deutscher Schiffe durch die Beibehaltung der zwischen den Ressorts vereinbarten Fassung als unabdingbar angesehen wurde. Durch den in einem vertraulichen Briefwechsel aufgenommenen deutschen Text mit der für Ägypten materiellen Begrenzung des Anwendungsbereichs der Klausel auf „die ägyptische, die Sicherheit betreffenden Gesetze", wurde die Annahme der Klausel für beide Seiten akzeptabel.

2) In dem am gleichen Tag unterzeichneten Protokoll verpflichtet sich die ägyptische Regierung zur Rückzahlung von ca. 3,2 Mio. DM monatlich, ab 1. April 1973 bis zur Abdeckung des Gesamtobligos in Höhe von 469 Mio. DM. Der Konsolidierungszeitraum: bis 31. Dezember 1973, wobei primär die Verzugszinsen abzudecken und der Rest für die Tilgung zu verwenden ist.

Der deutscherseits vorhandene enge Verhandlungsspielraum für die Festlegung des Verzugszins- und Konsolidierungszinssatzes bereitete ägyptischer Seite erhebliche Schwierigkeiten. Deutscherseits kam man unter Berücksichtigung des von ägyptischer Seite dargestellten ernsten Devisenengpasses durch Ausnutzung der Rückfallposition (von 8,5 Prozent auf 7,75 Prozent Verzugszinsen und von 6,5 Prozent auf sechs Prozent Konsolidierungszinsen) bei gleichzeitiger Verschiebung des Konsolidierungszeitraums entgegen.

Fortsetzung Fußnote von Seite 234

    reit sein, „wenn nach Meinung der Delegation sonst Abbruch der Verhandlungen zu erwarten ist". Vgl. Referat 422, Bd. 117217.

  5 Für den Wortlaut des Abkommens vom 8. Februar 1973 zwischen der Bundesrepublik und Ägypten über finanzielle Zusammenarbeit vgl. Bundesgesetzblatt 1973, Teil II, S. 206 f.

  6 Für das Protokoll vgl. Referat 310, Bd. 104679.

  7 Für das Abkommen vom 8. Februar 1973 zwischen der Bundesrepublik und Ägypten über die Konsolidierung ägyptischer Zahlungsverbindlichkeiten vgl. Referat 310, Bd. 104679.

Die ägyptische Delegation erklärte sich nach intensiven Verhandlungen zur unverzüglichen Regelung der ungedeckten und der kurzfristigen Forderungen bereit, soweit bei letzteren Rückstände bestehen. Mit Rücksicht darauf, daß es sich bei den ungedeckten Forderungen um solche privatrechtlicher Natur handelt, die eine formelle Einbeziehung in das Regierungsabkommen nicht zuließen, mußte von einer ausdrücklichen Erwähnung in dem Abkommen abgesehen werden.

3) Das Transferaufschubabkommen vom gleichen Tag regelt im einzelnen die Rückzahlungsmodalitäten für die rückständigen Forderungen einschließlich jener, die sich aus den Umschuldungsabkommen vom 23. November 1967[8] und vom 9. Mai 1970[9] ergeben.

Zu den anfänglichen Verhandlungsschwierigkeiten sind folgende Bemerkungen angebracht:

a) Für die ägyptische Seite waren verschiedene, in zahlreichen vorangegangenen Ressortbesprechungen in der Bundesrepublik vereinbarte, formaljuristisch durchaus begründete Formulierungen in ihrer englischen Übersetzung unverständlich. Trotzdem zeigten sie nach den von deutscher Seite gegebenen Erläuterungen ein bemerkenswert rasches Verständnis für die Materie.

b) In vorangegangenen Gesprächen mußte die Botschaft wiederholt hochgespannte ägyptische Hoffnungen auf eine realistischere Basis zurückführen. Die ägyptische Delegation ist insofern ohne große Illusion in die Verhandlungen eingetreten.

3) Angesichts der besonderen Bedeutung dieser ersten Verhandlungen wäre ein größerer Verhandlungsspielraum für die deutsche Delegation sehr förderlich gewesen.

II. Die besondere Bedeutung dieser ersten, nach der Wiederaufnahme der diplomatischen Beziehungen zwischen der Bundesrepublik Deutschland und Ägypten[10] durchgeführten Wirtschaftsverhandlungen wird durch die gleichzeitig erfolgten politischen Konsultationen unterstrichen. Ägypten, das sich seiner unbestreitbaren Bedeutung im nahöstlichen Spannungsfeld bewußt ist, befindet sich in einer ernsten Wirtschaftskrise, die es ohne ausländische Hilfe nicht bewältigen kann. Von jenen Ländern, die durch ihre Wirtschaftskraft und ihr Industriepotential allein in der Lage sind, Ägypten die dringend benötigte Soforthilfe in einem größeren Umfang zu gewähren, ist die Bundesrepublik das politisch neutralste Land. Die von der Bundesregierung wiederholt postulierte und von MD van Well den ägyptischen Gesprächspartnern eingehend dargelegte

---

[8] Vom 18. bis 23. November 1967 fanden in Kairo Verhandlungen eines Arbeitskreises von Firmen aus der Bundesrepublik mit der ägyptischen Zentralbank über die Umschuldung ägyptischer Handelsschulden statt. Das dabei geschlossene Abkommen betraf „alle bis 30. Juni 1968 fälligen und nicht transferierten Forderungen deutscher Firmen, die durch Ausfuhrbürgschaften abgesichert sind". Die ägyptische Zentralbank verpflichtete sich, vom 31. Dezember 1968 an halbjährliche Raten bis zum 30. Juni 1974 sowie Zinsen in Höhe von 6 % zu zahlen. Vgl. dazu BUNDESANZEIGER, Nr. 224 vom 30. November 1967, S. 5.

[9] Am 9. Mai 1970 schloß eine Gruppe von Firmen aus der Bundesrepublik mit der ägyptischen Zentralbank ein Übereinkommen über die Konsolidierung von Lieferantenkrediten. Vgl. dazu BULLETIN 1970, S. 651.

[10] Die Wiederaufnahme der diplomatischen Beziehungen zwischen der Bundesrepublik und Ägypten erfolgte am 8. Juni 1972. Vgl. dazu AAPD 1972, I, Dok. 127.

Ausgewogenheit ihrer Nahostpolitik hat die ägyptische Regierung in der Bewertung der Schlüsselposition Ägyptens im nahöstlichen Raum bestätigt und das zu einer weiteren intensiven Zusammenarbeit mit uns auf wirtschaftlichen Gebiet erforderliche Vertrauen gebildet. Die Gespräche MD van Wells mit Außen- und Wirtschaftsminister Merzeban und Industrieminister Mullah bestätigten diesen Eindruck einer spürbaren Verbesserung der Atmosphäre und des gegenseitigen Verständnisses. Auch die rege Teilnahme hoher ägyptischer Persönlichkeiten, der zuständigen Ressorts und der führenden staatlichen Wirtschaftskreise an dem von mir am 5. Februar 1973 gegebenen Empfang und die vollzählige Teilnahme der eingeladenen Persönlichkeiten an der Einladung MD van Wells, nicht zuletzt die den deutschen Gästen durch zahlreiche Einladungen, einem dreitägigen Besichtigungsprogramm Oberägyptens und der Oase Fayum erwiesene Gastfreundschaft sind deutliche Zeichen der ägyptischen Bereitschaft zu einer intensiveren künftigen Zusammenarbeit mit uns.

III. Es liegt nunmehr an uns, das Fazit aus diesem ersten und erfolgreichen Schritt zu ziehen. Die Zusammenarbeit mit dem Ostblock auf wirtschaftlichem Gebiet war und ist für Ägypten unbefriedigend, jedoch politisch motiviert. Nachdem die abrupte Abkehr von Sowjetrußland im Jahr 1972[11] nicht das erhoffte Echo im Westen hervorgerufen hat, scheint sich Ägypten auf einen längeren Zeitraum für eine allmähliche Umorientierung seiner Entwicklungshilfeannahme – und seiner Außenhandelspolitik einzurichten.

Für uns bietet sich im wohlverstandenen Interesse unserer eigenen exportabhängigen Wirtschaft die Möglichkeit, in Ägypten einen zunehmend aufnahmefähigen, sekundären Absatzmarkt auf lange Sicht zu sichern und auszubauen. Diese Überlegung sollte auch bei allen künftigen Verhandlungen nicht außer acht gelassen werden.

IV. Der zehntägige Aufenthalt in Kairo bot MD van Well die Gelegenheit zu einer Reihe von politischen Kontakten und Gesprächen. Über Inhalt und Ergebnisse der wichtigsten Gespräche – insbesondere der Gespräche mit Außenminister Zayyat und Staatssekretär Ismail Fahmi – ist mit Drahtbericht Nr. 203 vom 8.2.1973 bereits berichtet worden.[12]

---

11 Am 18. Juli 1972 gab Präsident Sadat bekannt, daß er die UdSSR aufgefordert habe, ihre Militärberater und Experten aus Ägypten abzuziehen. Botschaftsrat Vogeler, Kairo, berichtete am 19. Juli 1972, Sadat habe erklärt, „daß er drei wichtige Entscheidungen getroffen habe, die das ägyptisch-sowjetische Verhältnis neu gestalten: 1) Beendigung der Mission der sowjetischen Militärberater und Experten in Ägypten mit Wirkung vom 17. Juli und ihre Ersetzung durch ägyptisches Militär. 2) Übernahme aller militärischen Einrichtungen, die seit 1967 auf ägyptischem Boden errichtet wurden, in das ausschließliche Eigentum der ägyptischen Regierung unter Kontrolle und Verfügungsgewalt der ägyptischen Streitkräfte. 3) Vorschlag ägyptisch-sowjetischer Konsultationen über die weitere Zusammenarbeit im Rahmen des ägyptisch-sowjetischen Freundschaftsvertrags. [...] Zur Begründung seiner Entscheidungen erinnerte Präsident Sadat an seine wiederholten Bemühungen, die sowjetische Regierung zu bewegen, Ägypten mit den für einen erfolgreichen Befreiungskampf erforderlichen Waffen zu versorgen. Im vergangenen Jahr seien derartige Waffen von den Sowjets in Aussicht gestellt worden, dann aber entweder gar nicht oder in unbrauchbarem Zustand oder in veralteten Modellen geliefert worden." Die Entscheidungen seien die Konsequenz aus der sowjetischen Weigerung, „Ägypten militärisch in erforderlichem Maße zu unterstützen". Vgl. den Drahtbericht Nr. 609; Referat I B 4, Bd. 529.

12 Ministerialdirektor van Well, z. Z. Kairo, faßte am 8. Februar 1973 Gespräche zusammen, in deren Mittelpunkt ägyptische Überlegungen zur Lösung des Nahost-Konflikts sowie die Beziehungen der Bundesrepublik zu Ägypten gestanden hätten. Dazu führte er aus: „Hinsichtlich der bilateralen Beziehungen spiegelten die Herzlichkeit der Aufnahme der Delegation, die positive Atmosphäre

1) Eine Neuerung im deutsch-ägyptischen Kontakt war die Abhaltung von Konsultationsgesprächen im Außenministerium, die auf ägyptischer Seite von Unterstaatssekretär Khalil geleitet wurden. Herr van Well legte auf Wunsch der Ägypter die Grundlinien der deutschen Sicherheits- und Außenpolitik dar. Leider mußte das vorgesehene zweite Gespräch, in dem vor allem von ägyptischer Seite zu politischen Problemen des Nahen Ostens Stellung genommen werden sollte, wegen Erkrankung von Staatssekretär Khalil ausfallen. In ausführlichen Unterhaltungen mit Staatssekretär Fahmi, dem künftigen Botschafter in Bonn, konnte dieses Thema jedoch erschöpfend behandelt werden.

Der Gedanke, politische Konsultationen in der vorgesehenen Weise und in einer Atmosphäre größeren Vertrauens zu führen, war den ägyptischen Gesprächspartnern anfangs ungewohnt, fand aber im Verlaufe des Gedankenaustausches zunehmend Anklang. Es ist zu hoffen, daß Gespräche dieser Art auch künftig wieder mit ägyptischen Vertretern hier und in Bonn geführt werden.

Die durch Zeitdruck bedingte Konzentration führt in überraschender Weise an den Kern mancher Probleme heran, die im normalen Verkehr gern vermieden oder doch nicht mit der nötigen Intensität und Offenheit besprochen werden.

2) Die Missionschefs der hier vertretenen EG-Staaten[13] wurden durch MD van Well über den Gang und das Ergebnis der Wirtschaftsverhandlungen und über die Grundzüge unserer Nahostpolitik unterrichtet. Die Klarheit und Offenheit der Darstellung hat die Botschafter beeindruckt. Von den vergleichbaren Unterrichtungen, die in den vergangenen Monaten mit durchreisenden Besuchern im gleichen Kreise stattfanden, ist dieses Gespräch, wie mir meine Kollegen bestätigten, das ergiebigste gewesen.

3) Als besonders wertvoll für künftige Beziehungen dürften sich die Kontakte erweisen, die durch den Besuch von MD van Well zur ägyptischen Volksversammlung hergestellt wurden.

Der Besuch beim Präsidenten des Parlaments, der die Vorsitzenden der wichtigsten Ausschüsse bei sich versammelt hatte, gestaltete sich zu einer regen Diskussion über die beiderseitigen politischen Probleme, wobei auch heikle Fragen ohne Zögern angesprochen wurden. Aus dem Bedauern der Parlamentarier, das Gespräch schon nach wenig mehr als einer Stunde abbrechen zu müssen, ergab sich eine spontane Einladung des Parlamentspräsidenten zu einem Abendessen am folgenden Tage. Ein weiteres Mal traf Herr van Well in meinem Hause mit mehreren Abgeordneten zusammen. Parlamentspräsident Hafiz Badawi brachte den Wunsch seiner Kollegen nach engerem und häufigerem Kontakt mit deutschen Volksvertretern zum Ausdruck und sprach eine Einladung für eine Gruppe von Bundestagsabgeordneten aus. Es wäre zu begrüßen, wenn dieser Einladung bald nachgekommen und ein Gegenbesuch in

Fortsetzung Fußnote von Seite 237

    aller Unterredungen und die Offenheit des Gedankenaustausches deutlich das große Interesse wider, das das heutige Ägypten an der Entwicklung seines Verhältnisses zur Bundesrepublik nimmt. Wir stoßen hier auf eine Bereitschaft zur Intensivierung der Kontakte, wie sie kaum vor dem Abbruch der diplomatischen Beziehungen bestanden hat. Es wäre verfehlt, die Motivierung überwiegend im wirtschaftlichen Bereich zu sehen. Ägypten sucht die langfristige Ausrichtung auf Europa". Vgl. VS-Bd. 9988 (310); B 150, Aktenkopien 1973.

13 Philip Adams (Großbritannien), Pierre Ancieux de Faveaux (Belgien), Bruno de Leusse de Syon (Frankreich), Kjeld V. Mortensen (Dänemark), Franz von Oven (Niederlande).

Bonn angestrebt würde.[14] Durch regelmäßige Begegnungen bei den Konferenzen der IPU besteht bereits eine Reihe von persönlichen Beziehungen, die in regelmäßigem Besuchsaustausch weiter ausgebaut werden könnten. Die Verfechter demokratischer und liberaler Parlamentsarbeit in Kairo könnten dabei wertvolle Anregungen sammeln und ihre Stellung in der Versammlung festigen.

V. Zusammenfassung

Mit dem für alle Beteiligten zufriedenstellenden Abschluß der Umschuldungs- und Kapitalhilfeverhandlungen ist ein neuer Abschnitt in den deutsch-ägyptischen Beziehungen eingeleitet worden. Erst mit der Schuldenregelung und der Wiederaufnahme der Kapitalhilfe konnte die Grundlage für eine völlige Normalisierung der Beziehungen und eine langfristige Zusammenarbeit mit Ägypten geschaffen werden.

Die gleichzeitigen politischen Gespräche von Ministerialdirektor van Well haben zu einer merklichen Verbesserung des Verständnisses für die politischen Probleme und Standpunkte auf beiden Seiten geführt.

[gez.] Steltzer

Referat 311, Bd. 104901

50

Runderlaß des Vortragenden Legationsrats I. Klasse Dohms

Fernschreiben Nr. 16 Ortex   **13. Februar 1973**

Betr.: Zur Bereinigung der Währungskrise

1) Die Bemühungen der Bundesregierung um eine schnelle, nachhaltige und multilaterale Bereinigung der jüngsten Dollar-Krise haben nach zahlreichen Kontakten und Bemühungen an wechselnden Orten heute nacht zu folgender abgestimmter Aktion geführt:

Die USA werten den Dollar gegenüber dem Gold um zehn Prozent ab.[1] Japan

---

[14] Der Besuch einer Delegation des Auswärtigen Ausschusses des Bundestages in Ägypten fand vom 6. bis 11. April 1974 statt.

[1] Der amerikanische Finanzminister Shultz erklärte am 12. Februar 1973, daß Präsident Nixon den Kongreß dazu auffordern werde, „eine weitere Anpassung der Wechselkurse zu billigen. Dieses Ziel wird durch eine förmliche Abwertung des Dollars um 10 v.H. von einer Parität von 0,92106 SZR (Sonderziehungsrechte) auf 0,82895 SZR angestrebt. [...] Konsultationen mit unseren führenden Handelspartnern in Europa geben mir Gewißheit, daß die vorgeschlagene Änderung in der Parität des Dollars für sie akzeptabel ist und daher für die Wechselkurse des Dollars auf den internationalen Märkten sofort wirksam werden wird. Der Dollar wird gegenüber jenen Währungen, für die es einen Leitkurs gegenüber dem Dollar gibt, wie beispielsweise die Deutsche Mark und der französische Franc, im Wert um etwa 10 v.H. sinken." Vgl. EUROPA-ARCHIV 1973, D 161.

gibt den Kurs des Yen frei.[2] Die Kurse der europäischen Währungen untereinander bleiben unverändert. Das Pfund-Sterling floatet weiter.[3]

Ab morgen soll, wie soeben bekannt wird, auch der Kurs der Handelslira freigegeben werden.[4]

Infolge der Abwertung des Dollars beträgt der deutsche Leitkurs ab 14. Februar 1973 – 0.00 Uhr – DM 2,9003. Die Schwankungsbreite von plus minus zweieinviertel Prozent[5] wird beibehalten.

2) Eine erste Bewertung ergibt folgendes:

– Eine einseitige deutsche Aktion konnte vermieden werden. Die am 2. Februar 1973[6] beschlossenen Devisenkontrollmaßnahmen[7] verschafften den zur Vorbereitung einer multilateralen Aktion erforderlichen Spielraum. Es gelang, im Rahmen der EG und der Allianz dank der Kooperationsbereitschaft der Hauptwährungspartner eine ausgewogene, den Schwierigkeiten und Erwartungen der USA weitgehend Rechnung tragende Lösung zu finden.

– Da die Mehrzahl der EG-Partner an den augenblicklichen Wechselkursen festhält und das Floaten der Lira – wie allgemein erwartet – nur vorübergehender Natur sein wird, dürften zusätzliche Belastungen des gemeinschaftlichen Agrarmarktes sowie der wirtschafts- und währungspolitischen Zusammenarbeit vermieden und der Weg zur Verwirklichung der Wirtschafts- und Währungsunion offengehalten werden.

– Die Verschlechterung der Wettbewerbsposition der deutschen Exportindustrie dürfte sich in Grenzen halten. Der gewogene indirekte Aufwertungseffekt der DM beträgt auf den gesamten deutschen Export berechnet zwischen ein und zwei Prozent. Die Verteuerung der deutschen Exporte in die USA wird durch den erwarteten höheren Aufwertungseffekt des Yen teilweise gemildert werden.

– Die Wettbewerbsposition der USA verbessert sich gegenüber Europa, insbesondere aber gegenüber Japan. Das Ausmaß des Nutzens für die Amerika-

---

[2] Am 13. Februar 1973 gab der japanische Finanzminister Aichi die Freigabe des Wechselkurses für den Yen bekannt, nachdem die amerikanische Regierung beschlossen hatte, den Dollar um 10 % abzuwerten. Vgl. dazu AdG 1973, S. 17661.

[3] Zur Freigabe des Wechselkurses des Pfund Sterling am 23. Juni 1972 vgl. Dok. 15, Anm. 40.

[4] Zur Spaltung des italienischen Devisenmarktes in eine Handels-Lira mit festem Wechselkurs und eine Kapital-Lira mit freiem Wechselkurs vgl. Dok. 38, Anm. 7.
Der italienische Finanzminister Malagodi erklärte am 13. Februar 1973: „Die Abwertung des Dollars impliziert eine entsprechende Aufwertung der Deutschen Mark, des französischen Franc und anderer wichtiger Währungen. Der Sterling fluktuiert weiterhin frei, und von nun an wird auch der Yen fluktuieren. Um zu verhindern, daß die Lira in ungerechtfertigte Auf- oder Abwertungsbewegungen hineingezogen wird, die möglicherweise noch durch Phänomene spekulativen Charakters verstärkt werden könnten, hat die italienische Regierung beschlossen, auf die Handels-Lira die gleiche Kursfreigabe anzuwenden, die bereits für die Finanz-Lira in Kraft ist. [...] Auf diese Weise wird die italienische Wirtschaft soweit möglich vor äußeren Einflüssen bewahrt, die sich auf unseren Außenhandel und unsere allgemeine Politik der Wirtschaftsankurbelung schädlich auswirken könnten". Vgl. EUROPA-ARCHIV 1973, D 164.

[5] Korrigiert aus: „zweieinhalb Prozent".
Die Festlegung der Bandbreiten für Währungskursschwankungen auf 2,25 Prozent war Bestandteil des „Smithsonian Agreement" vom 17./18. Dezember 1971. Vgl. dazu Dok. 44, Anm. 2.

[6] Korrigiert aus: „5. Februar 1973".

[7] Zu den Beschlüssen der Bundesregierung vom 2. Februar 1973 vgl. Dok. 41, Anm. 4.

ner wird sich erst nach der endgültig vollzogenen Aufwertung des Yen herausstellen. Insoweit hängt der endgültige Erfolg der Kursbereinigung vom weiteren Verhalten der Japaner ab.

3) Die Bundesregierung wird einen Bericht von BM Schmidt zur Währungslage entgegennehmen. Die am 2. Februar 1973[8] eingeführten Devisen-Kontrollmaßnahmen bleiben in Kraft. Die deutschen Devisenbörsen sind morgen wieder geöffnet[9]. Der Rat der EG-Wirtschafts- und Finanzminister ist zu einer Sitzung am 14. Februar nach Brüssel einberufen worden.[10]

[gez.] Dohms

Referat 412, Bd. 105678

---

[8] Korrigiert aus: „5. Februar 1973".

[9] Am 12./13. Februar 1973 waren die Devisenbörsen in der Bundesrepublik und den meisten anderen westlichen Industriestaaten geschlossen. Vgl. dazu EUROPA-ARCHIV 1973, D 157.

[10] Am 15. Februar 1973 faßte Vortragender Legationsrat Jelonek das Ergebnis der Tagung des EG-Ministerrats zusammen: „Die Währungsentscheidungen zur Bewältigung der jüngsten Währungskrise wurden allgemein begrüßt. Es herrschte Einverständnis darüber, daß der ‚richtige Ansatz' gewählt wurde: Dollar-Abwertung und Yen-Floating/Aufwertung, bei Stillhalten der Mehrzahl der Europäer. Konsens, daß jedoch bis zur Beseitigung des US-Zahlungsbilanzdefizits und der Reform des Weltwährungssystems Grundprobleme ungelöst bleiben und monetäre Unsicherheit andauern wird. Erwartung, daß Italien und Großbritannien möglichst rasch ins europäische Währungssystem zurückkehren und Yen-Aufwertung angemessen hoch ausfällt. [...] Realistische Einschätzung der Arbeiten an der Reform des internationalen Währungssystems: Kein schnelles Ergebnis zu erwarten. Bekräftigung der Notwendigkeit einer gemeinsamen Haltung der EG-Partner im Zwanziger-Ausschuß." Vgl. Referat 412, Bd. 105678.
Der EG-Ministerrat beschloß außerdem eine beschleunigte Schaffung der Wirtschafts- und Währungsunion: „In diesem Zusammenhang wird die Kommission vor dem 30. Juni 1973 einen Bericht über die Anpassung der kurzfristigen monetären Stützungsmaßnahmen und die Bedingungen für eine schrittweise Zusammenlegung der Reserven vorlegen. Der Rat ersucht den Währungsausschuß und den Ausschuß der Zentralbank-Präsidenten, der Kommission ihre volle Unterstützung zu geben, damit diese Frist eingehalten werden kann." Vgl. EUROPA-ARCHIV 1973, D 170 f.

51

Botschafter Pauls, Washington, an das Auswärtige Amt

114-10611/73 VS-vertraulich   Aufgabe: 13. Februar 1973, 16.00 Uhr[1]
Fernschreiben Nr. 438   Ankunft: 13. Februar 1973, 22.43 Uhr
Citissime

Auf Plurex 533 vom 9.2.1973 – 221-372.20/9-545/73 VS-v[2]

Betr.: MBFR
          hier: Verlauf der Gespräche in Wien – Teilnahme Ungarns

Zur Information

Nachdem mein Vertreter[3] bereits am 10. Februar 1973 unsere Überlegungen
gemäß Bezugserlaß im State Department vorgetragen hatte, sprach ich heute
mit Deputy Secretary Kenneth Rush eingehend über den möglichen weiteren
Verlauf der Gespräche in Wien, insbesondere die vom Bündnis einzunehmende
Haltung in der Ungarn-Frage.

Unsere taktische Position bewertend, warnte ich davor, gegenüber dem ersten
sowjetischen Test der Geschlossenheit und Entschlossenheit der westlichen
Teilnehmer vorschnell nachzugeben, zumal die übrigen Warschauer-Pakt-Teil-
nehmer offenbar nicht hinter der sowjetischen Forderung[4] ständen und Moskau dem Einschluß Ungarns mindestens seit 15. November 1972[5] nicht widersprochen habe.

In der Sache selbst wies ich auf die möglichen künftigen Risiken für Jugoslawi-
en und damit das relative Gleichgewicht in Europa hin, falls Ungarn in MBFR-
Regelungen nicht einbezogen würde. Wenn außerdem Belgien und die Niederlande aus MBFR ausscheiden würden und damit die Bundesrepublik Deutschland als einziges westliches Reduzierungsgebiet übrigbliebe, wäre MBFR – jedenfalls auf absehbare Zeit – gescheitert.

Rush bemerkte einleitend, daß Washington an MBFR von Anfang an mit Skepsis und Vorsicht herangegangen sei. Schließlich habe sich MBFR in amerikanischer Sicht als ein geeignetes Instrument erwiesen, den Forderungen aus Se-
natskreisen auf Verringerung der amerikanischen Truppenpräsenz in Europa
entgegenzutreten. Da sich auch die Sowjetunion nur widerwillig auf MBFR
eingelassen habe, sei die Gefahr eines Scheiterns oder wenigstens Stillstandes
sehr akut. Eine Absage an dieses von der NATO entwickelte Projekt würde
aber den Interessen der Sowjetunion dienen und hätte nachteilige Folgen für

---

[1] Hat Vortragendem Legationsrat Hillger am 14. Februar 1973 vorgelegen.
[2] Zum Runderlaß des Staatssekretärs Frank vgl. Dok. 48, Anm. 5.
[3] Hans Heinrich Noebel.
[4] Zur sowjetischen Haltung hinsichtlich einer Teilnahme Ungarns an den MBFR-Explorationsge-
    sprächen vgl. Dok. 48.
[5] Am 15. November 1972 übermittelte die Bundesregierung eine Note zur Aufnahme von MBFR-Ex-
    plorationsgesprächen an die ČSSR, die DDR, Polen, die UdSSR und Ungarn, die inhaltsgleich von
    Belgien, Großbritannien, Kanada, Luxemburg, den Niederlanden und den USA übergeben wur-
    den. Vgl. dazu Dok. 12, Anm. 1.

die Politik des Bündnisses. Deshalb müsse ein Fehlschlagen unter allen Umständen vermieden werden.

Streitkräfte in Ungarn seien gemäß NATO-Planung nie als eine strategische Bedrohung angesehen worden. Die sowjetische Forderung, entweder Ungarn auszuklammern oder aber Italien auf westlicher Seite einzubeziehen, entbehre nicht der Logik, wenn man den Begriff Zentraleuropa nach strategischen und nicht nur geographischen Kriterien definiere. Es sei nicht verwunderlich, daß die Sowjetunion sich einer Beteiligung aller derjenigen Staaten, in denen sie Streitkräfte unterhalte, widersetze, während auf westlicher Seite zahlreiche Staaten – von der Türkei bis Portugal –, in denen amerikanische Streitkräfte stünden, ausgeklammert blieben. Der bekannten sowjetischen Vorstellung von Symmetrie müsse dies zuwiderlaufen. Darauf hätten Amerikaner uns schon früher hingewiesen.

Rush sagte, die amerikanische NATO-Vertretung sei angewiesen worden, in der am 14. Februar stattfindenden Sitzung des NATO-Rats[6] die Verbündeten, vor allem Belgien und die Niederlande, für die Einnahme einer flexiblen Haltung zu gewinnen. Die Einbeziehung Italiens komme für Washington nicht in Frage. Die Ungarn-Frage müsse man daher zunächst eben ungelöst in der Schwebe halten („keep in limbo") und die Explorationen anlaufen lassen.

Rush unterstrich mehrfach, wie wichtig es für die amerikanische Regierung sei, daß ein Scheitern der Explorationen vermieden und das Zustandekommen der Konferenz sichergestellt werde. Vielleicht biete sich im späteren Verlauf der Verhandlungen eine Möglichkeit, die westlichen Wünsche bezüglich Ungarns zu berücksichtigen. Er meinte, die gegenwärtige Auseinandersetzung habe jedenfalls das Ergebnis, die Sowjetunion auf eine Definition (im strategischen Sinne) der Region Zentraleuropa festgelegt zu haben. Wenn der Westen in der Ungarn-Frage nachgebe, gebe er im Grunde nichts Wesentliches auf („we are not yielding anything to the Russians").

Als das alle Einzelfragen überragende Ziel bezeichnete Rush eine starke und geschlossene NATO.

Stark bleibe die NATO nur bei ungeschmälerter amerikanischer Präsenz in Europa. Wenn MBFR eines Tages zu gewissen Reduzierungen führe, die die NATO nicht schwächten, sei das ein willkommenes Ergebnis.

Die gesamte Argumentation Rushs machte erneut deutlich, daß die amerikanische Regierung komplizierten Einzelfragen wie constraints, phased approach usw. nur wenig Sinn abgewinnen kann. Dies steht in einem gewissen Gegensatz zu dem Verständnis, das auf Arbeitsebene unseren diesbezüglichen Vorstellungen bisher entgegengebracht worden ist.

[gez.] Pauls

VS-Bd. 9081 (212)

---

6 Zur Sitzung des Ständigen NATO-Rats am 14. Februar 1973 vgl. Dok. 53, Anm. 2.

52

Gespräch des Staatssekretärs Frank
mit dem amerikanischen Sonderbotschafter Peterson

204-321.36 USA VS-NfD   16. Februar 1973[1]

Amerikanische Teilnehmer: Botschafter Peter Peterson (Sonderbeauftragter des amerikanischen Präsidenten); Botschafter Harold Malmgren (Vertreter von Botschafter Eberle, Leiter der interministeriellen Gruppe zur Vorbereitung der GATT-Verhandlungsrunde); Robert Hormats (Senior Staff Member, National Security Council, The White House); Robert Pelikan (U.S. Department of the Treasury); Seth Bodner (Deputy Assistant Secretary, U.S. Department of Commerce); Ernest Johnston (1. Sekretär, U.S. Mission to the EEC); Gesandter Frank Cash (U.S. Embassy Bonn); Gesandter Charles Wootton (U.S. Embassy Bonn); BR (Wirtschaft) Irving Schiffman (U.S. Embassy Bonn); Paul Boeker (1. Sekretär, U.S. Embassy Bonn)

Deutsche Teilnehmer: Staatssekretär Frank; Parlamentarischer StS Moersch; MD von Staden; Botschafter Hermes; Gesandter Poensgen; VLR I Dr. Lautenschlager; VLR I Dr. Thomas; VLR Dr. Vergau; Herr Lochner (Dolmetscher).

Nach einem Frühstück, das StS Frank am 16.2.73 im Kanzlerbungalow zu Ehren von Botschafter Peterson und seiner Begleitung gegeben hatte, begann die Aussprache um 14.45 Uhr und endete gegen 17.30 Uhr.[2]

Botschafter *Peterson* äußerte sich nach den Begrüßungsworten von StS Frank über die gegenseitige Abhängigkeit wirtschaftlicher und politischer Kräfte im West-West-Verhältnis. Wirtschaftliche Probleme seien keine Angelegenheiten untergeordneter Bedeutung, wie hier und da angenommen werde; sie drohten vielmehr die politischen und militärischen Beziehungen der atlantischen Partner zu vergiften, wenn sie nicht rechtzeitig in einen übergeordneten politischen Zusammenhang gestellt und ausgeräumt würden. Der Westen könne mit der SU auch in Zukunft nur aus einer starken und einheitlichen Position heraus verhandeln. Er sei daher herausgefordert, den politischen Willen zu finden, um seine Wirtschaftsprobleme zu lösen.

Peterson legte sodann eine Analyse des gegenwärtigen psychologischen Klimas in den USA gegenüber Japan und Europa dar.

Japan: Das Handelsbilanz-Defizit von 4,5 Milliarden Dollar sei überwiegend durch japanische Konsumgüter verursacht, die das Land in bisher nie gekanntem Umfang überschwemmten. Jedem Amerikaner werde die gewaltige Flut dieser Produkte auf Schritt und Tritt vor Augen geführt. Die Öffentlichkeit und der Kongreß seien von einem Gefühl der Frustration befallen, da man sich

---

[1] Die Gesprächsaufzeichnung wurde von Vortragendem Legationsrat I. Klasse Thomas am 19. Februar 1973 gefertigt.
Hat Staatssekretär Frank am 19. Februar 1973 vorgelegen.
[2] Der amerikanische Sonderbotschafter Peterson hielt sich am 15./16. Februar 1973 in Bonn auf, wo er außerdem Gespräche mit den Bundesministern Ehmke, Ertl, Friderichs, Leber und Schmidt sowie mit Staatssekretär Rohwedder, Bundesministerium für Wirtschaft, führte.

dieser Flut hilflos ausgeliefert sehe. Hier sei die psychologische Erklärung für die in Erwägung gezogene protektionistische Gesetzgebung[3] zu suchen, die sich nicht gegen Europa richte.

Europa: Man registriere mißtrauisch den Stolz der Europäer auf die Errungenschaften der Gemeinschaft und ihre Präokkupation mit den wirtschaftlichen Wachstums- und Integrationsbestrebungen auf Kosten der Außenwelt.

Die Präferenzpolitik der EG werde in diesem Zusammenhang als diskriminierend für die USA und als Beispiel für den Expansionismus des Wirtschaftsblocks empfunden.[4] Für das Argument der Übergangshilfe für ehemalige Kolonien und abhängige Gebiete bringe man allenfalls ein begrenztes Verständnis auf; die europäische Begründung der Mittelmeerpolitik wirke indes angesichts der eigenen Interessen in diesem Gebiet wenig überzeugend.

Die Agrarpolitik der EG sei für die USA von nicht hoch genug einzuschätzender Bedeutung. Ein Defizit von 13 Milliarden Dollar sei keine Kleinigkeit, wenn man bedenke, daß eine Milliarde Handelsdollar 60–80 000 Arbeitsplätzen entspreche. Im Gegensatz zu Europa herrschten in der landwirtschaftlichen Bevölkerung die Blocks der Wechselwähler mit ihrer enormen Hebelwirkung auf den Kongreß vor.

Neben dem Agrarbereich konzentriere sich die Arbeitslosigkeit auf bestimmte Industriezweige, die einflußreiche politische Lobbies in Washington unterhielten. Die Gewerkschaften hätten sich zudem von einer freihandelsorientierten auf eine protektionistische Haltung zubewegt.

All dies nähre das Gefühl des Überengagements. Man glaube weithin, daß die USA sich eine kostspielige Sicherheitspolitik fernab vom amerikanischen Kontinent nicht mehr leisten könnten.

Auch verbreite sich die Meinung, je größer die EG werde, desto abgeschlossener und protektionistischer werde sie. In diesem emotionsgeladenen Klima fal-

---

3 Am 12. Februar 1973 gab der amerikanische Finanzminister Shultz neben der Entscheidung zur Abwertung des Dollar ebenfalls bekannt, daß Präsident Nixon dem Kongreß ein neues Gesetz zur Reform des Außenhandels vorlegen werde: „Diese Gesetzgebung sollte uns unter anderem die Instrumente an die Hand geben, die wir brauchen, um I) tarifäre und nichttarifäre Handelsschranken abzubauen, wobei wir von der Annahme ausgehen, daß unsere Handelspartner bereit sind, mit uns zusammen voll an diesem Prozeß mitzuwirken; II) Zölle zu erhöhen, wenn solche Maßnahmen zu Vorkehrungen beitragen, die sicherstellen, daß amerikanische Exporte einen fairen Zugang zu ausländischen Märkten haben; III) Sicherheitsmaßnahmen gegen die Störung bestimmter Märkte und Güter durch rasche Veränderungen im Außenhandel vorzunehmen; und IV) unsere Außenposition gegen große und anhaltende Defizite zu schützen." Vgl. EUROPA-ARCHIV 1973, D 162.
Am 13. Februar 1973 erläuterte Nixon gegenüber der Presse zum geplanten Handelsgesetz: „In order to get a policy of freer trade, we must always have, in the background, protection. We believe that the world is going to be better served by lower tariffs. But it cannot be that we lower and they keep up. Other nations must get away from their discriminatory policies, and we must be in a position to bargain harder. ... Devaluation of the dollar is at best only a temporary solution of a problem. That is why trade legislation must follow." Vgl. PUBLIC PAPERS, NIXON 1973, S. 89.
Zum Handelsreformgesetz („Trade Reform Act"), das von Präsident Nixon am 10. April 1973 im Kongreß eingebracht wurde, vgl. Dok. 84, Anm. 9.
4 Die amerikanische Regierung befürchtete, daß die Exportinteressen der USA durch die bestehenden Präferenzabkommen der EG mit den Mittelmeeranrainerstaaten Algerien, Griechenland, Israel, Marokko, Spanien, Tunesien und der Türkei wesentlich beeinträchtigt würden. Vgl. dazu die Aufzeichnung des Referats 411 vom 16. April 1973; Referat 411, Bd. 473.

le demagogische Agitation auf fruchtbaren Boden. Man höre immer wieder Vorwürfe wie: „25 Jahre haben wir den europäischen Bastards auf die Beine geholfen und sie unterstützt, und jetzt werden wir von ihnen aufs Kreuz gelegt!"

Europa sei auch nicht von Emotionen frei. Man habe ihm gesagt, immer mehr Europäer zweifelten daran, daß eine amerikanische Truppenpräsenz künftig sinnvoll sei. Mit dieser Stimmung auf beiden Seiten des Atlantiks im Rücken könnten wir nicht in Wirtschafts- und MBFR-Verhandlungen eintreten. Wir müßten vielmehr den Gesamtzusammenhang unserer Beziehungen neu überdenken und dem Bündnis neue zukunftsorientierte Impulse verleihen, die sich u. a. richten sollten auf die Probleme der Energiepolitik, der Währungspolitik, der Entwicklungspolitik, der Investitionen, der multinationalen Gesellschaften, der Sozialpolitik, der langfristigen Verteidigungsstrategie und der Verbesserung des Konsultationsprozesses auf allen Ebenen.

StS *Frank* erwiderte, in der Bundesrepublik Deutschland gebe es kaum jemanden, der Fragen der internationalen Wirtschaftspolitik für nebensächlich halte. Die bitteren Erfahrungen auf diesem Gebiet hätten sich den Deutschen tief eingeprägt (Inflation 1923, Weltwirtschaftskrise 1929, Währungsreform 1948). Handelsprobleme seien für uns Existenzprobleme. Wir seien ein Land ohne nennenswerte Rohstoffe, aber mit einer hochqualifizierten Arbeiterschaft. Daher seien wir dazu verdammt, zu exportieren.

Der Gedanke der Einheit Europas sei nach dem Zweiten Weltkrieg in Deutschland noch enthusiastischer aufgegriffen worden als in anderen Ländern, einmal als Reaktion auf die Erfahrungen mit dem Dritten Reich und zum anderen, weil Deutschland in seiner staatlichen Existenz zerstört worden war.

Die grundlegenden europäischen Motivationen der 50er Jahre hätten nicht den Aufbau einer Welthandelsmacht zum Ziel gehabt (Brief R. Schumans an Adenauer vom 7.5.50[5]). Der zentrale Gedanke sei vielmehr gewesen, die Möglichkeit kriegerischer Auseinandersetzungen zwischen den Europäern auszuschalten: Europa als Element der internationalen Stabilisierung und des Friedens.

Wir hätten uns damals glücklich geschätzt, daß die schwierigen Anfänge in den 50er Jahren eine aktive amerikanische Protektion und Förderung erfahren hätten (Botschafter Bruce – EVG[6]). Er habe aber nie zu denen gehört, die geglaubt hätten, man könne ein Vereinigtes Europa schaffen, ohne mit den In-

---

[5] Korrigiert aus: „9.5.50".
Der französische Außenminister Schuman schlug unter Bezugnahme auf die von Bundeskanzler Adenauer angeregte Wirtschaftsunion zwischen Frankreich und der Bundesrepublik vor, „die Gesamtheit der französisch-deutschen Kohlen- und Stahlproduktion einer gemeinschaftlichen hohen Stelle im Rahmen einer Organisation, der die anderen europäischen Länder beitreten können, zu unterstellen". Vgl. ADENAUER, Briefe 1949–1951, S. 508–510.
Nachdem Adenauer mit Schreiben vom 8. Mai 1950 an den französischen Außenminister „die Bereitschaft Deutschlands [...], sich an dem Studium des Plans und an der Vorbereitung der in Zukunft erforderlichen organisatorischen Maßnahmen zu beteiligen", erklärt hatte, legte Schuman am 9. Mai 1950 seinen Plan dem französischen Kabinett vor. Für das Schreiben von Adenauer vgl. AAPD 1949/50, Dok. 57.
[6] David K. E. Bruce war 1953/54 Beobachter der USA bei der Konferenz für die Organisation einer Europäischen Verteidigungsgemeinschaft in Paris.

teressen der Umwelt, d.h. auch der USA, in gewisse Konflikte zu geraten. Die entscheidende Frage sei aber, ob Opfer und Einbußen an gewissen, letztlich peripheren Stellen es wert seien, daß man auf die Grundidee einer europäischen Einigung als Element der internationalen Stabilisierung verzichte.

Er kenne das amerikanische Argument, daß das Wachstum der EWG besser zu ertragen wäre, wenn Europa größere Fortschritte auf dem Weg zu einer politischen Einigung gemacht hätte. Man höre sogar den Vorwurf, wir hätten den Gedanken der politischen Einigung bewußt zurückgestellt, um uns ganz auf die wirtschaftliche Interessengemeinschaft konzentrieren zu können. In Wahrheit sei die wirtschaftliche Integration mehr die Folge des Scheiterns noch umfassenderer Pläne gewesen: Nachdem nämlich das große Projekt einer europäischen politischen und Verteidigungsgemeinschaft, für die die Zeit noch nicht reif war, von der französischen Nationalversammlung abgelehnt worden sei[7], sei das entstandene Vakuum durch die Römischen Verträge ausgefüllt worden. Trotz der auch später aufgetauchten Hindernisse (de Gaulle) sei aber der ursprüngliche Sinn der Einigung, ein Element der internationalen Stabilisierung zu schaffen, lebendig geblieben und heute notwendiger denn je.

Er verstehe, daß das Präferenzsystem der EG für die USA psychologisch ein Stein des Anstoßes sei. Er wolle hier darauf verzichten, die bekannten europäischen Argumente vorzutragen. Man müsse jedenfalls die französische und britische Politik verstehen, die als ehemalige Kolonialmächte in der Präferenzpolitik ein Mittel sähen, um zu einem allgemeinen System der internationalen Kooperation überzuleiten.

Man müsse auch begreifen, daß die Schaffung eines neuen Machtzentrums mit seinem stabilisierenden Effekt in der Weltpolitik für viele Länder im Mittelmeerraum und im Nahen Osten, aber auch in der Dritten Welt (Indien) eine große Hoffnung bedeute. Diese Hoffnungen und Erwartungen dürften wir nicht enttäuschen.

Parallel zur europäischen Entwicklung sei die Bundesrepublik Deutschland zum ersten Mal in der deutschen Geschichte ein Alliierter der USA geworden. Dies sei ein Basisdatum unserer Sicherheit und der internationalen Politik.

Die zweite Entwicklung sei die erstmals in den frühen 60er Jahren sichtbar gewordene Tendenz zu einer Ost-West-Entspannung in Europa, die gegenwärtig konkreten Ausdruck finde im Beginn zweier Konferenzen[8], die für die Zukunft Europas entscheidend seien. Der Westen könne diese Konferenzen nur zum Erfolg führen, wenn er in allen Bereichen seine Geschlossenheit bewahre. In seiner Botschaft an den amerikanischen Präsidenten auf dem Höhepunkt der Währungskrise habe Bundeskanzler Brandt das Hauptschwergewicht auf

---

7 Die französische Nationalversammlung beschloß am 30. August 1954, die Beratungen über den Vertrag vom 27. Mai 1952 über die Gründung einer Europäischen Verteidigungsgemeinschaft (EVG-Vertrag) bis auf weiteres zu vertagen. Dieser Schritt kam einer Ablehnung der Ratifizierung gleich und bedeutete das Scheitern der geplanten Europäischen Verteidigungsgemeinschaft. Vgl. dazu EUROPA-ARCHIV 1954, S. 6916f.
8 Seit dem 22. November 1972 fanden in Helsinki multilaterale Vorgespräche für die KSZE statt. Am 31. Januar 1973 begannen in Wien die MBFR-Explorationsgespräche.

dieses politische Argument gelegt.[9] Die Art und Weise, wie Präsident Nixon in dieser gefährlichen Krise reagiert habe[10], habe uns mit der Hoffnung erfüllt, daß wir auch die anderen Probleme im gleichen Geist lösen könnten.

Aus dieser Analyse müßten konkrete Schlußfolgerungen gezogen werden: Unsere Konsultationsmechanismen müßten verbessert werden. Wir müßten miteinander sprechen, um Friktionen zu vermeiden, bevor sie erst entstanden seien. Hierbei müßte abgegrenzt werden, was sachlich begründet und was psychologisch oder emotional motiviert sei.

In den 50er und 60er Jahren seien die deutsch-amerikanischen Beziehungen von einer Anzahl prominenter amerikanischer Bürger mitgetragen worden, die von Anfang an das Schicksal der Bundesrepublik Deutschland mitgestaltet hätten (McCloy). Heute verfügten wir nicht mehr über einen ähnlichen Kreis von Verantwortlichen, die sich dieser Probleme mit gleichem persönlichem Engagement annähmen. Hier liege eine wichtige und praktische Aufgabe für die Zukunft.

Der Kern des ganzen Problems liege in der Verteidigungsproblematik. Gemeingut aller Experten sei: Ohne eine physische Präsenz amerikanischer Truppen und ohne die amerikanische nukleare Abschreckung gebe es keine Sicherheit für Westeuropa. Dieser Grundsatz müsse noch mehr differenziert und durchdacht werden. Auf die Frage, wie lange amerikanische Truppen in Europa stationiert bleiben müßten, gebe es keine befriedigende Antwort. Andererseits würde eine Vernachlässigung der Sicherheit Westeuropas sehr wohl eine naheliegende Antwort finden. Auf den beiden Konferenzen gehe es nicht nur um das für beide Teile Europas höchste Ziel der Friedenssicherung, es finde auch eine höchst aktuelle Auseinandersetzung mit der SU statt. Die Erhaltung des Friedens könne auch so erfolgen, daß die SU ihren politischen Einfluß auf Westeuropa mit allen auch von den USA unerwünschten Folgen einschließlich der handels- und wirtschaftspolitischen ausdehne.

In dieser Kernproblematik der Verteidigung müßten wir den Mut haben, uns gemeinsam in die Analyse zu vertiefen und die notwendigen Schlußfolgerungen zu ziehen. Vertrauensbildende Maßnahmen seien nicht nur im Verhältnis West-Ost, sondern auch im Verhältnis West-West erforderlich.

Es werde im übrigen zuviel über den Truppenrückzug und zu wenig über die zweite Dimension der nuklearen Komponente gesprochen. Für die Erörterung langfristiger verteidigungsstrategischer Fragen gebe es innerhalb der Allianz keine geeigneten Gremien.

Zu dem von *Peterson* angeschnittenen Energieproblem[11] äußerte StS *Frank,* es gebe im Augenblick hierzu keine offizielle Politik. Persönlich habe er den

---

[9] Für das Schreiben des Bundeskanzlers Brandt an Präsident Nixon vom 9. Februar 1973 vgl. Dok. 44.

[10] Zur Abwertung des amerikanischen Dollar am 12. Februar 1973 vgl. Dok. 50, Anm. 1.

[11] Botschafter Peterson wies im Gespräch mit Bundesminister Friderichs am 15. Februar 1973 auf die Gefahr eines erheblichen Energiedefizits der westlichen Welt hin, äußerte die Sorge einer zunehmenden Belastung der amerikanischen Zahlungsbilanz durch die wachsenden Energieimporte und stellte die Frage, „wie man sich angesichts der zunehmenden Abhängigkeit vom Mittleren Osten verhalten solle und welche Möglichkeiten für eine Kooperation zwischen den Verbraucherländern einschließlich einer Zusammenarbeit bei der Forschung bestünden". Vgl. den Runderlaß des Vortragenden Legationsrats I. Klasse Thomas vom 1. März 1973; Referat 411, Bd. 472.

Eindruck, daß es im Mittleren und Nahen Osten zwei Gruppen von Ländern gebe:

— Eine, die ihr ökonomisches Interesse klar erkannt habe und gewillt sei, aus ihrem Monopol ein Maximum an wirtschaftlichem Profit zu ziehen (Iran, Algier, Saudi-Arabien und die Golf-Emirate). Diese Gruppe sei mittelfristig durch höhere Preise und Leistungen im Entwicklungsbereich nicht mehr zu befriedigen, sondern sie bereite ein Angebot vor, das eine Fusion zwischen Produktion und Konsum auf allen Stufen der Verwertung vorsehe (Downstream Operation, Forward Integration). Die politische Begründung gehe davon aus, daß die hochentwickelten Industrieländer auf die Ölländer angewiesen seien und daß die wirtschaftlichen Beziehungen zwischen beiden auf politischer Sicherheit beruhen müßten.

— Die übrigen Ölländer stünden hingegen in der Versuchung, bei anhaltender Virulenz des Entwicklungsproblems die Lieferung von Öl an die Industrieländer zu einer Waffe im weltrevolutionären Kampf zu machen. Diese radikalen Länder würden Europa jederzeit unter Druck setzen, um im Nahostkonflikt Israel zu treffen. Sie würden dann zu keinen Bedingungen liefern. Man habe z.B. aus Libyen zu hören bekommen, daß die Kapitalreserven ausreichten, um für zehn Jahre auf Lieferungen verzichten zu können.

Wenn es uns gelänge, mit der ersten, konstruktiveren Gruppe zu einem Arrangement zu kommen, würde die zweite Gruppe entschärft werden. Unsere Bevorratung für den militärischen und zivilen Bereich reiche nur für 85–90 Tage. Die Verwundbarkeit der hochindustrialisierten Länder könne nicht überschätzt werden.

Peterson kehrte zu der Frage des transatlantischen Dialoges zurück und meinte, die USA müßten eine Anstrengung machen, um ihre notorische Ungeduld zu überwinden. Man müsse sich auf hoher und höchster Ebene darüber verständigen, wie die zukünftige Welt aussehen solle, auf die man sich gemeinsam zubewegen wolle. Die Zielrichtung sei wichtiger als diese oder jene partikularen aktuellen Interessen.

Ihm bereite der Umstand Sorge, daß beide Seiten ihre Ausgangspositionen in aller Öffentlichkeit zu definieren pflegten, um nicht in den Ruf der Vernachlässigung nationaler Interessen zu kommen. Das erzeuge eine emotionsgeladene Atmosphäre, in der sich die jeweiligen Standpunkte progressiv verhärteten und als Folge im amerikanischen Kongreß der Ruf nach einseitigen Maßnahmen laut werde.

StS *Frank* stimmte zu und ergänzte, die Bestimmung einer gemeinsamen Zielrichtung alleine genüge noch nicht. Im Wege der Arbeitsteilung müsse die Verantwortung von allen übernommen werden. Die Konsultationen auf allen Ebenen müßten noch sorgfältiger vorbereitet werden als bisher.

Peterson und Mitglieder seiner Delegation beklagten sodann die Schwierigkeiten, die sich in den Verhandlungen mit der EG-Kommission ergäben. Kommission und Regierungen der Mitgliedstaaten redeten nicht selten mit verschiedenen Zungen. Die Kommission weiche einem Gespräch mit der Begründung aus, daß noch kein Konsensus der Mitglieder vorliege. Wenn dieser Konsensus aber erreicht und die Kommission gesprächsbereit sei, sei es meist zu spät.

Als Beispiel erwähnte *Malmgren*, man habe vor der Europäischen Gipfelkonferenz[12] informelle Explorationen mit der Kommission gesucht. Diese habe sich abweisend verhalten, während die Mitgliedstaaten durchaus gesprächsbereit gewesen seien. Hinsichtlich der Mittelmeerpolitik habe Dahrendorf den Standpunkt vertreten, daß eine Erörterung nicht möglich sei, bevor die Mitgliedstaaten ihre Entscheidungen getroffen hätten. Gleichzeitig hätten aber bilaterale Gespräche mit den Washingtoner und Brüsseler Botschaften stattgefunden.

Die Frage stelle sich also: „Wie kann man zu einem Dialog EG–USA während des Entscheidungsprozesses kommen?"

PStS *Moersch* warf ein, diese Feststellungen stimmten mit den Beobachtungen unserer Vertreter nicht überein. Er frage sich, wie ein so verallgemeinerndes Urteil entstehen könne. Der erklärte politische Wille der Gemeinschaft sei es, nach außen offen zu sein. Wir würden alles daran setzen, um diesem Grundsatz Geltung zu verschaffen.

StS *Frank* pflichtete bei und bemerkte, jeder Dialog sei sinnlos, wenn man nicht während des Entscheidungsprozesses miteinander sprechen könne. Wenn das zutreffe, was hier über die Grundlagen und Zielvorstellungen unserer Beziehungen gesagt worden sei, dann seien wir gezwungen, Mittel und Wege für einen offenen und fruchtbaren Dialog zu finden. Die Bewahrung und der Ausbau der europäisch-amerikanischen Beziehungen sei eine entscheidende, uns allen gemeinsam gestellte Aufgabe.

Referat 204, Bd. 101382

---

[12] Zur Konferenz der Staats- und Regierungschefs der EG-Mitgliedstaaten und -Beitrittsstaaten am 19./20. Oktober 1972 in Paris vgl. Dok. 1, Anm. 16.

53

Ministerialdirektor von Staden an die
Ständige Vertretung bei der NATO in Brüssel

221-372.20/9-103[I]/73 geheim   Aufgabe: 16. Februar 1973, 19.45 Uhr[1]
Fernschreiben Nr. 618
citissime

Betr.:   MBFR;
         hier: Explorationen in Wien

Bezug: Drahtbericht Nr. 200 geh. vom 14.2.1973[2]

Sie werden gebeten, in der Sitzung des NATO-Rats am 19. Februar 1973 auf folgender Linie Stellung zu nehmen.

I. 1) Mit der Mehrzahl unserer Allianzpartner sind wir nach wie vor der Meinung, daß wir in Wien weder unter Zeitdruck stehen, noch uns unter Zeitdruck setzen lassen sollen. Außerdem sind wir der Ansicht, daß die Wiener Verhandlungsdelegationen weiterhin auf der Vollteilnahme Ungarns an den Explorationen bestehen sollten und offizielle Plenarsitzungen erst nach einer annehmbaren Klärung der Ungarn-Frage angesetzt werden können.

2) Das bedeutet, daß sowohl die westlichen Delegationen in Wien verbleiben als auch ihre Gespräche in der bisherigen Weise fortsetzen sollten. Die Gespräche in Wien können nur auf der Basis des NATO-Guideline-Papiers[3] geführt werden.

In Wien soll versucht werden, auf dieser Basis zu einer Klärung der Ungarnfrage zu kommen.

---

[1] Der Drahterlaß wurde von Vortragendem Legationsrat Kroneck konzipiert.
     Hat Vortragendem Legationsrat I. Klasse Pfeffer am 16. Februar 1973 zur Mitzeichnung vorgelegen.
     Hat Botschafter Roth am 16. Februar 1973 vorgelegen.
[2] Botschafter Krapf, Brüssel (NATO), berichtete über die Sitzung des Ständigen NATO-Rats am 14. Februar 1973, in der über den Bericht der NATO-Ad-hoc-Gruppe MBFR zur Teilnahme Ungarns an den MBFR-Explorationsgesprächen beraten wurde: „Der amerikanische Sprecher erläuterte den Standpunkt seiner Regierung. Seine Ausführungen entsprachen mit unwesentlichen Ergänzungen der Weisung, die Dean am 13.2.1973 in Wien vor der Ad-hoc-Gruppe verlesen hat. Der belgische Botschafter trug einen ‚Gegenvorschlag' vor, den er als ‚non-paper' zirkulierte. [...] Außer dem amerikanischen und norwegischen Sprecher hoben alle Sprecher hervor, daß die Bündnispartner in Wien nicht unter Zeitdruck stünden und sich nicht unter Zeitdruck setzen lassen sollten. Außer mir betonten insbesondere auch der britische und niederländische Botschafter, daß die Bündnispartner auf einer Vollteilnahme Ungarns bestehen sollten. Der Vorsitzende des Militärausschusses der NATO, General Steinhoff, erklärte [...], er hoffe, in wenigen Tagen eine Stellungnahme des Militärausschusses zu dieser Frage vorlegen zu können." Der belgische Botschafter de Staercke habe erklärt, „ihm sei die amerikanische Position nicht klar. Einerseits betonten die Vereinigten Staaten ihr Interesse an MBFR, andererseits seien sie bereit, voreilig eine wichtige Verhandlungsposition aufzugeben. Wie wenig klar die Situation in Wien sei, spiegele sich auch in dem Bericht Botschafter Quarles wieder. Diesem Bericht sei nämlich nicht eindeutig zu entnehmen, ob die Sowjetunion die Teilnahme Ungarns als taktisches Problem oder bereits als eine Substanzfrage behandele. Ein Tausch Italiens gegen Ungarn sei völlig undiskutabel. Eine angemessene Gegenleistung für die Nicht-Vollteilnahme Ungarns könne allenfalls ein entsprechender Status für die Beneluxländer sein." Vgl. VS-Bd. 9081 (212); B 150, Aktenkopien 1973.
[3] Zum Richtlinienpapier, das vom Ständigen NATO-Rat am 15. Januar 1973 gebilligt wurde, vgl. Dok. 3, besonders Anm. 2 und 6.

3) Zur Stellungnahme des belgischen Botschafters[4], eine angemessene Gegenleistung für die Nicht-Vollteilnahme Ungarns könne „allenfalls ein entsprechender Status für die Benelux-Länder sein", ist zu erklären, daß eine solche Gegenleistung für uns nicht akzeptabel ist. Sie würde im Westen das von späteren MBFR-Maßnahmen betroffene Gebiet ausschließlich auf die Bundesrepublik Deutschland beschränken, zumindest eine solche Entwicklung präjudizieren. Die Haltung der Bundesregierung zu dieser Frage ist eindeutig und klar.

4) Obwohl wir stets für eine möglichst strenge Parallelität zwischen MV in Helsinki und exploratorischen Gesprächen in Wien waren, halten wir es nicht für opportun, jetzt ein formales Junktim zu bilden und[5] etwa den Beginn von Dipoli III in Helsinki[6] zu verzögern, um auf die östliche Seite Druck auszuüben. Die jetzt bestehende geschlossene Haltung des Westens und die Unterstützung, die wir von den Neutralen auf der MV gefunden haben, sollte jetzt nicht durch eine direkte[7] Verknüpfung mit den MBFR-Explorationen aufs Spiel gesetzt werden.

5) Wir begrüßen[8] die von General Steinhoff zugesagte Analyse über die strategische Bedeutung Ungarns in diesem Zusammenhang.

II. 1) Gegenvorschlag zur amerikanischen Position[9], den der belgische Botschafter vorgetragen hat[10], erscheint uns als Ansatz für weitere Überlegungen prüfenswert. Eine Reihe der in dem vorgelegten belgischen „non-paper" eingeführten neuen Gedanken bedürfen jedoch noch der weiteren Klärung. Wir sind

---

[4] André de Staercke.

[5] Der Passus „ein formales ... und" wurde von Ministerialdirektor von Staden handschriftlich eingefügt.

[6] Die dritte Runde der multilateralen Vorgespräche für die KSZE begann am 26. Februar 1973.

[7] Dieses Wort wurde von Ministerialdirektor von Staden handschriftlich eingefügt.

[8] An dieser Stelle wurde von Ministerialdirektor von Staden gestrichen: „sehr".

[9] Zur amerikanischen Haltung hinsichtlich einer Teilnahme Ungarns an den MBFR-Explorationsgesprächen vgl. Dok. 51.
Der Leiter der amerikanischen MBFR-Delegation, Dean, erläuterte am 13. Februar 1973 in der Sitzung der NATO-Ad-hoc-Gruppe MBFR: „Sowjetische Zustimmung zum Einschluß Ungarns als Vollmitglied in Explorationen nicht erreichbar. Obwohl Vollbeinbeziehung Ungarns bevorzugt, ist Weglassen Ungarns aus der Liste der direkten Teilnehmer folgenden Alternativen vorzuziehen: a) Zusammenbruch der Explorationen oder langwierigem Auf-der-Stelle-Treten; b) volle Teilnahme Italiens oder anderer Flankenstaaten an Explorationen und eventuell an Reduktionszone; c) Rückzug der Benelux-Staaten aus Vollteilnahme an Explorationen." Um mit den Explorationsgesprächen voranzukommen und mit den eigentlichen Verhandlungen im September/Oktober 1973 beginnen zu können, sollte nun der Status der anderen 18 Teilnehmerstaaten festgelegt werden. Dean führ fort: „Erreichung östlicher Zustimmung zu einer Liste, die 11 volle und 7 besondere Teilnehmer vorsieht, mit ausdrücklicher Feststellung, daß über Status Ungarns keine Einigung erzielt ist. Definition der Vollteilnahme sollte sein: Staaten, die Truppen oder Gebiet in einer denkbaren Reduzierungszone haben. Während Explorationen sollte auf vollen Einschluß Ungarns gedrängt werden. [...] Plenarsitzungen unter gleichberechtigter Teilnahme aller 19 Delegationen nicht annehmbar." Vgl. die Aufzeichnung des Vortragenden Legationsrats Kroneck vom 14. Februar 1973; VS-Bd. 9430 (221); B 150, Aktenkopien 1973.

[10] In der Sitzung des Ständigen NATO-Rats am 14. Februar 1973 legte der belgische NATO-Botschafter de Staercke einen Verfahrensvorschlag vor, in dem sowohl Ungarn als auch Italien als Teilnehmer bei den MBFR-Explorationsgesprächen genannt wurden. Zum Status der Teilnehmer wurde ausgeführt: „States with forces or territory in Central Europe are deliberative participants. Other states are consultative participants. [...] Consultative participants will refrain from intervening on questions not bearing on their national interests." Vgl. den Drahtbericht Nr. 200 des Botschafters Krapf, Brüssel (NATO), vom 14. Februar 1973; VS-Bd. 9081 (212); B 150, Aktenkopien 1973.

aber der Meinung, daß mit Prüfung solcher Papiere im einzelnen nicht der NATO-Rat oder das SPC belastet werden sollte.[11] Aufgabe des NATO-Rats sollte nach unserer Auffassung sein, zu prüfen, ob Vorschläge zur Teilnehmerfrage im Rahmen des NATO-Guidelines-Papiers für die MBFR-Explorationen bleiben. Hinsichtlich des belgischen Vorschlags sind wir der Meinung, daß schon seine Diskussion in der Ad-hoc-Gruppe in Wien die Bedenken der meisten anderen Delegationen verdeutlicht hat. Wir sind deshalb nicht für erneute Aufnahme der Diskussion darüber im NATO-Rat.[12]

2) Für NATOgerma Brüssel: Nur zur persönlichen Unterrichtung:

Der belgische Vorschlag, der als persönlicher Vorschlag des langjährigen Doyen des NATO-Rats eingebracht wurde, muß sicher mit höflichem Interesse aufgenommen werden. In Zeitwahl und Substanz kommt er uns ungelegen. Die Einbringung eines neuen Vorschlags im NATO-Rat kann jetzt die Lage nur verwirren. (Wir sind deshalb in Übereinstimmung mit Leiter unserer MBFR-Delegation[13] in Wien der Ansicht, daß aus diesem Grunde auch das vom ihm in Wien eingeführte „non-paper" nicht dem NATO-Rat vorgelegt werden soll.) Auch in der Substanz des belgischen Vorschlags sehen wir eine Reihe von schwerwiegenden Mängeln, die im jetzigen Zeitpunkt im NATO-Rat noch nicht besprochen werden sollen, da sonst vorzeitig die Diskussion in die Richtung von Alternativen, die von der bisherigen NATO-Position abweichen, gelenkt werden könnte. Den Zeitpunkt hierfür halten wir noch nicht für gekommen.

Diplogerma London, Rom, Washington, Paris, Moskau und Wien erhalten diesen Erlaß nachrichtlich.

Staden[14]

VS-Bd. 9428 (221)

---

[11] An dieser Stelle wurde von Ministerialdirektor von Staden gestrichen: „Die Ad-hoc-Gruppe in Wien sollte mit der Prüfung des belgischen Vorschlags beauftragt werden. Im übrigen wurde das belgische ‚non-paper' bereits in Wien verteilt."

[12] Der Passus „Hinsichtlich des belgischen ... im NATO-Rat" wurde von Ministerialdirektor von Staden handschriftlich eingefügt.

[13] Friedrich Ruth.

[14] Paraphe.

54

Gespräch des Staatssekretärs Frank
mit dem sowjetischen Botschafter Falin

213-372.00 SOW VS-NfD   19. Februar 1973[1]

Botschafter *Falin* eröffnete das Gespräch mit einer Mitteilung der sowjetischen Regierung für die Bundesregierung etwa folgenden Wortlauts:

„In Wien seien bei den vorbereitenden Konsultationen zu einem Abkommen über Verminderung von Truppen und Rüstungen in Zentraleuropa Meinungen über die Zusammensetzung der Teilnehmer an einem solchen Abkommen ausgetauscht worden.[2] Die UdSSR schlage folgende Zusammensetzung vor:

Sowjetunion – DDR – Polen – ČSSR

einerseits und

USA, Großbritannien, Bundesrepublik Deutschland, Kanada, Niederlande, Belgien, Luxemburg

andererseits.

Eine solche Zusammensetzung der Teilnehmer eines möglichen Abkommens würde dem Prinzip entsprechen, die Frage so zu lösen, daß keine Beeinträchtigung der Sicherheit einer der beteiligten Seiten erfolgt. Eine Einbeziehung von Ungarn würde bedeuten, daß alle Länder des Warschauer Pakts, auf deren Gebiet fremde Truppen stationiert seien, sich an den Reduktionen beteiligen würden, während einige Länder Westeuropas, die fremde Truppen auf ihrem Territorium beherbergten, außerhalb des Reduktionsraums bleiben würden. Sollte die Bundesrepublik Deutschland auf der Teilnahme Ungarns bestehen, muß auch der westliche Reduzierungsraum erweitert werden, wobei von der sowjetischen Seite als Möglichkeit die Teilnahme Italiens ins Auge gefaßt wird. Der Sowjetunion ist bekannt, daß Ungarn sich mit einer solchen Lösungsmöglichkeit einverstanden erklären würde. Die sowjetische Regierung bittet die Bundesregierung, ihrem Vertreter in Wien[3] Anweisung zu geben, in der angeführten Frage eine Haltung einzunehmen, die eine für beide Seiten annehmbare Lösung ermöglichen würde."

Der Herr *Staatssekretär* führte aus, die Problematik der Demarche sei uns aus den Gesprächen in Wien bekannt. Sie zeige, daß die Vorbereitung derartiger Konferenzen nicht detailliert und sorgfältig genug erfolgen könne. Wir seien davon ausgegangen, daß durch Annahme der Einladung zu den Wiener Ge-

---

1 Die Gesprächsaufzeichnung wurde von Vortragendem Legationsrat I. Klasse Meyer-Landrut am
    19. Februar 1973 gefertigt.
    Hat Ministerialdirigent Diesel am 20. Februar 1973 vorgelegen.
    Hat Staatssekretär Frank am 21. Februar 1973 vorgelegen.
2 Zum Meinungsaustausch bei den MBFR-Explorationsgesprächen über die Teilnehmerfrage vgl.
    Dok. 37 und Dok. 48.
3 Friedrich Ruth.

sprächen durch Ungarn[4] das Problem gelöst worden sei. Für uns seien zwei Gesichtspunkte bei der Beurteilung dieser Frage entscheidend:

a) Wir sind nur ein Teil der westlichen Gruppierung und glauben, daß sowohl diese als auch die östliche Gruppierung erhalten bleiben müssen, unabhängig von einem Abkommen über MBFR. Wir würden deshalb diese Frage in enger Abstimmung mit unseren Alliierten zu prüfen haben.

b) Wir sind nicht glücklich, daß hinter der Frage der Teilnahme Ungarns diejenige Belgiens und der Niederlande steht. Für uns komme es darauf an, daß die Substanz der Entspannung und der west-östlichen Zusammenarbeit nicht auf die beiden deutschen Staaten reduziert werde. Eine solche Begrenzung würde das allgemeine Prinzip der Entspannung in eine Philosophie ummünzen, wie sie in den Jahren nach 1918 vorgeherrscht habe. Dies würde geschehen, wenn Reduktionen der vorgesehenen Art auf die beiden deutschen Staaten beschränkt würden. Für uns käme es darauf an, daß die Entspannung für ganz Europa gelte.

Im übrigen solle man in der Teilnehmerfrage nicht zu rigide vorgehen. Man könne sich MBFR-Vereinbarungen vorstellen, an denen viele Staaten in Europa teilnehmen möchten, und andere, an denen nur wenige interessiert seien. Man wisse zwar heute nicht, wie die Lösung der vom Botschafter aufgebrachten Frage aussehen könnte. Auf alle Fälle werde der deutsche Standpunkt im Westen genauso deutlich dargestellt werden, wie dies eben dem sowjetischen Botschafter gegenüber erfolgt sei. Der Staatssekretär schloß mit der Bitte, die von ihm entwickelten Gedanken der Regierung der UdSSR zu übermitteln.

Botschafter *Falin* führte aus, die sowjetische Politik strebe eine breitere Lösung an, als manche westliche Freunde der Bundesrepublik dies täten. Er wolle betonen, daß es nicht Auffassung der sowjetischen Regierung sei, daß die Entspannung in Deutschland beginnt und beim Verhältnis DDR/BRD endet.

Die Sowjetunion sei bereit, die Ausdehnung der Teilnehmer auf Italien zu begrenzen, wodurch ja ohnehin zahlreiche Staaten mit ausländischen Stationierungskräften wie Griechenland, Malta, Zypern, Island draußen blieben. Viele Probleme seien nicht östlichen, sondern westlichen Ursprungs. Der Botschafter hoffe, daß die von ihm dargestellten Erwägungen im Westen verstanden werden. Die Zeit beginne zu drängen, damit in Wien die Gespräche beginnen könnten.

Referat 213, Bd. 112703

---

[4] Zur Annahme der Einladung an den MBFR-Explorationsgesprächen durch die ungarische Regierung vgl. Dok. 48, Anm. 8.

55

Gespräch des Staatssekretärs Frank
mit dem sowjetischen Botschafter Falin

213-341.00 SOW VS-NfD   **19. Februar 1973**[1]

Botschafter *Falin* fragte den Herrn Staatssekretär nach seinen Eindrücken über den Stand der MV in Helsinki.

Der Herr *Staatssekretär* führte aus:

Die beiden ersten Abschnitte der MV[2] bewerte er als einen Erfolg für beide Seiten. Es seien keine Forderungen gestellt worden, die die Position auf der einen oder der anderen Seite verhärtet hätten. Die wahren Probleme würden allerdings in der nächsten Phase noch deutlicher in Erscheinung treten, als dies bisher der Fall war. Er wolle kurz zu den vier Komplexen Stellung nehmen:

a) Prinzipien, b) Kooperation, c) Kontakte, d) Nachfolgefrage.

Zu a): Es läge im Interesse der Konferenz, wenn wir nicht über das hinaus gingen, was im deutsch-sowjetischen Vertrag in Artikel 2 und 3[3] festgelegt worden sei.

Diese Artikel enthielten so viel, daß beide Länder gut damit leben könnten. Er hoffe, daß auch die sowjetische Seite den Vertrag als befriedigend betrachte, so wie er nun einmal sei. Es biete sich bei diesen Problemen eine Analogie zur Frage der Teilnahme Ungarns an den Wiener Gesprächen. Diese Konferenz dürfe nicht zu einer, wie gesagt worden sei, „Finalisierung" des deutsch-sowjetischen Vertrages[4] werden. Überhaupt glaube er, daß es schlecht wäre, wenn diese Problematik im europäischen Rahmen diskutiert würde. Man solle nicht versuchen, neues Völkerrecht zu schaffen.

Abgesehen davon, sei das Verhältnis Gewaltverzicht–Grenzäußerung nur ein Teil der Frage, ein anderer Teil sei, was die Formulierung der Prinzipien im Operativen bedeute. Man dürfe in diese Prinzipien keine Konfliktherde einbauen. Dies würde beispielsweise geschehen, indem man feststelle, daß alles, was den Prinzipien des Gewaltverzichts oder der Grenzunverletzlichkeit widerspreche, Aggression sei. Niemand wolle Grenzen verletzen. Aber man solle nicht versuchen, über das mühsam Erreichte des Vertrages vom 12. August 1970 hinauszugehen, da sonst die Gefahr neuer Konflikte entsteht.

---

[1] Die Gesprächsaufzeichnung wurde von Vortragendem Legationsrat I. Klasse Meyer-Landrut am 20. Februar 1973 gefertigt.
Hat Ministerialdirigent Diesel am 20. Februar 1973 vorgelegen.
Hat Staatssekretär Frank am 21. Februar 1973 vorgelegen.

[2] Vom 28. November bis zum 15. Dezember 1972 und vom 15. Januar bis zum 9. Februar 1973 fanden in Helsinki die ersten beiden Runden der multilateralen Vorgespräche für die KSZE statt. Zum Stand nach der zweiten Runde vgl. Dok. 42.

[3] Zu Artikel 2 und 3 des Vertrags vom 12. August 1970 zwischen der Bundesrepublik und der UdSSR vgl. Dok. 28, Anm. 12.

[4] Dieses Wort wurde von Staatssekretär Frank handschriftlich eingefügt. Dafür wurde gestrichen: „Verhältnisses".

Zu den Punkten b) und c) – Kooperation und Kontakte – tauche die Frage auf, wie weit auf diesen Gebieten multilaterale Festlegungen möglich seien, oder bilaterale Interessen vorherrschen. Man werde sicherlich keine direkte Kooperation multilateral vereinbaren können, aber man sollte sich auf Spielregeln einigen. Es sei ja ein Lernprozeß auf beiden Seiten erforderlich, wie miteinander umzugehen, wie eine Kooperation zwischen den verschiedenartigen Wirtschaftssystemen erfolgreich in die Wege zu leiten und durchzuführen sei.

Es gelte auch, Spielregeln für das Gebiet der Kontakte zu entwickeln, die im gesamteuropäischen Rahmen Gültigkeit erhalten sollten.

Zu d) – Nachfolgefrage – müsse man sich fragen: Was dient der Entspannung? Wenn das Organ eine Beschwerdeinstanz werden solle, dann werde die Entspannung durch zahllose Reklamationen vergiftet werden. Man solle zunächst etwas vorsehen, was es ermögliche, die Ergebnisse der ersten europäischen Konferenz zu bewerten und auszuwerten; eine Stelle, die verfolge, wie die ostwestliche Zusammenarbeit funktioniere, ob und welche Fortschritte in der Kooperation erzielt worden seien. Unserer Ansicht nach habe die ECE in Genf sowohl ein Instrumentarium als auch die Erfahrung, die für die Lösung einer solchen Aufgabe erforderlich sei. Man könnte dieser Organisation die Auflage machen, jedes Jahr einen Bericht zu erstellen, um auf dieser Grundlage eine mögliche nächste Konferenz dann vorzubereiten.

Botschafter *Falin* erwiderte, er wolle zum letzten Punkt eine Bemerkung machen: Die Sowjetunion habe keinen Vorschlag gemacht, eine Organisation als mögliche Schiedsstelle zu schaffen. Sie wolle etwas, was organisatorische Fragen vor einer nächsten Konferenz behandeln könne, um diese dann vorzubereiten. Das Problem sei nicht allzu groß. Im einzelnen sei es auch eine Frage der Zweckmäßigkeit und der Mittel, ob man es für richtig halte, so eine Organisation zu schaffen.

Insgesamt seien die Positionen nicht zu weit auseinander. Es läge ihm daran, festzustellen, daß keine Gefahr bestehe, daß der deutsch-sowjetische Vertrag geschmälert werde oder an Bedeutung verliere. Als Lernfrage wolle er noch erwähnen, ob der Staatssekretär die Erklärungen, die anläßlich der Begegnungen zwischen Generalsekretär Breschnew und den Präsidenten der Vereinigten Staaten[5] und Frankreichs[6] unterzeichnet worden seien, in bezug auf die Grenzaussagen[7] als mit seinen Auffassungen übereinstimmend ansehe oder nicht.

---

[5] Richard M. Nixon.

[6] Georges Pompidou.

[7] Im Kommuniqué vom 29. Mai 1972 über den Besuch des Präsidenten Nixon in der UdSSR wurde zur Haltung der UdSSR und der USA in der Frage der Unverletzlichkeit der europäischen Grenzen ausgeführt: „They agree that the territorial integrity of all states in Europe should be respected. [...] The USA and the USSR are prepared to make appropriate contributions to the positive trends on the European continent toward a genuine detente and the development of relations of peaceful cooperation among states in Europe on the basis of the principles of territorial integrity and inviolability of frontiers, non-interference in internal affairs, sovereign equality, independence and renunciation of the use or threat of force." Vgl. DEPARTMENT OF STATE BULLETIN, Bd. 66 (1972), S. 901. Für den deutschen Wortlaut vgl. EUROPA-ARCHIV 1972, D 295 f.
In der französisch-sowjetischen Erklärung vom 30. Oktober 1971 wurde zur Europäischen Sicherheitskonferenz ausgeführt: „L'une de ses principales tâches doit être un renforcement de la sécurité européenne par la création d'un système d'engagements qui exclue tout recours à la menace ou à l'usage de la force dans les relations mutuelles entre Etats et qui assure le respect des principes

Der Herr *Staatssekretär* verwies auf die Notwendigkeit der Ausgewogenheit des Verhältnisses zwischen Gewaltverzicht und Grenzaussage und die möglichen negativen Folgewirkungen einer Festlegung, die über die im deutsch-sowjetischen Vertrag gefundene Lösung hinausgingen.

Referat 213, Bd. 112701

56

Aufzeichnung des Ministerialdirektors von Staden

214-321.15 POL VS-NfD   **19. Februar 1973**[1]

Dem Herrn Staatssekretär[2]

Betr.: Deutsch-polnische Konsultationen in Warschau vom 7.–9.2.1973;
        hier: Verlauf und Ergebnisse

Bezug: Aufzeichnung vom 12.2.1973 – 214-321.13 POL 572/73 VS-v[3]

Zweck der Vorlage: Unterrichtung

I. Vom 7. bis 9. Februar 1973 hielten Vizeminister Czyrek und D 2 (Unterzeichneter) deutsch-polnische Konsultationen ab. Bei dieser Gelegenheit wurde D 2 von Außenminister Olszowski zu einem dreiviertelstündigen Besuch empfangen (s. auch Bezugsaufzeichnung). Die Gespräche waren Fragen der Vorbereitung der KSZE sowie Themen der bilateralen Beziehungen gewidmet. Unter ihnen kommen dem von uns dargelegten Problem der Umsiedlung und der von den Polen erneut vorgetragenen Frage der Entschädigung sowohl dem Gewicht der Sache als auch dem Umfang des Meinungsaustausches nach die größte Bedeutung zu.

Fortsetzung Fußnote von Seite 257

    de l'intégrité territoriale des Etats, de la non-ingérence dans leurs affaires intérieures, de l'égalité et de l'indépendance de tous les Etats." Vgl. LA POLITIQUE ETRANGÈRE 1971, II, S. 177. Für den deutschen Wortlaut vgl. EUROPA-ARCHIV 1971, D 549 f.

1 Durchschlag als Konzept.
  Die Aufzeichnung wurde von Vortragender Legationsrätin I. Klasse Finke-Osiander konzipiert.

2 Paul Frank.

3 Ministerialdirektor von Staden berichtete über ein Gespräch mit dem polnischen Außenminister am 9. Februar 1973 in Warschau. Olszowski habe die Umsiedlung und die Wiedergutmachung zwar weder ausdrücklich erwähnt, noch ein formelles Junktim zwischen beiden hergestellt, aber doch deutlich gemacht, daß Polen seine Bereitschaft zum Entgegenkommen in Zusammenhang mit der Bereitschaft der Bundesrepublik zu einem entsprechenden Entgegenkommen sähe. Demgegenüber habe er, Staden, darauf hingewiesen, „daß es gefährlich sei, unterschiedliche Probleme in einen Zusammenhang zu setzen, da dies zu Blockierungen führen könne, und daß für die Bundesregierung der Zusammenhang lediglich zwischen dem Warschauer Vertrag und der Umsiedlung bestehe. Dies ergebe sich eindeutig aus dem Kontext der Verhandlungen, und Bundesregierung, Parlament sowie die öffentliche Meinung legten dementsprechend entscheidenden Wert auf eine befriedigende Durchführung der Information." Vgl. VS-Bd. 9098 (214); B 150, Aktenkopien 1973.

II. Die Konsultationen über die Vorbereitung zur KSZE hatten zwei Themen zum Gegenstand, nämlich das der Mandate und dasjenige des Prinzips der Unverletzlichkeit der Grenzen.

1) Wir betonten unser Interesse an einem Konsensus in der dritten Phase der vorbereitenden Gespräche[4] darüber, daß Mandate erforderlich seien, und wiesen darauf hin, daß deren Ausarbeitung der Konzeption des Dreistufenplanes[5] entspreche. Wir bezogen die Ausarbeitung der Mandate auf die Notwendigkeit der gründlichen Vorbereitung der Konferenz, als deren Ergebnis wir eine Resolution oder ein Bündel von Resolutionen erwarteten, wobei sich die europäischen Regierungen von deren Absichten und Gründen in ihrer weiteren Arbeit leiten lassen wollten.

Die polnische Seite erklärte demgegenüber, die westlichen Vorstellungen seien zu dogmatisch und zu präzise und erlaubten nicht genügend Elastizität, ohne die es keine Fortschritte in internationalen Verhandlungen geben könne. Sie glaubte allerdings, daß sich in der Frage der Mandate die Überwindung der Schwierigkeiten abzeichne.

2) Zu den Prinzipien teilte Vizeminister Czyrek die Auffassung mit, die Ergebnisse der KSZE müßten ein Reflex der Situation auf dem europäischen Kontinent sein und zugleich dort Anreize für eine weitere Entwicklung geben. Zwischen den europäischen Staaten hätten sich unter Einbeziehung der UN-Charta und einiger Deklarationen (u.a. zwischen Polen einerseits und Frankreich[6], Belgien[7], USA[8] andererseits) gewisse Prinzipien durchgesetzt. Für Polen sei das wesentliche Prinzip dasjenige der Unverletzlichkeit der Grenzen und der unbedingten Achtung territorialer Integrität. Nach polnischer Auffassung seien diese Prinzipien gleichwertig mit anderen. Deren Unterordnung unter das Prinzip des Gewaltverzichts könnte zu Mißtrauen und zu einem verminderten Sicherheitsgefühl führen. Die Formulierungen in Helsinki dürften daher nicht unter dem Niveau der von den Beteiligten bereits erzielten bilateralen Vereinbarungen liegen.

Demgegenüber vertreten wir die gemeinsame Konzeption der Neun und der Fünfzehn, wonach die Prinzipien für die KSZE grundsätzlich auf den bestehenden internationalen Rechtssätzen, insbesondere der UN-Charta und der Reso-

---

4 Die dritte Runde der multilateralen Vorgespräche für die KSZE in Helsinki begann am 26. Februar 1973.

5 Auf der zweiten Sitzung der Arbeitsgruppe KSE der EG-Mitgliedstaaten im Rahmen der Europäischen Politischen Zusammenarbeit am 5./6. April 1971 in Paris legte die französische Delegation ein Arbeitspapier über Verfahren möglicher Ost-West-Verhandlungen vor. Darin schlug sie drei Konferenzphasen vor: Einer Außenministerkonferenz mit Grundsatzerklärungen sollten Beratungen in Kommissionen folgen, bevor eine weitere Außenministerkonferenz abschließend über die von den Kommissionen ausgearbeiteten Dokumente beraten sollte. Vgl. dazu die Aufzeichnung des Vortragenden Legationsrats Freiherr von Groll vom 19. April 1971; VS-Bd. 4605 (II A 3); B 150, Aktenkopien 1971.

6 Für den Wortlaut der französisch-polnischen Erklärung vom 6. Oktober 1972 über Freundschaft und Zusammenarbeit vgl. LA POLITIQUE ETRANGÈRE 1972, II, S. 98–100.

7 Für den Wortlaut der belgisch-polnischen Erklärung vom 14. November 1972 über Freundschaft und Zusammenarbeit vgl. ZBIÓR DOKUMENTÓW 1972, S. 1989–1992.

8 Für den Wortlaut des Kommuniqués vom 1. Juni 1972 über den Besuch des Präsidenten Nixon in Warschau vgl. DEPARTMENT OF STATE BULLETIN, Bd. 66 (1972), S. 913–915.

lution über gutnachbarliche Beziehungen zwischen den Staaten[9], aufgebaut werden müßten. Eine davon abweichende selektive Weiterentwicklung von Prinzipien werfe komplizierte Fragen auf, und es sei unrealistisch zu erwarten, diese innerhalb der bis zur Konferenz vorgesehenen Frist lösen und damit zu einer Neuschöpfung völkerrechtlicher Grundsätze für das Zusammenleben der Völker kommen zu können. Wir erläuterten unser Verständnis der unterschiedlich aufgebauten Grenzaussagen im Warschauer[10] und Moskauer Vertrag[11] und erinnerten ferner an unsere politischen und verfassungsrechtlichen Interessen, die wir zu wahren hätten und die in dem bekannten Brief des Bundesministers des Auswärtigen vom Tage der Unterzeichnung des Moskauer Vertrages[12] ihren Ausdruck ebenso gefunden hätten wie in dem gleichlautenden Brief Minister Bahrs an StS Kohl vom Tage der Unterzeichnung des Vertrages zwischen den beiden deutschen Staaten.[13]

III. Zur Frage der Umsiedlung erinnerten wir die polnische Seite daran, daß sie als Element der Besprechungen und Verhandlungen ein integraler Bestandteil der Ergebnisse sei, die zum Warschauer Vertrag geführt hätten. Wir wie-

---

[9] Am 14. Dezember 1957 verabschiedete die UNO-Generalversammlung die Resolution Nr. 1236: „The General Assembly, considering the urgency and the importance of strengthening international peace and of developing peaceful and neighbourly relations among States irrespective of their divergences or the relative stages and nature of their political, economic and social development; recalling that among the fundamental objectives of the Charter of the United Nations are the maintenance of international peace and security and friendly co-operation among States; realizing the need to promote these objectives and to develop peaceful and tolerant relations among States, in conformity with the Charter, based on mutual respect and benefit, non-aggression, respect for each other's sovereignty, equality and territorial integrity and non-intervention in one another's internal affairs, and to fulfil the purposes and principles of the Charter; recognizing the need to broaden international cooperation, to reduce tensions and to settle differences and disputes among States by peaceful means, calls upon all States to make every effort to strengthen international peace, and to develop friendly and cooperative relations and settle disputes by peaceful means as enjoined in the Charter of the United Nations and as set forth in the present resolution." Vgl. UNITED NATIONS RESOLUTIONS, Serie I, Bd. VI, S. 197.

[10] In Artikel I des Vertrags vom 7. Dezember 1970 zwischen der Bundesrepublik und Polen über die Grundlagen der Normalisierung ihrer gegenseitigen Beziehungen wurde ausgeführt: „1) Die Bundesrepublik Deutschland und die Volksrepublik Polen stellen übereinstimmend fest, daß die bestehende Grenzlinie, deren Verlauf in Kapitel IX der Beschlüsse der Potsdamer Konferenz vom 2. August 1945 von der Ostsee unmittelbar westlich von Swinemünde und von dort die Oder entlang bis zur Einmündung der Lausitzer Neiße und die Lausitzer Neiße entlang bis zur Grenze mit der Tschechoslowakei festgelegt worden ist, die westliche Staatsgrenze der Volksrepublik Polen bildet. 2) Sie bekräftigen die Unverletzlichkeit ihrer bestehenden Grenzen jetzt und in der Zukunft und verpflichten sich gegenseitig zur uneingeschränkten Achtung ihrer territorialen Integrität. 3) Sie erklären, daß sie gegeneinander keinerlei Gebietsansprüche haben und solche auch in Zukunft nicht erheben werden." Vgl. BUNDESGESETZBLATT 1972, Teil II, S. 362.

[11] Zu Artikel 2 und 3 des Vertrags vom 12. August 1970 zwischen der Bundesrepublik und der UdSSR vgl. Dok. 28, Anm. 12.

[12] Zum „Brief zur deutschen Einheit" vom 12. August 1970 vgl. Dok. 31, Anm. 10.

[13] Für den Wortlaut des Vertrags vom 21. Dezember 1972 über die Grundlagen der Beziehungen zwischen der Bundesrepublik und der DDR vgl. BULLETIN 1972, S. 1842 f. Der „Brief zur deutschen Einheit", den Staatssekretär Bahr, Bundeskanzleramt, an den Staatssekretär beim Ministerrat der DDR, Kohl, richtete, lautete: „Im Zusammenhang mit der heutigen Unterzeichnung des Vertrages über die Grundlagen der Beziehungen zwischen der Bundesrepublik Deutschland und der Deutschen Demokratischen Republik beehrt sich die Regierung der Bundesrepublik Deutschland festzustellen, daß dieser Vertrag nicht im Widerspruch zu dem politischen Ziel der Bundesrepublik Deutschland steht, auf einen Zustand des Friedens in Europa hinzuwirken, in dem das deutsche Volk in freier Selbstbestimmung seine Einheit wiedererlangt." Vgl. BULLETIN 1972, S. 2012.

sen auf den Rang hin, der ihr aufgrund dieser Tatsache zukomme. Wir wiesen auf das Interesse daran hin, dieses Problem vor dem Treffen zwischen dem Herrn Bundeskanzler und dem Ersten Sekretär Gierek möglichst zu klären, damit es mit ihm nicht belastet werde. Im einzelnen machten wir die andere Seite darauf aufmerksam, daß die polnische Regierung keine Durchführungsrichtlinien zur „Information"[14] erlassen habe.

Wir trugen die bestehenden Beschwerden vor:

- Schleppende Abwicklung der „Information"
  Der Durchschnitt der 1970 bis 1972 jährlich erteilten Ausreisegenehmigungen liegt kaum über dem Durchschnitt der Jahre seit 1960, so daß das wesentliche Ziel der „Information" – beschleunigte Abwicklung der Umsiedlung – bisher nicht erreicht ist.

- Negative Haltung der örtlichen Behörden
  a) Ablehnung von Anträgen ohne Rücksicht auf die Kriterien der „Information";
  b) Administrative Behinderung der Antragstellung;
  c) Einführung eines sogenannten Mehrheitskriteriums, demzufolge Familienzusammenführung nur dann gegeben ist, wenn die Mehrzahl der Angehörigen in der BRD lebt;
  d) Ablehnung von Anträgen, die sich nur auf deutsche Volkszugehörigkeit, nicht auf Familienzusammenführung berufen.

- Wirtschaftlicher Druck auf Umsiedlungsbewerber
  durch Verlust des Arbeitsplatzes oder Benachteiligung am Arbeitsplatz (Herabstufung, Verlust der Prämien, der Ausbildungs- und Erholungsmöglichkeiten);

- Nichtverwirklichung der vorgesehenen umfassenden Zusammenarbeit zwischen den Rotkreuzgesellschaften
  Die Zusammenarbeit der Rotkreuzgesellschaften auf der Grundlage der „Information" sieht ein mehrstufiges Verfahren vor, von dem zur Zeit lediglich die erste Stufe (Übermittlung von Listen des DRK an das PRK)[15] durchgeführt wird.

Vizeminister Czyrek erwiderte mit folgender Argumentation:

Die polnische Regierung sei in den Verhandlungen davon ausgegangen, daß etwa 30 000 Personen die Kriterien der „Information" erfüllen würden. Auf Wunsch der deutschen Delegation, die einen schlechten Eindruck auf die öffentliche Meinung befürchtete, habe man diese Zahl nicht in die „Information" aufgenommen. Die polnische Regierung wolle ihre Verpflichtungen aus der „In-

---

14 Zur „Information" der polnischen Regierung vgl. Dok. 22, Anm. 9.
15 Dazu hieß es im veröffentlichten Teil der „Information": „Die polnische Regierung wird das Polnische Rote Kreuz ermächtigen, vom Roten Kreuz der BRD Listen über die Personen entgegenzunehmen, deren Anträge sich im Besitz des DRK befinden, um diese Listen mit den entsprechenden Zusammenstellungen, die sich bei den zuständigen polnischen Behörden befinden, zu vergleichen und sorgfältig zu prüfen. [...] Das Polnische Rote Kreuz wird ermächtigt werden, Erläuterungen des DRK zu den Listen entgegenzunehmen und das DRK über das Ergebnis der Prüfung übermittelter Anträge durch die polnischen Behörden unterrichten. Das Polnische Rote Kreuz wird darüber hinaus ermächtigt sein, gemeinsam mit dem Roten Kreuz der BRD alle praktischen Fragen zu erwägen, die sich aus dieser Aktion etwa ergeben könnten." Vgl. BULLETIN 1970, S. 1697.

formation" erfüllen, sie habe aber schon in der „Information" ausdrücklich erklärt, daß sie eine Emigration zu Erwerbszwecken nicht fördern werde. Nach
Abschluß des Warschauer Vertrages habe die deutsche Seite die Frage der Umsiedlung durch eine ganze Palette von Maßnahmen in eine Emigrationspsycho-
se hineinwachsen lassen. Man habe den Eindruck, die deutsche Seite wolle vor
allem Arbeitskräfte in die Bundesrepublik Deutschland ziehen. Die polnische
Öffentlichkeit betrachte die deutschen Bemühungen um die Umsiedlung von
Personen, die bisher als polnische Bürger gelebt hätten, als Fortführung des
Volkstumskampfes unter geänderten Bedingungen. Die Familienzusammenführung führe im übrigen zu einem Schneeballeffekt, weil die in die Bundesrepublik Ausreisenden jeweils eine erheblich höhere Zahl von Angehörigen in Polen zurückließen.

Zur Frage der Diskriminierungen am Arbeitsplatz erklärte Vizeminister Czyrek, daß für bestimmte Berufe, wie z.B. Lehrer und Ärzte, besondere Bedingungen gelten würden wie z.B. auch für Beamte in der Bundesrepublik Deutschland. In den übrigen Fällen sei davon auszugehen, daß die Betreffenden freiwillig gekündigt hätten und keine neue Arbeit annehmen wollten, weil sie vom
DRK großzügig unterstützt würden.

Vizeminister Czyrek betonte die fortdauernde Bereitschaft der polnischen Regierung zur Lösung wirklich humanitär begründeter Probleme. Im übrigen
müsse an die Umsiedlung nach polnischer Auffassung künftig wie an irgendeine andere Emigration zu Erwerbszwecken in irgendein anderes Land herangegangen werden.

Zu dieser Argumentation haben wir unsererseits auf folgendes hingewiesen:

– Der Grund dafür, daß die „Information" keine festgelegten Ziffern enthalte,
sei nicht Rücksicht auf öffentliche Meinung gewesen, sondern daß die Auffassungen beider Seiten über die Größenordnung des Problems auseinander-
gingen.

– Ein „Schneeballeffekt" sei nicht eingetreten. Die Zahlen, die wir bereits im
Jahre 1970 (4. Gesprächsrunde)[16] der polnischen Seite aufgrund der Unterlagen des DRK übermittelt hätten, seien konstant geblieben. (Anmerkung:
Damals waren dem DRK etwa 280 000 Umsiedlungswünsche bekannt. Fast
genau die gleiche Zahl lag dem DRK zum 1.1.1973 an aktualisierten Ausrei-
sewünschen vor.)

– Eine Einschränkung auf den Gesichtspunkt der Familienzusammenführung
sei für uns nicht annehmbar; die Kriterien der „Information" gingen darüber
hinaus.

– Es gehe uns keineswegs etwa darum, noch mehr fremde Arbeitskräfte ins
Land zu holen, und auf gar keinen Fall um die Fortführung eines Volkstumskampfes, wohl aber läge uns daran, daß alle diejenigen, die die Kriteri-
en erfüllten und das wünschten, umsiedeln können. Da ein großer Teil dieser Menschen sich seit vielen Jahren ungeachtet aller daraus resultierenden
Nachteile um die Ausreise bemühe, müsse es dafür eine starke innere Moti-

---

[16] Die vierte Runde der Gespräche mit Polen über eine Verbesserung des bilateralen Verhältnisses fand
vom 8. bis 10. Juni 1970 statt. Vgl. dazu AAPD 1970, II, Dok. 251.

vation geben. Diese müsse ebenso im konkreten Einzelfall geprüft werden wie die Frage, wie es zur Aufgabe des Arbeitsplatzes komme.

– Zur Frage von Unterstützungszahlungen durch das DRK wurde klargestellt, daß das DRK nicht etwa monatlich, sondern zweimal einmalige Zahlungen (bis zu DM 600) an einen begrenzten, in besonderer Notlage befindlichen Personenkreis geleistet hat.

– Eine Behandlung der Umsiedlung wie eine normale Emigration könne erst für eine spätere Zukunft und unter der Voraussetzung als denkbar erscheinen, daß die „Information" vollständig durchgeführt sei. Wir haben nochmals auf die Präzisierung der Erläuterungen hingewiesen, daß für die Ausreise von Personen, die die Kriterien erfüllen, keine zeitliche Begrenzung vorgesehen ist.

An unsere Analyse der bestehenden Lage knüpften wir folgende Forderungen:

– das polnische administrative Verfahren auf seine Mängel und Nachteile für die Antragsteller zu überprüfen,

– den Ausreiserhythmus wesentlich zu beschleunigen und

– die in der „Information" vorgesehene Zusammenarbeit zwischen den Rotkreuzgesellschaften so zu gestalten, wie es der „Information" entspreche und für eine konkrete fallbezogene Arbeit erforderlich sei.

Die polnische Seite nahm diese Vorschläge entgegen, ohne ihrerseits dazu Stellung zu beziehen.

IV. Vizeminister Czyrek erneuerte den erstmalig von Minister Olszowski im September 1972 vorgetragenen polnischen Wunsch, Verhandlungen über die Entschädigung von a) polnischen KZ-Opfern, b) polnischen Zwangsarbeitern aufzunehmen.[17] Sowohl formal wie sachlich zeigte sich die polnische Seite bestrebt, diese Frage als gleichrangiges Problem neben der Umsiedlungsfrage aufzubauen.

Vizeminister Czyrek erklärte, im Rahmen des Versöhnungsprozesses und der künftigen Gestaltung der Beziehungen zwischen beiden Ländern sei die Regelung der Wiedergutmachung moralisch und politisch gesehen eine der wichtigsten Fragen. Unter Berufung auf Äußerung des Herrn Bundeskanzlers, daß der Versöhnung zwischen Polen und Deutschland die gleiche Bedeutung beizumessen sei wie derjenigen zwischen Frankreich und Deutschland[18], äußerte Vizeminister Czyrek die Überzeugung, daß auch die Bundesrepublik Deutschland eine Vereinbarung über diese Frage wünschen müsse. Die bisherige Ablehnung von Verhandlungen werte Polen daher als eine erste Reaktion.

Vizeminister Czyrek erklärte, es wäre nicht richtig, wenn man deutscherseits an diese Frage mit der Einstellung herangehe, es handele sich um ein enormes Problem, das nicht gelöst werden könne. Ebenso wenig wie bisher beziffer-

---

17 Vgl. dazu die Gespräche des Bundeskanzlers Brandt und des Bundesministers Scheel mit dem polnischen Außenminister Olszowski am 13./14. September 1972; AAPD 1972, II, Dok. 266 und Dok. 273.

18 Willy Brandt führte 1968 in seinem Buch „Friedenspolitik in Europa" aus: „Ich will hier meine klare Überzeugung bekräftigen: Die Aussöhnung zwischen Polen und Deutschen wird einmal den gleichen geschichtlichen Rang haben wie die deutsch-französische Freundschaft." Vgl. BRANDT, Friedenspolitik, S. 114.

te die polnische Seite in diesen Konsultationen ihre finanziellen Erwartungen. Vizeminister Czyrek verwies jedoch auf folgende Zahlen:

- 860 000 ehemalige polnische KZ-Häftlinge seien lebend zurückgekehrt (in einem persönlichen Gespräch bezifferte Direktor Sokolek die Zahl der heute in Polen noch lebenden mit 120 000 bis 160 000).
- 2,5 Mio. Polen seien zur Zwangsarbeit nach Deutschland gebracht und 400 000 polnische Kriegsgefangene zur Zwangsarbeit gezwungen worden.
- Von 200 000 polnischen Kindern, die zur Germanisierung verschleppt wurden, seien 160 000 nicht zurückgekehrt.

Vizeminister Czyrek bezog sich auf unsere schon früher vorgetragenen Rechtsgründe zur Abwehr der polnischen Ansprüche und trug Gegenargumente vor. Zum Argument der unvermeidlichen Aufrechnung erklärte er, der Auffassung, daß eine gegenseitige Aufrechnung von Ansprüchen zu einer Belastung der Beziehungen führen könne, sei zuzustimmen. Falls kein anderes Verfahren möglich sei, wäre Polen jedoch noch notfalls bereit, auch einem solchen Vorgehen zuzustimmen.

Wir haben das Argument des Herrn Bundeskanzlers gegenüber Minister Olszowski aufgenommen, daß inzwischen eine neue Generation herangewachsen sei und ein Versuch, diese Frage nach so langer Zeit wieder aufzurollen, von der Jugend nicht verstanden werden würde.

Zur Frage der „Aufrechnung" führten wir aus, daß diese Problematik über diejenige der individuellen Ansprüche hinausgehe. Es sei an die Inbesitznahme von über 100 000 Quadratkilometer des deutschen Territoriums durch Polen zu erinnern, an die Verdrängung der großen Mehrzahl der darin wohnenden Bevölkerung sowie an die außerordentlich hohen Mittel, die die Bundesrepublik zu deren Aufnahme und Integration aufgewendet habe. Die Bundesrepublik Deutschland als solche habe sich durch den Warschauer Pakt[19] unwiderruflich gebunden, den Gebietsübergang zu akzeptieren. Damit sollte es aber sein Bewenden haben.

Wir erinnerten an die Ausführungen des Herrn Bundeskanzlers und des Herrn Bundesministers des Auswärtigen gegenüber Außenminister Olszowski, daß wir auf den polnischen Vorschlag, Gespräche in dieser Frage aufzunehmen, nicht eingehen können. Wir haben unterstrichen, daß es ein Fehler wäre, auf eine Änderung unserer Haltung zu setzen.

V. Den Meinungsaustausch zu Fragen der allgemeinen Entwicklung der bilateralen Beziehungen leitete Vizeminister Czyrek mit Ausführungen zur Interpretation des Warschauer Vertrages ein. Vizeminister Czyrek erklärte, die Bestimmungen des Vertrages müßten nach Geist und Buchstaben erfüllt werden. Er beklagte unsere Qualifizierung des Vertrages als Modus vivendi mit dem Hinweis, daß dies nicht ohne Auswirkungen für die Schaffung einer Atmosphäre des Vertrauens bleiben könne. Er wiederholte im übrigen in gemäßigter Form eine Reihe der bekannten polnischen Beschwerden, daß der Vertrag nicht in die Praxis umgesetzt werde (Grenzdarstellungen, Weiterverwendung des

---

19 Für den Wortlaut des Vertrags vom 7. Dezember 1970 zwischen der Bundesrepublik und Polen über die Grundlagen der Normalisierung ihrer gegenseitigen Beziehungen vgl. BUNDESGESETZBLATT 1972, Teil II, S. 362 f.

Begriffs „unter polnischer Verwaltung stehende Gebiete" in deutschen Gesetzen, Patenschaften zwischen westdeutschen Städten und Städten in den Gebieten östlich von Oder und Neiße).

Wir erläuterten die Funktion der Modus-vivendi-Politik, hoben die unwiderrufliche Bindung der Bundesrepublik an den Warschauer Vertrag hervor und machten auf die Gefahr aufmerksam, die darin läge, durch extensive Interpretation des Vertrags Angelegenheiten als geregelt zu erklären, die durch ihn in Wirklichkeit nicht präjudiziert seien und auch nicht präjudiziert werden könnten (z. B. Staatsangehörigkeitsfragen).

In diesem Zusammenhang erörterten wir das Problem der Staatsangehörigkeit[20] und mit ihm zusammenhängende Probleme im konsularischen Bereich, darunter insbesondere die von polnischer Seite offenbar sehr ernstgenommene Frage der Ausstellung deutscher Pässe an Doppelstaatler durch unsere Botschaft in Warschau.[21]

Kurz angesprochen wurden von polnischer Seite die Themen Radio Free Europe[22] und Äußerungen der Deutschen Welle[23] zu polnischen Angelegenheiten.

[20] Innerhalb der polnischen Grenzen lebten etwa eine Million Menschen, die nach dem Staatsangehörigkeitsrecht der Bundesrepublik deutsche Staatsangehörige waren, nach polnischem Recht jedoch als polnische Staatsangehörige galten. Vgl. dazu AAPD 1970, I, Dok. 77.

[21] Am 1. März 1973 berichtete Botschafter Ruete, Warschau, der Abteilungsleiter im polnischen Außenministerium, Wojtasik, habe vorgeschlagen, ein Rechtshilfeabkommen und ein Konsularabkommen zu schließen: „Man sei sich darüber im klaren, daß bei Konsularabkommen die Frage der Staatsangehörigkeit und bei Rechtshilfeabkommen die Einbeziehung West-Berlins problematisch sei." Ruete sprach sich für die Annahme des Vorschlags aus: „Die politischen Konsultationen haben gezeigt, in welchem Ausmaß konsularische Fragen das bilaterale Verhältnis belasten." Vgl. den Drahtbericht Nr. 136; Referat 214, Bd. 112629.
Am 15. März 1973 teilte Vortragender Legationsrat Bütow der Botschaft in Warschau mit, daß angesichts der bisherigen polnischen Haltung zur Frage der Staatsangehörigkeit und zur Einbeziehung von Berlin (West) ein Eingehen auf die polnischen Vorschläge „zwecklos" erscheine, „da als Ergebnis kaum etwas anderes als eine Verschlechterung unserer gegenwärtigen Position erwartet werden kann". Vgl. den Drahterlaß; Referat 214, Bd. 112629.

[22] Zur Tätigkeit des Senders Radio Free Europe vgl. Dok. 1, Anm. 15.
Referat II A 3 vermerkte am 29. August 1972 über polnische Beschwerden hinsichtlich der Tätigkeit des Senders Radio Free Europe: „Polen hat wiederholt die Beseitigung von RFE als Conditio sine qua non für die volle Normalisierung der deutsch-polnischen Beziehungen bezeichnet. Die letzte offizielle polnische Äußerung zu RFE war in der Rede von Ministerpräsident Jaroszewicz vor dem Parteiaktiv am 16.6.1972 enthalten, in der die Tätigkeit von RFE in der BRD als dem Normalisierungsprozeß entgegenstehend und mit dem Begriff Normalisierung unvereinbar bezeichnet wurde. Polen mache – so Jaroszewicz – die Bundesregierung verantwortlich für die gegen Polen gerichtete subversive Tätigkeit des Senders. Laut Mitteilung der hiesigen US-Botschaft hat der polnische Außenminister bei dem Treffen vom 31.5./1.6.1972 sich gegenüber US-Außenminister Rogers zwar über RFE beschwert, hingegen nicht die Beseitigung des Senders gefordert." Vgl. Referat II A 3, Bd. 1553.
Am 17. April 1973 stellte Vortragender Legationsrat I. Klasse Freiherr von Dungern fest, daß sich polnische Regierungsstellen Anfang 1973 gegenüber dem amerikanischen Botschafter in Warschau, Davies, erneut über die Tätigkeit von Radio Free Europe beschwert hätten. Auch bei den KSZE-Verhandlungen in Helsinki sei die Tätigkeit des Senders von polnischer und sowjetischer Seite kritisiert worden. Vgl. Referat 212, Bd. 111499.

[23] Am 22. März 1973 erläuterte Vortragende Legationsrätin I. Klasse Finke-Osiander die Beschwerde des polnischen Vizeministers Czyrek, die sich insbesondere auf eine polnischsprachige Sendung der Deutschen Welle vom 19. Januar 1973 über „die Stellung der führenden Persönlichkeiten in der Volksrepublik Polen" bezogen habe. Seitens des polnischen Außenministeriums werde darin ein „Angriff gegen Minister Olszowski und als Einmischung in innere Angelegenheiten Polens, die die gegenseitigen Beziehungen belaste", gesehen. Finke-Osiander führte hierzu aus: „Die Deutsche Welle sollte darauf hingewiesen werden, daß ihre Sendungen in den osteuropäischen Staaten als

Mit Befriedigung stellten beide Seiten fest, daß im Bereich der kulturellen und wissenschaftlichen Beziehungen sowie auf dem Gebiet des Reiseverkehrs klare Fortschritte zu verzeichnen sind und daß die weiteren Entwicklungsaussichten übereinstimmend günstig beurteilt werden. Wir haben den Wunsch nach weiterer Entwicklung des Jugendaustauschs unterstrichen; die polnischen Gegenäußerungen ließen wiederum erkennen, daß Polen in diesem Bereich behutsam vorgehen möchte.

Zu den Wirtschaftsbeziehungen äußerte sich Vizeminister Czyrek befriedigt über die Zunahme des Handelsverkehrs. Er wiederholte das polnische Interesse an einem langfristigen Vertrag (zehn Jahre) über wirtschaftliche und wissenschaftliche Zusammenarbeit, wie ihn Polen mit Frankreich geschlossen habe[24] und mit Großbritannien in Kürze schließen werde[25]. Die polnische Seite behauptete, im Gegensatz zu deutschen Wirtschaftskreisen zeigten die zuständigen Behörden der Bundesrepublik Deutschland zu geringes Interesse an der Entwicklung der Wirtschaftsbeziehungen. Die polnische Seite beklagte im übrigen, daß die Bundesrepublik Deutschland unter allen EWG-Ländern weiterhin die höchsten mengenmäßigen Beschränkungen aufrechterhalte. Sie wies ferner auf das Problem hin, das Warenprotokoll für 1974 nicht mehr bilateral verhandeln zu können, obwohl der laufende Handelsvertrag[26] bis Ende 1974 gelte.

VI. Zur Frage der vorgesehenen Zusammentreffen zwischen Bundeskanzler Brandt und Parteichef Gierek[27] sowie zum Gegenbesuch von Minister Scheel in Polen bestätigte die polnische Seite grundsätzlich, daß sie das Zustandekommen beider Begegnungen im Laufe dieses Jahres anstrebt. Die nähere Planung des Zusammentreffens zwischen Herrn Gierek und dem Herrn Bundeskanzler möchte die polnische Seite jedoch offensichtlich zurückstellen, bis die Zusammenkunft mit dem sowjetischen Parteichef Breschnew[28] sich konkretisiert hat.

Hinsichtlich des Gegenbesuchs von Minister Scheel geht die polnische Seite davon aus, daß Termin und Inhalt der Gespräche zwischen den Außenmini-

Fortsetzung Fußnote von Seite 265

der Bundesregierung nahestehende und von ihr beeinflußte Sendungen angesehen werden. Wenn auch der Deutschen Welle nicht unbedingt generell das Recht abgesprochen werden soll, in ihren Sendungen auf objektive Gegebenheiten in den osteuropäischen Staaten einzugehen, so ist doch in dem vorliegenden Fall zu fragen, wem ein solcher Artikel mit Spekulationen über die innerparteiliche Situation dient und aus welchem Grunde ausgerechnet die Deutsche Welle derartige Spekulationen an eine polnische Hörerschaft weitergeben soll." Vgl. Referat 214, Bd. 112636.

[24] Am 5. Oktober 1972 schlossen Frankreich und Polen ein für zehn Jahre gültiges Abkommen über wirtschaftliche, industrielle, wissenschaftliche und technische Zusammenarbeit. Für den Wortlaut vgl. LA POLITIQUE ÉTRANGÈRE 1972, II, S. 94–97.

[25] Am 20. März 1973 schlossen Großbritannien und Polen ein für zehn Jahre gültiges Abkommen über gegenseitige Zusammenarbeit auf den Gebieten der Wirtschaft, der Industrie, der Wissenschaft und der Technologie. Vgl. dazu die Meldung „Abschluß eines polnisch-britischen Abkommens"; NEUE ZÜRCHER ZEITUNG, Fernausgabe vom 22. März 1973, S. 3.

[26] Für den Wortlaut des Langfristigen Abkommens vom 15. Oktober 1970 zwischen der Bundesrepublik und Polen über den Warenverkehr und die Zusammenarbeit auf wirtschaftlichem und wissenschaftlichem Gebiet vgl. BUNDESANZEIGER, Nr. 211 vom 11. November 1970, S. 1f.

[27] Zum geplanten Treffen des Bundeskanzlers Brandt mit dem Ersten Sekretär des ZK der PVAP, Gierek, vgl. Dok. 22, Anm. 4.

[28] Der Generalsekretär des ZK der KPdSU, Breschnew, besuchte die Bundesrepublik vom 18. bis 22. Mai 1973. Vgl. dazu Dok. 145–152.

stern nach dem Treffen Brandt/Gierek stattfinden und von dessen Verlauf mit-
bestimmt sein werden. Grundsätzlich ist am Rande der Gespräche nochmals
von polnischer Seite bestätigt worden, daß für den Besuch von Minister Scheel
die Woche zwischen dem 15. und 19. Oktober reserviert werden soll.[29]

VII. Nach diesen Konsultationen läßt sich der gegenwärtige Stand der deutsch-
polnischen Beziehungen wie folgt beurteilen:

1) Die Konsultationen haben bestätigt, daß sich seit 1970 die deutsch-polnischen Beziehungen in verschiedenen praktischen Bereichen gut entwickelt haben und daß auch beiderseits die Absicht besteht, diese Entwicklung weiter zu
fördern. Gleichzeitig muß damit gerechnet werden, daß der deutsch-polnische
Dialog auf absehbare Zeit belastet bleiben wird von den Themen Umsiedlung
und Entschädigungsforderungen.

2) Auch nach diesen Konsultationen muß zweifelhaft erscheinen, ob die polnische Regierung bereit ist, auf die örtlich zuständigen Behörden im Sinne einer
tatsächlichen Durchführung der „Information" einzuwirken. Es kann sogar
nicht ausgeschlossen werden, daß ein weiterer Rückgang der erteilten Ausreisegenehmigungen eintritt. Das Problem der Umsiedlung konzentriert sich heute zu 80 bis 90 Prozent auf die ehemaligen Abstimmungsgebiete nach dem Ersten Weltkrieg, die heutigen Wojewodschaften Allenstein, Oppeln und Katto-
witz, in denen nach dem Zweiten Weltkrieg eine rigorose Polonisierungspolitik
betrieben wurde. Haupthemmnis gegen die Durchführung der „Information"
sind nicht wirtschaftliche Gründe, sondern die Abneigung der zuständigen polnischen Stellen, Philosophie und Ergebnis der Polonisierung in Frage stellen
zu lassen.

3) Die polnische Seite hat in den Konsultationen sorgfältig vermieden, ein förmliches Junktim zwischen Umsiedlung und Entschädigung herzustellen; sie
stellte jedoch durch Beharren auf paralleler Behandlung einen Zusammenhang
her. Außenminister Olszowski hat diesen Zusammenhang besonders deutlich
werden lassen.

Die Gründe, aus denen heraus die polnische Seite seit Sommer vergangenen
Jahres die Entschädigungsforderungen aufbaut, sind wahrscheinlich komplex.
Die polnische Regierung beruft sich auf innenpolitischen Druck. Manches weist
jedoch darauf hin, daß entsprechende Erwartungen auch bewußt von oben gefördert und gesteuert werden.

Abgesehen von ihren sachlichen Implikationen hat die Frage der Entschädigungsforderungen aus polnischer Sicht insoweit eine taktische Funktion, als
sie zur Begründung für die Nichterfüllung polnischer Verpflichtungen oder zur
Steuerung des Tempos in der Entwicklung der Beziehungen herangezogen
werden kann.

4) Die Themen Umsiedlung und Entschädigungsforderungen müssen zur Zeit
ein deutsch-polnisches politisches Spitzengespräch um so mehr belasten, als

---

[29] Bundesminister Scheel hielt sich vom 18. bis 20. Oktober 1973 in Warschau auf. Vgl. dazu Dok.
325, Dok. 328 und Dok. 331.

konkrete wirtschaftliche Zielsetzungen und Abmachungen – wie etwa beim Besuch von Parteichef Gierek in Frankreich[30] – bisher nicht anstehen.

In diesem Zusammenhang verdient der auch in diesen Konsultationen wieder
erhobene polnische Vorwurf Beachtung, die Bundesregierung zeige an der Entwicklung der Beziehungen in dem für Polen besonders wichtigen Bereich der
wirtschaftlichen Zusammenarbeit kaum Interesse. Polen hat von der Gomułka-
Initiative im Mai 1969[31] an besondere Erwartungen in die Entwicklung der
wirtschaftlichen Beziehungen gesetzt, die sich aus polnischer Sicht bisher
nicht erfüllt haben. In letzter Zeit ist zusätzlich polnische Sorge erkennbar,
daß sich unser politisches und wirtschaftliches Interesse ausschließlich auf die
DDR und die Sowjetunion konzentrieren könnte. In diesem Zusammenhang ist
die Nichterwähnung Polens in der Regierungserklärung vom 18.1.1973[32] von
polnischer Seite mit starker Betroffenheit registriert und als Widerspruch zu
dem gern zitierten Kanzlerwort empfunden worden, daß die Versöhnung mit
Polen für uns den gleichen Rang habe wie die mit Frankreich. Nicht in offiziellen, aber in inoffiziellen Gesprächen wird immer wieder die Frage nach der
Konzeption unserer Polenpolitik gestellt.

Die polnische Seite knüpft daher mit Sicherheit an ein Zusammentreffen zwischen dem Herrn Bundeskanzler und Parteichef Gierek die Erwartung, daß
diese Gespräche Aufschluß über unsere Vorstellungen für die weitere Entwicklung der deutsch-polnischen Beziehungen und insbesondere ihre Konkretisierung im wirtschaftlichen Bereich geben werden.

Staden[33]

Referat 214, Bd. 112626

---

[30] Der Erste Sekretär des ZK der PVAP, Gierek, hielt sich vom 2. bis 6. Oktober 1972 in Frankreich
auf.

[31] Am 17. Mai 1969 nahm der Erste Sekretär des ZK der PVAP, Gomułka, auf einer Kundgebung in
Warschau Stellung zu Fragen der europäischen Sicherheit und des Verhältnisses zwischen Polen
und der Bundesrepublik. Als Hauptkriterium bei der Beurteilung der Politik der Bundesregierung
bezeichnete er deren Haltung „zur endgültigen Anerkennung der bestehenden Grenzen in Europa
[...], darunter der Grenze an Oder und Lausitzer Neiße, sowie das Verhältnis zur Anerkennung der
Existenz der Deutschen Demokratischen Republik als souveräner und gleichberechtigter deutscher
Staat". Gomułka erklärte weiter: „Es gibt keine rechtlichen Hindernisse dafür, daß die Bundesrepublik die bestehende Westgrenze Polens nicht als endgültig anerkennt. Wir sind jederzeit bereit,
mit der Deutschen Bundesrepublik einen solchen zwischenstaatlichen Vertrag abzuschließen, ähnlich wie wir mit der DDR vor 19 Jahren in dieser Frage einen Vertrag geschlossen haben." Vgl.
EUROPA-ARCHIV 1969, D 317 und D 319. Vgl. dazu auch AAPD 1969, I, Dok. 172.

[32] Für den Wortlaut der Regierungserklärung des Bundeskanzlers Brandt vom 18. Januar 1973 vgl.
BT STENOGRAPHISCHE BERICHTE, Bd. 81, S. 121–134.

[33] Paraphe vom 21. Februar 1973.

57

Aufzeichnung des Ministerialdirektors von Staden

230-454.30-412/73 geheim   **19. Februar 1973**[1]

Herrn GL 23 i. V.[2]

Betr.: Meeresbodennutzung;
hier: Frage unserer Beteiligung[3]

Diese Frage wird uns noch öfters begegnen und bedarf einer sehr umsichtigen und weitschauenden Behandlung.

Wir werden künftig immer wieder vor die Wahl gestellt werden, ob wir eine zentrale Rolle in einer europäischen Gruppierung vorziehen, die auch kleinere Länder mit umfaßt, oder ob wir den Versuch machen, als ein relativ kleiner Partner im Verband der Großen mitzuwirken. Relativ klein sind wir deshalb, weil wir uns mit den drei Weltmächten und auf die Länge auch mit Ländern wie Japan, Brasilien und möglicherweise Indien kaum werden messen können und weil England und Frankreich einen Status haben und im europäischen Interesse behalten müssen, den wir nicht anstreben können.

Die Versuchung, sich einem Club der Großen anzuhängen, ist beträchtlich und in manchen Fragen mag dies unseren wohlverstandenen Interessen entsprechen. Wir sollten es aber nur dort in Erwägung ziehen, wo es wirklich um vitale deutsche Interessen geht und nicht um Fragen, die bei all ihrer Bedeutung einer weniger gewichtigen Kategorie zugehören. In der Phase eines beginnenden gesamteuropäischen Multilateralismus und in der kompetitiven Koexistenz mit der DDR im Rahmen der VN wird der Geleitzug der europäischen Gruppe, vor allem der Neun, für uns wachsende Bedeutung gewinnen. Sie ist ein unerläßliches Element europäischen Gleichgewichts durch uns und gibt uns in den VN einen gewissen Schutz in den voraussehbaren Fällen, in denen die DDR uns „links überholen" wird.

1 Durchdruck.
2 Hat in Vertretung des Gesandten Heimsoeth Vortragendem Legationsrat Gorenflos am 19. Februar 1973 vorgelegen.
3 Botschafter Gehlhoff, New York (UNO), teilte am 9. Februar 1973 mit, er sei von der japanischen Vertretung bei der UNO „streng vertraulich" darüber informiert worden, „daß Ende Januar/Anfang Februar 1973 ein Treffen von Vertretern Frankreichs, Großbritanniens, Japans, der USA und der Sowjetunion (auf der Ebene der Vertreter im Meeresboden-Ausschuß) zur Abstimmung der jeweiligen Haltung, insbesondere gegenüber der Dritten Welt, in London stattgefunden hat. [...] Sowjetunion legt größten Wert auf Geheimhaltung der Treffen, um nicht gegenüber Entwicklungsländern und China in ‚schiefes Licht' zu geraten. Nach japanischer Einschätzung besteht in Gruppe Interesse daran, auch uns zu den Treffen hinzuzuziehen." Gehlhoff fuhr fort: „Ich gehe davon aus, daß wir grundsätzlich an einer Beteiligung an den vertraulichen Gesprächen interessiert sind, zumindest in der Form, daß wir über den Fortgang informiert werden. Andererseits sollten wir bei etwaigen Anfragen wegen der Möglichkeiten unserer Beteiligung vorsichtig vorgehen, um zu vermeiden, daß wir die Gespräche stören. Ich schlage vor, Beobachtermission zu ermächtigen, das Gespräch mit der japanischen Mission fortzusetzen und je nach Verlauf dieses Gesprächs auch Kontakt mit britischer oder französischer Mission aufzunehmen." Vgl. den Drahtbericht Nr. 149; VS-Bd. 9972 (230); B 150, Aktenkopien 1973.

Die Bedeutung der europäischen Gleichgewichtsfunktion gilt um so mehr, als sich voraussehen läßt, daß es im Verfolg der KSZE in dieser oder jener Form zum „Organ"[4] kommen wird. Dadurch ist die PZ aus etwas, was manchem zunächst als Leerlauf erscheinen möchte, zu einer bitterernsten Angelegenheit geworden, deren Erfolg über unsere Zukunft mit entscheidet.[5]

gez. Staden

VS-Bd. 9972 (230)

---

[4] Zur Frage der Einbeziehung eines Tagesordnungspunktes über die Errichtung eines „Ständigen Organs" in die KSZE vgl. Dok. 25.

[5] Am 26. März 1973 informierte Vortragender Legationsrat I. Klasse Fleischhauer den Beobachter bei der UNO in New York über das Ergebnis einer Besprechung zwischen Botschafter Gehlhoff, z. Z. Bonn, Ministerialdirigent von Schenck und dem Referat 500 über die Frage der Beteiligung der Bundesrepublik an dem vertraulichen Gedankenaustausch zwischen den USA, der UdSSR, Großbritannien, Frankreich und Japan zur Frage der Meeresbodennutzung: „Als – zumindest gegenwärtig – gegen eine Beteiligung der Bundesrepublik Deutschland an den Beratungen sprechend wird nicht nur von der VN-Beobachtermission, sondern auch vom Auswärtigen Amt angesehen, daß die Einschaltung der Bundesrepublik Deutschland weder von den mittleren und kleineren EG-Staaten noch von den Entwicklungsländern gern gesehen werden dürfte und mithin negative Rückwirkungen auf unser allgemeines Verhältnis zu diesen Staaten haben könnte." Fleischhauer bat, sich über die Gründe und Umstände des Wunsches nach Teilnahme der Bundesrepublik, insbesondere aus Sicht der USA, zu informieren. Vgl. den Drahterlaß Nr. 1115; VS-Bd. 9697 (500); B 150, Aktenkopien 1973.

Gehlhoff antwortete am 2. April 1973, daß sich die Amerikaner aus einer deutschen Beteiligung am Gedankenaustausch eine Verstärkung ihrer eigenen Position innerhalb und außerhalb der Gruppe versprächen. Weiter führte Gehlhoff aus: „Die USA verfolgen zusammen mit der Fünfer-Gruppe den tatsächlichen oder subjektiven Interessen der Entwicklungsländer diametral entgegengesetzte Ziele. Sie vertreten mit Härte die Interessen der Industrien, die Bergbauarbeiten im Meeresboden konkret ins Auge fassen können. Sie erhoffen sich von uns hierfür Unterstützung und die Übernahme der Mitverantwortung gegenüber der Dritten Welt. Wir können ohne offiziellen Status in den Meeresboden-Gremien unsere Haltung noch nicht selbst erläutern oder verteidigen und haben daher kein Interesse daran, diesen Gremien jetzt schon Ansatzpunkte für gegen uns gerichtete Angriffe zu geben. Diese Gefahr besteht, wenn wir durch Beteiligung an der Fünfer-Gruppe auf die Linie der USA einschwenken." Vgl. den Drahtbericht Nr. 361; VS-Bd. 9697 (500); B 150, Aktenkopien 1973.

58

Gespräch des Botschafters Sahm, Moskau, mit dem sowjetischen Außenminister Gromyko

VS-vertraulich 20. Februar 1973[1]

Dolmetscheraufzeichnung des Gesprächs zwischen Botschafter Sahm und Außenminister Gromyko am 20. Februar 1973 von 10.30 Uhr bis 12.25 Uhr.

Es waren anwesend:

von deutscher Seite Gesandter Lüders und der Unterzeichnete als Dolmetscher;

von sowjetischer Seite Leiter der 3. Europäischen Abteilung, Bondarenko, und Herr Kurpakow als Dolmetscher.

Gromyko: Ich freue mich, Sie in den Räumen des Außenministeriums begrüßen zu können, und bin bereit, in einen Meinungsaustausch über die Fragen einzutreten, die bei Ihnen entstanden sind.

Sahm: Ich bin Ihnen sehr dankbar, daß Sie mir heute Gelegenheit geben, zum erstenmal in diesem Jahr mit Ihnen zusammenzutreffen, und hoffe, daß dieses Treffen einen weiteren Beitrag zur Verbesserung der Beziehungen zwischen unseren Ländern leisten wird, die in letzter Zeit eine besonders positive Entwicklung erfahren haben. Vorweg gestatten Sie mir, Ihnen mein Beileid zu der Flugzeugkatastrophe[2] auszusprechen, von der wir erfahren haben.

Gromyko: Ich danke Ihnen.

Sahm: Ich möchte ausgehen von zwei Erklärungen des Bundeskanzlers, der Regierungserklärung vom 18. Januar[3] und der Rede bei der Einbringung des Gesetzes über den Grundvertrag und des Gesetzes über den UNO-Beitritt der BRD[4]: Beide Erklärungen enthalten die Einschätzung des gegenwärtigen Standes und der künftigen Entwicklung der Beziehungen zwischen Bundesrepublik Deutschland und Sowjetunion und zu den Ländern Europas.

---

[1] Die Gesprächsaufzeichnung wurde von Dolmetscher Armbruster, Moskau, am 20. Februar 1973 gefertigt.
Am 27. Februar 1973 übermittelte Botschafter Sahm, Moskau, die Aufzeichnung an das Auswärtige Amt und teilte dazu mit: „Zu der auf Seite 11 der Aufzeichnung wiedergegebenen Unklarheit der Äußerung des Ministers, wie sich unser Vertreter in Helsinki zur Frage der Unverletzlichkeit der Grenzen geäußert haben soll, wird auf den in Anlage 2 beigefügten Vermerk des Dolmetschers der Botschaft, H[errn] Armbruster, verwiesen." Vgl. den Begleitvermerk; VS-Bd. 9085 (213); B 150, Aktenkopien 1973. Vgl. dazu Anm. 37– 39.

[2] Am 19. Februar 1973 verunglückte ein Passagierflugzeug vom Typ Tupolew 154 der sowjetischen Fluggesellschaft Aeroflot beim Landeanflug auf den Prager Flughafen Ruzyne. Dabei starben 77 Personen. Vgl. dazu den Artikel „Modernstes sowjetisches Flugzeug verunglückt"; FRANKFURTER ALLGEMEINE ZEITUNG vom 20. Februar 1973, S. 7.

[3] Für den Wortlaut der Regierungserklärung des Bundeskanzlers Brandt vgl. BT STENOGRAPHISCHE BERICHTE, Bd. 81, S. 121–134.

[4] Für den Wortlaut der Rede des Bundeskanzlers Brandt am 15. Februar 1973 vor dem Bundestag vgl. BT STENOGRAPHISCHE BERICHTE, Bd. 81, S. 534–538.

Seit den Gesprächen, die Herr Bahr im Herbst mit dem Generalsekretär und dem Außenminister geführt hat[5], sind weitere wichtige Ereignisse eingetreten. In der Bundesrepublik haben Wahlen stattgefunden, bei denen die Bevölkerung der Bundesrepublik mit großer Mehrheit die Politik der Bundesregierung bestätigt hat[6], die auch in den Verträgen mit der Sowjetunion, Polen und der DDR ihren Ausdruck gefunden hat.

Wir sind der Auffassung, daß der gegenwärtige Augenblick viele Chancen enthält, so im bilateralen Bereich, wie dies die soeben zu Ende gegangene Sitzung der Kommission für wirtschaftliche und wissenschaftlich-technische Zusammenarbeit gezeigt hat, über deren Verlauf und Ergebnisse[7] der Minister sicherlich unterrichtet ist. Wir stehen unter dem Eindruck, daß es nicht nur keine substantiellen Meinungsverschiedenheiten gegeben hat, sondern auch Übereinstimmung in dem Wunsche, schneller voranzukommen, weshalb man beschloß, den Rhythmus der Treffen der Kommission zu beschleunigen.

Wir stehen vor dem Abschluß einer ganzen Reihe von Abkommen und Vereinbarungen bzw. in Verhandlungen über solche Vereinbarungen, von denen besonders zu nennen wären die Abkommen über: Wissenschaftlich-technische Zusammenarbeit, langfristige Kooperation, Kulturaustausch[8], See-Schiffahrt[9],

---

[5] Für die Gespräche des Staatssekretärs Bahr, Bundeskanzleramt, mit dem sowjetischen Außenminister Gromyko am 9. Oktober 1972 und dem Generalsekretär des ZK der KPdSU, Breschnew, am 10. Oktober 1972 in Moskau vgl. AAPD 1972, III, Dok. 317 und Dok. 320.

[6] Bei den Wahlen zum Bundestag am 19. November 1972 erreichte die SPD 45,8 % der Stimmen (230 Sitze), CDU und CSU kamen auf 44,9 % (225 Sitze), die FDP erhielt 8,4 % (41 Sitze).

[7] Die zweite Sitzung der deutsch-sowjetischen Kommission für wirtschaftliche und wissenschaftlich-technische Zusammenarbeit tagte vom 12. bis 14. Februar 1973 in Moskau unter Leitung des Bundesministers Friderichs und des Stellvertretenden Vorsitzenden des Ministerrats der UdSSR, Nowikow. Legationsrat I. Klasse Klarenaar teilte hierzu am 15. Februar 1973 mit, daß der Schwerpunkt der Tagung „auf dem Gebiet der Perspektiven für eine langfristige Zusammenarbeit im wirtschaftlichen und wissenschaftlich-technischen Bereich" gelegen und die Kommission die Bedeutung einer „langfristigen Ausrichtung der Zusammenarbeit zwischen beiden Staaten" unterstrichen habe. Die Kommission habe beschlossen, daß die in der Arbeitsgruppe „zur Prüfung von Möglichkeiten der Zusammenarbeit im industriellen, im Grundstoff- und Energiebereich" aufgenommenen Gespräche weitergeführt und die Tätigkeit einiger Fachgruppen intensiviert werden sollte. Weiter berichtete Klarenaar, die sowjetische Seite habe vor Beginn der Tagung den Entwurf „eines auf zehn Jahre berechneten Kooperationsabkommens nach dem Muster des französisch-sowjetischen Kooperationsabkommens" und den vorläufigen Entwurf eines „Komplexprogramms für die Entwicklung der langfristigen wirtschaftlichen, industriellen und wissenschaftlich technischen Zusammenarbeit" übergeben. Das Komplexprogramm, das nach sowjetischer Vorstellung der Durchführung des deutsch-sowjetischen Kooperationsabkommens dienen solle, sehe „neben der Anführung von ‚Hauptzielen' vier Programme" vor, nämlich: „zur Entwicklung der Zusammenarbeit im wirtschaftlichen und industriellen Bereich; zur Entwicklung der Zusammenarbeit im wissenschaftlich-technischen Bereich; für die Zusammenarbeit im wirtschaftlichen Bereich in Drittländern bzw. die Zusammenarbeit bei der Realisierung wissenschaftlich-technischer Projekte mit Drittländern; den Austausch nationaler Industrieanlagen." Weitere Themen waren: Zinssubventionen, Einrichtung der Handelsförderungsstelle, Umweltschutz, Exploration und Erschließung von Bodenschätzen, Lohnanreicherung von Uran und Lieferung von Elektrizität aus der Sowjetunion in die Bundesrepublik. Vgl. die Aufzeichnung; Referat 213, Bd. 112704.
Für das gemeinsame Kommuniqué vom 14. Februar 1973 vgl. MOSKAU–BONN, Bd. II, S. 1587.

[8] Zu den Verhandlungen zwischen der Bundesrepublik und der UdSSR über ein Kulturabkommen und über ein Abkommen über wissenschaftlich-technische Zusammenarbeit vgl. Dok. 20, Anm. 2.

[9] Am 29. Januar 1973 übermittelte die UdSSR den Entwurf eines Abkommens über den Seeverkehr. Vgl. dazu Referat 213, Bd. 112706.

Landverkehr[10] u. a. Auf vielen Gebieten und sozusagen auf breiter Front werden also weitere Schritte zur Erweiterung und Vertiefung der Zusammenarbeit vorbereitet.

Neben allen diesen positiven Vorhaben gibt es leider zwei Fragenkreise, die Schatten auf unsere Beziehungen werfen: Westberlin und Rückführung.

Die Anwendung des Vier-Mächte-Abkommens auf die mit den oben genannten Abkommen zusammenhängenden Fragen wirft leider immer wieder Meinungsverschiedenheiten auf.

Erlauben Sie mir, in diesem Zusammenhang ein Zitat aus der Erklärung des Bundeskanzlers vom 15.2. anzuführen:

„Das Abkommen der Vier Mächte vom Frühsommer vergangenen Jahres hat für die Lage in und um Berlin eine fühlbare Entlastung gebracht. Schwierigkeiten im einzelnen wollen wir nicht übersehen, auch nicht geringschätzen, aber sie sollten – so denke ich – uns nicht den Blick für die unvergleichlich verbesserte Gesamtsituation verbauen. Mit dem routinemäßigen Aufgreifen früherer Vorschläge und Erwägungen ist den neuen Problemen hier zumeist nicht beizukommen. Die Bundesregierung möchte jedenfalls dazu beitragen, daß das Berlin-Abkommen in jedem einzelnen seiner Punkte reibungslos funktioniert."[11]

Nach wie vor halten wir das Abkommen für eine brauchbare und tragfähige Grundlage für die zukünftige Entwicklung unserer Beziehungen, sind aber auch der Auffassung, daß seine Möglichkeiten noch nicht genügend ausgeschöpft werden. In dem Abkommen gibt es einen bestimmten Abschnitt – der dem Minister wie jedem in diesen Fragen Kundigen sicher gut bekannt ist –, in dem zwei grundlegende Regelungen enthalten sind: Erstens wird dort festgestellt, daß Westberlin kein Teil des Bundes ist und vom Bund nicht regiert wird und zweitens, daß die Bindungen zwischen Bund und Westberlin erhalten und entwickelt werden sollen.[12]

Wir haben das Gefühl, daß die sowjetischen Dienststellen nur den ersten Teil dieser Bestimmungen lesen und berücksichtigen. In Bonn herrscht ernste Be-

---

10 Am 12. Februar 1973 fand eine Ressortbesprechung statt, in der der sowjetische Entwurf vom 5. Oktober 1972 eines Abkommens über internationalen Automobilverkehr und der Gegenentwurf des Bundesministeriums für Verkehr für ein Abkommen mit der UdSSR über den grenzüberschreitenden Straßenpersonen- und Straßengüterverkehr erörtert wurde. Vgl. dazu die Aufzeichnung des Bundesministeriums für Verkehr vom 12. März 1973; Referat 404, Bd. 108485. Für die Entwürfe vgl. Referat 404, Bd. 108485.

11 Vgl. BT Stenographische Berichte, Bd. 81, S. 534 f.

12 In Teil II B des Vier-Mächte-Abkommens über Berlin vom 3. September 1971 wurde ausgeführt: „The Governments of the French Republic, the United Kingdom and the United States of America declare that the ties between the Western Sectors of Berlin and the Federal Republic of Germany will be maintained and developed, taking into account that these Sectors continue not to be a constituent part of the Federal Republic of Germany and not to be governed by it. Detailed arrangements concerning the relationship between the Western Sectors of Berlin and the Federal Republic of Germany are set forth in Annex II." Vgl. Europa-Archiv 1971, D 444.
In Anlage II Absatz 1 teilten die Drei Mächte der UdSSR mit: „They declare, in the exercise of their rights and responsibilities, that the ties between the Western Sectors of Berlin and the Federal Republic of Germany will be maintained and developed, taking into account that these Sectors continue not to be a constituent part of the Federal Republic of Germany and not to be governed by it. The provisions of the Basic Law of the Federal Republic of Germany and of the Constitution operative in the Western Sectors of Berlin which contradict the above have been suspended and continue not to be in effect." Vgl. Europa-Archiv 1971, D 448 f.

sorgnis, daß sich aus diesen Meinungsverschiedenheiten Verzögerungen bei der fortschreitenden Entwicklung unserer Beziehungen, die insbesondere in den genannten Abkommen ihren Ausdruck finden sollen, ergeben. Ich glaube, daß die Gespräche, die Botschafter Falin und Staatssekretär Frank in dieser Frage führen[13], die richtige Ebene sind, auf der unsere Regierungen die ausstehenden Probleme erörtern können. Ich möchte sie deshalb heute nicht im einzelnen aufgreifen; ich bin nur von meiner Regierung beauftragt, Ihnen diese Besorgnis zur Kenntnis zu bringen und Ihre Regierung auf sie aufmerksam zu machen.

Das zweite Problem, das einen gewissen Schatten auf die Entwicklung unserer Beziehungen wirft – bei unserem Treffen im Juli 1972 hatten wir schon darüber gesprochen –, ist das Problem der Rückführung und Familienzusammenführung.[14]

Hierzu erlauben Sie mir ein weiteres Zitat, und zwar aus der Regierungserklärung des Bundeskanzlers vom 18. Januar, das an den Passus anschließt, der die Entwicklung der Beziehungen nach dem Abschluß der Verträge mit der Sowjetunion und Polen behandelt.

„Die Bundesregierung wird sich gleichzeitig weiterhin um die Linderung humanitärer Probleme bemühen, die bei der Umsiedlung und Familienzusammenführung noch ungelöst sind, und sie wird jede Möglichkeit zur Verbesserung der menschlichen Kontakte nutzen."[15]

Der Bundeskanzler hat diese Erklärung abgegeben in Kenntnis der Tatsache, daß die Anzahl der Rückführer im November 1972 zeitweilig einen erheblichen Aufschwung genommen hatte, aber auch in Kenntnis dessen, daß die Rückführerzahlen nach den Wahlen[16] stark abgenommen und die Abwicklung sich erheblich verlangsamt hat.

---

[13] Für das Gespräch des Staatssekretärs Frank mit dem sowjetischen Botschafter Falin vom 24. Januar 1973 vgl. Dok. 20.
Am 19. Februar 1973 regte Vortragender Legationsrat I. Klasse Meyer-Landrut an, Frank solle Falin beim nächsten Gespräch auf die Berlin-Frage ansprechen: „1) Die Bundesrepublik Deutschland werde nur dann in der Lage sein, Rahmenabkommen über kulturelle Zusammenarbeit und wissenschaftlich-technische Zusammenarbeit mit der UdSSR abzuschließen, wenn beide Seiten darüber einig sind, daß die Berlin-Klausel in diesen Abkommen auch sicherstellt, daß Berlin in die Folgevereinbarungen in vernünftiger Weise einbezogen wird. [...] 2) Daß im Falle des Abkommens über wissenschaftlich-technische Zusammenarbeit ein Weg gefunden werden muß, um klarzustellen, daß auch Vereinbarungen zwischen nichtstaatlichen Stellen sich auf Berlin erstrecken. Unser Vorschlag zu dieser Frage sei von der sowjetischen Seite abgelehnt worden. Wir sähen nun sowjetischen Vorschlägen entgegen, die diesem Petitum Rechnung tragen. 3) Daß, falls es der sowjetischen Seite nicht möglich sei, unseren Wünschen, die, wie Botschafter Falin wisse, Minimalpositionen darstellten, gerecht zu werden, die beiden Abkommen, sowie die vorgesehenen Folgeabkommen zu 2) nicht abgeschlossen werden könnten und ein wesentliches Ziel der Berlin-Regelung, nämlich die unkontroverse Entwicklung der bilateralen Beziehungen, bedauerlicherweise weiterhin unter der Berlin-Problematik werde leiden müssen." Vgl. die Aufzeichnung; VS-Bd. 9094 (213); B 150, Aktenkopien 1973.
[14] Für das Gespräch des Botschafters Sahm, Moskau, mit dem sowjetischen Außenminister Gromyko am 25. Juli 1972 vgl. AAPD 1972, II, Dok. 207.
[15] Vgl. BT STENOGRAPHISCHE BERICHTE, Bd. 81, S. 123.
[16] Die Wahlen zum Bundestag fanden am 19. November 1972 statt.

Es ist aufgefallen, daß die von Bundesminister Scheel 1971 überreichte Liste mit Beispielfällen[17] – von der Herr Falin noch im vergangenen Herbst Herrn BM Scheel sagte, daß sie beschleunigt erledigt werde – immer noch unerledigt ist, daß von dieser Liste immer noch 100 Fälle (Familien) nicht erledigt sind, die zusammen mit den Familienangehörigen einen erheblich größeren Personenkreis ausmachen.[18]

Wir haben Kenntnis von einer großen Zahl von Menschen, die ihre Rückführung bzw. Zusammenführung mit ihren Familien wünschen, und wir bauen auf die Erklärung, die der Stellvertretende Innenminister Schumilin am 26. Dezember 1972 in einem Interview für die Presseagentur Nowosti gemacht hat: „Anträge auf Ausreise werden in der Regel bewilligt."

Mit Ausnahme dieser beiden Problemkreise sind unsere Beziehungen in einer stetigen Aufwärtsentwicklung begriffen, und auch die politischen Konsultationen sind intensiviert worden, wie dies zu ersehen ist am Beispiel des Besuches von Herr Bahr und an den Konsultationen, die ich mit Herrn Bondarenko über KSZE führen konnte[19] und die von beiden Seiten als besonders nützlicher Meinungsaustausch bezeichnet werden. Auch die Verbindungen zwischen unseren Delegationen in Helsinki sind sehr eng. Es bleibt zu hoffen, daß sich die Konsultationen zwischen beiden Seiten nach unserem Eintritt in die UNO auch dort entwickeln werden.

Was konkrete Vorhaben angeht, die bald realisiert werden sollten, so sind die Einladungen an den Kulturminister der UdSSR, Frau Furzewa[20], und auch an den Vorsitzenden des Staatskomitees für Wissenschaft und Technik, Herrn Kirillin, zu erwähnen.

Außerdem sind wir dankbar für die an den Präsidenten des Bundestages, Frau Renger, ergangene Einladung. Bezüglich dieses Besuches sind wir zur Zeit in Kontakt mit den Vorsitzenden der beiden Räte des Obersten Sowjets[21], um den Besuchstermin festzulegen.[22]

Sehr erfreut sind wir darüber, daß Sie, Herr Minister, Ihr Einverständnis gegeben haben, sich im Sommer 1973 mit Herrn Scheel zu Konsultationen zu treffen.[23]

---

17 Bundesminister Scheel übergab dem sowjetischen Außenminister Gromyko am 29. November 1971 in Moskau eine Liste mit ca. 250 Fällen gewünschter Familienzusammenführung. Vgl. dazu AAPD 1971, III, Dok. 418.

18 Am 6. Oktober 1972 berichtete Botschafter Sahm, Moskau, daß inzwischen „125 Fälle = 492 Personen (zuzüglich ein Fall = sechs Personen – Ausreise in die DDR) positiv erledigt" seien. Vgl. den Schriftbericht Nr. 3328; Referat 513, Bd. 1891.

19 Zu den Gesprächen des Botschafters Sahm vom 10. bis 12. Oktober 1972 in Moskau vgl. Dok. 31, Anm. 6.

20 Die sowjetische Kulturministerin Furzewa hielt sich auf Einladung des Bundesministers Scheel vom 12. bis 22. Mai 1973 in der Bundesrepublik auf. Vgl. dazu die Aufzeichnung des Botschaftsrats I. Klasse Sell vom 6. Juni 1973; Referat 213, Bd. 112695.

21 Alexej Pawlowitsch Schitikow und Jadgar Sadykowna Nasriddinowa.

22 Eine Delegation des Bundestages unter Leitung der Bundestagspräsidentin Renger hielt sich vom 24. September 1973 bis 1. Oktober 1973 in Moskau auf. Für das Gespräch zwischen Renger und dem sowjetischen Stellvertretenden Außenminister Kusnezow am 25. September 1973 vgl. Dok. 293.

23 Während des Besuchs des Generalsekretärs des ZK der KPdSU, Breschnew, in der Bundesrepublik vom 18. bis 22. Mai 1973 führte Bundesminister Scheel am 18. Mai 1973 ein Gespräch mit dem sowjetischen Außenminister Gromyko. Vgl. Dok. 146.

Offen ist noch die an Ihren Ministerpräsidenten[24] und an den Generalsekretär ergangene Einladung; einer Erklärung, die Herr Breschnew bei Gelegenheit des Besuches des französischen Staatspräsidenten Pompidou in der Sowjetunion[25] machte, haben wir jedoch entnommen, daß er unserer Einladung noch in diesem Jahr entsprechen will.

Sie haben mich freundlicherweise aufgefordert zu sprechen, und ich fürchte, bereits zu viel gesprochen zu haben.

Abschließend darf ich Sie bitten, mir mitzuteilen, wie die sowjetische Regierung die Lage in Südostasien nach einem zu erhoffenden Friedensschluß in Vietnam[26] einschätzt und außerdem wie die sowjetische Seite die Entwicklung der Vorbereitungen für die Sicherheitskonferenz[27] und die Konsultationen für eine Konferenz über Truppenabbau in Wien[28] beurteilt.

Gromyko: Ich habe Ihre Ausführungen aufmerksam angehört und werde kurz auf einige Fragen eingehen, die Sie angeschnitten haben. Ich teile Ihre Auffassung, daß sich unsere Beziehungen gut entwickelt und vertieft haben; und zwar in Übereinstimmung mit der Grundlage, die durch den Vertrag zwischen der Bundesrepublik und der Sowjetunion[29] geschaffen wurde, und daß sie sich in der Richtung entwickeln, die in dem Kommuniqué angesprochen wurde, das über die Ergebnisse des Besuches des Bundeskanzlers in der Sowjetunion und später über seine offiziellen oder – wenn ich so sagen darf – inoffiziellen Gespräche auf der Krim herausgegeben wurde[30].

Sie haben richtig erwähnt, daß einige Dokumente, die Gegenstand dieses Meinungsaustausches waren, seit dieser Zeit in einem gewissen positiven Bereitschaftsgrad liegen. Bezüglich dieser Abkommen kann man sagen, daß es bei einer Reihe von ihnen gewisse Fortschritte gegeben hat und daß die Bereitschaft beider Seiten erkennbar ist, ihre Beziehungen zu erweitern und zu vertiefen.

Ich möchte Ihnen sagen, daß wir alles tun werden, was von uns abhängt, um diese Abkommen zum Abschluß zu bringen und unterschriftsreif zu machen. Dies gilt insbesondere für das Abkommen über die Entwicklung der Zusammenarbeit auf wissenschaftlich-technischem Gebiet, das uns auch als das beste Gebiet für die Zusammenarbeit vorkommt und sehr vielversprechend ist. Aber

---

[24] Bundeskanzler Brandt lud Ministerpräsident Kossygin am 12. August 1970 zu einem Besuch in die Bundesrepublik ein. Vgl. dazu AAPD 1971, II, Dok. 314.

[25] Staatspräsident Pompidou führte am 11./12. Januar 1973 in Saslawl bei Minsk Gespräche mit dem Generalsekretär des ZK der KPdSU, Breschnew. Vgl. dazu Dok. 15.

[26] Vgl. dazu das Abkommen vom 27. Januar 1973 über die Beendigung des Kriegs und die Wiederherstellung des Friedens in Vietnam; Dok. 21, besonders Anm. 2.

[27] Vom 28. November bis zum 15. Dezember 1972 bzw. vom 15. Januar bis zum 9. Februar 1973 fanden in Helsinki die ersten beiden Runden der multilateralen Vorgespräche für die KSZE statt. Die dritte Runde begann am 26. Februar 1973.

[28] Am 31. Januar 1973 begannen in Wien die MBFR-Explorationsgespräche.

[29] Für den Wortlaut des Vertrags vom 12. August 1970 zwischen der Bundesrepublik und der UdSSR vgl. BUNDESGESETZBLATT 1972, Teil II, S. 354 f.

[30] Für den Wortlaut des Kommuniqués über den Besuch des Bundeskanzlers Brandt vom 11. bis 13. August 1970 in Moskau vgl. EUROPA-ARCHIV 1970, D 401 f.
Für den Wortlaut des Kommuniqués über die Gespräche des Bundeskanzlers Brandt mit dem Generalsekretär des ZK der KPdSU, Breschnew, vom 16. bis 18. September 1971 in Oreanda vgl. BULLETIN 1971, S. 1469 f.

es gibt auch andere Gebiete der Wirtschaft, die nicht vernachlässigt werden sollten, ganz zu schweigen von der Politik.

Was das Westberlin-Abkommen[31] und den Gang der Erfüllung dieses Abkommens angeht, so hätte ich es auch erwähnt, wenn Sie es nicht behandelt hätten. Über die Bedeutung dieses Abkommens zu sprechen, ist nicht erforderlich; darüber wurde schon früher viel gesprochen, was hier zu wiederholen überflüssig wäre.

Auch bei uns herrscht Besorgnis, zumindest was die praktische Seite der Erfüllung des Abkommens durch die Bundesrepublik angeht. Sie haben die richtige Schlußfolgerung gezogen, als Sie das Zitat aus dem Abkommen anführten, – ich wollte es auch anführen.

Uns scheint, daß Sie sich hauptsächlich auf den zweiten Teil dieser Bestimmung stützen und den ersten Teil nicht bemerken oder jedenfalls sich bemühen, ihn nicht zu bemerken.

Ich kann Sie versichern, daß wir nicht den Wunsch und nicht das Bestreben haben, die Entwicklung normaler Beziehungen zwischen der Bundesrepublik und den westlichen Sektoren von Berlin zu stören, falls diese Beziehungen in den Formen gepflegt werden, die im vierseitigen Abkommen vorgesehen sind.

Die Bundesrepublik überschreitet zuweilen bestimmte Grenzen, die schwer mit dem ersten Teil der Bestimmung vereinbar sind, die Sie zitiert haben; wir sind im Zweifel, ob dies nach einem gewissen Trägheitsprinzip geschieht oder ob vielleicht manche Stellen der Bundesrepublik keine Lust haben, das Abkommen anzuwenden. Ich will Sie darauf aufmerksam machen, daß dieses Abkommen besteht und daß es von allen erfüllt werden muß – auch von der Bundesrepublik und Westberlin –, und daß die Bundesregierung hierbei die Aufgabe hat, die Handlungsweise ihrer Behörden entsprechend zu kontrollieren. Bundesregierung und Senat von Westberlin sind zwar nicht Teilnehmer des Westberlin-Abkommens, sind nicht direkte Teilnehmer des vierseitigen Abkommens, aber sie sind Teilnehmer der Abkommen, die auf der Grundlage dieses Abkommens entstanden sind und sich aus ihm ergeben haben. Wir sind erstaunt, daß sie den Rahmen des Zulässigen überschreiten – um so mehr, als die Bundesrepublik dabei nichts Reales zu gewinnen hat, sich nur Elemente der Komplikation einhandelt und Zweifel an der Absicht der Bundesregierung, das Abkommen wirklich zu erfüllen, aufkommen. Ohne Bekanntes zu wiederholen, wollte ich hierauf hinweisen. Wie gesagt, hat die Sowjetunion weder die Absicht noch das Bestreben, von dem Abkommen abzurücken, aber sie ist der Auffassung, daß es von allen erfüllt werden muß!

Sahm: Gestatten Sie hierzu ein Wort?

Gromyko: Ich bin mit meinen Ausführungen noch nicht fertig. – Ich möchte Ihre Aufmerksamkeit auf einige Fragen lenken, von denen bei verschiedenen Gelegenheiten gesagt wurde, daß sie gelöst werden müssen, die aber noch nicht gelöst sind.

---

31 Für den Wortlaut des Vier-Mächte-Abkommens über Berlin vom 3. September 1971 vgl. EUROPA-ARCHIV 1971, D 443–453.

In diesem Zusammenhang möchte ich auch auf die große Frage Ihrer Beziehungen mit der Tschechoslowakei hindeuten, wo Sie vorläufig noch keine Vereinbarung mit der Tschechoslowakei über die Frage der Bewertung des Münchener Abkommens getroffen haben.[32] Dieser Umstand muß unbedingt die Aufmerksamkeit auf sich lenken. Sollte das Abkommen mit der Tschechoslowakei nicht abgeschlossen werden, so würde dies den Beziehungen der Bundesregierung zur Sowjetunion und zu den sozialistischen Ländern in Europa seinen Stempel aufdrücken.

Ich möchte diese Gelegenheit benutzen, Ihnen zu sagen, daß es für die Führer der Tschechoslowakei nicht gerade einfach war, sich auf die Formeln einzulassen, die in der letzten Zeit verwendet worden sind und die Ihnen bekannt sind; dennoch sind sie darauf eingegangen! Ich möchte diese bekannten Formeln hier nicht wiederholen. Von seiten der Bundesregierung ist hier eine ungenügende Aktivität zu beobachten – um nicht mehr zu sagen. Die Bereinigung dieser Frage liegt im gemeinsamen Interesse Ihrer Beziehungen mit den sozialistischen Ländern und im Interesse Ihrer Beziehungen mit der Sowjetunion.

Die Frage der Aufnahme der BRD und der DDR in die UNO ist eine wichtige Frage. Ich brauche mich nicht darüber zu verbreiten, daß es im Interesse der BRD und der DDR liegen würde, die Lösung dieser Frage zu erleichtern. Es ist bekannt, daß Sie diese Frage in einen Zusammenhang mit der Ratifizierung der Abkommen zwischen der Bundesrepublik und der DDR bringen. Es wäre gut, wenn Sie die Ratifizierung schneller zum Abschluß bringen könnten.[33] Es ist uns bekannt, daß die Diskussion dieser Frage begonnen hat, und wir haben auch die interessanten Ausführungen des Bundeskanzlers vernommen; die Gedanken, die er entwickelt hat, können nicht anders als positiv bewertet werden. Aber die Menschen haben es in der Hand, solche Prozesse zu beschleunigen, und es schiene uns günstig, diesen Prozeß beschleunigt zu Ende zu führen. Wenn die Angelegenheit so weit gediehen ist, könnte man eine Sondersitzung der UN-Vollversammlung einberufen und die Aufnahme der beiden Staaten in ein bis zwei Tagen abschließend behandeln. Man sollte nicht bis in den Herbst warten. Auf diese Weise würde diese Aktion eine tiefere Spur hinterlassen, als wenn sie auf einer ordentlichen Sitzung der Vollversammlung im Herbst behandelt würde, wo andere, sogar Hunderte von Fragen behandelt werden.

Sie sollen nicht annehmen, daß wir Sie zu irgend etwas überreden wollen, oder daß der Sowjetunion und den sozialistischen Ländern bis zur nächsten ordentlichen UN-Vollversammlung[34] die Luft ausgehen werde. Das ist natürlich nicht so. Wir glauben nur, daß eine Sondersitzung im beiderseitigen Interesse wäre.

Sie haben die Frage der Familienzusammenführung und der Ausreise erwähnt. Dazu kann ich erstens sagen, daß bereits viele Personen ausgereist sind, und wenn dann ein gewisser Rückgang eingetreten ist, so ist das nur natürlich. Als wir einen gewissen Personenkreis zusammen hatten, standen wir vor der Frage, wann ihnen die Ausreise erlaubt werden solle, vor oder nach den Wahlen.

---

32 Zum Stand der Verhandlungen zwischen der Bundesrepublik und der ČSSR über eine Verbesserung des bilateralen Verhältnisses vgl. Dok. 89, Anm. 23.

33 Zum Stand des Ratifikationsverfahrens zum Grundlagenvertrag vom 21. Dezember 1972 vgl. Dok. 38, Anm. 21.

34 Die XXVIII. UNO-Generalversammlung fand vom 18. September bis 18. Dezember 1973 statt.

Wir haben uns natürlich dafür entschieden, sie vor den Wahlen ausreisen zu lassen. Wozu hätten wir zögern sollen? So hat es nach der Ausreise des anfänglichen Personenkreises einen gewissen Rückgang gegeben, dies bedeutet aber nicht, daß wir die Angelegenheit nun in die unterste Schublade gesteckt haben und der Vergessenheit anheim geben. Wenn und soweit Personen festgestellt werden, die ausreisen wollen, so werden wir sie reisen lassen. Wir werden niemanden aufhalten. Man vermutet allerdings gar nicht, wie viele Fragen mit solchen Ausreisen verbunden sein können! Die zu überwindenden großen Entfernungen, familiäre Probleme und materielle Fragen spielen eine Rolle, und in Wirklichkeit geht es nie so schnell, wie es auf dem Papier aussieht.

Bondarenko (bestätigt die Schwierigkeit dieser Probleme durch Wiederholung der Bemerkungen des Ministers und fügt hinzu): Und manche kommen aus der Bundesrepublik wieder zurück, nachdem sie eine unüberlegte Entscheidung getroffen haben.

Gromyko: Ein Wort noch dazu: Wir befassen uns mit dieser Frage und werden uns damit weiter befassen, sowie ein entsprechender Personenkreis beisammen ist. Natürlich muß jedes Land auf seine Sicherheitsinteressen achten, aber das ist so klar, daß es nicht lohnt, darüber zu sprechen.

Sie haben die Frage angeschnitten, wie sich uns die Lage im Osten und Ostasien im Lichte der bevorstehenden Vietnam-Konferenz in Paris[35] darstellt. Wir schätzen bereits die Tatsache der Herstellung des Friedens in Vietnam hoch ein. Es ist eine bedeutende Tatsache. Wir hoffen auch, daß diese Konferenz zu positiven Ergebnissen führen wird. Als Teilnehmer der Konferenz betreiben wir hierzu die entsprechenden Vorbereitungen. Ich möchte der Hoffnung Ausdruck geben, daß jeder Teilnehmer nüchtern an die Konferenz herangeht und nicht versucht, einseitige Vorteile herauszuschlagen, denn es geht um gemeinsame Interessen, es geht um ein Abkommen über die Herstellung des Friedens in dieser Region, und die Hauptsache ist der Friede. Wenn die Konferenz hierzu einen Beitrag leistet, so hat sie ihre Aufgabe erfüllt.

Soweit wir aus den Erklärungen aller beteiligten Seiten wissen, herrscht noch keine Übereinstimmung in allen Fragen. Es gibt noch Meinungsverschiedenheiten. Wir hoffen aber darauf, daß sich alle Teilnehmer von den oben dargelegten Grundsätzen leiten lassen. Jedenfalls wissen wir, daß wir und die vietnamesische Seite, deren Ansichten wir kennen, sich davon leiten lassen.

Die Konsultationen in Helsinki sehen wir so, daß schon die Tatsache dieser Konsultationen eine positive Sache ist. Im großen und ganzen verlaufen sie mit einem gewissen Erfolg, entwickeln sie sich mit einem gewissen Anteil an Erfolg.

Vielleicht haben Sie bemerkt, daß ich mich zurückhaltend ausgedrückt habe. Das kommt daher, daß wir überzeugt sind, daß die Verhandlungen schneller vorankommen könnten, wenn alle Teilnehmer dies nur wünschten. Es gibt indessen eine Reihe von Teilnehmern, die einen gewissen Geschmack daran gefunden haben, die Sache in die Länge zu ziehen. Einzelne Vertreter sind bereit, unendlich lang zu sprechen und z. B. Fragen des Mittelmeerraumes und der

---

35 Vom 26. Februar bis 2. März 1973 tagte in Paris die Internationale Konferenz zur Wiederherstellung des Friedens in Vietnam. Vgl. dazu Dok. 68, Anm. 11.

Nahost-Probleme hier hineinzubringen. Wenn der gesetzte Rahmen nicht eingehalten wird, so können die Verhandlungen noch jahrelang andauern. Ein bestimmter Rahmen für die Konsultationen besteht aber! Wenn wir, die Bundesregierung und die Sowjetunion, bei unseren Verhandlungen über alle Fragen
der Weltpolitik gesprochen hätten, so hätten wir den Vertrag nie abgeschlossen, hätten ihn bis heute noch nicht. Wir hätten uns dann in den Dschungeln
verirrt und hätten Hubschrauber zur Hilfe rufen müssen. Wir aber sind an die
Dinge realistisch herangegangen. Wenn die Teilnehmer in Helsinki wollten, so
könnten sie die Konsultationen in nächster Zeit abschließen und damit den
Weg frei machen für die Konferenz selbst; und auf dieser Sicherheitskonferenz
würden dann positive Ergebnisse erzielt werden. Die Sowjetunion will keine
besonderen Zinsen erhalten, sie setzt sich nur, wie alle anderen, für Entspannung und Frieden ein.

Im Zusammenhang mit den Konsultationen in Helsinki möchte ich Ihre Aufmerksamkeit und – über Sie – die Aufmerksamkeit der Bundesregierung auf
eine Frage lenken:

Uns hat die Position Ihres Vertreters[36] in der Frage der Prinzipien – der Prinzipien nicht der Konferenz selbst, sondern bei der Diskussion zur Tagesordnung – in Erstaunen gesetzt, daß „die Unverletzlichkeit der Grenzen uns[37]
nicht passe".

(Botschafter Sahm bittet den sowjetischen Dolmetscher, den letzten Teil des
Satzes zu wiederholen. Dieser wiederholt: „Die Unverletzlichkeit der Grenzen
paßt uns[38] nicht", – vgl. hierzu Bezugsbericht zu Punkt 6[39]).

Wir haben einen Vertrag geschlossen, in dem die Unverletzlichkeit der Gren-
zen festgelegt ist. Wir gehen davon aus, daß die Politik einheitlich sein muß.
Wenn man in Moskau das eine, in Bonn das andere und woanders eine dritte
Variante vertritt, dann ist es schwer, überhaupt irgendeine Politik zu treiben.

---

[36] Guido Brunner.

[37] Dieses Wort wurde von Botschafter Sahm, Moskau, handschriftlich eingefügt. Dafür wurde gestrichen: „Ihnen". Dazu Fußnote: „Das Wort ‚uns' hat nur der sowjetische Dolmetscher gesagt, nicht
der Minister."

[38] Handschriftlich durch Botschafter Sahm, Moskau, korrigiert aus: „Ihnen".

[39] Mit Drahtbericht Nr. 569 vom 20. Februar 1973 berichtete Botschafter Sahm, Moskau, über das
Gespräch mit dem sowjetischen Außenminister. Unter Punkt 6 (KSZE) teilte Sahm mit, Gromyko
habe erklärt, er habe „einen wichtigen Faktor hervorzuheben, den er der Bundesregierung und
dem Bundeskanzler mitzuteilen bitte: Er sei erstaunt über die Haltung des Vertreters der Bundesregierung bei der KSZE. Dieser habe bei der Diskussion zur Tagesordnung erklärt, daß uns die
Unverletzlichkeit der Grenzen nicht passe (so die wörtliche, auf sofortige Rückfrage bestätigte Übersetzung des sowjetischen Dolmetschers. Unser Dolmetscher hat jedoch Gromyko so verstanden,
daß deutscher Delegierter lediglich erklärt habe, ‚daß die Unverletzlichkeit der Grenzen nicht passe'. Da der Wegfall des Wortes ‚uns' einen ganz anderen Sinn ergibt, habe ich Bondarenko um Klärung bitten lassen. Antwort steht noch aus." Vgl. VS-Bd. 9085 (213); B 150, Aktenkopien 1973.
Zu den Äußerungen von Gromyko vermerkte Dolmetscher Armbruster, Moskau, er habe am 20.
Februar 1973 den Mitarbeiter im sowjetischen Außenminister, Kurpakow, gefragt, „ob Minister
Gromyko die Äußerungen unseres Vertreters in Helsinki so wiedergegeben habe, daß ‚das Prinzip
der Unverletzlichkeit der Grenzen uns nicht passe' oder nur dahin, daß ‚das Prinzip der Unverletzlichkeit der Grenzen nicht passe' (also ohne ‚uns')". Am 21. Februar 1973 habe Kurpakow telefonisch mitgeteilt, seiner Aufzeichnung zufolge „habe der Minister die Haltung unseres Vertreters in
Helsinki wie folgt wiedergegeben: ‚Das Prinzip der Unverletzlichkeit der Grenzen als selbständiges Prinzip paßt nicht'." Für den undatierten Vermerk vgl. die Anlage zum Schreiben von Sahm
vom 27. Februar 1973 an das Auswärtige Amt; VS-Bd. 9085 (213); B 150, Aktenkopien 1973.

Wenn wir uns in einem Vertrag über dieses Prinzip geeinigt haben, der in Moskau unterzeichnet wurde, so kann man davon bei den Konsultationen in Helsinki nicht abgehen. Wir wissen nicht, ob es sich hier um einen Zufall handelt, ob es ein typischer Zug ist oder nicht – das können Sie besser beurteilen. Ich habe hierüber mit dem Genossen Breschnew gesprochen, der darüber auch befremdet war. Er, Breschnew, sagte, wir hätten nicht umsonst eine ganze Reihe von Prinzipien: Unverletzlichkeit der Grenzen, Souveränität der Staaten, Nichteinmischung in die inneren Angelegenheiten anderer sowie die Prinzipien wirtschaftlicher Zusammenarbeit. Wir hatten den Eindruck, daß dies alles unstrittig sei. Aber wenn wir nun die Politik beiseite schieben, dann bleibt nur noch die Wirtschaft, der Handel mit Waren, ich kaufe das bei dir und du das bei mir; wo bleibt dann der Frieden? Wo kommt dann der Frieden hin?

Ich möchte betonen, daß die sowjetischen Vertreter in Helsinki nach wie vor bereit sind, mit den Vertretern der Delegation der Bundesrepublik gute Kontakte zu pflegen. Noch besser wäre es allerdings, wenn unsere Vertreter in Fragen, die den Gegenstand der Konferenz bilden, eine gemeinsame Auffassung hätten.

Es ist wichtig, den Gang der Verhandlungen nicht zu verzögern und nicht eine Diskussion zum Wesen der Sache zu entfalten, die nur auf der Konferenz selbst, also auf anderer Ebene entfaltet werden kann.

Bei den Wiener Vorgesprächen über die Beschränkung von Rüstungen und Truppen besteht die Hauptschwierigkeit darin, daß die Frage des Teilnehmerkreises noch nicht geklärt ist. Es geht darum, die Teilnehmer der Staatengruppen festzulegen, die an den Verhandlungen über Truppenverminderungen teilnehmen sollen. Bei der Entscheidung in der Frage der Teilnahme geht es folglich bereits um die Sache selbst, um die Sache, die allerdings erst auf der Konferenz selbst behandelt werden kann. Wir, die sozialistischen Länder, sind bereit, daß auch Ungarn daran teilnimmt, falls Italien auch teilnimmt.[40] Wenn jedoch Italien nur als Beobachter teilnimmt, dann kann auch Ungarn nur als Beobachter teilnehmen. Das ist eine wichtige Frage. Wir hoffen, daß die anderen Teilnehmer, auch die BRD, für die Haltung der sozialistischen Länder Verständnis zeigen. Die sozialistischen Länder haben schon ein Zugeständnis gemacht, wenn sie nicht auf der Teilnahme aller der Länder bestehen, die ausländische Truppen und Stützpunkte auf ihrem Territorium stationiert haben (wie Griechenland, Türkei, Portugal, Dänemark, Norwegen). Dies ist bereits eine Konzession, und es wäre unbegründet, von den sozialistischen Ländern mehr zu verlangen. Ich möchte Sie bitten, dies dem Bundeskanzler und Herrn Minister Scheel zu übermitteln.

Sahm: Ich möchte kurz zu Ihren Ausführungen Stellung nehmen, soweit ich über die Politik der Bundesregierung informiert bin.

Zu den Beziehungen zwischen der Bundesrepublik und Westberlin:

Sie haben erklärt, es könnten zuweilen Zweifel daran auftauchen, ob die Bundesregierung gewillt sei, das Vier-Mächte-Abkommen zu erfüllen. Dafür, daß dies der Wille der Bundesregierung ist, haben Sie nicht nur die Unterschrift, sondern auch das Wort des Bundeskanzlers. Es handelt sich vielmehr lediglich

---

40 Zur Teilnehmerfrage bei den MBFR-Explorationsgesprächen vgl. Dok. 48.

um Schwierigkeiten der Interpretation des Abkommens, wobei ich dazu bemerken möchte, daß wir solche Interpretationsschwierigkeiten bezüglich unserer Abkommen mit der DDR kaum haben. Schwierigkeiten bei der Anwendung des Abkommens könnten vermieden werden, wenn beide Seiten die beiden Teile der erwähnten Bestimmung berücksichtigen und ihr Handeln darauf einrichten.

Zur Frage unserer Beziehungen mit der Tschechoslowakei:

Wir stehen zu unseren Absichtserklärungen[41] und sind uns des Zusammenhanges bewußt, in dem diese Frage im sozialistischen Lager steht.

Offensichtlich liegen hier Kontaktschwierigkeiten vor. Die tschechoslowakische Regierung hat wiederholt erklärt, daß Herr Štrougal einen Brief an den Bundeskanzler geschrieben[42], aber noch keine Antwort erhalten habe. Über dieses Verhalten sind wir erstaunt, da der Bundeskanzler in Wirklichkeit diesen Brief beantwortet hat[43] und es jetzt Sache der Tschechoslowakei wäre, auf dieses Schreiben zu reagieren.

---

[41] In Punkt 1 der „Absichtserklärungen" zum Vertrag vom 12. August 1970 zwischen der Bundesrepublik und der UdSSR, der wortgleich mit Leitsatz 5 vom 20. Mai 1970 („Bahr-Papier") war, wurde ausgeführt: „Zwischen der Regierung der Bundesrepublik Deutschland und der Regierung der Union der Sozialistischen Sowjetrepubliken besteht Einvernehmen darüber, daß das von ihnen zu schließende Abkommen über ... (einzusetzen die offizielle Bezeichnung des Abkommens) und entsprechende Abkommen (Verträge) der Bundesrepublik Deutschland mit anderen sozialistischen Ländern, insbesondere die Abkommen (Verträge) mit der Deutschen Demokratischen Republik (vgl. Ziffer 6), der Volksrepublik Polen und der Tschechoslowakischen Sozialistischen Republik (vgl. Ziffer 8), ein einheitliches Ganzes bilden." Vgl. BULLETIN 1970, S. 1097.

[42] In dem Schreiben vom 19. September 1972 führte Ministerpräsident Štrougal aus: „Im Verlauf der zwischen den Delegationen der ČSSR und der BRD geführten Sondierungsgespräche sowie aus zahlreichen Erklärungen von Repräsentanten der BRD und den Informationen der westdeutschen Presse zufolge, hat die föderative Regierung der ČSSR den Eindruck gewonnen, daß der Bundesregierung im Zusammenhang mit der tschechoslowakischen Forderung der Anerkennung der Nichtigkeit des Münchener Abkommens offenkundig die größte Sorge bereitet das Problem der eventuellen Folgen, die sich aus diesem Schritt für die BRD und ihre Bürger ergeben würden. Im Bestreben, etwaigen Mißverständnissen in diesem Zusammenhang vorzubeugen, gestatten Sie mir, Herr Bundeskanzler, daran zu erinnern, daß bereits bei den Sondierungsgesprächen die tschechoslowakische Seite entsprechende Lösungen vorgeschlagen hat, die jedwede Besorgnisse vor ungünstigen Folgen ausschließen würden, sollte es sich um die Staatsbürgerschaft der ehemaligen Sudetendeutschen handeln, die heute Bürger der BRD sind, oder um die Gültigkeit der damit im Zusammenhang stehenden individuellen Rechtsakte oder etwaige Strafverfolgung. Sorgfältig prüfend die Ergebnisse der Sondierungsgespräche und von dem Bestreben geführt, der Bundesregierung entgegenzukommen, hat die föderative Regierung der ČSSR erneut alle Möglichkeiten erwogen und ist zu dem Schluß gekommen, daß der einzig passierbare Ausweg die Lösung sein könnte, die einerseits von der Nichtigkeit des Münchener Abkommens ausgehen würde, andererseits die Möglichkeit aus dieser Tatsache sich ergebender Folgen ausschließen würde, vermögensrechtliche inbegriffen. Im Namen der Regierung gestatte ich mir mitzuteilen, daß wir vorbereitet sind, auf dieser Grundlage die offiziellen Gespräche zu eröffnen." Vgl. Referat 214, Bd. 1492.

[43] Im Antwortschreiben vom 6. Oktober 1972, das Ministerialdirektor von Staden nach Zustimmung durch Bundesminister Scheel am selben Tag an Ministerialdirigent Heipertz, Prag, übermittelte, zeigte sich Bundeskanzler Brandt an einer Verbesserung des Verhältnisses zur ČSSR interessiert. Er führte aus: „Ich stimme Ihnen auch zu, daß die Münchener Problematik der Schlüssel dafür ist. Es geht also darum, in der zentralen Frage des Münchener Abkommens zu einer für beide Seiten akzeptablen Lösung zu kommen. Ich möchte nicht verhehlen, daß Formulierungen, wie sie auch anläßlich des Besuchs von Herrn Husák in der DDR benutzt worden sind, die Lage nicht vereinfachen. Es scheint mir darauf anzukommen einen Weg zu finden, der es beiden Seiten erlaubt, bei ihrer Rechtsauffassung zu bleiben, ohne die gemeinsame Position, die es in der politischen Bewertung des Münchener Abkommens gibt, zu schwächen. Die in Ihrem Schreiben enthaltene Formulierung läßt für mich noch nicht erkennen, ob in dieser entscheidenden Frage eine Annäherung

Auf die erstaunte Reaktion von *Gromyko*, ob der Bundeskanzler tatsächlich geantwortet habe, warf *Bondarenko* ein: Das wird eben eine negative Antwort gewesen sein statt einer positiven.

Sahm: So wie ich die Absichten des Bundeskanzlers kenne, wird die Antwort auf einer Ebene gelegen haben, die unter Berücksichtigung der Interessen beider Seiten eine tragfähige Grundlage abgeben würde.

Die Formeln, von denen Sie gesprochen haben, haben wir mit Interesse vernommen, aber in der ČSSR werden sie bei Gesprächen auf unterer Ebene so ausgelegt, daß Zweifel geweckt werden, ob diese Formeln tatsächlich eine Grundlage für die Lösung sein können. Hier wäre eine weitere Klärung hilfreich, die nur von tschechoslowakischer Seite kommen kann.

Bezüglich des UNO-Beitritts:

Es ist Ihnen bekannt, daß das betreffende Gesetz in einem Zusammenhang mit dem Gesetz über den Grundvertrag mit der DDR steht.[44] Der parlamentarische Prozeß folgt gewissen Regeln, die nicht abgeschnitten werden können. Die Diskussion ist im Gange und muß weitergehen. Die Bundesregierung erwarte aber, daß dieses Verfahren bis April oder spätestens Mai d. J. abgeschlossen sein würde.

Zum Vorschlag einer Sondersitzung der Vereinten Nationen kann ich nur sagen, daß wir nicht die Herren des Verfahrens sind, sondern daß der Sicherheitsrat, der für die Behandlung dieser Frage zuständig ist, und die Vollversammlung darüber entscheiden müssen; darin können wir uns nicht einmischen. Wir halten uns nicht für bedeutender als die anderen rund 80 Mitgliedstaaten, die seit Gründung der VN im normalen Verfahren als neue Mitglieder aufgenommen wurden. Wir sehen unsere Bedeutung nicht so, daß sie eine Sondersitzung rechtfertigen würde.

Ihre Erklärungen zur Rückführung und Familienzusammenführung nehme ich dankbar entgegen und halte sie für ermutigend.

Die Konferenz über den Frieden in Südostasien verfolgen wir – wenn auch nur als Beobachter – mit der größten Anteilnahme, da wir am Frieden in der ganzen Welt interessiert sind, zumal unsere Regierung, wenn der Friede, wie wir hoffen, in Vietnam endgültig eingekehrt ist, bereit ist, humanitäre Hilfe und Aufbauhilfe in dem ganzen leidgeprüften Land Vietnam zu leisten.

Zu den Konsultationen in Helsinki:

Zwischen den bilateralen Verhandlungen zwischen unseren Ländern und den Konsultationen in Helsinki besteht doch ein Unterschied insofern, als für un-

---

Fortsetzung Fußnote von Seite 282

    der Standpunkte möglich sein wird. Die Bundesregierung ist durchaus bereit, gemeinsam mit Ihrer Regierung eine Lösung zu suchen. Sobald wir sie haben, wird das Gespräch über die wichtigen rechtlich wie politisch komplexen Fragen der Folgewirkungen relativ leichter sein. Es liegt sicher im beiderseitigen Interesse, die Verhandlungen erst aufzunehmen, wenn eine gemeinsame Formel in der Schlüsselfrage gefunden und mit einem erfolgreichen Verhandlungsverlauf gerechnet werden kann. Ich möchte anregen, auf dem üblichen diplomatischen Wege den Kontakt aufzunehmen mit dem Ziel, eine akzeptable Formel in der Schlüsselfrage zu finden." Vgl. den Drahterlaß Nr. 312; VS-Bd. 9044 (II A 5); B 150, Aktenkopien 1972.

44 Die Bundesregierung leitete dem Bundesrat und dem Bundestag die Entwürfe der Gesetze zum Grundlagenvertrag vom 21. Dezember 1972 sowie zum Beitritt der Bundesrepublik zur UNO-Charta getrennt, aber gleichzeitig zu. Vgl. dazu Dok. 16, Anm. 14.

sere Verhandlungen der Rahmen bereits gegeben war, während er bei den Konsultationen erst geschaffen werden soll.

Gromyko: Ist durch den Bereich Europa ein Rahmen gegeben oder nicht?

Sahm: Natürlich ist hierdurch ein Rahmen gegeben, und ich will auch nicht als Verteidiger für diejenigen auftreten, die bei den Konsultationen außereuropäische Gebiete in die Erörterungen einbezogen wissen wollen. Aber ich trete dafür ein, daß jeder Teilnehmer sich zur Frage dieses Rahmens aussprechen können muß. Dabei ist es natürlich möglich, daß die Vertreter mancher Staaten von einem Rahmen ausgehen, der Ihrer Auffassung von diesem Rahmen nicht entspricht, da z.B. auch Probleme außerhalb Europas in den europäischen Raum hineinwirken.

Was Sie über die angeblichen Äußerungen unseres Vertreters bezüglich der Unverletzlichkeit der Grenzen gesagt haben, nehme ich sehr ernst. Ich kann mir nicht vorstellen, daß dies so gesagt wurde, wie Sie es hier vorgetragen haben, und ich meine, daß es sich um einen Übermittlungsfehler handeln muß. Meine Regierung ist nicht bereit, auch nur einen Zentimeter von unserem Vertrag abzuweichen! Aber das Problem ist ein anderes. Wie Sie sich erinnern werden, war im Moskauer Vertrag die Unverletzlichkeit der Grenzen als ein Anwendungsfall des Gewaltverzichts festgelegt. Wir sind der Auffassung, daß in erster Linie von der Satzung der VN[45] ausgegangen werden sollte und die darin enthaltenen Prinzipien für Europa besonders bestätigt und bekräftigt werden sollten. Zu diesen Prinzipien gehört in erster Linie auch der Gewaltverzicht.

Was immer in Helsinki jetzt und später auf der Konferenz vereinbart werden soll, wird nicht dazu führen, daß abgeschlossene Verträge anders interpretiert werden können als bisher, und wird auch die Teilnehmer nicht in den Stand setzen, ihre Verträge anders zu interpretieren.

Unsere Vertreter haben gute Beziehungen zu Ihrer Delegation und sind bereit, diese Beziehungen fortzusetzen und zu verstärken.

Zum Abschluß noch ein Wort zu den Vorgesprächen in Wien: Die hier auftauchende Meinungsverschiedenheit rührt m.E. daher, daß ein Mißverständnis über die Geschäftsgrundlagen besteht, auf denen die Konsultationen einberufen wurden. Es war immer die Absicht der Verbündeten der Bundesrepublik und der Bundesrepublik selbst – und dies kam sowohl bei den Vorgesprächen als auch bei den Noten zum Ausdruck –, den Bereich des Verhandlungsgegenstandes auf Zentraleuropa zu beschränken. Italien gehört nicht zu Zentraleuropa, während Ungarn ein natürlicher Teil von Zentraleuropa ist.

Gromyko: Ich werde Sie bitten müssen, zur Karte zu treten, und da werden Sie sehen, daß Italien ebenso an Österreich grenzt wie Ungarn.

Sahm: Je nach dem, ob man eine horizontale oder vertikale Mittellinie zieht, könnte man dann auch sagen: Wenn Italien einbezogen wird, so muß auch Norwegen einbezogen werden.

---

[45] Für den Wortlaut der UNO-Charta vom 26. Juni 1945 vgl. CHARTER OF THE UNITED NATIONS, S. 675–699.

Gromyko: Außer den Daten der Geographie sind aber noch militärische und politische Faktoren und außerdem der gesunde Menschenverstand anzuwenden. Wenn Ungarn teilnimmt, so würden damit alle sozialistischen Länder einbezogen werden, auf deren Territorium fremde Truppen stationiert sind. Aber wieviel andere westliche Länder bleiben dann noch, obwohl auf ihrem Gebiet fremde Truppen und Stützpunkte stationiert sind, außerhalb dieses Rahmens? Griechenland, Türkei, Portugal, Dänemark, Norwegen!

Sahm: Wir waren uns darüber einig, daß der Teilnehmerbereich auf Zentraleuropa beschränkt werden soll. Es geht nicht an, daß schließlich nur noch die beiden deutschen Staaten als Bereich für Truppenreduzierungen übrig bleiben.

Gromyko: Wir sind jetzt erst bei dem Verfahren der Sondierung, welche Teilnehmer dazugehören.

Sahm: Wir sind davon ausgegangen, daß über die Beschränkung auf Zentraleuropa Einverständnis herrscht.

Gromyko (scherzhaft): Wenn es so weitergeht, wird schließlich nur die Schweiz allein als Mitteleuropa übrig bleiben.

Sahm: Womit die Konferenz ihrem Auftrag schwerlich gerecht werden könnte!

Gromyko: Wir sollten uns nicht von Sophistik leiten lassen, sondern von realen militärischen und politischen Faktoren. Eine Vereinbarung über den Teilnehmerkreis haben wir nicht! Die versammelten Vertreter der eingeladenen Staaten konsultieren sich über diese Frage, wir suchen noch. Eine Abmachung liegt nicht vor.

Zur Frage der Unverletzlichkeit der Grenzen, die wir in unserem Vertrag niedergelegt haben, ist zu sagen, daß dieses Prinzip ein selbständiges Prinzip ist und nicht ein Anhängsel eines anderen, z.B. des Prinzips des Gewaltverzichts. Und das ist auch verständlich, denn wenn jemandem etwa das Prinzip der Nichteinmischung in die inneren Angelegenheiten anderer Staaten nicht passen würde und es aus dem Korb der Grundsätze herausnehmen wollte, dann würden alle anderen Grundsätze wie Kartoffeln hinterher purzeln. Gleiches würde gelten, wenn jemandem das Prinzip des Gewaltverzichts nicht gefallen würde. Auch dann würden alle anderen Prinzipien rollen. Jedes dieser Prinzipien hat ein eigenes Antlitz und muß es haben, und so ist es auch in unserem Vertrag. Wenn es in Helsinki genügen würde, die in der Charta der Vereinten Nationen niedergelegten Prinzipien zu wiederholen, dann brauchte man die Verhandlungen gar nicht zu führen, und alle Teilnehmer könnten, jeder mit einer UNO-Charta in der Tasche, sich ein leichtes Leben machen. Das ist nicht das richtige Vorgehen, man muß vielmehr die spezifischen Probleme der Region berücksichtigen. So trägt z.B. das Abkommen zwischen den USA und Vietnam eine große Menge spezifischer Züge, die nicht in der UNO-Charta vorgesehen sind und nicht vorgesehen sein können. Als die UNO-Charta entworfen wurde – ich gehörte damals zu dem Kreis der Verfasser –, da haben wir den Text in der Hauptsache in den Kriegsjahren erarbeitet und konnten überhaupt nicht voraussehen, welche spezifischen Probleme im Nachkriegseuropa herrschen würden. Es war auch nicht vorauszusehen, welche spezifischen Probleme in Afrika und Asien auftauchen würden. Bloße Übereinstimmung mit den Zielen der UNO-Charta ist also nicht genug, sondern es gilt, die Spezifik zu erfassen und die Bestimmungen entsprechend den friedlichen Zielen der UNO-Charta zu formulieren.

Was die Einladungen und Besuche angeht, von denen Sie sprachen, so werden sie eine positive Bedeutung haben, und je höher der Rang der Besucher, desto gewisser muß der Erfolg des Besuches gewährleistet sein. Es findet jetzt ein Meinungsaustausch statt. Ich meine, daß die Besuche wohl in der Reihenfolge stattfinden werden, wie die Zeit alles an seinen Platz rückt.

Sahm: Zu den Konsultationen zwischen Ihnen und Herrn Bundesminister Scheel: Ich teile Ihre Überzeugung, daß die Konsultationen in Helsinki zu einem Erfolg führen und damit den Weg zur Konferenz öffnen werden. Das würde bedeuten, daß die Konferenz Ende Juni eröffnet würde und daß der Besuch von Minister Scheel wohl noch vor Eröffnung der Konferenz stattfinden müßte.

Gromyko: Ich kenne nicht die Auffassung von Herrn Scheel, sondern meine, wir sollten dies weiter überlegen und den Termin so festsetzen, wie es unter Berücksichtigung der Lage am zweckmäßigsten sein wird.

VS-Bd. 9085 (213)

59

**Botschaftsrat I. Klasse Schaad, Rom (Vatikan),
an das Auswärtige Amt**

114-10707/73 VS-vertraulich   Aufgabe: 20. Februar 1973, 19.30 Uhr
Fernschreiben Nr. 39   Ankunft: 20. Februar 1973, 20.22 Uhr

Auch für Staatssekretär Frank

Betr.:   DDR und Reichskonkordat[1]

Bezug: Drahtbericht Nr. 33 vom 14.2.1973-501 (V 8) 24/73 VS-v[2]

Die Botschaft hat aus zuverlässigen kirchlichen Kreisen vertraulich folgendes erfahren:

---

[1] Für den Wortlaut des Konkordats vom 20. Juli 1933 zwischen dem Deutschen Reich und dem Heiligen Stuhl vgl. REICHSGESETZBLATT 1933, Teil II, S. 679–690.

[2] Botschafter Böker, Rom (Vatikan), berichtete, daß Papst Paul VI. den Referenten für Deutschlandfragen im Staatssekretariat, Monsignore Rauber, und den Referenten für Deutschlandfragen im Rat für die öffentlichen Angelegenheiten der Kirche, Monsignore Sodano, am 2. Februar 1973 nach München entsandt habe, um dem Vorsitzenden der Deutschen Bischofskonferenz, Kardinal Döpfner, die Deutschlandpolitik des Vatikans zu erläutern. Böker teilte mit, er habe erfahren, daß sich Kardinal Döpfner hierbei „in ungewöhnlich scharfer Form gegen die Aufnahme jeglicher Beziehungen zwischen dem Vatikan und der DDR-Regierung ausgesprochen habe und sich dabei auf den gemeinsamen Willen der deutschen Bischöfe in Ost und West bezogen habe. Insbesondere die vom Papst ins Auge gefaßte Terminplanung sei von Kardinal Döpfner rundweg abgelehnt worden. Der Kardinal soll den Emissären ferner gesagt haben, der Papst werde mit keinerlei Verständnis seitens der deutschen Bischöfe und des Kirchenvolkes für eine Politik rechnen können, wie sie of-

1) Nach Fertigstellung des Berichts der seinerzeit vom Heiligen Stuhl zu Kardinal Döpfner entsandten vatikanischen Beamten Rauber und Sodano hat sich der Sekretär der deutschen Bischofskonferenz, Prälat Homeyer, im Auftrag von Kardinal Döpfner bei Erzbischof Casaroli erneut nach dem Stand der Angelegenheit erkundigt.

2) Bei dieser Gelegenheit hat Casaroli erklärt, die Entscheidung, zunächst die Administratorenlösung in der DDR durchzuführen[3], sei intern schon gefallen, und man werde sie auch in allernächster Zeit bereits bekanntgeben. Darüber hinaus sei der Heilige Stuhl entschlossen, die bereits aufgenommenen Kontakte mit der DDR-Regierung fortzusetzen und zu gegebener Zeit normale Verhandlungen über die zwischen der DDR und dem Vatikan anstehenden Fragen aufzunehmen. Da die DDR-Regierung sehr dränge, werde man dabei zweifellos auch über die Aufnahme offizieller Beziehungen sprechen. Der Heilige Stuhl sei zur Aufnahme derartiger Beziehungen zur DDR grundsätzlich bereit, wenn auch noch keine endgültigen Vorstellungen über die Form dieser Beziehungen im einzelnen bestünden. Dabei sei die Aufnahme voller diplomatischer Beziehungen allerdings keineswegs ausgeschlossen. Der Vatikan werde jedoch zäh und hart verhandeln und versuchen, zugleich die Freiheit des kirchlichen Lebens in der DDR durch möglichst umfassende entsprechende Zusagen der DDR-Regierung abzusichern.

Dem Vernehmen nach endete das wiederum sehr harte Gespräch zwischen dem Emissär der deutschen Bischöfe und Casaroli mit dessen Zusage, die Verkündung der Administratorenlösung bis nach dem Konsistorium am 5. März 1973, an dem auch zahlreiche deutsche Bischöfe teilnehmen werden, hinauszuschieben. Im übrigen behielt sich Casaroli aber freie Hand vor und berief sich mehrfach auf entsprechende persönliche Entscheidungen des Papstes, an denen auch die noch vor dem Konsistorium eingeplante Unterredung Kardinal Döpfners mit dem Papst wohl kaum etwas ändern werde.

3) Mit diesem Kurs steuert der Heilige Stuhl auf eine ernsthafte Krise im Verhältnis zu den deutschen Bischöfen und weiten Kreisen der katholischen Kirche in Deutschland und darüber hinaus zu. Nach der Botschaft vorliegenden zuverlässigen Informationen würden die deutschen Bischöfe in diesem Stadium allenfalls die Administratorenlösung hinnehmen. Die Aufnahme offizieller Beziehungen zwischen dem Heiligen Stuhl und der DDR trifft aber – wie jetzt auch im Vatikan bekannt ist – auf die einmütige Ablehnung des deutschen Episkopats in Ost und West. Er geht dabei davon aus, daß der Vatikan als eine in erster Linie geistige und religiöse Macht in dieser Frage nicht die Maßstäbe wie eine weltliche Regierung anlegen kann. Er müsse daher das DDR-Regime anders als weltliche Regierungen sehr wohl auch mit religiösen und moralischen Maßstäben messen. Diese verböten es aber dem Heiligen Stuhl, durch

Fortsetzung Fußnote von Seite 286
> fensichtlich von ihm geplant sei." Böker fuhr fort: „Dieses Ergebnis der Reise hat offensichtlich im Vatikan überrascht und dazu geführt, daß jedenfalls eine Denkpause eingelegt worden ist." Vgl. VS-Bd. 9713 (501); B 150, Aktenkopien 1973.
>
> [3] Zur Frage der Ernennung der kirchlichen Kommissare von Schwerin, Magdeburg und Meiningen sowie des Weihbischofs von Erfurt zu Apostolischen Administratoren vgl. Dok. 14, Anm. 5.

die Aufnahme offizieller Beziehungen sich auch nur in die Nähe der Anerkennung eines Regimes zu begeben, wie es in der DDR herrsche.

4) Die Frage, wie sich der deutsche Episkopat in dieser Situation verhalten wird, ist von hier aus noch nicht zu übersehen. Sie hängt wohl letztlich auch noch von dem Ergebnis der Besprechungen ab, die Kardinal Döpfner, der ebenfalls am Konsistorium am 5. März 1973 im Vatikan teilnimmt, voraussichtlich schon vorher mit dem Papst haben wird.[4]

5) Der Umstand, daß der Heilige Stuhl nach den der Botschaft vorliegenden vertraulichen Informationen offenbar intern schon die Administratorenlösung und ihre kurzfristige Verkündung beschlossen hatte, ohne die Bundesregierung zu dieser konkreten Maßnahme zu konsultieren, stimmt bedenklich und zeigt, wie gering die Bereitschaft des Heiligen Stuhls zu Konsultationen überhaupt ist.

Sollte die Verkündung der Administratorenlösung nunmehr, wie von Casaroli seinem Gesprächspartner mitgeteilt, alsbald nach dem Konsistorium erfolgen, so bleibt auch dann nur noch wenig Zeit für eine geregelte Konsultation mit der Bundesregierung.[5]

[gez.] Schaad

VS-Bd. 9713 (501)

---

[4] Das Gespräch zwischen Kardinal Döpfner und Papst Paul VI. fand am 6. März 1973 statt. Vgl. dazu Dok. 79.

[5] Am 22. Februar 1973 teilte Ministerialdirigent von Schenck der Botschaft beim Heiligen Stuhl mit: „1) Die der Botschaft vertraulich gemachte Mitteilung, daß vatikanintern bereits die Administratorenlösung beschlossen worden sei, muß uns Anlaß geben, so bald wie möglich die näheren Einzelheiten dieser Lösung in Erfahrung zu bringen, um die Tragweite dieses Schrittes richtig einschätzen zu können. Insbesondere könnten hierfür von Bedeutung sein: Zeitpunkt der Maßnahmen, Art und Zeitpunkt der Bekanntmachung, personelle Identität der zu ernennenden Administratoren mit den amtierenden Kommissaren, Begründung besonderer Rechte und Pflichten für die Administratoren aufgrund ihrer Ernennungsurkunden [...], etwaige Befristung der Bestellungen. 2) Wir gehen davon aus, daß die sog. Administratorenlösung als Betrauung päpstlicher Bistumsverwalter mit der Verwaltung der in der DDR gelegenen Teile der Westdiözesen keine Änderung der bestehenden Bistumsgrenzen bewirkt. In Übereinstimmung mit den beteiligten Ressorts halten wir es nicht für angezeigt, daß die Bundesregierung gegen eine sich auf die Administratorenlösung beschränkende Neuordnung der kirchlichen Verhältnisse in der DDR im Hinblick auf den Abschluß des Grundvertrages einen Einspruch erhebt." Botschafter Böker, Rom (Vatikan), wurde gebeten, sich nach Einzelheiten zu erkundigen und darauf hinzuweisen: „Sollten etwa weitere, hierüber hinausgehende Schritte – womöglich aufgrund von Verhandlungen mit der DDR – erwogen werden, so würde eine Konsultation mit der Bundesregierung unerläßlich sein. Für diesen Fall müsse die Bundesregierung sehr nachdrücklich darauf bestehen, rechtzeitig unterrichtet zu werden und Gelegenheit zur Stellungnahme zu erhalten." Vgl. den Drahterlaß Nr. 25; Referat 501, Bd. 1138.

60

Gespräch des Bundesministers Bahr mit den Botschaftern Hillenbrand (USA) und Sauvagnargues (Frankreich) sowie dem britischen Gesandten Hibbert

21. Februar 1973[1]

1) Am 21. Februar 1973 empfing Bundesminister Bahr im Bundeskanzleramt die Botschafter Frankreichs und der Vereinigten Staaten sowie den Britischen Gesandten Hibbert zu einem Gespräch über die weitere Ausgestaltung der Beziehungen zwischen der Bundesrepublik Deutschland und der DDR. Die Erörterung konzentrierte sich fast ausschließlich auf den Luftverkehr. Andere Themen kamen nur kurz zur Sprache und wurden nicht vertieft. So kündigte Bundesminister *Bahr* an, daß er gegenüber Kohl bei der nächsten Begegnung[2] einige Beschwerden, insbesondere bezüglich der Zulassung von Journalisten in der DDR, des Reiseverkehrs und der Familienzusammenführung, vorbringen werde. Mit Folgevereinbarungen nach Art. 7 Grundvertrag[3] werde man sich Zeit lassen. Im Bereich des Sports komme es Mitte März zu Gesprächen zwischen den Verbänden.[4]

BM Bahr stellte fest, daß er mit Kohl eine Begegnung noch nicht fest vereinbart habe. Er beabsichtige jedoch, Kohl im Laufe der nächsten Woche zu sehen. Er habe Kohl nun zwei Monate nicht gesprochen.[5] Es sei bemerkenswert, daß sich dies auswirke; er habe das Gefühl, daß durch die Unterbrechung des Kontaktes manches aus dem Ruder liefe.

Dies zeige an, daß man de facto doch schon einen solchen Grad der Beziehungen erreicht habe, daß sich das Fehlen Ständiger Vertretungen negativ be-

---

1 Die Gesprächsaufzeichnung wurde von Vortragendem Legationsrat I. Klasse Blech am 22. Februar 1973 gefertigt.
  Hat Ministerialdirektor van Well und Ministerialdirigent Diesel am 23. Februar 1973 vorgelegen.
2 Für das Gespräch des Bundesministers Bahr mit dem Staatssekretär beim Ministerrat der DDR, Kohl, am 28. Februar 1973 vgl. Dok. 67.
3 Artikel 7 des Vertrags vom 21. Dezember 1972 über die Grundlagen der Beziehungen zwischen der Bundesrepublik und der DDR: „Die Bundesrepublik Deutschland und die Deutsche Demokratische Republik erklären ihre Bereitschaft, im Zuge der Normalisierung ihrer Beziehungen praktische und humanitäre Fragen zu regeln. Sie werden Abkommen schließen, um auf der Grundlage dieses Vertrages und zum beiderseitigen Vorteil die Zusammenarbeit auf dem Gebiet der Wirtschaft, der Wissenschaft und Technik, des Verkehrs, des Rechtsverkehrs, des Post- und Fernmeldewesens, des Gesundheitswesens, der Kultur, des Sports, des Umweltschutzes und auf anderen Gebieten zu entwickeln und zu fördern. Einzelheiten sind in dem Zusatzprotokoll geregelt." Vgl. BULLETIN 1972, S. 1843.
  Für den Wortlaut des Zusatzprotokolls zu Artikel 7 vgl. BULLETIN 1972, S. 1843 f.
4 Am 14. März 1973 fand in Dresden das dritte Gespräch zwischen dem Deutschen Sportbund (DSB) und dem Deutschen Turn- und Sportbund der DDR (DTSB) statt. Beide Seiten einigten sich darauf, daß eine Reihe von Sportbegegnungen auf Verbands- und Vereinsebene stattfinden sollte. Keine Übereinkunft konnte jedoch hinsichtlich der Einbeziehung von Berlin (West) erzielt werden. Vgl. dazu den Artikel „West-Berlin ist das Kriterium"; FRANKFURTER ALLGEMEINE ZEITUNG vom 15. März 1973, S. 10.
5 Bundesminister Bahr traf mit dem Staatssekretär beim Ministerrat der DDR, Kohl, anläßlich der Unterzeichnung des Grundlagenvertrags am 21. Dezember 1972 in Ostberlin zusammen. Zu dem Gespräch vgl. Dok. 85, Anm. 10.

merkbar mache. Dies sage selbstverständlich gar nichts über die Güte dieser Beziehungen aus; sie würden sicher auch dann, wenn es einmal die Ständigen Vertretungen gebe, sehr schlecht sein.

Auf eine Frage des *französischen Botschafters* bemerkte BM *Bahr*, daß die Bundesrepublik in Ostberlin noch nicht über ein Gebäude für ihre Ständige Vertretung verfüge. Sie habe noch nicht einmal danach gesucht. Ebenfalls auf einen Einwurf des *französischen Botschafters* sprach sich BM *Bahr* zunächst dafür aus, daß die Drei Mächte ihre alten Botschaftsgrundstücke am Pariser Platz wieder bebauen sollten. Sie sollten auf jeden Fall ihre Rechte gegenüber der DDR wahrnehmen. Diese könne doch nicht sagen, daß die Drei Mächte in der Sperrzone nichts zu suchen hätten. Allerdings sei zu überlegen, ob sie tatsächlich mit ihren Botschaften in Gebäude auf diesen Grundstücken einziehen sollten. *Sauvagnargues* meinte, die DDR könne möglicherweise aus der Etablierung der Botschaften der Drei Mächte am alten Platz politisches Kapital schlagen. Demgegenüber wies BM *Bahr* darauf hin, daß die DDR sicher nicht Nachfolger des Deutschen Reiches sein wolle und auch nicht einen solchen Eindruck zu erzeugen wünsche. Allerdings könnte eine solche Etablierung von Bonn aus etwas eigenartig aussehen.

Eine kurze Erörterung der Aufhebung der Pauschalierung der Visumsgebühren ergab nichts Neues. BM Bahr bestätigte, daß die Entscheidung der Bundesregierung mit der zukünftigen Entwicklung des kleinen Grenzverkehrs zusammenhänge. Es handle sich um eine grundsätzliche Frage, nicht um ein finanzielles Problem. Er sei jedoch fast sicher, daß die Bundesregierung vom Haushaltsausschuß überstimmt werde.

2) Zu Beginn der Erörterung über den Luftverkehr kam BM Bahr auf die im Spätsommer vorigen Jahres bereits diskutierte Frage von Flügen des Bundeskanzlers nach Berlin (West) in deutschen Maschinen[6] zu sprechen. Er werde darauf unabhängig vom Generalthema Luftverkehrsabkommen mit der DDR zurückkommen. Der Gegenstand wurde im folgenden Gespräch nicht weiter vertieft.

3) BM Bahr bezog sich sodann auf die dem Verkehrsvertrag verbundene Protokollnotiz über zukünftige Verhandlungen über ein Luftverkehrsabkommen zwischen der Bundesrepublik Deutschland und der DDR.[7] Er werde Kohl fragen, wie die DDR jetzt darüber denke; was die Bundesrepublik angehe, so könnte die Aufnahme von Verhandlungen jetzt ins Auge gefaßt werden.

---

[6] Am 20. Juni 1972 bat Staatssekretär Bahr, Bundeskanzleramt, die Vertreter der Drei Mächte, „die Voraussetzungen für einen Flug des Bundeskanzlers nach West-Berlin in einer Bundeswehrmaschine" am 24. Juni 1972 zu schaffen. Dazu notierte Vortragender Legationsrat Bräutigam am 21. Juni 1972, Bahr habe ausgeführt, etwaige Bedenken hinsichtlich der für Berlin geltenden Demilitarisierungsbestimmungen könne er nicht teilen: „Ein solcher Flug sei keine Remilitarisierung, zumal das Flugzeug ‚und der Herr Bundeskanzler' unbewaffnet seien". Er selbst sei wiederholt mit einer Bundeswehrmaschine nach Ost-Berlin geflogen: „Wenn der Herr Bundeskanzler nicht die gleiche Maschine nach West-Berlin benutzen könne, so sei dies eine Schlechterstellung West-Berlins, die durch nichts gerechtfertigt sei." Die Vertreter der Drei Mächte hätten dagegen die Ansicht geäußert, der UdSSR solle kein Anlaß für die Behauptung gegeben werden, daß die Demilitarisierungsbestimmungen einseitig durch die Drei Mächte geändert worden seien. Vgl. VS-Bd. 8557 (II A 1); B 150, Aktenkopien 1972.

[7] Für den Protokollvermerk vom 26. Mai 1972 vgl. Dok. 20, Anm. 16.

Ein solches Luftverkehrsabkommen sei für die Bundesrepublik jedoch nur dann interessant, wenn auch die Frage ziviler Flüge nach Berlin geregelt werde. Mit anderen Worten: Es sei das Ziel der Bundesregierung, Berlin in den internationalen Flugverkehr einzubeziehen. Die Gründe, die hierfür sprechen, seien schon früher erörtert worden. Berlin (West) sehe sich einer gefährlichen Entwicklung gegenüber. Schönefeld werde praktisch zum Flughafen auch für Berlin (West), soweit es um internationale Flüge gehe. Auch dürfte es in Zukunft schwer sein, westliche Fluggesellschaften, die bereits in Schönefeld landeten, dann auch noch nach Berlin (West) zu bekommen. Selbst wenn dies möglich sei, müßte irgendwann einmal damit angefangen werden.

Er gehe davon aus, daß mit den Drei Mächten immer Einigkeit darüber bestanden habe, daß es nicht zu einem Austrocknen von Berlin (West) kommen dürfe.

Jene Einbeziehung von Berlin (West) in den internationalen Flugverkehr – dies sei das zweite Prinzip, von dem die Bundesregierung ausgehe – müsse aber in einer Weise geschehen, die die Luftkorridore und das Regime des Luftkontrollzentrums[8] unberührt lasse. Dies bedeute, daß ein ähnliches Prinzip wie beim Vier-Mächte-Abkommen anzuwenden sei. Die Rechte der Vier Mächte müßten unberührt bleiben, praktische Regelungen jedoch gefunden werden. Dabei sei es hier noch wichtiger als beim Vier-Mächte-Abkommen, daß nicht nur die Rechte der Vier Mächte, sondern auch die effektive Ausübung dieser Rechte unbeeinträchtigt bleibe. Das heiße, daß auch Flüge außerhalb der Korridore unter der Kontrolle des Berliner Luftkontrollzentrums stattzufinden hätten.

Nach seinem Eindruck seien Gespräche auf drei Ebenen erforderlich:

– zwischen den Drei Mächten und der Sowjetunion,
– zwischen den Drei Mächten und den jeweiligen Fluggesellschaften bezüglich der Landegenehmigungen in Berlin (West), die die Drei Mächte allein zu erteilen hätten,
– zwischen der Bundesrepublik Deutschland und der DDR bezüglich der Überflugrechte über das Territorium der DDR.

Die Bundesregierung sei jetzt also daran interessiert, mehr Klarheit über die Vorstellung der DDR zu gewinnen. Alle anderen Fragen ergäben sich erst, wenn man sich im Prinzip über jene Dreiteilung im klaren sei.

Auf eine Frage von *Hibbert* bestätigte BM *Bahr* nochmals, daß das Regime der Luftkorridore nicht angetastet werden dürfe. Die Bundesregierung und Berlin seien auf die Luftkorridore angewiesen, den einzigen unkontrollierten Verkehr, der unter Umständen gänzlich unentbehrlich sei.

---

8 Zur Einrichtung der Luftkorridore vgl. den Bericht des Luftfahrtdirektorats über die Schaffung eines Systems von Luftkorridoren, der vom Koordinierungskomitee am 27. November 1945 gebilligt und vom Alliierten Kontrollrat am 30. November 1945 bestätigt wurde; DOKUMENTE ZUR BERLIN-FRAGE 1944–1966, S. 42–45.
Vgl. dazu ferner die Flugvorschriften für Flugzeuge, die die Luftkorridore in Deutschland und die Kontrollzone Berlin befliegen, in der vom Luftfahrtdirektorat verabschiedeten zweiten abgeänderten Fassung vom 22. Oktober 1946; DOKUMENTE ZUR BERLIN-FRAGE 1944–1966, S. 48–58.

Sauvagnargues äußerte, daß, wenn man am Prinzip der Korridore festhalte, eventuell Flüge außerhalb dieser Korridore ins Auge fassen könne. – Er machte sodann wegen des Vergleichs mit dem Vier-Mächte-Abkommen auf einen grundlegenden Unterschied aufmerksam. Die Berliner Formel[9] sei nicht auf den Luftverkehr anzuwenden. Die Lage sei eine andere als bei den Landzugängen, wo die Sowjetunion bzw. die DDR von Anfang an ein Mitwirkungs- und Mitspracherecht gehabt habe. Ein solches Mitspracherecht gebe es bei den Luftkorridoren nicht und dürfe auch in der Zukunft nicht eingeräumt werden. Auch gehe es bei den Luftkorridoren nicht nur um die Rechte, sondern auch um die Praktiken, die erhalten bleiben müßten.

BM *Bahr* stimmte dem zu; seine Analogie mit dem Vier-Mächte-Abkommen sei eine abstrakte.

Hillenbrand machte deutlich, daß er in der rechtlichen Beurteilung nicht voll mit Sauvagnargues übereinstimme. Nach amerikanischer Auffassung handle es sich in der Tat auch bei den Luftkorridoren um Rechte, auch wenn sie nicht schriftlich niedergelegt seien. Sie ergäben sich, soweit es sich um den zivilen Luftverkehr handle, als natürliche logische Konsequenz aus den Abmachungen über den militärischen Luftverkehr. Er stellte ferner fest, er gehe davon aus, daß nach der Vorstellung von BM Bahr Verhandlungen der Drei Mächte mit der Sowjetunion sich allein auf die Berliner Luftkontrollzone beziehen sollten. Man würde auf amerikanischer Seite zögern (be reluctant), sich auf eine generelle Diskussion des Berliner Luftverkehrs mit der Sowjetunion einzulassen.

BM *Bahr* erwiderte, dies müßte von den Drei Mächten selbst beurteilt werden. Er meine allerdings, daß nicht nur technische Angelegenheiten, z. B. die Anmeldung des Einflugs in die Kontrollzone, behandelt werden sollten.

Hierzu bemerkte *Sauvagnargues*, das Problem liege in der Tat in der Mitte. Es könne sich nicht um Verhandlungen handeln, die sich etwa auch auf die Korridore bezögen. Andererseits müßten sie sich aber auch auf einen weiteren Bereich als den rein technischen beziehen. Der Kontakt mit der Sowjetunion sei wohl auf politischer Ebene herzustellen, aber erst, wenn BM Bahr bei der DDR sondiert habe, was sie im Sinne habe.

BM *Bahr* sagte, so könne möglicherweise verfahren werden. Es handle sich dann um eine Sondierung der sowjetischen Position auf dem Wege über die DDR.

Sauvagnargues bekräftigte, es gehe nicht anders. Jefremow bekomme sonst den Eindruck, die Drei Mächte wollten alles diskutieren. Es sei an die Äußerung Kwizinskijs während der Verhandlungen in Berlin im November vorigen Jahres zu erinnern. Danach wolle die Sowjetunion eben nicht über alles, auch nicht über die Korridore sprechen.

Hillenbrand wiederholte, daß die Drei Mächte kein Interesse an einer allgemeinen Erörterung hätten. Die Lage in den Luftkorridoren sei für sie zufriedenstellend. Eine sehr sorgfältige Prüfung vor dem Eintritt in Gespräche mit der Sowjetunion sei erforderlich. Er denke, daß nur über die Kontrollzone und das, was damit zu tun habe, gesprochen werden sollte.

---

[9] Teil II A sowie Anlage I des Vier-Mächte-Abkommens vom 3. September 1971 beinhalteten Regelungen für den Verkehr auf Straßen, Schienen und Wasserwegen, nicht jedoch für den Luftverkehr. Für den Wortlaut vgl. EUROPA-ARCHIV 1971, D 444 und D 446–448.

Sauvagnargues meinte, schon das sei von sehr großer Bedeutung. Es werde sich z. B. bei der Einschaltung des Kontrollzentrums bei Flügen außerhalb der Korridore zeigen, daß die Korridorfrage und die Kontrollzone nicht ganz voneinander zu trennen seien.

BM *Bahr* warf ein, es sei eben schade, daß Schönefeld außerhalb Groß-Berlins, wenn auch – wenigstens theoretisch – innerhalb der Kontrollzone liege (die Vertreter der Drei Mächte gingen auf diese Bemerkung nicht ein und ließen in keiner Weise erkennen, daß sie daran dächten, auf eine praktische Wiedereinbeziehung Schönefelds in die Kontrollzone zu drängen).

Sauvagnargues stellte sodann die Frage, ob denn nicht ein gewisser Widerspruch zwischen den Informationen über den schlechten Zustand des Flughafens Schönefeld und den Informationen über die wachsende Rolle dieses Flughafens bestehe.

BM *Bahr* antwortete, es wäre schön, wenn der schlechte Zustand diese Rolle tatsächlich beeinträchtigen würde. Immerhin sei aber Schönefeld schon jetzt besser, als der Flughafen Bonn es bis vor eineinhalb Jahren gewesen sei. Außerdem sei mancher Flugpassagier geneigt, über diesen Zustand hinwegzusehen, wenn er von dort aus etwa nach Wien für das halbe Geld fliegen könne.

Hibbert stellte fest, daß die Bundesregierung doch wohl nur zwei Dinge von der DDR verlangen könne:

- Überflugrechte für die Lufthansa außerhalb der Korridore bis zur Kontrollzone,
- Bereitschaft der DDR, Überflugrechte auch dritten Fluggesellschaften zu gewähren.

Es scheine ihm das wichtigste Problem zu sein, zu erfahren, was die DDR über die Überflugrechte bis zur Luftkontrollzone denke.

DM *Bahr* erwiderte, er könne sich zwei Reaktionen der DDR vorstellen:

- die DDR könne hierüber nicht verhandeln, weil sie damit Positionen der in Berlin zuständigen Mächte präjudizieren würde,
- die DDR sei nicht in der Lage, in Berlin (West) Landegenehmigungen zu erteilen; sie müsse in Verhandlungen über Überflugrechte aber wissen, ob auch die Landemöglichkeiten gegeben seien.

Man drehe sich also möglicherweise im Kreise, so daß sich die Frage stelle, wer mit wem zuerst spreche.

Hillenbrand warf hier ein, daß BM Bahr die Frage an Kohl zumindest als eine theoretische stellen könnte.

Sauvagnargues erklärte, er wäre bereit, seiner Regierung zu empfehlen, Flüge zu genehmigen bzw. Landerechte zu gewähren, wenn die DDR ihrerseits Überflugrechte außerhalb der Korridore gewähre.

Hillenbrand sagte hierzu, diese Haltung habe man ja schon im Falle von AUA und SAS eingenommen.[10]

---

10 Im Frühjahr 1972 nahmen die Luftfahrtgesellschaften Austrian Airlines (AUA) und Scandinavian Airlines Systems (SAS) mit Zustimmung der Drei Mächte den Luftverkehr nach Berlin-Schönefeld

Sauvagnargues erwiderte, dies seien doch etwas andere Fälle. Es habe sich hier um den Versuch von Zwischenlösungen gehandelt.

BM *Bahr* wies darauf hin, daß es möglich sein müßte, zu langfristigen Absprachen zu kommen. Sie müßten im Prinzip so lange halten, wie das Vier-Mächte-Abkommen und der Grundvertrag. Wenn man in solchen Zeiträumen denke, stelle sich auch die Frage, ob nicht einmal auch Pan Am oder BA oder Air France nach Schönefeld oder Leipzig fliegen möchten. Geschehe dies, ohne daß vorher Berlin in den Luftverkehr einbezogen sei, so wäre dies sehr schlecht. Im übrigen wolle sicher auch die Lufthansa nach Dresden fliegen können.

Sauvagnargues stellte die Frage, ob BM Bahr bereits mit der Lufthansa gesprochen habe.

BM *Bahr* erwiderte, er wisse nicht, ob die Lufthansa überhaupt an Flügen nach Berlin (West) interessiert sei. Bisher sei es nur um die Flüge nach der Sowjetunion gegangen. Er habe auch keinen Wert darauf gelegt, mit der Lufthansa zu reden; er wolle zuerst politisch weiterkommen.

Hibbert fragte, ob man das Problem der Einbeziehung Berlins zunächst nicht durch die Einbeziehung Tegels in die Linie Frankfurt–Moskau–Tokio regeln könne.

BM *Bahr* wies demgegenüber darauf hin, daß schon beim Abschluß des Luftverkehrsabkommens mit der Sowjetunion[11] von deren Seite gesagt worden sei, daß sie über den Einschluß Berlins nicht allein bestimmen könne. Es gehe eben darum, was die Sowjetunion unter „Voraussetzungen" der Realisierung der Streckenführung über Berlin (West) verstehe.

Sauvagnargues sagte, daß gerade deshalb am Anfang Sondierungen mit der DDR stehen sollten. Sähe man, was sie wolle, könne man Rückschlüsse auf die Haltung der Sowjetunion ziehen. Es sei ja immerhin auch möglich, wenn auch nicht wahrscheinlich, daß die DDR die Korridore abschaffen wolle.

BM *Bahr* bemerkte hierzu, Kohl habe ihm einmal gesagt, die DDR respektiere ja die Vier-Mächte-Rechte.

Sauvagnargues erinnerte daran, daß Falin gegenüber Staatssekretär Frank gelegentlich die Bereitschaft der Sowjetunion an allgemeinen Gesprächen über den Berliner Luftverkehr bekundet habe.

Fortsetzung Fußnote von Seite 293

in der Erwartung auf, daß dies Überflugrechte nach Berlin (West) einschließe. Vgl. dazu AAPD 1972, II, Dok. 231.

Am 29. Januar 1973 teilte Vortragender Legationsrat I. Klasse Dietrich mit: „Im März 1972 haben die Drei Westmächte erstmals Landegenehmigungen für nicht-alliierte Flugzeuge aus Berlin (West) erteilt, jedoch zunächst nur für SAS und AUA und nur für ein Probejahr. Die Flüge sollen außerhalb der Korridore und nur in Nord-Süd-Richtung erfolgen. Der Flugverkehr konnte bisher nicht aufgenommen werden, da die Zustimmung der DDR für das Überfliegen ihres Gebietes und der UdSSR für das Befliegen des Berliner Luftkontrollraums nicht erteilt wurde. SAS und AUA fliegen jetzt nach Schönefeld, ebenso die KLM. Dies ist für uns bedauerlich, da dieser Verkehr, der hauptsächlich aus Berlin (West) stammt, den Westberliner Flughäfen entzogen wird. Wenn weitere Gesellschaften diesem Beispiel folgen, besteht die Gefahr einer Austrocknung der Flughäfen Tegel und Tempelhof zugunsten von Schönefeld." Vgl. Referat 423, Bd. 117966.

11 Für den Wortlaut des Abkommens vom 11. November 1971 zwischen der Bundesrepublik und der UdSSR über den Luftverkehr vgl. BUNDESGESETZBLATT 1972, Teil II, S. 1526–1530. Vgl. dazu auch AAPD 1971, II, Dok. 277.

Herr *von Staden* wies darauf hin, daß dies vor den Berliner Gesprächen über die Vier-Mächte-Erklärung[12], in denen ja auch die Frage der Luftkorridore zur Sprache gekommen sei, gewesen sei. Auch habe sich Falin seinerzeit nicht unmittelbar auf die Korridore bezogen.

BM *Bahr* betonte, daß folgendes wichtig sei: Wenn die DDR sage, sie respektiere die Vier-Mächte-Rechte, müsse die Bundesrepublik in der Lage sein, zu sagen, daß die Vier Mächte mit Flügen nach Berlin (West) einverstanden seien.

Hibbert fragte, ob die Problematik der Überflugrechte und die Problematik der Kontrollzone nicht gänzlich getrennt gehalten werden könnten. Hierauf erwiderte BM *Bahr*, es sei eben die Frage, was an erster Stelle komme. Es dürfe auf keinen Fall der Eindruck erweckt werden, daß die DDR Rechte gewähre und die Vier Mächte aufgrund dessen nachzögen. Vielmehr müßten die Rechte der Vier Mächte der Ausgangspunkt sein; es liege dann bei der DDR, nachzuziehen.

Hibbert meinte, es sei jedoch normal, eine derartige Trennung vorzunehmen.

Sauvagnargues pflichtete demgegenüber dem Gedanken von BM *Bahr* über die Vordringlichkeit bei. Er fragte dann, wie wichtig uns der Abschluß eines Luftverkehrsabkommens wirklich sei. Er bezog sich dabei auf skeptische Äußerungen von Regierendem Bürgermeister Schütz.[13]

BM *Bahr* meinte hierzu, der Regierende Bürgermeister habe in der Tat in letzter Zeit einige Punkte gehabt, die er dann später im Sinne einer geringeren Dringlichkeit korrigiert habe. Er, Bahr, sei sehr froh darüber, daß er auch die Luftverkehrsfrage in eine Sphäre gebracht habe, wo niemand etwas schnelles erwarte.

Sauvagnargues warf hier ein, er habe den Eindruck, daß sich das Berlin-Abkommen langsam einspielen müsse.

BM *Bahr* griff dies auf. Das sei richtig für das Berlin-Abkommen; hier brauche man Zeit, damit sich die Positionen etwas abschliffen und das Abkommen wirklich funktioniere. Die Luftverkehrsfrage sei aber sehr dringlich.

Auf eine Bemerkung von Herrn *von Staden*, er sehe keine Gefahr, daß die Sowjetunion die Luftkorridore in Frage stelle, sagte *Sauvagnargues*, er sei nicht so optimistisch.

---

12 Für die Vier-Mächte-Erklärung vom 9. November 1972 vgl. Dok. 1, Anm. 14.

13 Der Regierende Bürgermeister von Berlin, Schütz, äußerte am 8. Februar 1973 gegenüber dem „Spandauer Volksblatt": „Die Westberliner werden ihre großen Träume, den Flughafen Tegel zum Nervenzentrum eines internationalen Luftkreuzes auszubauen und aufzuwerten, teilweise wieder vergessen müssen." Vgl. den Artikel „Schütz: West-Berlin muß im Luftverkehr Abstriche machen"; DIE WELT vom 9. Februar 1973, S. 1.
In einem Interview mit der Tageszeitung „Die Welt" präzisierte Schütz seine Bemerkungen zum Luftverkehr dahingehend, die Drei Mächte seien „nicht daran interessiert gewesen in den vergangenen Jahren, zu neuen Regelungen im Luftverkehr zu kommen mit der vierten Macht. Und ich glaube, die Drei Mächte haben damit recht. Wenn man diese komplizierte Materie sieht, dann kommt man zu dem Schluß, und das meine ich mit Realitäten, daß es sehr schwierig sein wird, hier eine Regelung zu finden, die allen Interessen entgegenkommt und damit gleichzeitig uns befriedigt. Das heißt, hier stehen wir vor einem sehr langen Prozeß der Durchsetzung. Und nur dazu, zu dieser skeptischen Beurteilung rufe ich auf, zu nicht mehr und nicht weniger." Vgl. den Artikel „Schütz beurteilt Verbesserungen im Berliner Luftverkehr skeptisch"; DIE WELT vom 13. Februar 1973, S. 6.

Hillenbrand drückte die Erwartung aus, daß die DDR, sei sie wirklich einmal zur Erörterung bereit, in der Sache dann auch so weit gehen werde, wie dies von vornherein von den Sowjets gebilligt sei. Man werde dann im Vier-Mächte-Rahmen sehen können, daß die Russen auch nicht nein sagten.

Hibbert wiederholte nochmals, daß die Frage der Überflugrechte wohl die einzige Frage sei, die BM Bahr bezüglich Berlins gegenüber Kohl stellen könnte. Für alle anderen Fragen seien die Drei Mächte zuständig.

BM *Bahr* bestätigte dies. Rechtlich könne er nur über Flüge bis zur Kontrollzone sprechen. Politisch werde er die Frage allerdings anders stellen. Er werde sagen, daß wir nach West-Berlin fliegen wollten und die DDR sicher sein könne, daß die Drei Mächte keine Schwierigkeiten machten.

Die Vertreter der Drei Mächte gingen auf diese Formulierung nicht ein.

Abschließend stellte BM Bahr auf eine Frage Sauvagnargues fest, daß die Begegnung mit Kohl nur ein paar Stunden dauern und man sich dann vielleicht wieder nach drei Wochen sehen werde. Auf keinen Fall werde bereits jetzt die Verhandlung über Luftverkehr beginnen. Dies geschehe nicht, bevor man zu viert – Bundesrepublik Deutschland und Drei Mächte – klargekommen sei. Zunächst werde es zwischen ihm und Kohl nur reine Sondierungsgespräche geben.

VS-Bd. 9060 (210)

61

Runderlaß des Botschafters Roth

221-372.20/20-724^I/73 VS-vertraulich   Aufgabe: 21. Februar 1973, 19.43 Uhr[1]
Fernschreiben Nr. 675 Plurex
Citissime

Betr.: MBFR-Explorationen in Wien;
    hier: Neuer westlicher Verfahrensvorschlag

1) Sie werden gebeten, im dortigen Außenministerium umgehend vorzusprechen und zu erklären:

Wie bereits durch die westlichen MBFR-Delegationen in Wien geschehen, bringen wir folgenden Vorschlag zur Lösung der Teilnehmerfrage für die explo-

---

[1] Runderlaß an die Botschaften in Bukarest, Moskau und Warschau sowie die Handelsvertretungen in Budapest, Prag und Sofia.
Der Runderlaß wurde von Vortragendem Legationsrat Kroneck konzipiert, der handschriftlich vermerkte: „BMVg ist unterrichtet und einverstanden".
Botschafter Roth vermerkte am 21. Februar 1973 handschriftlich, daß Staatssekretär Frank „nach m[ün]dl[ichem] Vortrag" zugestimmt habe.
Hat Legationsrat I. Klasse Roßbach am 26. Februar 1973 vorgelegen.

ratorischen Gespräche über MBFR in Wien der dortigen Regierung zur Kenntnis:

a) „Vertreter folgender Staaten werden an den exploratorischen Gesprächen in bezug auf Mitteleuropa teilnehmen, die am 31. Januar 1973 in Wien begonnen haben:

Belgien, Bulgarien, Kanada, Tschechoslowakei, Dänemark, Deutsche Demokratische Republik, Bundesrepublik Deutschland, Griechenland, Ungarn, Italien, Luxemburg, Niederlande, Norwegen, Polen, Rumänien, Türkei, UdSSR, Großbritannien, Vereinigte Staaten von Amerika.

Staaten mit Streitkräften oder Territorien in Mitteleuropa sind beschließende Mitglieder. Diese Teilnahme stellt kein Präjudiz für Abkommen dar, die in zukünftigen Verhandlungen in bezug auf Mitteleuropa abgeschlossen werden. Andere Staaten sind beratende Teilnehmer."

b) Zur Begründung werden Sie gebeten, folgendes zu erklären:

Dieser Vorschlag erfolgt aufgrund einer Abstimmung mit unseren NATO-Partnern, nachdem in Wien mit Ausnahme der Frage der Teilnahme Ungarns weitgehend Übereinstimmung für das Verfahren bei den exploratorischen Gesprächen erzielt wurde. Wir vertreten weiterhin die Ansicht, daß Ungarn zu den zwölf Vollteilnehmern in den Explorationen gehören soll.[2] Wenn wir ein klares Einverständnis darüber erzielen können, daß Ungarn tatsächlich voller Teilnehmer sein wird und seine Bereitschaft zusammen mit allen anderen betroffenen Staaten auf unserer ersten Plenarsitzung zum Ausdruck bringt, daß es sich zu den Staaten zählt, die Streitkräfte oder Territorien in Mitteleuropa haben, könnten wir eine Formulierung in einem gemeinsamen Verfahrenspapier akzeptieren, die diese Übereinkunft deckt, ohne in Details zu gehen. Wir glauben, daß der von uns ausgearbeitete Text diesen Erfordernissen Rechnung trägt. Der Vorteil dieser Formel ist, daß sie die Teilnehmer der beiden Kategorien nicht gesondert aufzählt. Außerdem könnte die Wortwahl „beschließend" und „beratend" einer Übereinkunft dienlich sein.

Es soll hier festgestellt werden, daß die von uns vorgeschlagene Formel keine Verpflichtung zur Teilnahme an Maßnahmen mit sich bringt, die in zukünftigen Verhandlungen beschlossen werden sollten. Diese Substanzfrage wird von uns zum jetzigen Zeitpunkt offengelassen.

Das Kriterium für die Feststellung der beschließenden Teilnehmer ist ein objektives, nämlich ein geographisches. Es diskriminiert niemanden und präjudiziert keine späteren nationalen Entscheidungen, die auf anderen als geographischen Faktoren beruhen könnten.

Wir glauben, daß unser Vorschlag eine vernünftige Lösung der gegenwärtigen Schwierigkeiten darstellt, und wären der dortigen Regierung für eine baldige Antwort dankbar. Bei dieser Gelegenheit möchten wir klarstellen, daß wir davon ausgehen, daß bei der ersten Plenarsitzung neben den zwölf beschließenden Teilnehmern, die diesen Status akzeptieren, alle sieben beratenden Teilnehmer diesen ihren Status ebenfalls annehmen werden.

---

[2] Zur Haltung der Bundesregierung hinsichtlich einer Teilnahme Ungarns an den MBFR-Explorationsgesprächen vgl. Dok. 48, Anm. 5.

Sollte aufgrund unseres Vorschlags eine Einigung erzielt werden, so erscheint es möglich, auch die übrigen Verfahrenspunkte zu lösen. Unter dieser Voraussetzung wären wir bereit, die Plenarsitzungen so bald wie möglich zu beginnen.

2) Bei Durchführung Ihrer Demarche können Sie den Text unter 1 a) courtoisiehalber übergeben.

Es bleibt Ihnen überlassen, auf welcher Ebene Sie die obige Demarche durchführen wollen.

Nur für Botschaft Moskau:

Die obige Demarche stellt keine Antwort auf die Demarche Botschafter Falins bei Staatssekretär Frank am 19. Februar 1973[3] dar. Es wird Ihnen daher anheimgestellt, unsere Demarche durch Ständigen Vertreter oder Botschaftsrat ausführen zu lassen.

3) Diplogerma Wien, Leiter MBFR-Delegation[4], NATOgerma Brüssel, Diplogerma Washington, London, Rom, Paris, Brüssel, Den Haag erhalten den obigen Erlaß nachrichtlich[5].

4) Neuer Verfahrensvorschlag wurde am 21. Februar 1973 von den westlichen MBFR-Delegationen in Wien den Warschauer-Pakt-Delegationen aufgrund eines Beschlusses des NATO-Rats vom 19. Februar 1973 übergeben.

5) Wir gehen davon aus, daß andere Botschaften von NATO-Mitgliedstaaten ähnliche Demarchen bei den Warschauer-Pakt-Regierungen unternehmen.[6]

6) Wortlaut der hierzu von Ad-hoc-Gruppe in Wien ausgearbeiteten Demarche und Sprachregelung folgt als Anlage.[7]

Roth[8]

VS-Bd. 9430 (221)

---

[3] Für das Gespräch des Staatssekretärs Frank mit dem sowjetischen Botschafter Falin vgl. Dok. 54.

[4] Friedrich Ruth.

[5] Das Wort „nachrichtlich" wurde von Legationsrat I. Klasse Roßbach hervorgehoben. Dazu vermerkte er handschriftlich: „Das übrige Referat 221 am 26.2."

[6] Zur Reaktion der Mitgliedstaaten des Warschauer Pakts auf den neuen westlichen Verfahrensvorschlag vgl. Dok. 66, Anm. 2.

[7] Dem Vorgang beigefügt. Für den mit Drahtbericht Nr. 129 des Gesandten Ruth, z. Z. Wien, vom 21. Februar 1973 übermittelten englischen Wortlaut des westlichen Verfahrensvorschlags sowie für den Sprechzettel der westlichen MBFR-Delegationen vgl. VS-Bd. 9430 (221); B 150, Aktenkopien 1973.

[8] Paraphe.

62

Aufzeichnung des Ministerialdirektors von Staden

212-341.32-1/138/73 geheim   **22. Februar 1973**

Herrn Staatssekretär[1] zur Unterrichtung

Betr.: KSZE und MBFR;
         hier: Gespräch mit Herrn Bundesminister Bahr am 21. Februar 1973

Im Anschluß an sein Gespräch mit den drei Botschaftern über innerdeutschen Luftverkehr[2] gab mir Herr Bundesminister Bahr Gelegenheit, ihn über den Stand der Vorbereitungen für die Dipoli III[3] zu unterrichten, wobei ich mich insbesondere auf die Behandlung der Grenzfrage konzentriert habe.

Herr Bahr meinte, wir sollten in der Grenzfrage festbleiben und das „notamment"[4] nicht fallenlassen. Er frage sich, ob man nicht selbst eine gewisse Krise in den MV in Kauf nehmen solle und, wenn nicht zu vermeiden, eine sowjetische Verstimmung gegenüber der Bundesrepublik Deutschland. Er könne sich denken, daß diese Frage zwischen der sowjetischen und deutschen Seite dann auf höchster Ebene zu besprechen wäre.

Wir hätten ja auch unsererseits voraussichtlich Petita gegenüber der sowjetischen Seite, insbesondere wegen der restriktiven Haltung der DDR in den humanitären und ähnlichen innerdeutschen Fragen. Unter Umständen könne eine Anpassung der deutschen Haltung in bezug auf die Formulierung der Grenzfrage im KSZE-Rahmen Möglichkeiten eröffnen, in den innerdeutschen Fragen sowjetische Unterstützung zu erhalten.

Ich habe festgehalten, daß unsere bisherige Linie demnach auch der Auffassung des Bundeskanzleramts entspreche und beibehalten werden sollte. Wir würden in der Grenzfrage festbleiben und gleichzeitig bemüht sein, uns die Unterstützung unserer Verbündeten zu erhalten und uns selber nicht mehr zu exponieren als nötig.

Herr Bahr kam dann auf die Frage des „Organs"[5]. Er stehe dieser Frage mit Interesse gegenüber, einmal wegen Berlin als eines möglichen Sitzes, zum anderen deshalb, weil zu bedenken sei, daß es günstig sein könnte, das amerikanische politische Engagement in Europa durch eine amerikanische Teilnahme an einem solchen Organ zu konsolidieren.

---

1 Hat Staatssekretär Frank am 24. Februar 1973 vorgelegen.
2 Für das Gespräch des Bundesministers Bahr mit den Vertretern der Drei Mächte vom 21. Februar 1973 über Fragen des Luftverkehrs mit der DDR vgl. Dok. 60.
3 Die dritte Runde der multilateralen Vorgespräche für die KSZE in Helsinki begann am 26. Februar 1973.
4 Zur Verknüpfung von Gewaltverzicht und Unverletzlichkeit der Grenzen in dem von Italien am 15. Januar 1973 vorgelegten Mandatsentwurf vgl. Dok. 28, Anm. 6.
5 Zur Frage der Einbeziehung eines Tagesordnungspunktes über die Errichtung eines „Ständigen Organs" in die KSZE vgl. Dok. 25.

Ich habe darauf hingewiesen, daß für uns ein Zusammenhang zwischen Prinzipienkatalog und Konferenz-Folgen bestehe. Der sowjetische Prinzipienkatalog sei uns bereits aus den Darlegungen von Bondarenko gegenüber Botschafter Sahm sehr genau bekannt.[6] In dieser Form sei er inakzeptabel, mit der weiteren Folge, daß das Organ zwangsläufig zu einem Interventionsinstrument werden müsse. Wenn es gelänge, den Prinzipienkatalog in unserem Sinne zu formulieren, wäre auch die Behandlung der Konferenzfolgen erleichtert. Interessant sei die französische Überlegung, zu einem geeigneten späteren Zeitpunkt die Konzedierung einer zweiten KSZE ins Auge zu fassen. Das würde bedeuten, daß wiederum eine MV vorzusehen wäre. Eine zweite MV aber könnte dem sowjetischen Wunsch nach einem Organ auf halbem Weg entgegenkommen, ohne den Westen schon auf ein permanentes Organ festzulegen. Zunächst jedoch würden wir im Einklang mit unseren Alliierten äußerste Zurückhaltung in der Frage der Konferenzfolgen zeigen.

Herr Bahr kam abschließend auf MBFR sowie auf die Verbindung zwischen MBFR und KSZE zu sprechen. Seiner Meinung nach solle man in der Ungarn-Frage[7] festbleiben.

Einen Druck auf die Sowjetunion könne man in dieser Frage dadurch ausüben, daß man im KSZE-Bereich langsamer trete.

Herr Bahr bat mich, auch Herrn van Well über dieses Gespräch zu unterrichten.[8]

Staden

VS-Bd. 9073 (212)

---

[6] Zu den Gesprächen zwischen Botschafter Sahm und dem Abteilungsleiter im sowjetischen Außenministerium, Bondarenko, vom 10. bis 12. Oktober 1972 in Moskau vgl. Dok. 31, Anm. 6.

[7] Zur Frage der Teilnahme Ungarns an den MBFR-Explorationsgesprächen vgl. Dok. 61.

[8] Die Aufzeichnung wurde Ministerialdirektor van Well „m[it] d[er] B[itte] u[m] K[enn]t[ni]snahme und Unterrichtung von Herrn Diesel und Herrn Roth" zugeleitet.
Hat Ministerialdirektor van Well vorgelegen, der handschriftlich vermerkte: „Bahr hat Falin gesagt, wir könnten in Grenzfragen so weit gehen wie 1970 in Moskau; SU wolle aber offenbar in Helsinki mehr durchsetzen. Das könnten wir nicht mitmachen."

63

Aufzeichnung des Vortragenden Legationsrats I. Klasse Redies

310-321.00 PAL-185/73 VS-vertraulich 22. Februar 1973[1]

Über Herrn Dg 31[2]/Herrn D 3[3] Herrn Staatssekretär[4]

Betr.: Palästinenser-Frage

Zur Unterrichtung mit der Bitte um Zustimmung

1) Der Aufenthalt in Kairo anläßlich der Wirtschaftsverhandlungen[5] ergab Gelegenheit, auch in der Palästinenser-Frage weitere Gespräche zu führen.

Danach hat sich die ägyptische Seite offenbar doch stärker in die Dinge eingeschaltet, als dies bisher erschien.[6] Jedenfalls hat ein mir gut bekannter, dem Nachrichtendienst nahestehender Ägypter an Erörterungen der Palästinenser über die Beziehungen zu uns in Kairo teilgenommen. Er versicherte mir, daß im Hinblick auf die eingeleiteten direkten Kontakte Weisung ergangen sei, im Zusammenhang mit der Bundesrepublik keine neuen Aktionen vorzusehen. Dies sei vor allem den nachdrücklichen Bemühungen von Abdallah Frangieh zu verdanken. Der amtierende Leiter des ägyptischen Nachrichtendienstes Suleiman Ezzat beschränkte sich mir gegenüber auf die Bemerkung, wir hätten doch sicher festgestellt, daß die Lage sich wesentlich beruhigt habe.

Abdallah Frangieh selber berichtete, er habe auch mit der George-Habbash-Gruppe in Beirut Gespräche geführt und glaube, daß auch von dieser Seite aus den genannten Gründen nichts zu erwarten sei.

Die vorstehenden verschiedenen Äußerungen finden ihre Bestätigung in der von der Botschaft Tunis berichteten eindeutigen Erklärung von Arafat gegenüber Präsident Bourguiba.[7]

2) Es erscheint demnach grundsätzlich richtig, uns weiterhin um die Besserung des Verhältnisses zu den Palästinensern zu bemühen, auch wenn dies nicht einfach sein wird. Die innerdeutschen Behörden verhalten sich gegenüber allen den Palästinensern entgegenkommenden konkreten Schritten nach wie vor sehr zögernd. Hierdurch laufen wir Gefahr, bei den Palästinensern den Eindruck zu erwecken, wir meinten es nicht ernst.

Hinsichtlich der einzelnen palästinensischen Anliegen ist der Stand folgender:

---

1 Hat Vortragendem Legationsrat Vergau vorgelegen, der auf die handschriftliche Bemerkung des Staatssekretärs Frank verwies. Vgl. Anm. 14.

2 Hat Ministerialdirigent Jesser am 22. Februar 1973 vorgelegen.

3 Hat Ministerialdirektor van Well am 22. Februar 1973 vorgelegen.

4 Hat Staatssekretär Frank am 23. Februar 1973 vorgelegen.

5 Die Wirtschaftsverhandlungen zwischen der Bundesrepublik und Ägypten fanden vom 30. Januar bis 8. Februar 1973 in Kairo statt. Vgl. dazu Dok. 49.

6 Zu den Bemühungen der ägyptischen Regierung, eine Einstellung der palästinensischen Terroraktionen gegen die Bundesrepublik zu erreichen, vgl. Dok. 4.

7 Vgl. dazu die Äußerungen des Präsidenten Bourguiba gegenüber Botschafter Naupert, Tunis, vom 29. Januar 1973; Dok. 29.

a) Humanitäre Fälle von Ausgewiesenen oder Zurückgewiesenen[8]:

Hierzu sind mir einige Namen genannt worden, die ich dem BMI gesondert übermitteln werde. Wie mir im BMI gesagt wurde, bestand auf der Tagung der Länderinnenminister Mitte Februar[9] noch keine Bereitschaft, auf diesen Gedanken einzugehen.

b) Wiederzulassung von GUPS und GUPA[10]

Auf palästinensischer Seite weiß man, daß die Wiederzulassung neuer palästinensischer Studenten- oder Arbeitervereinigungen nicht möglich ist, es sei denn, unter anderer Bezeichnung. Ob neue Vereinigungen zum Register angemeldet werden, bleibt abzuwarten. Von uns aus ist nichts zu veranlassen.

c) Wirtschaftliche Unterstützung für Palästinenser[11]

Hier werden sich die Dinge so lenken lassen, daß die palästinensische Seite mit einer gewissen Einschaltung in die Vergabe der Mittel des Flüchtlingsfonds (Vorschlagsrecht für Projekte) zufrieden ist[12]. Nach Auffassung unserer Botschaft Beirut würde auch die UNRWA hiergegen keine Bedenken haben.

d) PLO-Vertreter im Büro der Arabischen Liga in Bonn

Hier schiebt sich Abdallah Frangieh als Kandidat selber in den Vordergrund, da er wieder nach Deutschland zu seiner Familie (Frau und Kind) zurück möchte.[13] Von der Sache her wäre Frangieh auch aus unserer Sicht geeignet, da er

---

8 Zur Einführung der Visumspflicht für Staatsangehörige arabischer Staaten vgl. Dok. 4, Anm. 7.

9 Die Innenminister der Länder tagten am 2. Februar 1973 in Bonn. Vgl. dazu den Artikel „Innenminister einigen sich auf Ausweisungsmodus für Ausländer", DIE WELT vom 3. Februar 1973, S. 6.

10 Bundesminister Genscher verfügte am 3. Oktober 1972 ein Verbot der Generalunion Palästinensischer Studenten (GUPS) und der Generalunion Palästinensischer Arbeiter (GUPA) in der Bundesrepublik. Für die Verfügungen vgl. Referat I B 4, Bd. 509.
Vgl. dazu auch die Mitteilung des Bundesministeriums des Innern; BULLETIN 1972, S. 1699 f.

11 Das Bundeskabinett beschloß am 20. September 1967, humanitäre Hilfe für die Palästina-Flüchtlinge in Höhe von 50 Mio. DM, verteilt auf fünf Jahre, zur Finanzierung von Vorhaben des Ausbildungs- und Gesundheitswesens zur Verfügung zu stellen. Dazu vermerkte Botschafter z. b. V. Böker am 7. März 1968: „Die vorgesehene Hilfe soll unsere Anteilnahme an dem Schicksal der arabischen Flüchtlinge ausdrücken und zugleich eine Geste gegenüber der gesamten arabischen Welt sein, die uns die Wiederaufnahme der diplomatischen Beziehungen mit der Mehrzahl der arabischen Länder erleichtern soll. Zu diesem Zweck müssen die zu errichtenden Vorhaben klar als deutsche Projekte erkennbar sein." Vgl. VS-Bd. 2797 (I B 4); B 150, Aktenkopien 1968.
Am 2. Februar 1972 führte Ministerialdirektor von Staden aus: „Bis Ende Dezember 1971 waren rund 34,9 Mio. DM aus dem 50 Mio.-Fonds ausgezahlt. Vorbehaltlich der Zustimmung des Deutschen Bundestages werden im Haushaltsjahr 1972 weitere 10 Mio. DM bereitgestellt, der Restbetrag von 5,1 Mio. DM soll im Haushaltsjahr 1973 veranschlagt werden und zur Auszahlung gelangen." Von den bis Ende 1971 ausgezahlten Mitteln seien 3,2 Mio. DM für Hochschulstipendien verwendet worden. Staden regte an, „ab 1973 die Sonderhilfe durch die Bereitstellung von weiteren 50 Mio. DM, verteilt auf fünf Jahre, so fortzuführen, daß die z. Z. laufenden Vorhaben ohne Unterbrechung aufrechterhalten werden können." Vgl. Referat I B 4, Bd. 495.

12 Korrigiert aus: „sind".

13 Zum „Fall Frangieh" erläuterte Vortragender Legationsrat I. Klasse Redies am 27. September 1972: „Abdallah Frangieh, Palästinenser und Angestellter im hiesigen Büro der Arabischen Liga, wurde gestern morgen von hessischer Polizei in seiner Wohnung bei den Schwiegereltern in Ausweisungshaft genommen. Ausweisung war für gestern mittag vorgesehen. Sicherheitsbehörden warfen Frangieh u. a. vor, Herausgeber einer palästinensischen Zeitschrift in Bundesrepublik gewesen zu sein, die zu Terrormaßnahmen aufgefordert habe. Daß Frangieh algerischen Diplomatenpaß hatte, war deutschen Stellen, auch Auswärtigem Amt, bis dahin unbekannt, insbesondere war Frangieh nicht von hiesiger algerischer Botschaft zu Diplomatenliste angemeldet worden. [...] Auf Grund verschiedener Interventionen arabischer Botschafter gelang es Auswärtigem Amt zu errei-

einerseits die Verhältnisse in der BRD gut kennt und andererseits (wie man mir über den oben erwähnten ägyptischen Bekannten nachdrücklich versichern ließ) das besondere Vertrauen der PLO und Fatah-Führung genießt. Innen- wie außenpolitisch erscheint die Rückkehr Frangiehs jedoch auf absehbare Zeit unmöglich. Vielleicht ließe sich erreichen, daß er einmal ein kurzfristiges Visum zum Besuch seiner Familie bekommt.[14]

3) Um die bisherigen Kontakte mit der palästinensischen Seite fortführen zu können, sollte künftig auch unsere Botschaft Beirut eingeschaltet werden. Ich habe diese Frage mit der Botschaft bereits vorbesprochen. Die Botschaft verfügt über genügend Verbindungen.

Zu Ziffer 2c) hat Abteilung 1 (Referat 112) mitgezeichnet.

Redies

VS-Bd. 9990 (310)

64

Botschafter Pauls, Washington, an das Auswärtige Amt

114-10797/73 geheim   **Aufgabe: 24. Februar 1973, 13.20 Uhr**[1]
Fernschreiben Nr. 569   **Ankunft: 24. Februar 1973, 20.07 Uhr**

Betr.: Gespräche des luxemburgischen Außenministers Thorn in Washington

Zur Information

Der luxemburgische Botschafter[2] unterrichtete gestern die neun Missionschefs[3] über die Gespräche seines Außenministers. Herr Thorn habe sich am 21.2. (einen Tag) in Washington aufgehalten und bei dieser Gelegenheit Außenminister Rogers, seinen Vertreter Mr. Rush, sowie die Herren Casey und Flanigan gesehen. In letzter Minute sei noch ein Gespräch mit Kissinger zustande gekommen, das in seiner Offenheit bemerkenswert gewesen sei. Kissinger habe sich an Herrn Thorn als einen europäischen Sprecher gewandt und zu Anfang erklärt, ihm sei die europäische Haltung zu MBFR unverständlich. Bei

---

Fortsetzung Fußnote von Seite 302
chen, daß Ausweisung Frangiehs von hessischen Behörden aufgeschoben wurde, um ihm Gelegenheit zu geben, unter Hinzuziehung eines Anwaltes Rechtsmittel gegen Ausweisung einzulegen. [...] Frangieh entschloß sich schließlich, Bundesrepublik heute 18.00 Uhr freiwillig zu verlassen und auf seinen Posten nach Kairo zu fliegen." Vgl. den Drahterlaß Nr. 4096; Referat I B 4, Bd. 509.
14 Der Passus: „daß er einmal ... seiner Familie bekommt." wurde von Staatssekretär Frank hervorgehoben. Dazu vermerkte er handschriftlich: „Hierüber müßte man mit BM Genscher sprechen."

1 Hat Vortragendem Legationsrat I. Klasse Hansen am 26. Februar 1973 vorgelegen.
2 Jean Wagner.
3 Eyvind Bartels (Dänemark), George Baring, Earl of Cromer (Großbritannien), Jacques Kosciusko-Morizet (Frankreich), Walter Loridan (Belgien), Baron Rijnhard van Lynden (Niederlande), Egidio Ortona (Italien), Rolf Friedemann Pauls (Bundesrepublik), William Warnock (Irland).

weiterer Verzögerung bestünde die Gefahr, daß die Russen MBFR verließen. Andererseits brauche die USA aus innenpolitischen Gründen diese Konferenz. Die wenigen in Ungarn stationierten Truppen bedeuteten keine Gefahr für Mitteleuropa. Das habe die amerikanische Seite von Anfang an gesagt und den Einschluß Ungarns nie für notwendig gehalten.[4] Man müsse jetzt endlich zu Verhandlungen kommen. Ebenfalls kritisch äußerte sich Kissinger über die Verhandlungen in Helsinki: Warum gebe es so endlose Diskussionen über die Mandate? Man solle sich auf kurze Mandate einigen. Sie sollten offensiv und prägnant gefaßt sein. Zu lange Mandate erweckten nur Hoffnungen und schüfen Unklarheit. Zu dem Gesamtprozeß der Sicherheitskonferenz in Europa könne man im Grunde genommen nur die Frage stellen „How we can manage to get over with it". Die europäische Situation beunruhige ihn. Jetzt könne man hoffentlich sehr bald das Kapitel „Vietnam" abschließen und sich mit Vorrang den europäischen Problemen widmen. Unverständlich sei ihm – und insbesondere dem Präsidenten – die mangelnde solidarische Haltung der europäischen Partner während der letzten Vietnamphase gewesen. Die laute Kritik einiger europäischer Regierungen habe den Präsidenten sehr getroffen.[5] Sie habe mehr Unheil hier angerichtet als irgendein anderes Ereignis in den Jahren nach dem Zweiten Weltkrieg. Was der Präsident jetzt für die europäischen Verbündeten empfinde, sei nur durch die Vernunft begründet („is only a matter of brain"). Dazu muß ich sagen, daß dies nicht neu ist, sondern auch bisher schon der Fall war.

Die Wirtschaft sei nicht seine Domäne, aber es sei allerhöchste Zeit, eine Formel für eine Debatte auf hoher Ebene zu finden. Eine Verknüpfung von Sicherheits-, Währungs- und Handelsfragen gebe es nicht, aber den großen Zusammenhang müsse man sehen (we have to keep in the back of our mind). Man müsse dieses wichtige Gespräch anpacken und es nicht nur den Kolumnisten überlassen. Die USA werde sehr bald eine Initiative ergreifen, die vom Weißen Haus ausgine. Er hoffe, daß die Europäer darauf eingingen, und man erwartete eine „generous response". Ich werde K. in einigen Tagen sehen.[6] Ich halte seine Art der Gesprächsführung gegenüber Thorn für einen psychologischen Auftakt, um möglichst viel wirtschaftspolitische Vorteile in Europa herauszuschlagen.

Über den Inhalt der Gespräche über Wirtschaftsfragen berichte ich gesondert. Der luxemburgische Botschafter bat seine Kollegen darum, dieses freimütige Gespräch mit Kissinger sehr vertraulich zu behandeln.

[gez.] Pauls

VS-Bd. 9938 (202)

---

[4] Zur amerikanischen Haltung hinsichtlich einer Teilnahme Ungarns an den MBFR-Explorationsgesprächen vgl. Dok. 51.
[5] Zur Kritik an der Wiederaufnahme der amerikanischen Luftangriffe gegen die Demokratische Republik Vietnam (Nordvietnam) am 18. Dezember 1972 vgl. Dok. 9.
[6] Für das Gespräch des Botschafters Pauls, Washington, mit dem Sicherheitsberater des amerikanischen Präsidenten, Kissinger, am 7. März 1973 vgl. Dok. 73.

65

Aufzeichnung des Vortragenden Legationsrats I. Klasse Blech

210-321.20/21-717/73 VS-vertraulich 27. Februar 1973

Über Herrn Dg 21[1] und Herrn D 2[2] Herrn Staatssekretär[3]

Betr.: Austausch Ständiger Vertretungen mit der DDR

Bezug: Schreiben des Bundesministers für innerdeutsche Beziehungen vom 15. Februar 1973 – 2161[II]/73 – VS-v[4]

Zweck der Vorlage: Vorbereitung einer Ministerbesprechung am Dienstag, dem 27. Februar 1973, 15.00 Uhr.

Vorschlag: Zustimmung zu dem beigefügten Sprechzettel.

Sachstand

1) Der Bundesminister für innerdeutsche Beziehungen hat mit dem Bezugsschreiben zu einer Ministerbesprechung eingeladen, in der folgende Fragen behandelt werden sollen:

– Status der Ständigen Vertretungen

– Akkreditierung der Leiter

– Aufgaben

– Anlaufstelle der Ständigen Vertretungen.

Für die Behandlung dieser Punkte hat das Bundesministerium für innerdeutsche Beziehungen auf der Grundlage eines Meinungsaustauschs zwischen den beteiligten Ressorts das anliegende Diskussionspapier (Anlage 1)[5] erstellt.

Ein Sprechzettel zu den einzelnen Punkten ist beigefügt.

2) Bundesminister Bahr beabsichtigt, den Komplex der Ständigen Vertretungen bei seinem nächsten Treffen mit DDR-Staatssekretär Kohl am 28. Februar 1973[6] zu besprechen. Anschließend sollen dann Verhandlungen über Einzelfragen aufgenommen werden. In der Verhandlungsdelegation werden neben dem Bundeskanzleramt das BMB, das BMI und das BMJ vertreten sein. Es wird vorgeschlagen, daß auch das Auswärtige Amt an den Verhandlungen beteiligt wird, da es auf diesem Gebiet über besondere Erfahrungen und Sachkenntnis verfügt.

3) Die innerorganisatorischen Fragen, die sich bei unserer Vertretung in der DDR stellen, insbesondere die Ausgestaltung des Weisungsrechts, stehen nicht

---

1 Jürgen Diesel.
  Dazu handschriftlicher Vermerk: „Im Augenblick nicht erreichbar".
2 Berndt von Staden.
  Die Wörter „und Herrn D 2" wurden gestrichen. Dazu handschriftlicher Vermerk: „Konzept liegt vor".
3 Hat Staatssekretär Frank vorgelegen.
4 Für das Schreiben des Bundesministers Franke an Bundesminister Scheel vgl. VS-Bd. 9053 (210).
5 Dem Vorgang beigefügt. Für die von Bundesminister Franke mit Schreiben vom 20. Februar 1973 an Bundesminister Scheel übermittelte Aufzeichnung vgl. VS-Bd. 9053 (210).
6 Für das Gespräch des Bundesministers Bahr mit dem Staatssekretär beim Ministerrat der DDR, Kohl, vgl. Dok. 67.

auf der Tagesordnung der Ministerbesprechung. Es wird empfohlen, diese Fragen weiter bilateral mit dem Bundeskanzleramt zu behandeln. Für die spezifischen Interessen des Auswärtigen Amts ist von den in der Ministerbesprechung vertretenen Ressorts keine Unterstützung zu erwarten. Der Bundesminister für Wirtschaft, der wegen der Treuhandstelle für den innerdeutschen Handel ebenfalls besondere Probleme hat, wird, soweit wir wissen, in der Ministerbesprechung nicht vertreten sein.

4) Der Herr VRB[7] und das Referat 502 haben im Rahmen der Mitzeichnung verschiedene Änderungs- und Ergänzungsvorschläge gemacht, denen sich das Referat 210 nicht anzuschließen vermochte. Wesentliche Punkte der Stellungnahmen sind:
- keine Akkreditierung der DDR-Vertretung beim Staatsoberhaupt;
- kein protokollarischer Vorrang des DDR-Vertreters vor dem diplomatischen Korps;
- kein Zugang der Ständigen Vertretungen zu nachgeordneten Behörden.

In dem beigefügten Sprechzettel ist die Stellungnahme der Rechtsabteilung zu den jeweiligen Punkten vermerkt worden.

Herr VRB und das Referat 502 haben sodann auf weitere rechtliche Aspekte im Zusammenhang mit der Errichtung Ständiger Vertretungen hingewiesen. Diese Punkte stehen jedoch nicht auf der Tagesordnung der Ministerbesprechung. Es geht dabei um folgendes:
- Verhinderung einer Einmischung der DDR-Vertretung in innere Angelegenheiten der Bundesrepublik;
- Beachtung der Rechtsordnung des Empfangstaates durch die Ständigen Vertretungen bei der Ausübung quasi-konsularischer Befugnisse;
- Amtsbezeichnung der Mitglieder der Ständigen Vertretungen;
- genaue Festlegung der Aufgaben der Ständigen Vertretungen;
- vertragliche Sicherung der Vorrechte und Befreiungen;
- Sicherung der Bewegungsfreiheit für die Mitglieder unserer Vertretung in der DDR;
- Sicherung des Rechts aller von uns zu betreuender Deutscher auf Verkehr mit unserer Ständigen Vertretung in Ostberlin und ungehinderter Zugang zu ihr.

Referat 210 ist mit der Rechtsabteilung darin einig, daß die vorstehenden Punkte in der vorgeschlagenen Weise geregelt werden sollten. Da sie im Grundsatz zwischen den Ressorts nicht kontrovers sind, bedürfen sie jedoch in diesem Stadium keiner Erörterung auf Ministerebene. Referat 210 sieht daher keinen Anlaß, daß diese Punkte zur Sprache gebracht werden.

Ein zusätzlicher, soeben eingegangener Vermerk des Referat 502 zu dem vom BMB vorgelegten Papier wird beigefügt.[8]

Blech

---

[7] Dedo von Schenck.

[8] Dem Vorgang beigefügt. Für die von Vortragendem Legationsrat I. Klasse Hoffmann mit Schreiben vom 26. Februar 1973 an das Referat 210 übermittelte Stellungnahme vgl. VS-Bd. 9053 (210); B 150, Aktenkopien 1973.

[Anlage]

Austausch Ständiger Vertretungen zwischen der Bundesrepublik Deutschland und der DDR

1) Status der Mitglieder der Ständigen Vertretungen

In den vorangegangenen Ressortbesprechungen[9] ist übereinstimmend die Auffassung vertreten worden, daß die Ständigen Vertretungen keinen diplomatischen Status haben werden und ihre Mitglieder demgemäß auch nicht dem diplomatischen Korps angehören können. Es stellt sich jedoch die Frage, welche Konsequenzen aus diesem Grundsatz gezogen werden sollen (Diplomatenliste, Empfänge beim Bundespräsidenten, protokollarischer Rang, Autokennzeichen).

Gegen die Vorschläge des BMB zu diesem Komplex, die jede Gleichstellung mit Diplomaten ausschließen, bestehen grundsätzlich keine Bedenken. Lediglich in der Rangfrage sollte einer Einstufung der Leiter der Ständigen Vertretungen vor den diplomatischen Missionschefs der Vorzug gegeben werden. Eine Einstufung nach der Anciennität (d.h. zwischen den Botschaftern) erscheint nicht angebracht.

Vorschlag

Zustimmung zu den Vorschlägen im Papier des BMB.

Protokollarischer Rang der Leiter der Vertretungen vor dem diplomatischen Korps. Keine Einstufung des DDR-Vertreters nach der Anciennität.

Sollte in diesen Punkten eine flexiblere Position erforderlich werden, so könnte eine Aufnahme der Ständigen Vertretungen in die Diplomatenliste unter der Rubrik „andere Vertretungen" in Betracht gezogen werden, so wie das bei der finnischen Handelsvertretung vor der Aufnahme der diplomatischen Beziehungen der Fall war. Eine solche Lösung würde es dann auch erlauben, den Leiter der DDR-Vertretung in Bonn zu den Empfängen des Bundespräsidenten für das diplomatische Korps einzuladen.

Stellungnahme des VRB

Kein Vorrang der Leiter der Ständigen Vertretungen vor dem diplomatischen Korps.

2) Akkreditierung der Leiter der Ständigen Vertretungen

In einer Besprechung im Oktober 1972 vor Abschluß des Grundvertrags hatten sich die beteiligten Minister, darunter der Bundesaußenminister, für die Akkreditierung beim Staatsoberhaupt ausgesprochen.[10] Diese Frage ist jedoch im Grundvertrag selbst offen geblieben.[11] BM Bahr hat aber seinerzeit eine Be-

---

9 Am 14. Februar 1973 fand eine Ressortbesprechung im Bundesministerium für innerdeutsche Beziehungen statt. Vgl. dazu die Aufzeichnung des Vortragenden Legationsrats Bräutigam; VS-Bd. 9053 (210); B 150, Aktenkopien 1973.

10 Zur Besprechung des Bundeskanzlers Brandt mit den Bundesministern Scheel, Genscher, Ehmke und Franke sowie Staatssekretär Bahr am 3. Oktober 1972 vgl. AAPD 1972, III, Dok. 309.

11 Vgl. dazu Art. 8 des Vertrags vom 21. Dezember 1972 über die Grundlagen der Beziehungen zwischen der Bundesrepublik und der DDR; Dok. 16, Anm. 13.

reitschaft der Bundesregierung zur Akkreditierung beim Staatsoberhaupt erkennen lassen.

Gegen die Akkreditierung beim Staatsoberhaupt spricht der Umstand, daß damit die Ständigen Vertretungen in einer wichtigen Formfrage diplomatischer Missionen gleichgestellt werden.

Für die Akkreditierung beim Staatsoberhaupt sprechen folgende Argumente:

– Es handelt sich um Vertretungen der Staaten, nicht der Regierungen.

– Eine Akkreditierung beim Bundeskanzler oder einem Ressortminister könnte als eine Übergangslösung angesehen werden (ähnlich der Akkreditierung von Geschäftsträgern).

– Wir müßten künftig mit einem Druck der DDR zwecks Aufwertung der Vertretungen rechnen. Die Entwicklung der Zusammenarbeit könnte dadurch erschwert werden.

– Wir hoffen, mit unserer Zustimmung zur Akkreditierung beim Staatsoberhaupt eine befriedigende Umschreibung der Aufgaben der Vertretungen durchzusetzen.

Die Texte des Entwurfs für ein „Agrément-Ersuchen" (Anlage 2)[12] und des Entwurfs eines „Beauftragungsschreibens" des Bundespräsidenten (Anlage 3)[13] weichen von den üblichen Formulierungen eines Agrément-Ersuchens und eines Beglaubigungsschreibens (Anlage 4)[14] ab. Beide tragen durch einen Hinweis auf den Grundvertrag dem besonderen Status der Ständigen Vertretung Rechnung.

Vorschlag

– Zustimmung zur Akkreditierung der Leiter beim Staatsoberhaupt (wenn sichergestellt ist, daß die Aufgaben der Vertretung befriedigend geregelt sind);

– Zustimmung zu den Entwürfen eines „Agrément-Ersuchens" und eines „Beauftragungsschreibens".

Stellungnahme des VRB

Keine Akkreditierung beim Staatsoberhaupt (unter Hinweis auf die beigefügte – Anlage 5 – Aufzeichnung der Gruppe Völkerrecht vom 20.10.1972[15]).

---

[12] Dem Vorgang beigefügt. Für den von Bundesminister Franke mit Schreiben vom 15. Februar 1973 an Bundesminister Scheel übermittelten Entwurf eines Agrément-Ersuchens vgl. VS-Bd. 9053 (210).

[13] Dem Vorgang beigefügt. Für den von Bundesminister Franke mit Schreiben vom 15. Februar 1973 an Bundesminister Scheel übermittelten Entwurf eines Beauftragungsschreibens vgl. VS-Bd. 9053 (210).

[14] Dem Vorgang beigefügt. Für das von Bundesminister Franke mit Schreiben vom 15. Februar 1973 an Bundesminister Scheel übermittelte Beglaubigungsschreiben vgl. VS-Bd. 9053 (210).

[15] Dem Vorgang nicht beigefügt.
Ministerialdirigent von Schenck sprach sich am 20. Oktober 1972 dafür aus, daß „die Leiter der Ständigen Vertretungen nicht bei dem Staatsoberhaupt, sondern bei der Regierung der anderen Seite akkreditiert werden". Weiter führte er aus: „Eine Akkreditierung beim Staatsoberhaupt und die Abwicklung des amtlichen Verkehrs über das Außenministerium des Empfangsstaats würde [...] die Ständigen Vertretungen den diplomatischen Vertretungen dritter Staaten außerordentlich stark annähern und als verschleierte diplomatische Vertretung angesehen werden müssen; auch wenn die Leiter nicht offiziell den Titel eines Botschafters führen und nicht in der Diplomatenliste aufgeführt werden würden. In Verbindung mit den Grundsätzen der souveränen Gleichheit und mit der Nicht-Diskriminierung könnte die DDR möglicherweise sogar einen Anspruch auf Zuer-

Begründung: Akkreditierung beim Staatsoberhaupt wäre Gleichstellung mit diplomatischen Missionschefs und könnte als völkerrechtliche Anerkennung der DDR gewertet werden.

Referat 502 hält eine Notifizierung (ohne Beauftragungsschreiben) beim Bundeskanzleramt bzw. Ministerrat für ausreichend.

3) Aufgaben

Eine der wichtigsten Aufgaben unserer Vertretung wird die Ausübung der Schutz- und Fürsorgerechte in der DDR sein. Schwierig ist dabei sowohl die Festlegung des schutzberechtigten Personenkreises (was wegen des Staatsangehörigkeitsproblems kompliziert ist) wie auch die Sicherstellung ausreichender Interventionsmöglichkeiten. Ferner sind Schwierigkeiten bei der Ausstellung von Pässen der Bundesrepublik Deutschland zu erwarten. Wir müssen davon ausgehen, daß die DDR unserer Vertretung das Recht bestreiten wird, DDR-Staatsbürgern mit Wohnsitz in der DDR auf Antrag einen Paß der Bundesrepublik Deutschland auszustellen. Das BMI prüft z. Z. die Möglichkeit, unserer Vertretung nur das Recht zur Ausstellung von Paßersatzpapieren mit begrenzter Geltungsdauer an Deutsche aus der Bundesrepublik, Berlin (West) und dem Ausland zu geben.

Für die Ausstellung von Visen an Deutsche besteht an sich kein Bedürfnis. Deutsche aus der DDR bedürfen zur Einreise in die Bundesrepublik keines Visums, während Deutsche aus der Bundesrepublik Visen zur Einreise in die DDR an den Grenzübergangsstellen erhalten können, wenn sie eine Einreisegenehmigung besitzen. Wir können nicht ausschließen, daß die DDR nach Errichtung ihrer Vertretung in Bonn die Ausstellung von Visen an den Grenzübergangsstellen (außer im Transitverkehr) einstellt und dieses Recht allein ihrer Vertretung überträgt.

Vorschläge

a) Unsere Vertretung in Ostberlin sollte Schutz- und Fürsorgerechte für Deutsche

– mit Wohnsitz in der Bundesrepublik Deutschland

– mit Wohnsitz in Berlin (West)

– mit Wohnsitz im Ausland

ausüben können.

b) Unsere Vertretung sollte das Recht haben, Paßersatzpapiere zur einmaligen Einreise in die Bundesrepublik auszustellen.

c) Der DDR-Vertretung sollte das Recht zur Ausstellung von Visen an Deutsche in der Bundesrepublik nur dann gewährt werden, wenn die DDR die Aufrechterhaltung der gegenwärtigen Praxis an den Grenzübergangsstellen gewährleistet.

Fortsetzung Fußnote von Seite 308
kennung des vollen diplomatischen Status für ihren Vertreter ableiten, falls dies nicht durch eine besondere Vereinbarung ausgeschlossen wird." Vgl. VS-Bd. 5816 (V 1); B 150, Aktenkopien 1972.

4) Anlaufstellen

Es besteht Übereinstimmung zwischen den beteiligten Ressorts, daß grundsätzlich Anlaufstelle der DDR-Vertretung in Bonn das Bundeskanzleramt und Anlaufstelle unserer Vertretung in Ostberlin das Büro des Ministerrats sein sollte. Daneben sollte die Möglichkeit bestehen, daß die Vertretungen auf bestimmten Sachgebieten auch unmittelbar mit Ministerien und – vor allem im Hinblick auf die quasikonsularischen Befugnisse – auch mit anderen Behörden verkehren können.

Vorschläge

a) Anlaufstelle der Vertretungen sollten das Bundeskanzleramt und das Büro des Ministerrats sein.

b) Auf bestimmten Sachgebieten sollten die Vertretungen auch direkten Zugang zu anderen Behörden erhalten. Das Auswärtige Amt ist insbesondere daran interessiert, daß unsere Vertretung in der DDR in spezifisch außenpolitischen Fragen direkten Zugang zum Außenministerium der DDR erhält. Entsprechendes müßte dann für die DDR-Vertretung in Bonn gelten.

Stellungnahme des VRB

Der Herr VRB hält einen unmittelbaren Zugang der Ständigen Vertretungen zu „anderen Behörden" als zu weitgehend und unklar. Er empfiehlt, den Zugang auf die Ministerien zu beschränken.[16]

VS-Bd. 9053 (210)

---

[16] Zur Ministerbesprechung am 27. Februar 1973 über die Errichtung Ständiger Vertretungen vermerkte Vortragender Legationsrat I. Klasse Blech, Bundesminister Bahr habe erklärt, „daß er nicht in der Lage sei, Auflagen für die Verhandlungen mit der DDR auf sich zu nehmen". Bahr habe sich aber einverstanden erklärt, daß mit der DDR die Bezeichnung „Ständige Vertretung" vereinbart werden solle. Ferner seien die Teilnehmer der Besprechung davon ausgegangen, „daß die Akkreditierung nicht beim Staatsoberhaupt, sondern beim Bundeskanzler bzw. beim Ministerrat der DDR erfolgen solle". Vgl. die Aufzeichnung vom 14. März 1973; VS-Bd. 9686 (500); B 150, Aktenkopien 1973.

66

Staatssekretär Frank an die
Ständige Vertretung bei der NATO in Brüssel

221-372.20/20-168/73 geheim   Aufgabe: 27. Februar 1973, 19.20 Uhr[1]
Fernschreiben Nr. 756
Citissime

Betr.:   MBFR;
         hier: Ungarn-Frage

Bezug: a) Drahtbericht Nr. 140 vom 23.2.1973 aus Wien[2]
         b) Drahterlaß Plurex Nr. 725 vom 24.2.1973[3]
         c) Drahtbericht Nr. 249 vom 26.2.1973 aus Brüssel[4]
         d) Drahterlaß Plurex Nr. 750 vom 27.2.1973[5]

---

1 Der Drahterlaß wurde von Legationsrat I. Klasse Roßbach konzipiert, der am 27. Februar 1973 handschriftlich vermerkte: „Mit BMVg vorbesprochen (Botsch[after] Roth – Ob[erst] Steiff), noch nicht mitgezeichnet."
Hat Botschafter Roth am 27. Februar 1973 vorgelegen.
Hat Vortragendem Legationsrat Kroneck am 9. März 1973 vorgelegen.

2 Vortragender Legationsrat Hofmann, z. Z. Wien, teilte mit, daß die Mitgliedstaaten des Warschauer Pakts am 23. Februar 1973 als Antwort auf die neuen westlichen Verfahrensvorschläge vom 21. Februar 1973 gleichlautende Erklärungen übermittelt hätten, die auf eine „völlige Ablehnung der von den NATO-Staaten angebotenen Kompromißformel [...] ohne Gegenvorschlag hinausliefen". In der NATO-Ad-hoc-Gruppe MBFR habe der amerikanische Vertreter dazu erklärt, „mit Durchsetzung des NATO-Standpunktes (voller Teilnahmestatus Ungarns in den Explorationen) sei nicht mehr zu rechnen. Die USA bemühten sich daher, den NATO-Rat noch heute zur Annahme des bekannten amerikanischen Lösungsvorschlags [...] zu bewegen. [...] Wenn es im NATO-Rat nicht zu einem Konsens auf der Grundlage des amerikanischen Lösungsvorschlages komme, sei nicht auszuschließen, daß die amerikanische Regierung sofort einen ungarischen Beobachterstatus anvisiere." Der amerikanische Lösungsvorschlag lautete: „1) Representatives of the following states will participate in the consultations related to Central Europe which began in Vienna January 31, 1973, and will take the necessary decisions by a consensus amongst themselves: Belgium; Canada; Czechoslovakia; German Democratic Republic; Germany, Federal Republic of; Luxembourg; Netherlands; Poland; Union of [Soviet] Socialist Republics; United Kingdom; United States of America. The question of whether the representative of Hungary participates in the decisions will be resolved at a later stage. 2) The following seven states will also participate: Bulgaria; Denmark; Greece; Italy; Norway; Romania; Turkey." Vgl. VS-Bd. 9108 (214); B 150, Aktenkopien 1973.

3 Botschafter Roth übermittelte der Ständigen Vertretung bei der NATO in Brüssel die Haltung der Bundesregierung zum neuen amerikanischen Verfahrensvorschlag: „Wir sind bereit, den Vorschlag zu prüfen, schlagen aber vor, den Text an die Ad-hoc-Gruppe in Wien zu verweisen. Er kann dort als Beitrag zu den laufenden Überlegungen zur Fortsetzung der bilateralen Kontakte über Verfahrensfragen dienen. [...] Es fragt sich, welche Gründe die amerikanische Vertretung veranlaßt, zu dem vorgelegten neuen Verfahrenspapier schon jetzt eine weitere Rückfallposition auf einen Flankenstatus Ungarns vorzuschlagen. Bedeutet dies, daß die vorgeschlagene Position als für die Sowjets voraussichtlich unannehmbar gehalten wird?" Zur weiteren Vorgehensweise führte Roth aus: „Wir würden uns unseres Erachtens selbst Schaden zufügen, wenn wir jetzt nach kurzer Zeit und ohne ausreichende Prüfung mit einem neuen, möglicherweise in der Substanz abweichenden Kompromißvorschlag an den Warschauer Pakt herantreten würden. Wir sind nicht der Auffassung, daß wir uns so sehr im Zeitzwang befinden, daß nicht die grundsätzlichen Positionen geprüft und eine neue Aktion durch unsere Vertreter in Wien sorgfältig vorbereitet werden könnte. Wir halten es auch nicht für angebracht, daß innerhalb kurzer Zeit den Mitgliedern des Warschauer Pakts ein weiterer Verfahrensvorschlag unterbreitet wird, der vom NATO-Rat formuliert und dessen Übermittlung auf hoher Ebene beschlossen würde. Eine Aktion dieser Art sollte jetzt auf einen Vorschlag begrenzt bleiben, der Aussicht auf Erfolg hat. [...] Unsere Delegationen

Sie werden gebeten, in der Sitzung des NATO-Rats am 28. Februar 1973 auf der Grundlage folgender Erwägungen zu argumentieren:

1) Wir werten die in der Ratssitzung am 26. Februar 1973 insgesamt zutage getretene Tendenz als Ergebnis der Erkenntnis des Bündnisses, daß in der schwierigen Situation, in der wir uns befinden, jede Polarisierung zwischen der amerikanischen Haltung und der Haltung der übrigen Bündnispartner vermieden werden müsse. Eine solche Polarisierung würde der anderen Seite nur die Möglichkeit bieten, die bestehenden Meinungsunterschiede in ihrem Sinne auszunützen.

Wir sind aber nach wie vor (vgl. Bezugsdrahterlaß zu b)) der Meinung, daß jede übertriebene Eile und jedes zu schnelle und weitgehende Eingehen auf die sowjetischen Vorschläge im gegenwärtigen Moment schädlich und der Suche nach neuen und tragbaren Lösungen abträglich wäre. Der NATO-Rat sollte sich die Zeit nehmen, eine gründliche politische Bewertung des Problems vorzunehmen und auf dieser Basis eine für alle Bündnispartner und deren Interessen vertretbare Lösung zu finden. Diese Lösung müßte darüber hinaus Aussicht haben, von den Teilnehmern des Warschauer Pakts angenommen zu werden. Ich bitte, diese unsere Vorstellungen in voller Unterstützung der britischen Haltung deutlich zu machen.

2) Wir wollen uns andererseits an der Diskussion über den auf dem Tisch liegenden schriftlichen amerikanischen Kompromißvorschlag konstruktiv beteiligen. Wir begrüßen in diesem Zusammenhang die von den Niederlanden und Belgien auf der Ratssitzung vom 26. Februar 1973 angedeutete Möglichkeit, unter bestimmten Voraussetzungen den bisher engen Zusammenhang zwischen der Statusfrage Ungarn und Benelux aufzulösen. Wir unterstützen vor allem die belgischen und niederländischen Wünsche, das Territorium Ungarns in eine constraints-Zone einzubeziehen.

Fortsetzung Fußnote von Seite 311

in Wien führen wie bisher ihre Gespräche mit den Delegationen des Warschauer Paktes, und zwar auf der Basis des Guidelines-Papieres. In der Ad-hoc-Gruppe in Wien wird versucht, intern Einigung auf einen neuen Verfahrensvorschlag zu erzielen. In diese Diskussionen wäre der amerikanische Formulierungsvorschlag einzubeziehen." Vgl. VS-Bd. 9428 (221); B 150, Aktenkopien 1973.

4 Botschafter Krapf, Brüssel (NATO), teilte mit, daß in der Sitzung des Ständigen NATO-Rats am 26. Februar 1973 zur Frage der Teilnehmer an den MBFR-Explorationsgesprächen der amerikanische Verfahrensvorschlag weitgehende Unterstützung gefunden habe. Der niederländische NATO-Botschafter Spierenburg habe seine Zustimmung allerdings davon abhängig gemacht, „daß sich die Allianz zuvor darauf einigt, daß Ungarn, wenn schon nicht in den Reduktionsraum, so doch in den geographischen Anwendungsbereich von constraints einbezogen wird". Der belgische NATO-Botschafter de Staercke habe den niederländischen Standpunkt unterstützt. Der britische NATO-Botschafter Peck habe sich mit der Begründung, daß eine Ausklammerung der Ungarnfrage im Sinne des amerikanischen Vorschlages einer „Kapitulation vor den sowjetischen Forderungen nahekomme", gegen den amerikanischen Vorschlag ausgesprochen und stattdessen „eine Lösung auf der Basis eines ‚equal status' für alle Teilnehmer" befürwortet. Er habe auch wiederholt, „daß die Explorationen in Wien nicht unter Zeitdruck stünden und man sich auch nicht unter Zeitdruck setzen lassen sollte". Der amerikanische NATO-Botschafter Rumsfeld habe erneut vorgeschlagen, „bereits jetzt über eine weitere Rückfallposition" zu sprechen und hinzugefügt, „daß es notwendig sei, die Unterstützung der Öffentlichkeit für MBFR-Gespräche auch in Zukunft aufrechtzuerhalten. Es sei daher erforderlich, daß mit den Plenarsitzungen so schnell wie möglich begonnen werde." Vgl. VS-Bd. 9081 (212); B 150, Aktenkopien 1973.

5 Botschafter Roth übermittelte der Ständigen Vertretung bei der NATO in Brüssel eine Gegenüberstellung der Vor- und Nachteile einer gleichberechtigten Teilnahme aller 19 an den MBFR-Explorationsgesprächen teilnehmenden Staaten („equal-status-Lösung"). Vgl. VS-Bd. 9428 (221); B 150, Aktenkopien 1973.

a) Wir glauben, daß der gegenwärtig dem NATO-Rat vorliegende schriftliche amerikanische Vorschlag mit den belgischen und niederländischen Wünschen zu einer für alle tragbare Lösung kombiniert werden könnte.

Hinsichtlich der Kriterien einer solchen Disclaimer-Lösung kommt es uns darauf an, den Kompromißcharakter des Vorschlages und die dem Kompromiß zugrundeliegenden Bedingungen der anderen Seite deutlich vor Augen zu führen. Das könnte im Gegensatz zum amerikanischen Vorschlag die Aushandlung des Kompromisses mit der anderen Seite schwieriger gestalten. Es würde aber andererseits die Dauerhaftigkeit der Lösung und die Frage der Klärung der uns interessierenden belgischen und niederländischen Statusfrage in positiver Wiese beeinflussen.

b) Im einzelnen: Wir schlagen folgende Fassung des Disclaimers vor: Nach der im ersten Absatz des schriftlichen amerikanischen Vorschlages erfolgten Aufzählung der Vollteilnehmer bevorzugen wir folgenden Satz:

„The question of whether the representatives of Hungary participate in future decisions will be resolved at a later stage."

Nachfolgend die weitere Ergänzung:

„The participation of Hungary in these exploratory talks does not prejudice in any way the participation in future negotiations or in any future agreement or agreements possibly resulting from such negotiations and concerning measures related to reductions in Central Europe."

Folgen die weiteren Absätze des amerikanischen Papiers. Der Text eines solchen Disclaimers könnte in der Ad-hoc-Gruppe in Wien gegebenenfalls endgültig formuliert werden.

3) Die zweite amerikanische Rückfallposition, die Ungarn Flankenstatus geben möchte[6], lehnen wir aus verhandlungstaktischen wie aus substantiellen Gründen ab. Wir würden einer solchen Lösung eine allgemeine Ausklammerung aller Statusprobleme während der exploratorischen Gespräche vorziehen und bitten, auf dieser Basis den auf der Sitzung des NATO-Rats am 26. Februar 1973 gemachten britischen Vorschlag (equal status) zu unterstützen. Auf die mit Bezugsdrahterlaß zu d) übermittelte Gegenüberstellung von Vor- und Nachteilen einer solchen equal-status-Lösung wird hingewiesen.

4) Nur zu Ihrer persönlichen Unterrichtung:

Sie werden gebeten, über die von Ihnen in den NATO-Ratssitzungen gemachten Äußerungen möglichst ausführlich zu berichten.[7]

Frank

VS-Bd. 9430 (221)

---

6 Botschafter Krapf, Brüssel (NATO), berichtete am 23. Februar 1973, daß in einer Sondersitzung des Ständigen NATO-Rats am selben Tag der amerikanische Vertreter vorgeschlagen habe, eine weitere westliche Rückfallposition zu erörtern, wonach Ungarn „der Status eines ‚consultative participants' unter Ausschluß der Präjudizwirkung für spätere MBFR-Verhandlungen gegeben werden solle". Dieser Vorschlag sei auf „einhellige Ablehnung" gestoßen. Vgl. den Drahtbericht Nr. 247; VS-Bd. 9093 (213); B 150, Aktenkopien 1973.
7 Botschafter Krapf, Brüssel (NATO), berichtete am 28. Februar 1973, daß sich auf der Sitzung des Ständigen NATO-Rats vom selben Tag „eine überwiegende Mehrheit der Sprecher (Italien, Niederlande, Belgien, Kanada, Türkei, Griechenland und Norwegen)" für den amerikanischen Verfah-

67

Gespräch des Bundesministers Bahr
mit dem Staatssekretär beim Ministerrat der DDR, Kohl

Geheim   28. Februar 1973[1]

Protokoll der 61. Begegnung zwischen Bundesminister Bahr und Staatssekretär Kohl in Bonn, Bundeskanzleramt, am 28. Februar 1973, von 13.00 bis 18.30 Uhr.

Teilnehmer: Bundesminister Bahr, die Ministerialdirektoren Sanne und Weichert, LR I Bauch; Staatssekretär Dr. Kohl, die Herren Seidel und Bernhardt.

1) Ratifizierung des Grundvertrages[2]

StS *Kohl* hob das besondere Interesse der DDR am baldigen Inkrafttreten des Vertrages hervor. Die Volkskammer und ihre Ausschüsse würden sich am 1. März mit dem Vertrag befassen.[3] Er bäte um Unterrichtung über die Terminvorstellungen der BRD, insbesondere, ob es bei den bisher genannten Terminen Ende April/Anfang Mai bleibe.

Fortsetzung Fußnote von Seite 313

rensvorschlag ausgesprochen habe. Maßgebend hierfür sei die Erklärung des amerikanischen NATO-Botschafters zur Einbeziehung Ungarns in eine „constraints zone" gewesen. Rumsfeld habe hierzu ausgeführt: „Die amerikanische Regierung teile die Auffassung, daß in MBFR-Verhandlungen verhindert werden müsse, daß MBFR-Abkommen dadurch umgangen würden, daß die sowjetischen Streitkräfte in Ungarn verstärkt würden. Es gebe verschiedene Wege, dieses Ziel zu erreichen, einer davon seien constraints. Wichtig sei das Ziel, nämlich die Verhinderung der Umgehung von MBFR-Abkommen. Die Methode, wie dieses Ziel am besten zu erreichen sei, könne man später festlegen." Krapf teilte weiter mit, daß ein drafting committee beauftragt worden, die „erzielte Einigung in der Frage der ‚constraints' in einem Papier festzulegen, das gleichzeitig als Weisung für die Ad-hoc-Gruppe in Wien bestimmt sein soll". Hinsichtlich des Zeitfaktors habe der Rumsfeld erneut die Auffassung vertreten, „daß der neue Verfahrensvorschlag nunmehr so schnell wie möglich der anderen Seite übermittelt werden sollte, da die Zeit in Wien nicht für die Allianz arbeite und mit einer weiteren Verhärtung des sowjetischen Standpunktes gerechnet werden müsse". Krapf vermerkte, daß der amerikanische Antrag, den neuen Verfahrensvorschlag sofort zu verabschieden, am britischen und deutschen Einspruch gescheitert sei. Der britische NATO-Botschafter Peck habe einen Verfahrensvorschlag, der eine „equal-status-Lösung" vorsehe, in Umlauf gegeben, der wiederum von der italienischen, türkischen und griechischen Seite abgelehnt worden sei. Der Leiter der britischen MBFR-Delegation in Wien, Thomson, habe in einem kurzen Überblick über die Lage in Wien die Auffassung vertreten, „daß die Gespräche sich nicht in einer Krise befänden und niemand ernsthaft damit rechne, daß es zu ihrem Abbruch komme. Bilaterale Gespräche mit osteuropäischen Delegationen hätten ergeben, daß die WP-Staaten nicht mit der sofortigen Übergabe eines neuen Verfahrensvorschlages rechneten." Vgl. den Drahtbericht Nr. 265; VS-Bd. 9428 (221); B 150, Aktenkopien 1973.

[1] Ablichtung.
Die Gesprächsaufzeichnung wurde von Ministerialdirektor Sanne, Bundeskanzleramt, am 1. März 1973 gefertigt.
Hat Staatssekretär Frank am 18. März 1973 vorgelegen, der die Weiterleitung an Bundesminister Scheel und an Ministerialdirektor van Well verfügte.
Hat Scheel laut Vermerk des Vortragenden Legationsrats Hallier vom 4. Mai 1973 vorgelegen.
Hat van Well am 9. Mai 1973 vorgelegen.
[2] Zum Stand des Ratifikationsverfahrens zum Grundlagenvertrag vom 21. Dezember 1972 vgl. Dok. 38, Anm. 21.
[3] Am 1. März 1973 befaßte sich das Präsidium der Volkskammer mit dem Grundlagenvertrag vom 21. Dezember 1972. Vgl. dazu die Meldung „Präsidium der Volkskammer beriet über Gesetzesvorlagen"; Neues Deutschland vom 2. März 1973, S. 1.

BM *Bahr* unterstrich, daß auch die Bundesregierung am baldigen Inkrafttreten interessiert sei. Sie mache ihren Einfluß für eine zügige Behandlung durch die Ausschüsse des Bundestages geltend, soweit dies möglich sei. Ohne den Bundestag binden zu wollen, gehe er davon aus, daß der früheste Termin für den Abschluß der Beratungen Mitte Mai sei. Es komme darauf an, die Bereitschaft der Koalitionsfraktionen zur zügigen Behandlung nicht dadurch zu beeinträchtigen, daß sich die Dinge zwischen den beiden Staaten zum Schlechten hin entwickelten. Im übrigen habe die Bundesregierung auch dadurch zur Beschleunigung des Vertrages im Parlament beigetragen, daß sie für den Grundvertrag und für den VN-Beitritt gesonderte Zustimmungsgesetze vorgelegt habe.[4]

StS *Kohl* äußerte Verwunderung und Bedauern über die Verschiebung der Termine auf unserer Seite. Die DDR werde hinsichtlich der Entwicklung der Beziehungen zwischen den beiden Staaten keinen Anlaß zur Klage geben.

BM *Bahr* entgegnete, dieses bedeute wohl, daß die DDR ihre bisherige Haltung ändere.[5]

2) Beitritt zu den Vereinten Nationen

StS *Kohl* erklärte, daß die Verwirklichung der Prinzipien der friedlichen Koexistenz eine gleichberechtigte Mitarbeit beider Staaten in den VN erfordere. Insoweit bestehe ein Zusammenhang mit dem Grundvertrag. Die DDR würde deshalb den Notenaustausch zur Ratifizierung erst vornehmen, wenn mindestens der Sicherheitsrat der Aufnahme beider Staaten zugestimmt habe. Beide Seiten sollten sich dafür einsetzen, daß ihre Verbündeten, insbesondere soweit sie ständige Mitglieder des SR[6] seien, kein Veto einlegten. Die DDR sei interessiert, die Meinung der Bundesregierung zur Frage einer Sondersitzung der Vollversammlung zu erfahren.

BM *Bahr* äußerte Erstaunen über die Haltung der DDR, die während der Verhandlungen stets darauf gedrungen habe, die Fragen des Grundvertrages von

---

[4] Die Bundesregierung leitete dem Bundesrat und dem Bundestag die Entwürfe der Gesetze zum Grundlagenvertrag vom 21. Dezember 1972 sowie zum Beitritt der Bundesrepublik zur UNO-Charta getrennt, aber gleichzeitig zu. Vgl. dazu Dok. 16, Anm. 14.

[5] In der Presse der Bundesrepublik wurde wiederholt auf Erschwerungen des Reiseverkehrs und Behinderungen der Tätigkeit von Journalisten aus der Bundesrepublik durch die Behörden der DDR hingewiesen. Vgl. dazu die Artikel „Kontakte mit dem Westen stehen im Ruch der Staatsgefährdung" und „Westliche Journalisten von Ost-Berlin massiv behindert"; DIE WELT vom 7. Dezember bzw. vom 22. Dezember 1972, S. 2 bzw. S. 5. Vgl. dazu ferner den Artikel „Verlobte zurückgehalten?"; DIE WELT vom 28. Dezember 1972, S. 2.

Am 10. Januar 1973 erklärte Ministerialdirektor Sanne, Bundeskanzleramt, im Gespräch mit dem Abteilungsleiter im Ministerium für Auswärtige Angelegenheiten der DDR, Seidel, dazu, „daß die Bundesregierung nicht das Recht der Regierung der DDR in Frage stelle, im Rahmen der mit uns getroffenen Vereinbarungen und auf der Grundlage der von ihr abgegebenen Erklärung im Einzelfall darüber zu bestimmen, wer aus- und einreisen darf. [...] Wir bestritten auch nicht, daß einige tausend Bürger der DDR seit Inkrafttreten des Verkehrsvertrages aus Anlaß wichtiger Familienereignisse in die Bundesrepublik reisen durften. Aber die Praxis sei immer noch nicht befriedigend." Sanne erläuterte im einzelnen, wo die Bundesregierung Möglichkeiten einer Verbesserung der Reisemöglichkeiten sehe, und wies darauf hin, „daß es im Interesse einer Beruhigung der Öffentlichkeit zweckmäßig wäre, die Ablehnung einer Reisegenehmigung jeweils zu begründen. Es sei für den Einzelnen schwer genug, nicht fahren zu dürfen. Die Unkenntnis des Grundes erzeuge zusätzlich Ärger und verbreite Unsicherheit." Vgl. die Aufzeichnung von Sanne vom 11. Januar 1973; VS-Bd. 9051 (210); B 150, Aktenkopien 1973.

[6] Sicherheitsrat.

denen des Beitritts zu den VN zu trennen. Es sei unverständlich, wenn die
DDR nun die Auffassung vertrete, daß das Inkrafttreten des Vertrages durch
eine Situation in den VN blockiert werden könnte, von der wir alle hofften, daß
sie nicht eintrete. Auch die Bundesregierung sei an einer baldigen Aufnahme
beider Staaten in die VN interessiert. Sie werde sich bei ihren Verbündeten
dafür einsetzen, daß die Empfehlung des Sicherheitsrates „glatt" zustande
komme. – Die frühere Sorge der DDR, ob die BRD wirklich einen Aufnahmeantrag stellen werde, sei nunmehr gegenstandslos, nachdem die Opposition dem
Gesetz zum Beitritt zuzustimmen bereit sei.[7] Wenn jedoch die Ratifizierung
des Grundvertrages nicht gesichert sei, werde die Bundesregierung auch keinen Antrag auf Aufnahme in die VN stellen. – Eine Sondersitzung der Vollversammlung sollte nach unserer Auffassung deshalb nicht beantragt werden,
weil keines der VN-Mitglieder daran interessiert sei. Im übrigen wäre auch zu
wenig Zeit zwischen dem voraussichtlichen Abschluß der Parlamentsberatun-
gen bei uns und dem Beginn der Sommerpause bei den VN.

StS *Kohl* stellte die Frage, ob sich die BRD einer Sondersitzung widersetzen
würde.

BM *Bahr* erklärte, darauf könne er jetzt keine abschließende Antwort geben.
Er werde unter Umständen bei der nächsten Begegnung darauf zurückkommen. Er unterstreiche jedoch noch einmal, daß die Ermächtigung zur Stellung
des Aufnahmeantrages frühestens in derselben Sitzung des Bundestages erteilt werde, in der die Schlußabstimmung über den Grundvertrag stattfinde.

StS *Kohl* erklärte, er stelle ein beiderseitiges Interesse an einem baldigen Inkrafttreten des Grundvertrages fest. Die DDR sei nach jahrzehntelangem
Blockieren ihres Beitritts durch die BRD daran interessiert, daß der Zeitraum
zwischen der Ratifizierung des Grundvertrages und dem VN-Beitritt nicht weit
auseinander liege.

3) Interpretation des Grundvertrages

StS Kohl führte Beschwerde über angebliche Bestrebungen der BRD, den Vertrag gegen Sinn und Buchstaben auszulegen, ihn als eine Art Modus vivendi
hinzustellen, seine völkerrechtliche Aussagekraft zu schmälern und ein Sonderverhältnis zwischen den beiden Staaten zu betonen. Er sei gehalten, folgendes zu erklären: Die DDR und die BRD seien zwei Völkerrechtssubjekte. In
diesem Sinne hätten sie im Grundlagenvertrag die Grundlagen ihrer Beziehungen völkerrechtlich verbindlich geregelt. Auf dem Boden des ehemaligen
Deutschen Reiches seien zwei unabhängige Staaten mit unterschiedlichen Ge-

---

[7] Zur Einleitung des Zustimmungsverfahrens zum UNO-Beitritt der Bundesrepublik vgl. Dok. 16,
Anm. 14.
Am 2. Februar 1973 erklärte Ministerpräsident Stoltenberg im Bundesrat „zugleich im Namen der
Landesregierungen von Baden-Württemberg, Bayern, Rheinland-Pfalz und des Saarlandes" die Zustimmung zum Entwurf eines Gesetzes zum Beitritt der Bundesrepublik zur UNO-Charta, da „die
Vollmitgliedschaft eine logische und begrüßenswerte Erweiterung" der Mitwirkung der Bundesre-
publik in den Sonderorganisationen der UNO seit den fünfziger Jahren sei. Er fügte jedoch hinzu,
„daß die hier nicht zu treffende rechtliche und politische Entscheidung, aber die politische Bewertung und Erörterung der Mitgliedschaft Ost-Berlins aus der Sicht der vorhin genannten Länder
ernste Bedenken" auslöse. Vgl. BR Stenographische Berichte 1973, 389. Sitzung, S. 19 f.
Am 16. Februar 1973 ließ auch die CDU/CSU-Fraktion im Bundestag Zustimmung zu einem UNO-
Beitritt erkennen. Vgl. dazu den Artikel „Bedingtes Ja der Union zum UN-Beitritt"; Frankfurter
Allgemeine Zeitung vom 17. Februar 1973, S. 1.

sellschaftsordnungen entstanden. Deshalb müsse im Verhältnis dieser beiden Staaten zueinander das Prinzip der völligen Gleichberechtigung beachtet werden.

BM *Bahr* erwiderte, er könne sich nicht vorstellen, daß StS Kohl mit seinen Ausführungen beabsichtige, den Grundvertrag zu ändern. Die Frage der Definität der getroffenen Regelungen müsse im Zusammenhang mit der vereinbarten Regelung der Vier Mächte zum VN-Beitritt beider Staaten[8] gesehen werden. Es habe keinen Sinn, das Gleichgewicht des Vertrages hinsichtlich des Verhältnisses beider Staaten zueinander noch einmal wägen zu wollen. Durch Publikation und Äußerungen hochgestellter Persönlichkeiten der DDR[9] werde die innerpolitische Argumentation der Bundesregierung erschwert. Vor allem wenn immer wieder nur gewisse Bestimmungen des Vertrages unter Weglassung anderer zitiert würden. Es könne nicht im Interesse beider Seiten liegen, sich nun auch noch auf eine öffentlich geführte Definitionsschlacht einzulassen.

StS *Kohl* bat darum zu beachten, daß die Rücksichtnahme der DDR auf die innenpolitische Situation in der BRD auch ihre Grenzen habe.

BM *Bahr* erwiderte, es gebe auch für die Bundesregierung eine Grenze des Verständnisses für die Lage der anderen Seite, etwa dann, wenn in DDR-Schulbüchern der Bundeskanzler beschimpft werde, wenn zum Haß gegenüber dem sogenannten Klassenfeind aufgerufen werde oder wenn das Feindbild in den Streitkräften der DDR liebevoll gepflegt werde.

StS *Kohl* führte folgende Beispiele für ein angeblich unkorrektes Verhalten unserer Seite an:

Die Delegation der BRD habe für die Postverhandlungen eine von Bundesminister Franke gezeichnete Vollmacht präsentiert.[10] Es sei für die DDR einfach nicht verständlich, daß man noch nach Abschluß des Grundvertrages den Ver-

---

[8] Vgl. dazu die Vier-Mächte-Erklärung vom 9. November 1972; Dok. 1, Anm. 14.

[9] Auf einer Tagung des Präsidialrats des Kulturbundes sowie der Präsidien der Künstlerverbände und der Akademie der Künste der DDR zum Thema „Friedliche Koexistenz und ideologischer Kampf" äußerte sich das Mitglied des Politbüros der SED, Hager, zum „Nationalismus als ideologischer Waffe der herrschenden Kreise der Bundesrepublik". Zu den Ausführungen berichtete die Presse: „Unter Berufung auf Gemeinsamkeiten der Geschichte, der Sprache und Kultur werde das Fortbestehen einer ‚einheitlichen Kulturnation' beschworen. Diese These widerspreche völlig dem realen Prozeß der kulturellen Entwicklung in den beiden Staaten, ständen sich doch gegenüber die sozialistische Kultur der DDR und die bürgerlich-kapitalistische Kultur der BRD." Vgl. den Artikel „Aufgaben der Kultur wachsen im Klassenkampf"; NEUES DEUTSCHLAND vom 28. Januar 1973, S. 4.

[10] Am 15. Februar 1973 fand die zweite Verhandlungsrunde mit der DDR über ein Post- und Fernmeldeabkommen statt. Auf die Frage des Staatssekretärs im Ministerium für Post- und Fernmeldewesen der DDR, Calov, nach Vorlage einer Verhandlungsvollmacht durch den Delegationsleiter der Bundesrepublik legte Staatssekretär Gscheidle, Bundesministerium für das Post- und Fernmeldewesen, eine von Bundesminister Franke ausgestellte Vollmacht vor: „StS Calov fragte, ob Herr Bundesminister Franke im Auftrag der Bundesregierung die Vollmacht erteilt habe. Dies wurde als der Geschäftsordnung der Bundesregierung entsprechend bestätigt. Am Schluß des Verhandlungstages kam StS Calov jedoch nochmals auf die Vollmachtsfrage zurück, bat erneut um Einsichtnahme und erklärte, er könne die Vollmacht in dieser Form nicht akzeptieren. Er forderte, Bundesminister Franke solle im Vollmachtstext selbst zum Ausdruck bringen, daß er von der Bundesregierung beauftragt sei, seinerseits Vollmacht zu erteilen." Vgl. das Schreiben des Ministerialrats Grosser, Bundesministerium für das Post- und Fernmeldewesen, vom 26. Februar 1973; Referat 210, Bd. 109238.

such unternehme, damit „innerdeutsche" Verhandlungen führen zu wollen. Sogenannte innerdeutsche Verhandlungen lehne die DDR ab.

BM *Bahr* erklärte, er könne nicht verstehen, warum die DDR überhaupt besondere Vollmachten verlange, wenn unter Berufung auf vorliegende Vereinbarungen Verhandlungen stattfinden. Nach der Geschäftsordnung der Bundesregierung sei der Bundesminister für innerdeutsche Beziehungen generell zuständig für die Verhandlungen mit der DDR und müsse deshalb, wenn solche
Verhandlungen von anderen Ressorts geführt werden und eine Vollmacht erforderlich ist, diese gegenzeichnen.

StS *Kohl* wies weiter auf einen „Fundstellennachweis" des Bundesministers
der Justiz hin, in dem ein Unterschied zwischen völkerrechtlichen Verträgen
und Verträgen mit der DDR gemacht werde.[11] Dies sei ein weiteres Beispiel
für unsere Art der Auslegung des Grundvertrages hinsichtlich seiner völkerrechtlichen Aussagekraft.

BM *Bahr* entgegnete, daß er sich zu dieser Frage erst äußern könne, wenn er
sich sachkundig gemacht habe.

4) Gesetz über die Gewährung von Erleichterungen, Vorrechten und Befreiungen an die zuständige Vertretung der DDR[12]

StS *Kohl* erklärte, die DDR werde durch dieses Gesetz diskriminiert. Es unter-
stelle, daß DDR-Diplomaten Deutsche im Sinne des Grundgesetzes seien[13] und
deshalb für sie die Regeln der Wiener Konvention[14] keine Anwendung finden
könnten. § 2 des Gesetzes verstoße dagegen, daß sich die Bundesregierung im

---

11 Vgl. FUNDSTELLENNACHWEIS B. VÖLKERRECHTLICHE VEREINBARUNGEN UND VERTRÄGE MIT DER DDR.
   Abgeschlossen am 31. Dezember 1972, hrsg. vom Bundesminister der Justiz, Bonn/Köln [1973].
12 Am 9. Februar 1973 leitete die Bundesregierung dem Bundesrat einen Gesetzentwurf über die Gewährung von Erleichterungen, Vorrechten und Befreiungen an die Ständige Vertretung der DDR
   zu. Gemäß Paragraph 1 sollte die Bundesregierung ermächtigt werden, „unter der Voraussetzung
   der Gegenseitigkeit durch Rechtsverordnung der ständigen Vertretung der Deutschen Demokratischen Republik am Sitz der Bundesregierung und ihren Mitgliedern, den mit diesen im gemeinsamen Haushalt lebenden Familienangehörigen sowie ihren privaten Hausangestellten Erleichterungen, Vorrechte und Befreiungen zu gewähren. Diese können bis zu dem Umfang gewährt werden, wie sie diplomatischen Missionen, deren Mitgliedern, ihren Familienangehörigen und privaten Hausangestellten [...] zustehen oder eingeräumt werden können." Nach Paragraph 2 wurden
   diese Personen, „soweit sie nicht im Geltungsbereich dieses Gesetzes ständig ansässig sind, 1) von
   der Verpflichtung, beim Grenzübertritt und beim Aufenthalt im Bundesgebiet ein allgemeines
   amtliches Personaldokument zu besitzen und sich damit auszuweisen, 2) von den Meldepflichten
   nach den Meldegesetzen der Länder befreit." In Paragraph 3 war festgelegt: „Dieses Gesetz gilt
   [...] auch im Land Berlin. Rechtsverordnungen, die aufgrund dieses Gesetzes erlassen werden, gelten im Land Berlin nach § 14 des Dritten Überleitungsgesetzes." Vgl. BR DRUCKSACHEN 1973, Bd. 4,
   Drucksache Nr. 143/73, S. 3.
13 Zur Frage der Staatsangehörigkeit war in Artikel 116 des Grundgesetzes vom 23. Mai 1949 festgelegt: „1) Deutscher im Sinne dieses Grundgesetzes ist vorbehaltlich anderweitiger gesetzlicher Regelung, wer die deutsche Staatsangehörigkeit besitzt oder als Flüchtling oder Vertriebener deutscher Volkszugehörigkeit oder als dessen Ehegatte oder Abkömmling in dem Gebiete des Deutschen Reiches nach dem Stande vom 31. Dezember 1937 Aufnahme gefunden hat. 2) Frühere deutsche Staatsangehörige, denen zwischen dem 30. Januar 1933 und dem 8. Mai 1945 die Staatsangehörigkeit aus politischen, rassischen oder religiösen Gründen entzogen worden ist, und ihre Ab-
   kömmlinge sind auf Antrag wieder einzubürgern. Sie gelten als nicht ausgebürgert, sofern sie nach
   dem 8. Mai 1945 ihren Wohnsitz in Deutschland genommen haben und nicht einen entgegengesetzten Willen zum Ausdruck gebracht haben." BUNDESGESETZBLATT 1949, S. 15 f.
14 Für den Wortlaut des Wiener Übereinkommens vom 18. April 1961 über diplomatische Beziehungen vgl. BUNDESGESETZBLATT 1964, Teil II, S. 958–1005.

Zusammenhang mit dem Verkehrsvertrag[15] zur Anerkennung der Diplomaten-Pässe der DDR bereit erklärt habe. Die Berlin-Klausel sei ein Verstoß gegen das Vier-Mächte-Abkommen und erwecke den Eindruck, als ob die künftige Vertretung der DDR in der BRD auch für West-Berlin zuständig sei. Da beide Staaten Mitglied der Wiener Konvention seien, müßten die Bestimmungen dieser Konvention auf ihre Beziehungen direkte Anwendung finden. Der Gesetzentwurf der Bundesregierung sei nur geeignet, neue Hindernisse zu schaffen und die noch ausstehenden Verhandlungen über die Vertretungen zu erschweren.

MD *Sanne* stellte fest, daß es nach der Rechtsordnung der BRD unerläßlich sei, ein derartiges Gesetz zu erlassen. Andernfalls könne die Bundesregierung den Vertretern der DDR die notwendigen Erleichterungen nicht gewähren. Es bestehe Übereinstimmung, daß der Grundvertrag die Staatsangehörigkeitsfragen nicht berühre. Artikel 8 des Vertrages mache deutlich, daß keine diplomatischen Beziehungen aufgenommen werden sollen.[16] Die Wiener Konvention sei deshalb für die Bundesregierung als Rechtsgrundlage nicht ausreichend. – Die Bundesregierung habe sich im übrigen seiner Erinnerung nach nicht zur Anerkennung von DDR-Pässen verpflichtet, sondern lediglich zugesagt, diese Pässe so zu behandeln wie solche anderer Staaten.[17] – Die Berlin-Klausel bedeute keine Auflage für die Vertretung der DDR, sondern sei die Rechtsgrundlage für die Anwendung der Bestimmungen des Gesetzes in Berlin (West).

StS *Kohl* entgegnete, die DDR sei überhaupt nicht an der Anwendung des Gesetzes in West-Berlin interessiert. Sie beabsichtige nicht, ihre Diplomaten dorthin reisen zu lassen.

MD *Sanne* stellte fest, daß dies eine andere Frage sei. Auch die Vorrechte und Befreiungen für VN-Diplomaten seien z. B. durch ein besonderes Gesetz geregelt, das eine Berlin-Klausel enthalte. Dies bedeute keine Auflage für die Vereinten Nationen, daß sie ihre Vertreter nach Berlin (West) schicken müßten, sondern es bedeute, daß diese, falls sie dorthin fahren, in den Genuß der Befreiungen kommen könnten.

StS *Kohl* fragte, wohin die Bundesregierung kommen wolle, wenn sie einerseits für die Aufnahme beider Staaten in die VN sei, auf der anderen Seite aber behauptete, Abkommen wie die Wiener Konvention oder auch die Charta der Vereinten Nationen[18] könnten im Verhältnis der beiden Staaten zueinander keine Anwendung finden. Er frage den Bundesminister, ob die Charta nach

---

15 Für den Wortlaut des Vertrags vom 26. Mai 1972 zwischen der Bundesrepublik und der DDR über Fragen des Verkehrs sowie der beigefügten Dokumente vgl. BUNDESGESETZBLATT 1972, Teil II, S. 1450–1458.

16 Für Artikel 8 des Vertrags vom 21. Dezember 1972 über die Grundlagen der Beziehungen zwischen der Bundesrepublik und der DDR vgl. Dok. 16, Anm. 13.

17 Im 39. Gespräch mit dem Staatssekretär beim Ministerrat der DDR, Kohl, am 12. April 1972 gab Staatssekretär Bahr, Bundeskanzleramt, die Erklärung zu Protokoll, „daß die Behörden der Bundesrepublik Deutschland die von der DDR ausgestellten Pässe im grenzüberschreitenden Verkehr sowohl zwischen der DDR und der BRD als auch zwischen der Bundesrepublik Deutschland und dritten Staaten uneingeschränkt wie andere entsprechend der internationalen Praxis ordnungsgemäß ausgestellte Pässe behandelt werden". Vgl. die Gesprächsaufzeichnung; VS-Bd. 8562 (II A 1); B 150, Aktenkopien 1972.

18 Für den Wortlaut der UNO-Charta vom 26. Juni 1945 vgl. CHARTER OF THE UNITED NATIONS, S. 675–699.

Auffassung der Bundesregierung nicht auch das Verhältnis zwischen den beiden Staaten bestimme.

BM *Bahr* verwies erneut auf die Vier-Mächte-Erklärung im Zusammenhang mit dem VN-Beitritt beider deutscher Staaten. Sicher hätten bestimmte internationale Abkommen unbeschränkte Geltung auch für die Beziehungen zwischen den beiden Staaten. Probleme stellten sich erst dann, wenn etwa das Grundgesetz oder die Rechte der Vier Mächte der Bundesregierung ein bestimmtes Verhalten vorschrieben. Die Bundesregierung könne nicht so tun, als ob der Grundvertrag die Teilung Deutschlands besiegelt habe. Daher sei eine direkte Anwendung der Wiener Konvention für die BRD in ihrem Verhältnis zur DDR eben nicht möglich.

StS *Kohl* fragte, wodurch sich die Vertreter der DDR nach Auffassung der BRD eigentlich ausweisen sollten.

BM *Bahr* antwortete, daß diese Vertreter besondere Dokumente erhalten würden und sich im übrigen mit ihren Diplomaten-Pässen identifizieren könnten.

Die DDR-Vertretung solle alle Rechte erhalten, die andere Vertretungen auch hätten. Dies werde durch das vorgesehene Gesetz generell ermöglicht. Andernfalls wäre die Bundesregierung gezwungen, wegen jeder Einzelheit die Zustimmung der gesetzgebenden Körperschaften einzuholen. Die Bundesregierung wolle mit dem Gesetz die Voraussetzungen schaffen, daß die DDR-Vertretung möglichst bald ihre Tätigkeit in der BRD aufnehmen könne.

5) Einrichtung der Vertretungen

BM *Bahr* schlug vor, möglichst bald Verhandlungen über die praktischen Fragen, die mit der Einrichtung von Vertretungen zusammenhängen, zu beginnen.

StS *Kohl* stellte fest, seine Seite habe dies nicht erwartet, nachdem Herr von Wechmar erst am 10. Januar erklärt habe, daß solche Verhandlungen gegen Ende des Ratifizierungsverfahrens, unter Umständen auch danach, geführt werden sollten.[19] Die DDR sei derselben Auffassung.

BM *Bahr* bat, diese Auffassung noch einmal zu überprüfen. Er wiederhole die Bereitschaft der Bundesregierung, im Interesse einer möglichst baldigen Eröffnung der Vertretungen mit den Verhandlungen darüber zu beginnen.[20]

6) Berlin-Fragen

StS *Kohl* äußerte die Sorge der DDR, daß die Bundesregierung und der Senat versuchten, das Vier-Mächte-Abkommen zu unterlaufen, soweit es ihr Verhältnis zu West-Berlin betreffe. Es sei ein Unterschied, ob sich Bundestagsaus-

---

[19] Ministerialdirektor Freiherr von Wechmar, Presse- und Informationsamt, äußerte sich am 10. Januar 1973 zu Berichten, wonach der am 31. März 1973 aus der Chefredaktion des „Spiegel" ausscheidende Journalist Gaus als Leiter der Ständigen Vertretung der Bundesrepublik in der DDR vorgesehen sei. Ein „Beschluß des Bundeskabinetts sei noch nicht gefällt worden. Das betreffe sowohl die Bezeichnung dieser Vertretung, ihren Umfang wie schließlich die Frage, wer ihr Leiter werde. Dies werde wohl auch nicht in den nächsten Wochen geschehen, sondern erst am Ende oder nach dem Abschluß der Ratifizierung des Grundvertrages. Alle anderen Meldungen eilten den Tatsachen voraus". Vgl. den Artikel „Sympathien für Gaus im Kanzleramt"; FRANKFURTER ALLGEMEINE ZEITUNG vom 11. Januar 1973, S. 3.

[20] Die Gespräche mit der DDR über die Errichtung Ständiger Vertretungen begannen am 14. Juni 1973 in Ost-Berlin. Vgl. dazu Dok. 196.

schüsse in West-Berlin mit Fragen dieses Verhältnisses oder ob sie sich dort mit allgemeinen bundespolitischen Problemen befaßten. Ebenso sei es ein Unterschied, ob der Bundespräsident auf Einladung des Senats von Berlin als Gast an einer Ausstellung teilnehme[21] oder ob er dort „in seiner offiziellen Residenz" residiere und sogar einen Empfang für den Bund der Mitteldeutschen gebe[22], dessen feindselige Haltung gegenüber der DDR bekannt sei. Es sei ein Unterschied, ob der Senat internationale Gremien nach West-Berlin einlade, um die Stadt zu besichtigen, oder ob die Bundesregierung solche Gremien quasi in ein Land der BRD einlade.[23] – Unbestreitbar sei es die Auffassung der Vier Mächte, daß West-Berlin kein Land der BRD sei. Die Formulierung des Vier-Mächte-Abkommens „kein konstitutiver Teil"[24] sei sogar eine Steigerung gegenüber der früheren Formel „kein Land der BRD".[25] Trotzdem verwende die Bundesregierung weiterhin in ihren Gesetzen die Bezeichnung „Land Berlin".

BM *Bahr* erklärte, die Bundesregierung halte sich genau an das Vier-Mächte-Abkommen. Sie werde für die Außenbeziehungen eine Bezeichnung wählen, die diesem voll gerecht werde. Die DDR werde daher niemals in die Zwangslage kommen, eine Bezeichnung Berlins akzeptieren zu müssen, die ihr nicht gefalle. Dies beweise schon die Formulierung, die man im Zusammenhang mit dem Verkehrsvertrag gefunden habe.[26] Es müsse aber ein Unterschied zwischen dem Innen- und dem Außenverhältnis gemacht werden.

StS *Kohl* erwiderte, daß beides im Zusammenhang stehe. Daher sei die DDR auch durch Normativakte der BRD unmittelbar betroffen.

---

21 Bundespräsident Heinemann hielt sich vom 25. bis 29. Januar 1973 in Berlin (West) auf. Am 25. Januar 1973 gab er in seinem Amtssitz im Schloß Bellevue einen Empfang für die Mitglieder des Wissenschaftsrats und des Bildungsrats. Außerdem gab er ein Abendessen für die Ehrengäste der „Grünen Woche" und führte Gespräche mit dem Vorstand der Jüdischen Gemeinde. Vgl. dazu den Artikel „Heinemann würdigt Wissenschaftsrat"; DIE WELT vom 26. Januar 1973, S. 5. Vgl. dazu ferner den Artikel „Heinemann in Berlin"; FRANKFURTER ALLGEMEINE ZEITUNG vom 26. Januar 1973, S. 1.

22 Bundespräsident Heinemann führte am 30. Juni 1972 in Berlin (West) ein Gespräch mit dem Präsidium des Bundes der Mitteldeutschen. Vgl. dazu den Jahresbericht 1972/73 des Bundes der Mitteldeutschen; Referat 210, Bd. 109228.

23 Am 26./27. Februar 1973 tagte das Präsidium des Europäischen Parlaments in Berlin (West).

24 Vgl. Teil II B des Vier-Mächte-Abkommens über Berlin vom 3. September 1971 sowie Anlage II Absatz 1; Dok. 58, Anm. 12.

25 Am 22. April 1949 erklärten die Militärgouverneure Clay (USA), Koenig (Frankreich) und Robertson (Großbritannien) zum Entwurf des Grundgesetzes, ihre Regierungen könnten „gegenwärtig nicht zustimmen, daß Berlin als ein Land in die ursprüngliche Organisation der deutschen Bundesrepublik einbezogen wird". Vgl. DOKUMENTE ZUR BERLIN-FRAGE 1944–1966, S. 113.
Am 29. August 1950 nahm die Alliierte Kommandatura Berlin zum Entwurf der Berliner Verfassung vom 22. April 1948 mit Änderungen vom 4. August 1950 Stellung. Sie ordnete an, daß Artikel 1, Absatz 2 und 3, in denen Berlin als „ein Land der Bundesrepublik Deutschland" bezeichnet und das Grundgesetz sowie die Gesetze der Bundesrepublik als „für Berlin bindend" bezeichnet wurden, zurückgestellt werden sollten. Klargestellt wurde zudem, „daß während der Übergangsperiode Berlin keine der Eigenschaften des zwölften Landes besitzen wird". Für Artikel 1 der Verfassung von Berlin vom 1. September 1950 sowie die BK/O (50) 75 vgl. DOKUMENTE ZUR BERLIN-FRAGE 1944–1966, S. 154.

26 Bei der Unterzeichnung des Verkehrsvertrags am 26. Mai 1972 erklärten Staatssekretär Bahr, Bundeskanzleramt, und der Staatssekretär beim Ministerrat der DDR, Kohl, das Einvernehmen, die Bestimmungen des Vertrags in Übereinstimmung mit dem Vier-Mächte-Abkommen über Berlin vom 3. September 1971 „unter der Voraussetzung sinngemäß anzuwenden, daß in Berlin (West) die Einhaltung der Bestimmungen des Verkehrsvertrages gewährleistet wird". Vgl. BUNDESGESETZBLATT 1972, Teil II, S. 1458.

BM *Bahr* hielt dem entgegen, daß kein Gesetz der BRD die DDR verpflichte, unsere Auffassung über Berlin zu übernehmen. Genauso wenig seien wir bereit, uns mit der von der DDR verwendeten Bezeichnung „Magistrat von Groß-Berlin" zu identifizieren. – Im übrigen stimme es nicht, wenn Herr Kohl sage, daß das Vier-Mächte-Abkommen mit seiner Formulierung „kein konstitutiver Teil" eine Steigerung gemacht habe. Das Gegenteil sei richtig. Zwar sei Berlin kein konstitutiver Teil der BRD, aber auf vielen Gebieten, wie Wirtschaft, Währung, Recht, Parteien, Gewerkschaften usw., sei es eben doch ein Teil der BRD. Hier gehe es um die Bindungen und Verbindungen. Er müsse bitten, Äußerungen von der DDR nicht immer nur darauf abzustellen, daß Berlin nicht vom Bund regiert werde, sondern auch zu erwähnen, daß das Vier-Mächte-Abkommen die Wahrung und den Ausbau der bestehenden Bindungen vorsehe.

StS *Kohl* bat, der Bundespräsident möge künftig erklären, wenn er nach Berlin reise, daß er auf Einladung des Senats fahre und dort nicht regiere. Er werfe außerdem die Frage auf, ob es nach Auffassung der Bundesregierung richtig sei, wenn Frau Renger erkläre, sie besuche West-Berlin als das erste ihrer Bundesländer, und wenn sie sich dort für ein volles Stimmrecht der West-Berliner Abgeordneten einsetze.[27]

BM *Bahr* antwortete, daß, falls Frau Renger dies so gesagt haben sollte, er sie gern auf die Existenz des Vier-Mächte-Abkommens hinweisen werde. Das volle Stimmrecht für Berliner Abgeordnete habe sie mit Sicherheit nicht gefordert.

7) Luftverkehr

BM *Bahr* erklärte, zum Thema Luftverkehr überleitend, daß die Bundesregierung bereit sei, bald Verhandlungen mit der DDR über ein Abkommen über den allgemeinen Luftverkehr aufzunehmen. Als Geschäftsgrundlage der Verhandlungen gelte für die Bundesregierung, daß sie über Überflugrechte für Linien- und Charterflüge sowie über Verkehrsrechte verhandeln wolle und auch bereit sei, über Überflugrechte für Charterflüge der DDR zwischen Punkten in der DDR und in der BRD zu verhandeln. Für die Bundesregierung sei es ein wesentlicher Teil der Vereinbarungen über den Luftverkehr, daß auch die Einbeziehung von Berlin (West) möglich werde. Die Diskriminierung der West-Berliner Flughäfen müsse beseitigt werden. Dies richte sich nicht gegen Schö-

---

[27] Zum Vorhaben der Bundesregierung, das Stimmrecht der Vertreter von Berlin im Bundestag und im Bundesrat zu erweitern, vgl. Dok. 20, Anm. 5.
Am 18. Dezember 1972 berichtete die Presse über ein Interview der Bundestagspräsidentin mit dem Süddeutschen Rundfunk, in dem Renger die Erwartung geäußert habe, „mit Billigung der Alliierten das volle Stimmrecht der Berliner auf alle Gesetzesvorhaben ausdehnen zu können, die für Berlin ohnehin Gültigkeit hätten und von Berlin übernommen werden". Außerdem sollten die Vertreter von Berlin (West) an der Wahl des Bundeskanzlers und des Bundestagspräsidenten teilnehmen dürfen. Vgl. den Artikel „Frau Renger für die Ausweitung des Stimmrechts für Berliner"; DIE WELT vom 18. Dezember 1972, S. 5.
Bei einem Besuch in Berlin (West) vom 11. bis 14. Januar 1973 bezeichnete Renger eine Erweiterung des Stimmrechts für die Vertreter von Berlin (West) im Bundestag als „politisch realisierbar". Vgl. den Artikel „Schütz fordert verstärkte Mitwirkung im Bundesrat"; DIE WELT vom 13. Januar 1973, S. 6.
Die Presse der DDR kommentierte den Besuch der Bundestagspräsidentin in Berlin (West): „Es ist offensichtlich, daß damit in demonstrativer Weise versucht wird, Westberlin entgegen den eindeutigen Festlegungen des Vierseitigen Abkommens wie ein Land der BRD zu behandeln." Vgl. die Meldung „Unvereinbar mit Vierseitigem Abkommen über Westberlin"; NEUES DEUTSCHLAND vom 13. Januar 1973, S. 2.

nefeld. Das System der Luftkorridore und der Berliner Kontrollzone und seine Rechtsgrundlagen[28] sowie die praktizierten Verfahren sollten unangetastet bleiben. Nach Konsultationen mit den Drei Mächten könne er mitteilen, daß diese Flügen der Lufthansa nach West-Berlin keinen Widerstand entgegensetzen würden.[29]

StS *Kohl* antwortete, daß die DDR bereits in ihrem Entwurf eines Verkehrsvertrages einen besonderen Abschnitt „Luftverkehr" vorgeschlagen habe[30], worüber die BRD seinerzeit nicht in der Lage war zu verhandeln.[31] Die DDR sei bereit, über die Luftverkehrsfragen mit dem Ziel des Abschlusses eines Regierungsabkommens nach Inkrafttreten des Grundvertrages zu verhandeln. Dies schließe einen Meinungsaustausch bereits jetzt nicht aus. Dabei solle nach Auffassung der DDR vor allem über folgende Punkte im Sinne einer Einbeziehung in ein eventuelles Abkommen gesprochen werden: Einrichtung eines Linienflugverkehrs zwischen beiden Staaten; Benennung der Luftverkehrsunternehmen, die diesen Linienverkehr betreiben sollen; Überflugrechte nach dritten Staaten; Sicherheitsfragen; gegenseitige Anerkennung der Dokumente; Ausnahme von der Zollerhebung für Ersatzteile etc.; Frage der Untersuchung bei Unfällen; Abstimmung über Tarife, Art und Weise der Regelung von Meinungsverschiedenheiten. Im übrigen stimme er BM Bahr zu, daß die Fragen der Luftkorridore und der alliierten Kontrollzone nicht angeschnitten werden sollten.

Er sei verwundert, daß Herr Bahr die Fragen von Überflug- und Landerechten nach Berlin (West) angeschnitten habe. Die DDR hätte vor kurzem Äußerungen des Regierenden Bürgermeisters zur Kenntnis genommen, der in richtiger Einschätzung der Lage erklärt habe, daß dies ein schwieriges Thema sei und man bereit sein müsse, Abstriche zu machen.[32] Er, Kohl, wolle daran erinnern, daß die Vier Mächte seinerzeit übereinstimmten, die Luftverkehrsfragen nicht zu behandeln. Er sei jedenfalls weder bereit noch ermächtigt, auf die Frage von Flügen nach Berlin (West) einzugehen.

BM *Bahr* erläuterte, daß der Regierende Bürgermeister mit seinen Äußerungen versucht habe, einen Teil des öffentlichen Drucks in dieser Angelegenheit zu beseitigen. Die Auffassung der Bundesregierung habe er, Bahr, hier dargelegt. Die von StS Kohl genannten Punkte müßten in der Tat in einem Abkommen geregelt werden. Er müsse noch einmal betonen, daß die Frage des Abschlusses eines Luftverkehrsabkommens für uns uninteressant sei, wenn damit nicht auch die Frage des Anflugs von West-Berliner Flughäfen durch Luft-

28 Vgl. dazu Dok. 60, Anm. 8.

29 Vgl. dazu das Gespräch des Bundesministers Bahr mit den Vertretern der Drei Mächte vom 21. Februar 1973 über Fragen des Luftverkehrs mit der DDR; Dok. 60.

30 Der Staatssekretär beim Ministerrat der DDR, Kohl, schlug im 36. Gespräch mit Staatssekretär Bahr, Bundeskanzleramt, am 9. März 1972 einen Protokollvermerk vor, wonach die Bundesrepublik und die DDR baldmöglichst ein Luftverkehrsabkommen schließen sollten. Vgl. dazu AAPD 1972, I, Dok. 57.

31 Am 6. März 1972 sprachen sich die Vertreter der Drei Mächte in der Bonner Vierergruppe für eine Ausklammerung von Fragen des Luftverkehrs aus den Verhandlungen mit der DDR über einen allgemeinen Verkehrsvertrag aus. Vgl. dazu die Aufzeichnung des Legationssekretärs Holderbaum vom 9. März 1972; VS-Bd. 5829 (V 1); B 150, Aktenkopien 1972. Vgl. dazu auch AAPD 1972, I, Dok. 59.

32 Zu den Äußerungen des Regierenden Bürgermeisters von Berlin, Schütz, vgl. Dok. 60, Anm. 13.

hansa-Maschinen geregelt werde. Die Bundesregierung sei an einem Abkommen nicht interessiert, das sich auf die Regelung des Verkehrs zwischen Schönefeld und der BRD beschränke. Er müsse deshalb noch einmal fragen, welche Punkte die Regierung der DDR für eine West-Berlin einbeziehende Regelung noch für klärungsbedürftig halte.

StS *Kohl* entgegnete, seine Seite habe nicht die Absicht, darüber zu sprechen. Auf jeden Fall bedürfe es für solche Flüge einer Entscheidung der Sowjetunion und der DDR. Über den Verkehr nach Berlin (West) sollten sich die Vier Mächte unterhalten. Er, Bahr, werde ja auch nicht nur an Lufthansaflüge gedacht haben. Die DDR wolle diese Fragen nicht anschneiden. Die Vier Mächte hätten sie bei ihren Verhandlungen ausgeklammert.

BM *Bahr* sagte, es sei richtig, daß die Regelung dieser Frage nicht in die alleinige Entscheidungsbefugnis von DDR und BRD falle. Wenn die DDR diese Frage nicht anschneiden wolle, frage er, ob dies bedeute, daß sie ihre Mitarbeit an einer Regelung verweigere.

StS *Kohl* erwiderte, daß er seinen Ausführungen nichts hinzuzufügen habe. Die DDR wollte Fragen des Verkehrs nach West-Berlin nicht anschneiden. Notfalls könne man auch noch ein paar Jahr ohne Luftverkehrsabkommen leben.

BM *Bahr* schlug vor, die Frage am 22. März noch einmal aufzunehmen.

8) Mündelgelder/Kinder

StS *Kohl* erklärte, es sei an der Zeit, die Frage der Mündelgelder[33] zu lösen. Diese Gelder gehörten nicht den Regierungen, sondern den Unterhaltsberechtigten. Er schlage einen Briefwechsel vor, für den er einen Entwurf übergebe (Anlage[34]).

BM *Bahr* erwiderte, daß er der Notwendigkeit, die Mündelfrage zu klären, zustimme. Dies müsse aber auch für die Zusammenführung von Kindern mit ihren Eltern[35] gelten. Dabei sei von besonderer Dringlichkeit die Regelung der

---

[33] Bei den Mündelgeldern handelte es sich um Unterhaltszahlungen von Bundesbürgern für ihre minderjährigen Kinder in der DDR, die auf Sperrkonten eingezahlt und mit Unterhaltszahlungen von DDR-Bürgern für ihre in der Bundesrepublik lebenden Kinder verrechnet wurden. Da die in der Bundesrepublik gezahlten Beträge über denen der DDR lagen, entstand dabei ein Überhang, und die DDR erhob den Vorwurf, daß auf Betreiben der Behörden der Bundesrepublik Gelder in Höhe von fast 100 Mio. DM zurückgehalten würden. Vgl. dazu den Artikel „DDR verweigert Genehmigungen für Familienzusammenführung"; FRANKFURTER ALLGEMEINE ZEITUNG vom 9. März 1973, S. 1.

[34] Dem Vorgang beigefügt. Die Mitteilung des Staatssekretärs beim Ministerrat der DDR, Kohl, an Bundesminister Bahr sollte lauten: „Die Deutsche Demokratische Republik wird unverzüglich die Unterhaltsgelder für unterhaltsberechtigte Kinder der Bundesrepublik Deutschland, die sich zum Stichtag 31. Dezember 1972 auf Konten bei Kreditinstituten der Deutschen Demokratischen Republik befinden, im Verrechnungswege der Bundesrepublik Deutschland überweisen." Der Entwurf für die Antwort von Bahr lautete: „Die Bundesrepublik Deutschland wird unverzüglich die Unterhaltsgelder für unterhaltsberechtigte Kinder der Deutschen Demokratischen Republik, die sich zum Stichtag 31. Dezember 1972 auf Konten bei Kreditinstituten und Jugendamtskassen der Bundesrepublik Deutschland befinden, im Verrechnungswege der Deutschen Demokratischen Republik überweisen." Vgl. VS-Bd. 9051 (201); B 150, Aktenkopien 1973.

[35] Staatssekretär Bahr, Bundeskanzleramt, erinnerte den Staatssekretär beim Ministerrat der DDR, Kohl, in den Vier-Augen-Gesprächen am 21./22. Oktober 1971 erstmals an eine Zusage vom Anfang des Jahres 1971, 309 Kinder aus der DDR ausreisen zu lassen. Vgl. dazu AAPD 1971, III, Dok. 360. Während der Vier-Augen-Gespräche vom 1. bis 4. November 1972 sagte Kohl zu, daß 305 Kinder nach der Paraphierung des Grundlagenvertrags ausreisen dürften. Vgl. dazu AAPD 1972, III, Dok. 361.

Fälle, in denen Kinder durch die Verzögerung der Angelegenheit nun in einem Alter seien, in dem sie zur Nationalen Volksarmee eingezogen würden. (Der Minister verwies auf die der Bundesregierung namentlich bekannten Fälle.)

StS *Kohl* entgegnete, er halte fest, daß auch Bundesminister Bahr für eine Trennung der Frage der Mündelgelder von der Frage der Kinderrückführung sei. Die DDR habe eine große Zahl von Kindern ausreisen lassen. Einige von den ursprünglich Vorgesehenen hätten eine Ausreise jedoch nicht gewünscht.[36] Außerdem gebe es Fälle, in denen die Kinder in die DDR zurückkehren wollten, die westdeutschen Behörden dies jedoch verhinderten.

BM *Bahr* stellte fest, daß die Bundesregierung die beiden Fragen zu trennen bereit sei. Der zeitliche Zusammenhang einer Lösung müsse jedoch erhalten bleiben. Die Bundesregierung wünsche zu erfahren, wie viele Kinder noch auf Zusammenführung mit ihren Eltern rechnen können. Darüber, daß dies mehr als die 308 seien, habe man ja bereits gesprochen. Die Bundesregierung müsse sicher sein, daß die Kinder eine freie Entscheidung treffen könnten und nicht gegen sie das Kriterium verwandt werden würde, daß sie seit der ersten Absprache von vor zwei Jahren nun um diese Zeit älter geworden seien.[37]

9) Handel

StS *Kohl* stellte fest, daß in Ziffer II des Zusatzprotokolls zum Grundvertrag nicht nur von der Entwicklung des Handels auf der Grundlage der bestehenden Abkommen[38], sondern auch vom Abschluß langfristiger Vereinbarungen gesprochen werde.[39] Bei den Verhandlungen habe Übereinstimmung bestan-

---

36 Am 10. Januar 1973 führte der Abteilungsleiter im Ministerium für Auswärtige Angelegenheiten der DDR, Seidel, gegenüber Ministerialdirektor Sanne, Bundeskanzleramt, dazu aus, „daß von den 308 Kindern bis zum 4. Januar 214 übersiedelt seien. In 76 Fällen hätten die Kinder bzw. die Pflegeeltern die Übersiedlung abgelehnt. Von den restlichen 18 Kindern sei für 16 die Übersiedlung genehmigt worden [...]. Herr Seidel erklärte, er sei beauftragt, grundsätzlich zu erklären, daß diese Aktion damit zu Ende gehe." Sanne wies darauf hin, daß die Vorstellungen der Bundesregierung „über die Zahl der infrage kommenden Kinder ganz anders aussähen und daß wir über den Wunsch der DDR nach Überweisung der Mündelgelder nicht völlig losgelöst entscheiden könnten". Vgl. die Aufzeichnung von Sanne vom 11. Januar 1973; VS-Bd. 9051 (210); B 150, Aktenkopien 1973.

37 Am 1. März 1973 vermerkte Bundesminister Bahr, er habe dem Staatssekretär beim Ministerrat der DDR, Kohl, auch im Vier-Augen-Gespräch am 28. Februar 1973 die Vorstellungen der Bundesregierung zu den humanitären Fragen erläutert, „wonach es nicht jetzt einen Stillstand geben dürfte, die Anwälte also ihre Kontakte wiederaufnehmen sollten; daß auch nach Einrichtung der Vertretungen Anwaltskontakte für besondere Fälle nötig sein würden; daß Häftlingsentlassungen auch weiterhin möglich sein sollten; daß Familienzusammenführung auch zahlenmäßig nachweisbar zunehmen sollte; daß die Ausreise von Amnestierten vordringlich sei". Kohl habe dagegen auf die Bereitschaft der DDR verwiesen, „ab sofort auf ‚Menschenhandel' zu verzichten". Weiteres Drängen habe sich als „fruchtlos" erwiesen: „Dies galt auch für die noch offenstehenden Ziffern der Kinderrückführung.[...] Die Atmosphäre war frostig." Vgl. VS-Bd. 9051 (210); B 150, Aktenkopien 1973.

38 Der Handel zwischen der Bundesrepublik und der DDR war durch das Abkommen vom 20. September 1951 über den Handel zwischen den Währungsgebieten der Deutschen Mark (DM-West) und den Währungsgebieten der Deutschen Mark der Deutschen Notenbank (DM-Ost) (Berliner Abkommen) in der Fassung der Vereinbarung vom 16. August 1960 geregelt. Für den Wortlaut vgl. Bundesanzeiger, Nr. 32 vom 15. Februar 1961, Beilage, S. 1–3.
Am 6. Dezember 1968 wurde von Ministerialrat Kleindienst, Bundesministerium für Wirtschaft, und dem Stellvertretenden Minister für Außenwirtschaft der DDR, Behrendt, ein ergänzender Briefwechsel unterzeichnet. Für den Wortlaut vgl. Referat II A 1, Bd. 869. Vgl. dazu auch AAPD 1968, II, Dok. 380.

39 In Ziffer 1 des Zusatzprotokolls zu Artikel 7 des Vertrags vom 21. Dezember 1972 über die Grundlagen der Beziehungen zwischen der Bundesrepublik und der DDR wurde ausgeführt: „Der Handel zwischen der Bundesrepublik Deutschland und der Deutschen Demokratischen Republik wird

den, daß dazu auch die Swing-Regelung[40] gehöre. Es sei jedoch in dieser Hinsicht nicht nur nichts geschehen, sondern Herr Kleindienst verknüpfte – offenbar auf höhere Weisung – eine Swing-Regelung mit anderen Fragen.[41]

BM *Bahr* erwiderte, daß er in den Verhandlungen vorgeschlagen habe, noch vor Abschluß des Grundvertrages eine Vereinbarung über die Sachfragen des Handels zu schließen. Die von ihm vorgeschlagenen Expertengespräche habe StS Kohl damals mit der Entgegnung abgelehnt, man solle sich jetzt auf die Erörterung von Grundsatzfragen beschränken.[42] Der DDR sei bei der Formulierung des Zusatzprotokolls bekannt gewesen, daß die BRD die Frage einer langfristigen Swing-Regelung im Zusammenhang mit der Frage der Energieversorgung von Berlin (West) sehe.[43] Er müsse feststellen, daß bis jetzt weder in der einen noch in der anderen Frage Fortschritte erzielt worden seien.

Herr *Bernhardt* erklärte, es habe im Oktober bei den Verhandlungen zwei Hauptprobleme gegeben, einmal die Frage, wie die Grundlagenfragen Handel im Vertrag zu formulieren seien – dies habe mehr im Interesse der BRD gelegen – und zum anderen die langfristigen wirtschaftlichen Regelungen, die im Vordergrund des Interesses der DDR gestanden haben. Beide Seiten seien sich aber des engen Zusammenhangs dieser Fragen bewußt gewesen. Anfang No-

---

Fortsetzung Fußnote von Seite 325

auf der Grundlage der bestehenden Abkommen entwickelt. Die Bundesrepublik Deutschland und die Deutsche Demokratische Republik werden langfristige Vereinbarungen mit dem Ziel abschließen, eine kontinuierliche Entwicklung der wirtschaftlichen Beziehungen zu fördern, überholte Regelungen anzupassen und die Struktur des Handels zu verbessern." Vgl. BULLETIN 1972, S. 1843.

[40] Die Abrechnung des Waren- und Dienstleistungsverkehrs zwischen der Bundesrepublik und der DDR erfolgte über drei Unterkonten, die bis zu einem gewissen Betrag überzogen werden konnten („Swing"). Gemäß Artikel 8 des Abkommens vom 20. September 1951 über den Handel zwischen den Währungsgebieten der Deutschen Mark (DM-West) und den Währungsgebieten der Deutschen Mark der Deutschen Notenbank (DM-Ost) (Berliner Abkommen) in der Fassung vom 16. August 1960 war die Bundesbank berechtigt, im Falle eines Debitsaldos der Deutschen Notenbank von 100 Mio. Verrechnungseinheiten auf den Unterkonten weitere Lastschriften auszusetzen. Vgl. BUNDESANZEIGER, Nr. 32 vom 15. Februar 1961, Beilage, S. 2.
Am 6. Dezember 1968 vereinbarten Ministerialrat Kleindienst, Bundesministerium für Wirtschaft, und der Stellvertretende Minister für Außenwirtschaft der DDR, Behrendt, eine an den Lieferungen der DDR orientierte jährliche Neufestsetzung des Überziehungskredits („Swing") in Höhe von 25 % der im Vorjahr bezahlten Lieferungen und Dienstleistungen. Für den Briefwechsel vgl. Referat II A 1, Bd. 869.

[41] Zu den Bemühungen der DDR um eine Erhöhung des „Swing" wurde in der Presse berichtet, gemäß der Regelung von 1968 betrage der Überziehungskredit für 1973 630 Mio. DM: „Wenn diese Vereinbarung, wie vorgesehen, 1975 ausläuft, wird der Swing nur noch 200 Millionen betragen. Das will die DDR mit allen Mitteln vermeiden. Dem Vernehmen nach ist die Bundesregierung jedoch nur dann zu einer neuen Swing-Vereinbarung bereit, wenn Ost-Berlin auf dem Gebiet der Energiepolitik Zugeständnisse macht. Beobachter gehen davon aus, daß es sich dabei um eine Hochspannungsleitung zwischen dem Bundesgebiet und West-Berlin handelt." Vgl. den Artikel „Wachsendes Ungleichgewicht im innerdeutschen Handel"; FRANKFURTER ALLGEMEINE ZEITUNG vom 9. Januar 1973, S. 11.

[42] Staatssekretär Bahr, Bundeskanzleramt, nannte am 22. Juni 1972 im zweiten Gespräch mit dem Staatssekretär beim Ministerrat der DDR, Kohl, über einen Grundlagenvertrag den innerdeutschen Handel als möglichen Bestandteil eines Vertrags. Vgl. AAPD 1972, II, Dok. 181.
Vgl. dazu auch das fünfte Gespräch am 17. August 1972 in Ost-Berlin; AAPD 1972, II, Dok. 234.
Im Vier-Augen-Gespräch am 30./31. August 1972 sprach sich Kohl gegen eine Erörterung des Themas während der Verhandlungen über einen Grundlagenvertrag aus. Vgl. dazu AAPD 1972, II, Dok. 253.

[43] Staatssekretär Bahr, Bundeskanzleramt, schlug Bundeskanzler Brandt am 23. November 1972 vor, der DDR einen „Swing" in Höhe von 750 Mio. Verrechnungseinheiten zuzugestehen, wenn sie den Bau einer Stromleitung aus der Bundesrepublik nach Berlin (West) gestattete. Vgl. dazu AAPD 1972, III, Dok. 381.

vember habe man auf unserer Seite erstmals genauere Zahlen genannt, 750 Mio. DM nach seiner Erinnerung. Herr Kleindienst habe damals gesagt, daß ihm im Augenblick noch eine Vollmacht fehle, über die Frage zu verhandeln. Später sei der Hinweis gekommen, daß die Vollmacht wegen der Neuwahlen und danach wegen der Regierungsbildung[44] noch nicht gegeben worden sei.[45] Anfang 1973 sei diese verzögernde Haltung durch das Junktim Swing/Energiefrage ersetzt worden. In den Gesprächen, die er, Bernhardt, während der Verhandlungen mit unserer Seite geführt habe, sei die Frage der Stromleitung nicht einmal erwähnt worden.

BM *Bahr* erwiderte, die Frage einer langfristigen Regelung des Swings stehe tatsächlich seit März 1972[46] auf der Tagesordnung. Sie sei aber schon vor sechs bis neun Monaten von Herrn Kleindienst mit den anderen Fragen, die uns interessierten, verbunden worden. Was die 750 Mio. DM angehe, so sei diese Zahl dadurch ins Gespräch gekommen, daß er der Vorstellung der DDR widersprochen habe, man müsse an der bisherigen prozentualen Festlegung des Swing festhalten. Er habe damals den Standpunkt der Bundesregierung klargemacht, daß langfristige Vereinbarungen mit dem Ziel einer ausgeglichenen Handelsbilanz im beiderseitigen Interesse angestrebt werden sollten. 750 Mio. DM müßten die absolute Obergrenze sein, von der aus der Swing bis auf Null zurückzuführen wäre. Die Frage einer Energieleitung nach Berlin (West) sei von Herrn Kleindienst nach seiner Erinnerung im Oktober eingeführt worden.

---

44 Die Wahlen zum Bundestag fanden am 19. November 1972 statt. Am 14. Dezember 1972 wurde Willy Brandt erneut zum Bundeskanzler gewählt. Die Bundesminister wurden am 15. Dezember 1972 vereidigt.

45 Der Leiter der Treuhandstelle für den Interzonenhandel, Kleindienst, berichtete am 11. Januar 1973 über die Gespräche mit dem Stellvertretenden Minister für Außenwirtschaft der DDR. Behrendt habe gefragt, „ob damit gerechnet werden könne, in Kürze über die Dinge zu verhandeln, wofür der Grundvertrag einen speziellen Auftrag gegeben habe. Er betonte dabei, daß er wegen der Regierungsbildung in der Bundesrepublik Verständnis habe, jetzt noch kein konkretes Verhandlungsangebot zu erhalten, daß er aber die anstehenden Probleme heute nochmals in Erinnerung bringen möchte." Er, Kleindienst, habe die Frage gestellt, „ob das M[inisterium für] A[ußen]W[irtschaft] denn heute bereit sei, z. B. unsere Vorschläge auf dem Energiesektor entgegenzunehmen. Es gehe zunächst doch darum, daß beide Seiten sich über die Themen einigen, die in der ersten Runde verhandelt werden sollen. Unsere Seite hätte hierzu Vorschläge gemacht, die jedoch vom MAW bisher abgelehnt worden seien." Vgl. das Fernschreiben an das Bundesministerium für Wirtschaft; Referat 210, Bd. 109268.

46 Am 1. Februar 1972 teilte Staatssekretär Rohwedder, Bundesministerium für Wirtschaft und Finanzen, mit, daß der Stellvertretende Minister für Außenwirtschaft der DDR, Behrendt, am 20. Januar 1972 gegenüber dem Leiter der Treuhandstelle für den Interzonenhandel, Kleindienst, angeboten habe, „die Vereinbarungen vom 6. Dezember 1968 über Swing und Lieferungen von Maschinenbauerzeugnissen zu verlängern". Vgl. Referat III A 6, Bd. 462.
Am 6. Oktober 1972 führte Vortragender Legationsrat Sieger dazu aus, Behrendt habe in Gesprächen mit der Treuhandstelle für Interzonenhandel anläßlich der Leipziger Herbstmesse 1972 erneut diese Frage angeschnitten und auf einen schnellen Abschluß der Vereinbarungen gedrängt: „Im einzelnen präzisierte Herr Behrendt die Vorschläge der DDR wie folgt: die bestehende Swing-Regelung von 25 % (der jeweiligen Vorjahreslieferungen der DDR) mit der Dauer des Abkommens in Übereinstimmung zu bringen, also eine zeitliche Begrenzung festzulegen, allenfalls bis 1985; für die Maschinenbaukontingente auf der Liefer- und Bezugsseite keine Wertgrenzen in steigender Skala mehr zu vereinbaren, sondern diese ohne Wertgrenzen für die Dauer des Abkommens – also unbefristet – zu vereinbaren. Sollte die jetzt geltende Swing-Regelung nicht über 1975 hinaus verlängert werden, so müßte die DDR bis Ende 1975 den zur Zeit von ihr in Anspruch genommenen Swing (praktisch ein zinsloser Kredit) in Höhe von etwa 585 Mio. DM auf 200 Mio. DM reduzieren, um die vor 1968 festgelegte Swinggrenze wieder zu erreichen." Vgl. Referat III A 6, Bd. 462. Vgl. dazu auch AAPD 1972, III, Dok. 381.

StS *Kohl* erklärte, daß diese Frage in seinem damaligen Gespräch mit Herrn
Bahr keine Rolle gespielt habe. Ausweislich der Unterlagen der DDR sei dieses
Thema erst Anfang dieses Jahres aufgekommen. Bis dahin habe es zwischen
Herrn Kleindienst und Herrn Behrendt keine Differenzen in der Frage des
Swing gegeben. In den Verhandlungen über den Grundvertrag sei der für die
BRD entscheidende Punkt die Formulierung gewesen „wird auf der Grundlage
der bestehenden Abkommen entwickelt". Mit dieser Formulierung habe sich
die DDR nur unter der Voraussetzung einverstanden erklärt, daß man im Prin-
zip über ein langfristiges Abkommen einig sei.

BM *Bahr* stellte fest, es bleibe lediglich zu klären, ob diese Absprache in Kenntnis der Wünsche der BRD getroffen worden sei.

StS *Kohl* nahm darauf den Standpunkt ein, es komme – selbst wenn das Stich-
wort Strom früher, als er glaube, gefallen sei – darauf an, ob dieses Thema Teil
seiner Absprache mit Herrn Bahr war.

10) Grenznaher Verkehr

BM *Bahr* erklärte, die Bundesregierung müsse rechtzeitig mit den Bauarbei-
ten an den vorgesehenen Grenzübergängen[47] beginnen und auch andere Vorbereitungen für den grenznahen Verkehr treffen. Sie halte Expertengespräche
für notwendig. Die DDR habe auf den Terminvorschlag vom 8. Februar bisher
nicht reagiert.

Botschafter *Seidel* antwortete, daß der Vorschlag der Bundesregierung in den
nächsten Tagen beantwortet werde.[48]

BM *Bahr* übergab zur Vorbereitung der Gespräche eine Liste mit Fragen (Anlage).[49]

11) Seeschiffsverkehr

BM Bahr erläuterte unter Hinweis auf den Protokollvermerk zu Artikel 1 des
Verkehrsvertrages[50] die Wünsche Schleswig-Holsteins und Hamburgs auf Ein-

---

[47] In einem Briefwechsel vom 21. Dezember 1972 sagten Bundesminister Bahr und der Staatssekretär beim Ministerrat der DDR, Kohl, die Öffnung von jeweils vier zusätzlichen Grenzübergangsstellen – für die Bundesrepublik Uelzen, Duderstadt, Bad Neustadt (Saale) und Coburg – zu. Vgl.
dazu BULLETIN 1972, S. 1848.

[48] Ein erstes Expertengespräch über Probleme des grenznahen Verkehrs fand am 4. April 1973 statt.

[49] Dem Vorgang beigefügt. Zum grenznahen Verkehr wurde u. a. die Frage gestellt, ob davon auszugehen sei, „daß die zuständigen Organe der DDR die Genehmigung von Einreisen mit PKW großzügig handhaben, insbesondere unter Berücksichtigung der Tatsache, daß die meisten Zielorte mit
öffentlichen Verkehrsmitteln nur unter unverhältnismäßig großem Zeitaufwand erreicht werden
können und deshalb bei Tagesreisen als ‚verkehrsungünstig gelegen' oder ‚nicht rechtzeitig erreichbar' im Sinne der Anordnung vom 17.10.1972 angesehen werden?" Gefragt wurde ferner nach
der Einrichtung von Buslinien von den Grenzübergangsstellen aus „für Reisende, die keinen PKW
benutzen und ihren Zielort nicht zu Fuß erreichen wollen", sowie nach der Genehmigung zur Benutzung von Mopeds und Fahrrädern. Weitere Fragen betrafen die Möglichkeit, „bei der Benutzung öffentlicher Verkehrsmittel auch in Orten außerhalb des grenznahen Bereiches umzusteigen,
wenn dies objektiv erforderlich ist", bzw. die Benutzung von Straßenabschnitten außerhalb des
grenznahen Bereichs bei Fahrten mit dem PKW, die Mitnahme von Tieren und die Öffnungszeiten
der neuen Grenzübergangsstellen. Vgl. VS-Bd. 9051 (201); B 150, Aktenkopien 1973.

[50] Protokollvermerk zu Artikel 1 des Vertrags vom 26. Mai 1972 zwischen der Bundesrepublik und
der DDR über Fragen des Verkehrs: „Ein Personenverkehr mit Seepassagierschiffen und Binnen-
schiffen besteht zur Zeit nicht. Beide Seiten stimmen überein, bei Vorliegen der Voraussetzungen
Verhandlungen über die Möglichkeit der Regelung dieser Fragen aufzunehmen." Vgl. BUNDESGE-
SETZBLATT 1972, Teil II, S. 1454.

richtung eines Seenahverkehrs mit DDR-Häfen. Er fragte, wie man seitens der DDR zu dem Wunsch auf Zulassung zunächst eines Tagesausflugsverkehrs stehe.

StS *Kohl* erwiderte, er sei auf dieses Thema nicht vorbereitet und wolle beim nächsten Treffen darauf zurückkommen.

12) Flugplatz Lübeck-Blanckensee

BM *Bahr* erläuterte den Wunsch Lübecks, Flugzeugen bei Start und Landung das Überfliegen eines Streifens des angrenzenden DDR-Gebietes zu gestatten, da andernfalls das Anfliegen des Platzes durch größere Maschinen nicht möglich sei. Die Vertreter der DDR in der Grenzkommission hätten ein Gespräch darüber abgelehnt.[51]

StS *Kohl* entgegnete, ihm sei dieses Thema aus den Akten bekannt. Er sei bereit, dieser Frage nachzugehen, glaube aber, keine großen Hoffnungen erwecken zu können, da hier Fragen der Grenzsicherheit eine entscheidende Rolle spielten.

13) Journalisten

BM *Bahr* stellte die Frage, wann die DDR sich zu den Anträgen westdeutscher Journalisten auf Zulassung äußern werde. Diese Anträge lägen den zuständigen Stellen seit fast zwei Monaten vor. Das Verhalten der DDR in dieser Frage habe zu einer unerfreulichen Diskussion in der BRD geführt.[52]

StS *Kohl* verwies zunächst auf die Tatsache, daß die Westdeutsche Allgemeine Zeitung gerade eine Zusage erhalten habe. Er deutete an, daß mit weiteren Zulassungen zu rechnen sei.

StS Kohl zitierte dann den Passus aus der Protokollerklärung zu den Arbeitsmöglichkeiten für Journalisten[53] und behauptete, die Bundesregierung sei ih-

---

[51] Die im Zusatzprotokoll zu Artikel 3 des Vertrags vom 21. Dezember 1972 über die Grundlagen der Beziehungen zwischen der Bundesrepublik und der DDR vorgesehene Grenzkommission trat am 31. Januar 1973 zu ihrer konstituierenden Sitzung zusammen. Eine zweite Sitzung fand am 21. Februar 1973 statt. Vgl. dazu BULLETIN 1973, S. 108 und S. 208.

[52] In der Presse wurde über die Weigerung der DDR-Behörden berichtet, Journalisten aus der Bundesrepublik einreisen zu lassen. Vgl. dazu die Artikel „Propagandafeme der ‚DDR' gegen Journalisten-Regelung" und „‚DDR' verweigert Pressevertretern die Einreise"; DIE WELT vom 16. Februar 1973, S. 5, bzw. vom 20. Februar 1973, S. 1.
Am 21. Februar 1973 wurde gemeldet, daß seit Unterzeichnung des Grundlagenvertrags am 21. Dezember 1972 erst ein Korrespondent für die DDR zugelassen worden sei und sechs Redaktionen auf ihre Anträge hin Zwischenbescheide erhalten hätten. Vgl. dazu den Artikel „Weitere Gespräche notwendig über Journalisten-Frage"; DIE WELT vom 21. Februar 1973, S. 5.

[53] Im Zusammenhang mit dem Briefwechsel des Staatssekretärs Bahr, Bundeskanzleramt, mit dem Staatssekretär beim Ministerrat der DDR, Kohl, vom 8. November 1972 über die Arbeitsmöglichkeiten für Journalisten erklärte die Bundesrepublik zu Protokoll: „1) Zu dem Wunsch der Deutschen Demokratischen Republik, daß ihre ständigen Korrespondenten Mitglieder des ‚Vereins der ausländischen Presse in der Bundesrepublik Deutschland e. V.' werden, stellt die Bundesregierung fest, daß sie keinen Einfluß auf die Entscheidung des Vereins nehmen kann, d. h. die Entscheidung liegt in der alleinigen Zuständigkeit dieses Vereins. 2) Unbeschadet davon garantiert die Bundesregierung ständigen Korrespondenten der Deutschen Demokratischen Republik dieselben Arbeitsmöglichkeiten wie Korrespondenten anderer Staaten, dies heißt auch, wie Mitgliedern des ‚Vereins der ausländischen Presse in der Bundesrepublik Deutschland e. V.'. Sie wird ihnen insbesondere alle Informationen zugänglich machen, wie sie Korrespondenten im allgemeinen erhalten. Sie wird sie bei Einladungen zu offiziellen Informationsveranstaltungen nicht diskriminieren. 3) Die Bundesregierung wird alles in ihren Möglichkeiten Stehende tun, damit die ständigen Korrespon-

ren Verpflichtungen nicht nachgekommen. Für die Journalisten aus der DDR
sei die Mitgliedschaft im Verein der Auslandspresse von entscheidender Bedeutung.[54] Die Bundesregierung habe zwar einen gewissen Vorbehalt gemacht,
sich aber im Prinzip verpflichtet, den DDR-Korrespondenten die gleichen Arbeitsmöglichkeiten zu verschaffen wie den anderen ausländischen Journalisten, die im VAP zusammengeschlossen seien. Im Gegensatz dazu habe die
Bundesregierung versucht, den Verein im negativen Sinn zu beeinflussen.

BM *Bahr* verwahrte sich gegen diese Behauptung. Die Bundesregierung habe
vielmehr alles getan, um eine befriedigende Lösung der Frage herbeizuführen.
Er habe in den Verhandlungen immer wieder darauf hingewiesen, daß die Verpflichtung der Bundesregierung sich darauf beschränke, den DDR-Journalisten die gleichen Arbeitsmöglichkeiten zu verschaffen. Sie habe diese Verpflichtung erfüllt; denn die Journalisten der DDR könnten jederzeit das Fragerecht auf der Bundespressekonferenz erhalten, entweder als Mitglieder oder
auch als Gäste. Die DDR sei dagegen mit ihren Verpflichtungen im Rückstand
geblieben. Theoretisch hätten Korrespondenten der BRD schon ab 22. Dezember in der DDR arbeiten können müssen.

StS *Kohl* wies darauf hin, daß seit Ende Dezember etwa 60 Reisekorrespon-
denten der BRD in der DDR gewesen seien. Außerdem sei es doch so, daß die
DDR-Journalisten in Bonn eigentlich keinen Status hätten. Herr Meyer habe
Herrn Müller vom BPA am Vortag[55] vorgeschlagen, das Problem bis zum 15.
März auf folgender Basis zu lösen: Die Bundesregierung sichere zu, auf den
VAP so einzuwirken, daß die Aufnahme der DDR-Korrespondenten in diesen
Verein möglich werde. Die DDR werde dann weitere Zusagen aussprechen, oh-
ne daß sie sich jetzt schon festlegen könne, wie viele BRD-Korrespondenten
Arbeitsmöglichkeiten in der DDR erhalten würden.

Botschafter *Seidel* ergänzte, die Bundesregierung solle erklären, daß in der Frage der Ausweise eine Regelung gefunden werden würde, die die DDR-Journalisten nicht zwinge, sich durch den Vermerk „Deutsch" in der Rubrik Staatsangehörigkeit der Rechtsauffassung der Bundesregierung zu unterwerfen. Die

---

Fortsetzung Fußnote von Seite 329

denten der Deutschen Demokratischen Republik in der Bundesrepublik Deutschland auch das
Fragerecht auf Pressekonferenzen erhalten." Vgl. BULLETIN 1972, S. 1852 f.

54 Am 1. Februar 1973 wurde in der Presse über einen Eklat auf der Jahreshauptversammlung des
„Vereins der Ausländischen Presse in Deutschland e. V." (VAP) berichtet, auf der über einen ungarischen Antrag abgestimmt werden sollte, vier Journalisten aus der DDR aufzunehmen: „Bis auf
die beiden jugoslawischen Journalisten zogen die Ostblock-Korrespondenten geschlossen aus dem
Sitzungszimmer, nachdem ein westlicher Journalist einen Ostblock-Kollegen als ‚Ost-Würstchen'
bezeichnet hatte." Der Antrag sei nach über dreistündiger Debatte „mit deutlicher Mehrheit abgelehnt" worden. Vgl. den Artikel „Eklat im Verein der Auslandspresse"; FRANKFURTER ALLGEMEINE
ZEITUNG vom 1. Februar 1973, S. 3. Vgl. dazu ferner den Artikel „Ausländer streiten über Deutsche, die Ausländer sein wollen"; DIE WELT vom 2. Februar 1973, S. 6.
Auf der Generalversammlung des VAP am 17./18. Februar 1973 wurde der neue Vorstand beauftragt, bis zu einer außerordentlichen Mitgliederversammlung im Mai 1973 Vorschläge zu unterbreiten, „wie die ‚deutsche Frage' aus der Satzung des Vereins ferngehalten werden kann". Vgl.
den Artikel „Regelungen für Journalisten aus der ‚DDR'"; DIE WELT vom 19. Februar 1973, S. 7.

55 Über das Gespräch mit dem stellvertretenden Abteilungsleiter im Ministerium für Auswärtige Angelegenheiten der DDR, Meyer, am 27. Februar 1973 berichtete der Abteilungsleiter im Presse-
und Informationsamt, Müller, der Wille der DDR, die Frage der gegenseitigen Arbeitsmöglichkeiten für Journalisten „positiv zu entwickeln", sei erkennbar geworden. Vgl. den Artikel „Arbeitsmöglichkeiten für Journalisten in Ost-Berlin erörtert"; DIE WELT vom 28. Februar 1973, S. 2.

DDR könne erklären, daß sie bei den Genehmigungen großzügig verfahren werde. Dabei müsse allerdings klar sein, daß ein Verhältnis in der Größenordnung 1:10 nicht möglich sei.

BM *Bahr* stellte fest, daß die DDR in den Verhandlungen nie den Zusammenhang zwischen der Mitgliedschaft im VAP und den Zulassungen in Ost-Berlin hergestellt habe. Die Bundesregierung könne ihre Position nicht ändern, d. h. sie könne keine Verpflichtung eingehen, die sie in bezug auf die Selbstverwaltungseinrichtungen der Presse nicht einzuhalten in der Lage sei. Die Bundesregierung könne auch nicht hinsichtlich der zeitlichen Vorstellung der DDR dem Verein Vorschriften machen, auf den sich seltsamerweise die Wünsche der DDR allein richteten.

Die Bereitschaft der DDR, die Frage der Zulassungen großzügig zu handhaben, nehme er gerne entgegen. Er könne erklären, daß die Bundesregierung die Regelung akzeptieren wolle, die im VAP getroffen werde. Seines Wissens sei dort das Problem nicht grundsätzlicher, sondern zeitlicher Natur.

14) Nächstes Treffen

Das nächste Treffen zwischen Bundesminister Bahr und Staatssekretär Kohl soll am 22. März in Ost-Berlin stattfinden.[56] Folgende „vereinbarte Mitteilung" für die Presse wurde herausgegeben:

„Der Bundesminister für besondere Aufgaben beim Bundeskanzler, Egon Bahr, und der Staatssekretär beim Ministerrat der Deutschen Demokratischen Republik, Dr. Michael Kohl, trafen in Begleitung von Mitarbeitern am 28. Februar 1973 im Bundeskanzleramt in Bonn zusammen, um beiderseitig interessierende Fragen zu besprechen. Sie kamen überein, das Gespräch in der zweiten Hälfte März in Berlin fortzusetzen."[57]

VS-Bd. 9051 (210)

---

[56] Anstelle des erkrankten Bundesministers Bahr kam am 22. März 1973 Staatssekretär Grabert, Bundeskanzleramt, in Ost-Berlin mit dem Staatssekretär beim Ministerrat der DDR, Kohl, zu einem Gespräch zusammen. Vgl. Dok. 85.

[57] Vgl. dazu die Meldung „Zusammentreffen Kohl–Bahr in Bonn"; NEUES DEUTSCHLAND vom 1. März 1973, S. 1.

68

Aufzeichnung des Ministerialdirigenten Müller

312-321.00 VIE-227/73 VS-vertraulich   1. März 1973[1]

Betr.: Beziehungen zu Nordvietnam

Herrn Staatssekretär vorgelegt[2] mit dem Vorschlag

- die Aufnahme diplomatischer Beziehungen zu Nordvietnam vorerst noch zurückzustellen,

- einen Brief des Herrn Bundesministers an den Herrn Bundeskanzler zu dieser Frage anzuregen,

- eine Informationsreise des Referatsleiters 312 nach Südvietnam, Nordvietnam, Laos und Kambodscha anzuordnen.[3]

I. 1) Es ist damit zu rechnen, daß sich in absehbarer Zeit der Druck auf die Bundesregierung verstärken wird, mit Nordvietnam diplomatische Beziehungen aufzunehmen.

2) Mehrere Länder der Europäischen Gemeinschaft – Italien, die Niederlande, Belgien, Luxemburg – haben sich bereits im Grundsatz für die Aufnahme diplomatischer Beziehungen zu Hanoi entschieden; entsprechende Schritte werden für Mitte März 1973 erwartet.[4] (Dänemark unterhält seit 1972 diplomatische Beziehungen mit Nordvietnam[5]; Frankreich ist in Hanoi seit 1954 mit einem „Résident Permanent" vertreten.[6])

---

[1] Die Aufzeichnung wurde von Vortragendem Legationsrat I. Klasse Berendonck konzipiert.

[2] Hat Staatssekretär Frank am 6. März 1973 vorgelegen, der handschriftlich vermerkte: „Ich habe diese Frage am 5.3. mit dem H[errn] Minister besprochen. Er ist mit dem vorgeschlagenen Procedere einverstanden."

[3] Der Passus „die Aufnahme diplomatischer Beziehungen ... Kambodscha anzuordnen" wurde von Staatssekretär Frank hervorgehoben. Dazu vermerkte er handschriftlich: „Einv[erstanden]."

[4] Am 8. März 1973 vermerkte Vortragender Legationsrat I. Klasse Berendonck, der Abteilungsleiter im belgischen Außenministerium, Blankaert, habe mitgeteilt, daß Belgien, die Niederlande und Luxemburg „beabsichtigten, am 16. März diplomatische Beziehungen zu Nordvietnam aufzunehmen und diese Entscheidung im Laufe des Ministertreffens der Neun am 16. in Brüssel bekanntzugeben. Die Italiener hätten die belgische Präsidentschaft wissen lassen, daß sie sich dem Schritt der Beneluxstaaten anschließen würden, falls er um wenige Tage hinausgezögert werden könne. Die Beneluxländer sind offenbar mit diesem Procedere einverstanden und werden die Anerkennung auf den 19. oder 20. März verschieben." Vgl. Referat 312, Bd. 100385.
Belgien, Italien und Luxemburg nahmen am 22. März 1973 diplomatische Beziehungen zur Demokratischen Republik Vietnam (Nordvietnam) auf, die Niederlande am 9. April 1973.

[5] Dänemark nahm am 25. November 1971 diplomatische Beziehungen zur Demokratischen Republik Vietnam (Nordvietnam) auf.
Am 28. April 1972 berichtete Botschaftsrat von Uthmann, Saigon, der dänische Botschafter in Peking, Hansen, „habe vorigen Monat in Hanoi sein Beglaubigungsschreiben überreicht". Vgl. den Schriftbericht Nr. 376; Referat I B 5, Bd. 674.

[6] Am 6. August 1954 wurde Jean Sainteny vom französischen Ministerrat zum Bevollmächtigten der französischen Regierung in Hanoi ernannt und am 23. August 1954 mit Instruktionen versehen. Vgl. dazu DDF 1954, S. 126 bzw. S. 195–197.

3) Die Haltung der Vereinigten Staaten zur Frage der Aufnahme diplomatischer Beziehungen mit Nordvietnam stellt sich nach dem Besuch Kissingers in Hanoi und Peking[7] wie folgt dar:

Die USA halten die Zeit für eine Normalisierung ihrer Beziehungen zu Hanoi noch nicht für gekommen. Sie sehen die Herstellung diplomatischer Beziehungen mit Nordvietnam als Endziel einer Entwicklung des beiderseitigen Verhältnisses an, das jedoch noch in weiter Ferne liegt. Entscheidend für die schrittweise Entwicklung in Richtung auf dieses Ziel ist die gewissenhafte Erfüllung aller Bestimmungen des Vietnam-Abkommens[8], einschließlich der Kambodscha und Laos betreffenden Bestimmungen, durch Hanoi. Aufgrund der jüngsten Erfahrungen hat Washington erhebliche Zweifel an der Bereitschaft Nordvietnams hinsichtlich der Erfüllung seiner Verpflichtungen.

4) Der erste Asienberater Kissingers erklärte gegenüber einem Vertreter unserer Botschaft in Washington[9], daß die amerikanische Regierung die Aufnahme diplomatischer Beziehungen zu Hanoi durch westliche Länder, insbesondere durch Verbündete, nicht gutheißen könne, solange Hanoi nicht eindeutig zu erkennen gibt, daß es die Bestimmungen des Vietnam-Abkommens einhalten wird. Besonders falle ins Gewicht, daß Hanoi, wenn es die diplomatische Anerkennung durch mehrere westliche Länder erreicht habe, sich ermutigt fühlen könnte, die Bestimmungen des Pariser Vietnam-Abkommens zu mißachten.

5) Die gleiche Prämisse für die Aufnahme diplomatischer Beziehungen gilt nach amerikanischer Meinung auch für die Gewährung einer Aufbauhilfe an Nordvietnam. Nach amerikanischer Auffassung empfiehlt sich Zurückhaltung, bis klar ist, daß Hanoi das Abkommen einhalten wird. Der Gesprächspartner unserer Botschaft, John Holdridge, der Kissinger auf seinen Besuchen in Hanoi und Peking begleitet hat, warnte vor einem Übereifer und bemerkte, daß Hanoi keineswegs dankbarer Empfänger westlicher Hilfsangebote sei, sondern Ansprüche darauf stelle und als Fordernder aufträte.[10]

---

7 Der Sicherheitsberater des amerikanischen Präsidenten, Kissinger, hielt sich vom 10. bis 13. Februar 1973 in Hanoi und vom 15. bis 19. Februar 1973 in Peking auf.

8 Zum Abkommen vom 27. Januar 1973 über die Beendigung des Kriegs und die Wiederherstellung des Friedens in Vietnam vgl. Dok. 21, besonders Anm. 2.

9 Botschafter Pauls, Washington, berichtete am 24. Februar 1973 über das Gespräch eines seiner Mitarbeiter mit dem Asienberater des Sicherheitsberaters des amerikanischen Präsidenten, Kissinger. Holdridge habe die amerikanischen Zweifel an der nordvietnamesischen Bereitschaft zur Erfüllung der Verpflichtungen aus dem Abkommen vom 27. Januar 1973 u. a. mit der Entwicklung in Laos begründet, „wo Hanoi nach der Feuereinstellung zu schweren Angriffen in Südlaos angetreten sei und überdies Panzer und schwere Waffen nachführe". Vgl. den Drahtbericht Nr. 568; VS-Bd. 9912 (312); B 150, Aktenkopien 1973.

10 Am 24. März 1973 nahm Botschafter von Rom, Saigon, zu einer Meldung Stellung, „daß der Haushaltsausschuß des Bundestages beschlossen hat, dem Vietcong 60000 DM als humanitäre Hilfe zur Verfügung zu stellen". Er empfahl, den Beschluß mit Blick auf die Haltung der amerikanischen wie der südvietnamesischen Regierung zu revidieren: „Eine deutsche Hilfe für den Vietcong würde – trotz der relativen Geringfügigkeit der Summe – wie ein Dolchstoß in den Rücken wirken. Meines Wissens sind wir die erste westliche Regierung, die eine derartige Hilfe überhaupt in Betracht zieht. [...] Bei allem Respekt vor den übergeordneten Einsichten der Legislative – hier wurde ein Mißgriff getan, der schleunigst korrigiert werden sollte." Vgl. den Drahtbericht Nr. 150; VS-Bd. 9912 (312); B 150, Aktenkopien 1973.
Am 27. März 1973 berichtete auch Gesandter Noebel, Washington: „Eine Hilfeleistung an den Vietcong, bevor es zu einer ‚politischen Lösung' gekommen ist, würde hier als Affront empfunden werden. Angesichts der Geringfügigkeit der in Aussicht genommenen Unterstützungssumme kann

6) Das Interesse der Vereinigten Staaten an der Ingangsetzung und Respektierung des Waffenstillstandsabkommens mit dem Ziel, einen dauerhaften Frieden im ehemaligen Indochina zu erreichen, sollte bei unseren Überlegungen berücksichtigt werden. Angesichts der jüngsten Entwicklung im Verhältnis der Vereinigten Staaten zu Europa und zu uns wird jede Initiative zur Aufnahme diplomatischer Beziehungen zu Hanoi durch die Bundesregierung die amerikanischen Vorstellungen einbeziehen. Auf jeden Fall sollte vermieden werden, daß wir damit ein Risiko eingehen, das unsere Beziehungen zu den USA ernstlich belastet und unsere vitalen Interessen beeinträchtigt.

7) Angesichts der andauernden Waffenstillstandsverletzungen in Indochina und der ungewissen Ergebnisse der Pariser Vietnam-Konferenz[11], wird vorgeschlagen, die Aufnahme diplomatischer Beziehungen zu Nordvietnam vorerst zurückzustellen, bis sich der ungewisse Zustand in dem Raum klärt.

Um die Meinungsbildung zu dieser Frage zu erleichtern, wird vorgeschlagen, daß Referatsleiter 312 Mitte März eine Informationsreise (fact-finding-mission) in die Hauptstädte der vier indo-chinesischen Staaten unternimmt. Die Reise sollte erst angetreten werden nach der Entlassung der beiden in Hanoi festgehaltenen MHD-Helfer – die für die nächsten Tage erwartet wird[12] – und sobald feststeht, daß die Vietnam-Konferenz in Paris mit einem befriedigenden Ergebnis abgeschlossen wurde.[13]

Fortsetzung Fußnote von Seite 333

der Eindruck entstehen, es ginge dem Bundestag weniger um eine substantielle Hilfe als um eine politische Demonstration zugunsten der kommunistischen Seite." Vgl. den Drahtbericht Nr. 904; VS-Bd. 9912 (312); B 150, Aktenkopien 1973.
Vortragender Legationsrat I. Klasse Berendonck erläuterte am 30. März 1973 den Beschluß der Bundesregierung vom 31. Januar 1973 zu Hilfsmaßnahmen in Indochina: „Im Rahmen einer Ressortbesprechung am 5. Februar wurde als Grundsatz für bilaterale deutsche humanitäre Hilfe u. a. beschlossen, daß die Hilfe allen betroffenen Ländern Indochinas, nicht nur Süd- und Nordvietnam, sondern auch Laos und Kambodscha, einschließlich der kommunistisch beherrschten Gebiete, zur Verfügung stehen sollte. Maßgebend dafür war die Überlegung, daß nach Abschluß des Waffenstillstandsabkommens und der erhofften Einstellung der Kampfhandlungen der notleidenden Bevölkerung aller vier Länder Indochinas ohne Rücksicht auf ihren politischen Standort geholfen werden sollte. [...] Durch die Gewährung eines relativ geringen Betrags wurde eine öffentliche Auseinandersetzung vermieden." Vgl. VS-Bd. 9912 (312); B 150, Aktenkopien 1973.
[11] Vom 26. Februar bis 2. März 1973 fand in Paris die Internationale Konferenz zur Wiederherstellung des Friedens in Vietnam statt. In der Schlußakte bestätigte und billigte sie das Abkommen vom 27. Januar 1973 sowie die dazugehörenden vier Protokolle. In Artikel 7 war festgelegt: „In the event of a violation of the Agreement or the Protocols which threatens the peace, the independence, sovereignty, unity, or territorial integrity of Viet-Nam, or the right of the South Vietnamese people to self-determination, the parties signatory to the Agreement and the Protocols shall, either individually or jointly, consult with the other Parties to this Act with a view to determining necessary remedial measures." Vgl. DEPARTEMENT OF STATE BULLETIN, Bd. 68 (1973), S. 346. Für den deutschen Wortlaut vgl. EUROPA-ARCHIV 1973, D 125.
[12] Im Zusammenhang mit der Unterzeichnung des Abkommens über die Beendigung des Kriegs und die Wiederherstellung des Friedens in Vietnam am 27. Januar 1973 wurde eine Liste gefangengehaltener Zivilpersonen veröffentlicht, auf der auch zwei Mitarbeiter des Malteser Hilfsdienstes (MHD), Bernhard Diehl und Monika Schwinn, genannt waren. Am 21. Februar 1973 veröffentlichte die Bundesregierung einen Appell zu ihrer sofortigen Freilassung. Vgl. dazu BULLETIN 1973, S. 188. Am 8. März 1973 trafen Diehl und Schwinn, die am 27. April 1969 in einen Hinterhalt und die Gefangenschaft des Vietcong geraten waren, in der Bundesrepublik ein. Vgl. dazu die Artikel „Bundesverdienstkreuz für die heimgekehrten Malteser-Helfer" und „Essen als Geste der Menschlichkeit"; FRANKFURTER ALLGEMEINE ZEITUNG vom 9. März 1973, S. 1 bzw. S. 5.
[13] Vortragender Legationsrat I. Klasse Berendonck führte vom 21. bis 26. April 1973 Gespräche in der Demokratischen Republik Vietnam (Nordvietnam). Vom 27. April bis 1. Mai 1973 hielt er sich anläßlich der Botschafterkonferenz über Asien in Djakarta auf. Anschließend besuchte er Singa-

II. Im Hinblick auf die zu erwartende innenpolitische Diskussion über die Frage diplomatischer Beziehungen zu Hanoi wird ein Brief des Herrn Bundesministers an den Herrn Bundeskanzler angeregt, um sicherzustellen, daß die Bundesregierung in öffentlichen Äußerungen eine einheitliche Meinung vertritt.

In diesem Brief kann darauf hingewiesen werden, daß

- die Bundesregierung grundsätzlich daran interessiert ist, mit allen Ländern des ehemaligen Indochina diplomatische Beziehungen zu unterhalten,
- die Herstellung solcher Beziehungen keine prinzipielle, sondern eine Frage des geeigneten Zeitpunkts ist,
- die Bundesregierung hofft, daß die Vietnam-Konferenz zu einer positiven Entwicklung der Lage in allen vier Staaten Indochinas beiträgt,
- die Bundesregierung die weitere Entwicklung in Indochina sorgfältig beobachtet und nach einer Klärung der z.Z. noch unübersichtlichen Situation ihre Entscheidung treffen wird.[14]

Müller

VS-Bd. 9912 (312)

69

Deutsch-britisches Regierungsgespräch

204-321.36 GRO-523/73 VS-vertraulich   **2. März 1973**[1]

Betr.: Besuch des britischen Premierministers Heath in Bonn am 1./2. März 1973;
hier: Protokoll der Besprechung Bundeskanzler – Premierminister Heath in Anwesenheit der beiden Delegationen im Bundeskanzleramt am 2. März 1973

Die etwa einstündige Sitzung begann um 11.15 Uhr im Kabinettssaal. Teilnehmer:

Premierminister Heath, Sir Thomas Brimelow, Mr. J.J.B. Hunt, Mr. Mitchell,

---

Fortsetzung Fußnote von Seite 334

pur, vom 3. bis 6. Mai die Republik Vietnam (Südvietnam), am 7./8. Mai Bangkok und vom 9. bis 11. Mai 1973 Laos. Vgl. dazu den Reiseplan; Unterabteilung 31, Bd. 100404.

14 Für das Schreiben des Bundesministers Scheel vom 30. März 1973 an Bundeskanzler Brandt vgl. VS-Bd. 9912 (312); B 150, Aktenkopien 1973.
Die Bundesregierung beschloß am 11. Juli 1973, der nordvietnamesischen Regierung Gespräche über die Aufnahme diplomatischer Beziehungen anzubieten. Vgl. dazu Dok. 223.

1 Die Gesprächsaufzeichnung wurde von Vortragendem Legationsrat I. Klasse Thomas gefertigt und am 6. März 1973 Staatssekretär Frank vorgelegt „zur Unterrichtung und mit der Bitte um Weiterleitung an den Herrn Bundesminister, die Herren Parlamentarischen Staatssekretäre, den Herrn Chef des Bundeskanzleramts, Herrn Staatssekretär Pöhl, BMF".
Hat Frank am 6. März 1973 vorgelegen. Vgl. den Begleitvermerk; VS-Bd. 9962 (204); B 150, Aktenkopien 1973.

Mr. D.J.D. Maitland, Mr. J.A. Robinson, Lord Bridges, Botschafter Henderson, BR Audland, BR Carless;

Bundeskanzler, Bundesminister Bahr, StS Frank, StS Pöhl, StS von Wechmar, MD van Well, Botschafter von Hase, MDg Dr. Fischer, Gesandter Hermes, Gesandter Poensgen, VLR I Dr. Thomas, VLR I Weber.

Bundeskanzler berichtete zunächst über Thematik der bisherigen Gespräche mit Premierminister Heath in kleinem Kreis. Man habe über Währungsfragen gesprochen[2], habe einen Gedankenaustausch über die Gespräche des Premierministers in Washington[3] und über seine Gespräche in Paris[4] geführt und habe sich mit den Zielvorstellungen europäischer Einigung befaßt. In diesem Zusammenhang sei vor allem über die institutionelle Stärkung der Gemeinschaft[5], über die Erstellung des 1975 fälligen Berichts der Gemeinschaftsorga-

---

[2] Angesichts eines erneuten starken Dollar-Zuflusses erklärte Bundeskanzler Brandt am 1. März 1973 im Gespräch mit Premierminister Heath, „er wolle eine Regelung mit wenigstens einigen europäischen Ländern erreichen und am folgenden Tage die Devisenbörsen schließen. Ein isoliertes Vorgehen könne zu falschen Mutmaßungen führen. [...] Vielleicht lasse sich eine Formel finden, die ein europäisches Floaten mit gewissen Maßnahmen kombiniere, die den besonderen Bedingungen des Vereinigten Königreichs gerecht würden." Brandt stellte die Frage, „ob eine Kombination von neuer Parität, Beistand und gemeinsamem europäischem Floaten denkbar sei". Vgl. den ersten Auszug aus der Gesprächsaufzeichnung; VS-Bd. 8855 (412); B 150, Aktenkopien 1973.
In einem weiteren Gespräch am späten Abend auf Schloß Gymnich, an dem neben Staatssekretär Frank noch Staatssekretär Pöhl, Bundesministerium der Finanzen, sowie der Staatssekretär im britischen Finanzministerium, Mitchell, teilnahmen, nannte Pöhl auf die Frage von Mitchell, „ob Brüssel für ein gemeinsames Floaten überhaupt vorbereitet" sei, „als Alternativen folgende Möglichkeiten: 1) neue ‚dirigistische' Maßnahmen; 2) einen gespaltenen Devisenmarkt, was in Deutschland nicht gehe; 3) ein deutscher Alleingang mit nationalem Floaten, was ein Schock für die Gemeinschaft wäre und die Schaffung der Währungsunion um Jahre verzögern würde. Aus diesen Gründen biete sich das gemeinsame Floaten an. [...] Letztlich gehe es hier um eine politische Entscheidung. Ein gemeinsames Floaten sei nur ein erster Schritt, dem weitere folgen müßten, wie beispielsweise die Harmonisierung der Währungspolitik sowie eine gemeinsame Kredit-, Zins- und Fiskalpolitik." Die Bundesregierung sei bereit, „für eine Politik des gemeinsamen Vorgehens einen hohen Preis zu zahlen". Vgl. Bundeskanzleramt; AZ: 21-30 100 (56), Bd. 38; B 150, Aktenkopien 1973.

[3] Zu den Gesprächen mit dem amerikanischen Präsidenten am 1./2. Februar 1973 in Washington teilte Premierminister Heath Bundeskanzler Brandt am 1. März 1973 mit, Nixon sei zufrieden „über den Gang der Dinge in Vietnam [...]. Er glaube über genügend starke Mittel zu verfügen, um die Einhaltung der getroffenen Abmachungen zu gewährleisten". Da die „Gefahr des Protektionismus" in den USA ernst sei, brauche der amerikanische Präsident Unterstützung für die Handelspolitik, um seine Haltung gegenüber dem Kongreß zu stärken. Den Vorwurf, daß die Europäer nicht genügend für die Reform des Weltwährungssystems täten, habe er, Heath, „als unfair abgelehnt", darauf hingewiesen, daß Europa nur wenig mit dem amerikanischen Handelsbilanzdefizit zu tun habe und versucht, „die Amerikaner davon abzubringen, Währungs-, Handels- und Verteidigungsfragen miteinander zu verknüpfen". Nixon sei auch „entschlossen, die amerikanischen Streitkräfte in Europa zu belassen. Wegen einer Mansfield-Resolution sei er allerdings besorgt." Außerdem sei der amerikanische Präsident „skeptisch bezüglich der Effizienz der NATO und halte es für zweckmäßig, die NATO daraufhin einmal näher anzusehen". Vgl. den zweiten, dritten, vierten und neunten Auszug aus der Gesprächsaufzeichnung; VS-Bd. 9962 (204); B 150, Aktenkopien 1973.

[4] Bundeskanzler Brandt führte am 22./23. Januar 1973 Gespräche mit Staatspräsident Pompidou und Ministerpräsident Messmer in Paris. Vgl. Dok. 15–17 und Dok. 19.

[5] Zur Verbesserung der Arbeit der Europäischen Gemeinschaften äußerte Premierminister Heath im Gespräch mit Bundeskanzler Brandt am 1. März 1973, die britische Regierung habe die Richtigkeit eines schon seit langem von Brandt gemachten Vorschlags erkannt, wonach es für eine „Nummer 2" im Außenministerium, einen Staatssekretär für Europafragen, genug zu tun gebe: „Der Premierminister erwähnte ein weiteres Problem in diesem Zusammenhang. Die Fachminister würden gelegentlich zu sehr auf eigene Faust tätig, ohne einer Kontrolle durch den Ministerrat zu unterstehen. Im nationalen Rahmen sei dies nicht möglich, und man sollte sich deshalb da-

ne[6], über Sozialpolitik, Regionalpolitik, Energiepolitik und Landwirtschaftspolitik[7] gesprochen worden.

An Einzelfragen seien das Verhältnis zur DDR (auch: Luftverkehrsabkommen BRD–DDR[8]), das MRCA-Programm und der Plan eines gemeinsamen Kampfpanzers[9] zur Sprache gekommen. Schließlich habe man den Nahen und Mittleren Osten und den Nordirlandkonflikt[10] erörtert.

Fortsetzung Fußnote von Seite 336

rum bemühen, Mittel und Wege für eine Kontrolle durch den Ministerrat zu finden." Vgl. den sechsten Auszug aus der Gesprächsaufzeichnung; VS-Bd. 9962 (204); B 150, Aktenkopien 1973.

6 Vgl. dazu Ziffer 16 der Erklärung der europäischen Gipfelkonferenz am 19./20. Oktober 1972 in Paris vgl. Dok. 18, Anm. 11.

7 Im Gespräch am 2. März 1973 bekundeten Bundeskanzler Brandt und Premierminister Heath ihr Interesse an zunächst bilateralen Gesprächen „über den zeitlichen Ablauf und die Methoden zur Verwirklichung der Beschlüsse" der europäischen Gipfelkonferenz vom 19./20. Oktober 1972 in Paris. Zur Landwirtschaftspolitik führte Heath aus, „es gehe um die Frage, wie die Preise und Kosten gedämpft werden könnten. In Großbritannien sei man in dem Augenblick, als man sich der Landwirtschaftspolitik der Gemeinschaft angeschlossen habe, gleichzeitig auch von den Weltmarktpreisen getroffen worden, was zu einem erheblichen Preisanstieg geführt habe. Die gemeinsame Landwirtschaftspolitik allein hätte man verkraften können. Es komme nun darauf an, daß die Gemeinschaft die Dinge in ihrem Gesamtzusammenhang sehe und darauf aufbauend eine Gesamtpolitik entwickle. Sonst laufe man Gefahr, daß Einzelfragen von Fachministern aufgegriffen und einer isolierten Lösung zugeführt würden. Auf diese Weise könne der Inflation kein Einhalt geboten werden." Vgl. den ersten Auszug aus der Gesprächsaufzeichnung; VS-Bd. 9962 (204); B 150, Aktenkopien 1973.

8 Zum Stand der Gespräche über ein Luftverkehrsabkommen zwischen der Bundesrepublik und der DDR vgl. Dok. 67.
Dazu gab Bundeskanzler Brandt Premierminister Heath am 1. März 1973 die Information, „man werde sehr sorgfältig operieren, um nicht die Vereinbarungen zu verletzen, auf denen die Luftkorridore beruhten. Es sei auch in unserem Interesse, diese Regelung nicht zu stören oder zunichte zu machen. Andererseits müsse für den Luftverkehr eine Regelung gefunden werden, die Berlin nicht diskriminiere oder vom internationalen Luftverkehr ausschließe. Er glaube nicht, daß man sehr bald zu einem Abkommen gelangen werde". Vgl. den fünften Auszug aus der Gesprächsaufzeichnung; VS-Bd. 9962 (204); B 150, Aktenkopien 1973.

9 Zum Projekt eines „Multi Role Combat Aircraft" (MRCA) vgl. Dok. 39.
In bezug auf MRCA hob Premierminister Heath im Gespräch mit Bundeskanzler Brandt am 2. März 1973 insbesondere die Frage hervor, „wie die Kosten niedrig gehalten werden könnten. Den Plan eines gemeinsamen Kampfpanzers erwähnte der Premierminister nur beiläufig." Vgl. den vierten Auszug aus der Gesprächsaufzeichnung; VS-Bd. 9962 (204); B 150, Aktenkopien 1973.

10 Am 23. Februar 1973 berichtete Botschafter von Hase, London, über die Lage in Nordirland, daß seit der Übernahme der Direktregierung durch die britische Regierung im März 1972 „der Terror in Nordirland erheblich zugenommen" habe: „Die Extremisten beider Seiten wissen, daß die britische Regierung eine politische Lösung anstrebt, die in ihrem Kompromißcharakter ihren eigenen Vorstellungen nicht entsprechen kann." So wolle die IRA eine Vereinigung mit der Republik Irland, „während die Vorstellungen der militanten Protestanten auf die Wiederherstellung der protestantischen Vorherrschaft hinauslaufen". Vgl. den Drahtbericht Nr. 517; Referat 204, Bd. 101400.
Am 20. März 1973 legte die britische Regierung ein Weißbuch zu Verfassungsvorschlägen für Nordirland vor, „mit dem die Beendigung der Direktregierung in Nordirland eingeleitet und der Rahmen für eine politische Regelung geschaffen werden" sollte. Gesandter von Schmidt-Pauli, London, teilte dazu am 11. April 1973 mit, die Regelung enthalte Konzessionen an beide Seiten: „So können den Protestanten für sich verbuchen, daß die Zugehörigkeit zum Vereinigten Königreich ausdrücklich und unter Bezugnahme auf das kürzliche Referendum in die Verfassung aufgenommen wird; Nordirland wieder ein eigenes Parlament und eine eigene Regierung, wenn auch mit stark reduzierten Kompetenzen erhält; das britische Engagement auch in Zusagen über verstärkte Finanz- und Wirtschaftshilfe zum Ausdruck kommt [...]. Die Katholiken können verweisen auf: stärkere Beteiligung an der Legislative durch Wiedereinführung des Verhältniswahlrechts; garantierte Mitwirkung an der Exekutive; gesetzliche Maßnahmen gegen Diskriminierung aus religiösen oder politischen Gründen; Verbleib der Verantwortung für die Sicherheit bei Westminster." Vgl. den Schriftbericht Nr. 1400; Referat 204, Bd. 101400.

Bundeskanzler schlug vor, nunmehr zu Fragen der West-Ost-Beziehungen über-
zugehen.

MBFR

MD *van Well* berichtete über sein Gespräch mit Stellvertretendem Unterstaatssekretär Brimelow, das dem gegenwärtigen Stand der NATO-Konsultationen über MBFR gegolten habe. Man habe drei Themen behandelt:

1) Die taktische Frage, ob wir unter Zeitdruck stünden oder ob wir noch Zeit
hätten, um die sowjetische Haltung zu testen.

Er sei sich mit Brimelow einig, daß wir zwar auf die Beziehungen der amerikanischen Administration zum Kongreß Rücksicht nehmen müßten; wir stünden aber nicht unter einem derartigen Druck, daß wir nicht erste Reaktionen
von östlicher Seite abwarten könnten. Auf der letzten NATO-Ratssitzung[11] habe sich gezeigt, daß die westeuropäischen und amerikanischen Auffassungen
mehr Konvergenz aufwiesen als bisher.

2) Beide Seiten stimmten darin überein, daß ein starkes Interesse daran bestehe, Ungarn vollen Status zu gewähren.[12] Es bestehe kein Anlaß, von diesem
Standpunkt abzuweichen. Offen sei, wann dieses Interesse zur Geltung gebracht werden solle.

3) Er habe erläutert, daß für die Bundesregierung ein Ausscheren Belgiens
und der Niederlande[13] und damit Beschränkung von MBFR-Maßnahmen im
Westen auf die Bundesrepublik nicht in Betracht kämen.

Premierminister *Heath* stellte Frage, ob Experten der beiden Länder eine
MBFR-Übereinkunft für möglich hielten, die die NATO nicht schwäche.

Brimelow sah die Möglichkeit kleinerer amerikanischer und sowjetischer Truppenverminderungen ohne gleichzeitige Verminderung europäischer Streitkräfte. Hierzu gebe es noch keine übereinstimmende Haltung im Bündnis. Zwischen Großbritannien und der Bundesrepublik bestünden in dieser Frage geringfügige Meinungsunterschiede. *Bundeskanzler* meinte, wir hätten noch genügend Zeit zur Harmonisierung der Auffassungen. (In vorhergehendem Arbeitsgespräch zwischen Brimelow, van Well und Roth meinte Brimelow, daß
Großbritannien gegen die Einbeziehung der Bundeswehr in die Reduktionen
sei[14] und auch die Einbeziehung der britischen Truppen in der Bundesrepublik
ablehnen werde.)

KSZE

StS *Frank* führte aus, bisheriger Verlauf der MV[15] sei positiver gewesen als
erwartet. Sowjetunion habe gewisse Flexibilität in Verfahrensfragen an den
Tag gelegt, die es uns erlaubt habe, einige unserer Positionen durchzusetzen.
Koordinierung der Neun wie die der NATO habe vorzüglich funktioniert. PZ

---

11 Zur Sitzung des Ständigen NATO-Rats am 28. Februar 1973 in Brüssel vgl. Dok. 66, Anm. 7.
12 Zur Haltung der Bundesregierung hinsichtlich einer Teilnahme Ungarns an den MBFR-Explorationsgesprächen vgl. Dok. 66.
13 Zur Haltung der Niederlande und Belgiens hinsichtlich einer Teilnahme Ungarns an den MBFR-
Explorationsgesprächen vgl. Dok. 35, Anm. 6, und Dok. 53.
14 Zur Frage der Einbeziehung einheimischer Streitkräfte in MBFR vgl. Dok. 81.
15 Vom 26. Februar bis 6. April 1973 fand in Helsinki die dritte Runde der multilateralen Vorgespräche für die KSZE statt.

sei durch die Notwendigkeit, sich auf gemeinsame Positionen zu einigen, mit politischer Substanz erfüllt worden. Das dürfe aber nicht darüber hinwegtäuschen, daß die dritte Phase eine Vorentscheidung für das Konferenzergebnis insgesamt bringen werde.

Von den vier Programmkomplexen finde der Prinzipienkatalog und die Organfrage das Hauptinteresse der Sowjetunion.[16] Die Komplexe „Kooperation" und „Kontakte" fielen mehr in den Bereich der bilateralen Beziehungen.

Der Komplex „Kontakte" lasse sich auf die Frage reduzieren, was sich ein Staat des Warschauer Pakts an Kontakten leisten könne, ohne seine innere Machtstruktur zu gefährden. Antwort auf diese Frage markiere absolute Grenze des Erreichbaren. Weil wir dies wüßten, gehe es der Bundesregierung darum, philosophische Auseinandersetzungen zu vermeiden und in den Fragen „freer movement" und „Kontakte" zu konkreten Fortschritten zu kommen. Hierbei gehe es um unser vorrangiges Interesse, die Bemühungen um einen innerdeutschen Modus vivendi in eine West-Ost-Gesamtregelung in Europa einzubetten.

Der Kern der politischen Substanz der KSZE liege aber bei den Komplexen „Prinzipien" und „Organ".

Zur Frage der Grenzen wollten wir nicht über das hinausgehen, was wir in den Verträgen von Moskau[17] und Warschau[18] konzediert hätten. Im übrigen gehe es nicht so sehr um die Hierarchie der Prinzipien (etwa Gewaltverzicht vor territorialer Integrität). Prinzipien müßten Prinzipien bleiben, die Frage ihres Rangs sei nicht entscheidend.

Die Formulierung der Prinzipien sei nicht zu trennen von der Frage der Ausgestaltung des Organs noch von der juristischen Verbindlichkeit des Schlußdokuments.

Das Organ dürfe nicht Berufungsinstanz sein für die Fälle, in denen die Prinzipien angeblich oder tatsächlich in nicht befriedigender Weise angewandt würden. Andernfalls würde das Organ zu einer Plattform permanenter Konfliktmöglichkeiten werden.

Unser Interesse sei, daß das Organ, wenn es schon nicht zu vermeiden sei, einen prozeduralen Auftrag erhalte, nämlich den Auftrag, kommende Konferenzen vorzubereiten.

Brimelow stimmte Analyse und Schlußfolgerungen zu, besonders hinsichtlich der Ablehnung eines Organs als Konflikt-Plattform. Die britische Regierung habe befürchtet, daß die Sowjetunion gerade ein Organ als Berufungsinstanz anstrebe. Die Sowjetunion habe aber inzwischen zu erkennen gegeben, daß sie mehr an eine ständige Botschafterkonferenz denke. Eine derartige Konferenz werde aber schwerlich unseren Interessen Abbruch tun können.

---

16 Zum sowjetischen Vorschlag vom 22. Januar 1973, in die Tagesordnung der KSZE einen Punkt über die Errichtung eines „Ständigen Organs" einzufügen, vgl. Dok. 25.
Zu den sowjetischen Vorstellungen über eine Erklärung zu den Prinzipien der europäischen Sicherheit vgl. Dok. 42.

17 Vgl. dazu Artikel 2 und 3 des Vertrags vom 12. August 1970 zwischen der Bundesrepublik und der UdSSR; Dok. 28, Anm. 12.

18 Vgl. dazu Artikel I des Vertrags vom 7. Dezember 1970 zwischen der Bundesrepublik und Polen über die Grundlagen der Normalisierung ihrer gegenseitigen Beziehungen; Dok. 56, Anm. 10.

Als die Idee einer KSZE erstmals vorgebracht worden sei, habe man bereits die Möglichkeit weiterer Konferenzen angedeutet. Die britische Regierung habe sich auf Folgekonferenzen nie festgelegt.

Er habe im übrigen eine Sorge: Die Amerikaner hätten bisher eine vergleichsweise geringe Rolle gespielt. Er stehe unter dem Eindruck, daß die Amerikaner die KSZE so schnell wie möglich hinter sich bringen wollten. Auf keinen Fall wollten sie weitere Konferenzen.

Wenn das Schlußdokument befriedigend ausfalle, ergebe sich die Notwendigkeit sorgfältiger Arbeit ohne Zeitdruck in der Ausschußphase. Da die Amerikaner aber schnelle Fortschritte anstrebten, werde der Druck wachsen, diese Phase knapp zu bemessen.

Bundesminister *Bahr* bemerkte, er sehe die Gefahren ähnlich. Nicht um zu widersprechen, sondern in Ergänzung der Organdiskussion wolle er aber auf zwei Punkte aufmerksam machen:

1) Wenn ein Organ geschaffen werden müsse, dann seien wir sicher ebenso wie die Staaten des Warschauer Pakts daran interessiert, daß keine neuen Verpflichtungen entstünden, die über die bisherigen der NATO und des Warschauer Pakts hinausgingen.

2) Wenn es zu einem Organ komme, dann richte sich unser Interesse auch darauf, etwas zu gewinnen, was die USA politisch in Europa binde. Neben der NATO und dem Berlin-Abkommen[19] könnte eine nicht-militärische West-Ost-Klammer interessant werden, durch die die USA auf nicht begrenzte Zeit in Europa gebunden würden. Damit werde ein zusätzliches politisch-psychologisches Sicherheitselement geschaffen. Im übrigen sehe er in einem solchen Fall als Sitz des Organs lieber Berlin als irgendeinen anderen Ort.

Premierminister *Heath* bekundete Interesse an dieser Argumentation.

SALT

Zu SALT stellten die beiden Regierungschefs fest, daß die Auffassungen der britischen und deutschen Experten nahe beieinander lägen.

Mittlerer Osten

StS *Frank* gab einen Bericht über den Besuch des tunesischen Außenministers.[20] Dieser habe, wie schon vor sechs Wochen in einem Gespräch mit Bourguiba[21], auf die Notwendigkeit hingewiesen, daß europäische Staaten im Persischen Golf präsent und aktiv sein müßten; andernfalls könne ein neuer potentieller Krisenherd im Mittleren Osten entstehen.

---

[19] Für den Wortlaut des Vier-Mächte-Abkommens über Berlin vom 3. September 1971 vgl. EUROPA-ARCHIV 1971, D 443–453.

[20] Der tunesische Außenminister Masmoudi führte am 7. März 1973 ein Gespräch mit Staatssekretär Frank. Dazu notierte Vortragender Legationsrat I. Klasse Redies, Masmoudi habe zur Situation der Palästinenser ausgeführt: „Die tunesische Seite habe den Eindruck, daß europäische extremistische Gruppen versuchten, in Europa lebende Araber für terroristische Aktionen zu gewinnen, die dann unter dem Deckmantel palästinensischer Aktivitäten durchgeführt werden sollten." Zur Verwendung des Sonderfonds für palästinensische Flüchtlinge sei Masmoudi mitgeteilt worden, daß dieser bislang „ausschließlich nach Vorschlägen der UNRWA eingesetzt worden" sei, jedoch vorgesehen sei, „künftig auch den Palästinensern selber ein Vorschlagsrecht einzuräumen". Vgl. VS-Bd. 9990 (310); B 150, Aktenkopien 1973.

[21] Staatssekretär Frank führte während eines Besuchs am 20./21. Dezember 1972 in Tunesien und Libyen ein Gespräch mit Präsident Bourguiba. Vgl. dazu AAPD 1972, III, Dok. 422.

Premierminister *Heath* maß dieser Forderung große Bedeutung bei. Er gab einen Abriß der Entwicklung der Beziehungen Großbritanniens zu den Golf-Staaten und schilderte die britischen Bemühungen um einen Ausgleich der arabischen Gegensätze in dieser Region.

Die Amerikaner näherten sich schnell dem Punkt, wo ihre eigenen Ölvorräte zur Neige gingen. Die Erschließung neuer Vorkommen (off shore) und die Entwicklung des Nuklearenergie-Programms könnten mit dieser Entwicklung nicht Schritt halten. In den USA habe die Frage der langfristigen Energieversorgung das Problem des Umweltschutzes an Dringlichkeit übertroffen.

Stabilität im Mittleren Osten sei daher von höchster Wichtigkeit. Je stärker die Gemeinschaft dort und in der Golf-Region präsent sei, desto besser. Premierminister Heath schlug vor, zur Schaffung eines Gegengewichts gegen Kartellpraktiken der Ölländer die Zusammenarbeit der Abnehmerländer zu intensivieren.

Reform des Währungssystems

StS *Pöhl* wies darauf hin, daß die Notwendigkeit einer baldigen Reform des Weltwährungssystems durch die aktuelle Währungskrise[22] erneut deutlich gemacht worden sei. Besonders wichtig seien:

1) Verbesserung des Anpassungsmechanismus

Man müsse überlegen, was neben Dollar-Abwertung[23] und Floating noch getan werden könne, um die amerikanische Zahlungsbilanz in ein besseres Gleichgewicht zu bringen. Langfristig sei er eher optimistisch: Die Beendigung des Vietnam-Krieges[24] und die Abwertung würden ihre Wirkungen noch zeigen.

Die 35%ige Aufwertung der DM seit 1969[25] solle in diesem Zusammenhang nicht unterschätzt werden.

2) Bessere Beherrschung der internationalen Liquidität

Zahlungsbilanzdefizite dürften nicht durch Ausdehnung der Reserveverbindlichkeiten finanziert werden. Aufkommen neuer Reservewährungen und Anlage von Währungsreserven auf internationalen Märkten müsse vermieden werden. Wir träten für engere Begrenzung der Reservehaltung ein: Reserven sollten auf „working balances" beschränkt und darüber hinausgehende Reserven etwa in Form von Sonderziehungsrechten neutralisiert werden.

3) Entschärfung des Eurodollar-Markts

Hier gingen die deutschen und britischen Auffassungen etwas auseinander. Wir hätten große Sorge wegen des gewaltigen Inflationspotentials von 90 Mrd. Dollar, dessen Volumen immer größer werde. Die Notenbanken kleinerer Län-

---

22 Zum Beginn der Währungskrise vgl. Dok. 38, Anm. 7.
  Nachdem die Bundesbank am 1. März 1973 Dollar-Stützungskäufe im Gegenwert von mehr als sieben Milliarden D-Mark getätigt hatte, wurden am 2. März 1973 die Devisenbörsen erneut geschlossen. Vgl. dazu den Artikel „Bonn zieht wieder die Notbremse: Devisenbörsen heute geschlossen"; DIE WELT vom 2. März 1973, S. 1.
23 Zur Abwertung des amerikanischen Dollar am 12. Februar 1973 vgl. Dok. 50, Anm. 1.
24 Zum Abkommen vom 27. Januar 1973 über die Beendigung des Kriegs und die Wiederherstellung des Friedens in Vietnam vgl. Dok. 21, besonders Anm. 2.
25 Zur Aufwertung der D-Mark am 27. Oktober 1969 und im Rahmen des „Smithsonian Agreement" vom 17./18. Dezember 1971 vgl. Dok. 44, Anm. 2 und 3.

der gerieten in Versuchung, ihre Dollar-Reserven auf dem Eurodollar-Markt anzulegen. Verschärft werde die Situation durch die Ölländer, die in zunehmenden Umfang Dollar verdienten, die sie ebenfalls am Eurodollar-Markt anlegten. Hier müsse eine Kontrolle gefunden werden.

4) Frage der Verknüpfung der Sonderziehungsrechte mit der Entwicklungshilfe („link")[26]

Die Schaffung neuer Sonderziehungsrechte solle nicht verbunden werden mit anderen, nicht-monetären Zwecken. Die Gefahr sei sehr groß, daß die Notenbankpressen weltweit benutzt würden, um über die Schaffung neuer Liquidität nicht-monetäre Ziele zu erreichen. Hier sei größtmögliche Zurückhaltung am Platz, um ein zusätzliches Inflationspotential abzuschwächen.

5) Organisation der Arbeit an der Reform des Währungssystems

Nicht nur die USA hätten Mißbehagen an schleppender Arbeit zum Ausdruck gebracht. Die Arbeit im Rahmen der Zwanziger-Gruppe[27] sei schwieriger und langwieriger als die im Rahmen der Zehner-Gruppe. Wir regten an, amerikanische Vorschläge aufzugreifen, um außerhalb der Gruppe der Zwanzig und unabhängig von den europäischen Bemühungen informelle, aber effektive Kontakte zwischen den wichtigsten Welthandelsländern anzubahnen.

Premierminister *Heath* stimmte zu mit dem Bemerken, man solle zu der Zehner-Gruppe oder einer möglicherweise noch kleineren Gruppe zurückkehren.

Mr. *Mitchell* (British Treasury) warf ein, die jüngste amerikanische Kritik[28] sei einer einjährigen Periode gefolgt, in der die USA aus einem Gefühl völliger Frustration überhaupt keine Anregungen gegeben hätten. Wir seien dabei, im

---

[26] Im Zusammenhang mit der Dritten Konferenz für Handel und Entwicklung (United Nations Conference on Trade and Development – UNCTAD) vom 13. April bis 22. Mai 1972 in Santiago de Chile notierte Vortragender Legationsrat Rabe am 9. Mai 1972, daß die Entwicklungsländer die Verwendung von Sonderziehungsrechten (SZR) zu Entwicklungshilfezwecken forderten: „Verkannt wird hierbei Unterschied zwischen Liquiditäts- und Kapitalbedarf. Kapitalbedarf [ist] in erster Linie aus Ersparnissen bzw. Haushaltsmitteln zu finanzieren. Finanzierung von Entwicklungshilfe über Geldschöpfung (SZR) verstärkt weltweiten Inflationsprozeß." Die Bundesrepublik habe daher Bedenken gegen den „link" von Sonderziehungsrechten und Entwicklungshilfe, trete aber „für stärkere Berücksichtigung der Entwicklungsländer bei künftigen SZR-Zuteilungen, und zwar auf Kosten der Industrieländer, ein." Vgl. Referat III A 3, Bd. 163.
Die Konferenz verwies die Frage an den Internationalen Währungsfonds. Vgl. dazu AAPD 1972, I, Dok. 141.

[27] Der Gouverneursrat des Internationalen Währungsfonds beschloß am 26. Juli 1972 die Bildung eines Ausschusses für die Reform des internationalen Währungssystems (Ausschuß der Zwanzig). Der Ausschuß konstituierte sich auf der Jahrestagung der Weltbank und des Internationalen Währungsfonds vom 25. bis 29. September 1972 in Washington. Teilnehmer waren neben den Staaten der Zehnergruppe – Belgien, der Bundesrepublik, Frankreich, Großbritannien, Italien, Japan, Kanada, den Niederlanden, Schweden und den USA – Äthiopien, Argentinien, Australien, Brasilien, Indien, Indonesien, Irak, Marokko, Mexiko und Zaire. Vgl. dazu EUROPA-ARCHIV 1972, Z 207.

[28] Am 12. Februar 1973 erklärte der amerikanische Finanzminister Shultz: „Progress in the work of the committee of twenty has been too slow and should move with a greater sense of urgency. The time has come to give renewed impetus to our efforts on behalf of a stronger international economic order." Vgl. den Drahtbericht Nr. 429 des Botschafters Pauls, Washington; Referat 412, Bd. 105678. Pauls ergänzte am 16. Februar 1973, daß auch das Mitglied der EG-Kommission Soames beim Besuch der USA vom 14. bis 17. Februar 1973 den Eindruck gewonnen habe, „daß die Amerikaner enttäuscht von der Gruppe der 20 seien [...] Die Gruppe sei zu groß und würde nicht konzentriert arbeiten." Vgl. den Drahtbericht Nr. 496; Referat 411, Bd. 472.

Währungsausschuß gemeinsame EWG-Positionen zu erarbeiten. In der nächsten Sitzung würden zwei neue Papiere erörtert werden.[29]

Auf die Frage von Premierminister *Heath*, welches wohl der beste Weg sei, um
den Eurodollar-Markt zu kontrollieren, antwortete StS *Pöhl*, im Idealfalle durch
die Schaffung einer europäischen Zentralbank.

Die Sitzung schloß um 12.15 Uhr.

VS-Bd. 9962 (204)

70

Deutsch-britisches Regierungsgespräch

105-24.A/73 VS-vertraulich   **2. März 1973[1]**

Der Herr Bundeskanzler und der britische Premierminister trafen am 2. März
1973 um 16.00 Uhr im Bundeskanzleramt zu einem Gespräch über währungspolitische Fragen zusammen, an dem Staatssekretär Pöhl und Unterstaatssekretär Mitchell teilnahmen.

Einleitend zählte der *Premierminister* die in den bisherigen Gesprächen[2] behandelten Möglichkeiten noch einmal auf:

1) Die Möglichkeit, sich dem Dollaransturm zu stellen, sei durch die Schließung der Börse[3] ausgeschieden.

2) Ein alleiniges deutsches Floaten bereite politische Schwierigkeiten.

Der Herr *Bundeskanzler* bemerkte hierzu, dies sei unter politischen europäischen Gesichtspunkten richtig, wenngleich die Sachverständigen der Auffassung seien, daß die Lösung als solche so schlecht auch nicht wäre.

Als dritte Möglichkeit erwähnte der *Premierminister*, daß eine Gruppe von
Ländern der Gemeinschaft ihre Währungen freigebe und Großbritannien und
Italien sich dem später anschlössen. Dabei sei die Rolle Frankreichs aber unklar. Die vierte Möglichkeit sei die, die Krise als Anlaß zum Fortschritt zu nehmen und eine gemeinsame Lösung, einschließlich der Zusammenlegung der
Reserven, anzustreben. Dies würde für Großbritannien bedeuten, daß eine Parität festgelegt werden müsse. Die gefährliche Folge davon könnten starke monetäre Bewegungen innerhalb der Gemeinschaft sein. Er fragte ferner, was ein

---

29 Der Währungsausschuß tagte am 3. März und erneut am 6./7. März 1973 in Brüssel und befaßte
sich neben der internationalen Währungskrise auch mit der Reform des internationalen Währungssystems. Vgl. dazu BULLETIN DER EG 3/1973, S. 44.

1 Durchdruck.
Die Gesprächsaufzeichnung wurde von Vortragendem Legationsrat I. Klasse Weber am 9. März
1973 gefertigt.

2 Für das Gespräch des Bundeskanzlers Brandt mit Premierminister Heath am Vormittag des 2. März
1973 vgl. Dok. 69.

3 Zur Schließung der Devisenbörsen am 2. März 1973 vgl. Dok. 69, Anm. 22.

Zusammenlegen der Reserven bedeuten würde, und äußerte gleichzeitig Zweifel daran, ob unter den derzeitigen Umständen ein solches Verfahren denkbar sei.

Staatssekretär *Pöhl* wies darauf hin, daß wir das Pfund und andere europäische Währungen stützen würden. Der Bundesfinanzminister habe vor drei Wochen bereits darauf hingewiesen, daß wir bereit wären, ein sehr weitgehendes Stützungsangebot zu machen. Die Situation sei heute wegen der Dollarabwertung[4] nicht so kritisch wie vor drei Wochen. Bei seinem Angebot habe der Bundesfinanzminister nicht im einzelnen von Laufzeit und Zinsbedingungen gesprochen, da darüber verhandelt werden müsse.

Mr. *Mitchell* bemerkte, daß zwischen Schmidt und Barber offensichtlich insofern ein Meinungsunterschied bestehe, als Schmidt so verstanden worden sei, daß die Gewährung eines Kredits ohne jegliche Bedingung erfolge.

Staatssekretär *Pöhl* präzisierte, der Finanzminister habe seine Bereitschaft bekundet, einen sehr großzügigen Kredit zu sehr guten Bedingungen anzubieten, ohne daß das Thema näher vertieft worden sei. Darüber müsse aber gesprochen werden. Er nehme an, daß die Kommission inzwischen Empfehlungen ausarbeiten werde[5], und da wir einer der Partner seien, hielten wir es nicht für unsere Aufgabe, konkrete Vorschläge zu unterbreiten.

Mr. *Mitchell* wies auf die Schwierigkeit hin, die richtige Parität für das Pfund zu finden.

Staatssekretär *Pöhl* bemerkte, wenn es zu einem europäischen Stützungssystem komme, werde dadurch auch die Stabilität erhöht.

Mr. *Mitchell* äußerte sodann Zweifel daran, ob Brüssel bereits über die notwendige Maschinerie verfüge. Der Aufbau einer solchen Maschinerie werde beträchtliche Zeit dauern.

Staatssekretär *Pöhl* äußerte die Auffassung, daß die Zentralbanken mit dieser Aufgabe fertig würden, und wenn am 4. März nachmittags in Brüssel eine Ent-

---

[4] Zur Abwertung des amerikanischen Dollar am 12. Februar 1973 vgl. Dok. 50, Anm. 1.

[5] Die EG-Kommission legte dem EG-Ministerrat am 4. März 1973 Vorschläge zur Errichtung eines gemeinschaftlichen Wechselkurssystems vor. Darin wurde ausgeführt: „Gestaltung der Wechselkursbeziehungen. Um zu verhindern, daß spekulative Bewegungen von außen die Wechselkursbeziehungen zwischen den Ländern der Gemeinschaft beeinträchtigen und ihre Wirtschaftsbeziehungen stören, deren Entwicklung eine Voraussetzung ihres Wohlstandes ist, sollte ein System geschaffen werden, das die Beibehaltung des ‚Gemeinschaftsbands‘ von 2,25 % vorsieht sowie die Aussetzung von Interventionen, mit denen der Wechselkurs der US-Dollar innerhalb vorher festgelegter Grenzen gehalten wird. Die Einführung dieses Systems setzt die Wiederherstellung fester Wechselkursrelationen zwischen den Währungen sämtlicher Länder der Gemeinschaft voraus. Devisenkontrollen. Unter den derzeitigen Umständen muß das geplante System vor störenden Kapitalbewegungen geschützt werden. Zu diesem Zweck ist es wichtig, daß die Richtlinie vom 21. März 1972 strenger angewandt wird und daß denjenigen Mitgliedstaaten, deren Währung Gegenstand einer Hausse-Spekulation sein könnte, ergänzende Kontrollinstrumente zur Verfügung gestellt werden. Dies gilt insbesondere für Deutschland, Belgien und die Niederlande. Finanzierung. Es empfiehlt sich, die Reserveverluste im Rahmen des geplanten Systems zu finanzieren. Da die im Abkommen über die kurzfristige Währungsstützung vorgesehenen Bedingungen unter den gegebenen Umständen ohne wesentliche Änderungen nicht anwendbar sind und der Europäische Fonds noch nicht errichtet ist, sollte auf das Abkommen der Zentralbanken vom 10. April 1972 zurückgegriffen werden. Hierzu sind die für Laufzeit und Kosten der verfügbaren Kredite gegenwärtig geltenden Regeln zu ändern. Die in diesem Rahmen vereinbarten Operationen werden später vom Europäischen Fonds übernommen." Vgl. BULLETIN DER EG 3/1973, S. 21f.

scheidung falle[6], werde es nur Tage, höchstens Wochen dauern, bis das System funktioniere. Im übrigen glaube er, wenn am 7. März die Börsen wieder geöffnet würden, sei der Dollar stark.

Die Frage von Mr. *Mitchell*, wie sich die Italiener verhielten, beantwortete Staatssekretär *Pöhl* mit dem Hinweis, daß sie sich grundsätzlich für ein gemeinsames Floaten ausgesprochen hätten.[7] Wenn innerhalb der Gemeinschaft ein Mitglied eigene Wege gehe, so bedeute dies eine Gefährdung dessen, was in den letzten 20 Jahren erreicht worden sei. In der Gemeinschaft habe jeder Fortschritt mit einer Krise begonnen. Zur Festlegung einer Parität des Pfundes meinte er, darüber müsse im Rahmen einer europäischen Lösung dann auch mit uns gesprochen werden, und wenn es zu einer Aufwertung der D-Mark käme, würden wir das auch akzeptieren.

Mr. *Mitchell* betonte, daß es möglich sein müsse, eine Parität wieder zu ändern.

Staatssekretär *Pöhl* sagte, es sei nicht ungefährlich, dies von vornherein zu sagen, denn auch die Parität müsse glaubwürdig sein.

Mr. *Mitchell* wies ferner darauf hin, daß diese Frage im Zusammenhang mit den Bemühungen um eine Lohn- und Preispolitik gesehen werden müsse.

Staatssekretär *Pöhl* erwiderte, wenn eine Parität festgelegt werden müsse, so sei dies in einem europäischen System mit der Möglichkeit einer starken Stützung sehr viel leichter und besser.

Mr. *Mitchell* nannte die deutsche Haltung zwar sehr großzügig, doch könne er sich vorstellen, daß andere Mitglieder in der Gemeinschaft unter diesen Umständen die Möglichkeit einer gewissen Kontrolle über die innenwirtschaftliche Politik erlangen wollten.

Staatssekretär *Pöhl* sagte abschließend, wenn man gemeinsam vorgehe, sei auch die Gefahr von Ungleichgewichten sehr viel geringer, und wenn jeder innerhalb der Schlange bleibe, sei man schon sehr nahe an eine gemeinsame Währung herangekommen. Der nächste Schritt bestünde dann darin, den europäischen Fonds bereits vor 1980 zu einem funktionsfähigen Instrument zu machen.

Mr. *Mitchell* sagte, dies setze zweierlei voraus: einmal den politischen Willen, zum anderen den institutionellen Rahmen, doch was das zweite angehe, habe er erhebliche Bedenken.

Das Gespräch endete gegen 17.00 Uhr.

Bundeskanzleramt, AZ 21-30 100 (56), Bd. 38

---

6 Der EG-Ministerrat kam am 4. März 1973 überein, „daß die Vorschläge der Kommission und die verschiedenen in diesem Zusammenhang in der Aussprache vorgebrachten Anregungen eine geeignete Grundlage für die Festlegung einer gemeinsamen Haltung darstellen. Er hat den Währungsausschuß beauftragt, diese Vorschläge und Anregungen unverzüglich eingehend zu prüfen." Mit Blick auf eine vorgesehene „internationale Konzertierung" mit den wichtigsten betroffenen Staaten wurden erneute Tagungen des EG-Ministerrats für den 8. und 11. März 1973 festgelegt und beschlossen: „In der Zwischenzeit bleiben die Devisenbörsen geschlossen." Vgl. EUROPA-ARCHIV 1973, D 172.

7 Botschafter Lahr, Rom, übermittelte am 2. März 1973 Äußerungen des Vizegouverneurs der Banca d'Italia, Ossola, zur Währungspolitik: „Grundsätzlich halte man die gemeinsame Floaten der Währungen der Gemeinschaft gegenüber dem Dollar für das richtige Mittel, um den aktuellen Schwierigkeiten zu begegnen. Eine andere Frage sei, ob Italien in seiner gegenwärtigen Lage imstande sei, sich hieran uneingeschränkt zu beteiligen." Vgl. den Drahtbericht Nr. 337; Referat 412, Bd. 105678.

71

Gesandter Ruth, z. Z. Wien, an das Auswärtige Amt

114-1-10979/73 VS-vertraulich   Aufgabe: 6. März 1973, 16.45 Uhr[1]
Fernschreiben Nr. 175
Cito

Delegationsbericht Nr. 73

Betr.: MBFR-Explorationen in Wien
      hier: bilaterales Gespräch mit DDR-Delegation

1) Für den Leiter der MBFR-Delegation der DDR, Botschafter Brie, und seinen Vertreter, Botschaftsrat Ernst, gab ich, begleitet von VLR Hofmann, am 6. März ein Arbeitsfrühstück, in dessen Mittelpunkt die Erörterung der Ungarnfrage stand. Es handelte sich um die zweite bilaterale Begegnung der beiden Delegationen, die wiederum in sachlicher, aufgeschlossener Atmosphäre verlief und ausschließlich MBFR-bezogen blieb. Besonders bemerkenswert war, daß Brie von sich aus zwei Themen ansprach, die bisher nur NATO-intern besprochen wurden, nämlich das Problem der gleichberechtigten Teilnahme aller 19 und die Möglichkeit einer Nichtumgehungszusage.[2]

2) Zur Ungarn-Frage nahm Brie folgende Haltung ein:

a) Das Modell einer Beteiligung zur Kompensierung Ungarns an MBFR sei überholt und nicht einmal mehr der Rede wert.

b) Die Entscheidung, Ungarn von einer Vollteilnahme an MBFR auszuschließen, sei auf höchster Ebene in Moskau getroffen worden[3] und gehe auf vorwiegend strategisch-militärische Erwägungen zurück.

---

[1] Hat Ministerialdirigent Diesel am 7. März 1973 vorgelegen, der die Weiterleitung an die Referate 210 und 212 verfügte.
Hat Vortragendem Legationsrat I. Klasse Blech am 9. März 1973 vorgelegen.
[2] Zur Diskussion im Ständigen NATO-Rat über die Frage der Teilnehmer an den MBFR-Explorationsgesprächen vgl. Dok. 66, besonders Anm. 4.
Botschafter Krapf, Brüssel (NATO), berichtete am 5. März 1973, er habe in der Diskussion im Ständigen NATO-Rat am selben Tag darauf hingewiesen, daß gegebenenfalls angestrebt werden solle, „die multilateralen Explorationen ohne vorherige Regelung der Statusfrage beginnen zu lassen. Ich habe hinzugefügt, daß wir uns bei keiner der ins Auge gefaßten Lösungen darauf einlassen können, MBFR nur auf Truppenreduktionen zu beschränken, und wir an dem Grundsatz des ‚phased integral approach' einschließlich der Frage der constraints festhielten." Der amerikanische NATO-Botschafter Rumsfeld habe erklärt, „es sei entscheidend, daß sich die Allianz über den Grundsatz der Nicht-Umgehung von MBFR-Abkommen einig sei. Über die Methoden, wie dieses Ziel zu erreichen sei, könne man sich später unterhalten. Eine Festlegung darauf, daß Ungarn Teil des Anwendungsbereiches von constraints sein müsse, lehne die amerikanische Regierung ab." Der Vorsitzende des Militärausschusses der NATO, General Steinhoff, habe ausgeführt, „daß es bei der Ungarn-Frage im Grunde um das Problem der unverminderten Sicherheit gehe und eine Nichtumgehungslösung das Minimum sei, was angestrebt werden müsse". Vgl. den Drahtbericht Nr. 275; VS-Bd. 9081 (212); B 150, Aktenkopien 1973.
[3] Zur sowjetischen Haltung hinsichtlich einer Teilnahme Ungarns an den MBFR-Explorationsgesprächen vgl. Dok. 48.

c) Auf östliche Denkansätze für eine mögliche Kompromißlösung befragt, berichtete Brie von Sondierungen unter den WP-Delegationen mit folgendem Ergebnis:

– Eine Lösung auf der Grundlage gleichberechtigter Teilnahme aller 19 Delegationen sei überwiegend auf Ablehnung gestoßen. Eine etwaige Sondierung der NATO-Staaten in dieser Richtung sei seines Erachtens nicht erfolgversprechend.

– Hingegen verspreche er sich eine Lösung auf der Grundlage einer „Nichtumgehungszusage" – allerdings ohne ausdrücklichen Bezug auf Ungarn. Bei Nichtbeteiligung Ungarns könne eine generelle Zusage vereinbart werden, zu reduzierende Truppen nicht an die Flanken zu verlegen.

d) Brie stimmte der Feststellung zu, daß einer Entwicklung zur weiteren Einengung des MBFR-Raums schon im Ansatz entgegengewirkt werden müsse.

3) Zur künftigen MBFR-Position ergab das Gespräch folgendes:

a) Die DDR wird sich voraussichtlich für Wien als Verhandlungsort einsetzen.

b) Die Notwendigkeit von Verifikationen wurde von Brie erneut mit dem Hinweis darauf bezweifelt, daß die militärischen Stellen beider Seiten bereits jetzt gut über die militärischen Tätigkeiten der anderen Seite Bescheid wüßten. Der Austausch von Manöverbeobachtern z. B. sei daher militärisch kaum relevant.

c) In der NVA-Führung werde die Ansicht vertreten, daß sich „constraints" überwiegend zugunsten des Westens auswirken würden. Unter Erwähnung des Berichts der deutschen Wehrstrukturkommission[4] bemerkte Brie, daß die Bundeswehr sich im übrigen bereits in die Lage versetze, durch Verkürzung der Reaktionszeiten optimal die Vergangenheit zu verlängern.[5]

d) Brie versicherte, daß die DDR in der Erarbeitung einer MBFR-Substanzposition noch nicht sehr weit gekommen sei. Er gab zu, daß man in Ostberlin die Zuarbeit von Instituten wie dem IISS[6] und von seriösen Friedensforschungsinstituten vermisse.

Wir vereinbarten, die Presse vom Stattfinden des Arbeitsessens nicht zu unterrichten.

[gez.] Ruth

VS-Bd. 9060 (221)

---

4 Zum Bericht der Wehrstrukturkommission vom 28. November 1972 vgl. Dok. 10, Anm. 7.
5 Die Wörter „Vergangenheit zu verlängern" wurden von Ministerialdirigent Diesel hervorgehoben. Dazu Fragezeichen.
6 International Institute for Strategic Studies.

72

Aufzeichnung des Botschafters Roth

221-372.20-20-901/73 VS-vertraulich   7. März 1973[1]

Über Herrn D2[2] Herrn Staatssekretär vorgelegt mit der Bitte um Zustimmung[3], daß anhand der nachstehenden Überlegungen weiter verfahren werden kann.

Betr.: MBFR;
      hier: Explorationen in Wien und weiteres Vorgehen

1) Bisherige Erkenntnisse

a) Nach anfänglichem Geplänkel um die Position der Flankenstaaten (vor allem Rumänien[4]) und dem Versuch der Sowjetunion, die Bereitschaft zu Truppenreduzierungen als ausschließliches Kriterium für den Status der Teilnehmer durchzusetzen, versteifte sich die sowjetische Haltung auf die „strategische" Argumentation – strategische Bedeutung Ungarns nicht für Mitteleuropa, sondern für Südosteuropa entscheidend, Gegenposition im NATO-Bereich nimmt Italien ein.

(Dieses Verfahren entspricht dem sowjetischen Vorgehen bei SALT – nicht die Waffensysteme (Analogie: geographische Zugehörigkeit), sondern das strategische Kriterium: Bedrohung der Verhandlungsmächte, wird als entscheidend betrachtet.)

b) Obwohl in den informellen bilateralen Gesprächen unterschiedliche Bewertungen der WP-Staaten zur Ungarnfrage erkennbar wurden[5], vertraten diese Staaten in offiziellen Erklärungen die sowjetische Position.[6] Ein Ausspielen

---

[1] Hat Botschafter Roth am 12. März 1973 erneut vorgelegen, der handschriftlich für Referat 221 vermerkte: „Für weitere Arbeit beachten."
Hat Legationsrat I. Klasse Roßbach am 16. März 1973 vorgelegen.

[2] Hat Ministerialdirektor van Well am 7. März 1973 vorgelegen.

[3] Hat Staatssekretär Frank am 10. März 1973 vorgelegen, der das Wort „Zustimmung" hervorhob.

[4] Zu den rumänischen Vorstellungen hinsichtlich einer Teilnahme an den MBFR-Explorationsgesprächen vgl. Dok. 36.

[5] Am 19. Februar 1973 berichtete Gesandter Ruth, z.Z. Wien, der belgische Vertreter in der NATO-Ad-hoc-Gruppe MBFR, Willot, habe mitgeteilt: „Der belgische Militärattaché in Budapest habe in ungarischen Militärkreisen größte Verärgerung über die sowjetische Absicht festgestellt, Ungarn aus MBFR auszuschließen. Man hoffe dort auf eine feste Haltung der NATO in dieser Frage." Der Leiter der DDR-Delegation, Brie, habe „geraten, in der Ungarn-Frage Geduld zu bewahren. Die Warschauer-Pakt-Staaten mit Ausnahme der Sowjetunion würden es sehr bedauern – ja, es dem Westen nicht vergeben –, wenn er in der Ungarn-Frage nachgeben würde." Vgl. den Drahtbericht Nr. 124; VS-Bd. 9428 (221); B 150, Aktenkopien 1973.

[6] Gesandter Ruth, z.Z. Wien, faßte am 4. März 1973 den Stand der MBFR-Explorationsgespräche zusammen und teilte zur Teilnehmerfrage mit, für die UdSSR laute die Formel: „Entweder wird Ungarn als Flankenstaat behandelt, oder es ist Vollmitglied, und dann muß Italien ebenfalls Vollmitglied sein." Außerdem ergänze die sowjetische Delegation „seit kurzem diese Formel mit dem Hinweis, daß Nicht-Reduzierungsvereinbarungen in diesen Gesprächen nicht zur Debatte stünden. Von nicht-sowjetischen Mitgliedern des WP wird die Möglichkeit der Anwendung stabilisierender Maßnahmen auf Ungarn dagegen nicht ausgeschlossen. Allerdings wird dies von ihnen bereits mit der Forderung nach kompensierenden Vereinbarungen für Italien verbunden." Der sowjetischen Haltung liege „das Konzept zugrunde, daß das alleinige Kriterium für die Vollteilnahme an künftigen Verhandlungen die Bereitschaft zu Reduzierungen sein soll und daß diese Bereit-

dieser Auffassungsunterschiede, selbst wenn sie der konkreten Interessenlage einzelner Warschauer-Pakt-Staaten entsprechen, wird in Wien jetzt nicht weiterführen. Wir können nicht ausschließen, daß die unterschiedlichen Meinungsäußerungen in informellen Gesprächen bewußt das Ziel verfolgen, im westlichen Bereich Verwirrung zu stiften. Jedenfalls ist es den Sowjets unter Ausnutzung der informellen bilateralen Gesprächstaktik gelungen, in der Ungarnfrage Unsicherheit ins westliche Lager zu tragen, zumal im Bündnis die politische und militärische Bedeutung Ungarns im MBFR-Kontext unterschiedlich bewertet wird.[7]

c) Die amerikanische Seite hat nicht nur intern gegenüber den eigenen Bündnispartnern auf raschen Fortgang in Wien gedrückt[8], sondern öffentlich sichtbar gemacht, daß sie aus innenpolitischen Gründen unter Zeitdruck steht, die Wiener Gespräche keinesfalls scheitern lassen wird und es ihr weniger auf die Klärung von Substanzfragen als auf die Einhaltung des im September 1972 in Moskau abgestimmten Zeitplans[9] ankommt. Dies vor allem hat der Sowjetunion in Wien den unschätzbaren Vorteil eingebracht, in der Statusfrage auf ein Einlenken der westlichen Seite warten zu können.

2) Konsequenzen, die wir daraus ziehen sollten

a) Mit dem Versuch, in Wien frühzeitig die Statusfrage der Teilnehmer als Prozedurfrage behandeln zu wollen, hat die westliche Seite einen Fehler gemacht.[10] Sie hat sich in eine Substanzdiskussion verstricken lassen, in der sie im Nachteil sein mußte, weil im eigenen Bündnis die wesentlichsten Substanzfragen noch ungeklärt sind und eine rasche Klärung bis auf weiteres am amerikanischen Widerstand scheitert. Jede Fortführung der Ungarndebatte in Wien könnte nur zum Nachteil der westlichen Seite ausschlagen. Der einzig mögliche Ausweg erscheint darin, die Statusdiskussion zu beenden und sich anderen Themen in Plenarsitzungen zuzuwenden.[11]

b) In diesen Plenarsitzungen muß versucht werden, einem Wiederaufbrechen der Substanzdiskussion möglichst aus dem Weg zu gehen. Dies läßt sich sicher bei den noch offenen Fragen Ort und Zeit des Beginns der eigentlichen Verhandlungen erreichen. Bei der Einigung über ein Arbeitsprogramm für die Verhandlungen wird die Substanzdiskussion nur dann umgangen werden kön-

---

Fortsetzung Fußnote von Seite 348

    schaft schon jetzt festgelegt werden soll". Vgl. den Drahtbericht Nr. 169; VS-Bd. 9430 (221); B 150, Aktenkopien 1973.

7 Vgl. dazu die Diskussion im Ständigen NATO-Rat am 5. März 1973; Dok. 71, Anm. 2.
    Am 6. März 1973 teilte Ministerialdirektor van Well der Ständigen Vertretung bei der NATO in Brüssel mit, daß für die Bundesregierung nur Formulierungen akzeptabel seien, „die ausdrücklich den Einschluß Ungarns in einen constraints-Bereich vorsehen. Formeln, die sich nur [auf] eine Umgehung von Abkommen durch ‚unbeschränkte Verstärkung von Streitkräften und Ausrüstung in Ungarn‘ beschränken, sind für uns nicht annehmbar, da sie ausschließlich im Zusammenhang mit Reduzierungsmaßnahmen stehen." Vgl. den Drahterlaß Nr. 838; VS-Bd. 9428 (221); B 150, Aktenkopien 1973.

8 Zur amerikanischen Haltung vgl. Dok. 53, besonders Anm. 9, und Dok. 73.

9 Der Sicherheitsberater des amerikanischen Präsidenten, Kissinger, hielt sich vom 10. bis 14. September 1972 in Moskau auf. Zu den Ergebnissen der Gespräche vgl. AAPD 1972, II, Dok. 279.

10 Dieser Satz sowie die Wörter „einen Fehler" wurden von Staatssekretär Frank hervorgehoben. Dazu vermerkte er handschriftlich: „r[ichtig]."

11 Der Passus „die Statusdiskussion ... zuzuwenden" wurde von Staatssekretär Frank hervorgehoben. Dazu vermerkte er handschriftlich: „r[ichtig]."

nen, wenn wir bereit sind, es bei sehr allgemeinen breiten Formulierungen zu belassen. Dies würde allerdings bedeuten, daß wir auf eine Reihe im NATO-Guideline-Papier[12] präziser formulierter Tagesordnungspunkte jetzt verzichten müssen, um sie für die eigentlichen Verhandlungen noch offenzuhalten. Diese Überlegungen könnten dazu führen, uns auf drei Punkte zu beschränken, nämlich

– schrittweises Vorgehen (phased approach),

– Maßnahmen zur Erhöhung des Vertrauens und der Stabilität,

– Umfang und Methoden der Reduzierung von Truppen.

c) Die Wiener Gespräche sollten möglichst noch im April 1973 abgeschlossen werden[13], um bis zur NATO-Ratssitzung Anfang Juni 1973[14] in den substantiellen Grundpositionen – phased approach – constraints – vorgezogene Reduzierung amerikanischer Stationierungsstreitkräfte – gemeinsame Allianzpositionen erarbeiten zu können. Gelingt dies bis zu dieser Ratssitzung nicht, so werden wir zu Beginn der Verhandlungen im Herbst 1973[15] wieder vor den gleichen Problemen stehen wie in Wien: Amerikanischer Zeitdruck – allianzinterne Differenzen in den Substanzfragen – Spielball sowjetischer Taktik.

d) Die Hoffnung, man könne allianzintern mit der Erarbeitung gemeinsamer Positionen noch während des Fortgangs der Gespräche in Wien beginnen, ist verfehlt. Alle Versuche in dieser Richtung wurden von amerikanischer Seite bisher abgeblockt. Die amerikanische Regierung wird nicht bereit sein, ihre Positionen im Bündnis offenzulegen, solange sie den Termin für den Beginn eigentlicher Verhandlungen nicht fest in der Tasche hat.

Vielmehr könnte die amerikanische Seite ein Interesse daran haben, die Wiener Gespräche bis in den Juni 1973 hinzuziehen, um einer Festlegung durch ein neues Guideline-Papier zu entgehen. Das Guideline-Papier für die Explorationen könnten wir nur (mit Druck) gemeinsam mit den Briten gegen die Amerikaner durchsetzen.

Roth

VS-Bd. 9430 (221)

---

[12] Zum Richtlinienpapier, das vom Ständigen NATO-Rat am 15. Januar 1973 gebilligt wurde, vgl. Dok. 3, besonders Anm. 2 und 6.

[13] Die MBFR-Explorationsgespräche in Wien endeten am 28. Juni 1973. Vgl. dazu Dok. 207.

[14] Die NATO-Ministerratstagung fand am 14./15. Juni 1973 in Kopenhagen statt. Vgl. dazu Dok. 195.

[15] Die MBFR-Verhandlungen wurden am 30. Oktober 1973 in Wien eröffnet.

73

Botschafter Pauls, Washington, an das Auswärtige Amt

114-1-11021/73 geheim   Aufgabe: 7. März 1973, 15.35 Uhr[1]
Fernschreiben Nr. 676   Ankunft: 7. März 1973, 22.47 Uhr

Betr.: Abschiedsbesuch im Weißen Haus

Nach meinem Abschiedsbesuch beim Präsidenten[2] hatte ich eine längere Unterredung mit Henry Kissinger allein, vornehmlich über Peking und Fernostpolitik. Bei dieser Gelegenheit habe ich ihn auch auf Mutual Balanced Force Reduction angesprochen und ihm noch einmal im Zusammenhang unter dem Gesichtspunkt der bis heute entwickelten Lage unsere Position[3] erläutert. Er holte daraufhin ziemlich weit aus und wiederholte zum Teil fast wörtlich einige der Meinungen, die er dem luxemburgischen Außenminister Thorn vor einigen Tagen ausgedrückt hat.[4]

Zu MBFR sagte er, es gehe nicht an, daß Prozedurfragen über Wochen hin zu großen Ereignissen hochgespielt würden und man darüber nicht zur Substanz und zu Beschlüssen über den Konferenzbeginn komme. „You drive us crazy with these methods." In einem Abkommen werde man sicherstellen müssen, daß die Russen nicht durch Truppenverschiebung aus dem ihnen auferlegten Reduzierungsraum nach Ungarn eine neue flankierende Bedrohung zu schaffen vermöchten. Dazu bedürfe es aber nicht der Teilnahme Ungarns an den Verhandlungen mit vollem Status.[5] Er hoffe, daß man jetzt über diese Anfangsschwierigkeiten hinwegkomme. Die amerikanische Regierung wolle MBFR ernsthaft verhandeln. Sie brauche auch diese Verhandlungen, um sich im Senat durchsetzen zu können. Man könne mit MBFR nicht Mansfield von Initiativen abhalten[6], aber das „floating voto" innerhalb des Senats zugunsten

---

1 Hat Vortragendem Legationsrat Kroneck am 8. März 1973 vorgelegen.
2 Zum Gespräch des Botschafters Pauls, Washington, mit Präsident Nixon am 7. März 1973 vgl. Dok. 74.
3 Zur Haltung der Bundesrepublik zu MBFR vgl. Dok. 72.
4 Zum Gespräch des luxemburgischen Außenministers Thorn mit dem Sicherheitsberater des amerikanischen Präsidenten, Kissinger, am 21. Februar 1973 in Washington vgl. Dok. 64.
5 Vgl. dazu die Diskussion im Ständigen NATO-Rat am 5. März 1973; Dok. 71, Anm. 2.
   In der Richtlinie vom 9. März 1973 für die NATO-Ad-hoc-Gruppe MBFR in Wien führte der Ständige NATO-Rat zur Einbeziehung von Ungarn aus: „The allies have decided among themselves that the Warsaw Pact countries should not be free to circumvent MBFR agreements, for instance by means of an increase of the level of stationed forces and their equipment in Hungary. The allies further agree that the question of Hungary's inclusion in a constraints area should be kept open." Vgl. den Drahtbericht Nr. 306 des Botschafters Krapf, Brüssel (NATO); VS-Bd. 9108 (214); B 150, Aktenkopien 1973.
6 Senator Mansfield brachte am 31. August 1966 und am 1. Dezember 1969 inhaltsgleiche Resolutionen im amerikanischen Senat ein, in denen eine Reduzierung der in Europa stationierten amerikanischen Truppen verlangt wurde. Für den Wortlaut vgl. CONGRESSIONAL RECORD, Bd. 112, Teil 16, S. 21442, bzw. CONGRESSIONAL RECORD, Bd. 115, Teil 27, S. 36149.
   Am 11. Mai 1971 brachte Mansfield einen Zusatzantrag zum Gesetz über die Verlängerung der Wehrpflicht ein, der vorsah, daß nach dem 31. Dezember 1971 nicht mehr als 150 000 amerikanische Soldaten in Europa stationiert sein dürften. Vgl. dazu CONGRESSIONAL RECORD, Bd. 117, Teil 11, S. 14398.
   Am 23. November 1971 wies der amerikanische Senat den Antrag von Mansfield zurück, die ame-

der Regierung binden, und darauf komme es an. Es sei wichtig, während der Präsidentschaft Nixons Festlegungen zu treffen, die das Bündnis über die nächsten vier Jahre hinaus sicherten. Kissinger unterstrich mit großem Nachdruck, daß die europäischen Befürchtungen über einen möglichen Alleingang Amerikas und der Sowjetunion in MBFR völlig unbegründet seien und auch in Zukunft sein werden. Der amerikanischen Regierung liege sehr viel am Bündnis und an der Stärkung des Bündnisses, und sie werde daher niemals etwas tun, was das Bündnis in Gefahr bringe, womit sie gegen ihre eigenen Interessen handeln würde. Das sei völlig ausgeschlossen.

[gez.] Pauls

VS-Bd. 9421 (221)

74

Botschafter Pauls, Washington, an das Auswärtige Amt

114-1-11032/73 geheim   **Aufgabe: 7. März 1973, 19.00 Uhr**[1]
Fernschreiben Nr. 679   **Ankunft: 8. März 1973, 10.20 Uhr**

Betr.: Abschiedsbesuch im Weißen Haus

Präsident Nixon empfing mich heute und sagte nach einigen besonders freundlichen persönlichen Bemerkungen, er sehe in Europa Tendenzen, die Vereinigten Staaten zwar dort militärisch weiter zu engagieren, sie aber wirtschaftlich mehr auszuschließen. Das vertrage sich nicht miteinander. Es bestehe eine natürliche Interdependenz zwischen den beiden Bereichen, und wir müßten die wirtschaftlichen Fragen im weitesten Sinne als einen Teil unserer Außen- und Sicherheitspolitik verstehen. Die Zeit dränge, die Fragen, über die Differenzen zwischen der Europäischen Gemeinschaft und Amerika beständen, gründlich durchzudiskutieren, um zu Annäherungen zu kommen. Eine offene handelspo-

---

Fortsetzung Fußnote von Seite 351

rikanischen Streitkräfte in Europa von 310 000 auf 250 000 Mann zu reduzieren. Vgl. dazu CONGRESSIONAL RECORD, Bd. 117, Teil 33, S. 42913–42918.
Am 15. März 1973 brachte Mansfield erneut eine Resolution mit der Forderung nach einer substantiellen Reduzierung der amerikanischen Streitkräfte in Europa im Verlaufe der kommenden 18 Monate ein. Vgl. dazu CONGRESSIONAL RECORD, Bd. 119, Teil 7, S. 8080 f.
Gesandter Noebel, Washington, berichtete dazu am 19. März 1973, laut Auskunft des Abteilungsleiters im amerikanischen Außenministerium, Spiers, sei die Initiative von Mansfields „einigermaßen überraschend für die Administration gekommen. Der Vorstoß sei überwiegend psychologisch zu erklären. Dahinter stehe ein tiefer Groll des Kongresses gegenüber der Behandlung durch das Weiße Haus. Ein Dialog zwischen Parlament und Administration käme kaum mehr zustande." Vgl. den Drahtbericht Nr. 821; VS-Bd. 9968 (204); B 150, Aktenkopien 1973.

1 Hat Vortragendem Legationsrat Citron am 8. März 1973 vorgelegen, der die Weiterleitung an Botschafter Roth, die Ministerialdirigenten Diesel und Poensgen sowie die Referate 201, 202, 213, 214, 221 und 411 verfügte.
Hat Vortragendem Legationsrat I. Klasse Thomas am 9. März 1973 vorgelegen.

litische Auseinandersetzung würde uns beiden schaden und nur in Moskau Wohlgefallen finden. Man könne auch nicht die KSZE und Mutual Balanced Force Reductions verhandeln und dafür eine gemeinsame Position finden und gleichzeitig in einem wirtschaftspolitischen Zwist verharren. Die Vereinigten Staaten wollten nichts Unmögliches. Sie wollten mit der EWG zusammenarbeiten, aber sie sähen nicht klar, was eigentlich die Politik der EWG gegenüber den Vereinigten Staaten sei und wohin sie ziele. Man hoffe in Washington sehr, daß es der EWG gelinge, eine Wirtschaftspolitik zu verfolgen, die es ermögliche, in der Vorbereitung von GATT[2] gemeinsame Grundlagen zu finden. Nur dann könne man den Welthandel vor einer Krise bewahren. Er kämpfe gegen einen amerikanischen Trend zum Isolationismus. Er habe seine Politik sehr klar profiliert, und er werde sie unter allen Umständen durchhalten, aber er habe es mit einem Kongreß zu tun, in dem diese seine Politik nur unter Schwierigkeiten durchzusetzen sei. Er brauche die Unterstützung der europäischen Verbündeten für das weitere Durchsetzen der amerikanischen Truppenstationierung in Europa. Dazu gehöre der Beginn der MBFR-Verhandlungen. Man müsse an die Substanz kommen und sich nicht zu lange mit prozeduralen, letzten Endes nebensächlichen Fragen aufhalten. Mit MBFR wolle die amerikanische Regierung die NATO nicht schwächen, sondern im Gegenteil sie stärken. Er müsse vom Kongreß sein Mandat für die handelspolitischen Verhandlungen erhalten. Er kämpfe auch da gegen protektionistische Tendenzen, die letzten Endes auch isolationistische seien. Er stehe ganz auf dem Boden der Freihandelspolitik; aber um ein Mandat vom Kongreß zu bekommen, müsse seine Vorlage gewisse protektionistische Möglichkeiten enthalten, ohne die er sich auf dem Capitol Hill nicht durchsetzen könne.[3] Man solle das so sehen und in Europa nicht dramatisieren und dahinter nicht etwa einen Wandel der zum Freihandel entschlossenen amerikanischen Regierungspolitik erblicken. Die Bundesrepublik spiele für die amerikanische Einstellung zu Europa eine ganz entscheidende Rolle. Sie sei die stärkste und gesündeste Macht auf dem Kontinent, und er hoffe, daß es gelinge, die Beziehungen zwischen der Gemeinschaft, in der die Bundesrepublik eine so bedeutende Rolle spiele, und den Vereinigten Staaten so klar und positiv zu entwickeln, wie dies in den bilateralen deutsch-amerikanischen Beziehungen gelungen sei.

Ich habe unter Anführung einiger Tatsachen und Zahlen auf die positive Rolle hingewiesen, die die EWG im Gegensatz zu anderen Handelspartnern für Amerika von 1958 an gespielt hat, sowie auf unser beständiges Bemühen, den organisierten und konstruktiven Dialog auf hoher Ebene herbeizuführen, unter Hinweis auf die Gesprächsführung das Kanzlers bei seinem ersten Besuch in USA 1970[4] bis hin zu seinen Anstrengungen während der europäischen Gip-

---

2 Zur Einberufung einer neuen Verhandlungsrunde im Rahmen des GATT vgl. Dok. 15, Anm. 45.

3 Zur Ankündigung einer neuen Handelsgesetzgebung in den USA vgl. Dok. 52, Anm. 3.
Zum Handelsreformgesetz („Trade Reform Act"), das von Präsident Nixon am 10. April 1973 im Kongreß eingebracht wurde, vgl. Dok. 84, Anm. 9.

4 Bundeskanzler Brandt besuchte die USA vom 4. bis 11. April 1970 und führte am 10./11. April 1970 Gespräche mit Präsident Nixon in Washington. Vgl. dazu AAPD 1970, I, Dok. 153.
Im Vorfeld des Besuchs äußerte Brandt am 4. April 1970 in einem Interview mit der „Stuttgarter Zeitung", daß die wirtschaftliche Zusammenarbeit zwischen den USA und den Europäischen Gemeinschaften genauso wichtig sei „wie die politische und die militärische Zusammenarbeit. Deshalb müssen wir uns um Methoden bemühen, wie wir Komplikationen, die den freien Handelsver-

felkonferenz in Paris[5]. Ich habe dem Präsidenten versichert, daß wir in demselben Sinne, wie er es skizziert habe, um einen Ausgleich von Differenzen bemüht seien, daß ich aber mit großer Sorge sehe, daß immer mehr Emotionen
anstelle von Kalkül sich dieser Fragen bemächtigten: Ich sei der Auffassung,
daß wir auf beiden Seiten sehr nüchtern sehen müssen, daß wir nur in einem
„give and take" zu einer pragmatischen Kompromißlösung kommen könnten,
denn es sei nicht möglich, die Struktur der Gemeinschaft nach amerikanischen
Vorstellungen zu ändern, wohl aber werde es gelingen können und vor allem
auch müssen, praktische Verbesserungen für beide Partner zu erreichen, und
zwar vor der GATT-Konferenz.[6] Wenn das gelinge, könne diese zu einem großen Erfolg werden. Wenn es nicht gelinge, zu einer europäisch-amerikanischen
Koordinierung in der Handelspolitik zu kommen, sei GATT von vornherein so
gut wie sicher zum Scheitern verurteilt. Die Wirtschaftspolitik als solche sei
von sehr großer Bedeutung, aber noch weit darüber hinaus sähe ich ernste Gefahren für die Kohäsion der Allianz, wenn es nicht gelinge, die wirtschaftspolitischen Differenzen zu überwinden.

Die Art, wie der Präsident über Europa sprach, zeigte erneut, daß er da weniger die Gemeinschaft als solche vor sich sieht, sondern sehr viel mehr die einzelnen Regierungen, und daß er besondere Erwartungen in die Politik der deutschen und der englischen Regierung setzt, dagegen mit einiger Skepsis die übrigen – sei es hinsichtlich ihrer Absichten, sei es hinsichtlich ihrer Möglichkeiten – betrachtet.[7]

[gez.] Pauls

VS-Bd. 9959 (204)

Fortsetzung Fußnote von Seite 353

kehr über den Atlantik hinweg beeinträchtigen könnten, möglichst schon im Vorfeld ausräumen."
Am selben Tag schlug Brandt in einem Interview mit der „Westfälischen Rundschau" vor, „zwischen EWG und USA eine Verbindungsstelle zu schaffen, bei der die strittigen Fragen mit einer
gewissen Regelmäßigkeit besprochen werden könnten". Vgl. BULLETIN 1970, S. 438 f.

[5] Zur Konferenz der Staats- und Regierungschefs der EG-Mitgliedstaaten und -Beitrittsstaaten am
19./20. Oktober 1972 in Paris vgl. Dok. 1, Anm. 16.

[6] Die Verhandlungsrunde im Rahmen des GATT wurde mit der Ministerkonferenz vom 12. bis 14.
September 1973 in Tokio eröffnet.

[7] Am 7. März 1973 gab Botschafter Pauls, Washington, eine Bewertung der Äußerungen des Präsidenten Nixon zu amerikanischen isolationistischen Tendenzen: „Ich sehe trotzdem nicht die Gefahr einer Rückkehr der amerikanischen Politik zum Isolationismus, weil die Voraussetzung dafür, die Unverwundbarkeit des amerikanischen Kontinents, nicht mehr besteht und nie wieder
herzustellen ist. Aber der ‚inward looking trend' ist weiter im Wachsen, und in der empfindlichen
Machtkonstellation der heutigen Welt können selbst Nuancen veränderter Außenpolitik oder der
Verschiebung des Kräftegleichgewichts genügen, um sehr weitreichende negative Wirkungen zu
haben. [...] Nixon kann seine Politik gegenüber dem Kongreß nur durchsetzen, wenn er in einer
für die Amerikaner überzeugenden Weise darlegen kann, daß die Europäer auch für die amerikanischen Nöte und Bedürfnisse Verständnis haben und in einer praktischen Weise daraus Folgerungen ziehen. Der wichtigste Ansatz dafür ist, in den nächsten Wochen ein Mandat der Gemeinschaft für den konstruktiven und organisierten Dialog aller wichtigen politischen Fragen auf hoher Ebene zustande zu bringen." Vgl. den Drahtbericht Nr. 680; VS-Bd. 9959 (204); B 150, Aktenkopien 1973.

75

Bundeskanzler Brandt an Premierminister Heath

8. März 1973[1]

Sehr geehrter Herr Premierminister,

lassen Sie mich Ihnen zunächst noch einmal versichern, wie sehr ich mich über Ihren Besuch in Bonn und unsere Gespräche gefreut habe.[2] Ich habe es sehr bedauert, daß Sie wegen der Währungssituation vorzeitig zurückreisen mußten, und hoffe, Sie werden die vorgesehene Reise durch Süddeutschland[3] bei nächster Gelegenheit nachholen.

Haben Sie vielen Dank für Ihr ausführliches Schreiben vom 6. März[4], in dem Sie mir noch einmal Ihren Standpunkt zu den währungspolitischen Problemen darlegen.

Ich bin Ihnen und Ihren Mitarbeitern außerordentlich dankbar für die großen Anstrengungen, die Sie unternommen haben, um die Voraussetzungen zu klären, die für Ihre Regierung erfüllt sein sollten, damit es zu einer europäischen Lösung der währungspolitischen Schwierigkeiten kommen kann.

Ich habe es ebenfalls als sehr angenehm empfunden, daß nicht nur zwischen uns, sondern auch im Rat der Europäischen Gemeinschaft[5] diese Probleme in großer Offenheit besprochen werden konnten.

Mit dem, was Sie beim Diner auf Schloß Gymnich sagten[6], stimme ich nach wie vor voll überein: Wir befinden uns an einem Punkt der europäischen Ent-

---

[1] Ablichtung.
  Das Schreiben wurde am 8. März 1973 von Vortragendem Legationsrat I. Klasse Schönfeld der Botschaft in London übermittelt mit der Weisung, es „umgehend" Premierminister Heath zuzuleiten. Vgl. den Drahterlaß Nr. 573; VS-Bd. 523 (Büro Staatssekretär); B 150, Aktenkopien 1973.
[2] Premierminister Heath führte am 1./2. März 1973 Gespräche mit Bundeskanzler Brandt. Vgl. dazu Dok. 69 und Dok. 70.
[3] Nach den Gesprächen des Premierministers Heath mit Bundeskanzler Brandt am 1./2. März 1973 waren für den 3./4. März 1973 Besuche in Rothenburg ob der Tauber, Würzburg, Bamberg und Oberammergau, die Besichtigung der Wallfahrtskirche Vierzehnheiligen, der Wieskirche und der bayerischen Königsschlösser sowie des Klosters Ottobeuren vorgesehen. Vgl. dazu das Besuchsprogramm; Referat 204, Bd. 101403.
[4] Für das Schreiben des Premierministers Heath an Bundeskanzler Brandt vgl. VS-Bd. 8855 (412).
[5] Zur Sondersitzung des EG-Ministerrats auf der Ebene der Finanzminister am 4. März 1973 in Brüssel vgl. Dok. 70, Anm. 6.
[6] Premierminister Heath führte am 1. März 1973 auf Schloß Gymnich aus: „Die Gemeinschaft der Neun wird natürlich eine noch größere Wirkung auf die Welt haben als die Gemeinschaft der Sechs. Jede Entscheidung, die wir treffen, wird sich auf dritte Länder auswirken. Daher werden wir der Auswirkung der Gemeinschaftspolitik auf unsere wichtige Handelspartner, vor allem die Vereinigten Staaten, besondere Aufmerksamkeit schenken müssen." Auch die USA hätten erkannt, „daß die Schaffung eines stabilen und prosperierenden Westeuropas ein wesentliches Interesse nicht nur der Europäer, sondern der westlichen Welt als Ganzes ist". Die Europäischen Gemeinschaften würden jedoch nicht nur für die übrigen Staaten, sondern auch für die eigenen Bürger immer wichtiger. Deshalb müsse man „der Öffentlichkeit, und insbesondere der Jugend, die menschliche Seite unserer Gemeinschaft nahebringen. Wir müssen zeigen, daß die Gemeinschaft nicht einfach dazu da ist, unsere materiellen Bedürfnisse zufriedenzustellen, sondern eine gemeinsame Basis für soziale Gerechtigkeit zu bieten." Vgl. BULLETIN 1973, S. 238.

wicklung, an dem die Weichen für die Zukunft gestellt werden. Wir müssen nach Lösungen suchen, die für lange Zeit Bestand haben.

Die Entscheidung stellt sich für mich nicht so dar, daß wir zwischen dem Status quo der Währungspolitik der einzelnen Mitgliedstaaten und einem europäischen Fortschritt zu wählen hätten, sondern die Wahl liegt zwischen einer überzeugenden, die Integration weiterführenden Lösung und der Gefahr eines Rückfalls der Gemeinschaft in eine Zollunion. Ich bin weiterhin fest entschlossen, eine gemeinschaftliche Lösung anzustreben, wobei wir uns auf die Vorschläge der Kommission[7] stützen können.[8]

Wenn ich nun auf die auch von Ihnen in Ihrem Schreiben angesprochenen einzelnen Aspekte eingehe, so lassen Sie mich offen sagen, daß mir der Vorschlag, den der Chancellor of the Exchequer, Mr. Barber, am Sonntag in Brüssel vorgelegt hat[9], nicht frei von Problematik erscheint. Auch ich bin zwar der Auffassung, daß die Europäische Gemeinschaft mit ihrem ganzen Gewicht die Währungen stützen muß, die möglicherweise vorübergehend in Schwierigkeiten geraten könnten. Schon diese Ankündigung würde wahrscheinlich genügen, diese Schwierigkeiten gar nicht erst entstehen zu lassen. Eine Beistandszusage ohne Begrenzung des Betrages, ohne Bedingungen und ohne Rückzahlungsverpflichtung könnte sich jedoch leicht als eine gefährliche Quelle für die Beschleunigung des ohnehin besorgniserregenden Inflationsprozesses innerhalb der Europäischen Gemeinschaft erweisen.

Ich meine, wir sollten zwischen kurzfristigen Zahlungsbilanzdefiziten auf der einen Seite und strukturellen Umschichtungen von Zahlungsbilanzreserven auf der anderen Seite unterscheiden. Was den ersten Punkt betrifft, so glaube ich nicht, daß ein gemeinsames Floating zu einer Vergrößerung der Zahlungsbilanzdefizite einzelner Länder der Europäischen Gemeinschaft führen könnte, und zwar um so weniger, falls die kurzfristigen Kapitalbewegungen

---

[7] Zu den Vorschlägen der EG-Kommission vom 4. März 1973 vgl. Dok. 70, Anm. 5.

[8] Bundesminister Schmidt erklärte sich auf der Sondersitzung des EG-Ministerrats auf der Ebene der Finanzminister am 4. März 1973 in Brüssel bereit, die Vorschläge der EG-Kommission für eine Gemeinschaftslösung der Währungskrise anzunehmen „und auch zusätzliche Beschränkungen des kurzfristigen Kapitalverkehrs zu diskutieren. In die Diskussion müsse dann aber auch das Problem der Abflüsse kurzfristiger Kapitalien einbezogen werden. Nach deutscher Auffassung brauche eine Lösung nicht heute oder in den nächsten Tagen gefunden werden, es genüge, wenn man innerhalb von zehn Tagen zu einer Lösung komme; solange könnten die Börsen geschlossen bleiben. Sollte bis dahin allerdings eine Gemeinschaftslösung nicht erreicht werden können, dann wäre die Bundesregierung gezwungen, autonom zu handeln." Sie lege aber „großen Wert darauf, zu einer Lösung zu kommen, die eine nationale Aktion Deutschlands nicht nötig mache". Vgl. den Drahtbericht Nr. 858 des Botschafters Sachs, Brüssel (EG), vom 5. März 1973; Referat 412, Bd. 105685.

[9] Der britische Schatzkanzler Barber erklärte sich auf der Sondersitzung des EG-Ministerrats auf der Ebene der Finanzminister am 4. März 1973 in Brüssel mit einer gemeinsamen Freigabe des Wechselkurses durch die EG-Mitgliedstaaten grundsätzlich einverstanden, stellte jedoch Bedingungen: „Es müßten sich alle Mitgliedstaaten zur Beibehaltung fester Wechselkurse innerhalb der Gemeinschaft bereit erklären. Eine Änderung der Leitkurse müsse auch in Zukunft nach voriger Konsultation möglich bleiben. Angesichts der unterschiedlichen wirtschaftlichen Verhältnisse in den einzelnen Mitgliedstaaten und der daraus zu erwartenden Spannungen müßten ausreichende Mittel für die Verteidigung der Währungen bereitgestellt werden. Der Beistand müßte ohne Begrenzung der Höhe und ohne Bedingungen gewährt werden. Ein Teil dieses Beistandes müsse zinsfrei erfolgen. Ziel müsse langfristig die Zusammenlegung der Währungsreserven sein. Endlich müsse noch speziell für Großbritannien zugestanden werden, daß keine Steigerung der Lebensmittelpreise erfolge." Vgl. den Drahtbericht Nr. 858 des Botschafters Sachs, Brüssel (EG), vom 5. März 1973; Referat 412, Bd. 105685.

durch die vorgesehenen Kontrollen eingeschränkt werden. Viel wird dabei sicherlich davon abhängen, daß die am Anfang fixierten Paritäten realistisch sind. Aus Gründen der inneren Stabilität der Gemeinschaft sollte es meines Erachtens bei relativ strengen Regeln für den Saldenausgleich innerhalb der Gemeinschaft bleiben. Die deutsche Delegation im Währungsausschuß hat darüber hinaus bereits Vorschläge für eine erhebliche Ausweitung des kurzfristigen Beistands der Notenbanken unterbreitet.[10] Dies scheint mir für die normalen Erfordernisse zunächst ausreichend. Meine Regierung ist aber für Modifikationen durchaus offen.

Das viel schwierigere Problem scheint mir im Falle Großbritanniens darin zu liegen, daß es zu Umschichtungen der Pfund-Guthaben kommen könnte. Ein unlimitierter Kredit würde eine derartige Entwicklung eher fördern. Ich meine, wir sollten nach einem System suchen, das es ermöglicht, derartige Umschichtungen gar nicht erst eintreten zu lassen. Der Vertreter meiner Regierung im Währungsausschuß[11] hat deshalb die Möglichkeit einer Kursgarantie für Sterling-Guthaben zur Diskussion gestellt. Sie könnte durch eine Kreditzusage in einer noch näher festzulegenden Größenordnung ergänzt werden.

Ein Modell, wie ich es hier in wenigen Worten skizziert habe und das natürlich von den Experten noch im einzelnen ausgehandelt werden müßte, wäre meines Erachtens eine überzeugende Vorkehrung gegen die von Ihnen befürchteten Risiken einer britischen Beteiligung an einem gemeinsamen Floating.

Ich darf allerdings nicht unerwähnt lassen, daß das Zustandekommen einer derartigen Lösung nicht vom guten Willen der Bundesrepublik allein abhängt, sondern auch die Zustimmung und Mitwirkung der anderen Partnerstaaten der Europäischen Gemeinschaft finden müßte. Die Probleme, die Sie für eine Beteiligung an einem gemeinsamen Floating sehen, können sicherlich nicht bilateral zwischen unseren Ländern geregelt werden, obwohl ich mir beim Zustandekommen einer europäischen Lösung ergänzende bilaterale Absprachen durchaus vorstellen kann. Diese können die europäische Lösung zwar nicht ersetzen, wohl aber erleichtern.[12]

---

10 Der Währungsausschuß tagte am 3. März und erneut am 6./7. März 1973 in Brüssel und befaßte sich neben der internationalen Währungskrise auch mit der Reform des internationalen Währungssystems. Vgl. dazu BULLETIN DER EG 3/1973, S. 44.

11 Dieter Hiss.

12 Am 11. März 1973 vermerkte Vortragender Legationsrat Vogel zu einer europäischen Lösung: „Dem Modell eines echten Gemeinschafts-Floating der Neun stehen folgende Schwierigkeiten entgegen: die Maximalforderung Großbritanniens im Bezug auf Ausweitung und Inanspruchnahme des gemeinsamen Beistandsmechanismus (unbegrenzt, ohne Auflagen und ohne Rückzahlungsverpflichtung); das Problem der Sterling-balances: die übrigen EG-Länder fürchten eine Verlagerung der Pfund-Reserveguthaben innerhalb der Gemeinschaft; die italienischen Bestrebungen, die im Verlauf des allgemeinen Floating der Lira erreichten außenwirtschaftlichen Vorteile zu bewahren; die französische Weigerung, eine substantielle Aufwertung des Franc infolge eines Euro-floating hinzunehmen, die auf französischer Seite als ungerechtfertigte Vorleistung gegenüber den USA verstanden wird. [...] Zur Überwindung dieser Schwierigkeiten wurden daher im EG-Währungsausschuß folgende Modifizierungen des Euro-floating-Modells erarbeitet: zunächst Teil-floating einiger EG-Länder und späterer Beitritt der übrigen; Möglichkeit der Beteiligung anderer europäischer Länder (Nicht-EG-Mitglieder); Flexibilität des Systems nach außen (konzertiertes ‚verschmutztes‘ Floating); Flexibilität des Systems nach innen: Revisionsmöglichkeiten der internen EG-Wechselkurse unter bestimmten Bedingungen; Erweiterung des Systems von Beistandskrediten; Verschärfung der Kapitalverkehrskontrollen.“ Vgl. Ministerbüro, Bd. 178589.

Mr. Barber und Herr Schmidt werden sicher Gelegenheit haben, die in unserem Schriftwechsel behandelten Probleme noch eingehend in den nächsten Tagen zu erörtern.[13]

Was mich betrifft, so werde ich alles in meiner Kraft Stehende tun, um der europäischen Zusammenarbeit zu einem Erfolg zu verhelfen. Die Krise, mit der wir gegenwärtig konfrontiert sind, enthält bei allen besorgniserregenden Aspekten auch die Chance eines großen Schritts nach vorn, die wir nach Möglichkeit nutzen sollten.

Mit freundlichen Grüßen
gez. Willy Brandt

VS-Bd. 523 (Büro Staatssekretär)

76

Aufzeichnung des Bundesministers Bahr

8. März 1973

Nur für den Herrn Bundeskanzler[1]

Verschlossen und persönlich!

Betr.: Gespräch mit Falin

1) Ich habe Falin über das Gespräch mit Kohl betreffend Luftverkehr[2] unterrichtet und um Übermittlung der sowjetischen Auffassung gebeten.

2) Ich habe ihm über mein Gespräch mit Kohl den sehr ernsten Teil nahegelegt, der sich mit unseren Informationen und Eindrücken beschäftigt hat, wonach die DDR eine generell neue Linie in voller Wirksamkeit erst nach Ratifizierung des Grundvertrages einschlagen will: zugunsten der CDU, gegen SPD und insbesondere Brandt und Bahr.[3] Hier entstünde eine weitreichende Sorge;

---

[13] Am 10. März 1973 übermittelte der britische Botschafter Henderson Bundeskanzler Brandt eine Mitteilung des Premierministers Heath, in der dieser um nähere Auskünfte zu den von der Bundesregierung geplanten Vorschlägen auf der EG-Ministerratstagung am 11. März 1973 bat, nachdem es nicht zu den vorgesehenen ausführlichen Gesprächen des Bundesministers Schmidt mit dem britischen Schatzkanzler Barber gekommen sei. Schmidt habe aber am 9. März 1973 Barber gegenüber in Paris angedeutet, daß die Bundesregierung im Interesse einer Gemeinschaftslösung zu großzügigem Entgegenkommen bereit sei. Für das Schreiben von Henderson vgl. Ministerbüro, Bd. 178589.

[1] Hat Bundeskanzler Brandt am 9. März 1973 vorgelegen.

[2] Für das Gespräch des Bundesministers Bahr mit dem Staatssekretär beim Ministerrat der DDR, Kohl, am 28. Februar 1973 vgl. Dok. 67.

[3] Am 20. Februar 1973 faßte Vortragender Legationsrat I. Klasse Blech Informationen des Journalisten Cramer über ein Gespräch mit dem Abteilungsleiter im Presseamt beim Vorsitzenden des Ministerrats der DDR, von Berg, zusammen, der die Auffassung vertreten habe, daß die DDR hinsichtlich der Reiseerleichterungen „nach Ratifizierung des Grundvertrags ‚die Schotten dicht zu machen'" beabsichtige und auch bei der Zulassung von Journalisten aus der Bundesrepublik

denn natürlich könne man düpiert werden, wenngleich nur einmal. Daran wolle oder könne ich nicht glauben, weil dies dann nicht nur von einem Partner geschehen könne.

Falin erwiderte, daß auch er sich Sorgen mache. Es gehe einiges schief. Die Beamten in den beiden Apparaten hätten nicht umgelernt und würden ihre alten Ideen versuchen mit den Instrumenten der neuen Verträge zu verfolgen. Dies liege daran, daß nach seinem Eindruck in Moskau wie hier der direkte Einfluß der politischen Spitze auf die Apparate fehle.

Auf meine Frage nach der Rolle Gromykos meinte er: Dieser sei nicht so mutig, eine eigene Politik machen zu wollen. Aber es gebe auch kaum jemanden im Apparat, der ihm widerspreche, und sein Wort gelte oben viel. Er bereite die Nachrichten auf. Falin regte an, daß zur Vorbereitung des Besuches[4] ein Gespräch mit dem Bundeskanzler stattfinde.[5] Dies würde dann direkt zur Führung gehen und könnte nicht verändert werden. (Selten ist mir die Bedeutung unseres Kontaktes zu L.[6] deutlicher geworden: Alle Gespräche mit Falin enden, soweit sie nicht vom BK geführt werden, maximal bei Gromyko.)

Sahm habe nicht den richtigen Ton gefunden, und über Bondarenko brauche er mir nichts zu sagen. Wenn beide über Berlin reden, könne nichts Gutes dabei herauskommen. Da sei es zwischen ihm und Allardt noch besser gegangen.

Als ich ihm über das unmögliche Benehmen von Belezkij[7] erzählte, meinte er, den solle man nicht ernstnehmen. Er denke nur an seine Karriere, gleichgültig, ob der Weg über eine Brücke oder über Trümmer führe.

Unser Gespräch über die Bereitschaft der BRD, bei den Verpflichtungen des Vertrages[8] zu bleiben, aber Positionen abzulehnen, die wir 1970 abgelehnt hät-

---

Fortsetzung Fußnote von Seite 358

kaum Entgegenkommen zeigen werde. Berg zufolge entspreche es der Politik der DDR durchaus, „wenn damit der Opposition in der Bundesrepublik Argumente in die Hand gegeben würden. Im Hinblick auf die innere Konsolidierung des eigenen Staates habe die SED-Führung nach dem Inkrafttreten des Grundvertrags, dem UN-Beitritt und dem allgemeinen internationalen Durchbruch kein Interesse mehr daran, die sozial-liberale Koalition in der Bundesrepublik an der Regierung zu sehen. Die Verhärtung der Frontstellung, die auf einen Regierungswechsel im Jahre 1976 folgen würde, werde von ihr nicht nur in Kauf genommen, sondern sogar gewünscht. Man hoffe, daß BM Bahr ‚in einer Woge der Enttäuschung untergehen' werde." Vgl. VS-Bd. 9051 (210); B 150, Aktenkopien 1973.

4 Der Generalsekretär des ZK der KPdSU, Breschnew, besuchte die Bundesrepublik vom 18. bis 22. Mai 1973. Vgl. dazu Dok. 145–152.

5 Ein Gespräch des Bundeskanzlers Brandt mit dem sowjetischen Botschafter Falin über den Besuch des Generalsekretärs des ZK der KPdSU, Breschnew, in der Bundesrepublik fand am 23. März 1973 statt. Vgl. Dok. 87.

6 Vermutlich Walerij Lednew.
Zu den Kontakten über den „geheimen Kanal" berichtete Egon Bahr im Rückblick: „Zwischen Brandt wie seinem Nachfolger Schmidt und Breschnew entwickelte sich ein umfangreicher Briefwechsel über den Kanal. [...] Wenn Lednew erzählte, mit welchen Bemerkungen oder Fragen Breschnew ihm einen Brief übergeben hatte, dem bequemerweise immer eine deutsche Übersetzung beigefügt war, dann bestätigte das die Vermutung der Zuordnung zum Apparat des Generalsekretärs ebenso wie die Beobachtung, daß Slawa Wege wußte, wie man eine notwendige Entscheidung in Moskau herbeiführen konnte." Vgl. Keworkow, Kanal, S. 274 f.

7 Zu den Äußerungen des Botschaftsrats an der sowjetischen Botschaft in Ost-Berlin, Belezkij, gegenüber Vortragendem Legationsrat I. Klasse von Klewitz vgl. Dok. 77.

8 Für den Wortlaut des Vertrags vom 12. August 1970 zwischen der Bundesrepublik und der UdSSR vgl. Bundesgesetzblatt 1972, Teil II, S. 354 f.

ten, sei sehr nützlich gewesen.[9] Sein Bericht sei absolut klar gewesen, obwohl er sich damit sicher nicht beliebt mache.

Es kämen so viele Dinge zusammen. Das AA greife ausgerechnet nach sechs Monaten das Benehmen eines seiner Botschaftsangehörigen auf[10]; lasse ein Verfahren eröffnen gegen einen, der offenbar angetrunken eine Laterne angefahren hat; übersende noch immer Formulare für den Diplomatenausweis mit den Fragen, was man früher „in Deutschland" getan habe; übergebe einen sowjetischen Matrosen, der vielleicht hierbleiben wolle, den Amerikanern; schreibe einen Brief nach Prag, der eigentlich nur als frech zu bezeichnen sei[11], bis hin zur Zitierung Wehners im entgegengesetzten Sinn von Wehner.[12] Er wisse nicht, wie man in Prag darauf reagieren werde, daß man die Kapitulation im Frank'schen Sinne vor Beginn der Verhandlungen wolle.[13] Keines dieser Dinge

[9] Zu den Äußerungen des Bundesministers Bahr gegenüber dem sowjetischen Botschafter Falin vgl. Dok. 62, Anm. 8.

[10] Am 1. März 1973 vermerkte Vortragender Legationsrat I. Klasse Meyer-Landrut, er habe am Vortag den sowjetischen Gesandten Koptelzew auf den sowjetischen Botschaftssekretär Sergejew angesprochen, der „seine Informationen auf ungewöhnlichem Wege beschaffe, wobei er sich finanzieller Mittel bediene. Dies entspreche weder dem Stand unserer Beziehungen noch diplomatischem Usus und müßte von uns als illegal angesehen werden." Vgl. VS-Bd. 9087 (213); B 150, Aktenkopien 1973.
Am 25. April 1973 wurde in der Presse berichtet, daß Sergejew der Spionage überführt und ausgewiesen worden sei. Vgl. dazu die Meldung „Spionage in Bonn"; DIE WELT vom 25. April 1973, S. 1.

[11] Staatssekretär Frank gab am 27. Februar 1973 in einem Schreiben an den tschechoslowakischen Stellvertretenden Außenminister Goetz der Hoffnung Ausdruck, „daß in absehbarer Zeit der Weg für eine Regelung der Beziehungen zwischen unseren Ländern geebnet werden kann". Er verwies auf das Schreiben des Bundeskanzlers Brandt vom 6. Oktober 1972 an Ministerpräsident Štrougal, das bislang unbeantwortet sei, sowie auf öffentliche Äußerungen des Bundeskanzlers Brandt, des Bundesministers Scheel und schließlich des SPD-Fraktionsvorsitzenden Wehner, der an beide Seiten appelliert habe, „den Streit um ex tunc oder ex nunc zu den Akten zu legen". Frank verwies schließlich auf tschechoslowakische Äußerungen, „die im Zusammenhang mit dem Münchener Abkommen andere Formulierungen verwenden als der früher zumeist benutzte Begriff der ‚Ungültigkeit von Anfang an'. Ich frage mich nach diesen Äußerungen, ob jetzt die Aussicht besteht, über die bisherigen Schwierigkeiten hinwegzukommen und zum Münchener Abkommen eine Formulierung zu finden, die den Auffassungen beider Seiten gerecht wird." Wenn dies der Fall sei, sei die Bundesregierung gesprächsbereit. Vgl. Referat 214, Bd. 112657.

[12] Am 22. Februar 1973 zitierte die Presse Ausführungen des SPD-Fraktionsvorsitzenden Wehner im Deutschlandfunk: „Eine Möglichkeit bestehe, daß Bonn und Prag, die einen Vertrag über Gewaltverzicht miteinander schließen und die Aufnahme diplomatischer Beziehungen in Gang bringen wollten, ‚ihre Ablehnung der Hitlerschen Aggressionspolitik deutlich definieren und daß auch das, was mit dem Münchner Abkommen gemeint ist und zusammenhängt, ein Ausfluß dieser Aggressionspolitik gewesen ist, aus der ja nicht Recht hat entstehen können'." Der „Frankfurter Allgemeinen Zeitung" gegenüber habe Wehner zudem auf frühere Äußerungen verwiesen, „in denen er erklärt hatte, der Streit um ex tunc und ex nunc müsse auf beiden Seiten zu den Akten gelegt werden". Vgl. den Artikel „Wehner dringt auf Regelung mit Prag"; FRANKFURTER ALLGEMEINE ZEITUNG vom 22. Februar 1973, S. 4.
Ministerialdirigent Diesel vermerkte am 27. Februar 1973 zum Entwurf des Schreibens an den tschechoslowakischen Stellvertretenden Außenminister Goetz: „Referat 500 hält es mit Blick auf die Äußerungen von Breschnew in Prag (‚ungültig und rechtswidrig') für gefährlich, die Äußerungen von Herrn Wehner wörtlich zu erwähnen (wegen der von ihm benutzten Wendung, aus der Hitlerschen Aggressionspolitik habe kein Recht entstehen können). Abteilung 2 hält es im Gegensatz hierzu aus politischen Gründen für angezeigt, die tschechoslowakische Seite auf den Teil der Äußerungen von Herrn Wehner hinzuweisen, der unsere Haltung korrekt wiedergibt, nachdem der andere Teil dieser Äußerungen von tschechoslowakischer Seite bereits unserer H[andels]V[ertretung] in Prag entgegengehalten worden ist und über diese Äußerungen in der tschechoslowakischen Presse schon berichtet wurde." Vgl. Referat 214, Bd. 112657.

[13] Am 14. März 1973 teilte Vortragende Legationsrätin I. Klasse Finke-Osiander Ministerialdirigent Heipertz, Prag, mit, daß der tschechoslowakische Stellvertretende Außenminister Goetz in seiner

allein sei schlimm. Wenn man sie als Liste sehe und dazu noch das, was dann mit Paprikagarnierung aus der DDR komme, dann müsse man wirklich Sorgen haben.

3) Wehner äußerte neuerlich seine Sorge, daß das Begonnene wieder verschüttet werden könnte. Einige Äußerungen von Scheel und Frank sind gerade deshalb beunruhigend, weil sie den Mangel an Verständnis für die Situation und die Partner, um die es geht, zeigen. Wenn die Lehrlinge Hallsteins die Ostpolitik bestimmen, dann können wir sie begraben.

Bahr

Archiv der sozialen Demokratie, Depositum Bahr, Box 432

77

Gespräch des Bundesministers Bahr mit den Botschaftern Henderson (Großbritannien), Hillenbrand (USA) und Sauvagnargues (Frankreich)

210-331.45-966/73 VS-vertraulich   9. März 1973[1]

Bundesminister Bahr empfing am 9. März 1973 im Bundeskanzleramt auf seinen Wunsch die Botschafter der Drei Mächte zu einem Gespräch. Daran nahmen ferner die alliierten Botschaftsräte, MD Sanne, VLR I Blech und VLR Bräutigam teil.

1) Allgemeine Beurteilung seines letzten Gesprächs mit DDR-Staatssekretär Kohl[2]

BM *Bahr* sagte, sein erstes Gespräch mit Kohl nach der Unterzeichnung des Grundvertrages[3] am 28. Februar 1973 sei eine der unerfreulichsten Unterhal-

---

Fortsetzung Fußnote von Seite 360

Antwort am 11. März 1973 auf das Schreiben des Staatssekretärs Frank vom 27. Februar 1973 das Bestreben der Bundesregierung würdige, „in der Frage der Ungültigkeit des Münchener Abkommens eine für beide Seiten annehmbare Übereinstimmung zu erzielen". Zur Fortsetzung von Gesprächen über eine Verbesserung des bilateralen Verhältnisses habe Goetz ausgeführt: „Sollte ich heute Ihre Frage beantworten, ,ob jetzt die Aussicht besteht, über die bisherigen Schwierigkeiten hinwegzukommen und zum Münchener Abkommen eine Formulierung zu finden, die den Auffassungen beider Seiten gerecht wird', bin ich der Meinung, daß ich mich bejahend ausdrücken kann." Vgl. den Drahterlaß Nr. 57; VS-Bd. 9100 (214); B 150, Aktenkopien 1973.

[1] Die Gesprächsaufzeichnung wurde von Vortragendem Legationsrat Bräutigam am 12. März 1973 gefertigt.
Hat Staatssekretär Frank am 13. März 1973 vorgelegen, der die Weiterleitung an Bundesminister Scheel verfügte.
Hat Ministerialdirigent Hofmann am 14. März 1973 vorgelegen.
Hat Scheel am 10. April 1973 vorgelegen.

[2] Für das Gespräch des Bundesministers Bahr mit dem Staatssekretär beim Ministerrat der DDR, Kohl, am 28. Februar 1973 vgl. Dok. 67.

[3] Der Vertrag über die Grundlagen der Beziehungen zwischen der Bundesrepublik und der DDR wurde am 21. Dezember 1972 unterzeichnet. Vgl. dazu AAPD 1972, III, Dok. 418.

tungen gewesen, die er bisher mit Kohl gehabt habe. Kohl sei zunächst auf Milde gestimmt gewesen. Als er, Bahr, aber seine lange Liste der Beanstandungen vorgebracht habe (Akkreditierung von Journalisten; Familienzusammenführung; Reiseverkehr; Zulassung von westlichen Anwälten in der DDR), habe Kohl sehr gereizt reagiert. Zu einigen Punkten habe er erwidert, daß er nicht unterrichtet sei. Bei anderen habe er unbefriedigende Antworten gegeben.

Die Bundesregierung habe auf die derzeitigen Schwierigkeiten bisher sehr vorsichtig, oder besser gesagt nachsichtig, reagiert, denn wenn man jetzt die DDR öffentlich scharf angreife, werde die Sowjetunion nicht anders können, als sich mit der DDR solidarisch zu erklären. Das wolle man vermeiden, auch wenn man sich damit in der eigenen öffentlichen Meinung Kritik aussetze. Intern beurteile man jedoch die gegenwärtige Haltung der DDR kritischer, als das öffentlich zum Ausdruck komme. Nun habe Honecker gestern eine Rede gehalten, die er im einzelnen noch nicht kenne. Darin solle der Erste Sekretär zugesichert haben, daß sich die DDR an die eingegangenen Verpflichtungen halten werde.[4] Ob das in der Praxis dann auch so sei, müsse man abwarten.

2) Luftverkehr

Kohl habe, so sagte *Bahr*, erklärt, daß die DDR erst nach Inkrafttreten des Grundvertrages zur Aufnahme formeller Verhandlungen bereit sei. Zur Sache habe Kohl darauf hingewiesen, daß seine Regierung über den Luftverkehr unter Ausschluß des West-Berlin-Verkehrs sprechen wolle. Er, Bahr, habe darauf erwidert, daß ohne Einbeziehung des Verkehrs nach Berlin (West) die gesamte Regelung für die Bundesregierung uninteressant sei. Auf seine Frage, welche Voraussetzungen erfüllt sein müßten, damit auch die DDR über den Luftverkehr nach Berlin (West) sprechen könne, habe Kohl dem Sinne nach geantwortet, er sei nicht autorisiert, sich dazu zu äußern. Die DDR beabsichtige nicht, das Berlin-Problem (d.h. die Luftkorridore und die Luftkontrollzone) anzurühren und sei demgemäß auch nicht bereit, darüber zu sprechen. Er, Bahr, habe daraufhin gefragt, wie sich die DDR verhalten werde, wenn auf anderer Ebene die Voraussetzungen für den Anflug West-Berlins geschaffen seien. Kohl habe erwidert, er habe seinen Erklärungen nichts hinzuzufügen.

---

4 Der Erste Sekretär des ZK der SED, Honecker, äußerte sich auf einem Empfang anläßlich des Internationalen Frauentags zum Thema „Friedliche Koexistenz", die mehr bedeute „als nur einen Zustand des Nichtkrieges. Friedliche Koexistenz bedeutet auch zwischenstaatliche Zusammenarbeit. Unterschiedliche Gesellschaftssysteme dürfen kein Grund für ein feindseliges Nebeneinander sein. Das ist auch der Sinn der Verträge, die wir mit der Bundesrepublik abgeschlossen haben. Der Vertrag, der die Grundlagen der Beziehungen zwischen der Deutschen Demokratischen Republik und der Bundesrepublik Deutschland umreißt, dessen Ratifizierung jedoch noch aussteht, soll gerade zu einem friedlichen Nebeneinander, ja, zu einem gewissen Miteinander führen, soweit dies zwischen sozialistischen und kapitalistischen Staaten möglich ist. [...] Ginge es nach uns, so könnte der Ratifizierungsprozeß – wie ursprünglich vorgesehen – bereits im März abgeschlossen werden. Bei alledem ist es geradezu eine böswillige Unterstellung, wenn bestimmte Massenmedien der BRD behaupten, daß die Deutsche Demokratische Republik etwas zurücknehmen möchte, was sie zur Durchsetzung des Grundvertrages am Vorabend der Bundestagswahlen 1972 zugesagt habe. Ich möchte erneut bekräftigen: Die Deutsche Demokratische Republik geht davon aus, daß der Vertrag über die Grundlagen der Beziehungen mit der Bundesrepublik Deutschland baldmöglichst ratifiziert wird, damit er in Kraft treten kann." Vgl. HONECKER, Reden, Bd. 2, S. 208f.

Er, Bahr, habe am 8. März 1973 den sowjetischen Botschafter über sein Gespräch mit Kohl unterrichtet[5], wie er das auch schon früher getan habe, damit die sowjetische Seite nicht einseitig von der DDR informiert werde. Er habe in dem Gespräch seine Beunruhigung über die Haltung der DDR zum Ausdruck gebracht. Zum Thema Luftverkehr habe er seine Befriedigung darüber geäußert, daß die DDR den alliierten Luftverkehr in den Luftkorridoren respektieren wolle, und er habe hinzugefügt, daß auch die Bundesregierung selbstverständlich nicht die Absicht habe, mit der DDR über Angelegenheiten der Vier Mächte zu sprechen. Die Bundesregierung wäre jedoch interessiert zu erfahren, wie die Sowjetunion diesen Komplex beurteile. Falin habe sich nicht zur Sache geäußert, sondern lediglich gesagt, daß er sich erkundigen wolle.

Botschafter *Henderson* sagte, auch er habe kürzlich Falin gesehen, aber – wie auch schon bei früheren Treffen – nicht über „Geschäfte" gesprochen, sondern lediglich einige Belanglosigkeiten ausgetauscht.

Botschafter *Sauvagnargues* sagte, er habe bei seinem letzten Gespräch mit Jefremow[6] den Komplex Luftverkehr überhaupt nicht berührt und habe auch in Zukunft nicht die Absicht, in Kontakten mit den Sowjets darauf einzugehen.

Auch Botschafter *Henderson* sagte, er werde bei seinem bevorstehenden Treffen mit Jefremow[7] den Gegenstand nicht berühren.

Botschafter *Hillenbrand* äußerte die Vermutung, daß Falin in Sachen Luftverkehr Berlin vielleicht erst mit Jefremow konsultieren müsse, ehe er sich dazu äußern könne.[8]

3) VN-Beitritt

BM *Bahr* sagte, Kohl habe erneut angeregt, den Grundvertrag erst in Kraft zu setzen, wenn der Sicherheitsrat über den Beitritt der beiden deutschen Staaten beschlossen habe.

---

[5] Zum Gespräch des Bundesministers Bahr mit dem sowjetischen Botschafter Falin vgl. Dok. 76.

[6] Der französische Botschafter Sauvagnargues traf am 27. Februar 1973 mit dem sowjetischen Botschafter in Ost-Berlin, Jefremow, zusammen. Vgl. dazu die Meldung „Botschafter Michail Jefremow bei Jean Sauvagnargues"; NEUES DEUTSCHLAND vom 28. Februar 1973, S. 2.

[7] Der britische Botschafter Henderson traf am 14. März 1973 mit dem sowjetischen Botschafter in Ost-Berlin, Jefremow, zusammen. Vgl. dazu die Meldung „M. T. Jefremow beim britischen Botschafter"; NEUES DEUTSCHLAND vom 15. März 1973, S. 2.

[8] Hinsichtlich der amerikanischen Haltung gab Botschafter Sonnenhol, Ankara, am 8. März 1973 die Information, daß ein Mitarbeiter Einblick in eine amerikanische Weisung zum Luftverkehr nach Berlin (West) erhalten habe. Sie beginne „mit den Worten: ‚US-government has substantial reservations on Bahr's approach to civil air negotiations' – (mit DDR)". Weiter werde „sinngemäß ausgeführt, daß unter dem Gesichtspunkt der Sicherheit Berlins Bedenken dagegen bestünden, daß die Lufthansa aufgrund entsprechender Vereinbarungen mit der DDR (Überflugrechte) einen regelmäßigen Flugdienst nach Berlin-Tegel bzw. Tempelhof eröffnet, um von dort Anschluß an das Flugnetz der DDR zu finden. Abgesehen von möglichen Gegenforderungen der Interflug, die unerwünscht seien, könnte die Ausdehnung des Lufthansa-Dienstes nach Westberlin die zivilen alliierten Liniendienste beeinträchtigen. [...] Weitere Benutzung der alliierten Luftkorridore durch zivile alliierte Fluggesellschaften sei jedoch eines der lebenswichtigen Elemente (viabilities) für die Sicherheit Westberlins. Andererseits sei US-Regierung bereit, den Anschluß Westberlins an internationales Flugnetz zu fördern, um entsprechende Aufwertung Berlin-Schönefelds zu verhindern. Dies könne dadurch geschehen, daß L[uft]H[ansa] und zivile Fluggesellschaften anderer Länder Westberlin in ihr internationales Liniennetz einbeziehen, d. h. für Zwischenlandungen von und nach anderen Orten im Ausland (nicht DDR)." Vgl. den Drahtbericht Nr. 192; VS-Bd. 8849 (404); B 150, Aktenkopien 1973.

Offenbar sei die DDR immer noch unsicher, ob die Bundesrepublik auch tatsächlich einen Beitrittsantrag stellen und damit zugleich die politischen Voraussetzungen für den Beitritt der DDR schaffen werde. Er, Bahr, habe Kohl darauf hingewiesen, daß sogar die Opposition dem VN-Beitritt der Bundesrepublik zustimmen wolle.[9] Kohl habe aber erkennen lassen, daß man auf seiner Seite nicht wisse, ob alle ständigen Mitglieder des Sicherheitsrates zustimmen würden.

BM Bahr sagte, er persönlich habe im Prinzip nichts gegen die von Kohl vorgeschlagene Reihenfolge einzuwenden. Man könne folgenden Ablauf ins Auge fassen:

1) Ausfertigung des Ratifikationsgesetzes zum Grundvertrag durch den Bundespräsidenten,

2) Beitrittsantrag der Bundesrepublik und der DDR in den Vereinten Nationen,

3) Beschluß des Sicherheitsrates über die Aufnahme der beiden deutschen Staaten,

4) Ratifikation und Inkrafttreten des Grundvertrages,

5) Beschluß der Generalversammlung über die Aufnahme der beiden deutschen Staaten in die Vereinten Nationen.

Botschafter *Henderson* sagte, er verstehe, daß die DDR etwas nervös sei, zumal wenn sie, wie Botschafter *Hillenbrand* hinzufügte, ihre Versprechungen nicht einhalte.

BM *Bahr* sagte, Kohl habe ferner die Möglichkeit einer Sondergeneralversammlung der Vereinten Nationen noch vor der Sommerpause erwähnt. Er, Bahr, habe demgegenüber den Standpunkt eingenommen, daß ein besonderes Verfahren für die Aufnahme der beiden deutschen Staaten in die Vereinten Nationen nicht angebracht sei. Er wisse auch nicht, ob es jemals eine Sondergeneralversammlung für die Aufnahme neuer Mitglieder gegeben habe. Im übrigen komme es nach dem Beschluß des Sicherheitsrates auf die drei Monate bis zur Entscheidung der Generalversammlung, die er für September erwarte, auch nicht mehr an.

Botschafter *Hillenbrand* wies darauf hin, daß die Generalversammlung nicht notwendigerweise schon im September über die Aufnahme der DDR entscheiden werde. Das hänge von der Tagesordnung ab. Es sei möglich, daß sie den Beschluß über die Aufnahme der beiden deutschen Staaten erst im weiteren Verlauf der Generalversammlung, also etwa im November, fassen werde.

Botschafter *Sauvagnargues* sagte, er verstehe die Unsicherheit der DDR über den VN-Beitritt nicht. Die Vier Mächte hätten in ihrer Erklärung vom 9.11.1972 den beiden deutschen Staaten ihre Unterstützung des VN-Beitritts zugesagt.[10] Davon würden sie nicht abrücken.

BM *Bahr* sagte abschließend, wenn es bei dem Procedere in den Vereinten Nationen über die Aufnahme der beiden deutschen Staaten zu Verzögerungen kom-

---

[9] Zur Haltung der CDU/CSU-Fraktion im Bundestag zum UNO-Beitritt der Bundesrepublik vgl. Dok. 67, Anm. 7.

[10] Für die Vier-Mächte-Erklärung vom 9. November 1972 vgl. Dok. 1, Anm. 14.

me, so sei das nicht eine Angelegenheit zwischen den beiden deutschen Staaten. Wenn die DDR wegen einer möglichen Verzögerung unsicher sei, so könne sie ja mit den Westmächten direkt darüber sprechen.

4) Stellung des Bundesbeauftragten und seiner Dienststelle in Berlin (West)

BM *Bahr* unterrichtete die drei Botschafter von folgendem Vorgang:

Botschaftsrat Belezkij von der sowjetischen Botschaft in Ostberlin (den man seit langem als besonders unfreundlich kenne) habe kürzlich Herrn von Klewitz, den Leiter der Gruppe Auswärtige Angelegenheiten in seiner Dienststelle in Berlin (West), zum Mittagessen eingeladen. Belezkij habe sich über die Bezeichnung „Dienststelle des Bundesbeauftragten" beschwert und die Meinung vertreten, daß diese nach dem Vier-Mächte-Abkommen „Verbindungsbehörde" heißen müsse. Dann habe er Klewitz rundheraus gefragt, wie das Bundeshaus organisiert sei. Klewitz habe das zunächst nicht ernst genommen, als Belezkij aber insistiert habe, diesen nach dem Organisationsplan der sowjetischen Botschaft in Ostberlin gefragt. Das habe diesen Punkt erledigt.

Er, Bahr, habe den Vorgang zum Anlaß genommen, klarzustellen, daß die Herren der sowjetischen Botschaft in Ostberlin keine Gesprächspartner für die Angehörigen der Dienststelle des Bundesbeauftragten sein sollten. Diese sei eine Verbindungsbehörde zu den Drei Mächten und dem Senat, nicht aber im Verhältnis zur Sowjetunion. Für Fragen im Verhältnis zwischen der Bundesrepublik und der Sowjetunion werde sich die Bundesregierung an Falin halten. Das sowjetische Generalkonsulat in Berlin (West)[11] werde man wie alle anderen Konsulate in der Stadt behandeln.

VS-Bd. 9057 (210)

---

11 In Anlage IV A Absatz 3 des Vier-Mächte-Abkommens über Berlin vom 3. September 1971 genehmigten die Drei Mächte der UdSSR die Errichtung eines Generalkonsulats in Berlin (West). Vgl. dazu Europa-Archiv 1971, D 451.
Im Vereinbarten Verhandlungsprotokoll II wurde dazu ausgeführt: „The Consulate General will be accredited to the appropriate authorities of the three Governments in accordance with the usual procedures applying in those Sectors. Applicable Allied and German legislation and regulations will apply to the Consulate General. The activities of the Consulate General will be of a consular character and will not include political functions or any matters related to quadripartite rights or responsibilities." Vgl. Europa-Archiv 1971, D 458.
Der sowjetische Generalkonsul Scharkow traf am 29. Mai 1973 in Berlin (West) ein.

78

Aufzeichnung des Vortragenden Legationsrats I. Klasse Kruse

403-411.10 PTG-384[I]/73 VS-vertraulich   9. März 1973[1]

Herrn Dg 40[2]

Zweck der Vorlage: Information und Vorschlag

Betr.: Militärische und rüstungswirtschaftliche Beziehungen zu Portugal;
       hier: Verhandlungen über einen neuen Schießplatz für die Bundesluft-
       waffe in Portugal[3] sowie über eine neue Endverbleibsregelung für deut-
       sche Rüstungsgüterexporte nach Portugal[4]

Anl.: 1[5]

I. Sachverhalt

1) Unsere militärischen und rüstungswirtschaftlichen Beziehungen zu Portugal waren bis vor kurzem durch folgende Interessenlage gekennzeichnet:

1.0) Die Bundesregierung war bestrebt, einen taktischen Schießplatz für die
Bundesluftwaffe von Portugal zur Verfügung gestellt zu erhalten; sie war andererseits für den Fall eines konstruktiven Verlaufs der Schießplatzverhand-
lungen entschlossen, unter vorläufiger Zurückstellung aller neuen Exportan-
träge deutscher Rüstungsfirmen eine neue, NATO-gebietsbezogene Endverbleibsregelung für deutsche Rüstungsgüterexporte mit der portugiesischen Regierung zu vereinbaren. Zu eigentlichen Verhandlungen über den Schießplatz
ist es nicht gekommen.

1.1) Portugals Interesse war und ist darauf gerichtet, einen möglichst umfassenden deutschen Beitrag zur Ausrüstung des Landes mit Rüstungsprodukti-
onsstätten sowie den Bezug weiterer Lieferungen in Deutschland produzierter
Rüstungsgüter sicherzustellen.

2) Aufgrund von Mitteilungen des BMVg im Rahmen einer Ressortbesprechung am 7. Februar 1973 ist künftig von folgender Änderung der deutschen
Position auszugehen: Da Portugal offenbar nicht in der Lage ist, einen geeigneten Schießplatz zur Verfügung zu stellen, beabsichtigt das BMVg, auf sein
Schießplatzprojekt zu verzichten und die künftigen militärischen Beziehungen
auf die Beibehaltung des Stützpunkts Beja[6] (sowie des Nothafens) für den V-

---

[1] Die Aufzeichnung wurde von Vortragendem Legationsrat I. Klasse Kruse und von Legationsrat I.
Klasse Heldt konzipiert.
[2] Hat Ministerialdirigent Lebsanft am 14. März 1973 vorgelegen.
[3] Zu den Bemühungen der Bundesregierung um einen Ersatz für den von der Luftwaffe genutzten
Schießplatz Alcochete vgl. Dok. 23, Anm. 26.
[4] Zur Endverbleibsregelung für Rüstungslieferungen aus der Bundesrepublik an Portugal vgl. Dok.
23, Anm. 25.
[5] Dem Vorgang beigefügt. Vgl. Anm. 16.
[6] Zum Abkommen vom 16. Dezember 1960 zwischen dem Bundesministerium der Verteidigung und
dem portugiesischen Verteidigungsministerium über die Nutzung des Stützpunktes bei Beja durch
die Luftwaffe vgl. Dok. 23, Anm. 17.

Fall[7] zu beschränken[8]; daneben soll die Reparaturwerft für Transall-Flugzeuge bis auf weiteres in Benutzung bleiben. Wenngleich eine BMVg-Leitungsentscheidung über diese Planungen noch aussteht, wird im BMVg nicht an einer zustimmenden Weisung gezweifelt.[9]

Unter diesen Umständen erklärte das BMVg in der Ressortbesprechung auf ausdrückliches Befragen seitens des Auswärtigen Amts, wegen des Wegfalls der vom BSR mit Prioritätscharakter ausgestatteten Schießplatzfrage keine Einwendungen gegen eine umgehende Weiterbehandlung der Endverbleibsfrage mehr zu erheben; wegen der beabsichtigten Weiternutzung der in Portugal gelegenen Bundeswehreinrichtungen sei jedoch ein deutsches Bestehen auf der vom BSR vorgeschriebenen „harten" Fassung der künftigen Endverbleibsklausel untunlich. Gleiches gelte für einen völligen Rüstungsexport-Stop seitens der Bundesrepublik Deutschland. Man müsse daher im Laufe der Verhandlungen an Kompromißlösungen denken, die z. B. in einem Exportstop für „spektakuläre" Rüstungsgüter (Kriegsschiffe, Flugzeuge, Panzer, Raketen etc.) bei gleichzeitiger Weiterlieferung unverfänglicher Rüstungsgüter bestehen könnten.

Die an der Ressortbesprechung beteiligten Vertreter des BMVg, des BMWi und des BMV befürworteten schließlich die Absicht des Auswärtigen Amts, zunächst den portugiesischen Botschafter[10] unter Überreichung eines entsprechenden Aide-mémoire um baldige Einholung einer Stellungnahme seiner Regierung zu den deutschen Vorschlägen für eine neue Endverbleibsklausel zu bitten. Ferner wurde dem Vorschlag des Auswärtigen Amts zugestimmt, sämtliche bisher zurückgestellten Rüstungsexportanträge aus den Bereichen des BMVg, des BMWi sowie des Auswärtigen Amts zusammenzufassen und dem

---

7 Verteidigungsfall.

8 Der Referatsleiter im Bundesministerium der Verteidigung, Backes, trug in der Ressortbesprechung am 7. Februar 1973 vor, „daß die Portugiesen nicht in der Lage sein werden, der Bundesrepublik wie gewünscht eine ‚tactical range' (Minimum 350 km²) in räumlicher Verbindung mit Beja zur Verfügung zu stellen. Damit entfällt für die Luftwaffe ein Interesse an der friedensmäßigen Nutzung der Basis Beja. Die kriegsmäßige Nutzung von Beja wird durch die Tatsache eingeschränkt, daß Beja nur über äußerst geringe Treibstoffvorräte verfügt. Selbst bei einer Vergrößerung der Lagerkapazität um zusätzlich 10 000 m³ (Kosten etwa 5 Mio. DM) würde Beja nur zu Beginn des Verteidigungsfalles als Umschlaghafen für kriegswichtige Transporte aus den USA dienen können. Die Bundeswehr hält aber diese Zulieferung für so wichtig, daß sie den Ausbau der Tankkapazität von Beja für erforderlich erachtet. Zusätzlich würde Beja im Verteidigungsfalle als Abstellplatz für deutsche Militär- und Zivilflugzeuge dienen." Vgl. die Aufzeichnung des Vortragenden Legationsrats Nöldeke vom 8. Februar 1973; VS-Bd. 8100 (201); B 150, Aktenkopien 1973.

9 Am 21. August 1973 wurde der Botschaft in Lissabon ein Schreiben des Bundesministers Leber vom 15. August 1973 an den portugiesischen Verteidigungsminister de Sá Viana Rebelo übermittelt. Darin kündigte Leber Einschränkungen bei der Nutzung des Flugplatzes Beja an und schlug vor, Staatssekretär Fingerhut, Bundesministerium der Verteidigung, zu Gesprächen zu entsenden. Zum Hintergrund wurde der Botschaft mitgeteilt: „Entscheidung des Bundesverteidigungsministers, Beja in Zukunft nicht mehr für Ausbildungsvorhaben der Luftwaffe zu benutzen, ist am 18.5.1973 gefallen. Sie wird damit begründet, daß die Fortsetzung der Luftwaffenausbildung in Portugal ohne geeigneten taktischen Schießplatz aus Kostengründen unmöglich sei. Zum gleichen Zeitpunkt wurde die Einstellung des Projekts einer Triton-Triebwerkstraße in Alverca gleichfalls aus Kostengründen beschlossen. Diese Entscheidungen werden dem Bundessicherheitsrat auf seiner nächsten Sitzung (vermutlich 10.9.1973) zur Billigung vorgelegt werden." Vgl. den Drahterlaß Nr. 70 des Ministerialdirigenten Simon; VS-Bd. 8100 (201); B 150, Aktenkopien 1973.

10 João Carlos Lopes Cardoso de Freitas-Cruz.

BSR zur Entscheidung zu unterbreiten; hierzu wird gesonderte Vorlage erfolgen.[11]

II. Wertung

1) Es ist zu begrüßen, daß das Auswärtige Amt aufgrund des Schießplatzverzichts des BMVg nunmehr in die Lage versetzt ist, die Endverbleibsgespräche mit Portugal weiterzuführen.

Politisch erscheint dies notwendig, um

– beim vorgesehenen VN-Beitritt der Bundesrepublik Deutschland auf eine Rüstungsexportpolitik gegenüber Portugal verweisen zu können, die weniger Angriffsflächen als bisher bietet,

– sich künftig im Rahmen der deutschen Afrikapolitik eindeutiger als bisher auf die Distanzierung von einer indirekten Beteiligung an den Kolonialkriegen Portugals berufen zu können und

– das Verhältnis zu Portugal von den gegenwärtigen Störungen im rüstungswirtschaftlichen Bereich zu befreien.

Auch innenpolitisch dürfte eine klare Endverbleibslösung wünschenswert sein.

Ferner erscheint es wirtschaftspolitisch unumgänglich, der deutschen Industrie eine klare staatliche Direktive für Rüstungsexporte nach Portugal an die Hand zu geben. Klarstellung soll hinsichtlich der bereits vorliegenden, aber gemäß BSR-Weisung grundsätzlich zurückgestellten Anträge durch Sammelvorlage beim BSR, hinsichtlich der künftigen Anträge auf Exportgenehmigung durch eine klare Endverbleibsklausel erreicht werden. Die Bedeutung einer solchen Klarstellung folgt u.a. daraus, daß das Volumen der deutschen Rüstungslieferungen nach Portugal für die Zeit ab 1960 auf etwa 500 Mio. DM geschätzt wird und daher entsprechende Investitionen und Produktionskapazitäten berührt sind.

2) Bei der Wiederaufnahme der Endverbleibsgespräche mit Portugal geht es zunächst darum, die Portugiesen zu einer Stellungnahme zum deutschen Verhandlungsvorschlag zu veranlassen, der gemäß BSR-Beschluß vom 28. April 1971 folgende Ergänzung (unterstrichen)[12] der zur Zeit geltenden Klausel vorsieht:

„Die Waffen und Geräte, die die Bundesrepublik Deutschland Portugal im Geiste der dem Abkommen vom 15. Januar 1960 zugrundeliegenden Reziprozität verkauft oder überläßt, werden ausschließlich in Portugal zu Verteidigungszwecken im Rahmen des Nordatlantikpaktes benutzt *und nicht aus dem in Art. 6 des Nordatlantikvertrags*[13] *definierten geographischen Geltungsbereich verbracht werden.*"

---

[11] Für die Aufzeichnung des Referats 403 vom 13. März 1973 über die Anträge auf Genehmigung der Ausfuhr von Rüstungsgütern nach Portugal vgl. VS-Bd. 8847 (403); B 150, Aktenkopien 1973.

[12] Im Abdruck kursiv wiedergegeben.

[13] Artikel 6 des NATO-Vertrags vom 4. April 1949: „For the purpose of Article 5 an armed attack on one or more of the Parties is deemed to include an armed attack on the territory of any of the Parties in Europe or North America, on the Algerian Departments of France, on the occupation forces of any Party in Europe, on the islands under the jurisdiction of any Party in the North Atlantic area north of the Tropic of Cancer or on the vessels or aircraft in this area of any of the Parties." Vgl. BUNDESGESETZBLATT 1955, Teil II, S. 290.

Ob Portugal diese neue (NATO-Gebiets-) Klausel akzeptieren wird, scheint angesichts der Erfordernisse der portugiesischen Ultramar-Politik und möglicherweise auch angesichts praktischer Probleme, eine solche Klausel tatsächlich einhalten zu können (Zu- und Teillieferungen etc.), zweifelhaft. Im Falle einer Ablehnung des obigen deutschen Vorschlags könnte folgende – von der Rechtsabteilung als vertretbar bezeichnete – Rückfallposition eingenommen werden:

„Die Waffen und Geräte ... werden ausschließlich in Portugal in dem in Art. 6 des Nordatlantikvertrags definierten geographischen Geltungsbereich zu Verteidigungszwecken im Rahmen des Nordatlantikpaktes benutzt werden."

Sollte auch diese Fassung von Portugal abgelehnt werden, so müßte zunächst erneute BSR-Vorlage zwecks eventueller Überprüfung des seinerzeit dem Auswärtigen Amt erteilten Verhandlungsauftrags erfolgen. Die Möglichkeiten für Kompromißlösungen dürften jedoch begrenzt sein:

a) Mit einer erneuten „weichen" Klausel ist der Bundesrepublik Deutschland weder innen- noch außenpolitisch gedient. Der deutsche Wunsch nach einer neuen Regelung rührt gerade aus der Zweideutigkeit der derzeitigen Klausel her: Da sich Portugal darauf beruft, daß der Begriff „Portugal" auch die portugiesischen Überseeprovinzen umfasse und die entsprechenden Waffen und Geräte auch in den Überseeprovinzen zu Verteidigungszwecken im Rahmen des Nordatlantikpaktes benutzt würden, wird die Bundesrepublik Deutschland von den Gegnern der portugiesischen Kolonialkriegsführung verdächtigt, durch stillschweigende Billigung dieser Auslegung auch die Verwendung deutschen Rüstungsmaterials in den portugiesischen Kolonien zu billigen.

b) Eine Aufteilung der Rüstungsexporte in „spektakuläre" und sonstige – wie vom BMVg erwogen – stößt nicht nur auf rechtliche Schwierigkeiten (Abgrenzung nach Kriegswaffenkontrollgesetz[14] und Außenwirtschaftsgesetz[15]): Nach den bisherigen Erfahrungen dürfte bereits die Lieferung kleinkalibriger Faustfeuerwaffen unter deutschem Markenzeichen zu politischen Schwierigkeiten führen, obwohl derartige Waffen weder „spektakulär" noch z. B. vom Kriegswaffenkontrollgesetz erfaßt sind.

III. Vorschlag

Es wird daher vorgeschlagen:

ein die Gesamtproblematik der Endverbleibsfrage umfassendes Gespräch zwischen Herrn Dg 40 und dem portugiesischen Botschafter. Im Verlauf dieser Unterredung sollte das als Anlage beigefügte Aide-mémoire[16] übergeben werden.

---

14 Für den Wortlaut des Ausführungsgesetzes zu Artikel 26 Absatz 2 des Grundgesetzes (Gesetz über die Kontrolle von Kriegswaffen) vom 20. April 1961 vgl. BUNDESGESETZBLATT 1961, Teil I, S. 444–452.

15 Für den Wortlaut des Außenwirtschaftsgesetzes vom 28. April 1961 vgl. BUNDESGESETZBLATT 1961, Teil I, S. 481–494.

16 Dem Vorgang beigefügt. In dem Aide-mémoire wurde ausgeführt: „Wie S. E. dem Botschafter Portugals, Herrn de Freitas-Cruz, anläßlich seines ersten offiziellen Besuchs Ende 1971 in der Handelspolitischen Abteilung des Auswärtigen Amts von Herrn Ministerialdirektor Dr. Herbst mitgeteilt wurde, hält die Bundesregierung eine Neufassung der im Jahre 1965 vereinbarten Endverbleibsregelung durch Einbeziehung einer NATO-Gebiets-Klausel für wünschenswert. Die Bundesregierung schlägt in diesem Zusammenhang folgenden Wortlaut vor: ‚Die Waffen und Geräte, die

Referate 203, 230, 302, 303 und 420 haben mitgezeichnet. Referat 201 schlug bei Mitzeichnung vor, den Portugiesen nach Erläuterung der Lage die Entscheidung über eine Beibehaltung des rüstungsexportpolitischen Status quo oder über eine Aufnahme von Endverbleibsverhandlungen zu überlassen. Referat 403 vermochte jedoch dieser Anregung nicht zu folgen,

– da das Auswärtige Amt gemäß BSR-Beschluß vom 28.4.1971 zu Verhandlungen über die neue Endverbleibsklausel verpflichtet ist („Zu den Anträgen zur Ausfuhr nach Portugal ... wird das Auswärtige Amt gebeten, die Endverbleibsklausel in Verhandlungen mit Portugal dahingehend zu präzisieren, daß die Lieferungen nicht aus dem geographischen Geltungsbereich der NATO nach Artikel 6 des NATO-Vertrages verbracht werden dürfen."),

– da sich beide Seiten bereits auf die Aufnahme von Verhandlungen festgelegt haben (vgl. u.a. Gespräche des Herrn Ministers mit Außenminister Patricio am 16.4. und 1.6.1972[17]),

– da – wie unter II.1 ausgeführt – eine Entscheidung über die neue Endverbleibsklausel aus politischen und wirtschaftspolitischen Gründen unausweichlich ist.[18]

Kruse

VS-Bd. 8847 (403)

die Bundesrepublik Deutschland Portugal im Geiste der dem Abkommen vom 15. Januar 1960 zugrundeliegenden Reziprozität verkauft oder überläßt, werden ausschließlich in Portugal zu Verteidigungszwecken im Rahmen des Nordatlantikpaktes benutzt und nicht aus dem in Art. 6 des Nordatlantikvertrages definierten geographischen Geltungsbereich verbracht werden.' Die Bundesregierung wäre für eine baldige Stellungnahme zu vorerwähntem Vorschlag dankbar." Vgl. VS-Bd. 8847 (403); B 150, Aktenkopien 1973.

[17] Zum Gespräch des Bundesministers Scheel mit dem portugiesischen Außenminister Patricio am 1. Juni 1972 vgl. AAPD 1972, II, Dok. 157.

[18] Am 17. August 1973 vermerkte Ministerialdirektor van Well dazu: „Die vom BSR verlangte ‚wasserdichte' Endverbleibserklärung ist noch nicht vereinbart. Portugal wich Gesprächen darüber aus. In einem für Portugal besonders wichtigen Einzelfall (Ersatzteile für Flugzeuge) legte die portugiesische Botschaft unlängst erstmalig eine Endverbleibserklärung in der von uns geforderten Formulierung vor. Der BSR soll (voraussichtlich) am 10.9.1973 entscheiden." Vgl. Referat 203, Bd. 101436. Anläßlich des Abschiedsbesuchs des portugiesischen Botschafters de Freitas-Cruz übergab Staatssekretär Frank am 18. September 1973 den Vorschlag für eine Neufassung der Endverbleibsklausel. De Freitas-Cruz zeigte sich überzeugt, „daß die Klausel für die portugiesische Seite akzeptabel sein werde; er könne versichern, daß sich seine Regierung nach formeller Annahme daran halten werde". Vgl. Referat 203, Bd. 101436.

79

Botschafter Böker, Rom (Vatikan), an das Auswärtige Amt

114-1-11099/73 VS-vertraulich   Aufgabe: 9. März 1973, 11.40 Uhr[1]
Fernschreiben Nr. 48   Ankunft: 9. März 1973, 13.19 Uhr
Citissime

Auch für Staatssekretär Frank

Betr.: DDR und Reichskonkordat[2]

Bezug: Drahterlaß Nr. 25 vom 22.2.73 – 501-506.01 VS-NfD[3] – und Telefonge-
        spräch mit Ministerialdirigent von Schenck vom 7. und 8. März

I. Gestern Mittag hatte ich das bereits telefonisch angekündigte Gespräch mit
Erzbischof Casaroli, das etwa eine Stunde dauerte, wobei mir Casaroli auch
eingehend über seinen Besuch in der Tschechoslowakei[4] erzählte. Hierüber berichte ich gesondert.

Hinsichtlich des Fragenkomplexes Reichskonkordat und Konsultationspflicht
habe ich das Gespräch bewußt so geführt, als sei ich in Unkenntnis der in den
letzten Tagen seitens der deutschen Kardinäle beim Heiligen Stuhl unternom-
menen Demarchen. Statt dessen habe ich mich ausschließlich auf die mir aus
Bonn erteilten Weisungen bezogen. Ich frug Casaroli eingangs, ob er trotz seiner starken Beschäftigung mit den tschechoslowakischen Problemen Zeit gehabt habe, unser ihm von mir überreichtes Memorandum über die Konsultationspflicht[5] zu studieren und eine Stellungnahme des Vatikans dazu zu erarbeiten. Casarolis Antwort war ausweichend. Er habe das Memorandum zwar
gelesen, und seine Mitarbeiter hätten auch schon eine vorläufige Stellungnahme dazu ausgearbeitet. Außerdem sei es einem nicht zum Vatikan gehörenden
Völkerrechtler zur Begutachtung unterbreitet worden. Von diesen verschiedenen Stellungnahmen habe er zwar schon Kenntnis genommen, sie aber noch
nicht im Detail studiert. Es bestehe selbstverständlich keinerlei Zweifel an der
vollen Konsultationspflicht bis zum Tage der Ratifizierung des Grundvertrages. Der Heilige Stuhl sei auch erfreut darüber, daß die Bundesregierung von

---

1 Am 14. März 1973 teilte Vortragender Legationsrat I. Klasse Hallier dem Büro Staatssekretär und
  Ministerialdirigent von Schenck mit, daß der Drahtbericht Bundesminister Scheel vorgelegen habe: „Der Herr Minister tritt dem im Schlußabsatz vorgetragenen Vorschlag bei."
  Hat Vortragendem Legationsrat I. Klasse Schönfeld am 15. März 1973 vorgelegen.
  Hat Schenck am 16. März 1973 vorgelegen. Vgl. VS-Bd. 9713 (501); B 150, Aktenkopien 1973.
2 Für den Wortlaut des Konkordats vom 20. Juli 1933 zwischen dem Deutschen Reich und dem Heiligen Stuhl vgl. REICHSGESETZBLATT 1933, Teil II, S. 679–690.
3 Zum Drahterlaß des Ministerialdirigenten von Schenck vgl. Dok. 59, Anm. 5.
4 Der Unterstaatssekretär im Staatssekretariat des Heiligen Stuhls, Casaroli, weihte am 3. März
  1973 in Nitra die Bischöfe Faranec, Gabris und Pazstor sowie am 4. März 1973 in Prag Bischof
  Vrana, nachdem die tschechoslowakische Regierung der Ernennung von Pazstor und Faranec zu
  residierenden Bischöfen in Nitra und Banska-Bystrica bzw. von Gabris und Vrana zu Apostolischen Administratoren in Olmütz und Trnava zugestimmt hatte. Vgl. dazu den Artikel „Prag und
  Vatikan machen Konzessionen"; DIE WELT vom 1. März 1973, S. 5.
5 Zur Note vom 29. Januar 1973, die Botschafter Böker, Rom (Vatikan), am 8. Februar 1973 übergab, vgl. Dok. 14, Anm. 8.

dem Standpunkt ausgehe, daß das Reichskonkordat nach wie vor und auch in Zukunft seine Gültigkeit für das gesamte ehemalige Reichsgebiet (sic!), insbesondere auch für die DDR, bewahren solle. Sehr große Zweifel habe man jedoch angesichts des Wortlauts des Grundvertrages, ob die Bundesregierung nach Ratifizierung dieses Vertrages weiterhin ein Konsultationsrecht hinsichtlich der die kirchlichen Verhältnisse in der DDR betreffenden Angelegenheiten beanspruchen könne. Schließlich spreche der Grundvertrag ausdrücklich von einer Nichteinmischung in die inneren Angelegenheiten des anderen deutschen Staates und erkenne dessen völlige Unabhängigkeit und Souveränität an.[6]

Ich erwiderte, Staatssekretär Frank habe mir während meines Aufenthalts in Bonn den Auftrag gegeben, ihm, Casaroli, den Vorschlag zu machen, daß strittige Rechtsfragen, die das Reichskonkordat betreffen, durch eine Zusammenkunft von Experten der vatikanischen und deutschen Seite am besten geklärt werden könnten. Mir schiene, daß z.B. die Frage der weitergeltenden Konsultationspflicht von einer solchen Expertengruppe behandelt werden sollte. Ich selbst sei in Fragen des Völkerrechts und gar schon des kanonischen Rechts nicht ausreichend bewandert, und er, Casaroli, sei bei seiner starken Inanspruchnahme durch die außenpolitischen Probleme der Weltkirche wohl so eingespannt, daß er die Zeit für detaillierte Besprechungen gar nicht werde aufbringen können.

Casaroli war dieser Vorschlag sichtlich unangenehm. Er drehte und wand sich und meinte, solche Expertengespräche könnten „alles bisher Erreichte" wieder in Frage stellen und die sehr freundschaftlichen Beziehungen, die immer zwischen dem Heiligen Stuhl und der Bundesrepublik bestanden hätten, trüben. Ich erwiderte, das Gegenteil schiene mir der Fall zu sein: Wir stünden ja erst am Anfang echter Konsultationen und müßten darauf bestehen, daß diese sorgfältig und gründlich durchgeführt würden. Damit würde den freundschaftlichen Beziehungen am besten gedient werden, denn das Ziel müsse sein, nach Möglichkeit zu gemeinsam erarbeiteten Resultaten zu kommen. Casaroli erwiderte, er müsse sich diesen Vorschlag sehr genau überlegen und könne mir nicht verhehlen, daß er starke Bedenken habe. Er werde mir aber in Kürze einen Bescheid zukommen lassen. Ich fügte noch hinzu, wir dächten sicher nicht an eine große Delegation, sondern wahrscheinlich nur an ein oder zwei oder höchstens drei Experten, die mit ihren vatikanischen Kollegen die nötigen Fragen klären könnten. Hierzu gehöre auch die genaue Bedeutung der vom Vatikan angeblich schon in Bälde angestrebten Administratorenlösung, gegen die wir keine grundsätzlichen Einwände hätten. In dieser Sache habe die Bundesregierung einige Fragen an den Heiligen Stuhl zu richten. Hierbei erwähnte ich die in dem Bezugsdrahterlaß Nr. 25 vom 22.2. unter 1) genannten Punkte. Ganz besonders aber gelte es für eventuell vom Vatikan geplante weitere Schritte.

Ich erklärte sodann Casaroli, Staatssekretär Frank habe mir in sehr ernsten Worten dargelegt, welchen großen Wert die Bundesregierung auf eingehende

---

6 In Artikel 6 des Vertrags vom 21. Dezember 1972 über die Grundlagen der Beziehungen zwischen der Bundesrepublik und der DDR wurde ausgeführt: „Die Bundesrepublik Deutschland und die Deutsche Demokratische Republik gehen von dem Grundsatz aus, daß die Hoheitsgewalt jedes der beiden Staaten sich auf sein Staatsgebiet beschränkt. Sie respektieren die Unabhängigkeit und Selbständigkeit jedes der beiden Staaten in seinen inneren und äußeren Angelegenheiten." Vgl. BULLETIN 1972, S. 1842.

Konsultationen und ein einvernehmliches Vorgehen in dieser Frage lege. Ich könne ihm auch nicht verschweigen, daß der Staatssekretär mir gesagt habe, die Bundesregierung werde wohl den künftigen Wert des Reichskonkordats daran bemessen müssen, in welchem Maße der Heilige Stuhl in dieser Frage seiner Konsultationspflicht nachkomme. Auf diesen sehr ruhig vorgetragenen Satz reagierte Casaroli mit größter Heftigkeit und sagte, dies stelle eine Drohung dar, die der Heilige Stuhl nicht zulassen könne. Ich erwiderte in aller Ruhe, es handle sich in keiner Weise um eine Drohung, sondern um die selbstverständliche Feststellung der Tatsache, daß ein Vertrag keine Einbahnstraße sei, sondern daß die Loyalität des einen Partners, die des anderen bedinge. Wir hätten uns bisher immer als loyale Vertragspartner im Reichskonkordat bewiesen und beabsichtigten, dies auch weiter zu tun. Unser dringendes Verlangen nach einer einvernehmlichen Regelung der nunmehr anstehenden, sehr schwerwiegenden Fragen sei gerade motiviert durch unseren Wunsch nach einer Aufrechterhaltung der freundschaftlichen Beziehungen zum Vatikan. Langsam beruhigte sich Casaroli wieder und entschuldigte sich dann für die Heftigkeit seiner ersten Reaktion.

II. Casaroli ist offensichtlich in einer sehr schwierigen Situation. Die von ihm mit Einvernehmen des Papstes geführten Verhandlungen mit der DDR – die er bisher uns gegenüber nur als lose Kontaktnahmen und Sondierungen bezeichnet hatte – sind offenbar schon recht weit gediehen. Er sieht diese nunmehr von zwei Seiten bedroht:

1) durch den massiven und in seiner Deutlichkeit einzigartigen Einspruch der deutschen Kardinäle und

2) durch den Versuch der Bundesregierung, ihn in Konsultationen zu ziehen, in denen er frühzeitig seine Karten aufdecken muß.

Nur so läßt sich die Heftigkeit seiner Reaktionen erklären.

Kardinal Döpfner hatte dem Papst am 23. Februar ein im Namen des gesamten deutschen Episkopats abgefaßtes, sehr energisches Memorandum übermittelt, in dem er sich dagegen verwahrt, daß die Kurie sich nun ihrerseits an der Spaltung Deutschlands beteilige, und dies über die Köpfe des deutschen Klerus und der deutschen Gläubigen hinweg. Am 6.3. hatten zunächst Kardinal Döpfner und anschließend Kardinal Jäger Audienzen beim Papst, in denen sie sehr harte Worte hinsichtlich des vatikanischen Techtelmechtels mit der DDR gebraucht haben sollen. Die beiden Kardinäle haben mir hierüber in großen Zügen berichtet. Heute vormittag ist fernerhin dem Papst ein von allen deutschen Kardinälen einmütig gebilligtes Memorandum überreicht worden, in dem die Autoren sich zwar unter gewissen Voraussetzungen und Bedingungen mit der genannten Administratorenlösung für die DDR einverstanden erklären, jede weitere Konzession des Vatikans, insbesondere eine irgendwie geartete Aufnahme diplomatischer Beziehungen mit der DDR angesichts der allbekannten Unrechtstatbestände, als für die deutschen Gläubigen untragbar bezeichneten.[7] Überdies hat Kardinal Bengsch heute früh eine Audienz beim Papst ge-

---

[7] Am 9. März 1973 wurde in der Presse über ein vertrauliches Memorandum der deutschen Bischöfe für Papst Paul VI. berichtet, in dem „schwerwiegende Bedenken" gegen die vom Heiligen Stuhl geplante Neuordnung der auf dem Gebiet der DDR gelegenen Teile von Diözesen in der Bundesrepublik erhoben würden. So werde ausgeführt: „Die beabsichtigten Schritte des Vatikans vor einer

habt und anschließend auch mit Casaroli gesprochen. Casaroli sagte hierüber
nur, das Gespräch sei „interessant und nützlich" gewesen.

III. In der Kurie herrscht angesichts dieser Lage eine gewisse Nervosität und
Niedergeschlagenheit. Der Papst selbst soll überrascht und betroffen sein von
der energischen und einmütigen Haltung der deutschen Kardinäle. Er hatte
offenbar angenommen, daß diese sich, wie in der Oder-Neiße-Frage, überrollen
lassen würden. Von den Mitarbeitern der Erzbischöfe Benelli und Casaroli gibt
es solche, die glauben, daß der Papst sich über das einmütige und dezidierte
Votum der deutschen Kardinäle unmöglich wird hinwegsetzen können, und andere, die meinen, er werde schon aus einer Trotzreaktion heraus den einge-
schlagenen Weg fortsetzen.[8]

Für uns scheint mir die beste Methode die zu sein, den Vorschlag Staatssekretärs Frank mit Energie weiterzubetreiben und baldmöglichst einen oder zwei
Völkerrechtsexperten nach Rom zu entsenden, um auf diese Weise Casaroli zu
zwingen, noch rechtzeitig vor der Ratifizierung des Grundvertrages seine Karten aufzudecken. Casaroli spielt offensichtlich auf Zeitgewinn. Er hofft, durch
gelegentliche Gespräche mit mir einen unverbindlichen und nie ins Konkrete
gehenden Konsultationsprozeß in Gang zu halten, um uns am Tage nach der
Ratifizierung des Grundvertrages klipp und klar sagen zu können, daß wir
nunmehr keinerlei Mitspracherecht mehr hätten. Diesen Weg sollten wir ihm
verbauen.[9]

[gez.] Böker

VS-Bd. 9713 (501)

Fortsetzung Fußnote von Seite 373

   Ratifizierung des Grundvertrages müßten als Eingriff in innerdeutsche Angelegenheiten und als
   Versuch, die Ratifizierung des Grundvertrages zu präjudizieren, gewertet werden. Durch jeden
   Schritt zur Anerkennung des Staates, der von einem Unrechtsregime beherrscht werde, gerate der
   Heilige Stuhl in Gefahr, der Komplicenschaft verdächtigt zu werden. In Fortsetzung des vom Heiligen Stuhl beschrittenen Weges bestehe eminente Gefahr für die Freiheit der Kirche. Der freie
   Verkehr im kirchlichen Bereich könne dann schließlich staatlicherseits empfindlich gesteuert werden. Bei etwaiger Ernennung eines Administrators für West-Berlin laufe der Heilige Stuhl Gefahr,
   daß ausgerechnet die Kirche den östlichen Zielvorstellungen hinsichtlich der selbständigen politischen Einheit West-Berlins Vorschub leiste." Vgl. den Artikel „Schwere Differenzen zwischen Papst
   und deutschem Klerus"; DIE WELT vom 9. März 1973, S. 1.
[8] Am 10. März 1973 wurde in der Presse gemeldet, daß die erwartete Ernennung Apostolischer Administratoren für die in der DDR gelegenen Teile der Diözesen Würzburg, Fulda, Paderborn und
   Osnabrück „möglicherweise auf Grund eines Aide-mémoire westdeutscher Oberhirten verschoben
   worden" sei. Vgl. den Artikel „Vatikan verschiebt ‚DDR'-Regelung"; DIE WELT vom 10./11. März
   1973, S. 6.
   Die Deutsche Bischofskonferenz erklärte sich am 15. März 1973 in Bad Honnef „aus seelsorglichen
   Gründen" mit der Ernennung Apostolischer Administratoren nach der Ratifizierung des Grundlagenvertrags vom 21. Dezember 1972 einverstanden. Vgl. den Artikel „Administratoren erst nach
   der Ratifizierung"; DIE WELT vom 16. März 1973, S. 1.
[9] Ministerialdirigent von Schenck teilte der Botschaft beim Heiligen Stuhl am 12. März 1973 mit,
   vordringlich bleibe die Frage, „ob der Heilige Stuhl den Kommissaren, die bisher für die auf dem
   Gebiet der DDR gelegenen Teile der Diözesen Würzburg, Fulda, Paderborn und Osnabrück bestellt sind, den Status von Administratoren verleihen will und ob es hierbei sein Bewenden haben
   soll oder aber vom Heiligen Stuhl noch weitergehende Maßnahmen der Neuordnung der kirchenrechtlichen Verhältnisse auf dem Gebiet der DDR erwogen werden. [...] In Gesprächen zwischen
   juristischen Experten wird hierüber kaum Klarheit zu erzielen sein." Ebensowenig zweckmäßig sei
   es, „die Frage der Konsultationspflicht zum Gegenstand einer Diskussion zwischen juristischen
   Experten zu machen". Vgl. den Drahterlaß Nr. 32; VS-Bd. 9713 (501); B 150, Aktenkopien 1973.
   Während des Besuchs des Bundespräsidenten Heinemann am 26./27. März 1973 beim Heiligen

80

Botschafter Sachs, Brüssel (EG), an das Auswärtige Amt

Fernschreiben Nr. 981   Aufgabe: 12. März 1973, 04.35 Uhr[1]
Citissime   Ankunft: 12. März 1973, 06.42 Uhr

Betr.: 233. Tagung des EG-Rates am 11./12.3.1973 in Brüssel;
      hier: einziger TO-Punkt: Prüfung der Währungslage

I. 1) Der Rat der Europäischen Gemeinschaften hat sich in der Nacht vom 11. zum 12. März 1973 größtenteils im engsten Rahmen – nur unter Beteiligung von Ministern und Notenbankgouverneuren – darüber verständigt, daß zur Überwindung der internationalen Währungskrise folgende Maßnahmen ergriffen werden:

– Beibehaltung des Gemeinschaftsbandes von 2,25 Prozent[2] durch sechs Mitgliedstaaten (B, DK, D, F, L, NL),

– Aufhebung der Interventionspflicht der Zentralbanken gegenüber dem Dollar,

– Verstärkung der Kapitalverkehrskontrollen,

– Bekundung der Absicht der Bundesregierung, vor der Wiedereröffnung der Börsen[3] eine geringfügige Anpassung des Leitkurses der DM vorzunehmen, um auf diese Weise zu geordneten Wechselkursrelationen beizutragen (BM Schmidt nannte vor der Presse einen Anpassungssatz von 3 Prozent[4]).

Großbritannien, Irland und Italien haben ihre Absicht erklärt, sich so bald wie möglich dieser von den übrigen Mitgliedstaaten getroffenen Entscheidung anzuschließen. In der Zwischenzeit wird eine enge Konzertierung zwischen den Währungsbehörden aller Mitgliedstaaten aufrecht erhalten.

Bundesminister Schmidt bezeichnete das erzielte Ergebnis vor der Presse als eine unter den gegebenen Umständen (nach der Dollarabwertung[5]) optimale Lösung. Es handele sich um ein Paket von untereinander zusammenhängenden Beschlüssen, das bereits in der Nacht nach der Sitzung der Zehnergruppe

---

Fortsetzung Fußnote von Seite 374
     Stuhl vereinbarte der ihn begleitende Bundesminister Scheel am 27. März 1973 mit dem Unterstaatssekretär im Staatssekretariat des Heiligen Stuhls, Casaroli, Ministerialdirigent von Schenck zu Besprechungen über die mit der kirchlichen Neuordnung in der DDR zusammenhängenden Fragen nach Rom zu entsenden. Vgl. dazu die Gesprächsaufzeichnung; Referat 501, Bd. 1138. Die Besprechungen fanden am 10. April, 18. Mai und 14. Juni 1973 statt. Vgl. dazu Dok. 226, Anm. 12.

1 Hat Vortragendem Legationsrat Vogel am 13. März 1973 vorgelegen.

2 Die Festlegung der Bandbreiten für Währungskursschwankungen auf 2,25 Prozent war Bestandteil des „Smithsonian Agreement" vom 17./18. Dezember 1971. Vgl. dazu Dok. 44, Anm. 2.

3 Die am 2. März 1973 geschlossenen Devisenbörsen wurden am 19. März 1973 wieder geöffnet.

4 Die Aufwertung der D-Mark wurde am 12. März 1973 von Bundesminister Schmidt vor der Bundespressekonferenz angekündigt und vom Kabinett am 14. März 1973 beschlossen. Vgl. dazu BULLETIN 1973, S. 263.

5 Zur Abwertung des amerikanischen Dollar am 12. Februar 1973 vgl. Dok. 50, Anm. 1.

(9.3.)[6] vorbereitet worden sei. Nach den in der Zehnergruppe geführten Unterhaltungen könnte davon ausgegangen werden, daß das Paket von der US-Regierung begrüßt werde und daß nunmehr auch seitens der USA andere Maßnahmen im Sinne der gegenseitigen Kooperation ergriffen würden. Es sei darüber hinaus anzunehmen, daß andere europäische Staaten sich dem jetzt vereinbarten System anschließen würden. Die im Zusammenhang mit der Veränderung des Leitkurses der DM auftretenden Probleme des Grenzausgleichs im Agrarbereich würden kurzfristig im Sinne der bisherigen Beschlüsse[7] geregelt werden.

Der Text der vom Rat verabschiedeten Erklärung ist als Anlage beigefügt.

2) Die von der Kommission zu Beginn der Sitzung erneut und konkretisiert vorgeschlagene Errichtung eines gemeinschaftlichen Wechselkurssystems unter Einschluß aller neun Mitgliedstaaten scheiterte hauptsächlich daran, daß die britische (wegen der besonderen Währungsbeziehungen zum Pfund Sterling auch die irische) und die italienische Delegation sich wegen der gegenwärtigen strukturellen Schwierigkeiten in ihren Ländern nicht in der Lage sahen, zuzustimmen. Wesentliches Hindernis für die Annahme durch die britische Delegation war die von der Kommission vorgesehene Begrenzung des Bei-

---

[6] Über die Sitzung der Finanzminister und Notenbankpräsidenten der Zehnergruppe sowie der EG-Mitgliedstaaten am 9. März 1973 in Paris notierte Vortragender Legationsrat Vogel am 11. März 1973, die USA hätten „nur wenig Neigung" gezeigt, „einseitige Beiträge zu leisten. Sie verlangten in kaum verhüllter Form Gegenleistungen der Gemeinschaft, insbesondere im Handels- und Agrarbereich. [...] Über einzelne Maßnahmen zur Beherrschung der internationalen Kapitalfluktuation (insbesondere auf dem Eurodollar-Markt) konnte auf der Konferenz noch keine Einigung erzielt werden." Es sei beschlossen worden, die Devisenbörsen weiter geschlossen zu halten. Vgl. Ministerbüro, Bd. 178589.
Im Kommuniqué wurde mitgeteilt, die Finanzminister und Notenbankpräsidenten seien zu dem Ergebnis gekommen, „daß die Krise durch spekulative Kapitalbewegungen verursacht wurde. Sie stimmten auch darin überein, daß die nach den währungspolitischen Entscheidungen vom Februar gegebene Struktur der Paritäten und Leitkurse ihrer Ansicht nach den wirtschaftlichen Erfordernissen entspricht und daß diese Wechselkursbeziehungen einen nachhaltigen Beitrag für einen besseren internationalen Zahlungsbilanzausgleich leisten. Unter diesen Umständen drückten sie einmütig ihre Entschlossenheit aus, gemeinsam ein ordentliches Funktionieren des Wechselkurssystems zu gewährleisten." Hierfür sollte „ein Bündel von Maßnahmen eingesetzt werden", mit dessen Vorbereitung die Teilnehmer ihre Stellvertreter beauftragten. Bekräftigt wurde außerdem „die dringende Notwendigkeit für eine wirksame Reform des internationalen Währungssystems". Vgl. EUROPA-ARCHIV 1973, D 176.
[7] Am 12. Mai 1971 beschloß der EG-Ministerrat, daß die Bundesrepublik und die Niederlande, die nach der EG-Ministerratstagung vom 8./9. Mai 1971 in Brüssel den Wechselkurs ihrer Währungen vorübergehend freigegeben hatten, für die Dauer der Wechselkursfreigabe Ausgleichsbeträge bei der Einfuhr landwirtschaftlicher Erzeugnisse erheben bzw. bei der Ausfuhr gewähren durften, wenn der Wechselkurs mehr als 2,5% von der offiziellen Parität abwich. Vgl. dazu BULLETIN DER EG 7/1971, S. 60.
Auf der Tagung der Landwirtschaftsminister der EG-Mitgliedstaaten vom 13. bis 16. März und vom 20. bis 24. März 1972 wurde zum Ausgleich der Währungsverluste der Landwirtschaft in Staaten, die ihre Währungen aufgewertet hatten, beschlossen: „Ermächtigung an die aufwertenden Mitgliedstaaten, mit Hilfe nationaler Maßnahmen, z.B. Steuermaßnahmen (Mehrwertsteuer), einen Teil oder die Gesamtheit der Aufwertungsverluste auszugleichen; Grenzausgleich für den Teil der Aufwertungsverluste, die nicht durch die vorgenannten nationalen Maßnahmen abgedeckt sind; gemeinsame finanzielle Verantwortung für den Grenzausgleich; stufenweiser Abbau des Grenzausgleichs, wobei jeder degressive Schritt durch andere Maßnahmen kompensiert wird, um Einkommensverluste der Landwirtschaft zu vermeiden". Vgl. den Runderlaß Nr. 29 des Vortragenden Legationsrats I. Klasse Heimsoeth vom 28. März 1972; Referat 240, Bd. 167.
Am 19./20. Februar 1973 beschloß der EG-Ministerrat auf der Ebene der Landwirtschaftsminister eine erneute Anpassung der Ausgleichsbeiträge. Vgl. dazu EUROPA-ARCHIV 1973, Z 65.

stands auf 10 Mrd. RE. Von italienischer Seite war weiterhin die unmittelbare Rückkehr in das Gemeinschaftsband von 2,25 Prozent[8] abgelehnt worden und waren im übrigen die von der Kommission vorgeschlagenen Modalitäten als nicht ausreichend angesehen worden.

II. Im einzelnen ist zu der Aussprache im Rat, soweit sie nicht ausschließlich im Kreise der Finanzminister und Notenbankgouverneure geführt wurde, folgendes festzuhalten:

1) Die von der Kommission am Beginn der Sitzung vorgelegte, durch Vizepräsident Haferkamp mündlich eingeführte neue Mitteilung stellte insbesondere hinsichtlich folgender Punkte eine Ergänzung und Konkretisierung der von der Kommission am 4.3.1973 vorgelegten Vorstellungen[9] dar:

– Hervorhebung der zentralen Rolle, die der europäische Fonds für währungspolitische Zusammenarbeit im Rahmen des Gemeinschaftssystems spielen soll (Ausstattung mit 10 Mrd. RE),

– Einführung einer Übergangzeit bis längstens 1.7. d.J., in der Beistand nach dem bisherigen System der Zusammenarbeit zwischen den Zentralbanken (Abkommen vom 10.4.1972[10]) gewährt würde und in der Leitkursänderungen nach einem – erleichterten – Konsultationsverfahren auf Ebene der Zentralbankpräsidenten möglich wären, wobei in derartigen Konsultationen zunächst auch über eine zeitlich begrenzte Erweiterung der Schwankungsbreite, d.h. ein zeitweises Herausfallen einzelner Währungen aus dem 2,25-Prozent-Band zu sprechen wäre.

2) In der ersten Ausspracherunde zeigte sich bereits, daß der Kommissionsvorschlag eines alle Gemeinschaftsländer umfassenden Gemeinschaftsmodells keine Basis für eine einvernehmliche Lösung bot. Barber wies darauf hin, dem Umstand, daß drei Länder der Gemeinschaft gegenwärtig zum Floaten gezwungen seien[11], habe die Kommission nicht hinreichend Rechnung getragen:

---

8 Auf der Konferenz der Wirtschafts- und Finanzminister der EG-Mitgliedstaaten und -Beitrittsstaaten am 27. Juni 1972 in Luxemburg forderte Italien eine zumindest vorübergehende Entlassung aus dem währungspolitischen System der Europäischen Gemeinschaften, zog nach den Gesprächen mit den übrigen Mitgliedstaaten diese Forderung jedoch zurück. In der Presse wurde dazu berichtet: „Die Notenbankgouverneure fanden schließlich für Italien die als ‚technisch' bezeichnete und zunächst bis zum 15. Juli 1972 befristete Lösung. Sie befreit Italien vorübergehend von der Intervention in EWG-Währungen an den Devisenmärkten und gestattet Interventionen in Dollar. Damit wird Italien vorübergehend von der Pflicht befreit, seine Gold- und Devisenbestände zur Verteidigung der Lira einzusetzen. Die Ausnahmeregeln sollen drei Monate, gegebenenfalls in abgeänderter Form, verlängert werden können." Vgl. den Artikel „Ergebnis von Luxemburg als Solidaritätsbekenntnis gewertet"; FRANKFURTER ALLGEMEINE ZEITUNG vom 28. Juni 1972, S. 3.

9 Zu den von der EG-Kommission in der Sondersitzung des EG-Ministerrats auf der Ebene der Finanzminister am 4. März 1973 vorgelegten Vorschlägen vgl. Dok. 70, Anm. 5.

10 Der Ausschuß der Notenbankpräsidenten der EG-Mitgliedstaaten vereinbarte am 10. April 1972 in Basel, daß die auf der EG-Ministerratstagung am 21. März 1972 beschlossene Verengung der Bandbreiten am 24. April 1972 in Kraft treten sollte. Die Notenbankpräsidenten der EG-Beitrittsstaaten erklärten gleichzeitig die Bereitschaft, die verengten Bandbreiten ebenfalls einzuhalten. Vgl. dazu den Artikel „Die Verengung der EWG-Währungsbandbreiten"; NEUE ZÜRCHER ZEITUNG, Fernausgabe vom 13. April 1972, S. 17.

11 Zur Freigabe des Wechselkurses des Pfund Sterling am 23. Juni 1972 bzw. der Handelslira am 13. Februar 1973 vgl. Dok. 15, Anm. 40, und Dok. 50, Anm. 4.
Am 24. Juni 1972 wurde in der Presse der Beschluß der irischen Zentralbank bekanntgegeben, daß eine Neubewertung des Irischen Pfund gegenüber dem Pfund Sterling nicht in Betracht gezogen werde: „The parity relation will continue and when dealing is resumed on Tuesday the foreign-

– Weder die Begrenzung des Beistandvolumens,

– noch die Festlegung eines Leitkurses im gegenwärtigen Zeitpunkt mit dem Risiko, bei einem Gemeinschaftsfloaten einem Aufwertungstrend ausgesetzt zu sein (60 Prozent des britischen Außenhandels werden auf Dollarbasis abgewickelt), seien für UK akzeptabel.

Malagodi sprach sich zwar grundsätzlich für eine europäische Lösung aus, sah sich aber nicht in der Lage, konkrete Zusagen hinsichtlich der Rückkehr in das Gemeinschaftsband zu geben. Bei Fortfall der Interventionspflicht gegenüber dem Dollar sei durchaus eine größere Bandbreite als 2,25 Prozent vorstellbar. Die Unterwerfung unter eine vorherige Konsultation für den Fall von Abwehrreaktionen gegen vorübergehende spekulative Bedrohungen einer Währung sei mit Schwierigkeiten wegen des damit verbundenen Ankündigungseffekts begleitet. Eine solche Gemeinschaftsregel wäre im übrigen zugleich der Gefahr der Nichteinhaltung ausgesetzt. Außerdem kritisierte Malagodi – wie im übrigen auch Minister Schmidt –, daß im Kommissionsvorschlag der Gedanke einer effizienten Parallelität zwischen der Wirtschaftspolitik auf mittlere Sicht, d.h. nach italienischer Auffassung insbesondere der Regional- und der Sozialpolitik auf der einen Seite und der Währungspolitik auf der anderen Seite fehle (Haferkamp verwies hierzu später darauf, daß, wenn jetzt keine Gemeinschaftslösung auf dem Gebiet der Währungspolitik erzielt würde, dies erst recht negative Rückwirkungen auf andere Bereiche, insbesondere die italienischerseits gewährten Politiken haben würde).

Giscard d'Estaing sprach sich dafür aus, auf der jetzigen Ratssitzung nur eine prinzipielle Entscheidung zu treffen und warnte unter Berufung auf die mit dem Werner-Plan[12] und dem Baseler Abkommen gewonnenen Erfahrungen davor, zu ambitiöse Ziele zu setzen. Entscheidend sei nach seiner Meinung nach wie vor weniger die Freigabe des Dollarkurses als vielmehr die Verteidigung des Gemeinschaftsbandes. Die technischen Fragen des Fonds könnten nicht in wenigen Tagen gelöst werden.

Fortsetzung Fußnote von Seite 377

exchange rate of the Irish pound will correspond to that for sterling." Vgl. den Artikel „No revaluation contemplated"; THE TIMES vom 24. Juni 1972, S. 18.

[12] Gemäß den Beschlüssen der Gipfelkonferenz der Staats- und Regierungschefs der EG-Mitgliedstaaten am 1./2. Dezember 1969 in Den Haag wurde am 6. März 1970 eine Arbeitsgruppe unter Vorsitz des luxemburgischen Ministerpräsidenten Werner mit der Ausarbeitung eines Stufenplans für eine Wirtschafts- und Währungsunion beauftragt. Dieser wurde am 8. Oktober 1970 abgeschlossen. Im sogenannten „Werner-Bericht" wurde für die erste Stufe auf dem Weg zu einer Wirtschafts- und Währungsunion ein Zeitraum von drei Jahren vorgesehen. In diesem Zeitraum sollten u.a. folgende Maßnahmen ergriffen werden: verstärkte Koordinierung der Wirtschafts-, Konjunktur-, Haushalts- und Währungspolitik der EG-Mitgliedstaaten, gemeinsame Festlegung grundlegender wirtschafts- und währungspolitischer Ziele, eine engere Zusammenarbeit der Notenbanken sowie die Harmonisierung von Steuern. Ferner sollten die Vorarbeiten zur Anpassung und Ergänzung der Römischen Verträge vom 25. März 1957 abgeschlossen werden, „damit nach dem in Artikel 236 des Vertrags von Rom vorgesehenen Verfahren rechtzeitig vor Ende der ersten Stufe eine Regierungskonferenz einberufen werden kann, die mit entsprechenden Vorschlägen befaßt würde". In einer zweiten Stufe sollte eine noch intensivere Koordinierung der nationalen Politiken erreicht werden, schließlich deren Harmonisierung durch Annahme gemeinsamer Richtlinien und Entscheidungen sowie die Übertragung von Befugnissen auf Gemeinschaftsinstanzen. Insgesamt gingen die Mitglieder der „Werner-Gruppe" davon aus, daß die Wirtschafts- und Währungsunion „im Laufe dieses Jahrzehnts" erreicht werden könne. Erforderlich seien in der Endphase ein Entscheidungsgremium für die Wirtschafts- und Sozialpolitik, ein gemeinschaftliches Zentralbanksystem sowie erweiterte Kontrollbefugnisse des Europäischen Parlaments. Für den Wortlaut des Berichts vgl. EUROPA-ARCHIV 1970, D 530–546. Vgl. dazu ferner AAPD 1970, III, Dok. 503.

Bundesminister Schmidt wies darauf hin, die Pariser Konferenz habe deutlich gemacht, daß die USA zwar glaubten, die Dollarparitäten seien im wesentlichen vernünftig, sich aber nicht in der Lage sähen, diese Paritäten mit massiven Interventionen zu stützen. Die neue Kommissionsmitteilung stelle zwar einen Fortschritt in der richtigen Richtung dar, indessen sei mindestens angesichts der Position des UK klar, daß heute eine Verständigung auf den Inhalt dieser Mitteilung nicht erreichbar sei. Dabei betonte der Bundesminister zugleich unser Verständnis für die britische Situation, vor allem für die besondere Abhängigkeit des britischen Außenhandels vom Dollarraum. Er fügte hinzu, wir seien zur Akzeptierung eines 10 Mrd. RE-Fonds bereit (Vervierfachung des gegenwärtigen kurzfristigen Beistands). Darüber hinaus seien wir bereit, an einer gemeinsamen Kursgarantie für die Sterling-balances teilzunehmen. Er habe eine ausdrückliche Vollmacht des Herrn Bundeskanzlers erhalten, ein derartiges Engagement einzugehen.

Auch die Benelux-Delegationen und Dänemark zeigten sich aufgeschlossen für den Kommissionsvorschlag, sprachen sich aber ebenfalls wie die französische und die deutsche Delegation dafür aus, auf der jetzigen Ratstagung nur eine prinzipielle Entscheidung (über die Beibehaltung des Gemeinschaftsbandes und das gemeinschaftliche Floaten nach außen) zu treffen.

[gez.] Sachs

Anlage

Erklärung des Rates

Der Rat der Gemeinschaft ist am 11. März zusammengetreten, um die zur Überwindung der internationalen Währungskrise zu treffenden Maßnahmen zu prüfen, insbesondere im Lichte der Sitzung des erweiterten Zehnerclubs vom 9. März in Paris.

Der Rat hat von folgenden Entscheidungen Kenntnis genommen:

- Die gegenwärtige Bandbreite für die DM, die dänische Krone, den holländischen Gulden, den belgischen Franken, den luxemburgischen Franken und den französischen Franken wird mit 2,25 Prozent beibehalten. Für diejenigen Mitgliedstaaten, die einen gespaltenen Devisenmarkt[13] beibehalten, gilt diese Verpflichtung nur für den offiziellen Markt.

---

13 Zur Spaltung des Devisenmarkts in Frankreich und Italien vgl. Dok. 46, Anm. 7, bzw. Dok. 38, Anm. 7.
Die belgisch-luxemburgische Wirtschaftsunion wickelte den Zahlungsverkehr mit dem Ausland bereits „seit 1955 über einen offiziellen Markt (marché réglementé) und einen freien Markt (marché libre)" ab. Dazu berichtete Botschafter Freiherr von Ungern-Sternberg, Brüssel, am 1. Juni 1971: „Diese beiden Märkte waren jedoch – vor allem im Kapitalverkehr – bis zum 10. Mai 1971 nicht scharf voneinander getrennt. Die Entstehung des gespaltenen Devisenmarktes geht auf die wirtschaftliche Situation der 50er Jahre zurück, als Belgien/Luxemburg hohe Überschüsse gegenüber dem E[uropäische]Z[ahlungs]U[nion]-Raum und Defizite gegenüber dem Dollarraum aufwies. Nach einer vorübergehenden Sperrung aller Kapitaltransaktionen wurde ein besonderer Devisenmarkt für alle nichtkommerziellen Zahlungen zunächst aus dem EZU-Raum und später aus dem Dollarraum eingerichtet. [...] Die jüngste monetäre Entwicklung in Europa machte jedoch eine Verschärfung der Kontrollmaßnahmen gegen einen exzessiven Devisenzustrom erforderlich und führte zu den währungspolitischen Beschlüssen der belgischen Regierung vom 10. Mai 19[71], die bei Beibehaltung des freien und des reglementierten Devisenmarktes deren strikte Trennung voneinander vorsahen." Vgl. den Schriftbericht Nr. 652; Referat III A 1, Bd. 604.

– Die Zentralbanken sind nicht mehr verpflichtet, zur Aufrechterhaltung der Bandbreiten des US-Dollars zu intervenieren.

– Um das System gegen störende Kapitalbewegungen zu schützen, wird die Richtlinie vom 21. März 1972[14] verstärkt angewendet, und es werden, soweit erforderlich, zusätzliche Kontrollmaßnahmen eingeführt.

Das britische, das irische und das italienische Mitglied des Rates haben erklärt, daß ihre Regierungen die Absicht haben, sich so bald wie möglich dem Beschluß über die Beibehaltung der gemeinschaftlichen Bandbreiten anzuschließen.

Zu diesem Zweck wird die Kommission gleichzeitig mit der Vorlage ihres Berichtes über die Anpassung der kurzfristigen währungspolitischen Stützungsmaßnahmen und die Bedingungen für die fortschreitende gemeinsame Bildung von Reserven innerhalb der vorgesehenen Frist, d. h. also bis zum 30. Juni 1973[15], die Vorschläge vorlegen, welche sie für geeignet hält.[16]

Der Rat ist übereingekommen, daß in der Zwischenzeit eine enge kontinuierliche Konzentration auf währungspolitischem Gebiet zwischen den zuständigen Behörden der Mitgliedstaaten beibehalten wird.

Der Vertreter der Regierung der Bundesrepublik Deutschland bekundete die Absicht seiner Regierung, vor der bevorstehenden Wiedereröffnung der Devisenbörsen eine geringfügige Anpassung des Leitkurses der DM vorzunehmen, um auf diese Weise zu einer geordneten Entwicklung der Wechselkursrelationen beizutragen.

Die technischen Einzelheiten, welche die obengenannten Fragen betreffen, werden in den nächsten Tagen ausgearbeitet, wobei auch der nächsten Tagung des erweiterten Zehnerclubs, der am Freitag, den 16. März in Paris zusammentreten soll[17], Rechnung getragen wird, so daß die für die Wiedereröffnung der

---

14 Gemäß der Entschließung des EG-Ministerrats vom 21. März 1972 wurden die Zentralbanken der EG-Mitgliedstaaten gebeten, mit Blick auf eine Währungsunion die Schwankungsbreiten zwischen den Währungen zu verringern: „Zu diesem Zweck werden die Zentralbanken in einer ersten Phase, in der die Verfahren versuchsweise angewandt werden, ersucht, auf den betreffenden Devisenmärkten nach folgenden Grundsätzen zu intervenieren: a) von einem von den Zentralbankpräsidenten festzulegenden Zeitpunkt an erfolgen die Interventionen in Gemeinschaftswährungen auf der Grundlage der auf den Märkten zu diesem Zeitpunkt festgestellten Spannen; b) in dem Maße, in dem sich diese Grenzen verringern, werden die unter Buchstabe a genannten Spannen verringert und nicht mehr erweitert; c) spätestens zum 1. Juli 1972 darf der Abstand zwischen den Währungen von zwei Mitgliedstaaten 2,25 % nicht übersteigen." Interveniert werden sollte bei Erreichen der Schwankungsgrenze in Gemeinschaftswährungen; „in US-Dollar, wenn der Kurs des Dollar auf dem betreffenden Devisenmarkt die nach den Vorschriften des Internationalen Währungsfonds höchstzulässige Schwankungsgrenze erreicht". Vgl. BULLETIN DER EG 4/1972, S. 45 f.

15 Zum Auftrag des EG-Ministerrats vom 14. Februar 1973 an die EG-Kommission, bis zum 30. Juni 1973 Berichte über die Ausgestaltung des kurzfristigen Währungsbeistands und die Vergemeinschaftung der Reserven vorzulegen, vgl. Dok. 50, Anm. 10.

16 Der Bericht über die Umgestaltung des kurzfristigen Währungsbeistands und die Bedingungen einer Vergemeinschaftung der Reserven wurde am 28. Juni 1973 vorgelegt. Für den Wortlaut vgl. BULLETIN DER EG 1973, Beilage 12/73.

17 Über die Sitzung der Finanzminister und Notenbankpräsidenten der Zehnergruppe sowie der EG-Mitgliedstaaten am 16. März 1973 in Paris teilte Referat 412 den diplomatischen Vertretungen am 17. März 1973 mit, zentrales Thema sei die Ergänzung der vom EG-Ministerrat am 11./12. März 1973 getroffenen Maßnahmen „durch internationale Regelungen zur Normalisierung der Währungsbeziehungen" gewesen. Übereinstimmung sei in folgenden Punkten erzielt worden: „Symmetrische Interventionen: Die USA erklärten sich grundsätzlich bereit, in enger Abstimmung mit den

Devisenbörsen vorgesehenen Maßnahmen am 19. März 1973 in Kraft treten können.[18]

Referat 412, Bd. 105678

81

Gespräch des Bundesministers Scheel
mit Bundesminister Leber

221-372.20-6-1009[I]/73 VS-vertraulich					**14. März 1973[1]**

I. Am 14.3.1973 fand im Auswärtigen Amt ein Gespräch über MBFR zwischen Bundesminister Scheel und Bundesminister Leber statt.

Teilnehmer: Bundesminister des Auswärtigen; Bundesminister der Verteidigung; Staatssekretär Dr. Frank, AA; Staatssekretär Dr. Mann, BMVg.

Protokollführer: LR I Dr. Roßbach, AA; Herr Stützle, BMVg.

II. Bundesminister *Scheel* eröffnete zunächst die Aussprache und erteilte Staatssekretär Frank das Wort.

Staatssekretär *Frank*: Anlaß des Gesprächs sei Diskussion eines speziellen Problems auf der gesamten Bandbreite von MBFR: die gleichzeitige Reduktion einheimischer und stationierter Streitkräfte.[2]

Fortsetzung Fußnote von Seite 380

    beteiligten Ländern zur Aufrechterhaltung geordneter Verhältnisse am Devisenmarkt auch ihrerseits falls notwendig zur Stützung des Dollarkurses zu intervenieren. Zu diesem Zweck werden die den USA von den westlichen Industrieländern eingeräumten Swap-Kreditlinien (Kredite unter Notenbanken) eingesetzt und gegebenenfalls aufgestockt." Mit dem Ziel der Regulierung der internationalen Kapitalbewegungen hätten sich die USA zu folgenden Maßnahmen bereit erklärt: „vorläufige Zurückstellung der geplanten Aufhebung der mengenmäßigen Beschränkungen für langfristige Kapitalausfuhren; Prüfung der Frage der Beschränkung kurzfristiger Kapitalausfuhren; Beseitigung von Hemmnissen und Schaffung zusätzlicher, insbesondere steuerlicher Anreize für Kapitaleinfuhren; Prüfung weiterer Maßnahmen insbesondere auch im Bereich der Zinspolitik unter Berücksichtigung der jeweiligen Konjunkturlage." Beschlossen worden seien zudem „gemeinsame Maßnahmen zur Austrocknung des Eurodollar-Marktes". Vgl. den Runderlaß Nr. 25; Referat 412, Bd. 105678.
    Vgl. dazu auch das Kommuniqué; EUROPA-ARCHIV 1973, D 178–180.
[18] Für die Erklärung des EG-Ministerrats vom 12. März 1973 vgl. auch EUROPA-ARCHIV 1973, D 177.

[1] Die Gesprächsaufzeichnung wurde von Legationsrat I. Klasse Roßbach am 15. März 1973 gefertigt. Am 16. März 1973 leitete Botschafter Roth „Ergebnisprotokoll und Wortprotokoll" Staatssekretär Frank und Bundesminister Scheel zu und vermerkte dazu: „Wie aus dem BMVg (Admiral Trebesch) zu erfahren ist, wird dort ein Protokoll über das Ministergespräch nicht erstellt."
    Hat Frank am 18. März 1973 vorgelegen.
    Hat laut Vermerk des Vortragenden Legationsrats I. Klasse Hallier im Ministerbüro vorgelegen.
    Vgl. den Begleitvermerk; VS-Bd. 9427 (221); B 150, Aktenkopien 1973.
[2] Zur Diskussion zwischen dem Auswärtigen Amt und dem Bundesministerium der Verteidigung über die Frage der Einbeziehung einheimischer Streitkräfte in MBFR vgl. Dok. 10.

Dies sei ein Punkt, über den zwischen unseren beiden Häusern noch keine Einigung bestehe. Im Oktober 1971 habe er anläßlich der Konsultationen auf der Ebene der stellvertretenden Außenminister[3] mit Deputy Secretary of State Irwin ein Gespräch geführt, in dem insbesondere zwei Punkte angeschnitten worden seien:

1) einheimische Streitkräfte;

2) Beschränkung des Reduktionsraumes auf beide deutsche Staaten. (Letzteres Thema sei auch in der Ungarn-Frage[4] angelegt.)

Mit dem Gedanken zu Punkt 2 hätten die Amerikaner 1971 eindeutig gespielt; sie seien von der Prämisse ausgegangen, daß die Konfrontation zwischen beiden deutschen Staaten am deutlichsten und gefährlichsten sei. Er habe damals Irwin gesagt, daß, wenn es wirklich in der amerikanischen Absicht läge, Deutschland zu neutralisieren, die Deutschen es vorziehen würden, das selber zu tun. Eine ähnliche harte Auseinandersetzung habe über einheimische und stationierte Streitkräfte stattgefunden. Er (Frank) sei damals durch die Richtlinien des Bundessicherheitsrates[5] gebunden gewesen: Damals bestehende Kompromißformel: einheimische und Stationierungs-Streitkräfte sollen im Rahmen eines integralen Prozesses reduziert werden; erster Schritt auf Stationierungsstreitkräfte könnte in Betracht gezogen werden. Dies sei heute noch der aktuelle Stand mit dem Unterschied, daß die Amerikaner uns keinen Aufschluß geben über ihre substantiellen Vorstellungen zu MBFR. Unser Eindruck: Die Amerikaner würden in Wien noch eine Weile zusehen; die Sowjets würden versuchen, ihnen das Spiel zu verleiden, um sie zu geeigneter Zeit zu einem bilateralen Gespräch zu bringen. Die USA wollten auf jeden Fall, auch wenn MBFR ein multilaterales Unternehmen bleibe, mit einem vorgezogenen Reduzierungsschritt ihre Stationierungstruppen verringern. Darum habe Paris immer wieder die Meinung vertreten, man solle den Amerikanern (und Sowjets) ihren ersten Reduzierungsschritt gewähren, um dann MBFR vom Tisch zu haben. Wir hätten unsererseits ein umfassendes Programm entwickelt mit vertrauensbildenden Maßnahmen.[6] Wir wüßten heute noch nicht, ob die Amerikaner auf diese Maßnahmen Wert legten, aber sie würden auf jeden Fall zunächst fünf bis zehn Prozent ihrer Streitkräfte reduzieren wollen. Wir befürchteten, daß wir, würden wir auf gleichzeitiger Reduzierung unserer Streitkräfte bestehen, MBFR-Verhandlungen die Basis entziehen könnten und gleichzeitig das Signal geben würden zu einem Wettlauf nach Streitkräfteverringerungen in ganz Europa. Es sei augenscheinlich, daß das unsere militärische Lage besonders prekär machen würde. Als Lösungsmöglichkeit könne man sich vorstellen, daß wir zwar gleichberechtigt auf dem Boden eines integralen Programms mit Verhandlungen beginnen, daß wir den Amerikanern aber bei vorzeitigen Reduktionen in der Frage der Gleichzeitigkeit entgegenkommen. Wir

---

[3] Am 5./6. Oktober 1971 fand in Brüssel eine Konferenz der stellvertretenden Außenminister der NATO-Mitgliedstaaten über MBFR statt. Vgl. dazu AAPD 1971, III, Dok. 348.

[4] Zum Stand der Gespräche über eine Teilnahme Ungarns an den MBFR-Explorationsgesprächen vgl. Dok. 72.

[5] Der Bundessicherheitsrat befaßte sich am 28. Juni 1971 mit MBFR. Zu den Ergebnissen der Sitzung vgl. AAPD 1971, II, Dok. 221.

[6] Am 22. März 1971 führte die Bundesregierung im Politischen Ausschuß der NATO auf Gesandtenebene ein „Bausteinkonzept" („phased approach") ein. Vgl. dazu AAPD 1971, I, Dok. 95.

brächten damit Verständnis für ihre innenpolitische Lage auf, sollten sie allerdings gleichzeitig verpflichten, in der Frage unseres integralen Programms und unseres phased approach einzulenken, der eine Mischung aus Reduzierungen und stabilisierenden Maßnahmen darstelle. Das heiße in anderen Worten, daß die USA mit den verbleibenden 95 Prozent der Stationierungsstreitkräfte garantieren, daß der weitere Rhythmus von MBFR für die folgenden 5–10 Jahre ruhig und ungestört weitergehe.

Das Argument des BMVg, daß wir mit der Forderung nach gleichzeitiger Reduzierung einheimischer Streitkräfte die Vereinigten Staaten an weiteren Reduzierungen hindern könnten, teilten wir nicht.[7] Eine solche Einschätzung der Lage werde der Situation, in welcher sich die amerikanische Administration befinde, und auch dem Gesamtverhältnis USA–Europa nicht gerecht. Die Lage erfordere

a) Verzicht auf Gleichzeitigkeit der Reduzierungen einheimischer und stationierter Streitkräfte;

b) Trennung der Probleme der Wehrstrukturreform[8] von MBFR-Verhandlungen. Wir hofften auf eine optimale Lösung in der Wehrstrukturfrage, sie müsse jedoch aus sich selbst heraus gelöst werden. MBFR-Verhandlungen als Feigenblatt für die Wehrstrukturreform sei keine gangbare Lösung. Ein solcher approach würde uns in MBFR unter innenpolitischen Erfolgszwang setzen.

Bundesminister *Leber* zum Thema Wehrstruktur:

In dieser Frage sei er vor dem Bündnis und in der eigenen Regierung festgelegt. Die gegenwärtige Wehrstruktur führe bei der augenblicklichen Finanzsituation zu einer Erosion in der Bundeswehr. Das sei so ziemlich das einzige, was bis jetzt feststehe. Es sei Aufgabe der Wehrstrukturreform, Kampfkraft und Präsenz der Bundeswehr zu erhalten. Das habe er in Brüssel erklärt und werde er hier zu Hause durchhalten. Die Wehrstruktur werde niemals ein Feigenblatt für Reduktionen sein, aber die neue Wehrstruktur müsse in Rechnung stellen, daß es MBFR gibt. Die Wehrstruktur müsse also flexibel bleiben, um MBFR-Ergebnisse verarbeiten zu können. Keinesfalls verhalte es sich so, daß man MBFR wünsche, um die Wehrstruktur durchführen zu können. Er hoffe, daß damit der zweite Punkt von Staatssekretär Frank erledigt sei und ausgeklammert werden könne.

Bundesminister *Scheel*: Bundesminister Leber könne davon ausgehen, daß eine intakte Bundeswehr und eine handlungsfähige Verteidigungspolitik der Bundesregierung eine der festen Grundlagen der von ihm vertretenen Außen-

---

7 Gesandter Ruth, z. Z. Wien, gab am 13. März 1973 dazu die Einschätzung: „Die Reduzierung amerikanischer Streitkräfte kann durch das Angebot oder die Androhung der gleichzeitigen Reduzierung der Bundeswehr nicht gesteuert werden. Das amerikanische Interesse an einem ersten Reduzierungsschritt richtet sich nach innenpolitischen Gegebenheiten und wird durch die eigene Einschätzung der sicherheitspolitischen Möglichkeiten konkretisiert. Eine starre Verkoppelung zwischen beiden Streitkräfte-Kategorien in einer frühen Phase könnte auf amerikanischer Seite den Eindruck erwecken, wir wollten einen vorgezogenen amerikanischen Reduzierungsschritt blockieren. Hier würde eher die Gefahr des bilateralen Vorgehens liegen als in der Bereitschaft, die Reduzierungen amerikanischer Streitkräfte in einer ersten Phase hinzunehmen, sie aber in einem langfristigen MBFR-Prozeß und in stabilisierende Maßnahmen einzubauen." Vgl. den Drahtbericht Nr. 198; VS-Bd. 9427 (221); B 150, Aktenkopien 1973.

8 Vgl. dazu den Bericht der Wehrstrukturkommission vom 28. November 1972; Dok. 10, Anm. 7.

politik sei. Dies werde sich konkret in allen Haushaltsberatungen dieser Bundesregierung niederschlagen. BM Verteidigung brauche niemals zu befürchten, daß das Auswärtige Amt in dieser Frage aus außenpolitischen Gründen oder aus Gründen der innenpolitischen Opportunität Schwierigkeiten mache. Das habe er (Bundesminister Scheel) der Großen Koalition immer zum Vorwurf gemacht. Entspannungspolitik müsse auf festem Grund aufgebaut sein. Ausdruck dieser Überzeugung sei die Jahr für Jahr vorgenommene Erhöhung der Verteidigungsausgaben.

Bundesminister *Leber* zum Thema Gleichzeitigkeit: Es könne keine MBFR-Konstruktion geben, die in der Weise deutbar wäre, daß wir eine Vorleistung erbringen (Einwurf Staatssekretär Frank: Ausnahme: vorgezogene Reduzierung amerikanischer Stationierungstruppen).

Folgende Lösungen des Problems Gleichzeitigkeiten seien vorstellbar:

Lösung 1: In der entscheidenden substantiellen Phase von MBFR werde nur über Stationierungsstreitkräfte gesprochen: USA und Sowjetunion reduzieren um x Prozent. Frage der einheimischen Streitkräfte wird nicht berührt. Damit geht Präsident Nixon in das Jahr 1976 und verkündet das Ergebnis zu Hause als großen Erfolg.

Lösung 2: Beide Seiten vereinbaren eine Reduzierung der Stationierungsstreitkräfte in der Größenordnung x. Am Ende der Vereinbarung steht eine Absichtserklärung, daß später auch der Versuch gemacht werden solle, das Thema einheimische Truppen zu behandeln.

In beiden Fällen sei er (BM Leber) bei aller Zuversicht der festen Überzeugung, daß wir infolge der Signalwirkung der Reduzierung der Stationierungstruppen bei beiden Lösungen eine Erosion des Bündnisses in Europa bekommen. Man könne das auch eine Dänemarkisierung nennen.[9] Niederlande und Belgien seien solchen Einflüssen offen. Auch wir seien mit Sicherheit nicht in der Lage, auf dem Hintergrund der dann ausbrechenden allgemeinen Psychose der Tendenz in Richtung Truppenverminderung standzuhalten.

Lösung 3: Beide Seiten vereinbaren eine Reduzierung der Stationierungsstreitkräfte in der Größenordnung x und gleichzeitig eine Reduzierung der einheimischen Streitkräfte in der gleichen Größenordnung. Das wäre zweifelsohne für uns die optimale Lösung. Dabei interpretiere er (BM Leber) das Wort gleichzeitig in der Weise, daß die Ausführung der Reduzierung der einheimischen Streitkräfte nicht zur gleichen Zeit erfolge, sondern einen gewissen Zeitraum

---

[9] Die dänische Regierung schlug am 14. Dezember 1971 eine Verteidigungsreform vor, die unter anderem die Herabsetzung der Wehrdienstzeit und eine Verringerung des Heeres von sechs auf fünf Brigaden sowie der Anzahl der Panzer um 200 bis 300 Stück vorsah. Dazu berichtete Botschafter Scholl, Kopenhagen, am 19. Dezember 1972: „Die Reformvorschläge stoßen in der NATO auf heftige Kritik, da die zuständigen NATO-Kreise bei Durchführung der dänischen Pläne befürchten, daß sich die militärische Lage an der Nordflanke des NATO-Bereichs verschlechtert." Vgl. den Schriftbericht Nr. 1048; Referat I A 5, Bd. 418.
Am 14. Februar 1973 beschloß die dänische Regierung, im Rahmen einer neuen Wehrstruktur die Dauer der allgemeinen Wehrpflicht um drei Monate auf neun Monate zu senken. Vgl. dazu den Artikel „Dänische Verteidigungsreform am 1. April"; Frankfurter Allgemeine Zeitung vom 16. Februar 1973, S. 6.

danach. Die Betonung liege demnach darauf, daß die Vereinbarungen zu Reduzierungen von stationierten und einheimischen Streitkräften gleichzeitig erfolgten. Eine solche Ost-West-Vereinbarung sei für ihn kein Alibi dafür, wie
stark wir die Bundeswehr reduzieren dürften, sondern vielmehr ein Alibi dafür, wie stark wir sie halten könnten, gestützt durch eine internationale Ost-
West-Vereinbarung.

Bundesminister *Scheel*: Er wolle versuchen, diese Ausführungen politisch zu
deuten: MBFR dürfe nicht dazu führen, daß die Vereinigten Staaten sich unter
diesem Deckmantel gänzlich vom europäischen Kontinent zurückzögen, und
daß die Europäer die durch die zurückgehenden Amerikaner hinterlassene
Lücke mit eigenen Lösungen auffüllen müßten (Einwand BM Leber: Das könnten wir gar nicht).

Deshalb müßten die Reduzierungen sich nicht einseitig auf stationierte Streitkräfte begrenzen, sondern ausgewogen sein in dem Sinne, daß Vereinbarungen
über die Reduzierung von Stationierungsstreitkräften gleichzeitig auch die Verringerung einheimischer Streitkräfte ansprächen. Nur so könne die Absenkung
auf ein allgemeines niedrigeres militärisches Niveau in Mitteleuropa erreicht
werden. Ließen wir es zu, daß es ausschließlich um die Reduzierung amerikanischer Stationierungsstreitkräfte ginge, so liefen wir die gleiche Gefahr, die
zu Beginn von SALT sichtbar geworden sei: daß die USA sich mit den Sowjets
über die Bedingungen der zu treffenden Maßnahmen einigen und in logischer
Fortsetzung die Durchführung über bilaterale Verhandlungen zu erreichen
suchten. Es könnte dann in Europa eine Situation entstehen, in der nur russische und amerikanische Truppen abgezogen würden; das wäre bei der verschiedenartigen Bedeutung einheimischer Truppen in Ost und West in sich eine Asymmetrie.

Er ziehe aus vorstehenden Ausführungen im wesentlichen drei Folgerungen:

a) MBFR dürfe nicht nur Stationierungstruppen betreffen, sondern müsse die
ganze militärische Situation in Europa sehen.

b) Die Abschreckungskomponente der Vereinigten Staaten in unserem Bündnis bleibe nur glaubwürdig, wenn sie durch die physische Präsenz der Streitkräfte der Vereinigten Staaten abgesichert sei.

c) Der neuralgische Punkt in diesem ganzen System seien die Systeme, die weder in SALT noch in MBFR bis jetzt eindeutig festgelegt seien: FBS.

Zu diesen Überlegungen gehöre auch der Hintergrund der verschiedenen Interessen der Bündnispartner: die skeptische Haltung der Franzosen von Anfang an gründe sich zunächst auf militärische Argumente: nach dem Ausscheiden aus der NATO-Struktur benötige Paris die Bundesrepublik als Vorfeld seiner militärischen Planungen. Dieses Interesse verstärke sich noch, wenn die
Amerikaner teilweise oder ganz abziehen. Bei den Franzosen gäbe es aber noch
eine politisch-psychologische Betrachtungsweise, die sie nicht offen ausspra-
chen: MBFR könne dazu führen, daß über einen bestimmten geographischen
Raum Abmachungen getroffen würden, die dazu führen könnten, daß dieser
Raum eines Tages keine Stationierungsstreitkräfte mehr beherbergt. Dann
könnte sich die Frage stellen nach der Rechtfertigung des Aufenthalts französischer Truppen in Deutschland. Diese stünden hier nicht im Rahmen des Bünd-

nisses, sondern immer noch aus dem Recht des Siegers des Zweiten Weltkrieges.[10]

Des weiteren gehöre zu diesen Überlegungen: MBFR erschöpfe sich nicht in Reduzierungen, vielmehr spielten stabilisierende Maßnahmen eine entscheidende Rolle. Erstere könnten sich nur vollziehen parallel zur Veränderung der politischen Lage. Ohne wirkliche und konkrete politische Entspannung sei eine militärische Entspannung nicht denkbar.

Die Amerikaner sähen im Grunde diese Zusammenhänge und hätten den Willen, an der europäischen Verteidigung beteiligt zu sein. Für sie bestünde indessen die vordergründige Notwendigkeit, ihre eigenen Kongreßmitglieder zu beruhigen angesichts der Schwierigkeiten der amerikanischen Zahlungsbilanz und des amerikanischen Überengagements in der Welt (Entwicklung einer Art Nixon-Doktrin[11] für Europa). Administration glaube, Lösungen symbolischer Art finden zu können, indem sie Maßnahmen ins Auge fasse, die nicht in Qualität umschlügen (Reduzierung zwischen fünf bis zehn Prozent).[12] Beweis da-

[10] Der Aufenthalt von Streitkräften der Drei Mächte erfolgte auf der Grundlage der Artikel 2 und 4 des Vertrags vom 26. Mai 1952 über die Beziehungen zwischen der Bundesrepublik und den Drei Mächten (Deutschlandvertrag) in der Fassung vom 23. Oktober 1954 und war im Vertrag vom 23. Oktober 1954 über den Aufenthalt ausländischer Streitkräfte in der Bundesrepublik (Aufenthaltsvertrag) geregelt. Für den Wortlaut vgl. BUNDESGESETZBLATT 1955, Teil II, S. 218 f. bzw. S. 253–255. Nachdem Frankreich am 1. Juli 1966 aus der militärischen Integration der NATO ausgeschieden war, mußten das Aufenthaltsrecht und der Status der französischen Truppen in Deutschland neu verhandelt werden. Beides wurde in einem Briefwechsel des Bundesministers Brandt vom 21. Dezember 1966 mit dem französischen Außenminister Couve de Murville neu geregelt. Für den Wortlaut vgl. BULLETIN 1966, S. 1304 f. Vgl. dazu auch AAPD 1966, II, Dok. 401.

[11] Präsident Nixon führte erstmals in einer Pressekonferenz am 25. Juli 1969 auf Guam mit Bezug auf die verbündeten asiatischen Staaten aus, daß für die Lösung innerer Sicherheitsprobleme wie auch für Fragen der militärischen Verteidigung mit Ausnahme der Drohung durch eine Nuklearmacht diese Staaten selbst die Verantwortung trügen. Vgl. dazu PUBLIC PAPERS, NIXON 1969, S. 549. Vgl. dazu ferner AAPD 1969, II, Dok. 260.
Am 18. Februar 1970 legte Nixon dem Kongreß einen Bericht über die amerikanische Außenpolitik für die siebziger Jahre vor. Er führte u. a. aus, daß der Wiederaufstieg der europäischen Verbündeten seit dem Zweiten Weltkrieg zu einer neuen Aufteilung von Lasten und Verantwortlichkeiten innerhalb des Bündnisses führen müsse. Darin bestehe der wesentliche Inhalt der „Nixon-Doktrin": „Its central thesis is that the United States will participate in the defense and development of allies and friends, but that America cannot – and will not – conceive all the plans, design all the programs, execute all the decisions and undertake all the defense of the free nations of the world. We will help where it makes a real difference and is considered in our interest." Nixon forderte die europäischen Verbündeten auf, sich ihrer gestiegenen Verantwortung sowohl im Bereich der europäischen Sicherheit und Verteidigung als auch bei der Ost-West-Entspannung zu stellen. Zugleich kündigte er eine umfangreiche Überprüfung der amerikanischen Sicherheits- und Verteidigungspolitik an, sicherte jedoch zu, daß die Stärke der amerikanischen Truppen in Europa mindestens bis Mitte 1971 aufrechterhalten werde. Vgl. PUBLIC PAPERS, NIXON 1970, S. 118 f. und S. 128 f. Für den deutschen Wortlaut des Berichts vgl. EUROPA-ARCHIV 1970, D 150–174 (Auszug).
Im Bericht vom 25. Februar 1971 führte der amerikanische Präsident zur „Nixon-Doktrin" aus: „Perception of the growing imbalance between the scope of America's role and the potential of America's partners thus prompted the Nixon Doctrine. It is the key to understanding what we have done during the past two years, why we have done it, and where we are going. The Doctrine seeks to reflect these realities: that a major American role remains indispensable; that other nations can and should assume greater responsibilities, for their sake as well as ours; that the change in the strategic relationship calls for new doctrines; that the emerging polycentrism of the Communist world presents different challenges and new opportunities." Vgl. PUBLIC PAPERS, NIXON 1971, S. 222.

[12] Gesandter Noebel, Washington, berichtete am 26. März 1973, der stellvertretende Abteilungsleiter im amerikanischen Verteidigungsministerium, Eagleburger, habe im Gespräch mit Botschafter Roth am 22. März 1973 ausgeführt, das amerikanische Interesse an MBFR sei nicht vorwiegend durch den Druck des Kongresses auf Reduzierung der amerikanischen Streitkräfte in Europa be-

für, daß die Amerikaner so dächten, sähe er in der Tatsache, daß Vereinigte
Staaten in den letzten Monaten ihre Truppen nicht reduziert, sondern verstärkt hätten. Sie hätten damit etwas ähnliches getan wie die Sowjetunion
(Einwand BM Leber: US-Streitkräfte seien lediglich auf bisher nicht erfülltes
Soll aufgefüllt worden, während Warschauer Pakt weit über dem Soll bereits
präsent sei und zusätzlich noch erheblich in den letzten Monaten verstärkt habe.)

Absicht der Verringerung von Stationierungstruppen scheine ihm (BM Scheel)
auch im Rahmen einer Übereinkunft von Sowjetunion und Vereinigten Staaten
zu liegen. Gromyko habe ihn einmal in einem Vier-Augen-Gespräch im Rahmen der Verhandlungen des Moskauer Vertrags auf MBFR angesprochen.[13] Er
habe damals den Eindruck gewonnen, daß UdSSR vornehmlich aus politischen
Gründen (Stellung Sowjetunion zu China) ein eigenständiges Interesse an Truppenreduzierungen habe. Seines Erachtens sei es auch im Interesse der Sowjetunion, mit den USA in möglichst vielen Bereichen zu beiderseitigen Abkommen zu gelangen.

Im einzelnen habe ihm Gromyko damals gesagt: Er, Gromyko, glaube, daß man
MBFR am Anfang besser beikomme, wenn man zunächst einmal mit der Reduzierung von Stationierungsstreitkräften beginne in einem Umfang, der keine Bedeutung für die militärische Situation habe. Dies werde, so habe Gromyko damals gemeint, jedoch das Klima in Europa entscheidend beeinflussen. –

(Er, (Bundesminister Scheel) interpretiere die von Gromyko angesprochene
Klimaverbesserung als eine sowjetische Hoffnung auf eine beginnende Erosion
in Westeuropa. –)

Gromyko habe ihm damals auch erklärt, er hätte von seinen Besuchen in New
York den Eindruck, daß die Amerikaner zur Verringerung ihrer Stationierungstruppen in Europa fest entschlossen seien, wenn nötig auch einseitig. Er
sei mit einem Augenzwinkern fortgefahren, es wäre doch schade, wenn die
Amerikaner abzögen und die Sowjetunion nicht die Gelegenheit ergreife, um in
diesem Zusammenhang ebenfalls ihre Stationierungspräsenz zu verringern.

Er (Bundesminister Scheel) habe den Eindruck, daß wir nicht verhindern könnten, daß die Vereinigten Staaten gegebenenfalls in Einklang mit der Sowjetunion einen gewissen Reduzierungsschritt machen. Was wir aber verhindern
müßten, sei, daß im Zusammenhang damit eine Entwicklung in Richtung auf
bestimmte Interessen der Sowjetunion einhergeht (Erosion Westeuropa). Wir
müßten bei dieser Verhinderung ansetzen

Fortsetzung Fußnote von Seite 386

stimmt: „Es entspräche nicht der besonderen Verantwortung, die die amerikanische Regierung für
die Sicherheit des Bündnisses trage, wenn Rücksichten auf den Kongreß Tempo oder Vorgehen bei
MBFR bestimmen würden. Entscheidend für die amerikanische Haltung sei die Einsicht in die
Notwendigkeit, auch weiterhin Stabilität in Europa aufrechtzuerhalten. Auf diesem Hintergrund
könne man versuchen, kleine Reduzierungen in einem vereinbarten Rahmen und in Phasen durchzuführen. [...] Eagleburger meinte, die Wirkung einer Reduzierung amerikanischer Streitkräfte in
Europa auf den Kongreß werde um so nachhaltiger sein, wenn eine Verringerung der Bundeswehr
bis zu einer eventuellen späteren Phase zurückgestellt werde.“ Vgl. den Drahtbericht Nr. 886; VS-Bd.
9421 (221); B 150, Aktenkopien 1973.
[13] Die Frage von Truppenreduzierungen in Europa wurde von Bundesminister Scheel und dem sowjetischen Außenminister Gromyko am 2. August 1970 in Moskau erörtert. Vgl. dazu AAPD 1970, II,
Dok. 353.

a) im eigenen Bündnis (Bewahrung einer Gesamtkonzeption, die die Interessen aller berücksichtigt)

b) innenpolitisch (indem wir die Öffentlichkeit im eigenen Lager überzeugen, daß der große Friede noch nicht ausgebrochen sei).

Wir müßten MBFR in voller Erkenntnis seiner Risiken für uns ansehen und darauf achten, daß es nicht zu unserem Nachteil ausschlage. Wir hätten MBFR den Amerikanern, die ihm anfänglich sehr skeptisch gegenüberstanden, sogar anempfohlen, um eine bilaterale Lösung des Problems zwischen USA und UdSSR zu verhindern. Wir seien heute auch bereit, erste und symbolische Reduktionen der Stationierungstruppen in Kauf zu nehmen, wir müßten dann allerdings darauf achten, daß der Zusammenhang dieser Reduktionen mit MBFR, und das bedeute, mit den stabilisierenden Maßnahmen und mit der politischen Entwicklung in Europa, gewahrt werde.[14]

Man müsse dabei beachten, daß auf beiden Konferenzen (KSZE und MBFR) vertrauensbildende Maßnahmen diskutiert würden. Dabei könne man die Grundsätze der Anmeldung einer Dislozierung von Truppen auf der KSZE behandeln; sobald es aber in die Einzelheiten gehe und vor allem in die Kontrollen, könne dieses Thema nur im Rahmen von MBFR abschließend diskutiert werden.

Bundesminister *Leber*: Er stimme mit den Ausführungen von[15] BM Scheel überein, bis auf einen Punkt: Es sei in den vorstehenden Ausführungen nicht deutlich geworden, in welchem politisch-juristischen Verhältnis sich der Prozeß der Verminderung der einheimischen Streitkräfte zu dem vorgezogenen Reduzierungsschritt stationierter Streitkräfte befinde. BM Scheel hätte ausgeführt, man müsse die vorgezogene Reduzierung von Stationierungsstreitkräften in Zusammenhang bringen mit vertrauensbildenden Maßnahmen und mit anderen Überlegungen und Erfordernissen von MBFR; man müsse dies alles zu einen Paket verbinden. Hier aber differenziere er: dieser symbolische Reduzierungsschritt der USA unterscheide sich wesentlich von dem ebenfalls symbolischen Reduzierungsschritt der Sowjetunion. Präsident Nixon werde es unternehmen, die Reduzierung stationierter amerikanischer Streitkräfte in Europa als Tat eines Friedenspräsidenten im eigenen Lager propagandistisch für seine Administration auszuwerten. Diese Propagandawelle schlage dann unweigerlich über auf Europa. Daher werde sich der amerikanische Schritt

---

14 Am 13. März 1973 übermittelte Gesandter Ruth, z. Z. Wien, Überlegungen zu den „politischen Aspekten des Problems". Die Frage sei nicht, ob die Bundeswehr von MBFR-Vereinbarungen betroffen werde, sondern wann und in welcher Weise. Dabei bestehe „bei allen westlichen Delegierten Übereinstimmung darüber, daß eine frühe Einbeziehung der Bundeswehr in Reduzierungsvereinbarungen nicht ins Auge gefaßt werden sollte. [...] Insbesondere die europäischen Verbündeten legen großen Wert darauf, daß über die Reduzierung einheimischer Streitkräfte erst in einem späteren Stadium gesprochen wird, um einerseits eine kumulative Wirkung bei vorgezogenen amerikanischen Reduzierungen zu verhindern und um andererseits Veränderungen des sicherheitspolitischen Status der europäischen Teilnehmer an Vereinbarungen über Reduzierungen einheimischer Streitkräfte aus dem Wege zu gehen." Bei Verknüpfung einer Reduzierung der Bundeswehr mit einer möglicherweise vorgezogenen Reduzierung amerikanischer Streitkräfte würde die Bundesregierung zum einen in Zugzwang gebracht, zum anderen aber auch das MBFR-Konzept verändert: „Das Element ‚Reduzierung' würde in den Mittelpunkt treten. Die Zweckmäßigkeit und Verhandelbarkeit besonderer stabilisierender Maßnahmen würde infrage gestellt." Vgl. den Drahtbericht Nr. 198; VS-Bd. 9427 (221); B 150, Aktenkopien 1973.

15 Korrigiert aus: „mit".

dort als etwas anderes als ein symbolischer Akt darstellen. Westeuropa, so wie es heute geartet sei, sei nicht in der Lage, auf dieser Basis den militärischen Status quo aufrechtzuerhalten. Hierin schließe er besonders Deutschland ein, wo man alles gründlich zu betreiben pflege. Im Osten dagegen sei es relativ einfach, eine solche Entwicklung durch die systemimmanenten Gegebenheiten aufzufangen; dort werde es weder Erosion noch Konfusion geben; dort werde im Gegenteil der Friedensschritt der Sowjetunion als Basis für neue Anstrengungen im Sinne der sozialistischen Ideologie gewertet werden.

Zweitens: Wir hätten noch keine Kenntnis davon, was die Sowjetunion wirklich wolle: offensichtlich eine Situation mit weniger Risiko, weniger Konfrontation; aber alles, was sie tue, dürfe sicherlich nicht der weitergehenden ideologischen Expansion im Wege stehen. Diese werde in Zukunft nur mit um so größerem Nachdruck betrieben und in die in Westeuropa erzeugte Konfusion und Erosion hineingetragen werden. Falls das heute jedoch nicht die Absicht der Sowjetunion sei, müsse es ihr logischerweise während der Verhandlungen in Wien klarwerden. Daher müssen wir auch die Amerikaner dazu bringen, ein politisches Ziel anzuvisieren: den symbolischen Reduzierungsschritt von Stationierungstruppen auszudehnen auf einheimische Streitkräfte, um eine gemeinsame Entspannungsbemühung des Westens in östlicher Richtung möglich zu machen. Dieser Zusammenhang müsse juristisch statuiert werden anläßlich der Vereinbarung des ersten Reduzierungsschritts für Stationierungsstreitkräfte. Wir müßten auch innenpolitisch gewappnet sein. Im Wahlkampfjahr 1976 lediglich erklären zu können, die Amerikaner hätten mit Reduzierungen den Anfang gemacht, genüge nicht.

Eine MBFR-Vereinbarung über die Reduzierung von einheimischen Truppen sei für ihn eine Festschreibung, die nicht mehr unterschritten werden dürfe. Er werde dann innenpolitisch eine im Außenverhältnis abgesicherte Limitierung weitergehender Reduzierungen in Händen haben. Dies allein sei die Absicht des BMVg; dabei würden die fünf Prozent Reduzierung mutmaßlich überhaupt keine finanzielle Erleichterung bringen. Er glaube, daß das eine völlig andere Deutung der Dinge sei als diejenige, die man manchmal dem Bundesministerium der Verteidigung unterschiebe.

Bundesminister *Scheel*: Wir müßten in der Tat das Ganze sehen. Er habe aber im Unterschied zu BM Leber eine optimistischere Einschätzung der Situation. Er glaube, daß MBFR nicht ohne weiteres psychologisch zu einem Druck auf die Verringerung der Streitkräfte führe. Seit dem Beginn der Entspannungspolitik habe er in den Reihen der eigenen Partei und insbesondere auch unter den Jungdemokraten mehr Verständnis dafür gefunden, daß diese Politik eine solide Basis in verteidigungspolitischer Hinsicht haben müsse. Auch die Öffentlichkeit habe es im wesentlichen widerspruchslos hingenommen, daß wir das Verteidigungsbudget erhöht hätten. Er habe auch den Eindruck, daß sich die Bundeswehr in unserem Lande nicht übermäßigen Schwierigkeiten von seiten der Bevölkerung gegenübersehe.

Staatssekretär *Frank*: Es ergebe sich die Frage, auf welche Weise der zwischen der Reduzierung von Stationierungstruppen und der Verringerung von einheimischen Streitkräften liegende Zeitraum genützt werden solle. Er frage sich, ob nicht der zweite Schritt der Reduzierung einheimischer Streitkräfte abhängig gemacht werden müßte von der Verwirklichung der uns besonders am Herzen liegenden stabilisierenden Maßnahmen (constraints), da diese den Gleichklang mit der politischen Situation sicherstellten.

Des weiteren müßten wir uns überlegen, daß die USA den ersten Reduzierungsschritt ihrer stationierten Streitkräfte in verhältnismäßig kurzer Zeit ansteuerten. Sie würden mit Sicherheit nicht warten, bis wir uns im Bündnis über die Modalitäten der Reduzierung einheimischer Truppen geeinigt hätten. Es sei daher an der Zeit zu prüfen, ob es nicht genüge, bei der Vereinbarung eines ersten Reduzierungsschrittes von den Amerikanern und der anderen Seite ein Einlenken hinsichtlich der stabilisierenden Maßnahmen und des schrittweisen Vorgehens zu erreichen.

Bundesminister *Leber*: Hier sehe er die Gefahr der Umkehrung der Kausalität. Vorstellbar sei folgendes Abkommen in Wien: Grundsatzerklärung. In Artikel 2 verpflichteten sich beide Seiten, Stationierungstruppen um einen gewissen Prozentsatz zu einer festgesetzten Zeit zu reduzieren. In Artikel 3 werde eine weitere Verpflichtung zur Reduzierung einheimischer Truppen zu einem etwas später liegenden Zeitpunkt bei gleicher Reduzierungsrate getroffen. Der nachfolgende Artikel müßte dann im Sinne der Ausführungen von Staatssekretär Frank so lauten, daß, bevor Artikel 3 verwirklicht werde, zufriedenstellende Vereinbarungen über stabilisierende Maßnahmen getroffen werden müßten. Damit würde man es aber praktisch in die Hand der anderen Seite legen, ob die Durchführung von Artikel 3 je verwirklicht werde. Da die Haltung des Ostens zu diesen Maßnahmen unklar sei, müsse die Chance der Verwirklichung in der Tat sehr bezweifelt werden.

Darum halte er es für besser, nach der Verpflichtung zur zeitlich verschobenen Reduzierung stationierter und einheimischer Streitkräfte in dem gleichen Abkommen im Gefolge der Reduzierungsvereinbarungen etwa nachstehende Abmachung zu treffen: Beide Partner gingen davon aus, daß auf der Konferenz für Sicherheit und Zusammenarbeit in Europa vertrauensbildende Maßnahmen gefunden werden könnten, die imstande wären, einen Stabilisierungs- und Entspannungsbeitrag zu leisten.

Mit einer solchen Regelung vermeide man die unseren Interessen zuwiderlaufende umgekehrte Kausalität im obigen Sinn.

Staatssekretär *Dr. Mann*: Der deutschen Interessenlage entspreche die Gleichzeitigkeit der Reduzierung stationierter und einheimischer Truppen. Dadurch, daß wir eine vorgezogene Reduzierung stationierter amerikanischer Streitkräfte zuließen, gäben wir die deutsche Interessenlage auf und beugten uns der Linie der Großmächte. Wir sollten unsere Zustimmung daher nur unter der Voraussetzung geben, daß gleichzeitig konkret festgelegt werde, wann und wie der weitere Schritt der Verminderung einheimischer Streitkräfte vor sich gehen könne. Nur allgemeine Absichtserklärungen über weitere Elemente von MBFR, wie z. B. stabilisierende Maßnahmen, genügten nicht.

Bundesminister *Scheel*: Die symbolische vorweggenommene Reduzierung von Stationierungstruppen sei ein Ausnahmefall, der theoretisch auch isoliert von MBFR durchgeführt werden könnte, was wir indes nicht wollten. Jedoch eine rasche Einigung in dieser Frage, die erforderlich sei, halte er für gänzlich ausgeschlossen, wenn man sich vorher auch über die erheblich komplizierte Frage der Reduzierung einheimischer Streitkräfte einigen müßte. Es würde die Statuierung der Absicht genügen, im weiteren Verlauf der Verhandlungen einheimische Streitkräfte einzubeziehen (über den Umfang könne noch nichts gesagt werden) und parallel dazu constraints-Vereinbarungen zu treffen.

Bundesminister *Leber*: Dann schlage er vor, die drei Sachverhalte einer MBFR-Vereinbarung wie folgt zu regeln:

– Artikel 1: Reduzierung der Stationierungsstreitkräfte am 1.10.1976 x Prozent,

– Artikel 2: Einheimische Streitkräfte zu einem späteren, aber festgesetzten Zeitpunkt um ebenfalls x Prozent,

– Artikel 3: Unabhängig von dem, was in Artikeln 1 und 2 festgelegt ist, versprechen beide Parteien, das in Artikeln 1 und 2 Begonnene in weiteren Etappen zu verdeutlichen und außerdem vertrauensbildende Maßnahmen zu vereinbaren.

Staatssekretär *Frank*: Damit stellten wir das ganze MBFR-Konzept auf den Kopf. Wir setzten unsere Interessenlage der amerikanischen gleich, was nicht in unserer Absicht liege. Wir hätten Reduktionen immer von besonderen Voraussetzungen abhängig gemacht, die eine ungestörte und möglichst risikofreie Durchführung der Truppenverminderung gestatten sollten. Wir müßten daher vor der Reduzierung einheimischer Streitkräfte constraints-Vereinbarungen anstreben.

Bundesminister *Leber*: Das bedeute, daß wir folgende Entwicklung zuließen: Reduzierung stationierter Streitkräfte fände in Ausführung der getroffenen Vereinbarung mit Sicherheit statt. Verwirklichung von constraints und Reduzierung einheimischer Truppen bliebe offen; damit hingen wir in der Luft. Gerade die vorgezogene Reduzierung stationierter amerikanischer Streitkräfte würde unser MBFR-Konzept auf den Kopf stellen; es gelte, diese Situation durch die Verringerung einheimischer Streitkräfte wieder gerade zu biegen.

Bundesminister *Scheel*: Kissinger habe unlängst ziemlich deutlich geäußert, wir Europäer sollten endlich aufhören, für den notwendigen ersten amerikanischen Reduzierungsschritt Bedingungen aller Art zu stellen.[16] Er (BM Scheel) glaube, daß dieser erste Schritt auf jeden Fall stattfinde, ob wir uns dagegen stellten oder nicht. Wir müßten zusehen, daß wir dabei unsere Interessen geltend machen und Einfluß behalten. Das sei im Grunde der Kern unserer Entspannungspolitik.

Vorgezogene Reduzierungen würden keine bilateralen Abmachungen sein, sondern im MBFR-Rahmen stattfinden. Man könne damit im Zusammenhang Vereinbarungen treffen über den weiteren Verlauf von MBFR, es erscheine ihm aber nicht möglich, den konkreten Ablauf desselben zu definieren und die Einzelheiten festzulegen.

---

[16] Vgl. dazu die Ausführungen des Sicherheitsberaters des amerikanischen Präsidenten, Kissinger, gegenüber Botschafter Pauls, Washington, am 7. März 1973; Dok. 73.

Staatssekretär *Dr. Mann*: Die entscheidende Frage sei das völkervertrags-
rechtliche Junktim zwischen der Verpflichtung zur Reduzierung stationierter
und derjenigen einheimischer Streitkräfte. Eine Lösung ohne ein solches Junktim würden den deutschen Interessen zuwiderlaufen. Er frage sich immer wieder, wie weit man deutscherseits in der Formulierung dessen gehen solle, was
unabdingbar unter Dach und Fach gebracht werden müsse. Diese unverzicht-
baren Dinge offenzulassen, halte er für gefährlich.

Staatssekretär *Frank*: Es sehe die Interessenlage des BM Verteidigung. Man
solle besser anstreben, auf dem Wege über die Wehrstruktur die notwendigen
Kürzungen in der Bundeswehr vorzunehmen. (Einwand BM Leber: Das dürfe
er nicht wollen; das vereinbare sich nicht mit dem Konzept der Wehrstrukturreform.)

Die Argumentation des Verteidigungsministeriums erinnere ihn etwas an die
Politique Gribouille, die Politik desjenigen, der sich aus Furcht vor dem Regen
ins Wasser stürze.

Wir befänden uns gegenüber den Amerikanern in einer schlechten Position.
Schon 1971 sei eine Abmachung darüber, daß einheimische Streitkräfte nicht
ausgeschlossen werden sollten, das äußerste gewesen, was an Entgegenkommen zu erreichen gewesen sei.[17]

Bundesminister *Scheel*: Die Amerikaner befänden sich im Verhältnis zu Europa angesichts der Fülle der anstehenden Probleme (u. a. Außenhandel, Währungsprobleme, Überengagement Amerikas) in einem totalen Zustand der Neu-
rose.

Staatssekretär *Frank*: In letzter Zeit sei uns von den Amerikanern zum ersten
Mal die versteckt drohende Frage gestellt worden, was wir von einem Ge-
samtabzug der Amerikaner hielten. Er meine, wir dürften den Bogen nicht
überspannen. Wir sollten den Amerikanern ihren vorgezogenen Reduzierungsschritt gewähren. Wir könnten dafür verlangen, daß sie uns zusagen, in der
Folge den Gesamtprozeß MBFR mit uns durchzuhalten, das bedeute auszuloten, ob Entspannung mit dem Osten wirklich möglich sei. Wenn wir sie in diesem Zusammenhang auf den Boden des multilateralen MBFR-Konzepts bringen, wäre das ein nicht unbeträchtlicher Erfolg. Sie würden sich jedoch nie bereit erklären, für ihren ersten Reduzierungsschritt einen vorgezogenen und
terminierten europäischen oder deutschen Schritt zu gewähren. Weil die Amerikaner fest entschlossen seien, so oder so diesen ersten Schritt zu tun, könnten wir daran schlecht übermäßige Bedingungen knüpfen. Verfolge man konsequent die vom BM Verteidigung vorgeschlagene Linie, so bewegten wir uns auf
einem Weg bloßer Nettoreduktionen; constraints und die von uns entwickelten
übrigen MBFR-Elemente gingen dabei verloren.

Bundesminister *Scheel*: Auf Frage von Staatssekretär Dr. Mann: Es liege selbstverständlich im Rahmen unserer Aufgabe, auf den ersten Reduzierungsschritt
der amerikanischen Stationierungsstreitkräfte so viel wie möglich Einfluß zu

---

[17] Am 5./6. Oktober 1971 einigten sich die stellvertretenden Außenminister der NATO-Mitgliedstaa-
    ten in Brüssel auf eine Formel zur Einbeziehung einheimischer und stationierter Streitkräfte in
    MBFR. Vgl. dazu AAPD 1971, III, Dok. 348.

nehmen derart, daß wir versuchen, die Art und Weise einer solchen Reduzierung mitzubestimmen. Wir wollten und könnten den USA nicht völlig überlassen, was sie zu tun gedächten.

Bundesminister *Leber*: Europa könne weder die Lücke auffüllen, die die abziehenden Amerikaner hinterließen, noch könne es angesichts der amerikanischen Verringerung den militärischen Status quo halten. Diese Entwicklung stelle nach seiner Überzeugung Bestand und Substanz des Bündnisses in Frage. Besondere Situation in der Bundesrepublik (Friedenskanzler, Politik der Entspannung, Gewerkschaften, budgetextreme Gruppierungen, Probleme, Preisentwicklung) werde uns nicht in die Lage versetzen, einem Druck der Öffentlichkeit in Richtung auf eine Verringerung der einheimischen Streitkräfte standzuhalten.

Er glaube, daß die Amerikaner hinsichtlich ihrer Absichten in MBFR noch nicht genügend abgetastet seien. Er werde morgen beim Besuch Hillenbrands auf der Hardthöhe dieses Thema noch einmal anschneiden.

Das Thema einheimischer Streitkräfte werde sich so oder so stellen. Es sei nicht auszuschließen, daß auch die Sowjetunion im Rahmen von MBFR verlange, daß die Bundeswehr reduziert werde. (Einwand Bundesminister Scheel: Ein solches Verlangen könnte auch gegen die NVA gerichtet sein.) Die Rückführungsmöglichkeiten der Sowjets erschienen ihm (BM Leber) im wesentlichen nur eine Frage der Verfügbarkeit von Treibstoff zu sein. (Ausgedehnte Lufttransportkapazität der Sowjetunion).

Bundesminister *Scheel*: Er beurteile die Situation im ganzen wesentlich optimistischer als das BM Verteidigung. Wir müßten die Amerikaner die notwendige Operation durchführen lassen, dies jedoch im Rahmen von MBFR. Gelinge letzteres, so sei damit die denkbar beste Verbindung geschaffen.

Zu der von BM Leber aufgeworfenen Frage, ob die Bundesrepublik Tendenzen in Richtung auf eine Verringerung der Streitkräfte standhalten könne, wolle er nur sagen, er halte ein solches Durchstehen nicht nur für möglich, sondern auch für selbstverständlich.

VS-Bd. 9427 (221)

82

Botschafter Lahr, Rom, an Staatssekretär Frank

14. März 1973[1]

Geheim!

Lieber Herr Frank,

mit Interesse habe ich den Vermerk der Kulturabteilung vom 7. Februar 1973 –
AZ 600-600.00 ITA-15/73 geh.[2] – gelesen, der sich mit der Frage befaßt, ob wir
die Förderung Südtiroler kulturpolitischer Maßnahmen gegenüber der italienischen Regierung offenlegen sollen.

Diese Frage ist bei uns schon wiederholt erörtert worden. Alle waren sich darüber einig, daß es wünschenswert wäre, zu einer Offenlegung zu kommen. Das
eigentliche Problem war und ist, den richtigen Zeitpunkt hierfür zu finden.
Bisher wurde allgemein angenommen, der Zeitpunkt sei noch nicht gekommen.
Das ist auch weiterhin die Meinung der Botschaft Rom, des Generalkonsulats
Mailand, der mit der Angelegenheit befaßten Südtiroler und der hiesigen österreichischen Botschaft (mit der ich auf Grund eines mir früher erteilten vertraulichen Auftrages in dieser Frage immer Verbindung gehalten habe). Wenn
alle, die die Südtiroler Verhältnisse wirklich kennen, zu einer übereinstim-
menden Auffassung gelangen, überrascht es, wenn ein Referent des Auswärtigen Amts, der diese Kenntnisse nicht besitzt, feststellt, daß es anders sei. Offenbar eine „Schreibtischgeburt"![3]

Die Lage ist, um es kurz zu wiederholen, folgende: Das Südtirolpaket[4] hat die
Situation in Südtirol wesentlich erleichtert, die Südtirolfrage aber noch nicht
endgültig gelöst. Die Durchführung des Pakets ist erst im Gange und wird
noch einige Zeit dauern. Mit einigen Dingen ist die italienische Regierung bereits im Rückstand. Die psychologische Situation in Südtirol hat ihre Brisanz
verloren, ist aber noch weit von dem Punkte entfernt, in dem, um mit den Worten der Aufzeichnung zu sprechen, „auf italienischer Seite die Bereitschaft besteht, Vergangenes vergangen sein zu lassen". Die heute in Südtirol lebende
Generation von Italienern ist während des Volkstumskampfes und mit den
Vorstellungen dieses Kampfes aufgewachsen. Viele, namentlich Intellektuelle,
haben das Paket noch nicht „verdaut". Das Mißtrauen ist auf beiden Seiten
noch nicht beseitigt. Es wird noch einiger Geduld bedürfen, um die volle Aussöhnung reifen zu lassen. Hier in Rom ist man mit allem, was Südtirol angeht,
sehr vorsichtig und zurückhaltend. Niemand wird bereit sein, uns zuliebe Ver-

---

1 Privatdienstschreiben.
  Hat Staatssekretär Frank am 13. April 1973 vorgelegen, der handschriftlich vermerkte: „H[err]
  D 6 n[ach] R[ückkehr] b[itte] R[ücksprache]."
  Hat Ministerialdirektor Arnold am 11. Mai 1973 vorgelegen.
2 Vgl. Dok. 40.
3 Zu diesem Satz vermerkte Ministerialdirektor Arnold handschriftlich: „r[ichtig]."
4 Zu den 1969 zwischen Österreich und Italien ausgehandelten Vereinbarungen vgl. Dok. 40, Anm. 10.

antwortung auf sich zu nehmen, die zu Kritik aus Kreisen der italienischen Bevölkerung in Südtirol oder aus hiesigen Rechtskreisen führen könnte.

Es ist unschwer vorauszusehen, welches die italienischen Antworten auf die von uns in Aussicht genommenen Fragen sein werden. Diejenigen Persönlichkeiten, die noch nicht bereit sind, „Vergangenes vergangen sein zu lassen", werden ablehnen. Die Vernünftigen und die uns Wohlgesonnenen bringen wir in Verlegenheit. Sie werden sagen: „Warum habt ihr, statt viel zu fragen, nicht einfach weitergemacht? Wenn ihr aber schon fragt, so können wir leider nicht ja sagen."

Der „deutsche Ordnungssinn", der überall „klare Verhältnisse schaffen" will, paßt nicht recht in die hiesige Landschaft. Ich glaube, daß die italienische Regierung ahnt, was vor sich geht. Und sie schweigt, da sie im umgekehrten Falle ebenso handeln würde wie wir bisher – „all'italiana". Sie hat zwar wiederholt die „Stille Hilfe für Südtirol" zur Sprache gebracht, weil sie hier Unerfreuliches wittert (zu letzterer Frage möchte ich meinerseits schweigen). Was hingegen die Regierungsgelder angeht, so sagt sie sich vermutlich, daß wir es uns nicht leisten, etwas zu finanzieren, was, wenn es herauskommt, uns kompromittiert (wir finanzieren nichts Anstößiges). Aber dies Nicht-genau-hinsehen-wollen und Nicht-fragen-wollen heißt auf italienisch noch lange nicht, es expressis verbis gestatten zu wollen.

Mit anderen Worten: Fragen bedeutet die Aktion einstellen. Und das würde ich für einen großen Fehler halten, denn Südtirol braucht unsere Hilfe, weil die italienischen Maßnahmen – und das sollte uns zu denken geben – natürlich den italienischen Bevölkerungsteil bevorzugen. Erfreulicherweise geht auch die Aufzeichnung der Kulturabteilung von der Notwendigkeit der Fortsetzung unserer Hilfe aus – nur dürfen wir uns nicht durch verfrühte Offenlegung den Weg der Fortsetzung selbst versperren. Ich denke, in einigen Jahren wird man so weit sein; aber bis dahin werden wir mit den bisherigen Behelfen weiterarboiten müaaon.

Mit herzlichem Gruß
Ihr Lahr

VS-Bd. 9759 (600)

83

Sitzung des Ständigen NATO-Rats in Brüssel

220-371.85/00-5/73 streng geheim   15. März 1973[1]

Der Leiter der amerikanischen SALT-Delegation, Johnson, berichtete zunächst wie in der Bezugsschrift[2] dargelegt. Er ließ die schriftliche Fassung seines Berichts wie üblich an die Verbündeten verteilen (Cosmic 5/73) und erbot sich anschließend, Fragen zu beantworten.

Catalano (I): Ich danke Ihnen für Ihre Ausführungen und begrüße insbesondere die amerikanische Position zu Non-Transfer und FBS. Die europäischen Papiere (UK, NL, D)[3] und das zusammenfassende Papier des Generalsekretärs vom 5. Januar 1973[4] bieten eine gute Basis für die weitere Diskussion hierüber im Bündnis.

Peck (UK): Auch ich möchte Ihnen danken. Wir begrüßen ganz besonders die Zurückweisung der sowjetischen Forderungen hinsichtlich der FBS. Ich möchte Sie fragen, ob Sie ein sowjetisches Interesse an der einverständlichen Einschränkung der U-Bootbekämpfungsmaßnahmen (ASW) feststellen konnten. Was die europäischen Papiere angeht: Wir hielten es für nützlich, wenn Sie uns zu passender Zeit eine schriftliche Stellungnahme dazu übermittelten.

Boss (D): Wir danken für Ihre Ausführungen. Wir geben unserer Hoffnung Ausdruck, daß es zu eingehender Erörterung der anstehenden Fragen im Rat kommen wird.

Buwalda (NL): Uns würde besonders interessieren, auf was die Sowjets mit ihren Forderungen betreffend MIRV eigentlich abzielen.

---

[1] Die Gesprächsaufzeichnung wurde von Vortragendem Legationsrat Waiblinger am 26. März 1973 gefertigt und über Botschafter Roth an Ministerialdirektor van Well geleitet.
Hat Roth am 26. März 1973 vorgelegen.
Hat van Well am 27. März 1973 vorgelegen.

[2] Am 19. März 1973 vermerkte Vortragender Legationsrat Waiblinger zu den Ausführungen des Leiters der amerikanischen SALT-Delegation, Johnson, am 15. März 1973 im Ständigen NATO-Rat: „Ende der letzten Gesprächsrunde der SALT im Dezember 1972 haben die Amerikaner sowjetische Gesprächswünsche hinsichtlich Non-Transfer (keine Übertragung von Systemkomponenten oder Know-how bei Offensivsystemen an Dritte) und MIRV (einzeln steuerbare Mehrfachsprengköpfe) als verfrüht zurückgewiesen und ihren Standpunkt hinsichtlich der nichtzentralen vorwärtsstationierten Systeme im europäischen Bereich nochmals klargemacht (nicht Verhandlungsgegenstand)." In der am 12. März 1973 eröffneten zweiten Runde der zweiten Phase der Gespräche über eine Begrenzung der strategischen Waffen (SALT II) habe es keine neuen sowjetischen Initiativen gegeben. Die amerikanische Linie sei unverändert: „gleiche Menge (equal aggregates) für ICBM, SLBM und Bomber; mit Plafondierung der ICBM-Zahlen und Wurfgewichte, möglichst verbunden mit Reduzierungen; Erörterung der Bomberwaffe nur bei gleichzeitiger Verhandlung über Luftabwehrsysteme; Ergründen sowjetischer Vorstellungen zu MIRV und zur Frage der Überlebensfähigkeit der Offensivsysteme. [...] Es handelte sich um eine Routinekonsultation, die keine Überraschungen brachte." Vgl. VS-Bd. 3617; B 150, Aktenkopien 1973.

[3] Vortragender Legationsrat I. Klasse Menne legte am 4. Dezember 1972 ein Arbeitspapier „Aspekte von SALT II" vor, das den Ständigen Vertretungen der NATO-Mitgliedstaaten in Brüssel übergeben wurde. Das Arbeitspapier war zusammen mit weiteren Vorlagen von Großbritannien und den Niederlanden Gegenstand der SALT-Konsultationen des Ständigen NATO-Rats am 15. Dezember 1972. Vgl. dazu AAPD 1972, III, Dok. 405.

[4] Zur Aufzeichnung des NATO-Generalsekretärs Luns vgl. Dok. 30, Anm. 8.

Menzies (Can): Ich wüßte gerne mehr über die Beziehung von SALT II und der Luftverteidigung. An welche Begrenzungen würden Sie da denken?

De Rose (F): Wie ist die sowjetische Haltung zu MIRV, wie stellen sie sich eine Kontrolle vor? Wollen sie eine Regelung auf der Basis von Treu und Glauben?

Johnson: Zu ASW: Wir haben kein Interesse, das mit den Sowjets zu diskutieren, jedenfalls haben wir keine Position. Das ist ein schwieriges Problem.

Hinsichtlich weiterer Konsultationswünsche: Es gab und gibt viele Möglichkeiten zu Gesprächen. Die bisherige Praxis war ausgezeichnet. Ich bin jederzeit bereit, aus Genf zu kommen.

Die sowjetischen Motive hinsichtlich MIRV sind nicht bekannt. Auch was die Frage nach den sowjetischen Vorstellungen zur Kontrolle angeht, so haben wir hier keine Hinweise. Die Russen haben den Punkt sowieso nur im informellen Gespräch erwähnt. Wir wollen noch herausfinden, was sie da für Vorstellungen haben.

Zur Frage nach der Luftabwehr: Man kann nicht über Bomber verhandeln, ohne dabei auch an die Luftabwehr zu denken.

Übrigens ist die Frage qualitativer Beschränkungen über MIRV hinaus nie angesprochen worden.

Menzies (Can): Wurden land mobile missiles bislang irgendwie erwähnt?

Johnson: Nein.

Peck (UK): Bedeutet die sowjetische Bemerkung, das Interimsabkommen[5] sei eine gute Ausgangsbasis, ein Sich-Öffnen hin zur amerikanischen Position?

Johnson: Wir hoffen es, können es aber nicht sagen.

Menzies (Can): Wie groß ist die sowjetische Delegation?

Johnson: Sie ist mit der früheren fast identisch. Die Sowjets beorderten noch einen Zweiten Sekretär, der vorher in Washington Dienst tat, in die Delegation; auch ein weiterer General, der bislang nur beratende Funktion hatte[6], sitzt jetzt mit am Verhandlungstisch.

Bisher haben wir von den Russen viele Zitate aus offiziellen Stellungnahmen der Parteiführung usw. gehört. Wir sind bestrebt, die informellen Kontakte zu intensivieren; das ist nicht leicht.

De Rose (F): Gibt es bereits eine Tagesordnung? Wie wird die Arbeit organisiert?

Johnson: Wir bemühen uns darum, doch bisher haben die Sowjets nicht geantwortet. Eine Tagesordnung gibt es noch nicht. Mein Ziel und Auftrag ist es, zunächst einen allgemeinen Rahmen für die hauptsächlichen Verhandlungsgegenstände abzustecken und uns dann erst Einzelerörterungen zuzuwenden. Der Rahmen sind die equal aggregates und die sublimits.

VS-Bd. 3617

---

5 Zum Abkommen vom 26. Mai 1972 zwischen den USA und der UdSSR vgl. Dok. 15, Anm. 28.
6 Nikolaj Bulgakow.

84

**Gespräch des Bundeskanzlers Brandt
mit dem amerikanischen Finanzminister Shultz**

15. März 1973[1]

Vermerk über ein Gespräch des Bundeskanzlers mit dem amerikanischen Finanzminister Shultz am 15. März 1973 im Bundeskanzleramt[2]

Das Gespräch dauerte von 15.40 bis 16.20 Uhr.

Von amerikanischer Seite nahmen Mr. Sommerfeld und Botschafter Hillenbrand teil, von deutscher Seite StS Pöhl, Botschafter Graf Hardenberg und MD Dr. Sanne.

Der *Minister* stellte fest, er habe gute Gespräche mit den Herren Schmidt und Friderichs geführt. Man sei in den wesentlichen Fragen übereinstimmender Auffassung. Präsident Nixon vertrete den Standpunkt, daß alle zu behandelnden Einzelfragen im größeren Rahmen der gesamten Beziehungen zwischen Amerika und Europa gesehen werden müßten.

Der *Bundeskanzler* wies darauf hin, daß er heute im Bundestag auf die Grundsätze der Politik seiner Regierung im Zusammenhang mit den anstehenden wirtschaftlichen Fragen hingewiesen habe.[3] Es sei nach unserer Auffassung notwendig, daß die Europäer näher zusammenrückten, daß die Wirtschafts- und Währungsunion so bald wie möglich verwirklicht werde und daß keine un-

---

1 Ablichtung.
Die Gesprächsaufzeichnung wurde von Ministerialdirektor Sanne, Bundeskanzleramt, gefertigt. Am 20. März 1973 leitete Vortragender Legationsrat I. Klasse Massion, Bundeskanzleramt, die Aufzeichnung Vortragendem Legationsrat I. Klasse Schönfeld zu.
Hat Schönfeld am 20. März 1973 vorgelegen, der handschriftlich vermerkte: „Über Herrn D 4 und H[errn] Dg 41 Referat mit der Bitte um Übernahme u[nd] weitere Bearbeitung." Außerdem verfügte Schönfeld die Weiterleitung an das Ministerbüro, Staatssekretär Frank sowie die Parlamentarischen Staatssekretäre Apel und Moersch.
Hat Ministerialdirektor Hermes und Ministerialdirigent Poensgen am 22. März 1973 vorgelegen.
Hat Vortragendem Legationsrat I. Klasse Lautenschlager am 23. März 1973 vorgelegen, der handschriftlich vermerkte: „W[eiter]v[erwendung Referat] 411, da wohl schwerpunktmäßig am meisten betroffen." Vgl. den Begleitvermerk; Referat 411, Bd. 472.
2 Der amerikanische Finanzminister Shultz führte am 14. März 1973 Gespräche mit dem Generalsekretär des ZK der KPdSU, Breschnew, in Moskau und reiste nach dem Aufenthalt in der Bundesrepublik zur Sitzung der Finanzminister und Notenbankpräsidenten der Zehnergruppe sowie der EG-Mitgliedsstaaten am 16. März 1973 in Paris. Am 17. März 1973 traf er in Brüssel mit dem Präsidenten der EG-Kommission, Ortoli, zusammen.
3 Bundeskanzler Brandt führte am 15. März 1973 vor dem Bundestag zu den Beschlüssen der EG-Ministerratstagung am 11./12. März 1973 in Brüssel aus, die Tatsache, daß sich „zunächst nur sechs der neun Mitgliedsstaaten der Europäischen Gemeinschaft zur gemeinsamen Aktion, was die Wechselkurse und die gemeinsame Abwehr der Spekulation angeht, zusammenfinden" konnten, bedeute keine Aufspaltung in zwei europäische Währungsblöcke und schon gar keine Spaltung der Gemeinschaft. Die Währungsbeschlüsse seien „Bestandteil der gemeinsamen europäischen Anstrengungen zur Wiedergewinnung größerer Stabilität. Wir müssen allerdings wissen, daß die Verständigung mit unseren Partnern über das stabilitätspolitisch Notwendige nicht immer einfach ist. Niemand soll sich bitte täuschen: Stabilitätspolitik ist heute nicht mehr gegen Europa, sondern in allem Wesentlichen nur noch mit Europa möglich." Vgl. BT STENOGRAPHISCHE BERICHTE, Bd. 82, S. 918 f.

nötigen Schwierigkeiten für das Verhältnis zwischen der Bundesrepublik und der Gemeinschaft zu den Vereinigten Staaten geschaffen werden.[4]

Die Währungsgespräche in der vergangenen Woche[5] hätten zwar keine Beschleunigung für die Währungs- und Wirtschaftsunion gebracht, aber es sei ein Rückschritt vermieden worden. Für die Bundesrepublik sei es essentiell, im Einvernehmen mit Frankreich zu bleiben, andernfalls würde es eine wesentliche Verschlechterung der Lage in Westeuropa geben. Er hoffe, daß unsere amerikanischen Freunde nicht nur die Gemeinschaft als solche sähen, sondern auch die Elemente des Prozesses ihrer Formung in Betracht zögen.

Minister *Shultz* meinte, die allgemeine Auffassung der Vereinigten Staaten zu Währungs- und Handelsproblemen sei leichter zu verstehen, wenn man sich folgendes vor Augen führe: Am Ende des Zweiten Weltkrieges seien die Vereinigten Staaten Teil eines internationalen Systems geworden, das von der absoluten wirtschaftlichen Überlegenheit der USA gekennzeichnet war. Das System habe seinerzeit gut gearbeitet, sich aber nicht mehr bewährt, nachdem es nunmehr eine Anzahl wirtschaftlich mächtiger Länder gebe. Äußerlich sichtbar sei das in dem Augenblick geworden, als die Vereinigten Staaten das Goldfenster schließen mußten.[6] Die Unmöglichkeit, weiter wirksam am Dollar-Markt zu intervenieren, habe eine Periode der Unruhe ausgelöst. Das Smithsonian Agreement[7] habe nicht die gewünschte Wirkung gehabt. Die Hoffnung, mit der Anpassung der Wechselkurse, die vor einem Monat stattfand[8], aus den Schwierigkeiten herauszukommen, sei enttäuscht worden. Wichtig sei es nun, ein neues System zu schaffen. Dieses dürfe nicht auf den alten Methoden aufbauen und sollte in seiner Konzeption auch Fragen des Handels und andere Probleme berücksichtigen, die die Währungsfragen beeinflussen. Wenn die Vereinigten Staaten auf massive Interventionen verzichtet hätten, dann sei

---

[4] Am 3. März 1973 teilte Präsident Nixon Bundeskanzler Brandt Überlegungen zur Bereinigung der Währungskrise mit und führte dazu aus: „I cannot agree that the only criterion that should be considered in putting forward a solution is whether it contributes to the strengthing of European integration. As you know, I have strongly supported European integration and intend to continue to do so, but as I believe we both agree, European integration should also be seen as a step towards Atlantic cooperation. It therefore seems to me that any proposal to deal with the present currency crisis can only be put forward on the basis of full consideration with countries whose interests are involved – including especially the United States and Japan." Vgl. VS-Bd. 8855 (412); B 150, Aktenkopien 1973.

[5] Zur Sitzung der Finanzminister und Notenbankpräsidenten der Zehnergruppe am 9. März 1973 in Paris vgl. Dok. 80, Anm. 6.
Am 11./12. März 1973 tagte der EG-Ministerrat in Brüssel. Vgl. dazu Dok. 80.

[6] Präsident Nixon verkündete am 15. August 1971 in einer Rundfunk- und Fernsehansprache mehrere Maßnahmen zur Schaffung von Arbeitsplätzen, einer Begrenzung der Inflation und einer Stabilisierung des Dollar. Neben einer Aussetzung der Konvertibilität des Dollar in Gold oder andere Reservemittel sowie einer zehnprozentigen Importabgabe auf in die USA eingeführte Güter gab Nixon einen zehnprozentigen Steuerkredit für Investitionen in neue Ausrüstungen unter Ausschluß importierter Investitionsgüter („Buy-American-Klausel"), eine Aufhebung der Verkaufssteuer auf Automobile, eine Kürzung der Regierungsausgaben um 4,6 Mrd. Dollar im Haushaltsjahr 1971/72 sowie einen auf 90 Tage begrenzten Lohn- und Preisstop bekannt. Für den Wortlaut der Erklärung vgl. PUBLIC PAPERS, NIXON 1971, S. 886–891. Für den deutschen Wortlaut vgl. EUROPA-ARCHIV 1971, D 425–429.

[7] Zu der am 17./18. Dezember 1971 auf der Konferenz der Wirtschafts- und Finanzminister sowie der Notenbankpräsidenten der Zehnergruppe in Washington erzielten Einigung über eine Neuordnung des Weltwährungssystems („Smithsonian Agreement") vgl. Dok. 44, Anm. 2.

[8] Zur Abwertung des amerikanischen Dollar am 12. Februar 1973 vgl. Dok. 50, Anm. 1.

dies aufgrund langfristiger Überlegungen und nicht infolge kurzfristig motivierter Entscheidungen geschehen.

Der *Bundeskanzler* wies darauf hin, daß man wohl nicht alle Probleme an einem Tisch werde lösen können, wenn man auch immer ihren Zusammenhang im Auge behalten müsse. Er habe ursprünglich den Gedanken an eine organisierte Aktion vertreten, davon sei er inzwischen abgekommen. Dies dürfe nicht als Pessimismus verstanden werden.

Der *Minister* stellte fest, daß heute morgen keine Zeit für die Erörterung von Einzelheiten im Bereich des Handels gewesen sei. Bekanntlich werde der Präsident im Parlament ein Gesetz über den Handel einbringen.[9] Er habe ihn beauftragt, auf seiner Reise Gespräche darüber zu führen und über Kommentare zu berichten. Der Gesetzentwurf sei vom Willen zur Ausweitung des Welthandels geprägt. Der Weg dorthin müsse über Verhandlungen führen. Seine Regierung wolle vom Parlament die Autorisierung, nötigenfalls Einfuhrsteuern zu erlassen. Gewisse Industrien in den Vereinigten Staaten seien aufgrund exzessiver Importe innerhalb von zwei bis drei Jahren verschwunden. Die Administration müsse Mittel haben, um den Zustrom ausländischer Güter in gewissen Bereichen so zu verlangsamen, daß die betroffenen heimischen Industrien die Möglichkeit zur Anpassung erhielten.

Der *Bundeskanzler* äußerte Verständnis. Es sei aber klug, darin nicht zu weit zu gehen. Öffentlicher Druck könnte sonst dazu führen, daß die Regierungen der Handelspartner der USA Gegenmaßnahmen sowohl auf dem Gebiet des Handels als auch der Investitionen treffen müßten. Er würde es zutiefst bedauern, wenn auf diese Weise ein unfreundlicher Trend der öffentlichen Meinung gegenüber amerikanischen Investitionen entstehen sollte.

Die Bundesrepublik sei für einen möglichst freien Welthandel, müsse aber Rücksicht auf ihre Partner nehmen, z. B. auf Frankreich. Dies sei der Preis für die europäische Einigung. Wir seien nicht für Gegenpräferenzen und hofften, davon abzukommen. Wenn man sich aber z. B. den Maghreb ansehe, so müsse man feststellen, daß die Gegenpräferenzen die Interessen der Vereinigten Staaten nicht so sehr beeinträchtigt hätten, wie vorgegeben würde.[10] Man dürfe auch nicht vergessen, daß die wirtschaftlichen Sonderabmachungen zur politischen Stabilisierung des Mittelmeerraums beitrügen. Im übrigen habe jeder seine Schwierigkeiten mit seinem Regierungssystem. Er wolle nur auf die Tatsachen hinweisen, daß der Kongreß seinerzeit der Abschaffung des selling

---

[9] Zur Ankündigung einer neuen Handelsgesetzgebung in den USA vgl. Dok. 52, Anm. 3.
Nixon legte dem Kongreß am 10. April 1973 einen „Trade Reform Act" vor und führte dazu aus:
„This legislation would help us to negotiate for a more open and equitable world trading system; deal effectively with rapid increases in imports that disrupt domestic markets and displace American workers; strengthen our ability to meet unfair competitive practices; manage our trade policy more efficiently and use it more effectively to deal with special needs such as our balance of payments and inflation problems; and take advantage of new trade opportunities while enhancing the contribution trade can make to the development of poorer countries." Vgl. PUBLIC PAPERS, NIXON 1973, S. 258.

[10] Die amerikanische Regierung befürchtete, daß die Exportinteressen der USA durch die bestehenden Präferenzabkommen der EG mit den Mittelmeeranrainerstaaten Algerien, Griechenland, Israel, Marokko, Spanien, Tunesien und der Türkei wesentlich beeinträchtigt würden. Vgl. dazu die Aufzeichnung des Referats 411 vom 16. April 1973; Referat 411, Bd. 473.

price-Systems[11] nicht zugestimmt habe, obwohl darüber von der Regierung in der Kennedy-Runde[12] eine Vereinbarung getroffen worden war.[13] Er habe Verständnis für solche Schwierigkeiten, andere weniger.

Der *Minister* erläuterte, daß der Präsident vom Kongreß Verhandlungsvollmachten fordern werde. In den Fragen, in denen er keine Vollmacht erhalte, strebe er ein System an, das das Parlament verpflichte, innerhalb einer begrenzten Zeit Entscheidungen über Verhandlungsgegenstände zu fällen, so daß schließlich Vereinbarungen getroffen würden, auf deren Wirksamwerden die Partner sich verlassen könnten.

Er wolle im übrigen noch einen Punkt häufiger Mißverständnisse aufklären: Für lange Zeit nach dem Kriege seien mehr langfristige amerikanische Investitionen in Europa erfolgt als europäische in den USA. Seit 1968 aber ergebe sich jährlich ein Überschuß zugunsten der letzteren.

Dies sei vielleicht nicht für jedermann sichtbar, weil in vielen Fällen nicht direkt investiert würde. Die USA hätten immer noch einen Netto-Kapital-Export von 1,5 Mrd. Dollar im Jahr, bezogen auf die ganze Welt, nicht aber gegenüber Europa. Er gebe zu, daß die Vereinigten Staaten mehr tun müßten, um für Auslandskapital attraktiver zu werden. Man wolle die Steuergesetze in diesem Sinne ändern und sich gleichzeitig bemühen, Lücken in der Gesetzgebung zu schließen, die die Steuerflucht begünstigten.

Mr. *Sommerfeld* wies auf die besondere Bedeutung der Landwirtschaft in den USA hin. Sie stelle die einzige Gruppe, die für freien Welthandel eintrete, und müsse von der Regierung entsprechend vorsichtig behandelt werden. Zwar sei das Gesamtbild der Zahlen für die Agrarwirtschaft gut, es komme aber auch auf die Lage der verschiedenen Produktionszweige an. Sojabohnen verkauften sich zur Zeit gut, bei Getreide nähmen die Exporte ab. Die Getreidebauern sei-

---

[11] Das amerikanische „Selling-Price-System" wurde in den zwanziger Jahren zum Schutz der damals schwachen amerikanischen chemischen Industrie eingeführt. Danach wurde „der Zollwert nicht auf der Grundlage des Ausfuhrpreises des Exporteurs, sondern nachträglich auf der Basis des Verkaufspreises von US-Herstellern bemessen", was für die Exporteure einen erheblichen Unsicherheitsfaktor darstellte. Vgl. die Aufzeichnung des Referats III A 2 vom 9. September 1966; Referat III A 2, Bd. 279.

[12] Die als Kennedy-Runde bezeichnete Verhandlungsserie im Rahmen des GATT wurde durch den Trade Expansion Act vom 11. Oktober 1962 ermöglicht, der die amerikanische Regierung zu drastischen Zollsenkungen und Verhandlungen mit der EWG über den Abbau der Außenzölle ermächtigte. Angestrebt wurde eine Erleichterung des wechselseitigen Zugangs zu den Märkten. Die Verhandlungen der GATT-Vertragsparteien begannen im Mai 1964 und wurden mit der Unterzeichnung der Schlußakte am 30. Juni 1967 abgeschlossen. Vgl. dazu AAPD 1967, II, Dok. 170.

[13] Am 19. Mai 1967 teilte Ministerialdirigent Graf von Hardenberg den diplomatischen Vertretungen mit, daß sich die amerikanische Regierung bereit erklärt habe, zunächst eine Halbierung der Zölle für chemische Produkte vorzunehmen. In einem zweiten Schritt sollten die Chemiezölle bis auf ein Niveau von 20 % weiter reduziert und das Selling-Price-System mit Zustimmung des Kongresses abgeschafft werden. Vgl. Referat III A 2, Bd. 281.
Botschafter Knappstein, Washington, berichtete am 25. Oktober 1967: „Die Regierung beabsichtigt, die Abschaffung des A[merican]S[elling]P[rice System] in eine sog[enannte] Trade Bill einzufügen. Diese soll außerdem die Verlängerung eines Mindestmaßes der Vollmachten des Trade Expansion Act enthalten". Jedoch bestehe „wegen der Opposition einflußreicher Wirtschaftskreise gegen die Abschaffung des ASP im Augenblick kaum Aussicht, daß das Gesetz vom Kongreß verabschiedet würde. Von Mitarbeitern Botschafter Roths, des Sonderbevollmächtigten für Handelsvertragsverhandlungen, wird in privatem Gespräch die Ansicht vertreten, die Einbringung der Vorlage zum jetzigen Zeitpunkt sei angesichts der gespannten Beziehungen zwischen dem Kongreß und dem Präsidenten ‚geradezu selbstmörderisch.'" Vgl. den Schriftbericht; Referat III A 2, Bd. 282.

en eine sehr einflußreiche Gruppe. Zur Zeit werde das Bild noch durch große
sowjetische Käufe verschönert. Dies könne aber nicht ewig dauern.

Der *Bundeskanzler* wies auf entsprechende Erscheinungen in Europa hin. Einiges habe sich aber in den letzten zwei Jahren verbessert und er hoffe, daß
auch der Eintritt Großbritanniens in die Gemeinschaft Aussichten eröffne,
mehr liberale Elemente in der Agrarpolitik der Gemeinschaft einzuführen.

Referat 411, Bd. 472

85

Gespräch des Staatssekretärs Grabert, Bundeskanzleramt, mit dem Staatssekretär beim Ministerrat der DDR, Kohl, in Ost-Berlin

22. März 1973[1]

Protokoll der Begegnung zwischen Staatssekretär Grabert und Staatssekretär
Dr. Kohl in Ost-Berlin, Haus des Ministerrates, am 22. März 1973, von 11.00
bis 12.55 Uhr.

Teilnehmer BRD: StS Grabert, Ministerialdirektor Dr. Sanne, Ministerialdirektor Weichert, LR I Bauch;

DDR: StS Dr. Kohl, Botschafter Seidel, Bernhardt, Breitbarth.

StS *Kohl* begrüßte StS Grabert und dessen Mitarbeiter und bat BM Bahr seine
besten Genesungswünsche zu übermitteln.

StS *Grabert* dankte für die Begrüßung und richtete seinerseits die Grüße von
BM Bahr aus.

1) Vertraulichkeit der Gespräche

StS *Kohl* erklärte, die seit Beginn der Begegnungen mit BM Bahr[2] vereinbarte
Vertraulichkeit über den Inhalt der Gespräche sei bisher im großem und ganzen befriedigend eingehalten worden. Nun habe Herr von Wechmar am 19.
März die komplette Tagesordnung dieser Begegnung öffentlich genannt. Außerdem habe die „Berliner Morgenpost" am 20. März in einem Artikel detaillierte Angaben über Probleme eines Luftverkehrsabkommens gemacht[3], wie

---

[1] Ablichtung.
Die Gesprächsaufzeichnung wurde von Legationsrat I. Klasse Bauch, Bundeskanzleramt, gefertigt.
Hat Staatssekretär Frank vorgelegen.

[2] Das erste Gespräch des Staatssekretärs Bahr, Bundeskanzleramt, mit dem Staatssekretär beim
Ministerrat der DDR, Kohl, fand am 27. November 1970 in Ost-Berlin statt. Vgl. dazu AAPD 1970,
III, Dok. 574.

[3] In dem Artikel wurde berichtet, daß bei Verhandlungen über ein Luftverkehrsabkommen mit der
DDR „mit entscheidenden Schwierigkeiten gerechnet werden" müsse, nachdem sich der Staatssekretär beim Ministerrat der DDR, Kohl, im Gespräch mit Bundesminister Bahr geweigert habe, einer Einbeziehung von Berlin (West) in ein solches Abkommen zuzustimmen. Der DDR gehe es ih-

sie Gegenstand des letzten Gespräches mit BM Bahr[4] gewesen seien. Er frage sich deshalb, ob die BRD auch in Zukunft auf Vertraulichkeit Wert lege.

StS *Grabert* bejahte diese Frage. Bei Zeitungsartikeln wie dem von StS Kohl erwähnten dürfte es sich um Spekulationen und Kombinationen von Journalisten aufgrund allgemein bekannter Tatsachen handeln, gegen die die Bundesregierung nichts unternehmen könne. Die Bundesregierung lege Wert auf die Wahrung der Vertraulichkeit.

StS *Kohl* entgegnete, er nehme gern zur Kenntnis, daß auch die BRD weiterhin an der bisherigen Vertraulichkeit festhalten wolle.

2) Ratifikation des Grundvertrages[5]

StS *Grabert* erklärte, hinsichtlich des zeitlichen Abschlusses des Ratifikationsverfahrens könne die Bundesregierung dem Deutschen Bundestag nicht vorgreifen und deshalb keine verbindlichen Zusagen machen. Das Bemühen der Koalition um eine Beschleunigung des Verfahrens gehe u. a. auch daraus hervor, daß die Ausschüsse in den eigentlich sitzungsfreien Wochen um Ostern tagten, so daß die Bundesregierung mit der zweiten und dritten Lesung in der mit dem 7. Mai beginnenden Sitzungswoche rechne.[6] Die Bundesregierung sei an einer schnellen Inkraftsetzung des Vertrages interessiert, wie dies ja auch in dem letzten Gespräch von BM Bahr deutlich zum Ausdruck gebracht worden sei. Die Bundesregierung wolle deshalb möglichst bald mit den vorgesehenen Gesprächen über die Einrichtung der Vertretungen beginnen.

StS *Kohl* betonte das Interesse der DDR an einer möglichst baldigen Ratifikation des Grundlagenvertrages, was auch aus der Rede des Ersten Sekretärs des ZK, Erich Honecker, vom 8.III.73[7] klar hervorgehe. Er nehme zur Kenntnis, daß die BRD nun Mitte Mai als Abschluß des Ratifikationsverfahrens in Aussicht nehme. Die Volkskammer würde bei ihren Beratungen diesen Zeitplan in Rechnung stellen.[8]

Fortsetzung Fußnote von Seite 402

    rerseits um Überflugrechte über die Bundesrepublik: „Unter dieser allgemeinpolitisch und aus Kostengründen wichtigen Voraussetzung soll dann das Interflug-Netz über die Bundesrepublik hinaus in westeuropäische Hauptstädte und über den Atlantik ausgebaut werden. In zweiter Linie geht es Ost-Berlin darum, das westlich von Berlin gelegene ‚DDR'-Territorium künftig auch in Nord-Süd-Richtung befliegen zu dürfen", was bislang wegen der alliierten Luftkorridore nicht möglich sei. Vgl. den Artikel „Ein ‚Njet' von Kohl"; BERLINER MORGENPOST vom 20. März 1973, S. 1.

4 Für das Gespräch des Bundesministers Bahr mit dem Staatssekretär beim Ministerrat der DDR, Kohl, am 28. Februar 1973 vgl. Dok. 67.

5 Zum Stand des Ratifikationsverfahrens zum Grundlagenvertrag vom 21. Dezember 1972 vgl. Dok. 38, Anm. 21.
    Am 20. März 1973 wurde in der Presse gemeldet, daß der Rechtsausschuß des Bundestages voraussichtlich in der laufenden Woche die Beratungen über den Vertrag abschließen werde. Vgl. dazu den Artikel „Klares Nein der Union zum Grundvertrag unwahrscheinlich"; FRANKFURTER ALLGEMEINE ZEITUNG vom 20. März 1973, S. 4.

6 Die zweite und dritte Lesung des Gesetzes zum Grundlagenvertrag vom 21. Dezember 1972 fanden vom 9. bis 11. Mai 1973 statt.

7 Zu den Ausführungen des Ersten Sekretärs des ZK der SED, Honecker, vgl. Dok. 77, Anm. 4.

8 Die Volkskammer der DDR stimmte dem Gesetz zum Grundlagenvertrag vom 21. Dezember 1972 am 13. Juni 1973 zu. Vgl. dazu den Artikel „Volkskammer beschloß Gesetz über den Grundlagenvertrag DDR–BRD"; NEUES DEUTSCHLAND vom 14. Juni 1973, S. 1.

3) Beitritt zu den Vereinten Nationen

StS *Kohl* stellte fest, es habe zwischen beiden Seiten seit dem 21.XII.72 volles Einverständnis bestanden, daß umgehend nach Abschluß des Ratifikationsverfahrens die Aufnahmeanträge zu den VN gestellt würden und daß nach einem möglichst bald darauf erfolgenden positiven Beschluß des Sicherheitsrates die Inkraftsetzung des Grundlagenvertrages durch den Austausch der Urkunden erfolgen solle. Unterschiedliche Auffassungen hätten bisher lediglich in der Frage der Einberufung einer Sondersitzung der Vollversammlung bestanden.

StS *Grabert* entgegnete, die Bundesregierung habe diese Haltung der DDR bisher lediglich zur Kenntnis genommen, ihr jedoch nicht zugestimmt, weil über das genaue Procedere weitere Beschlüsse der Bundesregierung erforderlich seien. Im übrigen sehe er keinerlei Schwierigkeiten hinsichtlich eines positiven Votums sowohl des Sicherheitsrates wie auch der Vollversammlung. Er verweise hier vor allem auf die Erklärung der Vier Mächte, die Ständige Mitglieder des Sicherheitsrates seien, aus Anlaß des Beitritts beider deutscher Staaten zu den VN.[9]

StS *Kohl* erklärte, die DDR sehe den Austausch der Ratifikationsurkunden für die Zeit nach der Empfehlung des Sicherheitsrates vor, was sehr schnell geschehen könne, da der Sicherheitsrat praktisch permanent tage und der erforderliche Beschluß innerhalb weniger Wochen herbeigeführt werden könne.

Er wiederhole, daß dieses Verfahren mit BM Bahr abgesprochen sei. Wenn die Bundesregierung Sorge habe, daß die DDR nach dem SR-Beschluß den Austausch der Ratifizierungsnoten nicht vornehmen werde, so könne er erklären, daß die DDR zu einer Festlegung in jeder von der BRD gewünschten Form über den Ablauf der Maßnahmen bereit sei. Dies ändere nichts an der grundsätzlichen Haltung der DDR, daß nach Abschluß des parlamentarischen Verfahrens der Sicherheitsrat entscheiden müsse und erst danach der Notenwechsel stattfinden könne. Schließlich müsse auch die DDR eine gewisse Sicherheit dafür haben, daß die BRD den Aufnahmeantrag bei den VN stelle.

MD *Dr. Sanne* räumte ein, daß dieses Verfahren bereits am 21. Dezember 1972 angesprochen worden sei, BM Bahr jedoch nicht ausdrücklich zugestimmt habe, da auf seiten der BRD noch weitere Prüfungen dieser Frage erforderlich gewesen seien.[10] Dies habe BM Bahr auf die erneute Darlegung der Position der DDR am 28. Februar 1973 wiederholt und hinzugefügt, die Bundesregierung werde den Antrag auf Aufnahme in die VN erst stellen, sobald die Ratifizierung des Grundvertrages gesichert sei. Wenn die DDR eine Abmachung über

---

[9] Für die Vier-Mächte-Erklärung vom 9. November 1972 vgl. Dok. 1, Anm. 14.

[10] Vortragender Legationsrat I. Klasse Blech notierte am 8. Januar 1973 aus dem Gespräch des Bundesministers Bahr mit dem Staatssekretär beim Ministerrat der DDR, Kohl, am 21. Dezember 1972 in Ost-Berlin, Kohl habe die Frage gestellt, „ob der den Vertrag in Kraft setzende Notenaustausch (Art. 10 G[rundlagen]V[ertrag]) erst einige wenige Tage nach der Entscheidung des Sicherheitsrates stattfinden könnte. Bundesminister Bahr gewann den Eindruck, daß sich die DDR eines positiven Votums nicht absolut sicher fühlt. Er antwortete Kohl, daß er zu dieser Frage nicht ohne weiteres Stellung nehmen könne, daß er es aber für möglich halte, sie näher zu prüfen. Aus Kohls Frage ergab sich nicht, daß die DDR daran denkt, die abschließende Abstimmung in der Volkskammer und die Ratifizierung des Vertrags durch den Staatsratsvorsitzenden auf die Zeit nach der Sicherheitsratsentscheidung aufzuschieben." Vgl. VS-Bd. 9051 (210); B 150, Aktenkopien 1973.

den Zeitpunkt des Notenaustausches wünsche, so wolle er anregen zu prüfen, ob dies nicht durch einen Briefwechsel erfolgen könne.

StS *Grabert* ergänzte, er nehme zur Kenntnis, daß die DDR den Notenaustausch nicht für möglich halte, solange der Sicherheitsrat seine Empfehlungen nicht abgegeben habe. Er frage sich, was geschehe, wenn ein Mitglied des Sicherheitsrates wider Erwarten ein Veto einlege?

StS *Kohl* antwortete, daß dann der Grundlagenvertrag nicht in Kraft treten könne. Die DDR stehe bei ihrer Haltung unter dem Eindruck, daß die BRD ein gewisses Interesse daran habe, die Mitgliedschaft der DDR in den VN hinauszuzögern. In diesem Sinne sei die Bundesregierung auch aktiv gewesen, indem sie auf andere Staaten einzuwirken versucht habe, die diplomatische Anerkennung der DDR nicht zu überstürzen, so u.a. im Falle Großbritanniens, Frankreichs und Italiens.[11] Es gebe in der BRD Kräfte, die glaubten, daß die Ernte noch in die Scheuer gefahren werden könne, solange man die DDR hinhalte. Dies sei durchaus legitim, doch müsse man verstehen, wenn auch die DDR auf einer gewissen Sicherheit bestehen müsse.

StS *Grabert* hielt dem entgegen, daß die Bundesregierung keinerlei Interesse daran habe, die Herstellung diplomatischer Beziehungen zwischen der DDR und dritten Staaten oder die Aufnahme der DDR in die VN zu verzögern. Die Bundesregierung habe deshalb auch auf niemand eingewirkt.

Er werde die Frage des weiteren Procedere noch einmal aufgreifen[12] und bei dem nächsten Gespräch auf diesen Punkt zurückkommen.

StS *Kohl* nahm mit Befriedigung zur Kenntnis, daß Sorgen der DDR um den Aufnahmeantrag der BRD nach Ausführung von StS Grabert offensichtlich unbegründet seien.

4) Errichtung der Vertretungen[13]

StS *Kohl* sagte, die DDR habe das ihr übermittelte Angebot des Grundstücks Fischerkoesen geprüft und halte es nicht für ideal, wolle aber mit Herrn Fi-

---

[11] Italien nahm am 18. Januar 1973 diplomatische Beziehungen mit der DDR auf, Großbritannien am 8. Februar und Frankreich am 9. Februar 1973. Vgl. dazu die Kommuniqués; AUSSENPOLITIK DER DDR, Bd. XXI/2, S. 825 f., S. 832 f. und S. 841 f.

[12] Am 27. März 1973 teilte Staatssekretär Grabert, Bundeskanzleramt, Staatssekretär Frank mit, der zeitliche Zusammenhang zwischen dem Austausch der Ratifikationsurkunden zum Grundlagenvertrag und der Stellung des Aufnahmeantrags der Bundesrepublik und der DDR bei der UNO habe im Gespräch mit dem Staatssekretär beim Ministerrat der DDR, Kohl, am 22. März 1973 in Ost-Berlin „wieder eine erhebliche Rolle gespielt. Dabei wird immer deutlicher, daß die DDR davon ausgeht, wir hätten ein Interesse daran, die Aufnahme beider Staaten in die Weltorganisation hinauszuzögern. [...] Auf die erklärte Bereitschaft der DDR zu einer Abmachung über die zeitliche Folge des Austauschs der Ratifikationsurkunden und der Stellung des Aufnahmeantrages bei den Vereinten Nationen wurde von unserer Seite angeregt, eine solche Abmachung gegebenenfalls in Form eines Briefwechsels zu treffen." Grabert bat deshalb darum, „den Vorschlag der DDR über den zeitlichen Ablauf – Abschluß der parlamentarischen Behandlung; Stellung des Aufnahmeantrags; Empfehlung des Sicherheitsrates; Austausch der Ratifikationsinstrumente" zu prüfen und einen Entwurf für den vorgeschlagenen Briefwechsel zu erstellen. Vgl. VS-Bd. 10101 (Ministerbüro); B 150, Aktenkopien 1973.
Vgl. dazu auch Dok. 101.

[13] Am 16. Januar 1973 erbat Ministerialdirektor Sanne, Bundeskanzleramt, in einer Ressortbesprechung „im Auftrag von Bundesminister Bahr Amtshilfe bei der Beschaffung von Objekten für Dienst- und Wohnräume der DDR-Vertretung in Bonn". Vgl. die Aufzeichnung des Vortragenden Legationsrats I. Klasse Schödel vom 24. Januar 1973; Referat 210, Bd. 109223.

scherkoesen noch einmal in Verbindung treten. Die DDR bitte die Bundesregierung, weitere Vorschläge unter Berücksichtigung folgender Anregungen zu machen, wobei die DDR grundsätzlich bereit sei, ein Grundstück sowohl im Wege des Tauschs wie auch des Kaufs zu erwerben:

a) Die Bundesregierung verfüge über ein bundeseigenes Grundstück auf der Viktors-Höhe von 16 Hektar, wovon sieben Hektar der Sowjetunion zum Tausch gegen ein entsprechendes Grundstück in Moskau angeboten worden seien.[14]

Die DDR wäre interessiert, die von den verbleibenden neun Hektar bebaubaren drei Hektar zu erwerben.

b) Die DDR bitte um Vermittlung der Bundesregierung bei den kürzlich der VR Polen angebotenen Grundstücke, unter denen sich auch für die DDR interessante Objekte befänden, sofern sich nicht Polen für eines der Objekte entscheide.

c) Auf dem Heiderhof befänden sich zwei geeignete Grundstücke in privater Hand, die ebenfalls für die Vertretung der DDR in Betracht kämen. Die Bundesregierung habe bei diesen Grundstücken eine gewisse Einwirkungsmöglichkeit.

Für die Ständige Vertretung der BRD in Berlin könne die DDR bereits jetzt folgende Angebote machen:

a) zwischen 1.9.73 und 1.1.74 Gebäude Kuckhoffstraße 58 (30 Zimmer ab 1.1.74 zwei Etagen im Gebäude Hannoversche Str. 30 mit 27 Räumen und einer Zwei-Zimmer-Wohnung;

b) für Residenz ab 1.8.73 die Villen Kuckhoffstr. 41/43, die zurzeit durch Zwischenbau verbunden würden;

c) Gelände für Neubau Residenz und Dienstgebäude Dietzgenstr. 70–86 (1,5 Hektar);

d) es sei vorgesehen, Wohnungen im Neubaugebiet Frankfurter Allee (Süd) zur Verfügung zu stellen.

Die Vertretung der DDR, ohne handelspolitische Abteilung, solle 50 Mitarbeiter umfassen, davon etwa 20 Diplomaten.

Für die handelspolitische Abteilung seien etwa 30 Leute vorgesehen, bei denen man noch nicht wisse, wo sie untergebracht würden, ob in Bonn oder ob man Gebäude des MAW[15] in Düsseldorf beibehalte.

---

[14] Die sowjetische Regierung bemühte sich seit 1965 um ein Grundstück für ein neues Botschaftsgebäude. Das schließlich gewünschte Grundstück in Bonn-Bad Godesberg lag jedoch innerhalb eines unter Landschaftsschutz stehenden Gebiets. Am 10. Februar 1969 verknüpfte die Bundesregierung ein Eingehen auf die sowjetischen Wünsche damit, daß der Bundesrepublik ein geeignetes Grundstück in Moskau für ein neues Kanzleigebäude zur Verfügung gestellt werde. Nachdem die sowjetische Regierung mit Verbalnote vom 30. September 1969 bestätigt hatte, hinsichtlich der Frage des Grundstücks und des Baus neuer Botschaftsgebäude in Bad Godesberg und Moskau nach dem Prinzip der Gegenseitigkeit verfahren zu wollen, teilte Staatssekretär Duckwitz dem sowjetischen Botschafter Zarapkin mit Schreiben vom 14. November 1970 mit, daß die Bundesregierung den Kauf des Grundstücks für die sowjetische Botschaft in die Wege geleitet habe. Vgl. dazu Referat II A 4, Bd. 1080. Vgl. dazu auch AAPD 1972, I, Dok. 44.
[15] Ministerium für Außenwirtschaft der DDR.

Die DDR sei damit einverstanden, daß Expertengespräche über die technischen Fragen im Zusammenhang mit den Grundstücken im April sowohl in Bonn als auch in Berlin begonnen werden.[16]

Gespräche über die inhaltlichen Fragen im Zusammenhang mit der Errichtung von Vertretungen sollten erst nach Abschluß des Ratifizierungsverfahrens geführt werden, wobei die DDR den Wunsch der BRD nach einem früheren Beginn zur Kenntnis genommen habe.

StS *Grabert* erklärte, die Bundesregierung sei sowohl mit einem Kauf als auch mit einem Tausch von Grundstücken einverstanden. Seine Seite werde sich um angemessene Übergangslösungen für die Vertretung der DDR bemühen.

Im übrigen weise er noch einmal darauf hin, daß mit den inhaltlichen Gesprächen möglichst bald begonnen werden solle, um den von StS Kohl genannten Termin vom 1. August 73 für die Arbeitsaufnahme der beiden Vertretungen einhalten zu können.[17]

5) Luftverkehrsabkommen

StS *Grabert* bat unter Hinweis auf das Gespräch vom 28.2.1973 um Auskunft über die Vorstellung der DDR, wie man in der Frage eines Luftverkehrsabkommens weiter vorgehen könne.

StS *Kohl* antwortete, die DDR sei weiterhin zum Abschluß eines Luftverkehrsabkommens unter Ausklammerung der Westberlin-Problematik bereit. Die guten Erfahrungen während der Messe in Leipzig zeigten, wie interessant ein solches Abkommen für beide Seiten sei. Dies gehe aus folgenden Zahlen hervor: 24 Flüge von Leipzig, 23 Flüge nach Leipzig; Passagieraufkommen 3600 Personen; Kapazitätsauslastung über 80 Prozent. Es sei also wohl übertrieben, ein Abkommen in dem von der DDR vorgeschlagenen Rahmen als „uninteressant" zu bezeichnen.

StS *Grabert* entgegnete, die DDR sei offenbar nicht an einem Anflug von Schönefeld durch die Lufthansa interessiert. Schönefeld liege ja bekanntlich in der Berliner Kontrollzone. Die DDR könne nur den Überflug bis zur BCZ genehmigen. Der Einflug in diese Zone unterliege der Zustimmung der für die BCZ zuständigen Vier Mächte. Aber darüber könne die DDR angeblich nicht reden.

---

16 Die Errichtung Ständiger Vertretungen wurde am 22. März 1973 von Ministerialdirektor Sanne, Bundeskanzleramt, und dem Abteilungsleiter im Ministerium für Auswärtige Angelegenheiten der DDR, Seidel, weiter erörtert. Zu den Ausführungen seines Gesprächspartners vermerkte Sanne am 23. März 1973, Seidel habe erklärt, „daß nach Vereinbarung eines uns passenden Termins im Baufachmann von ihnen nach Bonn kommen würde, um dort in Begleitung eines Mitglieds der Düsseldorfer Handelsvertretung die Objekte zu besichtigen, die die Bundesregierung anbieten könne. [...] Im Zusammenhang mit der Größe der für die vorläufige Unterbringung der Vertretungen erforderlichen Bürofläche äußerte Herr Seidel folgendes: Seine Seite gehe davon aus, daß bei den Vertretungen handelspolitische Abteilungen gebildet würden, die für alle laufenden Wirtschaftsfragen zuständig seien. Die bisher von anderen Gremien übernommenen Aufgaben müßten zu gegebener Zeit auf die Vertretungen übergeleitet werden. Für seine Seite sei lediglich noch offen, ob das Gesamtpersonal der Handelsvertretung in Düsseldorf (ca. 30 Personen) nach Bonn überführt werde oder ob in der Vertretung Bonn nur die Leitung der handelspolitischen Abteilung sitzen solle, während für mehr technische Aufgaben die Handelsvertretung Düsseldorf als Außenstelle weiterarbeite." Vgl. Referat 210, Bd. 109223.

17 Die Gespräche mit der DDR über die Errichtung Ständiger Vertretungen begannen am 14. Juni 1973 in Ost-Berlin. Vgl. dazu Dok. 196.

StS *Kohl* wies auf die de facto-Situation hin, die übrigens auch eine de jure-Situation sei. Es gebe zahlreiche internationale Linien, die Schönefeld anflögen, ohne daß sich Probleme wegen der BCZ ergeben hätten.

6) Einbeziehung von Berlin (West) in den Sportverkehr

StS *Grabert* erklärte, ihm sei berichtet worden, daß das Gespräch in Dresden zu keiner erkennbaren Lösung geführt habe, weil der DTSB nicht bereit sei, bei den zu treffenden Verabredungen eine gültige Einbeziehung des Gebiets von Berlin (West) hinzunehmen.[18] Hier müsse gemäß Ziffer 8 des Zusatzprotokolls zu Artikel 7 des Grundvertrages[19] die unterstützende Funktion der Regierung wirksam werden. Er müsse darum bitten, daß das im Vier-Mächte-Abkommen niedergelegte Prinzip der Bindungen[20] gewahrt werde, zumal die Einbeziehungen von Berlin (West) beim Sport im internationalen Bereich von der DDR akzeptiert sei. Es ergäbe eine merkwürdige Perspektive, wenn die DDR im bilateralen Bereich andere Positionen vertreten wolle. Die Bundesregierung ginge davon aus, daß derartige Schwierigkeiten im Bereich des Sports während der Grundvertragsverhandlungen ausgeräumt worden seien.

StS *Kohl* entgegnete, daß die Sowjetunion als Mitunterzeichner des Vierseitigen Abkommens die gleiche Position vertrete wie die DDR. Ihm sei im übrigen die Entstehungsgeschichte der Ziffer 8 des Zusatzprotokolls durchaus bekannt. Die Einbeziehung von Berlin (West) sei aber eine Frage des Könnens und Wollens und nicht die einer Verpflichtung einer der beiden Seiten. Beide Seiten hätten sich auf der Basis des Vierseitigen Abkommens geeinigt. Dies komme in der Erklärung über die Einbeziehung Westberlins zum Ausdruck.

Die DDR habe in Dresden großzügige Angebote gemacht. Dann aber habe Senator Korber die Frage politisiert. Wenn man den Vertretern der DDR die Pistole auf die Brust setze, dann müsse die Antwort lauten: „So nicht"!

StS *Grabert* erwiderte, man habe hier nicht über ein „So nicht", sondern über das „Wie" zu sprechen. Er wolle eines ganz klar machen: Nicht der Sport der DDR und der Sport der BRD träfen Vereinbarungen, sondern zwei Verbände, von denen der DSB die Organisation des Sports in der BRD und in Berlin (West) ist. Er könne auch die von StS Kohl gebrauchte Deutung des Wortes „Kann" in der Berlin-Erklärung nicht unwidersprochen lassen. Er weise auf das Einvernehmen hin, das am Ende der Grundvertragsverhandlungen zu der geänderten Formulierung der Ziffer 8 des Zusatzprotokolls geführt habe.[21]

---

[18] Zum dritten Gespräch zwischen dem Deutschen Sportbund (DSB) und dem Deutschen Turn- und Sportbund der DDR (DTSB) am 14. März 1973 in Dresden vgl. Dok. 60, Anm. 4.

[19] Ziffer 8 des Zusatzprotokolls zu Artikel 7 des Vertrags vom 21. Dezember 1972 über die Grundlagen der Beziehungen zwischen der Bundesrepublik und der DDR: „Die Bundesrepublik Deutschland und die Deutsche Demokratische Republik bekräftigen ihre Bereitschaft, nach Unterzeichnung des Vertrages die zuständigen Sportorganisationen bei den Absprachen zur Förderung der Sportbeziehungen zu unterstützen." Vgl. BULLETIN 1972, S. 1844.

[20] Vgl. dazu Teil II B sowie Anlage II Absatz 1 des Vier-Mächte-Abkommens über Berlin vom 3. September 1971; Dok. 58, Anm. 12.

[21] Ziffer 8 des Zusatzprotokolls zu Artikel 7 des Vertrags über die Grundlagen der Beziehungen zwischen der Bundesrepublik und der DDR wurde am 6. November 1972 endgültig formuliert. Vgl. dazu AAPD 1972, III, Dok. 364.
Für die ursprüngliche Formulierung vgl. Ziffer 6 des Zusatzprotokolls im Entwurf vom 3. November 1972; AAPD 1972, III, Dok. 360.

Die Bundesregierung wolle im Sportbereich zu einer Regelung kommen, die die Einbeziehung Berlins (West) gewährleiste, wobei sie in der Form flexibel sei.

StS *Kohl* antwortete, er habe aufmerksam zugehört. Er könne seinen Ausführungen nichts hinzufügen. Er werde berichten.

7) Grenznaher Verkehr

StS *Grabert* stellte fest, die BRD sei einverstanden mit dem von der DDR genannten Termin des 4. April für ein Expertengespräch über die Probleme des grenznahen Verkehrs.[22] Er gehe davon aus, daß dort auch die Themenliste besprochen werde, die BM Bahr am 28. Februar Herrn Kohl übergeben habe.[23]

StS *Kohl* bestätigte dies. Herr Gerber werde mit den bautechnischen Problemen der „Anbindung" beginnen. Dann werde man sich auch den Abfertigungsfragen zuwenden und deren Erörterung in der darauf folgenden Begegnung fortsetzen.

8) Flugplatz Lübeck-Blankensee

StS *Kohl* erklärte, die DDR könne zu seinem Bedauern keine Genehmigung zum Überflug von DDR-Territorium erteilen. Dies sei eine ziemlich absolute Mitteilung. Es sei nicht ermächtigt, die Gründe darzulegen.

9) See-Schiffsverkehr

StS *Kohl* erklärte, die DDR halte eine Regelung des See-Schiffsverkehrs zwischen Häfen der BRD und der DDR im Augenblick noch für verfrüht, sei aber bereit, diese Frage nach Inkrafttreten des Grundlagenvertrages zu prüfen.

10) Journalisten

StS *Grabert* erklärte, das Ergebnis der gestrigen Gespräche zwischen den Herren Müller und Meyer[24] werde von der Bundesregierung für eine gute Grundlage für die weitere Entwicklung dieser Angelegenheit gehalten. Die Bundesregierung habe die von Herrn Meyer gegebenen Auskünfte registriert. Er gehe davon aus, daß entsprechend der Erklärung von Herrn Meyer die von der DDR anläßlich der Leipziger Messe angewandte Praxis auch für die Zukunft gelte.

StS *Kohl* erläuterte, daß die Verordnung über Journalisten[25] in vollem Ein-

---

22 In der Zeit vom 4. April bis 15. Juni 1973 fanden sechs Expertengespräche über Fragen des grenznahen Verkehrs statt. Vgl. dazu BULLETIN 1973, S. 748.
23 Zu der von Bundesminister Bahr am 28. Februar 1973 übergebenen Themenliste zum grenznahen Verkehr vgl. Dok. 67, Anm. 49.
24 Der Leiter der Presseabteilung im Ministerium für Auswärtige Angelegenheiten der DDR, Meyer, versicherte am 21. März 1973 im Gespräch mit dem Abteilungsleiter im Presse- und Informationsamt, Müller, daß die DDR die Arbeitsmöglichkeiten für Journalisten in der DDR nicht einschränken werde und die Praxis für Journalisten während der Sportgespräche am 14. März 1973 in Dresden bzw. während der Leipziger Messe beispielhaft dafür sei, wie die DDR die Rechtsverordnung vom 21. Februar 1973 über die Tätigkeit von Publikationsorganen handzuhaben beabsichtige. Vgl. dazu den Artikel „Ost-Berliner Zusage für die westdeutschen Journalisten"; FRANKFURTER ALLGEMEINE ZEITUNG vom 22. März 1973, S. 1.
25 Am 21. Februar 1973 wurde in der DDR eine neue Verordnung über die Tätigkeit von Publikationsorganen anderer Staaten und deren Korrespondenten in der DDR erlassen. Nach Paragraph 5 Absatz 1 hatten in der DDR akkreditierte ständige Korrespondenten und Reisekorrespondenten „bei der Ausübung ihrer journalistischen Tätigkeit die allgemein anerkannten Normen des Völkerrechts einzuhalten, die Gesetze und anderen Rechtsvorschriften der Deutschen Demokratischen Republik einzuhalten; Verleumdungen oder Diffamierungen der Deutschen Demokratischen Republik, ihrer staatlichen Organe und ihrer führenden Persönlichkeiten sowie der mit der Deutschen Demokratischen Republik verbündeten Staaten zu unterlassen; wahrheitsgetreu, sachbezogen und

klang mit seinem Briefwechsel mit BM Bahr[26] stehe. Herr Meyer habe seinen Direktiven entsprechend gehandelt. Er würde es begrüßen, wenn StS Grabert bestätigen könne, daß das, was Herr Müller zur Frage der Mitgliedschaft im VAP[27], zu Steuern und Ausweisen gesagt habe, die Meinung der Bundesregierung wiedergebe.

StS *Grabert* bestätigte die Verhandlungsführung von Herrn Müller.

11) Reiseverkehr

StS *Kohl* nannte die in der Presse der BRD gegen die DDR geführte Kampagne wegen der angeblich unbefriedigenden Entwicklung des Reiseverkehrs[28] unverständlich und nannte folgende Zahlen:

Seit dem Inkrafttreten des Verkehrsvertrages am 17.X.1972 bis zum 28.II.1973 hätten 985 716 Bürger der BRD die Genehmigung zur Einreise in die DDR erhalten. Dabei stelle der Monat Dezember 1972 mit 341 166 Einreisen einen bisherigen Höhepunkt dar. Im Januar hätten 135 414 und im Februar 73 145 919 Bürger der BRD die DDR besucht.

Im gleichen Zeitraum hätten 140 887 Bürger der DDR die Genehmigung zum Besuch der Bundesrepublik erhalten, davon allein 30 214 in dringenden Familienangelegenheiten.

12) Aufnahme der DDR in UPU und UIT

StS *Kohl* erklärte, die DDR habe nie einen Zweifel daran gelassen, daß ihre Mitgliedschaft in UPU und UIT dringlich sei, wobei sie nach dem Briefwechsel vom 8.XI.72 zum Post- und Fernmeldewesen[29] davon ausgehe, daß diese Mitgliedschaft von der BRD unterstützt werde. Er verweise hier auch auf das am 14.9.72 von BM Bahr und ihm gemeinsam diktierte Arbeitspapier[30], woraus dies ebenfalls eindeutig hervorgehe.

Fortsetzung Fußnote von Seite 409

korrekt zu berichten sowie keine böswillige Verfälschung von Tatsachen zuzulassen; die gewährten Arbeitsmöglichkeiten nicht für Handlungen zu mißbrauchen, die mit dem journalistischen Auftrag nichts zu tun haben." Vgl. GESETZBLATT DER DDR 1973, Teil I, S. 99.
Gemäß Paragraph 2 der Ersten Durchführungsbestimmung vom selben Tag zu dieser Verordnung konnten im Falle der Verletzung dieser Grundsätze „vom Leiter des Bereiches Presse und Information des Ministeriums für Auswärtige Angelegenheiten folgende Maßnahmen getroffen werden: Verwarnung des Korrespondenten; Entzug der Akkreditierung oder der Arbeitsgenehmigung und die Ausweisung des Korrespondenten aus der Deutschen Demokratischen Republik; Schließung des Büros des Publikationsorgans". Vgl. GESETZBLATT DER DDR 1973, Teil I, S. 100.

[26] Zum Briefwechsel vom 8. November 1972 über die Arbeitsmöglichkeiten für Journalisten vgl. Dok. 67, Anm. 53.

[27] Zu den Bemühungen von Journalisten aus der DDR um Aufnahme in den „Verein der Ausländischen Presse in Deutschland e. V." (VAP) vgl. Dok. 67, Anm. 54.

[28] Zu den Pressemeldungen in der Bundesrepublik über den Reiseverkehr mit der DDR vgl. Dok. 67, Anm. 5.

[29] Im Schreiben an Staatssekretär Bahr, Bundeskanzleramt, zum Post- und Fernmeldewesen teilte der Staatssekretär beim Ministerrat der DDR, Kohl, mit: „Im Hinblick auf die notwendige gleichberechtigte Mitgliedschaft beider Staaten im Weltpostverein (UPU) und in der Internationalen Fernmelde-Union (UIT) gibt die Regierung der Deutschen Demokratischen Republik der Regierung der Bundesrepublik Deutschland zur Kenntnis, daß die Deutsche Demokratische Republik nach Beginn der Verhandlungen die erforderlichen Schritte zur Erlangung ihrer Mitgliedschaft unternehmen wird." Im Schreiben von Bahr wurde bestätigt, daß die Bundesregierung diese Absicht zur Kenntnis nehme. Vgl. BULLETIN 1972, S. 1844 f.

[30] Für die vereinbarten Ergebnisse des siebten Gesprächs des Staatssekretärs Bahr, Bundeskanzleramt, mit dem Staatssekretär beim Ministerrat der DDR, Kohl, am 13./14. September 1972 in Ost-Berlin vgl. AAPD 1972, II, Dok. 278.

Die BRD habe bis heute dem Aufnahmeantrag der DDR in beide Organisationen[31] nicht zugestimmt[32], was die DDR als vereinbarungswidriges Verhalten ansehen müsse. Die DDR gehe dabei allerdings davon aus, daß es sich mehr um ein bürokratisches Versehen als um bewußtes Nichteinhalten eingegangener Verpflichtungen durch die Bundesregierung handle.

13) Mündelgelder[33]

StS *Kohl* verwies auf eine dpa-Meldung vom 8.III.1973, laut der der stellvertretende Sprecher der Bundesregierung sinngemäß eindeutig erklärt habe, zwischen der Überweisung von Mündelgeldern und der Familienzusammenführung gebe es ein Junktim.[34] Diese Feststellung sei für die DDR nicht annehmbar, sie bitte noch einmal um Überweisung der in der BRD aufgelaufenen Gelder.[35]

StS Kohl übergab Ablichtung eines Beschwerdebriefes (vgl. Anlage)[36].

14) Rechtshilfeverkehr

StS *Kohl* erklärte die Bereitschaft der DDR, etwa 60 beim Justizministerium der DDR seit November 1972 aufgelaufene Rechtshilfeersuchen zu bearbeiten, obwohl diese wiederum nicht auf dem ordnungsgemäßen Weg übermittelt worden seien. Er müsse jedoch nachdrücklich betonen, daß diese Bereitschaft keine Präjudizierung der noch offenstehenden vertraglichen Regelung dieser Frage bedeute.

15) Nächstes Treffen

Als Termin für das nächste Gespräch wurde der 26. April 1973 vereinbart. Ort: Bonn.[37]

Abschließend einigte man sich auf folgende „vereinbarte Mitteilung" an die Presse:

„Der Chef des Bundeskanzleramtes der Bundesrepublik Deutschland, Staatssekretär Horst Grabert, und der Staatssekretär beim Ministerrat der Deut-

---

31 Der Gesandte der DDR in Bern, Ullrich, übergab am 29. Dezember 1972 im Eidgenössischen Politischen Departement den Antrag der DDR auf Beitritt zum Weltpostverein. Vgl. dazu AUSSENPOLITIK DER DDR, Bd. XX/2, S. 1413.
 Am 4. Januar 1973 beantragte die DDR die Aufnahme in die Internationale Fernmeldeunion.
32 Gesandter Heimsoeth teilte den Referaten 210 und 500 am 31. Januar 1973 mit, daß die schweizerische Botschaft das Auswärtige Amt über den Antrag der DDR auf Aufnahme in den Weltpostverein unterrichtet und um Stellungnahme bis zum 16. Mai 1973 gebeten habe: „Unserer bisherigen Haltung zur Frage der Aufnahme der DDR in die VN-Sonderorganisationen gemäß wird die Bundesregierung für die Aufnahme der DDR stimmen." Jedoch solle noch geprüft werden, „ob mit Abgabe unserer Befürwortung zugleich ein Disclaimer abgegeben werden soll". Vgl. Referat 232, Bd. 112874.
33 Zum Problem der Mündelgelder vgl. Dok. 67, Anm. 33.
34 Am 10. März 1973 wurde in der Presse berichtet, daß der stellvertretende Regierungssprecher Grünewald am Vortag ausgeführt habe: „Die bei der Bundesbank auf einem Sperrkonto liegenden Mündelgelder würden jeweils nur dann freigegeben, wenn den betroffenen Kindern die Ausreise in die Bundesrepublik gestattet worden sei." Vgl. den Artikel „Kein Termin für Ratifizierung des Grundvertrages vereinbart"; DIE WELT vom 10./11. März 1973, S. 1.
35 Vgl. dazu auch das Vier-Augen-Gespräch des Staatssekretärs Grabert, Bundeskanzleramt, mit dem Staatssekretär beim Ministerrat der DDR, Kohl, am 22. März 1973 in Ost-Berlin; Dok. 90.
36 Dem Vorgang beigefügt. In dem Schreiben bat Ulrike Kretzschmar um Unterstützung hinsichtlich einer ausstehenden Unterhaltszahlung ihres in der Bundesrepublik lebenden Vaters in Höhe von 753,31 DM. Vgl. VS-Bd. 10101 (Ministerbüro); B 150, Aktenkopien 1973.
37 Für die Gespräche des Staatssekretärs Grabert, Bundeskanzleramt, mit dem Staatssekretär beim Ministerrat der DDR, Kohl, am 26. April 1973 vgl. Dok. 116 und Dok. 117.

schen Demokratischen Republik, Dr. Michael Kohl, trafen in Begleitung von Mitarbeitern am 22. März 1973 zu einem Gespräch über beiderseits interessierende Fragen zusammen. Die Unterredung fand im Haus des Ministerrats in Berlin statt.

Es wurde vereinbart, zu einem weiteren Gespräch am 26. April 1973 in Bonn zusammenzutreffen.“[38]

VS-Bd. 10101 (Ministerbüro)

86

Aufzeichnung des Ministerialdirektors Hermes

22. März 1973[1]

Herrn Staatssekretär[2]

Betr.: Unterstellung amerikanischer Kernanlagen unter Sicherungsmaßnahmen der IAEO

Zweck der Vorlage: Zur Information und Vorschlag, die Angelegenheit mit dem amerikanischen Botschafter[3] zu besprechen

I. Während der Verhandlungen über den NV-Vertrag[4] hat Präsident Johnson am 2.12.1967 erklärt, daß die USA freiwillig ihre zivil genutzten Kernanlagen IAEO-Sicherungskontrollen unterstellen wollten.[5] Diese Erklärung war für uns ein wesentlicher Bestandteil des Verhandlungsergebnisses über den NV-

---

[38] Vgl. auch die Meldung „Treffen Kohl – Grabert“; NEUES DEUTSCHLAND vom 23. März 1973, S. 2.

[1] Die Aufzeichnung wurde von Vortragendem Legationsrat I. Klasse Randermann konzipiert.

[2] Hat Staatssekretär Frank am 27. März 1973 vorgelegen, der handschriftlich für Vortragenden Legationsrat Vergau vermerkte: „Für ein gelegentl[iches] Gespräch mit Botsch[after] H[illenbrand].“
Hat Vergau am 28. März und erneut am 9. Mai 1973 vorgelegen, der handschriftlich für Referat 413 vermerkte: „Durch D 2 erledigt?“
Hat Vortragendem Legationsrat I. Klasse Randermann am 9. Mai 1973 vorgelegen, der handschriftlich vermerkte: „Nein.“

[3] Martin J. Hillenbrand.

[4] Für den Wortlaut des Nichtverbreitungsvertrags vom 1. Juli 1968 vgl. EUROPA-ARCHIV 1968, D 321–328.

[5] Am 2. Dezember 1967 erklärte Präsident Johnson, daß die USA bei Abschluß eines Nichtverbreitungsvertrags von keinem Staat Sicherheitskontrollen verlangen würden, die sie nicht für sich selbst zu akzeptieren bereit wären. Die amerikanische Regierung werde daher Kontrollen amerikanischer Atomanlagen durch die IAEO erlauben: „Under this offer, the agency will then be able to inspect a broad range of United States nuclear activities, both governmental and private, including the fuel in nuclear-powered reactors owned by utilities for generating electricity, and the fabrications and the chemical reprocessing of such fuel.“ Vgl. PUBLIC PAPERS, JOHNSON 1967, II, S. 1085. Anläßlich der Unterzeichnung des Nichtverbreitungsvertrags am 1. Juli 1968 wiederholte Johnson diese Bereitschaft: „After the treaty has come into force we will permit the International Atomic Energy Agency to apply its safeguards to all nuclear activities in the United States – excluding only those with direct national security significance.“ Vgl. PUBLIC PAPERS, JOHNSON 1968–69, II, S. 765.

Vertrag.[6] Die Erklärung wurde später durch Nixon bestätigt.[7] Anläßlich der Ausarbeitung eines Musterabkommens für nach dem NV-Vertrag abzuschließende Sicherheitskontrollabkommen der IAEO im Februar 1971 wurde in Wien zwischen den USA und interessierten Industriestaaten im Wege eines Gentlemen's Agreements eine Einigung über Modalitäten der Verwirklichung des amerikanischen Angebots erzielt. Hiernach sollten IAEO-Sicherungsmaßnahmen in allen zivil genutzten amerikanischen Kernanlagen durchgeführt werden. Lediglich zur Verringerung der Inspektionskosten der IAEO sollten Inspektionen in vollem Umfange nur in solchen Anlagen durchgeführt werden, die auf fortgeschritteneren Technologien beruhen oder aus Wettbewerbsgesichtspunkten besonders kritisch sind. In den anderen Anlagen sollten gelegentliche Inspektionen stattfinden.[8]

Wie wir inzwischen aus Wien und Washington erfahren haben, sehen der IAEO unterbreitete amerikanische Vorschläge dagegen jetzt lediglich vor, daß nicht alle, sondern nur einige der in Betracht kommenden amerikanischen Anlagen IAEO-Sicherheitskontrollen unterstellt werden sollen.[9] Außerdem sollen die

---

6 An dieser Stelle Fußnote in der Vorlage: „(Erklärung der Bundesregierung bei Unterzeichnung des NV-Vertrages siehe Anlage.)"
Am 28. November 1969 betonte die Bundesregierung anläßlich der Unterzeichnung des Nichtverbreitungsvertrags vom 1. Juli 1968 „die entscheidende Bedeutung, die sie im Interesse der wirtschaftlichen und wissenschaftlichen Chancengleichheit der Erfüllung der Zusage der Vereinigten Staaten und Großbritanniens hinsichtlich der Kontrolle ihrer friedlichen nuklearen Anlagen beimißt, und hofft, daß auch andere Kernwaffenstaaten entsprechende Zusagen abgeben werden". Vgl. BULLETIN 1969, S. 1234.

7 Am 5. Februar 1969 bat Präsident Nixon in einem Schreiben den Senat, dem Nichtverbreitungsvertrag vom 1. Juli 1968 zuzustimmen. Dazu führte er aus: „In submitting this request I wish to endorse the commitment made by the previous Administration that the United States will, when safeguards are applied under the Treaty, permit the International Atomic Energy Agency to apply its safeguards to all nuclear activities in the United States, exclusive of those activities with direct national security significance." Vgl. PUBLIC PAPERS, NIXON 1969, S. 62.

8 In dem von Australien, der Bundesrepublik, Italien und Japan im Februar 1971 vorgelegten sogenannten „Timbs-Papier" wurde zur Zielsetzung der Einigung ausgeführt: „Within the more general objective of avoiding any discrimination between Nuclear Weapons States and Non Nuclear Weapons States in respect of nuclear activities other than those to which national security exclusions apply, the principal purpose of applying Agency safeguards to the offered nuclear activities in the Nuclear Weapons States is to ensure that nuclear operators or manufacturers in Nuclear Weapons States are not placed in any position of advantage over those in Non Nuclear Weapons States by reason of the undertaking of Non Nuclear Weapons States to accept Agency safeguards upon the whole of their nuclear fuel cycles under the terms of the N[on]P[roliferation]T[reaty]." Vgl. den Drahterlaß Nr. 146 des Vortragenden Legationsrats I. Klasse Randermann vom 12. Februar 1973 an die Botschaft in Washington; Referat 413, Bd. 105327.

9 Gesandter Ungerer, Wien (Internationale Organisationen), berichtete am 18. Januar 1973 über die amerikanischen Vorschläge für ein Kontrollabkommen mit der IAEO: „Kern dieser Vorstellungen soll darin bestehen, daß die Amerikaner der IAEO eine Liste der Kernanlagen übergeben, die nicht mit Kerntätigkeiten, die direkte Bedeutung für die nationale Sicherheit haben, assoziiert sind. Die IAEO soll das Recht haben, aus dieser Liste eine Reihe von Anlagen auszuwählen, für die dann ergänzende Vereinbarungen abgeschlossen werden und die damit den IAEO-Sicherungsmaßnahmen unterliegen." Vgl. den Drahtbericht Nr. 14; Referat 413, Bd. 105327.
Am 24. Januar 1973 teilte Ungerer ergänzend mit, daß nur solches Kernmaterial für Kontrollen offenstehen solle, „das sich in Kernanlagen und anderen Orten, die ausdrücklich in den ergänzenden Vereinbarungen aufgeführt sind", befinde. Außerdem seien Sicherungsmaßnahmen „zu beenden, sobald Kernmaterial, das Sicherungsmaßnahmen unterliegt, in Kernenergietätigkeiten transferiert wird, die direkte Bedeutung für die nationale Sicherheit haben", oder aber die fragliche Anlage verlasse. Vgl. den Schriftbericht; Referat 413, Bd. 105327.
Botschafter Pauls, Washington, informierte am 31. Januar 1973 über das amerikanische Argument, daß die Zahl der Anlagen so groß sei, „daß das kostspielige IAEO-Kontrollverfahren aus fi-

Sicherungsmaßnahmen aufhören, wenn das kontrollierte Material eine Anlage
verläßt, so daß eine Kontrolle des Materialflusses nicht mehr stattfinden würde. Der Text der amerikanischen Vorschläge liegt uns nicht vor, da die Gespräche der USA mit der IAEO vertraulicher Art sind.

II. Eine Annahme dieser amerikanischen Vorschläge würde dem Zwecke der
Unterstellung amerikanischer Anlagen, zwischen der Kernindustrie der USA
und der übrigen Industriestaaten infolge der unterschiedlichen Belastung durch
Sicherungsmaßnahmen Wettbewerbsverzerrungen zu vermeiden, zuwiderlaufen.

Wir haben daher über unsere Botschaft in Washington das State Department
um weitere Information und bilaterale deutsch-amerikanische Konsultationen
gebeten. Dieser Wunsch wurde damit begründet, daß das amerikanische Angebot anläßlich der NV-Vertragsverhandlungen neben Japan im wesentlichen
mit Rücksicht auf die Bundesrepublik als dem am meisten betroffenen Indu-
striestaat abgegeben worden ist.[10]

Die amerikanische Reaktion war sehr zurückhaltend. Uns wurde erklärt, die
amerikanischen Vorschläge in Wien seien nur vorläufiger Art. Bilaterale Konsultationen könnten vielleicht zu einem späteren Zeitpunkt stattfinden; als
Termin wurde der Herbst d. J. genannt.[11]

Fortsetzung Fußnote von Seite 413

nanziellen Gründen nicht auf alle angewendet werden könne. [...] Ein noch ungelöstes Problem sei
das Argument der Firmen, die die von der IAEO auszuwählenden Anlagen betreiben, daß die Unterwerfung unter die IAEO-Maßnahmen eine wirtschaftliche Benachteiligung gegenüber den Be-
treibern der nicht ausgewählten Anlagen darstelle. Dieses Argument sei nicht von der Hand zu
weisen, da die IAEO-Maßnahmen kostspielig seien und eine tageweise Stillegung der Anlagen
zwecks Inventaraufnahme erforderlich machen könnten." Daher werde auch über ein Rotationsverfahren der auf der Liste stehenden Anlagen nachgedacht. Vgl. den Drahtbericht Nr. 308; Referat 413, Bd. 105327.

[10] Ministerialdirigent Poensgen bat die Botschaft in Washington am 12. Februar 1973, im amerikanischen Außenministerium den Wunsch nach Konsultationen vorzubringen und darauf hinzuweisen, daß das Problem der Wettbewerbsgleichheit zwischen den Kernindustrien der nichtnuklearen
Industriestaaten und der Nuklearstaaten „in der öffentlichen Diskussion über die Einführung von
Sicherungsmaßnahmen der IAEO großes Gewicht" habe: „Mit besonderer Schärfe stellt sich das
Problem der Wettbewerbsgleichheit bei Anlagen, die auf besonders fortgeschrittenen und zum Teil
noch im Entwicklungsstadium befindlichen Technologien beruhen. Dies gilt auch für die Gasultra-
zentrifugentechnologie. Wir haben zwar Verständnis dafür, daß die amerikanische Regierung ihre
z. Z. vorhandenen Diffusionsanlagen aus Gründen nationaler Sicherheitsinteressen nicht IAEO-
Sicherungsmaßnahmen unterstellen kann; gerade in Anbetracht der jüngsten Äußerungen Schle-
singers zur Entwicklung der Anreicherungstechnologie erscheint es uns jedoch wahrscheinlich,
daß in absehbarer Zeit in den USA Anlagen der Privatwirtschaft entstehen werden, die lediglich
für kommerzielle Zwecke anreichern werden. Es wäre wünschenswert, wenn diese künftigen Anlagen ebenso IAEO-Sicherungsmaßnahmen unterstellt werden würden wie die jetzt in Europa im Aufbau befindlichen Gasultrazentrifugenanlagen." Vgl. den Runderlaß Nr. 579; Referat 413, Bd. 105327.
[11] Botschafter Pauls, Washington, berichtete am 22. Februar 1973, im amerikanischen Außenministerium sei ihm zu den amerikanischen Überlegungen für IAEO-Kontrollen gesagt worden: „Das
seit einigen Monaten der technischen Expertengruppe der IAEO vorliegende Angebot (‚proposal')
sei nicht endgültig. Es handele sich nur um einen Vorschlag (‚suggestion'), auf den man Kommentare erwarte, über die man sprechen könne. [...] Nach Eintreffen der Kommentare erwarte
man weitere ausführliche Besprechungen und Konsultationen mit allen interessierten Regierungen." Vgl. den Drahtbericht Nr. 533; Referat 413, Bd. 10532.
Am 6. März 1973 wies Ministerialdirigent Poensgen die Botschaft in Washington an, unabhängig
von diesem amerikanischen Gesprächsangebot Interesse an bilateralen Kontakten „in einem frühen Stadium" zu bekunden: „Wir sind hieran insbesondere deshalb interessiert, weil aus den bisher
vorliegenden amerikanischen Äußerungen noch nicht ersichtlich ist, wie das Prinzip einer vollen Inspektion gerade bei Einrichtungen mit fortgeschritten oder wettbewerbssensitiven Technolo-

III. Abgesehen von dem materiellen Inhalt der amerikanischen Vorschläge gibt zur Besorgnis Anlaß, daß die Amerikaner auch nur für Konsultationen erst den Herbst in Aussicht nehmen.

Nicht zuletzt aufgrund amerikanischen Drucks haben wir die Verifikationsverhandlungen und die Unterzeichnung des Verifikationsabkommens, die für den 5. April vorgesehen ist, soweit wie möglich beschleunigt.[12] Es ist beabsichtigt, nach dieser Unterzeichnung die Zustimmungsgesetze zum NV-Vertrag und zum Verifikationsabkommen dem Bundestag unverzüglich zuzuleiten.[13] Wir sind bisher davon ausgegangen, daß wir bei der Diskussion dieser Verträge im Bundestag in der Lage sein werden darauf hinzuweisen, daß die Verhandlungen der USA mit der IAEO über die Verwirklichung der Zusage ihrer freiwilligen Unterstellung vor dem Abschluß stehen oder zumindest weit fortgeschritten sind. Wenn die USA für entsprechende bilaterale Kontakte mit uns erst den Herbst d. J. in Aussicht nehmen, bedeutet dies, daß die amerikanische Regierung sich anscheinend mit der Verwirklichung ihrer Zusage sehr viel Zeit lassen will. Dies könnte uns Schwierigkeiten beim Ratifikationsverfahren im Parlament bereiten.

IV. Da zwei Demarchen unserer Botschaft in Washington bereits stattgefunden haben, wird vorgeschlagen, daß nunmehr der Herr Staatssekretär die Angelegenheit mit dem amerikanischen Botschafter bespricht. Hierbei braucht nicht so sehr auf den materiellen Inhalt der von den USA der IAEO unterbreiteten Vorschläge eingegangen werden. Es würde in diesem Stadium vielmehr ausreichen, wenn wir im Hinblick auf unser Ratifikationsverfahren unserer Besorgnis darüber Ausdruck geben, daß die amerikanische Regierung an einem frühzeitigen Abschluß ihrer Gespräche mit der IAEO anscheinend nicht interessiert ist. Es sollte der Wunsch geäußert werden, daß die amerikanische Regierung ihre Verhandlungen mit der IAEO möglichst beschleunigt, wobei wir für eine rechtzeitige Konsultation dankbar wären.

Fortsetzung Fußnote von Seite 414

gien verwirklicht werden solle. Ferner erscheint es uns fraglich, ob die amerikanischen Vorschläge voll mit dem Timbs-Papier übereinstimmen. Dort war vorgesehen, daß ,random inspections' bei allen übrigen zivil genutzten Anlagen stattfinden sollten". Vgl. den Drahterlaß Nr. 843; Referat 413, Bd. 105327.

Gesandter Noebel, Washington, teilte am 21. März 1973 mit, nach Auffassung des amerikanischen Außenministeriums sei es „durchaus denkbar, daß nach weiterer Abklärung in Wien die Aufnahme bilateraler Gespräche zu einem späteren Zeitpunkt (als unverbindliches Beispiel wurde der Herbst dieses Jahres genannt) zweckmäßig werden könne". Vgl. den Drahtbericht Nr. 829; Referat 413, Bd. 105327.

12 Die Verhandlungen zwischen EURATOM und IAEO über ein Verifikationsabkommen wurden am 9. November 1971 in Wien aufgenommen und nach sieben Verhandlungsrunden am 21. Juli 1972 beendet. Es wurde im September 1972 vom EG-Ministerrat im schriftlichen Verfahren gebilligt. Vgl. dazu AAPD 1972, II, Dok. 208.

Das Abkommen zwischen Belgien, der Bundesrepublik, Dänemark, Irland, Italien, Luxemburg, den Niederlanden, der EURATOM und der IAEO in Ausführung von Artikel III Absätze 1 und 4 des Vertrags vom 1. Juli 1968 über die Nichtverbreitung von Kernwaffen (Verifikationsabkommen) sowie ein Zusatzprotokoll wurden am 5. April 1973 unterzeichnet. Für den Wortlaut vgl. BUNDESGESETZBLATT 1974, Teil II, S. 795–832.

13 Die Bundesregierung leitete die Entwürfe der Gesetze zum Nichtverbreitungsvertrag vom 1. Juli 1968 und zum Verifikationsabkommen vom 5. April 1973 am 25. Mai 1973 dem Bundesrat zu. Für den Wortlaut vgl. BR DRUCKSACHEN 1973, Bd. 10, Drucksache Nr. 401/73 und Nr. 402/73.

Am 10. September 1973 wurden die Entwürfe dem Bundestag zugeleitet. Vgl. dazu BT DRUCKSACHEN, Bd. 179, Drucksache Nr. 7/994 und Nr. 7/995.

Um den Amerikanern nicht das Gefühl zu geben, daß sie von uns zu sehr unter Druck gesetzt werden, sollte diese Frage nur anläßlich eines Gesprächs des Herrn Staatssekretärs mit dem amerikanischen Botschafter über andere Angelegenheiten angeschnitten werden.[14]

Abteilung 2 hat mitgezeichnet.

Hermes

Referat 413, Bd. 105 327

87

Gespräch des Bundeskanzlers Brandt mit dem sowjetischen Botschafter Falin

23. März 1973[1]

Vermerk über ein Gespräch des Bundeskanzlers mit Botschafter Falin am 23. März 1973 von 14.20 bis 14.45 Uhr im Bundeskanzleramt

Botschafter Falin übergab ein Schreiben des Generalsekretärs der KPdSU vom 20. März 1973.[2] Der *Bundeskanzler* stellte eine Antwort für Anfang nächster

---

14 Am 10. Mai 1973 vermerkte Staatssekretär Frank handschriftlich auf einer Aufzeichnung des Vortragenden Legationsrats I. Klasse Randermann vom selben Tag, er habe den amerikanischen Botschafter Hillenbrand auf das Abkommen zwischen den USA und der IAEO angesprochen: „Er versprach Antwort." Vgl. Referat 413, Bd. 105327.
Am 14. Mai 1973 übermittelte ein Mitarbeiter der amerikanischen Botschaft „folgende Reaktion seiner Regierung „,a) We understand FRG interest in implementation of U.S. safeguards offer and its desire to be in best possible position to answer question in connection with FRG Ratification proceedings. b) We have been actively pursuing in good faith negotiations with the IAEA on this subject [...]. We fully intend to proceed as expeditiously as possible with these negotiations and to discuss their progress with your government, with due regard for proceedings. At the same time, we understand it is not the position of your government that completion of these negotiations is a condition precedent to its ratification of the N[on]P[roliferation]T[reaty] and related agreement with the IAEA. c) With respect to the timing of safeguarding activities under the U.S. offer, we have always made it clear that we intend such timing to be directly related to the date when NPT Safeguards are applied in the advanced industrialized states, e. g. the EC States and Japan." Vgl. den Drahterlaß Nr. 1627 von Randermann an die Botschaft in Washington und die Ständige Vertretung bei den Internationalen Organisationen in Wien; Referat 413, Bd. 105327.
1 Ablichtung.
Die Gesprächsaufzeichnung wurde von Ministerialdirektor Sanne, Bundeskanzleramt, gefertigt.
2 Der Generalsekretär des ZK der KPdSU, Breschnew, sprach sich dafür aus, seinen seit dem Aufenthalt des Bundeskanzlers Brandt vom 16. bis 18. September 1971 in Oreanda vorgesehenen Besuch in der Bundesrepublik nach der Ratifizierung des Grundlagenvertrags vom 21. Dezember 1972 durchzuführen. Voraussetzung sei eine „gute und allseitige Vorbereitung", da beide Seiten daran interessiert sein, daß das Treffen dazu beitrage, „Marksteine für die Zusammenarbeit zwischen der UdSSR und der Bundesrepublik auf Jahre hindurch zu setzen". Im drittletzten Absatz des Schreibens führte Breschnew aus: „Was die organisatorische Seite des Besuches anbelangt, so möchte ich Ihnen vertraulich sagen, daß es mir wegen des Gesundheitszustandes meiner Gattin schwierig ist, über die Frage zu entscheiden, ob sie mich bei der Reise begleiten kann. Es ist möglich, ich werde allein kommen müssen. Es gibt noch einen Umstand, den ich Ihnen vertraulich und unter Berücksichtigung dessen, worüber wir schon in Oreanda gesprochen haben, auch mitteilen

Woche in Aussicht.[3] Der *Botschafter* erläuterte auf eine Frage den drittletzten Absatz des Schreibens wie folgt: Wenn der Generalsekretär ohne seine Frau komme und das Treffen ähnlich wie das in Oreanda[4] organisiert werde, so sei nicht auszuschließen, daß Herr Breschnew auch einen Teil der Bundesrepublik besuche, wenn auch dieses Programm nicht sehr ausgedehnt werden könne. (Beim Hinausgehen habe ich den Botschafter gefragt, ob dieses eine Präferenz seiner Seite bedeute, daß der Generalsekretär nicht nach Bonn komme. Herr Falin meinte, seine Seite sei in dieser Frage noch ganz offen und erwarte unsere Vorschläge. Es habe aber sicher etwas für sich, von einem Aufenthalt in Bonn abzusehen, da der Besuch andernfalls offiziellen Charakter erhielte.)

Der *Bundeskanzler* stellte fest, daß fast den ganzen April über keine Bundestagssitzungen seien, daß aber der zuständige Ausschuß den Vertrag mit der DDR[5] noch vor Ostern abschließend behandeln möchte.[6] Er gehe davon aus, daß die dritte Lesung im Plenum Anfang Mai stattfinden werde.[7]

Das Gespräch mit der ČSSR werde in Bonn Mitte April aufgenommen werden.[8] Darüber wolle er mit StS Frank Anfang April sprechen. Er hoffe, daß man jetzt einen Schritt weiterkomme. – Er würde es begrüßen, wenn die Begegnung mit Herrn Breschnew noch in dieser Hälfte des Jahres zustande komme[9], weil sich das auch vorteilhaft auf internationale Projekte auswirken könnte, an deren Gelingen beide Staaten interessiert seien.

Botschafter *Falin* wies darauf hin, daß die wirtschaftliche Zusammenarbeit sich gut entwickle, daß aber zusätzliche Impulse durch ein solches Treffen möglich seien und genutzt werden sollten. Es gebe Großprojekte, z. B. auf dem Gebiet der Stromerzeugung, deren Verwirklichung viele Jahre in Anspruch nehmen werde, wenn man das einzuschlagende Tempo den Sachverständigen überlasse.

Fortsetzung Fußnote von Seite 416

    möchte. In diesem Falle würde ich ein Treffen mit Ihnen etwa nach der Art von Oreanda in einem Ort vorziehen, welchen Sie selbst für am meisten annehmbar halten werden. Eine Teilbekanntschaft mit dem Lande ist auch nicht auszuschließen." Vgl. die inoffizielle Übersetzung; Archiv der sozialen Demokratie, Depositum Bahr, Box 323.

[3] Am 27. März 1973 teilte Bundeskanzler Brandt dem Generalsekretär des ZK der KPdSU mit, daß er sich freuen würde, Breschnew „vom 12. bis 17. Mai dieses Jahres in der Bundesrepublik Deutschland empfangen zu können". Zu diesem Zeitpunkt werde das Zustimmungsverfahren zum Grundlagenvertrag vom 21. Dezember 1972 im Bundestag abgeschlossen sein. Brandt äußerte sich zu den möglichen Gesprächsthemen und schlug vor, „dem Besuch den Charakter eines Arbeitsbesuches zu geben, damit wir möglichst viel Zeit für Gespräche haben". Für das von Ministerialdirektor van Well mit Drahterlaß Nr. 323 vom 27. März 1973 an die Botschaft in Moskau übermittelte Schreiben vgl. VS-Bd. 9086 (213); B 150, Aktenkopien 1973.

[4] Bundeskanzler Brandt hielt sich vom 16. bis 18. September 1971 zu Gesprächen mit dem Generalsekretär des ZK der KPdSU, Breschnew, in Oreanda auf. Vgl. dazu AAPD 1971, II, Dok. 310, Dok. 311, Dok. 314 und Dok. 315.

[5] Für den Wortlaut des Vertrags vom 21. Dezember 1972 über die Grundlagen der Beziehungen zwischen der Bundesrepublik und der DDR vgl. BULLETIN 1972, S. 1842 f.

[6] Zum Stand des Ratifizierungsverfahrens zum Grundlagenvertrag vom 21. Dezember 1972 vgl. Dok. 85, Anm. 5.

[7] Die zweite und dritte Lesung des Gesetzes zum Grundlagenvertrag vom 21. Dezember 1972 fanden vom 9. bis 11. Mai 1973 statt.

[8] Am 12./13. April 1973 fand das sechste Gespräch des Staatssekretärs Frank mit dem tschechoslowakischen Stellvertretenden Außenminister Goetz über eine Verbesserung des bilateralen Verhältnisses zwischen der Bundesrepublik und der ČSSR statt. Vgl. Dok. 105.

[9] Der Generalsekretär des ZK der KPdSU, Breschnew, besuchte die Bundesrepublik vom 18. bis 22. Mai 1973. Vgl. dazu Dok. 145–152.

Der *Bundeskanzler* erwähnte ein Gespräch, das Herr Sohl kürzlich mit dem Schah geführt habe.[10] Dieser habe ein Projekt erwähnt, bei dem Öl aus dem Iran an die Sowjetunion und Öl aus der Sowjetunion in die BRD im Rahmen eines Dreieckgeschäftes geliefert werden würde. Ob dem Botschafter hierüber etwas bekannt sei?

Der *Botschafter* antworte, daß darüber früher einmal Erwägungen angestellt worden seien, die man aber nicht abgeschlossen habe. Es gebe bis jetzt noch kein einheitliches Netz von Erdöl- und Erdgas-Pipelines für die hier angesprochenen Transportwege, obwohl der größte Teil der dafür erforderlichen Arbeiten geleistet sei.[11]

Der *Bundeskanzler* meinte, er sei auf diese Frage nur gekommen, weil sich der Schah in dem genannten Gespräch so dafür interessiert habe. Für die Bundesrepublik sei das Problem der Ölversorgung wichtig. Wir hätten noch keine Tankerflotte, wenn wir auch dabei seien, uns eine zu schaffen. Das erwähnte Projekt besitze Gewicht auch für die allgemeine Kooperation im Ost-West-Rahmen und damit auch für Sicherheitsvorstellungen.

Der *Botschafter* erinnerte dann an die Schwierigkeiten, die es vor einigen Jahren im Zusammenhang mit einem Abkommen gegen die Verschmutzung der Ostsee[12] gegeben habe. Damals sei die noch ungeregelte Frage der Beziehungen zwischen der Bundesrepublik und der DDR im Wege gestanden. Er über-

---

[10] Der Präsident des Bundesverbandes der Deutschen Industrie, Sohl, hielt sich vom 15. bis 23. Oktober 1972 im Iran auf. Für den Bericht, der dem Auswärtigen Amt am 12. März 1973 übermittelt wurde, vgl. Referat 311, Bd. 104745.

[11] Anläßlich eines Besuchs des Präsidenten des Bundesverbandes der Deutschen Industrie, Sohl, mit Vertretern verschiedener Firmen im Iran berichtete Botschafter von Lilienfeld, Teheran, am 12. April 1973 über ein geplantes Dreiecksgeschäft zwischen dem Iran, der UdSSR und der Bundesrepublik bei der Lieferung von Erdgas. Die Firma Ruhrgas AG sei bereit, jährlich ca. zehn Milliarden Kubikmeter Erdgas „auf etwa 20 Jahre abzunehmen. Iranisches Erdgas aus dem Saraks-Feld (Nordost-Iran) soll über Astara in das sowjetische Kaukasus-Gebiet geleitet werden, wofür Rußland Erdgas aus seinen westlichen Vorkommen an Ruhrgas liefert. Die geschätzten Kosten der dazu erforderlichen Pipeline in Iran betragen ca. 600 Mio. US-Dollar. Russen übernehmen 200 Mio. US-Dollar mit Verlegungsarbeiten und Kompressor-Stationen, Thyssen 400 Mio. (wahrscheinlich Konsortium mit Deutscher Bank). Bezahlung letztlich aus dem Verkaufserlös der Erdgaslieferungen an Ruhrgas. Ruhrgas soll mit Iran einen Vorvertrag über Abnahme etwa der Hälfte des nach Rußland gelieferten Gases abschließen und Iran einen entsprechenden Vorvertrag mit Rußland. Voraussetzung ist positive Entscheidung der Sowjets, die noch aussteht." Vgl. den Drahtbericht Nr. 295; Referat 311, Bd. 104745.

[12] Vom 3. bis 5. September 1969 fand in Visby eine Tagung der Ostseeanlieger mit dem Ziel einer Vereinbarung über die Verhinderung der Verschmutzung der Ostsee statt. Dazu vermerkte Legationsrat I. Klasse Eitel am 14. Oktober 1969, während die Bundesrepublik nur eine Expertendelegation aus dem Bundesministerium für Verkehr entsandt habe, seien Polen, die UdSSR und die DDR durch Stellvertretende Minister vertreten worden. Entgegen der ursprünglichen Absicht, nur eine Abmachung der zuständigen Seeverwaltungsbehörden zu erzielen, sei schließlich ein Regierungsabkommen unterzeichnet worden. Daraufhin sei die Delegation der Bundesrepublik abgereist, ohne zu unterzeichnen: „Eine Zeichnung des Protokolls verbietet sich, da es 1) die drei östlichen Delegationen (einschließlich DDR) durchgehend als Regierungsdelegationen ausweist; 2) von den beteiligten ‚Staaten' spricht [...]. Der Konferenzausgang bedeutet für die BRD eine diplomatische Niederlage. 1) Eine DDR-Regierungsdelegation nahm an einer internationalen Konferenz, an der neben Finnland ebensoviel westliche wie östliche Ostseeanlieger vertreten waren, gleichberechtigt teil. 2) Durch Nicht-Zeichnung des Protokolls befindet sich die BRD, nicht die DDR, in der Isolierung. 3) Das von den übrigen Teilnehmern gezeichnete Protokoll übernimmt weitgehend östliche Positionen". Der Bundesrepublik falle außerdem „die undankbare Aufgabe zu, gegen die in dem Protokoll vorgesehenen weiteren Konsultationen, die ja voraussichtlich von den gleichen Voraussetzungen wie das Protokoll ausgehen, zu agitieren". Vgl. Referat I A 6, Bd. 196.

lege sich, ob man nicht im Rahmen des Besuchs auf diesem Gebiet Fortschritte erzielen könnte. Die Ostseeverschmutzung habe in den vergangenen Jahren noch zugenommen.

Der *Bundeskanzler* bekundete sein Interesse. Auch er habe das Thema Umweltschutz in seine Überlegungen einbezogen. Er werde es sehr begrüßen, wenn in den Gesprächen ganz allgemein darauf eingegangen würde und man konkret, z.B. im Fall der Ostseeverschmutzung, Fortschritte erzielen könnte.

Botschafter *Falin* teilte mit, daß nach jüngsten Erkenntnissen der sowjetischen Forschung unter dem Ostseeboden sehr große Süßwasservorräte vorhanden seien, mit denen man die Bevölkerung der Anliegerstaaten bis in das nächste Jahrhundert hinein mit qualitativ besonders gutem Wasser versorgen könnte.

Botschafter Falin stellte fest, es wäre gut, für die Vorbereitung des Besuchs eine Liste von Projekten aufzustellen, die für die wirtschaftliche Zusammenarbeit Bedeutung haben könnten.

Der *Bundeskanzler* entgegnete, dies sei bis zum Besuch noch zu schaffen. Der Botschafter wisse sicher, daß er dieser Tage einen Brief an Herrn Breschnew geschrieben habe. Er habe darin angeregt, daß die Mitarbeiter beider Seiten die Frage der Ausdehnung des Kulturabkommens und des wissenschaftlich-technischen Abkommens auf Berlin (West)[13] prüfen sollten. Dies müsse nach den Regeln des Vier-Mächte-Abkommens geschehen.[14] Solche Treffen wie das vorgesehene dienten manchmal dazu, die Lösung schwebender Fragen zu beschleunigen. Wenn es nicht möglich sein werde, die beiden Abkommen während des Besuchs zu unterzeichnen, was er für am besten hielte, sollte man die Vorbereitungen wenigstens so weit vorantreiben, daß die letzten offenen Fragen während des Besuchs besprochen werden könnten.

Botschafter *Falin* teilte mit, er habe gerade Weisungen aus Moskau bekommen, über die er demnächst mit StS Frank sprechen werde. Er hoffe, daß das Gespräch diesmal glücklicher verlaufen werde.[15]

VS-Bd. 9086 (213)

---

13 Zu den Verhandlungen zwischen der Bundesrepublik und der UdSSR über ein Kulturabkommen und über ein Abkommen über wissenschaftlich-technische Zusammenarbeit vgl. Dok. 58, Anm. 13.

14 Am 21. März 1973 teilte Bundeskanzler Brandt dem Generalsekretär des ZK der KPdSU, Breschnew, mit, er freue sich über dessen Absicht, im Mai zu einem Besuch in die Bundesrepublik zu kommen, und äußerte sich positiv über den Handelsaustausch sowie die wirtschaftlichen und technologischen Beziehungen zwischen der Bundesrepublik und der UdSSR. Er hoffe, daß während des Besuchs von Breschnew die Abkommen über den Kulturaustausch sowie über die wissenschaftlich-technische Zusammenarbeit und über die Erweiterung des Luftverkehrs unterzeichnet werden könnten: „Leider ist es bisher nicht gelungen, zu einer beide Seiten befriedigenden Regelung der Ausdehnung dieser Abkommen auf Berlin (West) und der sachlich gebotenen Einbeziehung von Berlin (West) in die vorgesehene Zusammenarbeit zu kommen. [...] Das Vier-Mächte-Abkommen, das von der Bundesrepublik Deutschland selbstverständlich voll respektiert wird, bietet eine tragfähige Grundlage für beide Seiten befriedigende Lösungen. Sein Sinn war, mit der Ausdehnung von Abkommen auf Berlin (West) ein Problem zu regeln, das in der Vergangenheit die gedeihliche Entwicklung unserer Beziehungen belastet hat. Künftig sollte dieses Problem den Bemühungen einer Zusammenarbeit unserer beiden Staaten und Völker nicht mehr im Wege stehen." Vgl. VS-Bd. 520 (Büro Staatssekretär); B 150, Aktenkopien 1973.

15 Staatssekretär Frank führte am 28. März 1973 ein Gespräch mit dem sowjetischen Botschafter über die Einbeziehung von Berlin (West) in ein Kulturabkommen und ein Abkommen über wissen-

88

Gesandter Ruth, z. Z. Wien, an das Auswärtige Amt

114-1-11323/73 geheim   Aufgabe: 23. März 1973, 19.25 Uhr[1]
Fernschreiben Nr. 233   Ankunft: 23. März 1973, 20.20 Uhr

Delegationsbericht Nr. 99

Zur Unterrichtung

Betr.: MBFR-Explorationen in Wien
     hier: Gespräch mit sowjetischen Delegierten

Der Leiter der amerikanischen Delegation, Dean, lud am 22. März den sowjetischen Delegationsleiter Chlestow und seinen Vertreter Kwizinskij sowie den britischen Delegationsleiter Thomson und mich zum Abendessen ein. Die Ad-hoc-Gruppe MBFR wurde über das Stattfinden des Abendessens und über den Inhalt der dabei geführten Gespräche unterrichtet.

Ich halte folgende Bemerkungen fest, die Kwizinskij mir gegenüber gemacht hat:

1) In der Ungarn-Frage[2] sei für die Sowjetunion als äußerster Kompromiß noch folgende Lösung akzeptabel:

– Aufzählung der 19 Teilnehmer an den Explorationen

– Aufzählung der elf direkten Teilnehmer

Fortsetzung Fußnote von Seite 419

schaftlich-technische Zusammenarbeit. Dazu vermerkte Vortragender Legationsrat I. Klasse Meyer-Landrut am 9. April 1973, Frank habe Falin vorgeschlagen, es bei einer Berlin-Klausel wie im Langfristigen Abkommen vom 5. Juli 1972 zwischen der Bundesrepublik und der UdSSR über den Handel und die wirtschaftliche Zusammenarbeit zu belassen. Am 9. April 1973 habe Falin Ministerialdirektor van Well wissen lassen, „daß er der Berlin-Klausel im Abkommen entsprechend Artikel 10 Handelsvertrag zustimmen könne. Diese lautet: ‚Entsprechend dem Vier-Mächte-Abkommen vom 3.9.1971 wird dieser Vertrag in Übereinstimmung mit den festgelegten Verfahren auf Berlin (West) ausgedehnt.'" Wie beim Handelsvertrag wünsche die sowjetische Seite eine mündliche Erklärung abzugeben: „Die sowjetische Seite nimmt diese Formel an, indem sie davon ausgeht, daß die im Vier-Mächte-Abkommen vom 3.9.1971 genannten Voraussetzungen für die Ausdehnung dieses Vertrages auf Berlin (West) erfüllt sein werden." Falin habe erläutert, daß es hierbei darum gehe, „das Wort ‚entsprechend' in der Berlin-Klausel dahingehend zu präzisieren, daß nicht nur die Voraussetzungen der ‚festgelegten' Verfahren, sondern auch der Bestimmungen des Vier-Mächte-Abkommens in Gänze erfüllt würden. Die sowjetische Seite sei nämlich der Ansicht, daß dies bisher von seiten der Bundesrepublik und von Berlin (West) nicht in allen Teilen erfolgt sei." Van Well habe gebeten, von dieser Zusatzerklärung Abstand zu nehmen. Vgl. VS-Bd. 9094 (213); B 150, Aktenkopien 1973.

Am 13. April 1973 befaßten van Well und Falin sich erneut mit der gewünschten Zusatzerklärung. Van Well äußerte die Sorge, „daß von sowjetischer Seite die Berlin-Klausel dynamisch angewendet werde, d. h. je nach den Einzelfällen, die sich aus der Praxis ergäben. Damit werde diese Klausel verwässert." Hinsichtlich einer Zusatzerklärung könne er nur zustimmen, „daß festgestellt werde: Die Ausdehnung des Abkommens auf Berlin erfolge wie im Fall des Handelsabkommens. Sollte die sowjetische Seite darauf bestehen, darüber hinausgehend eine Erklärung abzugeben, würden wir zu einer Gegenerklärung verpflichtet sein." Vgl. die Aufzeichnung von Meyer-Landrut; VS-Bd. 9095 (213); B 150, Aktenkopien 1973.

[1] Hat Vortragendem Legationsrat Kroneck am 26. März 1973 vorgelegen.
[2] Zum Stand der Gespräche über eine Teilnahme Ungarns an den MBFR-Explorationsgesprächen vgl. Dok. 72.

– Ergänzung durch eine einseitige westliche Erklärung, der von der anderen Seite nicht widersprochen würde. Dabei sei es auch denkbar, daß auf das Recht hingewiesen werde, die Ungarn-Frage später anzusprechen.

Ich habe Herrn Kwizinskij darauf hingewiesen, daß ihm unsere Vorschläge bekannt seien und daß wir hofften, daß sich auf dieser Basis bald eine Lösung finden ließe.[3]

2) Kwizinskij sagte, daß nach seiner Meinung unser Insistieren auf die Einbeziehung Ungarns offensichtlich das Ziel habe, alle im europäischen Ausland stationierten sowjetischen Truppen in MBFR einzubeziehen. Darin liege nach sowjetischer Auffassung eine Benachteiligung der Sowjetunion gegenüber den Vereinigten Staaten. Es müsse im übrigen den westlichen Experten klar sein, daß die Rolle der sowjetischen Truppen in Ungarn verschieden sei von der in der ČSSR oder der DDR. Die potentiellen Aufgaben der sowjetischen Truppen in Ungarn lägen im Süden Europas.

3) Mit besonderem Nachdruck betonte Kwizinskij, daß das alleinige Interesse der Sowjetunion an MBFR in der Reduzierung von Streitkräften liege. Was die stationierten Streitkräfte angehe, habe das in erster Linie wirtschaftliche Gründe. Im übrigen müßten aber Reduzierungsvereinbarungen unbedingt stationierte und einheimische Truppen umfassen. Nach sowjetischer Auffassung gehe es allerdings bei den einheimischen Streitkräften vor allem, wenn nicht ausschließlich, um die Bundeswehr.[4] Kwizinskij hat diese Bemerkungen im Laufe des Abends mehrfach variiert.

---

[3] Am 12. März 1973 einigte sich die NATO-Ad-hoc-Gruppe MBFR in Wien auf einen Sprechzettel für ein Gespräch des Sprechers der NATO-Mitgliedstaaten, Quarles van Ufford, und des amerikanischen Delegationsleiters Dean mit dem sowjetischen und ungarischen Delegationsleiter, Chlestow bzw. Ustor. Zur Teilnahme Ungarns wurde ausgeführt: „We continue to consider that Hungary – because it is one of the states with forces or territory in Central Europe – should in all logic be a direct participant. As we have previously told you, this participation would be without commitment as to Hungary's participation in possible future agreements. [...] Since we appear unable at the present time to reach agreement on this question of Hungary, we suggest that we agree to reach some mutually acceptable compromise and then move on to plenary sessions. Such a compromise should be in terms which would not prejudice the positions of either side on the question of the status of Hungary, either for the current round of explorations or for the negotiations themselves. It should also leave the way open to return to the question of the inclusion of Hungary either during the explorations or in the course of the negotiations." Vgl. den Drahtbericht Nr. 194 des Gesandten Ruth, z. Z. Wien; VS-Bd. 9081 (212); B 150, Aktenkopien 1973.
Dieser Vorschlag wurde am 13. und 16. März 1973 mit der sowjetischen Delegation sowie Ustor erörtert. Am 16. März 1973 berichtete Ruth: „Die östlichen Gesprächspartner stellte sich erneut auf den Standpunkt, daß der Vorschlag einer Ausklammerung der Ungarn-Frage nur dem Schein nach neutral, in Wirklichkeit den Sicherheitsinteressen des WP abträglich sei. Jede Aussonderung Ungarns in einer Verfahrensregelung – und sei es nur durch eine Bezugnahme auf seine geographischen Koordinaten (so von Mr. Dean sondiert) – sei unannehmbar." Vgl. den Drahtbericht Nr. 214; VS-Bd. 9093 (213); B 150, Aktenkopien 1973.
Am 22. März 1973 boten Chlestow und Ustor als Lösungen an: „a) Einordnung Ungarns unter die Flankenstaaten (Modell 11:8), verbunden mit mündlichen Erklärungen. [...] Die westlichen Alliierten könnten feststellen, daß ihnen das Recht zustehe, die Frage einer Ausweitung des Teilnehmerkreises der ‚direct participants' aufzuwerfen. Falls Ungarn eine derartige Erklärung beantworten solle, müsse Italien eine gleichlautende Erklärung dazu abgeben. [...] b) Flankenstaaten-Lösung für Ungarn (ebenfalls Modell 11:8), verbunden mit einer Kooptionsformel, wonach die ‚direct participants' andere Staaten, die selbst ihr Interesse bekunden, zur Vollteilnehmerschaft einladen könnten (Konsens-Prinzip)." Vgl. den Drahtbericht Nr. 230 von Ruth vom 23. März 1973; VS-Bd. 9093 (213); B 150, Aktenkopien 1973.
[4] Zur Frage der Einbeziehung einheimischer Streitkräfte in MBFR vgl. Dok. 81.

a) Dean, Thomson und ich haben ihm widersprochen. Ich habe vor allem darauf hingewiesen, daß erfolgreiche Verhandlungen voraussetzten, daß alle Beteiligten ein Interesse daran haben, auf dem Gebiet der Rüstungsbegrenzung und Rüstungskontrolle einen Beitrag zur Schaffung stabilerer Beziehungen zwischen den Staaten in Europa und damit zur Sicherung des Friedens zu leisten. Dies könne nach unserer Auffassung nicht durch eine oder zwei punktuelle Maßnahmen geschehen. Wir betrachteten MBFR als den Versuch, einen Verhandlungsprozeß in Gang zu setzen, in dem schrittweise und ausgewogene Vereinbarungen getroffen werden sollen, die dem genannten Ziel dienen. Wie dieser im einzelnen aussehen könne, müsse in den kommenden Verhandlungen geprüft werden, sicher sei jedoch, daß mit Reduzierungen allein das genannte Ziel nicht zu erreichen sei. Was die Frage des Geltungsbereichs künftiger Vereinbarungen angehe, sei es Kwizinskij sicherlich bekannt, daß für uns eine Begrenzung von MBFR auf die Bundesrepublik Deutschland im Westen nicht in Frage komme.

b) Die oben wiedergegebenen Äußerungen Kwizinskijs bestätigen m.E. die Richtigkeit unseres Konzepts, daß MBFR als kalkulierbarer und steuerbarer Prozeß angelegt werden soll, in dem die Reduzierungen durch stabilisierende Maßnahmen vorbereitet oder begleitet werden müssen. Sie bestätigen gleichzeitig die von allen unseren Verbündeten geteilte Auffassung, daß Reduzierungen einheimischer Streitkräfte einem späteren MBFR-Stadium vorbehalten werden sollen und daß insbesondere für den Fall eines relativ frühen ersten Reduzierungsschritts bei stationierten Streitkräften auf eine automatische Gleichzeitigkeit für die Reduzierungen einheimischer Streitkräfte verzichtet werden sollte.

Von hier aus ist nicht zu beurteilen, inwieweit die Äußerungen Kwizinskijs den offiziellen Vorstellungen der sowjetischen Regierung entsprechen. Sie zeigen aber immerhin, daß auf sowjetischer Seite die Schaffung eines besonderen sicherheitpolitischen Status für die Bundesrepublik Deutschland als Zielsetzung für die Verhandlungen nicht ausgeschlossen wird.

[gez.] Ruth

VS-Bd. 9427 (221)

89

Botschafter Sahm, Moskau, an Bundesminister Scheel

114-1-11358/73 geheim	Aufgabe: 26. März 1973, 21.00 Uhr[1]
Fernschreiben Nr. 902	Ankunft: 26. März 1973, 23.19 Uhr
Citissime	

Auch für Bundeskanzleramt

Nur für 213, Bundesminister und StS[2]

Betr.: Gespräch mit Generalsekretär Breschnew

Bezug: Drahtbericht Nr. 897 vom 26.3.1973 Pol 321 geheim[3]

1) Gespräch dauerte von 12 bis 13.35 Uhr. Teilnehmer auf sowjetischer Seite sein Deutschlandberater Blatow, Bondarenko und Dolmetscher Kurpakow, auf unserer Seite BR Alexy und Dolmetscher Armbruster.

2) Das Gespräch verlief in betont freundlicher Atmosphäre und in lockerem, seitens Breschnews zum Teil scherzhaftem Ton, wobei er weitgehend monologisierte. Seine Ausführungen waren reich an anekdotischen Erzählungen und Bemerkungen aus seinem persönlichen Lebensbereich. Er machte einen frischen Eindruck, allerdings hatte er offenbar Beschwerden mit seinen Stimmbändern, auf die er wiederholt hinwies. In seiner Stimme waren diese Beschwerden deutlich wahrnehmbar. Er rauchte weniger als sonst bei ihm üblich. Er wies darauf hin, daß sein Besuch in der Bundesrepublik[4] von diesen Beschwerden nicht beeinträchtigt werde, notfalls würden Inhalationen und ein „Ölen" seiner Kehle Schwierigkeiten beheben. Im Zusammenhang mit Ausführungen über seine Gesundheit versuchte er jedoch deutlich zu machen, daß er im Kern ein gesunder Mann sei, der in der Lage sei, mit den starken Belastungen seines Amtes fertigzuwerden.

3) Breschnew war sichtlich bemüht, eine gute Atmosphäre herzustellen und deutlich zu machen, daß ihm der Kontakt mit dem Botschafter der Bundesrepublik Deutschland wichtig erscheine. Gleich eingangs fragte er scherzhaft, warum ich so spät und nicht öfter zu ihm komme. Die Folge seien dann nur Vorwürfe, daß zwischen ihm und mir keine Kontakte bestünden. Die Verzögerung und wiederholte Verschiebung meines Empfangs bat er mit Hinweis auf die Erkrankung seiner Stimmbänder zu entschuldigen. Die persönlichen Beziehungen zwischen ihm und mir entsprächen nicht dem erreichten Grad der

---

1 Hat Vortragendem Legationsrat I. Klasse Meyer-Landrut am 27. März 1973 vorgelegen, der die Weiterleitung eines Durchdrucks an Ministerialdirektor Hermes verfügte.

2 Paul Frank.

3 Botschafter Sahm, Moskau, teilte mit, daß er dem Generalsekretär des ZK der KPdSU, Breschnew, das Schreiben des Bundeskanzlers Brandt vom 21. März 1973 übergeben habe. Zum Besuch in der Bundesrepublik habe Breschnew ausgeführt, „daß die bevorstehende Begegnung der Zusammenarbeit neue richtungweisende Impulse geben sollte. [...] Sein Antwortbrief werde möglicherweise schon endgültigen Besuchstermin vorschlagen. Mai sei im Prinzip akzeptabel." Vgl. VS-Bd. 9087 (213); B 150, Aktenkopien 1973.

4 Der Generalsekretär des ZK der KPdSU, Breschnew, besuchte die Bundesrepublik vom 18. bis 22. Mai 1973. Vgl. dazu Dok. 145–152.

Beziehungen zwischen unseren beiden Ländern. „Schuld daran hat in erster Linie der Genosse Breschnew und Herr Sahm."

Als ich ihn fragte, wie der in der nächsten Woche zu erwartende Antwortbrief des Herrn Bundeskanzlers auf sein letztes Schreiben[5] ihm auf schnellstem Wege zugeleitet werden könne, erklärte er, daß ein Anruf von mir genüge, sobald der Brief eingetroffen sei. Er werde sich Mühe geben, akkurat zu sein und mich umgehend wieder zu empfangen. Er werde in der nächsten Woche Moskau nicht verlassen, und seine Arbeit werde ein neues Treffen nicht stören.

4) Der Schwerpunkt seiner Ausführungen waren allgemeine Betrachtungen über Stand und künftige Entwicklung des Verhältnisses zwischen der Bundesrepublik Deutschland und der Sowjetunion, wobei der Akzent sehr stark auf dem Bereich der wirtschaftlichen und wissenschaftlich-technischen Zusammenarbeit und ihren Möglichkeiten lag. Im einzelnen führte er dazu aus: Zwischen der Bundesrepublik Deutschland und der Sowjetunion gingen z. Z. große Dinge vor sich. Man sei mit der Bundesrepublik zusammen einen weiten Weg gegangen, und dies nicht nur allgemein, sondern konkret mit der Koalitionsregierung und insbesondere persönlich mit dem Bundeskanzler. Viele große prinzipielle Fragen seien gelöst worden. Er verwies auf die Ostverträge und die konsequente Erfüllung der gemeinsamen Absichtserklärungen[6]. Der Sowjetunion sei es durchaus verständlich, daß jeder Partner auf diesem Wege Besonderheiten und spezielle Probleme habe. Er verstehe auch, daß es in unseren Beziehungen zur DDR Besonderheiten gebe. Aber dies sei nicht die Hauptsache. Wichtig sei, daß die Bundesrepublik und die Sowjetunion gute Beziehungen zueinander haben wollten, obwohl es noch nicht lange her sei, daß sich zwischen ihnen![7] viel Schweres ereignet habe. Aber man könne den nachfolgenden Generationen nicht immer darüber erzählen, ohne selbst etwas Neues zu vollbringen. Das auf dem bisher zurückgelegten Weg Erreichte sei schwer zu überschätzen.

Jetzt komme es darauf an, eine zweite Etappe einzuleiten. Es genüge nicht, nur gute Absichten und Prinzipien zu erklären. Jeder Staat lebe auf der Grundlage seiner wirtschaftlichen, wissenschaftlichen, sozialen und kulturellen Gegebenheiten. Nach dem Brief des Bundeskanzlers[8] habe er den Eindruck, daß auch dieser den Wunsch habe, in eine zweite Etappe einzutreten.

B. verbreitete sich dann ausführlich über das enorme wirtschaftliche Potential der Sowjetunion und dessen nicht ausgeschöpfte Möglichkeiten für die Zukunft und über den Leistungsstand der Bundesrepublik auf wirtschaftlichem, wissenschaftlichem und kulturellem Gebiet. Wenn man diese Gegebenheiten auf das richtige Geleise lenke und vom Prinzip des gegenseitigen Vorteils und des

---

5 Zum Schreiben des Generalsekretärs des ZK der KPdSU, Breschnew, vom 20. März 1973 an Bundeskanzler Brandt vgl. Dok. 87, Anm. 2.
Zum Antwortschreiben von Brandt vom 27. März 1973 vgl. Dok. 87, Anm. 3.

6 Bei den Moskauer Verhandlungen vom 27. Juli bis 7. August 1970 wurden die Leitsätze 5 bis 10 vom 20. Mai 1970 für einen Vertrag mit der UdSSR („Bahr-Papier") als Leitsätze 1 bis 6 einer „Absichtserklärung" zusammengefaßt. Für den Wortlaut vgl. BULLETIN 1970, S. 1097 f. Vgl. dazu ferner AAPD 1970, II, Dok. 221.

7 So in der Vorlage.

8 Zum Schreiben des Bundeskanzlers Brandt vom 21. März 1973 an den Generalsekretär des ZK der KPdSU, Breschnew, vgl. Dok. 87, Anm. 14.

guten Willens ausgehe, könne man für das Wohl beider Völker noch sehr viel tun. Daran glaube man auf sowjetischer Seite, davon lasse man sich leiten. Als Beispiel bisheriger guter Zusammenarbeit erwähnte er das Hüttenwerk in Kursk[9] und die Kunstfaserfabrik in Gomel. Er betonte, daß beide Seiten aus einer solchen Zusammenarbeit gewinnen würden. Niemand gebe im Handel und bei der wirtschaftlichen Zusammenarbeit etwas gratis.

Wenn er mit dem Bundeskanzler zusammentreffe, werde er wichtige Probleme aufwerfen, um festzustellen, wo Berührungspunkte und Gebiete der Zusammenarbeit lägen. Wichtig sei hier auch der Erfahrungsaustausch auf wissenschaftlichem Gebiet für friedliche Zwecke.

Die Sowjetunion könne nicht nur Hemden und Krawatten und (mit Verlaub) Damenunterwäsche aus der Bundesrepublik beziehen, dies seien Kleinigkeiten. Das wirtschaftliche Potential beider Länder erlaube große Maßstäbe in langfristiger Perspektive. Die Sowjetunion habe in Forsten, Erzen, Gas und Erdöl Vorräte für über 100 Jahre, die zu gegenseitigem Nutzen ausgebeutet werden könnten. Man dürfe nicht wie ein Vorstand eines Unternehmens vorgehen, der seinen Blick nur auf einseitige Vorteile aus punktuellen Geschäftsabschlüssen richte. Er sei davon überzeugt, daß von dem Treffen mit dem Bundeskanzler neue Impulse und Anregungen in allen Bereichen unserer Beziehungen ausgehen könnten (dem Wunsch nach neuen Impulsen gab er wiederholt Ausdruck.)[10]

Im Bereiche der beiderseitigen Staatsprinzipien könne es natürlich keine Konzessionen geben, es sei aber die Pflicht beider Seiten, gute Beziehungen zu entwickeln. Dabei komme es auf zwei Dinge an: das Erreichte zu bewahren und Fortschritte zu erzielen. In diesem Sinne lege er auf das Gespräch mit dem Herrn Bundeskanzler großen Wert. Die bisherigen Gespräche habe er in guter Erinnerung. Der Bundeskanzler habe unsere NATO-Verbindungen und unsere Freundschaft zu den USA nie verheimlicht. Dagegen habe man nichts einzuwenden, vor allem da man selbst gute Beziehungen zu den USA anstrebe.

---

9 Am 17. November 1972 teilte Botschafter Sahm, Moskau, mit, daß am Vortag durch Vertreter der Badischen Stahlwerke, der Salzgitter AG und der sowjetischen Außenhandelsorganisation „Metallurgimport" in Moskau ein Protokoll über die Zusammenarbeit beim Bau eines Eisenhüttenkombinats auf der Grundlage der Direktreduktion" unterzeichnet worden sei: „Aus Vorentwürfen beider Vertragspartner für Abschlußprotokoll sind Botschaft folgende Einzelheiten bekannt geworden: Metallurgimport wird ein Angebot der Arbeitsgemeinschaft Korf-Salzgitter auf Lieferung eines technischen Projekts, von Lizenzen und der Technologie für die Eisenreduktion in einem Eisenhüttenkombinat im Bereich Kursk (wahrscheinlich in Belgorod) prüfen. [...] Dieses Eisenhüttenkombinat entspricht der doppelten Größe der Anlagen der Salzgitter AG und erfordert etwa 3,2 Milliarden DM Investitionen. Der Einfuhranteil beträgt ca. 1,8 Milliarden DM. Es wäre die bei weitem größte Verhüttungsanlage, die nach dem Prinzip der Direktreduktion arbeitet." Vgl. den Drahtbericht Nr. 3548; Referat 421, Bd. 117692. Vgl. dazu auch BULLETIN 1972, S. 1931.
10 Am 27. März 1973 berichtete Botschafter Sahm, Moskau, ergänzend, die Ausführungen des Generalsekretärs des ZK der KPdSU, Breschnew, bestätigten, „daß sein Interesse an deutsch-sowjetischen Beziehungen sehr stark von weitreichenden wirtschaftlichen Erwartungen geprägt ist. Dementsprechend ist damit zu rechnen, daß er Fragen einer weit angelegten (Programm) langfristigen wirtschaftlichen Zusammenarbeit im großen Maßstab während der Gespräche mit Bundeskanzler größtes Gewicht beimessen wird. Auf diesem Hintergrund rege ich an, daß wir uns darauf einstellen, uns mit neuen sowjetischen Vorschlägen über Großprojekte auseinanderzusetzen. Es wäre im Interesse des Erfolgs des Gespräches wohl zweckmäßig, dazu auch eigene, konkret umrissene Vorstellungen zu entwickeln (z. B. zu ‚Energieschiene')." Vgl. den Drahtbericht Nr. 918; VS-Bd. 9086 (213); B 150, Aktenkopien 1973.

Ich erwiderte, ein Prinzip unserer Politik seien gute Beziehungen zur Sowjetunion. Um Fortschritte zu ermöglichen müsse man aber auch Hindernisse aus
dem Weg räumen.

5) Auf den Berlin-Aspekt des Briefes des Bundeskanzlers ging Breschnew nur
allgemein ein. Er verwies zunächst auf die Besonderheiten und speziellen Probleme beider Seiten bei der Zusammenarbeit zwischen unseren Ländern (siehe
oben Ziffer 4). Den Brief des Bundeskanzlers werde er noch intensiv mit seinen
Kollegen besprechen. Es handle sich wohl noch nicht um eine Antwort auf seinen eigenen Brief, da er einige Elemente enthalte, die er nicht angesprochen
habe. Über konkrete Fragen wolle er nicht sprechen, dazu hätten beide Seiten
ihre zuständigen Stellen. (Meine Bemerkung, daß der Bundeskanzler in diesem Zusammenhang an Gespräche zwischen Staatssekretär Frank und Botschafter Falin denke, nahm er zur Kenntnis, ohne näher darauf einzugehen.)
Zu den Elementen, die sich auf Westberlin bezögen, wolle er vorläufig nur folgendes sagen: Von allen Seiten sei viel Arbeit darauf verwendet worden, das
Westberlin-Abkommen[11] zustande zu bringen. Er glaube, daß keine der Seiten
den Geist des Abkommens beeinträchtigen solle. Er werde gleich den Auftrag
geben, die Ausführungen des Bundeskanzlers genau zu prüfen. Über Einzelheiten des Luftverkehrsabkommens[12] und der letzten Sitzung für wirtschaftliche Zusammenarbeit[13] wolle er nicht reden. Es müsse jedoch die Möglichkeit
geben, in allen diesen Fragen beiderseitig akzeptable Lösungen zu finden. Im
Gespräch mit dem Bundeskanzler solle man nicht auf der Stelle treten, sondern neue Impulse geben. Dies würde erleichtert werden, wenn es möglich wäre, in konkreten Fragen zu Vereinbarungen zu kommen. Wenn dazu einige Dokumente fertig würden, könne man sie während der Gespräche unterzeichnen.
Er wolle dies nicht ausschließen, und es könnte auch nützlich sein. In diesem
Zusammenhang verwies er noch auf die Dokumente, die im Anschluß an das
Treffen in Oreanda[14] und an seine Gespräche mit Nixon[15] und Pompidou[16]
vereinbart worden seien (vgl. dazu Bezugsbericht).

[11] Für den Wortlaut des Vier-Mächte-Abkommens über Berlin vom 3. September 1971 vgl. EUROPA-
ARCHIV 1971, D 443–453.
[12] Zu den Verhandlungen über ein Zusatzabkommen zum Luftverkehrsabkommen vom 11. November 1971 zwischen der Bundesrepublik und der UdSSR vgl. Dok. 20.
Am 19. Februar 1973 informierte der sowjetische Botschafter Falin Staatssekretär Frank über den
Stand der Verhandlungen zwischen der Aeroflot und der Lufthansa, „woraus hervorgehe, daß beide
Seiten eine Eilstrecke einzurichten gedächten, die ein sachliches Interesse an Zwischenlandepunk-
ten nicht enthalte. Deshalb bleibe man auf sowjetischer Seite bei dem Standpunkt, daß beide Berliner Zwischenlandepunkte keiner Erwähnung bedürften." Das Abkommen könne daher abgeschlossen werden. Dazu führte Frank aus: „Die Lufthansa sei aber nicht die Bundesregierung, und diese
Frage sei von der Bundesregierung zu entscheiden. Er wolle noch einen Gegenvorschlag machen,
nämlich eine Bezugnahme des neuen Abkommens auf den Fluglinienplan vom Herbst 1971." Vgl.
die Aufzeichnung des Vortragenden Legationsrats I. Klasse Meyer-Landrut; Referat 213, Bd. 112707.
[13] Zur Sitzung der deutsch-sowjetischen Kommission für wirtschaftlich-technische Zusammenarbeit
vom 12. bis 14. Februar 1973 vgl. Dok. 58, Anm. 7.
[14] Bundeskanzler Brandt hielt sich vom 16. bis 18. September 1971 zu Gesprächen mit dem Generalsekretär des ZK der KPdSU, Breschnew, in Oreanda auf. Vgl. dazu AAPD 1971, II, Dok. 310, Dok.
311, Dok. 314 und Dok. 315.
Für den Wortlaut des Kommuniqués vom 18. September 1971 über den Besuch vgl. BULLETIN 1971,
S. 1469 f.
[15] Präsident Nixon hielt sich vom 22. bis 30. Mai 1972 in der UdSSR auf. Für den Wortlaut des Kommuniqués vom 29. Mai 1972 vgl. DEPARTMENT OF STATE BULLETIN, Bd. 66 (1972), S. 899–902. Für

(Die vorstehend wiedergegebenen Bezugnahmen auf den Berlinaspekt wurden nicht in geschlossene Darstellung, sondern an verschiedenen Stellen der Ausführungen Breschnews vorgetragen.)[17]

6) Breschnew erklärte, er erinnere sich gern an frühere Gespräche mit dem Bundeskanzler, an deren gute Atmosphäre und Tonart und das Festhalten an dem gegebenen Wort. Damit kam er auf den Grundvertrag zu sprechen und erklärte, daß man hoffe, daß der Vertrag mit der DDR bald in Kraft treten werde.[18] Vor kurzem sei Ministerpräsident Stoph hier gewesen.[19] Neben Vietnamfragen habe man auch über die Verwirklichung der Vereinbarungen zwischen der Bundesrepublik und der DDR und den Stand der Ratifizierung des Grundvertrages gesprochen. Auch die DDR sei um eine baldige Ratifizierung des Grundvertrages besorgt. Er habe nicht gespürt, daß die DDR von den getroffenen Vereinbarungen in irgendeiner Form abzurücken gedenke. Vieles, was dazu in der westdeutschen Presse gesagt werde, sei Propaganda und bewußte Desinformation durch Kreise, die dem realistischen Kurs der Bundesregierung feindlich gesonnen seien. Zu dem Vorwurf, daß die DDR ihre Versprechen nicht einhalte, wolle er als Beispiel nur auf die Erfüllung der Besuchsvereinbarungen hinweisen. Seit den Vereinbarungen hätten ca. acht Mio. Besucher aus der Bundesrepublik und Westberlin die DDR besucht. Er habe dieses Thema angesprochen, weil es auf einer solchen Grundlage (vermutlich gemeint die Ratifizierung des Grundvertrages) Möglichkeiten geben könne, praktische Wünsche zu erfüllen. Als Beispiel erwähnte er hier das Problem der Rückführung (siehe Ziffer 7).

Fortsetzung Fußnote von Seite 426
den deutschen Wortlaut vgl. EUROPA-ARCHIV 1972, D 292–298.
Außerdem gaben Nixon und der Generalsekretär des ZK der KPdSU, Breschnew, am 29. Mai 1972 eine Grundsatzerklärung über die amerikanisch-sowjetischen Beziehungen ab, in der u.a. verstärkte bilaterale Kontakte auf juristischer Ebene, im Bereich von Wirtschaft und Handel, Wissenschaft und Technologie sowie Kultur und regelmäßige Treffen auch auf höchster Ebene vereinbart wurden. Für den Wortlaut vgl. DEPARTMENT OF STATE BULLETIN, Bd. 66 (1972), S. 898f. Für den deutschen Wortlaut vgl. EUROPA-ARCHIV 1972, D 289–291.

16 Anläßlich des Besuchs des Generalsekretärs des ZK der KPdSU, Breschnew, vom 25. bis 30. Oktober 1971 in Frankreich unterzeichneten beide Seiten am 30. Oktober 1971 eine Niederschrift über die Grundsätze der französisch-sowjetischen Zusammenarbeit sowie eine französisch-sowjetische Erklärung. Für den Wortlaut vgl. LA POLITIQUE ÉTRANGÈRE 1971, II, S. 174–180. Für den deutschen Wortlaut vgl. EUROPA-ARCHIV 1971, D 546–552.

17 Die Ausführungen des Generalsekretärs des ZK der KPdSU, Breschnew, zu Berlin-Fragen bewertete Botschafter Sahm, Moskau, am 27. März 1973 als „zu allgemein, um schon konkrete Aufschlüsse auf sowjetische Reaktion zu erlauben. [...] Den Anreiz, durch Zugeständnisse in der Berlin-Frage eine Unterzeichnung der genannten Abkommen während seines Besuches zu ermöglichen, hat er offensichtlich erkannt, ist aber bewußt ausgewichen. Mit dem Hinweis auf die Unterzeichnung von Dokumenten anderer Art wollte er wohl andeuten, daß es auch andere Ergebnisse geben könne, die den Erfolg seines Besuches demonstrieren würden [...]. Nicht auszuschließen ist aber auch, daß er andeuten wollte, daß Konzessionen im Berlin-Bereich Konzessionen unsererseits in anderen Bereichen voraussetzen." Vgl. den Drahtbericht Nr. 918; VS-Bd. 9086 (213); B 150, Aktenkopien 1973.

18 Zum Stand des Ratifikationsverfahrens zum Grundlagenvertrag vom 21. Dezember 1972 vgl. Dok. 85, Anm. 5.

19 Ministerpräsident Stoph hielt sich am 21. März 1973 auf der Rückreise von einem Besuch in der Demokratischen Republik Vietnam (Nordvietnam) in Moskau auf und führte Gespräche mit dem Generalsekretär des ZK der KPdSU, Breschnew, und Ministerpräsident Kossygin. Vgl. dazu den Artikel „L.I. Breschnew und A.N. Kossygin empfingen in Moskau W. Stoph"; NEUES DEUTSCHLAND vom 22. März 1973, S. 1.

Ich erklärte, daß der Bundeskanzler davon ausgehe, daß der Grundvertrag bis zu Breschnews Besuch ratifiziert sein werde.

Breschnew erwiderte, auch er gehe davon aus und glaube, daß es so sein werde. Es handelt sich um einen irreversiblen Prozeß. Die Ratifizierung werde die Wirksamkeit des Treffens mit dem Bundeskanzler erhöhen.

7) Zur Rückführung erklärte er, das Thema sei seinerzeit an ihn herangetragen worden (offenbar bezog er sich auf das Gespräch mit Bahr[20]). Seine Berater hätten ihm gesagt, es gebe tatsächlich 500 Familien von Deutschen (Breschnew sprach hier von Wolgadeutschen), die in die Bundesrepublik ausreisen wollten. Dies sei sofort genehmigt worden.[21] Sie seien ausgereist, und damit sei die Frage erledigt. Man könne aus dieser Frage ein Problem machen, das sei aber nicht nötig.

8) Breschnew ging kurz auf die Frage des Austauschs von Menschen, Informationen und Ideen ein. Die Sowjetunion sei nicht dagegen, unter der Bedingung, daß die Gesetze der betroffenen Länder beachtet würden. Das habe er kürzlich in einer Rede allen westlichen Ländern gesagt.[22] Zum Austausch von Ideen überlege er sich oft, was eigentlich gewollt sei. Sowjetischerseits habe man marxistisch-leninistische Ideen, in der Bundesrepublik gebe es sozialdemokratische Ideen, wenn man darüber polemisieren wolle, könne man das tun. Er aber glaube, es sei besser, die Dinge vorläufig in Ruhe zu lassen. Es sei hier ähnlich wie mit Glaubensbekenntnissen. Niemand könne die Sowjetunion z. B. zum Buddhismus bekehren, und sie werde niemandem die russische Orthodoxie aufzwingen wollen.

9) Breschnew ging kurz auf die Opposition und die Springer-Presse in der Bundesrepublik ein. Man lese in den Zeitungen der Bundesrepublik sehr viel über Gegnerschaft zur Ostpolitik. Der Leser frage sich oft, was man eigentlich glauben solle. Die richtige Betrachtungsweise sei: Die Bundesrepublik und die So-

---

20 Staatssekretär Bahr, Bundeskanzleramt, führte am 10. Oktober 1972 ein Gespräch mit dem Generalsekretär des ZK der KPdSU, Breschnew, in Moskau. Vgl. dazu AAPD 1972, III, Dok. 320.
21 Am 2. November 1972 berichtete Botschaftsrat I. Klasse Peckert, Moskau: „Seit der zweiten Hälfte Oktober ist die Zahl der sowjetischerseits erteilten Ausreisegenehmigungen erheblich angestiegen." Die Zahl der in der Botschaft wegen Sichtvermerkserteilungen vorsprechenden Personen sei „sprunghaft" gewachsen, und wegen ausgebuchter Züge bereite die Weiterreise in die Bundesrepublik Schwierigkeiten. Vgl. den Drahtbericht Nr. 3353; Referat 513, Bd. 1891.
    Ministerialdirigent Diesel übermittelte der Botschaft in Moskau am 4. Dezember 1972 die Angaben des Deutschen Roten Kreuzes über die Anzahl der aus der UdSSR ausgereisten Deutschen. Danach waren im November 1972 mit 1588 mehr Personen in die Bundesrepublik übergesiedelt als im Jahr 1971 insgesamt (1145 Personen) und fast zehnmal soviele wie im Oktober 1972 (175 Personen). Vgl. dazu den Drahterlaß Nr. 1434; Referat 213, Bd. 1502.
22 Anläßlich des 50. Jahrestags der Gründung der UdSSR führte der Generalsekretär des ZK der KPdSU, Breschnew, am 21. Dezember 1972 aus: „Man hört des öfteren, im Westen messe man der Zusammenarbeit auf dem Gebiet der Kultur und insbesondere dem Austausch von Ideen, der Ausweitung der Information sowie Kontakten zwischen den Völkern Bedeutung bei. Gestatten Sie mir, hier ganz eindeutig zu erklären: Auch wir treten dafür ein, aber natürlich nur dann, wenn diese Zusammenarbeit unter Achtung der Souveränität, der Gesetze und Sitten jedes Landes erfolgt und der gegenseitigen geistigen Bereicherung der Völker, der Zunahme des Vertrauens zwischen ihnen, der Durchsetzung der Ideen des Friedens und der guten Nachbarschaft dienen wird. Wir sind für eine Erweiterung des Touristenaustauschs. Wir sind für ausgedehnte Kontakte zwischen der Öffentlichkeit der verschiedenen Länder, für Begegnungen zwischen der Jugend, zwischen Vertretern verwandter Berufe, kollektive oder individuelle Reisen von Bürgern." Vgl. BRESCHNEW, Wege, S. 85.

wjetunion seien zwei Staaten. Das Volk der Bundesrepublik und das Volk der Sowjetunion wollten zusammenarbeiten. Es sei ein Verdienst des Bundeskanzlers, das Volk der Bundesrepublik auf den friedlichen Weg zu führen.

10) Breschnew erwähnte, er habe in seinem letzten Brief das Münchener Abkommen nicht erwähnt. Wenn man an die Geschichte denke und die bisherige diplomatische Zergliederung des Problems sowie daran denke, daß alle Teilnehmer auf die Gültigkeit des Abkommens inzwischen verzichtet hätten, habe es keinen Sinn, auf dieser Frage herumzureiten (nastaibat'). Er kenne die Stimmung in der Tschechoslowakei. Sie ziele nicht auf materielle Vorteile ab, was wohl auch dem Bundeskanzler bekannt sei. Natürlich habe jeder Staat das Recht, seine juristische Position zu verteidigen. Er habe davon gehört, daß die Verhandlungen wiederaufgenommen würden[23], und er glaube, daß eine Lösung gefunden werden könne.

11) Zu Breschnews Ausführungen zu seiner Reise in die Bundesrepublik verweise ich auf Bezugsbericht. Breschnew erwähnte einige Themen, die er mit dem Bundeskanzler zu besprechen habe. Es gehe dabei nicht um Details, sondern um politische Grundfragen: Fragen der KSZE, die Möglichkeit weiterer politischer Schritte in den Beziehungen zur Sowjetunion und den anderen sozialistischen Ländern. Dabei erwähnte er die Frage der diplomatischen Beziehungen der Bundesregierung zur ČSSR, Bulgarien und Ungarn. Fragen der wirtschaftlichen Entwicklung.[24]

12) Unter Hinweis auf seine gesamten Darlegungen erklärte ich, daß die von Breschnew angesprochenen Fragen gute Themen für die Gespräche mit dem Bundeskanzler seien, was dieser für richtig erklärte.

13) Im Rahmen seiner Ausführungen über seine Arbeitsbelastung sprach B. auch über die zahlreichen Besuchswünsche, die aus dem Ausland an ihn gerichtet würden. So habe sich Andreotti bereits beklagt, daß die Einladung an

---

23 1971 fanden zwischen der Bundesrepublik und der ČSSR vier Gesprächsrunden über eine Verbesserung des bilateralen Verhältnisses statt; eine fünfte folgte am 29./30. Juni 1972 in Prag. Vgl. dazu AAPD 1972, II, Dok. 192.
Am 23. März 1973 wurde in der Presse die Wiederaufnahme der Gespräche zwischen der Bundesrepublik und der ČSSR über eine Verbesserung des bilateralen Verhältnisses gemeldet. Vgl. dazu den Artikel „Bonn nimmt Gespräche mit Prag im April wieder auf"; DIE WELT vom 23. März 1973, S. 6.
Am 29. März 1973 vermerkte Ministerialdirektor van Well zum Stand der Gespräche, daß Bundeskanzler Brandt mit Schreiben vom 6. Oktober 1972 Ministerpräsident Štrougal vorgeschlagen habe, „einen Weg zu finden, der es beiden Seiten erlaubt, bei ihrer Rechtsauffassung zu bleiben, ohne die gemeinsame Position zu schwächen, die es in der politischen Bewertung des M[ünchener] A[bkommens] gibt. Ein derartiger Formelkompromiß, der einerseits Hitlers Politik verurteilt und andererseits von der Ungültigkeit des MA ohne Definierung des Zeitpunkts ihres Eintritts ausgeht, sollte auch in der gegenwärtigen Lage das Hauptziel unserer Bemühungen bleiben. [...] Nach den Äußerungen Breschnews zum MA bei seinem Aufenthalt in Prag im Februar d[ieses] J[ahres] (MA ungültig und rechtswidrig), die die tschechoslowakische Seite seitdem aufgenommen hat, haben wir V[ize]M[inister] Goetz erneut gefragt, ob nach Prager Auffassung jetzt die Aussicht besteht, über die bisherigen Schwierigkeiten hinwegzukommen und zum MA eine Formel zu finden, die den Auffassungen beider Seiten gerecht wird [...]. Diese Frage hat die tschechoslowakische Seite bejaht [...]. Wir haben VM Goetz daraufhin zu einer sechsten Sondierungsrunde nach Bonn eingeladen (12./13.4.)." Vgl. VS-Bd. 9100 (214); B 150, Aktenkopien 1973.
Das sechste Gespräch des Staatssekretärs Frank mit dem tschechoslowakischen Stellvertretenden Außenminister Goetz über eine Verbesserung des bilateralen Verhältnisses zwischen der Bundesrepublik und der ČSSR fand am 12./13. April 1973 statt. Vgl. Dok. 105.
24 Unvollständiger Satz in der Vorlage.

Breschnew oder Kossygin noch nicht zu einem Besuch geführt habe.[25] Neben anderen Regierungen wünsche auch die DDR, daß er wieder einmal dort hinkomme[26], da sein letzter Besuch schon lange zurückliege.[27]

14) Im Rahmen seiner Ausführungen machte Breschnew eine Reihe geschichtsphilosophischer Bemerkungen. Man lebe in einem Jahrhundert, in dem Kriege und schlechte Beziehungen nicht mehr populär seien. Wir lebten in einer Zeit, deren Aufgabe es sei, friedliebende Politik zu führen. Auf der Erde gebe es immer weniger Machthaber und immer mehr Führer (rukovoditeli) ihrer Völker. Dies sei ein großer Unterschied, da die Führer verpflichtet seien, die Wünsche ihrer Völker zu berücksichtigen. Die Völker seien der Vergangenheit müde und begrüßten den neuen Geist. Auf dieser Basis könne auch unsere Zusammenarbeit fruchtbar werden.

15) Einige anekdotische Passagen der Ausführungen von Breschnew verdienen Interesse:

a) Breschnew beklagte sich lebhaft darüber, daß seine Stimmbänder nicht nur durch reden, sondern vor allem durch das verdammte Telefon strapaziert seien. Er werde aus allen Städten des Landes angerufen, von Kamtschatka bis ins Baltikum. Man berichte ihm darüber, wie die lokalen Parteiaktiv-Versammlungen verlaufen seien, wie die Milcherträge sich entwickelten usw., er müsse sich das alles anhören. Hinzu kämen noch die Anrufe seiner Kollegen hier in Moskau.

b) Er erklärte, er habe den Vorteil, als Parteimensch immer offen zu reden. Der Nachteil sei, daß er diplomatische Finessen nicht beherrsche. Ihm habe gefallen, daß die New York Times kürzlich geschrieben habe, Breschnew trete nicht auf, um nichts zu sagen. Er müsse seine Reden intensiv vorbereiten. Was er sage, sei das, was die Partei und das Volk denken, und er könne deswegen auch nur sagen, was das Volk verstehe. Das müsse man wissen. Im Westen entwickele sich diese Klarheit im Ausdruck der Gedanken nur langsam. Es sei bei westlichen Texten nicht immer klar, ob sie letztlich positiv oder negativ seien.

c) Breschnew erzählte, daß er vor über zehn Jahren, noch als Staatsoberhaupt, in Ostberlin gewesen sei[28], wo ihn der dortige sowjetische Botschafter[29] gefragt habe, ob er nicht Westberlin besuchen wolle. Dieser Anregung habe er schließlich entsprochen und sei im Dienstwagen des Botschafters mit Dienstflagge in Westberlin gewesen. Dabei hätten wiederholt Jugendliche die sowjetische Flagge ausgepfiffen. Dies habe ihn so verärgert, daß er befohlen habe, sofort umzukehren. Beim Wendemanöver sei er beinahe in das Spandauer Gefängnis hineingefahren. Daraufhin sei er mit Vollgas zurückgefahren.

---

[25] Die Einladung wurde anläßlich des Besuchs des Ministerpräsidenten Andreotti in der UdSSR vom 24. bis 29. Oktober 1972 ausgesprochen. Vgl. dazu das Kommuniqué; PRAVDA vom 30. Oktober 1972, S. 3.

[26] Der Generalsekretär des ZK der KPdSU, Breschnew, hielt sich am 12./13. Mai 1973 in Ost-Berlin auf.

[27] Der Erste Sekretär des ZK der KPdSU, Breschnew, besuchte die DDR vom 27. bis 29. November 1965. Am 15./16. Januar 1968 hielt er sich erneut in Ost-Berlin auf.

[28] Der Vorsitzende des Obersten Sowjets der UdSSR, Breschnew, hielt sich im Sommer 1964 in Ost-Berlin auf.

[29] Pjotr Andrejewitsch Abrassimow.

Ich erwiderte darauf scherzhaft, er hätte die Gelegenheit verpaßt, schon damals Willy Brandt kennenzulernen. Im übrigen sei ich zwar nicht für Berlin zuständig, sei aber sicher, daß er dort heute willkommen sei. Ich sage dies jedoch nicht auf Weisung des Bundeskanzlers.

Breschnew erwiderte ebenso scherzhaft, er werde sich beim Bundeskanzler beklagen, daß ich vorschlüge, statt in die Bundesrepublik nach Westberlin zu fahren. Ich hätte wohl vor, ihn in unübersehbare Verwicklungen hineinzuziehen.[30]

[gez.] Sahm

VS-Bd. 9086 (213)

90

Aufzeichnung des Staatssekretärs Grabert, Bundeskanzleramt

27. März 1973[1]

Betr.: Persönliches Gespräch mit Herrn Staatssekretär Kohl am 22. März 1973

Zu Beginn des Gesprächs[2] bat ich Herrn Kohl um ein Vier-Augen-Gespräch, das etwa eine Stunde dauerte. Nach Eingangsbemerkungen habe ich Herrn Kohl darauf hingewiesen, daß die Familienzusammenführung weitergeführt werden müsse. Es wäre nicht erträglich, daß nach dem Unterzeichnen des Grundvertrages[3] jetzt eine Pause eintritt. Herr Kohl erwiderte, daß die Regierung der DDR die Familienzusammenführung weiterführen werde, wenn es auch jetzt nicht möglich sei, eine besondere Steigerung zu erreichen. Nach Inkrafttreten des Grundvertrages stellte er eine deutliche Zunahme in Aussicht. Ich habe darauf hingewiesen, daß bei dieser Sachlage zuerst die sogenannten Kofferfälle erledigt werden sollten. Herr Kohl sagte positive Prüfung zu.

---

[30] Mit Schreiben vom 30. März 1973 teilte Staatssekretär Frank Botschafter Sahm, Moskau, mit, er habe den Bericht über das Gespräch mit dem Generalsekretär des ZK der KPdSU, Breschnew, „mit größtem Interesse gelesen. Die Art der Argumentation, die ‚Philosophie‘ der Politik dieses Mannes wurden doch in mehreren Passagen seiner Ausführungen sehr deutlich. Hierbei scheint ein gewisser Widerspruch zwischen den ständigen Hinweisen auf die ‚großen Fragen‘ und gleich darauf ihre Reduktion auf handfeste Wirtschaftsprobleme zu bestehen, ein Widerspruch, der sich wohl in erster Linie durch das plangebundene, deterministische Denken erklärt. [...] Wir waren etwas unglücklich über die ‚anekdotischen‘ Berlinpassagen. Hier zeigt sich wieder einmal, wie vorsichtig man mit Berlin-Bemerkungen gegenüber den Sowjets sein muß. Man gibt sich zu leicht Blößen und erzeugt Mißverständnisse." Vgl. VS-Bd. 9086 (213); B 150, Aktenkopien 1973.

[1] Hat Staatssekretär Frank vorgelegen.

[2] Für das Gespräch des Staatssekretärs Grabert, Bundeskanzleramt, mit dem Staatssekretär beim Ministerrat der DDR, Kohl, am 22. März 1973 in Ost-Berlin vgl. Dok. 85.

[3] Der Vertrag über die Grundlagen der Beziehungen zwischen der Bundesrepublik und der DDR wurde am 21. Dezember 1972 unterzeichnet. Für den Wortlaut vgl. BULLETIN 1972, S. 1842 f.

Im weiteren Verlauf schnitt ich die Problematik der Kinderrückführung an und unterstrich, daß hierbei kein Junktim mit den Mündelgeldfragen besteht, wohl aber ein Zusammenhang.[4] Unser Interesse sei, beide Fragen zu klären. Herr Kohl bezeichnete die Kinderrückführung als abgeschlossen, dem wurde energisch widersprochen und auf die bekannten Zahlen hingewiesen. Im übrigen werde die Sache erschwert durch die Tatsache, daß die Anwaltskontakte nicht mehr so reibungslos arbeiten würden, was wir sehr bedauerten. Herr Kohl erklärte darauf, daß die Anwaltskontakte gestorben seien.[5] Diese Haltung war auch nach längerer Erörterung der Notwendigkeit solcher Kontakte nicht veränderbar. Herr Kohl bezog die Position, daß derartige Fragen zwischen amtlichen Stellen geklärt werden müßten (gemeint sind die Vertretungen) oder aber in offiziellen Kontakten behandelt werden müßten. Ich habe noch einmal deutlich gemacht, daß wir sowohl Kinderrückführung als auch Mündelgeldfragen abschließend zu klären bereit sind.

Im weiteren Verlauf der Erklärung habe ich die Erklärung durch Herrn Meyer in Sachen Journalisten-Behandlung vom Vortage[6] als einen wichtigen Schritt begrüßt und der Hoffnung Ausdruck gegeben, daß sich die Praxis positiv entwickeln möge. Herr Kohl fragte etwas erstaunt, ob ich mir die Erklärung, die Herr Meyer abgegeben hat, nicht bestätigen lassen will. Ich habe erwidert, daß ich eigentlich wegen des offiziellen Charakters des Gesprächs keinen Grund dafür sehe, selbstverständlich aber eine entsprechende Erklärung begrüßen würde.

Im weiteren Verlauf des Gesprächs beklagte Herr Kohl die breite Berichterstattung über gelungene Fluchtversuche[7], die die DDR notwendigerweise zu Abwehrmaßnahmen zwingen würde, und äußerte sich sehr verärgert über den Tatbestand der Zunahme der „Menschenschleusung auf den Transitwegen". Er kündigte an, daß diese Fragen in der nächsten Sitzung der Transitkommission behandelt werden müßten, die wegen der Erkrankung von Herrn Friedrich allerdings erst um den 10. April stattfinden könnte.[8] Ich habe erwidert, daß auch die Bundesregierung an einem Mißbrauch der Transitwege nicht interessiert ist, sondern im Gegenteil alles ihr Mögliche[9] tun will, um Mißbrauchshandlungen zu vermeiden. Es gebe aber auch andere äußerst bedauerliche Vorkommnisse an den Grenzen, so z. B. den Schußwaffengebrauch bei der Verhinderung eines Fluchtversuches am Vortage an der Berliner Sektorengrenze.

Nach der Delegationssitzung bat Herr Kohl um ein weiteres Vier-Augen-Gespräch. Er machte im wesentlichen dabei Ausführungen zu dem angeblichen

---

4 Zum Problem der Mündelgelder vgl. Dok. 67, Anm. 33.

5 Zu einer Fortsetzung der Kontakte zwischen Anwälten aus der Bundesrepublik und der DDR vgl. Dok. 67, Anm. 37.

6 Zur Erklärung des Leiters der Presseabteilung im Ministerium für Auswärtige Angelegenheiten der DDR, Meyer, vom 21. März 1973 vgl. Dok. 85, Anm. 24.

7 Vgl. dazu die Artikel „Mit der Braut aus der ‚DDR' geflohen" bzw. „Schüler gelang unverletzt Flucht nach Niedersachsen"; DIE WELT vom 13. bzw. 14. März 1973, jeweils S. 1. Vgl. dazu ferner die Meldungen „Maurer geflüchtet" und „‚DDR'-Offizier geflüchtet"; DIE WELT vom 9. bzw. 20. März 1973, jeweils S. 1.

8 Die fünfte Sitzung der Transitkommission fand am 12. April 1973 in Berlin (Ost) statt. Für die Gesprächsaufzeichnung vgl. VS-Bd. 9057 (210).

9 Korrigiert aus: „alles das ihr Mögliche".

„Unterlaufen des Vier-Mächte-Abkommens durch die Bundesregierung". Als Beispiel führte er die Berlin-Klausel im Ratifizierungsgesetz zum Grundvertrag[10] an. Ich habe die Vorwürfe zurückgewiesen und am Beispiel dieser Berlin-Klausel vorgetragen, daß sie gerade wegen der Regelung des Vier-Mächte-Abkommens erforderlich sei. Im übrigen stehe die Bundesregierung, wie allgemein bekannt, auf dem Boden des Vier-Mächte-Abkommens und beabsichtige nicht, dieses zu unterlaufen. Die Drei Mächte würden ihr Augenmerk ebenfalls auf die Einhaltung des Vier-Mächte-Abkommens richten, und die Bundesregierung handele in vollem Einvernehmen mit den Drei Mächten in allen das Abkommen betreffenden Fragen. Wir wären interessiert, möglicherweise vorhandene Mißverständnisse in dieser Sache auszuräumen, und ich habe angeboten, jeden Fall näher zu besprechen, um der Regierung der DDR das möglicherweise vorhandene Mißtrauen zu nehmen.

Herr Kohl trug anschließend vor, daß die Regierung der DDR „zur Erleichterung der Ratifizierung des Grundlagenvertrages bereit sei, neue Verhandlungen z. B. über das Gesundheitswesen zu eröffnen". Ich habe erwidert, daß wir immer an Verhandlungen, die der Entspannung dienen und die Regelung des Verhältnisses der beiden deutschen Staaten beeinflussen können, interessiert seien. Nur hätte dies seinen ausschließlichen Grund in unserem Wunsch, das Verhältnis zwischen den beiden deutschen Staaten zu normalisieren. Wir sehen darin keinen Zusammenhang zu dem Ratifizierungsvorgang in der BRD.

Im Anschluß an dieses Vier-Augen-Gespräch, das ca. 45 Minuten dauerte, wurde noch informell vereinbart, daß der wartenden Presse keine Einzelheiten des Gesprächs mitgeteilt werden sollten.

Herrn Bundesminister Walter Scheel mit der Bitte um Kenntnisnahme.

Grabert

VS-Bd. 10101 (Ministerbüro)

---

10 In Artikel 2 des Entwurfs eines Gesetzes zum Vertrag vom 21. Dezember 1972 über die Grundlagen der Beziehungen zwischen der Bundesrepublik und der DDR wurde ausgeführt: „Dieses Gesetz gilt, soweit sich die Regelungen des Vertragswerkes auf das Land Berlin beziehen, auch im Land Berlin, sofern das Land Berlin die Anwendung dieses Gesetzes feststellt." Vgl. BT ANLAGEN, Bd. 170, Drucksache Nr. 7/153.

91

Aufzeichnung des Botschafters Roth

221-372.14 USA-1174/73 VS-vertraulich   **27. März 1973**[1]

Zusammenfassender Bericht über meine Gespräche in Washington zu MBFR-Fragen am 21./22. März 1973

Liste der Gesprächspartner siehe Anlage.[2]

I. Fortgang der Wiener Explorationen

1) Alle Gesprächspartner befürworten eine rasche positive Beendigung der Explorationsgespräche.[3] Positiv bedeutet aus Washingtoner Sicht Vereinbarung des Beginns der Verhandlungen auf einen Termin Ende September/Anfang Oktober 1973.[4]

2) Weitere Substanzdiskussionen sollten in Wien möglichst vermieden werden. Dies gilt vor allem für die Festlegung eines Arbeitsprogramms. Die in Wien vorbereiteten Agendapapiere[5] sieht man auch in Washington als zu umfangreich und detailliert an. Man möchte, wenn irgend möglich, eine erneute Diskussion im NATO-Rat über Substanzfragen vermeiden.

Meine Anregung, die Agendadiskussion nicht getrennt zu führen, sondern als Bestandteil des Entwurfs eines Abschlußkommuniqués parallel zur weiteren Behandlung des Ungarnproblems in die Diskussion einzuführen und hierbei

---

1 Botschafter Roth leitete die Aufzeichnung am 27. März 1973 über Ministerialdirektor van Well an Staatssekretär Frank.
  Hat Frank am 28. März 1973 vorgelegen, der die Weiterleitung an Bundesminister Scheel verfügte. Vgl. den Begleitvermerk; VS-Bd. 9421 (221); B 150, Aktenkopien 1973.
  Hat Roth am 4. April 1973 erneut vorgelegen, der die Weiterleitung an Büro Staatssekretär „z[ur] K[enn]t[ni]s[nahme]" verfügte.
2 Dem Vorgang beigefügt. Gesprächspartner des Botschafters Roth in Washington waren im amerikanischen Außenministerium: Staatssekretär Rush, die Abteilungsleiter Stoessel und Spiers, der stellvertretende Abteilungsleiter Garthoff sowie Referatsleiter Sutterlin; im amerikanischen Verteidigungsministerium: der stellvertretende Abteilungsleiter Eagleburger und Referatsleiter Bartholomew; im Weißen Haus: die Mitglieder des Nationalen Sicherheitsrats Hyland und Odeen. Vgl. VS-Bd. 9421 (221); B 150, Aktenkopien 1973.
3 Die MBFR-Explorationsgespräche in Wien endeten am 28. Juni 1973. Vgl. dazu Dok. 207.
4 Botschafter Roth, z. Z. Washington, vermerkte am 21. März 1973, der stellvertretende Abteilungsleiter im amerikanischen Außenministerium, Garthoff, habe ausgeführt, „Amerikaner wollten Verhandlungen in Wien zwischen dem 25. September und Mitte Oktober beginnen lassen. Der SU wäre wohl ein späterer Termin lieber." Vgl. VS-Bd. 9421 (221); B 150, Aktenkopien 1973.
5 Am 7. März 1973 teilte Gesandter Ruth, z. Z. Wien, mit: „In der Ad-hoc-Gruppe MBFR ist am 6. März die Diskussion der Agenda-Punkte abgeschlossen worden. Es liegen nunmehr folgende Papiere vor: a) Zusammenfassende Darstellung der Tagesordnung (Kanada); b) Einführende Statements und Zusatzfragen zu den einzelnen Tagesordnungspunkten: 1) Delineation of the geographic aspects of negotiations. [...] (Niederlande); 2) Timing and stages in which measures might be agreed and (or) carried out (Bundesrepublik Deutschland); 3) Priciples and criteria (Kanada); 4) Arrangements to enhance stability and to reduce the danger of miscalculation of the intentions of either side and of reducing fear of surprise attack (Großbritannien); 5) Determination of forces to be addressed (Vereinigte Staaten); 6) Size and method of reductions (Vereinigte Staaten); 7) Means of providing assurances of compliance with obligations assumed under an agreement. (Belgien)." Ruth übermittelte gleichzeitig einen Teil der Agenda-Papiere und kündigte die Übersendung der übrigen Texte an. Vgl. den Drahtbericht Nr. 177; VS-Bd. 9430 (221); B 150, Aktenkopien 1973.

Zweck und Ziel zukünftiger Verhandlungen zu „beschreiben", wurde sowohl im State Department als auch im Pentagon positiv aufgenommen.[6]

3) In der Ungarnfrage herrscht ziemliche Ratlosigkeit. Man glaubt, daß eine Einigung nur auf der Basis des Flankenstatus für Ungarn möglich sein wird. Man möchte versuchen, den eigenen Alliierten in ihrem Wunsche nach Offenhalten der Statusfrage Ungarns durch einen mündlich oder schriftlich vorgebrachten Vorbehalt entgegenzukommen.[7] Da die Sowjets von der Verkoppelung Ungarn–Italien jedoch kaum abzubringen sein werden, die Italiener aber unnachgiebig sind[8], hält man auch diesen Weg nicht für erfolgversprechend.

Meine ausführlichen Erläuterungen, warum wir nach wie vor einem Offenhalten der Statusfrage überhaupt und ihrer Diskussion im Zusammenhang mit relevanten Substanzfragen (Stationierungsstreitkräfte, einheimische Streitkräfte, constraints) den Vorzug geben[9], stieß auf Widerstand im Pentagon. Dort hat man die Befürchtung, ein Offenhalten der Statusfrage würde den Sowjets ein Instrument in die Hand geben, um MBFR auf den Mittelmeerraum auszudehnen. Obwohl die Herren im Pentagon im Verlauf des Gesprächs nachdenklicher wurden und ich auch einige Unterstützung bekam (z. B. Bartholomew), habe ich doch wenig Hoffnung, daß die starre Haltung des Pentagon aufzubrechen sein wird.

4) Es bestand Übereinstimmung, daß im Herbst 1973 beginnende „Verhandlungen" vorrangig explorativen Charakter haben würden. An einigen Stellen (Pentagon und White House) glaubt man jedoch, zumindest erste Verhandlungsoptionen in der Tasche haben zu müssen, um sie noch Ende d. J. auf den

---

6 Am 26. März 1973 berichtete Gesandter Ruth, z. Z. Wien, daß er das von Botschafter Roth vorgeschlagene Verfahren für die Agenda- und Kommuniqué-Diskussion in der NATO-Ad-hoc-Gruppe MBFR sondiert habe und sich wahrscheinlich „das Konzept in seinen Grundzügen durchsetzen" werde. Ruth übermittelte „zwei Versionen des Kommuniqué-Teils, in den die Agenda-Themen auf genommen werden müßten". Zu den Zielen von MBFR-Verhandlungen wurde in der ersten Fassung ausgeführt: „The participating representatives agree that the general objectives of these negotiations will be to enhance military stability by appropriate measures including reductions of forces and armament in Central Europe." In der zweiten Fassung lautete dieser Satz: „The participating representatives agree that the general objectives of these negotiations will be to enhance military stability by appropriate measures concerning the levels, activities and reductions of forces in Central Europe." Vgl. den Drahtbericht Nr. 240; VS-Bd. 9431 (221); B 150, Aktenkopien 1973.
Dazu teilte Ministerialdirektor van Well am 28. März 1973 mit: „Unsere Präferenz gilt der zweiten Version, wobei wir uns im klaren sind, daß diese wahrscheinlich vom Osten nicht angenommen wird, so daß auf die erste Version ausgewichen werden muß." Vgl. den Drahterlaß Nr. 133; VS-Bd. 9431 (221); B 150, Aktenkopien 1973.
7 Zum Stand der Gespräche über eine Teilnahme Ungarns an den MBFR-Explorationsgesprächen vgl. Dok. 88.
8 Zur italienischen Haltung teilte Botschafter Krapf, Brüssel (NATO), am 7. März 1973 mit, der italienische NATO-Botschafter Catalano di Melilli habe im Ständigen NATO-Rat ausgeführt: „Für Italien sei es nicht akzeptabel, daß Ungarn in den MBFR-Explorationen ein Status sui generis eingeräumt werde. Aus italienischer Sicht sei es vielmehr wünschenswert, daß Ungarn Flankenstatus erhalte. Die italienische Regierung habe nichts gegen eine allgemeine Nicht-Umgehungsformel, die eine Bezugnahme auf Ungarn vermeide. [...] Eine auf Ungarn zugeschnittene Nicht-Umgehungsformel lehne Italien ab, da von der anderen Seite als Gegenleistung sofort Italien gefordert werde. Wenn auch Italien der Unterstützung seiner Allianzpartner sicher sei, wolle man jedoch vor allem Diskussionen im Rat über die Italien-Frage vermeiden. Solche Diskussionen könnten ggf. den Eindruck erwecken, als scheitere der weitere Fortgang von MBFR an Italien." Vgl. den Drahtbericht Nr. 291; VS-Bd. 9428 (221); B 150, Aktenkopien 1973.
9 Zur Haltung der Bundesregierung hinsichtlich der Statusfragen vgl. Dok. 71, Anm. 2, und Dok. 92.

Verhandlungstisch bringen zu können, wenn die innenpolitische Lage dies erfordert.

II. Zielsetzung von MBFR

1) Auch in Washington sieht man es als ein Versäumnis an, daß bisher im Bündnis noch nicht über die politischen Zielsetzungen von MBFR gesprochen wurde. Man beklagt, daß an manchen Stellen in europäischen Hauptstädten der amerikanischen Regierung „unterstellt" würde, hinter dem Rücken der eigenen Verbündeten mit den Sowjets Vorabsprachen getroffen zu haben. Dies sei nicht der Fall. Man übersieht dabei nicht, daß das lange Zögern der amerikanischen Regierung, ihre eigenen Positionen den Bündnispartnern mitzuteilen, Spekulationen, Vermutungen und auch Befürchtungen Nahrung gegeben habe.

Vor allem Deputy Secretary Rush erkannte an, daß der Bundesregierung die Lösung eigener Probleme erleichtert würde, wenn Bonn möglichst bald und in vollem Umfange die Absichten Präsident Nixons erführe. Ende April 1973 könne man damit rechnen. Mißtrauen über die gegenseitigen Absichten innerhalb des Bündnisses müsse unter allen Umständen vermieden werden. Das unnötige Hochspielen der Ungarnfrage sei hierfür ein warnendes Beispiel.

2) Die amerikanischen Gesprächspartner, vor allem im Weißen Haus, zögerten, langfristige politische Zielvorstellungen von MBFR jetzt schon zu erörtern. Man wisse zwar, daß wir dem instrumentalen politischen Charakter von MBFR im Gesamtzusammenhang der West-Ost-Entwicklung in Europa besondere Bedeutung beimessen, aus amerikanischer Sicht sei jedoch die langfristige Entwicklung in Europa noch zu wenig klar und greifbar, um sich hier in einem Teilbereich langfristig festlegen zu können (Odeen).

3) Man ist bereit, über mittelfristige Verhandlungsziele für eine erste MBFR-Verhandlungsrunde mit den Bündnispartnern zu sprechen, sobald der Präsident seine Entscheidung über die ihm demnächst vorzulegenden Optionen getroffen hat. Dabei werde es sich nicht nur um die mehr technischen Fragen des Umfangs und der Methoden von Reduzierungsoptionen und kollateraler Maßnahmen, sondern auch um politische Zielvorstellungen handeln (Odeen).

4) Alle Gesprächspartner betonten nachdrücklich, daß MBFR in diesem Jahr auf den Verhandlungstisch kommen müsse und daß man auf einem Beginn der Verhandlungen Ende September/Anfang Oktober 1973 bestehen müsse. Dies sei vor allem aus innenpolitischen Gründen erforderlich, um den Druck nach einseitigen Reduzierungen abzublocken. „Bedauerlicherweise sei MBFR nun auch ein Instrument des Kongresses in einem sich zuspitzenden umfassenderen Verfassungskonflikt zwischen Präsident und Kongreß geworden" (Mr. Hyland).

5) Deputy Secretary Rush nannte zwei Ziele für MBFR aus amerikanischer Sicht:

a) Den innenpolitischen Druck vom Präsidenten zu nehmen und seine Möglichkeiten zu verstärken, eine Verminderung der Truppenpräsenz in Europa zu vermeiden. Deshalb baldiger Verhandlungsbeginn.

b) Testen, ob die Entspannungspolitik ernstgemeint und verläßlich sei. Deshalb solle man der Sowjetunion zunächst constraints vorschlagen. Danach könnte eine eventuelle Reduzierung stationierter Streitkräfte als Zeichen guten Willens in Frage kommen.

Andere Gesprächspartner äußerten sich skeptischer. Mr. Spiers meinte, im Gegensatz zu Mr. Rush, das Bestreben des Weißen Hauses und des Pentagon dahin zu verstehen, daß Ergebnisse im constraints-Bereich zwar schön wären, die Reduzierung stationierter Streitkräfte um 10 bis 20 Prozent aber notwendiger sei. Im Weißen Haus (Hyland) meinte man, unser Konzept des phased approach[10] wäre zwar logisch, aber mit phasing und constraints könne man sich nicht zu lange aufhalten, das sei viel zu kompliziert für den Kongreß.[11] Dort wolle man bald wissen, ob, wann und in welchem Umfange amerikanische Streitkräfte in Europa reduziert werden könnten.[12]

Im Pentagon (Eagleburger) unterstützt man (wie im Juli v.J.)[13] sehr nachdrücklich unser Konzept des phased approach und meint, auf constraints könne man keinesfalls verzichten. Man würde sie jedoch zweckmäßigerweise im Zusammenhang mit einem ersten Reduzierungsschritt behandeln können.[14] (Diese Auffassung wird auch in der ACDA unterstützt.)

III. Zeitliche Vorstellungen für das weitere Vorgehen

1) Ende April 1973 würden die Bündnispartner über die amerikanischen Vorstellungen unterrichtet werden. MBFR habe nunmehr die volle Aufmerksamkeit der politischen Führung gefunden. Der NSC habe sich bereits zweimal mit dieser Frage beschäftigt.

---

10 Vgl. dazu das MBFR-Bausteinkonzept der Bundesregierung, das am 22. März 1971 dem Politischen Ausschuß der NATO auf Gesandtenebene vorgelegt wurde; AAPD 1971, I, Dok. 95.

11 Gesandter Noebel, Washington, teilte am 23. März 1973 mit, das Mitglied des Nationalen Sicherheitsrats, Hyland, habe im Gespräch mit Botschafter Roth am Vortag erklärt, „daß er constraints mit wenig Enthusiasmus betrachte. Was wäre, wenn SU constraints akzeptieren und Reduzierungen zurückweisen würde? Zur atmosphärischen Entspannung würde sie damit beitragen, ohne einen tatsächlichen Beitrag zur Sicherheit in Europa leisten zu müssen." Vgl. den Drahtbericht Nr. 872; VS-Bd. 9421 (221); B 150, Aktenkopien 1973.

12 Am 3. April 1973 berichtete Botschafter Roth ergänzend über die Gespräche am 21./22. März 1973 in Washington, der stellvertretende Abteilungsleiter im amerikanischen Außenministerium, Garthoff, habe mitgeteilt, daß „folgende drei Optionen im State Dep[artment] der Vorzug gegeben würde: 1) Bescheidene Reduzierung stationierter und nationaler Streitkräfte, disproportioniert, um die geographischen Ungleichheiten zu berücksichtigen. Erste Phase: constraints, zweite Phase: Reduzierung sowjetischer und amerikanischer Streitkräfte, dritte Phase: Reduzierung nationaler und stationierter Streitkräfte. 2) Reduzierung nur amerikanischer und sowjetischer Streitkräfte. Ähnliche Phasen wie unter 1) mit zwei Stufen zu je 10 Prozent und einer Zwischenzeit, in der die Wirksamkeit von Verifikation und constraints beurteilt werden könne. 3) Mischung von Elementen aus 1) und 2) bei Berücksichtigung der Asymmetrien. Einschluß auch nuklearer Sprengköpfe und gewisser Trägersysteme gegen Reduzierung sowjetischer Panzer (structural approach). Garthoff fügte hinzu, daß Elemente der drei ‚approaches' zu Bausteinen unterschiedlicher Art kombiniert werden könnten. Mit ziemlicher Sicherheit rechne er damit, daß Sowjets starkes Interesse an den in Westeuropa stationierten nuklearen Sprengköpfen entwickeln werden." Vgl. VS-Bd. 9421 (221); B 150, Aktenkopien 1973.

13 Botschafter Roth führte am 17./18. Juli 1972 Gespräche im amerikanischen Außen- und Verteidigungsministerium sowie in der amerikanischen Abrüstungsbehörde über MBFR und SALT. Vgl. dazu die Aufzeichnung des Vortragenden Legationsrats Hartmann vom 25. Juli 1972; VS-Bd. 1630 (201); B 150, Aktenkopien 1972.

14 Zu den Ausführungen des stellvertretenden Abteilungsleiters im amerikanischen Verteidigungsministerium, Eagleburger, teilte Gesandter Noebel, Washington, am 26. März 1973 mit: „Er halte collateral constraints und Verifikationsmaßnahmen in Osteuropa und der BRD von Anfang an und besonders nach jedem Reduzierungsschritt für unerläßlich." Vgl. den Drahtbericht Nr. 886; VS-Bd. 9421 (221); B 150, Aktenkopien 1973.

2) Anschließend sollten dann die amerikanischen Vorstellungen im Bündnis diskutiert werden mit dem Ziel, eine gemeinsame Bündnisposition auszuarbeiten, die vom NATO-Ministerrat auf seiner Sitzung Mitte Juni 1973[15] gebilligt werden könnte. Mein Hinweis, daß die Zeit zwischen Ende April 1973 und Ministerratssitzung sehr knapp sei, und meine Frage, ob man sich Gedanken gemacht habe, welches die entscheidenden Fragen seien, zu denen dem Ministerrat noch konsolidierte Entwürfe vorgelegt werden könnten, überraschten im State Department und im Pentagon. Im Weißen Haus meinte man, der Ministerrat solle sich vor allem mit den politischen Zielvorstellungen und gemeinsam zu verfolgenden Absichten beschäftigen. Technische Details verschiedener Optionen könnten dann im Sommer 1973 diskutiert werden.

3) Alle Gesprächspartner teilten meine Auffassung, daß wir in einer sehr schlechten Lage wären, wenn es nicht gelänge, vor Beginn der Gespräche im Herbst 1973 im Bündnis Klarheit über Absichten und Zielvorstellungen einzelner Regierungen zu gewinnen und daraus eine gemeinsame Allianzposition zu entwickeln.

4) Offensichtlich hat man sich in Washington noch sehr wenig Gedanken über den weiteren zeitlichen Ablauf nach Beginn der Verhandlungen im Herbst d. J. gemacht. Die erwünschte Dauer einer ersten Verhandlungsrunde gab man im State Department mit ein bis zwei Jahren an, im Pentagon hielt man zwei bis drei Jahre für realistischer.

IV. Arbeitsteilung im Bündnis

1) Die Anregung hierzu war vor einigen Monaten von amerikanischer Seite (Mr. Dean) ausgegangen. Mein Hinweis, daß eine solche Arbeitsteilung nur dann nützlich sei, wenn man den Arbeitsrhythmus in den einzelnen Hauptstädten aufeinander abstimmen könne und bereit sei, auf Arbeitsebene eng zusammenzuarbeiten und auch Entwürfe auszutauschen, fand überall Zustimmung.

2) Man hält jedoch zur Zeit eine solche Arbeitsteilung für verfrüht, da man völlig mit der Ausarbeitung der eigenen Optionen beschäftigt sei und umfangreiche analytische Studien habe machen müssen (Bemerkung an manchen Stellen: zuviel).

3) Der richtige Zeitpunkt für eine solche Arbeitsteilung sei wohl erst gekommen, wenn man daran gehe, „Verhandlungspakete" zu erarbeiten. Dann könnte es durchaus zweckmäßig sein, wenn bestimmte „Bausteine" solcher Pakete von uns oder von den Briten behandelt werden könnten.

V. Abschließende Bewertung

1) Erneut wurde offenkundig, daß die Administration in Washington sich in einer sehr unglücklichen Lage befindet. Sie ist zwar mit umfangreichen Vorarbeiten für MBFR seit langer Zeit und intensiv beschäftigt, hat jedoch auf die Entscheidungen weder zeitlich noch substantiell bestimmenden Einfluß.

2) Ich sehe keinen Anlaß, unser Konzept des phased approach und unsere langfristigen Zielvorstellungen aufzugeben. Wir sollten jedoch nicht den Ver-

15 Die NATO-Ministerratstagung fand am 14./15. Juni 1973 in Kopenhagen statt. Vgl. dazu Dok. 195.

such machen, die amerikanische Regierung auf langfristige Zielvorstellungen festlegen zu wollen.

3) Wir sollten uns keinen Täuschungen darüber hingeben, daß MBFR nach wie vor in Washington vornehmlich unter innenpolitischen Aspekten gesehen wird und das vordringliche Interesse einem ersten Reduzierungsschritt amerikanischer Stationierungsstreitkräfte in Europa gilt. Die Hoffnung, daß damit das Verbleiben der amerikanischen Stationierungsstreitkräfte in Europa auf eine dauerhafte politische Grundlage gestellt werden könnte, wird nicht ausgeschlossen, jedoch mit einem Fragezeichen versehen, ob dies gelingt.

4) Ich sehe jedoch immer noch Möglichkeiten, uns mit den Amerikanern und Briten auf gemeinsame Vorstellungen über erwünschte und erreichbare mittelfristige Ziele für eine erste MBFR-Verhandlungsrunde zu einigen und damit eine gute Ausgangsbasis für eine gemeinsame Bündnispolitik zu schaffen. Solche „trianguларen" Gespräche werden in Washington auch weiterhin für nützlich gehalten. Konkrete Gespräche hierüber werden jedoch erst nach Vorliegen der amerikanischen „Optionen" Ende April möglich sein.[16]

Roth

VS-Bd. 9421 (221)

92

Gesandter Ruth, z. Z. Wien, an das Auswärtige Amt

114-1-11386/73 geheim   Aufgabe: 28. März 1973, 16.15 Uhr[1]
Fernschreiben Nr. 249   Ankunft: 28. März 1973, 19.02 Uhr

Delegationsbericht Nr. 108

Zur Unterrichtung

Betr.: MBFR-Explorationen in Wien;
        hier: Zwischenbilanz

Aus Sicht der deutschen Delegation läßt sich nach Ablauf der ersten acht Wochen multipler bilateraler Konsultationen (31.1.–27.3.1973) folgende Zwischenbilanz ziehen:

I. Das Explorationsmandat

– Festlegung von Zeit und Ort für die Verhandlungen,

– Verabschiedung einer Verfahrensregelung für die Explorationen und für die Verhandlungen,

---

16 Am 26. April 1973 wurde der Botschaft in Washington das amerikanische Arbeitspapier „The United States' Approach to MBFR" vorgestellt. Vgl. dazu Dok. 120.

1 Hat Vortragendem Legationsrat Hillger am 29. März 1973 vorgelegen, der die Weiterleitung an Vortragenden Legationsrat I. Klasse Freiherr von Groll „n[ach] R[ückkehr]" verfügte und handschriftlich vermerkte: „Sehr interessant."

– Diskussion und Übereinkunft über die Tagesordnungspunkte für MBFR-Verhandlungen

konnte formal bisher nicht erfüllt werden, da alle Erörterungen auf die vorherige Lösung der Statusfrage Ungarns[2] konzentriert waren.

Dennoch wurden wichtige Zwischenergebnisse erzielt oder vorbereitet:

1) Die von der NATO gewünschte

– Heraushebung der besonderen Bedeutung von Mitteleuropa im MBFR-Prozeß,

– grundsätzliche Unterscheidung von mitentscheidenden mitteleuropäischen und in besonderer Weise teilnehmenden Flankenstaaten,

– Begrenzung der MBFR-Teilnehmer auf Mitglieder von NATO und Warschauer Pakt,

erscheint nicht mehr umstritten. Rumänien hat es aufgegeben, die volle Teilnahme an den Gesprächen anzustreben.[3]

2) Eine Verfahrensregelung für die Explorationen, die auch für die Verhandlungsphase brauchbar wäre, liegt aus unserer Sicht im wesentlichen verabschiedungsreif vor.[4]

Diese Verfahrensregelung wäre ein Kompromiß zwischen ursprünglich westlichen Vorschlägen und den östlichen im Laufe der Gespräche vorgebrachten Vorstellungen.

3) Soweit in den vergangenen acht Wochen auch über konzeptionelle Fragen gesprochen werden konnte, hat sich gezeigt, daß – wie zu erwarten – bedeutende Unterschiede vorhanden sind. Eine Phase der „Substanzexplorationen" („identification of problems"; Klärung der Geschäftsgrundlage) am Anfang des eigentlichen Verhandlungsprozesses erscheint daher unumgänglich.

4) Dennoch ermöglicht die Diskussion der Ungarn-Frage bereits Schlüsse auf die künftige Erörterung der Agenda-Punkte (der MBFR-Verhandlungen) und des Kommuniqués (der Explorationen), da sie

– das sowjetische Konzept (MBFR ausschließlich als Reduzierungen; und zwar in erster Linie amerikanischer Truppen in Europa und der Bundeswehr) sichtbar machte,

– die Rolle der einzelnen WP-Staaten und die Bedeutung ihrer individuellen Repräsentanten in Wien deutlich werden ließ (vgl. II.),

– das Interesse aller 19 in Wien konsultierenden Staaten an einem positiven Ausgang der Explorationen dokumentierte.

---

[2] Zum Stand der Gespräche über eine Teilnahme Ungarns an den MBFR-Explorationsgesprächen vgl. Dok. 88.

[3] Zu den rumänischen Vorstellungen hinsichtlich einer Teilnahme an den MBFR-Explorationsgesprächen vgl. Dok. 36.

[4] In der Richtlinie für die NATO-Ad-hoc-Gruppe MBFR in Wien wurde ausgeführt, daß in den MBFR-Explorationsgesprächen der revidierte amerikanische Verfahrensvorschlag vom 23. Februar 1973 Anwendung finden sollte. Vgl. dazu den Drahtbericht Nr. 306 des Botschafters Krapf, Brüssel (NATO), vom 9. März 1973; VS-Bd. 9108 (214); B 150, Aktenkopien 1973.
Für den revidierten amerikanischen Verfahrensvorschlag vgl. den Drahtbericht Nr. 278 von Krapf vom 6. März 1973; VS-Bd. 9108 (214); B 150, Aktenkopien 1973.

5) Die an sich bei mangelhafter Koordination riskante Methode der multiplen bilateralen Explorationen bewährte sich, da sie

– den WP-Vertretern optimale Chancen zur Identifizierung eigener Standpunkte bietet,

– Kontakte festigt, die auch in einer multilateralen Phase unentbehrlich wären,

– jeder NATO-Delegation Gelegenheit und Verantwortung zur Darlegung des NATO-Standpunktes gibt und

– in der Regel die Solidarität der NATO-Staaten eindrucksvoll bewies.

6) Die Positionen der westlichen Teilnehmer haben sich in der Explorationsphase gefestigt oder wurden geklärt. Dies trifft insbesondere zu für

– die Niederlande und Belgien, deren Einbeziehung nach den anfänglichen Unsicherheiten in der Ungarn-Diskussion[5] in den MBFR-Prozeß nunmehr außer Frage stehen dürfte,

– Italien, das die Ungarn-Diskussion dazu benutzte, seine kritische Distanz zu MBFR deutlich zu machen und mit Nachdruck festzustellen, daß es unter keinen Umständen mehr als nur eine beobachtende Rolle bei MBFR zu spielen wünscht.[6]

Während der ersten Phase der Ungarn-Diskussion hat insbesondere die von Belgien aus taktischen Gründen vertretene Offenhaltung seiner Beteiligung an MBFR dazu geführt, daß in der Ad-hoc-Gruppe eindrucksvoll dokumentiert wurde, daß die Bundesrepublik Deutschland unter keinen Umständen allein auf westlicher Seite von MBFR-Vereinbarungen betroffen sein darf.

II. Folgende Rollen kristallisierten sich unter den teilnehmenden Delegationen heraus:

1) WP-Staaten

a) Die sowjetische Delegation in Wien läßt keinen Zweifel daran, daß auf Seite des WP sie allein den Gang der Gespräche bestimmt und daß sie nicht bereit ist, sich von Sonderinteressen ihrer Verbündeten beeinflussen zu lassen. Dem entspricht die Tatsache, daß die sowjetische Delegation der einzige autorisierte Sprecher des WP ist.

Diese Führungsrolle der sowjetischen Delegation wird unterstrichen durch die Art der Beziehungen zwischen ihr und den anderen Delegationen des WP. Sowjetische Delegationsmitglieder behandeln ihre Kollegen aus den osteuropäischen Ländern – auch wenn sie hochrangig sind – mit auffallender Distanz. Eine gewisse Ausnahme genießt hier der Leiter der DDR-Delegation und in anderer Weise der rumänische Delegationschef[7].

Die seltenen Treffen der WP-Gruppe, die ausnahmslos in der sowjetischen Botschaft stattfinden, dienen nach Angaben osteuropäischer Delegierter weniger der Diskussion als der „Information". Letztere ist häufig so lückenhaft, daß

---

5 Zur Haltung der Niederlande und Belgiens hinsichtlich einer Teilnahme Ungarns an den MBFR-Explorationsgesprächen vgl. Dok. 35, Anm. 6, und Dok. 53.

6 Zur italienischen Haltung vgl. Dok. 91, Anm. 8.

7 Virgil Constantinescu.

sich nichtsowjetische östliche Delegierte immer wieder bei westlichen Kollegen nach dem präzisen Stand der Gespräche zwischen den NATO-Sprechern und der Sowjetunion erkundigen müssen.

Für die osteuropäischen Mitglieder des WP sind die Möglichkeiten der Einfluß-nahme auf den Entscheidungsprozeß im Caucus des WP offensichtlich sehr be-grenzt. Unserem Kontakt mit ihnen kommt zwar insbesondere für die Analyse der konzeptionellen Vorstellungen und der Sonderinteressen auf östlicher Sei-te sowie als Ausdruck der Respektierung des Eigenwertes der Delegationen ei-ne erhebliche Bedeutung zu. Hinsichtlich der möglichen Einflußnahme auf die Meinungsbildung der Sowjetunion sind diese Kontakte aber von begrenztem Wert.

b) Die sympathische polnische Delegation weist den höchsten Grad an MBFR-Sachverstand auf; sie beherrscht die NATO-Terminologie und ist stolz darauf, vor den Sowjets einen Vorsprung der „sophistication" halten zu können.

c) Die DDR-Delegation genießt guten Ruf für Umgangsformen und intellek-tuelles Niveau. Dabei spielt eine Rolle, daß Botschafter Brie wegen seines of-fensichtlichen politischen Gewichts eine maßvolle Linie vertreten und relativ zuverlässige Prognosen stellen kann.

d) Die ungarische Delegation erlangte Profil durch den Umstand, daß die Be-teiligung Ungarns zur zentralen Frage der Explorationen wurde. Sie vertritt insbesondere nach außen den Standpunkt völliger Deckungsgleichheit mit der sowjetischen Position in der Ungarn-Frage. Es ist aber bemerkenswert, daß der ungarische Botschafter Ustor in den Vierer-Gesprächen[8] schon mehrfach veranlaßt werden mußte, gewisse Nuancierungen aufzugeben und den sowjeti-schen Standpunkt voll zu übernehmen. Dem entspricht, daß Ustor in vertrau-lichen bilateralen Gesprächen versucht, einen nationalen ungarischen Stand-punkt anzudeuten.

e) Die rumänischen Vertreter bemühen sich mit großer Liebenswürdigkeit und Rührigkeit, das Image einer „westlichen" Delegation aufzubauen und bei jeder Gelegenheit zu demonstrieren, daß sie in ihrer Urteilsbildung ausschließlich von Bukarest abhängig und damit auch zu einer neutralen Haltung fähig sind[9]. Sie erwirbt damit besondere Chancen, gegebenenfalls auch im Auftrag und Interesse der übrigen WP-Staaten mit Erfolg zu sondieren.

f) Die Delegationen der ČSSR und Bulgariens spielen in Wien eine relativ ge-ringe Rolle, nehmen aber an dem bilateralen Gedankenaustausch teil.

2) NATO-Staaten

a) Die amerikanische Delegation trägt die Hauptlast der anfallenden Vorberei-tungsarbeit in der Ad-hoc-Gruppe MBFR. Dies liegt an den besonders günsti-gen personellen und technischen Voraussetzungen für die Amerikaner, geht aber nicht zuletzt auf die dynamische Persönlichkeit des Chefdelegierten Dean mit seinen unbestrittenen Fähigkeiten und seinen Erfahrungen aus den Berlin-

---

8 Zu den Gesprächen des Sprechers der NATO-Mitgliedstaaten, Quarles van Ufford, sowie des ame-rikanischen Delegationsleiters Dean mit dem sowjetischen bzw. dem ungarischen Delegationslei-ter bei den MBFR-Explorationsgesprächen, Chlestow bzw. Ustor, vgl. Dok. 88, Anm. 3.
9 Korrigiert aus: „ist".

Verhandlungen[10] zurück. Diese Aktivposten werden dem besonderen amerikanischen Interesse an baldigen MBFR-Ergebnissen gerecht.

Die amerikanische Delegation bestimmt daher stärker als jede andere westliche Delegation Tempo und Anlage der Gespräche. Die amerikanische Delegation neigte anfangs dazu, ihre Rolle in der Ad-hoc-Gruppe wegen des Interesses der amerikanischen Administration an baldigen Ergebnissen zu überziehen und die Gespräche unter Zeitdruck zu stellen. Dies hat sich in der Zwischenzeit geändert, ohne daß dadurch das legitime amerikanische Interesse an Fortschritten in den Wiener Gesprächen vernachlässigt würde.

Gegenüber den osteuropäischen Staaten und der Sowjetunion ist von Anfang an deutlich geworden, daß die Beziehungen zwischen den Vereinigten Staaten und ihren Verbündeten von denen im WP qualitativ verschieden sind. Die amerikanische Bereitschaft, das Vorgehen in Wien zu koordinieren und dabei die besonderen Interessen der Partner zu berücksichtigen, ist im Ungarn-Zusammenhang deutlich geworden. Die sowjetische Delegation hat deshalb nur am Anfang versucht, das bilaterale sowjetisch-amerikanische Gespräch zu formalisieren und hat auf Hinzuziehung Deans zu den Vorbereitungsgesprächen mit Botschafter Quarles bestanden. Die von Dean loyal unterstützte Institution des NATO-Sprechers wird von der Sowjetunion nicht mehr in Frage gestellt.

b) Die britische Delegation betrachtet ihre Mitwirkung an MBFR überwiegend als eine „damage limiting exercise". Unter dieser Prämisse arbeitet sie in der Ad-hoc-Gruppe konstruktiv und mit substantiellen Beiträgen mit und erfüllt hier zusammen mit uns die Aufgabe der kooperativen Korrektur bei überhasteten amerikanischen Vorschlägen. Die grundsätzliche britische Skepsis gegenüber MBFR hat daneben allerdings auch gelegentlich zu taktischen Vorschlägen geführt, die von einigen Verbündeten als Verzögerungsversuch empfunden wurden.

c) Die niederländische und die kanadische Delegation liegt im wesentlichen auf der deutschen Linie.

Der niederländische Delegationsleiter Quarles hat sich als NATO-Sprecher in den Gesprächen mit der sowjetischen Delegation unbestreitbare Verdienste erworben. Die Niederländer verfolgen hier eine nüchterne, aber konstruktive Politik, die sich als besonders nützlich erwies, als im Zusammenhang mit der Ungarn-Debatte die Haltung der Benelux-Staaten gegenüber MBFR zeitweilig in Frage gestellt wurde. Wie mit der niederländischen so bestehen auch mit der kanadischen Delegation zahlreiche sachliche Anknüpfungspunkte zu unserer eigenen MBFR-Position.

Der kanadische Delegationsleiter[11] hat uns mehrfach deutschlandpolitisch unterstützt.

---

10 Während der Verhandlungen über ein Vier-Mächte-Abkommen über Berlin wurden seit Juli 1971 auch Gespräche auf der Ebene der Botschaftsräte geführt, an denen für die USA Jonathan Dean teilnahm. Zur Entscheidung für die Einsetzung der Botschaftsratsgruppe vgl. AAPD 1971, II, Dok. 231 und Dok. 242.

11 George Grande.

d) Die belgische Delegation hat in der Ad-hoc-Gruppe stark an Einfluß verloren. Dies ist auch darauf zurückzuführen, daß der belgische Delegationsleiter[12] nicht ständig in Wien ist.

Luxemburg ist zurzeit in Wien nicht präsent.

e) Während die nördlichen Flankenstaaten sachlich mitarbeiten und bereit sind, in bestimmte MBFR-Vereinbarungen (constraints, nicht Reduzierungen) einbezogen zu werden, geht ein großer Teil der Reibungsverluste in der Ad-hoc-Gruppe auf die Südflankenstaaten, vor allem Italien zurück.

Italien scheint es im Widerspruch zu seiner noch vor einem knappen Jahr vertretenen Position in Wien ausschließlich darum zu gehen, mit größtmöglicher Sicherheit von allen MBFR-Bindungen ausgeschlossen zu werden. Die die Ad-hoc-Gruppe oft irritierende Einlassung der italienischen Sprecher blockiert insbesondere jede formelle oder informelle Diskussion auf der Basis der Beteiligung aller 19 Delegationen.

f) Die deutsche Delegation hat sich in dem in der Ad-hoc-Gruppe abgestimmten Rahmen aktiv an den Gesprächen mit den Mitgliedern des WP beteiligt, dabei hat sie entsprechend der NATO-intern geregelten Arbeitsteilung den besonderen Kontakt zur polnischen Delegation übernommen, mit der sich inzwischen ein nützliches und ungezwungenes Verhältnis entwickelt hat. Die Beziehungen zur DDR-Delegation sind „business-like" und bewegen sich im Rahmen der allgemeinen bilateralen Kontakte.

Innerhalb der Ad-hoc-Gruppe haben wir Wert darauf gelegt, gegenüber dem vorrangigen amerikanischen Interesse an Reduzierungen sicherzustellen, daß MBFR als multilateraler, gesteuerter und abgestufter Prozeß angestrebt wird. Unser Grundsatz, daß sich MBFR im Westen nicht ausschließlich auf die Bundesrepublik Deutschland beziehen darf, wird von der Ad-hoc-Gruppe voll unterstützt.

Außerhalb der Ad-hoc-Gruppe pflegen wir ein besonders enges Vertrauensverhältnis mit der britischen und amerikanischen Delegation. Dies hat sich zur Beilegung von Meinungsverschiedenheiten und Vorbereitungen von Ad-hoc-Gruppensitzungen bewährt. Dabei haben wir allerdings auch Wert darauf gelegt, daß sich die deutsch-britisch-amerikanische Zusammenarbeit nicht formalisiert und daß die in der Ad-hoc-Gruppe nicht als besondere Gruppierung in Erscheinung tritt.

III. Die östliche Verhandlungs-Methodik folgt bekannten Vorbildern:

1) Die sowjetischen Delegierten

– nahmen extreme Ausgangspositionen ein, um später ohne Abstriche an ihren Interessen Kompromisse eingehen zu können;

– spielten den westlichen Delegationen systematisch die Aufgabe zu,
  – erste Lösungsvorschläge zu formulieren,
  – an weiteren Lösungsmodellen zu arbeiten;

– suchten westliche Delegationen als „konstruktiv" bzw. „nicht-konstruktiv" gegeneinander auszuspielen;

---

12 Jan Adriaenssen.

– hatten keine Hemmungen,
  – bereits vereinbarte Teilergebnisse wieder in Frage zu stellen,
  – ein und dasselbe Argument immer wieder zu verwenden;
– erklärten Weisungen aus Moskau für nicht mehr abänderbar, lehnten jedoch westliche Regierungsvorschläge a limine ab.

2) Sie profitierten davon, daß

– die NATO hinsichtlich MBFR noch immer als „demandeur" erscheint;
– ihnen der von Washington zeitweise ausgehende Zeitdruck bekannt war;
– die westliche Presse immer wieder zutreffend über Meinungsverschiedenheiten in der NATO und über Rückfallpositionen berichtete.

(Diese Erfahrungen müssen bei Versuchen, wirklich vertrauliche multilaterale MBFR-Verhandlungen durchzuführen, berücksichtigt werden.)

IV. Prognosen

1) Es ist davon auszugehen, daß die Sowjetunion auch künftig die Einbeziehung Ungarns als Vollteilnehmer an MBFR-Verhandlungen ohne entsprechende westliche Gegenleistung (Italien, Frankreich?) ablehnen wird. Eine endgültige Antwort der Sowjetunion auf den Ausklammerungsvorschlag der NATO[13] liegt noch nicht vor.

Es besteht der Eindruck, daß die Sowjetunion versuchen könnte, die Ungarn-Diskussion erst dann abzuschließen, wenn sichergestellt ist, daß eine KSZE nach sowjetischen Terminvorstellungen zustande kommt. Sie stellt damit ihrerseits einen Zusammenhang zwischen MBFR und KSZE her, den sie an sich leugnet.

2) Wenn die Lösung der Ungarn-Frage eine weitere Einschaltung des NATO-Rates erfordern sollte, ist mit Abschluß der Explorationen nach jetziger Methode nicht vor Mitte Mai zu rechnen.

3) Anders könnte es verlaufen, wenn es möglich wäre,

– die Agenda- und Kommuniqué-Formulierung parallel zu den Vierer-Gesprächen über Ungarn zu beginnen und
– notfalls die MBFR-Explorationen ohne Vereinbarung einer detaillierten Agenda zu beenden.

In diesem Falle könnten die MBFR-Explorationen, die am 31. Januar mit einer Plenarsitzung begannen[14], im April eventuell mit wenigen formellen Plenarsitzungen abgeschlossen werden.[15]

---

[13] Am 22. März 1973 definierte der amerikanische Delegationsleiter bei den MBFR-Explorationsgesprächen, Dean, „das Ausklammerungskonzept der NATO wie folgt: ‚The Allies wish to keep the entire question of the status of Hungary and its participation in the future decisions and possible agreed measures open in the objective sense and not merely have the right to address this question.' Er lehnte ausdrücklich eine Lösung ab, durch die den NATO-Staaten lediglich zugestanden würde, die Ungarn-Frage nach Einordnung Ungarns unter die Flankenstaaten ‚aufzuwerfen'." Vgl. den Drahtbericht Nr. 230 des Gesandten Ruth, z. Z. Wien, vom 23. März 1973; VS-Bd. 9093 (213); B 150, Aktenkopien 1973.

[14] Zur Eröffnungssitzung der MBFR-Explorationsgespräche vgl. Dok. 33.

[15] Die MBFR-Explorationsgespräche in Wien endeten am 28. Juni 1973. Vgl. dazu Dok. 207.

In ihnen wäre ein Kommuniqué zu billigen, das

– Zeit und Ort der Verhandlungen,

– die Lösung der Teilnehmerfrage,

– die Grundzüge der Verfahrensregelung,

– den Stand der Agenda-Diskussion (evtl. als Beschreibung des Verhandlungsgegenstandes)

festhalten würde.

4) Langfristig gesehen haben die Wiener Gespräche unsere Auffassung bestätigt, daß MBFR ein schwieriger Verhandlungsprozeß sein wird und daß dieser
Prozeß mit langem Atem und besonderer Betonung auf militärisch stabilisierenden Maßnahmen gesteuert werden muß.

[gez.] Ruth

VS-Bd. 9081 (212)

93

Gespräch des Bundeskanzlers Brandt
mit dem Präsidenten der EG-Kommission, Ortoli

105-32.A/73 VS-vertraulich   **29. März 1973**[1]

Der Herr Bundeskanzler empfing am 29.3.1973 um 12.35 Uhr den Präsidenten
der Europäischen Kommission, M. Ortoli, zu einer vierzigminütigen Unterredung unter vier Augen im Palais Schaumburg.

Nach der Begrüßung wies der Herr *Bundeskanzler* darauf hin, daß M. Ortoli
bei seinen Gesprächen in Bonn sicher auf einige der deutschen Sorgen auf dem
Gebiet der Landwirtschaft u. a. angesprochen werde. Er möge aber wissen, daß
er mit der Unterstützung der Bundesregierung rechnen könne, wenn es darum
gehe, die Angelegenheiten der Gemeinschaft voranzutreiben und die Beschlüsse der Gipfelkonferenz vom Oktober 1972[2] zu verwirklichen.

M. *Ortoli* dankte dem Herrn Bundeskanzler für diese Zusage, die für ihn wichtig sei: Nach drei Monaten seiner Amtstätigkeit habe er den Eindruck gewonnen, daß die Gipfelkonferenz vieles gebracht habe, insbesondere die bisher
fehlende soziale Dimension. Für die Erzielung weiterer Fortschritte sehe er allerdings Schwierigkeiten, zum Teil wegen der zahlreichen Aufgaben, die zu erfüllen seien, zum Teil aus ganz reellen Gründen: Er habe Finanzminister
Schmidt ganz offen gesagt, man versuche zwar, eine Wirtschafts- und Währungsunion zu schaffen, aber die dazu erforderlichen Voraussetzungen seien

---

[1] Die Gesprächsaufzeichnung wurde von Dolmetscherin Bouverat am 30. März 1973 gefertigt.
[2] Zur Konferenz der Staats- und Regierungschefs der EG-Mitgliedstaaten und -Beitrittsstaaten am
19./20. Oktober 1972 in Paris vgl. Dok. 1, Anm. 16.

nicht wirklich vorhanden. Dies kompliziere die Aufgabe sehr. Großbritannien sei nicht in der Lage, viel weiter zu gehen als bisher, Italien betreibe eine Politik, die sich von der der anderen Mitgliedstaaten unterscheide. Die Kommission müsse „etwas – aber nicht zu – ehrgeizige" Vorschläge machen, die nicht allzu technischen oder routineartigen Charakter hätten. Zu ihrer Verwirklichung bedürfe es aber sehr offenherziger und enger Beziehungen zwischen der Kommission und den Staaten. Es gebe politische Bereiche, in denen eine hochwertige Arbeit geleistet werden könne, wie z.B. auf dem Gebiet der Sozialpolitik – im Sinne der Vorstellungen, die der Herr Bundeskanzler auf der Gipfelkonferenz dargelegt habe.[3] Vorschläge einer gewissen Tragweite hätten auch auf dem Gebiet der Industrie- und Technologie-Politik gemacht werden können, wo die Dinge gut voranschritten.

Eine Schwierigkeit für die Kommission, die zugleich eine Schwierigkeit für Europa sei, sei die Entwicklung der Wirtschafts- und Währungsunion in den nächsten zwei bis drei Jahren. Es sei verhältnismäßig leicht, Pläne für eine Frist von sieben bis zehn Jahren aufzustellen, die kommenden Jahre seien aber die schwierigsten. Zu ehrgeizige Vorschläge zu machen, sei sinnlos und nicht gut für Europa, aber zu bescheidene Vorschläge seien auch nicht gut für Europa. Man müsse einen Mittelweg zwischen diesen beiden Möglichkeiten finden wegen der derzeitigen Schwierigkeiten mit England und Italien.[4] Er – Ortoli – habe Minister Schmidt gesagt, daß er zusammen mit Herrn Haferkamp sehr enge Verbindung mit ihm aufrechterhalten sollte. Die Kommission sollte „starke Vorstellungen" entwickeln, zu ihrer Durchführung brauche sie aber die Hilfe der Staaten. Es sei wenig sinnvoll, Vorschläge zu machen, die dann nacheinander von Deutschland, Frankreich und England abgelehnt würden. Bei einem derartigen Verfahren gehe zu viel Zeit verloren; wenn eine Entscheidung nicht kurzfristig getroffen werden könne, verliere sie an Wert, ganz abgesehen von den nachteiligen Auswirkungen auf die öffentliche Meinung.

Die zweite große Schwierigkeit sei die Außenpolitik der Gemeinschaft. Man sage immer wieder, Europa müsse mit einer Stimme sprechen. Ohne eine eingehende Analyse der Kompetenzen der Gemeinschaft auf diesem Gebiet vornehmen zu wollen, müsse er – Ortoli – offen sagen, daß die Gemeinschaft nicht in der Lage sei, ernsthaft über Außenpolitik zu sprechen. Er habe Außenminister Scheel gegenüber drei Gebiete genannt, auf denen sich ganz einfache Fra-

---

3 Bundeskanzler Brandt führte am 19. Oktober 1972 auf der europäischen Gipfelkonferenz in Paris zur Sozialpolitik aus: „Soziale Gerechtigkeit darf kein abstrakter Begriff bleiben und sozialer Fortschritt nicht als bloßes Anhängsel des wirtschaftlichen Wachstums mißverstanden werden. Wenn wir eine europäische Perspektive der Gesellschaftspolitik entwickeln, wird es vielen Bürgern unserer Staaten auch leichter werden, sich selbst mit der Gemeinschaft zu identifizieren. [...] Regionalpolitik gehört mit in diesen Bereich. Gravierende regionale Ungleichgewichte müssen allmählich eingeebnet werden. [...] In den gesellschaftspolitischen Bereich – der von der verbesserten Lebensqualität unserer Bürger handelt – gehört auch eine gemeinsame Umweltschutzpolitik." Vgl. BULLETIN 1972, S. 1754.
Zur Vorbereitung eines Aktionsprogramms der Europäischen Gemeinschaften in diesem Bereich legte Brandt außerdem ein Memorandum „Deutsche Initiative für Maßnahmen zur Verwirklichung einer europäischen Sozial- und Gesellschaftspolitik" vor. Für den Wortlaut vgl. BULLETIN 1972, S. 1757–1760.
4 Großbritannien und Italien nahmen nicht an den am 11./12. März 1973 vom EG-Ministerrat auf der Ebene der Finanzminister in Brüssel beschlossenen gemeinsamen währungspolitischen Maßnahmen zur Überwindung der Währungskrise teil. Vgl. dazu Dok. 80.

gen stellten, für die jedoch keine Antwort gefunden worden sei: Erstens die
Beziehungen zu den Vereinigten Staaten und die Bedeutung der Sicherheitsfragen. Wenn man von einer „Globalisierung der Beziehungen zu den USA"
spreche, so umfasse dies – abgesehen von den Währungsproblemen, die sich
seines Erachtens vom Rest abtrennen werden – auch Regelungen auf dem Gebiet der Handelspolitik, über die man sich innerhalb der Gemeinschaft einig
werden müsse. Es stelle sich aber die Frage, ob man bei einer Globalisierung
nicht auch den militärischen Aspekt mit berücksichtigen müsse. Alle hätten
den Wunsch, daß die USA enge Bindungen zu Europa aufrechterhalten, aber
seien sie auch bereit, den Vereinigten Staaten mehr als bisher für diesen
Schutz zu zahlen? Wenn man bereit sei, einen entsprechenden Preis dafür zu
zahlen, stelle sich die Frage, ob dies im militärischen oder im kommerziellen
Rahmen geschehen solle.

Ein weiteres Gebiet seien die Beziehungen zum Osten. Er sehe, daß ein Teil
der Politik gegenüber der Sowjetunion von der Gemeinschaft wahrgenommen
und ein Teil dieser Politik von den einzelnen Staaten betrieben werde. Hier sei
eine Harmonisierung erforderlich.

Als dritten Punkt nannte M. Ortoli die Entwicklungspolitik. Es stelle sich die
Frage, ob dies „eine Politik von Europa für Europa" sein solle. Man müsse sich
einig werden über die Präferenzpolitik, die man gegenüber bestimmten Ländern betreiben wolle, ein Punkt, über den es innerhalb der Gemeinschaft noch
sehr divergierende Meinungen gebe.

Er glaube allerdings, daß es nicht leicht sei, in Gremien mit über 50 Personen
über derartige Fragen zu sprechen. Er sei zwar gegen den Gedanken eines Di-
rektoriums, der mit Recht von den kleineren Ländern abgelehnt würde. Wenn
es aber nicht gelinge, mit einer Stimme zu sprechen, sei dies ein Zeichen dafür,
daß man nicht die gleiche Politik betreibe. Er selbst sei nicht ein „Europa-
Theologe", das Wort „supranational" komme ihm nicht oft über die Lippen,
aber die Kommission habe eine Rolle: Sie müsse „auf einem guten, nicht auf einem schlechten Terrain" kämpfen. Sie sei verantwortlich für zwei Drittel des
Handels mit den USA. Infolgedessen brauche man eine „politische Vision". Er
habe die Absicht, auch mit Heath[5] und Pompidou hierüber zu sprechen. Er
verlange nicht einen neuen Status oder neue Regelungen, aber es könnte nützlich sein, wenn die Kommission in bezug auf bestimmte Punkte dabei helfen
würde, Verbindungen herzustellen.

Der Herr *Bundeskanzler* dankte M. Ortoli für seine Ausführungen. Schon zur
Zeit der Sechser-Gemeinschaft habe er sich überlegt, wie man die Arbeit effek-
tiver gestalten könnte. An den Außenministertagungen in Brüssel hätten nie

---

[5] Der Präsident der EG-Kommission, Ortoli, traf erst im September 1973 mit Premierminister Heath
in London zusammen. Gesandter von Schmidt-Pauli, London, berichtete am 24. September 1973,
Hintergrund des Gesprächs in der Vorwoche sei „die unverändert negative Einstellung der britischen öffentlichen Meinung gegenüber der Mitgliedschaft und die sich für die britische Regierung
unausweichlich stellende Notwendigkeit, sichtbare Erfolge in kürzestmöglicher Zeit vorzeigen zu
können", gewesen. Heath habe ausgeführt, daß sich die Haltung der britischen Öffentlichkeit nicht
ändern werde, „wenn die Gemeinschaft weiterhin das Bild eines mühsamen bürokratischen Ge-
rangels und kleinlicher Kompromisse biete, wenn wesentliche Entscheidungen verzögert würden
und der Vorteil der Mitgliedschaft, sowohl politisch wie wirtschaftlich, nicht sichtbar werde". Vgl.
den Drahtbericht Nr. 2385; Referat 410, Bd. 105604.

weniger als 100 Personen teilgenommen, und selbst bei der Politischen Zusammenarbeit der Neun seien die neun Außenminister jeweils von drei bis vier Mitarbeitern begleitet. Es gebe bestimmte Gebiete und Teilgebiete, wo der Präsident des Rates und der Präsident der Kommission gemeinsam handeln könnten. Dies gelte aber nur für bestimmte außenpolitische Gebiete. Dann gebe es andere Gebiete, wo man mit viel Takt denen gegenüber, die nicht von Anfang an dabei seien, sich um eine bestimmte Vorverständigung bemühen müsse. Der Herr Bundeskanzler betonte sodann die Notwendigkeit einer engen Zusammenarbeit innerhalb der Gemeinschaft, insbesondere zwischen Paris, London und Bonn. Er erwähnte dabei auch das bereits jetzt praktizierte Verfahren gegenseitiger Unterrichtung.

M. *Ortoli* bestätigte die Notwendigkeit gegenseitiger Unterrichtung, in die auch die Kommission einbezogen werden sollte.

Der Herr *Bundeskanzler* deutete die Möglichkeit eines bevorstehenden Kontaktes mit Präsident Nixon[6] an und erklärte, daß man ein solches Verfahren dann werde ausprobieren können.[7]

M. *Ortoli* bestätigte dies und berichtete, daß er Nixon noch vor dem Sommer sehen werde.[8] Im Zusammenhang mit den USA gebe es, abgesehen von der Frage der Sicherheit und der Währungspolitik, den beiden großen Problemen, noch die – seiner Auffassung nach nicht so schwierige – Frage der Gegenpräferenzen oder allgemeinen Präferenzen[9]: Auf diesem Gebiet gebe es noch gewisse Unklarheiten und Mißverständnisse, die verhältnismäßig leicht zu lösen seien.

Der Herr *Bundeskanzler* sagte, dies sei für die USA mehr eine Frage der Psychologie als der materiellen Realitäten. M. Ortoli wisse, daß die Bundesregierung nicht sehr für Gegenpräferenzen sei, er sei aber bereit, mit den USA über allgemeine Präferenzen und Gegenpräferenzen zu sprechen. Wenn man z.B. an den Maghreb denke, stelle man fest, daß die USA durch den Prozeß der engeren Bindung dieses Gebiets mit Europa auch dort größere Fortschritte gemacht habe.

---

6 Bundeskanzler Brandt führte am 1./2. Mai 1973 Gespräche mit Präsident Nixon in Washington. Vgl. dazu Dok. 124 und Dok. 130.

7 Am 9. April 1973 bat Vortragender Legationsrat I. Klasse Lautenschlager Botschafter Sachs, Brüssel (EG), dem Präsidenten der EG-Kommission, Ortoli, mitzuteilen, daß Bundeskanzler Brandt am 1./2. Mai 1973 Gespräche mit Präsident Nixon in Washington führen werde. Brandt lasse „gemäß der Präsident Ortoli am 29. März gemachten Zusage" fragen, ob er dazu „besondere Wünsche und Anregungen" habe. Brandt werde Ortoli nach seiner Rückkehr „über seinen Gedankenaustausch mit dem amerikanischen Präsidenten, soweit er das Verhältnis zwischen EG und USA berührt, unterrichten". Vgl. den Drahterlaß Nr. 76; Referat 411, Bd. 473.
Am 13. April 1973 übermittelte Sachs „ein formloses Papier zu den Themen, die aus der Sicht der Kommission in Washington mit Nutzen angeschnitten werden könnten". Dazu zählten die Handelsbeziehungen, die Aufrechterhaltung des Gleichgewichts im Weltwährungssystem und die Einbindung von Japan in den Welthandel. Vgl. den Drahtbericht Nr. 1450; Referat 411, Bd. 473.

8 Der Präsident der EG-Kommission, Ortoli, hielt sich vom 30. September bis 2. Oktober 1973 in den USA auf und führte am 1. Oktober 1973 ein Gespräch mit Präsident Nixon in Washington. Vgl. dazu BULLETIN DER EG 10/1973, S. 69 f.

9 Die amerikanische Regierung befürchtete, daß die Exportinteressen der USA durch die bestehenden Präferenzabkommen der EG mit den Mittelmeeranrainerstaaten Algerien, Griechenland, Israel, Marokko, Spanien, Tunesien und der Türkei wesentlich beeinträchtigt würden. Vgl. dazu die Aufzeichnung des Referats 411 vom 16. April 1973; Referat 411, Bd. 473.

M. *Ortoli* betonte in diesem Zusammenhang die politische Bedeutung des Maghreb für die Sicherheit der Gemeinschaft, ein Punkt, der auch für die USA wichtig sei.

M. Ortoli brachte dann das Gespräch auf die Landwirtschaft und erklärte, daß es auf diesem Gebiet Schwierigkeiten im Innern und nach außen gebe. Was die Beziehungen nach außen betreffe, stehe man vor amerikanischen Forderungen, die sicher für bestimmte Länder große Schwierigkeiten verursachen würden.[10] Im Innern der Gemeinschaft bereite die gemeinsame Agrarpolitik und die Preispolitik Schwierigkeiten, wobei die Trennungslinie zum Teil zwischen den einzelnen Staaten, zum Teil quer durch die Staaten verlaufe: England einerseits, die Bundesrepublik und Frankreich andererseits; innerhalb der einzelnen Länder höre er Unterschiedliches von Giscard und Chirac, Helmut Schmidt und Ertl. Er glaube aber, daß es sich nur um eine kleine Krise handle. Die Landwirtschaftsminister müßten von den Politikern fest an die Hand genommen werden.

Der Herr *Bundeskanzler* bemerkte, man müsse ohnehin aufpassen, daß die „Spezialräte" nicht dominierten. Bei der Gründung der Gemeinschaft habe man nicht gedacht, daß die Fachminister jeweils eine eigene, den anderen unverständliche Sprache verwenden würden.

M. *Ortoli* verwies darauf, daß dies zu großen, auch innerpolitischen Schwierigkeiten führe. Bisher habe er noch nichts über die institutionellen Probleme gesagt. Die Kommission versuche nicht, Fragen der Prärogativen zu stellen. Sie habe schon so viel zu tun und bemühe sich um die größtmögliche Effizienz. Er wolle nicht, daß man sage, er wünsche eine politische Rolle zu spielen, aber in den wesentlichen Punkten sollte er ein Mitspracherecht haben und Stellung nehmen. Im Lauf der Jahre werde sich die institutionelle Frage in stärkerem Maße stellen. Über die Probleme des Parlaments habe er bereits mit dem Herrn Bundespräsidenten gesprochen.

Auf die Frage des Herrn *Bundeskanzlers*, ob man dem Europäischen Parlament nicht etwas mehr Kompetenzen geben könnte, antwortete M. *Ortoli*, auf gesetzgeberischem Gebiet wäre es selbst in dem jetzigen Rahmen möglich, dem Parlament mehr Verantwortung zu übertragen. Dies sei für die Kommission und den Ministerrat eine Frage des guten Willens. Wenn der Rat nur ein Mal im Jahr mit dem Parlament zusammenkomme, könne man nicht von Beziehungen zwischen diesen beiden Organen sprechen. Der Rat sollte mehr tun, selbst wenn dies auf Kosten der Kommission geschehen sollte. Er – Ortoli – habe darauf gedrängt, daß die Stellungnahmen des Parlaments in Zukunft stärker berücksichtigt werden sollten. Bisher seien sie nur auf der Ebene der Generaldirektionen behandelt worden, ohne daß die Öffentlichkeit davon erfahren habe. Er versuche nunmehr, den Stellungnahmen, wenn sie vernünftig sei-

---

10 Am 14. Februar 1972 berichtete das Mitglied der EG-Kommission Dahrendorf vor dem Europäischen Parlament über die Forderungen, die am 8. Dezember 1971 zu Beginn der Handelsverhandlungen mit den USA von amerikanischer Seite erhoben worden waren: „Wir wurden aufgefordert, unsere Agrarpolitik grundsätzlich zu überdenken, dabei die Agrarpreise zu reduzieren, für das Einkommen der Landwirte das sogenannte Efficiency-Prämiensystem zu übernehmen". Diese Aufforderung bedeute „nicht weniger, als daß die gemeinsame Agrarpolitik auf dem Wege einer Verhandlung mit den Vereinigten Staaten aufgegeben werden soll". Vgl. EUROPA-ARCHIV 1972, D 224.

en, ein größeres Gewicht – auch durch Veröffentlichung in der Presse usw. – zu verleihen und dadurch die Aktion des Parlaments aufzuwerten.

Was den Haushalt betreffe, so sei es schwierig, irgendwelche Änderungen ins Auge zu fassen, da der Etat an und für sich schon sehr ausgewogen sei. Vielleicht ließe sich aber doch eine Erhöhung der Mittel für das Parlament erreichen.

Auf die Frage des Herrn *Bundeskanzlers*, ob man auch etwas für den Wirtschafts- und Sozialrat tun könne, antwortete M. *Ortoli*, er habe dem Präsidenten des WSR[11] gesagt, die Kommission sollte häufiger als bisher an den Sitzungen des WSR teilnehmen. Praktisch sei sie bisher nie durch die Kommissare selbst, sondern nur durch Beamte, z.T. niedrigen Ranges, vertreten gewesen. Um die Teilnahme von Kommissionsmitgliedern zu erreichen, müßte die Arbeit des WSR aber gut organisiert und mit der entsprechenden Publizität versehen sein. Dies gelte um so mehr, als der WSR jetzt das Initiativrecht habe. Es sei ein Unterschied, ob er als Präsident der Kommission zwei- bis dreimal jährlich vor dem WSR erscheine oder nie. Falls von deutscher Seite irgendwelche Vorschläge hierzu gemacht würden, werde er sie gerne entgegennehmen.

Der Herr *Bundeskanzler* stellte dann die Frage, ob nach Auffassung von M. Ortoli die Wirtschafts- und Währungsunion im nächsten Jahr zur zweiten Phase übergehen könne.

M. *Ortoli* antwortete, er glaube, daß dies möglich sei, obwohl er noch sehr große Schwierigkeiten sehe. Er habe Minister Schmidt vorgeschlagen, daß er engen Kontakt mit Haferkamp halten möge. Er glaube, daß man sich für die nächsten Jahre ehrgeizige Ziele setzen sollte, denn es habe sich immer wieder erwiesen, daß Europa, wenn es keine Fortschritte mache, zurückgehe. Man müsse praktisch und realistisch vorgehen. Die derzeitigen Schwierigkeiten in England und Italien erschwerten die Aufgabe.

Abschließend wies M. Ortoli darauf hin, daß man vielleicht zu einem anderen Zeitpunkt über die Fragen der Verteidigung und die Verflechtung zwischen Wirtschaft und Verteidigung sprechen sollte.

Bundeskanzleramt, AZ: 21-30 100 (56), Bd. 38

---

11 Alfons Lappas.

94

Aufzeichnung des Ministerialdirektors Hermes

403-413.09   29. März 1973[1]

Über Herrn Staatssekretär[2] Herrn Minister[3]

Zur Unterrichtung

Termin: Gespräch mit Herrn BM Dr. Friderichs am 30. März 1973

Betr.: Ausfuhrfinanzierung;
      hier: Überlegungen, die Ausfuhrfinanzierung für deutsche Lieferungen
      an Staatshandelsländer zu erleichtern

Anl.: Kurzfassung[4]

I. Gegenwärtige Lage

1) Der Export von Investitionsgütern in europäische Staatshandelsländer erfolgt fast immer zu Kreditbedingungen. Die kreditierten Forderungen der deutschen Exporteure oder Banken werden in der Regel durch Ausfuhrbürgschaften und -garantien des Bundes („Hermes-Bürgschaften") abgesichert. Das aus der Übernahme solcher Bürgschaften und Garantien entstehende Obligo auf ein Land spiegelt daher die Entwicklung und die Intensität der Wirtschaftsbeziehungen wider.

2) Ende 1969 wurden alle gegenüber den Staatshandelsländern bestehenden speziellen Bürgschaftsbeschränkungen aufgehoben. Wir haben uns der Praxis unserer Konkurrenzländer voll angepaßt. Die Staatshandelsländer erhalten jetzt nahezu die gleichen Kreditkonditionen wie Entwicklungsländer. Die europäischen Exportländer bemühen sich, Kreditlaufzeiten von 8 ½ Jahren nicht zu überschreiten und mindestens 15 Prozent An- und Zwischenzahlungen zu fordern. Es ist jedoch zweifelhaft, ob sich diese Linie angesichts amerikanischer Kreditangebote von zehn Jahren Laufzeit und zehn Prozent Anzahlung einhalten läßt.

Es gibt ferner keine Deckungsbeschränkungen der Höhe nach. Lediglich mit Rumänien (und Jugoslawien) werden wegen überhöhter Verschuldung jährliche Bürgschaftsplafonds vereinbart.

3) Die Verschuldung der Staatshandelsländer aus übernommenen Bundesbürgschaften und -garantien für Ausfuhrgeschäfte und gebundene Finanzkredite hat sich wie folgt entwickelt (in Mio. DM):

---

1 Die Aufzeichnung wurde von Vortragendem Legationsrat I. Klasse Kruse und von Legationsrat I. Klasse Bartels konzipiert.

2 Hat Staatssekretär Frank am 29. März 1973 vorgelegen.

3 Hat Bundesminister Scheel laut Vermerk des Legationsrats I. Klasse Lewalter vorgelegen.

4 Dem Vorgang beigefügt. Vgl. Referat 413, Bd. 121352.

	1967	1968	1969	1970	1971	1972
Bulgarien	251	324	307	243	200	84
ČSSR	73	139	249	281	300	366
Polen	272	291	296	325	444	854
Rumänien	1079	1293	1271	1396	1729	1822
Ungarn	131	124	125	121	148	144
UdSSR	223	574	554	1289	1254	1894
Jugoslawien*	793	768	1161	1363	1861	2048
(*) davon für ungebundene Finanzkredite	(255)	(255)	(555)	(655)	(930)	(850)

Der gegenwärtige Stand der Verschuldung, der sich durch Realisierung grundsätzlich angenommener Geschäfte weiter erhöhen wird, beträgt (21.2.1973, Mio. DM):

	Obligo aus bereits übernommenen Deckungen	Zuzüglich grundsätzliche Deckungszusagen
Bulgarien	82	80
ČSSR	384	53
Polen	918	475
Rumänien	1848	72
Ungarn	143	–
UdSSR	2103	1486
Jugoslawien (ungebundene Finanzkredite)	2036 (850)	646

Dazu ist im einzelnen folgendes anzumerken:

Polen: Die Verschuldung aus übernommenen Bürgschaften hat ab 1967 kontinuierlich, im Verlauf des Jahres 1971 mit der neuen Wirtschaftspolitik Giereks sprunghaft zugenommen. Wir kennen keine Deckungsbeschränkungen auf Polen, doch hat sich das BMF seine Haltung für den Fall einer Weiterverschuldung im selben Tempo vorbehalten.

Rumänien: Die Verschuldung Rumäniens erklärt sich aus unseren besonderen Beziehungen zu diesem Land. Im Sprung von 1970 auf 1971 drückt sich die politische Rücksichtnahme auf die wirtschaftlichen Folgen der Hochwasserkatastrophe[5] aus.

---

[5] Im Mai 1970 kam es zu Überschwemmungen vor allem im Norden von Rumänien. Botschafter Strätling, Bukarest, berichtete am 1. Juni 1970: „1460 Ortschaften, Städte und Gemeinden wurden überschwemmt, 350 davon vollkommen unter Wasser gesetzt. 75 000 Häuser wurden vom Wasser erfaßt, 40 000 völlig zerstört. 90 000 Familien, d.h. über 300 000 Menschen, mußten evakuiert werden. 2470 Brücken verschiedener Größe müssen erneuert oder repariert werden; 2200 km Straßen und über 600 km Eisenbahnstrecken sind außer Verkehr gesetzt worden. Über 800 km Stromleitungen

UdSSR: Erste Tabelle – Gemessen am Stand 1967 hat die UdSSR die höchste Zuwachsrate zu verzeichnen.

Zweite Tabelle – Da sich von den Grundsatzzusagen erfahrungsgemäß 40–50 Prozent realisieren, wird die UdSSR vermutlich in diesem Jahr Iran vom traditionell ersten Platz in der Liste der Schuldnerländer (z.Z. runde 2,5 Mrd. DM) verdrängen.

Unsere gesamten Exporte in die UdSSR haben 1972 gegenüber 1971 um 53 Prozent zugenommen.

Angesichts dieser Entwicklung kann der Berichterstattung der Botschaft Moskau (24.1.1973), unser Export im Anlagengeschäft in die Sowjetunion werde durch Zinsmanipulationen der Hauptkonkurrenzländer nachhaltig beeinträchtigt, nicht zugestimmt werden. Die Botschaft hatte u.a. mit dieser Begründung für die Einführung einer Exportzinssubventionierung plädiert.[6]

4) Zwischen 1969 und 1972 wurden u.a. die folgenden Großgeschäfte realisiert:

		Mio. DM
Bulgarien	BBC, Ausbau Kugellagerfabrik Sopot	37
ČSSR	Uhde, Ammoniakanlage	80
Polen	Berlin Consult, zwei Schlachthöfe	164
	DIAG, Zwirnerei Lodz	42
Rumänien	Textil-Kombinate Jasi und Savinesti, Lieferungen insgesamt	101
	Uhde, Polyesterfaserfabrik Jasi II	42

Fortsetzung Fußnote von Seite 453

wurden niedergerissen. Fast 900 000 ha landwirtschaftliche Nutzfläche sind überschwemmt worden [...]. 265 Industriebetriebe wurden vom Wasser betroffen (darunter 70 größere Anlagen), 134 von ihnen wurden stark zerstört." Vgl. den Schriftbericht Nr. 674; Referat III A 6, Bd. 420.
Mit Rücksicht auf die dadurch entstandene wirtschaftliche Lage sagte Bundeskanzler Brandt Ministerpräsident Maurer bei dessen Besuch in Bonn am 22. Juni 1970 zu, daß „die rumänischen Verbindlichkeiten vom 1.7.1970 bis 30.6.1971 in Höhe von insgesamt DM 255 Mio. etwa in Form eines Kredits von etwa DM 200 Mio. für 8 ½ Jahre zu 4 % gestundet werden" könnten. Vgl. die Gesprächsaufzeichnung; Bundeskanzleramt, AZ: 21-30100 (56), Bd. 34; B 150, Aktenkopien 1970. Vgl. dazu auch AAPD 1970, II, Dok. 276.

6 Botschafter Sahm, Moskau, berichtete am 24. Januar 1973, daß Belgien, Frankreich, Großbritannien, Italien und Japan auf Bankenebene Verträge abgeschlossen hätten, die eine Bereitstellung von Plafonds für sowjetische Kreditkäufe zu Zinssätzen zwischen 6 % und 6,5 % ermöglichten. Demgegenüber könnten Exporteure aus der Bundesrepublik wegen der ungünstigen Refinanzierungsmöglichkeiten im langfristigen Anlagegeschäft nur zu Zinssätzen von 9 % anbieten. Sahm regte an, das Refinanzierungssystem dahingehend zu ändern, daß aufgrund einer besonderen Rediskontlinie der Deutschen Bundesbank oder der Kreditanstalt für Wiederaufbau „für Anlagelieferungen im Sowjetunionhandel auf Kreditbasis 80 % der Forderungen der Exporteure zu einem festen, vom Diskontsatz unabhängigen Zinssatz von beispielsweise 4,5 % refinanziert werden können. Die Firmen würden die restlichen 20 % ihrer Forderungen zum Marktzins über ihre Hausbanken refinanzieren. Unter Berücksichtigung von Bankprovisionen und Versicherungsgebühren könnten sie damit zu einem Zinssatz von rund 6,5 % anbieten." Vgl. Referat 403, Bd. 121371.

UdSSR	Deutsche Bank (Mannesmann) zwei Röhrengeschäfte, davon 50 Prozent verbürgt	2822
	Kama LKW-Projekt verschiedene Lieferungen; zusätzlich weitere beträchtliche Vormerkungen	241
	Salzgitter, Polyäthylen-Anlage	127
	BASF, zwei chemische Anlagen	186

5) Die westlichen Konkurrenzländer haben ihre Exporte in den europäischen Ostblock (ohne Jugoslawien) wie folgt steigern können (Mio. Dollar; Quelle NATO):

	1968	1969	1970	1971	Zuwachs 1968−71 in %
BRD	945	1116	1299	1531	+ 62 *)
Italien	526	638	682	724	+ 37,5
Frankreich	530	530	588	649	+ 22
GB	518	523	579	572	+ 10,5
Japan	230	336	433	502	+ 119
USA	187	216	321	358	+ 91

*) Im Jahre 1972 hat der Export der BRD in den europäischen Ostblock im Vergleich zum Vorjahr um weitere 33,3 Prozent zugenommen.

II. Möglichkeiten verbesserter Kreditbeziehungen[7]

1) Eine Verbesserung der Kreditbeziehungen zum Vorteil der Staatshandelsländer könnte erfolgen:

a) durch Exportzinssubventionierung;

b) durch Einführung sogenannter Rahmenkredit-Bürgschaften.

2) Zu a): Exportzinssubventionierung

2.1) Im Gegensatz zu unseren westlichen Konkurrenzländern leisten wir keine Zinssubventionen. Ausnahmen:

– der mit zinsverbilligten ERP-Mitteln[8] unterstützte Exportfonds der KfW, dessen Verwendung jedoch gesetzlich auf Entwicklungsländer beschränkt ist;

---

7 Zur Kritik aus Ostblock-Staaten an den Kreditbedingungen in der Bundesrepublik führte Ministerialrat Geberth, Bundesministerium für Wirtschaft, am 15. März 1973 aus: „a) Die Kreditkosten seien durch Zins und Bürgschaftsentgelt bei uns höher als bei anderen Ländern, was als mangelndes Interesse für den Ausbau der Handelsbeziehungen ausgelegt wird. b) Es sei unzumutbar mühsam, für jeden Kaufvertrag nicht nur den Preis, sondern Zinshöhe und Kreditlaufzeit aushandeln zu müssen, während es bei unseren Nachbarn hierfür Rahmenvereinbarungen gebe, die z.T. sogar mehrere Jahre gelten." Vgl. Referat 413, Bd. 121304.

8 Das nach dem amerikanischen Außenminister Marshall auch „Marshall-Plan" genannte European Recovery Program ging auf das Auslandshilfegesetz der USA vom 3. April 1948 zurück und sollte den Wiederaufbau der europäischen Wirtschaft unterstützen. Für den Wortlaut des „Foreign Assistance Act of 1948" vgl. UNITED STATES. STATUTES AT LARGE 1948, Bd. 62, Teil I, S. 137–159. Für den deutschen Wortlaut vgl. EUROPA-ARCHIV 1948, S. 1385–1394.
Die amerikanische Wirtschaftshilfe im Rahmen des Marshall-Plans ermöglichte es, lebensnotwendige Rohstoffe, Ernährungs- und Produktionsgüter einzuführen, die teils als Schenkung, teils als

– Sonder-Rediskont-Plafond B der Bundesbank in Höhe von drei Milliarden DM, der von der Bankenvereinigung AKA[9] verwaltet und für Exporte weltweit verteilt wird; er ist jedoch durchweg nur für die Produktionszeit und die zwei ersten Kreditjahre verwendbar.

Die USA, Frankreich, Großbritannien und Italien subventionieren Exportkredite aus Haushaltsmitteln, und zwar weltweit, also nicht nur zugunsten der Staatshandelsländer.[10]

2.2) Bei einer Exportzinssubventionierung stellen sich die Fragen nach den Subventionierungsmitteln und dem Kreis der zu subventionierenden Geschäfte.

2.3) Als Subventionierungsmittel kommen nur verlorene Zuschüsse aus dem Bundeshaushalt in Betracht, da

– sich ein verbilligter Sonderdiskont der Bundesbank aus folgenden Gründen verbietet: Möglichkeit konjunkturpolitischer Steuerung entfällt; Bundesbank würde eingesetzt zur Förderung eines geographischen Teilbereichs unserer Ausfuhr; Präzedenzwirkung auf andere Wirtschaftsbereiche, wie z. B. Landwirtschaft; internationale Kritik an einer sonst nicht mehr üblichen Form der Exportförderung;

– das ERP-Vermögen bereits für den KfW-Exportfonds zugunsten von Exporten in Entwicklungsländer kaum mehr ausreicht und überdies bei einer Verwendung für Ostexporte eine Gesetzesänderung mit unliebsamer Publizität erforderlich wäre.

2.4) Kreis der zu subventionierenden Geschäfte

Eine totale Gleichstellung aller Exportgeschäfte wie bei unseren Konkurrenzländern ist allein schon angesichts der Haushaltslage völlig ausgeschlossen. Es käme daher nur eine Ausdehnung des KfW-Exportfonds auf die Staatshandelsländer, dies allerdings durch Haushaltsmittel statt durch ERP-Mittel, in Betracht.

2.5) Gegen eine Zinssubventionierung für Exporte in Staatshandelsländer sprechen folgende Überlegungen:

– konjunkturpolitisch unerwünschte Förderung unseres auch im Ostgeschäft florierenden Exports;

– Zweifel, ob angesichts der bisherigen Konkurrenzfähigkeit unserer Wirtschaft zu Marktzinsen die Exporteure eine Zinsermäßigung im Preis weitergeben würden;

Fortsetzung Fußnote von Seite 455

Anleihe gewährt wurden. In den westdeutschen Besatzungszonen bzw. später in der Bundesrepublik wurden die DM-Gegenwerte für die in Rechnung gestellten Dollarkosten der Wareneinfuhren auf ein Sonderkonto der Bank deutscher Länder eingezahlt. Diese DM-Gegenwerte führten zur Entstehung des ERP-Sondervermögens, aus dessen Mitteln aufgrund des Gesetzes vom 9. Juni 1961 über die Finanzierungshilfe für Entwicklungshilfe aus Mitteln des ERP-Sondervermögens (ERP-Entwicklungshilfegesetz) Darlehen für die Förderung von Projekten im Rahmen der Entwicklungshilfe gewährt wurden. Für den Wortlaut des Gesetzes vgl. BUNDESGESETZBLATT 1961, Teil II, S. 577 f.

9 Ausfuhrkreditanstalt.

10 Dazu vermerkte Ministerialrat Geberth, Bundesministerium für Wirtschaft, am 15. März 1973, die Konkurrenzländer hätten „Subventionierungssysteme, die den Exportzins bei 6–6,5 % stabilisieren. Bei uns gilt hingegen grundsätzlich der Marktzins, der im Durchschnitt ca. 2 %, z. Z. nahezu 3 % höher liegt." Vgl. Referat 413, Bd. 121304.

- gravierende Beeinträchtigung der Bemühungen von EG und OECD um weltweiten Abbau von Zinssubventionen;

- Verärgerung unserer westlichen Partnerländer über Versuch der Bundesregierung, unsere ohnehin führende Position im Osthandel weiter auszubauen;

- Verärgerung insbesondere der USA, die eine solche Maßnahme als Behinderung ihre Bemühungen um Zahlungsbilanzausgleich ansehen würden;

- entwicklungspolitisch nicht vertretbare Förderung von Ländern (insbesondere UdSSR, ČSSR, Ungarn), die nach ihrem Pro-Kopf-Sozialprodukt eher als Industrieländer anzusprechen sind;

- strukturpolitisch verfehlt: Noch in diesem Jahr müssen eingeführt werden Zinssubventionen für den Export von Airbus und Kernkraftwerken, die mit Entwicklungskostenzuschüssen in Milliardenhöhe vom Bund gefördert wurden;

- Präzedenzwirkung auf ungebundene Finanzkredite.

Überdies erscheint es zweifelhaft, ob sich mit der Einführung der Zinssubventionierung überhaupt wirkliche und dauerhafte politische Erfolge erzielen lassen.

2.6) BMWi, BMF und BMZ haben sich bereits mehrfach und mit Nachdruck gegen eine Exportzinssubventionierung ausgesprochen.

3) Zu b): Rahmenkredit-Bürgschaften

3.1) In allen großen Konkurrenzländern übernimmt der Staat Bürgschaften für Rahmenkredite inländischer Banken, die großen ausländischen Firmen oder auch ausländischen Banken zur Finanzierung einer Vielzahl von Kaufverträgen gewährt werden.

Bei uns hingegen gibt es nur Ausfuhrbürgschaften für bereits konkretisierte Einzelgeschäfte, die jeweils vom Exporteur oder von der den ausländischen Käufer direkt finanzierenden Bank beantragt werden müssen.

Dieses Verfahren begegnet folgender Kritik: Es sei unzumutbar mühsam, für jeden Kaufvertrag nicht nur den Preis, sondern Zinshöhe und Kreditlaufzeit aushandeln zu müssen, während es bei unseren Nachbarn hierfür Rahmenvereinbarungen gebe, die zum Teil sogar mehrere Jahre halten.

3.2) Die Einführung von Rahmenkredit-Bürgschaften hätte folgende Vorzüge:

- optische und damit politische Wirkung einer Rahmenkreditzusage;

- Konformität mit der Praxis aller anderen EG-Staaten;

- geringe Förderungswirkung auf den Export, und dies überwiegend zugunsten des mittelständischen Bereichs, da Rahmenkredite den im Export unerfahrenen Firmen eine fertige Exportfinanzierung bieten;

- keinerlei direkte Kosten;

- allenfalls geringfügige Erhöhung des Ausfuhrbürgschaftsobligos durch eine Tendenz zur Verlängerung der Kreditfristen für bestimmte Warenarten.

Nachteile sind nicht ersichtlich. Schwierigkeiten bei der praktischen Abwicklung müßten in Kauf genommen werden.

3.3) BMWi und BMZ befürworten die Einführung von Rahmenkredit-Bürg-schaften; BMF lehnt jegliche Verbesserung unserer Exportfinanzierung ab, so-lange dies nicht konjunktur- und zahlungsbilanzpolitisch vordringlich erscheint.

III. Kooperationsprojekte

1) Die Regierungen mehrerer Staatshandelsländer wünschen eine besondere Förderung von Kooperationsprojekten. Die polnische Regierung z. B. betont ihr besonderes Interesse am KHD-Traktorenwerk-Projekt (angegebenes Volumen 500 Mio. DM).[11]

2) Die politischen Vorzüge der Realisierung bedeutender Kooperationsprojekte bedürfen keiner näheren Erläuterung.

3) Eine Förderung von Kooperationsprojekten durch Zinssubventionierungen in Ausnahmefällen könnte z. B. dann erwogen werden, wenn ein besonderes technologisches oder Versorgungsinteresse an der Realisierung besteht und die Konditionen der westlichen Konkurrenz eine besondere Unterstützung erfor-derlich machen.

Gegen eine Ausnahmeregelung sprechen neben den bereits angeführten Argu-menten

– die hohen Kosten
   (bei acht Jahren Kreditlaufzeit pro Mrd. DM und pro ein Prozent Zinsdiffe-renz 40 Mio. DM; beim KHD-Polen-Projekt also für 500 Mio. DM und drei Prozent Zinsdifferenz 60 Mio. DM; beim Salzgitter/Korf-Projekt UdSSR[12] al-so für zwei Mrd. DM und ein bis zwei Prozent Zinsdifferenz 80–160 Mio. DM);

– die einseitige Bevorzugung der deutschen Großunternehmen, da nur diese Kooperationsprojekte solchen Umfangs realisieren können;

– außenpolitische Nachteile; da die Haushaltslage die Förderung nur einer sehr begrenzten Anzahl von Kooperationsprojekten mit Staatshandelsländern ge-stattet, kann die Entscheidung für und gegen einzelne Vorhaben den erziel-ten politischen good will wieder zunichte machen bzw. relativieren;

---

11 Zu dem Projekt vgl. Dok. 22, Anm. 15.
Die Klöckner-Humboldt-Deutz AG, Bonn, übermittelte Staatssekretär Frank am 30. März 1973 ein Memorandum „Investitions-Schätzung und Vergleich mit früheren Angeboten. Deutz-Diesel-motoren-Produktion in der Volksrepublik Polen für Traktoren, Fahrzeuge, Baumaschinen und son-stige Einbauzwecke" nebst einer Zusammenfassung vom 27. März 1973. Darin wurde ausgeführt, die Firma solle Unternehmen in Polen „die Rechte zur Herstellung, zur Nutzung und zum Vertrieb von Deutz-Traktoren und luftgekühlten Motoren gewähren", technische Hilfe „bei der Planung und Modernisierung der Fertigungsverfahren" leisten, polnische Unternehmen bei der Auswahl geeigneter westlicher Lieferanten unterstützen und selbst während der Anlaufzeit „aus technisch unvermeidlichen Gründen Einzelteile der Lizenzgegenstände" zuliefern. Mit einem „Zinsangebot von 7 bis 7,25 %" werde man sich gegen ein britisches Konkurrenzangebot durchsetzen können. Im Gegenzug habe sich die Klöckner-Humboldt-Deutz AG verpflichtet, „diejenigen Komponenten aus polnischer Fertigung zu beziehen, die in der BRD aus währungspolitischen und Arbeitskosten-gründen nicht mehr zu Weltmarktpreisen gefertigt werden können. Im Verlaufe von 10 bis 15 Jah-ren wird KHD die Devisenausgaben der Polen einschließlich für Lizenzgebühren, Planungsgebüh-ren etc. nicht nur ausgleichen, sondern darüber hinaus einen Mehrimport von ca. 25 bis 50 % durchführen." Durch die Lieferungen werde auch die Devisenbilanz Polens entlastet. Vgl. Referat 413, Bd. 121352.
12 Zur Beteiligung eines Konsortiums der Salzgitter AG und der Korf-Stahlwerke AG beim Bau eines Hüttenwerks in Kursk vgl. Dok. 89, Anm. 9.

– gegen eine Ausnahmeregelung spricht ferner, daß sich dann auch in anderen Bereichen („mittelständische" Kooperationsprojekte, Finanzkredite, Lieferantenkredite) unsere bisher ablehnende Haltung kaum noch ändern läßt.

IV. Zusammenfassung und Vorschlag

1) Die Einführung einer Exportzinssubventionierung entspricht nicht unserer Interessenlage. Zahlreiche wirtschafts- und außenpolitische Nachteile werden nicht ausgeglichen; ja es erscheint zweifelhaft, ob sich mit einer solchen Maßnahme überhaupt wirkliche und dauerhafte außenpolitische Erfolge erzielen lassen.

Eine Beschränkung der Zinssubventionierung auf Kooperationsprojekte in Ausnahmefällen wäre denkbar. Außen- und innenpolitische Gründe sprechen jedoch dagegen. Würde eine Ausnahmeregelung getroffen, so ließe sich in anderen Bereichen unsere bisher ablehnende Haltung künftig kaum noch halten.

2) Das Auswärtige Amt sollte die bisher gemeinsam mit BMWi, BMF und BMZ vertretene Linie einer Ablehnung jeglicher Zinssubventionierungen nicht aufgeben. Dagegen könnte gemeinsam mit BMWi und BMZ die Einführung von Rahmenkredit-Bürgschaften vorgeschlagen werden.

Hermes

Referat 413, Bd. 121352

95

Bundesminister Scheel an Bundesminister Leber

221-372.20/6   2. April 1973[1]

Streng vertraulich

Lieber Herr Kollege,

wegen Terminschwierigkeiten wird es in der nächsten Zeit nicht zu der Besprechung bei Herrn Bundeskanzler kommen, die wir zur Fortsetzung unserer Erörterungen vom 14. März 1973 über die Frage der Einbeziehung einheimischer

---

[1] Durchdruck.

Das Schreiben wurde am 29. März 1973 von Botschafter Roth „mit der Bitte um Billigung" über Ministerialdirektor van Well Staatssekretär Frank zugeleitet.

Hat van Well und Frank am 29. März 1973 vorgelegen. Vgl. den Begleitvermerk; VS-Bd. 9427 (221); B 150, Aktenkopien 1973.

Am 30. März 1973 leitete Roth das Schreiben dem Ministerbüro zu und teilte dazu mit: „Anbei wird ein im Entwurf vom Staatssekretär gebilligter Brief des Herrn Bundesministers an den Bundesminister der Verteidigung, Herrn Georg Leber, mit der Bitte um Zeichnung durch den Herrn Minister vorgelegt. Es wird gebeten, die vom Staatssekretär verfügte Übersendung eines Durchdrucks an den Herrn Bundeskanzler von dort aus zu veranlassen." Dazu vermerkte Legationsrat I. Klasse Lewalter am 2. April 1973 handschriftlich: „Von 010 nicht erledigt." Vgl. den Begleitvermerk; VS-Bd. 9427 (221); B 150, Aktenkopien 1973.

Am 3. April 1973 sandte Roth einen Durchdruck des Schreibens an Ministerialdirektor Sanne, Bundeskanzleramt. Vgl. dazu das Begleitschreiben; VS-Bd. 9427 (221); B 150, Aktenkopien 1973.

Streitkräfte in vorgezogene Truppenreduzierungsmaßnahmen[2] ins Auge gefaßt
hatten.[3] Ich möchte Ihnen daher nochmals ganz kurz meine Überlegungen zu
diesem Problem mitteilen.

Um von vornherein jedes Mißverständnis auszuschließen, muß ich klarstellen,
daß es nicht meine Absicht ist, die Amerikaner zu ermuntern, MBFR-Verhandlungen zu nutzen, um möglichst frühzeitig einen Teil ihrer in Mitteleuropa stationierten Streitkräfte im Abtausch gegen sowjetische Stationierungstruppen
zurückzunehmen. Dies vorausgeschickt, muß ich aber auf die Situation hinweisen, der wir uns gegenübergestellt sehen.

Die amerikanische Regierung drängt mit Nachdruck darauf, MBFR-Verhandlungen spätestens im Oktober d. J. zu beginnen. Präsident Nixon braucht den
Beginn dieser Verhandlungen aus innenpolitischen Gründen. Alle Anzeichen
deuten nunmehr darauf hin – und die Gespräche von Botschafter Roth in der
vergangenen Woche in Washington[4] haben dies bestätigt –, daß die amerikanische Regierung versuchen wird, eine vorgezogene Reduzierung eines Teils der
in Mitteleuropa stationierten amerikanischen und sowjetischen Streitkräfte in
einer ersten MBFR-Verhandlungsrunde auszuhandeln.

Gleichzeitig wird die amerikanische Regierung zunehmend auf verstärkte Leistungen der europäischen Allianzpartner an den gemeinsamen Verteidigungsanstrengungen drängen. Diese Bewertung der auf die europäischen NATO-Partner zukommenden Entwicklung stammt nicht nur von uns, sondern wird von
unseren wichtigeren Allianzpartnern, wie etwa Großbritannien, Frankreich
und Italien, geteilt. Es herrscht allgemein die Ansicht vor, daß Präsident Nixon
MBFR-Verhandlungen braucht und dem Drängen des Kongresses in dieser Frage in absehbarer Zeit konkrete Verhandlungsergebnisse entgegensetzen muß.

Wenn diese Bewertung richtig ist, und ich habe keinen Grund, daran zu zwei-
feln, dann werden wir uns zu überlegen haben, wie wir dieser Situation begegnen sollen. Dabei scheint mir von vornherein eines klar zu sein: Wir werden
diese vorgezogenen Reduktionen eines Teils der amerikanischen Streitkräfte
nicht verhindern können. Es handelt sich also darum, ob wir an Verhandlungen über diese Reduktionen beteiligt sind und sie somit einigermaßen beein-

2 Für das Gespräch des Bundesministers Scheel mit Bundesminister Leber vgl. Dok. 81.
3 Mit Schreiben vom 15. März 1973 setzte Bundesminister Scheel Bundeskanzler Brandt von der
   Unterredung mit Bundesminister Leber in Kenntnis: „Das Ergebnis unserer Gespräche macht es
   nötig, daß Herr Kollege Leber und ich mit Ihnen, sehr geehrter Herr Bundeskanzler, die Angelegenheit weiter erörtern, um zu einer gemeinsamen Auffassung zu gelangen. Ich wäre Ihnen sehr
   dankbar, wenn Sie uns einen entsprechenden Termin benennen könnten, wobei ich glaube, daß wir
   uns für das Gespräch ausreichend Zeit nehmen sollten." Vgl. VS-Bd. 14065 (Ministerbüro); B 150,
   Aktenkopien 1973.
   Am 30. März 1973 vermerkte Ministerialdirigent Hofmann dazu: „Das Büro des Herrn Bundes-
   kanzlers konnte kurzfristig keinen sowohl dem Herrn Bundeskanzler als auch den Bundesministern Leber und Scheel genehmen Termin finden. Der Hintergrund ist offenbar, daß der Herr
   Bundeskanzler die Sache für nicht so eilig hält. Ich habe die Angelegenheit am 30. März 1973 dem
   Herrn Staatssekretär vorgetragen, der darauf hinwies, aus diesem Grunde werde die Position des
   Auswärtigen Amts gegenüber Bundesminister Leber schriftlich fixiert, und zwar in Form eines
   Briefes des Herrn Ministers an Herrn Leber. Dieser Brief liegt inzwischen dem Herrn Minister
   vor. Der Herr Bundeskanzler erhält einen Durchdruck. Es sei dann Sache des Verteidigungsministeriums, in der Sache weiter aktiv zu werden." Vgl. VS-Bd. 14065 (Ministerbüro); B 150, Aktenkopien 1973.
4 Zu den Gesprächen des Botschafters Roth am 21./22. März 1973 in Washington vgl. Dok. 91.

flussen können, oder ob wir durch unsere Opposition eine selbständige Aktion
der amerikanischen Regierung provozieren. In diesem Falle würden wir wohl
innerhalb des Bündnisses isoliert dastehen. Unser Interesse kann es m. E. hier
nur sein, durch unsere Mitsprache Art, Umfang und zeitlichen Ablauf zu beeinflussen und darauf hinzuwirken, daß die Gegenleistungen von sowjetischer
Seite adäquat sind und die Sicherheitsinteressen der Allianz berücksichtigt werden.

Die Forderung, zugleich mit der Reduktion stationierter Streitkräfte auf einer
Reduktion einheimischer Truppen zu bestehen, würde der Lage nicht gerecht
werden. Sie würde einmal durch ein Nichteingehen auf den amerikanischen
Wunsch nach stärkerer europäischer Beteiligung an den gemeinsamen Verteidigungsanstrengungen das deutsch-amerikanische Verhältnis zu einem denkbar ungünstigen Zeitpunkt schwer belasten. Zum anderen könnte sie in amerikanischen politischen Kreisen, die ohnehin auf Truppenabzug drängen, den
Ruf nach verstärkten amerikanischen Truppenreduzierungen provozieren mit
dem Argument, daß die Europäer offenbar selbst eine stärkere Truppenpräsenz nicht mehr für notwendig halten. Hier könnte sich eine gefährliche Ket-
tenreaktion entwickeln. Auch mit dieser Ansicht stehe ich nicht allein. Sie
wird in Großbritannien, Frankreich und Italien geteilt. Vornehmlich in Großbritannien und Italien wird darauf hingewiesen, daß die europäische Antwort
auf amerikanische Truppenreduzierungen in einer Verstärkung der europäischen Verteidigungszusammenarbeit, keineswegs aber in einer Reduzierung
einheimischer Streitkräfte bestehen müsse.[5] Die jüngste Entwicklung der französischen Haltung zu MBFR zeigt, daß man in Paris ganz ähnlich denkt.[6]

Meine Stellungnahme besteht, um diese nochmals klarzustellen, nicht darin,
den Amerikanern einen vorgezogenen Truppenabzug vorzuschlagen oder auch
nur nahezulegen. Sie besteht auch nicht darin, etwa von dem von uns für einen
MBFR-Verhandlungsprozeß vorgeschlagenen Phasenkonzept[7] abzurücken. Ich
bin vielmehr der Ansicht, daß wir uns dem zu erwartenden – und nicht zu ver-
hindernden – amerikanischen Wunsch nach Reduzierung von Teilen der stationierten Streitkräfte nicht widersetzen und diesen Schritt auch nicht durch eine
gleichzeitige Reduzierung einheimischer Streitkräfte zu verhindern suchen sollten. Vielmehr sollten wir auf eine Einbindung eines ersten amerikanischen Reduzierungsschrittes in stabilisierende Maßnahmen – vor allem Bewegungsbegrenzungen – und auf das Offenhalten der Option zur Reduzierung einheimischer Streitkräfte dringen und die volle Unterstützung der Amerikaner für unser Konzept des „phased approach" zu erreichen suchen.

Bei einem solchen Vorgehen werden wir die Unterstützung unserer wichtigsten europäischen Bündnispartner finden. Wir werden dann auch der Öffentlichkeit und dem Parlament klarmachen können, daß es sich bei MBFR nicht
vornehmlich oder gar ausschließlich um die Zurücknahme amerikanischer und

---

5 Zur britischen Haltung hinsichtlich einer Reduzierung einheimischer Streitkräfte vgl. auch Dok. 69.

6 Zur französischen Haltung zu MBFR vgl. die Äußerungen des Staatspräsidenten Pompidou bzw.
des Ministerpräsidenten Messmer am 22. Januar 1973 gegenüber Bundeskanzler Brandt; Dok. 15
bzw. Dok. 17.

7 Am 22. März 1971 führte die Bundesregierung im Politischen Ausschuß der NATO auf Gesandtenebene ein „Bausteinkonzept" ein, das ein abgestuftes integrales MBFR-Programm vorsah („phased
approach"). Vgl. dazu AAPD 1971, I, Dok. 95.

sowjetischer Truppen aus Mitteleuropa, sondern vielmehr um einen langfristigen Prozeß zur schrittweisen Verbesserung der europäischen Sicherheit handelt, der durch unbedachte rasche Reduzierungen europäischer Streitkräfte ins Gegenteil verkehrt werden würde.

Schließlich könnte mit dem Beginn einer so angelegten ersten MBFR-Verhandlungsrunde der Anstoß für eine effektive europäische Zusammenarbeit auch in Verteidigungsfragen erfolgen.

Die Alternative, vor der wir also stehen, heißt nicht Verbleiben der amerikanischen Truppen in Mitteleuropa in voller Stärke auf unbegrenzte Zeit oder Reduzierung, sondern einseitige oder mit der Sowjetunion auf Gegenseitigkeit im multilateralen Rahmen ausgehandelte Reduzierungen. Dabei sollten wir nicht übersehen, daß mit einem solchen begrenzten Reduzierungsschritt die Chance besteht, das Verbleiben der amerikanischen Truppen in Europa auf eine dauerhaftere politische Grundlage zu stellen. Diese Chance sollten wir nutzen.

Die amerikanischen Regierungsstellen, mit denen Botschafter Roth in der vergangenen Woche in Washington gesprochen hat, haben ihre Bereitschaft erklärt, mit uns und im Bündnis eingehend über die amerikanische MBFR-Politik und die von Washington bevorzugten Optionen zu sprechen, sobald hierüber entschieden wurde. Dies soll bis Ende April geschehen.[8]

Ich wäre Ihnen dankbar, wenn Sie meinen Überlegungen, die ich aus Sorge um eine eventuell später nicht mehr revisible Fehlentwicklung angestellt habe, beipflichten könnten. Da wir im Interesse der Festlegung unserer eigenen Position in dieser Frage frühzeitig Klarheit erreichen müssen, scheint mir eine baldige Einigung über diesen Problemkreis von vorrangiger Bedeutung.[9]

Der Herr Bundeskanzler erhält Durchdruck dieses Schreibens.

Mit freundlichen Grüßen
gez. Scheel

VS-Bd. 9427 (221)

---

[8] Am 26. April 1973 wurde der Botschaft in Washington das amerikanische Arbeitspapier „The United States' Approach to MBFR" vorgestellt. Vgl. dazu Dok. 120.

[9] Am 16. April 1973 antwortete Bundesminister Leber: „Ich möchte Ihnen heute ein Doppel meines Schreibens an den Herrn Bundeskanzler übermitteln, in dem ich unter Bezugnahme auf unseren Gedankenaustausch und die Bereiche unserer Übereinstimmung und Nichtübereinstimmung meine eigene sicherheits- und verteidigungspolitische Lagebeurteilung und die sich daraus ableitenden Schlußfolgerungen dargestellt habe." Vgl. das Schreiben an Bundesminister Scheel; VS-Bd. 9427 (221); B 150, Aktenkopien 1973.
Im Schreiben an Bundeskanzler Brandt vom selben Tag führte Leber aus, es gebe zwei Punkte, „die zu einer unterschiedlichen Einschätzung und zu voneinander abweichenden Schlußfolgerungen führen". Zum einen könne er nicht der Annahme des Auswärtigen Amts folgen, „daß die USA auf jeden Fall entschlossen sind, in einem multilateralen Abkommen zu einer Reduzierung der amerikanischen und sowjetischen Streitkräfte zu kommen". In diesem Falle müsse ausgelotet werden, „ob es sich nur um einen symbolischen Akt in der Größenordnung von fünf bis zehn Prozent handelt oder ob man einen tieferen Einschnitt vornimmt, der bis zu 20 Prozent der Streitkräfte erfassen könnte". Zum anderen würden die Folgen eines solchen Schrittes von beiden Ressorts unterschiedlich eingeschätzt: „Ich bin im Unterschied zum Bundesminister des Auswärtigen der Auffassung, daß wir es nach einem solchen Schritt der Weltmächte nicht durchhalten werden, unsere Bundeswehr auf gleicher Höhe zu halten, insbesondere wenn dieses ,auf gleicher Höhe halten' mit höheren Kosten verbunden ist. [...] Ich bin sicher, daß in unserem Land eine Stimmung einsetzt, die uns angesichts solcher ,Friedensschritte der Weltmächte' dann zwingen wird, auch zu reduzieren – und zwar ohne Gegenleistungen". Vgl. VS-Bd. 9427 (221); B 150, Aktenkopien 1973.
Ein Gespräch der beiden Minister mit Brandt fand am 28. Mai 1973 statt. Vgl. dazu Dok. 171.

96

Botschafter Sachs, z.Z. Luxemburg, an das Auswärtige Amt

Fernschreiben Nr. 34   **Aufgabe: 3. April 1973, 11.15 Uhr**[1]
                                            Ankunft: 3. April 1973, 14.48 Uhr

Betr.: 237. Tagung des EG-Rates am 2.4.1973 in Luxemburg
  hier: a) Ort der Unterbringung des Europäischen Fonds für währungspolitische Zusammenarbeit
  b) Verabschiedung der Verordnung des Rates zur Errichtung eines Europäischen Fonds für währungspolitische Zusammenarbeit
  – Dok. R/731/73 (Fin. 164)[2]

I. Auf der Basis eines Vorschlags der belgischen Präsidentschaft verständigten
sich die Minister in ihrer Eigenschaft als Vertreter der Mitgliedsregierungen
nach dreistündiger Diskussion in den gestrigen Abendstunden über eine Zwi-
schenlösung in der Sitzfrage des Fonds. Diese erlaubte es, die Verordnung über
die Errichtung des Fonds, über die materiell seit der Tagung der Finanzminister vom 22. März Einvernehmen besteht[3], anschließend als Ministerrat definitiv zu verabschieden (Inkrafttreten der Verordnung zum 6. April d.J.). Die Unterzeichnung der Verordnung durch den Ratspräsidenten[4] im Sinne des vom
Pariser Gipfel vorgesehenen feierlichen Aktes[5] erfolgt heute um 12.30 Uhr.
Das in der Sitzfrage nach langwierigen, seitens der kleineren Länder nicht emo-
tionslos geführten Diskussionen erreichte Ergebnis besteht im wesentlichen
aus den folgenden Elementen:
– Auftrag an die Ständigen Vertreter zu prüfen, nach welchen Modalitäten das
  reibungslose Funktionieren des Fonds nach Maßgabe des Beschlusses vom

---

1 Hat Vortragendem Legationsrat Jelonek am 4. April 1973 vorgelegen.
2 Für den Wortlaut der Verordnung Nr. 907/73 vom 3. April 1973 zur Errichtung eines Europäischen Fonds für währungspolitische Zusammenarbeit vgl. AMTSBLATT DER EUROPÄISCHEN GEMEIN-
  SCHAFTEN Nr. L 89 vom 5. April 1973, S. 2.
3 Zur EG-Ministerratstagung auf der Ebene der Finanzminister am 22. März 1973 führte Referat
  412 aus, daß in allen Sachfragen betreffend die Errichtung eines Europäischen Währungsfonds Einigung erreicht worden sei, die Fondsverordnung aber dennoch nicht verabschiedet werden konnte, „weil Luxemburg seine Zustimmung von der Regelung der Sitzfrage abhängig machte. Diese
  kam aber insbesondere wegen des britisch-luxemburgischen Gegensatzes nicht zustande. [...] Luxemburg beruft sich bei seinem Anspruch, Sitz des Fonds zu sein, auf Artikel 10 des Ratsbeschlusses über die vorläufige Unterbringung von Gemeinschaftsorganen vom 8.4.1965, nach dem als Ausgleich für den Verlust der Hohen Behörde (kleiner Fusionsvertrag) andere Gemeinschaftseinrichtungen, insbesondere auf dem Gebiet der Finanzen, in Luxemburg untergebracht werden sollen,
  vorausgesetzt, daß ein reibungsloses Funktionieren dieser Einrichtungen gewährleistet ist. Der luxemburger Anspruch wird von den kleineren EG-Partnern nachdrücklich unterstützt." Während
  die Bundesrepublik, die eine gewisse Präferenz für Brüssel habe, und Frankreich in dieser Frage
  Zurückhaltung gezeigt hätten, sei Großbritannien aus Gründen der Anbindung des Europäischen
  Währungsfonds an die EG-Kommission mit Nachdruck für Brüssel eingetreten. Vgl. Referat 412,
  Bd. 105689.
4 Renaat van Elslande.
5 Vgl. dazu Ziffer 2 der Erklärung der europäischen Gipfelkonferenz am 19./20. Oktober 1972 in Paris;
  Dok. 15, Anm. 41.

8.4.1965 (betreffend die Regelung der vorläufigen Arbeitssitze der Gemeinschaftsorgane)[6] sichergestellt werden kann;

– Absichtserklärung, im Lichte dieser Studie bis zum 30.6.1973 einen Beschluß über die Unterbringung des Fonds zu fassen[7];

– Einvernehmen, daß, soweit für die Aufgaben des Fonds erforderlich (und ohne Präjudiz hinsichtlich der definitiven Entscheidung über den Arbeitssitz), in der Zwischenzeit ein geeigneter Verwaltungsstab des Fonds (dispositif administratif) in Luxemburg eingerichtet wird (Text siehe Anlage I).

Diese Elemente werden ergänzt durch eine französisch-deutsche Protokollerklärung, die von Präsident Ortoli für die Kommission ausdrücklich gebilligt wurde und nach der

– ein enger Zusammenhang zwischen der währungspolitischen Zusammenarbeit im Rahmen des Fonds und der Harmonisierung der Politiken zur Beeinflussung der Kapitalbewegungen, insbesondere der einschlägigen Steuerpolitik, ausdrücklich hergestellt wird;

– vorgesehen wird, daß die Kommission im Rahmen des Berichts, den sie dem Rat vor dem 1. Juli d.J. zum kurzfristigen Währungsbeistand und zur schrittweisen Poolung der Währungsreserven vorzulegen hat[8], auch auf die Finanzprobleme eingeht, die sich aus dem gegenwärtigen Regime der Besteuerung der Holdings ergibt (Text siehe Anlage II).

Die anderen Delegationen nahmen von dieser Erklärung zunächst nur Kenntnis und behielten sich ihre Stellungnahme nach Kontakt mit den Finanzministern ihrer Länder vor.

II 1) Entscheidender Punkt des schließlich gefundenen Kompromisses, über den sich keine Seite restlos zufrieden zeigte, war der britische Vorschlag, für die Interimsperiode bis zum 30.6. die Möglichkeit zu schaffen, das oben erwähnte „dispositif administratif" im Bedarfsfalle in Luxemburg zu errichten (vgl. Ziffer 3 der Erklärung gemäß Anlage I. Die Punkte 1, 2 und 4 dieser Erklärung entsprechen dem von der belgischen Präsidentschaft am Beginn der Erörterung vorgelegten Vorschlag.) In der Vorlage des britischen Vorschlags, auf dessen Basis dann rasch Einigung erzielt wurde, vorangegangenen Aussprache wurde die luxemburgische Delegation insbesondere von der holländischen, irischen und dänischen Delegation unterstützt. Ohne das Eintreten insbesondere dieser Delegationen hätte Minister Thorn sich voraussichtlich auch ohne den britischen Ergänzungsvorschlag mit dem unveränderten Präsidentschaftspapier abgefunden, wenngleich dann mit einer wesentlich stärkeren Resignation. Die Debatte zeigte wie die vorangegangenen ein bemerkenswertes Maß an Solidarität der anderen kleineren Länder mit Luxemburg, während sich das Vereinigte Königreich, Frankreich und die Bundesrepublik, wenngleich mit unterschiedlichen Schwerpunkten in der Argumentation, für eine sorgfältige Prü-

---

6 Vgl. Anm. 11.
7 Zur Entscheidung über den endgültigen Sitz des Europäischen Währungsfonds vgl. Dok. 205.
8 Vgl. dazu den Auftrag des EG-Ministerrats vom 14. Februar 1973; Dok. 50, Anm. 10.
  Der Bericht über die Umgestaltung des kurzfristigen Währungsbeistands und die Bedingungen einer Vergemeinschaftung der Reserven wurde am 28. Juni 1973 vorgelegt. Für den Wortlaut vgl.
  BULLETIN DER EG, Beilage 12/73.

fung nicht nur der technischen Modalitäten (Telefonverbindungen und Verkehrsverbindungen nach Luxemburg), sondern auch der kapitalmarkt- und steuerpolitischen Gesichtspunkte einer Einrichtung des Fonds in Luxemburg einsetzten.

2) Die deutsche Delegation unter Leitung von PStS Dr. Apel unterstützte die französische Delegation wirkungsvoll darin, die mit den Transaktionen der in Luxemburg ansässigen Holdings verbundenen fiskalpolitischen Fragen einer Klärung zuzuführen. Deutscherseits wurde dabei einerseits die 1965 getroffene Regelung betreffend die Arbeitssitze der Gemeinschaft unterstrichen und betont, daß es keineswegs darum ginge, daß ein kleineres Land der Gemeinschaft hier unter Druck gesetzt werden solle, sondern darum, eine Lösung zu finden, die den berechtigten materiellen Wünschen Rechnung trägt und die zugleich die von der europäischen Öffentlichkeit zu Recht erwartete baldige Verabschiedung der Entscheidung über die Einrichtung des Fonds bringt. Die deutsche Delegation stimmte dem britischen Ergänzungsvorschlag im übrigen erst zu, nachdem klar war, daß diese Lösung auch französischerseits akzeptiert werden würde und die Kommission durch Präsident Ortoli die deutsch-französische Protokollerklärung hinsichtlich der Aufnahme der Fiskalprobleme der Holdings in den Bericht zum 1.7. ausdrücklich bestätigt hatte.

3) Die jetzt gefundene Lösung ist zumindest formell kein Präjudiz für eine schließliche Entscheidung zugunsten Luxemburgs. Ob durch das „dispositif administratif" bereits eine gewisse Präjudizierung zugunsten Luxemburgs getroffen werden wird, hängt nicht zuletzt von den von den Zentralbankgouverneuren hierzu zu treffenden Entscheidungen ab. Jedenfalls dürfte die gefundene Lösung eine ausreichende Basis darstellen, um die luxemburgische Bankaufsicht über die von Ministerpräsident Werner gegebenen allgemeinen Zusagen hinaus, die PStS Dr. Apel als im großen und ganzen zufriedenstellend bezeichnete, zu konkreter Zusammenarbeit zu veranlassen. PStS Dr. Apel wies in diesem Zusammenhang ausdrücklich darauf hin, daß wir die Einzelheiten jedoch noch prüfen müßten. Zugleich dürfte sie eine geeignete Grundlage sein, um die Frankreich und uns interessierenden Fiskalfragen mindestens einer grundsätzlichen Klärung zuzuführen (von französischer Seite war zu Recht außerhalb der Sitzung darauf hingewiesen worden, daß es sich bei den Holding-Problemen weniger um eine Harmonisierung des Steuerrechts der Mitgliedstaaten der Gemeinschaft handele als um eine Anpassung des luxemburgischen Steuerrechts, das gegenwärtig Holdings praktisch körperschaftssteuerfrei stelle). Über die Steuerfragen der Holdings wurde auch seitens der an der Sitzung des Rates teilnehmenden Beamten des BMF ein Gespräch mit dem luxemburgischen Bankenkommissar Dondelinger geführt, das Bereitschaft zu einer schriftlichen luxemburgischen Stellungnahme erkennen ließ.[9]

---

9 Am 11. April 1973 erklärte das luxemburgische Finanzministerium: „Der Finanzminister verwehrt sich mit Empörung gegen die Anspielung einzelner, daß der Platz Luxemburg sich nicht in regelrechter Weise in die europäischen Ziele einfüge. [...] Die Besonderheiten der Einrichtung von Beteiligungsgesellschaften, der sogenannten holding companies, die durch Gesetz vom 31.7.1929 geschaffen wurden, haben wie andere vergleichbare Gesetze den Zweck, eine Doppelbesteuerung desselben wirtschaftlichen Einkommens nach dem Grundsatz ‚non bis in idem' zu vermeiden. Die luxemburgische Regierung hat im Laufe der letzten zwei Jahrzehnte Initiativen gefördert, die diese juristische und fiskalische Formel in den Dienst wirtschaftlicher und finanzieller Ziele von an-

4) Alle übrigen im Verlauf der Beratungen zur Diskussion gestellten Kompromisse, wie etwa insbesondere die niederländischerseits vorgeschlagene vorläufige Festlegung Luxemburgs als Arbeitssitz des Fonds oder die französischerseits vorgeschlagene Zurückstellung des Inkrafttretens der Fonds-Entscheidung bei gleichzeitiger Verabschiedung der Entscheidung und auch der italienische Vorschlag, das „dispositif administratif" entsprechend dem Ratsrhythmus im April und im Juni in Luxemburg, im Mai dagegen in Brüssel arbeiten zu lassen, konnten trotz des von allen Beteiligten getragenen Bemühens um eine Lösung, jeweils keine allgemeine Zustimmung auf sich vereinen.

5) Wie die britische Delegation außerhalb der Sitzung durchblicken ließ, bestehen ihre Widerstände gegen Luxemburg als Sitz des Fonds unverändert fort. Britischerseits wird auch gegenwärtig offenbar nur daran gedacht, dem Fonds einen Rechtssitz in Luxemburg einzuräumen, die eigentliche Arbeit aber in Brüssel zu installieren. In der Sitzung wurde allerdings deutlich, daß zumindest die französische Delegation nach Erfüllung ihrer an Luxemburg gerichteten Wünsche auf Konzentration der Arbeit am Rechtssitz Luxemburg bestehen wird.

[gez.] Sachs

[Anlage I]

Erklärung betreffend den Europäischen Fonds für währungspolitische Zusammenarbeit[10]

I. 1) Die Minister haben die Ständigen Vertreter zusammen mit der Kommission beauftragt, im Lichte der Stellungnahme der Kommission vom 1. März 1973 zu prüfen, nach welchen Modalitäten das reibungslose Funktionieren des Europäischen Fonds für währungspolitische Zusammenarbeit nach Maßgabe des Beschlusses vom 8. April 1965 sichergestellt werden kann. In Artikel 10 des genannten Beschlusses heißt es:

„Die Regierungen der Mitgliedstaaten sind bereit, andere Gemeinschaftseinrichtungen und -Dienststellen, insbesondere auf dem Gebiet der Finanzen, in Luxemburg unterzubringen oder dorthin zu verlegen, vorausgesetzt, daß ein reibungsloses Funktionieren dieser Einrichtungen und Dienststellen gewährleistet ist.

Zu diesem Zweck fordern sie die Kommission auf, ihnen alljährlich einen Bericht über die Lage hinsichtlich der Unterbringung der Gemeinschaftseinrichtungen und -Dienststellen und über die Möglichkeiten für neue Maßnahmen im Sinne dieser Bestimmung unter Berücksichtigung der Notwendigkeit einer reibungslosen Tätigkeit der Gemeinschaften vorzulegen."[11]

Fortsetzung Fußnote von Seite 465

erkanntem Nutzen stellten. Das Großherzogtum wacht darüber, Absichten zu verhindern, solche Unternehmen systematisch zur Steuerflucht zu benutzen." Vgl. den Drahtbericht Nr. 44 des Botschafters Hilgard, Luxemburg, vom 12. April 1973; Referat 412, Bd. 105689.

10 Vgl. BULLETIN DER EG 4/1973, S. 28 f.

11 Für Artikel 10 der Anlage zur Denkschrift zum Vertrag vom 8. April 1965 über die Einsetzung eines gemeinsamen Rats und einer gemeinsamen Kommission der Europäischen Gemeinschaften vgl. Referat I A 2, Bd. 1143.

2) Im Licht der Studie der Ständigen Vertreter werden die Vertreter der Regierungen der Mitgliedstaaten spätestens am 30. Juni 1973 einen Beschluß über den Ort der Unterbringung des Fonds fassen.

3) Unbeschadet des unter Nummer 2 vorgesehenen Beschlusses empfiehlt es sich, bis zur Beschlußfassung die Unterbringung eines geeigneten Verwaltungsstabes in Luxemburg vorzusehen, soweit die Durchführung der dem Fonds übertragenen Aufgaben dies erforderlich machen sollte.

Unter Berücksichtigung der vorstehenden Feststellungen genehmigt der Rat die Verordnung (EWG) Nr. .../73 zur Errichtung eines Europäischen Fonds für währungspolitische Zusammenarbeit.

[Anlage II]

Französisch-deutsche Protokollerklärung

Der Rat ist der Auffassung, daß im Rahmen der Wirtschafts- und Währungsunion ein enger Zusammenhang zwischen der währungspolitischen Zusammenarbeit, deren Instrument der Fonds ist, und der Harmonisierung der die Kapitalbewegungen möglicherweise beeinflussenden Politik, insbesondere der auf sie anwendbaren Steuerpolitik, besteht.

In dieser Hinsicht würde es der Rat wegen der finanzpolitischen Probleme, die sich aus der gegenwärtigen Steuerregelung für Holding-Gesellschaften ergeben, begrüßen, wenn diese Regelung in geeigneter Weise angepaßt würde. Er beabsichtigt, diese Frage zu prüfen, und schlägt zu diesem Zweck vor, daß sie in dem Bericht berücksichtigt wird, den ihm die Kommission vor dem 1. Juli dieses Jahres vorlegen soll und der die Anpassung des kurzfristigen Währungsbeistandes sowie die Bedingungen für eine allmähliche Zusammenlegung der Währungsreserven betrifft.[12]

Referat 412, Bd. 105689

---

[12] Am 18. Juni 1973 legte die EG-Kommission einen Bericht zur Besteuerung von Holding-Gesellschaften vor. Darin kam sie zu der Schlußfolgerung: „Sollten die steuerlichen Disparitäten, die zu Wettbewerbsverzerrungen auf den Kapitalmärkten führen könnten, eingedämmt werden, so müßten die Vorteile der Holding-Gesellschaften aufgehoben werden, soweit sie zu Mißbräuchen führen, insbesondere die Steuerbefreiung für vereinnahmte Zinsen und Lizenzgebühren." Das „Problem der internationalen Steuerflucht" lasse sich allerdings „im Kern nur durch eine Gemeinschaftsaktion gegenüber allen Steueroasenländern lösen", z.B. durch eine Harmonisierung der Quellensteuer auf Obligationszinsen. Vgl. den Drahtbericht Nr. 2195 des Ministerialrats Kittel, Brüssel (EG); Referat 412, Bd. 105689.

97

Gesandter Heimsoeth an die Botschaft in Wien

230-372.20-737/73 VS-vertraulich   5. April 1973[1]
Fernschreiben Nr. 143   Aufgabe: 6. April 1973, 10.34 Uhr

Betr.: MBFR-Explorationen in Wien
        hier: Bezeichnung der Bundesrepublik Deutschland

Bezug: a) Delegationsbericht Nr. 118[2]
       b) Blauer Dienst Jg. 4 Nr. 43 v. 22.12.72[3]
       c) Telefongespräch VLR Hofmann – Gesandter Heimsoeth vom 5.4.73

Wie aus der in o. a. Blauen Dienst enthaltenen Aufzeichnung über die Bezeichnung und Einreihung der Bundesrepublik Deutschland hervorgeht, ist es für uns wesentlich, daß wir als deutscher Staat eingeordnet werden. Deshalb ist es für uns nicht negotiabel, daß wir im vorliegenden Fall unter „G" wie „Germany" eingeordnet werden. Dagegen ist es für uns nicht wesentlich, ob wir auf dem

---

[1] Hat Vortragendem Legationsrat Gescher am 6. April 1973 zur Mitzeichnung vorgelegen.
Hat Staatssekretär Frank am 11. April 1973 vorgelegen.
[2] Botschaftsrat Hofmann, z. Z. Wien, berichtete am 4. April 1973, daß das Mitglied der sowjetischen Delegation bei den MBFR-Explorationsgesprächen, Kwizinskij, dem amerikanischen Delegationsleiter Dean mitgeteilt habe, er habe die Weisung, „sich im Rahmen der Vierer-Gespräche zur Erarbeitung einer Verfahrensregelung für die MBFR-Explorationen der Bezeichnung der Bundesrepublik Deutschland als ‚Germany, Federal Republic of' zu widersetzen". Die Frage der offiziellen Bezeichnung der MBFR-Teilnehmerstaaten wolle er im Vierer-Gespräch am 5. April 1973 aufwerfen. Hofmann teilte weiter mit, daß diese ablehnende Haltung auch Gesandtem Ruth, z. Z. Wien, mitgeteilt worden sei. Der sowjetische Delegationsleiter Chlestow habe dargelegt, „daß es bei den MBFR-Explorationen ‚neben der Ungarn-Frage ein weiteres Problem' geben werde, falls die deutsche Delegation auf einer Bezeichnung der Bundesrepublik Deutschland bestehen sollte, die von der offiziellen Staatsbezeichnung abweiche. Es handle sich dabei nicht um eine Frage der Sitzordnung. Auch in Helsinki repräsentierten die deutschen Vertreter die ‚République Fédérale d'Allemagne'. Sie seien dort gleichwohl nicht unter ‚R' eingeordnet." Ruth habe darauf hingewiesen, „daß es das souveräne Recht jedes Staates sei, seine Namensgebung selbst zu bestimmen. Die Frage der Staatsbezeichnung und die sich daraus ergebende Sitzordnung sei für uns kein Verhandlungsgegenstand. Es sei nicht einzusehen, weshalb sich die Sowjetunion einer Regelung widersetzen wolle, die von den Vereinten Nationen und anderen internationalen Organisationen akzeptiert worden sei." Dieses Argument sei von Chlestow mit der Begründung zurückgewiesen worden, daß die Bundesrepublik sich nicht auf die UNO berufen könne, da sie dort nicht Mitglied sei. Vgl. den Drahtbericht Nr. 269; VS-Bd. 9081 (212); B 150, Aktenkopien 1973.
[3] In der im „Blauen Dienst" veröffentlichten Aufzeichnung der Politischen Abteilung 2 vom 18. Dezember 1972 wurde festgestellt, die Bundesregierung wolle vermeiden, „daß sich die Übung einbürgert, nach der unser Staat unter der Kurzbezeichnung ‚Bundesrepublik' oder gar ‚BRD' genannt wird. Wir legen Wert darauf, als deutscher Staat angesprochen zu werden." Daher bestehe die Bundesregierung darauf, bei Konferenzen, in internationalen Organisationen und auf offiziellen wie inoffiziellen Listen bei Verwendung des deutschen Alphabets unter „D", bei englischem Alphabet unter „G" und bei französischem bzw. spanischem Alphabet unter „A" eingeordnet zu werden. In diesem Sinne habe sich die Bundesregierung an den UNO-Generalsekretär Waldheim gewandt, der daraufhin am 11. Dezember 1972 zugesichert habe: „Pursuant to your request, and in accordance with precedent your country will be shown as: ‚Germany, Federal Republic of' in all official lists as well as on name plates. Consequently, in United Nations meetings and conferences to which delegations from the Federal Republic of Germany are invited to attend, they will be seated under the letter ‚G' in the English alphabetical order and under ‚A' when the French alphabetical order is used." Vgl. Referat 240, Bd. 230.

Schild, hinter dem wir sitzen, oder in der Liste, in der wir aufgeführt werden, die Bezeichnung „Germany, Federal Republic of" oder „Federal Republic of Germany" führen.

Wir haben lediglich aus praktischen Gründen beim Sekretariat der VN verlangt, daß wir unter „Germany, Federal Republic of" eingeordnet werden, damit vermieden wird, daß untergeordnete Saaldiener oder Sekretariatsangestellte uns, weil der erste Buchstabe auf dem Schild ein „F" ist, fälschlich unter „F" einreihen.

Sie werden gebeten, den sowjetischen Delegierten Kwizinskij und auch Mr. Dean von unserer Haltung zu unterrichten.

In dem Gespräch sollte eindeutig klargestellt werden, daß wir mit dem Vorstellen des Namens „Germany" vor „Federal Republic of" keinesfalls einen Alleinvertretungsanspruch demonstrieren wollten, sondern daß es uns lediglich aus den oben erwähnten praktischen Gründen besser erschienen wäre, das Wort „Germany" vorzustellen. Wir wären jedoch bereit, den sowjetischen Bedenken Rechnung zu tragen und uns unter dem vollen Staatsnamen „Federal Republic of Germany" auf Delegationsschildern und in Listen benennen zu lassen – immer vorausgesetzt allerdings, daß wir unter dem Buchstaben „G" eingereiht würden.[4]

Heimsoeth[5]

VS-Bd. 9970 (230)

---

[4] Am 6. April 1973 teilte Botschaftsrat Hofmann, z. Z. Wien, mit, er habe am Vortag den amerikanischen Delegationsleiter bei den MBFR-Explorationsgesprächen, Dean, und das Mitglied der sowjetischen Delegation, Kwizinskij, davon unterrichtet, daß sich die Bundesrepublik mit der Bezeichnung „Federal Republic of Germany" unter der Voraussetzung einverstanden erklären könne, daß sie, wie bei den multilateralen Vorgesprächen für die KSZE in Helsinki, „in die Sitzordnung und Auflistung nach dem Anfangsbuchstaben des Ländernamenbestandteils" eingeordnet werde: „Wenn dies gewährleistet sei, entfielen die vorwiegend praktischen Gründe, die es im Rahmen großer internationaler Konferenzen zweckmäßig machten, die Bundesrepublik Deutschland als ‚Germany, Federal Republic of' bzw. ‚Allemagne, République Fédérale d'" aufzuführen. Dabei liege es der Bundesrepublik fern, „in diesem Zusammenhang einen Alleinvertretungsanspruch aufleben zu lassen. Unsere Entscheidung, nach englischem Alphabet unter ‚G' eingeordnet zu werden und damit unmittelbar hinter der DDR [zu] sitzen zu kommen, orientiert sich an der üblichen Praxis, für die Einordnung nicht auf die Staatsform abzustellen." Vgl. den Drahtbericht Nr. 279; VS-Bd. 9431 (221); B 150, Aktenkopien 1973.
[5] Paraphe.

469

98

Botschaftsrat Nowak, Beirut, an das Auswärtige Amt

114-11593/73 VS-vertraulich   Aufgabe: 7. April 1973, 20.00 Uhr[1]
Fernschreiben Nr. 128   Ankunft: 13. April 1973, 09.37 Uhr

Betr.: Kontakte zu Palästinensern[2]
        im Anschluß an DB 109 vom 3.4.1973 VS-v[3]

I. Über Abdallah Frangieh angeknüpfte Kontakte haben 5. April zu einer zwei-stündigen Unterredung mit Abou Youssef geführt. Abou Youssef ist stellvertre-tender Vorsitzender der PLO, Leiter des politischen Büros und Mitglied des PLO-Exekutiv-Ausschusses. Bei der Unterredung zugegen war Frangieh als Dolmetscher (Abou Youssef spricht nur mangelhaft englisch).

II. Als Beweggrund für unsere Initiative habe ich auf unser wachsendes Inter-esse am Nahost-Problem hingewiesen, das den bisherigen Bilateralismus unse-rer Beziehungen zu den Staaten des Nahen Ostens ergänze. Auf eine stärkere Befassung mit der Problematik dieses Raumes lenkten uns hin:

– die bevorstehende Aufnahme in die UN-Vollversammlung,

– die infolge des Zusammenwachsens in Europa sich herausbildende mittelba-re Anrainerschaft auch Deutschlands am Mittelmeer (daraus sich ergebend unser Interesse an einer Wiederherstellung der Stabilität an seinem Ostrand),

– die Intensivierung der auf Sicherheit und Zusammenarbeit gerichteten Poli-tik der Bundesregierung.

---

[1] Hat Vortragendem Legationsrat Niemöller am 13. April 1973 vorgelegen, der die Weiterleitung an Ministerialdirigent Jesser und Vortragenden Legationsrat I. Klasse Redies „n[ach] R[ückkehr]" verfügte.
Hat Jesser am 16. April 1973 vorgelegen.
Hat Redies vorgelegen.

[2] Am 28. Februar 1973 wies Vortragender Legationsrat I. Klasse Redies die Botschaft in Beirut an, „in möglichst unauffälliger Weise" wieder Verbindung mit Palästinensern aufzunehmen: „Unser Anliegen ist es, das offenbar noch immer bestehende unfreundliche Bild der Bundesrepublik bei den Palästinensern abzubauen zu suchen, um auf diese Weise gleichzeitig neuen Anschlägen in der BRD oder gegen deren Einrichtungen im Ausland entgegenzuwirken." Vgl. den Drahterlaß Nr. 37; VS-Bd. 9990 (310); B 150, Aktenkopien 1973.

[3] Botschafter Nowak, Beirut, teilte mit: „1) Kontaktaufnahme mit Palästinensern ist 19. März erfolgt. Ich habe mich an einen der Botschaft bekannten Angehörigen des politischen Büros der Fatah ge-wandt und ihm unser Interesse an einer Herstellung dauerhafterer Kontakte mit der palästinen-sischen Führungsspitze dargelegt, was zugesagt wurde. Eine Reaktion, zunächst angekündigt für den 26. März, ist jedoch bisher nicht erfolgt. 2) Unabhängig hiervon hat sich Abdallah Frangieh an mich gewandt. Er führte aus, daß er bei Arafat und Abou Youssef darum nachgesucht habe, offi-ziell zum Verbindungsmann zu uns bestellt zu werden". Nowak legte dar, daß die Motive für die Initiative von Frangieh in erster Linie persönlicher Natur seien, nämlich der Wunsch nach einer Rückkehr in die Bundesrepublik. Daher sei er „für die Erörterung von Projektvorschlägen im Rah-men unseres Flüchtlingssonderfonds und die Abwicklung einer Unterstützung der palästinensi-schen Nachrichtenagentur [...] nur bedingt geeignet. Eine Beschränkung auf ihn als einzige Mit-telsperson wäre eine Begrenzung unserer auf größere Intensität zielenden Kontaktbemühungen und käme nur vorübergehend und als Ausweg in Betracht. Verharrt die PLO-Führung in ihrer Zu-rückhaltung, sind auch die Möglichkeiten eines Zusammentreffens Bundesministers mit Arafat und Abou Youssef in Beirut beschränkt. Möglicher Ausweg wäre Treffen in Kairo, wo Geheimhal-tung möglich." Vgl. VS-Bd. 9990 (310); B 150, Aktenkopien 1973.

Das Palästinenser-Problem betrachteten wir als die Kernfrage des Nahost-Problems. Selbst ein Volk mit großem Flüchtlingsanteil, glaubten wir die Lage der Palästinenser besser verstehen zu können als andere Nationen. Wir bedauerten deshalb, daß Äußerungen dieses Verständnisses (Sonderfonds[4], Stipendien, Erklärung der Bereitschaft, Beitrag zur Lösung der Palästinenserfrage zu leisten) von gewissen Gruppen der Palästinenser nur mit feindseligen Aktionen beantwortet würden. Die Schaffung einer neuen Vertrauensbasis sei vordringlich. Wir seien bereit, unseren Beitrag hierzu zu leisten, doch hänge der Erfolg davon ab, daß die palästinensische Seite diese Bemühungen nicht durch neue Aktionen zunichte macht.

III. Aus Abou Youssefs Erwiderungen ist folgendes hervorzuheben:

1) Wie auch andere arabische Führer erwartet er vom Einfluß eines politisch vereinigten Europa auf den Nahen Osten günstige Auswirkungen. Nicht ohne Eindruck auf ihn blieb auch der Hinweis auf den Anteil der Flüchtlinge in der Bevölkerung der Bundesrepublik.

2) Unsere unmittelbare Reaktion auf den Münchener Anschlag[5] bezeichnete er als verständlich, die späteren Maßnahmen (Ausweisung des PLO-Vertreters[6], Verbot von GUPS und GUPA[7], Ausweisung palästinensischer Studenten und Arbeiter) seien jedoch übertrieben. Sie riefen neue Gegnerschaft hervor.

3) Unsere Finanzhilfe an Israel[8] wurde tadelnd, doch relativ beiläufig erwähnt. Stark mit Vorwürfen bedacht jedoch die Hilfe an Jordanien.[9] Abou Youssef besteht darauf, wir leisteten nicht nur Entwicklungshilfe (diese komme dem Volke zugute und damit auch den dort ansässigen Palästinensern), sondern auch Budgetzahlungen an Jordanien. Es lägen ihm Nachrichten vor über deutsche Beiträge in Höhe von etwa DM 40 Mio. als Ergebnis eines Besuchs des Prinzen Hassan in Deutschland vor zwei Jahren.[10]

---

4 Zur humanitären Hilfe der Bundesregierung für Palästina-Flüchtlinge vgl. Dok. 63, Anm. 11.

5 Zum Attentat auf die israelische Olympiamannschaft am 5. September 1972 vgl. Dok. 4, Anm. 3.

6 Zur Ausweisung von Abdallah Frangieh aus der Bundesrepublik am 27. September 1972 vgl. Dok. 63, Anm. 13.

7 Am 3. Oktober 1972 verfügte Bundesminister Genscher ein Verbot der Generalunion Palästinensischer Studenten (GUPS) sowie der Generalunion Palästinensischer Arbeiter (GUPA) in der Bundesrepublik Deutschland. Für die Verfügungen vgl. Referat I B 4, Bd. 509.
Vgl. dazu auch die Mitteilung des Bundesministeriums des Innern; BULLETIN 1972, S. 1699 f.

8 Seit 1966 gewährte die Bundesrepublik Israel eine jährlich neu zu verhandelnde Kapitalhilfe. Vgl. dazu AAPD 1971, III, Dok. 365.
Das Kapitalhilfeabkommen für 1972/73 wurde am 17. August 1972 unterzeichnet und ermöglichte der israelischen Regierung, bei der Kreditanstalt für Wiederaufbau „für Vorhaben, deren Förderungswürdigkeit gemeinsam festgestellt worden ist, Darlehen bis zu einer Höhe von insgesamt DM 140 Millionen [...] aufzunehmen". Für das Abkommen vgl. Referat III B 6, Bd. 750.
Zu den Verhandlungen mit Israel über Kapitalhilfe für 1973 vgl. Dok. 169.

9 Jordanien erhielt 1972 von der Bundesrepublik Kapitalhilfe in Höhe von 35 Mio. DM. Vgl. dazu das Rundschreiben des Bundesministeriums der Finanzen vom 17. Januar 1973; Referat 310, Bd. 104810.

10 Kronprinz Hassan von Jordanien hielt sich vom 21. bis 26. Juni 1971 in der Bundesrepublik auf. Am 7. Juli 1971 informierte Vortragender Legationsrat Bente die Botschaft in Amman: „Kronprinz hat bei Gesprächen mit BM Scheel und BM Eppler sowie mit KfW KH-Projekte König-Hussein-Krankenhaus, Eisenbahn Hattia-Akaba, Entwicklungsbankkredit, Flugplatz Amman als vordringlich bezeichnet. Da KH-Zusage für 1971 noch nicht gegeben werden konnte, sind in Gesprächen nur Verwendung öffentlicher Mittel erörtert worden. Jordanischer Wunsch auf Programmfinanzie-

4) Die palästinensischen Beschwerden gegen uns seien vor etwa zwei Monaten den Tunesiern (Bourguiba, Masmoudi) zur Weitergabe an uns zur Kenntnis gebracht worden.[11]

5) Dennoch dürfe es zwischen Deutschen und Palästinensern keinen Hass geben. Ihm liege viel an der Verständigung mit uns. Er begrüße daher unsere Initiative zur Kontaktaufnahme. Er wolle die Kontakte von sich aus erwidern.

6) Von sich aus kam Abou Youssef auf die Möglichkeit einer Begegnung mit dem Bundesaußenminister zu sprechen. Sie sollte vertraulich bleiben und daher in Kairo stattfinden. Themen könnten sein das Verhältnis zwischen Deutschen und Palästinensern im allgemeinen, die bevorstehende Reise des Bundeskanzlers nach Israel[12] (dies in Reaktion auf meine Feststellung, es hänge auch von den arabischen Führern ab, was der Bundeskanzler den Israelis im einzelnen sagen werde) und der auf Kairo folgende Besuch des Außenministers in Amman.[13] Er würde (und unter Umständen vielleicht auch Arafat) dem Minister die Haltung der Palästinenser gegenüber Jordanien erläutern.

7) Was die Schaffung einer neuen Vertrauensbasis angehe, werde er „alles, was in seiner Macht stehe", versuchen, neue Aktionen und neues Unheil zu verhindern. Hilfreich für die Wiederherstellung des Vertrauens (aber keine Bedingung und Voraussetzung dafür) wäre die Wiederzulassung eines PLO-Vertreters in Deutschland „in irgendeiner Form", ferner die Genehmigung eines neuen organisatorischen Zusammenschlusses palästinensischer Studenten und Arbeiter in Deutschland und schließlich Ausweisungsstop und Rückkehrererlaubnis für ausgewiesene Palästinenser.

8) Der Zulassung eines PLO-Vertreters komme hierbei besondere Bedeutung zu. PLO und Fatah seien keine radikalen Organisationen. Die Herstellung möglichst vielseitiger Beziehungen, besonders auch zu uns, sei für sie eine Grundsatzfrage.

9) Die ausgewiesenen Studenten seien zum großen Teil von der DDR aufgenommen worden. Ihm (Abou Youssef) sei das wenig angenehm. Er strebe eine balancierte Verteilung der palästinensischen Studenten in den westlichen Ländern an. Er bitte uns – über die Erlaubnis für rückkehrwillige Studenten, ihr Studium bei uns abzuschließen, hinausgehend – um Aufnahme (mit Stipendium) einer begrenzten Zahl weiterer Palästinenser zusätzlich zu den Abdallah Frangieh zur Verteilung angebotenen 20 Stipendien.

10) Das Angebot einer Unterstützung für WAFA[14] sowie der Vorlage von Vorschlägen im Erziehungs- und Gesundheitsbereich nahm er mit Dank an. Er werde beides intern abklären und dann von sich hören lassen.

Fortsetzung Fußnote von Seite 471

rung anstelle Projektfinanzierung sowie mehrjährige KH-Zusage mußte mit Hinweis auf Haushalt und KH-Richtlinien abgelehnt werden." Vgl. den Drahterlaß Nr. 134; Referat I B4, Bd. 477.

[11] Am 29. Januar 1973 wurde die Lage der Palästinenser in einem Gespräch des Botschafters Naupert, Tunis, mit Präsident Bourguiba angesprochen. Vgl. dazu Dok. 29.

[12] Bundeskanzler Brandt besuchte Israel vom 7. bis 11. Juni 1973. Vgl. dazu Dok. 184 und Dok. 191.

[13] Bundesminister Scheel hielt sich vom 20. bis 22. Mai in Ägypten und vom 22. bis 24. Mai 1973 in Jordanien auf. Vgl. dazu Dok. 170, Dok. 173 und Dok. 176.

[14] Palästinensische Nachrichtenagentur.

IV. Wertung zu den Ausführungen Abou Youssefs mit gesondertem Drahtbericht.[15]

[gez.] Nowak

VS-Bd. 9900 (310)

99

Gespräch des Staatssekretärs Frank
mit dem britischen Botschafter Henderson

500-501.28/1-743/73 geheim   **9. April 1973[1]**

Der Herr Staatssekretär empfing am 9. April 1973 auf seinen eigenen Wunsch den britischen Botschafter, um ihm vertraulich und mit dem Zweck der Unterrichtung der Leitung des Foreign Office von den Grundzügen unserer Haltung bei der bevorstehenden Sondierungsrunde[2] Kenntnis zu geben. Aus dem Gespräch ist folgendes festzuhalten:

---

15 Am 9. April 1973 übermittelte Botschafter Nowak, Beirut, eine Bewertung des Gesprächs. Er hob hervor, daß Israel für die Palästinenser nur eine untergeordnete Rolle gespielt habe, sich aber „starke Angriffe" gegen Jordanien gerichtet hätten. Zudem scheine es der palästinensischen Führung nicht bewußt zu sein, daß die Bundesrepublik „die Aktion von München" auch als gegen sich selbst gerichtet empfinde. Daher wirkten die Ausweisungsmaßnahmen „leicht als von ,München' losgelöste einseitige Schritte. [...] Abou Youssefs Appell, die Schaffung einer Vertrauensbasis durch weitgehende Rückgängigmachung der anti-palästinensischen Maßnahmen des vergangenen Herbstes zu erleichtern, ist deshalb auch unter dem Gesichtspunkt der Sicherheit vor neuen, diesmal bewußt gegen uns gerichteten Aktionen zu sehen. Tatsächlich unterliegt das Verhalten des Schwarzen September nur begrenzt dem Einfluß der PLO- und Fatah-Spitze. Finanzielle Maßnahmen gegenüber Palästinensern können uns auf Dauer nicht der Revision des Ausweisungsvorganges entheben." Vgl. den Drahtbericht Nr. 129; VS-Bd. 9990 (310); B 150, Aktenkopien 1973.
Zu weiteren Treffen kam es nicht mehr. Am 9. April 1973 verübten arabische Terroristen in Nikosia Anschläge auf eine israelische Verkehrsmaschine und auf die Residenz des israelischen Botschafters Timor.
Am 10. April 1973 meldete Nowak, daß in der Nacht zuvor ein „israelischer Überfall auf Beirut" stattgefunden habe, bei dem die „Führungsspitze der Palästinenser dezimiert" worden sei. Zu den Opfern gehöre auch der stellvertretende Vorsitzende der PLO, Abou Youssef: „Die Getöteten wurden im Schlaf überfallen und erschossen. Die Israelis sind gegen 1.00 Uhr morgens mit Booten in Beiruter Außenviertel an Land gegangen. Sie waren in Zivil gekleidet, zum Teil in Hippy-Look. Mit Hilfe von Taxis, die sie auf der Straße anhielten und denen sie die Zulassungsschilder abschraubten, begaben sie sich zu den Wohnungen der Opfer sowie zu den Hauptquartieren der Widerstandsorganisationen in den Lagern Sabra und Chatila." Nowak bezeichnete die Getöteten als „die maßgeblichsten Vertreter des rechten Flügels der Palästinenser. Sie gehörten zu den besonders besonnenen und verantwortungsbewußten Exponenten des Widerstandes, die u. a. gegen alle Gewaltaktionen ausgesprochen hatten. [...] Nach Ausfall des gemäßigten Flügels muß mit einer weiteren Radikalisierung des Widerstandes gerechnet werden." Vgl. den Drahtbericht Nr. 115; Referat 310, Bd. 104931.
1 Die Gesprächsaufzeichnung wurde von Vortragendem Legationsrat I. Klasse Fleischhauer am 10. April 1973 gefertigt.
2 Zur Wiederaufnahme der Sondierungsgespräche mit der ČSSR über eine Verbesserung des bilateralen Verhältnisses vgl. Dok. 89, Anm. 23.

Der *britische Botschafter* erwähnte einleitend, daß am 9. und 10. April 1973 politische Gespräche zwischen der ČSSR und Großbritannien in London stattfinden.[3] Dabei wird auch das Münchener Abkommen zur Sprache kommen, und darauf gehe der Wunsch der britischen Botschaft nach Unterrichtung über unsere Haltung bei der Vorbereitung der sechsten Sondierungsrunde zurück.[4]

Der Herr *Staatssekretär* begründete seinen Wunsch nach einem Gespräch mit dem britischen Botschafter damit, daß er ganz klarstellen wolle, daß wir nichts unternähmen, was dem Stand der bisherigen Informationen, die der britischen Regierung durch uns gegeben worden seien, nicht entsprechen würde. Die Anerkennung der ex-tunc-Nichtigkeit des Münchener Abkommens komme für uns nach wie vor nicht in Frage. Die tschechoslowakische Seite habe zunächst geglaubt, es handle sich auf deutscher Seite um einen Verbalismus; wenn nur das richtige Wort gefunden werde, würden wir uns schon auf eine Feststellung einlassen, die im Sinne der anfänglichen Nichtigkeit auszulegen wäre. Dies sei der Stand nach der letzten Sondierungsrunde gewesen; daraufhin habe man zunächst eine Denkpause eingelegt.

Er, der Staatssekretär, sei gespannt, wie die ČSSR die Denkpause genutzt habe. Er fürchte, es werde auf tschechoslowakischer Seite nicht viel herausgekommen sein. Es gäbe aber Gründe außenpolitischer und innenpolitischer Art, die die Bundesregierung danach drängten, zu einer Einigung mit den Tschechen zu kommen. Daher werde sich jetzt schon die Frage stellen, ob es möglich sei, eine Lösung zu finden, die darin bestehen würde, eine widersprüchliche Aussage zu dem Münchener Abkommen zu machen. Unter widersprüchlicher Aussage verstehe er, daß die Aussage über die Gültigkeit in der Aussage über die Rechtsfolgen ein Gegengewicht fände. Die Aussage über die Rechtsfolgen solle die Aussage über die Ungültigkeit relativieren.[5] Ein solcher, für den un-

---

[3] Der tschechoslowakische Stellvertretende Außenminister Růžek hielt sich vom 10. bis 12. April 1973 in London auf. Dazu berichtete Gesandter von Schmidt-Pauli am 13. April 1973, daß die Hauptthemen der Gespräche die KSZE, MBFR sowie Fragen der wirtschaftlichen und kulturellen Zusammenarbeit waren. Vgl. dazu den Drahtbericht Nr. 1028; Referat 500, Bd. 193917.

[4] Am 3. April 1973 vermerkte Vortragender Legationsrat I. Klasse Fleischhauer, daß der britische Botschaftsrat Cromartie am 27. März 1973 gegenüber Referat 214 „das fortbestehende Interesse der britischen Regierung an dem weiteren Verlauf der deutsch-tschechoslowakischen Sondierungsgespräche" bekundet habe: „Die britische Haltung zur Frage des Münchener Abkommens faßte er in dem Satz zusammen, die Anerkennung der ab-initio-Ungültigkeit des Münchener Abkommens ‚would be to falsify history'. [...] Die britische Anfrage im Auswärtigen Amt zeigt, wie aufmerksam die britische Regierung die Entwicklung verfolgt und wie wenig ihr die neuen Vorschläge aus Prag, das Münchener Abkommen für ‚ungültig (nichtig) und rechtswidrig' zu erklären, gefallen. Es erscheint deshalb angezeigt, der britischen Regierung schon vor dem bevorstehenden Sondierungsgespräch mit der ČSSR wenigstens in großen Zügen unser weiteres Vorgehen zu erläutern. Denn wir sollten vermeiden, daß die britische Regierung von der weiteren Entwicklung überrascht wird und daß dadurch eine Verstimmung entsteht. Grundsätzliche Übereinstimmung mit der britischen Regierung kann für uns u. U. für die weiteren Gesprächsrunden hilfreich sein." Vgl. VS-Bd. 9711 (500); B 150, Aktenkopien 1973.

[5] Ein vom Auswärtigen Amt berufener „Völkerrechtswissenschaftlicher Beirat" beschäftigte sich in zwei Sitzungen am 15. Dezember 1972 und am 16. Februar 1973 mit der Frage der Vertretbarkeit einer Vereinbarung über die Ungültigkeit des Münchener Abkommens bei gleichzeitigem Ausschluß der sich daraus ergebenden Folgen. Dazu vermerkte Ministerialdirigent von Schenck am 22. Februar 1973, der Beirat habe sich auf den Entwurf einer Vereinbarung geeinigt, „die den Artikel I eines Vertrages über die Normalisierung der Beziehungen zwischen der Bundesrepublik Deutschland und der ČSSR bilden könnte. Die Mitglieder des Beirates sehen diese Formel als eine vertretbare Lösung für den Fall an, daß die Bundesregierung trotz der schwerwiegenden Bedenken und Risiken, die hier grundsätzlich fortbestehen, aus politischen Gründen mit der ČSSR zu ei-

befangenen Betrachter in sich widersprüchlich erscheinender Vertrag sei die äußerste Grenze, bis zu der er als Verhandlungsführer im Rahmen der ihm von der Bundesregierung erteilten schriftlichen Instruktionen[6] gehen könne.

Ob dieser Lösungsversuch Aussicht auf Erfolg habe, sei reine Spekulation. In jedem Fall werde er sich zunächst bei den Tschechen noch einmal danach erkundigen, ob sie bereit seien, von ihrer Forderung nach einer Erklärung des Münchener Abkommens für „von Anfang an ungültig" abzugehen. Es sei aber nicht damit zu rechnen, daß die Tschechen jetzt in der Sache selbst konzessionsbereiter seien als in den früheren Sondierungsrunden. In den Zeitungen würden im Zusammenhang mit der sechsten Sondierungsrunde mit Sicherheit alle möglichen Spekulationen angestellt werden. Die britische Regierung solle sich jedoch von diesen Spekulationen nicht irreführen lassen.

Bei positiver Reaktion der tschechoslowakischen Seite würde die britische Regierung in jedem Falle über unser weiteres Vorgehen auf dem laufenden gehalten.

Der *britische Botschafter* dankte dem Herrn Staatssekretär für diese Mitteilungen und unterstrich die Bedeutung, die die Angelegenheit für die britische Regierung habe. Er erkundigte sich danach, mit welchen Worten die Bundesregierung ihre widersprüchliche Aussage ausdrücken wolle.

Der Herr *Staatssekretär* ging auf diese Frage nicht näher ein, er erklärte, genaue Formulierungen könne er jetzt noch nicht mitteilen. Die generelle Vorstellung sei, daß es sich um eine insgesamt ausgewogene Lösung handeln müsse, die durch die Aussage über das Münchener Abkommen gleichermaßen wie durch die Aussage über die Folgenregelung getragen würde.

Der *britische Botschafter* wies darauf hin, daß für seine Regierung die Feststellung der anfänglichen Nichtigkeit des Münchener Abkommens nicht akzeptabel sein würde. Dies sei der Punkt, auf den es den Briten ankomme. Er erkun-

---

Fortsetzung Fußnote von Seite 474

ner Einigung auf der Basis kommen möchte, daß wir in einer gemeinsamen Aussage über das M[ünchener] A[bkommen] dessen Ungültigkeit einräumen, während andererseits die für uns nicht akzeptablen Rechtsfolgen einer solchen Aussage umfassend ausgeschlossen werden." Der Entwurf lautete: „1) Die Bundesrepublik Deutschland und die ČSSR werden das Münchener Abkommen vom 29. September 1938 in ihren gegenseitigen Beziehungen nach Maßgabe dieses Vertrages als ungültig behandeln. 2) Aus Absatz 1 folgt nicht, daß allein aus diesem Grunde die Anwendung und Beachtung der deutschen Rechtsordnung in den vom Münchener Abkommen betroffenen Gebieten während ihrer Eingliederung in das Deutsche Reich als unwirksam oder rechtswidrig angesehen werden können. Insbesondere bleiben die auf dieser Grundlage entstandenen Rechte, Verpflichtungen und sonstigen Rechtsverhältnisse natürlicher und juristischer Personen unberührt. 3) Soweit natürlichen Personen aufgrund des Münchener Abkommens vom 29. September 1938 und den zu seiner Durchführung getroffenen Regelungen die deutsche Staatsangehörigkeit verliehen worden ist, wird sie von Absatz 1 nicht berührt. 4) Alternative 1: Die ČSSR und ihre Staatsangehörigen werden keine finanziellen Ansprüche gegen die Bundesrepublik Deutschland und deutsche Staatsangehörige aufgrund der in Absatz 1 getroffenen Vereinbarung oder aufgrund von Handlungen oder Unterlassungen stellen, die vom Deutschen Reich oder in seinem Auftrag handelnden Stellen und Personen während der Zeit der Eingliederung der vom Münchener Abkommen betroffenen Gebiete in das Deutsche Reich begangen worden sind. Alternative 2: Die Vertragsparteien sind sich darüber einig, daß Absatz 1 keine Rechtsgrundlage für Ansprüche der ČSSR und ihrer Staatsangehörigen gegen die Bundesrepublik Deutschland und deutsche Staatsangehörige auf Schadensersatz, Entschädigung oder Restitution bildet." Vgl. VS-Bd. 9711 (500); B 150, Aktenkopien 1973.

6 Für die Richtlinien zur Gesprächsführung des Staatssekretärs Frank, die am 18. März 1971 vom Kabinett gebilligt wurden, vgl. AAPD 1971, I, Dok. 94.

digte sich danach, ob die Formel „totally invalidated" für uns ein Ausweg sein könne.

Der Herr *Staatssekretär* erklärte, diese Formel werde für die Tschechen nicht akzeptabel sein, weil sie voraussetzt, daß das Münchener Abkommen einmal „valid" gewesen sei. Wir hätten entsprechende Formeln durchzusetzen versucht.

Der *britische Botschafter* stellte sodann einige Betrachtungen über die französische Formel „nul et non avenu"[7] an und erklärte sodann, die Tschechen wünschten eine „distortion of history", die schon deshalb nicht hingenommen werden könne, weil davon eine Wirkung für alle anderen Verträge ausgehen könnte.

Der Herr *Staatssekretär* stimmte dem zu und erwiderte auf Fragen des britischen Botschafters, daß sein Briefwechsel mit Vizeaußenminister Goetz nichts wesentlich neues ergeben habe.[8]

Der *britische Botschafter* erklärte sodann, die britische Regierung glaube nicht, daß London ein deutsch-tschechoslowakisches Abkommen billigen (indorse) solle. Unter vier Augen würden indessen deutsch-britische Konsultationen zu gegebener Zeit sicher nützlich sein.

Der Herr *Staatssekretär* bestätigte dies und wies noch einmal auf die Absurdität des tschechoslowakischen Verlangens hin, da wir doch gar nicht Vertragspartner seien. Er bat sodann seinerseits um Unterrichtung über die in diesen Tagen in London geführten britisch-tschechoslowakischen Gespräche.[9] Er erklärte nochmals, daß die jetzt ins Auge gefaßte Linie der letzte Versuch sei, im Rahmen der bisherigen schriftlichen Instruktionen der Bundesregierung zu einer Lösung zu gelangen Wenn die Gespräche nicht erfolgreich seien, müßte die Frage des weiteren Prozedierens von der Bundesregierung neu behandelt werden.

VS-Bd. 9711 (500)

---

7 Der Vorsitzende des Komitees „Freies Frankreich", de Gaulle, erklärte mit Schreiben vom 29. September 1942 an den Präsidenten des Rats der Tschechoslowakischen Republik, Šrámek: „Le Comité national français, rejetant les accords signés à Munich le 29 septembre 1938, proclame solennellement qu'il considère ces accords comme nuls et non avenus, ainsi que tous les actes accomplis en application ou en conséquence desdits accords." Vgl. DE GAULLE, Mémoires de guerre, Bd. 2, S. 372.

8 Zum Schreiben des Staatssekretärs Frank vom 27. Februar 1973 an den tschechoslowakischen Stellvertretenden Außenminister Goetz und zu dessen Antwortschreiben vom 11. März 1973 vgl. Dok. 76, Anm. 11 und 13.

9 Am 11. April 1973 notierte Vortragender Legationsrat I. Klasse Fleischhauer, daß der britische Botschaftsrat Cromartie zu den noch andauernden Gesprächen zwischen Großbritannien und der ČSSR in London ausgeführt habe, die tschechoslowakische Seite habe das Münchener Abkommen zweimal erwähnt: „Einmal hätten die Tschechen gesagt, daß ihre Grundlinie in Bonn die Formel sein werde, das Münchener Abkommen sei ‚not lawful and not valid'. Herr Cromartie fügte hinzu, nach britischer Auffassung entspreche dies der neuen Breschnew-Formel. Sodann sei das Münchener Abkommen in einer außerordentlich unklaren Weise im Zusammenhang mit der KSZE angesprochen worden. Sie hätten gesagt, das Münchener Abkommen sei eines der Probleme, welches sich für die Tschechen im Zusammenhang mit dem Prinzip der Unverletzlichkeit der Grenzen stelle. Für die Tschechen sei die Frage des Münchener Abkommens dafür von Bedeutung, ob dem Begriff der Unverletzlichkeit der Grenzen der Charakter der Unverrückbarkeit gegeben werden solle. Wenn das Münchener Abkommen auch nur für eine kurze Zeit gültig gewesen sei, so würde dies die tschechoslowakische Position in der Frage der Unverletzlichkeit der Grenzen berühren. Die britische Seite könne sich keinen rechten Vers aus diesen tschechoslowakischen Darlegungen machen." Vgl. VS-Bd. 9711 (500); B 150, Aktenkopien 1973.

100

Aufzeichnung des Ministerialdirektors van Well

210-321-352/73 geheim   9. April 1973[1]

Herrn Staatssekretär[2]

Betr.: Zeitliche Verbindung zwischen dem VN-Beitrittsantrag und dem Inkrafttreten des Grundvertrages

Bezug: Schreiben des Chefs des Bundeskanzleramts, StS Grabert, vom 27.3. 1973 geheim[3]

Zweck der Vorlage

Stellungnahme des Auswärtigen Amts zu einer zeitlichen Verbindung zwischen dem VN-Beitrittsantrag und dem Inkrafttreten des Grundvertrages. Antwortschreiben an Staatssekretär Grabert.

Vorschlag

Zustimmung zu dem beigefügten Antwortentwurf.[4]

Darin wird folgender zeitlicher Ablauf vorgeschlagen:

1) Abschluß des parlamentarischen Zustimmungsverfahrens zum Grundvertrag und VN-Beitritt.[5]

2) Ausfertigung der Zustimmungsgesetze durch den Bundespräsidenten.[6]

3) Paraphierung einer Vereinbarung zwischen der Bundesrepublik und der DDR über die Modalitäten der Ständigen Vertretungen.[7]

4) VN-Beitrittsantrag der Bundesrepublik.[8]

---

1 Die Aufzeichnung wurde von Vortragendem Legationsrat Bräutigam konzipiert.

2 Hat Staatssekretär Frank vorgelegen, der die Weiterleitung an Bundesminister Scheel verfügte und handschriftlich vermerkte: „Ich habe mit StS Grabert über dieses Thema gesprochen. Ein förmliches Junktim zwischen Punkt 3 und 4 sollten wir vermeiden, aber anstreben. Punkt 6 sollten wir – wenn möglich – anstreben. Wir sollten alles vermeiden, was die Lage in letzter Minute festzieht." Hat Scheel laut Vermerk des Persönlichen Referenten Woelker vom 16. April 1973 vorgelegen.

3 Zum Schreiben des Staatssekretärs Grabert, Bundeskanzleramt, vgl. Dok. 85, Anm. 12.

4 Dem Vorgang beigefügt. Für den Entwurf eines Schreibens des Staatssekretärs Frank an Staatssekretär Grabert, Bundeskanzleramt, vgl. VS-Bd. 10101 (Ministerbüro); B 150, Aktenkopien 1973.

5 Dieser Absatz wurde von Staatssekretär Frank mit Häkchen versehen.
Zum Stand des Ratifizierungsverfahrens zum Grundlagenvertrag vom 21. Dezember 1972 vgl. Dok. 85, Anm. 5.
Zum Stand des Zustimmungsverfahrens zum UNO-Beitritt der Bundesrepublik und zu den Beratungen im Bundesrat am 2. Februar sowie im Bundestag am 16. Februar 1973 vgl. Dok. 67, Anm. 7.
Der Auswärtige Ausschuß des Bundestags befaßte sich am 4. April 1973 mit dem Gesetz über den UNO-Beitritt. Von den Vertretern der CDU und CSU wurde dabei die Notwendigkeit hervorgehoben, daß „eine Einbeziehung Berlins in den VN-Beitritt zweifelsfrei zustande kommen werde". Vgl. die Aufzeichnung des Vortragenden Legationsrats Bräutigam vom 5. April 1973; Referat 210; Bd. 109263.

6 Dieser Absatz wurde von Staatssekretär Frank mit Häkchen versehen.

7 Zu diesem Absatz vermerkte Staatssekretär Frank handschriftlich: „Wenn möglich."

8 Dieser Absatz wurde von Staatssekretär Frank mit Häkchen versehen.

5) Beschluß des Sicherheitsrates über den VN-Beitritt der beiden deutschen Staaten.[9]

6) Gleichzeitig mit dem Beschluß des Sicherheitsrates Notenwechsel zum Inkrafttreten des Grundvertrages.[10]

7) Beschluß der VN-Vollversammlung über die Aufnahme der beiden deutschen Staaten (Herbst 1973).[11]

Sachstand

1) DDR-Staatssekretär Kohl hatte am 21. Dezember 1972 anläßlich der Unterzeichnung des Grundvertrages folgende zeitliche Reihenfolge vorgeschlagen:

Unmittelbar nach Abschluß des parlamentarischen Zustimmungsverfahrens sollten die Beitrittsanträge der Bundesrepublik und der DDR gestellt werden. Der Sicherheitsrat könne dann innerhalb weniger Wochen über die Anträge einen Beschluß fassen. Danach solle der Grundvertrag durch den vorgesehenen Notenwechsel[12] in Kraft gesetzt werden. Bundesminister Bahr hatte am 21.12. 1972 eine Prüfung dieses Zeitplans zugesagt, ohne aber ausdrücklich zuzustimmen.[13]

Am 28.2.1973 hatte Bundesminister Bahr Staatssekretär Kohl erklärt, die Bundesregierung werde den Beitrittsantrag erst dann stellen, wenn die Ratifizierung des Grundvertrages gesichert sei.[14]

In seinem Gespräch mit Staatssekretär Grabert am 22.3.1973 hat Kohl erneut auf seinem Zeitplan bestanden.[15] Zur Begründung sagte er, auch die DDR müsse eine gewisse Sicherheit dafür haben, daß die Bundesrepublik ihren Beitrittsantrag stelle.

2) Hinter dem von der DDR aufgestellten Junktim steht wahrscheinlich die Überlegung, in der Frage ihres eigenen VN-Beitritts jedes Risiko zu vermeiden.

Die DDR weiß, daß sie selbst nur gleichzeitig mit der Bundesrepublik in die Vereinten Nationen aufgenommen werden kann. Sie möchte daher sichergehen, daß die Bundesrepublik unmittelbar nach Vorliegen der innerstaatlichen Voraussetzung ihren Antrag stellt. Sie glaubt offenbar, daß sie dies am besten durch eine zeitliche Verknüpfung des VN-Beitritts mit dem Inkrafttreten des Grundvertrages erreichen kann.

Außerdem scheint man in Ostberlin aber auch unsicher zu sein, ob alle Großmächte dem Beitrittsantrag der DDR zustimmen werden. Die DDR ist von uns darauf hingewiesen worden, daß zu solchen Befürchtungen kein Anlaß besteht.

---

[9] Dieser Absatz wurde von Staatssekretär Frank mit Häkchen versehen.

[10] Zu diesem Absatz vermerkte Staatssekretär Frank handschriftlich: „Wenn möglich."

[11] Dieser Absatz wurde von Staatssekretär Frank mit Häkchen versehen.

[12] In Artikel 10 des Vertrags vom 21. Dezember 1972 über die Grundlagen der Beziehungen zwischen der Bundesrepublik und der DDR wurde festgelegt: „Dieser Vertrag bedarf der Ratifikation und tritt am Tage nach dem Austausch entsprechender Noten in Kraft." Vgl. BULLETIN 1972, S. 1843.

[13] Zum Gespräch des Bundesministers Bahr mit dem Staatssekretär beim Ministerrat der DDR, Kohl, in Ost-Berlin vgl. Dok. 85, Anm. 10.

[14] Für das Gespräch des Bundesministers Bahr mit dem Staatssekretär beim Ministerrat der DDR, Kohl, vgl. Dok. 67.

[15] Für das Gespräch des Staatssekretärs Grabert, Bundeskanzleramt, mit dem Staatssekretär beim Ministerrat der DDR, Kohl, in Ost-Berlin vgl. Dok. 85.

Sie weiß auch, daß die Vier Mächte in ihrer Erklärung vom 9.11.1972 den VN-Beitritt der beiden deutschen Staaten unterstützt haben.[16] Gleichwohl scheint Ostberlin vor allem durch die Zurückhaltung der Vereinigten Staaten in der Frage der bilateralen diplomatischen Beziehungen[17] beunruhigt zu sein. Vielleicht fürchtet man, daß Washington, nachdem die DDR ihren Beitrittsantrag gestellt haben wird, seine Zustimmung von irgendwelchen weiteren Vorbedingungen abhängig machen könnte. Die DDR möchte daher, indem sie das Inkrafttreten des Grundvertrages von einem positives Beschluß des Sicherheitsrates abhängig macht, die Bundesrepublik dazu veranlassen, erforderlichenfalls auf die Vereinigten Staaten einzuwirken.

Wir haben bisher keinen Anlaß gehabt anzunehmen, daß die Vereinigten Staaten dem Beitritt der beiden deutschen Staaten Schwierigkeiten in den Weg legen oder ihn verzögern könnten. Allerdings hat der britische Gesandte Hibbert in einem Gespräch mit Herrn D 2 am 6.4. die Besorgnis seiner Regierung zum Ausdruck gebracht, daß die Vereinigten Staaten die Aufnahme der diplomatischen Beziehungen zur DDR hinauszögern könnten, um eine Trumpfkarte gegenüber der SU[18] in den MBFR-Explorationen zu gewinnen. Wir haben einen solchen Eindruck bisher nicht gewonnen. In der Vierer-Gruppe sind alle Beteiligten einschließlich der Amerikaner bisher davon ausgegangen, daß der Beschluß des Sicherheitsrates über die Aufnahme der beiden deutschen Staaten noch vor der Sommerpause und der Beschluß der Vollversammlung im September 1973 gefaßt werden.[19]

Begründung des Entscheidungsvorschlags

3) Die Bundesregierung ist bisher davon ausgegangen, daß

– der Grundvertrag erst in Kraft gesetzt wird, wenn die Modalitäten der Ständigen Vertretungen befriedigend geklärt sind; und

– der Beitrittsantrag erst nach Inkrafttreten des Grundvertrages gestellt werden wird.

Diesen zeitlichen Ablauf versucht die DDR jetzt umzukehren. Und zwar möchte sie nicht nur die Inkraftsetzung des Grundvertrages von einem positiven Beschluß des Sicherheitsrates abhängig machen, es geht ihr auch darum, die Klärung des Komplexes Ständige Vertretung auf die Zeit nach Inkrafttreten des Grundvertrages zu verschieben, d. h. auf einen Zeitpunkt, in dem wir praktisch keine Druckmöglichkeiten mehr haben. Die DDR scheint sogar darauf zu spekulieren, daß die Vertretungen eröffnet werden, ohne daß alle Fragen geklärt sind. Wir müssen dann befürchten, daß schwierige Fragen vielleicht auf

---

16 Für die Vier-Mächte-Erklärung vom 9. November 1972 vgl. Dok. 1, Anm. 14.

17 Am 12. März 1973 teilte Gesandter Noebel, Washington, mit, der Abteilungsleiter im amerikanischen Außenministerium, Sutterlin, habe geäußert, „er rechne mit dem Beginn der Gespräche zwischen Washington und Ostberlin nicht mehr vor der Ratifizierung des Grundvertrages durch den Deutschen Bundestag, die er für Ende April bis Mitte Mai erwarte. Der Grund der Verzögerung liege in der Haltung des Weißen Hauses, das entschieden habe, zunächst eine längere ‚Denkpause' einzulegen. [...] Motiv sei dabei u. a. auch die Rücksichtnahme auf Bonn, die für das Weiße Haus in dieser Frage schwer wiege." Vgl. den Drahtbericht Nr. 727; VS-Bd. 9054 (210); B 150, Aktenkopien 1973.

18 Dieses Wort wurde von Ministerialdirektor van Well handschriftlich eingefügt. Dafür wurde gestrichen: „DDR". Dazu vermerkte van Well handschriftlich: „(Einhaltung des MBFR-Fahrplans)."

19 Vgl. dazu das Gespräch des Bundesministers Bahr mit den Botschaftern Henderson (Großbritannien), Hillenbrand (USA) und Sauvagnargues (Frankreich) am 9. März 1973; Dok. 77.

längere Zeit nicht befriedigend geklärt werden können und eine verbindliche Regelung am Ende überhaupt nicht zustandekommt. Dahinter könnte die Absicht der DDR stehen, uns auf eine (direkte oder analoge) Anwendung der Wiener Diplomatenkonvention[20] zu drängen und damit ein starkes Indiz für das Bestehen diplomatischer Beziehungen und die völkerrechtliche Anerkennung zu schaffen. Wenn die Bundesregierung, um dieser Gefahr zu begegnen, eine Regelung der Modalitäten der Ständigen Vertretungen vor Inkrafttreten des Grundvertrages verlangt, so wird das die DDR wahrscheinlich nicht beeindrucken, wenn das VN-Beitrittsverfahren bereits eingeleitet ist. Ihr eigentliches Interesse ist nicht das Inkrafttreten des Grundvertrages, sondern der VN-Beitritt. Unter diesen Umständen liegt es für die Bundesregierung nahe, entweder an dem[21] bisher ins Auge gefaßten Zeitplan

– Klärung der mit den Ständigen Vertretungen zusammenhängenden Fragen,

– Inkrafttreten des Grundvertrages,

– VN-Beitrittsantrag,

festzuhalten oder zumindest die Einleitung des Beitrittsverfahrens von einer vorherigen Klärung des Komplexes Ständige Vertretungen abhängig zu machen. Der bisherige Zeitplan ist eine Maximalposition, die unseren Interessen voll Rechnung trägt. An sich besteht keine Veranlassung, ihn zu ändern. Wir wissen aber nicht, ob wir ihn letzten Endes durchhalten können. Der letztgenannte Zeitplan ist ein Kompromiß. Er bedeutet, daß wir auf das Junktim der DDR eingehen, es aber mit einem eigenen Gegenjunktim verbinden. Wir würden damit zwar das Inkrafttreten des Grundvertrages für einige Wochen hinausschieben, wir gewinnen aber einen Hebel zur Klärung des Komplexes Ständige Vertretungen. Die DDR wird sich einem solchen Gegenjunktim wahrscheinlich nur schwer entziehen können. Zur Begründung können wir darauf hinweisen, daß wir im Zeitpunkt des Beitrittsantrags volle Klarheit haben müssen, daß dem Inkrafttreten des Grundvertrages keine Hindernisse oder offene Fragen mehr im Wege stehen.[22]

4) Das Referat 500 hat in einer Zuschrift an das Referat 210 vom 28. März 1973 mit Recht auf das politische Interesse der Bundesregierung hingewiesen, daß der Beitritt zu den Vereinten Nationen erst nach der Regelung des Verhältnisses zwischen den beiden deutschen Staaten und im Lichte desselben vollzogen werden sollte.[23] Diesem Interesse würde aber bereits dadurch Rech-

---

[20] Für den Wortlaut des Wiener Übereinkommens vom 18. April 1961 über diplomatische Beziehungen vgl. BUNDESGESETZBLATT 1964, Teil II, S. 958–1005.

[21] Korrigiert aus: „auf den".

[22] Am 17. April 1973 teilte der Persönliche Referent des Bundesministers Scheel, Woelker, Staatssekretär Frank mit, Scheel habe in einem Gespräch mit Staatssekretär Grabert, Bundeskanzleramt, am 15. April 1973 in Werfen, Österreich „über den zeitlichen Ablauf und die inhaltliche Verknüpfung zwischen dem VN-Beitrittsantrag und dem Inkrafttreten des Grundvertrages" die Ansicht geäußert: „1) Es besteht zwar kein formelles Junktim zwischen der Paraphierung einer Vereinbarung zwischen der BRD und der DDR über die Modalitäten der Ständigen Vertretungen und dem VN-Beitrittsantrag der BRD, doch gibt es einen klaren sachlichen Zusammenhang. 2) Der Vorschlag von seiten der Bundesrepublik zur Einsetzung einer Verhandlungskommission über den Gesamtkomplex ‚Ständige Vertretungen' bei der nächsten Unterredung mit DDR-StS Kohl ist unter Berücksichtigung des Punktes 1) wünschenswert." Vgl. die Aufzeichnung; VS-Bd. 9052 (210); B 150, Aktenkopien 1973.

[23] Vortragender Legationsrat I. Klasse Fleischhauer führte aus, ein Inkrafttreten des Grundlagenvertrags vom 21. Dezember 1972 vor dem UNO-Beitritt der Bundesrepublik und der DDR sei auch

nung getragen, daß die Parlamente beider Seiten dem Grundvertrag vor der Stellung der Beitrittsanträge zustimmen. Aus politischer Sicht kommt der parlamentarischen Zustimmung die größere Bedeutung zu als dem Notenwechsel der Regierungen, durch den der Grundvertrag formell in Kraft gesetzt werden wird. Wir können auch durch geeignete Schritte auf internationaler Ebene die Bedeutung der parlamentarischen Zustimmung noch einmal besonders unterstreichen und so den zeitlichen Zusammenhang zwischen Grundvertrag und VN-Beitritt deutlich machen.

Referat 500 ist darüber hinaus der Ansicht, daß es auch aus Rechtsgründen ratsam wäre, den Beitrittsantrag erst auf der Grundlage des völkerrechtlich bereits in Kraft getretenen Grundvertrages zu stellen. Referat 500 befürchtet, daß unsere Argumentation, der VN-Beitritt erfolge im Lichte des Grundvertrages, durch ein späteres Inkrafttreten des Grundvertrages ins Zwielicht gerückt werden könnte. Referat 210 ist demgegenüber der Auffassung, daß unsere Position durch die zeitliche Reihenfolge der politisch relevanten Schritte hinreichend klar ist und nicht ernsthaft in Zweifel gezogen werden kann. Aus der Sicht von Referat 210 kommt es daher entscheidend darauf an, daß der VN-Beitrittsantrag nach Abschluß des parlamentarischen Zustimmungsverfahrens gestellt wird. Ein späteres formelles Inkrafttreten des Grundvertrages könnte dagegen in Kauf genommen werden, wenn wir dadurch die DDR zu einem Entgegenkommen in anderen Bereichen veranlassen können.

5) Die von der DDR angebotene Festlegung des Zeitplans in geeigneter Form liegt auch in unserem Interesse, um ein weiteres Hinauszögern des Inkrafttretens des Grundvertrages auszuschließen. Dies könnte, wie bereits von MD Dr. Sanne gegenüber Staatssekretär Kohl vorgeschlagen, in Form eines Briefwechsels geschehen.[24] Ein Entwurf als Anlage zu dem Antwortschreiben an Staatssekretär Grabert ist beigefügt.[25]

Referat 500 ist um Mitzeichnung gebeten worden und hat die beigefügte Stellungnahme abgegeben.[26]

van Well

VS-Bd. 10101 (Ministerbüro)

Fortsetzung Fußnote von Seite 480
wesentlich, um „der Behauptung entgegenzuwirken, die gleichzeitige Aufnahme beider deutscher Staaten in die VN entziehe unserer Auffassung von dem Modus-vivendi-Konzept unserer Regelung mit der DDR den Boden und bedeute die definitive Regelung der deutschen Frage". Vgl. VS-Bd. 9051 (210); B 150, Aktenkopien 1973.

24 Ministerialdirektor Sanne, Bundeskanzleramt, äußerte diesen Vorschlag im Gespräch des Staatssekretärs Grabert, Bundeskanzleramt, mit dem Staatssekretär beim Ministerrat der DDR, Kohl, am 22. März 1973 in Ost-Berlin; Dok. 85.

25 Dem Vorgang beigefügt. Vorgeschlagen wurde ein Briefwechsel, demzufolge die Bundesregierung und die Regierung der DDR darin übereinstimmten, „daß der vorgesehene Notenwechsel zur Inkraftsetzung des Vertrages über die Grundlagen der Beziehungen zwischen der Bundesrepublik Deutschland und der Deutschen Demokratischen Republik vom 21. Dezember 1972 an dem Tage vollzogen wird, an dem der Sicherheitsrat die Aufnahme der beiden deutschen Staaten in die Vereinten Nationen empfiehlt". Vgl. VS-Bd. 10101 (Ministerbüro); B 150, Aktenkopien 1973.

26 Dem Vorgang beigefügt. Vortragender Legationsrat I. Klasse Fleischhauer vermerkte am 11. April 1973: „Referat 500 hält an seiner Auffassung fest, daß uns die Umkehrung der Reihenfolge zwischen Ratifikation des Grundvertrages und Einreichung des VN-Beitritts-Antrages die Aufrechterhaltung unserer Rechtsauffassung erschweren wird, daß der VN-Beitritt rechtlich auf der Grundlage des durch den Grundvertrag präzisierten Verhältnisses der beiden deutschen Staaten zueinander

101

Aufzeichnung des Ministerialdirektors van Well

212-341.31 VS-NfD   9. April 1973

Dem Herrn Staatssekretär[1] mit der Bitte um Zustimmung

Betr.: KSZE-Prinzipienerklärung

Bezug: Aufzeichnung vom 14.3.1973 – 212-341.18 VS-NfD[2]

Vor dem Eintritt in die vierte MV-Runde[3] wird in PZ und NATO die taktische Frage abgestimmt werden, zu welchem Zeitpunkt in Helsinki die ausdrückliche Verbindung von Gewaltverbot und Unverletzlichkeit der Grenzen in dem entsprechenden Mandat[4] fallengelassen werden kann. Einige Partner – besonders Italien – haben Bedenken, diesen Schritt schon in nächster Zukunft zu tun.[5] Wir sollten zu bedenken geben, daß nach dem Eindruck unserer Delegation und auch anderer westlicher Delegationen Aussichten dafür bestehen, daß die Sowjetunion in der Vorbereitungsphase eine Lösung akzeptiert, die unseren Interessen noch gerecht wird. Ein solcher Versuch sollte auf jeden Fall un-

---

Fortsetzung Fußnote von Seite 481

erfolgt. Zur Begründung dieser Behauptung kommt es in erster Linie auf das Inkrafttreten des Grundvertrages vor Einreichung des Antrages an und nicht – wie Referat 210 meint – auf den Abschluß der innerstaatlichen Verfahren." Vgl. VS-Bd. 10101 (Ministerbüro); B 150, Aktenkopien 1973.

[1] Hat Staatssekretär Frank am 11. April 1973 vorgelegen, der handschriftlich vermerkte: „Wir dürfen in PZ u[nd] NATO nicht den Eindruck erwecken, als sei das Problem für uns sekundär. Wir sollten sagen, daß das Problem für uns erst lösbar erscheint, wenn der Inhalt des Briefes z[ur] d[eutschen] Einheit verankert werden kann. Vielleicht wäre jetzt der Moment gekommen, dies den Russen klar zu sagen u[nd] ihnen den Deal anzubieten: Grenzfrage – Gewaltverzicht gegen ‚Brief z[ur] d[eutschen] Einheit'? Stehe für R[ücksprache] zur V[er]f[ügun]g, falls erforderlich."

[2] Ministerialdirigent Diesel gab einen Bericht des Vorsitzenden des Politischen Komitees im Rahmen der Europäischen Politischen Zusammenarbeit, Davignon, über den Stand der multilateralen Vorgespräche für die KSZE wieder: „Davignon schildert sowjetischen Versuch, Unverletzlichkeit der Grenzen von Gewaltverzicht zu lösen und als unabhängiges Völkerrechtsprinzip zu etablieren. Er ersucht den Minister, sich zu überlegen, wie die hergestellte Verbindung zwischen Gewaltverbot und Unverletzlichkeit etwas ‚diskreter' erfolgen könnte. Wesentlich sei zu verhindern, daß die Unverletzlichkeit der Grenzen in die Nähe der ‚Unantastbarkeit' der Grenzen gerückt werden." Dies sei für die Regierungen der EG-Mitgliedstaaten besonders wichtig, um den Staaten des Warschauer Pakts kein Argument zu geben, mit dem sie die Ziele der europäischen Gipfelkonferenz vom 19./20. Oktober 1972, nämlich die Verwirklichung der Europäischen Union, kritisieren könnten. Vgl. Referat 212, Bd. 111531.

[3] Die vierte Runde der multilateralen Vorgespräche für die KSZE in Helsinki begann am 25. April 1973.

[4] Zu dem am 15. Januar 1973 von Italien vorgelegten Mandatsentwurf vgl. Dok. 28, Anm. 6.

[5] Botschafter Lahr, Rom, berichtete am 30. März 1973 über die italienische Haltung zu einer KSZE-Prinzipienerklärung: „Die Italiener wollen vor allem verhindern, daß die Sowjets die Anerkennung von neuem, speziellem Völkerrecht auf dem Wege über die KSZE durchsetzen. Die Unveränderlichkeit (immutabilità) der Grenzen wäre nach italienischer Auffassung nicht nur ein neuer, der UNO bisher unbekannter Völkerrechtsgrundsatz. Seine Anerkennung wäre auch ein seit langem vergeblich erstrebtes politisches Ziel der sowjetischen Außenpolitik. [...] Die Russen wollten mit diesem ‚Prinzip' ihre Kriegsbeute von 1945 sichern und die Wiedervereinigung Deutschlands sowie einen eventuellen staatsrechtlichen Zusammenschluß Westeuropas zumindest erschweren." Vgl. den Drahtbericht Nr. 512; VS-Bd. 9072 (212); B 150, Aktenkopien 1973.

ternommen werden.[6] Die Frage der Unverletzlichkeit der Grenzen während der MV auszuklammern und erst auf der Konferenz selbst zu entscheiden, erscheint problematisch; wir müssen damit rechnen, daß die Sowjetunion wieder eine sehr viel härtere Haltung einnimmt, wenn der Westen der Einberufung der Konferenz zugestimmt hat. Gleichzeitig sollten wir aber klarstellen, daß wir einer geschlossenen Haltung des Bündnisses gerade in dieser Frage entscheidende Bedeutung beimessen und daß ein Alleingang für uns selbstverständlich nicht in Betracht kommt.

II. 1) Wenn auch die westliche Ausgangsposition für die Behandlung der Prinzipienerklärung in der Kommissionsphase nach Verabschiedung eines den westlichen Vorschlägen weitgehend entsprechenden Mandats günstig sein wird, so wird dies die Sowjetunion voraussichtlich nicht an dem Versuch hindern, ihre Vorstellungen auf der Konferenz selbst bei der Formulierung der Prinzipienerklärung durchzusetzen. Wenn der Westen ihr die Fassung des Mandats entgegenhält, wird sie sich wahrscheinlich auch darauf berufen, daß sie ihren Standpunkt während der MV wiederholt ausführlich und eindeutig dargelegt habe. Unter diesen Umständen scheint es geboten, daß auch der Westen seine Auffassung nochmals klarstellt. Dies gilt um so mehr, als in der dritten Runde[7] keine Gelegenheit war, zu der letzten ausführlichen Darlegung der sowjetischen Position durch Botschafter Mendelewitsch am 29.3.1973[8] Stellung zu nehmen.

---

6 Am 5. April 1973 erläuterte Ministerialdirektor van Well gegenüber der Botschaft in Rom, daß unter folgenden Voraussetzungen auf den engen Zusammenhang zwischen Gewaltverzicht und Unverletzlichkeit der Grenzen, wie er in dem von Italien am 15. Januar 1973 eingebrachten Mandatsentwurf zum Ausdruck komme, verzichtet werden könne: „Als Quellen für die Ausarbeitung der Prinzipienerklärung werden in dem Mandat nur VN-Satzung und VN-Deklaration über freundschaftliche Beziehungen, nicht aber auch bilaterale Dokumente aufgeführt. [...] Die Reihenfolge der Prinzipien wird gemäß dem italienischen und dem schweizerischen Mandatsvorschlag festgelegt (Unverletzlichkeit der Grenzen – wie auch territoriale Integrität – unmittelbar im Anschluß an Gewaltverbot). Selbstbestimmungsrecht und Menschenrechte werden in dem Mandat als selbständige und ‚gleichwertige' Prinzipien aufgeführt." Vgl. den Drahterlaß Nr. 1233; VS-Bd. 9072 (212); B 150, Aktenkopien 1973.

7 Vom 26. Februar bis 6. April 1973 fand in Helsinki die dritte Runde der multilateralen Vorgespräche für die KSZE statt.

8 Am 29. März 1973 berichtete Ministerialdirigent Brunner, z. Z. Helsinki, der sowjetische Delegationsleiter bei den multilateralen Vorgesprächen für die KSZE in Helsinki, Mendelewitsch, habe bekräftigt, „daß die Sowjetunion kein neues Völkerrecht schaffen wolle, keine Kodifizierung beabsichtige. Daß alle Prinzipien von Kapitel I der Charta der Vereinten Nationen abgeleitet seien, stehe dem nicht entgegen. In der Deklaration der Konferenz sollten jedoch Prinzipien entwickelt werden, die für die Politik aller Beteiligten Bedeutung hätten. [...] Die Unverletzlichkeit der Grenzen habe jedoch eine hervorragende Bedeutung für Europa, weil Aggressionen gegen Grenzen Kriege ausgelöst hätten. Jedes Volk habe aber das Recht auf sichere Grenzen (‚safeguarded and secure'). Könnten Grenzen friedlich verändert werden? Dies sei der Fall. Jedoch dürfte nicht unter dem Vorwand einer friedlichen Veränderung Druck angewendet werden, wie das vom römischen Imperium bis zu München geschehen sei, um dann im Falle der Verweigerung einer Territorialänderung Gewalt anzuwenden. Etwas völlig anderes seien einvernehmliche Grenzkorrekturen oder Präzisierungen der Grenzen, wie etwa der sowjetisch-iranische oder sowjetisch-norwegische Vertrag. Auch in Berlin habe man einen Gebietsaustausch vorgenommen. All dies sei das Gegenteil von Grenzverletzungen; solche Korrekturen dienten der Stabilität und dem Frieden. Eine Politik, die nicht auf der Unverletzlichkeit der Grenzen aufbaue, sei für die Sowjetunion eine aggressive Politik oder eine Politik zur Vorbereitung der Aggression. Diese Auffassung werde auch von vielen Staaten geteilt, so u. a. von den Vereinigten Staaten, Frankreich, der Bundesrepublik, Italien und Belgien. In zahlreichen Kommuniqués und Verträgen komme dies zum Ausdruck. Es wäre gut für Europa, wenn sich die Konferenz zu dem Prinzip bekennen würde." Ferner habe Mendelewitsch

Die westliche Erwiderung, die nach der Osterpause möglichst auf der ersten Plenarsitzung erfolgen sollte, müßte sich insbesondere auf folgende Punkte erstrecken:

- Ablehnung des Gedankens, daß in der Prinzipienerklärung angeblich entstandenes regionales Völkerrecht zu berücksichtigen sei;
- Grundlage für die Ausarbeitung der Prinzipienerklärung vielmehr nur VN-Satzung[9] und VN-Deklaration über freundschaftliche Beziehungen[10];
- dementsprechend enger Zusammenhang zwischen Gewaltverzicht und Unverletzlichkeit der Grenzen;
- Begriff der Unverletzlichkeit der Grenzen somit nicht im Widerspruch zu der Möglichkeit friedlicher Grenzänderungen im Sinne der deutschen und europäischen Option;
- ferner gleichwertige Berücksichtigung des Selbstbestimmungsrechts und der Respektierung der Menschenrechte.

Einzelheiten sollten in PZ und NATO abgestimmt werden.[11] Es wäre wünschenswert, wenn sich mehrere Verbündete – insbesondere Italien als Einbringer des westlichen Mandatsentwurfs, aber auch die Amerikaner – an der Klarstellung der Allianzposition beteiligen würden; eine gewisse „Arbeitsteilung" wäre zweckmäßig.

2) Wir sollten ebenfalls Stellung nehmen, da die von Mendelewitsch am 29.3. 1973 abgegebene Erklärung Passagen enthält, die uns besonders berühren. Mendelewitsch hat indirekt zum Ausdruck gebracht, daß die Bundesrepublik Deutschland den sowjetischen Standpunkt in der Frage der Unverletzlichkeit der Grenzen u. a. im Moskauer Vertrag anerkannt habe.

Ferner hat er die Möglichkeit friedlicher Grenzänderungen auf bloße Grenzkorrekturen beschränkt und sinngemäß behauptet, daß das Selbstbestimmungsrecht in Europa keine Rolle mehr spiele. Zu diesen Punkten sollte im Rahmen unserer Stellungnahme etwa folgendes ausgeführt werden:

„In seiner Erklärung vom 29. März 1973 hat Botschafter Mendelewitsch bei den Ausführungen zur Unverletzlichkeit der Grenzen in indirekter Form auch den Moskauer Vertrag erwähnt. Wir glauben zwar nicht, daß im Rahmen der MV oder der KSZE Inhalt und Auslegung bilateraler Verträge diskutiert wer-

---

Fortsetzung Fußnote von Seite 483

  erklärt, für die UdSSR „sei in Europa das Selbstbestimmungsrecht so gut wie überall verwirklicht. Es handele sich jedoch um ein Prinzip, und sie sei bereit, der Einfügung in die Liste ad referendum zuzustimmen." Vgl. den Drahtbericht Nr. 277; Referat 212, Bd. 111529.
9 Für den Wortlaut der UNO-Charta vom 26. Juni 1945 vgl. CHARTER OF THE UNITED NATIONS, S. 675–699.
10 Zur Resolution Nr. 2625 der UNO-Generalversammlung vom 24. Oktober 1970 vgl. Dok. 28, Anm. 8.
11 Der Zusammenhang zwischen Gewaltverzicht und Unverletzlichkeit der Grenzen war Thema einer Sitzung des KSZE-Unterausschusses der Europäischen Politischen Zusammenarbeit am 12./13. April 1973 in Brüssel. Dabei wurde seitens der Bundesrepublik festgestellt: „Es gelte eindeutig klarzustellen, daß gerade der Moskauer Vertrag den Zusammenhang zwischen Gewaltverzicht und Unverletzlichkeit der Grenzen dokumentiere und daß außer dem Vertragstext die Begleitinstrumente, darunter der Brief zur deutschen Einheit, zu berücksichtigen seien. Wir beabsichtigen, diese Hinweise in der MV, bei der ersten Ministerkonferenz und notfalls als Interpretation zum Schlußdokument abzugeben, falls der Text des Prinzipienkatalogs dies erfordere." Vgl. die Aufzeichnung des Vortragenden Legationsrats I. Klasse Freiherr von Groll vom 18. April 1973; VS-Bd. 9071 (212); B 150, Aktenkopien 1973.

den sollten, sehen uns nun aber doch veranlaßt, darauf hinzuweisen, daß sich der enge Zusammenhang zwischen Gewaltverzicht und Unverletzlichkeit der Grenzen gerade auch eindeutig aus dem Moskauer Vertrag ergibt. Auch wir sind selbstverständlich gegen jede gewaltsame Veränderung von Grenzen und wollen uns dafür einsetzen, daß dies in einer KSZE-Prinzipienerklärung ausdrücklich bestätigt wird. Gleichzeitig wollen wir aber nochmals betonen, daß die Möglichkeit friedlicher Grenzänderungen – und zwar nicht nur bloßer Grenzkorrekturen – davon unberührt bleibt.[12] Im August 1970 haben wir klargestellt, daß der Moskauer Vertrag ‚nicht im Widerspruch zu dem politischen Ziel der Bundesrepublik Deutschland steht, auf einen Zustand des Friedens in Europa hinzuwirken, in dem das deutsche Volk in freier Selbstbestimmung seine Einheit wiedererlangt.‘[13] Eine Prinzipienerklärung der KSZE, die wir unterstützen, darf zu diesem politischen Ziel ebensowenig im Widerspruch stehen wie der Moskauer Vertrag.“[14]

Referat 500 hat mitgezeichnet.

van Well

---

12 Der Passus „Wir glauben zwar nicht … unberührt bleibt“ wurde von Staatssekretär Frank hervorgehoben. Dazu bemerkte er handschriftlich „r[ichtig].“

13 Vgl. den „Brief zur deutschen Einheit“, der anläßlich der Unterzeichnung des Moskauer Vertrags am 12. August 1970 im sowjetischen Außenministerium übergeben wurde; Dok. 31, Anm. 10.
Am 12. April 1973 äußerte sich Vortragender Legationsrat Hillger zu der Möglichkeit, den Inhalt des „Briefs zur deutschen Einheit“ vom 12. August 1970 in einer KSZE-Prinzipienerklärung zu verankern. Als die aussichtsreichste Vorgehensweise erschien ihm die Abgabe einer entsprechenden einseitigen Erklärung durch die Bundesregierung bei der Verabschiedung der Prinzipienerklärung: „Während der MV müßten wir zunächst eindeutig klarstellen, daß wir den Inhalt des Briefes zur deutschen Einheit im Zusammenhang mit der KSZE-Prinzipienerklärung auf diese Weise verankern werden und daß wir dem entsprechenden Mandat nur unter dieser Voraussetzung zustimmen. [...] Die Verankerung des Inhalts des Briefes zur deutschen Einheit wäre allerdings nur dann sichergestellt, wenn wir davon ausgehen könnten, daß kein KSZE-Teilnehmer von uns bei Verabschiedung der KSZE-Prinzipienerklärung abzugebenden Erklärung ausdrücklich widerspricht.“ Voraussetzung dafür sei sowohl eine geschlossene Haltung der Westmächte als auch eine Zusage der UdSSR, auf Widerspruch zu verzichten: „Im übrigen entspricht diese gemeinsame westliche Haltung gerade auch im Hinblick auf das Offenhalten der deutschen Frage völlig unseren Interessen. Wenn sich die sowjetischen Vorstellungen von der Bedeutung des Begriffs der Unverletzlichkeit der Grenzen im Sinne einer ‚Unverrückbarkeit‘ und zum mindesten faktischen Anerkennung auf der Konferenz durchsetzen und in der Prinzipienerklärung ihren Niederschlag finden sollten, so wäre es sehr zweifelhaft, ob wir unseren Standpunkt durch Abgabe einer einseitigen Erklärung in rechtlich wirksamer und politisch überzeugender Weise wahren können, selbst wenn die östliche Seite auf Gegenerklärungen verzichtet.“ Vgl. Referat 212, Bd. 111531.

14 Ministerialdirektor van Well übermittelte Ministerialdirigent Brunner, z. Z. Helsinki, am 9. Mai 1973 den Text der Erklärung. Dazu führte er aus: „Mit dieser Stellungnahme zur Prinzipienfrage wollen wir gleichzeitig klarstellen, daß wir den Inhalt des Briefs zur deutschen Einheit bei Verabschiedung der Prinzipienerklärung in der Schlußphase der Konferenz durch Abgabe einer entsprechenden einseitigen Erklärung verankern werden.“ Um einen „ausdrücklichen Widerspruch der östlichen Seite“ zu verhindern, bat van Well, den sowjetischen Delegationsleiter Mendelewitsch über den Inhalt der beabsichtigten Erklärung zu informieren. Vgl. den Drahterlaß Nr. 1578; Referat 212, Bd. 111532.
Am 12. Mai 1973 berichtete Brunner, daß er den sowjetischen Delegationsleiter mit der Erklärung vertraut gemacht habe. Mendelewitsch habe erwidert, „persönlich glaube er, daß er sich eine solche Erklärung ohne Reaktion anhören könne. [...] Im übrigen deute M[endelewitsch] an, er könne in der Debatte über den Prinzipienkatalog auch positiv zur Möglichkeit einvernehmlicher Grenzaufhebung Stellung nehmen. Das Prinzip der Unverletzlichkeit der Grenzen habe damit nichts zu tun.“ Vgl. den Drahtbericht Nr. 396; Referat 212, Bd. 111532.

Anlage

Betr.: KSZE-Prinzipienerklärung;
     hier: westliche und östliche Haltung in den Grundsatzfragen

I. Die an den multilateralen Vorbereitungsgesprächen beteiligten Staaten stimmen darin überein, daß auf der Konferenz ein Dokument über die Grundsätze der Beziehungen zwischen den Teilnehmerstaaten ausgearbeitet werden soll. Die bisherigen Erörterungen haben allerdings bestätigt, daß über die Grundkonzeption eines solchen Dokuments wesentliche Meinungsunterschiede bestehen.

1) Nach westlicher Auffassung muß die Prinzipienerklärung auf den allgemein geltenden, in der Satzung der Vereinten Nationen verankerten und in der VN-Deklaration über freundschaftliche Beziehungen näher definierten völkerrechtlichen Grundsätzen für die zwischenstaatlichen Beziehungen basieren. Dies soll im Kommissionsmandat deutlich zum Ausdruck kommen. Die Ausarbeitung besonderer, regionaler Grundsätze durch die KSZE lehnt der Westen in Übereinstimmung mit den Neutralen strikt ab.

2) Die Sowjetunion und andere osteuropäische Teilnehmer wollen dagegen entsprechend ihren politischen Zielvorstellungen von einer KSZE in einer Prinzipienerklärung das angeblich aufgrund der Ergebnisse des Zweiten Weltkrieges entstandene „moderne europäische Völkerrecht" festschreiben. Deshalb versuchen sie durchzusetzen, daß als Quellen der Prinzipienerklärung auch die einschlägigen bilateralen Verträge, Kommuniqués und Deklarationen im Mandat ausdrücklich erwähnt werden.

II. Diese grundsätzlichen Meinungsunterschiede treten besonders deutlich bei der Frage hervor, wie der Begriff der „Unverletzlichkeit der Grenzen" in dem KSZE-Prinzipienkatalog zu berücksichtigen ist.

1) Nach westlicher Auffassung ist die Unverletzlichkeit der Grenzen in Übereinstimmung mit der VN-Satzung und der VN-Deklaration über freundschaftliche Beziehungen dem völkerrechtlichen Gewaltverbot zuzuordnen. Daraus folgt, daß dieser Begriff zu der Möglichkeit friedlicher Grenzänderungen – auch im Sinne der deutschen und europäischen Option – nicht im Widerspruch steht.

2) Die Sowjetunion und andere WP-Staaten bezeichnen die Unverletzlichkeit der Grenzen dagegen als ein „zentrales Prinzip" für die Beziehungen zwischen den europäischen Staaten. Ihnen kommt es darauf an, den Begriff der Unverletzlichkeit der Grenzen in Übereinstimmung mit der von ihnen angestrebten Festschreibung des Status quo aus dem Zusammenhang mit dem Gewaltverzicht herauszulösen und in Richtung auf eine Grenzanerkennung und einen Ausschluß friedlicher Grenzänderungen umzudeuten.

In den letzten Jahren hat die Sowjetunion zielstrebig und systematisch versucht, den Begriff der Unverletzlichkeit der Grenzen zu einem selbständigen, für die zwischenstaatlichen Beziehungen in Europa wesentlichen „Prinzip" aufzubauen. Sie hat vor allem durchsetzen können, daß die Unverletzlichkeit der Grenzen in einer Reihe bilateraler Ost-West-Deklarationen ohne Verbindung mit dem Gewaltverzicht an erster Stelle und als selbständiges Prinzip erscheint (zuletzt seit Oktober 1972: Italien/SU[15]; Belgien/Polen[16]; Frankreich/SU[17]).

Bezeichnend sind auch die WP-Erklärungen zur KSZE. In der Bukarester Erklärung von 1966[18] sowie dem Budapester Appell[19] und den Anlagen zum Prager Kommuniqué von 1969[20] wird die Unverletzlichkeit der Grenzen unter den Prinzipien überhaupt nicht erwähnt (wenn auch an anderer Stelle die „Unantastbarkeit der in Europa bestehenden Grenzen" als eine der Hauptvoraussetzungen für die Gewährleistung der europäischen Sicherheit bezeichnet wird[21]). In dem Prinzipienkatalog der Prager Deklaration vom Januar 1972 erscheint die Unverletzlichkeit der Grenzen dagegen als „Hauptprinzip" an erster Stelle.[22]

3) Dementsprechend ist die Unverletzlichkeit der Grenzen in den in Helsinki eingebrachten östlichen Vorschlägen unter den zu berücksichtigenden Prinzipien an erster Stelle aufgeführt[23], während der westliche, von Italien eingebrachte Mandatsvorschlag den engen Zusammenhang mit dem Gewaltverzicht durch die Formulierung „Verzicht auf Androhung oder Anwendung von Gewalt, insbesondere bezüglich der Unverletzlichkeit der Grenzen" ausdrücklich klarstellt.

Bei den Diskussionen in Helsinki hat sich die Sowjetunion vor allem gegen eine derartige ausdrückliche Verbindung zwischen Gewaltverzicht und Unver-

---

15 Für den Wortlaut des Kommuniqués anläßlich des Besuchs des Ministerpräsidenten Andreotti vom 24. bis 29. Oktober 1972 in der UdSSR vgl. PRAVDA vom 30. Oktober 1972, S. 1.

16 Für den Wortlaut der belgisch-polnischen Erklärung vom 14. November 1972 über Freundschaft und Zusammenarbeit vgl. ZBIÓR DOKUMENTÓW 1972, S. 1989–1992.

17 Im Gemeinsamen Kommuniqué über die Gespräche des Staatspräsidenten Pompidou am 11./12. Januar 1973 in Saslawl bei Minsk wurde „die Richtigkeit der besonders von Frankreich und der Sowjetunion verfolgten Politik" betont, deren Ziel es sei, „die Hauptspannungsursachen in Europa zu beseitigen und die europäische Sicherheit auf der Grundlage der Unverletzlichkeit der gegenwärtigen Grenzen, der Nichteinmischung in die inneren Angelegenheiten, der Gleichheit, der Unabhängigkeit und des Verzichts auf Anwendung oder Androhung von Gewalt zu verstärken". Vgl. EUROPA-ARCHIV 1973, D 207.

18 Für den Wortlaut der Deklaration des Politischen Beratenden Ausschusses der Warschauer-Pakt-Staaten vom 6. Juli 1966 über „die Gewährleistung des Friedens und der Sicherheit in Europa" (Bukarester Deklaration) vgl. EUROPA-ARCHIV 1966, D 414–424. Für einen Auszug vgl. Anm. 21.

19 Für den Wortlaut des Vorschlags der Warschauer-Pakt-Staaten vom 17. März 1969 über die Einberufung einer Europäischen Sicherheitskonferenz (Budapester Appell) vgl. EUROPA-ARCHIV 1969, D 151–153. Für einen Auszug vgl. Anm. 21.

20 Für den Wortlaut der Erklärung der Außenministerkonferenz der Warschauer-Pakt-Staaten am 30./31. Oktober 1969 in Prag vgl. EUROPA-ARCHIV 1969, D 551 f.

21 In der Deklaration des Politischen Beratenden Ausschusses der Warschauer-Pakt-Staaten vom 6. Juli 1966 über „die Gewährleistung des Friedens und der Sicherheit in Europa" (Bukarester Deklaration) wurde festgestellt: „Die Unterzeichnerstaaten dieser Deklaration sind der Auffassung, daß Maßnahmen zur Festigung der Sicherheit in Europa vor allem in folgenden Hauptrichtungen verwirklicht werden können und müssen: [...] 5) Die Unantastbarkeit der Grenzen ist die Grundlage für einen dauerhaften Frieden in Europa." Vgl. EUROPA-ARCHIV 1966, D 420 und D 422.
Im Vorschlag des Warschauer Pakts vom 17. März 1969 über die Einberufung einer Europäischen Sicherheitskonferenz (Budapester Appell) wurde ausgeführt: „Eine der Hauptvoraussetzungen für die Gewährleistung der Europäischen Sicherheit ist die Unantastbarkeit der in Europa bestehenden Grenzen, darunter der Oder-Neiße-Grenze sowie der Grenze zwischen der DDR und der westdeutschen Bundesrepublik". Vgl. EUROPA-ARCHIV 1969, D 153.

22 Zur „Deklaration über Frieden, Sicherheit und Zusammenarbeit in Europa" des Politischen Beratenden Ausschusses der Warschauer-Pakt-Staaten vom 25./26. Januar 1972 vgl. Dok. 25, Anm. 6.

23 Vgl. dazu den sowjetischen Mandatsvorschlag vom 29. Januar 1973 für die Kommission zu Korb I (Sicherheit); Dok. 32, Anm. 2.

letzlichkeit der Grenzen gewandt, die sie als „Unterordnung" und „Abwertung" bezeichnet hat. In der Frage der Reihenfolge der Prinzipien scheint sie dagegen zu Konzessionen bereit zu sein. Die sowjetische Delegation hat zu erkennen gegeben, daß sie für das Kommissionsmandat eine Lösung akzeptieren könnte, bei der die Unverletzlichkeit der Grenzen nicht an erster Stelle, sondern erst nach dem Gewaltverzicht aufgeführt wird, sofern die in dem westlichen Mandatsentwurf enthaltene ausdrückliche Verbindung entfällt. In diesem Falle würde die Sowjetunion wohl auch nicht mehr darauf bestehen, daß die bilateralen Instrumente als Grundlage für die Ausarbeitung der Prinzipienerklärung erwähnt werden, und einer gleichwertigen Berücksichtigung von Selbstbestimmungsrechten im Prinzipienkatalog zustimmen.

III. Eine eingehende Prüfung in PZ und NATO hat zu der gemeinsamen Auffassung geführt, daß ohne wesentliche Beeinträchtigung der alliierten Position in der Grundsatzfrage unter folgenden Voraussetzungen auf eine ausdrückliche Verbindung von Gewaltverbot und Unverletzlichkeit der Grenzen verzichtet werden könnte:

– Als Quellen für die Ausarbeitung der Prinzipienerklärung werden in dem Mandat nur VN-Satzung und VN-Deklaration über freundschaftliche Beziehungen, nicht aber auch bilaterale Dokumente aufgeführt. (Aus unserer Sicht wäre es auch vertretbar, lediglich die VN-Satzung als Quelle zu erwähnen, weil die Deklaration über freundschaftliche Beziehungen als wichtigste Interpretation der in Kapitel I der VN-Satzung verankerten Prinzipien[24] anzusehen ist und daher bei der Formulierung der Grundsätze in der Kommissionsphase ohnehin herangezogen werden muß).

– Die Reihenfolge der Prinzipien wird entsprechend dem westlichen Mandatsvorschlag festgelegt (Unverletzlichkeit der Grenzen – und territoriale Integrität – unmittelbar im Anschluß an den Gewaltverzicht).

– Selbstbestimmungsrecht sowie Achtung der Menschenrechte werden in dem Mandat als selbständige und gleichwertige Prinzipien aufgeführt.

Eine solche Lösung würde dem westlichen Standpunkt, daß eine KSZE-Prinzipienerklärung auf der VN-Satzung basieren muß und nicht der Schaffung partikularen Völkerrechts dienen kann, in vollem Umfange Rechnung tragen. Der Zusammenhang zwischen Gewaltverzicht und Unverletzlichkeit der Grenzen

---

[24] In Artikel 2 der UNO-Charta vom 26. Juni 1945 waren die Grundsätze zwischenstaatlichen Handelns für die UNO und ihre Mitgliedstaaten festgelegt: „1) The Organization is based on the principle of the sovereign equality of all its Members. 2) All Members, in order to ensure to all of them the rights and benefits resulting from membership, shall fulfil in good faith the obligations assumed by them in accordance with the present Charter. 3) All Members shall settle their international disputes by peaceful means in such a manner that international peace and security, and justice, are not endangered. 4) All Members shall refrain in their international relations from the threat or use of force against the territorial integrity or political independence of any state, or in any other manner inconsistent with the Purposes of the United Nations. 5) All Members shall give the United Nations every assistance in any action it takes in accordance with the present Charter, and shall refrain from giving assistance to any state against which the United Nations is taking preventive or enforcement action. 6) The Organization shall ensure that states which are not Members of the United Nations act in accordance with these Principles so far as may be necessary for the maintenance of international peace and security. 7) Nothing contained in the present Charter shall authorize the United Nations to intervene in matters which are essentially within the domestic jurisdiction of any state or shall require the Members to submit such matters to settlement under the present Charter". Vgl. CHARTER OF THE UNITED NATIONS, S. 676 f.

bleibt einmal durch die Reihenfolge und zum anderen durch die Beschränkung der Quellen auf die einschlägigen VN-Dokumente gewahrt, in denen dieser Zusammenhang eindeutig zum Ausdruck kommt. Wir begeben uns auch nicht der Möglichkeit, bei der Formulierung der Prinzipienerklärung in der Kommissionsphase eine ausdrückliche Klarstellung anzustreben, daß friedliche Grenzänderungen – auch im Sinne der deutschen und europäischen Option – nicht im Widerspruch zu der Prinzipienerklärung stehen.

Referat 212, Bd. 111531

102

Aufzeichnung des Vortragenden Legationsrats I. Klasse Pfeffer

201-363.11/26-660/73   9. April 1973[1]

Betr.:   Eurogroup;
         hier: Besprechung D 2 und MD Wieck am 6.4.1973 im Bundesministerium der Verteidigung
         Ergebnisprotokoll

Bezug: Insbesondere Schreiben MD Wieck an VLR I Pfeffer vom 3.4.1973 mit Anlage[2]

An der Besprechung nahmen von Seiten des Bundesministeriums der Verteidigung MD Wieck, Flottillenadmiral Steinhaus und Oberstleutnant Schmidt-

---

1 Vortragender Legationsrat I. Klasse Pfeffer leitete die Aufzeichnung am 10. April 1973 über Ministerialdirigent Simon Ministerialdirektor van Well „mit der Bitte um Billigung des beigefügten Protokolls" zu. Dazu vermerkte Pfeffer: „Oberstleutnant Schmidt-Petri vom Planungsstab des BMVg hat heute angefragt, ob er sein Protokoll mit dem meinen vergleichen dürfe, damit keine Diskrepanzen entstünden. Ich habe ihm vorgeschlagen, das Verteidigungsministerium möge meinen Vermerk als den für beide Häuser verbindlichen akzeptieren. Herr Schmidt-Petri will den Text schon heute nachmittag abholen. Wenn Sie bis dahin noch nicht zugestimmt haben, werde ich das Protokoll unter diesem ausdrücklichen Vorbehalt weitergeben."
Hat Simon am 10. April 1973 vorgelegen.
Am 12. April 1973 ergänzte Pfeffer handschriftlich: „Herrn D 2 weisungsgemäß erneut vorgelegt. Herr Wieck ist mit dem Protokoll einverstanden."
Hat van Well am 13. April 1973 vorgelegen, der die Weiterleitung an Staatssekretär Frank verfügte.
Hat Frank am 16. April 1973 vorgelegen. Vgl. den Begleitvermerk; VS-Bd. 8162 (201); B 150, Aktenkopien 1973.
2 Ministerialdirektor Wieck, Bundesministerium der Verteidigung, übermittelte Vortragendem Legationsrat I. Klasse Pfeffer Überlegungen zur Eurogroup. Darin wurde zu bedenken gegeben, daß die europäische Entwicklung durch „Zwiespältigkeit oder Zweigleisigkeit" gekennzeichnet sei: „Einerseits wirtschaftliche und monetäre Verselbständigung gegenüber den USA; andererseits sicherheitspolitische Verknüpfung und Identität mit den USA. Mit dieser Spaltung der europäischen Politik sind erhebliche Gefahren verbunden, kurzfristig ebenso wie auf längere Sicht." Um diesen Gefahren zu begegnen, solle geprüft werden, wie auf nationaler und europäischer Basis die Zusammenarbeit verbessert werden könne. Vier Möglichkeiten seien dabei zu erkennen: 1) Ergänzung der von den Verteidigungsministern betriebenen Eurogroup-Arbeit durch eine entsprechende Akti-

Petri, von Seiten des Auswärtigen Amts MD van Well, MDg Simon und VLR I Pfeffer teil. Die Sitzung dauerte von 15.30 Uhr bis 17.30 Uhr.

I. Zum Grundsätzlichen führte Herr Wieck folgendes aus: Die Eurogroup garantiere zur Zeit die beste Verbindung zwischen dem amerikanischen und dem europäischen Pfeiler des Bündnisses; die Koordination Eurogroup/Europäische Gemeinschaft sei ungeklärt, das Verhältnis Eurogroup zur WEU „ambivalent".

Die WEU könne nicht die Ziele erreichen helfen, die wir mit Eurogroup verfolgten. Die WEU habe aus anderen Gründen ihre Lebensberechtigung. Zwischen Eurogroup und Europäischer Gemeinschaft bedürfe es einer stärkeren Koordination. Unsere Bemühungen auf eine politische Union hin dürften nicht separiert werden von unseren Schritten in Richtung auf eine stärkere Zusammenfassung der europäischen Verteidigung.

Die im Planungsstab des BMVg entwickelten prozeduralen Optionen seien dem Auswärtigen Amt bekannt.

Zumindest bedürfe es einer besseren Abstimmung innerhalb der Bundesregierung, in den einschlägigen Kabinettsausschüssen und auch gegenüber dem Parlament (Auswärtiger Ausschuß, Verteidigungsausschuß). Das BMVg würde gern beteiligt an den Halbjahresberichten über die WEU (200) und an Weisungen wegen SAC.

Zu den Sitzungen der Senior Defense Officials (Belgien habe seine Vorbehalte soeben zurückgezogen) seien je ein Vertreter des Auswärtigen Amts und unsere Vertretung bei der NATO eingeladen.

Herr D 2 stellte folgendes fest: Die französische Haltung komme in Fluß. Auch das amerikanisch-sowjetische Verhältnis sei in Entwicklung begriffen. Die Politik der Bundesregierung ruhe auf zwei Fixpunkten, auf der Schaffung einer Europäischen Union bis 1980 und der Aufrechterhaltung der NATO. Verteidigungsfragen gehörten in die NATO, nicht in die Europäische Gemeinschaft und auch nicht in die PZ.[3] Die Europäische Gemeinschaft werde, spätestens mit Schaffung der politischen Union, auch Sicherheits- und Verteidigungsfragen einschließen. Aber auch dann müsse an der Verflechtung mit den USA festgehalten werden.

Die Eurogroup sei augenblicklich das beste Instrument für eine stärkere Zusammenfassung der europäischen Verteidigungsanstrengungen, denn sie habe auch die Unterstützung der USA. Frankreich habe der Eurogroup bisher nicht definitiv entsagt.

Taktisch solle man Frankreich zunächst in Ruhe seine – vielleicht neue – Politik entwickeln lassen. Wir sollten gleichzeitig Eurogroup mit Energie weiterbetreiben, so daß unsere Politik auf drei Säulen fußen könne, nämlich auf der

---

Fortsetzung Fußnote von Seite 489

vität der europäischen Außenminister im Bündnisrahmen, 2) Erweiterung der politischen Zusammenarbeit der EG-Länder auf sicherheits- und verteidigungspolitische Fragen und damit Einbeziehung der Verteidigungsminister in die Politische Zusammenarbeit der EG-Länder (Davignon-Ausschuß), 3) Bildung einer Arbeitsgruppe der Außen- und Verteidigungsminister außerhalb der NATO und der EG, 4) Aktivierung der Westeuropäischen Union (WEU)." Vgl. VS-Bd. 8162 (201); B 150, Aktenkopien 1973.

3 Dieser Satz wurde von Staatssekretär Frank hervorgehoben. Dazu vermerkte er handschriftlich: „r[ichtig]."

Säule „Europäische Gemeinschaften", der Säule „PZ" und der Säule „NATO einschließlich Eurogroup".

Das Auswärtige Amt sei gern bereit, das Bundesministerium der Verteidigung, bei Wahrung der beiderseitigen Kompetenzen, in der Eurogroup-Arbeit zu unterstützen. Es sei auch in Erwägung zu ziehen, daß, je nach Entwicklung der Dinge, in der PZ ein Vertreter des Verteidigungsministeriums als Beobachter teilnehme. Im Augenblick sei dies sicher zu früh; man dürfe in diesen Anfängen nichts verschütten.

Sachlich könne sich die PZ nur mit gewissen politischen Implikationen militärischer Fragen (z. B. MBFR) für die Bildung einer Europäischen Union befassen. Wir müßten den „gravierenden Umstand" aus der Welt schaffen, daß wir mit Frankreich in der Frage von MBFR keinen wirklichen Schulterschluß hätten.

Was die WEU angehe, so sei sie ihrer Ratio nach kein geeigneter Ausgangspunkt für eine zukünftige europäische Verteidigungspolitik. Man dürfe ihr also nicht zu viel Leben einblasen, aber ihr Leben auch nicht ausblasen. Eurogroup und PZ seien die eigentlichen dynamischen Elemente auf dem Wege zur europäischen Einigung.[4]

Was die WEU angehe, so sprächen die automatische Beistandsklausel[5], die Langfristigkeit des Vertrags[6], die Verklammerung mit dem deutschen ABC-Verzicht[7], ihre Grundlagenfunktion für die Präsenz der BAOR[8], das persönli-

---

4 Zu diesem Satz nahm Vortragender Legationsrat Ruyter mit Aufzeichnung vom 25. Mai 1973 Stellung. Er legte dar, daß der Satz aus der Sicht des Referats 410 der Ergänzung bedürfe: „Die Europapolitik der Bundesregierung ist bisher stets davon ausgegangen, daß die europäische Einigung in erster Linie durch Fortentwicklung der EG voranzutreiben sei. Die Feststellung, daß die Gemeinschaft der ‚Urkern der politischen Einigung' sei, ist im Abschlußkommuniqué der Haager Gipfelkonferenz – nicht zuletzt auf deutsches Betreiben – auch von den anderen Mitgliedstaaten ausdrücklich bekräftigt worden. [...] Als dynamisches Element auf dem Wege zur europäischen Einigung sollte daher nach dem bisher gültigen Konzept der deutschen Europapolitik neben Eurogroup und PZ als weiterer wichtiger Faktor, wenn nicht überhaupt an erster Stelle, stets die EG genannt werden, aus der [...] die Europäische Union zu entwickeln ist." Vgl. VS-Bd. 8162 (201); B 150, Aktenkopien 1973.

5 In Artikel V des WEU-Vertrags in der Fassung vom 23. Oktober 1954 wurde festgelegt: „Sollte einer der Hohen Vertragschließenden Teile das Ziel eines bewaffneten Angriffs in Europa werden, so werden ihm die anderen Hohen Vertragschließenden Teile im Einklang mit den Bestimmungen des Artikels 51 der Satzung der Vereinten Nationen alle in ihrer Macht stehende militärische und sonstige Hilfe und Unterstützung leisten." Vgl. BUNDESGESETZBLATT 1955, Teil II, S. 286.

6 In Artikel XII des WEU-Vertrags in der Fassung vom 23. Oktober 1954 wurde eine Laufzeit von 50 Jahren festgelegt. Für den Wortlaut vgl. BUNDESGESETZBLATT 1955, Teil II, S. 288.

7 Die Bundesrepublik verzichtete in einer auf der Londoner Neun-Mächte-Konferenz (28. September bis 3. Oktober 1954) von Bundeskanzler Adenauer abgegebenen Erklärung auf die Herstellung von atomaren, biologischen und chemischen Waffen. Diese Erklärung wurde, ebenso wie der WEU-Vertrag, Bestandteil der Pariser Verträge vom 23. Oktober 1954. Für den Wortlaut vgl. EUROPA-ARCHIV 1954, S. 6979 f.

8 Der Aufenthalt von Streitkräften der Drei Mächte erfolgte auf der Grundlage der Artikel 2 und 4 des Vertrags vom 26. Mai 1952 über die Beziehungen zwischen der Bundesrepublik und den Drei Mächten (Deutschlandvertrag) in der Fassung vom 23. Oktober 1954 und war im Vertrag vom 23. Oktober 1954 über den Aufenthalt ausländischer Streitkräfte in der Bundesrepublik (Aufenthaltsvertrag) geregelt. Für den Wortlaut vgl. BUNDESGESETZBLATT 1955, Teil II, S. 218 f. bzw. S. 253–255.
Der Deutschlandvertrag und der Aufenthaltsvertrag waren ebenso wie der WEU-Vertrag und der NATO-Vertrag vom 4. April 1949 Bestandteil der Pariser Verträge vom 23. Oktober 1954.

che Interesse der WEU-Parlamentarier usw. für eine vorsichtige Behandlung des Komplexes.

II. Die Besprechung führte zu folgenden Ergebnissen:

1) Die grundsätzlichen Ausführungen von Herrn D2 (vgl. oben) sollen für beide Häuser als interne Sprachregelung dienen. Diese Sprachregelung soll – dies müßte aber vorab in gekürzter Form geschehen – auch Parlamentariern zugänglich gemacht werden.

2) Die Zusammenarbeit des Auswärtigen Amts und des Verteidigungsministeriums auf Arbeitsebene wegen Eurogroup soll eine Intensivierung erfahren. (Gemäß anschließender Weisung von Herrn D2 wird Herr Pfeffer am 27.4. zur Sitzung der Senior Defense Officials nach Rom mitreisen.)

3) Das Auswärtige Amt hält das Bundesministerium der Verteidigung über die im PZ verhandelten Gegenstände, die das Bundesministerium der Verteidigung interessieren, auf dem laufenden (22 wegen MBFR).

4) Die Ergebnisse der internen Vorbesprechung unter Leitung von Herrn D2 im Auswärtigen Amt am 13.4.1973 zum Thema „Besuch des Herrn Bundeskanzlers in den USA"[9] sollen dem Planungsstab des Verteidigungsministeriums mitgeteilt werden.

5) Der Meinungsaustausch zwischen Herrn D2 und MD Wieck soll periodisch (etwa alle sechs Wochen) fortgesetzt werden. Wegen der Devisenausgleichsfrage[10] wird Herr D2 Herrn D4[11] bitten, demnächst zu einer Besprechung auf Abteilungsleiterebene einzuladen, an der zumindest das BMVg und das Bundesministerium der Finanzen teilnehmen sollen.

Pfeffer

VS-Bd. 8162 (201)

---

[9] Bundeskanzler Brandt hielt sich am 1./2. Mai 1973 in den USA auf. Vgl. dazu Dok. 124 und Dok. 130.

[10] Zu Vorgesprächen zwischen der Bundesregierung und der amerikanischen Regierung über ein Devisenausgleichsabkommen für die Zeit nach dem 1. Juli 1973 vgl. Dok. 124, Anm. 3.

[11] Peter Hermes.

103

Gespräch des Bundespräsidenten Heinemann
mit Präsident Nguyen Van Thieu

105-36.A/73 VS-NfD   **10. April 1973**[1]

Der Herr Bundespräsident empfing am 10. April 1973 in Bonn den Präsidenten der Republik Vietnam, General H. Nguyen Van Thieu, zu einem Gespräch, an dem Staatssekretär Dr. Frank, MD Prof. Caspari und Außenminister Tran Van Lam teilnahmen.[2]

Der Herr *Bundespräsident* erklärte einleitend, Präsident Thieu habe den Wunsch geäußert, nach Bonn zu kommen, und fragte, was seine Anliegen seien.[3]

Der *Präsident* erwiderte, er habe vor allem dem Herrn Bundespräsidenten, der Bundesregierung und dem deutschen Volk den Dank seines Volkes aussprechen wollen für die politische Unterstützung sowie die soziale und humanitäre Hilfe, die die Bundesrepublik während des Krieges Vietnam habe angedeihen lassen.[4] Er wolle die Gelegenheit ferner benutzen, den Herrn Bundespräsidenten über die Situation in Vietnam zu unterrichten und auf Fragen einzugehen, die der Herr Bundespräsident möglicherweise zu stellen beabsichtige.

---

1 Ablichtung.
  Die Gesprächsaufzeichnung wurde von Vortragendem Legationsrat I. Klasse Weber am 11. April 1973 gefertigt.
2 Präsident Thieu hielt sich vom 2. bis 8. April 1973 in den USA auf. Am 8./9. April besuchte er Italien, am 10. April 1973 Großbritannien und die Bundesrepublik.
3 Am 26. März 1973 berichtete Botschafter von Rom, Saigon: „Das Gerücht, Präsident Thieu wolle auf der Rückreise aus den USA auch Bonn besuchen, hat sich inzwischen bestätigt. Außenminister Lam hat mich am 24.3. zu sich gebeten und mir mitgeteilt, Präsident Thieu würde gern am Vormittag des 10.4. (Dienstag) auf seiner Reise von Rom nach London in Bonn einen Zwischenaufenthalt von wenigen Stunden einlegen, um Bundespräsident Heinemann für die unaufdringliche und wirkungsvolle humanitäre Hilfe der Bundesrepublik zu danken. Wie ich vertraulich von meinem britischen und italienischen Kollegen erfahre, wird Präsident Thieu von Premierminister Heath und Staatspräsident Leone, außerdem vom Papst empfangen werden. Diese Besuche sind bereits fest vereinbart. Aus der amerikanischen Botschaft höre ich, daß Washington es gern sähe, wenn auch wir dem Wunsch Präsident Thieus entsprechen könnten." Vgl. den Drahtbericht Nr. 151; Referat 700, Bd. 1594.
  Ministerialdirigent Jesser bezeichnete am 27. März 1973 einen Besuch von Thieu in der Bundesrepublik als „nicht opportun", da die Bundesregierung „unter Berücksichtigung ihrer Gesamtinteressen im ehemaligen Indochina eine abwartende Haltung" einnehme. Allerdings könnte, nachdem Thieu in den USA, in Italien und Großbritannien Gespräche führen werde, „eine Ablehnung seines Wunsches, in Bonn empfangen zu werden, bei unseren Verbündeten falsch verstanden werden". Jesser empfahl daher einen Empfang durch Bundespräsident Heinemann. Vgl. Referat 700, Bd. 1594.
4 Am 4. April 1973 erläuterte Referat 312, daß die Bundesrepublik seit 1966 ein humanitäres Hilfsprogramm für die Republik Vietnam (Südvietnam) unterhalte, dessen besonderer Schwerpunkt auf der Soforthilfe in Form von Lebens- und Arzneimitteln liege. Gleichfalls 1966 sei das Lazarettschiff „Helgoland" zur Versorgung von Kranken und Verletzten entsandt worden. Referat 312 resümierte: „Insgesamt haben wir Südvietnam bis Ende 1972 rund 153 Mio. DM humanitäre Hilfe gewährt. Die Hilfe kam grundsätzlich der gesamten Bevölkerung, ungeachtet der Herkunft und der politischen Einstellung, zugute. 1973 werden 10 Mio. DM zur Weiterführung der laufenden Projekte zur Verfügung gestellt." Vgl. Referat 312, Bd. 100379.
  Zur Entsendung der „Helgoland" vgl. auch AAPD 1966, I, Dok. 8.

Der Herr *Bundespräsident* sagte, er habe mit Freude gehört, daß die deutsche Hilfe gewürdigt werde. Man sei grundsätzlich auch bereit, diese Hilfe fortzusetzen. Wie der Präsident sicher wisse, sei deutscherseits erklärt worden, daß diese Hilfe dann ganz Vietnam, d. h. dem Norden und dem Süden, zugute kommen solle. Er wolle aber in aller Offenheit sagen, um diese Hilfe weiter leisten zu können, müsse Süd-Vietnam uns helfen. Wir lebten in einer freiheitlichen Demokratie, in der die öffentliche Meinung eine sehr große Rolle spiele. Diese öffentliche Meinung habe sich gegenüber Süd-Vietnam in zahlreichen Protesten kundgetan, was auch in zahlreichen Schreiben und Telegrammen an ihn persönlich seinen Niederschlag gefunden habe. Ferner hätten in vielen Städten Demonstrationen stattgefunden, was besonders für Bonn gelte, wo es auf dem Marktplatz und im Rathaus zu harten Auseinandersetzungen gekommen sei.[5] Der Bundeskanzler sei gegenwärtig nicht in Bonn, da er als Vorsitzender der größten Regierungspartei dem Parteitag der SPD in Hannover beiwohnen müsse[6], auf dem der Besuch des Präsidenten in Bonn ebenfalls eine Rolle spiele. Die von der öffentlichen Meinung an dem Besuch geäußerte Kritik habe dazu geführt, daß Sicherheitsmaßnahmen der höchsten Stufe verhängt worden seien, weshalb es beispielsweise auch nicht möglich sei, daß Landsleute des Präsidenten mit ihm zusammenträfen. Die Polizei wolle nicht das Risiko eingehen, daß Demonstranten in den Bereich eindrängen, in dem man sich zur Zeit befinde.

Anlaß zu den Protesten sei vor allem die Gefangenen-Frage.[7] Darüber sei, wie

---

[5] Um die Mittagszeit des 10. April 1973 waren „vierzig von rund 4000 auf dem Bonner Marktplatz demonstrierenden Anti-Thieu-Protestlern in das Barockrathaus eingedrungen, hatten, von Polizisten unbehelligt, mit Sprühdosen ‚Thieu Mörder, Brandt Komplize‘ an die Wände gespritzt, Sekretärinnen und Beamte eingesperrt, unter dem Jubel ihrer Anhänger Stühle, Tische und Akten aus dem Fenster geworfen. Das Ganze, um ihre ‚entschiedene Solidarität mit dem kämpfenden vietnamesischen Volk‘ zu ‚bekräftigen‘ (Flugblatt des ‚Vietnamkomitees‘). Eine Dreiviertelstunde lang blieben telephonische Hilferufe der überfallenen Rathausbediensteten ohne Folgen. [...] Erst auf inständiges Bitten rückten Hundertschaften mit Tränengas und Wasserwerfern an und räumten das Rathaus. Die vertriebenen Mao-Anhänger und Anarchisten, in der ‚Kommunistischen Partei Deutschlands (KPD) und ihren Massenorganisationen‘ sowie in der ‚Liga gegen den Imperialismus‘ organisiert, priesen den Abgang: ‚Der geordnete Rückzug‘, so lobte ein Flugblatt des Vietnam-Ausschusses Jura, ‚hielt die Zahl der verletzten verhafteten Freunde und Genossen äußerst gering.‘ In der Tat: Die maskierten Ratshausstürmer konnten von der Staatsanwaltschaft nicht identifiziert werden. Der Schaden freilich steht fest. Der ‚Vandalismus‘ (Brandt), den Thieus Trip auslöste, kostet etwa eine halbe Million Mark, die Bonn beim gastgebenden Bund eintreiben will.“ Die Haltung des Bundeskanzlers Brandt wurde mit den Worten wiedergegeben: „Es gibt Besucher, die sieht man lieber gehen als kommen.“ Vgl. den Artikel „Teurer Thieu“; DER SPIEGEL, Nr. 16 vom 16. April 1973, S. 33 f.

[6] Der Parteitag der SPD fand vom 10. bis 14. April 1973 in Hannover statt.

[7] Zur Lage der politischen Gefangenen in Vietnam führte Referat 312 am 10. April 1973 aus: „Es trifft zu, daß in Süd- und Nordvietnam zahlreiche Zivilpersonen gefangen bzw. interniert sind. Die genaue Anzahl ist nicht bekannt.“ Im Rahmen der Verhandlungen über eine Beendigung des Vietnam-Kriegs in Paris habe sich die Regierung der Republik Vietnam (Südvietnam) bereit erklärt, „alle Gefangenen freizugeben, die von der Provisorischen Revolutionsregierung Südvietnams als Kommunisten namentlich benannt werden, zusätzlich zu 5080 Inhaftierten, die bekannt hätten, für die PRG gehandelt zu haben. Von der PRG sei zunächst die Zahl von 200 000 Gefangenen genannt worden, dann 140 000, schließlich mehrere 10 000. Die PRG habe ihrerseits bisher nur 4000 von ca. 27 000 Kriegsgefangenen freigegeben und noch keine der angeblich 60 000 Zivilhäftlinge. Die PRG behaupte, lediglich 230 Zivilgefangene festzuhalten. Es liegen Meldungen vor, nach denen die Sympathisanten des Vietcong und Nordvietnams beabsichtigen, in nächster Zeit besonders die Frage der in Südvietnam inhaftierten Zivilpersonen hochzuspielen, um die Regierung in Saigon unter Druck zu setzen und im Ausland zu diskreditieren. Dadurch soll die Position der Provisorischen Revolutionsregierung in der zu erwartenden harten politischen Auseinandersetzung mit der Saigoner Regierung gestärkt werden.“ Vgl. Referat 312, Bd. 100379.

er wisse, auch in Rom mit dem Papst gesprochen worden.[8] Die zentrale Frage, an der sich vor allem der Protest entzünde, sei nicht die Frage nach der Zahl der Gefangenen, sondern nach ihrer Behandlung. Der Präsident müsse wissen, daß auch in anderen Ländern Demonstrationen gegen Süd-Vietnam stattfänden und in Zeitungen mit Millionenauflagen viel darüber geschrieben werde. Diese Berichte speisten sich nicht nur aus kommunistischen Quellen. Der Herr Bundespräsident erinnerte beispielsweise an die Berichterstattung der New York Times und an das Interview, das Präsident Thieu dem französischen Journalisten Todd gegeben habe und das später im „Spiegel" nachgedruckt worden sei. In diesem Interview habe Präsident Thieu auf die Frage, ob es Mißhandlungen gebe, geantwortet – wobei er sich auf die Wiedergabe im „Spiegel" berufe, ohne zu wissen, ob sie korrekt sei – daß es überall Folterungen gebe.[9] Dies sei so verstanden worden, als bedeute es eine Bestätigung, zumindest sei es keine bündige Widerlegung gewesen. Deswegen meine er, man solle die Angelegenheit einmal überdenken, und er frage sich, ob es nicht möglich wäre, neutrale Beobachter Einblick nehmen und damit die Angelegenheit klarstellen zu lassen. Die beste Lösung wäre selbstverständlich die Freilassung der Gefangenen.

Dies sei der Grund gewesen, warum er einleitend gesagt habe, Präsident Thieu solle uns helfen, damit wir Vietnam helfen könnten. So wäre es leichter, bestehende Hindernisse zu überwinden und der Regierung eine freiere Hand zu geben.

Präsident *Thieu* dankte dem Herrn Bundespräsidenten für seine Ausführungen und bemerkte, daß diese Frage auch in den Vereinigten Staaten[10], in sei-

---

8 Am 10. April 1973 übermittelte Botschafter Böker, Rom (Vatikan), Informationen des Unterstaatssekretärs im Staatssekretariat des Heiligen Stuhls, Benelli, über das Gespräch des Papstes Paul VI. mit Präsident Thieu vom Vortag. Danach habe sich die Unterredung „ausschließlich auf die heutige Lage in Vietnam und auf die Zukunftsaussichten bezogen. Man habe eingehend die Probleme des Wiederaufbaus erörtert. [...] Thieu habe versichert, er wolle die nationale Einheit auf möglichst breiter Basis herstellen. Auch das Problem der politischen Gefangenen sei angesprochen worden, allerdings auf breitester Basis, d. h. sowohl betreffend Nord- wie Südvietnam." Nach der Einschätzung von Benelli habe Thieu „einen guten Eindruck gemacht. Er sei ein ,armer Mensch', der schwer unter der Last seiner Aufgaben leide." Vgl. den Drahtbericht Nr. 77; Referat 312, Bd. 100380.

9 In dem zunächst im „Le Nouvel Observateur" erschienenen Interview mit Präsident Thieu stellte der französische Journalist Todd die Frage: „Die Provisorische Revolutionsregierung beschuldigt Sie, die politischen Häftlinge als gemeine Kriminelle zu behandeln. Wie viele solcher Häftlinge gibt es in Südvietnam?" Thieu antwortete: „Ich kann Ihnen keine genaue Zahl nennen, aber ich kann Ihnen versichern, daß es bei uns keine politischen Häftlinge gibt. Wir haben nur kommunistische Agenten, Spione und Leute, die Minen gelegt und Granaten geworfen haben." Auf die Frage: „Bestreiten Sie, daß es Ausschreitungen gegeben hat, daß in Ihren Gefängnissen gefoltert wurde?" erwiderte Thieu: „Das gibt es überall. Aber das ist nicht unsere Politik." Vgl. den Artikel „,Es ist alles Bluff, Schwindel, Täuschung'"; DER SPIEGEL, Nr. 15 vom 9. April 1973, S. 116.

10 Am 6. April 1973 berichtete Gesandter Noebel, Washington, daß der Besuch des Präsidenten Thieu vom 2. bis 6. April 1973 in den USA „im Weißen Haus als außerordentlich erfolgreich betrachtet" werde: „Thieu hat sowohl bei seinen Gesprächspartnern im Senat, darunter Senator Mansfield, als auch im Repräsentantenhaus einen hervorragenden persönlichen Eindruck hinterlassen. Auch als Gast des National Press Club hat er sich mit viel Einfühlungsvermögen und dem hier immer geschätzten Humor den Journalisten gestellt und auch die verfänglichsten Fragen mit Geschick beantwortet." Im Mittelpunkt der Gespräche mit Präsident Nixon in San Clemente hätten die amerikanische Wirtschaftshilfe für die Republik Vietnam (Südvietnam) sowie Verstöße gegen das Waffenstillstandsabkommen vom 27. Januar 1973 gestanden. Vor dem Nationalen Presseklub in Washington sei Thieu so weit gegangen, „nicht nur feierlich zu versprechen, er werde niemals mehr um die Entsendung amerikanischer Truppen bitten, sondern zu erklären, er fühle sich eventuellen

nem Gespräch mit dem Papst und Premierminister Heath[11] sowie vor dem Presseclub in Washington und in einer Reihe anderer Interviews in den Vereinigten Staaten angeschnitten worden sei. Er habe die Lage sehr deutlich dargelegt. Zunächst wolle er darauf hinweisen, daß die Kommunisten in jedem Land außerordentlich aktiv seien, selbst wenn sie zahlenmäßig nur schwach vertreten seien. Überdies kenne die kommunistische Propaganda keine Skrupel. Wenn sie es für erforderlich halte, greife sie auch zu Lügen, die jedes menschliche Vorstellungsvermögen überschritten. Was die Studenten betreffe, so seien sie häufig von den Kommunisten mit Geld oder auf andere Weise gekauft. Die von den Kommunisten indoktrinierten Studenten seien besonders aktiv, wogegen die Studenten, die für die Grundsätze und Ziele der freien Welt einträten, weit weniger aktiv seien. Hinzu komme, daß die Kommunisten über eine weltweite Organisation verfügten, die sehr diszipliniert sei, so daß ein erteilter Befehl auch ausgeführt werde. Seine Regierung wolle die Grundsätze der Demokratie gewissenhaft anwenden, doch stelle sie die eben geschilderte Situation vor außerordentlich schwere Probleme. Was die Frage der Gefangenen angehe, so werde sie von der kommunistischen Propaganda in ungekannter Weise übertrieben. Politische Gefangene gebe es in Vietnam nicht. Es gebe Gefangene, die nach geltendem Recht abgeurteilt seien, und es gebe gefangene Kommunisten. Hierbei müsse man zwischen Soldaten unterscheiden, die in Nord- und Südvietnam auf dem Kampffeld gefangen worden seien, und einer zivilen Gruppe, die aus Mördern, Kidnappern und Leuten bestehe, die beispielsweise Granaten in Schulen oder Menschenansammlungen geworfen oder Minen auf Straßen verlegt hätten, kurzum, es handele sich um kommunistische Gefangene, die kriminelle Handlungen gegen die unschuldige Zivilbevölkerung begangen hätten.

Die von den Kommunisten behauptete Zahl von 200 000 Kriegsgefangenen sei übertrieben. In Wirklichkeit befänden sich 5081 Kommunisten in Haft sowie 12 080 Personen, die wegen Verbrechen vor Gericht gestellt würden. Die Kommunisten hielten 67 504 Südvietnamesen in Haft, wovon 16 757 Regierungsbeamte, Polizisten, Lehrer usw. und 50 747 Zivilisten seien. Demgegenüber behaupte Hanoi, es wisse nur über den Verbleib einiger hundert Südvietnamesen Bescheid.

Für das Internationale Rote Kreuz sowie das Nationale Rote Kreuz und Senatoren und Abgeordnete bestehe die Möglichkeit, die Gefängnisse zu inspizieren. Er wies ferner daraufhin, daß er anläßlich des Neujahrstages vor zwei Monaten mehr als 5000 Personen begnadigt habe, die an kommunistischen Aktivitäten beteiligt gewesen seien.

Fortsetzung Fußnote von Seite 495

künftigen Angriffen der Kommunisten so weit gewachsen, daß er auch amerikanische Luftunterstützung nicht brauchen werde". Vgl. den Drahtbericht Nr. 1021; Referat 312, Bd. 100380.

11 Am 13. April 1973 gab Gesandter von Schmidt-Pauli, London, Informationen aus dem Gespräch des Premierministers Heath mit Präsident Thieu vom 10. April 1973 weiter. Zur Lage der Gefangenen habe Thieu erläutert: „Südvietnam habe 26 000 Kriegsgefangene entlassen, die Kommunisten bisher nur 5000. Etwa 10 000 Vermißte fehlten, wahrscheinlich seien sie in die kommunistischen Streitkräfte übergetreten. Entgegen übertriebenen Pressemeldungen gebe es in Südvietnam genau 5081 Zivilinternierte, die meistens als Terroristen abgeurteilt oder zum kleineren Teil noch ihr Gerichtsverfahren erwarteten. Seine Regierung sei zum Austausch gegen die von den Kommunisten festgehaltenen 16 000 Zivilisten bereit." Vgl. den Drahtbericht Nr. 1029; Referat 312, Bd. 100380.

In der Frage der Kriegsgefangenen sei die kommunistische Haltung durch Unaufrichtigkeit gekennzeichnet. Er habe bis zum 26. März 1973 aufgrund der Bestimmungen der Pariser Vereinbarungen[12] 26 750 kommunistische Kriegsgefangene entlassen. Insgesamt seien 31 531 südvietnamesische Soldaten vermißt gewesen, von denen die Kommunisten nur 5018 hätten heimkehren lassen. Präsident Thieu führte das Beispiel von 200 nordvietnamesischen Kriegsgefangenen an, die sich geweigert hätten, nach Nordvietnam zurückzukehren. Dies hätten sie ausdrücklich vor der Internationalen Kontroll- und Überwachungskommission bekundet, worauf die nordvietnamesische Seite damit gedroht habe, keine weiteren südvietnamesischen Gefangenen zu entlassen, wenn diese 200 Soldaten nicht übergeben würden. Man könne aber nicht so unmenschlich sein, diese Menschen dem sicheren Tode auszuliefern, selbst wenn es eigene Opfer bedeute.

Der Präsident schlug vor, daß der Herr Bundespräsident von seinem Botschafter in Saigon[13] einen Bericht anfordere, der gewiß zu denselben Ergebnissen kommen werde. Er freue sich, die Gelegenheit gehabt zu haben, dem Herrn Bundespräsidenten diese Einzelheiten mitteilen zu können.

Der Herr *Bundespräsident* bemerkte, er habe den Ausführungen sehr aufmerksam zugehört. In der Bundesrepublik spielten die Kommunisten eine sehr kleine Rolle und hätten bei den Wahlen nicht mehr als zwei Prozent der Stimmen gewonnen. Es treffe zu, daß es unter den Kommunisten einen sehr aktiven Kern gebe. Was jedoch an Demonstrationen stattgefunden habe, könne nicht allein auf kommunistischen Einfluß zurückgeführt werden. Die bisherige Erfahrung gestatte es, die Demonstrationen und die Beteiligung deutlicher zu durchschauen. Man wisse, daß auch Gruppen beteiligt seien, die nichts mit Kommunisten zu tun hätten. Dies gelte beispielsweise für die Studentengemeinden der katholischen und evangelischen Kirche. Wenn das Thema der Gefangenen in den Gesprächen in den Vereinigten Staaten, Rom, Großbritannien und hier eine so große Rolle spiele, könne der Schluß daraus gezogen werden, daß etwas zusätzliches getan werden müsse. Er denke dabei an die Möglichkeit, daß das Internationale Rote Kreuz an Ort und Stelle die Lage untersuche.

Präsident *Thieu* unterstrich, daß jeder willkommen sei, dies zu tun, um sich ein klares Bild über die Lage zu verschaffen.[14]

---

12 In Kapitel III Artikel 8 des Abkommens vom 27. Januar 1973 über die Beendigung des Kriegs und die Wiederherstellung des Friedens in Vietnam wurde festgelegt, daß die beteiligten Kriegsparteien gefangene Militärangehörige und ausländische Zivilisten innerhalb von 60 Tagen nach der Unterzeichnung der Vereinbarung, parallel zum Rückzug aller Truppen und Militärberater aus der Republik Vietnam (Südvietnam), freilassen sollten. Vgl. dazu EUROPA-ARCHIV 1973; D 113 f.

13 Horst von Rom.

14 Am 11. April 1973 vermerkte Ministerialdirektor Caspari, Bundespräsidialamt, aus einem Gespräch mit dem stellvertretenden Generalsekretär des Deutschen Roten Kreuzes, Wagner, für Bundespräsident Heinemann: „Es treffe zu, daß die Delegation des IRK in Saigon, die aus 37 Personen bestehe, jederzeit Zutritt zu den Kriegsgefangenen-Lagern in Südvietnam gehabt habe. Sämtliche Kriegsgefangenen, die bis zum Abschluß des Waffenstillstandes gefangengenommen worden seien, seien inzwischen entlassen. Seither seien mehrere Hundert neuer Gefangener gemacht worden. Zu diesen Kriegsgefangenen erhalte das IRK dieser Tage ebenfalls freien Zutritt. [...] Die Regierung von Südvietnam habe dem IRK ihre Bereitschaft zu erkennen gegeben, auch Besuche von Zivilgefangenen zu gestatten. Das IRK habe auf der Erfüllung derselben Bedingungen wie bei Kriegsgefangenen bestanden. Diese Forderung sei nicht angenommen worden; die Regierung habe selbst die zu besuchenden Lager und Gefangenen auswählen und bei den Gesprächen mit den Gefange-

Der *südvietnamesische Außenminister* unterstrich, daß man zwischen den Kriegs- und den Zivilgefangenen unterscheiden müsse. Die ersten fielen unter die Bestimmungen der Genfer Konvention[15], für die das Rote Kreuz zuständig sei. Der Rot-Kreuz-Vertreter in Saigon habe jederzeit Zugang zu den Lagern, um die Lage zu überprüfen. Diese Möglichkeit bestehe aber nicht in Hanoi. Er wiederholte die Zahl von 31 000 Vermißten, wogegen die Kommunisten nur von 5000 sprächen. Das Rote Kreuz habe keine Möglichkeit, der Angelegenheit auf den Grund zu gehen.

Die Gruppe der Zivilgefangenen, die nach einem Gerichtsverfahren oder aufgrund von Sicherheitsmaßnahmen inhaftiert worden seien, falle nicht unter die Bestimmungen der Genfer Konvention. Nach den innerstaatlichen Rechtsvorschriften sei bis zur Aburteilung der Innenminister, später der Justizminister zuständig. Obgleich man hierzu nicht verpflichtet sei, erlaube man es doch dem Roten Kreuz auf Antrag, auch die Lage dieser Gefangenen zu prüfen.

Der Herr *Bundespräsident* erklärte abschließend, er habe mit Freude gehört, daß Präsident Thieu bereit sei, die Situation durch unabhängige und in der ganzen Welt respektierte Persönlichkeiten oder Einrichtungen wie beispielsweise das Rote Kreuz prüfen zu lassen. Er gehe davon aus, daß Südvietnam auch der Menschenrechtskonvention[16] angehöre, was eine weitere Möglichkeit wäre, die Lage zu klären. Wenn es deutscherseits zu Verhandlungen mit Nordvietnam über die Herstellung diplomatischer Beziehungen komme, worüber noch keine Klarheit bestehe, werde das gleiche Thema in umgekehrter Richtung eine Rolle spielen. Er erlaube sich die Anregung, daß das Internationale Rote Kreuz in Genf aufgefordert werden sollte, sich von der Situation selbst zu überzeugen, da dies zu einer Klärung all dessen führen könne, was derzeit Anlaß zu weltweiten Demonstrationen sei. In diesem Sinne bat er Präsident Thieu erneut, uns zu helfen, damit wir in der Lage seien, Vietnam zu helfen.

Das Gespräch endete gegen 16.20 Uhr.[17]

Politisches Archiv 100379, Bd. 312

Fortsetzung Fußnote von Seite 497

nen vertreten sein wollen. Aus offensichtlichen Gründen habe das IRK hierauf nicht eingehen und daher Zivilgefangene nicht besuchen können. [...] Es treffe zu, daß das IRK in Nordvietnam weder Kriegsgefangene noch Zivilgefangene besuchen könne." Vgl. Referat 312, Bd. 100379.

15 Für den Wortlaut des Abkommens vom 27. Juli 1929 über die Behandlung der Kriegsgefangenen vgl. REICHSGESETZBLATT 1934, Teil II, S. 227–257.
Dieses Abkommen wurde ergänzt durch das Genfer Abkommen vom 12. August 1949 über die Behandlung der Kriegsgefangenen. Für den Wortlaut vgl. UNTS, Bd. 75, S. 135–285. Für den deutschen Wortlaut vgl. BUNDESGESETZBLATT 1954, Teil II, S. 838–897.

16 Mit Resolution Nr. 217 verabschiedete die UNO-Generalversammlung am 10. Dezember 1948 eine „Universelle Erklärung der Menschenrechte". Für den Wortlaut vgl. UNITED NATIONS RESOLUTIONS, Serie I, Bd. II, S. 135–141.

17 Am 30. April 1973 berichtete Botschaftsrat von Uthmann, Saigon, auf der Basis von Äußerungen des amerikanischen Botschafters in Saigon, Bunker, daß „der betont frostige Empfang, den die Bundesregierung Präsident Thieu bereitet hat, die Amerikaner erheblich irritiert" habe, „um so mehr, als die Besuche in London und Rom glatt über die Bühne gegangen" seien. Offensichtlich habe sich Thieu „gegenüber den Amerikanern darüber beklagt, die deutsche öffentliche Meinung sei hinsichtlich Vietnams weitgehend von kommunistischer Propaganda beeinflußt". Vgl. den Drahtbericht Nr. 205; Referat 312, Bd. 100379.
Am 2. Mai 1973 übermittelte Uthmann die folgende Stellungnahme des Außenministeriums der Republik Vietnam (Südvietnam) zur Äußerung des Bundeskanzlers Brandt, „manche Besucher sehe man lieber gehen als kommen": „Wenn der Bundeskanzler eine solche Erklärung tatsächlich

104

Aufzeichnung des Ministerialdirektors van Well

210-322.00 FRA-1341/73 VS-vertraulich   **11. April 1973**[1]

Herrn Staatssekretär[2]

Betr.: Beziehungen Frankreichs zur DDR[3];
        hier: Zeitpunkt der Entsendung eines französischen Botschafters nach
        Ostberlin

Bezug: Anliegendes Schreiben des Bundeskanzleramts vom 30.3.1973[4]

Zweck der Vorlage

1) Unterrichtung über französische Haltung

2) Vorschlag: Wegen des Zeitpunkts der Entsendung eines französischen Botschafters nach Ostberlin vorerst keine Initiative zu ergreifen.

1) Bei den deutsch-französischen Gipfelkonsultationen am 22. Januar 1973 hat
Staatspräsident Pompidou dem Herrn Bundeskanzler zugesagt, daß kein Botschafter Frankreichs nach Ostberlin entsandt werde, bevor die Bundesregierung nicht ihren Ständigen Vertreter in die DDR entsandt habe.[5] Außenminister Schumann erklärte anläßlich der WEU-Ministerratstagung am 15. Februar 1973, der französische Botschafter werde nach der Ratifizierung des Grundvertrags[6] in Ostberlin eintreffen.[7] Das anliegende Schreiben des Bundeskanz-

---

Fortsetzung Fußnote von Seite 498

abgegeben habe, müsse man dies für einen bedauerlichen Mangel an Höflichkeit und Lebensart
gegenüber dem Staatschef eines befreundeten Landes halten. Allerdings [...] seien die freundschaftlichen deutsch-vietnamesischen Beziehungen zu alten Datums, um durch eine solche Äußerung in Gefahr geraten zu können." Dabei handele es sich, so Uthmann, „um die bisher einzige
amtliche Stellungnahme der vietnamesischen Regierung zum Deutschlandbesuch Präsident
Thieus. Sie läßt erkennen, daß man gewillt ist, die unerfreulichen Begleiterscheinungen des Besuchs herunterzuspielen und möglichst bald zu vergessen." Vgl. den Drahtbericht Nr. 207; Referat
312, Bd. 100379.

1 Die Aufzeichnung wurde von Vortragendem Legationsrat Bräutigam und Legationsrat I. Klasse
   Derix konzipiert.

2 Hat Staatssekretär Frank am 12. April 1973 vorgelegen.

3 Frankreich und die DDR nahmen am 9. Februar 1973 diplomatische Beziehungen auf.

4 Dem Vorgang beigefügt. Am 30. März 1973 teilte Vortragender Legationsrat I. Klasse Massion,
   Bundeskanzleramt, mit, der französische Botschafter Sauvagnargues habe in einem Gespräch mit
   Staatssekretär Grabert, Bundeskanzleramt, am Vortag angedeutet, „daß die französische Regierung ihren Botschafter möglicherweise schon vor der Arbeitsaufnahme unseres Vertreters nach
   Ost-Berlin entsenden könnte. Er selbst habe diesen Eindruck aus einem Gespräch zwischen den
   Ministern Schumann und Scheel gewonnen." Grabert habe demgegenüber darauf hingewiesen,
   „daß Bundesminister Scheel aus der fraglichen Unterredung mit Außenminister Schumann den sicheren Schluß gezogen habe, die französische Regierung werde – ebenso wie die USA und Großbritannien – ihren Botschafter nicht vor unserem Vertreter nach Ost-Berlin entsenden". Vgl. VS-Bd.
   9054 (210); B 150, Aktenkopien 1973.

5 Für das Gespräch des Bundeskanzlers Brandt mit Staatspräsident Pompidou in Paris vgl. Dok. 16.

6 Zum Stand des Ratifikationsverfahrens zum Grundlagenvertrag vom 21. Dezember 1972 vgl. Dok.
   85, Anm. 5.

7 Am 16. Februar 1973 berichtete Vortragender Legationsrat I. Klasse Hansen, z. Z. Luxemburg, auf
   der WEU-Ministerratstagung am Vortag sei zum Thema „Kontakte anderer Mitgliedstaaten zur

leramts bestätigt den Eindruck, daß Paris entgegen der Äußerung Pompidous an eine vorzeitige Entsendung seines Botschafters nach Ostberlin denkt.

2) Unter den neun NATO-Staaten, die zur DDR diplomatische Beziehungen unterhalten[8], gibt es keine einheitliche Auffassung zum Zeitpunkt der Entsendung eines Botschafters nach Ostberlin:

Belgien: „im Sommer";

Dänemark: Botschafter Per Groot ist am 3. April in Ostberlin eingetroffen;

Großbritannien: Abwarten bis zur Eröffnung unserer Ständigen Vertretung;

Island: Isländischer Botschafter in Moskau[9] soll in Ostberlin mitakkreditiert werden, Zeitpunkt nicht bekannt;

Italien: Abwarten bis zur Eröffnung unserer Ständigen Vertretung, wenn auch andere NATO-Länder so lange warten;

Luxemburg: wird durch Niederlande vertreten;

Niederlande: Zeitpunkt nicht bekannt;

Norwegen: Zeitpunkt nicht bekannt.

3) Über den Zeitpunkt der Eröffnung unserer Ständigen Vertretung in Ostberlin bzw. der Entsendung unseren Ständigen Vertreters können gegenwärtig noch keine konkreten Angaben gemacht werden. Die zur Klärung rechtlicher und technischer Vorfragen erforderlichen Verhandlungen mit der DDR konnten bisher nicht aufgenommen werden, da Ostberlin erst nach der Ratifizierung des Grundvertrages in eigentliche Gespräche eintreten will. Vorgespräche über Gebäude- und Grundstücksfragen[10] lassen erkennen, daß ein Kanzleigebäude für unsere Ständige Vertretung frühestens ab 1.9.1973, eine Residenz ab 1.8. dieses Jahres zur Verfügung stehen werden. Hier wird mit zeitlichen Verzögerungen gerechnet werden müssen. Während die französische Botschaft in Ostberlin am 15. März ihre Tätigkeit aufgenommen hat, wird sich die Eröffnung unserer Ständigen Vertretung u.U. noch bis zum Herbst hinziehen. Diese zeitliche Ungewißheit dürfte kaum dazu geeignet sein, die französische Seite zu einem weiteren Abwarten zu ermuntern. Im Hinblick darauf und angesichts der nicht einheitlichen Haltung der NATO-Länder in dieser Frage erscheint es zum gegenwärtigen Zeitpunkt wenig sinnvoll, die französische Regierung jetzt auf die Zusicherung Pompidous anzusprechen. Es wird deshalb vorgeschlagen, die Angelegenheit vorläufig auf sich beruhen zu lassen. StS Grabert hat im üb-

---

Fortsetzung Fußnote von Seite 499

DDR" seitens Großbritanniens, Italiens und der Niederlande zugesichert worden, „Botschafter erst nach Eintreffen unseres Bevollmächtigten in Ost-Berlin zu akkreditieren. Frankreich: ‚Nach Ratifizierung Grundvertrags'. Belgien: ‚Im Sommer'. Luxemburg: Problem stellt sich nicht, da Interessenvertretung durch Niederlande." Vgl. den unnummerierten Drahtbericht; VS-Bd. 8223 (201); B 150, Aktenkopien 1973.

[8] Außer Frankreich nahmen Belgien am 27. Dezember 1972, Luxemburg und die Niederlande am 5. Januar, Dänemark und Island am 12. Januar, Norwegen am 17. Januar, Italien am 18. Januar und Großbritannien am 10. Februar 1973 diplomatische Beziehungen zur DDR auf.

[9] Oddur Gudýonsson.

[10] Vgl. dazu auch die Gespräche des Staatssekretärs Grabert, Bundeskanzleramt, mit dem Staatssekretär beim Ministerrat der DDR, Kohl, vom 22. März und 26. April 1973; Dok. 85 und Dok. 116.

rigen unsere Auffassung im Gespräch mit dem französischen Botschafter[11] am 29.3. zum Ausdruck gebracht.

van Well

VS-Bd. 9054 (210)

105

Gespräch des Staatssekretärs Frank mit dem tschechoslowakischen Stellvertretenden Außenminister Goetz

214-321.05 TSE-415[I]/73 geheim   12./13. April 1973[1]

Protokoll des sechsten deutsch-tschechoslowakischen Sondierungsgesprächs am 12./13.4.1973 in Bonn

Gesprächsbeginn am Donnerstag, dem 12. April 1973, 10.00 Uhr, im Kanzlerbungalow

Gesprächsteilnehmer auf deutscher Seite: Herr Staatssekretär Frank als Delegationsleiter; Herr MDg Dr. von Schenck; Frau VLR I Dr. Finke-Osiander; Graf Finck von Finckenstein, Handelsvertretung Prag; Herr VLR Dr. Vergau; Herr VLR Dr. von Richthofen; Herr LR I Vogel; Herr Grönebaum, Handelsvertretung Prag (Dolmetscher).

Auf tschechoslowakischer Seite: Vizeaußenminister Goetz als Delegationsleiter; Herr Dr. Pisk, Leiter der Rechtsabteilung im tschechoslowakischen Außenministerium; Herr Dr. Křepelák, Leiter der vierten territorialen Abteilung im tschechoslowakischen Außenministerium; Herr Dr. Mika, Stellvertretender Leiter der Handelsvertretung der Tschechoslowakischen Sozialistischen Republik in der Bundesrepublik Deutschland; Herr Sadovsky, Stellvertretender Leiter der Handelsvertretung der Tschechoslowakischen Sozialistischen Republik in der Bundesrepublik Deutschland; Herr Hendrych, Dolmetscher.

StS *Frank* begrüßt VM Goetz und die tschechoslowakische Delegation.

Wir haben uns lange Zeit nicht gesehen. Ich muß sagen, im Laufe der Zeit ist bei uns der Wunsch, Sie zu sehen, stärker geworden. Jedenfalls verbindet sich bei uns mit diesem sechsten Treffen der aufrichtige und ernsthafte Wunsch, durch die Lösung der Behandlung des Problems des Münchener Abkommens zur Eröffnung regulärer Verhandlungen zu kommen, die wir dann in relativ angemessener, möglichst kurzer Zeit abschließen können.

Sie kennen unsere Position zur Frage des Münchener Abkommens; wir kennen Ihre bisherige Position. Ich möchte deshalb im gegenwärtigen Moment davon absehen, unsere Position nochmals darzustellen. Wir wollen hier keinen dialo-

---

11 Jean Sauvagnargues.

1 Die Gesprächsaufzeichnung wurde von Legationsrat I. Klasse Vogel am 24. April 1973 gefertigt.

gue des sourds führen, sondern wir meinen, wir sollten beide von dem Stand des Rothenburger[2] und des fünften Sondierungstreffens[3] ausgehen und in Anbetracht der Überlegungen, die beide Seiten in den vergangenen Monaten zweifellos angestellt haben, zu praktikablen und für beide Seiten akzeptablen Lösungen kommen.

Ich wäre nun dankbar, wenn Sie sich Ihrerseits äußern wollten, wie sich Ihre Seite den Ablauf und das Ziel dieser sechsten Runde vorstellt. Ich wäre dankbar, wenn Sie sagen wollten, von welcher Position aus wir uns hier um eine Lösung des Problems bemühen sollten.

VM *Goetz* dankt für die Begrüßung.

Wir haben uns genauso wie Sie auf den Zeitpunkt des Wiedersehens gefreut. Die Zeit vergeht sehr schnell; uns scheint, als ob unser letztes Treffen gestern gewesen wäre. Dennoch, ein Dreivierteljahr ist vergangen.

Ich möchte so wie in den vergangenen Runden direkt an die Sache herangehen, d. h., etwas über das Ziel sagen, mit dem wir nach Bonn gekommen sind. Ich bin sehr froh, in Übereinstimmung mit Ihnen feststellen zu können, daß wir das gleiche Ziel verfolgen – das Ziel, aufgrund einer Annäherung der Haltung in der Schlüsselfrage zu offiziellen Verhandlungen sowie im Rahmen der Möglichkeiten schnell zum Abschluß eines Vertrags zu kommen.

Andernfalls könnten wir vor der Welt als lächerlich erscheinen. Denn wie Ihnen sicher bekannt ist, sind inzwischen in der Welt sehr schwierige Fragen gelöst worden. Der positive Trend in Europa setzt sich fort. In Helsinki und in Wien finden multilaterale Vorbereitungskonferenzen statt, und aus diesem Grunde wollen wir im Rahmen unserer Möglichkeiten zu diesem Trend beitragen. Auf der Grundlage der Lösung der Grundfrage der Ungültigkeit des Münchener Abkommens wollen wir zur Normalisierung der Beziehungen zur Bundesrepublik Deutschland mit dem Ziel kommen, daß die Generation, die nach uns kommt, nicht durch in der Vergangenheit Geschehenes belastet wird. Wir sind erneut darum bemüht, unsererseits dazu beizutragen.

Wie Sie wissen, haben wir in der Denkpause versucht, die Situation durch Initiativschritte zu erhellen. Wir haben Konsultationen auf verschiedenen Ebenen geführt. Wir haben dem Bundeskanzler durch Ministerpräsident Štrougal einen Brief geschickt.[4] Wir haben eine Antwort erhalten.[5] Wir haben untereinander Briefe ausgetauscht.[6] Seit unserem letzten Gespräch ist von Ihrer und von unserer Seite zum Münchener Abkommen sehr viel gesagt worden. Deswegen habe ich gemeint, in meiner Antwort auf Ihren Brief sagen zu können, daß wir in dieser Runde zur entscheidenden Wende gelangen könnten.

---

2 Die vierte Runde der Sondierungsgespräche zwischen der Bundesrepublik und der ČSSR über eine Verbesserung des bilateralen Verhältnisses fand am 18./19. November 1971 in Rothenburg ob der Tauber statt. Vgl. dazu AAPD 1971, III, Dok. 398.

3 Die fünfte Runde der Sondierungsgespräche zwischen der Bundesrepublik und der ČSSR über eine Verbesserung des bilateralen Verhältnisses fand am 29./30. Juni 1972 in Prag statt. Vgl. dazu AAPD 1972, II, Dok. 192.

4 Zum Schreiben des Ministerpräsidenten Štrougal vom 19. September 1972 an Bundeskanzler Brandt vgl. Dok. 58, Anm. 42.

5 Zum Antwortschreiben des Bundeskanzlers Brandt vom 6. Oktober 1972 vgl. Dok. 58, Anm. 43.

6 Zu den Schreiben des Staatssekretärs Frank und des tschechoslowakischen Stellvertretenden Außenministers Goetz vom 27. Februar bzw. vom 11. März 1973 vgl. Dok. 76, Anm. 11 und 13.

Ich stimme mit Ihnen darin überein, schon Gesagtes nicht zu wiederholen. Wir kennen unsere beiderseitigen Positionen. Ich stimme mit Ihnen auch darin überein, daß es logisch ist, von dem auszugehen, was war, d. h. von dem, mit dem wir die fünfte Runde beendeten und was dann von führenden Politikern beider Länder gesagt wurde. Wir sind mit dem vorgeschlagenen Programm einverstanden. Wir stehen Ihnen zur intensiven Nutzung der vorhandenen Zeit zur Verfügung. Im Moment weiß ich nicht, wie Sie die vor uns liegenden Fragen behandeln wollen.

Meine Vorstellung ist, kurz gesagt, folgende: Ich meine, wir sollten zunächst prüfen, ob Ihre Seite bereit ist, über die Formulierung der Ungültigkeit des Münchener Abkommens so zu verhandeln, wie Sie es am Schluß unserer Gespräche in Prag sagten und wie wir es kurz im Brief von Ministerpräsident Štrougal ausgedrückt haben. Ich drücke das auch hier sehr kurz aus, ohne mich der Formulierung zuzuwenden. Wenn wir uns nämlich hierüber einigen, ist die Formulierung kein Problem.

Sie haben am Schluß der letzten Gesprächsrunde gesagt, daß Sie zwar keine Vollmacht besäßen, jedoch persönlich die Möglichkeit sähen, in die Formulierung zum Münchener Abkommen die Wörter „Nichtigkeit" oder „nichtig" unter der Voraussetzung aufzunehmen, daß die tschechoslowakische Seite eine Lösung der Folgen einschließlich der vermögensrechtlichen in adäquater Weise sicherstellt. Was uns betrifft, könnten wir auf dieser Grundlage beginnen. Damit wir uns ein Bild machen können, in welchen Dimensionen wir uns bewegen, würden wir unter der Voraussetzung, daß Ihre Seite zu einer solchen Lösung bereit ist, gerne hören, in welcher Form die Folgen im Vertrag gelöst werden könnten.

Dies ist eine Möglichkeit. Eine zweite Möglichkeit ist, daß Ihre Seite – wie in den Runden zuvor – eine Formulierung des in Aussicht gestellten Artikels 1 des Vertrags vorschlägt und die Diskussion auf dieser Basis geführt werden könnte. Wir sind jedenfalls in dieser Runde bereit, jegliche Möglichkeit zu prüfen, um zu dem Ziel zu kommen, das wir zusammen festgelegt haben, nämlich eine Annäherung der beiderseitigen Standpunkte. Ich bin überzeugt, daß wir zu einer solchen Annäherung kommen können und auf diesem Wege schnell voranschreiten könnten. Deshalb bitte ich Sie, mir zunächst Ihre Vorstellungen mitzuteilen, wie wir verhandeln wollen. Wir sollten uns des Ballasts von Strategie und Taktik entledigen, um zum rationellen Kern der Sache vorzudringen.

StS *Frank*: Ich bin mit Ihnen der Meinung, daß wir in dieser Gesprächsrunde zu einer Entscheidung über die Aufnahme regulärer Verhandlungen kommen müssen. Hierbei sollten wir es uns nicht leicht machen wollen. Wenn ich hier „wir" sage, so meine ich, wir beide. Eine Tageszeitung hat uns heute in ihrem Leitartikel als die Herren Tunc und Nunc bezeichnet.[7] Was mich betrifft, habe

---

7 Am 12. April 1973 kommentierte der Journalist Hans Kepper die Eröffnung der sechsten Runde der Sondierungsgespräche zwischen der Bundesrepublik und der ČSSR über eine Verbesserung des bilateralen Verhältnisses: „Der neue Anlauf, den Bonn und Prag zur Aufnahme diplomatischer Beziehungen nehmen, ist bereits der sechste. Im Bonner Kanzler-Bungalow treffen sich am heutigen Donnerstagvormittag deshalb alte Bekannte: Staatssekretär Paul Frank vom Auswärtigen Amt, sein Völkerrechtsberater, Ministerialdirigent Dedo von Schenck, die Leiterin des zuständigen AA-

ich jedenfalls kein Interesse, unter einer solchen Bezeichnung weiterzuleben, sei es Tunc oder Nunc. Wir sollten die Zeit gut nutzen. Wir sind an den vorgesehenen Zeitplan keineswegs gebunden. Wir können tagen, solange es für den Erfolg der Sache notwendig ist.

Ich erinnere mich sehr genau, daß ich am Schluß der fünften Runde eine Konstruktion zur Debatte gestellt habe, die durch meine schriftlichen Instruktionen des Kabinetts[8] nicht gedeckt war. Ich habe dies damals getan in der ganz bewußten Absicht, meinerseits einen Beitrag zu leisten zu einer möglichen Lösung des Problems. Seit der fünften Runde habe ich mich bemüht, auch in Gesprächen mit Mitgliedern der Bundesregierung und vor allem mit meinem eigenen Minister, der der Vorsitzende einer Koalitionspartei ist, ohne die die Regierung im Parlament keine Mehrheit hätte, für einen solchen konstruktiven Weg Verständnis zu finden.

Diese Konstruktion, die mir vorschwebt, sollte es beiden Seiten erlauben, trotz der bestehenden unterschiedlichen Auffassungen zur Frage des Münchener Abkommens zu einer Vereinbarung zu gelangen, durch die das Münchener Abkommen vom 29.9.1938 aufhört, und zwar für alle Zeit aufhört, das Verhältnis zwischen beiden Staaten zu belasten.

Zunächst möchte ich erneut die Ihnen bekannte und unveränderte Bereitschaft der Bundesregierung unterstreichen, sich von der Politik Hitlers gegenüber der Tschechoslowakei politisch und moralisch zu distanzieren und die Zielsetzungen dieser Politik als ungerecht zu bezeichnen.

Ministerpräsident Štrougal hat in seinem Schreiben an Bundeskanzler Brandt vom 19.9.1972 eine Lösung vorgeschlagen, die einerseits von der Nichtigkeit des Münchener Abkommens ausgeht und andererseits die Möglichkeit aus dieser Tatsache sich ergebender Folgen, vermögensrechtliche inbegriffen, ausschließen soll. Dieser Vorschlag konnte für uns noch keine geeignete Basis für eine Fortführung unserer Gespräche sein, weil er unter der Bedingung stand, daß wir zunächst die Nichtigkeit des Münchener Abkommens in Form einer Feststellung anerkennen sollten, die einen rückwirkenden Charakter gehabt hätte und die mit der unserer Auffassung entsprechenden Rechtslage unvereinbar gewesen wäre. Die Gründe, aus denen heraus die Bundesregierung sich

---

Fortsetzung Fußnote von Seite 503

Referats Renate Finke-Osiander auf der einen Seite des Tisches – auf der anderen der stellvertretende ČSSR-Außenminister Jiři Goetz, der Chef seiner Rechtsabteilung, Joseph Pisk, und der zuständige Abteilungsleiter Oldrich Křepelák. Bis zum abschließenden und gemeinsamen Arbeitsessen am Freitagmittag möchten sie herausgefunden haben, ob das Münchener Abkommen nun ex tunc (,von Anfang an') ungültig oder nur ,ungültig' (ex nunc) ist. Die Herren Tunc und Nunc gaben bisher beide vor, sie hätten viel Zeit. Das aber scheint sich geändert zu haben. Offiziöse sowjetische Kreise streuten in den vergangenen Wochen die Kunde aus, Generalsekretär Leonid Breschnew wünsche die Hakelei zwischen Bonn und Prag beendet zu sehen, ehe er der Bundesrepublik einen Besuch abstatte. Bonner Regierungskreise messen noch einem anderen Umstand große Bedeutung bei: Wenn im Juni in Helsinki die Konferenz über Sicherheit und Zusammenarbeit in Europa (KSZE) eröffnet wird, hätte die Bundesrepublik bei einem Scheitern der Sondierungen noch immer keine diplomatischen Beziehungen zur ČSSR sowie zu Ungarn und Bulgarien. Der Gedanke ist unerfreulich, wenn man überlegt, daß Gegenstand der KSZE die Normalisierung ist." Vgl. den Artikel „Beim sechsten Anlauf muß es eigentlich klappen"; FRANKFURTER RUNDSCHAU vom 12. April 1973, S. 3.

8 Für die Richtlinien zur Gesprächsführung des Staatssekretärs Frank, die am 18. März 1971 vom Kabinett gebilligt wurden, vgl. AAPD 1971, I, Dok. 94.

nicht in der Lage sieht, das Münchener Abkommen für ab initio nichtig zu erklären, sind Ihnen bekannt. Ich brauche sie hier im einzelnen nicht zu wiederholen. Es scheint uns nicht möglich, auf der Basis einer uneingeschränkten Nichtigkeitserklärung die sehr komplexe Problematik der rechtlichen Folgewirkungen befriedigend zu regeln.

Der Bundeskanzler hat daher in seiner Antwort an Ministerpräsident Štrougal vom 6.10.1972 auf die Notwendigkeit hingewiesen, eine Annäherung der Standpunkte in der Frage des Münchener Abkommens anzustreben, die mit beiden Rechtsauffassungen vereinbar ist.

Die Bundesregierung ist auch weiterhin nicht bereit, ihren Rechtsstandpunkt, der der gegebenen Rechtslage entspricht, aufzugeben. Ebensowenig verlangt die Bundesregierung von der tschechoslowakischen Regierung die Aufgabe des tschechoslowakischen Rechtsstandpunkts als Preis für die Normalisierung der gegenseitigen Beziehungen.

Bei der Suche nach einer einvernehmlichen Lösung sind wir von der Bereitschaft Ihrer Regierung ausgegangen, diejenigen Rechtsfolgen, die sich aus der von Ihnen geforderten Erklärung über die Ungültigkeit oder die Nichtigkeit des Münchener Abkommens ergeben würden, im Wege einer generellen vertraglichen Feststellung auszuschließen. Wir haben diese Bereitschaft zum Ausgangspunkt genommen, um zu überlegen, ob wir von der Folgenregelung her zu einer Einigung gelangen könnten. Hier muß ich gerechterweise einfügen, daß dies ein Vorgehen wäre, das in einem früheren Stadium bereits von Ihrer Seite vorgeschlagen worden ist. Unter einer Folgenregelung verstehen wir die vertragliche Einigung darüber, daß der von uns abzuschließende Vertrag die Anwendung und die Beachtung der deutschen Rechtsordnung in den von dem Münchener Abkommen betroffenen Gebieten während der Zeit ihrer Eingliederung in das Deutsche Reich nicht rechtsunwirksam machen würde und daß die auf der Grundlage der deutschen Rechtsordnung in dem fraglichen Zeitpunkt entstandenen Rechte, Verpflichtungen und sonstigen Rechtsverhältnisse natürlicher und juristischer Personen durch den Vertrag nicht berührt würden. Zu einer Folgenregelung dieser Art würde ferner gehören, daß die aufgrund des Münchener Abkommens vom 29. September 1938 und seiner Durchführungsbestimmungen getroffenen Maßnahmen bezüglich der deutschen Staatsangehörigkeit nicht berührt werden und vor allem daß der von uns zu schließende Vertrag keine Rechtsgrundlage für Ansprüche der ČSSR und ihrer Staatsangehörigen gegen die Bundesrepublik Deutschland oder deutsche Staatsangehörige bilden würde. Dies alles betrifft den Ausschluß von Rechtsfolgen, über die wir uns wiederholt unterhalten haben und über deren Ausschluß, wenn ich mich richtig erinnere, bzw. über deren Klärung keine grundsätzliche Meinungsverschiedenheit bestand. Ich bin heute ermächtigt, Ihnen im Namen der Bundesregierung zu erklären, daß sie unter der Voraussetzung, daß die tschechoslowakische Regierung einem derart eingehenden und umfassenden Folgenausschluß zustimmt, bereit wäre, vertraglich eine Aussage zum Münchener Abkommen zu machen, die dahin gehen würde, daß das Münchener Abkommen vom 29. September 1938 in den gegenseitigen Beziehungen unserer beiden Staaten nach Maßgabe des zu schließenden Vertrages als nichtig behandelt wird.[9] Eine derartige vertragliche Feststellung würde es der Bundesregierung gestatten, der tschechoslowakischen Seite entgegenzukommen, ohne gleichzeitig rechtliche Risiken in bezug auf die Folgen zu laufen und ohne von ihrem völkerrechtlich wohlbegründeten Rechtsstandpunkt im Prinzip abzuweichen.

Wenn ich Ihre einleitenden Worte richtig verstanden habe, so würde dieses Angebot, das ich Ihnen soeben namens der Bundesregierung unterbreitet habe, durchaus den Erwartungen und Vorstellungen entsprechen, mit denen Sie zu dieser sechsten Runde nach Bonn gekommen sind. Dabei möchte ich nochmals wiederholen, daß uns die Notwendigkeit, rechtliche Sachverhalte nüchtern und präzise auszudrücken, nicht davon dispensieren sollte, die politische und moralische Verurteilung der Politik Hitlers gegenüber der Tschechoslowakei in den Vertrag aufzunehmen, und zwar in die Präambel, wo wir dieser Verurteilung eine entsprechende Formulierung geben könnten.

Ich bin mit Ihnen der Auffassung, daß wir in diesem Stadium unserer Gespräche Gesichtspunkte der Strategie und Taktik beiseite lassen sollten, um zum rationalen Kern der Sache durchzustoßen. Gleichzeitig möchte ich betonen, daß die Haltung der deutschen Delegation bei den fünf vorhergegangenen Gesprächen weder vom Gesichtspunkt der Strategie noch von Gesichtspunkten der Taktik inspiriert war, sondern daß wir eher dialektische Probleme sahen, um zum rationalen Kern durchzustoßen. Ich glaube, daß das Ergebnis, das ich ihnen in Form dieses Angebots unterbreitet habe, diese Bemühungen gelohnt hat.

---

9 Vgl. dazu den vom „Völkerrechtswissenschaftlichen Beirat" des Auswärtigen Amts ausgearbeiteten Entwurf für den Artikel I eines Abkommens zwischen der Bundesrepublik und der ČSSR über eine Verbesserung des bilateralen Verhältnisses; Dok. 99, Anm. 5.
Am 29. März 1973 nahm Ministerialdirigent von Schenck Stellung zur Frage, ob in Absatz 1 des Entwurfs das Wort „ungültig" durch „nichtig" ersetzt werden könne: „Diese Frage war von mir bereits in der letzten Sitzung des Beirats zur Diskussion gestellt worden. Die Mitglieder des Beirats äußerten sich dahin, daß eine Verwendung des Wortes ‚nichtig' in diesem Zusammenhang dann erwogen werden könnte, wenn die ČSSR die in der Formulierung des Absatzes 1 liegenden rechtlichen Kauteln und die vorgeschlagene Regelung der Folgen in den Absätzen 2 bis 4 akzeptiert. Nur unter diesen Voraussetzungen würde das Wort ‚nichtig' am Ende tragbar sein können: a) Das Wort ‚nichtig' würde ganz eindeutig das besagen, was schon aus dem juristisch unscharfen Wort „ungültig" herausgelesen werde könnte, ohne mit hinreichender Sicherheit widerlegt werden zu können: daß nämlich das M[ünchener]A[bkommen] niemals rechtswirksam gewesen sei und die tschechoslowakische ex-tunc-These damit von uns anerkannt werde. Durch die prädikative Wendung ‚als ungültig (nichtig) behandeln' muß verhindert werden, daß eine Aussage zustande kommt, die den Charakter einer rückwirkenden Feststellung hätte und bedeuten würde, daß wir uns dem tschechoslowakischen Rechtsstandpunkt beugen. Die rechtliche Tragweite der Aussage über das MA muß ferner durch die Worte ‚nach Maßgabe dieses Vertrages' mit der in den Absätzen 2, 3 und 4 zu treffenden Folgenregelung gekoppelt werden. b) Der Begriff der Nichtigkeit wird ex definitione im Sinne einer von Anfang an gegebenen Rechtsunwirksamkeit verstanden werden müssen; seine Verwendung könnte daher eine Vermutung dahin begründen, daß auch die Vollzugsakte des MA fehlerhaft gewesen seien. Eine solche Ausgangsbasis würde die Folgenregelung zusätzlich erschweren. Aus diesem Grunde müßte bei Verwendung des Wortes ‚nichtig' in besonderem Maße darauf geachtet werden, daß die Absätze 2 bis 4 als Balance ganz eindeutig ausfallen. Das Wort ‚nichtig' würde uns in bezug auf diese Absätze den geringen Spielraum nehmen, den wir bei Verwendung von ‚ungültig' in Einzelformulierungen noch haben mögen. c) Deshalb sollten wir das Wort ‚nichtig' auf keinen Fall von vornherein anbieten, sondern allenfalls in einem schon sehr fortgeschrittenen Stadium von Verhandlungen gewissermaßen als Prämie konzedieren, wenn die ČSSR sich dafür auf die Absätze 2, 3 und 4 in ihrer vorliegenden oder einer gleichwertigen Fassung einläßt." Vgl. VS-Bd. 9711 (500); B 150, Aktenkopien 1973.

Falls Sie in der Lage sind, auf der Basis dieses Angebots in nähere Gespräche einzutreten, würde ich es nicht für ausgeschlossen halten, daß wir am Ende dieser Runde den gemeinsamen Beschluß fassen und auch der gespannten Öffentlichkeit mitteilen können, daß wir in reguläre und ordentliche Verhandlungen über den Vertragstext selbst eintreten können.

VM *Goetz*: Um auf den Kern der Sache zu kommen und nicht alles das kommentieren zu müssen, was Sie gesagt haben, wäre es für mich notwendig, daß mir dieser Vorschlag in einer konkreten Formulierung vorgelegt wird. Ich kann nämlich aus dem, was Sie über die Folgen gesagt haben, in diesem Moment nicht beurteilen, wie das mit der tschechoslowakischen Gesetzgebung vereinbar ist.

Was die Nichtigkeit anbelangt, auch da muß ich es konkret sehen, um es beurteilen zu können. Auf den ersten Blick nämlich scheint mir da ein bedeutender Widerspruch vorhanden zu sein. Denn einerseits würden Sie auf Ihrem Rechtsstandpunkt beharren, daß das Münchener Abkommen gegolten hat. Auf der anderen Seite würden Sie von uns – als wäre das Münchener Abkommen von Anfang an ungültig gewesen – eine umfangreiche Garantie verlangen, die alle negativen Folgen ausschließen würde. Über die politische und moralische Verurteilung konnten wir Übereinstimmung erzielen. Wenn ich Sie richtig verstanden habe, würde die Konstruktion, die Sie im Auge haben, einerseits beiden Seiten die Aufrechterhaltung ihres Rechtsstandpunktes gestatten, andererseits aber das Münchener Abkommen für die Zukunft ungültig sein. Diese Konstruktion würde also de facto zur Folge haben, daß sich die tschechoslowakische Regierung mit der Rechtsauffassung identifiziert, daß das Münchener Abkommen erst von dem Moment an nichtig sein wird, in dem unser Vertrag unterschrieben ist. Um dieses Ergebnis zu erreichen, müßte die tschechoslowakische Seite generelle, umfassende, von ihrem Standpunkt aus einseitige Garantien geben. Diese Garantien wären die Voraussetzung für einen Vertrag auf der Basis ex tunc.

Dies ist mein erster Eindruck und deshalb bitte ich darum, mir diesen Vorschlag wenn möglich schriftlich vorzulegen, um ihn studieren und dazu konkret Stellung nehmen zu können. Aufgrund Ihrer bisherigen allgemeinen Erläuterungen kann ich noch nicht endgültig Stellung nehmen.

StS *Frank*: Unsere Überlegungen sind natürlich noch nicht so weit gediehen, daß wir Ihnen einen fertigen Vertragstext vorlegen könnten. Wir sind bisher immer davon ausgegangen, daß der Vertragswortlaut und der Wortlaut eines solchen Artikels das Ergebnis gemeinsamer Verhandlungen sein sollten. Im derzeitigen Stadium kann es sich bei allem schuldigen Respekt für unsere Gesprächspartner nur darum handeln, einen allgemeinen Rahmen zu entfalten oder eine Grundlage, auf der uns die Aufnahme regulärer Verhandlungen sinnvoll erscheint.

Die Grundlage ist, daß wir bereit sein würden, eine Formulierung zur Nichtigkeit des Münchener Abkommens zu akzeptieren gegen einen Ausschluß der Rechtsfolgen. Wenn ich mich an den Brief von Ministerpräsident Štrougal erinnere, war dies der Kern seiner Ausführungen.

Nun sagen Sie mit Recht, daß Sie in dieser Konstruktion einen gewissen Widerspruch entdecken. Sie werden sich erinnern, daß ich früher darauf hingewiesen habe, daß wir bei einer Feststellung über das Münchener Abkommen, die keine Nichtigkeit und Ungültigkeit ex tunc beinhaltet, keine Aussage über Rechtsfolgen brauchen. Wir haben Sie aber in fünf Gesprächsrunden so verstanden, daß Sie auf die Nichtigkeit zentralen Wert legen und daß eine Aussage über die Nichtigkeit nicht an der Klärung der Rechtsfolgen scheitern solle. Bei dieser Sachlage ist doch die ganz einfache Frage: Wie sollen denn Rechtsfolgen entstanden sein, wenn das Münchener Abkommen nicht zu einem gewissen Zeitpunkt rechtsgültig war? Aus diesen Überlegungen sind wir zu dieser, wenn Sie wollen, widersprüchlichen Konstruktion gekommen, denn eine Feststellung über die Nichtigkeit des Münchener Abkommens ohne Klärung oder Ausschluß der Rechtsfolgen ist, offen gesagt, völlig inakzeptabel. Das hat auch der Bundeskanzler in einem Gespräch, das Sie kennen, zum Ausdruck gebracht.[10]

Wir haben jetzt zwei Möglichkeiten: Entweder eine gemeinsame Feststellung, daß das Münchener Abkommen ungültig geworden oder erloschen ist, d.h., nicht ex tunc ungültig war, und dann brauchten wir über die Rechtsfolgen nichts zu sagen, oder wir kommen Ihnen entgegen und treffen eine gemeinsame Feststellung über die Nichtigkeit des Münchener Abkommens. Dann brauchen wir aber ebenso gemeinsame vertragliche Feststellungen über die rechtliche Fortdauer der Rechtsakte, -geschäfte und -verhältnisse, die in der Zeit erfolgt sind, als die vom Münchener Abkommen betroffenen Gebiete in die Rechtsordnung des Deutschen Reichs eingegliedert waren, ohne daß dabei über den moralischen Titel dieser Eingliederung etwas gesagt wird. Weil ich das Dilemma eines widersprüchlichen Vertrags vorhergesehen habe, war und bin ich auch heute der Überzeugung, daß die Formel, die wir in Rothenburg gefunden hatten, für beide Seiten das Optimale darstellt.

Ich will nun versuchen, das, was ich Rahmen oder Grundlage einer solchen Konstruktion genannt habe, zu erläutern.

Ein deutsch-tschechoslowakischer Vertrag darf auf keinen Fall die von deutscher Seite verliehene deutsche Staatsangehörigkeit in Frage stellen. Wir sind nach unserem Staatsangehörigkeitsrecht[11] nicht in der Lage, Gruppen oder Personen, die die deutsche Staatsangehörigkeit erhalten haben, diese durch einen Vertrag abzuerkennen.

Die Bundesregierung hat mit Befriedigung davon Kenntnis genommen, daß die tschechoslowakische Regierung nicht beabsichtigt, aus ihrer Rechtsauffassung über die Ungültigkeit des Münchener Abkommens eine strafrechtliche Verfolgung deutscher Staatsangehöriger herzuleiten. Die Bundesregierung geht da-

---

10 Vgl. dazu das Gespräch des Bundeskanzlers Brandt mit dem Generalsekretär des ZK der KPdSU, Breschnew, am 17. September 1971 in Oreanda; AAPD 1971, III, Dok. 311.

11 Vgl. dazu Artikel 116 des Grundgesetzes vom 23. Mai 1949; Dok. 67, Anm. 13.
Das Gesetz vom 22. Februar 1955 zur Regelung von Fragen der Staatsangehörigkeit regelte die Staatsangehörigkeitsverhältnisse deutscher Volkszugehöriger, denen die deutsche Staatsangehörigkeit aufgrund von Verträgen und Verordnungen zwischen 1938 und 1945 durch Sammeleinbürgerung verliehen worden war, von Personen, die gemäß Artikel 116 GG Deutsche waren, ohne die deutsche Staatsangehörigkeit zu haben, sowie deutscher Volkszugehöriger, die nicht Deutsche im Sinne des Grundgesetzes waren. Für den Wortlaut vgl. BUNDESGESETZBLATT 1955, Teil I, S. 65–68. Weiterhin Gültigkeit hatte zudem das Reichs- und Staatsangehörigkeitsgesetz vom 22. Juli 1913. Für den Wortlaut vgl. REICHSGESETZBLATT 1913, S. 583–593.

von aus, daß diese Bereitschaft im Rahmen einer umfassenden Folgenregelung verbindlich erklärt werden würde. Gegenstand einer umfassenden Folgenregelung muß auch ein Ausschluß etwaiger Forderungen der ČSSR und ihrer Staatsangehörigen auf Schadensersatz, Entschädigungen oder Restitutionen aufgrund einer solchen Aussage bilden.

Niemand soll sich bei diesen drei Folgenbereichen auf den abzuschließenden Vertrag berufen können. Ich würde nun vorschlagen, daß wir, wenn die allgemeine Richtung dieses Gedankens Ihren Beifall findet, eine kleine Gruppe aus der Mitte der beiden Delegationen beauftragen, diesen Verhandlungsrahmen bzw. diese Verhandlungsgrundlage zu Papier zu bringen, mit anderen Worten aufzuschreiben, welche Bedingungen ein solcher Vertragsartikel erfüllen muß, um für beide Seiten akzeptabel zu sein.

Dies ist das Ergebnis der Denkpause auf unserer Seite. Sie mögen es glauben oder nicht, aber es war nicht ganz einfach, alle Teile der Bundesregierung für diese Konstruktion zu begeistern. Ich weiß so wie Sie, daß es andere Stimmen gibt, die das Münchener Abkommen nicht in seiner juristischen Bedeutung gewürdigt wissen wollen.

Ich finde, daß dieses Angebot, das sich an den Brief von Ministerpräsident Štrougal und an andere hochgestellte Äußerungen anlehnt und daran inspiriert hat, daß diese Konstruktion den Ausweg aus diesem Dilemma weisen könnte, in der wir uns befinden. Vielleicht hat unser Gespräch in der fünften Sondierungsrunde darunter gelitten, daß wir es zu sehr im Zeichen der Alternative ex tunc – ex nunc geführt haben.

VM *Goetz*: Ich meine nicht, daß ein Widerspruch zwischen dem, was Sie vorher und dem, was Sie jetzt sagten, besteht. Sie haben in der Tat die erklärte Absicht meiner Regierung richtig interpretiert, was die komplexe Verbindung der Frage der Ungültigkeit des Münchener Abkommens mit der Lösung der Folgen anbelangt. Ich stimme mit dem, was Sie über die zwei Möglichkeiten gesagt haben, voll überein. Ich will sie deshalb nicht wiederholen.

Wir haben persönlich und immer auf allgemeiner Ebene wiederholt, wie bei einer Formulierung der Ungültigkeit des Münchener Abkommens die Folgenlösung aussehen würde. Unter der Bedingung, daß wir wissen müssen, wie Artikel 1 Absatz 1 aussieht, sind wir zu einer – wie Sie sich ausdrücken – generellen Lösung der Folgen bereit. Ich kann Ihnen versichern, daß wir, wenn Artikel 1 Absatz 1 für uns akzeptabel ist, die Folgen in adäquater Weise lösen werden. Deswegen haben wir von Anbeginn betont, daß ein Vertrag für beide Seiten akzeptabel sein muß. Und wenn sich die tschechoslowakische Regierung ehrlich um verbesserte Beziehungen zur Bundesrepublik Deutschland bemüht, hat sie nicht den Nebengedanken, im Vertrag Lücken bestehen[12] zu lassen. Wir haben die häufig wiederholten und auch in der Regierungserklärung wiederkehrenden Worte des Bundeskanzlers, daß das Münchener Abkommen ein für allemal aus der Welt geschafft werden soll, damit es die Beziehungen zwischen unseren Ländern nicht mehr belastet[13], dahin interpretiert, daß hierzu

---

12 Korrigiert aus: „bestehen bleiben".
13 Am 18. Januar 1973 führte Bundeskanzler Brandt vor dem Bundestag aus: „Das Gefüge unserer bilateralen Verträge zum Gewaltverzicht, der mit der Sowjetunion zuerst vereinbart wurde, verlangt nach einem Abschluß mit der benachbarten Tschechoslowakischen Sozialistischen Republik.

eine Folgenregelung in der skizzierten Weise erforderlich ist. Wir sind, wenn Artikel 1 Absatz 1 so gelöst wird, daß die Nichtigkeit (nicotnost) des Münchener Abkommens in gebührlicher Weise zum Ausdruck kommt, tatsächlich dazu bereit, die Folgenfrage in analoger Weise zu lösen, wie Sie darüber gesprochen haben. Darin besteht also kein Widerspruch zwischen uns. Sie haben uns richtig interpretiert. Hiervon geht auch der Štrougal-Brief aus, und auch wenn er es dort nicht in ausführlicher Weise beschrieben hat, hatte er das im Sinn.

Wenn also eine Lösung in Richtung auf das Gesagte hinausläuft, bitte ich Sie nochmals, allgemein darzulegen, wie Artikel 1 eines möglichen Vertrags aussehen soll. Hierbei will ich Ihre Aufmerksamkeit darauf lenken, daß wir dabei auch an das Skelett des abzuschließenden Vertrags denken, seine Ausgewogenheit in der Zahl der Artikel, d.h., daß der Vertrag optisch nicht so aussieht, als ob er zu 80 Prozent oder zwei Dritteln nur das Münchener Abkommen und seine Folgen betrifft und daß irgendwo sonst in diesem Text die weiteren Artikel verlorengehen, die in den Verträgen enthalten sind, die Sie mit Polen[14] und der Sowjetunion[15] abgeschlossen haben. Wir sollten deshalb auch die Möglichkeit bedenken, umfangreichere Dinge in Anlagen aufzunehmen, die Bestandteil des Vertrags bilden. Um es in der Sprache normaler Menschen zu sagen, wir sollten auch die Möglichkeit bedenken, dem Vertrag außerhalb seines Texts hübsche Kleider mitzugeben.

Mit der Einsetzung der von Ihnen vorgeschlagenen Kommission bin ich einverstanden.

StS *Frank*: Auftrag der Unterkommission sollte es sein, die wesentlichen Elemente der vorgeschlagenen Lösung zu Papier zu bringen. Dabei ist es evident, daß zwischen dem Komplex „Ungültigkeit", „Nichtigkeit" einerseits und dem Komplex Rechtsfolgen andererseits ein Zusammenhang besteht, wie zwischen zwei kommunizierenden Röhren. Je präziser und vollständiger die Rechtsfolgen ausgeschlossen werden, desto befriedigender für Ihre Seite kann die Aussage zur Nichtgültigkeit, Nichtigkeit des Münchener Abkommens gestaltet werden und umgekehrt.

Deshalb wird es methodisch wohl das sicherste und das schnellste sein, mit der Formulierung des Ausschlusses der Rechtsfolgen zu beginnen und von dorther dann zur Formulierung der Nichtigkeit zu gelangen, wenn einmal die Verhandlungen begonnen haben. Ich gebe zu, das wird keine einfache Sache sein. Entweder betreiben wir unsere Arbeit seriös als Professionals oder es genügt, ein Kommuniqué zu machen, dem wir dann den Namen „Vertrag" geben. Meine Rolle in diesen Verhandlungen ist nicht bedeutend, aber ich sage ganz offen, daß eine solche Methode für mich nicht möglich wäre. Das heißt, daß die Formulierung über den Ausschluß der Rechtsfolgen so hieb- und stichfest sein

---

Fortsetzung Fußnote von Seite 509

Die Bundesregierung hofft, in absehbarer Zeit eine Vereinbarung erreichen zu können, durch die das Münchener Abkommen aufhört, das Verhältnis der beiden Staaten zu belasten." Vgl. BT STENOGRAPHISCHE BERICHTE, Bd. 81, S. 123.

14 Für den Wortlaut des Vertrags vom 7. Dezember 1970 zwischen der Bundesrepublik und Polen über die Grundlagen der Normalisierung ihrer gegenseitigen Beziehungen vgl. BUNDESGESETZBLATT 1972, Teil II, S. 362 f.

15 Für den Wortlaut des Vertrags vom 12. August 1970 zwischen der Bundesrepublik und der UdSSR vgl. BUNDESGESETZBLATT 1972, Teil II, S. 354 f.

muß, daß sie wenigstens vor dem Notar oder einem Amtsgericht bestehen kann. Es ist keine Schande, in Vertragsverhandlungen als Jurist an die Sache heranzugehen.

Nun zum Vertrag selbst, seiner Struktur: Ich habe in allen Sondierungsgesprächen zum Ausdruck gebracht, und es ist meine aufrichtige Absicht, daß wir einen Vertrag zustandebringen sollten, der in sich den Impuls zur Zusammenarbeit in der Zukunft enthält. Ich habe deshalb diese Diskussion über die Vergangenheit, von der unsere junge Generation, die mehr als 50 Prozent der Bevölkerung ausmacht, nicht mehr weiß, was sie war, nie für besonders glücklich gehalten. Sie können aber aus unserem Angebot sehen, daß wir bereit sind, bis an die alleräußerste Grenze des uns Möglichen zu gehen und vielleicht auch darüber hinaus.

VM *Goetz*: Auch uns geht es so, daß wir uns – wie Sie – gleichsam auf dem Territorium des anderen befinden.

StS *Frank*: Ich stelle mir vor, daß unser Vertrag mit einer Präambel wie in den Verträgen mit Moskau und Warschau beginnt.

Wir können nichts akzeptieren, was die Vertreibung der Sudetendeutschen legalisieren würde.

Ich bin mit Ihnen einverstanden, daß der Vertrag ausgewogen sein soll. Wir wollen nicht nur schöne Kleider um das Knochengerüst von Artikel 1, sondern Artikel mit Fleisch und Blut und Muskeln. Das heißt, wir wollen auch Artikel über künftige Kooperation. Wir verstehen sehr gut das Interesse der tschechoslowakischen Seite daran, durch Artikel 1 des Vertrags für alle Zeiten die notwendige Sicherheit zu bekommen. Wenn wir das nicht bejahen würden, würden wir den Vertrag nicht schließen. Ich bitte aber darum, bei Verhandlungen immer das eine im Gedächtnis zu halten: Die beste und sicherste Garantie für Frieden zwischen zwei Nachbarstaaten resultiert aus zunehmender Verzahnung in ihrer Zusammenarbeit. Wir haben keine Bedenken, diejenigen Feststellungen aus dem deutsch-sowjetischen Vertrag in unseren Vertrag zu übernehmen, die unserem Verhältnis angemessen sind, aber ich glaube, es wäre weder in Ihrem noch in unserem Interesse, alle dort getroffenen Vereinbarungen einfach zu kopieren. In der Grenzfrage sind wir der Tschechoslowakei gegenüber durchaus bereit, zu dem zu stehen, was ich immer gesagt habe, nämlich eine sehr feste kategorische Feststellung über die deutsch-tschechoslowakische Grenze, wie sie heute verläuft, zu treffen. Denn wir sind der Meinung, daß es zwischen der ČSSR und der Bundesrepublik Deutschland kein Grenzproblem gibt.

Zusammenfassend: Wir sollten jetzt an je ein oder zwei Mitglieder unserer beiden Delegationen den Auftrag erteilen, das besprochene Papier vorzubereiten. Dieses sollte keine Formulierungen enthalten, sondern nur eine Disposition der Fragen, die dann im Rahmen der Verhandlungen gelöst werden müssen. Ich bin mit Ihnen der Meinung, daß die Feststellungen über das Münchener Abkommen und seine Rechtsfolgen weder 80, 70, 60 oder 50 Prozent ausmachen sollten, sondern daß im Kontext des Vertrags auch optisch klar wird, daß Artikel 1 die Vergangenheit auslöscht und die folgenden Artikel der Zukunft gewidmet sind.

Artikel 1 müßte in mehrere Teile geteilt sein. Absatz 1 müßte eine Aussage
darüber enthalten, wie wir das Problem der Nichtigkeit des Münchener Abkommens behandeln wollen. Absätze 2, 3 und 4 würden dann Aussagen über
die drei Gruppen der Rechtsfolgen enthalten (Staatsangehörigkeit, allgemeine
Rechtsfolgen, vermögensrechtliche Ansprüche).

Wenn unsere Mitarbeiter gut zugehört haben, sollten sie in der Lage sein, uns
dieses Papier zu erstellen, und wir könnten dann auf seiner Grundlage die
Frage diskutieren, ob uns die Eröffnung von Verhandlungen hinreichend gerechtfertigt erscheint. Ich brauche nicht zu betonen, daß meine Seite es sehr
begrüßen würde, wenn wir als Ergebnis dieser sechsten Sondierungsrunde die
baldige Aufnahme von Verhandlungen bekanntgeben könnten.

Über die Gestaltung solcher Verhandlungen, die ich mir kontinuierlich vorstelle, d.h. jeweils mehrere Tage ohne längere Denkpausen, könnten wir uns dann
noch unterhalten. Der Ablauf der Verhandlungen wird mehr als von allem anderen beeinflußt sein von Ihrer und von meiner Inanspruchnahme. Ich halte es
aber nicht für ausgeschlossen, daß wir einen rationellen und ökonomischen
Weg finden können.

Ihr Schicksal ist insoweit nicht mit meinem identisch, als ich praktisch seit
Oktober letzten Jahres vor der Situation stehe, meinen Minister nicht in Bonn
zu haben. Er war beansprucht zunächst durch den Wahlkampf, dann durch die
Regierungsbildung[16], dann eine schwere Operation, jetzt ist er im Urlaub und
daran anschließend wird er mit dem ganzen Nachholbedarf seiner Termine
konfrontiert sein. Ich sage dies, um den Eindruck zu zerstreuen, bei uns gehe
es im Zusammenhang mit den deutsch-tschechoslowakischen Gespräche um
Fragen von Strategie und Taktik. Ich habe es immer als besonders störend
empfunden, daß wir in der Lage waren, einen Vertrag mit der Sowjetunion und
einen mit Polen zu schließen, Ländern, die nicht mehr unsere Nachbarn sind,
und daß wir mit unserem unmittelbaren Nachbarn ČSSR diese Schwierigkeiten haben sollten.

Ihr Hinweis auf die allgemeine Entwicklung in Europa – Helsinki und Wien –
hat seine Bedeutung und Berechtigung. Dennoch, Helsinki und Wien werden
vorbeigehen, aber die Nachbarschaft unserer beiden Staaten und Völker bleibt.
Wir fühlen deshalb unsere Verpflichtung und Verantwortung, einen Vertrag
abzuschließen, der auf keiner der beiden Seiten Bitterkeit hinterläßt.

VM *Goetz*: Ich glaube, im wesentlichen mit dem übereinstimmen zu können,
was Sie gesagt haben. Wenn ich einzelne Teile Ihrer Ausführungen kommentieren sollte, würde ich nur unsere kostbare Zeit über Gebühr in Anspruch
nehmen. Viel ist geschehen in der letzten Zeit und viel geschieht: Sie haben
Verträge mit der Sowjetunion, Polen und der DDR[17] abgeschlossen, die Probleme gelöst haben, deren Lösung bis dahin unvorstellbar war. Die Gespräche in
Helsinki und Wien gehen fort. Das Verhältnis der beiden Nachbarn ČSSR und
Bundesrepublik Deutschland konnte zwar noch nicht gelöst werden. Aber was

---

16 Die Wahlen zum Bundestag fanden am 19. November 1972 statt. Am 14. Dezember 1972 wurde
   Willy Brandt erneut zum Bundeskanzler gewählt. Die Bundesminister wurden am 15. Dezember
   1972 vereidigt.

17 Für den Wortlaut des Vertrags vom 21. Dezember 1972 über die Grundlagen der Beziehungen zwischen der Bundesrepublik und der DDR vgl. BULLETIN 1972, S. 1842 f.

nicht ist, kann sein. Wir befinden uns gerade in der Phase, daß wir das tun, was uns zu tun vorher nicht gelungen ist. Wie es heißt, es ist niemals zu spät. Auch ich bin der Ansicht, daß der Vertrag keine Bitterkeit hinterlassen sollte, denn jeder Vertrag ist gleichsam ein Vorgang zwischen Gast und Gastwirt. Dies ist natürlich nicht sehr kompliziert, wenn der Gast Geld hat. Hier ist es aber sehr viel schwieriger.

Für die Unterkommission schlagen wir Herrn Pisk, Herrn Mika und den Dolmetscher vor.

StS *Frank*: Wir schlagen Frau Finke-Osiander und Herrn von Schenck vor. Die Gruppe kann hier im Bungalow ihre Arbeit erledigen. Und wir können uns dann nach der Fertigstellung des Papiers am Nachmittag wieder treffen.

Es folgt jetzt der Text der von der gemeinsamen Arbeitsgruppe am 12.4.73 erstellten Unterlage:

„Artikel I (Überschriften für die einzelnen Absätze)

Absatz 1

Ursprünglicher deutscher Vorschlag:
Grundsätzliche Erklärung über die Behandlung des Münchener Abkommens vom 29. September 1938 in den gegenseitigen Beziehungen.

Tschechoslowakischer Gegenvorschlag:
Grundsätzliche Erklärung über die Nichtigkeit des Münchener Abkommens vom 29. September 1938 im Interesse ihrer gegenseitigen Beziehungen.

Deutsche Alternativvorschläge:
Grundsätzliche Erklärung über die Ungültigkeit oder Nichtigkeit des Münchener Abkommens vom 29. September 1938 in den gegenseitigen Beziehungen.

Oder:
Grundsätzliche Erklärung über die Behandlung des Münchener Abkommens vom 29. September 1938 als ungültig oder nichtig im Interesse der gegenseitigen Beziehungen.

Absatz 2

Feststellung über Folgen der Anwendung der deutschen Rechtsordnung in Gebieten, die vom Münchener Abkommen betroffen worden sind.

Absatz 3

Feststellung über die deutsche Staatsangehörigkeit als Folge des Münchener Abkommens.

Absatz 4

Klarstellung, daß Absatz 1 keine Rechtsgrundlage für materielle Forderungen der ČSSR und ihrer Staatsangehörigen gegen die Bundesrepublik Deutschland und deutsche Staatsangehörige bildet."

Fortsetzung des Gesprächs am Freitag, dem 13. April 1973, 10.00 Uhr, im Kanzlerbungalow:

StS *Frank* begrüßt die tschechoslowakische Delegation zur Fortsetzung des Gesprächs.

Ich würde vorschlagen, daß wir jetzt die Formulierungen durchsprechen, die die gestrige Arbeitsgruppe erarbeitet hat. Diese Formulierungen sind bestimmt, den Rahmen oder die Grundlage für kommende Vertragsverhandlungen zu bilden, soweit die Frage des Münchener Abkommens betroffen ist.

Wir waren uns – glaube ich – darüber einig, daß der Vertrag eine Präambel enthalten soll, in der wir allgemeine Gedanken über Vergangenheit, Gegenwart und Zukunft zum Ausdruck bringen, daß dann Artikel 1 sich mit dem Münchener Abkommen und den Rechtsfolgen beschäftigt und daß die weiteren Artikel sich im Prinzip an den Vertrag zwischen der Bundesrepublik Deutschland und der Sowjetunion anlehnen. In den Moskauer Absichtserklärungen von 1970 ist ja die Rede davon, daß die Verträge mit der Sowjetunion, der Volksrepublik Polen und der ČSSR ein einheitliches Ganzes bilden.[18] Das verstehen wir so, daß in allen diesen Verträgen im großen und ganzen die gleichen Prinzipien einen Niederschlag finden sollen, daß aber doch die Bedingungen in den einzelnen Fällen verschieden sein können.

Wenn wir diese Formulierungen der Arbeitsgruppe durchgesprochen und uns auf eine Formulierung geeinigt haben, dann sind meines Erachtens die Voraussetzungen gegeben, um unseren beiden Regierungen die Aufnahme förmlicher Vertragsverhandlungen zu empfehlen.

Nach der Durchsicht der Formulierungen sollten wir uns über die Organisation und den Zeitpunkt der Verhandlungen unterhalten.

Als letzten Punkt des Arbeitsprogramms von heute vormittag sollten wir uns dann über den Wortlaut einer Presseverlautbarung einigen, in der wir der wartenden Öffentlichkeit mitteilen, daß wir nun in der Lage sind, den Regierungen die Aufnahme von Verhandlungen vorzuschlagen. Wir haben für 12.30 Uhr die Korrespondenten, die sich für diese Frage interessieren, in das Auswärtige Amt bestellt.

Ich würde vorschlagen, daß wir dort die Presseverlautbarung bekanntgeben und uns dann beide den Korrespondenten zur Beantwortung von Fragen zur Verfügung stellen. Dabei sollten wir jedoch meines Erachtens nach nicht im einzelnen auf die Art der gefundenen Rechtskonstruktion und unserer Vereinbarungen eingehen.

VM *Goetz*: Einverstanden.

StS *Frank*: Dann würde ich also vorschlagen, daß wir einen Durchgang über die Formulierungen zu Artikel 1 machen. Es handelt sich hierbei ja mehr um Überschriften als um den Inhalt, geschweige denn um Formulierungen eventueller Texte. Es sind vielmehr nur Orientierungspunkte für die Vertragsverhandlungen.

Die deutsche Seite hatte zu Absatz 1 zunächst einen Vorschlag vorgelegt, der wie folgt lautete:

„Grundsätzliche Erklärung über die Behandlung des Münchener Abkommens vom 29. September 1938 in den gegenseitigen Beziehungen."

---

18 Für Punkt 1 der „Absichtserklärungen" zum Vertrag vom 12. August 1970 zwischen der Bundesrepublik und der UdSSR, der wortgleich mit Leitsatz 5 vom 20. Mai 1970 („Bahr-Papier") war, vgl. Dok. 58, Anm. 41.

Ihre Seite hat dann folgenden Gegenvorschlag gemacht:

„Grundsätzliche Erklärung über die Nichtigkeit des Münchener Abkommens vom 29. September 1938 im Interesse ihrer gegenseitigen Beziehungen."

Für uns ist es im Augenblick schwierig, diesen tschechoslowakischen Gegenvorschlag anzunehmen, und zwar aus einem Grunde, den ich gestern erwähnt hatte, als ich sagte, die Formulierungen der Absätze 2, 3 und 4 bildeten mit der Formulierung des Absatzes 1 ein System kommunizierender Röhren, d.h., je präziser, je vollständiger der Ausschluß der Rechtsfolgen erklärt werden kann, desto eher sind wir in der Lage, uns dem Begriff „Nichtigkeit" zu nähern oder ihn gar zu akzeptieren. Da im Augenblick weder wir noch Sie wissen, wie die Formulierung der Absätze 2 bis 4 endgültig aussehen wird, scheint es mir nicht richtig, im Absatz 1 schon eine Festlegung im maximalen Sinn der einen Seite vorzunehmen.

Wir haben deshalb einen deutschen Alternativvorschlag unterbreitet, der folgenden Wortlaut hat:

„Grundsätzliche Erklärung über die Ungültigkeit oder Nichtigkeit des Münchener Abkommens vom 29. September 1938 (hierzu möchte ich anmerken: je nachdem, wie wir die Rechtsfolgen beseitigen) in den gegenseitigen Beziehungen."

Ich wäre Ihnen für eine Äußerung zu diesem Kompromißvorschlag dankbar.

VM *Goetz*: Ich kann sagen, daß wir mit dem übereinstimmen können, was Sie gesagt haben, denn auch wir haben in unseren Vorschlägen Artikel 1 – Ungültigkeit und Rechtsfolgen – immer als einen Komplex bewertet. Wenn Sie im Moment nicht in der Lage sind, wegen der offenen Regelung der Rechtsfolgen die Formulierung „ungültig" durch die Formulierung „nichtig" zu ersetzen, möchte ich dagegen nicht polemisieren, weil wir konkrete Formulierungen bei künftigen Verhandlungen suchen wollen.

Dennoch bin ich der Meinung, daß wir es heute schon ruhig tun könnten, denn es handelt sich um Sondierungsgespräche, in denen wir weder das eine noch das andere fixieren und in denen wir jederzeit von „nichtig" zurücktreten könnten, falls es sich als unmöglich erweisen sollte, in den drei Punkten der Rechtsgarantien eine für Sie akzeptable Regelung zu finden. Uns war – wenn ich an die letzte Runde in Prag denke – von Anfang an klar, daß die Ausgewogenheit dieser zwei Dinge die Grundlage für das Zustandekommen eines Vertrags ist. Verständlicherweise werden wir aber darauf beharren, daß das Wort „nichtig" verwendet wird. Wir könnten also nur der zweiten Variante Ihres Vorschlags zustimmen dahingehend, daß „ungültig" durch „nichtig" ersetzt wird. Ich sage das deshalb, weil wir bei Ihrer Zustimmung zu dieser Formulierung in geeigneter Weise vorbereitet sind, der Regulierung der Rechtsfolgen zuzustimmen. Sie haben aber gesagt, daß Formulierungsfragen Aufgabe der Prager Verhandlungen sein sollen und daß es für Sie heute schwierig wäre, anstelle des Worts „ungültig" das Wort „nichtig" zu verwenden. Wenn Sie hierin eine Gefahr erblicken, daß wir Sie betrügen könnten, dann meine ich, brauchen wir darüber nicht zu polemisieren, und wir können diesen Text als Rahmen für die konkreten Verhandlungen verwenden. Ich wiederhole jedoch, wenn wir „nichtig" heute erreichen könnten, wäre dies das effektivere Ergebnis. Sie würden sich mit diesem Ergebnis zu nichts verpflichten. Und man könnte am Ende einen Satz anfügen, daß Ihre Delegation erklärt hat, „nichtig" setze für Ihre Delegation eine adäquate Lösung der Rechtsfolgen voraus, d. h., wenn keine Lösung der Rechtsfolgen in adäquater Weise erfolgen würde, wäre die deutsche Delegation nicht an das gebunden, zu dem sie heute ihre Zustimmung gegeben hat. Aber ich möchte hier nicht streiten.

StS *Frank*: Es ist ein Vorteil, wenn man sich durch mehrere Runden gegenseitig kennengelernt hat. Es kann gar keine Frage sein, daß wir daran denken, hier werde betrogen.

VM *Goetz*: Das würden Sie auch gar nicht zulassen.

StS *Frank*: Ich bin der Meinung, daß es im gegenwärtigen Stadium unserer Gespräche logisch wäre, „ungültig" und „nichtig" zu erwähnen und nicht bereits eine Fixierung auf das eine oder andere vorzunehmen. Ich möchte auch zu bedenken geben, daß man mit Indiskretionen rechnen muß. Wir möchten nicht, weder bei Ihnen noch bei uns, daß die Diskussion wieder von vorne anfängt und Außenstehende darüber nachdenken, wo es sich um Zugeständnisse von wem handelt. Wenn wir uns aber hier völlig einig sind, und Ihre Äußerungen scheinen mir das zu bestätigen, daß wir in der endgültigen Formulierung des Absatzes 1 den Begriff der „Nichtigkeit" nur bei einer völlig zufriedenstellenden Formulierung der Absätze 2 bis 4 über die Rechtsfolgen haben werden, bin ich bereit, Ihnen entgegenzukommen und auf die Worte „Ungültigkeit" zu verzichten, so daß die Formulierung jetzt lauten würde:

„Grundsätzliche Erklärung über die Nichtigkeit des Münchener Abkommens vom 29. September 1938 in den gegenseitigen Beziehungen."

Ich möchte nunmehr erklären, weshalb wir nicht „Nichtigkeit ... im Interesse ihrer gegenseitigen Beziehungen" sagen können. Die von uns angestrebte Formulierung muß eine ausgewogene Konstruktion sein, und dies ist sie nur dann, wenn ihre Anwendung lediglich auf unsere bilateralen Beziehungen möglich ist, denn für andere – Großbritannien, Italien und Frankreich – stellt sich das Problem der Rechtsfolgen nicht. Das soll in den Worten „in den gegenseitigen Beziehungen" zum Ausdruck kommen. Nur eine solche Regelung wäre für uns möglich. Die Worte „im Interesse ihrer gegenseitigen Beziehungen" würden hingegen das zum Ausdruck bringen, was eigentlich nur für den Vertrag in seiner Gesamtheit gilt. Wir schließen den Vertrag im Interesse unserer gegenseitigen Beziehungen, und ich würde meinen, daß dieser Gedanke dann irgendwo in der Präambel seinen Niederschlag finden sollte, daß wir aber Artikel 1 so nüchtern, präzis, formal wie möglich formulieren sollten.

VM *Goetz*: Herr Staatssekretär, es war mir von Anfang an klar, daß die Worte „im Interesse ihrer gegenseitigen Beziehungen" in der Formulierung von Absatz 1 das Ziel verfolgen, das Sie gerade erklärt haben, d. h., daß wir durch einen bilateralen keinen multilateralen Vertrag aufheben können. Ich möchte in diesem Moment nicht polemisieren, sondern nur meine Meinung sagen: Es geht hier um einen bilateralen Vertrag, aus dem sich automatisch ergibt, daß wir nicht für Großbritannien sprechen. Ich hege Zweifel, daß der britische Botschafter in Prag[19] zu mir kommen und in dem Sinne protestieren könnte, daß

19 Ronald Stratford Scrivener.

Großbritannien ein Land ist, das darauf besteht, daß es das Münchener Abkommen gegeben hat, und sich durch Artikel 1 Absatz 1 des Vertrags zwischen der Bundesrepublik Deutschland und der ČSSR berührt fühlt.

Ich gehe davon aus, daß wir mit diesem Papier nur den Rahmen für offizielle Verhandlungen schaffen und daß wir uns jetzt nicht so sehr mit einzelnen Wörtern abgeben sollten, auch wenn sie grundsätzliche Bedeutung besitzen.

Wir sollten auf diesen Punkt in Prag zurückkommen, sei es in der Präambel, sei es in Artikel 1, wenn wir erst einmal Vertragsformulierungen plastisch auf dem Papier sehen und wenn wir damit beginnen, diese mit Blut, Fleisch und Knochen auszufüllen. Mit dieser Einschränkung akzeptiere ich Ihre Meinung.

StS *Frank*: Ich entnehme hieraus, daß zwischen uns im Grund genommen keine Kontroverse besteht.

Ich darf nun zu Absatz 2 kommen. Hierzu gibt es nur eine Formulierung. Dieser Absatz war in der Arbeitsgruppe also nicht kontrovers. Sein Wortlaut ist:

„Feststellung über Folgen der Anwendung der deutschen Rechtsordnung in Gebieten, die vom Münchener Abkommen betroffen worden sind."

Dies ist sozusagen die Definition für die Aufgabe, die uns in Absatz 2 gestellt ist.

VM *Goetz*: Einverstanden.

StS *Frank*: Ich komme nunmehr zu Absatz 3. Er lautet:

„Feststellung über die deutsche Staatsangehörigkeit als Folge des Münchener Abkommens."

Hierzu möchte ich schon im Vorgriff auf die Verhandlungen nur eine Bemerkung machen. Diese Formulierung ist nicht viel mehr als ein Merkposten. Bei der Behandlung der Frage der deutschen Staatsangehörigkeit als Folge des Münchener Abkommens verfügt unsere Seite aus verfassungsrechtlichen Gründen über wenig Spielraum. Im Zusammenhang mit anderen Verträgen haben wir das Problem kennengelernt. Ich würde aber annehmen, daß es in unserem Vertrag relativ noch am leichtesten lösbar ist. Sind Sie mit der Formulierung einverstanden?

VM *Goetz*: Ja.

StS *Frank*: Ich komme nun zu Absatz 4. Er lautet:

„Klarstellung, daß Absatz 1 keine Rechtsgrundlage für materielle Forderungen der ČSSR und ihrer Staatsangehörigen gegen die Bundesrepublik Deutschland und deutsche Staatsangehörige bildet."

Diese Formulierung ist meines Erachtens die juristische Formulierung dessen, was den Kern des Briefes von Ministerpräsident Štrougal bildet.

VM *Goetz*: Einverstanden.

StS *Frank*: Nun erhebt sich die Frage, ob das, was ich allgemein gesagt habe, in einem Papier schriftlich fixiert werden sollte. Meines Erachtens würde es hier genügen, wenn wir das so absprechen.

VM *Goetz*: Ich stimme Ihnen im Prinzip zu. Ich schließe aber nicht aus, daß wir eine Diskussion führen werden, wenn wir die Formulierungen der Absätze 2 bis 4 diskutieren werden.

In diesem Zusammenhang möchte ich auch noch einmal an das von mir gestern Gesagte erinnern. Wenn die Formulierungen zu Absatz 2 bis 4, was ihren Inhalt anbelangt, optisch den gesamten Vertragsinhalt überdecken, sollten wir, um dies zu verhindern, in die Prüfung die Möglichkeit einbeziehen, die Folgenregelung in eine Anlage aufzunehmen, ohne den Zusammenhang mit dem Vertrag zu stören. Gelänge uns eine Formulierung so, wie Sie es gesagt haben, d.h. in rationaler, sparsamer Weise, so könnten wir uns Gedanken machen über einen besonderen Artikel 2 über die Rechtsfolgen. Das sind Gedankengänge, mit denen wir uns bei der konkreten Zusammenstellung des Vertragswortlauts abgeben können. Wir sind uns aber einig, die Folgenregelung in direktem Zusammenhang mit dem Vertrag so oder so auszudrücken.

StS *Frank*: Ich verstehe sehr wohl, was Sie sagen.

Auch wir sind daran interessiert, daß die gewöhnliche Vertragsästhetik gewahrt bleibt. Um beim Vergleich mit dem Skelett zu bleiben: Die Arme sollten nicht doppelt so lang sein wie die Beine. Ich habe lediglich gegen den Gedanken einer Anlage Bedenken, weil wir damit in anderen Fällen nicht die allerbesten Erfahrungen gemacht haben.

Aber unser Bestreben wird sein, die Formulierungen zu Artikel 1 so knapp, rational und pauschal zu machen, daß der Ästhetik Rechnung getragen wird. Das wird die Hauptaufgabe für die Herren aus der völkerrechtlichen Sparte sein. Wenn wir erst einmal die Substanz haben, dann werden wir auch zu einer möglichst ästhetischen Darstellung kommen.

Wir können das auch dadurch kompensieren, daß die anderen Artikel allgemeiner gehalten werden und mehr als Ausdruck politischer Impulse erscheinen.

Wenn zu diesem Punkt keine Fragen mehr bestehen, schlage ich vor, daß wir uns über Organisation und Zeitpunkt der Verhandlungen unterhalten.

Zum Zeitpunkt: Wir wären in der Lage, nach Ostern[20] mit den Verhandlungen zu beginnen, aber ich würde auch die erste Maiwoche noch für eine angemessene Zeit halten. Wir könnten, sozusagen mit dem Ansporn des 1. Mai, am 2. Mai anfangen.

Herr *von Schenck*: Mir wäre Mitte Mai angenehmer.

VM *Goetz*: Ich persönlich unterstützte den Vorschlag von Herrn Staatssekretär, d.h. entweder die letzte Aprilwoche oder Anfang Mai, weil am 14. Mai Generalsekretär Wodak vom österreichischen Außenministerium bei mir in Prag sein wird, und danach wird ein weiteres Treffen zwischen Außenminister Chňoupek und Außenminister Kirchschläger folgen, und zwar in Linz, weil die österreichische Seite den Wunsch hat, im Juli etwa vier Verträge zu unterzeichnen.[21]

StS *Frank*: Terminprobleme sind immer schwierig. Ich möchte Montag, den 7. Mai, vorschlagen.

---

[20] 22./23. April 1973.

[21] Der tschechoslowakische Außenminister Chňoupek und der österreichische Außenminister Kirchschläger führten am 8. Juni 1973 Gespräche in Linz.

Wir sollten das Datum auch im Zusammenhang mit der zweiten Frage, der Organisation, sehen. Dazu habe ich einen Vorschlag, der uns vielleicht weiterhilft. Zum Verhandlungsbeginn sollten wir eine Plenarsitzung von ein bis zwei Tagen unter Vorsitz der bisherigen Delegationschefs haben. Bei dieser Eröffnungssitzung könnten wir einen Gesamtdurchgang durch den geplanten Vertrag anhand von Formulierungen machen, die bis dahin jeder vorbereitet. Was wir dann erledigen können, sollten wir gleich bei der ersten Sitzung erledigen. Was nicht erledigt ist, sollten wie einer oder zwei Untergruppen überweisen, und zwar das, was mit Artikel 1 zusammenhängt, an eine Untergruppe, die aus Juristen bestehen muß, und das übrige – Präambel, Normalisierung, politische Beziehungen – an eine zweite Untergruppe. Wenn wir diese Methode anwenden, wäre die Anwesenheit der Delegationsleiter nicht die ganze Zeit erforderlich, was für mich sehr schwer wäre. Es ist nicht erforderlich, daß beide Untergruppen zeitlich zusammen tagen. Für die erste Plenarsitzung sollten wir nur zwei Tage vorsehen und es den Untergruppen dann überlassen, sich selbst zu organisieren.

Wenn die Gruppen dann durch Erzielung einer Übereinstimmung zum Abschluß kommen, könnte wieder eine Plenarsitzung einberufen werden. Das gleiche gilt dann, wenn sich in den Gruppen eine Reihe eckiger Klammern ergeben sollte, d.h. eine Reihe von ungelösten Fragen. Mit dieser Methode sollten wir bis Mitte Juni mit dem Vertragsentwurf soweit fertig sein können, daß er paraphiert werden kann. Auch die Unterzeichnung wäre dann nur eine Terminfrage.

Wenn Sie dieser Methode folgen können, sollten wir uns jetzt unterhalten, wann die erste Plenarsitzung stattfinden kann. Am 7./8. Mai 1973?

VM *Goetz*: Ich bin damit einverstanden, auch mit der von Ihnen erwähnten Methode.

StS *Frank*: Es bleibt nunmehr noch die Presseverlautbarung.

StS Frank verliest einen von der deutschen Seite vorbereiteten Entwurf, in dem er eine kleine textliche Änderung vornimmt.

VM *Goetz*: Ich bin damit einverstanden, schlage aber vor, von offiziellen Vertragsverhandlungen zu sprechen.

StS *Frank*: Ich bin hiermit einverstanden. Der Text der Presseverlautbarung lautet somit wie folgt:

„Am 12./13. April 1973 wurden in Bonn die deutsch-tschechoslowakischen Sondierungsgespräche zwischen Staatssekretär Frank und Vizeminister Goetz fortgeführt. Die Gespräche waren durch eine sachliche und gute Atmosphäre sowie durch den gemeinsamen Willen gekennzeichnet, zu beiderseits annehmbaren Regelungen in den anstehenden Fragen zu kommen. Auf der Grundlage der erzielten Ergebnisse kamen die Delegationsleiter überein, ihren Regierungen die Aufnahme offizieller Vertragsverhandlungen zu empfehlen."

Ich bin nicht abergläubisch: Aber es häuft sich, daß sich am Freitag, dem 13., Wichtiges ereignet.

Was sollen wir nun der Presse sagen? Ich schlage vor: Wir haben uns nicht über Formulierungen unterhalten, wohl aber über eine Vertragskonstruktion, die eine für beide Seiten befriedigende Lösung erlaubt.

VM *Goetz*: Einverstanden. Wenn Sie am 7./8.5.1973 in Prag sind, würden wir Sie trotz fehlender diplomatischer Beziehungen am 9. Mai 1973 gern auf die Prager Burg einladen. Ich könnte Sie unseren Spitzen vorstellen, so wie wir es mit Minister Kirchschläger in Preßburg bei den Eislaufmeisterschaften taten.[22]

StS *Frank*: Ich danke Ihnen. Ich werde es mir überlegen. Am 11. Mai bin ich bei Herrn Wodak in Wien.

VM *Goetz*: Wie sollen wir gegenüber der Presse Fragen zum Inhalt der Normalisierung beantworten?

StS *Frank*: Wir sollten sagen, daß wir zuerst und vor allem Nachbarn sind und Sache der Normalisierung die Organisation und Entwicklung der nachbarschaftlichen Beziehungen ist. Wir sollten auch sagen, daß wir der Meinung sind, daß neben Gewaltverzicht, Unverletzlichkeit der Grenzen und UN-Charta wirtschaftliche Kooperation ein wesentlicher Beitrag zur Friedenssicherung ist und daß wir mit diesem Abkommen ein für allemal die Schatten der Vergangenheit beseitigen wollen.

Frau Finke-Osiander wollte noch einige bilaterale Fragen anschneiden. Ich finde aber, daß wir die feierliche Stimmung dieses Gesprächs durch die Besprechung solcher Probleme nicht stören sollen.

StS Frank erklärt das sechste Sondierungsgespräch für beendet.[23]

VS-Bd. 537 (Büro Staatssekretär)

---

[22] Der österreichische Außenminister Kirchschläger hielt sich am 3. März 1973 zu Gesprächen mit der tschechoslowakischen Regierung in Bratislava auf.
Die Eiskunstlaufweltmeisterschaften fanden vom 28. Februar bis 4. März 1973 statt.
[23] Die erste Verhandlungsrunde zwischen der Bundesrepublik und der ČSSR fand vom 7. bis 11. Mai 1973 in Prag statt. Vgl. dazu Dok. 141.

106

Aufzeichnung des Vortragenden Legationsrats Bräutigam

210-510.51-1370/73 VS-vertraulich   13. April 1973[1]

Herrn D 2[2]

Betr.: Sowjetischer Protest gegen die Einbeziehung Berlins in die Vertragsgesetze zum VN-Beitritt und zum Grundvertrag[3]

Auf die Noten der Drei Mächte vom 22. Februar 1973[4] hat das sowjetische Außenministerium mit Noten vom 11. April 1973 geantwortet. Der Text der an die amerikanische Botschaft in Moskau gerichteten Note ist beigefügt.[5]

---

[1] Die Aufzeichnung wurde von Vortragendem Legationsrat Bräutigam und von Legationsrat I. Klasse Kastrup konzipiert.

[2] Hat Ministerialdirektor van Well am 13. April 1973 vorgelegen, der die Weiterleitung an Staatssekretär Frank verfügte und handschriftlich vermerkte: „H[err] StS: M. E. ist sowj[etischer] Protest in erster Linie rechtswahrend und soll uns davon abhalten, gegenüber den VN vom Land Berlin zu sprechen. Wenn Sowjets sehen, daß wir in Mitteilung an Gen[eral]Sekretär von Berlin (West) sprechen, werden sie wohl das VN-Verfahren nicht blockieren. Zunächst besteht kein Anlaß, d[ie] Entscheidung des StS-Ausschusses zu revidieren."

Hat Frank am 16. April 1973 vorgelegen, der handschriftlich vermerkte: „Weniger konnte die S[owjet]U[nion] kaum sagen."

Hat Ministerialdirigent Simon am 17. April 1973 vorgelegen, der handschriftlich vermerkte: „Herrn D 2 n[ach] R[ückkehr]."

Hat van Well erneut am 26. April 1973 vorgelegen.

Hat Vortragendem Legationsrat I. Klasse Blech am 26. April 1973 vorgelegen, der die Aufzeichnung wieder Vortragendem Legationsrat Bräutigam und Legationsrat I. Klasse Kastrup zuleitete.

Hat Bräutigam erneut am 26. April 1973 vorgelegen.

[3] Zur Einbeziehung von Berlin (West) in den Entwurf des Gesetzes zum Grundlagenvertrag vom 21. Dezember 1972 vgl. Dok. 90, Anm. 10.

Artikel 2 des Entwurfs des Gesetzes über den UNO-Beitritt der Bundesrepublik, der dem Bundesrat und dem Bundestag zusammen mit dem Entwurf des Gesetzes zum Grundlagenvertrag zugeleitet wurde, lautete: „Dieses Gesetz gilt auch im Land Berlin, sofern das Land Berlin die Anwendung dieses Gesetzes feststellt, wobei die Rechte und Verantwortlichkeiten der alliierten Behörden, einschließlich derjenigen, die Angelegenheiten der Sicherheit und des Status betreffen, unberührt bleiben." Vgl. BR Drucksachen, Bd. 16, Drucksache Nr. 650/72.

Der sowjetische Botschafter Falin führte am 22. Dezember 1972 eine Demarche bei Staatssekretär Frank durch, mit der die UdSSR Einwände gegen die Einbeziehung von Berlin (West) erhob. Vgl. dazu AAPD 1972, III, Dok. 424.

[4] Am 22. Februar 1973 teilten die Drei Mächte der UdSSR mit, „daß die Berlin-Klausel in den Bundesgesetzen über die Bestätigung der Verträge einen innerstaatlichen Akt darstellt, der nicht die Ausdehnung der Verträge auf die Westsektoren Berlins bedeutet. Derartige Gesetze über die Bestätigung von Verträgen dienen ausschließlich inneren Zwecken und, wie dem Ministerium bekannt ist, enthalten die auf Berlin anzuwendenden Gesetze der BRD eben deshalb eine Berlin-Klausel, weil sie nicht automatisch auf Berlin anwendbar sind. In Übereinstimmung mit den festgelegten Verfahren [...] erfolgt die Ausdehnung von Verträgen auf die Westsektoren Berlins in jedem einzelnen Falle auf der Grundlage einer besonderen Erklärung, die der Bestätigung durch die Alliierten Behörden bedarf." Zudem wurde darauf hingewiesen, daß die Verwendung der Bezeichnung „Land Berlin" der Tatsache nicht widerspreche, daß Berlin kein Land der Bundesrepublik sei: „Darüber hinaus haben die Seiten bei Abschluß des Vierseitigen Abkommens erklärt, daß sie ,unter Berücksichtigung der bestehenden Lage' und ,unbeschadet ihrer Rechtspositionen' handeln werden. Somit schließt das Vierseitige Abkommen die Verwendung der Formel Land Berlin nicht aus." Vgl. die mit der britischen und französischen Note inhaltsgleiche amerikanische Note; Dokumente zur Berlin-Frage 1967–1986, S. 352.

[5] Dem Vorgang beigefügt. Vgl. VS-Bd. 9062 (210); B 150, Aktenkopien 1973.

In der sowjetischen Antwortnote wurde ausgeführt: „Die Regierung der UdSSR kann sich mit der

1) Bei einer ersten Prüfung der in einer recht gemäßigten Sprache gehaltenen sowjetischen Note fällt auf, daß die in den westlichen Noten auf unseren Wunsch gemachte Unterscheidung zwischen der innerstaatlichen und der zwischenstaatlichen Ebene entweder nicht verstanden oder das Bestehen eines solchen Unterschieds in Abrede gestellt wird. Die sowjetische Gedankenführung ist insoweit nicht ganz klar.

Im ersten Absatz wird unter Berufung auf die Bestimmung des Vier-Mächte-Abkommens, daß Berlin (West) kein konstitutiver Teil der Bundesrepublik Deutschland ist und nicht von ihr regiert wird[6], bestritten, daß ein Akt der Bundesrepublik Deutschland, der Berlin betreffe, überhaupt eine innere Angelegenheit sein könne. Der Hinweis im zweiten Absatz auf die Berlin-Klausel in den Verträgen mit der UdSSR[7], der DDR[8] und Polen[9] betrifft nur die Formulierung im Verhältnis zu unserem Vertragspartner – also den zwischenstaatlichen Bereich – und übersieht, daß in den Zustimmungsgesetzen zu diesen Verträgen – also im innerstaatlichen Bereich – auch die Bezeichnung „Land Berlin" verwandt wurde, gegen die von der Sowjetunion im übrigen damals nicht protestiert wurde.

2) Bei der Frage, ob die Alliierten die sowjetische Note beantworten sollten, wird zu berücksichtigen sein, daß die rechtliche Konstruktion unserer Berlin-Einbeziehung (Außenverhältnis – Innenverhältnis) der sowjetischen Seite of-

Fortsetzung Fußnote von Seite 521

in der genannten Note zum Ausdruck gebrachten Meinung über die Zulässigkeit der Benutzung der Formulierung ‚Land Berlin' in Gesetzen der BRD, die die Ausdehnung internationaler Abkommen auf Westberlin betreffen, nicht einverstanden erklären. Es kann nicht jede beliebige Westberlin betreffende Handlung der BRD als deren innere Angelegenheit betrachtet werden, da die Westsektoren Berlins kein Bestandteil der BRD sind und von ihr nicht regiert werden können, was durch das Vierseitige Abkommen fixiert und in der Note der Regierung der USA bekräftigt wurde. Das Vierseitige Abkommen sieht vor, daß von der BRD abgeschlossene internationale Abkommen und Vereinbarungen auf die Westsektoren Berlins, aber keinesfalls auf das ‚Land Berlin' ausgedehnt werden können. Dieser Fakt spricht für sich selbst und erfordert keinerlei Auslegungen oder Kommentierungen. In diesem Zusammenhang ist es angebracht festzustellen, daß in einer Reihe von Verträgen und Abkommen der UdSSR, der DDR und Polen, die mit der Bundesrepublik Deutschland nach Inkrafttreten des Vierseitigen Abkommens abgeschlossen wurden, für die Bezeichnung Westberlins eine Formulierung angewandt wurde, die völlig dem Vierseitigen Abkommen entspricht." Vgl. DOKUMENTE ZUR BERLIN-FRAGE 1967–1986, S. 353.

6 Vgl. Teil II B und Anlage II Absatz 1 des Vier-Mächte-Abkommens über Berlin vom 3. September 1971; Dok. 58, Anm. 12.

7 Zur Einbeziehung von Berlin (West) in das Langfristige Abkommen vom 5. Juli 1972 zwischen der Bundesrepublik und der UdSSR über den Handel und die wirtschaftliche Zusammenarbeit vgl. Dok. 87, Anm. 15.

8 In den Vertrag vom 21. Dezember 1972 über die Grundlagen der Beziehungen zwischen der Bundesrepublik und der DDR wurde durch die folgende Erklärung beider Vertragspartner bei der Vertragsunterzeichnung einbezogen: „Es besteht Einvernehmen, daß die Ausdehnung von Abkommen und Regelungen, die im Zusatzprotokoll zu Artikel 7 vorgesehen sind, in Übereinstimmung mit dem Vier-Mächte-Abkommen vom 3. September 1971 auf Berlin (West) im jeweiligen Fall vereinbart werden kann. Die ständige Vertretung der Bundesrepublik Deutschland in der Deutschen Demokratischen Republik wird in Übereinstimmung mit dem Vier-Mächte-Abkommen vom 3. September 1971 die Interessen von Berlin (West) vertreten. Vereinbarungen zwischen der Deutschen Demokratischen Republik und dem Senat bleiben unberührt." Vgl. BULLETIN 1972, S. 1850.

9 Am 16. November 1972 schlossen die Bundesrepublik und Polen eine Vereinbarung über die Entschädigung von Opfern pseudomedizinischer Versuche in der Zeit des Nationalsozialismus, die die folgende Berlin-Klausel enthielt: „Entsprechend dem Vier-Mächte-Abkommen vom 3. September 1971 wird diese Vereinbarung in Übereinstimmung mit dem festgelegten Verfahren auf Berlin (West) ausgedehnt." Für das Abkommen vgl. Referat 214, Bd. 1486. Vgl. dazu auch BULLETIN 1972, S. 1920.

fensichtlich kaum verständlich zu machen ist, ein Problem, das durch die Meinungsunterschiede zwischen dem State Department und uns in der Frage des Inkrafttretens einstufiger völkerrechtlicher Vereinbarungen in Berlin (West) nicht gerade erleichtert wird. Es ist ferner in Rechnung zu stellen, daß eine westliche Replik wohl kaum widerspruchslos entgegengenommen würde und es sehr fraglich erscheint, ob es in unserem Interesse liegen kann, durch die Fortsetzung eines solchen Notenaustausches unter Umständen eine Verhärtung der sowjetischen Haltung zu provozieren.

Wir sollten die Diskussion in der Vierergruppe über das weitere Vorgehen zum Anlaß nehmen, die Drei Mächte über die Entscheidung des Staatssekretär-Ausschusses für Deutschland- und Berlinfragen in der Bezeichnungsfrage[10] in Kenntnis zu setzen.[11] Falls sich zeigt, daß wir von den Alliierten für die Beibehaltung von „Land Berlin" im internen Bereich Unterstützung erwarten können, sollte es uns um so leichter fallen, mit einer evtl. Nichtbeantwortung[12] der sowjetischen Note einverstanden zu sein.

Bräutigam

VS-Bd. 9062 (210)

---

10 Zum Ergebnis der Sitzungen des Staatssekretär-Ausschusses für Deutschland- und Berlinfragen am 1. Februar und 29. März 1973 vgl. Dok. 114.

11 Die Wörter „in der Bezeichnungsfrage in Kenntnis zu setzen" wurden von Ministerialdirektor van Well hervorgehoben. Dazu vermerkte er handschriftlich: „Ja".

12 Dieses Wort wurde von Ministerialdirektor van Well hervorgehoben. Dazu vermerkte er handschriftlich: „Ja."

107

Gesandter Ruth, z. Z. Wien, an das Auswärtige Amt

114-11605/73 geheim   Aufgabe: 13. April 1973, 21.00 Uhr[1]
Fernschreiben Nr. 302   Ankunft: 13. April 1973, 23.23 Uhr

Delegationsbericht Nr. 129

Weisung an NATO-Vertretung erforderlich[2]

Betr.:   MBFR-Explorationen in Wien;
         hier: Ungarn- und Verfahrensfragen

Bezug: Delegationsbericht vom 9.4.73 Nr. 123, Tgb.-Nr. 355/73 geheim[3]
       DE-Nr. 148 vom 9.4.73, AZ: 230-372.20.20-746/73 VS-v[4]

I. 1) Die einmonatigen intensiven Vierergespräche zur Lösung der Ungarn-Frage[5] fanden mit ihrer 13. Sitzung am 13. April ihren vorläufigen Abschluß. Die sowjetische Delegation bestätigte hierbei mündlich die Zustimmung der sowjetischen Behörden zu dem mit Bezugsbericht (Anlage) übermittelten Verfahrensentwurf für MBFR-Explorationen. Die Verhandlungspartner tauschten dabei keinen Text aus, sondern benutzten mitgebrachte, gleichlautende Texte des Entwurfs vom 7. April, der nach geringfügigen Änderungen während des Sitzungsverlaufs (vgl. II) die als Anlage 1 zu diesem Bericht übermittelte, von den vier Verhandlungspartnern überprüfte Fassung erhielt. Die Empfehlung der NATO-Unterhändler wurde ihr angepaßt (Anlage 2).

2) Der Vorsitzende der Ad-hoc-Gruppe, Botschafter Grande, übermittelte heute den vorgesehenen, mit Del.-Bericht Nr. 126[6] bereits auszugsweise übermittelten Bericht von Quarles und Dean an den NATO-Rat[7] und fügt ihm die jüngste Fassung des sowjetischen Verfahrensvorschlags bei. Das Generalsekretariat

---

[1] Hat Vortragendem Legationsrat Hillger am 16. April 1973 vorgelegen.

[2] Vgl. Dok. 109.

[3] Mit Delegationsbericht Nr. 123 übermittelte Vortragender Legationsrat I. Klasse Hofmann, z. Z. Wien, einen von der UdSSR am 7. April 1973 vorgelegten Verfahrensvorschlag, „auf dessen Basis sich erstmals eine Einigungsmöglichkeit in der Ungarn-Frage abzeichnet". Vgl. den Drahtbericht Nr. 285; VS-Bd. 9093 (213); B 150, Aktenkopien 1973. Für einen Auszug vgl. Anm. 9.

[4] Gesandter Heimsoeth wies darauf hin, daß die Plazierung der Bundesrepublik in der Sitzordnung der Teilnehmerstaaten an den MBFR-Explorationsgesprächen unter der Bezeichnung „Federal Republic of Germany" nach dem Alphabet erfolge und die Sitzordnung daher nicht, wie von sowjetischer Seite vorgeschlagen, als „agreed order" bezeichnet werden könne. Daher solle in der Formulierung des Paragraphen in dem Verfahrensentwurf, in dem die Sitzordnung geregelt werde, möglichst die Formulierung „alphabetical order" verwendet werden. Sei dies nicht erreichbar, wäre die Bundesregierung „mit folgender Kompromißlösung einverstanden: ‚All participants will be seated according to the English alphabet', äußerstenfalls: ‚All participants will be seated as agreed in alphabetical order according to the English alphabet'." Vgl. VS-Bd. 9970 (230); B 150, Aktenkopien 1973.

[5] Zum Stand der Gespräche über eine Teilnahme Ungarns an den MBFR-Explorationsgesprächen vgl. Dok. 88.

[6] Für den Drahtbericht Nr. 292 des Vortragenden Legationsrats I. Klasse Hofmann, z. Z. Wien, vom 11. April 1973 vgl. VS-Bd. 9081 (212); B 150, Aktenkopien 1973.
Für einen Auszug vgl. Dok. 109, Anm. 5.

[7] Für den Bericht der NATO-Ad-hoc-Gruppe MBFR in der Fassung vom 13. April 1973 vgl. VS-Bd. 9431 (221).

der NATO wird den Gesamtbericht und seine Anlage über das NATO-weite Fernmeldenetz an die Hauptstädte übermitteln. (Ich werde dem AA am 14. April ferner einen vollständigen Satz der in diesem Zusammenhang in der Ad-hoc-Gruppe angefallenen Papiere überbringen.)

3) Der amtierende Generalsekretär der NATO unterrichtete die Ad-hoc-Gruppe heute, daß die Ständigen Vertreter den Dean-Quarles-Bericht am Mittwoch, dem 18. April nachmittags zu erörtern beabsichtigen, und lud die genannten sowie den Vorsitzenden der Ad-hoc-Gruppe in der nächsten Woche, Poulsen, zur Teilnahme an dieser Ratssitzung ein. Eine Umfrage in der Gruppe ergab, daß auch die Sprecher von Großbritannien, Kanada und der Türkei sich hierzu nach Brüssel begeben werden.[8]

II. Der sowjetische Botschafter stellte im Vierergespräch klar, daß die sowjetischen Behörden das vorgeschlagene Verfahren als ein Paket betrachteten. Sie seien nicht bereit, Vorschläge für Änderungen entgegenzunehmen, ohne dies mit eigenen Forderungen nach wesentlichen Änderungen zu beantworten.

2) Dennoch erklärten sie sich dazu bereit, auf geringfügige, von den NATO-Sprechern vorgeschlagene Verbesserungen einzugehen. Der Verfahrensentwurf unterscheidet sich daher wie folgt von demjenigen vom 7. April:

– britischem Wunsch entsprechend heißen die Teilnehmer an MBFR-Explorationen in Paragraph 1, Abs. 1 nunmehr „the participants";

– die Bundesrepublik Deutschland wurde auch in Paragraph 2 alphabetisch richtig eingeordnet;

– rumänischem Wunsch entsprechend werden die „consultative"-Teilnehmer als Staaten mit einem „special status" bezeichnet;

– die Sitzordnung und die Rotation des Vorsitzes wird in Paragraphen 4 und 5 wie folgt auf Paragraph 1 bzw. Paragraph 2 bezogen: „seated as listed in paragraph 1"/„rotate... in the order set forth there";

– die alternative – unakzeptable – ungarische Erklärung B entfällt;

– der Wortlaut der komplementären Erklärungen A und C[9] wurde redaktionell überarbeitet.

---

8 Zur Erörterung des Berichts der NATO-Ad-hoc-Gruppe MBFR in der Fassung vom 13. April 1973 im Ständigen NATO-Rat am 18. April 1973 vgl. Dok. 109, Anm. 7.

9 Bestandteil des sowjetischen Verfahrensvorschlags vom 7. April 1973 für eine Teilnahme Ungarns an den MBFR-Explorationsgesprächen waren drei komplementäre Erklärungen, „durch die (Alternative A plus C) ausdrücklich und ausschließlich auf eine künftige Beteiligung Ungarns eingegangen würde": „A. Allied statements: The representatives of ... wish to point out that the arrangements for the participation of Hungary in these consultations are without prejudice to the nature of Hungary's participation in future negotiations, decisions or agreed measures or to the security of any party. In particular, it is considered that the question of how and to what extent Hungary will be included in future decisions, agreements or measures must be examined and decided during the pending negotiations. B. Possible Eastern statement: In connection with the statement made by the representatives of ..., the representative of Hungary states as follows: the unilateral statement of the Western countries will not be binding for the Socialist countries. The participation of Hungary in possible agreements is not excluded but could take place only in the event that known conditions would be fulfilled which have been presented in the present consultations by the representatives of Hungary and other Socialist countries, i.e., only in the event that Italy also participates in such measures. C. Possible revised Eastern statement. Would be used only in event of Allied approval of entire package: In connection with the statement of the representatives of ..., which reflects the unilateral views of their governments, the representative of Hungary wishes to

Die NATO-Unterhändler stimmten ihrerseits dem nicht weiter begründeten sowjetischen Wunsch zu, die „direct participants" in der Kooptionsformel von Paragraph 2 als „the states listed in this paragraph" zu bezeichnen.

3) Im Verlauf des Vierergesprächs wurden die gegenseitigen Standpunkt noch wie folgt geklärt:

a) Die NATO-Vertreter hielten formell ihren Vorbehalt gegen die Aufführung Ungarns als Flankenstaat in Paragraph 3 und gegen die Kooptionsformel aufrecht, da beides ihrem Mandat nicht entspreche.

b) Sie verlangten ohne Erfolg in Paragraph 4 und 5 einen Hinweis darauf, daß Sitzordnung und Rotation aus der Ordnung nach englischem Alphabet herrühren.

c) Sie erzielten seitens Chlestow eine mündliche Bestätigung, wonach die Kennzeichnung der Vollteilnehmer als „potential participants in possible agreements" keinerlei moralische oder sonstige Verpflichtung zur Teilnahme an MBFR-Vereinbarungen begründe.

d) Sie verlangten erfolglos eine Ergänzung von Paragraph 6 durch „which directly concerns them".

e) Sie nahmen seitens Kwizinskijs die Erklärung entgegen, daß eine Regelung der Fortgeltung des Verfahrenspapiers für die Verhandlungsphase nicht akzeptabel sei, die Fortgeltung jedoch zugestanden werde, sofern das Gesamtpaket Billigung finde.

f) Beide NATO-Unterhändler ließen keinen Zweifel daran, daß die Erklärungen über den besonderen Status Ungarns – in welcher Form auch immer – Bestandteil des Verfahrenspapiers werden müssen.

Andererseits lehnten die NATO-Unterhändler die Erfüllung des angekündigten sowjetischen Wunsches (vgl. Del.-Bericht Nr. 124, II.1 b) ab, in der vorgesehenen westlichen Erklärung über Ungarn (A) „how" durch „whether", „will" durch „could" und „must" durch „should" oder „could" zu ersetzen.[10]

III.1) Mr. Dean erklärte in Sitzung der Ad-hoc-Gruppe am 13. April, daß er keine wesentliche Änderung des sowjetischen Vorschlags ohne Gefährdung der Gesamtlösung für möglich halte, die sowjetische Delegation habe von der schriftlichen Überreichung des vom Politbüro gebilligten Vorschlags nur des-

Fortsetzung Fußnote von Seite 525

state that, as the representative of Hungary and of other Socialist states have explained during the course of the consultations, Hungary could consider participation in possible decisions, agreements and measures only if the appropriate conditions are fulfilled." Vortragender Legationsrat I. Klasse Hofmann, z. Z. Wien, erläuterte dazu: „Der Status solcher Erklärungen blieb unklar. Während Chlestow vorschlug, sie in das Protokoll der ersten Plenarsitzung zu lesen oder als einen Protokollvermerk zu zirkulieren, bestanden die westlichen Unterhändler darauf, daß die Erklärungen schriftlicher Bestandteil der Verfahrensregelung werden müßten." Vgl. den Drahtbericht Nr. 285 vom 9. April 1973; VS-Bd. 9093 (213); B 150, Aktenkopien 1973.

10 Vortragender Legationsrat I. Klasse Hofmann, z. Z. Wien, berichtete am 10. April 1973 über ein „Vierer-Gespräch zur Lösung der Ungarn-Frage" vom gleichen Tag. Unter Punkt II.1 b) führte er aus: „Mr. Dean unterbreitete mit Rücksicht auf den Verlauf des Dreieressens als einführende westliche Erklärung den Text von A des Entwurfs vom 7. April und erklärte sich bereit, den letzten Halbsatz (als eigenständigen Satz) wie folgt einzuleiten: ‚It is considered that the question of how and to what extent Hungary will be included ...' Kwizinskij schlug vor, in diesem Satz noch folgende Änderungen vorzunehmen: Ersetze ‚how' durch ‚whether', ersetze ‚will' durch ‚could', ‚can' oder ‚might', ersetze ‚must'." Vgl. den Drahtbericht Nr. 291; VS-Bd. 9081 (212); B 150, Aktenkopien 1973.

halb abgesehen, weil sie von den NATO-Unterhändlern noch keine Garantie der Annahme durch die NATO-Staaten erhalten konnte. Hingegen seien redaktionelle bzw. technische Änderungen denkbar.

2) Im Hinblick darauf wies ich vorsorglich darauf hin, daß die Formulierung von Paragraph 4 und 5 wegen Fehlens eines Hinweises auf das englische Alphabet unbefriedigend sei; der Bezug auf eine Sitzordnung gemäß Paragraph 1 bzw. auf eine Rotation gemäß Paragraph 2 werde in den Übersetzungen des Verfahrenspapiers ins Deutsche, Französische und Russische zu Verwirrungen führen, da sich die Rangfolge der 19 Teilnehmer nach den vier offiziellen Sprachen nicht entspricht. Ich schlug daher vor, entweder in Paragraph 4 und 5 ausdrücklich auf die englische Version des Verfahrenspapiers Bezug zu nehmen oder zu vereinbaren, daß in einer Fußnote zu Paragraph 4 und 5 in den Übersetzungen auf die Maßgeblichkeit der englischen Version hingewiesen wird. M.E. ist eine Ergänzung des sowjetischen Vorschlags in diesem oder ähnlichem Sinne unabdingbar, da die Reihenfolge der aufgelisteten Staaten in den Übersetzungen anderenfalls der Reihenfolge nach englischem Alphabet entsprechen müßte. Dadurch erhielte jedoch die Auflistung in der deutschen, französischen und russischen Fassung den Charakter einer nicht natürlichen, nämlich alphabetischen, sondern mit sowjetischer Zustimmung eigens beschlossenen Reihenfolge.

IV. Kwizinskij warnte die NATO-Unterhändler davor, hinsichtlich des sowjetischen Vorschlags die Vertraulichkeit zu brechen. Falls Details an die Presse durchsickern sollten, sehe sich die sowjetische Delegation gezwungen, eine umfassende Pressekampagne anzufachen.

Die Gruppe beschloß daher als Sprachregelung (bei Anfrage): „Die bilateralen Kontakte und die Arbeit der NATO-Gruppe wird auch in der Vorosterwoche fortgesetzt; einige Chefdelegierte haben sich nach Brüssel begeben. Dies hängt damit zusammen, daß eine generelle Lagebeurteilung von Zeit zu Zeit zweckmäßig erscheine."

[gez.] Ruth

Anlage 1:

Procedures

1) Representatives of the following states are the participants in the preparatory consultations related to Central Europe which began in Vienna on 31 January 1973:

the Kingdom of Belgium,
the People's Republic of Bulgaria,
Canada,
the Czechoslovak Socialist Republic,
the Kingdom of Denmark,
the German Democratic Republic,
the Federal Republic of Germany,
the Kingdom of Greece,
the Hungarian People's Republic,

the Italian Republic,
the Grand Duchy of Luxembourg,
the Kingdom of the Netherlands,
the Kingdom of Norway,
the Polish People's Republic,
the Socialist Republic of Romania,
the Republic of Turkey,
the Union of Soviet Socialist Republics,
the United Kingdom of Great Britain and Northern Ireland,
the United States of America.

2) Representatives of the following states, which are potential participants in possible agreements related to Central Europe, will take the necessary decisions by consensus:

the Kingdom of Belgium,
Canada,
the Czechoslovak Socialist Republic,
the German Democratic Republic,
the Federal Republic of Germany,
the Grand Duchy of Luxembourg,
the Kingdom of the Netherlands,
the Polish People's Republic,
the Union of Soviet Socialist Republics,
the United Kingdom of Great Britain and Northern Ireland,
the United States of America.

If another state wishes to be included among the states listed in this paragraph and this is agreed by consensus of participants listed in this paragraph, it may be so included. Such inclusions in negotations or decisions related to Central Europe would either be general or, if so agreed, could be for the limited purpose of taking part in particular decisions or decisions relating to this subject. It is understood that such additional participation in decisions, agreements or measures should be without prejudice to the security of any of the parties.

3) The following states will participate with a special status:

the People's Republic of Bulgaria,
the Kingdom of Denmark,
the Kingdom of Greece,
the Hungarian People's Republic,
the Italian Republic,
the Kingdom of Norway,
the Socialist Republic of Romania,
the Republic of Turkey.

4) All participants will be seated as listed in paragraph 1 above.

5) The Chairmanship will rotate from meeting to meeting among the representatives of the states listed in paragraph 2 in the order set forth there. The first chairman will be drawn by lot.

6) All participants will have the right to speak and circulate papers on the subject matter.

7) The meetings will be open only to the participants.

8) Following the opening statements, proceedings and documents of the meetings will be confidential except for those matters on which it is agreed in advance that another procedure will be followed. There will be no official records of meetings.

9) The official languages will be English, French, German and Russian.

Text of statements as put forward by Soviets on April 13:

a) Allied statement:

„The representatives of ... wish to point out that the arrangements for the participation of Hungary in these consultations are without prejudice to the nature of Hungary's participation in future negotiations, decisions or agreed measures or to the security of any party, and that, in particular, the question of how and to what extent Hungary will be included in future decisions, agreements or measures must be examined and decided during the pending negotiations."

b) Eastern statement:

„In connection with the unilateral statement of the representatives of ..., the representative of Hungary wishes to make the following statement: As the representative of Hungary and the representatives of the other socialist states have explained during the course of the consultations, Hungary could consider participation in possible decisions, agreements or measures only if the appropriate conditions are fulfilled."

Anlage 2:

Die Empfehlung von Dean–Quarles an den NATO-Rat (Paragraph 23 ihres Berichts) lautet in Fassung vom 13. April:

„23) It is recommended that the April 7 Soviet proposal be accepted and that the Allied representatives be authorised to negotiate for as favorable a position as possible for the suggested exchange of statements, which in any event should be in written form as part of the package, for Soviet agreement that this arrangement will be carried over to the negotiations, and that both sides should be able to make appropriate use of the outcome to inform their public opinion. It would of course also be necessary to agree on an authoritative written version of the complete text including translation."

VS-Bd. 9081 (212)

108

Vortragender Legationsrat I. Klasse Fleischhauer, z.Z. Reykjavik, an das Auswärtige Amt

Fernschreiben Nr. 80   **Aufgabe: 16. April 1973, 19.00 Uhr**
                                            Ankunft: 16. April 1973, 22.23 Uhr

Am 17. April bei Dienstbeginn dem Herrn StS[1], dem Ministerbüro, Herrn Dg 20[2] und Referat 500[3] sofort vorzulegen.

Betr.: Isländische Fischereizone[4]
       hier: Gespräche von Bürgermeister Koschnick mit dem isländischen Ministerpräsidenten

Bezug: DE Nr. Plurex 1312 vom 13. April 73 – 500-500.52/1 ISL.[5]

I. Bürgermeister Koschnick wurde heute vormittag um 11.00 Uhr von Ministerpräsident Johannesson empfangen. Johannesson war begleitet von Außenminister Agústsson und seinem persönlichen Referenten. Auf deutscher Seite nahmen an dem Gespräch teil: MD Wittig, VLR I Dr. Fleischhauer und Geschäftsträger Fuchs. Aus dem etwa anderthalbstündigen Gespräch ist folgendes festzuhalten:

---

1 Paul Frank.
2 Klaus Simon.
3 Hat Vortragender Legationsrätin Vollmar vorgelegen, die die Weiterleitung an Referat 420 „z[ur] g[efälligen] K[enntnisnahme und] z[um] Verb[leib]" verfügte und handschriftlich vermerkte: „Bitte Schlußverf[ügun]g".
  Hat Vortragendem Legationsrat I. Klasse Mühlen am 19. April 1973 vorgelegen, der die Weiterleitung an Ministerialdirektor Hermes verfügte.
  Hat Hermes am 19. April 1973 vorgelegen.
4 Am 15. Februar 1972 beschloß das isländische Parlament die Ausdehnung der isländischen Fischereizone von 12 auf 50 Seemeilen. Dagegen riefen die Bundesrepublik und Großbritannien den Internationalen Gerichtshof an. Im August 1972 traf der Internationale Gerichtshof eine einstweilige Verfügung, die Fischern aus den beiden klagenden Staaten weiterhin den Fischfang innerhalb der 50-Seemeilen-Zone um Island gestattete. In der Folgezeit bot die Bundesregierung der isländischen Regierung mehrfach Verhandlungen über eine Interimsvereinbarung für die Dauer des Verfahrens vor dem Internationalen Gerichtshof oder bis zu einer anderweitigen Regelung der völkerrechtlichen Grundsatzfrage an. Am 25. November 1972 kam es innerhalb der 50-Seemeilen-Zone zu Zusammenstößen zwischen Fischereibooten aus der Bundesrepublik und einem isländischen Küstenwachboot, in deren Verlauf ein deutsches Besatzungsmitglied schwer verletzt wurde. Vgl. dazu AAPD 1972, III, Dok. 384.
  Auch 1973 kam es innerhalb der 50-Seemeilen-Zone um Island zu Auseinandersetzungen zwischen der isländischen Küstenwache und Fischereibooten aus der Bundesrepublik sowie aus Großbritannien. Bei einem Zwischenfall am 7./8. April 1973 kappte ein isländisches Küstenwachschiff drei Trawlern aus der Bundesrepublik die Kurrleinen, so daß sie die Fanggeräte verloren. Vgl. dazu den Drahtbericht Nr. 72 des Geschäftsträgers Fuchs, Reykjavik, vom 9. April 1973; Referat 500, Bd. 193906.
5 Ministerialdirigent von Schenck teilte mit, Bundeskanzler Brandt habe entschieden, „daß der Bremer Bürgermeister Koschnick in Begleitung je eines Beamten des AA und des BMELF nach Reykjavik fährt, um zur Erörterung der Lage in den Gewässern um Island Gespräche mit isländischer Regierung zu führen". Da die Reise umgehend angetreten werden solle, werde die Botschaft in Reykjavik gebeten, „möglichst kurzfristigen Gesprächstermin mit Ministerpräsident und Außenminister, jedenfalls aber Kabinettsminister zu vereinbaren". Vgl. Referat 500, Bd. 193906.

1) Bürgermeister Koschnick überbrachte einleitend die Grüße des Herrn Bundeskanzlers. Er führte aus, in den letzten Wochen sei nicht nur in Island eine Verschärfung der Stimmung und eine steigende Unruhe eingetreten, sondern auch bei uns; dies gelte vor allem für die Fischer und für die Gewerkschaften. Der Herr Bundeskanzler sei über diese Entwicklung sehr besorgt. Der Bundeskanzler, die Bundesregierung und auch die Küstenländer[6] hätten bisher bewußt versucht, emotionale Regungen zu steuern. Angesichts der eingetretenen Entwicklung werde es aber für den Bundeskanzler zunehmend schwieriger, bei seiner bisherigen Haltung zu bleiben. Der Zweck seines – Koschnicks – Besuches in Reykjavik sei es, die isländische Regierung darüber zu unterrichten, wie sich die Lage von unserer Seite aus ansehe.

Bürgermeister Koschnick unterstrich im einzelnen, daß der Bundeskanzler sich vielfältig bemüht habe, die deutsch-skandinavischen Beziehungen – und zu Skandinavien sei in diesem Zusammenhang auch Island zu rechnen – zu pflegen und den besonderen Interessen des skandinavischen Raumes gerecht zu werden. Wie sehr dies auch für Island gelte, habe sich bei der Ausarbeitung des Präferenzabkommens mit den EG[7] gezeigt; dabei habe die Bundesregierung sich ganz deutlich im Sinne der isländischen Interessen verwendet. Unter diesen Umständen fehle bei uns das Verständnis für die plötzliche Verschärfung der isländischen Haltung uns gegenüber.

Dies gelte um so mehr, als unsere Fischereiwirtschaft sich ganz allgemein in einem Prozeß der Umstrukturierung befinde. Die Fischereifangflotte sei bereits verkleinert, und die fischverarbeitende Industrie leite langsam einen Strukturwandel ein. Der Prozeß, der langfristig auf eine Entspannung und Entschärfung der Frage der isländischen Fischereizone hinauslaufe, sei aber ein langwieriger. Gewaltanwendung seitens isländischer Küstenwachschiffe könne ihn nicht beschleunigen. Zugleich drängten die Gewerkschaften, die auf den Schutz der Arbeitnehmer-Interessen in der Bundesrepublik bedacht seien, auf Abhilfe. An der deutschen Küste, die einen guten Teil der die Bundesregierung stützenden Kräfte stelle, sei eine explosive Stimmung entstanden. Eben darum habe der Bundeskanzler, ihn, Koschnick, nach Reykjavik entsandt, um der isländischen Regierung in einem ganz offenen und freundschaftlichen Gespräch darzulegen, wie sich die Lage für uns darstellt, und um die Voraussetzung dafür zu schaffen, daß die Anfang April begonnenen deutsch-isländischen Verhandlungen[8] möglichst bald in einer ruhigen und ungetrübten Atmosphäre fortgesetzt werden können.

---

6 Bremen, Hamburg, Niedersachsen und Schleswig-Holstein.

7 Für den Wortlaut des Abkommens vom 22. Juli 1972 zwischen der Europäischen Wirtschaftsgemeinschaft und der Republik Island vgl. AMTSBLATT DER EUROPÄISCHEN GEMEINSCHAFTEN Nr. L 301/2 vom 31. Dezember 1972.
Das Abkommen konnte nicht, wie vorgesehen, zum 1. Januar 1973 in Kraft treten, da das isländische Parlament aufgrund des Streits über die Ausdehnung der isländischen Fischereizone keine Ratifizierung vornahm. Vgl. dazu den Schriftbericht des Botschafters Rowold, Reykjavik, vom 30. Januar 1973; Referat 410, Bd. 101217.

8 Am 3./4. April 1973 führte eine Delegation aus der Bundesrepublik, in der das Auswärtige Amt durch Ministerialdirigent von Schenck vertreten war, in Reykjavik Gespräche über ein Interimsabkommen. Dabei wurde seitens der Bundesregierung ein Arbeitspapier vorgelegt, in dem als wesentliche Punkte Fangbegrenzungen sowie die Festlegung von Zonen in den Gewässern um Island genannt wurden, in denen Fischdampfer aus der Bundesrepublik nur zur bestimmten Jahreszei-

2) Ministerpräsident Johannesson ging in seiner Erwiderung zunächst auf die traditionell guten deutsch-isländischen Beziehungen ein. Er betonte seine Bewunderung für den Herrn Bundeskanzler und dessen Politik. Auch heute noch bestünden in Island keine eigentlich bösen Gefühle gegen Deutschland. Die Isländer glaubten aber, daß wir in der Fischereizonen-Frage zu stark im Schlepptau der Briten vorgingen. Er verstehe die Probleme des Herrn Bundeskanzlers, aber auch er habe seine Probleme. Die Bundesrepublik Deutschland sei ein wirtschaftlich starkes Land; sie habe wirtschaftliche Ausweichmöglichkeiten. Ohnehin gebe es in Deutschland viele Gastarbeiter; es gebe kein Problem der Arbeitsplätze. Für Island sei die Lage anders. Die Fischerei sei für Island eine Frage von Leben und Tod. Johannesson kam dann auf die Verhandlungen von Anfang April zu sprechen und erklärte, Island sei zur Fortsetzung dieser Verhandlungen bereit. Er überreichte die Kopie eines heute auch in Bonn überreichten neuen isländischen Vorschlages für eine Interimsregelung[9], der bereits bei den Verhandlungen am 3. und 4. April mündlich skizziert worden und deren schriftliche Überreichung damals angekündigt worden war. Außenminister Agústsson gab eine kurze Erläuterung des Vorschlages und gab der Vermutung Ausdruck, daß Bürgermeister Koschnick sich dazu wohl nicht sofort äußern könne. Bürgermeister Koschnick bestätigte dies. Er fügte hinzu, der Vorschlag würde von uns sehr schnell geprüft werden. Er selber könne nicht verhandeln. Seine Aufgabe sei es, für die gegenseitigen Schwierigkeiten – objektive wie subjektive – Verständnis zu schaffen. Er suche den Konsensus zu schaffen, auf dem dann die weiteren Verhandlungen aufbauen könnten.

3) In dem nachfolgenden Gedankenaustausch wies Johannesson darauf hin, daß die Isländer in der Fischereizonen-Frage über alle Parteigrenzen hinweg einig seien, und daß die Einrichtung der Fischereizone von 50 Seemeilen aus Konservierungsgründen unerläßlich sei. Er betonte nochmals die Bereitschaft,

---

Fortsetzung Fußnote von Seite 531

ten bzw. überhaupt nicht fischen durften („rotation areas" bzw. „conservation areas" und „small-boat areas"). Zudem sollte vereinbart werden, daß die Bundesrepublik durch das Interimsabkommen die Ausdehnung der isländischen Fischereigrenze nicht rechtlich anerkenne. Für das Arbeitspapier „Agreed Points and German Proposals" vgl. Referat 500, Bd. 193906.

Schenck, z. Z. Reykjavik, berichtete am 4. April 1973, daß der Generalsekretär im isländischen Außenministerium, Thorsteinsson, dagegen eine Lösung favorisiere, welche „von einem Verzicht auf einen Fischfang deutscher Trawler innerhalb einer Linie ausgehen würde, die etwa 25–30 S[ee]M[eilen] von der isländischen Küste entfernt verlaufen würde und über deren Verlauf man sich im einzelnen verständigen könnte. Bei einer solchen Lösung würde Island eine Begrenzung der Größe (size) der deutschen Trawler nicht verlangen und auch nicht auf einem Rotationssystem geschlossener Zonen bestehen müssen." Auf Rückfrage habe die isländische Seite jedoch eingeräumt, auch unter diesen Bedingungen dem Einsatz von Fabrikschiffen („factory vessels") nicht zustimmen zu können. Damit habe sich die Delegation aus der Bundesrepublik nicht einverstanden erklären können. Thorsteinsson habe zugesagt, die isländischen Gegenvorschläge in schriftlicher Form zu übermitteln. Vgl. den Drahtbericht Nr. 70; Referat 500, Bd. 193906.

[9] In dem „Konzept eines Vorschlages für ein Übereinkommen in bezug auf die Fangtätigkeit von Schiffen der BRD in isländischen Gewässern" wurde u. a. festgelegt: „1) Die Vereinbarung soll in keiner Weise die Position der BRD oder Islands in Verbindung mit ihren rechtlichen Standpunkten bezüglich Ausdehnung der Fischereigrenze präjudizieren. 2) Den Trawlern der BRD wird es gestattet sein, in einem Gebiet außerhalb einer Linie von durchschnittlich 30 Seemeilen zu fischen. 3) Über die Anzahl der Trawler der BRD, die in dem Gebiet Islands ihre Fangtätigkeit ausüben dürfen, muß verhandelt werden. Die Anzahl ist niedriger zu halten als in den Vorjahren. 4) Frostern und Fabrikschiffen ist der Fang in dem Gebiet nicht gestattet. 5) Bestimmte Gebiete (Schutzzonen) sind sowohl den isländischen wie den deutschen Trawlern verschlossen." Vgl. Referat 500, Bd. 193906.

die Verhandlungen fortzusetzen, und unterstrich Islands Abhängigkeit vom Fisch. Allein Großbritannien und wir weigerten uns, die von Island getroffenen Maßnahmen anzuerkennen. Die Zwischenfälle mit uns häuften sich, seitdem klargeworden sei, wie stark wir mit den Engländern zusammengingen. Eine Bestätigung des isländischen Standpunktes werde sich auf der bevorstehenden VN-Seerechtskonferenz[10] finden. Die isländische Seite werde ein deutsch-isländisches Interimsabkommen ausschließlich vom bilateralen deutsch-isländischen Standpunkt aus sehen und nicht im Zusammenhang mit Rückwirkungen, die sich aus den deutsch-isländischen Verhandlungen auf die EG und das Verhalten dritter Staaten ergeben könnten. Er bat uns, in diesem Zusammenhang auch die Frage der Zugehörigkeit Islands zur NATO im Auge zu behalten, die hier nicht unumstritten sei und auf die der Fischereizonen-Konflikt Rückwirkungen haben könnte.

Bürgermeister Koschnick brachte zum Ausdruck, wie sehr wir die Bedeutung der Fischerei für Island verstehen und wie sehr wir uns bewußt seien, daß die politisch verantwortlichen Führer Islands die Souveränität und die Interessen Islands in einem nationalen Sinn wahren müssen. Das sei uns auch bewußt gewesen, als wir den Isländern neue Verhandlungen vorgeschlagen haben und als bei uns das Verhandlungsangebot vom Februar d.J.[11] ausgearbeitet worden ist. Eine Interimsabmachung zwischen uns und Island müsse langfristigen Zielen dienen und die Auswirkungen, die sie für Island und uns im internationalen Bereich haben könne, berücksichtigen. Es müsse aber in Rechnung gestellt werden, daß Druck Gegendruck erzeuge und daß Verhandlungen unter Druck von vornherein belastet sein würden. Ein wesentliches Anliegen des Herrn Bundeskanzlers sei es, daß gerade im Verhältnis zu mittleren und kleinen Staaten unser wirtschaftliches Gewicht nicht mißbraucht würde, um die Interessen dieser Staaten zu überfahren. Wir müßten aber erwarten, daß in einer Auseinandersetzung wie derjenigen um die isländischen Fischereigrenzen auch die andere Seite ihre Position nicht überziehe. Bürgermeister Koschnick unterstrich nochmals unser Interesse an einer baldigen Interimsregelung und einer schnellen Fortsetzung der Verhandlungen.

4) Johannesson erklärte, er könne keine Zusicherung geben, daß die Zwischenfälle in Zukunft aufhören würden. Wenn die deutschen Trawler ihrerseits Zurückhaltung zeigten und näher an der Außengrenze der 50 Seemeilen-Zone fischten, sei allerdings eine größere Zurückhaltung der Isländer denkbar. Am besten wäre es, wenn wir im Zeichen der Beruhigung die Trawler ganz aus der

---

10 Vom 3. bis 15. Dezember 1973 fanden in New York die Vorberatung zur Dritten Seerechtskonferenz der UNO statt, die vom 20. Juni bis 29. August 1974 in Caracas tagte.

11 Am 5. Februar 1973 bat Ministerialdirigent von Schenck Botschafter Rowold, Reykjavik, dem isländischen Außenminister Agústsson als Verhandlungsgrundlage für Gespräche über ein Interimsabkommen mitzuteilen, daß die Bundesrepublik sich entschlossen habe, freiwillig zu bestimmten Zeiten auf den Fischfang in bestimmten Zonen der Gewässer um Island zu verzichten. Darüber hinaus wäre sie willens, „aus eigenem Entschluß in bestimmten Gebieten und zu bestimmten Zeiten den Fischfang mit Rücksicht auf die isländische Küstenfischerei nicht auszuüben". Schließlich wäre sie ferner bereit, „zu bestimmten Zeiten auf den Fischfang in bestimmten Jungfisch- und Laichgebieten zu verzichten unter der Voraussetzung, daß auch isländische Fischer auf den Fischfang in diesen Gebieten verzichten würden". Vgl. den Drahterlaß Nr. 491; Referat 500, Bd. 193905.
Der Gesprächsvorschlag wurde von Rowold am 12. Februar 1973 im isländischen Außenministerium übergeben. Vgl. dazu den Drahtbericht Nr. 37 von Rowold; Referat 500, Bd. 193905.

50 Seemeilen-Zone herauszögen; aber schon wenn wir größere Zurückhaltung zeigten, könne sich die Lage verbessern.

5) Zusammenfassend wurde festgestellt, daß beide Seiten ein Interesse an der baldigen Wiederaufnahme der Verhandlungen haben und daß der neue isländische Vorschlag in Bonn beschleunigt geprüft wird. Der Terminvorschlag für die Fortsetzung der Verhandlungen wird dann von Bonn aus gemacht.

Bürgermeister Koschnick wird heute abend erneut mit Johannesson bei einem von diesem gegebenen Essen zusammentreffen. An diesem Essen nimmt das gesamte Kabinett und der Führer der Opposition[12] teil.[13]

II. Der Gesamteindruck aus dem Gespräch ist, daß Ministerpräsident Johannesson den von Bürgermeister Koschnick vorgebrachten Argumenten gegenüber an sich nicht verschlossen ist, jedoch keinen innenpolitischen Spielraum hat. Bürgermeister Koschnick schlägt vor, nach diesem Gespräch von der Verhängung eines Anlandeverbotes[14] zunächst abzusehen und den Reedereien in vorsichtiger Form nahezulegen, sich bei dem Fischfang in der 50-Seemeilen-Zone bis zu – und während – des Laufes von Verhandlungen eher an der Außengrenze zu halten. Sollten die Isländer allerdings in naher Zukunft wieder zu Belästigungen deutscher Trawler übergehen, so hält Bürgermeister Koschnick die Verhängung einer Anlandesperre für erforderlich, die dann allerdings auf drei Wochen befristet sein sollte, es sei denn, es würden vor Ablauf dieser drei Wochen Verhandlungen eingeleitet.[15]

III. Das BMELF wird gebeten, die vier Küstenländer umgehend von diesem DB und namentlich seiner Ziffer II. zu unterrichten.

[gez.] Fleischhauer

Referat 420, Bd. 108657

---

[12] Johann Hafstein.

[13] Am Rande des Abendessens kam es zu Gesprächen des Vortragenden Legationsrats I. Klasse Fleischhauer, z. Z. Reykjavik, mit dem isländischen Außenminister Agústsson sowie dem Fischereiminister Josefsson. Beide lehnten eine Regelung des Fischereistreites „mit rotierenden Sperrzonen" ab. Während jedoch Agústsson eine Lösung vor allem in einer Reduzierung der Fangmenge sah, betonte Josefsson die Bedeutung einer Reihe weiterer Punkte, vor allem der „Respektierung der 30-Meilen-Zone, den Ausschluß von Fabrikschiffen und freezer trawlers und eine gewisse Reduzierung" der Fangflotte aus der Bundesrepublik. Vgl. die Aufzeichnung von Fleischhauer vom 18. April 1973; Referat 500, Bd. 193906.

[14] Aufgrund der Zusammenstöße zwischen Fischereibooten aus der Bundesrepublik und der isländischen Küstenwache zogen die Länder Bremen, Hamburg, Niedersachsen und Schleswig-Holstein sowie der Verband der Deutschen Hochseefischereien ein Anlandeverbot für isländischen Fisch in Häfen der Bundesrepublik in Erwägung. Vgl. dazu den Drahtbericht Nr. 72 des Geschäftsträgers Fuchs, Reykjavik, vom 9. April 1973; Referat 500, Bd. 193906.

[15] Am 27. April 1973 informierte Vortragender Legationsrat I. Klasse Fleischhauer die Botschaft in Reykjavik, daß die Bundesregierung eine Fortsetzung der Gespräche für den 10./11. oder den 16./17. Mai 1973 in Bonn vorschlage. Die Verhandlungen sollten auf Beamtenebene stattfinden, „um den Rahmen abzustecken, in dem eine Interimsregelung möglich ist. Unsere Vorschläge vom Februar d[ieses] J[ahres] und die isländischen ‚basic points' vom 16. April seien noch zu weit voneinander entfernt, um die Verhandlungen auf die Ebene von Ministern oder ihren Stellvertretern anzuheben." Vgl. den Drahterlaß Nr. 1436; Referat 500, Bd. 193906.
Infolge des isländischen Wunsches nach einer Fortführung der Gespräche auf politischer Ebene konnten die von der Bundesregierung vorgeschlagenen Termine nicht eingehalten werden. Vgl. dazu den Drahterlaß Nr. 1604 des Ministerialdirigenten von Schenck vom 10. Mai 1973; Referat 500, Bd. 193906.

109

Staatssekretär Frank an die
Ständige Vertretung bei der NATO in Brüssel

221-372.00/9-390/73 geheim   Aufgabe: 17. April 1973, 18.25 Uhr[1]
Fernschreiben Nr. 1339 Plurex

Betr.:   MFBR-Explorationen in Wien;
         hier: Ungarn und Verfahrensfragen

Bezug: Bericht Diplo Wien Nr. 302 vom 13. April 1973 geh.[2]
         Bericht NATOgerma Brüssel Nr. 453 vom 13. April 1973 VS-
         vertraulich[3]

I. 1) Wir gehen davon aus, daß auf der Sitzung des NATO-Rats am 18. April
der NATO-Rat über den Stand der Diskussion in Wien formell unterrichtet
wird und daß die Ständigen Vertreter erste Stellungnahmen zu dem Bericht
und zum sowjetischen Verfahrensvorschlag abgeben werden.

2) Da mit kontroversen Ausgangspositionen einzelner Bündnispartner gerechnet werden muß, hielten wir es für zweckmäßig, uns nicht vorzeitig auf kontroverse Positionen festlegen zu lassen. Auch scheint es uns nicht gerechtfertigt, die Entscheidung über die Ungarn-Frage, die mit der Entscheidung über
den Verfahrensvorschlag verbunden ist, unter Zeitdruck fällen zu wollen.

3) Wir halten es nicht für ausgeschlossen, daß vor allem die britische Delegation erhebliche Bedenken gegen den Vorschlag in der Ungarn-Frage vorbringen
und versuchen wird, die Diskussion über das Verfahrenspapier zu nutzen, um
einige Substanzfragen von MBFR anzusprechen. Sollte sie dabei die Notwendigkeit unterstreichen und dafür prinzipielle allianzinterne Zustimmung suchen, daß constraints im MBFR-Konzept der NATO und insbesondere im Blick
auf Ungarn unverzichtbar sind, dann sollten wir eine solche Position eindeutig
unterstützen.

4) Wir sind grundsätzlich bereit, den vorgelegten Verfahrensvorschlag zu akzeptieren, erwarten aber, daß

– die Empfehlungen in Paragraph 23 des Wiener Berichts[4] durchgesetzt werden

---

1 Der Drahterlaß wurde von Vortragendem Legationsrat I. Klasse Ruth konzipiert und laut Vermerk von Ruth vom 17. April 1973 im Entwurf vom Bundesministerium der Verteidigung und Referat 201 mitgezeichnet.
  Hat Botschafter Roth am 17. April 1973 vorgelegen.
2 Vgl. Dok. 107.
3 Botschafter Krapf, Brüssel (NATO), teilte aus der Sitzung des Ausschusses für Verteidigungsplanung der NATO (DPC) am 13. April 1973 mit, daß von belgischer Seite der Vorschlag unterbreitet
  worden sei, „wegen der wenig ermutigenden Nachrichten aus Wien Botschafter Quarles und Dean
  zur Berichterstattung nach Brüssel zu bitten". Die Berichterstattung sollte nach Möglichkeit am 18.
  oder 19. April 1973 stattfinden. Vgl. VS-Bd. 9423 (221); B 150, Aktenkopien 1973.
4 Für den Bericht der NATO-Ad-hoc-Gruppe MBFR in der Fassung vom 13. April 1973 vgl. VS-Bd.
  9431 (221).
  Für Paragraph 23 des Berichts vgl. Dok. 107.

– in der Allianz kein Zweifel über die Notwendigkeit besteht, Ungarn in künftige constraints-Vereinbarungen einzubeziehen

– der sowjetischen Delegation eine eindeutig gemeinsame Antwort der Allianz gegeben wird.

II. Nur zu ihrer persönlichen Unterrichtung

1) Wir haben seit längerer Zeit der amerikanischen Seite zu erkennen gegeben, daß wir bereit sind, sie bei Entscheidungen in Prozedurfragen zu unterstützen, wenn es darum geht, den Beginn der MBFR-Verhandlungen im Herbst 1973 zu sichern. Im Gegenzug erwarten wir von der amerikanischen Seite Unterstützung im Festhalten an einem abgestuften integralen Verhandlungsprogramm (phased approach).

2) Nach wie vor sind wir jedoch der Auffassung, daß der Versuch, die Statusfrage der Teilnehmer frühzeitig während der Explorationen als Prozedurfrage lösen zu wollen, verfehlt war. Neben der substantiellen Bewertung des vorliegenden Verfahrensentwurfs wird unseres Erachtens auch über die Frage zu entscheiden sein, ob die Bündnispartner bereit sind, die von den Sowjets bezogene Position des „take it or leave it" hinzunehmen. Sollte sich wider Erwarten im Verlauf der Diskussion im Rat ein Meinungsumschwung zugunsten eines Offenhaltens der gesamten Statusfrage abzeichnen, so würden wir einer solchen Lösung zustimmen.

III. Im einzelnen werden Sie gebeten, zu dem Bericht der Ad-hoc-Gruppe zum geeignet erscheinenden Zeitpunkt wie folgt Stellung zu nehmen:

1) Wir sind uns über die Schwierigkeit der Gespräche in Wien im klaren und anerkennen die Arbeit der Ad-hoc-Gruppe, insbesondere des Verhandlungsteams Quarles–Dean.

2) Der Bewertung im Wiener Papier (Paragraph 21) können wir weitgehend zustimmen. Inwieweit allerdings die Aussage in Paragraph 21 c richtig bleibt, daß damit eine „juridical basis" für die Alliierten geschaffen worden sei, das Ungarnproblem zur Sprache zu bringen[5], wird vom Status der gemeinsamen Erklärungen abhängen.

3) Im Einleitungssatz zu Paragraph 2 hätten wir ein neutraleres Kriterium als das der Teilnahme an künftigen Vereinbarungen vorgezogen und legen deshalb besonderen Wert auf die Äußerung Chlestows in dem Vierer-Gespräch vom 13. April, daß „the word potential had the same meaning in Russian as in English, and said he did not consider that any obligation, moral or otherwise, was undertaken by adoption of this definition". Wir begrüßen es, daß in dem Kriterium für die direkte Teilnahme der Hinweis auf Reduzierungen entfallen ist und daß die „possible agreements" ausdrücklich auf Mitteleuropa bezogen sind. Wir sind uns darüber im klaren, daß die Kooptionsformel in Paragraph 2 des Vorschlages auf eine sowjetische Anregung zurückgeht. Wir halten sie aber für

---

5 Im Entwurf des Berichts der NATO-Ad-hoc-Gruppe MBFR, den Vortragender Legationsrat I. Klasse Hofmann, z.Z. Wien, am 11. April 1973 übermittelte, wurde die Schlußfolgerung gezogen: „Despite this important negative aspect, the proposal now offered by the Soviets [...] contains Eastern acceptance that the Hungarian question can be raised and discussed in the negotiations in all its aspects and a juridical basis for the allies to do so." Vgl. den Drahtbericht Nr. 292; VS-Bd. 9081 (212); B 150, Aktenkopien 1973.

annehmbar, weil sie die objektive geographische Bestimmung Mitteleuropa enthält und die Möglichkeit der differenzierten Teilnahme an künftigen Vereinbarungen ausspricht.

4) Wir verkennen nicht, daß sich der vorliegende Verfahrensvorschlag in der Frage des Status für Ungarn von unserer ursprünglichen Forderung nach direkter Teilnahme oder nach Ausklammerung der Entscheidung über den Status Ungarns unterscheidet. Im sowjetischen Vorschlag wird Ungarn eindeutig als Teilnehmer mit besonderem Status wie die Flankenstaaten behandelt. Die Einordnung Ungarns in den Kreis der Teilnehmer mit besonderem Status wäre nur akzeptabel unter der Voraussetzung,

- daß Ungarn in den komplementären Erklärungen ausdrücklich und allein angesprochen wird,
- daß der Status dieser Erklärungen eindeutig und befriedigend geklärt wird
- und daß in der Allianz kein Zweifel daran besteht, daß das Problem des Streitkräfteniveaus in Ungarn zu gegebener Zeit von den Alliierten mit Nachdruck in die künftigen Verhandlungen eingeführt wird.

5) Wir hätten es begrüßt, wenn der Punkt 3 des Verfahrensvorschlages gestrichen worden wäre, weil darin Ungarn ausdrücklich ein besonderer Status gegeben wird. Es ist kein Zweifel, daß mit diesem Paragraphen 3 eine Abschwächung der Bedeutung der komplementären Erklärungen bewirkt wird.

Im Zusammenhang mit Punkt 3 erhebt sich daher die Frage, inwieweit für die Sowjetunion der vorliegende Verfahrensvorschlag veränderungsfähig ist. Auf alle Fälle legen wir Wert darauf, daß die im Bericht der Ad-hoc-Gruppe, Punkt 23, enthaltenen Empfehlungen mit allem Nachdruck in Wien vertreten werden:

- die komplementären Erklärungen müssen in schriftlicher Form als Teil der Vereinbarung festgehalten werden;
- die Öffentlichkeit muß über den Inhalt der komplementären Erklärungen unterrichtet werden können.

Die dritte Empfehlung, daß die vorliegende Vereinbarung auch für die Verhandlungen gelten soll, scheint uns bereits in dem Text der Paragraphen 2 und 3 vorbereitet zu sein, die sich mindestens implizite auch auf die Verhandlungsphase beziehen.

6) In den Empfehlungen des Wiener Berichts wird gesagt, daß auch die Frage der Herstellung authentischer Übersetzungen noch erörtert werden muß. Da sich sowohl die Sitzordnung (Paragraph 4) als auch Rotation (Paragraph 5) nach der Auflistung gemäß englischem Alphabet richtet, würden wir es zur Vermeidung von Mißverständnissen für richtig halten, daß dies in den beiden Paragraphen festgestellt wird; in diesem Fall könnte in jeder Sprache die Auflistung nach dem jeweiligen Alphabet erfolgen. Die Alternative dazu wäre die Übernahme der Auflistung nach dem englischen Alphabet in jede offizielle Sprache. Dies würde bedeuten, daß die verfolgte Ordnung nicht mehr erkennbar wäre. In diesem Fall könnte zur Klarstellung, daß es sich um die Ordnung nach dem englischen Alphabet handelt, eine entsprechende Fußnote angebracht werden. Da dies Fragen sind, die der Vermeidung von Mißverständnis-

sen dienen und technischen Charakter haben, sollten sie unsere Erachtens nicht unter den Vorbehalt des „take it or leave it" fallen.

7) Wir sind daran interessiert, daß in den Erörterungen des NATO-Rats insbesondere folgende Fragen geklärt werden:

a) Welchen Status hat das Verfahrenspapier aus sowjetischer Sicht, inwieweit stellt es eine auf höchster Ebene abgedeckte „take-it-or-leave-it"-Position der sowjetischen Regierung dar?

b) Ist die in dem Papier vorgeschlagene Lösung eine ausreichende Basis, um in künftigen Verhandlungen das Problem des Streitkräfteniveaus in Ungarn, insbesondere das Niveau sowjetischer Streitkräfte, konkret zu erörtern?

c) Sind sich die Verbündeten darin einig, daß die in dem Papier enthaltenen Möglichkeiten für constraints-Vereinbarungen in den Verhandlungen konsequent genutzt werden müssen?

IV. Gesandter Dr. Ruth wird bei den Erörterungen des NATO-Rats am 18. April anwesend sein. Soweit uns bekannt ist, werden außerdem die Delegationsleiter der USA und der Niederlande sowie Großbritanniens, Kanadas, der Türkei, Belgiens und Dänemarks[6] in Brüssel sein.[7]

Diplogerma Washington, London, Paris, Den Haag, Rom, Moskau, Helsinki und Wien erhalten diesen Erlaß nachrichtlich.

Frank[8]

VS-Bd. 9428 (221)

---

[6] Jan Adriaenssen (Belgien), Jonathan Dean (USA), George Grande (Kanada), John Knox (Dänemark), Bryan Quarles van Ufford (Niederlande), John A. Thomson (Großbritannien) und Turgut Tueluemen (Türkei).

[7] Am 18. April 1973 berichtete Botschafter Krapf, Brüssel (NATO), aus der Sitzung des Ständigen NATO-Rats, daß mit Ausnahme Großbritanniens alle übrigen Delegationen grundsätzlich bereit seien, dem sowjetischen Verfahrensvorschlag zuzustimmen. Die von britischer Seite vorgebrachten Alternativvorschläge, nämlich „Streichung der Ziffer 3 des Verfahrenspapiers oder Streichung der Erwähnung Ungarns in Ziffer 3" und eine „möglichst rasche Beendigung der Explorationen in Wien, ohne Einigung in der Teilnehmerfrage, mit einem Kommuniqué, in dem lediglich Ort und Zeitpunkt des Beginns der MBFR-Gespräche sowie eine allgemeine Umschreibung der Tagesordnung enthalten wäre", hätten keine Zustimmung gefunden. Er selbst habe zum Standpunkt der Bundesrepublik erläutert, „daß die zweite britische Alternative für uns bekanntlich keine Schwierigkeiten bereiten würde und als Rückfallposition denkbar wäre." Eine „praktische Ergänzung des Verfahrensvorschlags durch den in der britischen Alternative enthaltenen Gedanken" halte er für nützlich. Vgl. den Drahtbericht Nr. 467; VS-Bd. 9081 (212); B 150, Aktenkopien 1973.

[8] Paraphe.

110

Gespräch des Bundeskanzlers Brandt mit Staatspräsident Tito auf Brioni

Geheim   18. April 1973[1]

Protokoll über das Vier-Augen-Gespräch des Herrn Bundeskanzlers mit dem jugoslawischen Staatspräsidenten, Marschall Tito, am 18. April 1973 auf Brioni[2] (vgl. auch Kurzprotokoll gesondert[3])

Tito: Die Lage im Nahen Osten ist außerordentlich gefährlich. War in letzter Zeit einmal jemand von Ihnen in Ägypten?

Bundeskanzler: Der Bundesaußenminister fährt Mitte Mai, und zwar nach Kairo, Amman und Beirut.[4] Ismail war vor kurzem bei mir.[5] Nach der Reise des Außenministers werde ich selbst Israel besuchen.[6]

Tito: Dolanč war in Ägypten. Ägypten und die anderen Araber scheinen das Vertrauen in die Möglichkeit einer friedlichen Lösung verloren zu haben. Was ist Ihre Meinung?

Bundeskanzler: Israel ist zur Zeit besonders unbeweglich, weil nach der Sommerpause Wahlen bevorstehen.[7] Es gibt dort militante rechte Gruppen. Frau Golda Meir selbst ist auch nicht besonders flexibel. Viel wird von der Begegnung zwischen Breschnew und Nixon[8] abhängen. Auf diese beiden Mächte kommt es an. Ich möchte, daß Europa etwas tun könnte; aber unsere Möglichkeiten sind sehr begrenzt.

Tito: Auch ich bin der Auffassung, daß es auf die USA und die Sowjetunion ankommt, aber mehr auf die USA. Sadat war vor zwei Monaten hier[9] und hat mir die Situation dargelegt. Er habe das Problem in den USA besprochen, danach habe sich aber nichts ereignet, und er habe nicht den Eindruck, daß Israel da-

---

1 Die Gesprächsaufzeichnung wurde von Vortragendem Legationsrat Gründel, Bundeskanzleramt, gefertigt und am 7. Mai 1973 von Staatssekretär Grabert, Bundeskanzleramt, an Bundesminister Scheel mit der Bitte übermittelt, „diese Unterlagen nur jeweils den unmittelbar mit der Bearbeitung betrauten Beamten Ihres Hauses zugänglich zu machen."
   Hat Vortragendem Legationsrat I. Klasse Schönfeld am 14. Mai 1973 vorgelegen, der die Weiterleitung an Staatssekretär Frank verfügte.
   Hat Frank vorgelegen. Vgl. den Begleitvermerk; VS-Bd. 9096 (214), B 150, Aktenkopien 1973.

2 Bundeskanzler Brandt besuchte Jugoslawien vom 16. bis 19. April 1973. Vgl. dazu auch BRANDT, Begegnungen, S. 606–608.

3 Für die Kurzfassung der Gesprächsaufzeichnung des Vortragenden Legationsrats Gründel, Bundeskanzleramt, vgl. VS-Bd. 9096 (214); B 150, Aktenkopien 1973.

4 Bundesminister Scheel hielt sich vom 20. bis 22. Mai in Ägypten, vom 22. bis 24. Mai in Jordanien und am 24./25. Mai 1973 im Libanon auf. Vgl. dazu Dok. 170, Dok. 173 , Dok. 176 und Dok. 189.

5 Der Sicherheitsberater des ägyptischen Präsidenten, Ismail, kam am 1. März 1973 mit Bundeskanzler Brandt in Bonn zu einem Gespräch zusammen, in dessen Mittelpunkt der Nahost-Konflikt stand. Vgl. dazu die Gesprächsaufzeichnung; Referat 310, Bd. 104668.

6 Bundeskanzlers Brandt besuchte Israel vom 7. bis 11. Juni 1973. Vgl. dazu Dok. 184 und Dok. 191.

7 Die Wahlen zum israelischen Parlament fanden am 31. Dezember 1973 statt.

8 Der Generalsekretär des ZK der KPdSU, Breschnew, hielt sich vom 18. bis 25. Juni 1973 in den USA auf.

9 Präsident Sadat kam am 11./12. Januar 1973 mit Staatspräsident Tito auf Brioni zu Gesprächen zusammen.

nach flexibler geworden wäre. Das Gespräch mit Sadat hatte mich um so stärker interessiert, als ich vorher Informationen erhalten hatte, daß Sadat nach dem Abzug der sowjetischen Fachleute aus Ägypten[10] zu Konzessionen bereit sein könnte. Ich hatte diesen Informationen nicht so recht geglaubt, weil ich weiß, wie die Ägypter denken. Ich habe daher Sadat gefragt, ob es in seiner Position gegenüber der vor einem Jahr eingenommenen etwas Neues gebe. Er antwortete, daß es darin absolut nichts Neues gebe.

Die Position Sadats ist bekannt: Die Israelis müßten sich 50 bis 60 km vom Suezkanal zurückziehen, dann könne man den Kanal öffnen[11]; wenn Garantien der UN oder der Großmächte hinzukämen, daß sich die israelischen Truppen hinter ihre Grenzen zurückziehen, könnte man weitere Lösungen hinsichtlich des Golfs von Akaba, von Sharm-el-Sheik und des Gazastreifens ins Auge fassen (?). Auch über die Frage, welche Truppen dort stationiert werden sollten (UN oder Großmächte), könne gesprochen werden.

Israel will jedoch keinerlei Konzessionen machen. Es will insbesondere den Gazastreifen und Sharm-el-Sheik behalten; Sie wissen, daß von Scharm-el-Sheik aus Kanalzone und Stadt gefährdet würden. Hierauf können die Araber keinesfalls eingehen.

In der Truppenstationierungsfrage gibt es verschiedene Vorstellungen, die Araber wären wohl mit einer UN-Truppe einverstanden, wollen aber auch arabische Truppen dort haben. Israel will nichts von alledem wissen und lehnt es vor allem ab, auf die Resolution 242[12] einzugehen.

In Ägypten ist die innere Situation so, daß Sadat nicht nachgeben kann. Die Lage, wie sie im Augenblick festgefroren ist, kann nicht mehr lange so gehalten werden. In Ägypten wird vor allem die jüngere Generation ungeduldig; 800 000 Mann stehen unter Waffen. Gerade in den letzten Tagen habe ich Informationen bekommen, wonach sich die Araber auf eine militärische Zurückgewinnung der verlorenen Gebiete vorbereiten. Die Armee ist zur Zeit ausgezeichnet ausgerüstet und ausgebildet. In dieser Situation kann man nicht einfach zuwarten, wie sich die Dinge entwickeln. Vielleicht wollen die Araber mit den Informationen, von denen ich gesprochen habe, zunächst nur einmal Druck ausüben, aber man soll den Ernst der Lage dennoch nicht unterschätzen. Praktisch jede Stunde kann es losgehen. Die Armee setzt sich vorwiegend aus jungen Menschen zusammen, die zum Kampf bereit sind.

---

[10] Zur Entscheidung des Präsidenten Sadat vom 18. Juli 1972, die UdSSR zum Abzug der sowjetischen Militärberater und Experten aus Ägypten aufzufordern, vgl. Dok. 49, Anm. 11.

[11] Zur Schließung des Suez-Kanals am 6. Juni 1967 vgl. Dok. 15, Anm. 54.

[12] Resolution Nr. 242 des UNO-Sicherheitsrats vom 22. November 1967 (Auszug): „The Security Council [...] Emphasizing further that all Member States in their acceptance of the Charter of the United Nations have undertaken a commitment to act in accordance with Article 2 of the Charter, Affirms that the fulfilment of Charter principles requires the establishment of a just and lasting peace in the Middle East which should include the application of both the following principles: i) Withdrawal of Israel armed forces from territories occupied in the recent conflict; ii) Termination of all claims or states of belligerency and respect for and acknowledgment of the sovereignty, territorial integrity and political independence of every State in the area and their right to live in peace within secure and recognized boundaries free from threats or acts of force". Vgl. UNITED NATIONS RESOLUTIONS, Serie II, Bd. VI, S. 42. Für den deutschen Wortlaut vgl. EUROPA-ARCHIV 1969, D 578 f.

Gestern habe ich mit Kennan gesprochen. Außerdem habe ich Botschaften an die Sowjetunion, die USA und andere gesandt; ich habe darin klarzumachen versucht, daß es höchste Zeit ist, etwas zu tun.

Ich habe nur verbale Antworten bekommen (Nixon hat überhaupt noch nicht geantwortet, sondern nur über seine Botschaft eine Antwort angekündigt), aber nichts wird getan. Israel hat in jüngster Zeit eine Reihe aggressiver Akte begangen. Dies ruft immer mehr Empörung und Unruhe bei den Arabern hervor – aber auch bei anderen. Es gibt keine Anzeichen, daß Israel zur Aufgabe seiner aggressiven Politik bereit wäre.

Ich habe Kennan gesagt, daß sich ein Konflikt in diesem Raum lokal nicht begrenzen lassen würde; dort sind nämlich 65 Prozent der Ölversorgung der Welt konzentriert, und ihre Unterbrechung würde wahrscheinlich eine Ausweitung des Konflikts mit sich bringen.

Ich bin wegen der gespannten Lage im Nahen Osten in größter Sorge, weil wir in unserer Situation einem Konflikt nicht zuschauen könnten. Ich befürchte das Schlimmste.

Bundeskanzler: Ich werde, wie gesagt, Anfang Juni ein paar Tage in Israel sein. Für mich ist sehr wichtig, was Sie hier gesagt haben. Vor meinem Israelbesuch werde ich noch mit Nixon[13] und Breschnew[14] zusammenkommen. Für mich ist wichtig, daß auch sie meiner Reise nach Israel positiv gegenüberstehen, damit ich dort meinen Einfluß im Sinne einer friedlichen Lösung geltend machen kann. Unsere Möglichkeiten – die deutschen noch mehr als andere – sind aber sehr begrenzt. Wir haben von alters her ein gutes Verhältnis zu den Arabern, sind aber Israel gegenüber zu besonderer Ausgewogenheit verpflichtet; durch deutsche Schuld sind Millionen von Juden umgekommen. Als Junge war ich Antizionist, wie übrigens auch meine jüdischen Freunde damals. Durch den Krieg und nach dem Krieg durch Bildung des Staates Israel ist jedoch eine neue Lage entstanden. Dann ist da noch die Frage, was die Palästinenser überhaupt wollen. Wo wollen sie hin? Dorthin, wo sie gelebt haben? Ins westliche Jordanien?

Tito: Sadat meint, daß das Problem eventuell durch einen cisjordanischen Pufferstaat gelöst werden könnte. Aber die Palästinenser sind damit nicht einverstanden.

Vor zwei Jahren habe ich Goldmann gesehen; er hat ja jetzt wenig Einfluß in Israel. Goldmann meinte, daß Dayan flexibler sei als Golda Meir.

Bundeskanzler: Ich weiß, Goldmann sagte, daß Golda Meir als Frau darauf achten müsse, nicht als zu weich zu erscheinen. Aber Dajan wird wohl nicht Nachfolger von Golda Meir werden.

Tito: Andere arabische Länder üben Druck auf Ägypten aus, die Angelegenheit mit Waffengewalt zu regeln. Libyen stellt hierfür Geld zur Verfügung. Auch Marokko ist für eine kriegerische Lösung, wenn keine andere möglich ist; es will sogar Truppen zur Verfügung stellen, im übrigen unterstützt es die Palä-

---

13 Bundeskanzler Brandt hielt sich am 1./2. Mai 1973 in den USA auf. Zu den Gesprächen mit Präsident Nixon vgl. Dok. 124 und Dok. 130.

14 Der Generalsekretär des ZK der KPdSU, Breschnew, besuchte die Bundesrepublik vom 18. bis 22. Mai 1973. Vgl. dazu Dok. 145–152.

stinenser. Syrien ist gegen die Resolution 242 und für eine bewaffnete Lösung. Besonders aber auch der Irak. Was Saudi-Arabien will, weiß man nicht genau, aber es unterstützt Ägypten jedenfalls mit Geld.

Im Mittleren Osten besteht ein Grenzkonflikt zwischen Kuwait und dem Irak. Eine weitere Konfliktsituation könnte sich zwischen dem Irak und Saudi-Arabien ergeben.

Sadat will mich über die Situation im Nahen Osten fortlaufend informieren. Die Situation ist jedenfalls äußerst gefährlich.

Bundeskanzler: Was soll man tun? Ich weiß es auch nicht.

Tito: Sie treffen in Kürze mit Nixon zusammen. Ich möchte Sie bitten, ihm von mir mitzuteilen, wie ernst ich die Lage sehe. Es muß unbedingt versucht werden, diese Frage friedlich zu lösen. Und dies kann nicht länger aufgeschoben werden. Von mir hängt das nicht ab, sondern die USA und die Sowjetunion müssen etwas unternehmen, vor allem aber die USA.

Bundeskanzler: Es wäre vielleicht gut, wenn die Sowjetunion wieder Beziehungen mit Israel aufnehmen würde[15] und ihren Einfluß geltend machen könnte.

Tito: Nach Abzug der sowjetischen Fachleute haben sich die Beziehungen zwischen Ägypten sowie den anderen arabischen Ländern einerseits und der Sowjetunion andererseits sehr verschlechtert. Sie sind inzwischen wieder etwas besser geworden, aber nicht mehr so, wie sie einmal waren.

Was die Sowjetunion betrifft, so ist Ägypten sehr empfindlich. Wenn die Juden aus der Sowjetunion jetzt nach Israel ausreisen dürfen, ohne ihr Schulgeld zurückzuzahlen[16], und wenn es jetzt auch noch zu einer Anerkennung Israels durch die Sowjetunion käme, so würde dies den vollständigen Bruch zwischen Ägypten und der Sowjetunion bedeuten.

Ich habe mehrfach mit Goldmann gesprochen; er ist flexibler und weitsichtiger, als man es in Israel selbst ist. Ich habe ihm gesagt, daß sich die gegenwärtige Situation möglicherweise noch fünf, zehn oder fünfzehn Jahre hinschleppen kann, aber was dann? Sind dann die USA noch im Mittelmeer? Es könnte dann tatsächlich eintreten, daß die Israelis von den Arabern ins Meer geworfen werden. Es wäre also besser, wenn sich die Israelis aus den besetzten Gebieten zurückziehen würden und den Weg einer Kooperation mit den arabischen Ländern ansteuern würden.

---

[15] Israel und die UdSSR unterhielten vom 18. Mai 1948 bis 10. April 1967 diplomatische Beziehungen.

[16] Am 3. August 1972 verfügte das Präsidium des Obersten Sowjet der UdSSR den Erlaß über die „Erstattung der staatlichen Ausbildungskosten durch Staatsangehörige der UdSSR, die zur ständigen Wohnsitznahme ins Ausland ausreisen". Dazu notierte Vortragender Legationsrat I. Klasse Meyer-Landrut am 13. März 1973, daß sich „diese Maßnahme in erster Linie auf den jüdischen Bevölkerungsteil" auswirke. Die Höhe der Beträge richte sich „nach Bedeutung der Hochschulen, der Art des absolvierten Studiums, des erreichten akademischen Grades und der Studienzeit" und belaufe sich für Absolventen der Staatlichen Universität Moskau auf rund 46 000 DM, im Falle der Habilitation auf mehr als das Doppelte. Absolventen geringer eingestufter Institute kämen mit einem Betrag von etwas mehr als einem Drittel dieser Summe aus. Vgl. Referat 213, Bd. 112711.
Am 21. März 1973 meldete die Nachrichtenagentur Reuters, daß die sowjetischen Behörden „angeblich in Zukunft auf die Erhebung der Ausreisesteuer für auswanderungswillige Akademiker und Fachkräfte" verzichten wollten. Eine amtliche Bestätigung für diese Mitteilung eines sowjetischen Journalisten in einer israelischen Tageszeitung gebe es aber nicht. Vgl. den Artikel „Moskau verzichtet angeblich auf Ausreisesteuer für Juden"; DIE WELT vom 22. März 1973, S. 6.

Von mir aus ist Goldmann nach Israel gegangen und hat mit verschiedenen führenden Leuten gesprochen; er hat sich dabei Vorwürfe anhören müssen.

Bundeskanzler: Sicher wollen weder die Amerikaner noch die Russen Krieg im Nahen Osten. Was wollen die Israelis? Vielleicht will eine militante Gruppe dort den Krieg? Wenn ich Sie richtig verstanden habe, so meinen Sie, daß bei den Arabern die Tendenz zunimmt, auch ohne die Unterstützung der Sowjetunion in den Krieg zu gehen?

Tito: Die Araber bereiten sich auf den totalen Krieg vor, es geht also nicht mehr nur um den Suezkanal. Sie sind bereit, Israel zu vernichten, und sie haben auch die Mittel dazu. Außerdem sind die Araber weitaus zahlreicher als die Israeli und verfügen über große Räume. Unsere Leute waren dort und haben das gesehen; das ganze Land bereitet sich dort darauf vor. Es wird im Konfliktfall keinen neuen 5. Juni 1967 geben. Es wird nicht wieder vorkommen, daß die ägyptischen Waffen in die Hände Israels fallen. Außerdem ist das Gebiet jetzt viel größer, Libyen ist jetzt auch dabei.

Es wäre sehr gut, wenn Sie mit Nixon darüber sprechen könnten.

Bundeskanzler: Ich werde mit Nixon sprechen und Ihnen dann einen Brief schicken.[17]

Tito: Im Fernen Osten befürchte ich auch, daß sich die Situation weiter eskaliert. Kambodscha macht mir große Sorge. China wird nicht mit einer Kapitulation Kambodschas einverstanden sein.

Im Augenblick wird im Tal der Tonkrüge ein Bombenkrieg geführt. Die Amerikaner sollten ihre Bomben besser ins Meer werfen, wenn sie zuviel davon haben.

Bundeskanzler: Was hat Kennan gesagt?

Tito: Er war mehr über die innere Lage in den USA besorgt. An den Hochschulen und in den Kreisen der Intelligenz macht sich starker Widerstand gegen den Krieg bemerkbar. Hinzu kommen ernste wirtschaftliche Probleme, z.B. die Währungsprobleme. Dann noch die Kontroverse mit Europa! Die Umstellung der Industrie auf friedliche Produktion bereitet Schwierigkeiten. Im übrigen

---

17 Am 7. Mai 1973 teilte Bundeskanzler Brandt Staatspräsident Tito mit: „Präsident Nixon versicherte mir, daß die Vereinigten Staaten die Gefährlichkeit der derzeitigen Lage nicht verkennen und die baldige Einleitung von Bemühungen um eine Konfliktlösung für wichtig und dringlich halten. Außenminister Rogers hob in seinen Konsultationen mit Minister Scheel ergänzend hervor, daß die USA weiterhin bestrebt seien, alleine oder mit anderen Regierungen, eine objektive, die legitimen Interessen beider Seiten berücksichtigende Vermittlerrolle zu übernehmen. Die amerikanische Regierung hält ein Interimsabkommen als ersten Schritt in Richtung auf eine Gesamtlösung nach wie vor für den besten Weg, ist jedoch auch anderen Überlegungen gegenüber offen. Mit großem Nachdruck wurde von der amerikanischen Seite jedoch betont, daß eine Einflußnahme der USA erst dann möglich sei, wenn einmal ein Verhandlungsprozeß begonnen habe. Solange Ägypten darauf bestehe, vor einem Verhandlungsbeginn Zusicherungen über bestimmte Punkte einer Konfliktlösung zu erhalten, seien kaum Ansatzpunkte für Fortschritte zu sehen. Ein Verhandlungsprozeß könne nur dann eingeleitet werden, wenn von keiner Seite Vorbedingungen gestellt werden. Ich würde es für sehr nützlich halten, wenn Sie Präsident Sadat auf diese Gesichtspunkte hinweisen würden. Minister Scheel wird bei seinem kommenden Besuch in Kairo am 20./21. Mai Gelegenheit nehmen, hierüber mit der ägyptischen Seite im einzelnen zu sprechen. Eine positive Haltung Kairos würde es auch mir erleichtern, entsprechende Gespräche im Juni bei meinem Aufenthalt in Israel zu führen." Vgl. Willy-Brandt-Archiv, Bestand Bundeskanzler, Mappe 55.

ist Kennan davon überzeugt, daß die USA keine weiteren Truppen in den Fernen Osten entsenden werden – er muß es wissen.

Die Lage im Fernen Osten ist trübe, sie hat sich nach den Pariser Abmachungen[18] nicht wesentlich verbessert. In Südvietnam wird der Bürgerkrieg weitergehen.

Wie beurteilen Sie die Lage in Afrika? Es ist dort eine immer stärker werdende Tendenz der afrikanischen Länder zur Integration festzustellen. Vor allem aber erwarten die Afrikaner größere Entwicklungshilfeleistungen. Südafrika und Rhodesien werden als ständige Gefährdung empfunden, vor allem von Sambia.

Bundeskanzler: Ich weiß das von Kaunda.[19] Im übrigen kenne ich diese Länder nicht so genau. Ich war da, einmal auf Ihren Spuren, in Kenia.[20]

Tito: Ich habe gestern mit Kenyatta telefoniert.

Bundeskanzler: Ich begrüße den Zusammenhang der afrikanischen Völker. Westeuropa wird sich zu mehr Entwicklungshilfe bereit erklären. In früheren Jahren war für uns selbst Entwicklungshilfe sehr stark an die Deutschlandpolitik gebunden.

Tito: Erreichen Sie die 0,7 Prozent des Sozialprodukts?

Bundeskanzler: Es kommt darauf an, wie man das rechnet. Wir rechnen manches nicht zur eigentlichen Entwicklungshilfe, was in der Statistik anderer Staaten dazu gerechnet wird. Die 0,7 Prozent sind für uns ein Ziel, dem wir uns nähern, das wir jedoch noch nicht ganz erreicht haben.

Die eigentliche Entwicklungshilfe wird in Zukunft multilateralisiert werden müssen; hierfür kommen vor allem die Sonderorganisationen der Vereinten Nationen in Betracht. Jetzt haben wir da eine Meinungsverschiedenheit mit den Vereinigten Staaten. Die USA möchten, daß die EWG keine präferentiellen Beziehungen mit diesen Staaten haben sollte.[21]

In der EWG selbst ist die Meinung nicht einhellig. Wir bestehen nicht, wie die Franzosen, auf Gegenpräferenzen, weil wir für freien Handel sind. Im übrigen haben die USA lange Zeit überhaupt keine Afrikapolitik gemacht. Jetzt sind die USA auch ihrerseits in den Maghreb-Ländern, in denen die EWG Erfolge erzielt hat, in ihrem Handel vorangekommen. Ich bin dafür, daß die EG die Entwicklungshilfe weitgehend in ihre Zuständigkeit übernimmt. Wir müssen wegkommen von den bisherigen Einzeloperationen, sondern gemeinsame Aktionen im Rahmen der EG und der UNO durchführen.

---

[18] Zum Abkommen vom 27. Januar 1973 über die Beendigung des Kriegs und die Wiederherstellung des Friedens in Vietnam vgl. Dok. 21, Anm. 2.
Vgl. dazu ferner die Schlußakte der Internationalen Konferenz zur Wiederherstellung des Friedens in Vietnam vom 26. Februar bis 2. März 1973 in Paris; Dok. 68, Anm. 11.

[19] Am 15. Oktober 1970 fand ein Gespräch des Bundeskanzlers Brandt mit Präsident Kaunda statt, in dem auch die Beziehungen der Bundesrepublik zu Südafrika thematisiert wurden. Vgl. AAPD 1970, III, Dok. 474.

[20] Staatspräsident Tito reiste von Februar bis April 1962 durch Afrika.
Im Rahmen einer Rundreise durch Afrika besuchte der Regierende Bürgermeister von Berlin, Brandt, Kenia vom 9. bis 13. November 1963.

[21] Die amerikanische Regierung befürchtete, daß die Exportinteressen der USA durch die bestehenden Präferenzabkommen der EG mit den Mittelmeeranrainerstaaten Algerien, Griechenland, Israel, Marokko, Spanien, Tunesien und der Türkei wesentlich beeinträchtigt würden. Vgl. dazu die Aufzeichnung des Referats 411 vom 16. April 1973; Referat 411, Bd. 473.

Tito: Die Niederländer haben anscheinend einen hohen Prozentsatz; aber die sind auch reich. Ich habe gelesen, daß auch Nixon sich für ein multilaterales Vorgehen ausgesprochen habe. Rogers war in Afrika[22]; ich habe ihn in Äthiopien getroffen und er sagte mir, daß sich die USA mehr engagieren wollten. Seither habe ich aber nichts mehr davon gehört.

Auch Südamerika ist sehr interessant. Gestern war der ehemalige Präsident von Kolumbien bei mir; er wird wohl wieder Präsident werden, denn er ist der Vorsitzende der größten Partei[23].

In Lateinamerika wollen immer mehr Länder als Subjekte am internationalen Leben teilnehmen, wie zum Beispiel Chile, Peru u. a.

Wir bereiten gegenwärtig die Konferenz der Ungebundenen in Algier[24] vor. Wir möchten möglichst viele lateinamerikanische Länder dabei haben. Die Teilnahme in Algier hängt im übrigen nicht so sehr davon ab, ob ein Staat eine Politik reiner Blockfreiheit verfolgt, sondern vielmehr davon, ob seine Politik auf Frieden und Entspannung ausgerichtet ist. Die großen Themen sind Antikolonialismus, Entwicklungshilfe und Entspannung.

Bundeskanzler: Wie groß wird der Teilnehmerkreis sein?

Tito: 60 bis 66 Staaten, vielleicht auch mehr. Auch Gewerkschaftsverbände wollen als Beobachter teilnehmen, und zwar vor allem aus den afrikanischen Ländern. Auch Jugoslawien ist dafür. Auf einem Gewerkschaftstreffen in Algier war davon die Rede; auch auf dem Gewerkschaftskongreß in Chile[25].

Auch der Papst steht den Bestrebungen der Ungebundenen sehr positiv gegenüber. Ich selbst habe gute Beziehungen mit dem Papst. Ich habe auch ihm wegen der Lage im Nahen Osten eine Botschaft geschickt; er hat mir sofort geantwortet.

Ich möchte noch betonen, daß die Politik der Ungebundenen nicht gegen irgend jemand anders gerichtet ist. Allerdings wollen die Ungebundenen Änderungen der weltpolitischen Situation in ihrem Sinne erreichen.

Bundeskanzler: Betrachten Sie Albanien als ungebundenes Land?

Tito: Nein, es orientiert sich sehr stark an China. Wir haben Handelsbeziehungen mit Albanien. Die Albaner greifen uns an, aber in letzter Zeit weniger als früher. Mit China haben wir normale Beziehungen. China hat uns früher sehr stark angegriffen; es hat lange Zeit die Sowjetunion indirekt über uns und dann uns direkt angegriffen, jetzt greift China die Sowjetunion direkt an. Wir haben keine ausgeprägten politischen Beziehungen mit China.

Mit der Sowjetunion haben wir gute Beziehungen. Wir haben den Sowjets klargemacht, daß sie uns nehmen müssen, wie wir sind, nämlich als ungebundenes

---

22 Der amerikanische Außenminister Rogers besuchte im Rahmen einer Afrika-Reise vom 7. bis 22. Februar 1970 Äthiopien vom 11. bis 13. Februar 1970.

23 Carlos Lleras Restrepo war Vorsitzender der Liberalen Partei (Partido Liberal) und vom 1. Mai 1966 bis 6. August 1970 Präsident Kolumbiens.

24 Die IV. Konferenz der Blockfreien Staaten fand vom 5. bis 9. September 1973 in Algier statt.

25 Vom 10. bis 15. April 1973 fand ein internationaler Gewerkschaftskongreß in Chile statt.

Land. Breschnew war hiermit voll einverstanden. Seither entwickeln sich unsere Beziehungen gut.[26]

Die Probleme der Entwicklung unseres inneren Systems sind ausschließlich unsere eigene Angelegenheit. Die westliche Presse interpretiert die Entwicklungen der jüngsten Zeit häufig als Annäherung an die Sowjetunion. Das stimmt aber nicht! Dieser Auffassung ist im übrigen auch die Sowjetunion.

Bei uns gab es verschiedene unerfreuliche Erscheinungen. Auf der eine Seite mußte der stellenweise überschäumende Nationalismus gedämpft werden; auf der anderen Seite mußten aber auch gewisse Kominformelemente[27], die aus der Vergangenheit übrig geblieben waren, zurückgedrängt werden. Wir haben den Bund der Kommunisten sehr gestärkt. Der Bund der Kommunisten muß die Rolle spielen, die ihm für die Entwicklung des Sozialismus zukommt. Der Arbeiterklasse, die ja alles schafft, muß der ihr gebührende Platz in der Gesellschaft eingeräumt werden. Ich habe vor kurzem einige Fabriken in Serbien besucht und dort eine ausgezeichnete Situation angetroffen. Wir haben dort zahlreiche Fabriken mit verhältnismäßig geringer manueller Arbeit; es gibt dort viele Ingenieure usw. – ich habe ihnen gesagt, daß sie alle die Arbeiterklasse seien, daß nicht mehr zwischen intellektueller und manueller Arbeit unterschieden werden dürfe.

Früher hatten wir viele Schwierigkeiten mit den Technokraten, die ihre Machtansprüche gegen die Rechte der Arbeiter durchsetzen wollen. Wir haben die Rechte der arbeitenden Menschen in unserer Verfassung in den Zusätzen (amendements) 21, 22 und 23[28] verankert. Es ist das Recht der Arbeiterklasse,

---

[26] Zu den Beziehungen zwischen Jugoslawien und der UdSSR führte Ministerpräsident Bijedić am 17. April 1973 gegenüber Bundeskanzler Brandt in Belgrad aus: „Unsere Beziehungen zur Sowjetunion haben wir normalisiert. Wir haben den Sowjets klargemacht, daß sie uns so nehmen müssen, wie wir sind. In den gemeinsamen Erklärungen der jüngsten Zeit haben wir nur das noch einmal niedergelegt, was wir schon in der Belgrader Deklaration von 1955 und in der Moskauer Deklaration von 1956 gesagt hatten. Unsere Beziehungen müssen vom Grundsatz der Souveränität jedes Landes, der Gleichberechtigung der Staaten, der Nichteinmischung in die Angelegenheiten anderer Staaten sowie des Rechts jedes Landes, seinen eigenen Weg zu gehen, bestimmt sein. [...] In diesem Sinne haben wir unser Verhältnis mit der Sowjetunion geregelt, mit der wir früher viele Zwistigkeiten hatten. Wir haben den Sowjets erklärt, daß wir keine Polemik über die gesellschaftlichen Systeme führen wollen. Unsere Beziehungen entwickeln sich seither normal; die wirtschaftlichen Beziehungen sind auf einem guten Stand; wir haben viele Beziehungen auf dem Gebiet der Industrie-Kooperation." Vgl. die Gesprächsaufzeichnung; VS-Bd. 9096 (214); B 150, Aktenkopien 1973.

[27] Das Kommunistische Informationsbüro (Kominform) wurde als Nachfolgeorganisation der 1943 aufgelösten Kommunistischen Internationale (Komintern) auf einer Konferenz der Kommunistischen und Arbeiterparteien vom 24. bis 27. September 1947 in Szklarska Poręba (Schreiberhau) gegründet. Ihm gehörten die Kommunistischen bzw. Arbeiterparteien Bulgariens, der ČSSR, Frankreichs, Italiens, Polens, Rumäniens, der UdSSR, Ungarns und – bis 1948 – auch Jugoslawiens an. Das Kominform wurde am 17. April 1956 aufgelöst.

[28] Am 30. Juni 1971 beschloß das jugoslawische Parlament die Zusätze XX bis XLII zur jugoslawischen Verfassung vom 7. April 1963, nachdem bereits im Februar 1971 der Entwurf in der Presse veröffentlicht und zur Diskussion gestellt worden war. Amendement XXI bestimmte u. a. „die gesellschaftlich-ökonomische Stellung des Werktätigen in der gesellschaftlichen Reproduktion" und sanktionierte dessen Recht, „gleichberechtigt mit den übrigen Werktätigen mit den im gesellschaftlichen Eigentum befindlichen Reproduktionsmitteln zu arbeiten und über alle Geschäfte der gesellschaftlichen Reproduktion nach den Maßstäben der gegenseitigen Abhängigkeit, Verantwortlichkeit und Solidarität zu entscheiden und auf diese Weise sein persönliches materielles und moralisches Interesse und Recht zu realisieren, die Ergebnisse seiner Arbeit und die Errungenschaften des allgemeinen materiellen und gesellschaftlichen Fortschritts zu nutzen, seine persönlichen und die gesellschaftlichen Bedürfnisse in größtmöglichem Maße zu befriedigen und seine ei-

nicht nur in der Fabrik mitzuwirken, sondern auch in den Kommunen usw. Die Arbeiterklasse muß die Möglichkeit haben zu entscheiden, wohin der Mehrwert der Arbeit, den sie ja geschaffen hat, geht.

Wir haben die neue Verfassung jetzt im Entwurf fertig, sie kann in Kürze der öffentlichen Diskussion zugeleitet werden. Die Verfassungsreform wird in diesem Jahr abgeschlossen werden können.[29] Nächstes Jahr finden Wahlen[30] und der Parteikongreß[31] statt; die Plattform dafür haben wir fertiggestellt.

Wir haben in unserem Land viel zu tun, große Anstrengungen sind erforderlich. Da ist zum Beispiel die Frage der Rechte der Nationen oder Republiken. Viele haben geglaubt, daß das zur Desintegration führen würde. Das Gegenteil ist aber der Fall. Das „Vereinbarungsprinzip" hat durchaus positive Resultate erbracht. Für die Vertretungskörperschaften („Versammlungen") wird in stärkerem Maß das Delegiertenprinzip eingeführt, um alle Schichten der werktätigen Bevölkerung entsprechend zu beteiligen. Unsere Leute sind der Auffassung, daß die Entwicklung günstig verlaufe. Im Ausland versteht man das häufig falsch. Es geht uns darum, daß das, was der Arbeiter geschaffen hat, nicht entfremdet wird, wie dies bisher häufig der Fall war; wir hatten sogar bedauerliche Fälle von direkter Veruntreuung von Arbeiterhand geschaffener gesellschaftlicher Mittel zu verzeichnen. Auch die Banken müssen anders organisiert werden. Die Arbeiterklasse muß die Möglichkeit erhalten, die Kontrolle über die Mittel, die in die Banken kommen, auszuüben.

Bei alledem ist ein umfassender Aufklärungsprozeß notwendig. Für Marxisten ist es leichter, die objektiven Notwendigkeiten zu verstehen, man muß sie aber auch den anderen verständlich machen. Bei einem national so heterogenen Staat wie Jugoslawien ist es manchmal schwierig, die Einheit zu wahren. Es

---

Fortsetzung Fußnote von Seite 546

genen und die schöpferischen Fähigkeiten anderer zu entwickeln." In Amendement XXII war u.a. festgelegt, daß „die Arbeiter in den Grundorganisationen der vereinten Arbeit ihre Arbeit und die gesellschaftlichen Reproduktionsmittel frei in Arbeitsorganisationen vereinigen" durften. Amendement XXIII sicherte „das Recht auf sogenannte Privatarbeit mit im Privateigentum befindlichen Mitteln zu" und stellte fest. „Die eine solche Tätigkeit Ausübenden sind hinsichtlich ihrer gesellschaftlich-ökonomischen Stellung und ihrer Rechte und Pflichten den ‚in den Organisationen der vereinten Arbeit' Beschäftigten gleichgestellt." Vgl. WISSENSCHAFTLICHER DIENST SÜDOSTEUROPA, XX (1971), S. 45–48.

29 Am 17. April 1973 unterrichtete Ministerpräsident Bijedić Bundeskanzler Brandt in Belgrad über die Reform der jugoslawischen Verfassung: „Es gehe darum, verschiedene partielle Verfassungsänderungen der letzten Jahre, die das Selbstverwaltungssystem und die föderative Struktur betroffen hätten, in eine abschließende und umfassende Form zu bringen. Zentrales Thema dieser Änderungen sei eine weitgehende Verlagerung von Kompetenzen von der Föderation weg auf die Republiken und autonomen Gebiete. In der Zuständigkeit der Föderation blieben nur vier Bereiche: 1) Verteidigung und Sicherheit, 2) Außenpolitik, 3) Wahrung einheitlichen jugoslawischen Marktes, 4) Wahrung des Selbstverwaltungssystems. [...] Diese weitgehende Föderalisierung habe ihre Ratio in der Struktur Jugoslawiens als Zusammenschluß mehrerer Republiken und der in diesen vertretenen unterschiedlichen Nationen. Unter diesen Bedingungen komme es darauf an, allen einzelnen Nationen volle Gleichberechtigung in der jugoslawischen Gemeinschaft zu geben." Vgl. die Gesprächsaufzeichnung; VS-Bd. 9096 (214); B 150, Aktenkopien 1973.
Der Entwurf einer neuen jugoslawischen Verfassung wurde am 7. Juni 1973 vom Nationalitätenrat angenommen und anschließend zur öffentlichen Diskussion gestellt. Am 21. Februar 1974 wurde die Verfassung verabschiedet. Für den Wortlaut vgl. VERFASSUNG DER SFR JUGOSLAWIEN.

30 Am 16. Mai 1974 wählte die Bundesversammlung Josip Broz Tito einstimmig zum Staatspräsidenten ohne zeitliche Begrenzung.

31 Der X. Parteitag des Bundes der Kommunisten Jugoslawiens fand vom 27. bis 30. Mai 1974 in Belgrad statt.

komme daher entscheidend auf die Geschlossenheit des Bundes der Kommunisten an. Dieser ist die einzige Kraft, die den Zusammenhalt gewährleisten kann. Deshalb mußte das Prinzip des demokratischen Zentralismus gegen Widerstände aus einzelnen Republiken durchgesetzt werden. Der Bund der Kommunisten muß zentral die Richtung angeben. Als der Nationalismus in einzelnen Republiken überhand zu nehmen drohte, also in der Zeit der nationalen Euphorie, mußten wir scharf durchgreifen. Die Parteiorganisation einer Republik glaubte sogar, sich ausschließen zu können. Wir mußten klarmachen, daß dann, wenn die zentrale Parteispitze entschieden hat, diese Entscheidung von allen angenommen werden muß.[32]

Bundeskanzler: Wir haben andere Verhältnisse, aber ähnliche Probleme kenne ich in meiner eigenen Partei auch. Wie Sie wissen, habe ich gerade den Parteitag hinter mir[33]; wir hatten da auch mit dem Problem von Sondergruppierungen und von regionalen Gruppierungen zu tun.

Wir werden mit großem Interesse die Dokumente lesen, die Ihre Verfassungsreform betreffen. Für die Stabilität in Europa und für die Regelung des Ost-West-Verhältnisses hängt nämlich sehr viel vom Weg Jugoslawiens ab.

Tito: Zur Frage der europäischen Sicherheit waren wir von Anfang an der Meinung, daß etwas unternommen werden muß, um zu einem erträglichen Verhältnis zwischen den europäischen Ländern zu kommen. Im Vordergrund steht für uns die Frage der Sicherheit. Wir teilten in dieser Beziehung zunächst die Auffassungen der anderen sozialistischen Länder, in Helsinki sind dann aber Nuancen zum Ausdruck gekommen. Wir verlangen, daß es in Europa nicht zu regionalen Diskriminierungen kommt. Volle Gleichberechtigung für alle ist das Leitmotiv unserer Haltung auf der Konferenz in Helsinki.

Bundeskanzler: Letzte Woche hatte mir Kekkonen jemand geschickt, und zwar wegen des Tagungsorts Helsinki für die erste Konferenzrunde. Ich habe ihm sagen lassen, daß wir für Helsinki sind. Wir hatten zunächst gewisse Zweifel gehabt, da die technischen Voraussetzungen in Helsinki nicht so gut sind. Aber

---

32 Am 3. Januar 1972 berichtet Botschafter Jaenicke, Belgrad, über die innenpolitische Situation in Jugoslawien: „Die von Tito während der 21. Sitzung des jugoslawischen Parteipräsidiums am 2. Dezember 1971 auf Schloß Karadjordjevo ausgegebene Weisung zur Ausschaltung der kroatischen nationalen Bestrebungen sind inzwischen weitgehend ausgeführt." So sei „die Zerschlagung des gleichermaßen von der bisherigen Parteiführung und weiten Kreisen der nichtkommunistischen Bevölkerung getragenen nationalen Zusammenschlusses der Kroaten in bemerkenswert kurzer Zeit vonstatten gegangen: a) Dem Sturz der bisherigen Parteiführung folgten die ‚Rücktritte' des Ministerpräsidenten Haramija, der ihm nahestehenden Mitglieder der kroatischen Regierung, zweier Vizepräsidenten des kroatischen Parlaments, der Chefredakteure der wichtigsten kroatischen Zeitungen, der Führer der Veteranenverbände und der leitenden Funktionäre der Kulturorganisationen. [...] Von einer Rückkehr zum Stalinismus kann zwar bei den gegenwärtigen Säuberungen in Jugoslawien nicht die Rede sein, jedoch haben die antinationalistischen Maßnahmen ein Ausmaß erreicht, das zur Ausbreitung einer Atmosphäre der Angst geführt und das nationale Empfinden der Kroaten zutiefst verletzt hat." Jaenicke kam zu der Schlußfolgerung: „Das Vorgehen der Zentrale muß die zwischen Kroaten und Serben bestehende Kluft vertiefen, zumal der konservative Flügel der kroatischen Kommunisten, der sich der Zentrale als willfähriges Instrument anbot, in der serbischen Minderheit seine Hauptstütze findet. Es ist nicht auszuschließen, daß der in den Untergrund gedrängte und zu äußerster Erbitterung gereizte kroatische Nationalismus langfristig zu einem stärkeren Element der Unsicherheit wird, als er es während seiner legalen Entfaltung unter der Kontrolle der Partei war." Vgl. den Schriftbericht; Referat II A 5, Bd. 1474.

33 Der Parteitag der SPD fand vom 10. bis 14. April 1973 in Hannover statt.

wir sagen ja zu Helsinki als Ort der ersten Außenministerkonferenz, da man damit Finnland hilft.

Breschnew hat mir zwei Fragen übermittelt.[34] Die erste betrifft den zeitlichen Ablauf der Konferenz. Danach soll die Außenministerkonferenz Ende Juni stattfinden; daran soll sich in den folgenden drei Monaten die Kommissionsrunde anschließen; schließlich soll dann im Oktober/November die Hauptkonferenz abgehalten werden. Mit dem Juni-Termin für die Außenministerkonferenz sind wir einverstanden.

Auf welcher Ebene aber die dritte Konferenzrunde durchgeführt werden kann (Gipfel oder nochmals Außenminister?), hängt davon ab, wie weit man bis dahin in den Substanzfragen gekommen ist.[35]

Die inhaltlichen Fragen sind aber natürlich wichtiger. Die Sowjets sagen: Wir haben Zugeständnisse hinsichtlich der vertrauensbildenden Maßnahmen und des Tagesordnungspunktes Kulturelle Zusammenarbeit und sonstige nicht-wirtschaftliche Kontakte gemacht; jetzt muß die westliche Seite uns in der Frage des Gewaltverzichts und der Unverletzlichkeit der Grenzen entgegenkommen.[36] Was die Bundesrepublik Deutschland betrifft, so wollen wir nichts

---

34 Am 19. April 1973 vermerkte Vortragender Legationsrat I. Klasse Freiherr von Groll, daß der sowjetische Botschafter Falin am 12. April 1973 bei Staatssekretär Grabert, Bundeskanzleramt, zwei für Bundeskanzler Brandt bestimmte Erklärungen zu KSZE-Fragen abgegeben habe: „Eine Erklärung, die offenbar in ähnlicher Form auch Präsident Nixon und Präsident Pompidou übermittelt wurde, betrifft die sowjetischen Vorstellungen zum Zeitplan; in der anderen Erklärung wird uns praktisch eine Verschleppung der MV insbesondere wegen unserer Haltung in der Frage der Unverletzlichkeit der Grenzen vorgeworfen und mehr oder weniger gefordert, einem selbständigen Prinzip der Unverletzlichkeit der Grenzen – im sowjetischen Sinne – zuzustimmen." Vgl. VS-Bd. 9068 (212); B 150, Aktenkopien 1973.

35 Zu der vom sowjetischen Botschafter Falin am 12. April 1973 im Bundeskanzleramt abgegebenen Erklärung über die sowjetischen Vorstellungen eines Zeitplans für die KSZE führte Vortragender Legationsrat I. Klasse Freiherr von Groll am 19. April 1973 aus, daß die UdSSR auf eine Festlegung des Zeitrahmens dränge, die jedoch die Bundesrepublik und die übrigen NATO-Mitgliedstaaten vermeiden wollten, „solange sich nicht konkrete, für uns akzeptable MV-Ergebnisse abzeichnen. Der für den Beginn der Konferenz genannte Termin Ende Juni, der der sowjetisch-amerikanischen ‚Absprache' vom vergangenen Jahr entspricht, wird schon seit längerer Zeit diskutiert und auch vom Westen als möglicher Termin angesehen, sofern das MV-Schlußdokument bis Ende Mai verabschiedet werden kann. Hierfür bedarf es aber noch wesentlicher sowjetischer Konzessionen im Bereich des dritten Korbes (Kontakte). Die sowjetischen Terminvorstellungen zur Kommissionsphase (Mitte Juli bis Ende September) und zur Abschlußphase (Oktober/November) sind neu und insofern überraschend, als sich die SU auf Grund von Gesprächen am Rande der MV darüber im klaren sein muß, daß wohl die meisten der KSZE-Teilnehmer mit der Kommissionsphase erst nach der Sommerpause beginnen wollen und für diese Phase mehrere Monate veranschlagen. Der Inhalt der Erklärung läßt vermuten, daß Breschnew – aus hier nicht ersichtlichen Gründen – entscheidenden Wert darauf legt, daß die von ihm angestrebte ‚Abschlußphase auf höchster Ebene' im Oktober/November stattfindet, und daß die sowjetische Zeitplanung auf diesem Termin abgestellt ist." Da diese Vorstellungen „unrealistisch" seien, komme ein Eingehen auf den sowjetischen Zeitplan nicht in Betracht. Vgl. VS-Bd. 9068 (212); B 150, Aktenkopien 1973.

36 Hinsichtlich der vom sowjetischen Botschafter Falin am 12. April 1973 im Bundeskanzleramt abgegebenen Erklärung zur Haltung der Bundesregierung in der Frage der Unverletzlichkeit der Grenzen erläuterte Vortragender Legationsrat I. Klasse Freiherr von Groll am 19. April 1973: „In dieser Erklärung wird von Verzögerungen der MV, ‚Trägheit' und der ‚Ausartung der Diskussionen in eine Verschleppung' gesprochen. Gemeint ist damit offensichtlich in erster Linie die westliche Haltung in der Prinzipienfrage. Die sowjetische Seite verweist auf ihr ‚Entgegenkommen' bei den vertrauensbildenden Maßnahmen und bei Korb III und gibt zu verstehen, daß sie nunmehr von uns Konzessionen in der Prinzipienfrage – insbesondere in der Frage der Unverletzlichkeit der Grenzen – erwarte. An unsere Adresse gerichtet heißt es, daß entscheidende Fortschritte erst dann erreicht werden könnten, ‚wenn sich alle Teilnehmer durch konstruktive Haltung und Rea-

anderes, als in den Verträgen mit der Sowjetunion[37] und mit Polen[38] niedergelegt ist; auch der Vertrag mit der Tschechoslowakei[39] wird wahrscheinlich bald
zustande kommen. Ich war mir in dieser Hinsicht eigentlich schon 1971 auf
der Krim mit Breschnew[40] einig, die Juristen haben das dann aber wieder
kompliziert. Jedenfalls glaube ich, daß wir jetzt zu einer Vereinbarung mit der
Tschechoslowakei kommen werden.

Sie haben gesagt, daß Sie keinerlei regionale Diskriminierung akzeptieren wollen. Ich bin mit Ihnen einverstanden. Wo aber in bestimmten Bereichen Gruppen von Staaten bestehen – wie es zum Beispiel bei der EG der Fall ist, wo Elemente einer gemeinsamen Außenhandelspolitik vereinbart wurden –, dort muß
das zum Ausdruck kommen; auf der Konferenz muß dargelegt werden können,
wie sich das zu dem verhält, was erreicht werden soll.

Als wir uns zuletzt in Deutschland trafen[41], waren wir uns darüber einig, daß
es ausgeschlossen sei, eine Konferenz über europäische Sicherheit abzuhalten,
ohne dabei über Sicherheit zu sprechen. Die Gespräche in Wien laufen sehr
schwierig an; aber es hat den Anschein, als ob sich jetzt eine Lösung des Ungarnproblems abzuzeichnen beginnt.[42]

Einer meiner Mitarbeiter in der Delegation kennt dieses Problem genauer und
kann Ihnen eventuell morgen[43] etwas dazu sagen.

Wir denken dabei vor allem an die Szenerie im Südosten, an die Territorien,
wo sich sowjetische Truppen befinden.

Tito: In der Frage der Sicherheit stimme ich weitgehend mit Ihnen überein. Im
übrigen muß ich sagen, daß es gar nicht zu den gegenwärtigen Verhandlungen
gekommen wäre, wenn Sie, Herr Bundeskanzler, nicht mit Ihrer mutigen Politik die offenen Fragen gegenüber der Sowjetunion und Polen gelöst hätten.
Der gesamte Komplex von Fragen der Sicherheit und des Zusammenlebens in
Europa kann aber nicht auf einer einzigen Konferenz gelöst werden. In Zu-

---

Fortsetzung Fußnote von Seite 549

   lismus auszeichnen'. Die Diskussion über den Begriff der Unverletzlichkeit der Grenzen wird als
   Folge eines ‚Mißverständnisses' qualifiziert – wobei die sowjetische Seite offensichtlich unterstellen will, daß wir ihre Auslegung dieses Begriffs anerkannt hätten. Die sowjetische Demarche zeigt
   erneut, wie wichtig es ist, daß wir unseren Standpunkt in der vierten MV-Runde nochmals eindeutig darlegen." Vgl. VS-Bd. 9068 (212); B 150, Aktenkopien 1973.

[37] Für den Wortlaut des Vertrags vom 12. August 1970 zwischen der Bundesrepublik und der UdSSR
   vgl. BUNDESGESETZBLATT 1972, Teil II, S. 354 f.

[38] Für den Wortlaut des Vertrags vom 7. Dezember 1970 zwischen der Bundesrepublik und Polen
   über die Grundlagen der Normalisierung ihrer gegenseitigen Beziehungen vgl. BUNDESGESETZ-
   BLATT 1972, Teil II, S. 362 f.

[39] Die fünfte Runde der Sondierungsgespräche zwischen der Bundesrepublik und der ČSSR über eine
   Verbesserung des bilateralen Verhältnisses fand am 12./13. April 1973 statt. Vgl. dazu Dok. 105.
   Die Verhandlungen wurden am 7. Mai 1973 in Prag aufgenommen. Vgl. dazu Dok. 141.

[40] Bundeskanzler Brandt hielt sich vom 16. bis 18. September 1971 zu Gesprächen mit dem Generalsekretär des ZK der KPdSU, Breschnew, in Oreanda auf. Vgl. dazu AAPD 1971, II, Dok. 310, Dok.
   311, Dok. 314 und Dok. 315.

[41] Staatspräsident Tito hielt sich am 11. Oktober 1970 auf dem Rückflug von Besuchen in Belgien
   und Luxemburg in Bonn auf. Dabei traf er zu einem Vier-Augen-Gespräch mit Bundeskanzler
   Brandt zusammen. Vgl. dazu AAPD 1970, III, Dok. 461.

[42] Zur Teilnahme Ungarns an den Explorationsgesprächen über die Aufnahme von MBFR-Verhandlungen vgl. Dok. 107.

[43] Für das Gespräch des Bundeskanzlers Brandt mit Staatspräsident Tito am 19. April 1973 auf Brioni
   vgl. Dok. 111.

kunft werden sich wohl weiterhin Kommissionen u. ä. damit befassen müssen. In der Frage des Zeitablaufs bin ich einverstanden. Wann der Gipfel wird stattfinden können, ist auch für mich noch etwas unklar; denn erst auf dem Außenministertreffen wird man sehen, welche konkreten Möglichkeiten gegeben sind. Wenn der Gipfel bis zur vorgesehenen Zeit nicht gut vorbereitet werden kann, dann ist es besser, ihn nicht zu diesem Zeitpunkt stattfinden zu lassen. Ein schlecht vorbereitetes Gipfeltreffen wäre politisch schlecht. Wir müssen mit Geduld und Umsicht ans Werk gehen.

Bei der Forderung nach voller Gleichberechtigung aller Staaten habe ich natürlich nicht an die Details gedacht, aber im Grundsatz muß es so sein.

Bundeskanzler: Auf der Konferenz muß jede Regierung zu jedem Punkt der Tagesordnung das sagen können, was sie für wichtig hält.

Tito: Sie haben gestern die bilateralen Fragen schon mit Ministerpräsident Bijedić[44] behandelt. Wie ist Ihr Eindruck?

Bundeskanzler: Wir haben einen guten Überblick gewonnen. Wenn ich mit dem vergleiche, was vor fünf Jahren war, als ich in der Eigenschaft als Außenminister Ihr Land besuchte[45], so haben wir große Fortschritte gemacht. Wir müssen aber prüfen, was noch besser gemacht werden kann und was zusätzlich geschehen kann, vor allem auf dem Gebiet der industriellen Kooperation. Vielleicht sollten wir beide einen neuen Impuls geben, um bürokratische und altmodische Einstellungen, wie sie hie und da noch anzutreffen sind, etwas aufzurütteln.

Zum Thema der noch ungelösten Fragen der Vergangenheit[46] sollten wir ein offenes Wort miteinander sprechen.

---

[44] Am 17. April 1973 führte Bundeskanzler Brandt Gespräche mit Ministerpräsident Bijedić in Belgrad. Neben Themen des Handels und der Wirtschaftsbeziehungen, insbesondere des Verhältnisses Jugoslawiens zu den Europäischen Gemeinschaften, der jugoslawischen Gastarbeiter in der Bundesrepublik, des Terrorismus und des Tourismus wurden auch jugoslawische Wünsche nach Wiedergutmachung besprochen. Vgl. die Gesprächsaufzeichnungen; VS-Bd. 9096 (214); B 150, Aktenkopien 1973. Für Auszüge vgl. Anm. 26, 29 und 46.

[45] Bundesminister Brandt hielt sich vom 12. bis 14. Juni 1968 in Jugoslawien auf. Vgl. dazu AAPD 1968, I, Dok. 190 und Dok. 194.

[46] Zur Frage der Wiedergutmachung an Jugoslawien vgl. Dok. 5.
Am 17. April 1973 schlug Ministerpräsident Bijedić die Wiederaufnahme der im Mai 1971 unterbrochenen Gespräche vor. Bundeskanzler Brandt erwiderte darauf: „Die jugoslawischen Vorstellungen weichen so weit von dem ab, was möglich war. Das hätte alle unsere Verhandlungen (mit westlichen Ländern) wieder aufgerollt, ganz zu schweigen von den Konsequenzen, die sich noch bei der Regelung unserer Beziehungen zu Polen und der Tschechoslowakei ergeben können. Das kann ich nicht machen, dafür kann ich nicht als Kanzler geradestehen! Wir haben im Zuge unserer Ostpolitik die Oder-Neiße-Grenze als Grenze Polens hingenommen. Ich beschwere mich darüber nicht bei Ihnen. Es ist eine Folge deutscher Politik. Wir haben viele Millionen Menschen (von dort) bei uns integriert, die ihr Eigentum in diesen Gebieten gelassen haben. Ich habe mich für nicht absehbare Zeit damit abgefunden, daß zwei deutsche Staaten bestehen, obwohl – wenn man die Menschen fragt – es keinen Zweifel gibt, daß sie etwas anderes wollen. Wenn ich jetzt noch Milliarden-Forderungen übernehmen soll – und hinter den anderen Kunden steht die Sowjetunion – ... das kann ich nicht ... dann trete ich lieber zurück, ... dann müssen Sie mit anderen reden. Ich bin bereit, über die Zukunft zu reden. Aber wie wir gesehen haben, kommt nichts dabei heraus, was die Vergangenheit regelt. Es hat keinen Sinn, immer wieder die Vergangenheit als Bezugspunkt zu nehmen; wir müssen an die Zukunft denken. Ich möchte Ihnen noch ein Beispiel sagen. Erst vor einigen Wochen sagte Maurer, daß er eine jugoslawische Lösung wolle. Ich weiß nicht, was das sein soll. Ich habe eine große Sympathie für Herrn Maurer, aber Rumänien hat – meines

Tito: Das könnten wir heute noch tun und vielleicht morgen zu einem Beschluß kommen. Ich bin über Ihre Gespräche von gestern informiert. Wir sollten uns überlegen, ob nicht eine beiderseits annehmbare Lösung gefunden werden kann, indem man an das Problem nicht mehr direkt, sondern auf andere Weise herangeht. Man müßte also eine andere Form finden, eine Form, die für beide Seiten akzeptabel ist. Man sollte es vielleicht nicht so bezeichnen, sondern anders – etwa Kapitalhilfe oder etwas anderes. Es ist mir sehr unangenehm, daß ich davon sprechen muß; aber Sie wissen, daß ich in dieser Frage Schwierigkeiten in meinem Lande habe. In langfristiger Kooperation könnte eine Lösungsmöglichkeit liegen.

Bundeskanzler: Wir haben beide Schwierigkeiten mit diesem Problem. Die Hälfte der Menschen in meinem Land ist bereits nach dem Krieg geboren; in das Parlament zieht immer stärker die Nachkriegsgeneration ein. Für viele von ihnen ist das alles nur mehr Geschichte. Verstehen Sie mich nicht falsch, ich will keineswegs vor der Geschichte weglaufen! Aber es geht darum, eine im Grunde als richtig erkannte Politik davor zu bewahren, daß sie Rückschläge erleidet. Ich habe als Bundeskanzler unser Verhältnis zu unseren östlichen Nachbarn geregelt; ich habe die Oder-Neiße-Grenze hingenommen, die Eingliederung einer großen Zahl von Menschen aus diesen Gebieten hat große Belastungen mit sich gebracht. Wenn ich jetzt noch käme und ein Obligo eingaben, das in die Milliarden und Abermilliarden gehen würde, so wäre das nicht mehr zu vertreten. Es handelt sich ja nicht nur um uns beide. Nach Ihnen kämen dann die Polen; wenn die Polen etwas erhalten würden, dann kämen auch die Russen noch einmal – und dabei handelt es sich um noch weit größere Summen als in Ihrem Falle. Sogar die Rumänen haben schon geäußert, daß sie eine jugoslawische Lösung wollen.

Tito: Das ist nicht dasselbe! Die Rumänen standen doch auf der Seite der Faschisten.

Bundeskanzler: Ich weiß! Aber ich möchte auf das zurückkommen, was sie andeuteten; vielleicht läßt sich hier ein Weg zur Lösung des Problems finden. Ich möchte nicht, daß im Kommuniqué wieder nur steht, daß es noch offene Fragen gibt, über die weiter verhandelt werden muß. Vielmehr sollte eine Richtlinie etwa des Inhalts gegeben werden, daß beide Seiten sich vorgenommen haben, der wirtschaftlichen Zusammenarbeit eine neue Dimension zu geben und auf diese Weise die Belastungen der Vergangenheit zu überwinden. Da die wirtschaftliche Zusammenarbeit ohnehin schon in großem Umfang in Gang gekommen ist, besteht ein gemeinsames Interesse, sie zu vertiefen und möglichst günstige Bedingungen hierfür zu schaffen.

Tito: Ich glaube, daß wir einen Weg finden werden. Wir sollten morgen noch einmal darüber sprechen, und zwar in der Richtung, wie Sie es dargelegt haben. Auch meine Mitarbeiter sind dieser Auffassung. Die Vertreter beider Regierungen sollen einen Weg finden, damit dieses Problem von der Tagesordnung genommen werden kann.

Fortsetzung Fußnote von Seite 551

Wissens – nicht an der Spitze der antifaschistischen Bewegung gestanden." Vgl. die Gesprächsaufzeichnung; VS-Bd. 9096 (214); B 150, Aktenkopien 1973.

Bundeskanzler: Man könnte etwa an folgende Formulierung denken: „Beide Seiten gelangten zu der Überzeugung, daß die Beziehungen einen Stand erreicht haben, der es gestattet, eine langfristige Zusammenarbeit im wirtschaftlichen Bereich an die Stelle früher erwogener Lösungen von offenen Fragen aus der Vergangenheit zu setzen." So könnte man es machen; man kann es aber auch anders machen.[47]

Ich bin einverstanden, daß wir morgen noch einmal darüber sprechen. Sollen wir uns zunächst noch einmal allein oder gleich zusammen mit unseren Delegationen treffen?

Tito: Ich werde noch einmal mit meinen Mitarbeitern sprechen.

Bundeskanzler: Unsere Mitarbeiter können ja einen Satz für das Kommuniqué formulieren, und wir besprechen, was es bedeuten soll.

Tito: Wann kommt Breschnew zu Ihnen?

Bundeskanzler: Er hat den genauen Termin bisher nicht genannt, sondern sagt nur, daß er im Mai kommen wolle. Wir haben die Woche vom 12. bis 17. Mai vorgeschlagen. Ich werden vorher noch mit Nixon zusammentreffen. Gestern war der sowjetische Botschafter in Belgrad[48] bei mir und hat mir die Gratulation Breschnews zu meiner erneuten Wahl zum Parteivorsitzenden[49] überbracht; Breschnew sehe unserer Begegnung mit Interesse entgegen.

Soviel ich weiß, bedauert Breschnew die damalige Entwicklung in der Tschechoslowakei; seiner Ansicht nach hätte man das auch anders regeln können.[50]

Tito: Ich war damals kurz vorher in Moskau.[51] Man hat mir dort gesagt, daß ein Eingreifen nicht nötig sei; kommunistische Partei und Arbeiterklasse würden schon einen anderen Weg finden. Breschnew bat mich, dabei mitzuhelfen. Ich fuhr dann in die Tschechoslowakei[52] und gab den Genossen dort Ratschläge. Als ich aus der Tschechoslowakei zurückkam, waren die Russen schon einmarschiert. Sie hatten mir nie gesagt, daß sie das vorhätten.

Wir haben in Jugoslawien selbst mit einer Reihe von schwierigen Situationen fertig werden müssen. Aber wir haben es immer selbst erledigt.

VS-Bd. 9096 (214)

---

[47] Vgl. dazu das Kommuniqué vom 19. April 1973; Dok. 111, Anm. 20.

[48] Wladimir Iljitsch Stepakow.

[49] Am 13. April 1973 wurde Willy Brandt vom Parteitag der SPD in Hannover als Parteivorsitzender bestätigt. Vgl. dazu den Artikel „Bundeskanzler Brandt mit großer Mehrheit als SPD-Vorsitzender wiedergewählt"; FRANKFURTER ALLGEMEINE ZEITUNG vom 14. April 1973, S. 1.

[50] Am 20./21. August 1968 intervenierten Truppen des Warschauer Pakts in der ČSSR.

[51] Staatspräsident Tito besuchte Moskau vom 28. bis 30. April 1968.

[52] Staatspräsident Tito hielt sich vom 9. bis 11. August 1968 in Prag auf.

111

Gespräch des Bundeskanzlers Brandt
mit Staatspräsident Tito auf Brioni

Geheim   **19. April 1973**[1]

Protokoll über das Gespräch zwischen dem Herrn Bundeskanzler und dem jugoslawischen Präsidenten, Marschall Tito, im Beisein beider Delegationen am Donnerstag, 19. April 1973[2]

Tito: Wir haben gestern unsere Gespräche in einer sehr herzlichen Atmosphäre geführt.[3] Wir können bis heute vielleicht noch ein paar Punkte besprechen; vor allem auch die Frage des Kommuniqués, das ich allerdings noch nicht gesehen habe.

Wie ich erfahre, hat die Weltöffentlichkeit unser Treffen sehr beachtet; die Kommentare sollen sehr positiv gewesen sein. Wir dürfen die Weltöffentlichkeit wie auch unsere eigene Öffentlichkeit nicht enttäuschen.

Bundeskanzler: Ich habe Ihnen meinerseits sehr zu danken, zum einen dafür, daß ich hier zu Ihnen kommen durfte, zum anderen für die sehr nützlichen Gespräche, die wir miteinander geführt haben. In Belgrad haben wir eine bilaterale Bestandsaufnahme der Entwicklung der letzten fünf Jahre vorgenommen.[4] Alles in allem eine befriedigende Bilanz, es bleibt aber noch manches Wichtige zu tun. Vor allem handelt es sich dabei um die eine schwierige Frage, die wir gestern besprachen. Wir wollen hier eine Lösung anstreben, die in die Zukunft weist – wobei ich keineswegs die Vergangenheit unter den Teppich kehren will. Ich denke vor allem an eine substantielle Erweiterung der industriellen Zusammenarbeit, ohne allerdings hier bereits irgendwelche Zahlen nennen zu können.

Wir haben über die europäischen Fragen gesprochen. Für meine Orientierung und für die meiner Mitarbeiter war es auch wichtig, aus berufenem Munde etwas über die Entwicklung in ihrem Lande zu hören.

In diesem Zusammenhang möchte ich etwas erwähnen. Eine Gruppe von Schriftstellern (PEN-Zentrum) hat sich an mich gewandt; diese Leute führen sicher nichts Böses im Schilde.[5]

---

[1] Die Gesprächsaufzeichnung wurde am 7. Mai 1973 von Staatssekretär Grabert, Bundeskanzleramt, an Bundesminister Scheel mit der Bitte übermittelt, „diese Unterlagen nur jeweils den unmittelbar mit der Bearbeitung betrauten Beamten Ihres Hauses zugänglich zu machen."
Hat Vortragendem Legationsrat I. Klasse Schönfeld am 14. Mai 1973 vorgelegen, der die Weiterleitung an Staatssekretär Frank verfügte.
Hat Frank vorgelegen. Vgl. den Begleitvermerk; VS-Bd. 9096 (214), B 150, Aktenkopien 1973.

[2] Bundeskanzler Brandt besuchte Jugoslawien vom 16. bis 19. April 1973.

[3] Für das Gespräch vom 18. April 1973 vgl. Dok. 110.

[4] Zu den Gesprächen des Bundeskanzlers Brandt mit Ministerpräsident Bijedić am 17. April 1973 in Belgrad vgl. Dok. 110, Anm. 44.

[5] Am 15. April 1973 fand in Berlin (West) die Jahresversammlung des „PEN-Zentrums Bundesrepublik Deutschland" statt. In der Presse wurde dazu gemeldet: „Gedacht wurde dabei unter anderem der üblen Behandlung, die die Machthaber in Prag den tschechischen Autoren angedeihen lassen, die in Ost-Berlin dem Wolf Biermann, die in Belgrad mehreren Schriftstellern, die in Athen ihren

Tito: Das ist eine relative Gutwilligkeit. Es kommt darauf an, auf was eine solche Aktion abzielt. Ihre Schriftsteller meinen sicher den Fall Djurić; das ist eine bekannte Sache, auch in Amerika ist davon die Rede. Ich will aber darauf nicht weiter eingehen. Wir haben Ausländern gegenüber immer guten Willen gezeigt. Aber es handelt sich hier um gesetzeswidrige Handlungen unserer eigenen Staatsangehörigen, und das ist ausschließlich unsere Sache. Ausländische Persönlichkeiten haben interveniert, nicht Regierungen – das möchte ich betonen. Es geht hier um unsere eigene Rechtsprechung; vor unseren Gerichten müssen alle gleich behandelt werden, ob es sich um Schriftsteller oder einfache Arbeiter handelt.

Ich möchte da auf die Frage der Emigranten zu sprechen kommen, also Kriegsverbrecher und Faschisten, die aus unserem Land weggehen mußten. Diese Leute haben sehr viele feindselige Aktionen gegen unser Land in Gang gesetzt.[6] Wir sind jetzt sehr befriedigt darüber, daß die Bundesrepublik Deutschland wie auch Schweden und Australien[7] solche Dinge nicht mehr tolerieren, denn sie würden unsere Beziehungen stören. Man muß auf diesem Gebiet Verständnis für unsere Forderungen haben. Es gab da Anschläge auf uns und unsere Menschen; ich nenne die Anschläge auf jugoslawische Flugzeuge über der ČSSR und in Aden, Versuche, die Wasserversorgungsanlagen hier in unserem Land zu vergiften, die Aktion einer terroristischen Gruppe neulich, bei der dreizehn unserer Leute ums Leben gekommen sind, die Sprengstoffattentate auf dem Belgrader Bahnhof und in einem vollbesetzten Belgrader Kino.

Bundeskanzler: Ich möchte zu dem vorhergehenden Punkt noch etwas sagen, um keine Mißverständnisse aufkommen zu lassen. Ich habe nichts vorgebracht, was eine Einmischung in Ihre inneren Angelegenheiten sein könnte. An mich hat sich auch niemand gewandt, damit ich interveniere. Unsere Schriftstellerkreise haben sich vielmehr direkt an Jugoslawien gewandt. Ob sie Recht haben oder nicht, kann ich nicht beurteilen; aber Herr Böll und Thilo

---

Fortsetzung Fußnote von Seite 554

protestierenden Studenten." Vgl. den Artikel „Heiße Themen, kalt genossen"; DIE WELT vom 16. April 1973, S. 17.

6 Dazu teilte Gesandter Loeck, Belgrad, am 25. Juli 1972 mit: „Die Aufmerksamkeit der jugoslawischen Seite gilt in erster Linie den Exilkroaten, neben deren terroristischer Betätigung die Aktivität der serbischen Emigranten vergleichsweise ungefährlich erscheint. Als in höchstem Maße besorgniserregend betrachtet die jugoslawische Seite die Bemühungen der Exilkroaten, unter ihren in großer Zahl als Gastarbeiter in westeuropäischen Ländern tätigen Landsleuten Verstärkung anzuwerben." Loeck stellte weiter fest: „In den Augen der jugoslawischen Führung ist die Bundesrepublik das Hauptbetätigungsfeld kroatischer Extremisten. [...] Die vorgeblich von der Bundesrepublik aus gesteuerten Bombenanschläge gegen ein Belgrader Kino (Juni 1968) und den Belgrader Hauptbahnhof (November 1968) lösten in der serbischen Bevölkerung ein Welle der Entrüstung aus, die sich auf unsere hiesige Stellung sehr nachteilig auswirkte." Vgl. den Schriftbericht; Referat 214, Bd. 1475.

7 Am 26. April 1973 notierte Legationsrat I. Klasse Graf Brockdorff, daß bei den Konsultationen zwischen der Bundesrepublik und Jugoslawien auf Staatssekretärsebene am 4./5. April 1973 von jugoslawischer Seite ausgeführt worden sei: „Australien und wohl auch Schweden würden jetzt größere Ausweisungen von anti-jugoslawischen Personen vornehmen, neben bestünde die Möglichkeit, daß diese Staaten diese Personen in die Staaten ihres früheren Aufenthaltes ausweisen, d. h. vornehmlich nach Österreich und in die Bundesrepublik Deutschland." Die Bundesregierung werde daher gebeten, diese Personen nicht aufzunehmen, „damit hier ein Exempel statuiert wird und auf diese Weise keine Unterstützung der anti-jugoslawischen Kräfte in der Bundesrepublik Deutschland durch Personen aus Australien und Schweden erfolgen könne." Vgl. Referat 214, Bd. 112617.

Koch sind meine Freunde und bleiben es, auch wenn sie in diesem Fall Unrecht haben sollten.

Zum zweiten Punkt kann ich nochmals auf die sehr nützlichen Gespräche hinweisen, die die Innenminister unserer Länder vor kurzem miteinander geführt haben.[8] Im Kommuniqué dieses Ministertreffens wird die ausdrückliche Absicht bekräftigt, die diesbezüglichen Bemühungen zu verstärken.[9]

Tito: Auch ich beurteile dies sehr positiv.

Bundeskanzler: Ich möchte ein Thema berühren, das wir gestern noch nicht besprochen haben. Sie stehen vor der Konferenz der ungebundenen Staaten in Algier[10]; wir stehen miteinander vor der Konferenz in Nairobi, auf der das Weltwährungssystem diskutiert werden soll.[11] Ich glaube nicht, daß wir die eigentliche Reform dieses Weltwährungssystems bereits in diesem Jahr schon verwirklichen können, aber man wird sicher bereits wichtige Elemente bestimmen können.[12]

---

[8] Bundesminister Genscher hielt sich vom 15. bis 18. August 1972 in Jugoslawien auf und führte dort u. a. Gespräche mit Ministerpräsident Bijedić und Innenminister Banović.

[9] Über das Gespräch mit dem jugoslawischen Innenminister Banović, das Bundesminister Genscher während seines Aufenthalts vom 15. bis 18. August 1972 führte, berichtete Botschafter Jaenicke, Belgrad, am 22. August 1972: „In den mehrstündigen Gesprächen mit Innenminister Banović lag der Schwerpunkt eindeutig bei dem Problem der terroristischen Tätigkeit jug[oslawischer] Emigranten. Zunächst beschränkte Banović sich auf eine nüchterne Darstellung der Bedeutung, die diesem Problem für die deutsch-jug[oslawischen] Beziehungen zukomme. Er teilte mit, daß zwei Mitglieder der 19 Mitglieder umfassenden Diversantengruppe, die kürzlich in Jugoslawien vernichtet worden sei, seit 1969 in Durlach Ausbildungskurse für Terroristen durchgeführt hätten. Der BM des Innern schilderte demgegenüber die erfolgreichen Anstrengungen der Bundesregierung, die politische Tätigkeit von Ausländern unter Kontrolle zu bringen. [...] Als der BM es aber ablehnte, in die gemeinsame Presseerklärung einen Passus aufzunehmen, in dem er einseitig und ohne Einschränkung die Überzeugung ausdrücken sollte, daß die deutschen Sicherheitsbehörden künftig eine weitere Entfaltung der terroristischen Emigrantenaktivität auf deutschem Boden unmöglich machen würden, wandte sich Banović polemisch gegen angebliche Unterlassungen unserer lokalen Polizeibehörden und beschwor die Erinnerung an die Untaten der Ustascha während des letzten Krieges. BM Genscher wies die gegen unsere Behörden erhobenen Vorwürfe zurück. Man einigte sich auf einen von BM Genscher vorgeschlagenen Text, in dem der jug[oslawische] Innenminister ‚mit Befriedigung feststellte, daß die neuesten Änderungen gesetzlicher Bestimmungen in der BRD eine noch wirkungsvollere Bekämpfung gewalttätiger Handlungen ermöglichen und somit auch einen erhöhten Schutz der Sicherheit der Person und des Eigentums jug[oslawischer] Bürger gegen terroristische Bestrebungen gewährleisten.' Dieser Feststellung fügte BM Genscher hinzu, daß ‚das Asylrecht und das Recht der freien Meinungsäußerung in der BRD nicht beeinträchtigt werde'.“ Vgl. den Drahtbericht Nr. 346; Referat 214, Bd. 1476.

[10] Die IV. Konferenz der Blockfreien Staaten fand vom 5. bis 9. September 1973 in Algier statt.

[11] Vom 24. bis 28. September 1973 fand in Nairobi die Jahrestagung des Internationalen Währungsfonds und der Weltbank statt.

[12] Der Ausschuß des Gouverneursrats des Internationalen Währungsfonds für die Reform des internationalen Währungssystems und verwandte Fragen (Zwanziger-Ausschuß) tagte am 26./27. März 1973 in Washington. Zum Ergebnis dieser Konferenz führte Ministerialdirektor Hermes am 3. April 1973 aus: „Weitgehende Übereinstimmung zeigte sich in folgenden Grundsätzen der Reform des Weltwährungssystems: Internationale Abstimmung der Wechselkurspolitik und deren Überwachung durch den IWF, Prinzip stabiler aber anpassungsfähiger Wechselkurse; Anerkennung des Floating als mögliches Anpassungsinstrument; Notwendigkeit zur verbesserten Beherrschung der internationalen Liquidität durch Verringerung der Rolle nationaler Währungen und die Stärkung der Rolle der Sonderziehungsrechte als internationales Reservemedium. Die Stellvertreter wurden beauftragt, ihre Beratungen zu beschleunigen und der Jahresversammlung des IWF im September dieses Jahres einen ersten Zwischenbericht vorzulegen. Dabei sollen insbesondere die Themen Zahlungsanpassung, internationale Kapitalströme, Wiederherstellung allgemeiner Konvertibilität und Konsolidierung der Reservewährungsguthaben (US-Dollar und Pfund Sterling) vertieft behandelt werden." Hermes zog den Schluß, daß zwar noch keine neuen Entscheidungen

Ich möchte in diesem Zusammenhang nur auf zwei Punkte eingehen:

Die Staatsbanken in einer Reihe von Ländern beteiligen sich, wenn es zu einer Krise komme, über Gebühr an Spekulationen. Vielleicht sollte man das einmal auf der Konferenz der Ungebundenen erörtern; unter ihnen befinden sich nämlich eine Reihe von ölbesitzenden Ländern – ich denke nicht nur an die großen ölproduzierenden Staaten, sondern an alles, was sich um den Persischen Golf herum abspielt, wo kleine Staaten über große Mittel verfügen; dieses alles trägt sehr zur Instabilität des internationalen Währungssystems bei.

Tito: Wann findet die Konferenz in Nairobi statt?

Antwort aus der Delegation: Ende September.

Tito: Wir werden auf unserer Konferenz auch über Weltwährungsprobleme sprechen. Es wäre aber gut, wenn andererseits in Nairobi auch über das gesprochen werden könnte, was für die Entwicklungsländer getan werden muß. Ich will der Konferenz der Ungebundenen nicht vorgreifen; aber auf der Konferenz wird man erfahren, welche Haltungen hier zu den genannten Problemen eingenommen werden. Ich weiß, daß unter den Ungebundenen große Ölproduzenten sind.

Minić: Die haben feste mitspekuliert.

Bundeskanzler: Es ist viel von den Sonderziehungsrechten die Rede, die nach und nach die Funktion des Dollar als Leitwährung ersetzen sollen. Die Entwicklungsländer sehen darin eine Möglichkeit der Geldschaffung für sich selbst; das muß aber in Grenzen gehalten werden. Was nämlich auf diese Weise den Entwicklungsländern zugeteilt wird, muß zu einem Teil den entwickelten Ländern entzogen werden. Sonst würde es zu einer zusätzlichen Aufblähung der internationalen Liquidität kommen.

Tito: Wenn in Nairobi über die Weltwährungsreform gesprochen wird, wird dann auch die Frage der einheitlichen Konvertibilität der Währungen behandelt werden?

Bundeskanzler: Ich glaube sicher. Wenn man auch noch nicht zu einem festen Ergebnis kommen wird, so scheint mir doch eine schrittweise Ablösung des Dollar als internationaler Leitwährung sicher zu sein. Auch wird es meines Erachtens zu einer Änderung des bisherigen Systems der festen Wechselkurse, wie es in Bretton Woods vereinbart worden war[13], kommen müssen, d.h., man wird nicht in dem bisherigen Maß feste Kurse beibehalten können.

Minić: Ist dieses System nicht praktisch bereits abgeschafft?

Bundeskanzler: Fast.

Fortsetzung Fußnote von Seite 556

gefallen seien, sich jedoch „die Fronten, insbesondere zwischen den USA und ihren Hauptpartnerländern, offensichtlich aufgelockert haben". Vgl. Referat 412, Bd. 105683.

Für das Kommuniqué der Tagung vgl. EUROPA-ARCHIV 1973, D 614–616.

Für die auf der Tagung vorgelegte Aufzeichnung der Stellvertretergruppe des Gouverneursrats „Erste Rohskizze einer Reform" vgl. EUROPA-ARCHIV 1973, D 617–624.

13 Vom 1. bis 23. Juli 1944 fand in Bretton Woods (USA) eine Währungskonferenz der Vereinten Nationen mit dem Ziel einer Neuordnung des Weltwährungssystems statt, an der 44 Staaten teilnahmen. Im Abkommen von Bretton Woods vom 27. Dezember 1945 wurde die Errichtung des Internationalen Währungsfonds und der Internationalen Bank für Wiederaufbau und Entwicklung beschlossen. Für den Wortlaut vgl. UNTS, Bd. 2, S. 39–205.

Kardelj: Wie sind die Chancen für ein Übereinkommen zwischen Europa und Amerika?

Bundeskanzler: Wir werden miteinander reden; wir müssen versuchen, unsere Interessen aufeinander abzustimmen. Wir sind als eigene europäische Identität an guten Beziehungen zu Amerika interessiert.

Minić: Die Zeche in der gegenwärtigen Krise zahlen vor allem die Entwicklungsländer. Diese sind daher einhellig für ein neues Weltwährungssystem und rechnen damit, daß in einem solchen neuen System für sie günstigere Lösungen gefunden werden. Rechnen Sie mit der Teilnahme der Entwicklungsländer an der Konferenz in Nairobi?

Bundeskanzler: In Nairobi nehmen alle teil, die im Internationalen Währungsfonds mitwirken. Dann haben wir die Gruppe der Zwanzig – früher waren es zehn, wir haben dies auf zwanzig erhöht, damit die Entwicklungsländer dabei sind.[14] Allerdings haben innerhalb dieser Zwanziger-Gruppe vier wieder enger zusammengefunden: USA, Frankreich, England und wir. Die letztgenannten drei bemühen sich, für die Europäische Gemeinschaft eine gemeinsame Position mit den USA auszuhandeln, so gut es eben geht.

Tito: Also sind die vier Reichen wieder beisammen.

Minić: Es fehlt nur noch Japan.

Perišin (Ministerpräsident der Republik Kroatien und früherer Gouverneur der jugoslawischen Nationalbank): Die Bundesrepublik Deutschland hat in diesen Fragen eine etwas weichere Haltung eingenommen und größere Bereitschaft gezeigt, die Interessen der Nichtentwickelten mit zu berücksichtigen. Wir wissen das sehr zu schätzen.

Ich möchte auch auf das berühmte „link" zwischen den Sonderziehungsrechten und den Entwicklungsproblemen der Unterentwickelten; das ist eine Frage, die mit der Liquidität und den Rohstoffpreisen zusammenhängt.[15]

Kardelj: Eine rein formale Gleichberechtigung zwischen Entwickelten und Unterentwickelten würde auf äußerste tatsächliche Ungleichheit hinauslaufen.

Bundeskanzler: Es ist für ein Entwicklungsland in der Tat objektiv kaum möglich, das Maß an Disziplin aufzubringen, das erforderlich ist, um von einer krisenhaften Aufblähung wegzukommen.

Kardelj: Das ist noch ein weiterer Beweis, daß das Problem der Entwicklungsländer ein Problem der ganzen Welt ist.

Tito: Ich sehe nur, daß es draußen regnet ...

Bundeskanzler: Wer ist für das Wetter nach der neuen Verfassung[16] zuständig?

Bijedić: Die Republiken.

---

[14] Zum Ausschuß des Gouverneursrats des Internationalen Währungsfonds für die Reform des internationalen Währungssystems und verwandte Fragen (Zwanziger-Ausschuß) vgl. Dok. 69, Anm. 27.

[15] Unvollständiger Satz in der Vorlage.

[16] Zur Verfassungsreform in Jugoslawien vgl. Dok. 110, Anm. 29.

Perišin: Und die Republiken haben das schnell auf die Gemeinden übertragen. Aber wenn es schlecht ist, ist es sicher, daß die Bundesregierung die Schuld trägt. Aber wir verlangen eine präzise Verantwortung ...

Bundeskanzler: Als Tempo in der Regierung war, hat er auch etwas anderes vertreten als zu der Zeit, als er in der Gewerkschaft war.[17]

Tito: Und jetzt bemüht er sich, noch ganz etwas anderes zu sagen. Jetzt hat er genügend Zeit, nachzudenken.

Bundeskanzler: Ich möchte die Zeit nutzen, um noch eine bilaterale Frage anzuschneiden. Es könnte zwar so aussehen, als ob ich als commis voyageur reise. – Ich möchte unser starkes Interesse an dem Projekt Krško[18] darlegen. Ich weiß, wir sind in Konkurrenz mit großen amerikanischen Firmen. Aber wir sind doch Europäer, und wir müssen zusammenhalten.

Minić: Die Italiener waren gut – sie haben sich mit beiden verbündet.

Tito: (übergibt die Frage an Perišin)

Perišin: Es gibt drei Firmen, die sich um dieses Projekt bemühen: Westinghouse, General Electric und die KWU. Es geht hierbei um drei ziemlich kompetente Firmen. Es handelt sich nicht nur um die Zeit der Erstellung, sondern auch um die Qualität. Was die Angebote anbetrifft, so handelt es sich bei allen dreien um sehr starke Partner. Aber das Angebot aus der Bundesrepublik Deutschland ist zur Zeit teurer als Westinghouse.

Aber eines der wichtigsten Elemente ist die Beteiligung unserer Firmen, und auch die Frage der Zusammenarbeit in unterentwickelten Ländern spielt eine Rolle.

Wir haben hier eine stark entwickelte Elektroindustrie, aber sie nützt ihre Kapazität nur zu 50 bis 60 Prozent aus, weil wir nicht genügend Kapital haben. Wir sind sehr an der Realisierung dieses Potentials für unsere Firmen interessiert. Unsere Firmen teilen diese Auffassung.

In diesen Tagen werden die Angebote für die Ausschreibung eröffnet. Das günstigste Angebot lag bisher bei 6660,– neuen Dinar pro Kilowattstunde (Loeck: etwas mehr als DM 1000,–). Das bisherige Angebot von KWU lag bei 7700,-- neuen Dinar. Wie die endgültigen Angebote aussehen, werden wir erst heute oder morgen erfahren.

Tito und *Kardelj*: Es handelt sich bei diesem Projekt nicht nur um Krško allein, sondern auch um die Ausbeutung des Urans, das bisher ungenutzt ist, weil wir nicht genügend Mittel zur Ausbeutung haben. Hätten wir diese, wären wir imstande, zwei bis drei Krškos zu betreiben.

Kardelj: Das deutsche Angebot ist relativ gut. Die Frage ist nur, wie wird man mehr jugoslawische Firmen einbeziehen können.[19]

---

17 Svetozar Vukmanović-Tempo war von 1959 bis 1967 Vorsitzender des jugoslawischen Gewerkschaftsverbandes.

18 Zum Projekt des Baus eines Kernkraftwerks bei Krško vgl. Dok. 5, besonders Anm. 4, 10 und 11.

19 Am 28. November 1973 erhielt die amerikanische Firma Westinghouse den Auftrag zur Errichtung des Kernkraftwerks Krško. Vgl. dazu den Drahtbericht Nr. 586 des Legationsrats I. Klasse Disdorn, Belgrad, vom 30. November 1973; Referat 400, Bd. 112239.

Bundeskanzler: Wir würden gerne unseren Firmen sagen, daß sie größtmöglichste Kooperationsangebote machen sollten, auch mit der Perspektive der Zusammenarbeit auf dritten Märkten.

(Es wird das Kommuniqué vorgelegt.)[20]

Tito: Welches wäre ein annehmbares Datum für die Verhandlungen? Sollen wir das Wort „baldmöglichst" nicht konkretisieren?

Bundeskanzler: Meinen Sie, daß wir nur unter uns wissen sollen, was, wenn das hier so im Text des Kommuniqués steht, dies bedeutet?

Bijedić: Wir können uns auch mündlich außerhalb des Kommuniqués einigen. Es ist hierbei nicht beabsichtigt, einen Vorschlag für das Kommuniqué zu machen. Aber ich glaube, es ist gut, wenn wir hier heute eine politische Stellungnahme haben, um nicht zu sagen, ein Gentlemen's Agreement.

Minić: Ich habe Herrn Bundeskanzler Brandt schon gesagt, daß wir beide eine Lösung anstreben müssen.

Bundeskanzler: Baldmöglichst muß nach meinem Verständnis heißen: „noch in diesem Jahr".

Tito: Wir nehmen das Kommuniqué so, wie es ist.

Bundeskanzler: Wir können auch sagen: „in Kürze".

Minić: Es ist besser, es bleibt so, wie es ist. Aber als Abmachung unter uns bleibt, daß es in diesem Jahr sein soll. (Man einigt sich darüber, daß die Sperrfrist für das Kommuniqué 15.30 Uhr des gleichen Tages sein soll.)

VS-Bd. 9096 (214)

---

[20] Im Kommuniqué vom 19. April 1973 wurde festgestellt: „Beide Seiten stimmen darin überein, daß auf Grund des erreichten Standes der Beziehungen und des Vertrauens, das durch die entwickelte und fruchtbare Zusammenarbeit zwischen ihnen geschaffen worden ist, auch die noch offenen Fragen aus der Vergangenheit auf eine Weise zu lösen sind, die den Interessen des einen wie des anderen Landes entsprechen würde. Sie sind übereingekommen, daß dies durch eine langfristige Zusammenarbeit auf wirtschaftlichem und anderen Gebieten erreicht werden soll, über deren Formen baldmöglichst weitere Gespräche geführt werden sollen." Vgl. BULLETIN 1973, S. 428.

112

Bundeskanzler Brandt, z. Z. Dubrovnik, an Bundesminister Schmidt

23. April 1973[1]

Sehr geehrter Herr Kollege,

die für dieses Jahr geplanten Kontakte mit der politischen Führung mehrerer osteuropäischer Staaten lassen eine erneute Diskussion über die Fortentwicklung der wirtschaftlichen Zusammenarbeit mit Staatshandelsländern nützlich erscheinen. Dabei wird wohl das Problem einer öffentlichen Förderung der wirtschaftlichen Zusammenarbeit besondere Bedeutung gewinnen. Hierzu sind von Ihnen Bedenken geäußert worden, die ich im Ansatz durchaus teile.[2]

Die Entwicklung unserer Wirtschaftsbeziehungen zu den osteuropäischen Staaten, die konjunkturelle Lage bei uns in der Bundesrepublik sowie unsere europäische und internationale Einbindung verbieten sicherlich ein spektakuläres Programm der Exportförderung.

Wo es – insbesondere aus außenpolitischen Gründen – angebracht ist, eine öffentliche Förderung in das Kooperationskonzept einzubringen, sollten wir uns deshalb darum bemühen, wirtschafts- und insbesondere haushaltspolitischen Notwendigkeiten weitgehend Rechnung zu tragen.

Nach den Gesprächen, die zwischen den beteiligten Häusern stattgefunden haben, könnte dies gegenwärtig nach meinem Eindruck in folgender Richtung geschehen:

1) Unter Aufrechterhaltung der Ablehnung einer Politik allgemeiner Zinssubventionen Schaffung von Voraussetzungen für gezielte Zinssubventionen für folgende Fälle:

a) Kooperationsvorhaben, die auf mittlere Sicht dazu geeignet sind, durch erhöhte und nach Möglichkeit preisgünstige Einfuhren aus den betreffenden Staatshandelsländern

– einen Beitrag zum Ausgleich der Handelsbilanz dieser Länder uns gegenüber bzw.

– einen Beitrag zur Preisstabilität zu leisten („self-supporting-projects"),

---

1 Durchdruck.
  Das Schreiben wurde von Ministerialdirigent Wilke, Bundeskanzleramt, am 24. April 1973 an Bundesminister Scheel geleitet. Dazu vermerkte er: „Sehr geehrter Herr Minister, der Herr Bundeskanzler hat das in Durchschrift beigefügte Schreiben heute an Herrn Bundesminister Schmidt übermitteln lassen und Anweisung gegeben, Sie zu unterrichten."
  Hat Scheel am 25. April 1973 vorgelegen, der handschriftlch vermerkte: „Gespräch mit Herr Friderichs vereinbaren. Ich stimme dem im Grundsatz zu."
  Hat Vortragendem Legationsrat I. Klasse Hallier am 9. Mai 1973 vorgelegen, der handschriftlich vermerkte: „Nach Mitteilung BMWi (Geisendörfer) ist BMF strikt gegen diesen Vorschlag. Einberufung Finanzkabinett, wo dieser Vorschlag sachlich hingehört, müßte deshalb durch Bundeskanzler erfolgen. Bundesminister Friderichs wird Bundeskanzler in diesem Sinn anschreiben. Wir erhalten D[urch]d[ruck]." Vgl. Ministerbüro, Bd. 178593.
2 Zur Frage der Ausfuhrfinanzierung für Lieferungen aus der Bundesrepublik in Staatshandelsländer und zur Haltung des Bundesministeriums der Finanzen vgl. Dok. 94.

b) Kooperationsvorhaben, die geeignet sind, einen wesentlichen Beitrag zur Energie- und Rohstoffversorgung zu leisten.

2) Einrichtung eines Systems von Bundesbürgschaften für Rahmenkredite deutscher Banken

Wir sollten versuchen, auf der Grundlage eines derartigen Konzepts rasch Einigung zu erzielen. Anschließend sollten die notwendigen gesetzgeberischen bzw. administrativen Maßnahmen unverzüglich ergriffen werden.

Mir liegt an einer baldigen Erklärung schon wegen der Besprechungen mit Generalsekretär Breschnew, der vom 18. bis 22. Mai unser Gast sein wird.[3] Wichtig ist eine solche Klärung auch für die Vorbereitung des Besuchs des polnischen Parteichefs, der für die Zeit nach der Sommerpause in Aussicht genommen worden ist.[4]

Unabhängig davon ergibt sich aus meinen jüngsten Besprechungen in Belgrad[5] und auf Brioni[6] die Notwendigkeit, mit Jugoslawien im Laufe des Jahres ein Konzept für die langfristige wirtschaftliche Zusammenarbeit auszuhandeln.

Da bei den Gesprächen zur Regierungsbildung im Dezember[7] grundsätzlich eine Zustimmung zur Förderung von Kooperationsabkommen erfolgte, könnte erwogen werden, nach einer Beratung mit den unmittelbar beteiligten Kabinettskollegen[8] auch die Fraktionsvorsitzenden bzw. den Koalitionskreis zu befassen.

---

[3] Der Generalsekretär des ZK der KPdSU, Breschnew, besuchte die Bundesrepublik vom 18. bis 22. Mai 1973. Vgl. dazu Dok. 145–152.

[4] Zum geplanten Treffen des Bundeskanzlers Brandt mit dem Ersten Sekretär des ZK der PVAP, Gierek, vgl. Dok. 22, Anm.4.

Am 7. März 1973 bat Vortragende Legationsrätin I. Klasse Finke-Osiander Botschafter Ruete, Warschau, „zu sondieren, ob Gierek der Zeitraum Ende August/Anfang September (bis 9.9. einschließlich) genehm wäre". Vgl. den Drahterlaß Nr. 106; Referat 214, Bd. 112624.

Am 3. April 1973 teilte Ruete mit, der polnische Außenminister Olszowski habe dazu geäußert: „Die polnische Seite sei für ein Treffen in nicht allzu ferner Zukunft, d. h. im Sommer oder Frühherbst. [...] Das Treffen dürfe nicht zu Spannungen führen oder ohne Ergebnisse bleiben, deshalb müsse es sehr intensiv und sehr frühzeitig vorbereitet werden." Gesprächsthemen sollten vor allem die Umsiedlung Deutschstämmiger in die Bundesrepublik sowie die Frage der Wiedergutmachung sein. Vgl. den Drahtbericht Nr. 193; VS-Bd. 9725 (514); B 150, Aktenkopien 1973.

[5] Zu den Gesprächen des Bundeskanzlers Brandt mit Ministerpräsident Bijedić am 17. April 1973 in Belgrad vgl. Dok. 110, Anm. 44.

[6] Für die Gespräche des Bundeskanzlers Brandt am 18./19. April 1973 mit Staatspräsident Tito vgl. Dok. 110 und Dok. 111.

[7] Die Wahlen zum Bundestag fanden am 19. November 1972 statt. Am 14. Dezember 1972 wurde Willy Brandt erneut zum Bundeskanzler gewählt. Die Bundesminister wurden am 15. Dezember 1972 vereidigt.

[8] Am 13. Juni 1973 fand eine Besprechung der Staatssekretäre Frank (Auswärtiges Amt), Grabert (Bundeskanzleramt), Rohwedder (Bundesministerium für Wirtschaft) und Schüler (Bundesministerium der Finanzen) zur langfristigen wirtschaftlichen Zusammenarbeit mit Jugoslawien statt. Zweck war die Vorbereitung der Tagung des deutsch-jugoslawischen Kooperationsausschusses am 18./19. Juni 1973 in Stuttgart. Vortragender Legationsrat I. Klasse Mühlen vermerkte am 15. Juni 1973 als Ergebnis der Besprechung, „daß im gegenwärtigen Zeitpunkt mit den Jugoslawen weder über Kapitalhilfe noch über Zinsverbilligung gesprochen werden kann". Vielmehr sollten Projekte gesucht werden, „deren Verwirklichung im beiderseitigen Interesse liege und für die dann auch Kapitalhilfe-Kredite unsererseits eingesetzt werden könnten". Frank habe allerdings darauf hingewiesen, „daß bei den Jugoslawen konkrete Zahlenvorstellungen für die Kreditgewährung bestünden, die auf ihre Überlegungen in der Wiedergutmachungsfrage zurückgingen. Es werde unerläßlich sein, rechtzeitig über den finanziellen Rahmen Klarheit zu schaffen." Vgl. VS-Bd. 8861 (420); B 150, Aktenkopien 1973.

Der Herr Bundesminister des Auswärtigen und der Herr Bundesminister für Wirtschaft[9] erhalten Durchschlag dieses Schreibens.

Mit freundlichen Grüßen
[Brandt]

Ministerbüro, Bd. 178593

113

Bundeskanzler Brandt, z. Z. Kupari, an den Generalsekretär des ZK der KPdSU, Breschnew

24. April 1973[1]

Sehr geehrter Herr Generalsekretär,

nachdem heute Ihr Besuch in der Bundesrepublik Deutschland in der Zeit vom 18. bis 22. Mai 1973 bekanntgemacht worden ist[2], bin ich mit Ihnen einig, daß die zuständigen Stellen beider Seiten die protokollarischen und substantiellen

---

[9] Am 11. Mai 1973 dankte Bundesminister Friderichs Bundeskanzler Brandt für die Übermittlung einer Abschrift des Schreibens. Zum Vorschlag einer Exportzinssubvention für Ausfuhren in Staatshandelsländer äußerte er jedoch „erhebliche Bedenken": „1) In der gegenwärtigen konjunkturpolitischen Boom-Situation, die trotz der vorangegangenen Aufwertungen gerade von der Ausfuhrseite stark angeheizt wird, würde die Einführung einer Exportsubvention unseren Bemühungen um Dämpfung der Entwicklung diametral entgegenwirken. 2) Im Bereich der Entwicklungshilfe wäre eine negative Präzedenzwirkung zu befürchten. Den von internationalen Organisationen befürworteten Plan, über das bisherige Hilfevolumen hinaus mit Zinszuschüssen verbilligte Kapitalmarktmittel einzusetzen, lehnen wir seit Jahren als mit den marktwirtschaftlichen Prinzipien unvereinbar ab. [...] 3) Im Vorfeld der im Herbst beginnenden GATT-Runde würde unsere Position belasten, nachdem wir den Abbau von Exportsubventionen auf unser Verhandlungsprogramm gesetzt haben. 4) Zu befürchten wäre eine Ausstrahlung auf ungebundene Finanzkredite, wo Jugoslawien, Rumänien und Polen seit Jahren mit großem Nachdruck eine Zinsverbilligung verlangen, die wir bisher stets mit dem Argument ablehnen konnten, so etwas sei im Budget überhaupt nicht vorgesehen." Friderichs schloß sich einem Vorschlag des Bundesministers Schmidt an, „das Finanzkabinett einzuberufen, um die dargelegten Bedenken und die politischen Notwendigkeiten der Ostpolitik in ihrer gegenwärtigen Phase abzuwägen". Vgl. Referat 403/414, Bd. 121304.

[1] Ablichtung.
Die Reinschrift des Schreibens wurde von Vortragendem Legationsrat I. Klasse Dröge, Bundeskanzleramt, am 26. April 1973 dem Büro Staatssekretär zugeleitet „mit der Bitte um Weiterleitung". Vgl. den Begleitvermerk; VS-Bd. 520 (Büro Staatssekretär); B 150, Aktenkopien 1973.
Der Text des Schreibens wurde bereits am 24. April 1973 von Ministerialdirektor van Well an die Botschaft in Moskau übermittelt mit der Bitte, „es ohne Verzug an höchstmögliche Stelle weiterzuleiten. Es wird gebeten, die Höflichkeitsübersetzung in der Botschaft fertigen zu lassen." Vgl. den Drahterlaß Nr. 422; VS-Bd. 9053 (210); B 150, Aktenkopien 1973.
Zur Übergabe des Schreibens an den Generalsekretär des ZK der KPdSU, Breschnew, am 26. April 1973 durch Botschafter Sahm, Moskau, vgl. Dok. 121.
Im Anschluß an seinen Besuch vom 16. bis 19. April 1973 machte Bundeskanzler Brandt bis zum 24. April 1973 Urlaub in Jugoslawien.

[2] Der Termin des Besuchs wurde vom Presse- und Informationsamt der Bundesregierung am 24. April 1973 bekanntgegeben. Vgl. dazu BULLETIN 1973, S. 436.
Vgl. dazu ferner den Artikel „Breschnews Besuch ‚Beginn einer neuen Ära' – Berlin-Klausel bei drei Abkommen noch umstritten"; FRANKFURTER ALLGEMEINE ZEITUNG vom 25. April 1973, S. 1.

Vorbereitungen jetzt zügig vorantreiben sollten. Ich habe entsprechende Anweisungen erteilt. Unser Entwurf eines Abschluß-Kommuniqués über Ihren Besuch wird Ihrer Seite in Kürze zugehen.[3]

Sie gehen in Ihrem Schreiben vom 18. April 1973[4] auf die Schwierigkeiten ein, die bei der Fertigstellung der Abkommen über kulturelle Zusammenarbeit, wissenschaftlich-technischen Austausch[5] und Luftverkehr[6] aufgetreten sind. Wir sollten uns daran erinnern, daß für das Handelsabkommen 1972 eine akzeptable Regelung gefunden werden konnte.[7] Wir sollten uns darüber verständigen können, daß auf Berlin (West) das Kulturabkommen und das Abkommen über wissenschaftlich-technischen Austausch entsprechend dem Vier-Mächte-Abkommen so ausgedehnt wird, wie es im Falle des Handelsabkommens möglich gewesen ist. Auf diese Weise sollte die volle sachliche Einbeziehung von Berlin (West) in die jeweilige vertragliche Zusammenarbeit sichergestellt werden können.

Eben dies haben die deutschen Vertreter, die natürlich aufgrund von Weisungen tätig sind, zu erreichen versucht. Ich gehe davon aus, daß dieses Bemühen bei den erwähnten und etwaigen weiteren Abkommen seinen Niederschlag fin-

3 Am 25. April 1973 übermittelte Staatssekretär Frank der Botschaft in Moskau den Entwurf eines Kommuniqués über den Besuch des Generalsekretärs des ZK der KPdSU, Breschnew, in der Bundesrepublik. Dazu erläuterte er: „Wir erwarten, daß die sowjetische Seite den Wunsch ausdrücken wird, das Kommuniqué mit ‚Philosophie‘ anzureichern (friedliche Koexistenz, Prinzipien des friedlichen Zusammenlebens der Staaten). In diesem Falle sollten wir uns an die Sprache der Dokumente halten, die über die Besuche von Präsident Nixon und Präsident Pompidou in der Sowjetunion herausgegeben wurden. Gleiches gilt für das Dokument über Oreanda. Der Begriff ‚friedliche Koexistenz‘ sollte tunlichst vermieden, jedenfalls nur in qualifizierter Form akzeptiert werden. Auf keinen Fall dürfen Positionen, die wir in der MV in Helsinki verteidigen, durch das Kommuniqué untergraben werden. Dies gilt auch für den Fall, daß die Sowjets die Punkte ‚europäische Sicherheit‘ und ‚Zusammenarbeit‘ in ausführlicherer Form aufnehmen wollen. [...] Wir gehen davon aus, daß mit der sowjetischen Seite bis zum Besuch Einigung über eine befriedigende Einbeziehung von Berlin (West) in die in Aussicht genommenen Abkommen gefunden werden kann. Auch in diesem Fall ist jedoch Aufnahme eines Berlinpassus in das Kommuniqué für uns wesentlich, da die deutsche Öffentlichkeit durch die Presse darauf aufmerksam geworden ist, daß es in dieser Frage Schwierigkeiten gegeben hat." Der Berlin (West) betreffende Passus im Kommuniqué-Entwurf lautete: „Beide Seiten stimmten überein, daß im Einklang mit dem Vier-Mächte-Abkommen vom 3. September 1971 auch Berlin (West) und seine Bewohner in die fortschreitende Entwicklung der Beziehungen zwischen den beiden Ländern einbezogen werden. Sie stellten fest, daß die während des Besuches des Generalsekretärs in der Bundesrepublik Deutschland unterzeichneten Abkommen diese Möglichkeit eröffnen." Vgl. den Drahterlaß Nr. 441; VS-Bd. 9086 (213); B 150, Aktenkopien 1973.

4 Für das Schreiben, das am 19. April 1973 durch den sowjetischen Botschafter Falin übergeben wurde, vgl. VS-Bd. 9086 (213).

5 Zu den Verhandlungen zwischen der Bundesrepublik und der UdSSR über ein Kulturabkommen und über ein Abkommen über wissenschaftlich-technische Zusammenarbeit vgl. Dok. 87, Anm. 15.

6 Zum Stand der Verhandlungen über ein Zusatzabkommen zum Luftverkehrsabkommen vom 11. November 1971 zwischen der Bundesrepublik und der UdSSR vgl. Dok. 89, Anm. 12.

7 Im Rahmen der Verhandlungen zwischen der Bundesrepublik und der UdSSR über den Abschluß eines Langfristigen Abkommens über den Handel und die wirtschaftliche Zusammenarbeit einigten sich Staatssekretär Frank und der sowjetische Botschafter Falin auf folgende Berlin-Klausel: „Entsprechend dem Vier-Mächte-Abkommen vom 3. September 1971 wird dieser Vertrag in Übereinstimmung mit den festgelegten Verfahren auf Berlin (West) ausgedehnt." Vgl. AAPD 1972, I, Dok. 86.
Für den Wortlaut des Artikels 10 des Abkommens vom 5. Juli 1972 vgl. Vgl. BUNDESGESETZBLATT 1972, Teil II, S. 844.

den wird. Für mich ist es von erstrangiger Bedeutung, daß Berlin (West) in die beiderseitige Zusammenarbeit einbezogen wird.

Was das Zusatzabkommen zum Luftverkehrsabkommen[8] angeht, so haben beide Seiten bereits im Abkommen von 1971 eine Verständigung darüber erzielt, daß die Lufthansa Berlin-Tegel anfliegen kann, wenn die politischen Voraussetzungen gegeben sein werden.[9] In gleicher Weise sollten wir uns hinsichtlich der neuen Streckenführungen, die jetzt vereinbart werden sollen, verständigen können. Es liegt auf der Hand, daß die Bundesrepublik Deutschland in Sachen Berlin-Tegel nicht hinter den Stand des Luftverkehrsabkommens von 1971 gehen kann.

Zu Ihrer Bemerkung über den Vertrag über die Grundlagen der Beziehungen zwischen der Bundesrepublik Deutschland und der Deutschen Demokratischen Republik kann ich bestätigen, daß die Beratung im Deutschen Bundestag in der ersten Hälfte Mai abgeschlossen sein dürfte.[10]

Botschafter Falin hat mir am 12. April 1973 zwei mündliche Mitteilungen zukommen lassen, in denen zu Fragen der Konferenz über die Sicherheit und Zusammenarbeit in Europa Stellung genommen wird.[11]

Hierzu möchte ich feststellen:

Die Bundesregierung wird bei der Vorbereitung dieser wichtigen Konferenz auch in Zukunft eine konstruktive Haltung einnehmen. Auch sie sieht bei einem befriedigenden Ergebnis der Konsultationen in Helsinki den Zeitraum Ende Juni als möglichen Termin für das vorgesehene Treffen der Außenminister an. Sie hofft, daß hierüber schon bald eine definitive Terminabsprache getroffen werden kann.

Auch wir sind der Auffassung, daß für die erste Konferenzphase 10 bis 14 Tage in Aussicht genommen werden sollten. Wir teilen ferner die Ansicht, daß die Konferenz bei erfolgreichem Ablauf der zweiten Phase – und wenn dies allgemein befürwortet wird – mit einem Gipfeltreffen abgeschlossen werden könnte; hierfür ist jedoch gründliche Kommissionsarbeit wichtig.

Zu den Bemerkungen über die Sachthemen der multilateralen Konsultationen möchte ich folgendes sagen: Mir scheint, daß die sehr eingehenden Beratungen zu den beiden ersten Fragenkreisen (Prinzipien der zwischenstaatlichen Beziehungen; vertrauensbildende Maßnahmen; wirtschaftliche, wissenschaftlich-technische Zusammenarbeit; Umweltschutz) bereits zu einer weitgehenden Klärung der entsprechenden Tagesordnungspunkte der Konferenz und der Aufträge für die Kommissionen geführt haben. Demgegenüber konnte jedoch der dritte Fragenkreis (menschliche Kontakte, kulturelle Zusammenarbeit, Informationsaustausch) bisher noch nicht ausreichend erörtert werden. Auch wir

---

8 Für den Wortlaut des Abkommens vom 11. November 1971 zwischen der Bundesrepublik und der UdSSR über den Luftverkehr vgl. BUNDESGESETZBLATT 1972, Teil II, S. 1526–1530. Vgl. dazu auch AAPD 1971, II, Dok. 277.

9 Zu den Zusatzvereinbarungen zum Luftverkehrsabkommen vom 11. November 1971 zwischen der Bundesrepublik und der UdSSR vgl. Dok. 20, Anm. 12.

10 Die zweite und dritte Lesung des Gesetzes zum Grundlagenvertrag vom 21. Dezember 1972 fanden vom 9. bis 11. Mai 1973 statt.

11 Zu den vom sowjetischen Botschafter Falin im Bundeskanzleramt übergebenen Erklärungen zu KSZE-Fragen vgl. Dok. 110, Anm. 34–36.

würden es daher für richtig halten, wenn die nächste Runde der multilateralen Konsultationen[12] sich dieses wichtigen Themas vordringlich annehmen würde.

Ich stimme ferner mit der Ansicht überein, daß keine ernsthaften Probleme entstehen sollten, wenn es sich um die Abstimmung der Grundsätze zwischenstaatlicher Beziehungen handelt. Sie sind als Bestandteil des allgemeinen Völkerrechts in der Satzung der Vereinten Nationen enthalten und durch die Deklaration der Vereinten Nationen über freundschaftliche Beziehungen[13] interpretiert worden. Der Moskauer Vertrag vom 12. August 1970 hält sich ausdrücklich im Rahmen dieser Grundsätze des Völkerrechts und stellt den engen Zusammenhang zwischen Gewaltverzicht und Unverletzlichkeit der Grenzen her. Die Bundesregierung wird sich dafür einsetzen, daß dies in einer Prinzipienerklärung der Konferenz über Sicherheit und Zusammenarbeit in Europa zum Ausdruck kommt.

Sie werden sich daran erinnern, Herr Generalsekretär, daß wir von deutscher Seite im Zusammenhang mit dem Moskauer Vertrag folgendes klargestellt haben: So eindeutig und unmißverständlich jegliche gewaltsame Veränderung von Grenzen abgelehnt und bekämpft werden muß, so wenig kann man es ausschließen, daß sich Staaten über Grenzänderungen oder sogar über Grenzaufhebungen verständigen. Angesichts der großen Bedeutung der vorgesehenen Prinzipienerklärung der Konferenz für den weiteren Fortgang der Entspannung und friedlichen Entwicklung des Zusammenlebens der Völker Europas halte ich es für wichtig, diese Frage hinreichend zu klären und damit zu verhindern, daß sich aus dieser Problematik unnötiger Streit ergibt.

Genehmigen Sie, Herr Generalsekretär, den Ausdruck meiner ausgezeichneten Hochachtung.

Willy Brandt

VS-Bd. 520 (Büro Staatssekretär)

---

[12] Die vierte Runde der multilateralen Vorgespräche für die KSZE in Helsinki begann am 25. April 1973.
[13] Zur Resolution Nr. 2625 der UNO-Generalversammlung vom 24. Oktober 1970 vgl. Dok. 28, Anm. 8.

114

Aufzeichnung des Ministerialdirigenten Simon

210-331.30-1350/73 VS-vertraulich   **25. April 1973**[1]

Herrn Staatssekretär[2]

Betr.: Bezeichnung Berlins

Die Frage der Bezeichnung Berlins ist in den Sitzungen des Staatssekretär-Ausschusses für Deutschland- und Berlinfragen am 1.2. und 29.3.1973 erörtert worden. Unter Berücksichtigung des Ergebnisses dieser Diskussion wird vorgeschlagen, innerhalb des Hauses nach folgenden Richtlinien zu verfahren:

1) Die Berlin-Klausel in Gesetzen und Rechtsverordnungen enthält wie bisher die Bezeichnung „Land Berlin". Das gilt auch für Vertragsgesetze gemäß Artikel 59 Absatz 2 GG[3].

2) Zur Kennzeichnung des räumlichen Anwendungsbereichs in Gesetzen, Rechtsverordnungen und allgemeinen Verwaltungsvorschriften ist grundsätzlich die Formulierung „Geltungsbereich des Gesetzes ..." zu verwenden. Falls diese aus sachlichen Gründen nicht verwendet werden kann, soll die Formulierung „Bundesrepublik Deutschland und Berlin (West)" gebraucht werden.

3) Für zweiseitige völkerrechtliche Vereinbarungen ist dem ausländischen Vertragspartner von vornherein die Berlin-Klausel mit der Bezeichnung „Berlin (West)" vorzuschlagen, wenn zu erwarten ist, daß der Vertragspartner die Bezeichnung „Land Berlin" nicht akzeptiert. Berlin-Erklärungen zu mehrseitigen Übereinkommen sind mit der Bezeichnung „Berlin (West)" abzugeben, wenn Einsprüche gegen die Bezeichnung „Land Berlin" oder anderweitige Auseinandersetzungen über die Frage zu erwarten sind.

Soweit die Vertragsparteien die Bezeichnung „Land Berlin" akzeptieren oder anderweitige Auseinandersetzungen über diese Frage nicht zu erwarten sind, sind weiterhin Berlin-Klauseln und Berlin-Erklärungen mit der Bezeichnung „Land Berlin" zu verwenden. Für die Entscheidung darüber, ob zur Bezeichnung „Berlin (West)" im internationalen Bereich allgemein übergegangen werden soll, werden die Erfahrungen bei der förmlichen und faktischen Einbeziehung von Berlin (West) in Verträgen mit Ostblockstaaten von Bedeutung sein.

Die Referate 500 und 501 haben mitgezeichnet.

Simon

VS-Bd. 9056 (210)

---

1 Die Aufzeichnung wurde von Vortragendem Legationsrat Bräutigam und von Legationsrat I. Klasse Kastrup konzipiert.
2 Hat Staatssekretär Frank am 26. April 1973 vorgelegen.
3 Artikel 59 Absatz 2 des Grundgesetzes vom 23. Mai 1949: „Verträge, welche die politischen Beziehungen des Bundes regeln oder sich auf Gegenstände der Bundesgesetzgebung beziehen, bedürfen der Zustimmung oder der Mitwirkung der jeweils für die Bundesgesetzgebung zuständigen Körperschaften in der Form eines Bundesgesetzes. Für Verwaltungsabkommen gelten die Vorschriften über die Bundesverwaltung entsprechend." Vgl. BUNDESGESETZBLATT 1949, S. 7.

115

Gespräch des Bundeskanzlers Brandt
mit dem amerikanischen Botschafter Hillenbrand

26. April 1973[1]

Außerdem anwesend: MDg Dr. Per Fischer, VLR Dr. Schilling

Der Bundeskanzler empfing am 26. April von 19.15 bis 19.50 Uhr den amerikanischen Botschafter Hillenbrand, der vor seiner Abreise nach Washington um ein Gespräch gebeten hatte.

Die einleitende Frage des *Botschafters*, ob der Bundeskanzler ihm für seine Vorausgespräche[2] in Washington zusätzliche Hinweise mitgeben wolle, verneinte der Bundeskanzler.

Der *Bundeskanzler* wies darauf hin, daß die Rede Dr. Kissingers[3] neue Fragestellungen aufgeworfen habe. Er halte sie auch für eine interessante „Ouvertüre", zweifle aber, ob die gewählte Methode richtig sei. Eine derartige Vielfalt von komplexen Problemen innerhalb weniger Wochen und Monate in einen vereinbarten Text pressen zu wollen, erscheine kaum machbar. Er teile den Gesichtspunkt von PM Heath, daß die einzelnen Probleme nicht miteinander verbunden werden dürften, damit die Schwierigkeiten, die bei der Lösung des einen auftauchen, nicht auf die anderen ausstrahlen könnten.[4] Dabei sei es natürlich selbstverständlich, daß die Probleme der Zusammenarbeit in Handel, Währung, Verteidigung, Außenpolitik interdependent seien. Andererseits sehe er z. B. nicht, wie Japan voll eingeschlossen werden könne: Die EG suche zwar ihr Verhältnis mit Japan zu regeln, andererseits könne ja nicht an eine Verknüpfung Japans mit der NATO[5] gedacht werden.

Wenn der Präsident im Herbst Europa besuche, müßten die Europäer erste Antworten auf die Fragen parat haben. Hierzu müßten noch eingehende Gespräche stattfinden. Er werde in Washington wenn auch nicht für Europa, so doch als Europäer sprechen.

Zu dem deutsch-amerikanischen Problem des Devisenausgleichs[6] habe ihm BM Schmidt in Karlsruhe gesagt, daß er mit Finanzminister Shultz Gespräche

---

1 Ablichtung.
Die Gesprächsaufzeichnung wurde von Ministerialdirigent Fischer, Bundeskanzleramt, am 27. April 1973 gefertigt.
Hat Bundesminister Scheel am 30. April 1973 vorgelegen.
2 Der amerikanische Botschafter Hillenbrand reiste zur Vorbereitung des Besuchs von Bundeskanzler Brandt nach Washington.
Brandt hielt sich am 1./2. Mai 1973 in den USA auf. Vgl. dazu Dok. 124 und Dok. 130.
3 Zur Rede des Sicherheitsberaters des amerikanischen Präsidenten, Kissinger, am 23. April 1973 in New York vgl. Dok. 118.
4 Dieser Satz wurde von Bundesminister Scheel hervorgehoben. Dazu vermerkte er handschriftlich: „Reg[ierungs]Chefs und A[ußen]M[inister] müssen eine Gesamtschau machen."
Vgl. dazu die Äußerung des Premierministers Heath vom 1. März 1973; Dok. 69, Anm. 3.
5 Die Wörter „Japans mit der NATO" wurden von Bundesminister Scheel unterschlängelt. Dazu vermerkte er handschriftlich: „Aber wir müssen wissen, ob Japaner in Atomrüstung gehen wollen."
6 Zu Vorgesprächen zwischen der Bundesregierung und der amerikanischen Regierung über ein Devisenausgleichsabkommen für die Zeit nach dem 1. Juli 1973 vgl. Dok. 124, Anm. 3.

nach der Sommerpause ins Auge gefaßt habe.[7] In diesem Bereich wären sicherlich – im Gegensatz zu der für andere Bereiche wohl zutreffenden Bemerkung Kissingers – vorherige Expertengespräche nützlich.

Botschafter *Hillenbrand* betonte, daß die Rede Kissingers die vorherige Zustimmung Präsident Nixons gefunden habe. Bei der vorgeschlagenen „Atlantik-Charta" könnte es sich natürlich nur um eine allgemeine Erklärung mit Grundprinzipien der Zusammenarbeit handeln, wobei die Einzelheiten späteren Verhandlungen überlassen bleiben müßten. Die Einbeziehung Japans könnte sich wohl nur auf einzelne Bereiche beziehen.

Der Bundeskanzler beendete diesen Teil der Unterhaltung mit der Feststellung, daß im „Approach" zwischen den Europäern und den Amerikanern kein Unterschied bestünde, auch die Gipfelkonferenz habe sich ja für einen konstruktiven Dialog mit den Vereinigten Staaten ausgesprochen.[8] Zu den Ost-West-Themen wies er darauf hin, daß er Präsident Nixon über den bevorstehenden Besuch Breschnews[9] orientieren würde; außerdem sei ein Meinungsaustausch über die Vorgänge in Helsinki und Wien nützlich.

Zu Berlin bemerkte der Bundeskanzler, daß auf sowjetischer Seite sicher manche die alte Politik im Rahmen des Vier-Mächte-Abkommens fortsetzen wollten. Hier gelte es, gemeinsam aufzupassen.

Den bei dem letzten Gespräch mit Botschafter Hillenbrand (am 9. März um 11.45 Uhr in Gegenwart von BM Bahr) ins Auge gefaßten Termin für ein Gespräch zwischen dem Bundeskanzler und dem amerikanischen Botschafter, jeweils begleitet von Beratern, über das Berlin-Problem insgesamt bat der Bundeskanzler demnächst festzulegen.

Der Bundeskanzler wies ferner darauf hin, daß er auch die Nahost-Frage ansprechen wolle, gegebenenfalls mit Außenminister Rogers. Nach seinen Gesprächen mit Präsident Tito[10] sei er über die Entwicklung eher besorgter als zuvor.

Botschafter *Hillenbrand* entgegnete, Außenminister Rogers hoffe noch immer auf die Teillösung am Suez-Kanal[11]; im übrigen sei die Sorge der amerikani-

---

[7] Das Gespräch des Bundesministers Schmidt mit dem amerikanischen Finanzminister Shultz fand am 4. Oktober 1973 statt. Vgl. dazu Dok. 286, Anm. 14.

[8] In Ziffer 12 der Erklärung der europäischen Gipfelkonferenz am 19./20. Oktober 1972 in Paris wurde ausgeführt: „Hinsichtlich der Industrieländer ist die Gemeinschaft zwecks Gewährleistung einer harmonischen Entwicklung des Welthandels entschlossen, [...] einen konstruktiven Dialog mit den Vereinigten Staaten von Amerika, Japan, Kanada und den übrigen industrialisierten Handelspartnern in weltoffenem Geist und unter Anwendung der geeignetsten Formen zu führen." Vgl. EUROPA-ARCHIV 1972, D 507.

[9] Der Generalsekretär des ZK der KPdSU, Breschnew, besuchte die Bundesrepublik vom 18. bis 22. Mai 1973. Vgl. dazu Dok. 145–152.

[10] Für die Gespräche des Bundeskanzlers Brandt mit Staatspräsident Tito am 18./19. April 1973 auf Brioni vgl. Dok. 110 und Dok. 111.

[11] Zur Schließung des Suez-Kanals am 6. Juni 1967 vgl. Dok. 15, Anm. 54.
Am 4. Oktober 1971 unterbreitete der amerikanische Außenminister Rogers vor der UNO-Generalversammlung einen Sechs-Punkte-Plan zum Abschluß eines Interimsabkommens auf dem Weg zur völligen Umsetzung der Resolution Nr. 242 des UNO-Sicherheitsrats vom 22. November 1967, in dessen Mittelpunkt die Wiedereröffnung des Suez-Kanals stehen sollte: „There are risks to peace: but the greater risk is inaction, unwillingness to face up to the hard decisions. A practical step now – an interim agreement – would make the next step toward peace less difficult for all the parties to take. It would restore the use of the Suez Canal as a waterway for international ship

schen Regierung über die Eskalation des Terrorismus[12] groß. Zum Schluß kam der Botschafter noch einmal auf die Kissinger-Rede zurück und stellte sie in Parallele zu dem Vorschlag Präsident Kennedys für eine Atlantische Partnerschaft.[13] Darüber seien zehn Jahre vergangen. Man solle jetzt nicht wieder zehn Jahre bis zu einem Ergebnis warten.

Ministerbüro, Bd. 555

116

Gespräch des Staatssekretärs Grabert, Bundeskanzleramt, mit dem Staatssekretär beim Ministerrat der DDR, Kohl

Geheim   **26. April 1973**[1]

Vermerk über die Begegnung zwischen Staatssekretär Grabert und Staatssekretär Kohl in Bonn, Bundeskanzleramt, am 26. April 1973, von 13.45–17.00 Uhr (Unterbrechung von 14.45–16.15 Uhr).

Teilnehmer: StS Grabert, MD Dr. Sanne, MD Weichert, MR Stern, LR I Bauch; StS Dr. Kohl, Botschafter Seidel, Herr Bernhardt, Herr Breitbarth.

StS *Kohl* berichtete aus dem persönlichen Gespräch mit StS Grabert[2], in dem man über folgende Punkte gesprochen habe:

Fortsetzung Fußnote von Seite 569

    ping. It would re-establish Egypt's authority over a major national asset. It would separate the combatants. It would produce the first Israeli withdrawal. It would extend the cease-fire. It would diminish the risk of major-power involvement. It would be an important step toward the complete implementation of Security Council resolution 242 (1967)." Vgl. UN GENERAL ASSEMBLY, 26th Session, Plenary Meetings, 1950th meeting, S. 5.

12 Korrigiert aus: „die Sorge über die Eskalation des Terrorismus der amerikanischen Regierung".

13 Am 4. Juli 1962 äußerte sich Präsident Kennedy in Philadelphia positiv zum Einigungsprozeß in Europa und bezeichnete den Aufbau einer „Atlantischen Partnerschaft" zwischen den USA und einem starken, vereinigten Europa als Ziel seiner Politik. Für den Wortlaut der Rede vgl. PUBLIC PAPERS, KENNEDY 1962, S. 537–539. Für den deutschen Wortlaut vgl. EUROPA-ARCHIV 1962, D 373–376 (Auszug).

1 Ablichtung.
    Die Gesprächsaufzeichnung wurde von Legationsrat I. Klasse Bauch, Bundeskanzleramt, gefertigt.
    Hat Vortragendem Legationsrat I. Klasse Blech am 30. April 1973 vorgelegen, der die Weiterleitung an Vortragenden Legationsrat Bräutigam verfügte und handschriftlich vermerkte: „F[ür] StS-Aufzeichnung wie bespr[ochen]." Außerdem verfügte Blech die Weiterleitung an Legationsrat I. Klasse Kastrup, den er um Stellungnahme zu Ziffer 11 bat.
    Hat Kastrup am 16. Mai 1973 vorgelegen
    Hat Bräutigam am 18. Mai 1973 vorgelegen.
    Am 4. Mai 1973 übermittelte Bauch eine Berichtigung zu der Gesprächsaufzeichnung, „die durch ein Versehen vor dessen Absendung nicht mehr berücksichtigt worden ist". Vgl. das Schreiben an Blech; VS-Bd. 9051 (210); B 150, Aktenkopien 1973.
    Für die Änderungen vgl. Anm. 7, 8, 9, 29 und 32.

2 Zum Vier-Augen-Gespräch des Staatssekretärs Grabert, Bundeskanzleramt, mit dem Staatssekretär beim Ministerrat der DDR, Kohl, am 26. April 1973 vgl. Dok. 117.

1) Ratifizierung des Grundlagenvertrages in beiden Staaten[3]

StS Grabert habe ihn über die verschiedenen Verhaltensmöglichkeiten des Bundesrates bei der Ratifizierung des Grundlagenvertrages unterrichtet. Er, Kohl, habe demgegenüber erklärt, die Volkskammer werde ihre Zustimmung zum Vertragsgesetz kurz nach Abschluß der Beratungen im Bundesrat erteilen, was etwa eine Woche danach der Fall sein würde.

2) VN-Mitgliedschaft und Notenaustausch

Er habe noch einmal die bekannte Position der DDR dargelegt, wonach erst die Mitgliedschaft in den VN gesichert sein müsse, bevor der Notenwechsel zur Inkraftsetzung des Grundlagenvertrages erfolgen könne. Dies bedeute, daß nach Abschluß der parlamentarischen Verfahren der Antrag beider Staaten auf Mitgliedschaft in den VN gestellt werde, der Sicherheitsrat die Mitgliedschaft empfehle und dann der Notenaustausch erfolge. Diese Auffassung der DDR über die einzuhaltende Reihenfolge sei BM Bahr im Dezember 1972[4] und im Februar 1973[5] mitgeteilt worden, der sie mit Verständnis zur Kenntnis genommen habe. Die DDR sei deshalb von Anfang an davon ausgegangen, daß man auch so verfahren würde. Er sei deshalb über die von StS Grabert bei dem letzten Treffen am 22. März 1973[6] eingenommene veränderte Haltung der Bundesregierung überrascht gewesen. Um der BRD jedoch entgegenzukommen, sei er ermächtigt mitzuteilen, daß die DDR bereit sei, den Notenaustausch bereits vorzunehmen, wenn der Antrag der BRD – und natürlich auch der DDR – auf Aufnahme in die VN gestellt sei. Dabei erwarte die DDR jedoch, daß sich die BRD für eine möglichst baldige positive Empfehlung des Sicherheitsrates einsetze.

StS *Grabert* erklärte hierauf, er habe StS Kohl die Haltung der Bundesregierung erläutert, die bei der Unterzeichnung des Grundvertrages davon ausgegangen sei, daß die beiden Staaten in gegenseitiger Abstimmung nach Ratifizierung des Grundvertrages den Antrag auf Beitritt zu den VN stellen würden. Die DDR habe später den Wunsch geäußert, daß der Antrag in New York schon vor dem Notenwechsel über die Inkraftsetzung des Grundvertrages gestellt werde und daß dieser erst zu einem späteren Zeitpunkt[7] erfolge. Trotz bestehender[8] Bedenken wäre die Bundesregierung bereit, den Wünschen der DDR insoweit zu folgen, als der Notenausgleich über die Inkraftsetzung des

---

3 Zum Stand des Ratifikationsverfahrens zum Grundlagenvertrag vom 21. Dezember 1972 vgl. Dok. 85, Anm. 5.
Zum Stand des Ratifikationsverfahrens in der DDR vgl. Dok. 67, Anm. 3.

4 Zum Gespräch des Bundesministers Bahr mit dem Staatssekretär beim Ministerrat der DDR, Kohl, am 21. Dezember 1972 in Ost-Berlin vgl. Dok. 85, Anm. 10.

5 Für das Gespräch des Bundesministers Bahr mit dem Staatssekretär beim Ministerrat der DDR, Kohl, am 28. Februar 1973 vgl. Dok. 67.

6 Für das Gespräch des Staatssekretärs Grabert, Bundeskanzleramt, mit dem Staatssekretär beim Ministerrat der DDR, Kohl, in Ost-Berlin vgl. Dok. 85.

7 Der Passus „erst zu einem späteren Zeitpunkt" wurde von Legationsrat I. Klasse Bauch, Bundeskanzleramt, nachträglich eingefügt. Dafür wurde gestrichen: „nach dem Beschluß des Sicherheitsrats". Vgl. den Vermerk vom 4. Mai 1973; VS-Bd. 9051 (210); B 150, Aktenkopien 1973.

8 Dieses Wort wurde von Legationsrat I. Klasse Bauch, Bundeskanzleramt, nachträglich eingefügt. Dafür wurde gestrichen: „erheblicher". Vgl. den Vermerk vom 4. Mai 1973; VS-Bd. 9051 (210); B 150, Aktenkopien 1973.

Vertrages zu dem von der DDR vorgeschlagenen Zeitpunkt[9] vorgenommen werden könne. Sie halte es für möglich, darüber eine Vereinbarung gleich welcher Form zu treffen, wobei ein Briefwechsel oder eine sonstige Absprache im Rahmen der laufenden Besprechungen in Betracht käme. Die Bundesregierung erwarte, daß nunmehr auch die DDR bereit sei, dem von seiner Seite wiederholt vorgebrachten Wunsch Folge zu leisten und die Gespräche über die Errichtung der Vertretungen zu eröffnen. Dabei gehe sie davon aus, daß über die wesentlichen politischen Fragen, die mit der Errichtung der Vertretung zusammenhängen, Einvernehmen bestehen müsse, wenn der Zeitpunkt zur Antragstellung bei den VN gekommen sei. Er habe in diesem Zusammenhang StS Kohl vorgeschlagen, die Gespräche über die Errichtung der Vertretungen in der nächsten Woche zu beginnen.[10] Zu diesem Zwecke sollte eine Kommission unter der Leitung der Herren Sanne und Seidel eingesetzt werden. Er wolle hierzu als Arbeitsgrundlage folgendes Material übergeben:

a) eine Aufstellung der nach Auffassung seiner Seite zu besprechenden Punkte,

b) Arbeitsentwürfe für ein Schreiben über die Vorankündigung der Person des Leiters der Ständigen Vertretung und für ein Schreiben des Bundespräsidenten an den Staatsratsvorsitzenden.

StS Grabert übergab anschließend das genannte Material (vgl. Anlage)[11].

StS *Kohl* entgegnete, die Verständigung über den Zeitpunkt der Antragstellung auf VN-Mitgliedschaft sei im Grunde einfach. Dies könne unter anderem zu Protokoll in den laufenden Besprechungen erfolgen, ein besonderer Briefwechsel sei nicht notwendig.[12] Er sei jedoch erstaunt gewesen zu hören, daß dem Entgegenkommen der DDR, sich mit der bloßen Antragstellung zu begnügen, mit dem Wunsch auf weiteres Entgegenkommen in einem anderen Punkt begegnet werde, was er als ein Junktim bezeichnet habe. StS Grabert habe ihm zwar erklärt, daß von einem Junktim nicht gesprochen werden könne. Er, Kohl, wolle jedoch festhalten, daß die DDR zu ihrem Entgegenkommen nur unter der Voraussetzung bereit sei, daß von der BRD jeder Versuch unterlassen werde, dieses Entgegenkommen mit anderen Fragen zu verknüpfen. Akzeptiere die BRD dies nicht, so gelte der Status quo ante.

StS *Grabert* erwiderte auf die Frage, ob die BRD dazu bereit sei, den Termin der Antragstellung bei den VN festzulegen, daß die Bundesregierung nicht Herr des parlamentarischen Verfahrens sei. Der Bundestag werde nach dem

---

[9] Der Passus „zu dem ... Zeitpunkt" wurde von Legationsrat I. Klasse Bauch, Bundeskanzleramt, nachträglich eingefügt. Dafür wurde gestrichen: „gleichzeitig mit dem Beschluß des Sicherheitsrates". Vgl. den Vermerk vom 4. Mai 1973; VS-Bd. 9051 (210); B 150, Aktenkopien 1973.

[10] Die Gespräche mit der DDR über die Errichtung Ständiger Vertretungen begannen am 14. Juni 1973 in Ost-Berlin. Vgl. dazu Dok. 196.

[11] Dem Vorgang beigefügt. Als Punkte für eine Regelung über die Errichtung Ständiger Vertretungen wurden u. a. genannt: Bezeichnungs- und Statusfragen, Zulassung und Beglaubigung des Leiters, Abberufungsverfahren für den Leiter und die Mitglieder der Vertretungen, „zuständige Behörden des Empfangsstaates für Angelegenheiten der Ständigen Vertretungen", Aufgaben, „Kommunikation der Vertretungen mit ihren Regierungen", Bewegungsfreiheit sowie Vorrechte und Befreiungen. Vgl. VS-Bd. 9051 (210); B 150, Aktenkopien 1973.
Für die Entwürfe eines Zulassungsschreibens für den Leiter der Ständigen Vertretung bzw. für ein Schreiben des Bundespräsidenten an den Staatsratsvorsitzenden vgl. Dok. 117, Anm. 11 und 12.

[12] Der Passus „zu Protokoll ... nicht notwendig" wurde von Vortragendem Legationsrat I. Klasse Blech hervorgehoben. Dazu Ausrufezeichen.

erklärten Willen der Koalitionsfraktionen die Gesetze in der zweiten Maiwoche abschließend behandeln.[13] Der Bundesrat werde am 25. Mai entscheiden.[14] Auf die verschiedenen Möglichkeiten seines Verhaltens habe er bereits hingewiesen. Ein Termin für die Stellung des Antrags auf Beitritt zu den VN könne erst nach dem 25. Mai festgelegt werden. Die Bundesregierung gehe nach wie vor davon aus, daß der Antrag so schnell wie möglich nach Vorliegen der innerstaatlichen Voraussetzungen zu stellen sei. Es könne sein, daß der Bundesrat mit den beiden Gesetzen in verschiedener Weise verfahre, die Bundesregierung werde beide Gesetze zusammen behandeln. Er verweise noch einmal auf den Wunsch der Bundesregierung, bis zum Zeitpunkt der Antragstellung Klarheit über wesentliche Fragen der Ständigen Vertretungen zu erreichen. In der zur Verfügung stehenden Zeit müßte das leicht möglich sein. Er meine, daß der Antrag je nach Fortgang der Behandlung im Bundesrat zwischen Mitte und Ende Juni gestellt werden könne.

StS *Kohl* wiederholte, die zeitliche Reihenfolge aus der Sicht der DDR stelle sich so dar, daß die Volkskammer dem Vertrag etwa eine Woche nach Abschluß des parlamentarischen Verfahrens in der BRD zustimme, eine weitere Woche später der Aufnahmeantrag erfolge, worauf dann der Notenaustausch stattfinden könne.

3) Gesundheitswesen

StS *Kohl* berichtete, er habe mit StS Grabert Einvernehmen erzielt, daß Mitte Mai Verhandlungen über einen Vertrag über Zusammenarbeit im Gesundheitswesen beginnen.[15] Dies solle auch in der vereinbarten Pressemitteilung erwähnt werden.

StS *Grabert* erklärte, er habe diesen Vorschlag der DDR begrüßt und bestätigte, daß mit diesen Verhandlungen Mitte Mai auf der Ebene der Ministerstellvertreter begonnen werden solle. Die technischen Einzelheiten sollen zwischen den beiden zuständigen Ministerien unmittelbar vereinbart werden.

4) Journalisten

StS *Kohl* berichtete, StS Grabert habe ihm die derzeitige Lage im VAP[16] geschildert. Er, Kohl, habe StS Grabert unterrichtet, daß Herr Meyer bereit sei, Herrn Müller am 3. oder 8. Mai in Berlin zu dem vorgesehenen weiteren Ge-

---

13 Die zweite und dritte Lesung der Gesetze zum Grundlagenvertrag vom 21. Dezember 1972 sowie zum UNO-Beitritt der Bundesrepublik fanden vom 9. bis 11. Mai 1973 im Bundestag statt.

14 Der Bundesrat erhob am 25. Mai 1973 keinen Einspruch gegen das Gesetz zum Grundlagenvertrag vom 21. Dezember 1972 und stimmte am selben Tag dem Gesetz über den UNO-Beitritt der Bundesrepublik zu. Vgl. dazu BR STENOGRAPHISCHE BERICHTE 1973, 394. Sitzung, S. 179.

15 Am 23. Mai 1973 wurden in Ost-Berlin Verhandlungen zwischen dem Bundesministerium für Jugend, Familie und Gesundheit und dem Ministerium für Gesundheitswesen der DDR über einen Vertrag auf dem Gebiet des Gesundheitswesens aufgenommen. Vgl. dazu BULLETIN 1973, S. 616.

16 Zu den Bemühungen von Journalisten aus der DDR um Aufnahme in den „Verein der Ausländischen Presse in Deutschland e.V." (VAP) vgl. Dok. 67, Anm. 54.
Am 21. April 1973 wurde in der Presse berichtet, daß der VAP über eine Formel berate, die vier Journalisten aus der DDR die Mitgliedschaft ermögliche. Notwendig dazu sei die Ersetzung des Wortes „ausländisch" in der Satzung des Vereins: „Als Kompromißformel ist zu hören, daß die entsprechende Satzungspassage jetzt lauten soll, Mitglieder im VAP könnten auch Journalisten sein, ‚die nicht Deutsche aus der Bundesrepublik sind'; eine andere Formel lautet: ‚Bürger anderer Staaten als der Bundesrepublik'." Vgl. den Artikel „Auslandspresse in Bonn sucht nach einer Formel für die vier ‚DDR'-Journalisten"; DIE WELT vom 21./22. April 1973, S. 2.

spräch zu empfangen. Er bäte darum, daß Herr Müller dann konkretere Angaben darüber mache, was die Bundesregierung unternehme, um die notwendige Gleichstellung der DDR-Journalisten mit den Kollegen aus dritten Staaten zu erreichen.[17]

5) Reiseverkehr

StS Kohl erklärte, er habe StS Grabert Informationen über die Entwicklung des Reiseverkehrs seit Anfang des Jahres übergeben, aus denen eindeutig hervorgehe, daß von einer restriktiven Behandlung dieses Verkehrs durch die DDR keine Rede sein könne. Die Zahlenangaben könnten von der BRD verwendet werden, die DDR werde sie teilweise in den nächsten Tagen veröffentlichen.[18] Diese Übergabe von Informationsmaterial bedeute jedoch nicht, daß die DDR auch in Zukunft regelmäßig solche Angaben übermitteln werde. Die jetzige Übergabe sei als eine Geste des guten Willens zu betrachten (vgl. Anlage 2)[19].

Neben einigen Einzelfällen von Reisen von DDR-Bürgern in die BRD habe er mit StS Grabert auch über einige Beschwerdepunkte im Bereich des Reiseverkehrs gesprochen. So habe er darauf hingewiesen, daß Amtsärzte der BRD Angehörigen von DDR-Bürgern in der BRD lebensgefährliche Erkrankungen bescheinigten, obwohl eine solche Erkrankung nicht vorliege, u. a. um auf diese Weise DDR-Bürger auszuschleusen. Er habe StS Grabert eine Liste einiger Einzelfälle zu diesem Punkt übergeben (vgl. Anlage 3)[20].

Auch würde zunehmend von BRD-Bürgern, die sowohl BRD-Pässe wie auch Westberliner Ausweise besäßen, von der illegalen Möglichkeit[21] Gebrauch gemacht, sowohl als Westberliner wie auch als BRD-Bürger Einreiseanträge in die DDR zu stellen.

---

17 Über die Gespräche des Abteilungsleiters im Bundespresseamt, Müller, mit dem Abteilungsleiter im Ministerium für Auswärtige Angelegenheiten der DDR, Meyer, am 8./9. Mai 1973 in Ost-Berlin wurde in der Presse berichtet, die Verhandlungen hätten sich „hart am Rande des Abbruchs" bewegt. Die DDR erwarte zunächst eine Klärung des Status der Journalisten aus der DDR in der Bundesrepublik, ehe sie Vorschläge hinsichtlich „der strittigen Probleme bei der Akkreditierung ständiger und Reisekorrespondenten aus der Bundesrepublik und West-Berlin" unterbreite. Vgl. den Artikel „Journalisten-Gespräche in einer Krise"; FRANKFURTER ALLGEMEINE ZEITUNG vom 9. Mai 1973, S. 3. Vgl. dazu auch die Meldung „Ost-Berliner Gespräche über Journalisten ergebnislos"; FRANKFURTER ALLGEMEINE ZEITUNG vom 10. Mai 1973, S. 1.
Am 10. Mai 1973 wurde in der Presse mitgeteilt, daß der „Verein der Ausländischen Presse in Deutschland e.V." am 25. Mai 1973 über eine Satzungsänderung entscheiden werde, „die den in Bonn tätigen DDR-Korrespondenten den Beitritt ermögliche". Vgl. die Meldung „Verein der Auslandspresse ändert seine Satzung"; FRANKFURTER ALLGEMEINE ZEITUNG vom 10. Mai 1973, S. 3.
18 Vgl. dazu die Meldung „Starker Reise- und Besucherverkehr"; NEUES DEUTSCHLAND vom 27. April 1973, S. 1.
19 Dem Vorgang beigefügt. Für die Aufstellung „Reiseverkehr zu Ostern 1973" vgl. VS-Bd. 9051 (210); B 150, Aktenkopien 1973.
20 Dem Vorgang beigefügt. In der Aufzeichnung wurde ausgeführt, es sei „wiederholt festgestellt" worden, daß die „Regelung über Reisen von DDR-Bürgern in dringenden Familienangelegenheiten nach der BRD zu gegen die Interessen der DDR gerichteten Handlungen mißbraucht wird". Angeführt wurden Beispiele von falschen Beurkundungen lebensgefährlicher Erkrankungen von Angehörigen in der Bundesrepublik. Dabei handele es „sich nicht um Einzelfälle". Vgl. VS-Bd. 9051 (210); B 150, Aktenkopien 1973.
21 Die Wörter „der illegalen Möglichkeit" wurden von Vortragendem Legationsrat I. Klasse Blech hervorgehoben. Dazu Ausrufezeichen.

Darüber hinaus gebe es zahlreiche Beschwerden über das Verhalten von BRD-Bürgern auf den Transitstrecken. Man habe sich jedoch geeinigt, diese Beschwerden in der Transitkommission zu behandeln.[22]

StS *Grabert* erklärte, er wolle darauf hinweisen, daß der Besitz von verschiedenen Ausweisdokumenten keineswegs illegal sei.[23]

Zu der Frage der Behandlung von Ausreiseanträgen von DDR-Bürgern habe er die Meinung der DDR zur Kenntnis genommen, daß neue Fälle künftig über die Ständige Vertretung abgewickelt werden sollten. Für die Zeit bis dahin habe er einen Hinweis auf Fälle gegeben, die durch die DDR schon früher überprüft worden sind.

Zur Frage von Touristenreisen hätte er mit StS Kohl übereinstimmend festgestellt, daß die Regelungen insbesondere des Verkehrsvertrages[24] und der Besuchsregelung für Westberlin nicht geändert werden sollten. Dies bedeute, daß die Antragstellung von Einwohnern der BRD über ein Reisebüro in der BRD zu erfolgen habe, die Antragstellung von Einwohnern aus Berlin (West) über ein Berliner Reisebüro, unter dieser Voraussetzung könnten beide Kategorien dieselben Fahrzeuge benutzen, wenn über einen Grenzübergang eingereist werde, der für beide vorgesehen sei. Erfolge die Einreise jedoch über Grenzübergangsstellen, die nur für die eine bzw. andere Gruppe zugelassen seien, so könne auch nicht dasselbe Fahrzeug benutzt werden.[25] Das bisherige Verfahren sei deshalb bestätigt worden.

StS *Kohl* stimmte dem zu.

6) Einrichtung der Vertretungen

StS Kohl erklärte noch einmal, die DDR sei zur Erörterung inhaltlicher Fragen erst nach Ratifizierung des Grundlagenvertrages bereit. Von dieser Position könne er nicht abrücken. Er habe keine Ermächtigung, dieses Thema zu behandeln.

StS Kohl erklärte, es sei bedauerlich, daß die Gespräche in Bonn ohne größere Ergebnisse gewesen wären, insbesondere in der Frage der Grundstücke und auch bezüglich der vorläufigen Kanzleiräume. Interessant sei das Objekt Blumenaustraße als vorläufige Residenz.

StS *Grabert* führte aus, die BRD benötige in Berlin 100 Arbeitsplätze, davon 50 sofort bei Arbeitsaufnahme. Die Kanzlei würden wir lieber mehr im Zentrum

---

22 Vgl. dazu das Vier-Augen-Gespräch des Staatssekretärs Grabert, Bundeskanzleramt, mit dem Staatssekretär beim Ministerrat der DDR, Kohl, am 22. März 1973; Dok. 90.

23 Der Passus „darauf hinweisen ... illegal sei" wurde von Vortragendem Legationsrat I. Klasse Blech hervorgehoben. Dazu Ausrufezeichen.

24 Für den Wortlaut des Vertrags vom 26. Mai 1972 zwischen der Bundesrepublik und der DDR über Fragen des Verkehrs sowie der beigefügten Dokumente vgl. BUNDESGESETZBLATT 1972, Teil II, S. 1450–1458.

25 Am 19. April 1973 wurde in der Presse berichtet, das DER-Reisebüro in Frankfurt am Main habe für Kongreßteilnehmer Busreisen für eintägige Ausflüge von Berlin (West) nach Potsdam beantragt. Diese seien von der DDR auch genehmigt worden, jedoch mit der Auflage, daß Teilnehmer aus Berlin (West) in getrennten Bussen fahren sollten. Dem DER-Reisebüro sei dazu mitgeteilt worden: „Eine gemeinsame Beförderung von Bundesbürgern und West-Berlinern ist nicht möglich." Vgl. den Artikel „Neue Behinderungen der ‚DDR' für West-Berliner Busreisen"; DIE WELT vom 19./20. April 1973, S. 1.

unterbringen. Außer der Residenz würden wir auch Wohnungen für die Mitarbeiter gerne selbst bauen.

StS *Kohl* erwiderte zu der Zahl von 100 Arbeitsplätzen, er hielte es für absurd, mit solchen Größenvorstellungen zu arbeiten. Die DDR werde in Bonn weniger Mitarbeiter haben. Die Reziprozität müßte in etwa gewahrt werden.

StS *Grabert* wies darauf hin, daß StS Kohl beim letzten Gespräch von 50 Mitarbeitern für Bonn und 30 für Düsseldorf gesprochen habe. Auf Frage von StS Kohl bestätigte er, daß in unseren Zahlen die Mitarbeiter für den Bereich Handel eingeschlossen seien. Die beiderseitigen Vorstellungen lägen demnach gar nicht weit auseinander.

StS *Kohl* erwiderte, über die Zahl müsse noch gesprochen werden, die BRD möchte bei ihren Wünschen jedoch bescheiden sein.

MR *Stern* berichtete über die Besprechung am 12./13. April in Bonn und die besichtigten Objekte (vorläufige Residenzen in der Blumenaustraße, Petersbergstraße und Röttgener Straße, Kanzleigebäude Michaelplatz und Wohnungen am Lyngsberg). Die Suche nach einem geeigneten Grundstück werde fortgesetzt, ebenso nach Kanzleigebäuden. Zur Zeit werde geprüft, ob folgende Objekte als Kanzleigebäude in Betracht kämen: Hotel Eden, Bauschaugebäude, drei kleinere Objekte in Bonn-Süd.

Anschließend wurden besichtigt: Blumenaustraße, Wohnungen Lyngsberg und Bauschaugebäude. Hotel Eden wurde im Vorbeifahren angesehen.

StS *Kohl* erklärte, das Objekt Blumenaustraße käme als vorläufige Residenz nur bedingt in Betracht. Er bitte, baldmöglichst zu prüfen, ob ein Objekt vorhanden wäre, das folgende Anforderungen erfülle: Höhenlage, nahe Wohnungen Lyngsberg, freiere Lage, größere Repräsentationsräume bei kleineren Wohnräumen (im Verhältnis zu Blumenaustraße).

Er bat darum, wegen der Kanzlei insbesondere das Objekt Hotel Eden zu verfolgen. Die Grundstückssuche möchte fortgesetzt werden. Das Wohnungsangebot halte er für positiv. Die DDR werde nun bald endgültige Nachricht zukommen lassen und auch mitteilen, ob noch mehr als die 19 Wohnungen gewünscht würden.

MR *Stern* wies darauf hin, eine endgültige Entscheidung der DDR bezüglich der Wohnungen sei bis zum 15. Mai erforderlich. Ob gegebenenfalls noch mehr als 19 Wohnungen am Lyngsberg zur Verfügung gestellt werden könnten, müsse noch geprüft werden.

MR *Stern* berichtete über die Besprechung am 6. April in Berlin (Grundstücke Dietzgenstraße und Binzstraße, Residenz Kuckhoffstraße, Kanzlei Kuckhoffstraße und Hannoversche Straße, Wohnungen Frankfurter Allee).

StS *Grabert* erklärte, das Grundstück Dietzgenstraße sei nicht geeignet, eher das Grundstück Binzstraße. Noch besser wäre jedoch eine Kanzlei im Zentrum. Hierfür käme auch ein schon bestehendes Gebäude in Betracht. In diesem Fall benötigen wir ein Grundstück zum Bau von Residenz und Wohnungen. Wir würden es bevorzugen, beides selbst zu bauen.

StS *Kohl* erwiderte, diese Vorstellungen seien für ihn teilweise neu. Er nehme unsere Wünsche zur Kenntnis und werde sie prüfen. Er übergab Grundrisse von Drei- und Fünf-Raumwohnungen.

MR *Stern* führte aus, die Residenz Kuckhoffstraße sei nach dem derzeitigen Aussehen nicht repräsentativ und räumlich beengt. Die Kanzlei Kuckhoffstraße sei sehr „provisorisch", die Kanzlei Hannoversche Straße schwer zu beurteilen, da sie völlig renoviert werden solle. Beide Kanzleien und auch die Zahl der Wohnungen entsprächen jedenfalls nicht unseren Vorstellungen über die Zahl unserer Mitarbeiter (50 ab Arbeitsaufnahme, rund 100 ab Jahreswechsel). Die Wohnungen seien für unsere Verhältnisse im übrigen viel zu klein.

StS *Kohl* erwiderte, über die Zahl der Mitarbeiter müsse noch gesprochen werden. Auf Fragen von StS Grabert antwortete er, eine baldige Besichtigung der Objekte (insbesondere Residenz und Kanzlei auch Grundstück Binzstraße) sei möglich.

7) Einbeziehung von Berlin (West) in den Sportverkehr

StS *Grabert* bat StS Kohl unter Hinweis auf das letzte Gespräch am 22. März 1973 in Berlin zu diesem Punkt, und darauf, daß StS Kohl zugesagt habe, darüber seinen Stellen zu berichten, um eine Äußerung, wie die DDR sich den Fortgang der Gespräche vorstelle.

StS *Kohl* erwiderte, die Sportführung der DDR habe in Dresden[26] ein konstruktives Angebot gemacht, die Sportbeziehungen zu entwickeln und einen Plan für 1973 über gemeinsame Veranstaltungen aufzustellen. Sie habe außerdem ihre Bereitschaft bekundet, auch die Sportbeziehungen mit Westberlin zu entwickeln. Er verweise hier auf die kürzliche Teilnahme des Fechtclubs Marienfelde an einem Turnier in Leipzig[27], außerdem liege der Wunsch einer Westberliner Volleyballmannschaft nach Spielen mit DDR-Mannschaften vor, auf den sicher positiv reagiert werde. Sollte in der Frage der Einbeziehung Westberlins in den DSB dieser Varianten zu seiner bisherigen Haltung vorzutragen haben, so biete dafür das nächste, für den 10. Mai in Frankfurt vorgesehene Gespräch mit dem DTSB die geeignete Gelegenheit.[28] Die Haltung der DDR werde an der Reaktion des DTSB auf mögliche und erwartete Varianten des DSB zu erkennen sein.

Staatssekretär *Grabert* erklärte, er sei erstaunt, daß Staatssekretär Kohl den DSB offenbar wieder als Sportbund der BRD bezeichne. Sollte das heutige Gespräch dazu beigetragen haben, den Sportverbänden die Suche nach einer Lö-

---

26 Zum dritten Gespräch zwischen dem Deutschen Sportbund (DSB) und dem Deutschen Turn- und Sportbund der DDR (DTSB) am 14. März 1973 in Dresden vgl. Dok. 60, Anm. 4.

27 Am 15./16. April 1973 fand in Leipzig ein Internationales Fechtturnier unter Beteiligung des Berliner Fechtclubs statt. Vgl. dazu die Meldung „Überraschung durch ČSSR-Degenfechter"; NEUES DEUTSCHLAND vom 17. April 1973, S. 5.

28 Im vierten Gespräch zwischen dem Deutschen Sportbund (DSB) und dem Deutschen Turn- und Sportbund der DDR (DTSB) am 10. Mai 1973 in Frankfurt am Main bekräftigten beide Seiten die Absicht, „Vereinbarungen zur Entwicklung sportlicher Beziehungen in Jahresprotokollen zu treffen". In der Presse wurde dazu berichtet, das Ziel des Gesprächs, „den Karren wieder flottzumachen, der am 14. März in Dresden beim ersten Meeting nach Abschluß des Grundvertrages festgefahren war", sei jedoch nicht erreicht worden: „Der Bremsklotz damals wie heute: das Problem West-Berlin." Die Vertreter des DTSB hätten darauf beharrt, daß Kontakte mit Sportorganisationen in Berlin (West) nur im direkten Gespräch geknüpft werden könnten. Vgl. den Artikel „Hauptproblem wieder aufgeschoben"; FRANKFURTER ALLGEMEINE ZEITUNG vom 11. Mai 1973, S. 15.

sung zu erleichtern, so würde er dies begrüßen, denn es entspräche der Aufgabe der Regierungen gemäß Ziffer 8 des Zusatzprotokolls.[29]

8) Luftverkehr

StS *Grabert* erklärte, er habe aufgrund der Ausführungen von StS Kohl zur Frage der Einbeziehung Westberlins bei dem letzten Gespräch auf die Problematik eines Anflugs von Schönefeld durch die Lufthansa hingewiesen, worauf ihm unter Hinweis auf die bestehenden Praktiken geantwortet worden sei, daß dies kein Problem sei. Er bitte deshalb, auf die Frage einer das gesamte Gebiet umfassenden Regelung einzugehen, ohne die eine Normalisierung in diesem Bereich nicht möglich sei. Eine solche Regelung liege schließlich nicht nur im Interesse der beiden Staaten, sondern auch anderer Länder, darunter auch sozialistischer Staaten. Die Bundesregierung, die niemanden diskriminieren wolle, sei der Auffassung, die Lösung dieses Problems sei einfach vernünftig. Die Drei Mächte seien der gleichen Meinung.

StS *Kohl* erwiderte, die DDR sei bereits zu einem Zeitpunkt zu Verhandlungen über ein Luftverkehrsabkommen bereit gewesen, als dies bei der BRD noch nicht der Fall gewesen sei.[30] Diese Bereitschaft bestehe fort, die Verhandlungen könnten sofort beginnen. Zu einem solchen Abkommen gehöre allerdings nicht die Problematik des Luftverkehrs von und nach Westberlin. Aus gutem Grund hätten auch die Vier Mächte im Vierseitigen Abkommen sich dazu nicht geäußert.[31] Im übrigen sei die Haltung der DDR in dieser Frage mit einer der für den Status von Westberlin mitverantwortlichen Macht abgestimmt.

StS *Grabert* fragte daraufhin, ob dies bedeute, daß das Überfliegen ihres Territoriums außerhalb der Luftkorridore[32] nicht in die Zuständigkeit der DDR falle?

StS *Kohl* erwiderte, dies sei natürlich nicht der Fall. Der Luftverkehr der Drei Westmächte nach Westberlin sei nie mit der DDR vereinbart worden, was übrigens auch einmal geschehen müsse und werde. Voraussetzung für den Verkehr von und nach Westberlin sei Einverständnis der Drei Westmächte, der Sowjetunion, der DDR und der BRD, was für die absehbare Zukunft nicht zu erwarten sei.[33] Man solle sich deshalb den praktisch regelbaren Fragen zuwenden.

---

29 Dieser Absatz wurde von Legationsrat I. Klasse Bauch, Bundeskanzleramt, nachträglich eingefügt. Dafür wurde gestrichen: „StS Grabert entgegnete, er sei über diese Haltung etwas erstaunt, die zeige, daß man das Problem auf seiten der DDR wohl nicht ganz erkannt habe. Wenn dies jedoch alles sei, was die DDR jetzt zu erklären habe, so bliebe wohl nichts anderes übrig, als das nächste Gespräch der beiden Sportverbände in Frankfurt abzuwarten." Vgl. den Vermerk vom 4. Mai 1973; VS-Bd. 9051 (210); B 150, Aktenkopien 1973.
Für Ziffer 8 des Zusatzprotokolls zu Artikel 7 des Vertrags vom 21. Dezember 1972 über die Grundlagen der Beziehungen zwischen der Bundesrepublik und der DDR vgl. Dok. 85, Anm. 19.

30 Der Staatssekretär beim Ministerrat der DDR, Kohl, schlug im 36. Gespräch mit Staatssekretär Bahr, Bundeskanzleramt, am 9. März 1972 einen Protokollvermerk vor, wonach die Bundesrepublik und die DDR baldmöglichst ein Luftverkehrsabkommen schließen sollten. Vgl. dazu AAPD 1972, I, Dok. 57.

31 Teil II A sowie Anlage I des Vier-Mächte-Abkommens vom 3. September 1971 beinhalteten Regelungen für den Verkehr auf Straßen, Schienen und Wasserwegen, nicht jedoch für den Luftverkehr. Für den Wortlaut vgl. EUROPA-ARCHIV 1971, D 444 und D 446–448.

32 Die Wörter „außerhalb der Luftkorridore" wurden von Legationsrat I. Klasse Bauch, Bundeskanzleramt, nachträglich eingefügt. Vgl. den Vermerk vom 4. Mai 1973; VS-Bd. 9051 (210); B 150, Aktenkopien 1973.

33 Der Passus „Der Luftverkehr ... nicht zu erwarten sei" wurde von Vortragendem Legationsrat I. Klasse Blech hervorgehoben. Dazu vermerkte er handschriftlich: „V[ier]M[ächte]E[rklärung]!"

StS *Grabert* entgegnete, ein Weiterkommen in dieser Frage sei im Augenblick wohl nicht möglich, da die DDR bisher nicht in der Lage gewesen sei, Auskunft darüber zu geben, ob sie – unabhängig von anderen – grundsätzlich bereit sei, über diese Fragen zu sprechen.

9) Beitritt der DDR zu UIT und UPU[34]

StS *Grabert* erklärte, diese Angelegenheit sei wohl erledigt, die Bundesregierung habe nach dem letzten Gespräch mit StS Kohl alles veranlaßt.[35] Die Bundesregierung habe im übrigen nie einen Zweifel daran gelassen, daß sie entsprechend den getroffenen Abreden mit der DDR keinerlei Einwände gegen deren Mitgliedschaft in den beiden Organisationen habe.

StS *Kohl* erwiderte, die DDR habe mit einer gewissen Aufmerksamkeit registriert, daß die BRD der Mitgliedschaft der DDR in der Fernmeldeunion erst als 93. Staat zugestimmt habe, wobei diese Zustimmung keinerlei konstitutive Wirkung mehr gehabt hätte, da dazu bekanntlich nur die Zustimmung von 90 Mitgliedstaaten erforderlich sei. Durch Berichte ihrer Auslandsvertretungen habe die DDR erfahren, daß eine Reihe von Staaten mit ihrer Zustimmung gezögert hätte, solange die Bundesregierung ihrerseits der Mitgliedschaft der DDR noch nicht zugestimmt habe. Man habe den Eindruck gewonnen, daß diese Staaten dadurch Schwierigkeiten mit der BRD hätten vermeiden wollen.

10) Aufnahme der beiden deutschen Staaten in die VN

StS *Kohl* berichtete, er habe mit StS Grabert darin übereingestimmt, daß die Entscheidung über die Aufnahme beider deutscher Staaten in die VN als einer der ersten Tagesordnungspunkte der Vollversammlung im Herbst behandelt werden sollte. Dies entspreche der Bedeutung dieses Aktes.[36]

StS *Grabert* bestätigte dies ausdrücklich.

11) Entwurf eines Einführungsgesetzes zum Strafgesetzbuch

StS *Kohl* wies auf den Entwurf eines Einführungsgesetzes zum StGB vom 9.2.1973[37] hin, der in eklatantem Widerspruch zum Vierseitigen Abkommen stehe. Nicht nur die DDR werde auf diese Verletzung des Abkommens zurück-

---

34 Zu den Anträgen der DDR auf Beitritt zum Weltpostverein und auf Aufnahme in die Internationale Fernmeldeunion vgl. Dok. 85, Anm. 31.

35 Die Bundesregierung stimmte am 2. April 1973 dem Beitritt der DDR zum Weltpostverein zu und gab dazu die Erklärung ab, „daß diese Stimmabgabe die Rechtsposition der Bundesregierung hinsichtlich Fragen, die sich aus den besonderen Lage in Deutschland ergeben, in keiner Weise berührt". Vgl. die Verbalnote an die schweizerische Botschaft; Referat 232, Bd. 112874.
Die DDR wurde mit Wirkung vom 3. April 1973 Mitglied der Internationalen Fernmeldeunion; der Beitritt zum Weltpostverein wurde am 1. Juni 1973 rechtswirksam. Vgl. dazu AUSSENPOLITIK DER DDR, Bd. XXI/2, S. 991 und S. 994.

36 Dieser Absatz wurde von Vortragendem Legationsrat I. Klasse Blech hervorgehoben. Dazu vermerkte er handschriftlich: „Also keine Sondersitzung mehr."

37 Die Bundesregierung leitete am 4. April 1972 den Entwurf eines Einführungsgesetzes zum Strafgesetzbuch, mit dem im Zuge der Reform des Strafrechts umfangreiche Anpassungen des Bundesrechts vorgenommen wurden, dem Bundestag zur Beratung zu. Wegen der vorzeitigen Auflösung des Bundestages am 22. September 1972 konnte der Entwurf nicht mehr abschließend beraten werden und wurde am 9. Februar 1973 erneut in das Gesetzgebungsverfahren eingebracht. In Artikel 298 der Entwürfe wurde ausgeführt: „Dieses Gesetz gilt nach Maßgabe des § 12 Abs[atz] 1 und § 13 Abs[atz] 1 des Dritten Überleitungsgesetzes vom 4. Januar 1952 (Bundesgesetzbl[att] I S. 1) auch im Land Berlin." Vgl. die Drucksache VI/3250; BT ANLAGEN, Bd. 159, S. 177. Vgl. dazu ferner BR DRUCKSACHEN 1973, Bd. 2, Drucksache 111/73, S. 186 f.
Für den Wortlaut des Gesetzes vgl. BUNDESGESETZBLATT 1974, Teil I, S. 469–650.

kommen. Es handele sich um den Versuch einer direkten Rechtsetzung. Außerdem berührten bestimmte Vorschriften des Gesetzes Fragen des Status und der Sicherheit.[38] Er wolle diesen Punkt jetzt nicht näher behandeln, bitte aber darum, sich dieses Gesetz einmal genauer anzusehen, da er bei dem nächsten Treffen auf diesem Punkt zurückkommen und ihn erörtern wolle.

12) Versicherungsabkommen

StS Kohl teilte mit, daß das Haftpflichtversicherungs-Abkommen zwischen dem HUK-Verband und der Staatlichen Versicherung der DDR am 10. Mai in München unterzeichnet werden solle.[39]

13) Grenznaher Verkehr

StS Kohl bestätigte, daß das nächste Expertengespräch über Fragen der grenznahen Verkehrs am 3. Mai stattfinden werde.

StS *Grabert* bestätigte dies und erklärte, seine Seite erwarte, daß die DDR dann zu weiteren Auskünften zu den ihr übermittelten Fragen in der Lage sei.

StS *Kohl* erwiderte, die DDR werde weitere Auskünfte geben, jedoch noch nicht zu sämtlichen in dem Fragenkatalog übermittelten Fragen.

14) Nächstes Treffen

Als Termin für das nächste Gespräch in Berlin wurde der 16. Mai 1973 vereinbart.[40]

Anschließend einigte man sich auf folgende „Vereinbarte Mitteilung" an die Presse:

---

[38] Der Passus „direkten Rechtsetzung ... Sicherheit" wurde von Vortragendem Legationsrat I. Klasse Blech hervorgehoben. Dazu vermerkte er handschriftlich: „Kastrup b[itte] St[ellungnahme]."
In Anlage IV A des Vier-Mächte-Abkommens über Berlin vom 3. September 1971 teilten die Drei Mächte der UdSSR mit: „1) The Governments of the French Republic, the United Kingdom and the United States of America maintain their rights and responsibilities relating to the representation abroad of the interests of the Western Sectors of Berlin, and their permanent residents, including those rights and responsibilities concerning matters of security and status, both in international organizations and in relations with other countries. 2) Without prejudice to the above and provided that matters of security and status are not affected, they have agreed that a) The Federal Republic of Germany may perform consular services for permanent residents of the Western Sectors of Berlin. b) In accordance with established procedures, international agreements and arrangements entered into by the Federal Republic of Germany may be extended to the Western Sectors of Berlin provided that the extension of such agreements and arrangements is specified in each case. c) The Federal Republic of Germany may represent the interests of the Western Sectors of Berlin in international organizations and international conferences. d) Permanent residents of the Western Sectors of Berlin may participate jointly with participants from the Federal Republic of Germany in international exchanges and exhibitions. Meetings of international organizations and international conferences as well as exhibitions with international participation may be held in the Western Sectors of Berlin. Invitations will be issued by the Senat or jointly by the Federal Republic of Germany and the Senat." Vgl. EUROPA-ARCHIV 1971, D 450 f.
In Anlage IV B nahm die UdSSR diese Mitteilung der Drei Mächte zur Kenntnis und verpflichtete sich, dagegen keine Einwände zu erheben. Für den Wortlaut vgl. EUROPA-ARCHIV 1971, D 451–453.
[39] Für den Wortlaut der Vereinbarung vom 10. Mai 1973 zwischen dem Verband der Haftpflicht-, Unfall- und Kraftverkehrsversicherer e. V. (HUK-Verband) und der Staatlichen Versicherung der DDR über den Ausgleich von Schäden aus Kraftfahrtunfällen und zur Finanzierung von Leistungen der Ersten Hilfe bei Kraftfahrzeugunfällen (mit Protokollvermerken) vgl. BUNDESANZEIGER, Nr. 124 vom 7. Juli 1973, S. 1–3.
[40] Zum Gespräch des Bundesministers Bahr mit dem Staatssekretär beim Ministerrat der DDR, Kohl, am 16. Mai 1973 in Ost-Berlin vgl. Dok. 142.

„Der Chef des Bundeskanzleramtes der Bundesrepublik Deutschland, Staatssekretär Horst Grabert, und der Staatssekretär beim Ministerrat der Deutschen Demokratischen Republik, Dr. Michael Kohl, trafen in Begleitung von Mitarbeitern am 26. April 1973 zu einem Gespräch über beiderseits interessierende Fragen zusammen. Die Unterredung fand im Bundeskanzleramt in Bonn statt.

Einem Vorschlag der DDR entsprechend wurde in Aussicht genommen, Mitte Mai Verhandlungen über eine Vertrag über die Zusammenarbeit auf dem Gebiet des Gesundheitswesens zu beginnen.

Es wurde vereinbart, zu einem weiteren Gespräch am 16. Mai 1973 in Berlin zusammenzutreffen."[41]

VS-Bd. 9051 (210)

117

Aufzeichnung des Staatssekretärs Grabert, Bundeskanzleramt

Geheim   **26. April 1973**[1]

Betr.: Persönliches Gespräch mit Herrn Staatssekretär Kohl am 26. April 1973

Nach Eintreffen von Herrn Staatssekretär Kohl fand auf dessen Wunsch zunächst ein Vier-Augen-Gespräch statt.

Herr Kohl erkundigte sich eingangs über den Ablauf der Ratifizierung des Grundvertrages.[2] Der Besprechungsinhalt wurde in der Delegationssitzung wiederholt und ist in diesem Protokoll niedergelegt.[3] Es schloß sich an eine Diskussion zu dem Thema des Zeitpunkts der Antragstellung des Aufnahmeantrags bei den VN. Kohl führte aus, daß seine Seite nach Überprüfung des letzten Gesprächsergebnisses[4] unter Voraussetzung einer entgegenkommenden Haltung der Bundesregierung den Vorschlag mache, daß die Ratifikationsurkunden zum Grundvertrag zum Zeitpunkt der Stellung des Aufnahmeantrages durch uns ausgetauscht werden sollten.[5] Er bezog sich dabei insbesondere auf

---

41 Vgl. BULLETIN 1973, S. 444.

1 Ablichtung.
   Hat Staatssekretär Frank am 1. Mai 1973 vorgelegen, der die Weiterleitung an Bundesminister Scheel verfügte.
   Hat Ministerialdirigent Hofmann am 3. Mai 1973 vorgelegen.
   Hat Scheel laut Vermerk des Vortragenden Legationsrats Hallier vom 17. Mai 1973 vorgelegen.

2 Zum Stand des Ratifikationsverfahrens zum Grundlagenvertrag vom 21. Dezember 1972 vgl. Dok. 85, Anm. 5.

3 Vgl. Dok. 116.

4 Zu den Gesprächen des Staatssekretärs Grabert, Bundeskanzleramt, mit dem Staatssekretär beim Ministerrat der DDR, Kohl, am 22. März 1973 in Ost-Berlin vgl. Dok. 85 und Dok. 90.

5 Am 30. April 1973 vermerkte Vortragender Legationsrat I. Klasse Blech, Ministerialdirektor Sanne, Bundeskanzleramt, habe ihm vorab aus dem Gespräch des Staatssekretärs Grabert, Bundes-

das von uns gezeigte Verständnis, die gewünschte Verknüpfung des Austausches der Ratifikationsurkunden mit dem Aufnahmeverfahren bei der VN herzustellen, wie dies insbesondere durch die Äußerungen von Herrn Bahr im Dezember[6] und Februar[7] geschehen sei.

Ich habe entgegnet, daß für die Bundesregierung bei der Unterzeichnung des Vertrages eine andere Vorstellung zugrunde gelegen habe. Der Antrag auf Beitritt zu den Vereinten Nationen sollte nach Ratifizierung des Grundvertrages gestellt werden.

Ich habe den Wunsch der DDR zur Kenntnis genommen und das vorgeschlagene Verfahren für möglich gehalten, wenn auch der in der letzten Besprechung von uns geäußerte Wunsch realisiert werden könnte, bis zu diesem Zeitpunkt über wichtige Elemente der Vereinbarung über die gegenseitige Vertretung Einvernehmen zu erzielen.

Im übrigen sei mir aus der Verhandlungsgeschichte nicht bekannt, daß die Verknüpfung in der jetzt von der DDR gewünschten Form von uns akzeptiert worden sei.

Kohl reagierte sehr erregt und äußerte sich, daß er am liebsten die heutige Verhandlung beenden möchte. Er könne nicht verstehen, daß wir auf großzügige Angebote der DDR mit neuen Forderungen unsererseits reagieren würden. Nach einer von mir betont ruhig gehaltenen Fortführung des Gesprächs bat Kohl um 10.55 Uhr um Unterbrechung des Vier-Augen-Gesprächs, um sich mit seiner Delegation zu beraten.

Nach der verabredeten Unterbrechung wurde das Gespräch mit der einleitenden Erklärung von Kohl fortgesetzt, daß er sich nicht in der Lage sehe, sein Angebot aufrechtzuerhalten, wenn wir auf einem Junktim die Verhandlungen über die Vertretung betreffend bestehen würden. Er müsse in diesem Falle auf den früheren Stand zurückgehen, daß der Austausch der Ratifikationsurkunden erst bei vorliegender Empfehlung des Sicherheitsrates erfolgen könnte. Ich habe ihm erneut erklärt, daß unser Vorschlag nicht als ein Junktim aufzufassen sei, sondern aus dem Bestreben geboren ist, Klarheit über wichtige Fragen, die im Zusammenhang zu sehen sind, zu schaffen und habe mein Unverständnis darüber zum Ausdruck gebracht, warum dies für die DDR ein so schwieriger Punkt sei.

Kohl fragte sodann mit der ausdrücklichen Bitte um Vertraulichkeit, was wir denn für Punkte im Zusammenhang mit den Vertretungen besprechen wollten.

Fortsetzung Fußnote von Seite 581

kanzleramt, mit dem Staatssekretär beim Ministerrat der DDR, Kohl, am 26. April 1973 mitgeteilt, nach den Vorstellungen der DDR „solle die zeitliche Reihenfolge so aussehen: Beendigung des parlamentarischen Zustimmungsverfahrens in der Bundesrepublik, Beschlußfassung der Volkskammer, Stellung der Anträge der beiden deutschen Staaten, Austausch der Ratifizierungsnoten zum Grundvertrag, Beschlußfassung des Sicherheitsrates – dies alles jeweils im Abstand von wenigen, etwa drei Tagen. Die DDR müsse jedoch zur Bedingung machen, daß die Bundesrepublik die Verpflichtung übernehme, ihren Einfluß zur Wirkung zu bringen, damit der Sicherheitsrat ‚richtig' entscheidet." Vgl. VS-Bd. 9051 (210); B 150, Aktenkopien 1973.

[6] Zum Gespräch des Bundesministers Bahr mit dem Staatssekretär beim Ministerrat der DDR, Kohl, am 21. Dezember 1972 in Ost-Berlin vgl. Dok. 85, Anm. 10.

[7] Für das Gespräch des Bundesministers Bahr mit dem Staatssekretär beim Ministerrat der DDR, Kohl, am 28. Februar 1973 vgl. Dok. 67.

Ich habe ihn daraufhin auf unsere später übergebenen Problemlisten[8] hingewiesen und insbesondere die Bezeichnung und den Status der Vertretung erwähnt. Kohl fragte, wie wir unsere Vertretung nennen wollten. Die DDR ginge
davon aus, daß als Bezeichnung nur „Botschaft" in Betracht gezogen werden
sollte. Ich habe ihm entgegengehalten, daß gemäß der Vereinbarung des Grundvertrages[9] wir nur eine Bezeichnung als „Vertretung" ins Auge faßten. Immu-
nitäten würden selbstverständlich analog zu den Bestimmungen der Wiener
Konvention[10] geregelt werden.

Im übrigen hätte ich ihm Vorschläge zu unterbreiten, wie die Leiter der Vertretungen ihre Beglaubigungen vornehmen könnten. An diesem Punkt war
Kohl merklich interessiert, und er bat um nähere Ausführungen. Ich habe ihm
darauf zunächst das entworfene Schreiben – Einholung der Zustimmung des
Gastlandes[11] – verlesen, auf das er ungeduldig reagierte und feststellte, dies
sei doch kein Beglaubigungsschreiben. Ich bat ihn um etwas Geduld, da dies
selbstverständlich nicht das Beglaubigungsschreiben, sondern der Entwurf eines Ankündigungsschreibens sein sollte. Anschließend habe ich das entworfene
Schreiben an den Vorsitzenden des Staatsrats[12] verlesen. Kohl war merklich
beruhigt. Von diesem Zeitpunkt an wurde die Atmosphäre wieder etwas ent-
spannt.

Nach einer nochmaligen Besprechung des Gesamtproblems haben wir uns verständigt, dieses Thema in der Delegationssitzung zusammenfassend zu behan-

8 Zu der von Staatssekretär Grabert, Bundeskanzleramt, am 26. April 1973 übergebenen Liste von
Punkten für eine Regelung über die Ständigen Vertretungen vgl. Dok. 116, Anm. 11.

9 Vgl. dazu Artikel 8 des Vertrags vom 21. Dezember 1972 über die Grundlagen der Beziehungen
zwischen der Bundesrepublik und der DDR; Dok. 16, Anm. 13.

10 Für den Wortlaut des Wiener Übereinkommens vom 18. April 1961 über diplomatische Beziehungen vgl. BUNDESGESETZBLATT 1964, Teil II, S. 958–1005.
Für den Wortlaut des Wiener Übereinkommens vom 24. April 1963 über konsularische Beziehungen vgl. BUNDESGESETZBLATT 1969, Teil II, S. 1585–1703.

11 Der Entwurf eines Schreibens des Chefs des Bundeskanzleramtes an den Staatssekretär beim Ministerrat lautete: „Sehr geehrter Herr Staatssekretär, unter Bezugnahme auf Art. 8 des Vertrages
über die Grundlagen der Beziehungen zwischen der Bundesrepublik Deutschland und der Deutschen Demokratischen Republik vom 21. Dezember 1972 beehre ich mich, Sie im Auftrag der Regierung der Bundesrepublik Deutschland von der Absicht zu unterrichten, Herrn ... mit der Leitung der Ständigen Vertretung der Bundesrepublik Deutschland zu beauftragen. Ich wäre Ihnen
dankbar, wenn Sie den Ministerrat der Deutschen Demokratischen Republik unterrichten und mir
mitteilen würden, ob er mit der Beauftragung von Herrn ... einverstanden ist. Eine biographische
Notiz über Herrn .... ist beigefügt. Mit dem Ausdruck der vorzüglichen Hochachtung". Vgl. die Anlage zum Protokoll über das Gespräch des Staatssekretärs Grabert, Bundeskanzleramt, mit dem
Staatssekretär beim Ministerrat der DDR, Kohl, am 26. April 1973; VS-Bd. 9051 (210); B 150, Aktenkopien 1973.

12 Der Entwurf lautete: „Herr Vorsitzender! Gemäß der im Vertrag über die Grundlagen der Beziehungen zwischen der Bundesrepublik Deutschland und der Deutschen Demokratischen Republik
vom 21. Dezember 1972 niedergelegten Absicht der Bundesrepublik Deutschland und der Deutschen Demokratischen Republik, Ständige Vertretungen auszutauschen, habe ich beschlossen, das
Amt des Leiters der Ständigen Vertretung der Bundesrepublik Deutschland Herrn ... zu übertragen. Herr ... wird die Ehre haben, Ihnen dieses Schreiben, das ihn als Leiter der Ständigen Vertretung der Bundesrepublik Deutschland beglaubigen soll, zu überreichen. Zugleich benutze ich diesen Anlaß, um Ihnen meine besten Wünsche für Ihr persönliches Wohlergehen zum Ausdruck zu
bringen. Ich verbinde hiermit die Versicherung meiner ausgezeichneten Hochachtung." Vgl. die
Anlage zum Protokoll über das Gespräch des Staatssekretärs Grabert, Bundeskanzleramt, mit
dem Staatssekretär beim Ministerrat der DDR, Kohl, am 26. April 1973; VS-Bd. 9051 (201); B 150,
Aktenkopien 1973.

deln (wie aus dem Protokoll ersichtlich) und daß die Übergabe sowohl der Problemliste als auch der Briefentwürfe in der Delegationssitzung erfolgen solle. Er würde dazu bemerken, daß er keinen Auftrag habe, zu diesen Fragen zu verhandeln, er aber bereit sei, die Arbeitsunterlagen entgegenzunehmen.[13]

Im weiteren Verlauf des Vier-Augen-Gesprächs wurden zunächst eine Reihe von Fragen erörtert, die sich aus der Zusammenfassung des Delegationssitzungsprotokolls ergeben.

Nachdem eine weitere Klimaverbesserung eingetreten war, bin ich auf die Fragen der Familienzusammenführung und der Kinderfälle zu sprechen gekommen. Kohl übergab nach kurzer einleitender Erörterung einen Vermerk, nach dem aus der Liste der 308 Kinder[14] von den noch 18 offenen Fällen mit Stand vom 23.4. dreizehn Kinder ausgereist seien und daß von den von uns genannten vier „Ablehnungsfällen" ein Kind ausgereist sei. Von den von uns gemeldeten 100 Kofferfällen seien inzwischen 19 Fälle genehmigt und neun Ausreisen erfolgt (Einzelheiten siehe Anlage)[15].

Kohl führte weiter aus, daß vom 21.12.1972 bis zum 23.4.1973 489 Bürger der DDR die Ausreisegenehmigung erhalten hätten, und zwar 263 Erwachsene und 226 Kinder. Per 23.4. seien davon ausgereist 203 Erwachsene und 199 Kinder, also insgesamt 402 Personen.

Auf eine Frage von mir erklärte Herr Kohl, daß alle diese Ausreisen selbstverständlich ohne Zahlungsforderung erfolgen. Als Ergebnis einer weiteren Erörterung stellte Kohl fest, daß die Ausreisen in dem heute berichteten Umfang bis zur Ratifizierung fortgesetzt würden und daß nach Inkrafttreten eine weitere größere Anzahl Ausreisegenehmigungen erteilt werden soll.

Für das weitere Verfahren habe ich auf die Listen der bereits grundsätzlich genehmigten Ausreisefälle hingewiesen, von denen Kohl offensichtlich keine Kenntnis hatte. Ich habe ihm angeboten, ihm die entsprechenden Unterlagen zur Verfügung zu stellen. Er bat jedoch, davon Abstand zu nehmen, und notierte sich die diversen Listenbezeichnungen. Desgleichen machte ich ihn auf die erfolgte Vorprüfung in Sachen Familienzusammenführung aufmerksam und wies ihn auf die weiteren Kinderfälle hin.

---

13 Am 30. April 1973 vermerkte Vortragender Legationsrat I. Klasse Blech dazu: „Die Diskussion der Staatssekretäre über den zeitlichen Ablauf der Ständigen Vertretungen kommentierte MD Sanne in folgender, die Vorstellungen des Bundeskanzleramts wiedergebenden Weise: Auf das von der DDR vorgeschlagene Arrangement bezüglich der Verzahnung könne man sich einlassen (die Rücknahme dieses Angebots durch Kohl sei im Lichte der späteren Erörterung nicht ernstzunehmen). Eine mündliche Abrede sollte genügen, es sei denn, daß das AA andere Vorstellungen habe. Es müßte allerdings überlegt werden, was am vorteilhaftesten sei, um das Arrangement vor der Öffentlichkeit zu vertreten. Hinsichtlich der Ständigen Vertretungen sollte jetzt lediglich eine informelle Einigung mit der DDR über die vier wichtigsten Fragenkomplexe – Name der Vertretungen und Titel ihrer Leiter, Status, Gewährung der Rechte und Befreiungen, Abgrenzung des zu betreuenden Personenkreises – herbeigeführt werden; es wäre falsch, hierüber jetzt schriftliche Vereinbarungen zu verlangen, auf die wir erst nach Inkrafttreten des Grundvertrages einen Anspruch hätten." Vgl. VS-Bd. 9051 (210); B 150, Aktenkopien 1973.

14 Zu den Absprachen des Staatssekretärs Bahr, Bundeskanzleramt, mit dem Staatssekretär beim Ministerrat der DDR, Kohl, von 1971/72 über die Ausreise von Kindern aus der DDR zu ihren in der Bundesrepublik lebenden Eltern vgl. Dok. 67, Anm. 35.

15 Dem Vorgang beigefügt. Vgl. VS-Bd. 9051 (210); B 150, Aktenkopien 1973.

Als Einzelpunkt einer Beanstandung durch Kohl wurde von ihm vorgebracht, daß nunmehr bereits der dritte Fall bei der Abfuhr von Berliner Schutt[16] eingetreten ist, wo mit dem Schutt auch nicht erkannte Blindgänger aus dem Zweiten Weltkrieg in die DDR transportiert worden seien. Er bat, daß ich mich um diesen Vorgang kümmere, da derartige Vorgänge wegen der Gefährdung von Menschen für die DDR nicht tragbar seien. Im übrigen bitte er zu würdigen, daß die DDR diese Frage nicht hochgespielt habe.

Ich habe ihm erklärt, daß ich aus persönlicher Berufserfahrung weiß, wie schwer es ist, derartige Fälle auch bei ständiger Anwesenheit von Feuerwerkern während der Baggerarbeiten mit Sicherheit auszuschließen. Er könne absolut überzeugt sein, daß wir alles Mögliche tun, um Blindgänger zu erkennen und sofort zu entschärfen. Ich werde aber den Senat auf dieses Problem hinweisen.

Grabert

VS-Bd. 9051 (210)

118

Botschafter von Staden, Washington, an das Auswärtige Amt

VS-vertraulich   Aufgabe: 26. April 1973, 20.30 Uhr
Fernschreiben Nr. 1256

Auch für BMVg, Brüssel NATO, Brüssel Euro, Jakarta – für Bundesminister[1] –
Im Anschluß an Drahtbericht Nr. 1198 vom 23. April[2]

Betr.: Ansprache Dr. Kissingers beim Jahresessen der Associated Press in New York am 23. April 1973 „The Year of Europe"[3]

Zur Information

I. Auf verschiedenen Ebenen geführte Gespräche mit der amerikanischen Regierung zeigen, daß eine Sprachregelung zur Verdeutlichung von Kissingers

---

16 1969 wurde unter Einschaltung der Treuhandstelle für den Interzonenhandel eine Vereinbarung getroffen, nach der 1969 100 000 t und 1970/71 jeweils 450 000 t Bauschutt in die DDR verbracht werden sollten, zunächst zur Auffüllung eines Sumpfgeländes bei Potsdam. Vgl. dazu den Artikel „Bauschutt aus Westberlin wird in die DDR abtransportiert"; SÜDDEUTSCHE ZEITUNG vom 7. November 1969, S. 9.

1 Bundesminister Scheel hielt sich vom 27. bis 29. April 1973 in Jakarta auf, wo er die Konferenz der Missionschefs der Bundesrepublik in Asien leitete. Vgl. dazu Dok. 119.

2 Botschafter von Staden, Washington, übermittelte eine Zusammenfassung der Rede des Sicherheitsberaters des amerikanischen Präsidenten, Kissinger, auf dem Jahresessen der „Associated Press" am 23. April 1973 in New York. Vgl. Referat 204, Bd. 101383.
Vgl. dazu auch KISSINGER, Memoiren 1973-1974, S. 181–192.

3 Am 23. April 1973 führte der Sicherheitsberater des amerikanischen Präsidenten, Kissinger, auf dem Jahresessen der „Associated Press" in New York über die Europa-Politik der USA aus: „Nineteen seventy-three is the year of Europe because the era that was shaped by decisions of a generation ago is ending. The success of those policies has produced new realities that require new approaches: The revival of western Europe is an established fact, as is the historic success of its

Ausführungen bisher nicht gegeben worden ist. Die Gesprächspartner verfügen lediglich über den Wortlaut der Ansprache und sind nicht in der Lage, ihn verbindlich zu interpretieren.

Mit dieser Maßgabe lassen sich aus einer ersten analytischen Durcharbeitung des Textes durch die Botschaft folgende vorläufige Eindrücke gewinnen.

II.1) Allgemeines

- Die Rede wirft mehr Fragen auf, als sie Antworten gibt. Manche Formulierungen sind bewußt vage und mehrdeutig gehalten. Der Hauptzweck der Ansprache ist offenbar, neben innenpolitischen Erwägungen, den europäischen Verbündeten einen weitgezogenen Rahmen amerikanischer Überlegungen anhandzugeben. Seine Ausfüllung soll dann wohl weitgehend von den Reaktionen aus Europa abhängen. Diesen kommt daher hohe Bedeutung zu.
  Der so eingeleitete Prozeß soll offenbar einmünden in den Besuch Präsident Nixons in Europa gegen Ende des Jahres und damit seinen Höhepunkt erreichen.

- Kissinger legt ein nachdrückliches Bekenntnis zur atlantischen Allianz und zur Dauerhaftigkeit der Zusammengehörigkeit und Zusammenarbeit der „atlantischen Völker" – ungeachtet anderer weltpolitischer Entwicklungen – ab. Gleichzeitig werden die Europäer zu größeren Konzessionen auf den Gebieten des Handels[4] und der Verteidigung[5] aufgefordert, wobei warnende Untertöne durchklingen.

Fortsetzung Fußnote von Seite 585

movement toward economic unification. The East-West strategic military balance has shifted from American preponderance to near-equality, bringing with it the necessity for a new understanding of the requirements of our common security. Other areas of the world have grown in importance. Japan has emerged as a major power center. In many fields, ‚Atlantic' solutions to be viable must include Japan. We are in a period of relaxation of tensions. But as the rigid divisions of the past two decades diminish, new assertions of national identity and national rivalry emerge. Problems have arisen, unforeseen a generation ago, which require new types of cooperative action. Insuring the supply of energy for industrialized nations is an example. [...] Today the need is to make the Atlantic relationship as dynamic a force in building a new structure of peace, less geared to crisis and more conscious of opportunities, drawing its inspirations from its goals rather than from its fears. The Atlantic nations must join in a fresh act of creation equal to that undertaken by the postwar generation of leaders of Europe and America. This is why the President is embarking on a personal and direct approach to the leaders of western Europe. In his discussions with the heads of government of Britain, Italy, the Federal Republic of Germany, and France, the Secretary General of NATO, and other European leaders, it is the President's purpose to lay the basis for a new era of creativity in the West. His approach will be to deal with Atlantic problems comprehensively. The political, military, and economic issues in Atlantic relations are linked by reality, not by our choice nor for the tactical purpose of trading one off against the other. The solutions will not be worthy of the opportunity if left to technicians. They must be addressed at the highest level. [...] The United States proposes to its Atlantic partners that by the time the President travels to Europe toward the end of the year we will have worked out a new Atlantic charter setting the goals for the future, a blueprint that: Builds on the past without becoming its prisoner; deals with the problems our success has created; creates for the Atlantic nations a new relationship in whose progress Japan can share. We ask our friends in Europe, Canada, and ultimately Japan to join us in this effort. This is what we mean by the year of Europe." Vgl. DEPARTMENT OF STATE BULLETIN, Bd. 68 (1973), S. 593 f. Für den deutschen Wortlaut der Rede vgl. EUROPA-ARCHIV 1973, D 220 f. Für weitere Auszüge vgl. Anm. 4, 5 und 7.

4 Zum europäisch-amerikanischen Verhältnis auf dem Gebiet des Handels führte der Sicherheitsberater des amerikanischen Präsidenten, Kissinger, am 23. April 1973 aus: „We and Europe have benefited from European economic integration. Increased trade within Europe has stimulated the

– Die atlantische Zusammenarbeit soll, als politisches Instrument der amerikanischen Führungsmacht, erheblich gefestigt und stärker belebt werden. Die Allianz, so wird mehrfach betont, soll nicht nur auf die Erkenntnis gemeinsamer Gefahren, sondern auf die Verfolgung gemeinsamer Ziele gegründet werden. Diese sollen in einem Prozeß der „Identifizierung gemeinsamer Interessen und Wertvorstellungen" festgelegt werden.

– Die amerikanische Schlüsselstellung in Verteidigungsfragen wird mehr als bisher hervorgehoben, um wirtschaftliche Zugeständnisse an die USA zu erlangen (Gesamtschau der transatlantischen Beziehungen). Die NATO-Bindungen werden im Vergleich zum Dialog mit der EG stark herausgestellt.

– Besonders eindringlich warnt Kissinger, nicht ohne Vorwürfe einzuflechten, vor gegenseitigem Mißtrauen unter den Verbündeten.

– Deutlich spürbar ist die Absicht, mit der Rede nicht zuletzt auch isolationistischen Tendenzen in den USA entgegenzuwirken.

– Die Notwendigkeit der Einbeziehung Japans in viele Teile der atlantischen Zusammenarbeit wird wiederholt festgestellt. Anscheinend soll dies nicht nur für Wirtschaftsfragen gelten.

– Kissingers Rede ist[6] nicht frei von Rhetorik. Sie enthält Widersprüche in den Forderungen und Erwartungen an Europa.

– Zum Teil scheint sie die Sehnsucht nach den Verhältnissen der 50er und 60er Jahre auszudrücken, als die USA die unbestrittene Vorherrschaft besaßen, Westeuropa nicht als Konkurrent auftrat, entsprechend unselbstän-

Fortsetzung Fußnote von Seite 586

growth of European economies and the expansion of trade in both directions across the Atlantic. But we cannot ignore the fact that European economic success and its transformation from a recipient of our aid to a strong competitor has produced a certain amount of friction. There have been turbulences and a sense of rivalry in international monetary relations. [...] This year we begin comprehensive trade negotiations with Europe as well as with Japan. We shall also continue to press the effort to reform the monetary system so that it promotes stability rather than constant disruptions. A new equilibrium must be achieved in trade and monetary relations. We see these negotiations as a historic opportunity for positive achievement. They must engage the top political leaders, for they require above all a commitment of political will." Vgl. DEPARTMENT OF STATE BULLETIN, Bd. 68 (1973), S. 595. Für den deutschen Wortlaut vgl. EUROPA-ARCHIV 1973, D 222.

5 Bei dem Thema der europäisch-amerikanischen Zusammenarbeit im verteidigungspolitischen Bereich konzentrierte sich der Sicherheitsberater des amerikanischen Präsidenten, Kissinger, am 23. April 1973 auf Defizite bei der Umsetzung der Strategie der „flexible response": „While the Atlantic Alliance is committed to a strategy of flexible response in principle, the requirements of flexibility are complex and expensive. Flexibility by its nature requires sensitivity to new conditions and continual consultations among the allies to respond to changing circumstances. And we must give substance to the defense posture that our strategy defines. Flexible response cannot be simply a slogan wrapped around the defense structure that emerges from lowest-common-denominator compromises driven by domestic considerations. It must be seen by ourselves and by potential adversaries as a credible, substantial, and rational posture of defense. A great deal remains to be accomplished to give reality to the goal of flexible response: There are deficiencies in important areas of our conventional defense. There are still unresolved issues in our doctrine; for example, on the crucial question of the role of tactical nuclear weapons. There are anomalies in NATO deployments as well as in its logistics structure. [...] The President has asked me to state that America remains committed to doing its fair share in Atlantic defense. He is adamantly opposed to unilateral withdrawals of U.S. forces from Europe. But we owe to our peoples a rational defense posture, at the safest minimum cost, with burdens equitably shared. This is what the President believes must result from the dialogue with our allies in 1973." Vgl. DEPARTMENT OF STATE BULLETIN, Bd. 68 (1973), S. 596 f. Für den deutschen Wortlaut vgl. EUROPA-ARCHIV 1973, D 223 f.

6 Korrigiert aus: „Rede fehlt ist".

diger war und wenig Mitsprache beanspruchte, sondern den USA ohne Diskussion die Führungsrolle überließ.

- Einerseits wird Europa vorgeworfen, daß es nur in regionalen Kategorien denke und operiere, andererseits richtet sich Kritik gegen die EG, wenn sie gewissen Mittelmeer- und nordafrikanischen Ländern Handelsvorteile einräumt und doch gerade dadurch zur Stabilität und Sicherheit in jenem Raum beiträgt und möglichen sowjetischen Einfluß abwehrt.

- Die scheinbar logische Feststellung, die USA hätten globale Interessen und Verantwortlichkeiten und die europäischen Verbündeten verfolgten nur regionale Interessen[7], verdient Widerspruch, denn sie bewertet das wachsende Verantwortungsgefühl der Staaten Westeuropas besonders gegenüber der Dritten Welt, aber auch ihren entscheidenden Beitrag im Ost-West-Dialog, der zum Erfolg von Nixons Reisen nach Peking[8] und Moskau[9] wesentlich beigetragen hat, zu gering. Sie läßt auch die Tatsache außer acht, daß sich die EG bei vielen Ländern der Dritten Welt wachsender Anziehungskraft erfreut, bei gleichzeitig steigender Kritik in diesen Ländern gegenüber dem Auftreten der USA.

- Es nimmt der Substanz und der Bedeutung der Rede nichts, wenn man annimmt, daß sie gerade jetzt gehalten wurde, um die Aufmerksamkeit der Presse und der amerikanischen Öffentlichkeit von dem Höhepunkt, den die Watergate-Affäre in den letzten acht Tagen erreicht hat[10], abzulenken.

2) NATO, Ost-West-Fragen

- Die Ansprache dient der Vorbereitung der Verbündeten auf Übernahme größerer, auch nicht-finanzieller Verantwortung für die gemeinsame Verteidigung. Gemeint sind dabei wohl Truppenstärken, Waffen und Gerät, Bevorratung, Doktrin für den Einsatz taktischer nuklearer Waffen, finanzielle Beiträge, Devisenausgleich, vielleicht auch strategische Fragen im Sinne einer ausgeprägteren Regionalisierung der Verteidigung und Änderungen der integrierten Verteidigungsstruktur.

- Die entschiedene Ablehnung einseitiger amerikanischer Truppenverminderungen in Europa wird mit der Forderung eines burden sharing, über das

---

[7] Der Sicherheitsberater des amerikanischen Präsidenten, Kissinger, stellte am 23. April 1973 fest: „The United States has global interests and responsibilities. Our European allies have regional interests. These are not necessarily in conflict, but in the new era neither are they automatically identical." Vgl. DEPARTMENT OF STATE BULLETIN, Bd. 68 (1973), S. 594. Für den deutschen Wortlaut vgl. EUROPA-ARCHIV 1973, D 221.

[8] Präsident Nixon hielt sich vom 21. bis 28. Februar 1972 in der Volksrepublik China auf.

[9] Präsident Nixon besuchte die UdSSR vom 22. bis 30. Mai 1972. Vgl. dazu AAPD 1972, I, Dok. 149, und AAPD 1972, II, Dok. 161.

[10] Am 17. Juni 1972 wurden fünf Personen bei einem Einbruch in Büroräume der Demokratischen Partei im Watergate-Hotel in Washington verhaftet. Bei den anschließenden Ermittlungen stellte sich heraus, daß sie Beziehungen zum Wahlkampfbüro des Präsidenten Nixon hatten. Am 27. Februar 1973 setzte der amerikanische Senat einen Untersuchungsausschuß ein, dessen Arbeit eine Verwicklung von Regierungskreisen in die „Watergate-Affäre" immer deutlicher werden ließ. Am 25./26. April 1973 baten der amerikanische Justizminister Kleindienst und der amtierende Direktor des FBI, Gray, um die Entlassung aus dem Dienst. Nixon nahm diese Rücktrittsgesuche, ebenso wie die des Stabschefs im Weißen Haus, Haldeman, seines innenpolitischen Beraters Ehrlichman und seines Rechtsberaters Dean am 30. April 1973 an.

man noch 1973 zu einer Vereinbarung zu gelangen hofft, in einen deutlichen Zusammenhang gesetzt.

– Die Bemerkung über die „kritische Frage der Rolle taktischer Kernwaffen" bezieht sich offenbar darauf, daß es noch keine entsprechende gemeinsame Doktrin gibt, sowie auf die Probleme der französischen taktischen Kernwaffen.

Die Bemerkung über „Anomalien in der Dislozierung der NATO" und in ihrer logistischen Struktur dürfte ebenfalls der französischen Haltung, aber auch der Konzentration amerikanischer Verbände in Süddeutschland statt in der am meisten gefährdeten norddeutschen Tiefebene sowie den unterschiedlichen Bevorratungen der einzelnen NATO-Partner gelten.

– Die Ostpolitik der Verbündeten soll straffer koordiniert und an gemeinsamen Zielvorstellungen ausgerichtet werden. Gleichzeitig ist aber der Wunsch erkennbar, der amerikanischen Ostpolitik unter dem Dach gemeinsamer Ziele und Interessen eine „beträchtliche taktische Flexibilität" zu sichern.

Es ist das Bestreben, durch straffere Zusammenfassung und Einordnung der Interessen der Verbündeten innerhalb der westlichen Allianz Schranken gegen eine Ausweitung sowjetischen Einflusses in Europa zu errichten. Es fragt sich, ob die vorgeschlagene neue Atlantik-Charta nicht auch diesem Ziel (z.B. Ausbalancierung der KSZE-Ergebnisse) dienen soll. Dafür spricht die mehrfach wiederkehrende Betonung gemeinsamer Ziele und Wertvorstellungen.

– Die Ansprache stellt klar, daß die Ost-West-Entspannungspolitik durch die Vorschläge nicht beeinträchtigt, sondern unter den bisherigen Voraussetzungen weitergeführt werden soll (Verhandlungen über konkrete Gegenstände, nicht über Atmosphärisches, Konzessionen auf Basis der Gegenseitigkeit).

3) Wirtschaftspolitische Fragen

a) Die Vorschläge Kissingers zum Verhältnis der USA zu Europa und Japan streben ein neues Profil der amerikanischen Außenpolitik an, das es erlaubt, die wirtschaftlichen Interessen der USA wirkungsvoller als bisher zu verfolgen, indem diese Interessen unmittelbar mit den politischen und militärischen Anliegen verbunden werden. Zwar ist die Notwendigkeit der Verknüpfung politischer, militärischer und wirtschaftlicher Probleme seit langem ein Bestandteil der amerikanischen Argumentation. In Form einer Charta soll hier jedoch eine neue Basis der Zusammenarbeit marktwirtschaftlicher Industrieländer (Nordamerika, Europa und Japan) geschaffen werden. Die Forderung, das wirtschaftliche Probleme Behandlung auf höchster politischer Ebene erfahren sollten, dürfte als ein Kernsatz der Rede anzusehen sein und dem persönlichen Wunsche des Präsidenten[11] entsprechen.

Es wird übersehen, daß die von Kissinger erwähnten „Techniker" vielfach wesentliche nationale politische Interessen, z.B. in der Agrarpolitik, vertreten haben.

---

11 Richard M. Nixon.

b) Ausdrücklich verweist Kissinger darauf, daß die USA Teil eines weitgespannten Handels- und Währungssystems sind und auch im Wirtschaftsbereich weltweite Verantwortung haben. Dagegen sei die europäische Gemeinschaft nur eine „regionale Persönlichkeit". Es wird übersehen, daß die europäische Gemeinschaft auch überregionale wirtschaftliche Verpflichtungen hat. Die jetzige Aufforderung zur Kooperation im atlantischen Rahmen bedeutet in der Praxis die Voranstellung amerikanischer wirtschaftlicher Interessen. Die ungünstige außenwirtschaftliche Lage zwingt die Administration zu derartigem Vorgehen. Dabei sehen die Amerikaner durchaus, daß die großen Defizite im Handel mit Japan und Kanada aufgetreten sind. Statt einer Gleichgewichtigkeit der Konzessionen im Wirtschaftsbereich wird amerikanischerseits ein Interessenausgleich angestrebt, der politische und militärische Elemente einbezieht.

c) Gesprächspartner sind sich darüber im klaren, daß es besonders schwierig sein wird, Leitsätze auf dem Wirtschaftsgebiet in einer atlantischen Charta festzulegen. Gemeinsame politische und wirtschaftliche Ziele würden – wie ein Gesprächspartner ausführte – jedoch den Regierungschefs die Auseinandersetzungen mit wirtschaftlichen Interessentengruppen in ihren Ländern erleichtern können. Offensichtlich soll die Charta auch dazu beitragen, der Öffentlichkeit die Rangfolge nationaler Interessen zu verdeutlichen.

d) Auf amerikanischer Seite bestehen zur Zeit keine Vorstellungen, wie die gegenwärtig laufenden Arbeiten an der Reform des Weltwährungssystems im IWF[12] und die künftige GATT-Verhandlungsrunde[13] mit den wirtschaftlichen Leitsätzen einer atlantischen Charta verbunden werden könnten.

4) Europäische Einigung und atlantische Partnerschaft

Die europäische Einigung wird erneut amerikanischer Unterstützung versichert. Es wird auch die Bereitschaft zu Konzessionen erklärt. Das sich einigende Europa soll jedoch, als Regionalmacht, in eine umfassendere atlantische Partnerschaft mit der Weltmacht USA eingeordnet werden. Der Prozeß der europäischen Einigung wird nicht als Selbstzweck verstanden, sondern als Mittel zur Stärkung des Westens.

III. Einzelne Stimmen

1) Auch meine acht europäischen Kollegen[14] und Mazio zeigten sich heute nur unvollkommen unterrichtet. Offensichtlich hatte keiner mit Kissinger gesprochen.

Die Rede ist anscheinend sehr kurzfristig formuliert worden.

State sei über Tatsache, nicht aber Inhalt unterrichtet gewesen.

Der Begriff „New Atlantic Charter" sei erst in letzter Stunde eingeführt worden.

Auch uns gegenüber sei dieser Begriff noch nicht verwandt worden. Gedacht sei wohl an eine gemeinsame Resolution, nicht an eine Konvention.

---

12 Zu den Bemühungen um eine Reform des Weltwährungssystems vgl. Dok. 111, Anm. 12.
13 Zur Einberufung einer neuen Verhandlungsrunde im Rahmen des GATT vgl. Dok. 15, Anm. 45.
14 Eyvind Bartels (Dänemark), George Baring, Earl of Cromer (Großbritannien), Jacques Kosciusko-Morizet (Frankreich), Walter Loridan (Belgien), Baron Rijnhard van Lynden (Niederlande), Egidio Ortona (Italien), Jean Wagner (Luxemburg) und William Warnock (Irland).

Einen Entwurf gäbe es jedoch noch nicht. Amerikanischerseits warte man jetzt auf europäische Reaktionen, und man würde auch Anregungen zur Formulierung begrüßen.

Der Präsident wolle mit den NATO-Rat zusammentreffen. Über ein Treffen mit EG-Rat gibt es keine Indikationen.

2) Sonnenfeldt hob mir gegenüber hervor, daß es darauf ankomme, die atlantische Allianz in einem sehr umfassenden Sinne zu sehen und nicht nur als ein Instrument zur Aufrechterhaltung der gemeinsamen Sicherheit. Daher habe Kissinger so viel Betonung auf das Bewußtsein gemeinsamer Wertvorstellungen und gemeinsamen Ziele gelegt.

Der Vorwurf, einige Europäer nähmen für sich einen unabhängigen Spielraum in Anspruch, den sie der Weltmacht USA versagten, sei nicht auf Bonn gezielt gewesen. Gemeint seien eher Belgien und Frankreich, teilweise auch Italien in MBFR-Fragen.

3) Kissingers Rede verfolgte mit Sicherheit auch den Zweck, im Kongreß und bei den Gewerkschaftsführern den Eindruck zu erwecken, die Administration fasse die Verbündeten, die inzwischen zu – weit überschätztem – Wohlstand gelangt seien, hart an und stelle ihnen hohe Forderungen, um dadurch Amerikas Verantwortung und Budget zu entlasten.

4) Es dürfte ferner davon auszugehen sein, daß die Rede Ausdruck für Wunsch des Präsidenten ist, seine Herbst-Reise nach Europa zu einem ebenso hervorragenden Erfolg zu machen wie die Besuche in Peking und Moskau.

Bei öffentlichen und nichtöffentlichen Bezugnahmen auf die Rede während des Besuches des Herrn Bundeskanzlers[15] dürfte es sich empfehlen, vor allem auf den Gedanken einzugehen, daß die Lösung atlantischer Probleme eine Verantwortung der führenden Politiker der beteiligten Länder ist.[16]

[gez.] Staden

VS-Bd. 10095 (Ministerbüro)

---

15 Bundeskanzler Brandt hielt sich am 1./2. Mai 1973 in den USA auf. Vgl. dazu Dok. 124 und Dok. 130.

16 Am 10. Mai 1973 fand im Ständigen NATO-Rat ein Meinungsaustausch über die Rede des Sicherheitsberaters des amerikanischen Präsidenten, Kissinger, vom 23. April 1973 statt. Dabei wurde die von Kissinger „in Aussicht gestellte neue ‚Atlantic Charter' [...] von den meisten Sprechern als Umschreibung einer ‚Grundsatzerklärung' gewertet. Fast alle Sprecher baten um nähere Erläuterung der Amerikaner zu Form und Inhalt einer solchen Erklärung. Von mehreren Seiten wurde die Frage aufgeworfen, ob es möglich sei, eine solche Erklärung innerhalb der relativ kurzen bis zu einem Europa-Besuch Präsident Nixons verbleibenden Zeit auszuarbeiten. Es bestand Einigkeit darüber, daß dem Bündnis bei der Ausarbeitung der Erklärung eine besondere Rolle zufalle." In einer kurzen Stellungnahme habe der amerikanische NATO-Botschafter Rumsfeld hervorgehoben, „daß amerikanischerseits kein ausgearbeiteter endgültiger Vorschlag unterbreitet worden sei. Ein solcher Vorschlag könne sich erst im Konsultationsprozeß selbst ergeben. Hierzu seien konstruktive Beiträge der Bündnispartner erforderlich. Solche Beiträge würden mehr zur Konsultation beitragen als detaillierte Fragen zu den Vorstellungen der amerikanischen Regierung." Abschließend betonte Rumsfeld „die Bedeutung der von Dr. Kissinger angesprochenen Probleme. Eine je gesonderte Behandlung dieser Probleme werde dem globalen Charakter der transatlantischen Beziehungen nicht gerecht und könne möglicherweise die Zukunft aller Bündnispartner ernsthaft in Frage stellen." Vgl. den Drahtbericht Nr. 532 des Botschafters Krapf, Brüssel (NATO); VS-Bd. 9963 (204); B 150, Aktenkopien 1973.

119

Gespräch des Bundesministers Scheel
mit Staatspräsident Suharto in Jakarta

105-40.A/73   27. April 1973[1]

Aufzeichnung über das Gespräch zwischen dem Herrn Bundesminister des
Auswärtigen und dem indonesischen Staatspräsidenten Suharto am 27. April
1973 in Jakarta[2]

Einleitend bedankte sich der Herr *Bundesminister* für die Gelegenheit, die
Konferenz der in asiatischen Ländern stationierten deutschen Botschafter in
Jakarta abhalten zu können. Die Botschafterkonferenz sei in Jakarta einberufen worden, da es die Veränderungen in diesem Teil Asiens während der letzten Zeit notwendig machten, die Außenpolitik der Bundesregierung wieder
einmal an der Wirklichkeit zu orientieren. Es sei gut, daß die Botschafter als
Sachverständige in den einzelnen Ländern hier Gedankenaustausch pflegen.
Er hoffe, daß diese Zusammenarbeit unsere künftige Asienpolitik befruchten
werde.

Präsident *Suharto* bemerkte, er halte es für sehr wesentlich, im Rahmen dieser
Konferenz die neueren Entwicklungen in Asien zu studieren und zu diskutieren. Tatsächlich seien Fortschritte zu erkennen, einmal in der Normalisierung
der Beziehungen zwischen den Vereinigten Staaten von Amerika und der
Volksrepublik China, zum anderen bei der Indochinakonferenz in Paris[3]. Beide
Entwicklungen hätten Bedeutung für den Frieden in Asien. Indonesien freue
sich über die Verständigung zwischen den USA und China ebenso wie über die
Annäherung zwischen Japan und China[4]. Dennoch hege er Zweifel und Sorge,
ob diese Annäherungsversuche schon den ewigen Frieden in diesem Raum garantieren würden. Dies um so mehr, als die abgegeben Erklärungen Widersprüche enthielten. Es bleibe fraglich, ob die sichtbar werdenden Bemühungen
tatsächlich ernst gemeint seien. Da sei z. B. die Erklärung der Volksrepublik
China, daß sie ihre Revolution nicht ausbreiten und keinerlei Einfluß in anderen Ländern ausüben, sondern vielmehr an den Prinzipien der Bandungkonfe-
renz[5] festhalten werde. Demgegenüber erweise sich die chinesische Unterstüt-

---

[1] Die Gesprächsaufzeichnung wurde von Legationsrat I. Klasse Poetzelberger am 18. Mai 1973 gefertigt und an das Ministerbüro geleitet.
Hat Vortragendem Legationsrat I. Klasse Hallier am 25. Mai 1973 vorgelegen. Vgl. den Begleitvermerk; Ministerbüro, Bd. 178554.

[2] Bundesminister Scheel hielt sich vom 27. bis 29. April 1973 in Jakarta auf, wo er die Konferenz
der Missionschefs der Bundesrepublik in Asien leitete.

[3] Vom 26. Februar bis 2. März 1973 tagte in Paris die Internationale Konferenz zur Wiederherstellung des Friedens in Vietnam. Vgl. dazu Dok. 68, Anm. 11.

[4] Japan und die Volksrepublik China vereinbarten am 29. September 1972 die Aufnahme diplomatischer Beziehungen.

[5] Auf der Asiatisch-Afrikanischen Konferenz vom 19. bis 24. April 1955 in Bandung wurden die
nachstehenden Prinzipien zwischenstaatlicher Beziehungen beschlossen: „1) Achtung vor den fun-
damentalen Menschenrechten und vor den Zielen und Prinzipien der Charta der Vereinten Nationen; „2) Achtung vor der Souveränität und der territorialen Integrität aller Nationen; 3) Anerkennung der Gleichheit aller Rassen und der Gleichheit aller Nationen, ob groß oder klein; 4) Verzicht
auf Intervention oder Einmischung in die inneren Angelegenheiten eines anderen Landes; 5) Ach-

zung des Freiheitskampfes als recht einseitig. So stelle sich z. B. heraus, daß die Volksrepublik China in Indonesien tatsächlich nur die Kommunistische Partei, also die Revolution, auch mit Mitteln der Gewalt unterstütze.

Andererseits gebe es in Indonesien etwa 3,5 Millionen Überseechinesen, die aufgefordert worden seien, sich in die staatliche Ordnung einzufügen und indonesische Staatsbürger zu werden. Doch hier zeige sich wiederum eine ernste Gefahr. Auch auf dem Wege über die eingebürgerten Auslandschinesen wurden subversive Bestrebungen im ideologischen und wirtschaftlichen Bereich eingeschleust. Diesen Faktor müsse man bei aller Genugtuung über die politische Lösung des Vietnam-Problems auch künftig stets in Betracht ziehen. Es sei klar, daß für Indonesien und Südostasien weiterhin die Gefahr der kommunistischen Infiltration und Subversion bestehe. Dieser Gefahr müsse stets Rechnung getragen werden, und zwar vor allem durch erhöhte Wachsamkeit. Die Gefahr der kommunistischen Infiltration und Subversion rühre dabei nicht nur von der Volksrepublik China selbst her, sondern ergebe sich auch aus dem Konflikt zwischen den kommunistischen Parteien der Sowjetunion und der VR China. Die Sowjetunion versuche, von Westen her, also vom Nahen Osten aus, ihren Einfluß bis nach Ostasien auszudehnen. Daher fühle sich China eingekreist und versuche, dem russischen Vordringen entgegenzuwirken. Diesem Problem müsse Indonesien durch Erhöhung der nationalen Verteidigungsbereitschaft und der Widerstandskraft auch auf politischem, wirtschaftlichem, sozialem und kulturellem Gebiet begegnen. Dies erfordere eine Zusammenarbeit der Länder Südostasiens, wie sie sich in den letzen Jahren im Rahmen der ASEAN manifestiert habe. Angestrebt werde eine Stärkung der Widerstandskraft auch ohne militärische Pakte. Soweit dies in wirtschaftlichem Rahmen geschehen könne, bedinge es gegenseitige Hilfe beim Aufbau der Länder. Dazu werde aber auch die Unterstützung der Industrieländer gebraucht. Im Rahmen dieser Hilfe spiele die Bundesrepublik Deutschland eine wichtige Rolle. Die bisher geleistete deutsche Hilfe sei von großem Wert und habe bereits wesentlich zur Schaffung einer sichereren und stabileren Lage auf wirtschaftlichem und sozialem Gebiet beigetragen.[6] Dieser Fortschritt müsse beschleunigt werden. Hauptanliegen dabei sei die bessere Nutzung der natürlichen Reichtümer Indonesiens durch den Einsatz von technologischem Wissen und Kapital. Gerade die Möglichkeiten der Kapitalhilfe sollten noch weiter erschlossen werden. Er (Suharto) denke dabei insbesondere an Großprojekte monumentalen Charakters, an denen sich die Bundesrepublik beteiligen könnte: z. B. Staudämme.

Fortsetzung Fußnote von Seite 592

tung vor dem Recht jeder Nation, sich allein oder kollektiv in Übereinstimmung mit der Charta der Vereinten Nationen zu verteidigen; 6 a) Verzicht auf Vereinbarungen über kollektive Verteidigung, die den besonderen Interessen irgendeiner der großen Mächte dienen; 6 b) Verzicht jedes Landes darauf, auf andere Länder einen Druck auszuüben; 7) Enthaltung von Aggressionshandlungen oder -drohungen und von Gewaltanwendungen gegen die territoriale Integrität und die politische Unabhängigkeit irgendeines Landes; 8) Regelung aller internationalen Streitigkeiten durch friedliche Mittel, wie Verhandlung, Versöhnung, Schiedsspruch oder gerichtliche Regelung sowie durch andere friedliche Mittel nach eigener Wahl der Parteien in Übereinstimmung mit der Charta der Vereinten Nationen; 9) Förderung der gegenseitigen Interessen und der Zusammenarbeit; 10) Achtung vor dem Recht und vor internationalen Verpflichtungen." Vgl. EUROPA-ARCHIV 1955, S. 7567.

6 In Vorbereitung des Besuchs des Bundesministers Scheel in Indonesien vermerkte Referat 312, daß „die Bundesregierung auch 1972 einen Großteil der Projekthilfe für die Infrastrukturbereiche Eisenbahn, Elektrizität, Fernmeldewesen bereitgestellt" habe. Vgl. die undatierte Aufzeichnung; Referat 312, Bd. 100175.

Am kommenden Montag werde er einen Staudamm eröffnen, der mit japanischer Hilfe gebaut worden sei. Das Staudammprojekt von Jatiluhur auf Java sei bereits vor längerer Zeit mit Hilfe Frankreichs verwirklicht worden. Solche Großprojekte blieben im Bewußtsein der Bevölkerung von Generation zu Generation unvergessen. Vielleicht sollte diese Frage auch auf der Botschafterkonferenz einmal überdacht werden. Er hoffe, daß mit Außenminister Malik die Zusammenarbeit eingehender besprochen werden könne.[7] Jedenfalls wolle er für die schon geleistete Hilfe herzlichen Dank sagen.

Der Herr *Bundesminister* erwiderte, er verstehe die Sorge um die Erhaltung des Friedens in diesem Gebiet Südostasiens. Wir erlebten die Auseinandersetzung in Indochina und verfolgten die Entwicklung ebenfalls mit Sorge und Zweifel, um so mehr, als heute ja oft mit anderen Mitteln und in viel subtileren Formen als denen des Krieges gekämpft werde. Die Großmächte, die im Hintergrund an dem Indochinakonflikt beteiligt seien, hätten inzwischen aus ihrer Interessenlage heraus übergeordnete Gründe gefunden, um den Frieden zu suchen. Diese Interessenlage bedinge, daß die Großmächte sich selbst um die Sicherheit in Asien bemühten. Die Zeit des Dualismus und der Erhaltung des Friedens durch das Gleichgewicht der Abschreckung sei vorbei. Es bildeten sich neue Schwerpunkte in der Politik. Die Vereinigten Staaten seien um einen Abbau ihres Engagements in Südostasien bemüht, obwohl sie nach wie vor starke wirtschaftliche und politische Interessen in diesem Raum unterhielten. Dadurch entstehe ein Vakuum, und es sei Aufgabe der südostasiatischen Länder, dieses Vakuum zu füllen. Er schließe aus den Ausführungen Suhartos, daß dieser seine Politik an den Schwerpunkten eines gestärkten Selbstbewußtseins der asiatischen Völker und einer verstärkten inneren Widerstandskraft orientiere. Dafür sei jedoch eine stärkere wirtschaftliche Position Vorbedingung.

Parallele Entwicklungen zeichneten sich zur Zeit in Europa ab. Auch die Entwicklungsländer und die sozialistischen Länder seien an einer Einigung Westeuropas interessiert.

Die europäischen Länder hätten in der jüngsten Vergangenheit ihre Beziehungen zur Volksrepublik China intensiviert.[8] Auch Japan spiele eine zunehmend

---

[7] Am 28. April 1973 führte Bundesminister Scheel ein Gespräch mit dem indonesischen Außenminister Malik, in dessen Verlauf KSZE und MBFR, das Verhältnis der Europäischen Gemeinschaften zu ASEAN, der UNO-Beitritt der Bundesrepublik und der DDR, der Vietnam-Krieg sowie die Rolle der Volksrepublik China in Asien erörtert wurden. Auf den von Malik geäußerten Wunsch nach erhöhter Kapitalhilfe und verstärkter wirtschaftlicher Zusammenarbeit auch auf privatwirtschaftlichem Sektor erwiderte Scheel: „Zu den bilateralen deutsch-indonesischen Beziehungen ist hinzuzufügen, daß die I[nter-]G[overnmental] G[roup on] I[ndonesia] bald tagen wird. Wir wollen unseren Beitrag auf 160 Millionen erhöhen (bitten Sie aber, von dieser Zahl öffentlich keinen Gebrauch zu machen, da sich unser Parlament sonst übergangen fühlt). Wesentlich erscheint mir, daß es sich dabei ja nicht um einen einmaligen Beitrag handelt [...]. Sicher ist es möglich, sich in diesem Zusammenhang auch über das angesprochene ,Monumentalprogramm' zu unterhalten. Man könnte darauf abzielen, auf Jahre hinaus eine bestimmte Summe aus dem allgemeinen Betrag dafür zu reservieren. Es ist gewiß richtig, dabei auch über ein Staudammprojekt auf Java zu sprechen und zu untersuchen, ob dies nicht ein besonders geeignetes Projekt für die Zusammenarbeit auch im internationalen Rahmen wäre. Wenn demnächst der Vertreter einer indonesischen Ölfirma nach Bonn kommt, soll er die richtigen Gesprächspartner vorfinden. Ich hoffe, daß diese Reise zu Ergebnissen auf dem Öl-Sektor führt, da hiermit die handelspolitischen Aussichten wesentlich verbessert werden könnten." Vgl. die Gesprächsaufzeichnung; Referat 312, Bd. 100175.
[8] Am 6. November 1970 nahm Italien diplomatische Beziehungen zur Volksrepublik China auf. Es folgten Österreich am 28. Mai 1971, Belgien am 25. Oktober 1971 und Island am 8. Dezember 1971.

bedeutsame Rolle im Welthandel als Partner des Westens. Eine Folge dieser Entwicklung sei das größere Interesse Europas an den südostasiatischen Ländern. So werde die ASEAN zu einem sehr wichtigen Faktor. Zwischen der Bundesrepublik Deutschland und der Republik Indonesien bestünden traditionell gute Beziehungen auf politischem und wirtschaftlichem Gebiet. Der Außenhandel sei in den letzten Jahren zufriedenstellend gewesen, obwohl 1972 sein Volumen gesunken sei. Wir müßten zusammen versuchen, dieses Volumen wieder zu erhöhen. Dabei wäre zu untersuchen, ob Indonesien in der Lage ist, sein Angebot an bestimmten Produkten zu verbreitern. Besonders interessiert wären wir an der Klärung der Frage, ob sich diese Erweiterung des Angebots vielleicht auch auf Erdöl erstrecken könnte.

Zur Außenhandelspolitik wolle er sagen, daß er die privaten Investitionen der deutschen Wirtschaft für zu gering halte. Jedenfalls könnten sie erheblich gesteigert werden, wenn bessere Voraussetzungen dafür geschaffen würden. Nun werde in diesen Tagen ja das Doppelbesteuerungsabkommen zwischen der Bundesrepublik und Indonesien[9] verhandelt, das er für sehr wichtig für die künftige Investitionstätigkeit halte.

Was die Frage der Großprojekte in deutsch-indonesischer Zusammenarbeit anbelangt, so gehe er mit Suharto darin einig, daß spektakuläre Projekte symbolisch besonders wirksam seien. Bisher habe sich die Bundesrepublik Deutschland an vielen kleineren Projekten beteiligt, die aber in ihrer Gesamtheit einen großen Umfang angenommen hätten. In den vergangenen Jahren sei das Volumen der Kapitalhilfe erheblich gestiegen. Es habe sich von 1971 zu 1972 von 135 auf 145 Millionen erhöht. Wir würden im Jahr 1973 sicher über diesen Betrag hinausgehen. Der deutsche Vertreter bei den zuständigen Gremien für wirtschaftliche Zusammenarbeit werde die genaue Zahl in Kürze bekanntgeben.[10] Es gehe darum, die Bereitschaft zur Intensivierung und Steigerung von

---

Fortsetzung Fußnote von Seite 594

Zur Aufnahme diplomatischer Beziehungen zwischen der Bundesrepublik und der Volksrepublik China am 11. Oktober 1972 vgl. AAPD 1972, III, Dok. 328.

9 In Vorbereitung des Aufenthalts des Bundesministers Scheel in Indonesien führte Referat 511 zu den Verhandlungen über ein Doppelbesteuerungsabkommen aus: „Nachdem bereits im Oktober 1970 in Jakarta erste Kontaktgespräche zwischen einer deutschen und einer indonesischen Delegation geführt worden waren, wurden die Verhandlungen in Jakarta vom 6. bis 10. März 1972 aufgenommen und in einer weiteren Runde in Bonn vom 28. bis 30. August 1972 fortgeführt. Der indonesischen Seite wurde sodann aufgrund des bisherigen Verhandlungsergebnisses [ein] revidierter deutscher Abkommensentwurf zugeleitet, der Gegenstand einer weiteren Verhandlungsrunde in Jakarta ab 23. April 1973 sein wird." Vgl. die undatierte Aufzeichnung; Referat 312, Bd. 100175.

10 Dazu führte Ministerialdirektor Lahn am 25. April 1973 aus: „Für Indonesien ist 1973 ein Kapitalhilfebetrag in Höhe von 160 Mio. DM vorgesehen. Die für die Zusage an die indonesische Regierung erforderliche Zustimmung des Haushaltsausschusses des Deutschen Bundestages liegt bisher nicht vor." Daher solle der Leiter der Delegation aus der Bundesrepublik auf der Konferenz der Geberländer Indonesiens (IGGI-Konferenz) am 7./8. Mai 1973 in Amsterdam erklären, daß die Bundesregierung bestrebt sei, „Indonesien für 1973 eine Finanzhilfe zu gewähren, die sich in ihrer Höhe und Zusammensetzung an der Hilfe des Jahres 1972 orientiert. Mit diesem Ziel vor Augen hat die Bundesregierung ausnahmsweise bereits Ende 1972 einen beträchtlichen Teil ihres Betrages für 1973, und zwar 110 Mio. DM, fest zugesagt, um die Realisierung von Projekthilfe und Warenhilfe in dem zugesagten Rahmen schon zu Beginn des Jahres 1973 in Angriff nehmen zu können. Die von der Bundesregierung beabsichtigte Erhöhung dieser Zusage bedarf noch der Zustimmung des Deutschen Bundestages." Die indonesische Regierung werde, so Lahn, „aus der Erklärung – wie von uns gewünscht – schließen, daß sie 1973 einen 150 Mio. DM übersteigenden Betrag erhalten" solle. Vgl. Ministerbüro, Bd. 178554.

Jahr zu Jahr in Realität umzusetzen. Dabei sei unter Umständen auch an Großprojekte zu denken.

Der Herr Bundesminister äußerte sich sodann zufrieden über die deutsch-indonesische Zusammenarbeit auf politischem Gebiet. Indonesien habe in den vergangenen Jahren in vielen Fällen eine gemeinsame Auffassung mit uns vertreten. Es habe dabei immer Verständnis für die Hindernisse und Schwierigkeiten bei der europäischen Integration gezeigt. Die realistische Einschätzung der Lage durch die indonesische Regierung werde wohl auch Indonesien selbst zugute kommen.

Ministerbüro, Bd. 178554

120

Botschafter von Staden, Washington, an das Auswärtige Amt

114-11750/73 geheim   Aufgabe: 27. April 1973, 17.30 Uhr[1]
Fernschreiben Nr. 1275   Ankunft: 28. April 1973, 01.09 Uhr

Betr.: MFBR;
        hier: Amerikanische Vorschläge

Bezug: DB 966 geheim vom 2.4.73 POL-327.00-456/73[2]

Zur Information:

Mitarbeiter erhielt am 26. April 1973 im Hinblick auf die Gespräche des Herrn Bundeskanzlers und des Herrn Bundesaußenministers im State Department[3] Einblick in das am 16. April vom Präsidenten[4] gebilligte Papier „The United

---

[1] Am 28. April 1973 vermerkte der Bereitschaftsdienst handschriftlich: „Botschafter Roth und VLR I Dr. Ruth heute hier zur Einsicht zu geben. Geg[ebenen]f[all]s noch einmal mit VLR Dr. Gescher Kontakt aufnehmen."
Hat Ruth am 2. Mai 1973 vorgelegen.

[2] Gesandter Noebel, Washington, berichtete aus einem Gespräch mit dem Mitarbeiter im amerikanischen Außenministerium, Spiers, daß innerhalb der amerikanischen Regierung weitgehende Einigung über die Haltung zu MBFR erzielt worden sei: „Die bisher bestehenden acht Optionen habe man auf drei reduzieren können. Diese entsprächen den bisherigen Vorstellungen des State Department, die Mr. Garthoff Botschafter Roth bei seinem letzten Gespräch mitgeteilt habe. In einer eher taktischen Frage bestünde noch eine Meinungsverschiedenheit mit dem Pentagon. Dieses sähe lieber, wenn nur eine ‚preferred US position' in die NATO eingeführt würde, anstatt eine allgemeine Diskussion über drei amerikanische Optionen zu führen. Kissinger habe sich selbst aus allianzinternen Gründen für die Diskussion der drei Optionen ausgesprochen. [...] Auch Kissinger habe argumentiert, nur eine Position sehe nach möglicher US-Dominanz aus und könnte wiederum den Gerüchten Auftrieb geben, Washington und Moskau hätten sich abgestimmt. Am 12. April werde der National Security Council erneut zusammentreten. Er glaube sicher, daß man sich einigen werde. Dann brauche man noch etwa vier bis fünf Tage zur Zustimmung des Präsidenten. Obwohl er bisher stets pessimistisch gewesen sei, so glaube er doch, daß die USA in der zweiten Aprilhälfte ihre Vorschläge der NATO präsentieren könne." Vgl. VS-Bd. 9081 (212); B 150, Aktenkopien 1973.

[3] Zu den Gesprächen des Bundeskanzlers Brandt und des Bundesministers Scheel am 1./2. Mai 1973 in Washington vgl. Dok. 124, Dok. 125 und Dok. 130.

[4] Richard M. Nixon.

States' Approach to MBFR"[5], das 16 Seiten umfaßt und die Annexe a bis f (insgesamt 65 Seiten) mit den Titeln:

- Description of alternative approaches,
- Summary analyses of MBFR reduction approaches,
- A FLA[6] as preliminary to MBFR negotiations,
- Possible pre-reductions constraints,
- Capabilities to monitor reductions in Warsaw Pact forces,
- Nuclear aspects of MBFR.

Da Botschafter Rumsfeld die Papiere und ein Briefing durch amerikanische Beamte erst am Wochenende[7] erhält, und die Verteilung in der NATO erst am 2. Mai erfolgt, wird besonders gebeten, von dieser Vorunterrichtung nach außen keinen Gebrauch zu machen.

I. Als Ergebnis einiger vorangestellter grundlegender Überlegungen werden drei Optionen unterbreitet (siehe III.). Immer wiederkehrende Kernsätze der Überlegungen sind, daß MBFR die Sicherheit des Bündnisses nicht vermindern dürfe, sondern eher erhöhen müsse, daß eine angemessene Verteidigungsstruktur, die eher noch verbesserungsbedürftig sei, aufrechterhalten bleiben müsse und daß es die Politik des Präsidenten sei, die US-Truppenstärke in Europa aufrechtzuerhalten bei gleichzeitigen entsprechenden Beiträgen der Verbündeten. Es wird nicht verschwiegen, daß die US-Regierung unter einem zunehmenden Druck des Kongresses auf Reduzierung der Streitkräfte in Europa stehe und daß es ähnliche Kräfte bei europäischen Verbündeten gebe. Immer wieder wird jedoch versichert, daß dieser Aspekt bei der Behandlung von MBFR nur eine nachrangige Rolle spiele.

II. Im zweiten Abschnitt „The framework for MBFR" wird betont, daß MBFR nicht als ein endloser Prozeß betrachtet werden dürfe. Auch eine Ausdehnung über Zentraleuropa hinaus oder auf andere als in den drei Optionen genannte Waffenarten komme nicht in Frage. Hauptziel sei es vielmehr, die Asymmetrien im militärischen Gleichgewicht insbesondere durch Reduzierung sowjetischer Streitkräfte zu verringern. Reduzierungen dürften unter keinen Umständen die vereinbarte NATO-Strategie der Vorneverteidigung[8], der flexible response[9] und der nuklearen Abschreckung beeinträchtigen.

---

5 Für das Papier vgl. VS-Bd. 9421 (221).

6 Force Limitation Agreement.

7 30. April/1. Mai 1973.

8 Im Juli 1963 erklärte Bundesminister von Hassel: „Auch im Rahmen übernationaler Verteidigungsorganisationen kann eine Bundesregierung niemals einer Konzeption zustimmen, die ... von vornherein auf Preisgabe beträchtlicher Teile deutschen Bodens aufbaut. Seit ihrem Eintritt in die atlantische Gemeinschaft hat die Bundesregierung daher den Gedanken der ‚Vorne-Verteidigung' vertreten, d.h. die Forderung, jeden Quadratmeter deutschen Bodens, beginnend unmittelbar am Eisernen Vorhang, gegen jeden Angriff zu verteidigen. Heute ist dieser Gedanke Allgemeingut der NATO geworden." Vgl. SICHERHEITSPOLITIK, Teil II, S. 145.

9 Der Ausschuß für Verteidigungsplanung der NATO stimmte am 12. Dezember 1967 in Brüssel der vom Militärausschuß vorgelegten Direktive MC 14/3 („Overall Strategic Concept for the Defense of the North Atlantic Treaty Organization Area") zu. Nach dem unter dem Begriff „flexible response" bekannt gewordenen Konzept sollten begrenzte Angriffe zunächst konventionell und, falls notwendig, mit taktischen Nuklearwaffen abgewehrt werden. Lediglich bei einem Großangriff sollte das

Es wird nicht für wünschenswert gehalten, mit einer Verminderung nationaler Streitkräfte zu beginnen. Andererseits wird anerkannt, daß alle europäischen Regierungen ein starkes Interesse haben, an den MBFR teilzunehmen. Dies sollte aber erst in einem späteren Stadium geschehen und ebenfalls zehn Prozent nicht überschreiten.

Auch die Rolle der NATO bei MBFR wird untersucht und festgestellt, daß Entscheidungen über Sicherheitsfragen bei den einzelnen Regierungen lägen, daß NATO aber durch noch mehr Koordination als bisher das für die gemeinsame Sicherheit so entscheidende Zusammengehörigkeitsgefühl stärken müsse. Es wird die Frage gestellt, ob man für Konsultation und Koordination neue Institutionen erwägen solle.

III. 1. Option:

„Phased common ceiling reductions of stationed and indigenous forces" in integralen Phasen sehen eine Reduzierung um zehn Prozent vor. Dies wären an stationierten Streitkräften 34 000 Mann auf westlicher (USA, UK, Kanada, Belgien, Niederlande) und 83 000 Mann auf sowjetischer Seite. Die Verminderung der nationalen Streitkräfte betrüge im Westen (BRD, Belgien, Niederlande) 46 000 Mann, im Osten 29 000 Mann.

2. Option:

„Parity in NATO/Pact ground force levels through 1/6th reduction in US and SU ground forces" beläuft sich auf eine Minderung um ca. 16 Prozent, dies wären 32 000 Mann auf amerikanischer und 65 000 Mann auf sowjetischer Seite. Anders ausgedrückt: eine Reduzierung von weniger als zehn Prozent der stationierten NATO-Streitkräfte und weniger als vier Prozent der gesamten NATO-Streitkräfte im Reduzierungsraum.

3. Option:

„Mixed package reduction of offensive force elements of 29 percent" würde die gegnerischen Streitkräfte umfassen, die jeder Seite am meisten Sorge bereiten. Hiernach hätte die SU 60 000 Mann und 1547 Panzer, also die in der DDR stationierte Panzer-Armee zu reduzieren. Auf westlicher Seite würden 1000 nukleare Sprengköpfe abgezogen werden, d. h. 36 Pershing und drei Air-Squadrons mit 54 F-4 Kampfbombern und dem entsprechenden Personal. Diese Option wäre wenig geeignet, um dem Druck des Kongresses zu begegnen, da nur wenig US-Mannschaften abgezogen würden.

IV. 1) Das Papier hebt auch die Bedeutung und Wünschbarkeit von prereduction constraints hervor.

2) Als mögliche Maßnahmen für die Verifikation werden aufgeführt:

— weniger Beschränkungen für die nationalen Militärattachés;

— Beobachtung der durchzuführenden Maßnahmen durch besondere Beobachtungsteams;

— besondere bewegliche Inspektionsteams mit Jeeps und Hubschraubern.

Fortsetzung Fußnote von Seite 597

strategische nukleare Potential zum Einsatz kommen. Für den Wortlaut vgl. NATO STRATEGY DOCUMENTS, S. 345–370. Vgl. dazu ferner AAPD 1967, III, Dok. 386.

3) Ein Force Limitation Agreement am Beginn von MBFR halten Amerikaner nicht für wünschenswert, da es notwendige Verbesserungen der NATO-Streitkräfte hemmen könnte.

V. In Kommentierung des Papiers hob Gesprächspartner hervor, daß amerikanische Regierung gegenüber den Verbündeten zunächst keiner der Optionen den Vorzug geben möchte.

Grundsätzlich erscheine aber eine anfängliche Verminderung nur stationierter Streitkräfte als wünschenswert.

Gesprächspartner räumte ein, daß das Papier in erster Linie Aspekte der militärischen Sicherheit behandele und nicht die Frage beantworte, welche Option immer politisch die beste sei, um den Druck des Kongresses aufzufangen.[10]

Zehn Tage nach Aushändigung der amerikanischen Vorschläge werde ein amerikanisches Team zur Diskussion in Brüssel bereitstehen.[11]

[gez.] Staden

VS-Bd. 9421 (221)

---

[10] Am 10. Mai 1973 führte Botschafter Roth in einer ersten Bewertung des amerikanischen Vorschlags zu MBFR aus: „Eine begrenzte, vornehmlich an den kurzfristigen innenpolitischen Gegebenheiten ausgerichtete Zielsetzung von MBFR bildet weiterhin die Grundlage der amerikanischen Überlegungen. Darüber hinausgehende mittel- und längerfristige Zielsetzungen sind nicht ausgeschlossen und werden in Umrissen erkennbar. In diesem Zusammenhang werden bis zu einem gewissen Ausmaß der politische instrumentale Charakter von MBFR erkannt und Elemente unseres phased approach einschließlich der Funktion stabilisierender Maßnahmen übernommen. Gleichzeitig und nicht ohne Widerspruch dazu ist die amerikanische Befürchtung unübersehbar, das schrittweise, auf politisch längerfristige Zielsetzungen ausgerichtete Vorgehen bei MBFR könnte sich zu einem endlosen (open-ended) Prozeß entwickeln, der in seinen geographischen und politischen Auswirkungen nicht mehr eingrenzbar wäre. [...] Bei der im Papier erfolgten Verbindung der amerikanischen Politik der Aufrechterhaltung der US-Präsenz in Europa mit vermehrten Verteidigungsanstrengungen der europäischen Verbündeten und bei der herausgestellten Notwendigkeit, vor ersten Reduzierungsvereinbarungen die eigene verteidigungspolitische Lage zu überdenken, scheinen die Probleme der zeitlichen Harmonisierung nicht genügend berücksichtigt. In diesem Zusammenhang darf auch nicht übersehen werden, daß an anderer Stelle (Kissinger-Rede, Foreign Policy Report des Präsidenten) eine Neubewertung der strategischen Lage und der nuklearen Probleme gefordert wird." Vgl. VS-Bd. 9421 (221); B 150, Aktenkopien 1973.

[11] Zur Vorlage des Papiers „The United States' Approach to MBFR" am 2. Mai 1973 im Ständigen NATO-Rat vgl. Dok. 131, Anm. 3.

121

Botschafter Sahm, Moskau, an Staatssekretär Frank

114-11752/73 geheim   Aufgabe: 28. April 1973, 15.32 Uhr
Fernschreiben Nr. 1331   Ankunft: 28. April 1973, 14.32 Uhr

Nur für StS[1]

Betr.: Gespräch mit Generalsekretär Breschnew am 26.4.73;
        hier: Politische Bewertung

Bezug: DB Nr. 1290 vom 26.4.1973 geheim[2]

Zur Information

1) Breschnew muß unmittelbar aus der Sitzung des ZK-Plenums gekommen sein. Er wirkte angespannt und etwas erschöpft, belebte sich dann aber zunehmend während unseres Gespräches, wobei er wiederholt ironische oder heitere Bemerkungen machte, jedoch nicht – wie beim letzten Mal[3] – Anekdoten erzählte. Die Zeit war wohl zu knapp dazu.

Er sprach leise und strich sich wiederholt den Hals, da seine Stimmbänder ihn offensichtlich schmerzten. Auch rauchte er während des ganzen Gespräches nur eine Zigarette, die er zudem noch am falschen Ende ansteckte.

Er hat damit offenbar nicht nur – wie er sagte – seit zwölf Tagen zu tun. Schwierigkeiten mit seinen Stimmbändern waren schon bei meinem ersten Gespräch am 26.3.[4] und in dem Gespräch mit dem japanischen Botschafter Niiseki am 6. März festzustellen. Wie beim letzten Mal war er auch jetzt sehr bemüht, seine Gesundheit im übrigen stark zu betonen.

Seine Ausführungen hatten wiederum monologartigen Charakter und gaben kaum Gelegenheit zu Antworten oder Fragen. Sie waren darüber hinaus zum Teil verschleiert und undeutlich, wozu beitrug, daß Breschnew sehr oft das Thema wechselte und nicht immer erkennen ließ, worauf sich die jeweiligen Bemerkungen bezogen. Auch führte er manche Sätze gar nicht oder anders als begonnen zu Ende.

Ich habe deshalb den Gesprächsgang und Breschnews Ausführungen in dem Bezugsbericht unverändert und möglichst vollständig wiedergegeben.

2) Es ist bemerkenswert, daß Breschnew mich während des fortdauernden ZK-Plenums und mitten in der darauf bezüglichen Arbeit (Redaktions-Komitee) empfing, sich allerdings völlig gelassen zeigte und viel Zeit nahm, um das zu

---

[1] Hat Staatssekretär Frank laut Vermerk des Vortragenden Legationsrats Vergau vom 23. Mai 1973 vorgelegen.

[2] Botschafter Sahm, Moskau, teilte mit, daß er dem Generalsekretär des ZK der KPdSU das Schreiben des Bundeskanzlers Brandt vom 24. April 1973 übergeben habe, und übermittelte den Inhalt des Gesprächs mit Breschnew. Vgl. VS-Bd. 9087 (213); B 150, Aktenkopien 1973. Für Auszüge vgl. Anm. 8–10, 12, 13 und 15.
Für das Schreiben vgl. Dok. 113.

[3] Zum Gespräch des Botschafters Sahm, Moskau, mit dem Generalsekretär des ZK der KPdSU, Breschnew, am 26. März 1973 vgl. Dok. 89.

[4] Korrigiert aus: „29.3.".

sagen, was er den Bundeskanzler in diesem Augenblick wissen lassen wollte. (Zu den Ergebnissen der Sitzung des ZK-Plenums und deren Bedeutung für die Politik gegenüber der Bundesrepublik Deutschland folgt gesonderter Bericht.[5])

Breschnew stand sichtlich unter dem Eindruck der unmittelbar vorausgegangenen Debatte im ZK-Plenum. Manche seiner Bemerkungen erscheinen nach Bekanntwerden des Ergebnisses in einem deutlicheren Licht. In diesen Zusammenhang gehört, daß die Mitteilung über mein Gespräch in Prawda direkt anschließend an die Mitteilung über den ersten (26.4.) Sitzungstag des ZK-Plenums veröffentlicht wurde.[6] Dies ist ein Signal an die Öffentlichkeit, daß der Besuch in der Bundesrepublik[7] im Einklang mit der Linie des Plenums zur Außenpolitik steht.

Seine Hinweise darauf, daß ein schlechter Empfang in der Bundesrepublik störend wirken und Geister verwirren könnte (Ziffer 3 des Bezugsberichts[8]) sowie der Hinweis, daß unter bestimmten Umständen auf beiden Seiten der Wunsch nachlassen könnte, die gegenwärtige Politik fortzusetzen (Ziffer 5[9]), weisen auf die bestehenden sensitiven Punkte seiner außenpolitischen Linie hin.

Der Hinweis auf seine persönliche Rolle bei der Durchsetzung der prinzipiellen sowjetischen Linie vermittelt den Eindruck, daß die Politik ohne ihn möglicherweise nicht in gleicher Weise verlaufen würde (Ziffer 3). Zweifellos wollte er damit auch sein persönliches Interesse an guten Beziehungen mit der Bun-

---

5 Vgl. Dok. 122.

6 Vgl. die Meldung „Priem L. I. Brežnevym posla FRG"; PRAVDA vom 27. April 1973, S. 1.

7 Der Generalsekretär des ZK der KPdSU, Breschnew, besuchte die Bundesrepublik vom 18. bis 22. Mai 1973. Vgl. dazu Dok. 145–152.

8 Botschafter Sahm, Moskau, führte in Punkt 3) des Drahtberichts Nr. 1290 vom 26. April 1973 aus: „Br[eschnew]: Er wolle hier sagen, daß die Entscheidung über diesen Besuch, das sei bekannt, schon von einiger Zeit getroffen worden sei und daß es eine prinzipielle Entscheidung sei, die sich aus der ganzen sowjetischen Politik ergebe, dem Wunsche beruhe, den Beziehungen zwischen unseren Ländern einen neuen Impuls zu geben. [...] Sein Besuch werde durch den Charakter dieser Politik bestimmt werden, aber auch unter Berücksichtigung seines eigenen Charakters, denn diese Politik erhalte ihre Prägung vom leitenden Kern und von ihm persönlich. Nachdem der Besuch des Kanzlers auf der Krim und auch in Moskau bereits verwirklicht sei, fahre er als Optimist in die Bundesrepublik und voll guter Hoffnungen. [...] Es sei notwendig, daß man an die Ideen konstruktiv herangehe, und zwar im globalen Maßstab. So gehe er an die Reise heran. Radio, Presse und die verschiedenen Medien hätten alles mögliche erfunden, aber niemand sei gezwungen, das zu lesen. Er möchte nur unsere Seite überzeugen, daß er nicht gekränkt sei und sich auch nicht beschweren wolle. Er wisse, wie sehr der Kanzler ihn zu sehen wünsche – daran bestehe (für ihn) gar kein Zweifel. Er verrate mir kein Geheimnis, daß es Kreise gebe, die den Besuch nicht wünschten. Verschiedene Kreise wollten ihm einen unterschiedlichen Empfang bereiten. Er ließ erkennen, daß ihn diese Kreise nicht stören würden. Es wäre aber nicht wünschenswert, daß jegliche Art Kreise, die an dem Nutzen dieser Reise interessiert sind, in irgendeine Maße stören und die Geister verwirren würden." Vgl. VS-Bd. 9087 (213); B 150, Aktenkopien 1973.

9 Botschafter Sahm, Moskau, gab in Punkt 5) des Drahtberichts Nr. 1290 vom 26. April 1973 die Äußerungen des Generalsekretärs des ZK der KPdSU zum Schreiben des Bundeskanzlers Brandt vom 24. April 1973 wieder: „Er sei sich völlig darüber im klaren, daß es nicht möglich sein werde, zu allen Fragen, und zwar nicht nur zu denen, die vor uns liegen, sondern auch zu denen, die während der Gespräche noch auftauchen könnten, sogleich eine Lösung zu finden, und dies nicht etwa nur, weil man dies nicht wolle. Manche Probleme erforderten ihre Zeit oder müßten, wie die Diplomaten zu sagen pflegten, erst heranreifen. Es gelte, Geduld aufzubringen und nicht nur konstruktiv an die Dinge heranzugehen, sondern auch davon überzeugt zu sein, daß die gemeinsame Politik, die Politik der Regierung der Sowjetunion und der Koalition, nicht konjunkturbedingt sei, vielmehr auf lange Sicht angelegt. Sie müsse dauerhaft und fest sein. Es könnte sonst leicht auf beiden Seiten der Wunsch vergehen, diese Politik fortzusetzen." Vgl. VS-Bd. 9087 (213); B 150, Aktenkopien 1973.

desrepublik demonstrieren. Unausgesprochen steht auch der Wunsch dahinter: Ich trete für diese Politik nicht ohne gewisse Schwierigkeiten ein, daher muß mein Besuch ein Erfolg werden.

3) Das Gespräch vermittelte erneut den Eindruck, daß Breschnew einen Schwerpunkt des Besuchs im Bereich der wirtschaftlichen Zusammenarbeit sieht, wobei er offenbar davon ausgeht, daß seine Gespräche in Bonn Fortschritte in Richtung auf die Definierung eines langfristig und stabil angelegten Programms der Zusammenarbeit ermöglichen werden. Besonders interessant ist sein Hinweis auf weitergehende Ideen, die noch nicht getestet und gebilligt seien, d. h., für die er offenbar noch nicht die Zustimmung des Politbüros eingeholt hat.[10] Vermutlich will er die Fragen im Führungsgremium nicht anschneiden, ohne die mögliche deutsche Reaktion darauf vorher zu kennen. Was hinter seinen Ausführungen steht, ist nicht leicht zu erkennen. Sie deuten aber darauf hin, daß er der Zusammenarbeit mit der Bundesrepublik im Rahmen seiner Politik der Kooperation mit dem Westen einen besonderen Platz einräumen möchte. Wir müssen uns auf einige neue Ideen gefaßt machen, die entweder materiell und finanziell oder politisch von ungewöhnlicher Bedeutung sind. Es gibt Gerüchte, wonach Außenhandelsminister Patolitschew und ein größerer Stab von Wirtschaftsfachleuten mitreisen werden.

4) Die Reaktion auf den Brief des Kanzlers war zwar unbestimmt, doch lassen seine Ausführungen annehmen, daß er mit dem Inhalt nicht recht einverstanden war. Sie deuten im übrigen erneut darauf hin, daß Breschnew unser Interesse an dem Besuch von den kontroversen Fragen weg auf die großen Fragen und Möglichkeiten Grundsatzentscheidungen lenken möchte.[11] Dazu bedarf es seiner Ansicht nach guten Willens und eines Gefühls für künftige Entwicklungen und der Überzeugung, die gemeinsame Politik auf lange Sicht stabil anzulegen. In diesem Zusammenhang eben stören ihn offenbar umstrittene Themen, wie z. B. das Berlin-Problem, und er möchte sie lieber zur Seite rücken, wenn er – mit Rücksicht auf DDR und eigene Linie – keiner uns befriedigenden Lösung zustimmen kann. Seine Ausführungen, daß es nicht möglich sein werde, für alle Fragen konkrete Lösungen zu finden, und daß manche Probleme einer Reifezeit bedürften, deuten darauf hin, daß es Taktik der sowjetischen Seite sein könnte, auch während des Besuchs solchen Fragen möglichst aus dem Wege zu gehen. Dazu zählt vermutlich neben der Berlin-Frage auch das Problem der Familienzusammenführung.

---

10 Im Zusammenhang mit den sich noch in der Vorbereitung befindenden Abkommen über wissenschaftlich-technische und über kulturelle Zusammenarbeit sowie über den zivilen Luftverkehr erklärte der Generalsekretär des ZK der KPdSU am 26. April 1973 gegenüber Botschafter Sahm, Moskau, er, Breschnew, „habe noch weitergehende Ideen, die jedoch noch nicht gebilligt worden seien. Die Bundesrepublik sei ein ziemlich entwickeltes Land (sagte er grinsend), und ,weiß Gott, wir sind auch nicht arm'. Wenn beide Seiten den rechten Willen hätten, könnten wir was daraus machen, worüber die anderen nur staunen würden. Allerdings wolle er nicht vorgreifen, das seien vorläufig so seine Ideen. Aber wenn dies auf gegenseitiges Interesse stoßen sollte, könnte man die Dinge nach dem Besuch auf das Gleis der praktischen Verwirklichung stellen. Er sei überzeugt, daß beide Seiten die Kraft hätten, dem Staatsapparat und den großen Unternehmen (er sagte Kooperationen) die notwendigen Impulse zu vermitteln. Das seien die vorläufigen Überlegungen, die seinen Geist beschäftigten. Herr Brandt werde ihn dabei unterstützen." Vgl. den Drahtbericht Nr. 1290; VS-Bd. 9087 (213), B 150, Aktenkopien 1973.

11 Unvollständiger Satz in der Vorlage.

Mit warnendem Unterton wies Breschnew darauf hin, es nicht auf Festigkeits-
proben der sowjetischen Position ankommen zu lassen.[12]

Seine Bemerkung, es könnte (auf beiden Seiten) „der Wunsch vergehen, diese
Politik fortzusetzen", zeigt, daß er sich bewußt ist, daß bei der von ihm mit so
großem Einsatz aufgezogenen Politik Enttäuschungen die politische Gefahr eines Kurswechsels in sich bergen könnten, was dann allerdings auch für ihn
persönlich gefährlich werden könnte. Hinzuweisen ist auf seine Ausführungen
über die bisherige Pressebehandlung des Besuchs und die Art des Empfangs,
der ihm bereitet werden könnte (Ziffer 3). Breschnew deutete an, daß negative
Pressekommentare ihn nicht besonders stören, zumal sie in der Sowjetunion
von niemandem gelesen werden müssen (sprich: können).

Andererseits macht es aber auch deutlich, daß er gegenüber Demonstrationen
anläßlich seines Besuchs empfindlich reagieren würde (dies auch schon bei
meinem ersten Gespräch: die Erinnerung an sein Berliner Erlebnis). Sein Hinweis darauf, daß solche Geschehnisse stören und Geister verwirren könnten,
macht deutlich, daß diese Empfindlichkeit einen politischen Hintergrund hat.

6) Seine Ausführungen zur Programmgestaltung zeigen, daß er sich über die
Einzelheiten noch nicht im klaren ist (Ziffer 6[13]), andererseits aber über mein
Gespräch mit dem Gewährsmann (DB Nr. 1271 vom 25.4.[14]) unterrichtet war,
was dieser mir gestern auch noch bestätigte. Sie machen deutlich, daß er offenbar möglichst viel Zeit für Gespräche mit dem Bundeskanzler verwenden möch-

---

12 Der Generalsekretär des ZK der KPdSU, Breschnew, führte am 26. April 1973 gegenüber Botschafter Sahm, Moskau, aus, daß er sich bemühen werde, „das Schreiben des Bundeskanzlers noch
   vor seiner Reise zu beantworten. Es sei nicht wünschenswert, daß während der Gespräche ein Gefühl entstehe, die gegenseitigen Beziehungen würden einer Festigkeitsprobe unterzogen. Die Gespräche müßten vielmehr auf einer anderen Ebene, derjenigen der Loyalität, verlaufen. Wem das
   leichter falle, vermöge er nicht zu sagen, denn das sei sehr kompliziert." Vgl. den Drahtbericht Nr.
   1290; VS-Bd. 9087 (213); B 150, Aktenkopien 1973.
13 Botschafter Sahm, Moskau, vermerkte in Punkt 6) des Drahtberichts Nr. 1290 vom 26. April 1973:
   „Br[eschnew] ging dann auf Fragen des Programms über. Erst in den nächsten Tagen werde er sagen können, ob er Reden halten, sonst auftreten oder Reisen unternehmen werde oder was sonst
   bevorzugt wird. Doch es sei nicht ausgeschlossen, daß er sich mit einzelnen Persönlichkeiten treffe, er wisse aber noch nicht, in welcher Form [...]. Er wäre bereit, Herrn Präsidenten Heinemann
   einen Besuch abzustatten. Er habe die Idee – vorausgesetzt, daß die Genossen damit einverstanden seien – Herrn Heinemann in die Sowjetunion einzuladen, natürlich falls auch der Bundeskanzler damit einverstanden wäre. Bezüglich der Besuche bei anderen Persönlichkeiten wisse er
   noch nicht so recht. Das werde man an Ort und Stelle sehen, und er werde sich noch beraten." Etwas später sei der Generalsekretär des ZK der KPdSU, Breschnew, auf den Gedanken einer Einladung an Bundespräsident Heinemann zurückgekommen: „Was er zuvor bezüglich des Bundespräsidenten gesagt habe, möge ich vorläufig für mich behalten. Das sei allerdings so gemeint,
   daß er seine Worte zurücknehmen werde." Vgl. VS-Bd. 9087 (213); B 150, Aktenkopien 1973.
14 Botschafter Sahm, Moskau, berichtete über ein Gespräch mit einem „Gewährsmann" zum bevorstehenden Besuch des Generalsekretärs des ZK der KPdSU, Breschnew, in der Bundesrepublik.
   Darin habe der Gesprächspartner geäußert, daß Breschnew „größten Wert auf genügend Zeit für
   Gespräche mit dem Bundeskanzler" lege. Noch unklar sei, ob sich an die Gespräche in Bonn eine
   Besuchsreise durch die Bundesrepublik anschließen solle. Eine Begegnung mit dem CDU-Vorsitzenden Barzel solle nur im Rahmen eines gesellschaftlichen Ereignisses, wie etwa einem Empfang
   des Bundespräsidenten, stattfinden. Dagegen würde Breschnew eine „Begegnung mit der Industrie gerne sehen". Sahm bemerkte: „Auf die mögliche Einbeziehung von Vertretern der Gewerkschaften reagierte Partner nicht. [...] Zur Frage der Unterzeichnung der Abkommen verhielt sich
   Gesprächspartner bei der Äußerung des Gedankens, daß Bundeskanzler Brandt und Breschnew
   das Kooperationsabkommen unterzeichnen könnten, rezeptiv. Offensichtlich wollte er einer Entscheidung Breschnews nicht vorgreifen." Vgl. VS-Bd. 9087 (213); B 150, Aktenkopien 1973.

te. Bemerkenswert ist, mit welcher Vorsicht er sein Projekt über eine mögliche Einladung des Bundespräsidenten in die Sowjetunion behandelt wissen möchte. Dies zeigt erneut, daß die Gestaltung der deutsch-sowjetischen Beziehungen heikle Fragen aufwirft. Offen bleibt, welche Treffen mit „einzelnen Persönlichkeiten" Breschnew im Auge hatte. Ich vermute, es bezog sich auf den Gedanken einer Begegnung mit Barzel, den ich dem Gewährsmann gegenüber erwähnt hatte. Es könnte sich aber auch um Gespräche mit Vertretern der Industrie handeln.

7) Seine Reaktion auf die Frage, ob er gewillt sei, ein Abkommen zu unterzeichnen, und sein Hinweis auf die Erfahrungen mit Nixon (siehe Ziffer 10[15]) deuten darauf hin, daß sein Wunsch dahin geht, ein politisch gewichtiges Dokument zu unterzeichnen, also eher eine Konsultationsvereinbarung oder eine gemeinsame Deklaration.[16] Als Rückfallposition hat er die Unterzeichnung des Kooperationsabkommens[17] nicht ausgeschlossen, aber doch wenig Interesse daran gezeigt.

Seine Bemerkungen über die Vorbereitung (Ziffer 10) bestätigen, daß er den Verhandlungen über das Kommuniqué[18] große Bedeutung beimißt, und daß diese auf einer Ebene, die in unmittelbarem Kontakt mit ihm steht, geführt werden sollen.

[gez.] Sahm

VS-Bd. 9087 (213)

---

[15] Botschafter Sahm, Moskau, führte in Punkt 10) des Drahtberichts Nr. 1290 vom 26. April 1973 aus: „Ich griff das Gespräch noch einmal auf mit der Frage, ob er bereit sei, eines der unterschriftsreifen Abkommen selbst zu unterzeichnen. Br[eschnew] bejahte dies, bemerkte aber, daß z.B. das Luftverkehrsabkommen dafür nicht in Frage komme. Inzwischen habe die sowjetische Seite Erfahrungen mit Nixon, mit dem er Abkommen über die Prinzipien der Beziehungen zwischen den USA und der UdSSR [...] unterzeichnet hätte, und diese Erfahrungen mit Nixon könne man vielleicht auch in Bonn verwenden. Ich erwiderte, daß der Bundeskanzler an das langfristige Kooperationsabkommen denke, das am ehesten der von beiden Seiten angestrebten künftigen Entwicklung entspreche. Br[eschnew] antwortete, daß es durchaus so etwas sein könnte. Ob man mag oder nicht, eine Frage werde immer zur Hauptfrage. Vorläufig hätten wir gemeinsam eine Linie, die es weiter zu verfolgen gelte. Dabei erhebe sich die Frage nach der Perspektive. Es gebe Fragen der Politik, der Wirtschaft und der Kultur. Abkommen bezögen sich stets auf Einzelfragen, die aber Ausfluß allgemeiner Prinzipien sind. Es lohne sich, daran zu arbeiten. Dies habe er in seinem Referat im ZK-Plenum getan." Vgl. VS-Bd. 9087 (213); B 150, Aktenkopien 1973.

[16] Am 29. Mai 1972 unterzeichneten der Generalsekretär des ZK der KPdSU, Breschnew, und Präsident Nixon in Moskau eine Grundsatzerklärung über amerikanisch-sowjetische Beziehungen. Für den Wortlaut vgl. DEPARTMENT OF STATE BULLETIN, Bd. 66 (1972), S. 898f. Für den deutschen Wortlaut vgl. EUROPA-ARCHIV 1972, D 289–291.

[17] Zu den Verhandlungen zwischen der Bundesrepublik und der UdSSR über ein Abkommen über wissenschaftlich-technische Zusammenarbeit vgl. Dok. 87, Anm. 15.

[18] Vgl. dazu den Entwurf der Bundesregierung vom 25. April 1973 für ein Kommuniqué; Dok. 113, Anm. 3.

122

Botschafter Sahm, Moskau, an das Auswärtige Amt

114-11753/73 VS-vertraulich   Aufgabe: 28. April 1973, 17.33 Uhr[1]
Fernschreiben Nr. 1333   Ankunft: 28. April 1973, 17.20 Uhr

Betr.: ZK-Plenum vom 26./27. April 1973

Zur Information

I. ZK-Plenum war von außerordentlicher Bedeutung. In längerer Entschließung hat es die eindeutig Breschnew zugeschriebene außenpolitische Grundlinie prinzipiell gebilligt, führende und gestaltende Rolle des Generalsekretärs
in diesem Bereich nun auch formell bekräftigt.[2] Durch das Ausscheiden von
zwei und die Zuwahl von drei Vollmitgliedern des Politbüros kam es zur ersten
tiefgreifenden Veränderung der Personalstruktur dieses Gremiums seit 1964[3].
Beide Resultate zeigen, daß Position Breschnews stark und gesichert ist. Sie
demonstrieren auch der sowjetischen Öffentlichkeit, daß Breschnew im Laufe
der Entwicklung der letzten Jahre, vor allem seit dem 24. Parteitag[4], aus der
Rolle des „primus inter pares" hinausgewachsen ist und mehr und mehr zur
zentralen Führungspersönlichkeit des Landes wird. Bei aller Vorsicht, die Generalsekretär in dieser Hinsicht bisher walten ließ, ist seine Führungsrolle
nunmehr jedermann erkennbar.

Die Ernennung von Gromyko, Gretschko und Andropow läßt die drei Komponenten der Breschnewschen Gesamtkonzeption deutlich sichtbar werden: die

---

1 Hat Vortragendem Legationsrat I. Klasse Meyer-Landrut vorgelegen.
   Hat Vortragendem Legationsrat Stabreit am 30. April 1973 vorgelegen.
2 Im Beschluß des ZK der KPdSU vom 27. April 1973 „über die internationale Tätigkeit des ZK bei
   der Realisierung der Beschlüsse des XXIV. Parteitags" wurde ausgeführt: „Nach Entgegennahme
   und Diskussion des Berichts Leonid Breschnews über die internationale Tätigkeit des ZK der
   KPdSU bei der Realisierung der Beschlüsse des XXIV. Parteitags billigt das ZK-Plenum voll
   und ganz die vom Politbüro geleistete Arbeit zur Gewährleistung eines dauerhaften Friedens in der
   ganzen Welt und einer stabilen Sicherheit für das sowjetische Volk, das den Kommunismus aufbaut, und würdigt den großen persönlichen Beitrag Leonid Breschnews zur Lösung dieser Aufgaben. [...] Zugleich verweist das Plenum erneut auf die Notwendigkeit, stets wachsam und bereit zu
   sein, jeglichen Anschlägen der aggressiven und reaktionären Kreise des Imperialismus eine Abfuhr zu erteilen. Das Plenum des ZK beauftragt das Politbüro, auch künftig konsequent den vom
   XXIV. Parteitag der KPdSU festgelegten außenpolitischen Kurs zu verfolgen, sich dabei von den
   Feststellungen und Schlußfolgerungen im Bericht Leonid Breschnews auf diesem Plenum leiten
   zu lassen, für die vollständige Verwirklichung des Friedensprogramms zu kämpfen und darauf
   hinzuwirken, daß die nun erreichten günstigen Wandlungen in der internationalen Atmosphäre
   nicht mehr rückgängig gemacht werden können. Dazu wird die Fortsetzung der direkten Kontakte
   der Repräsentanten unserer Partei und unseres Staates mit Vertretern anderer Staaten auf höchster Ebene einen wesentlichen Beitrag leisten." Vgl. EUROPA-ARCHIV 1973, D 321.
3 Nikita Sergejewitsch Chruschtschow wurde auf der Plenartagung des Zentralkomitees der KPdSU
   vom 14. Oktober 1964 von seinem Amt als Erster Sekretär des ZK der KPdSU enthoben. Am 15.
   Oktober 1964 folgte seine Absetzung als sowjetischer Ministerpräsident. Seine Nachfolger wurden
   der ehemalige Vorsitzende des Präsidiums des Obersten Sowjet der UdSSR, Breschnew, bzw. der
   Erste Stellvertretende Vorsitzende des Ministerrats der UdSSR, Kossygin. Vgl. EUROPA-ARCHIV
   1964, Z 225.
   Zur Plenartagung des ZK der KPdSU am 14./15. Oktober 1964 vgl. auch AAPD 1964, II, Dok. 286.
4 Der XXIV. Parteitag der KPdSU fand vom 30. März bis 9. April 1971 in Moskau statt.

allgemeine Entspannungspolitik, keine Vernachlässigung der Streitkräfte und die Absicherung im Inneren.

II. 1) Plenum hat gezeigt, daß heute die Außenpolitik das Zentrale in der Sowjetunion ist. Es war erstes Plenum seit 1964, das sich ausschließlich mit Außenpolitik befaßte. Rednerliste mit 19 Rednern zum Thema Außenpolitik unter Teilnahme von fünf Vollmitgliedern des Politbüros, drei Politbürokandidaten und sämtlichen neu zugewählten Mitgliedern des Politbüros hat es bisher noch nicht gegeben. Präzedenzlos ist auch gleichzeitiges Auftreten von Podgornyj und Kossygin in der Debatte. Sowohl Armee wie Staatssicherheitsdienst und Vertreter der Ideologie (Suslow) kamen zu Wort.

Diese Umstände weisen darauf hin, daß Breschnew es für nötig hielt, außenpolitische Generaldebatte zu führen, welche die Einheit der Führungsgruppe und weiterer maßgeblicher politischer Kräftezentren des Landes (Armee und Innenministerium) hinter der von Breschnew gewiesenen Linie sowohl intern wie öffentlich eindrucksvoll demonstrieren sollte. Wenn die bevorstehenden spektakulären Reisen des Generalsekretärs[5] allein schon gebotener Anlaß waren, die politische Linie noch einmal abzusichern, deutet der außergewöhnliche Ablauf des Plenums erneut darauf hin, daß es durchaus noch Zweifel, Vorbehalte, Bedenken und Widerstände gegen den Kurs des Generalsekretärs gegeben hat. Sie ließen es Breschnew wohl nötig erscheinen, vor seinen Reisen klaren Tisch zu machen. Mit der Pensionierung, sprich: Entlassung, von Schelest und Woronow (letzterem wurden früher besondere Sympathien für die DDR und Ulbricht nachgesagt) aus dem Politbüro sind repräsentative Zweifler an der außenpolitischen Linie für alle deutlich entfernt worden. Diejenigen, die noch Vorbehalte haben mögen, sind gewarnt. Darüber hinaus sind anscheinend die ZK-Mitglieder aufgerufen worden, ihre Billigung des außenpolitischen Kurses deutlicher als in den letzten Plenarsitzungen zum Ausdruck zu bringen. Während die außenpolitischen Entschließungen des Plenums im November 1971[6] „einmütig" und im Mai 1972[7] ohne derartige Qualifikation gefaßt wurden, hat das Plenum diesmal seine Entschließung „einstimmig" gefaßt.

2) Entschließung enthält prinzipielle Billigung der außenpolitischen Linie von Breschnew. Schwerpunkt liegt offenbar auf Frage der West-Beziehungen. Formulierungen entsprechen in Grundzügen den allgemeinen Gedanken, wie sie Breschnew auch in seinen Gesprächen mit mir dargelegt hatte.[8] Balanciert werden diese Darlegungen durch Hinweise auf Bemühungen um Einheit und Geschlossenheit der sozialistischen Staaten und der kommunistischen Bewegung[9] mit Betonung des RGW[10]. Die übrigen außenpolitischen Themen werden

---

5 Der Generalsekretär des ZK der KPdSU, Breschnew, besuchte die Bundesrepublik vom 18. bis 22. Mai 1973. Vgl. dazu Dok. 145–152.
Vom 18. bis 25. Juni 1973 besuchte Breschnew die USA.
Am 26./27. Juni 1973 hielt sich Breschnew in Frankreich auf. Vgl. dazu Dok. 217.
6 Die Plenartagung des ZK der KPdSU fand am 22./23. November 1971 in Moskau statt.
7 Die Plenartagung des ZK der KPdSU fand am 19. Mai 1972 in Moskau statt.
8 Zu den Gesprächen des Botschafters Sahm, Moskau, mit dem Generalsekretär des ZK der KPdSU, Breschnew, am 26. März und am 26. April 1973 vgl. Dok. 89 und Dok. 121.
9 Im Beschluß des ZK der KPdSU vom 27. April 1973 „über die internationale Tätigkeit des ZK bei der Realisierung der Beschlüsse des XXIV. Parteitags" wurde dazu festgestellt: „Das Plenum konstatiert mit Genugtuung die Solidarität der marxistisch-leninistischen Parteien und gesellschaftlichen Massenbewegungen mit der Tätigkeit der KPdSU und des Sowjetstaates bei der Realisierung

relativ kurz und ohne neue Aspekte angesprochen. Auffällig ist, daß das Thema der ideologischen Auseinandersetzung nicht behandelt wird.

Im einzelnen ist bemerkenswert:

– Der „große persönliche Beitrag" Breschnews zur Lösung der außenpolitischen Fragen wird besonders gewürdigt. Das Plenum beauftragt Politbüro, außenpolitischen Kurs des 24. Parteitags fortzusetzen und sich dabei von Darlegungen und Schlußfolgerungen des Berichts von Breschnew[11] leiten zu lassen. Seine Bemerkung zu mir, diese Außenpolitik trage seinen persönlichen Charakter, spiegelte wohl diesen Teil der Debatte wieder.

– Positive Entwicklungen in internationaler Arena sollen einen nicht umkehrbaren Charakter erhalten, d. h., Politik, die zu ihnen geführt hat, soll langfristig fortgesetzt werden.

– Breschnew läßt sein Reiseprogramm ausdrücklich billigen („die Fortsetzung direkter Kontakte der Leiter von Partei und Staat mit Vertretern anderer Staaten auf höchster Ebene wird sehr förderlich sein").

– Das Plenum erklärt, die erfolgreiche Durchführung der KSZE sei von prinzipieller Bedeutung.[12] MBFR wird bezeichnenderweise nicht erwähnt.

– Die Aktivierung der außenwirtschaftlichen Beziehungen mit den westlichen Staaten unter Nutzung „neuer Möglichkeiten" wird auch im Interesse „unseres Volkes" begrüßt.[13] (Hinweis auf Bedeutung der Westpolitik für wirtschaftliche Entwicklung der Sowjetunion).

Fortsetzung Fußnote von Seite 606

des Friedensprogramms. Im Kampf gegen den Imperialismus wird die KPdSU auch künftighin in ihrer internationalen Politik den sozialistischen, Leninschen Kurs verfolgen und die um ihr Recht auf Unabhängigkeit und sozialen Fortschritt ringenden Völker unterstützen." Vgl. EUROPA-ARCHIV 1973, D 322.

10 Im Beschluß des ZK der KPdSU vom 27. April 1973 „über die internationale Tätigkeit des ZK bei der Realisierung der Beschlüsse des XXIV. Parteitags" wurde zum Rat für Gegenseitige Wirtschaftshilfe ausgeführt: „Besondere Bedeutung gewinnt die Vervollkommnung der wirtschaftlichen Zusammenarbeit mit den RGW-Ländern, um in der gegenwärtigen Etappe die Möglichkeit der sozialistischen ökonomischen Integration maximal auszunutzen und damit zur weiteren Stärkung des wirtschaftlichen und Verteidigungs-Potentials der sozialistischen Gemeinschaft beizutragen." Vgl. EUROPA-ARCHIV 1973, D 321.

11 Für den Rechenschaftsbericht des Generalsekretärs des ZK der KPdSU auf dem XXIV. Parteitag der KPdSU vom 30. März bis 9. April 1971 in Moskau, in dem Breschnew ausführte, daß die UdSSR der „aggressiven Politik des Imperialismus" eine Politik „der aktiven Verteidigung des Friedens und der Festigung der internationalen Sicherheit" entgegensetzen wolle, vgl. EUROPA-ARCHIV 1971, D 244–245.

12 Im Beschluß des ZK der KPdSU vom 27. April 1973 „über die internationale Tätigkeit des ZK bei der Realisierung der Beschlüsse des XXIV. Parteitags" wurde dazu ausgeführt: „Das ZK der KPdSU geht davon aus, daß gegenwärtig Voraussetzungen für die Schaffung eines stabilen Systems der Sicherheit und Zusammenarbeit in Europa bestehen, das ein lebendiges und anziehendes Beispiel für die friedliche Koexistenz sein würde. In diesem Zusammenhang mißt das Plenum einer erfolgreichen Durchführung der gesamteuropäischen Konferenz prinzipielle Bedeutung bei." Vgl. EUROPA-ARCHIV 1973, D 321.

13 Im Beschluß des ZK der KPdSU vom 27. April 1973 „über die internationale Tätigkeit des ZK bei der Realisierung der Beschlüsse des XXIV. Parteitags" wurde dazu ausgeführt: „Das Plenum billigt die laufenden Bemühungen um die Entwicklung der Beziehungen zwischen der Sowjetunion und Staaten anderer Gesellschaftsordnung auf der Grundlage der Prinzipien der friedlichen Koexistenz [...]. Die Aktivierung der auf gegenseitigem Vorteil beruhenden Außenwirtschaftsbeziehungen der UdSSR zu diesen Ländern und die Nutzung der neuen Möglichkeiten auf diesem Wege werden zur Festigung des Friedens beitragen und entsprechen den Interessen unseres Volkes." Vgl. EUROPA-ARCHIV 1973, D 322.

– Interessant ist Hinweis, der von Bereitschaft spricht, bei „konkreten Initiativen" der kommunistischen Bruderparteien zur Stärkung der Einheit kommunistischer Bewegung mitzuwirken.[14] Dies könnte auf neue Pläne für kommunistische Weltkonferenz oder andere organisatorische Maßnahmen zur Festigung des kommunistischen Lagers hindeuten. Gerüchte dieser Art gab es bereits im letzten Jahr.

3) Bei den personellen Veränderungen handelt es sich keineswegs um die an sich nötige Verjüngung des Führungsgremiums, sondern um eine klare Verschiebung der personalpolitischen Gewichte zugunsten von Breschnew. Für die 63- und 65jährigen Woronow und Schelest rücken der 70jährige Gretschko, der 64jährige Gromyko und der 59jährige Andropow auf. Ausscheiden von Schelest und Woronow kam nicht unerwartet. Vor allem Schelest gilt als Kritiker der Politik von Breschnew. Er hatte seine Machtposition in der Ukraine schon im letzten Jahr verloren.[15] Bemerkenswert und nicht vorhergesehen ist jedoch das Aufrücken von Gretschko, Andropow und Gromyko. Gromykos Aufrücken war zwar bereits im Zusammenhang mit dem 24. Parteitag Gegenstand von Vermutungen, doch überrascht, daß er sofort Vollmitglied wurde.

Aufrücken von Gretschko und Andropow bringt die Tatsache zum Ausdruck, daß Breschnews Politik sich auf die Führung von Armee und Staatssicherheitsdienst stützen konnte. Diese Tatsache wird nun auch öffentlich erkennbar. Insofern repräsentiert personelle Zusammensetzung des Politbüros besser als bisher politischen Kurs des Generalsekretärs. Dies mag Aufmerksamkeit, welche die Armee genießt, und das Anziehen der innenpolitischen Zügel, in den letzten Jahren mit erklären.

Aufrücken dieser beiden Persönlichkeiten im Zusammenhang mit einer grundsätzlichen Billigung der außenpolitischen Linie sichert Breschnew gleichzeitig gegenüber Kritik aus den gewichtigen politischen Zentren Armee und Sicherheitsdienst ab. Diese Vorfälle mögen dazu beigetragen haben, die zu erwartenden Spekulationen im In- und Ausland, die sich an das außergewöhnliche Aufrücken des Verteidigungsministers und Berufssoldaten Gretschko ins Politbüro und das Wiederaufrücken des Staatssicherheitsdienstes in das höchste Führungsgremium knüpfen dürften, in Kauf zu nehmen.

Gromykos Aufrücken hingegen dürfte eher als Anerkennung für zuverlässige Dienste und als Zeichen für Bedeutung anzusehen sein, welche der Außenpolitik in jetziger Phase zukommt. Breschnew wird nach wie vor seiner Neigung zur Außenpolitik nachgehen und Zügel führen, wobei er mit ständiger Unter-

---

[14] Im Beschluß des ZK der KPdSU vom 27. April 1973 „über die internationale Tätigkeit des ZK bei der Realisierung der Beschlüsse des XXIV. Parteitags" wurde dazu ausgeführt: „Konsequent für die politische und ideologische Geschlossenheit der kommunistischen Bewegung auf der Grundlage der Prinzipien des Marxismus-Leninismus eintretend, bekundet das ZK der KPdSU seine Bereitschaft, zusammen mit den Bruderparteien an der Verwirklichung der konkreten Initiativen zur Erreichung dieses Ziels teilzunehmen. Das Plenum betont, daß der hartnäckige Kampf der Führung der VR China gegen die Geschlossenheit der sozialistischen Länder und der kommunistischen Weltbewegung, gegen die Bemühungen der friedliebenden Staaten und Völker um internationale Entspannung und der antisowjetische Kurs Pekings der Sache des Friedens und des Weltsozialismus schaden." Vgl. EUROPA-ARCHIV 1973, D 322.

[15] Am 20. Mai 1972 wurde Pjotr Schelest von seinem Posten als Erster Sekretär des ZK der Kommunistischen Partei der Ukraine abgelöst und zu einem Stellvertretenden Vorsitzenden des Ministerrats der UdSSR ernannt.

stützung Gromykos rechnen kann. Falls die neuen Mitglieder ihre Position im Staatsapparat behalten, greift Führungsgremium der Partei in verstärktem Maße in direkte Führung des Staatsapparats ein.

Mit Poljanskij wären die Verwalter von vier Fachministerien Politbüro-Mitglieder[16], was sowohl ungewöhnlich ist als auch das Gewicht des Regierungsapparats unter Kossygin schwächt. Dies entspricht der seit einiger Zeit vertretenen Losung von der Gesetzmäßigkeit immer stärker werdender Verantwortung der Partei und läßt den Eindruck entstehen, daß sich Strukturveränderungen abzeichnen.

Wenngleich Personalveränderungen unmittelbar eine Stärkung und Sicherung der Position von Breschnew zur Folge haben, ist nicht zu übersehen, daß Aufnahme der Leiter von Armee und Staatssicherheit für Zukunft gewisse Risiken mit sich bringt. Beide vertreten Gruppen, in denen am ehesten Kräfte zu suchen sind, die dazu prädestiniert scheinen, der gegenwärtigen außenpolitischen Linie Bedenken entgegenzubringen. Es mag sein, daß private Beziehungen Breschnews zu neuen Politbüro-Mitgliedern gewisse Risiken abmildern (Breschnew ist z. B. mit Gretschko schon aus Zeit des Zweiten Weltkrieges eng verbunden), doch liegen in der neuen personellen Konstellation auch Ansatzpunkte für zukünftige Schwierigkeiten.

Das Aufrücken von Romanow, der im Leningrader Parteiapparat groß wurde, bringt, soweit ersichtlich, einen Breschnew ergebenen Mann ins Politbüro. Er hatte sich in letzten Plena stets an außenpolitischer Debatte – ohne Zweifel im Sinne von Breschnew – beteiligt.

III. Fazit des Plenums ist zweifellos eine weitere Stärkung der Position von Breschnew. Tatsache, daß er erste größere „Säuberung" des Politbüros seit 1964 durchführen konnte, zeigt, daß er sich jetzt sicher fühlt, in das sorgsam ausbalancierte, empfindliche Gleichgewicht des Politbüros in seinem Sinne einzugreifen. Da sich dadurch Gewichte verschieben und neue Konstellationen bilden, erscheinen weitere Veränderungen in Zukunft möglich. Auch die gerade Zahl von 16 Vollmitgliedern ist ungewöhnlich und tendenziell unstabil. Breschnew ist auf seinem Wege zur unanfechtbaren Führungsposition einen weiteren großen Schritt gegangen, auch wenn er – gewitzt durch die Erfahrungen von Chruschtschow – weiterhin vorsichtig prozedieren dürfte. Es wurde deutlich, daß die Außenpolitik weitgehend von ihm getragen wird. Das verspricht zwar für absehbare Zeit Stabilität der sowjetischen außenpolitischen Linie, macht aber deutlicher als zuvor, daß sie im hohen Maße von der Person Breschnews abhängt mit all den daraus folgenden Unsicherheitsfaktoren.

[gez.] Sahm

VS-Bd. 9084 (213)

---

16 Neben Landwirtschaftsminister Poljanskij waren auch der Vorsitzende des Komitees für Staatssicherheit beim Ministerrat der UdSSR, Andropow, Verteidigungsminister Gretschko und Außenminister Gromyko sowohl Mitglieder des Politbüros des ZK der KPdSU als auch Mitglieder des Ministerrats der UdSSR.

123

Gespräch des Bundesministers Bahr mit dem Sicherheitsberater des amerikanischen Präsidenten, Kissinger, in Washington

30. April 1973

Vermerk über Gespräch von Bundesminister Bahr mit Kissinger und Sonnenfeldt am 30. April 1973

Bundesminister einleitend: Das Verhältnis Amerika–Europa wird Anknüpfungspunkt für Gesprächsführung BK/Präsident[1] sein, woraus sich andere Probleme ableiten.

Aus jüngster Kissinger-Rede[2] vor allem ein Punkt für uns unklar geblieben, worin möglicherweise Meinungsverschiedenheit zum Ausdruck kommt: Frage, wie künftig Gewicht der Sicherheitsfragen sein wird. Wenn Sicherheit bei künftig anzustrebendem Verhältnis Europa–USA einer von mehreren Punkten sei, wie man dies aus Rede Kissingers herauslesen könne, könnte dies bedeuten, daß Sicherheit nicht mehr zentrales Problem dieses Verhältnisses sei.

Kissinger: Dieser Eindruck nicht richtig, Sicherheit bleibe zentrales Problem. Zu beachten jedoch, daß bei geänderten Beziehungen US zu China und SU Verhältnis Amerika–Europa nicht ausschließlich auf gemeinsamer Verteidigung aufgebaut werden könne, was auch unter innenpolitischen amerikanischen Gesichtspunkten zu sehen sei. Stimme BM zu, daß US hinsichtlich politischer Verantwortung und Potential atomarer Abschreckung gegenüber Europa auch künftig in selber Position bleibe wie bisher. Dies sei vor allem auch Meinung Präsident, der zu Beginn zweiter Amtsperiode[3] Anstoß für Neuformulierung amerikanisch-europäischen Verhältnisses geben will, das dann auch Bestand habe. Dabei zu berücksichtigen, daß in letzten zehn Jahren innerhalb der Allianz nichts spektakulär Positives geschehen sei, auf der anderen Seite Besuche in Peking[4] und Moskau[5] mit weitreichenden Auswirkungen erfolgt seien, so daß sich amerikanische Öffentlichkeit zu fragen beginne, ob Allianz überhaupt noch am Leben sei.

Deshalb Notwendigkeit, in naher Zukunft Gebiete gemeinsamen Interesses zu finden, die Einigung beider Seiten möglich mache. Wichtig, auf beiden Seiten Atlantiks psychologisches Gegengewicht gegen gewisse Allianzverdrossenheit zu finden, deshalb auch Notwendigkeit, plausible Doktrin für deren Fortbestehen zu entwickeln.

---

[1] Zu den Gesprächen des Bundeskanzlers Brandt mit Präsident Nixon am 1./2. Mai 1973 in Washington vgl. Dok. 124 und Dok. 130.

[2] Zur Rede des Sicherheitsberaters des amerikanischen Präsidenten, Kissinger, am 23. April 1973 in New York vgl. Dok. 118.

[3] Bei den Präsidentschaftswahlen am 7. November 1972 wurde Präsident Nixon im Amt bestätigt.

[4] Präsident Nixon hielt sich vom 21. bis 28. Februar 1972 in der Volksrepublik China auf.

[5] Präsident Nixon besuchte die UdSSR vom 22. bis 30. Mai 1972. Vgl. dazu AAPD 1972, I, Dok. 149, und AAPD 1972, II, Dok. 161.

Bundesminister verweist auf kürzliche message an Kissinger, deren Inhalt im Kern sei, daß unser politisches System künftig weit mehr als bisher Generalnenner für unsere Beziehungen zu den kommunistisch regierten Ländern sei.[6]

US ist und bleibt Weltmacht, deshalb Frage, ob Europäer künftig mehr zahlen als bisher, zu verneinen. Grund vor allem, weil Europäer bereits mehr zahlen als US.

Kissinger entgegnet, dies könne dann aber bedeuten, daß Europäer sämtliche Kosten ihrer Verteidigung ganz zu tragen hätten. Warum sollten dann US weiterhin mehrere hunderttausend Truppen in Europa stationieren und unterhalten?

Bundesminister widerspricht, Verantwortung für Sicherheit nicht teilbar, bleibe bei US, deshalb kein Grund, daß Europäer mehr zahlen.

Kissinger: Wenig sinnvoll, daß wir uns jetzt über Frage Zahlungen für US-Truppen unterhalten, solange keine neue Doktrin für Allianz besteht. Dies muß jetzt in Friedenszeiten entwickelt werden. Frage der Zahlungen sollte dann aufgrund Ergebnisses unserer Untersuchungen über diese neue Doktrin entschieden werden. Er räume ein, daß amerikanische Forderung nach höheren Leistungen Europas nicht bedeuten könne, daß dies vor allem BRD treffe. Gemeint sei vor allem Dänemark, Norwegen, Niederlande, Belgien. US wünsche lediglich, daß BRD hilft, notwendiges neues Konzept zu entwickeln. US wollen BRD nicht noch mehr zur Kasse bitten.

Bundesminister verweist auf für Herbst vorgesehene Offset-Verhandlungen.[7] Dabei müßten dann neue Wechselkurse berücksichtigt werden, BRD wünsche auf Dollar-Basis abzurechnen. Preissteigerungen in US sollten von diesen getragen werden.

Kissinger verweist auf Wichtigkeit, wirtschaftliche Fragen im Verhältnis Amerika−Europa nicht zu sehr von heimischen pressure-groups und Bürokratie beeinflussen zu lassen.

Bundesminister verweist auf Problem, daß verschiedene amerikanische Schritte auf wirtschaftlichem Gebiet in jüngster Zeit geeignet gewesen seien, bei uns anti-amerikanische Reaktionen hervorzurufen, obwohl wir einziges Land seien, in dem Antiamerikanismus im Grunde nicht existiere.

US müßten etwas tun, um vor allem 90 Mrd. Euro-Dollars in Griff zu bekommen, für die europäische Zentralbanken nicht Verantwortung übernehmen könnten. US seien ökonomisch durch Investitionen ihrer Firmen fest im Ge-

---

6 Am 14. April 1973 übermittelte Bundesminister Bahr dem Sicherheitsberater des amerikanischen Präsidenten, Kissinger, folgende Einschätzung des Ost-West-Verhältnisses: „Die USA und Europa haben das Ziel, die militärische Konfrontation mit Ost-Europa abzubauen. In dem Maße, in dem dies gelingt, wird deutlicher als bisher ihre politisches und wirtschaftliches System ihre Interessen gegenüber den kommunistisch regierten Ländern definiert. Eine systematische, aber nicht wahllose Erweiterung der wirtschaftlichen Ost-West-Beziehungen wird die Widersprüche in den kommunistisch regierten Ländern steigern und zu weiteren Modifikationen des Systems beitragen. Es liegt auch im westlichen Interesse, daß diese Entwicklung keinen explosiven und nicht kontrollierbaren Umschlag erfährt." Vgl. Archiv der sozialen Demokratie, Depositum Bahr, Box 439.

7 Zu Vorgesprächen zwischen der Bundesregierung und der amerikanischen Regierung über ein Devisenausgleichsabkommen für die Zeit nach dem 1. Juli 1973 vgl. Dok. 124, Anm. 3.
Die Verhandlungen begannen am 18./19. September 1973 in Washington. Vgl. dazu Dok. 286.

meinsamen Markt verankert, deshalb Forderung nach Kontrolle für Euro-Dollar berechtigt.

Sonnenfeldt verweist darauf, daß nach US-Statistiken in letzten fünf Jahren europäische Investitionen in US größer als umgekehrt gewesen.

Kissinger erklärte, über dieses Problem müsse unbedingt gesprochen werden. Verweist auf neue Tätigkeit Sonnenfeldts im Finanzministerium, womit Gewähr gegeben, daß mit monetären Problemen verbundene politische Fragen nunmehr in guten Händen.

Bisher hätten nur relative Lösungen in unmittelbaren Krisen gefunden werden können. Grundsätzliche Regelung sei noch nicht gelungen. Aber unbedingt erforderlich. Dies sollte nicht Technikern überlassen werden. Hier seien politische Entscheidungen auf höchster Ebene erforderlich. Bei jetzigem Treffen BK/Präsident keine Lösung zu erwarten, eher nach dem für Mitte Mai vorgesehenen Finanzminister-Treffen[8].

MBFR

Sonnenfeldt erläutert uns bereits übermitteltes amerikanisches Positionspapier, das Mittwoch[9] bei NATO eingeführt werden soll.[10] Hebt dabei besonderen amerikanischen Wunsch hervor, zu sogenannten common ceilings zu kommen, was bedeuten könne:

1) Reduktion aller Stationierungsstreitkräfte bis zu einem bestimmten Grad, der beim Westen geringer als bei SU sei, Ausgleich würde danach geschaffen durch entsprechende Verringerung der einheimischen Streitkräfte, die wiederum beim Westen höher als im Osten sei;

2) eine auf die USA und die SU beschränkte Truppenreduktion;

3) eine Verminderung der Qualität vor allem von Offensivwaffen, was bei SU heiße Verringerung der Zahl der Panzer und bei US der Zahl der atomaren Sprengköpfe.

Die Möglichkeit zu 3) sei für US schwierig, weil wegen Panzerbesatzungen die Mannschaftsreduzierung bei SU größer als bei US sei, was von SU möglicherweise nicht mitgemacht werde, und außerdem aus innenpolitischen Gründen, weil kaum amerikanische Truppen aus Europa abgezogen würden (Senats-Opposition).

US wollten nicht „bluten noch sterben" für die Einbeziehung Ungarns[11], die im übrigen US-Konzept weitgehend unmöglich machen würde, da von SU unverhältnismäßig große Reduktionen verlangt werden müßten.

Bundesminister entgegnete, mit bisheriger Verhandlungsmethode sei Weiterkommen unmöglich. Es stelle sich deshalb die Frage, ob gewünschtes Ergebnis

---

8 Vom 21. bis 25. Mai 1973 fand in Washington eine Konferenz des Ausschusses des Gouverneursrats des Internationalen Währungsfonds für die Reform des internationalen Währungssystem und verwandte Fragen (Zwanziger-Ausschuß) statt.
9 4. Mai 1973.
10 Zum amerikanischen MBFR-Vorschlag vom 16. April 1973 vgl. Dok. 120.
    Das Papier wurde am 2. Mai 1973 im Ständigen NATO-Rat vorgelegt. Vgl. dazu Dok. 131, Anm. 3.
11 Zur Teilnahme Ungarns an den MBFR-Explorationsgesprächen vgl. Dok. 107.

von MBFR nicht vorweggenommen werden solle. Deshalb wichtig für uns zu wissen, was US von MBFR erwarteten.

Sonnenfeldt verwies kurz auf Geschichte MBFR, die in US zunächst lediglich als taktisches Mittel verstanden wurde, Bestrebungen von Senator Mansfield[12] entgegenzuwirken. Dieser taktische Gesichtspunkt heute von untergeordneter Bedeutung. US wünsche substantielles Ergebnis, das bei effektiverer Verteidigungskonzeption von NATO mehr Sicherheit biete. Deshalb sei zunächst größere Klarheit über NATO-Doktrin erforderlich. Dies sei auch der Sinn der Rede Kissingers gewesen.

Bundesminister betonte noch einmal, um Verhandlungen voranzubringen unter Umständen Notwendigkeit, sich vorweg auf Ergebnis zu einigen, was dann im einzelnen von Delegationen ausgefüllt werden könne. Fragt nach amerikanischen Vorstellungen über common ceilings.

Sonnenfeldt betonte, Hauptzweck aus US-Sicht sei, Gefahr eines Angriffs zu verkleinern. Reduktionen sollten nach US-Auffassung zehn Prozent auf westlicher und 20 Prozent auf östlicher Seite betragen.

Bundesminister erklärte, er ginge von anderen Größenordnungen aus, da politische Anstrengung, die von US genannten Zahlen zu erreichen, etwa gleich groß wären wie die zu unternehmenden Anstrengungen bei erheblich größerer Zahl. Im übrigen werde bei derartig geringen Zahlen Gefahr eines Angriffs nur unwesentlich verringert. Man müsse deshalb ein Ziel von mehreren hunderttausend Mann setzen, das in mehreren Stufen erreicht werden könne.

Sonnenfeldt verweist auf Problematik schneller Remobilisierung von Streitkräften, wobei Osten in weit besserer Position als Westen. Wenn US-Truppen, um etwa 30 Prozent verringert würden, während auf der anderen Seite die Sowjets sich lediglich bis hinter ihre Grenzen zurückziehen müßten, könnte dies bedeuten, daß dann westliches Potential zu gering wäre, um weiter vor einem Angriff abzuschrecken.

Bundesminister wirft Frage auf, ob dies nicht bereits jetzt der Fall sei. Aus der Sicht der SU könne man sich doch fragen, ob Westen durch amerikanische Luftkapazitäten nicht deshalb in besserer Lage sei, Truppen wieder aufzufüllen, als der Osten, der dies auf wenigen schlechten Straßen und verwundbaren Eisenbahnlinien tun müsse. Er sei überzeugt, daß SU ganzem Thema zutiefst mißtrauisch gegenüberstehe, weshalb zunächst zumindest wohl nur kosmetische Operationen möglich seien. Im übrigen verweise er darauf, daß eine bei starken Reduzierungen übrigbleibende kleine Streitmacht zu militärischer Vollintegration zwinge, während Gefahr selbständiger Operationen bei größeren Streitkräften entsprechend höher sei.

Die Bedeutung der amerikanischen nuklearen Abschreckung werde besonders deutlich bei Berlin, das schon heute militärisch nicht haltbar sei.

---

[12] Zu den Bestrebungen des amerikanischen Senators Mansfield, eine Reduzierung der in Europa stationierten amerikanischen Truppen zu erreichen, vgl. Dok. 73, Anm. 6.

Kissinger erklärte, er frage sich, ob man bei MBFR nicht entsprechend SALT vorgehen könne. Einer ersten Runde mit relativ geringen Ergebnissen könne dann eine weitere Runde folgen.[13]

KSZE

Bundesminister erklärte, Formulierung des Mandats für Kommission habe sich ganz auf die Grenzfrage zugespitzt.[14] Wir könnten keiner Formulierung zustimmen, die hinter der des Moskauer Vertrages[15] zurückbleibe. Auch ein Kompromiß, dem manche Europäer durchaus zuneigten, sei für uns nicht akzeptabel, da Gefahr einer Aushöhlung sowohl des Moskauer wie auch des Grundvertrages bestehe. SU werde sich seiner Meinung nach schließlich mit einer dem Moskauer Vertrag entsprechenden Formulierung einverstanden erklären. Sollte Einigung auf dieser Basis nicht zustande kommen, seien wir zur Teilnahme an der Konferenz nicht bereit. Grenzfrage habe für uns absolute Priorität.

Kissinger und *Sonnenfeldt* erklärten, US-Position sei, nichts zu unternehmen, was von BRD nicht akzeptiert werden könne. US hätten volles Verständnis für unseren Standpunkt und seien bereit, diesen zu unterstützen. US seien nicht gewillt, mit SU zu kooperieren und Druck auf BRD auszuüben. Bisherige Versuche SU, KSZE-Fragen bilateral mit US vorzuentscheiden, seien zurückgewiesen worden. In Grenzfrage müsse BRD bestimmen, was für Westen akzeptabel sei. Da Weißes Haus nicht alle Manöver in Helsinki verfolgen könne, Bitte an BRD, dafür Sorge zu tragen, daß US-Delegation von uns über unseren Standpunkt voll informiert wird und unsere Haltung verstehen könne.

Einbeziehung von Berlin (West) in internationalen Luftverkehr

Bundesminister erläuterte Wunsch, Abmachung zu treffen, die Einbeziehung Berlins in internationalen Luftverkehr gewährleisteten. Dabei sollte Regime der Luftkorridore unangetastet bleiben. Frage konzentriere sich deshalb auf

a) Überflugrechte außerhalb Luftkorridore bis zur Berliner Luftkontrollzone (DDR),

b) Einflugrechte in Kontrollzone (Vier Mächte) und

c) Landerechte in West-Berlin (Drei Westmächte).

Kissinger sagte, über Problem nicht in allen Teilen unterrichtet zu sein und stimmte BM zu, Frage mit Rush zu besprechen, wobei auch vorgeklärt werden sollte, von wem erste Initiativen ausgehen sollten.

Archiv der sozialen Demokratie, Depositum Bahr, Box 439

---

[13] Die 1969 begonnenen Gespräche zwischen den USA und der UdSSR über eine Begrenzung strategischer Waffen führten in einer ersten Phase (SALT I) am 26. Mai 1972 zum Abschluß eines Interimsabkommens mit Protokoll sowie eines Vertrags über die Begrenzung der Raketenabwehrsysteme (ABM-Vertrag).
Die zweite Phase der Gespräche (SALT II) begann am 21. November 1972 in Genf. Vgl. dazu zuletzt Dok. 83.

[14] Zum Begriff „Unverletzlichkeit der Grenzen" in einer KSZE-Prinzipienerklärung vgl. Dok. 101.

[15] Vgl. dazu Artikel 2 und 3 des Vertrags vom 12. August 1970 zwischen der Bundesrepublik und der UdSSR; Dok. 28, Anm. 12.